INTRODUÇÃO À ECONOMETRIA

Tradução da 6ª edição norte-americana

Dados Internacionais de Catalogação na Publicação (CIP)

W913i   Wooldridge, Jeffrey M.
           Introdução à econometria : uma abordagem moderna
        / Jeffrey M. Wooldridge ; tradução Priscilla
        Rodrigues da Silva Lopes e Livia Marina Koeppl ;
        revisão técnica Heloisa Pinna Bernardo. -
        São Paulo, SP : Cengage Learning, 2019.
           848 p. : il. ; 26 cm.

           1. reimpr. da 3. ed. brasileira de 2018
        Inclui referências bibliográficas e glossário.
        Tradução de: Introductory econometrics: a
        modern approach
        (6. ed.).
           ISBN 978-85-221-2564-7

           1. Econometria. I. Lopes, Priscilla Rodri-
        gues da Silva. II. Koeppl, Livia Marina. III.
        Bernardo, Heloisa Pinna. IV. Título.

                                        CDU 330.115
                                        CDD 330.015195

Índice para catálogo sistemático:

1. Econometria   330.115
(Bibliotecária responsável: Sabrina Leal Araujo - CRB 10/1507)

INTRODUÇÃO À ECONOMETRIA
UMA ABORDAGEM MODERNA

Tradução da 6ª edição norte-americana

JEFFREY M. WOOLDRIDGE
Michigan State University

Tradução
**Priscilla Rodrigues da Silva Lopes e
Livia Marina Koeppl**

Revisão Técnica
Heloisa Pinna Bernardo
Professora Adjunta do Departamento de Finanças e Controladoria da
Universidade Federal de Juiz de Fora, MG

CENGAGE

Austrália • Brasil • México • Cingapura • Reino Unido • Estados Unidos

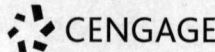

Introdução à econometria – Uma abordagem moderna
Tradução da 6ª edição norte-americana
3ª edição brasileira
Jeffrey M. Wooldridge

Gerente editorial: Noelma Brocanelli

Editora de desenvolvimento: Salete Del Guerra

Editora de aquisição: Guacira Simonelli

Supervisora de produção gráfica: Fabiana Alencar Albuquerque

Produtora gráfica: Raquel Braik Pedreira

Especialista em direitos autorais: Jenis Oh

Título original: Introductory econometrics: a modern approach – 6th edition
ISBN-13: 978-1-305-27010-7
ISBN-10: 1-305-27010-X

Tradução da edição anterior: José Antônio Ferreira

Tradução desta edição (textos novos): Livia Maria Koeppl e Priscilla Rodrigues da Silva Lopes

Revisão técnica: Heloisa Pinna Bernardo

Copidesque: Vero Verbo Serviços Editoriais

Revisões: Alessandra Borges e Marileide Gomes

Diagramação: Triall Editorial

Design e Ilustração de capa: Alberto Mateus

© 2018 Cengage Learning Edições Ltda.

© 2016, 2013 Cengage Learning

Todos os direitos reservados. Nenhuma parte deste livro poderá ser reproduzida, sejam quais forem os meios empregados, sem a permissão por escrito da Editora. Aos infratores aplicam-se as sanções previstas nos artigos 102, 104, 106, 107 da Lei no 9.610, de 19 de fevereiro de 1998.

Esta editora empenhou-se em contatar os responsáveis pelos direitos autorais de todas as imagens e de outros materiais utilizados neste livro. Se porventura for constatada a omissão involuntária na identificação de algum deles, dispomo-nos a efetuar, futuramente, os possíveis acertos.

A Editora não se responsabiliza pelo funcionamento dos links contidos neste livro que possam estar suspensos.

Para informações sobre nossos produtos, entre em contato pelo telefone **0800 11 19 39**

Para permissão de uso de material desta obra, envie seu pedido para **direitosautorais@cengage.com**

© 2018 Cengage Learning. Todos os direitos reservados.

ISBN 13: 978-85-221-2564-7
ISBN 10: 85-221-2564-3

Cengage Learning
Condomínio E-Business Park
Rua Werner Siemens, 111 – Prédio 11 – Torre A – conjunto 12
Lapa de Baixo – CEP 05069-900 – São Paulo –SP
Tel.: (11) 3665-9900 – Fax: (11) 3665-9901
SAC: 0800 11 19 39

Para suas soluções de curso e aprendizado, visite
www.cengage.com.br.

Impresso no Brasil
Printed in Brazil
1. reimpr. – 2019

PREFÁCIO

Minha motivação para escrever a primeira edição do livro *Introdução à econometria – uma abordagem moderna* veio de uma lacuna que identifiquei entre a maneira como a econometria é ensinada nos cursos de graduação e o que os pesquisadores empíricos pensam sobre os métodos econométricos e suas aplicações. Com igual importância, convenci-me de que ensinar econometria introdutória, da perspectiva dos usuários profissionais da econometria, simplificaria, de fato, a apresentação, além de tornar o assunto mais interessante.

Com base nas numerosas reações positivas às edições posteriores, parece que meu palpite estava certo. Professores, com formações e interesses variados e que ensinam estudantes com níveis de preparação muito diferentes, têm abraçado a abordagem moderna da econometria adotada neste livro. O diferencial nesta edição está em aplicar a econometria aos problemas do mundo real. Todo método econométrico é motivado por uma questão particular com a qual o pesquisador se defronta ao analisar dados não experimentais. O foco principal da obra está em entender e interpretar as hipóteses à luz das aplicações empíricas reais: a matemática requerida não vai além da álgebra dos cursos de graduação e da probabilidade e estatística básicas.

Organizado para o econometrista de hoje

A sexta edição mantém, de maneira geral, a organização da edição anterior. A característica mais perceptível que diferencia este texto da maioria dos outros é a separação dos tópicos por tipo de dados analisados. É uma diferença clara em relação à abordagem tradicional, que apresenta um modelo linear, lista todas as hipóteses que podem ser necessárias em algum ponto futuro da análise e, então, prova ou afirma resultados sem conectá-los claramente às hipóteses. Minha abordagem é, em primeiro lugar, tratar, na Parte I, da análise de regressão múltipla com dados de corte transversal, sob a hipótese de amostragem aleatória. Essa estrutura é completamente natural para os estudantes, pois eles estão familiarizados com ela em seus cursos de estatística introdutória. O mais importante é que ela nos permite distinguir hipóteses formuladas com base no modelo de regressão da população subjacente – hipóteses que podem ter um conteúdo econômico determinado ou um conteúdo comportamental geral – de hipóteses construídas com base em dados foram extraídos para compor uma amostra. As discussões sobre as consequências da amostragem não aleatória podem ser tratadas de modo intuitivo, depois de os estudantes adquirirem um bom domínio do modelo de regressão múltipla aplicado a amostras aleatórias.

Uma característica importante de uma abordagem moderna é que as variáveis explicativas – com a variável dependente – são tratadas como resultados de variáveis aleatórias. Para as ciências sociais, admitir variáveis explicativas aleatórias é muito mais realista do que a hipótese tradicional de variáveis explicativas não aleatórias. Um benefício importante é que a abordagem modelo populacional/amostragem aleatória reduz bastante o número de hipóteses que os estudantes devem absorver e entender. Ironicamente, a abordagem clássica da análise de regressão, que trata as variáveis explicativas como valores fixos em amostras repetidas e ainda é difundida nos livros introdutórios, aplica-se literalmente a dados coletados em uma estrutura experimental. Além disso, os esforços exigidos para formular e explicar as hipóteses podem ser confusos para os estudantes.

Meu foco sobre o modelo populacional enfatiza que as hipóteses fundamentais subjacentes à análise de regressão, tal como a hipótese de média zero dos fatores não observados, estão apropriadamente formuladas, condicionadas às variáveis explicativas. Isso leva a um entendimento claro dos tipos de problemas, tal como a heteroscedasticidade (variância não constante), que podem invalidar os procedimentos-padrão da inferência. Ao focar na população, também consigo refutar várias interpretações erradas que surgem nos textos de econometria em todos os níveis. Apenas para citar alguns exemplos, explico a razão de o R-quadrado usual ainda ser válido como uma medida da qualidade de ajuste na presença de heteroscedasticidade (Capítulo 8) ou erros serialmente correlacionados (Capítulo 12); discuto, em nível bastante intuitivo, por que os testes para a forma funcional não devem ser vistos como testes gerais de variáveis omitidas (Capítulo 9); e posso facilmente explicar por que sempre se deve incluir, em um modelo de regressão, variáveis extras de controle não correlacionadas com a variável explicativa de interesse, em muitos casos – a variável política principal (Capítulo 6).

Como as hipóteses da análise de corte transversal são relativamente diretas e realistas, os estudantes ficam envolvidos mais cedo com aplicações sérias de corte transversal, sem ter de se preocupar com as questões espinhosas de tendência, sazonalidade, correlação serial, alta persistência e regressão espúria que aparecem em abundância nos modelos de regressão de séries temporais. Inicialmente, imaginei que meu tratamento da regressão com dados de corte transversal, seguida pela regressão com dados de séries temporais, cairia nas boas graças dos professores cujos interesses de pesquisa estão na microeconomia aplicada, e parece que esse é o caso. Tem sido gratificante que aqueles que adotaram este livro e têm inclinação para as séries temporais ficaram igualmente entusiasmados com a estrutura da obra. Ao postergar a análise econométrica de séries temporais, pude colocar o foco apropriado sobre as armadilhas potenciais da análise de dados de séries temporais que não surgem com dados de corte transversal. Com efeito, a econometria de séries temporais obteve, por fim, o tratamento sério que ela merece em um livro introdutório.

Assim como nas outras edições, escolhi conscientemente os temas que são importantes para a leitura de artigos de revistas e para a realização de pesquisas empíricas básicas. Dentro de cada tema, omiti de propósito muitos testes e procedimentos de estimação que, embora tradicionalmente incluídos nos livros-texto, não têm resistido ao teste empírico do tempo. Da mesma forma, enfatizei os temas mais recentes que têm se mostrado úteis, tal como obter estatísticas de teste que são robustas em relação à heteroscedasticidade (ou à correlação serial) cuja forma é desconhecida, usar dados de vários anos para a análise de decisão de políticas ou resolver o problema de variáveis omitidas pelo método de variáveis instrumentais. Parece que fiz as escolhas

PREFÁCIO

corretas, pois me lembro de somente um punhado de sugestões para adicionar ou remover material.

Uso uma abordagem sistemática em todo o texto, pela qual cada tópico está fundamentado, de modo lógico, no material anterior, e as hipóteses são introduzidas somente se forem necessárias para obter uma conclusão. Por exemplo, os pesquisadores aplicados, bem como os teóricos, sabem que nem todas as hipóteses de Gauss-Markov são necessárias para mostrar que os estimadores de mínimos quadrados ordinários (MQO) são não viesados. Contudo, quase todos os livros de econometria introduzem um completo conjunto de hipóteses (muitas das quais são redundantes ou, em alguns casos, logicamente conflitantes) antes de provar a inexistência de viés do MQO. De forma semelhante, a hipótese de normalidade é muitas vezes incluída entre as hipóteses que são necessárias para o Teorema de Gauss-Markov, quando é razoavelmente bem conhecido que a normalidade não desempenha nenhum papel para mostrar que os estimadores de MQO são os melhores estimadores lineares não viesados.

Minha abordagem sistemática é ilustrada pela ordem das hipóteses que uso para regressão múltipla na Parte 1. Esse ordenamento resulta numa progressão natural por sintetizar resumidamente o papel de cada hipótese.

RLM.1: Apresenta o modelo populacional e interpreta os parâmetros populacionais (que esperamos estimar).
RLM.2: Introduz amostragem aleatória da população e descreve os dados que usamos para estimar os parâmetros populacionais.
RLM.3: Adiciona a hipótese nas variáveis explicativas que nos possibilita calcular as estimativas da nossa amostra; esta é a assim chamada hipótese da colinearidade perfeita.
RLM.4: Assume que, na população, a média do erro não observável não depende dos valores das variáveis explicativas; esta é a hipótese da "independência da média" combinada com a média populacional zero do erro e é a principal hipótese que produz inexistência de viés de MQO.

Depois da introdução das Hipóteses RLM.1 até a RLM.3, podem-se discutir os vínculos algébricos apropriados dos mínimos quadrados ordinários – isto é, a propriedade dos MQO para um conjunto de dados específico. Pela adição da hipótese RLM.4, podemos demonstrar que os MQO são não viesados (e consistentes). A hipótese RLM.5 (homoscedasticidade) é adicionada ao Teorema de Gauss-Markov e para que as fórmulas habituais de variância dos MQO sejam válidas. A hipótese RLM.6 (normalidade), que não é apresentada até o Capítulo 4, é adicionada para complementar as hipóteses do modelo linear clássico. As seis hipóteses são usadas para obter inferências estatísticas exatas e concluir que os estimadores de MQO têm as menores variâncias entre todos os estimadores não viesados.

Eu uso abordagens paralelas quando recorro ao estudo das propriedades de amostras grandes e quando lido com regressões de dados de séries temporais na Parte 2. A apresentação e a discussão cuidadosas das hipóteses tornam mais fácil a transição à Parte 3, que cobre tópicos avançados que incluem a utilização de cortes transversais agrupados, a exploração das estruturas de dados em painel e a aplicação dos métodos de variáveis instrumentais. De forma geral, empenhei-me em fornecer uma visão unificada da econometria, de acordo com a qual todos os estimadores e as estatísticas de testes são obtidos usando um pouco de princípios, intuitivamente racionais, de estimação e testes (os quais, é claro, também têm justificativas rigorosas). Por exemplo, os testes básicos de regressão para a heteroscedasticidade e a correlação serial são fáceis de serem compreendidos pelos estudantes, porque estes já têm um conhecimento sólido de regressão. Isso contrasta com os tratamentos que fornecem um conjunto de receitas desconexas para procedimentos econométricos ultrapassados.

Em todo o texto enfatizo as relações *ceteris paribus*, razão pela qual, após um capítulo no modelo de regressão simples, eu mudo para análise de regressão múltipla. O cenário da regressão múltipla motiva os estudantes a pensar sobre aplicações sérias mais cedo. Também ressalto a análise de decisão de políticas utilizando todos os tipos de estruturas. Os temas práticos, como usar variáveis proxy para obter efeitos *ceteris paribus* e obter erros-padrão dos efeitos parciais nos modelos com termos de interação, são discutidos de modo simples.

Novidades desta edição

Há novos exercícios em quase todos os capítulos, inclusive nos apêndices, que estão disponibilizados na página do livro, no site da Cengage Learning (www.cengage.com.br). A maioria dos exercícios em computador usa novos conjuntos de dados, principalmente um conjunto sobre desempenho de estudantes e frequência escolar em uma instituição católica e um conjunto de dados sobre índices de aprovação presidencial e preços da gasolina. Também adicionei alguns problemas mais difíceis, que exigem derivações.

Existem várias mudanças no texto que merecem destaque. O Capítulo 2 contém uma discussão mais abrangente sobre a relação entre o coeficiente de regressão simples e o coeficiente de correlação. O Capítulo 3 esclarece questões ao comparar R-quadrados de modelos quando dados sobre algumas variáveis estão faltando (reduzindo, assim, os tamanhos das amostras disponíveis para regressões com mais variáveis explicativas).

O Capítulo 6 introduz a noção de um efeito parcial médio (APE) para modelos lineares em parâmetros, mas incluindo funções não lineares, principalmente quadráticas e termos de interação. A noção de um APE, que estava implícita nas edições anteriores, tornou-se um conceito importante no trabalho empírico; entender como calcular e interpretar APEs no contexto de um MQO é uma habilidade valiosa. Para aulas mais avançadas, a introdução do Capítulo 6 abre caminho para a discussão de APEs nos modelos não lineares estudados no Capítulo 17, que também inclui uma discussão ampliada sobre os efeitos parciais médios – especialmente a exibição de APEs em tabelas ao lado dos coeficientes em aplicações logit, probit e tobit.

No Capítulo 8, refinei partes da discussão que envolve a questão da heteroscedasticidade, incluindo uma discussão ampliada dos testes de Chow e uma descrição mais precisa dos mínimos quadrados ponderados quando os pesos precisam ser estimados. O Capítulo 9, que contém tópicos opcionais levemente mais avançados, define termos que surgem com frequência na literatura sobre dados faltantes. Uma prática comum no trabalho empírico é criar variáveis indicadoras para dados faltantes e incluí-los em uma análise de regressão múltipla. O Capítulo 9 discute a forma como esse método pode ser implementado e quando ele vai produzir estimadores não viesados e consistentes.

A abordagem de modelos de efeitos não observados de dados em painel, no Capítulo 14, foi expandida para incluir mais sobre uma discussão a respeito de conjuntos de dados em painel desequilibrados e a forma como abordagens de efeitos fixos, efeitos aleatórios e efeitos aleatórios correlacionados ainda podem ser aplicadas. Outro acréscimo importante é uma discussão muito mais detalhada sobre a aplicação de métodos de efeitos fixos e efeitos aleatórios para amostras agrupadas. Também incluí uma discussão a respeito de algumas questões sutis que podem surgir ao usar erros-padrão agrupados quando os dados tiverem sido obtidos a partir de um esquema de amostragem aleatória.

O Capítulo 15 tem agora uma discussão mais detalhada sobre o problema de variáveis instrumentais fracas, assim os estudantes podem ter acesso ao básico sem ter de buscar em fontes mais avançadas.

Nota do revisor técnico da edição brasileira

Nesta edição foi feita uma alteração em relação às edições traduzidas anteriores. Para alinhar o texto do livro com os bancos de dados listados, os nomes das variáveis ao longo do texto são os mesmos que estão nos bancos de dados correspondentes. Dessa forma, professores e alunos poderão acompanhar o livro-texto utilizando os bancos de dados oferecidos sem a necessidade de identificar a correspondência entre a variável indicada no livro-texto e aquela apontada no banco de dados.

Projetado para estudantes de graduação e adaptado para estudantes de pós-graduação

O livro é direcionado a estudantes de cursos de graduação em economia que estudaram álgebra e um semestre de probabilidade e estatística introdutórias. (Os Apêndices A, B e C, disponibilizados no site da Cengage Learning, na página do livro, contêm o material de pré-requisito.) Não se espera que um curso de econometria de um semestre ou de um trimestre abranja tudo, ou mesmo alguma parte, dos tópicos mais avançados da Parte Três. Um curso típico introdutório abrange os Capítulos 1 a 8, os quais compreendem as bases das regressões simples e múltipla para dados de corte transversal. Dado que enfatiza a intuição e a interpretação dos exemplos empíricos, o material dos oito primeiros capítulos deve ser colocado à disposição dos estudantes dos cursos de graduação na maioria dos departamentos de economia. A maior parte dos professores também vai querer cobrir pelo menos partes dos capítulos sobre análise de regressão com dados de séries temporais, Capítulos 10 e 12, com graus variados de profundidade. No curso de um semestre em que leciono, no Estado de Michigan, trabalho o Capítulo 10 cuidadosamente, dou uma visão geral do material do Capítulo 11 e abordo o material sobre correlação serial do Capítulo 12. Acredito que esse curso básico de um semestre fornece ao aluno fundamentos sólidos para produzir trabalhos empíricos, como um ensaio de seminário sênior ou uma tese de graduação. O Capítulo 9 contém tópicos mais especializados que surgem ao analisar dados de corte transversal, incluindo problemas de dados tais como *outliers* e amostragem não aleatória. Para um curso de um semestre, esse capítulo pode ser pulado sem perda de continuidade.

A estrutura do livro é ideal para um curso com foco em corte transversal ou análise de decisão de política: os capítulos de séries temporais podem ser pulados, dando lugar a temas dos Capítulos 9, 13, 14 ou 15. O Capítulo 13 é avançado somente na abordagem de duas novas estruturas de dados: cortes transversais independentemente agrupados e análise de dados em painel para dois períodos. Essas estruturas de dados são especialmente úteis para análise de decisão de política, e esse capítulo fornece vários exemplos a esse respeito. Os estudantes com um bom domínio dos Capítulos 1 a 8 terão pouca dificuldade com o Capítulo 13. O Capítulo 14 trata dos métodos de dados em painel mais avançados e provavelmente será coberto apenas em um segundo curso. Uma boa maneira de finalizar um curso sobre métodos de corte transversal é compreender os rudimentos da estimação de variáveis instrumentais do Capítulo 15.

Tenho utilizado material selecionado da Parte 3, incluindo os Capítulos 13 e 17, nos seminários seniores direcionados para produzir um trabalho de pesquisa sério. Além do curso básico de um semestre, os estudantes que foram expostos à análise básica de dados em painel, de estimação de variáveis instrumentais e de modelos de variável dependente limitada estão preparados para ler grandes segmentos da literatura aplicada das ciências sociais. O Capítulo 17 apresenta uma introdução aos modelos mais comuns de variável dependente limitada.

O livro também é adequado para um curso introdutório de pós-graduação, no qual a ênfase está mais nas aplicações do que nas derivações que usam álgebra matricial. Vários instrutores usaram o livro para ensinar análises de políticas públicas em cursos de pós-graduação *stricto sensu* (mestrado e doutorado). Para os professores que querem apresentar a matéria na forma matricial, os apêndices D e E (disponíveis na página do livro, no site da Cengage Learning) abordam, de modo autossuficiente, a álgebra matricial e o modelo de regressão múltipla na forma matricial.

No Estado de Michigan, os estudantes dos cursos de doutorado das muitas áreas que requerem análise de dados – incluindo contabilidade, economia agrícola, economia do desenvolvimento, finanças, economia internacional, economia do trabalho, macroeconomia, ciência política e finanças públicas – descobriram que o livro é uma ponte útil entre o trabalho empírico que eles leem e a econometria mais teórica que eles aprendem no nível de doutoramento.

Características estruturais

Numerosas questões de texto estão distribuídas por toda parte, e suas respostas encontram-se no Apêndice F, disponibilizado no site da Cengage Learning (www.cengage.com.br), na página do livro. Essas questões têm a intenção de dar ao estudante um retorno imediato sobre seu desempenho. Cada capítulo contém muitos exemplos. Vários deles são estudos de caso retirados de recentes artigos publicados, levemente modificados para simplificar a análise, sem sacrificar seus principais pontos.

Os exercícios em computador e os problemas de final de capítulo são totalmente orientados para o trabalho empírico, em vez das derivações complicadas. Os estudantes são solicitados a fundamentar cuidadosamente suas respostas, com base no que aprenderam. Os exercícios em computador expandem, em geral, os exemplos do texto. Vários exercícios usam bancos de dados de trabalhos publicados ou conjuntos de dados similares que são motivados por pesquisas publicadas em economia e em outros campos.

PREFÁCIO

Uma característica única deste livro é o extensivo glossário, presente no final do livro, com os termos-chave apresentados ao longo do livro. As definições e as descrições curtas serão um lembrete de grande auxílio para os alunos que estejam estudando para exames ou lendo pesquisas empíricas que usam métodos econométricos. Adicionei e atualizei várias entradas para esta edição.

Material de apoio para professores e alunos

O material de apoio on-line está disponível no site da Cengage Learning (www.cengage.com.br). Insira, no mecanismo de busca do site, o nome do livro: *Introdução à econometria* – Uma abordagem moderna. Procure a tradução da 6ª edição norte-americana. Clique no título do livro e, na página que se abre, você verá à direita um link intitulado Material de apoio para professores e outro com o nome Material de apoio para alunos. Entre com seu login de professor ou de aluno, respectivamente, e faça o download do material.

Conjuntos de dados (disponíveis em seis formatos)

Esta edição adiciona conjuntos de dados para R, como um formato adicional para visualizar e analisar dados, o formato Minitab®, além de mais de cem séries de dados em seis diferentes formatos, incluindo Stata®, EViews®, Minitab®, Microsoft® Excel e R, o professor tem muitas opções para conjuntos de problemas, exemplos e projetos semestrais. Como a maior parte das séries de dados vem de pesquisas reais, algumas são muito grandes. Exceto pelas listas parciais para ilustrar as várias estruturas de dados, os conjuntos de dados não são relatados no texto. Este livro é adequado para um curso em que o computador tenha papel essencial.

Apêndices

Apêndice A – Ferramentas matemáticas básicas
Apêndice B – Fundamentos da probabilidade
Apêndice C – Fundamentos da estatística matemática
Apêndice D – Resumo de álgebra matricial
Apêndice E – O modelo de regressão linear em forma de matriz
Apêndice F – Respostas das questões dos capítulos
Apêndice G – Tabelas estatísticas

Material de apoio apenas para professores

Guia atualizado de conjuntos de dados

Um amplo manual de descrição de dados, em inglês, chamado *data set handbook*, também está disponível on-line. Este manual contém uma lista de fonte de dados, além de sugestões de maneiras para usar os conjuntos de dados, que não estão descritas no texto. Esse guia único, criado pelo autor Jeffrey M. Wooldridge, lista a fonte de todas as séries de dados para uma referência rápida e como cada uma deve ser usada. Os estudantes podem desejar ver a descrição de cada série de dados, e isso ajuda a guiar os professores para gerar novos exercícios de lição de casa, problemas para provas ou projetos finais.

Manual do professor com soluções

Este manual é disponibilizado em inglês e contém as respostas de todos os problemas e exercícios, bem como dicas de ensino sobre como apresentar o material de cada capítulo. Ele contém, ainda, as fontes de cada um dos arquivos de dados, com muitas sugestões de como usá-los nos conjuntos de problemas, provas e trabalhos de conclusão.

Slides em PowerPoint

Excelentes apresentações de slides, em inglês, em PowerPoint®, podem ajudá-lo dando ideias para o professor planejar aulas envolventes e memoráveis. São disponibilizados slides pedagógicos para cada capítulo, incluindo os capítulos avançados da Parte 3.

Sugestões para montar seu curso

Já comentei sobre o conteúdo da maioria dos capítulos e possíveis estruturas de cursos. Aqui forneço alguns comentários mais específicos sobre o material em capítulos que podem ser abordados ou postergados.

O Capítulo 9 tem exemplos interessantes (tal como uma regressão que inclui a pontuação do QI como uma variável explicativa). Os nomes das variáveis proxy não devem ser formalmente apresentados para descrever esses tipos de exemplos, e costumo apresentá-los quando termino a análise de corte transversal. No Capítulo 12, para um curso de um semestre, não apresento o material sobre inferência robusta na presença de correlação serial quando estou tratando da análise de mínimos quadrados ordinários, bem como de modelos dinâmicos de heteroscedasticidade.

Mesmo em um segundo curso, prefiro despender pouco tempo no Capítulo 16, que trata da análise de equações simultâneas. Se existe um ponto em que as pessoas divergem é a importância das equações simultâneas. Alguns consideram que esse material é fundamental; outros pensam que é raramente aplicável. Minha visão é que os modelos de equações simultâneas são muito utilizados (veja o Capítulo 16 para uma discussão). Se lermos os trabalhos aplicados com atenção, variáveis omitidas e erros de medida são provavelmente uma das maiores razões para adotar a estimação de variáveis instrumentais, e é por isso que uso variáveis omitidas para motivar a estimação de variáveis instrumentais no Capítulo 15. Além disso, os modelos de equações simultâneas são indispensáveis para estimar funções de demanda e oferta, e eles também são aplicáveis em alguns outros casos importantes.

O Capítulo 17 é o único que considera modelos inerentemente não lineares em seus parâmetros, e isso impõe uma carga adicional para o estudante. O primeiro material que deve ser tratado nesse capítulo são os modelos de resposta binária probit e logit. Minha apresentação dos modelos tobit e de regressão censurada ainda parecem originais: reconheço explicitamente que o modelo tobit é aplicável a resultados de solução de canto em amostras aleatórias, ao passo que a regressão censurada é aplicável quando o processo de coleta de dados censura a variável dependente.

O Capítulo 18 trata de alguns tópicos importantes mais recentes da econometria de séries temporais, inclusive o teste de raízes unitárias e a cointegração. Abordo esse material somente no segundo semestre de um curso, nos níveis de graduação ou de pós-graduação. Uma introdução razoavelmente detalhada para a previsão também está incluída no Capítulo 18.

O Capítulo 19, que deveria ser acrescentado ao syllabus para um programa de cursos que exigem um trabalho de conclusão, é muito mais extensivo que capítulos semelhantes de outros livros. Ele resume alguns métodos apropriados para vários tipos de problemas e estruturas de dados, aponta dificuldades potenciais, explica com algum detalhe como escrever um trabalho de conclusão de curso em economia empírica e inclui sugestões de possíveis projetos.

Agradecimentos

Agradeço àqueles que analisaram a proposta para esta edição ou forneceram comentários que foram de grande auxílio para todas as edições:

Erica Johnson, *Gonzaga University*
Mary Ellen Benedict, *Bowling Green State University*
Yan Li, *Temple University*
Melissa Tartari, *Yale University*
Michael Allgrunn, *University of South Dakota*
Gregory Colman, *Pace University*
Yoo-Mi Chin, *Missouri University of Science and Technology*
Arsen Melkumian, *Western Illinois University*
Kevin J. Murphy, *Oakland University*
Kristine Grimsrud, *University of New Mexico*
Will Melick, *Kenyon College*
Philip H. Brown, *Colby College*
Argun Saatcioglu, *University of Kansas*
Ken Brown, *University of Northern Iowa*
Michael R. Jonas, *University of San Francisco*
Melissa Yeoh, *Berry College*
Nikolaos Papanikolaou, *SUNY at New Paltz*

Konstantin Golyaev, *University of Minnesota*
Soren Hauge, *Ripon College*
Kevin Williams, *University of Minnesota*
Hailong Qian, *Saint Louis University*
Rod Hissong, *University of Texas at Arlington*
Steven Cuellar, *Sonoma State University*
Yanan Di, *Wagner College*
John Fitzgerald, *Bowdoin College*
Philip N. Jefferson, *Swarthmore College*
Yongsheng Wang, *Washington and Jefferson College*
Sheng-Kai Chang, *National Taiwan University*
Damayanti Ghosh, *Binghamton University*
Susan Averett, *Lafayette College*
Kevin J. Mumford, *Purdue University*
Nicolai V. Kuminoff, *Arizona State University*
Subarna K. Samanta, *The College of New Jersey*

Jing Li, *South Dakota State University*

Gary Wagner, *University of Arkansas–Little Rock*

Kelly Cobourn, *Boise State University*

Timothy Dittmer, *Central Washington University*

Daniel Fischmar, *Westminster College*

Subha Mani, *Fordham University*

John Maluccio, *Middlebury College*

James Warner, *College of Wooster*

Christopher Magee, *Bucknell University*

Andrew Ewing, *Eckerd College*

Debra Israel, *Indiana State University*

Jay Goodliffe, *Brigham Young University*

Stanley R. Thompson, *The Ohio State University*

Michael Robinson, *Mount Holyoke College*

Ivan Jeliazkov, *University of California, Irvine*

Heather O'Neill, *Ursinus College*

Leslie Papke, *Michigan State University*

Timothy Vogelsang, *Michigan State University*

Stephen Woodbury, *Michigan State University*

Várias alterações que discuti anteriormente foram induzidas por comentários que recebi de pessoas desta lista, e continuarei a considerando sugestões específicas.

Sou grato a todos os alunos e professores que enviaram sugestões e correções de erros das edições anteriores.

Como sempre, foi um prazer trabalhar com a equipe da Cengage Learning. Mike Worls, meu Diretor de Produção há tempos, aprendeu muito bem como me guiar com mãos firmes, porém gentis. Chris Rader superou rapidamente os difíceis desafios de ser o editor de desenvolvimento de um livro denso e técnico. Sua leitura cuidadosa do manuscrito e o olho crítico para detalhes melhoraram consideravelmente esta sexta edição.

Esta edição também é dedicada à minha mulher, Leslie Papke, que contribuiu substancialmente nesta edição ao escrever as versões iniciais dos *slides* do Scientific Word para os capítulos da Parte 3; ela usou os *slides* em seu curso de políticas públicas. Nossos filhos também contribuíram: Edmund me ajudou a manter o manual de dados atual e Gwenyth nos manteve entretidos com seus talentos artísticos.

Jeffrey M. Wooldridge

SOBRE O AUTOR

Jeffrey M. Wooldridge é professor emérito de Economia na Universidade Estadual de Michigan, onde leciona desde 1991. De 1986 a 1991, foi professor assistente de Economia no Massachusetts Institute of Technology. Bacharel em Ciências Humanas, com especialização em Ciência da Computação e Economia, pela Universidade da Califórnia, Berkeley, em 1982, é doutor em Economia pela mesma instituição. Escreveu mais de 60 artigos para publicações internacionalmente reconhecidas e muitos capítulos de livros. É autor de *Econometric Analysis of Cross Section and Panel Data*. Seus prêmios incluem: um Alfred P. Sloan Research Fellowship, o Plura Scripsit da *Econometric Theory*; o Sir Richard Stone do *Journal of Applied Econometrics*; e três prêmios de professor do ano da pós-graduação do MIT. Além de ser membro da Econometric Society e do *Journal of Econometrics*, também foi editor do *Journal of Business and Economic Statistics*, coeditor de econometria do *Economics Letters* e é membro do corpo editorial do *Econometric Theory*, do *Journal of Economic Literature*, do *Journal of Econometrics*, da *Review of Economics and Statistics* e do *Stata Journal*. Ocasionalmente, também atua como consultor de econometria para a Arthur Andersen, para a Charles River Associates e para o Washington State Institute for Public Policy, Stratus Consulting e Industrial Economics, Inc.

Jeffrey A. Wooldridge é professor emérito de Economia na Universidade Nacional de Michigan, onde leciona desde 1991. De 1986 a 1991, foi professor assistente de Economia no Massachusetts Institute of Technology. Recebeu em 1982 seu Bacharelado com summa laude em Ciência da Computação e História, pela Universidade da Califórnia-Berkeley, e em 1986, o Doutorado em Economia pela University of California-San Diego. Publicou mais de 60 artigos em publicações internacionais de renome, como Econometrica, Journal of Econometrics, Journal of the American Statistical Association, Review of Economics and Statistics, e ministrou palestras em SUNY-Buffalo, Stanford, Harvard e Princeton. Dr. Wooldridge recebeu o Alfred P. Sloan Research Fellowship, o Plura Scripsit da Econometric Theory, o Sir Richard Stone prize do Journal of Applied Econometrics, três prêmios de excelência no ensino na pós-graduação da MSU, além de ser membro da American Statistical Association. Dr. Wooldridge serviu no corpo editorial da World Bank Economic Review como co-editor da revista Journal of Business & Economic Statistics. Hoje é editor associado da Journal of Econometrics e conselheiro editorial do periódico Quantitative Economics. Dr. Wooldridge é autor do texto avançado Econometric Analysis of Cross Section and Panel Data, atualmente em segunda edição.

SUMÁRIO

CAPÍTULO 1 A natureza da econometria e dos dados econômicos 1

1.1 O que é econometria? 1

1.2 Passos na análise econômica empírica 2

1.3 A estrutura dos dados econômicos 6
- 1-3a *Dados de corte transversal (cross-section)* 6
- 1-3b *Dados de séries temporais* 8
- 1-3c *Cortes transversais agrupados* 9
- 1-3d *Dados em painel ou dados longitudinais* 10
- 1-3e *Um comentário sobre estruturas de dados* 12

1.4 A causalidade e a noção de *ceteris paribus* na análise econométrica 12

Resumo 17

Termos-chave 18

Problemas 18

Exercícios em computador 19

PARTE 1

Análise de regressão com dados de corte transversal 21

CAPÍTULO 2 Modelo de regressão simples 22

2.1 Definição do modelo de regressão simples 22

2.2 Derivação das estimativas de mínimos quadrados ordinários 27
- 2-2a *Uma nota sobre terminologia* 36

2.3 Características de MQO em determinada amostra de dados 36
- 2-3a *Valores estimados e resíduos* 36
- 2-3b *Propriedades algébricas das estatísticas de MQO* 37
- 2-3c *Qualidade de ajuste* 39

2.4 Unidades de medida e forma funcional 41
- 2-4a *Os efeitos de mudanças das unidades de medida sobre as estatísticas de MQO* 41
- 2-4b *Incorporação de não linearidades na regressão simples* 42
- 2-4c *O significado da regressão "linear"* 46

2.5 Valores esperados e variâncias dos estimadores de MQO 46
- 2-5a *Inexistência de viés em MQO* 47
- 2-5b *Variâncias dos estimadores de MQO* 52
- 2-5c *Estimação da variância do erro* 56

2.6 Regressão através da origem e regressão em uma constante 58

Resumo 60

Termos-chave 61

Problemas 61

Exercícios em computador 65

Apêndice 2A 69

CAPÍTULO 3 Análise de regressão múltipla: estimação 70

3.1 Motivações para a regressão múltipla 71
- 3-1a *Modelo com duas variáveis independentes* 71
- 3-1b *Modelo com k variáveis independentes* 73

3.2 Mecânica e interpretação dos mínimos quadrados ordinários 75
- 3-2a *Obtenção das estimativas de MQO* 75
- 3-2b *Interpretação da equação de regressão de MQO* 76
- 3-2c *Sobre o significado de "manter outros fatores fixos" na regressão múltipla* 79
- 3-2d *Variação de mais de uma variável independente simultaneamente* 79
- 3-2e *Valores ajustados e resíduos de MQO* 79
- 3-2f *Interpretação de "parcialidade" da regressão múltipla* 80

xvii

3-2g *Comparação das estimativas das regressões simples e múltipla* 81
3-2h *Qualidade de ajuste* 83
3-2i *Regressão através da origem* 86

3.3 O valor esperado dos estimadores de MQO 86
3-3a *Inclusão de variáveis irrelevantes em um modelo de regressão* 91
3-3b *Viés de variável omitida: o caso simples* 92
3-3c *Viés de variável omitida: casos mais gerais* ... 96

3.4 A variância dos estimadores de MQO 97
3-4a *Os componentes das variâncias de MQO: multicolinearidade* 98
3-4b *Variâncias em modelos mal-especificados* ... 103
3-4c *Estimação de σ^2: os erros padrão dos estimadores de MQO* 104

3.5 Eficiência de MQO: o teorema de Gauss-Markov 106

3.6 Alguns comentários sobre a linguagem da análise de regressão múltipla 108

Resumo 109
Termos-chave 111
Problemas 111
Exercícios em computador 116
Apêndice 3A 121

CAPÍTULO 4 Análise de regressão múltipla: inferência 125

4.1 Distribuições amostrais dos estimadores de MQO 125

4.2 Testes de hipóteses sobre um único parâmetro populacional: o teste *t* 128
4-2a *Teste contra hipóteses alternativas unilaterais* 131
4-2b *Teste contra hipóteses alternativas bilaterais* 136
4-2c *Testes de outras hipóteses sobre β_j* 138
4-2d *Cálculos dos p-valores dos testes t* 141
4-2e *Lembrete sobre a linguagem do teste de hipóteses clássico* 143
4-2f *Significância econômica ou prática versus significância estatística* 144

4.3 Intervalos de confiança 146

4.4 Testes de hipóteses sobre uma combinação linear dos parâmetros 149

4-5 Testes de restrições lineares múltiplas: o teste *F* 152
4-5a *Teste de restrições de exclusão* 152
4-5b *Relação entre as estatísticas F e t* 158
4-5c *A forma R-quadrado da estatística F* 159
4-5d *Cálculo dos p-valores para testes F* 161
4-5e *A estatística F para a significância geral de uma regressão* 162
4-5f *Teste de restrições lineares gerais* 163

4.6 Descrição dos resultados da regressão 164
Resumo 167
Termos-chave 169
Problemas 169
Exercícios em computador 175

CAPÍTULO 5 Análise de regressão múltipla: MQO assimptótico 179

5.1 Consistência 180
5-1a *A derivação da inconsistência no método estimador MQO* 183

5.2 Normalidade assimptótica e inferência em amostras grandes 185
5-2a *Outros testes de amostras grandes: estatística multiplicador de Lagrange* 190

5.3 Eficiência assimptótica de MQO 193
Resumo 194
Termos-chave 195
Problemas 195
Exercícios em computador 196
Apêndice 5A 198

CAPÍTULO 6 Análise de regressão múltipla: problemas adicionais 199

6.1 Efeitos da dimensão dos dados nas estatísticas MQO 199
6-1a *Os coeficientes beta* 202

6.2 Um pouco mais sobre a forma funcional 204
6-2a *Um pouco mais sobre o uso de formas funcionais logarítmicas* 205
6-2b *Modelos com funções quadráticas* 208
6-2c *Modelos com termos de interação* 213
6-2d *Calculando efeitos parciais médios* 215

6.3 Um pouco mais sobre a qualidade de ajuste e a seleção de regressores 216
6-3a *O R-quadrado ajustado* 217
6-3b *O uso do R-quadrado ajustado para a escolha entre modelos não aninhados* 219
6-3c *O controle de muitos fatores na análise de regressão* 221
6-3d *A adição de regressores para reduzir a variância do erro* 223

6.4	Previsão e análise de resíduos..................224
	6.4a *Intervalos de confiança de previsões*............ *224*
	6-4b *Análise de resíduos*.. *228*
	6-4c *Previsão de y quando log(y) é a variável dependente* *229*
	6-4d *Previsão de y quando log(y) é a variável dependente* *231*

Resumo..234
Termos-chave..236
Problemas..236
Exercícios em computador.....................................239
Apêndice 6A..245

CAPÍTULO 7 Análise de regressão múltipla com informações qualitativas: variáveis binárias (ou *dummy*)...246

7.1	A descrição das informações qualitativas.....247
7.2	Uma única variável *dummy* independente 248
	7-2a *A interpretação dos coeficientes de variáveis dummy explicativas quando a variável dependente é expressa como log(y)* *253*
7.3	O uso de variáveis *dummy* para categorias múltiplas..255
	7-3a *Incorporação de informações ordinais com o uso de variáveis dummy* *257*
7.4	Interações com variáveis *dummy*..................261
	7-4a *Interações entre variáveis dummy*................ *261*
	7-4b *Considerando inclinações diferentes*............ *262*
	7-4c *Verificação de diferenças nas funções de regressão entre grupos*.. *266*
7.5	Uma variável dependente binária: o modelo de probabilidade linear..............................269
7.6	Um pouco mais sobre análise e avaliação de políticas e programas governamentais.........275
7.7	Interpretando resultados de regressão com variáveis dependentes discretas...................278

Resumo..279
Termos-chave..280
Problemas..281
Exercícios em computador.....................................285

CAPÍTULO 8 Heteroscedasticidade..................292

8.1	Consequências da heteroscedasticidade para o método MQO.....................................292
8.2	Inferência robusta em relação à heteroscedasticidade após a estimação MQO...293
	8-2a *Calculando testes LM robustos em relação à heteroscedasticidade*.. *299*
8.3	O teste para heteroscedasticidade...............301
	8-3a *O teste de White para a heteroscedasticidade*.. *304*
8.4	Estimação de mínimos quadrados ponderados..306
	8-4a *A heteroscedasticidade é percebida como uma constante multiplicativa*................................ *306*
	8-4b *A necessidade de estimar a função de heteroscedasticidade: o MQG factível* *312*
	8-4c *E se a função de heteroscedasticidade presumida estiver errada?*..................................... *317*
	8-4d *Previsão e intervalos de previsão com heteroscedasticidade*... *319*
8.5	O modelo de probabilidade linear revisitado .321

Resumo..323
Termos-chave..324
Problemas..324
Exercícios em computador.....................................327

CAPÍTULO 9 Problemas adicionais de especificação e de dados 331

9.1	Má-especificação da forma funcional..........332
	9-1a *O teste RESET como um teste geral da má-especificação da forma funcional*.................... *334*
	9-1b *Testes contra alternativas não aninhadas* *336*
9.2	Utilizando variáveis proxy para variáveis explicativas não observadas.......................337
	9-2a *O uso de variáveis dependentes defasadas como variáveis proxy*.. *342*
	9-2b *Uma inclinação diferente na regressão múltipla*... *344*
9.3	Modelos com inclinações aleatórias.............345
9.4	Propriedades do método MQO quando há erros de medida...347
	9-4a *Erro de medida na variável dependente*....... *348*
	9-4b *Erro de medida em uma variável explicativa*...*350*
9.5	Ausência de dados, amostras não aleatórias e observações extremas................................354
	9-5a *Ausência de dados* *355*
	9-5b *Amostras não aleatórias*............................. *356*
	9-5c *Observações extremas (outliers) e influentes* ...*359*
9.6	Estimação dos mínimos desvios absolutos ...364

Resumo..367
Termos-chave..368
Problemas..368
Exercícios em computador.....................................372

PARTE 2

Análise de regressão com dados de séries temporais..............379

CAPÍTULO 10 Análise de regressão básica com dados de séries temporais....................380

10.1 A natureza dos dados das séries temporais..380

10.2 Exemplos de modelos de regressão de séries temporais........................382
- 10-2a *Modelos estáticos*......................... 382
- 10-2b *Modelos de defasagem distribuída finita*.... 382
- 10-2c *Convenção sobre o índice temporal*............ 385

10.3 Propriedades de amostra finita do MQO sob as hipóteses clássicas..........385
- 10-3a *Inexistência de viés do MQO*..................... 386
- 10-3b *As variâncias dos estimadores MQO e o teorema de Gauss-Markov*......................... 389
- 10-3c *Inferência sob as hipóteses do modelo linear clássico*.............................. 392

10.4 Forma funcional, variáveis *dummy* e números-índices 393

10.5 Tendência e sazonalidade 401
- 10-5a *Caracterização de séries temporais com tendência*................................ 401
- 10-5b *Usando variáveis de tendência na análise de regressão*............................ 404
- 10-5c *Interpretação sobre a retirada da tendência de regressões com a inclusão de uma tendência temporal*.................................. 407
- 10-5d *Cálculo do R-Quadrado quando a variável dependente apresenta tendência*............. 408
- 10-5e *Sazonalidade*............................. 410

Resumo..412
Termos-chave......................................414
Problemas...414
Exercícios em computador..........................416

CAPÍTULO 11 Questões adicionais quanto ao uso do MQO com dados de séries temporais.........420

11.1 Séries temporais estacionárias e fracamente dependentes...................421
- 11-1a *Séries temporais estacionárias e não estacionárias*........................... 421
- 11-1b *Séries temporais fracamente dependentes*.. 422

11.2 Propriedades assimptóticas do MQO 425

11.3 O uso de séries temporais altamente persistentes na análise de regressão..........432
- 11-3a *Séries temporais altamente persistentes*..... 433
- 11-3b *Transformações de séries temporais altamente persistentes*............................. 437
- 11-3c *A decisão sobre uma série temporal ser I(1)*.. 438

11.4 Modelos dinamicamente completos e a ausência de correlação serial 441

11.5 A hipótese de homoscedasticidade para modelos de séries temporais.......................444

Resumo..444
Termos-chave......................................446
Problemas...446
Exercícios em computador..........................449

CAPÍTULO 12 Correlação serial e heteroscedasticidade em regressões de séries temporais..........................454

12.1 As propriedades do MQO com erros serialmente correlacionados.......................455
- 12-1a *Inexistência de viés e consistência* 455
- 12-1b *Eficiência e inferência* 455
- 12-1c *A qualidade de ajuste*..................... 456
- 12-1d *A correlação serial na presença da variável dependente defasada* 457

12.2 O teste da correlação serial.......................458
- 12-2a *O teste t de correlação serial AR(1) com regressores estritamente exógenos* 459
- 12-2b *O teste de Durbin-Watson sob as hipóteses clássicas*.............................. 461
- 12-2c *O teste da AR(1) em correlação serial sem regressores estritamente exógenos* 462
- 12-2d *O teste da correlação serial de ordem mais elevada* 464

12.3 A correção da correlação serial com regressores estritamente exógenos 466
- 12-3a *A obtenção do melhor estimador linear não viesado no modelo AR(1)*................ 466
- 12-3b *A estimação MQG factível com erros AR(1)*.............................. 467
- 12-3c *Comparação entre MQO e MQGF* 469
- 12-3d *A correção da correlação serial para ordens mais elevadas*......................... 472

12.4 Diferenciação e correlação serial.................473

12.5 Inferência robusta em relação à correlação serial após o MQO.....................474

12.6 Heteroscedasticidade em regressões de séries temporais 478
- 12-6a *Estatísticas robustas em relação à heteroscedasticidade*............................. 479
- 12-6b *O teste da heteroscedasticidade* 479

12-6c *A heteroscedasticidade condicional autorregressiva* 480
12-6d *Heteroscedasticidade e correlação serial em modelos de regressão* 482
Resumo 483
Termos-chave 484
Problemas 484
Exercícios em computador 486

PARTE 3

Tópicos avançados 491

CAPÍTULO 13 Agrupamento de cortes transversais ao longo do tempo: métodos simples de dados em painel 492

13.1 Agrupamento independente de cortes transversais ao longo do tempo 493
  13-1a *Teste de Chow de mudança estrutural ao longo do tempo* 498

13.2 Análise de decisão de políticas com agrupamentos de cortes transversais 499

13.3 Análise de dados em painel de dois períodos 505
  13-3a *Organização dos dados em painel* 511

13.4 Análise de decisões de políticas com dados em painel de dois períodos 512

13.5 A diferenciação com mais de dois períodos de tempo 515
  13-5a *Armadilhas potenciais na primeira diferença de dados em painel* 521

Resumo 522
Termos-chave 522
Problemas 522
Exercícios em computador 524
Apêndice 13A 531

CAPÍTULO 14 Métodos avançados de dados em painel 534

14.1 Estimação de efeitos fixos 534
  14.1a *Regressão das variáveis Dummy* 539
  14.1b *Efeitos fixos ou primeira diferença?* 540
  14.1c *Efeitos fixos com painéis não equilibrados*. 542

14.2 Modelos de efeitos aleatórios 543
  14.2a *Efeitos aleatórios ou efeitos ajustados?* 547

14.3 Abordagem de efeitos aleatórios correlacionados 548
  14.3a *Painéis desequilibrados* 551

14.4 Aplicação de métodos de dados em painel a outras estruturas de dados 552

Resumo 556
Termos-chave 557
Problemas 557
Exercícios em computador 559
Apêndice 14A 565

CAPÍTULO 15 Estimação de variáveis instrumentais e mínimos quadrados em dois estágios 568

15.1 Motivação: variáveis omitidas em um modelo de regressão simples 569
  15.1a *Inferência estatística com o estimador de VI* 574
  15.1b *Propriedades da VI com variável instrumental fraca* 578
  15.1c *Cálculo do R-quadrado após a estimação de VI* 580

15.2 Estimação de VI do modelo de regressão múltipla 581

15.3 Mínimos quadrados em dois estágios 585
  15.3a *Uma única variável explicativa endógena* .. 585
  15.3b *Multicolinearidade e MQ2E* 588
  15.3c *Detecção de instrumentos fracos* 589
  15.3d *Variáveis explicativas endógenas múltiplas* 590
  15.3e *Teste de hipóteses múltiplas após a estimação por MQ2E* 591

15.4 Soluções de VI para problemas de erros nas variáveis 591

15.5 Teste de endogeneidade e teste de restrições sobreidentificadoras 593
  15.5a *Teste de endogeneidade* 593
  15.5b *Teste de restrições sobreidentificadoras* 595

15.6 O MQ2E com heteroscedasticidade 597

15.7 A aplicação do MQ2E a equações de séries temporais 598

15.8 A aplicação do MQ2E em cortes transversais agrupados e em dados em painel 600

Resumo 603
Termos-chave 603
Problemas 604
Exercícios em computador 607
Apêndice 15A 613

CAPÍTULO 16 Modelos de equações simultâneas ... 616

16.1 A natureza dos modelos de equações simultâneas ... 617
16.2 Viés de simultaneidade no MQO ... 621
16.3 A identificação e a estimação de uma equação estrutural ... 623
  16.3a *Identificação em um sistema de duas equações* ... 623
  16.3b *Estimação por MQ2E* ... 628
16.4 Sistemas com mais de duas equações ... 630
  16.4a *Identificação em sistemas com três ou mais equações* ... 630
  16.4b *Estimação* ... 631
16.5 Modelos de equações simultâneas com séries temporais ... 631
16.6 Modelos de equações simultâneas com dados em painel ... 635
Resumo ... 638
Termos-chave ... 639
Problemas ... 639
Exercícios em computador ... 642

CAPÍTULO 17 Modelos com variáveis dependentes limitadas e correções da seleção amostral ... 647

17.1 Modelos logit e probit de resposta binária ... 648
  17.1a *A especificação de modelos logit e probit* ... 649
  17.1b *Estimação de máxima verossimilhança de modelos logit e probit* ... 652
  17.1c *Testes de hipóteses múltiplas* ... 653
  17.1d *A interpretação das estimativas logit e probit* ... 654
17.2 O modelo tobit para resposta de solução de canto ... 662
  17.2a *Interpretação das estimativas Tobit* ... 664
  17.2b *Problemas de especificação nos modelos tobit* ... 670
17.3 O modelo de regressão de Poisson ... 671
17.4 Modelos de regressão censurada e truncada ... 676
  17.4a *Modelos de regressão censurada* ... 677
  17.4b *Modelos de regressão truncada* ... 681
17.5 Correções da seleção amostral ... 683
  17.5a *Quando o MQO é consistente na amostra selecionada?* ... 684
  17.5b *Truncamento ocasional* ... 686

Resumo ... 690
Termos-chave ... 691
Problemas ... 691
Exercícios em computador ... 693
Apêndice 17A ... 699
Apêndice 17B ... 700

CAPÍTULO 18 Tópicos avançados sobre séries temporais ... 702

18.1 Modelos de defasagem distribuída infinita ... 703
  18.1a *Defasagem distribuída geométrica (ou de Koyck)* ... 705
  18.1b *Modelos de defasagem distribuída racional* ... 707
18.2 Teste de raízes unitárias ... 709
18.3 Regressão espúria ... 715
18.4 Cointegração e modelos de correção de erro ... 717
  18.4a *Cointegração* ... 717
  18.4b *Modelos de correção de erro* ... 722
18.5 Previsão ... 724
  18.5a *Tipos de modelos de regressão utilizados para previsão* ... 726
  18.5b *Previsão um passo à frente* ... 727
  18.5c *Comparação de previsões um passo à frente* ... 731
  18.5d *Previsões múltiplos passos à frente* ... 732
  18.5e *Previsão de processos com tendência, sazonais e integrados* ... 735
Resumo ... 740
Termos-chave ... 742
Problemas ... 742
Exercícios em computador ... 744

CAPÍTULO 19 Executar um projeto na prática ... 749

19.1 Formulação de uma pergunta ... 749
19.2 Análise da literatura ... 752
19.3 Compilação dos dados ... 753
  19.3a *Decisão sobre o conjunto de dados apropriado* ... 753
  19.3b *Entrada e armazenamento de seus dados* ... 754
  19.3c *Inspeção, limpeza e resumo de seus dados* ... 756
19.4 Análise econométrica ... 758
19.5 Redação de um ensaio empírico ... 762
  19.5a *Introdução* ... 762

19.5b *Estrutura conceitual (ou teórica)* 762	Lista de periódicos 777
19.5c *Modelos econométricos e métodos de estimação* 763	Fontes de dados 778
19.5d *Dados* 766	
19.5e *Resultados* 766	Referências bibliográficas 780
19.5f *Conclusões* 767	Glossário 786
19.5g *Sugestões de estilo* 768	Índice remissivo 805
Resumo 770	
Termos-chave 770	
Amostra de projetos empíricos 771	

CAPÍTULO **1**

A natureza da econometria e dos dados econômicos

O Capítulo 1 examina o escopo da econometria e propõe questões gerais que resultam da aplicação dos métodos econométricos. A Seção 1.1 apresenta uma breve discussão a respeito do propósito e do escopo da econometria e como esta se encaixa na análise econômica. A Seção 1.2 oferece exemplos de como um indivíduo pode começar com uma teoria econômica e construir um modelo que possa ser estimado usando dados. A Seção 1.3 examina os tipos de conjuntos de dados utilizados em negócios, economia e outras ciências sociais. A Seção 1.4 traz uma discussão intuitiva das dificuldades associadas com a inferência da causalidade nas ciências sociais.

1.1 O que é econometria?

Imagine que você seja contratado pelo governo de seu Estado para avaliar a eficácia de um programa de treinamento financiado com recursos públicos. Suponha que esse programa ensine aos trabalhadores várias maneiras de usar computadores no processo produtivo. O programa, com duração de 20 semanas, oferece cursos fora do horário do expediente. Qualquer trabalhador horista da produção pode participar, e a matrícula em todo o programa, ou em parte dele, é voluntária. Você deve determinar qual o efeito, se houver, do programa sobre o salário-hora de cada trabalhador.

Suponha, agora, que você trabalhe para um banco de investimento. Você deve estudar os retornos de diferentes estratégias de investimento que envolvem títulos do Tesouro dos Estados Unidos para decidir se estão de acordo com as teorias econômicas a elas associadas.

A tarefa de responder a essas questões pode parecer desanimadora à primeira vista. Nesse ponto, você deve ter somente uma vaga ideia de qual tipo de dados coletar. Até o fim deste estudo de princípios de econometria, você provavelmente saberá como usar os métodos econométricos para avaliar, formalmente, um programa de treinamento ou testar uma simples teoria econômica.

A econometria é baseada no desenvolvimento de métodos estatísticos para estimar relações econômicas, testar teorias, avaliar e implementar políticas de governo e de negócios. A aplicação mais comum da econometria é a previsão de importantes variáveis macroeconômicas, tais como taxas de juros, taxas de inflação e produto interno bruto (PIB). Ainda que as previsões de indicadores econômicos sejam bastante visíveis e, muitas vezes, extensamente publicadas, os métodos econométricos podem ser usados em áreas econômicas que não têm nada a ver com previsões macroeconômicas. Por exemplo, estudaremos os efeitos de gastos em campanhas políticas sobre os resultados de eleições. No campo da educação, consideraremos o efeito de gastos públicos com escolas sobre o desempenho de estudantes. Além disso, aprenderemos como usar métodos econométricos para prever séries temporais econômicas.

A econometria evoluiu como uma disciplina separada da estatística matemática, porque enfoca problemas inerentes à coleta e à análise de dados econômicos não experimentais. **Dados não experimentais** não são acumulados por meio de experimentos controlados de indivíduos, empresas ou segmentos da economia. (Dados não experimentais são, às vezes, chamados de **dados observacionais** ou **dados retrospectivos** para enfatizar o fato de que o pesquisador é um coletor passivo de dados.) **Dados experimentais** são frequentemente coletados em ambientes de laboratório nas ciências naturais, mas são muito mais difíceis de ser obtidos nas ciências sociais. Embora seja possível realizar alguns experimentos sociais, em geral é impossível conduzir os tipos de experimentos controlados necessários para avaliar questões econômicas, porque são proibitivamente dispendiosos ou moralmente ofensivos. Na Seção 1.4, apresentaremos alguns exemplos específicos das diferenças entre dados experimentais e não experimentais.

Naturalmente, os econometristas, sempre que possível, valem-se dos estatísticos matemáticos. O método de análise da regressão múltipla é o esteio de ambos os campos, mas seu foco e sua interpretação podem diferir de forma marcante. Além disso, os economistas criaram novas técnicas para lidar com as complexidades dos dados econômicos e para testar as previsões das teorias econômicas.

1.2 Passos na análise econômica empírica

Os métodos econométricos são relevantes em, virtualmente, todos os ramos da economia aplicada. Eles entram em cena quando temos uma teoria econômica para testar ou quando temos em mente uma relação que apresenta alguma importância para decisões de negócios ou análises de políticas públicas. Uma **análise empírica** usa dados para testar uma teoria ou estimar uma relação.

Como se estrutura uma análise econômica empírica? Pode parecer óbvio, mas é importante enfatizar que o primeiro passo em qualquer análise empírica é a formulação cuidadosa da questão de interesse. Essa questão pode ser a de testar certo aspecto de uma teoria ou os efeitos de uma política governamental. Em princípio, métodos econométricos podem ser usados para responder a uma gama de questões.

Em alguns casos, especialmente aqueles que envolvem o teste de teorias econômicas, constrói-se um **modelo econômico** formal. Um modelo econômico consiste em equações matemáticas que descrevem várias relações. Os economistas são conhecidos por suas construções de modelos que descrevem um amplo conjunto de comportamentos. Por exemplo, em microeconomia intermediária, as decisões de consumo individual, sujeitas a uma restrição orçamentária, são descritas por modelos matemáticos. A premissa básica que fundamenta esses modelos é a *maximização da utilidade*.

A hipótese de que os indivíduos fazem escolhas para maximizar seu bem-estar, sujeitas às restrições de recursos, oferece-nos um arcabouço muito poderoso para criar modelos econômicos tratáveis e fazer previsões bem definidas. No contexto das decisões de consumo, a maximização da utilidade leva a um conjunto de *equações de demanda*. Em uma equação de demanda, a quantidade demandada de cada produto depende de seu próprio preço, do preço dos bens substitutos e complementares, da renda do consumidor e das características individuais que influem no gosto. Essas equações podem formar a base de uma análise econométrica da demanda do consumidor.

Os economistas têm usado ferramentas econômicas básicas, tais como o arcabouço da maximização da utilidade, para explicar comportamentos que, à primeira vista, podem parecer de natureza não econômica. Um exemplo clássico é o modelo econômico de Becker (1968) sobre o comportamento criminoso.

EXEMPLO 1.1 Modelo econômico do crime

Em um artigo inspirador, o vencedor do prêmio Nobel Gary Becker postulou um arcabouço da maximização da utilidade para descrever a participação de um indivíduo no crime. Certos crimes têm recompensas econômicas evidentes, mas muitos comportamentos criminosos têm custos. O custo de oportunidade do crime impede o criminoso de participar de outras atividades, como um emprego legal. Além disso, há custos associados com a possibilidade de ser capturado, e, se condenado, há os custos associados com o cumprimento de pena. Da perspectiva de Becker, a decisão de empreender a atividade ilegal é uma decisão de alocação de recursos com os benefícios e os custos das atividades concorrentes que são considerados.

Sob hipóteses gerais, podemos derivar uma equação que descreve a quantidade de tempo gasto na atividade criminosa como uma função de vários fatores. Podemos representar essa função como

$$y = f(x_1, x_2, x_3, x_4, x_5, x_6, x_7), \qquad (1.1)$$

em que

y = horas gastas em atividades criminosas,
x_1 = "salário" por hora ocupada em atividade criminosa,
x_2 = salário-hora em emprego legal,
x_3 = renda de outras atividades que não o crime ou um emprego legal,
x_4 = probabilidade de ser capturado,
x_5 = probabilidade de ser condenado, se capturado,
x_6 = sentença esperada se condenado, e
x_7 = idade.

Outros fatores geralmente afetam a decisão de uma pessoa de participar de atividades criminosas, mas a lista apresentada representa o que poderia resultar de uma análise econômica formal. Como é comum na teoria econômica, não fomos específicos sobre a função $f(\cdot)$ em (1.1). Essa função depende de uma função utilidade subjacente, raramente conhecida. Entretanto, podemos usar a teoria econômica – ou a introspecção – para prever o efeito que cada variável teria sobre as atividades criminosas. Essa é a base para uma análise econométrica das atividades criminosas individuais.

A modelagem econômica formal é, às vezes, o ponto de partida da análise empírica, porém é mais comum usar a teoria econômica de modo menos formal, ou mesmo contar inteiramente com a intuição. Você pode concordar que os determinantes do comportamento criminoso que aparecem na equação (1.1) sejam razoavelmente baseados no senso comum; poderíamos chegar a essa equação diretamente, sem partir da maximização da utilidade. Essa visão tem algum mérito, embora haja casos em que derivações formais geram ideias que a intuição pode ignorar.

A seguir, temos um exemplo de uma equação que podemos derivar por meio de um raciocínio um tanto informal.

EXEMPLO 1.2   Treinamento e produtividade do trabalhador

Considere o problema proposto no início da Seção 1.1. Um economista especializado em trabalho gostaria de examinar os efeitos do treinamento sobre a produtividade do trabalhador. Nesse caso, há pouca necessidade de teoria econômica formal. Um entendimento econômico básico é suficiente para perceber que fatores tais como educação, experiência e treinamento influenciam a produtividade do trabalhador. Os economistas também estão bem cientes de que os trabalhadores são pagos de acordo com sua produtividade. Esse raciocínio simples leva a um modelo como

$$wage = f(educ, exper, training), \qquad (1.2)$$

em que

$wage$ = salário-hora,
$educ$ = anos de educação formal,
$exper$ = anos de experiência da força de trabalho,
$training$ = semanas despendidas em treinamento.

Novamente, outros fatores geralmente influenciam a taxa de salário, mas a equação (1.2) captura a essência do problema.

Após especificarmos um modelo econômico, precisamos voltar ao que chamamos de **modelo econométrico**. Visto que trabalharemos com modelos econométricos ao longo deste texto, é importante saber como eles se relacionam com os modelos econômicos. Considere a equação (1.1) como exemplo. A forma da função $f(\cdot)$ deve ser especificada antes de podermos empreender uma análise econométrica. Uma segunda questão concernente à (1.1) é como lidar com variáveis que não podem ser razoavelmente observadas. Por exemplo, considere o "salário" que uma pessoa pode receber na atividade criminosa. Em princípio, essa quantidade é bem definida, mas poderia ser difícil, se não impossível, observar o "salário" para determinado indivíduo. Mesmo variáveis como a probabilidade de ser preso não podem ser obtidas de modo realista para determinado indivíduo, mas pelo menos podemos observar estatísticas de detenção relevantes e derivar uma variável que se aproxime da probabilidade de prisão. Muitos outros fatores que não podemos listar, nem mesmo observar, afetam o comportamento criminoso, mas devemos de algum modo considerá-los.

As ambiguidades inerentes ao modelo econômico do crime são resolvidas ao se especificar um modelo econométrico particular, tal como:

$$crime = \beta_0 + \beta_1 wage_m + \beta_2 othinc + \beta_3 freqarr + \beta_4 freqconv$$
$$+ \beta_5 avgsen + \beta_6 age + u, \qquad (1.3)$$

em que

> $crime$ = algum indicador sobre a frequência da atividade criminal,
> $wage_m$ = salário que se pode ganhar em emprego legal,
> $othinc$ = renda de outras fontes (ativos, herança etc.),
> $freqarr$ = frequência de prisões por infrações anteriores (para aproximar a probabilidade de prisão),
> $freqconv$ = frequência de condenação,
> $avgsen$ = duração média da sentença após a condenação.

A escolha dessas variáveis é determinada pela teoria econômica e por considerações sobre os dados. O termo u contém fatores não observados, como o "salário" da atividade criminosa, o caráter moral, a formação da família e erros na mensuração de coisas como a atividade criminosa e a probabilidade de detenção. Podemos adicionar variáveis de formação da família ao modelo, como o número de irmãos, a educação dos pais, e assim por diante, mas nunca poderemos eliminar u inteiramente. De fato, lidar com esse *termo de erro* (ou *termo de perturbação*) é, talvez, o componente mais importante de qualquer análise econométrica.

As constantes $\beta_0, \beta_1, \ldots, \beta_6$ são os *parâmetros* do modelo econométrico e descrevem as direções e as influências da relação entre *crime* e os fatores usados para determinar *crime* no modelo.

Um modelo econométrico completo para o Exemplo 1.2 poderia ser

$$wage = \beta_0 + \beta_1 educ + \beta_2 exper + \beta_3\, training + u, \tag{1.4}$$

em que o termo u contém fatores tais como "aptidão inata", qualidade da educação, formação da família e uma miríade de outros fatores que podem influenciar o salário de uma pessoa. Se estivermos especialmente interessados nos efeitos do treinamento de trabalho, então β_3 é o parâmetro de interesse.

Na maioria dos casos, a análise econométrica começa pela especificação de um modelo econométrico, sem consideração de detalhes da criação do modelo. Geralmente seguimos essa abordagem, pois, em grande parte, a derivação cuidadosa de algo como o modelo econômico do crime toma muito tempo e pode nos levar para algumas áreas especializadas e frequentemente difíceis da teoria econômica. O raciocínio econômico desempenhará papel importante em nossos exemplos, e incorporaremos toda teoria econômica subjacente na especificação do modelo econométrico. No modelo econômico do exemplo do crime, começaríamos com um modelo econométrico tal como (1.3) e usaríamos o raciocínio econômico e o senso comum como guias para escolher as variáveis. Embora perca algumas das profusões da análise econômica, essa abordagem é comum e efetivamente aplicada por pesquisadores cautelosos.

Uma vez que um modelo econométrico como (1.3) ou (1.4) tenha sido especificado, várias *hipóteses* de interesse podem ser formuladas em termos dos parâmetros desconhecidos. Por exemplo, na equação (1.3), poderíamos levantar a hipótese de que $wage_m$, o salário que poderia ser ganho no emprego legal, não tem efeito sobre o comportamento criminoso. No contexto desse modelo econométrico específico, a hipótese é equivalente a $\beta_1 = 0$.

Uma análise empírica, por definição, requer dados. Depois de coletados os dados sobre as variáveis relevantes, os métodos econométricos são usados para estimar os parâmetros do modelo econométrico e formalmente testar as hipóteses de interesse. Em alguns casos, o modelo econométrico é usado para fazer previsões com a finalidade de testar uma teoria ou o estudo do impacto de uma política.

Como a coleta de dados é muito importante em trabalhos empíricos, a Seção 1.3 descreverá os tipos de dados com os quais, provavelmente, nos defrontaremos.

1.3 A estrutura dos dados econômicos

Os dados econômicos são de vários tipos. Embora alguns métodos econométricos possam ser aplicados com pouca ou nenhuma modificação para muitos tipos diferentes de informações, as características especiais de alguns dados devem ser consideradas ou deveriam ser exploradas. Descreveremos a seguir as estruturas de dados mais importantes encontradas em trabalhos aplicados.

1-3a Dados de corte transversal (*cross-section*)

Um **conjunto de dados de corte transversal** consiste em uma amostra de indivíduos, consumidores, empresas, cidades, estados, países ou uma variedade de outras unidades, tomada em determinado ponto no tempo. Às vezes, os dados de todas as unidades não correspondem precisamente ao mesmo período. Por exemplo, muitas famílias podem ser pesquisadas durante diferentes semanas de um ano. Em uma análise pura de dados de corte transversal, ignoraríamos, na coleta de dados, quaisquer diferenças de tempo não importantes. Se o conjunto de famílias fosse pesquisado durante diferentes semanas do mesmo ano, ainda veríamos isso como um conjunto de dados de corte transversal.

Uma importante característica dos dados de corte transversal é que não podemos, frequentemente, considerar que eles foram obtidos por **amostragem aleatória** da população subjacente. Por exemplo, se obtemos informações sobre salários, educação, experiência e outras características ao escolher aleatoriamente 500 pessoas de uma população de trabalhadores, teremos uma amostra aleatória da população de todas as pessoas que trabalham. A amostragem aleatória, matéria aprendida nos cursos introdutórios de estatística, simplifica a análise de dados de corte transversal. O Apêndice C traz uma revisão sobre amostragem aleatória.

Algumas vezes, a amostragem aleatória não é apropriada como uma hipótese para analisar dados de corte transversal. Por exemplo, suponha que estejamos interessados em estudar fatores que influenciam na acumulação de riqueza das famílias. Podemos estudar uma amostra aleatória de famílias, mas algumas talvez se recusem a relatar suas riquezas. Se, por exemplo, for menos provável que famílias mais ricas revelem sua riqueza, a amostra resultante sobre a riqueza não é uma amostra aleatória extraída da população de todas as famílias. Este é um exemplo de um problema de seleção amostral, um tópico avançado que discutiremos no Capítulo 17.

Outra violação da amostragem aleatória ocorre quando construímos uma amostra a partir de unidades grandes relacionadas à população, em especial a unidades geográficas. O problema provável nesses casos é que a população não é suficientemente grande para se supor, de maneira razoável, que as observações são extrações independentes. Por exemplo, se queremos explicar novas atividades de negócios entre estados, como função de taxas de salários, preços de energia, alíquotas de impostos, serviços prestados, qualidade da força de trabalho e outras características estaduais, é improvável que as atividades de negócios em um estado próximo a outro sejam independentes. Isso revela que os métodos econométricos que discutimos funcionam, de fato, nessas situações, mas algumas vezes necessitam ser refinados. Na maioria dos casos, ignoraremos as complexidades que surgem ao analisar essas situações e trataremos esses problemas dentro do arcabouço da amostragem aleatória, mesmo quando não for tecnicamente correto fazê-lo.

Os dados de corte transversal são amplamente usados em economia e em outras ciências sociais. Em economia, a análise de dados de corte transversal está intimamente alinhada com campos da microeconomia aplicada, como economia do trabalho, finanças públicas estaduais e locais, organização industrial, economia urbana, demografia e economia da saúde. Dados sobre indivíduos, famílias, empresas e cidades em determinado ponto do tempo são importantes para testar hipóteses microeconômicas e avaliar políticas econômicas.

Para a análise econométrica, os dados de corte transversal usados podem ser representados e armazenados em computadores. A Tabela 1.1 contém, de forma abreviada, um conjunto de dados de corte transversal, para o ano de 1976, de 526 trabalhadores. (Esse é um subconjunto dos dados do arquivo WAGE1.) As variáveis incluem *wage* (salário-hora), *educ* (anos de educação formal), *exper* (anos de experiência no mercado de trabalho), *female* (indicador de gênero) e *married* (estado civil). Estas duas últimas variáveis são binárias (zero-um) por natureza e servem para indicar características qualitativas dos indivíduos. (A pessoa é do sexo feminino ou não; a pessoa é casada ou não.) Falaremos mais sobre variáveis binárias nos Capítulos 7 e seguintes.

A variável *obsno* na Tabela 1.1 é o número da observação atribuído a cada indivíduo na amostra. Diferentemente das outras variáveis, ela não é uma característica do indivíduo. Todos os programas econométricos e estatísticos atribuem a cada unidade um número de observação. A intuição deveria dizer-lhe que, para dados como os da Tabela 1.1, não importa qual pessoa é classificada como observação um, qual pessoa é designada pela observação dois, e assim por diante. O fato de que a ordenação dos dados não importa para a análise econométrica é uma característica fundamental dos conjuntos de dados de corte transversal obtidos a partir da amostragem aleatória.

Às vezes, variáveis diferentes correspondem a diferentes períodos nos conjuntos de dados de corte transversal. Por exemplo, para determinar os efeitos de políticas governamentais sobre o crescimento econômico de longo prazo, os economistas têm estudado a relação entre crescimento do PIB *per capita* real ao longo de certo período (digamos, 1960 a 1985) e variáveis determinadas, em parte, pela política governamental em 1960 (consumo do governo como porcentagem do PIB e custos do ensino médio de adultos). Esses conjuntos de dados poderiam ser representados como na Tabela 1.2, a qual constitui parte do conjunto de dados usados no estudo de De Long e Summers (1991) sobre as taxas de crescimento entre países.

TABELA 1.1 Conjunto de dados de corte transversal sobre salários e outras características individuais.

obsno	wage	educ	exper	female	married
1	3,10	11	2	1	0
2	3,24	12	22	1	1
3	3,00	11	2	0	0
4	6,00	8	44	0	1
5	5,30	12	7	0	1
.	.	.	.	.	.
.	.	.	.	.	.
.	.	.	.	.	.
525	11,56	16	5	0	1
526	3,50	14	5	1	0

TABELA 1.2 Conjunto de dados sobre taxas de crescimento econômico e características de países.				
obsno	country	gpcrgdp	govcons60	second60
1	Argentina	0,89	9	32
2	Áustria	3,32	16	50
3	Bélgica	2,56	13	69
4	Bolívia	1,24	18	12
.	.	.	.	.
.	.	.	.	.
.	.	.	.	.
61	Zimbábue	2,30	17	6

A variável *gpcrgdp* representa o crescimento médio do PIB *per capita* real ao longo do período 1960 a 1985. O fato de que *govcons60* (consumo do governo como porcentagem do PIB) e *second60* (porcentagem da população adulta com ensino médio) correspondem ao ano de 1960, enquanto *gpcrgdp* é o crescimento médio ao longo do período 1960 a 1985, não leva a quaisquer problemas especiais ao tratar essas informações como um conjunto de dados de corte transversal. As observações estão ordenadas alfabeticamente por país, mas essa ordenação não afeta em nada nenhuma análise subsequente.

1-3b Dados de séries temporais

Um **conjunto de dados de séries temporais** consiste em observações sobre uma variável ou muitas variáveis ao longo do tempo. Exemplos de dados de séries temporais incluem preços de ações, oferta de moeda, índice de preços ao consumidor, produto interno bruto, taxas anuais de homicídios e números de automóveis vendidos. Como eventos passados podem influenciar eventos futuros e como, nas ciências sociais, as defasagens do comportamento são prevalecentes, o tempo é uma dimensão importante em um conjunto de dados de séries temporais. Diferentemente do arranjo dos dados de corte transversal, a ordenação cronológica das observações em uma série temporal transmite informações potencialmente importantes.

Uma característica essencial dos dados de séries temporais que torna mais difícil a análise do que os dados de corte transversal é que raramente é possível assumir (se é que é possível) que as observações econômicas são independentes ao longo do tempo. A maioria das séries temporais econômicas, bem como de outras séries temporais, está relacionada – muitas vezes fortemente relacionada – com seus históricos recentes. Por exemplo, saber algo sobre o produto interno bruto do último trimestre nos diz muito sobre a provável variação do PIB durante o trimestre atual, visto que o PIB tende a permanecer razoavelmente estável de um trimestre para o próximo. Embora muitos procedimentos econométricos possam ser usados tanto com dados de corte transversal quanto com dados de séries temporais, é necessário fazer mais ao especificar modelos econométricos para dados de séries temporais antes que a utilização dos métodos econométricos padrão possam ser justificados. Além disso, as modificações e adornos das técnicas econométricas comuns foram desenvolvidas com a finalidade de considerar e explorar a natureza dependente das séries temporais e para tratar de outras questões, tal como o fato de que algumas variáveis econômicas tendem a exibir claras tendências ao longo do tempo.

Outra característica dos dados de séries temporais que pode requerer atenção especial é a **frequência dos dados** na qual eles são coletados. Em economia, as frequências mais comuns são: diária, semanal, mensal, trimestral e anual. Os preços de ações são registrados em intervalos diários (excluindo sábados e domingos). A oferta de moeda na economia dos Estados Unidos é informada semanalmente. Muitas séries macroeconômicas são tabuladas mensalmente, incluindo as taxas de inflação e desemprego. Outras séries macroeconômicas são registradas menos frequentemente, como a cada três meses (por trimestre). O produto interno bruto é um exemplo importante de uma série trimestral. Outras séries temporais, como as taxas de mortalidade infantil dos estados norte-americanos, estão disponíveis somente em bases anuais.

Muitas séries temporais econômicas, semanais, mensais ou trimestrais exibem forte padrão sazonal, o qual pode ser um importante fator na análise de séries temporais. Por exemplo, dados mensais sobre o início da construção de moradias diferenciam-se entre os meses simplesmente em razão de mudanças das condições climáticas. Aprenderemos como trabalhar com séries temporais no Capítulo 10.

A Tabela 1.3 contém um conjunto de dados de séries temporais, obtido de um artigo de Castillo-Freeman e Freeman (1992), sobre os efeitos do salário-mínimo em Porto Rico. O ano mais antigo no conjunto de dados é a primeira observação, e o ano mais recente disponível é a última observação. Quando os métodos econométricos são utilizados para analisar dados de séries temporais, os dados devem ser armazenados em ordem cronológica.

TABELA 1.3 Salário-mínimo, desemprego e dados relacionados em Porto Rico.

obsno	year	avgmin	avgcov	prunemp	prgnp
1	1950	0,20	20,1	15,4	878,7
2	1951	0,21	20,7	16,0	925,0
3	1952	0,23	22,6	14,8	1015,9
.	.	.	.	.	.
.	.	.	.	.	.
.	.	.	.	.	.
37	1986	3,35	58,1	18,9	4281,6
38	1987	3,35	58,2	16,8	4496,7

A variável *avgmin* refere-se ao salário-mínimo médio no ano, *avgcov* é a taxa de cobertura média (o percentual de trabalhadores cobertos pela lei de salário-mínimo), *prunemp* é a taxa de desemprego e *prgnp* é o produto interno bruto. Usaremos esses dados mais adiante em uma análise de séries temporais do efeito do salário-mínimo sobre o emprego.

1-3c Cortes transversais agrupados

Alguns conjuntos de dados têm tanto características de corte transversal quanto de séries temporais. Por exemplo, suponha que dois estudos sobre famílias sejam realizados nos Estados Unidos com dados de corte transversal, um em 1985 e outro em 1990. Em 1985, uma amostra aleatória de famílias é pesquisada para variáveis tais como renda, poupança, tamanho da família, e assim por diante. Em 1990, uma *nova* amostra aleatória de famílias é extraída usando as mesmas questões da pesquisa. Para aumentar nosso tamanho de amostra, podemos formar um **corte transversal agrupado** ao combinar os dois anos.

Agrupar cortes transversais de diferentes anos é, frequentemente, um modo eficaz de analisar os efeitos de uma nova política de governo. A ideia é coletar dados de anos anteriores e posteriores relacionados a uma importante mudança de política governamental. Como exemplo, considere o seguinte conjunto de dados sobre os preços da moradia coletados em 1993 e 1995 nos Estados Unidos, quando houve uma redução nos impostos sobre a propriedade em 1994. Suponha que tenhamos dados sobre 250 residências para 1993 e sobre 270 para 1995. Um modo de armazenar esses dados é apresentado na Tabela 1.4.

As observações 1 a 250 correspondem às residências vendidas em 1993, e as observações 251 a 520 correspondem às 270 residências vendidas em 1995. Embora a ordem na qual armazenamos os dados não se revele crucial, não se esqueça de que o ano de cada observação é, geralmente, muito importante. Essa é a razão de introduzirmos *ano* como uma variável separada.

A análise de um corte transversal agrupado é muito parecida com a de um corte transversal padrão, exceto pelo fato de que precisamos, muitas vezes, considerar diferenças periódicas das variáveis ao longo do tempo. De fato, além de aumentar o tamanho da amostra, a característica de uma análise de corte transversal agrupada é, frequentemente, ver como uma relação fundamental mudou ao longo do tempo.

TABELA 1.4 Cortes transversais agrupados: dois anos de preços de moradias.

obsno	year	hprice	proptax	sqrft	bdrms	bthrms
1	1993	85.500	42	1600	3	2,0
2	1993	67.300	36	1440	3	2,5
3	1993	134.000	38	2000	4	2,5
.	.	.	.	.	.	.
250	1993	243.600	41	2600	4	3,0
251	1995	65.000	16	1250	2	1,0
252	1995	182.400	20	2200	4	2,0
253	1995	97.500	15	1540	3	2,0
.	.	.	.	.	.	.
.	.	.	.	.	.	.
520	1995	57.200	16	1100	2	1,5

1-3d Dados em painel ou dados longitudinais

Um conjunto de **dados em painel** (ou *dados longitudinais*) consiste em uma série temporal para *cada* registro do corte transversal do conjunto de dados. Como exemplo, suponha que tenhamos o histórico de salário, educação e emprego para um conjunto de indivíduos ao longo de um período de dez anos, ou que possamos coletar informações, tais como dados de investimento e financeiros, sobre o mesmo conjunto de empresas ao longo de um período de cinco anos. Dados em painel também podem ser coletados para unidades geográficas. Por exemplo, podemos coletar dados para o mesmo conjunto de municípios dos Estados Unidos sobre fluxos de imigração, impostos, taxas de salários, gastos governamentais etc., para os anos de 1980, 1985 e 1990.

A característica essencial dos dados em painel que os distingue dos dados de corte transversal agrupado é que as *mesmas* unidades do corte transversal (indivíduos, empresas ou municípios nos exemplos anteriores) são acompanhadas ao longo de determinado período. Os dados da Tabela 1.4 não são considerados um conjunto de dados em painel porque as residências vendidas são provavelmente diferentes em 1993 e 1995; se houver quaisquer réplicas, o número é provavelmente bem pequeno para ser significativo. Em contraste, a Tabela 1.5 contém um conjunto de dados em painel de dois anos sobre o crime e as estatísticas relacionadas para 150 cidades nos Estados Unidos.

Há várias características interessantes na Tabela 1.5. Primeiro, a cada cidade foi dado um número de 1 a 150. Qual cidade decidimos chamar de cidade 1, cidade 2, e assim por diante, é irrelevante. Assim como em um corte transversal puro, a ordenação no corte transversal de um conjunto de dados em painel não é importante. Poderíamos usar o nome da cidade em lugar de um número, mas é frequentemente útil ter ambos.

Um segundo ponto é que os dois anos dos dados para a cidade 1 preenchem as duas primeiras linhas ou observações. As observações 3 e 4 correspondem à cidade 2, e assim por diante. Como cada uma das 150 cidades tem duas linhas de dados, qualquer pacote econométrico verá isso como 300 observações. Esse conjunto de dados pode ser tratado como um corte transversal agrupado, em que as mesmas cidades aparecem em cada ano. Contudo, como veremos nos Capítulos 13 e 14, podemos também usar a estrutura de painel para responder a questões que não podem ser respondidas simplesmente vendo isso como um corte transversal agrupado.

Ao organizar as observações da Tabela 1.5, colocamos os dois anos dos dados de cada cidade um sobre o outro, com o primeiro ano antes do segundo em todos os casos. Apenas por questões práticas, esse é o modo preferido de ordenar conjuntos de dados de painel. Essa organização contrasta com o modo pelo qual os cortes transversais agrupados são armazenados na Tabela 1.4. Em resumo, a razão por que ordenar os dados em painel como na Tabela 1.5 é que precisaremos fazer transformações dos dados para cada cidade durante os dois anos.

TABELA 1.5 Conjunto de dados em painel sobre estatísticas de crime nas cidades para dois anos.

obsno	city	year	murders	population	unem	police
1	1	1986	5	350.000	8,7	440
2	1	1990	8	359.200	7,2	471
3	2	1986	2	64.300	5,4	75
4	2	1990	1	65.100	5,5	75
.	.	.	.	.	.	.
.	.	.	.	.	.	.
.	.	.	.	.	.	.
297	149	1986	10	260.700	9,6	286
298	149	1990	6	245.000	9,8	334
299	150	1986	25	543.000	4,3	520
300	150	1990	32	546.200	5,2	493

Como os dados em painel requerem a repetição das mesmas unidades ao longo do tempo, os conjuntos de dados em painel, especialmente aqueles sobre indivíduos, famílias e empresas, são mais difíceis de se obter que os cortes transversais agrupados. Não surpreendentemente, observar as mesmas unidades ao longo do tempo traz várias vantagens sobre os dados de corte transversal ou mesmo sobre os dados de cortes transversais agrupados. O benefício que salientaremos neste livro é que ter múltiplas observações sobre as mesmas unidades permite-nos controlar certas características não observáveis de indivíduos, empresas etc. Como veremos, o uso de mais de uma observação pode facilitar a inferência causal em situações em que inferir causalidade seria muito difícil se somente um único corte transversal estivesse disponível. Uma segunda vantagem dos dados em painel é que eles frequentemente nos permitem estudar a importância das defasagens do comportamento ou o resultado de tomar decisões. Essa informação pode ser importante, visto que se pode esperar o impacto em muitas políticas econômicas somente após algum tempo.

A maior parte dos livros para cursos de nível superior não contém uma discussão de métodos econométricos para dados em painel. Entretanto, os economistas agora reconhecem que algumas questões são difíceis, se não impossíveis, de serem respondidas satisfatoriamente sem dados em painel. Como você verá, podemos fazer consideráveis progressos com análises simples de dados em painel, um método que não é muito mais difícil do que trabalhar com um conjunto de dados de corte transversal padrão.

1-3e Um comentário sobre estruturas de dados

Nesta Parte 1 do livro apresentamos a análise de dados de corte transversal, pois propõe menos conceitos e dificuldades técnicas. Ao mesmo tempo, ilustra muitos temas essenciais da análise econométrica. Usaremos os métodos e as ideias da análise de corte transversal no restante do texto.

Embora a análise econométrica de séries temporais use muitas das ferramentas que a análise de corte transversal utiliza, ela é mais complicada em razão da existência de tendência que traduz a natureza altamente persistente de muitas séries temporais econômicas. Acredita-se que agora são considerados falhos muitos exemplos que têm sido tradicionalmente usados para ilustrar a maneira pela qual os métodos econométricos podem ser aplicados a dados de séries temporais. Faz pouco sentido usar esses exemplos inicialmente, visto que esse hábito somente reforça uma prática econométrica insatisfatória. Portanto, postergaremos o tratamento da econometria de séries temporais até a Parte 2, quando questões importantes concernentes à tendência, persistência, dinâmica e sazonalidade serão introduzidas.

Na Parte 3, trataremos explicitamente de cortes transversais agrupados e dados em painel. A análise de cortes transversais independentemente agrupados e a análise simples de dados em painel são ambas extensões claras e diretas da análise pura de corte transversal. Entretanto, vamos esperar até o Capítulo 13 para tratar desses tópicos.

1.4 A causalidade e a noção de *ceteris paribus* na análise econométrica

Em muitos testes de teoria econômica e certamente para avaliar políticas públicas, o objetivo do economista é inferir que uma variável (como a educação) tem **efeito causal** sobre outra (como a produtividade do trabalhador). Encontrar simplesmente uma associação entre duas ou mais variáveis pode ser sugestivo, mas, a não ser que se possa estabelecer uma causalidade, raramente é convincente.

A noção de *ceteris paribus* – que significa "outros fatores (relevantes) permanecendo iguais" – desempenha papel importante na análise causal. Essa ideia esteve implícita em algumas de nossas discussões anteriores, particularmente nos Exemplos 1.1 e 1.2, mas até agora não a mencionamos de modo explícito.

Você talvez se lembre de que na economia introdutória muitas questões econômicas são *ceteris paribus* por natureza. Por exemplo, na análise da demanda do consumidor, estamos interessados em conhecer o efeito da variação do preço de um bem sobre sua quantidade demandada, enquanto todos os outros fatores – tais como renda, preços de outros bens e gostos individuais – permanecem fixos. Se outros fatores não forem mantidos fixos, não poderemos conhecer o efeito causal de uma variação do preço sobre a quantidade demandada.

Manter fixos os outros fatores também é crucial para a análise da política governamental. No exemplo do treinamento do trabalhador (Exemplo 1.2), poderíamos nos interessar pelo efeito de outra semana de treinamento sobre os salários, com todos os outros componentes permanecendo iguais (em particular, educação e experiência). Se conseguirmos manter fixos todos os outros fatores relevantes e, em seguida, acharmos uma ligação entre treinamento e salários, poderemos concluir que o treinamento tem efeito causal sobre a produtividade do trabalhador. Embora isso possa parecer simples, mesmo nesse estágio inicial deve ficar claro que, exceto em casos muito especiais, não será possível manter tudo igual. A questão fundamental na maioria dos estudos empíricos é: foram mantidos fixos em número suficiente outros fatores, para que se possa inferir a causalidade? Raramente se avalia um estudo econométrico sem levantar essa questão.

Em muitas aplicações sérias, o número de fatores que podem afetar a variável de interesse – tal como a atividade criminosa ou os salários – é imenso, e isolar qualquer variável particular pode parecer um esforço inútil. Entretanto, veremos no final que, quando cuidadosamente aplicados, os métodos econométricos podem simular um experimento *ceteris paribus*.

Nesse ponto, não podemos ainda explicar como os métodos econométricos são usados para estimar efeitos *ceteris paribus*; consideraremos então alguns problemas que podem surgir ao se tentar inferir causalidade em economia. Não vamos usar nenhuma equação nessa discussão. Para cada exemplo, o problema de inferir causalidade desaparece se um experimento apropriado puder ser conduzido. Assim, é útil descrever como esse experimento poderia ser estruturado e observar que, em muitos casos, obter dados experimentais é impraticável. Também é de grande auxílio pensar por que os dados disponíveis às vezes não têm as principais características de um conjunto de dados experimentais.

Daqui em diante, contaremos com a compreensão intuitiva dos termos *aleatório*, *independência* e *correlação*, que devem ser familiares para quem estudou probabilidade e estatística. (Esses conceitos são revistos no Apêndice B). Vamos começar com um exemplo que ilustra algumas dessas questões importantes.

EXEMPLO 1.3 Efeitos dos fertilizantes sobre a produção agrícola

Alguns dos primeiros estudos econométricos [por exemplo, Griliches (1957)] consideraram os efeitos de novos fertilizantes sobre a produção agrícola. Suponha a soja como o produto em consideração. Como a quantidade de fertilizantes é apenas um fator que afeta a produção – outros fatores são chuva, qualidade da terra e presença de pragas –, essa questão deve ser levantada como uma questão *ceteris paribus*. Uma maneira de determinar o efeito causal da quantidade de fertilizantes sobre a produção de soja é conduzir um experimento que poderia incluir os seguintes passos. Delimite várias áreas de terra de $1/2$ hectare. Aplique diferentes quantidades de fertilizante em cada área e, subsequentemente, meça a produção; isso nos dá um conjunto de dados de corte transversal. Em seguida, use os métodos estatísticos (a serem introduzidos no Capítulo 2) para medir a associação entre produção de soja e quantidade de fertilizantes.

Como descrito anteriormente, isso pode não parecer um experimento muito bom, pois não dissemos nada sobre delimitar áreas de terra que sejam idênticas em todos os aspectos, com exceção da quantidade de fertilizantes. De fato, escolher áreas de terra com essa característica não é exequível: alguns dos fatores, como a qualidade da terra, não podem ser, de fato, observados. Como sabemos que os resultados desse experimento podem ser usados para medir o efeito *ceteris paribus* dos fertilizantes? A resposta depende das especificidades de como as quantidades de fertilizantes são escolhidas. Se os níveis de fertilizantes são atribuídos às áreas independentemente de outras características da área que afetam a produção – isto é, outras características das áreas são completamente ignoradas quando se decide sobre as quantidades de fertilizantes –, então podemos começar a fazer o que planejamos. Justificaremos essa afirmação no Capítulo 2.

O próximo exemplo é mais representativo das dificuldades que surgem ao se inferir causalidade em economia aplicada.

EXEMPLO 1.4 — Medindo o retorno da educação

Os economistas especializados em trabalho e os formuladores de políticas públicas há muito se interessam pelo "retorno da educação". De modo um tanto informal, a questão é colocada da seguinte maneira: se uma pessoa é escolhida em uma população e recebe um ano a mais de educação, em quanto terá seu salário aumentado? Assim como nos exemplos anteriores, essa é uma questão *ceteris paribus*, e implica que todos os outros fatores são mantidos fixos enquanto a pessoa recebe um ano a mais de educação.

Podemos imaginar um planejador social esquematizando um experimento para estudar essa questão, da mesma maneira que o pesquisador agrícola pode projetar um experimento para estimar os efeitos dos fertilizantes. Suponha, por ora, que o planejador social tenha o poder de atribuir qualquer nível de escolaridade a qualquer pessoa. Como ele emularia a experimentação com fertilizante do Exemplo 1.3? O planejador escolheria um grupo de pessoas, daria aleatoriamente a cada pessoa uma quantidade de educação, a algumas seriam atribuídos dois anos de faculdade, e assim por diante. Subsequentemente, o planejador indicaria os salários para esse grupo de pessoas (supondo que cada pessoa estivesse trabalhando no momento). Aqui, as pessoas são como as áreas no exemplo dos fertilizantes, em que a educação desempenha o papel dos fertilizantes, e o salário o da produção da soja. Como no Exemplo 1.3, se níveis de educação forem atribuídos independentemente de outras características que afetem a produtividade (tal como experiência e aptidão inata), uma análise que ignore esses outros fatores produzirá resultados úteis. Uma vez mais, no Capítulo 2 faremos algum esforço para justificar essa afirmação; por ora, ela é formulada sem sustentação.

Diferentemente do exemplo fertilizante-produção, o experimento descrito no Exemplo 1.4 é inexequível. Os problemas éticos – sem mencionar os custos econômicos – associados à determinação aleatória dos níveis de educação para um grupo de indivíduos são óbvios. Além disso, não há lógica em simplesmente atribuir a alguém alguns anos de educação se essa pessoa já completou o curso superior.

Embora dados experimentais não possam ser obtidos para medir o retorno da educação, podemos certamente coletar dados não experimentais sobre níveis de educação e salários para um grupo grande, fazendo amostras aleatórias da população de trabalhadores. Esses dados estão disponíveis em uma variedade de pesquisas usadas em economia do trabalho, mas esses conjuntos de dados têm uma característica que torna difícil estimar o retorno *ceteris paribus* da educação. As pessoas *escolhem* os próprios níveis de educação; portanto, é bem provável que os níveis de educação não sejam determinados independentemente de todos os outros fatores que afetam os salários. Esse problema é uma característica compartilhada de muitos conjuntos de dados não experimentais.

Um fator que afeta o salário é a experiência da força de trabalho. Visto que possuir mais educação requer, geralmente, um adiamento da entrada na força de trabalho, aqueles com mais educação têm, muitas vezes, menos experiência. Assim, em um conjunto de dados não experimentais sobre salários e educação, talvez a educação esteja negativamente associada com uma variável fundamental que também afeta o salário. Acredita-se também que pessoas com maior aptidão inata escolham, frequentemente, níveis de educação mais altos. Como aptidão maior leva a salários maiores, temos novamente uma correlação entre educação e um fator crucial que afeta o salário.

Os fatores omitidos no exemplo dos salários, experiência e aptidão, têm analogias no exemplo dos fertilizantes. A experiência é, em geral, fácil de medir e, portanto, similar a uma variável como a chuva. A aptidão, no entanto, é algo vago e difícil de quantificar; é similar à qualidade da terra no exemplo dos fertilizantes. Veremos ao longo deste livro que considerar outros fatores, como experiência, ao estimar o efeito *ceteris paribus* de outra variável, como a educação, é algo relativamente direto e simples. Também descobriremos que considerar fatores inerentemente não observáveis, como a aptidão, é muito mais problemático. Pode-se dizer que muitos dos avanços nos métodos econométricos têm tentado lidar com fatores não observados nos modelos econométricos.

Podemos fazer um último paralelo entre os exemplos 1.3 e 1.4. Suponha que, no caso dos fertilizantes, as quantidades não sejam inteiramente determinadas de modo aleatório. Em vez disso, o assistente que escolheu os níveis de fertilizante pensou que seria melhor colocar mais fertilizante nas áreas de terra de melhor qualidade. (Os pesquisadores agrícolas devem ter uma ideia aproximada sobre quais áreas de terra têm melhor qualidade, ainda que eles não possam ser capazes de quantificar totalmente as diferenças.) Essa situação é completamente análoga à da relação estabelecida entre o nível de escolaridade e a aptidão não observada no Exemplo 1.4. Como terras melhores levam a safras maiores, e mais fertilizantes foram usados nas melhores áreas, qualquer relação observada entre produção de soja e quantidade de fertilizantes poderia ser espúria.

Dificuldades na inferência da causalidade podem surgir quando se estudam dados com níveis de agregação razoavelmente altos, como mostra o exemplo a seguir sobre taxa de criminalidade urbana.

EXEMPLO 1.5 O efeito do cumprimento da lei sobre os níveis de criminalidade das cidades

A dúvida sobre qual a melhor forma de prevenir a criminalidade está e provavelmente permanecerá entre nós por um bom tempo. Uma indagação especialmente importante sobre esse aspecto é: a presença de mais policiais nas ruas detém a criminalidade?

A questão *ceteris paribus* é fácil de formular. Se uma cidade fosse escolhida aleatoriamente e recebesse, por exemplo, dez policiais a mais, em quanto suas taxas de criminalidade cairiam? Outra maneira de formular a questão é: se duas cidades fossem, em todos os aspectos, iguais, exceto que a cidade A tivesse dez policiais a mais que a cidade B, em quanto difeririam as taxas de criminalidade das duas cidades?

Seria virtualmente impossível encontrar pares de comunidades idênticas em todos os aspectos, exceto quanto ao tamanho de suas forças policiais. Felizmente, a análise econométrica não requer isso. O que, de fato, precisamos saber é se os dados que podemos coletar sobre os níveis de criminalidade de uma comunidade e o tamanho de sua força policial podem ser vistos como sendo relativos a um experimento. Podemos, certamente, imaginar um experimento verdadeiro envolvendo um grande número de cidades em que decidimos quantos policiais cada uma delas utilizará no ano seguinte.

Embora políticas possam ser usadas para produzir um efeito sobre o tamanho das forças policiais, certamente não podemos dizer para cada cidade quantos policiais ela deve empregar. Se, como é provável, a decisão de uma cidade sobre quantos policiais empregar estiver correlacionada com outros fatores relativos às cidades e que afetam a criminalidade, os dados deverão ser vistos como não sendo relativos a um experimento.

De fato, um modo de ver esse problema é observar que as escolhas de uma cidade relativamente ao tamanho da força policial e a quantidade de crimes são *simultaneamente determinadas*. Vamos tratar explicitamente desse problema no Capítulo 16.

Os três primeiros exemplos que discutimos utilizaram dados de corte transversal em vários níveis de agregação (por exemplo, do indivíduo ou da cidade). Os mesmos obstáculos surgem ao se inferir causalidade em problemas de séries temporais.

EXEMPLO 1.6   O efeito do salário-mínimo sobre o desemprego

Uma questão de política governamental importante, e talvez controversa, diz respeito ao efeito do salário-mínimo sobre as taxas de desemprego para vários grupos de trabalhadores. Embora esse problema possa ser estudado dentro de uma variedade de estruturas de dados (dados de corte transversal, de séries temporais ou em painel), os dados de séries temporais são, frequentemente, usados para observar efeitos agregados. Um exemplo de um conjunto de dados de séries temporais relativo a taxas de desemprego e salários-mínimos foi dado na Tabela 1.3.

A análise padrão de oferta e demanda implica, quando o salário-mínimo cresce acima do salário de equilíbrio de mercado, um movimento para cima ao longo da curva de demanda por trabalho e a diminuição do emprego total. (A oferta de trabalho excede a demanda por trabalho.) Para quantificar esse efeito, podemos estudar a relação entre emprego e salário-mínimo ao longo do tempo. Além de algumas dificuldades especiais que podem surgir ao se lidar com dados de séries temporais, há possíveis problemas com a inferência de causalidade. O salário-mínimo nos Estados Unidos não é determinado isoladamente. Várias forças econômicas e políticas exercem forte influência sobre o salário-mínimo de qualquer ano. (O salário-mínimo, uma vez determinado, fica geralmente congelado por muitos anos, a não ser que esteja indexado à inflação.) Assim, é provável que o salário-mínimo esteja relacionado com outros fatores que têm efeito sobre os níveis de emprego.

Podemos imaginar o governo dos Estados Unidos conduzindo um experimento para determinar os efeitos do salário-mínimo sobre o emprego (em vez de se preocupar com o bem-estar dos trabalhadores que ganham salários baixos). O salário-mínimo poderia ser estabelecido aleatoriamente pelo governo a cada ano, ao passo que os resultados do emprego possivelmente seriam tabulados. Os dados experimentais de séries temporais resultantes estariam disponíveis em seguida, para serem analisados usando métodos econométricos razoavelmente simples. Esse cenário, porém, dificilmente descreveria como os salários-mínimos são determinados.

Se pudéssemos controlar suficientemente outros fatores relacionados com o emprego, então estaríamos capacitados a estimar o efeito *ceteris paribus* do salário-mínimo sobre o emprego. Nesse sentido, o problema seria muito similar aos exemplos anteriores de corte transversal.

EXEMPLO 1.7 A hipótese das expectativas

A *hipótese das expectativas* da economia financeira afirma que, dadas todas as informações disponíveis ao investidor no momento de investir, o retorno *esperado* de quaisquer dos dois investimentos é o mesmo. Por exemplo, considere dois possíveis investimentos, com um horizonte de investimento de três meses, adquiridos no mesmo momento. (1) Comprar um título do Tesouro norte-americano de três meses, com valor de face de US$ 10.000, por um preço abaixo de US$ 10.000; em três meses, você recebe US$ 10.000. (2) Comprar um título de seis meses (a um preço abaixo de US$ 10.000) e, em três meses, vendê-lo como um título de três meses. Cada investimento requer, mais ou menos, a mesma quantidade de capital inicial, mas há uma diferença importante. Para o primeiro investimento, você sabe exatamente qual é o retorno no momento da compra, porque você sabe o preço inicial do título de três meses e de seu valor de face. Isso não é verdade para o segundo investimento: embora saiba o preço do título de seis meses quando o compra, você não conhece o preço pelo qual o venderá em três meses. Portanto, há incerteza neste investimento em relação àqueles que têm um horizonte de investimento de três meses.

Os retornos reais desses dois investimentos serão, em geral, diferentes. De acordo com a hipótese das expectativas, o retorno esperado do segundo investimento, dadas todas as informações no momento do investimento, deve-se igualar ao retorno de se adquirir um título de três meses. Essa teoria é razoavelmente fácil de testar, como veremos no Capítulo 11.

Resumo

Neste capítulo introdutório, discutimos o propósito e o escopo da análise econométrica. A econometria é utilizada em todos os campos da economia aplicada para testar teorias econômicas, para informar o governo, principalmente os formuladores de políticas privadas, e para prever séries temporais econômicas. Às vezes, um modelo econométrico é derivado de um modelo econômico formal, mas, em outros casos, os modelos econométricos são baseados em raciocínios econômicos informais e na intuição. O objetivo da análise econométrica é estimar os parâmetros do modelo e testar as hipóteses sobre esses parâmetros; os valores e os sinais dos parâmetros determinam a validade de uma teoria econômica e os efeitos de determinadas políticas.

Dados de corte transversal, de séries temporais, de cortes transversais agrupados e em painel são os tipos mais comuns de estruturas de dados usadas na econometria aplicada. Conjuntos de dados que envolvam uma dimensão temporal, como os dados de séries temporais e em painel, requerem tratamento especial em razão da correlação através do tempo de muitas séries econômicas. Outras questões, como tendências e sazonalidade, surgem na análise de séries temporais, mas não na análise de dados de corte transversal.

Na Seção 1.4, discutimos as noções de *ceteris paribus* e de inferência causal. Em muitos casos, as hipóteses das ciências sociais são, por natureza, *ceteris paribus*: todos os outros fatores relevantes devem estar fixos ao se estudar a relação entre duas variáveis. Por causa da natureza não experimental de muitos dados coletados nas ciências sociais, descobrir relações causais é muito desafiador.

Termos-chave

Amostragem aleatória
Análise empírica
Ceteris paribus
Conjunto de dados de corte transversal
Conjunto de dados de séries temporais
Corte transversal agrupado
Dados em painel
Dados experimentais
Dados não experimentais
Dados observacionais
Dados retrospectivos
Efeito causal
Frequência de dados
Modelo econométrico
Modelo econômico

Problemas

1. Suponha que você seja solicitado a conduzir um estudo para determinar se salas de aula com menor número de alunos conduzem a um melhor desempenho do estudante de quarto ano.
    (i) Se você pudesse conduzir qualquer experimento que quisesse, o que você faria? Seja específico.
    (ii) De modo mais realista, suponha que você possa reunir dados observacionais de milhares de estudantes de quarto ano de determinado Estado. Você pode obter o tamanho, em número de alunos, de suas salas de aula e um total de pontos do teste padronizado feito no final do quarto ano. Por que se pode esperar uma correlação negativa entre o tamanho da sala de aula e os pontos do teste padronizado?
    (iii) Uma correlação negativa necessariamente mostrará que salas de aulas com menor número de alunos conduzem a um melhor desempenho. Explique.
2. Uma das justificativas dos programas de treinamento de pessoal é que eles melhoram a produtividade dos trabalhadores. Suponha que você seja questionado se mais treinamentos tornam os profissionais mais produtivos. No entanto, em vez de ter dados de trabalhadores individuais, você tem acesso aos dados de empresas industriais de Ohio. Particularmente, de cada empresa, você tem informação sobre o número de horas de treinamento por trabalhador (*treinamento*) e o número de itens sem defeito produzido por trabalhador, por hora (*produção*).
    (i) Especifique claramente o conceito *ceteris paribus* do experimento inevidente nessa questão de política.
    (ii) Parece provável que a decisão de uma empresa em treinar seus empregados será independente das características dos trabalhadores? Quais são algumas das características, mensuráveis e não mensuráveis, dos trabalhadores?
    (iii) Cite um fator, exceto as características dos trabalhadores, que pode afetar a produtividade do trabalhador.
    (iv) Se você encontrar uma correlação positiva entre *treinamento* e *produção*, você terá estabelecido de forma convincente que o treinamento pessoal torna os trabalhadores mais produtivos? Explique.
3. Suponha que em sua universidade lhe seja pedido que encontre a relação entre horas semanais gastas estudando (*estudo*) e horas semanais gastas trabalhando (*trabalho*). Faz sentido caracterizar o problema como dedução, se o *estudo* "induz" ao *trabalho* ou o *trabalho* "induz" ao *estudo*? Explique.
4. Estados (e províncias) que têm controle sobre as taxações às vezes reduzem os impostos para tentar estimular o crescimento econômico. Suponha que você tenha sido contratado por um estado para estimar os efeitos dos impostos corporativos sobre, digamos, o crescimento *per capita* do produto estadual bruto.

(i) Que tipo de dados você precisaria coletar para realizar uma análise estatística?

(ii) É viável fazer um experimento controlado? O que seria necessário?

(iii) É possível que uma análise de correlação entre o crescimento do produto estadual bruto e os impostos seja convincente? Explique.

Exercícios em computador

C1 Use os dados do arquivo WAGE1 para este exercício.

(i) Encontre o nível de escolaridade médio da amostra. Quais são os menores e os maiores valores de anos de educação?

(ii) Encontre o salário-hora médio da amostra. Ele parece alto ou baixo?

(iii) Os dados salariais são reportados em dólares de 1976. Pesquisando na Internet ou em uma fonte impressa, encontre o Índice de Preços do Consumidor (IPC) para os anos de 1976 e 2013.

(iv) Use os valores do IPC da parte (iii) para encontrar o salário-hora médio em dólares de 2013. Agora o salário-hora médio parece razoável?

(v) Quantas mulheres existem na amostra? E quantos homens?

C2 Use os dados do arquivo BWGHT para responder a essas questões.

(i) Quantas mulheres existem na amostra e quantas relataram fumar durante a gravidez?

(ii) Qual é o número médio de cigarros consumidos por dia? A média é uma boa medida da mulher "típica" neste caso? Explique.

(iii) Entre mulheres que fumaram durante a gravidez, qual é o número médio de cigarros consumidos por dia? De que forma isso se compara com sua resposta ao item (ii) e por quê?

(iv) Encontre a média de *fatheduc* na amostra. Por que somente 1.192 observações são usadas para calcular essa média?

(v) Relate a renda média familiar e seu desvio padrão em dólares.

C3 Os dados existentes no arquivo MEAP01 são do estado de Michigan no ano de 2001. Use estes dados para responder às seguintes questões.

(i) Encontre os maiores e os menores valores de *math4*. Essa variação faz sentido? Explique.

(ii) Quantas escolas têm uma taxa de aprovação perfeita no teste de matemática? Que porcentagem da amostra total isso representa?

(iii) Quantas escolas têm taxas de aprovação em matemática de exatamente 50%?

(iv) Compare as taxas médias de aprovação em matemática e leitura. Qual teste tem a aprovação mais difícil?

(v) Encontre a correlação entre *math4* e *read4*. O que você conclui?

(vi) A variável *exppp* são os gastos por aluno. Encontre o *exppp* médio e seu desvio padrão. Você diria que há uma variação ampla nos gastos por aluno?

(vii) Suponha que a Escola A gaste US$ 6.000 por estudante e a Escola B gaste US$ 5.500 por aluno. Com que percentual os gastos da Escola A superam os da Escola B? Compare isso a $100 \cdot [\log(6.000) - \log(5.500)]$, que é a diferença percentual aproximada baseada na diferença dos logs naturais. Ver Seção A.4, no Apêndice A (Disponível no site da Cengage.)

C4 Os dados contidos em JTRAIN2 são provenientes de um experimento de capacitação profissional direcionado para homens de baixa renda durante 1976-1977; ver Lalonde (1986).

(i) Use a variável indicadora *train* para determinar a proporção de homens que recebeu treinamento profissional.

(ii) A variável *re78* são os ganhos de 1978, medidos em milhares de dólares de 1982. Encontre as médias de *re78* para a amostra de homens que recebeu capacitação profissional e para aquela que não recebeu. A diferença é economicamente grande?

(iii) A variável *unem78* é um indicador de um homem estar desempregado ou não em 1978. Que proporção dos homens que receberam treinamento profissional está desempregada? E entre aqueles que não receberam treinamento? Comente sobre a diferença.

(iv) A partir dos itens (ii) e (iii), o programa de treinamento profissional parece ter sido efetivo? O que tornaria suas conclusões mais convincentes?

C5 Os dados em FERTIL2 foram coletados de mulheres que viviam na República de Botsuana em 1988. A variável *children* refere-se ao número de filhos vivos. A variável *eletric* é um indicador binário igual a um se a residência da mulher tiver eletricidade, e zero se não tiver.

(i) Encontre os menores e os maiores valores de *children* da amostra. Qual é a média de *children*?

(ii) Qual é a porcentagem de mulheres que têm eletricidade em casa?

(iii) Calcule a média de *children* para aquelas sem eletricidade e faça o mesmo para as que têm eletricidade. Comente o que descobriu.

(iv) A partir do item (iii), você pode deduzir que ter eletricidade "causa" mulheres com menos filhos? Explique.

C6 Use os dados contidos no arquivo COUNTYMURDERS para responder a essas questões. Use somente o ano de 1996. A variável *murders* é o número de assassinatos relatados no condado. A variável *execs* é o número de execuções de pessoas sentenciadas à morte ocorridas naquele determinado condado. A maioria dos estados norte-americanos tem pena de morte, mas alguns deles não.

(i) Quantos condados são listados no conjunto de dados? Destes, quantos tiveram zero assassinato? Qual é a porcentagem de condados que teve zero execução? (Lembre-se, use somente os dados de 1996.)

(ii) Qual é o maior número de assassinatos? Qual é o maior número de execuções? Por que o número médio de execuções é tão pequeno?

(iii) Calcule o coeficiente de correlação entre *murders* e *execs* e descreva o que encontrar.

(iv) Você deve ter encontrado uma correlação positiva no item (iii). Você acha que mais execuções *causam* mais assassinatos? O que poderia explicar a correlação positiva?

C7 O conjunto de dados do arquivo ALCOHOL contém informações sobre uma amostra de homens dos Estados Unidos. Duas variáveis principais são o status de emprego autor-relatado e o abuso de álcool (ao lado de muitas outras variáveis). As variáveis *employ* e *abuse* são ambas binárias, ou indicadores: elas só recebem os valores zero e um.

(i) Qual é a porcentagem de homens da amostra que relatou abuso de álcool? Qual é a taxa de emprego?

(ii) Considere o grupo de homens que abusa de álcool. Qual é a taxa de emprego desse grupo?

(iii) Qual é a taxa de emprego do grupo de homens que não abusam de álcool?

(iv) Discuta a diferença de suas respostas aos itens (ii) e (iii). Isso permite que você conclua que o abuso de álcool causa desemprego?

PARTE 1
Análise de regressão com dados de corte transversal

A Parte 1 aborda a análise de regressão com dados de corte transversal. Ela se apoia na álgebra estudada nos cursos superiores e em conceitos básicos de probabilidade e estatística. Os Apêndices A, B e C, disponíveis no site da Cengage Learning, na página do livro, contêm revisões completas sobre esses tópicos.

O Capítulo 2 tem início com o modelo de regressão linear simples, no qual explicamos uma variável em termos de outra. Embora não seja amplamente usada em econometria aplicada, a regressão simples é utilizada ocasionalmente e serve como ponto de partida natural, pois sua álgebra e suas interpretações são relativamente simples.

Os Capítulos 3 e 4 cobrem os fundamentos da análise de regressão múltipla, em que permitimos que mais variáveis afetem a variável que estamos tentando explicar. A regressão múltipla é ainda o método geralmente mais usado na pesquisa empírica, portanto esses capítulos merecem atenção cuidadosa. O Capítulo 3 enfatiza a álgebra do método de mínimos quadrados ordinários (MQO), estabelecendo ainda as condições necessárias para que os estimadores MQO sejam não viesados e também os melhores estimadores lineares não viesados. O Capítulo 4 trata do importante tópico da inferência estatística.

O Capítulo 5 discute as propriedades referentes às amostras grandes, ou assintóticas, dos estimadores MQO. Essa discussão oferece a justificativa para os procedimentos de inferência do Capítulo 4 quando os erros em um modelo de regressão não são normalmente distribuídos. O Capítulo 6 cobre alguns tópicos adicionais da análise de regressão, incluindo questões avançadas sobre forma funcional, escalonamento dos dados, previsão e grau de adequação. O Capítulo 7 explica como a informação qualitativa pode ser incorporada em modelos de regressão múltipla.

O Capítulo 8 ilustra como testar e corrigir o problema da heteroscedasticidade, ou variância não constante, no termo de erro. Mostramos como as estatísticas MQO usuais podem ser ajustadas e também apresentamos uma extensão do método MQO, conhecida como método dos *mínimos quadrados ponderados*, que explica diretamente as diferentes variâncias dos erros. O Capítulo 9 explora o importante problema da correlação entre o termo de erro e uma ou mais das variáveis explicativas. Demonstramos como a utilização de uma variável proxy pode resolver o problema de variáveis omitidas. Adicionalmente, determinamos o viés e a inconsistência dos estimadores MQO na presença de certos tipos de erros de medida nas variáveis. Diversos problemas de tratamento dos dados são também discutidos, incluindo o problema das observações periféricas [*outliers*].

CAPÍTULO 2

Modelo de regressão simples

O modelo de regressão simples pode ser usado para estudar a relação entre duas variáveis. Por razões que veremos adiante, o modelo de regressão simples tem limitações como ferramenta geral para a análise empírica. No entanto, às vezes ele é apropriado como ferramenta empírica. Aprender como interpretar o modelo de regressão simples é uma boa prática para estudar a regressão múltipla, o que faremos nos capítulos subsequentes.

2.1 Definição do modelo de regressão simples

Grande parte da análise econométrica começa com a seguinte premissa: y e x são duas variáveis, que representam alguma população, e estamos interessados em "explicar y em termos de x", ou em "estudar como y varia com variações em x". Discutimos alguns exemplos no Capítulo 1, incluindo: y é a produção de soja, e x a quantidade de fertilizantes; y é o salário-hora, e x anos de educação; e y é uma taxa de criminalidade em uma comunidade, e x o número de policiais.

Ao escrever um modelo que "explicará y em termos de x", defrontamo-nos com três questões. Primeira, como nunca há uma relação exata entre duas variáveis, como consideraremos outros fatores que afetam y? Segunda, qual é a relação funcional entre y e x? E terceira, como podemos estar certos de que estamos capturando uma relação *ceteris paribus* entre y e x (se esse for um objetivo desejado)?

Podemos resolver essas ambiguidades escrevendo uma equação que relaciona y a x. Uma equação simples é

$$y = \beta_0 + \beta_1 x + u. \tag{2.1}$$

A equação (2.1), que supostamente é válida para a população de interesse, define o **modelo de regressão linear simples**. Ela também é chamada de *modelo de*

CAPÍTULO 2 — Modelo de regressão simples

TABELA 2.1 Terminologia para a regressão simples.

Y	X
Variável dependente	Variável independente
Variável explicada	Variável explicativa
Variável de resposta	Variável de controle
Variável prevista	Variável previsora
Regressando	Regressor

regressão linear de duas variáveis ou *modelo de regressão linear bivariada*, pois relaciona as duas variáveis x e y. Vamos discutir, agora, o significado de cada uma das quantidades em (2.1). [A propósito, o termo "regressão" tem origens que não são especialmente importantes para muitas das aplicações econométricas modernas, de modo que não o explicaremos aqui. Veja Stigler (1986) para uma história interessante da análise de regressão.]

Quando relacionadas por (2.1), as variáveis y e x têm vários nomes diferentes, os quais são intercambiáveis, como explicado em seguida: y é chamada de **variável dependente, variável explicada, variável de resposta, variável prevista,** ou **regressando**. **Variável independente, variável explicativa, variável de controle, variável previsora,** ou **regressor** são as denominações de x. (O termo **covariável** também é usado para x.) Os termos "variável dependente" e "variável independente" são usados com frequência em econometria. Entretanto, observe que a rotulagem de "independente" não se refere aqui à noção estatística de independência entre variáveis aleatórias (veja Apêndice B).

Os termos variáveis "explicada" e "explicativa" são, provavelmente, os mais descritivos. "Resposta" e "controle" são muito usados nas ciências experimentais, em que a variável x está sob o controle do pesquisador. Não usaremos os termos "variável prevista" e "previsora", embora algumas vezes você os veja em aplicações que são puramente sobre previsão e não causalidade. Nossa terminologia para a regressão simples está resumida na Tabela 2.1.

A variável u, chamada de **termo de erro** ou **perturbação** da relação, representa outros fatores, além de x, que afetam y. Uma análise de regressão simples trata, efetivamente, todos os fatores que afetam y, além de x, como não observados. Você pode pensar em u, convenientemente, como representando o "não observado".

A equação (2.1) também trata da questão da relação funcional entre y e x. Se os outros fatores em u são mantidos fixos, de modo que a variação em u é zero, $\Delta u = 0$, então x tem um efeito *linear* sobre y:

$$\Delta y = \beta_1 \Delta x \text{ se } \Delta u = 0. \qquad (2.2)$$

Assim, a variação em y é, simplesmente, β_1 multiplicado pela variação em x. Isso significa que β_1 é o **parâmetro de inclinação** da relação entre y e x, mantendo fixos os outros fatores em u; ele é de interesse fundamental em economia aplicada. O **parâmetro de intercepto** β_0, algumas vezes chamado de *termo constante*, também tem seus usos, embora raramente seja central para uma análise.

EXEMPLO 2.1 Produção de soja e os fertilizantes

Suponha que a produção de soja seja determinada pelo modelo

$$produção = \beta_0 + \beta_1 fertilizante + u, \qquad (2.3)$$

de modo que $y = produção$ e $x = fertilizantes$. O pesquisador agrícola está interessado no efeito dos fertilizantes sobre a produção, mantendo outros fatores fixos. Esse efeito é dado por β_1. O termo de erro u contém fatores como qualidade da terra, chuva etc. O coeficiente β_1 mede o efeito dos fertilizantes sobre a produção, mantendo outros fatores fixos: $\Delta produção = \beta_1 \Delta fertilizante$.

EXEMPLO 2.2 Uma equação simples do salário

Um modelo que relaciona o salário de uma pessoa à educação observada e a outros fatores não observados é

$$wage\ \beta_0 + \beta_1 educ + u. \qquad (2.4)$$

Se *wage* é o salário medido em dólares por hora e *educ* corresponde a anos de educação formal, então β_1 mede a variação no salário-hora dado um ano a mais de educação, mantendo todos os outros fatores fixos. Alguns desses fatores incluem experiência da força de trabalho, aptidão inata, permanência com o empregador atual, ética no trabalho e diversos outros aspectos.

A linearidade de (2.1) implica uma variação de uma unidade em x que tem o *mesmo* efeito sobre y, independentemente do valor inicial de x. Isso é irrealista para muitas aplicações econômicas. Por exemplo, no salário e educação, poderíamos querer considerar retornos *crescentes*: o próximo ano de educação teria, em relação ao anterior, um efeito *maior* sobre os salários. Veremos como considerar essas possibilidades na Seção 2.4.

A questão mais difícil é saber se o modelo (2.1) realmente nos permite tirar conclusões *ceteris paribus* sobre como x afeta y. Acabamos de ver, na equação (2.2), que β_1 mede, *de fato*, o efeito de x sobre y, mantendo todos os outros fatores (em u) fixos. Encerra-se com isso a questão da causalidade? Infelizmente, não. Como podemos esperar aprender algo, em geral, sobre o efeito *ceteris paribus* de x sobre y, mantendo outros fatores fixos, quando estamos ignorando todos aqueles outros fatores?

A Seção 2.5 mostrará que somos capazes de obter estimadores confiáveis de β_0 e β_1 de uma amostra aleatória de dados somente quando fazemos uma hipótese que restrinja a maneira como o termo não observável u está relacionado à variável explicativa x. Sem essa restrição, não seremos capazes de estimar o efeito *ceteris paribus*, β_1. Como u e x são variáveis aleatórias, precisamos de um conceito baseado em probabilidade.

Antes de expormos a hipótese crucial de como x e u são relacionados, podemos sempre fazer uma hipótese sobre u. Se o intercepto β_0 está incluído na equação, nada se perde ao assumir que o valor médio de u na população é zero. Matematicamente,

$$E(u) = 0. \qquad (2.5)$$

A hipótese (2.5) não diz nada sobre a relação entre u e x; simplesmente faz uma afirmação sobre a distribuição dos fatores não observáveis na população. Usando os exemplos anteriores como ilustração, podemos ver que a hipótese (2.5) não é muito restritiva. No Exemplo 2.1, não perdemos nada ao normalizar os fatores não observáveis que afetam a produção de soja, tal como a qualidade da terra, para ter uma média zero no universo de todas as áreas cultivadas. O mesmo é verdadeiro para os fatores não observáveis do Exemplo 2.2. Sem perda de generalidade, suporíamos que aspectos como aptidão média têm valor zero na população de todas as pessoas que trabalham. Se você não está convencido, trabalhe com o Problema 2.2 para ver que podemos sempre redefinir o intercepto na equação (2.1) para tornar a equação (2.5) verdadeira.

Agora, vamos voltar à hipótese crucial concernente a u e x como são relacionados. Uma medida natural de associação entre duas variáveis aleatórias é o *coeficiente de correlação*. (Veja o Apêndice B para definição e propriedades.) Se u e x são *não correlacionados*, logo, como variáveis aleatórias, não são *linearmente* relacionados. Considerar que u e x são não relacionados requer um caminho longo para definir o sentido em que u e x deveriam ser não correlacionados na equação (2.1). Contudo, isso não é suficiente, pois a correlação mede somente a dependência linear entre u e x. A correlação tem uma característica contraintuitiva: é possível que u seja não correlacionado com x e seja correlacionado com funções de x, tal como x^2. (Veja Seção B.4 para uma discussão adicional.) Essa possibilidade não é aceitável para muitos propósitos da regressão, visto que causa problemas para interpretar o modelo e para derivar propriedades estatísticas. Uma hipótese melhor envolve o *valor esperado de u dado x*.

Como u e x são variáveis aleatórias, podemos definir a distribuição condicional de u dado qualquer valor de x. Em particular, para qualquer x, podemos obter o valor esperado (ou médio) de u para aquela fatia da população descrita pelo valor de x. A hipótese crucial é que o valor médio de u *não* depende do valor de x. Podemos escrever este pressuposto como

$$E(u|x) = E(u). \qquad (2.6)$$

A equação (2.6) diz que o valor médio dos fatores não observáveis é o mesmo em todos os segmentos da população determinada pelo valor de x e que a média aritmética é, necessariamente, igual à média de u ao longo de toda a população. Quando a hipótese (2.6) se sustenta, dizemos que u é **independente da média** de x. (É claro, a independência da média é subentendida pela completa independência entre u e x, hipótese frequentemente usada em probabilidade e estatística básica). Quando combinamos a independência da média com a hipótese (2.5), obtemos a **hipótese de média condicional zero,** $E(u|x) = 0$. É fundamental lembrar que a equação (2.6) é a hipótese com efeito; a hipótese (2.5) define o intercepto β_0.

Vamos ver o que a equação (2.6) acarreta ao exemplo do salário. Para simplificar a discussão, suponha que u seja o mesmo que aptidão inata. Então, (2.6) requer que o nível médio de aptidão seja o mesmo, independentemente dos anos de educação formal. Por exemplo, se $E(aptidão|8)$ representa a aptidão média para o grupo de todas as pessoas com oito anos de educação formal, e $E(aptidão|16)$ representa a aptidão média entre pessoas na população com 16 anos de educação formal, portanto (2.6) implica médias que devem ser as mesmas. De fato, o nível de aptidão média deve ser o mesmo para *todos* os níveis de educação. Se, por exemplo, entendemos que a aptidão média aumenta com os anos de educação formal, então (2.6) é falsa.

(Isso aconteceria se, em média, pessoas com maior aptidão escolhessem tornar-se mais escolarizadas.) Como não podemos observar aptidão inata, não temos um modo de saber se a aptidão média é ou não a mesma para todos os níveis de educação. Essa é, no entanto, uma questão que devemos resolver antes de aplicar a análise de regressão simples.

No exemplo dos fertilizantes, se as quantidades de fertilizantes são escolhidas independentemente de outras características das áreas, então (2.6) se sustentará: a qualidade média da terra não dependerá da quantidade de fertilizantes. Entretanto, se mais fertilizantes forem usados em áreas de terra de melhor qualidade, então o valor esperado de u varia com o nível de fertilizantes, e (2.6) não se sustenta.

> **QUESTÃO 2.1**
>
> Suponha que a nota de um exame final (*nota*) dependa da frequência às aulas (*freq*) e de fatores não observados que afetam o desempenho dos estudantes (como a aptidão). Então:
>
> $$nota = \beta_0 + \beta_1 freq + u. \quad (2.7)$$
>
> Em que situação você esperaria que esse modelo satisfizesse a equação (2.6)?

A hipótese de média condicional zero dá a β_1 outra interpretação que é, frequentemente, útil. Considerando o valor esperado de (2.1) condicionado a x e usando $E(u|x) = 0$, obtém-se

$$E(y|x) = \beta_0 + \beta_1 x. \quad (2.8)$$

A equação (2.8) mostra que a **função de regressão populacional** (**FRP**), $E(y|x)$, é uma função linear de x. A linearidade significa que o aumento de uma unidade em x faz com que o *valor esperado* de y varie segundo a magnitude de β_1. Para qualquer valor dado de x, a distribuição de y está centrada ao redor de $E(y|x)$, como ilustrado na Figura 2.1.

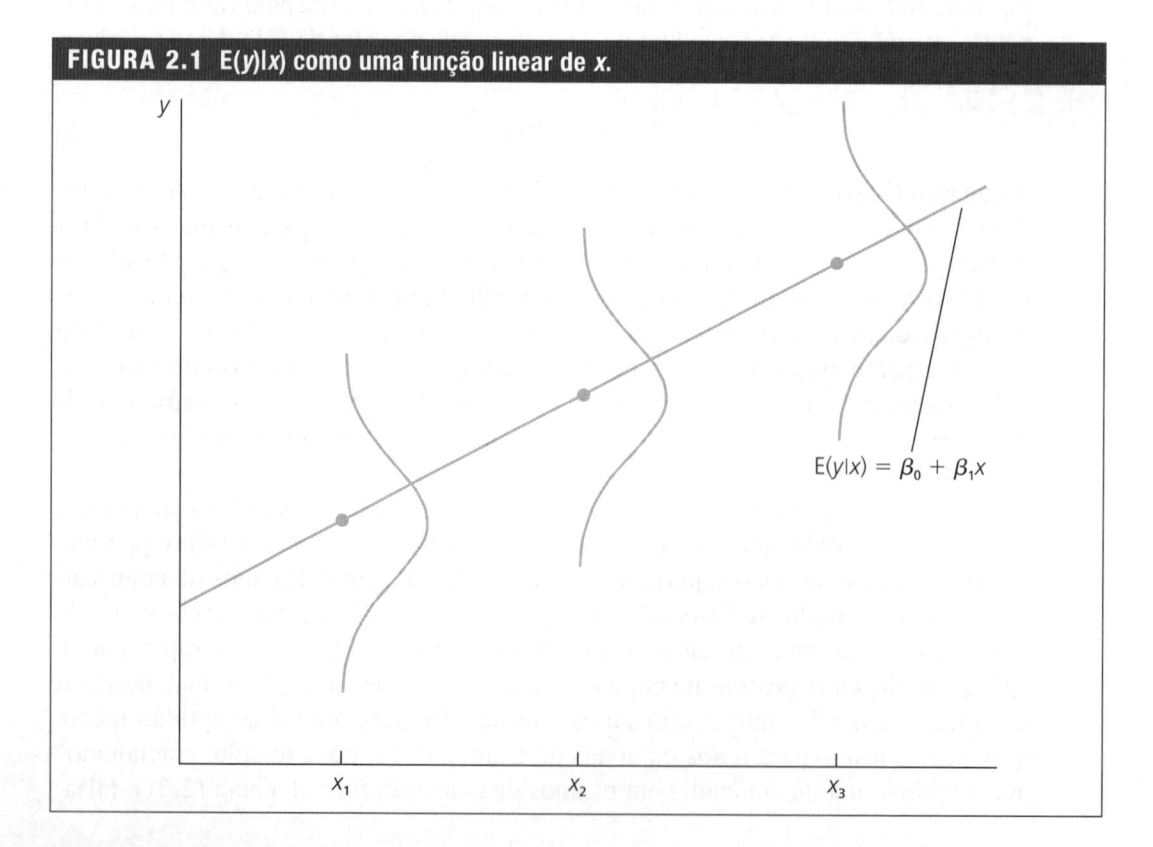

FIGURA 2.1 $E(y|x)$ como uma função linear de x.

É importante entender que a equação (2.8) nos diz como o valor *médio* de y muda com x; não diz que y é igual a $\beta_0 + \beta_1 x$ para todas as unidades na população. Por exemplo, suponha que x seja a média das notas finais (GPA) do ensino médio e y a média das notas finais (GPA) do ensino superior, e sabemos que E(*colGPA*|*hsGPA*) = 1,5 + 0,5 *hsGPA*. (É claro, na prática, nunca conhecemos o intercepto e a inclinação da população, mas é útil fazermos de conta, momentaneamente, que conhecemos para entendermos a natureza da equação (2.8).) Esta equação da GPA nos dá a *média* das notas médias de graduação entre todos os estudantes que tenham determinado GPA do ensino médio. Assim, suponha que *hsGPA* = 3,6. Então a média da *colGPA* de todos os graduados no ensino médio que frequentam uma faculdade com *hsGPA* = 3,6 é 1,5 + 0,5(3,6) =3,3. Certamente *não* estamos dizendo que todo estudante com *hsGPA* = 3,6 terá um *colGPA* de 3,3; isto é evidentemente falso. A FRP nos dá um relacionamento entre o nível médio de y em diferentes níveis de x. Alguns estudantes com *hsGPA* = 3,6 terão um *colGPA* mais alto que 3,3, e alguns terão um *colGPA* mais baixo. Se o *colGPA* efetivo será acima ou abaixo de 3,3 dependerá dos fatores não observáveis em u, e esses diferem entre os estudantes mesmo dentro da faixa da população com *hsGPA* = 3,6.

Dada a hipótese de média condicional zero $E(u|x) = 0$, é interessante visualizar a equação (2.1) dividindo y em dois componentes. A parte $\beta_0 + \beta_1 x$, que representa $E(y|x)$, é chamada de *parte sistemática* de y – isto é, a parte de y explicada por x –, e u é chamada de parte *não sistemática* ou parte de y não explicada por x. No Capítulo 3, quando introduzirmos mais de uma variável explicativa, discutiremos como determinar quão grande a parte sistemática é em relação à parte não sistemática.

Na próxima seção, usaremos as hipóteses (2.5) e (2.6) para estimular os estimadores de β_0 e β_1 dado um conjunto de dados aleatório. A hipótese de média condicional zero também tem papel fundamental na análise estatística da Seção 2.5.

2.2 Derivação das estimativas de mínimos quadrados ordinários

Agora que discutimos os ingredientes básicos do modelo de regressão simples, trataremos da importante questão de como estimar os parâmetros β_0 e β_1 da equação (2.1). Para isso, necessitamos de uma amostra da população. Vamos considerar $\{(x_i, y_i): i =1, \ldots, n\}$ como uma amostra aleatória de tamanho n da população. Visto que esses dados vêm de (2.1), podemos escrever

$$y_i = \beta_0 + \beta_1 x_i + u_i \qquad (2.9)$$

para cada i. Aqui, u_i é o termo de erro para a observação i, uma vez que ele contém todos os fatores, além de x_i, que afetam y_i.

Como um exemplo, x_i poderia ser a renda anual e y_i a poupança anual para a família i durante determinado ano. Se coletarmos dados de 15 famílias, então n = 15. Um gráfico desse conjunto de dados é apresentado na Figura 2.2, juntamente com a função de regressão populacional (necessariamente fictícia).

Devemos decidir como usar esses dados, a fim de obter estimativas do intercepto e da inclinação na regressão populacional da poupança sobre a renda.

FIGURA 2.2 Gráfico da dispersão de poupança e renda de 15 famílias e a regressão populacional E(*poup*|*renda*) = $\beta_0 + \beta_1$ renda.

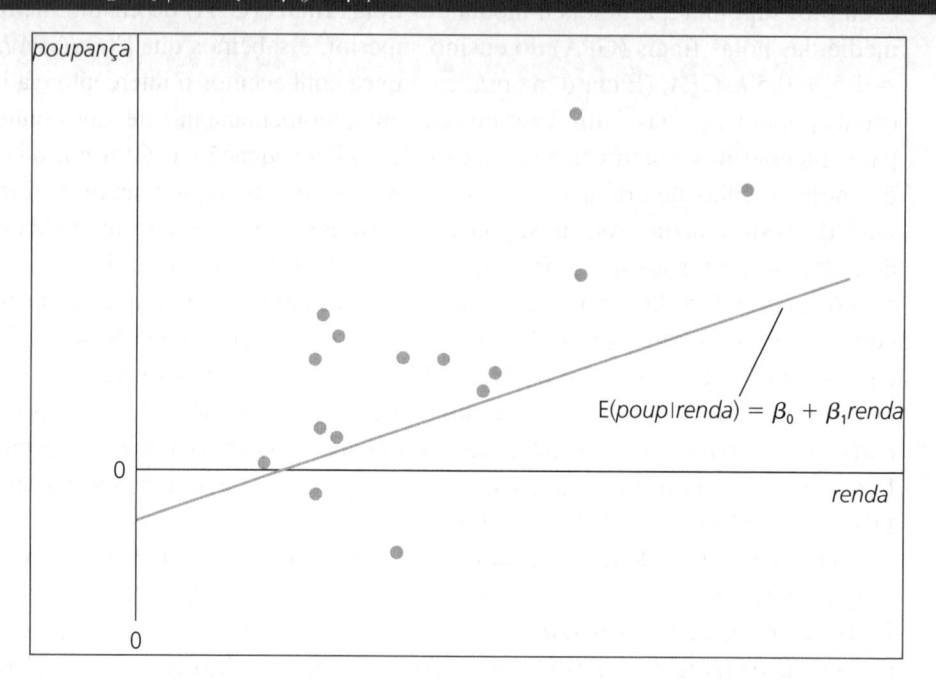

[Figura: gráfico de dispersão com eixo vertical "poupança" e eixo horizontal "renda", mostrando pontos dispersos e a linha de regressão E(*poup*|*renda*) = $\beta_0 + \beta_1$renda]

Há muitas maneiras de colocar em prática o seguinte procedimento de estimação. Usaremos a equação (2.5) e uma importante implicação da hipótese (2.6): na população, u tem média zero e é não correlacionado a x. Portanto, vemos que u tem valor esperado zero e que a *covariância* entre x e u é zero:

$$E(u) = 0 \tag{2.10}$$

e

$$\text{Cov}(x,u) = E(xu) = 0, \tag{2.11}$$

em que a primeira igualdade em (2.11) resulta de (2.10). (Veja a Seção B.4, para definição e propriedades da covariância.) Em termos das variáveis observáveis x e y e dos parâmetros desconhecidos β_0 e β_1, as equações (2.10) e (2.11) podem ser escritas como

$$E(y - \beta_0 - \beta_1 x) = 0 \tag{2.12}$$

e

$$E[x(y - \beta_0 - \beta_1 x)] = 0, \tag{2.13}$$

respectivamente. As equações (2.12) e (2.13) implicam duas restrições sobre a distribuição de probabilidade conjunta de (x, y) na população. Como há dois parâmetros desconhecidos para estimar, poderíamos esperar que as equações (2.12) e (2.13) pudessem ser usadas para obter bons estimadores de $\hat{\beta}_0$ e $\hat{\beta}_1$. De fato, elas podem ser

CAPÍTULO 2

usadas. Dada uma amostra de dados, escolhemos as estimativas $\hat{\beta}_0$ e $\hat{\beta}_1$ para resolver as equivalências *amostrais* de (2.12) e (2.13):

$$n^{-1}\sum_{i=1}^{n}(y_i - \hat{\beta}_0 - \hat{\beta}_1 x_i) = 0 \quad (2.14)$$

e

$$n^{-1}\sum_{i=1}^{n} x_i(y_i - \hat{\beta}_0 - \hat{\beta}_1 x_i) = 0. \quad (2.15)$$

Esse é um exemplo da abordagem do *método dos momentos* para a estimação. (Veja a Seção C.4 para uma discussão das diferentes abordagens de estimação.) Essas equações podem ser resolvidas para $\hat{\beta}_0$ e $\hat{\beta}_1$.

Usando as propriedades básicas do operador somatório a partir do Apêndice A (disponível no site da Cengage Learning, a equação (2.14) pode ser reescrita como

$$\bar{y} = \hat{\beta}_0 + \hat{\beta}_1 \bar{x}, \quad (2.16)$$

em que $\bar{y} = n^{-1}\sum_{i=1}^{n} y_i$ é a média amostral de y_i, e igualmente para $\bar{x}$. Essa equação nos permite escrever $\hat{\beta}_0$ em termos de $\hat{\beta}_1$, $\bar{y}$ e $\bar{x}$:

$$\hat{\beta}_0 = \bar{y} - \hat{\beta}_1 \bar{x}. \quad (2.17)$$

Portanto, uma vez que temos a estimativa de inclinação $\hat{\beta}_1$, obtém-se diretamente a estimativa de intercepto $\hat{\beta}_0$, dados $\bar{y}$ e $\bar{x}$.

Suprimindo o n^{-1} em (2.15) (já que ele não afeta a solução) e inserindo (2.17) em (2.15), obtemos

$$\sum_{i=1}^{n} x_i[y_i - (\bar{y} - \hat{\beta}_1 \bar{x}) - \hat{\beta}_1 x_i] = 0,$$

a qual, após rearranjo, pode ser escrita

$$\sum_{i=1}^{n} x_i(y_i - \bar{y}) = \hat{\beta}_1 \sum_{i=1}^{n} x_i(x_i - \bar{x}).$$

Das propriedades básicas do operador somatório [veja (A.7) e (A.8)],

$$\sum_{i=1}^{n} x_i(x_i - \bar{x}) = \sum_{i=1}^{n}(x_i - \bar{x})^2 \quad \text{e} \quad \sum_{i=1}^{n} x_i(y_i - \bar{y}) = \sum_{i=1}^{n}(x_i - \bar{x})(y_i - \bar{y}).$$

Portanto, desde que

$$\sum_{i=1}^{n}(x_i - \bar{x})^2 > 0, \quad (2.18)$$

a inclinação estimada é

$$\hat{\beta}_1 = \frac{\sum_{i=1}^{n}(x_i - \bar{x})(y_i - \bar{y})}{\sum_{i=1}^{n}(x_i - \bar{x})^2}. \quad (2.19)$$

A Equação (2.19) é simplesmente a covariância amostral entre x_i e y_i dividida pela variância amostral de x_i. Usando álgebra simples, também podemos escrever $\hat{\beta}_1$ como

$$\hat{\beta}_1 = \hat{\rho}_{xy} \cdot \left(\frac{\hat{\sigma}_x}{\hat{\sigma}_y}\right),$$

em que $\hat{\rho}_{xy}$ é a correlação amostral entre x_i e y_i, e $\hat{\sigma}_x$ e $\hat{\sigma}_y$ denotam os desvios padrão da amostra. (Ver Apêndice C para as definições de correlação e desvio padrão. Dividir todas as somas por $n - 1$ não afeta as fórmulas.) Uma implicação imediata é que, se x_i e y_i forem positivamente correlacionados na amostra, então $\hat{\beta}_1 > 0$; se x_i e y_i forem negativamente correlacionados, então $\hat{\beta}_1 < 0$.

Naturalmente, a fórmula para $\hat{\beta}_1$ em termos de correlação amostral e desvios padrão é a analogia amostral da relação populacional

$$\beta_1 = \rho_{xy} \cdot \left(\frac{\sigma_x}{\sigma_y}\right),$$

em que todas as quantidades são definidas para a população inteira. Reconhecer que β_1 é apenas uma versão ajustada, ρ_{xy} destaca uma limitação importante da regressão simples quando não tivermos dados experimentais. De fato, a regressão simples é uma análise de correlação entre duas variáveis, portanto, deve-se ter cuidado ao inferir causalidade.

Embora o método para obter (2.17) e (2.19) decorra de (2.6), a única hipótese necessária para calcular as estimativas para uma amostra particular é (2.18). Entretanto, essa raramente é uma hipótese: (2.18) é verdadeira sempre que os x_i na amostra não forem todos iguais a um mesmo valor. Se (2.18) não se sustentar, então fomos infelizes em obter nossa amostra da população, ou não especificamos um problema interessante (x não varia na população). Por exemplo, se $y = wage$ e $x = educ$, então (2.18) falha somente se todos na amostra tiverem a mesma quantidade de anos de educação formal. (Por exemplo, se todos tiverem o equivalente ao ensino médio concluído; veja a Figura 2.3.) Se apenas uma pessoa tiver uma quantidade diferente de anos de educação formal, então (2.18) se sustenta, e as estimativas de MQO podem ser calculadas.

As estimativas dadas em (2.17) e (2.19) são chamadas de estimativas de **mínimos quadrados ordinários** (**MQO**) de β_0 e β_1. Para justificar esse nome, defina, para qualquer $\hat{\beta}_0$ e $\hat{\beta}_1$, um **valor estimado** para y quando $x = x_i$, tal como

$$\hat{y}_i = \hat{\beta}_0 + \hat{\beta}_1 x_i. \tag{2.20}$$

Esse é o valor que prevemos para y quando $x = x_i$ no intercepto e na inclinação dados. Há um valor estimado em cada observação da amostra. O **resíduo** para a observação i é a diferença entre o valor verdadeiro de y_i e seu valor estimado:

$$\hat{u}_i = y_i - \hat{y}_i = y_i - \hat{\beta}_0 - \hat{\beta}_1 x_i. \tag{2.21}$$

Novamente, há n desses resíduos. (Eles *não* são iguais aos erros em (2.9), um ponto ao qual retornaremos na Seção 2.5.) Os valores ajustados e os resíduos estão indicados na Figura 2.4.

Agora, suponha que escolhamos $\hat{\beta}_0$ e $\hat{\beta}_1$ com a finalidade de fazer a **soma dos quadrados dos resíduos**,

$$\sum_{i=1}^{n} \hat{u}_i^2 = \sum_{i=1}^{n} (y_i - \hat{\beta}_0 - \hat{\beta}_1 x_i)^2, \tag{2.22}$$

tão pequena quanto possível. O apêndice para este capítulo mostra que as condições necessárias para $(\hat{\beta}_0, \hat{\beta}_1)$ minimizarem (2.22) são dadas exatamente pelas equações (2.14) e (2.15), sem n^{-1}. As equações (2.14) e (2.15) são frequentemente chamadas de **condições de primeira ordem** para as estimativas de MQO, termo que vem da otimização utilizada em cálculo (veja o Apêndice A). De nossos cálculos anteriores, sabemos que as soluções para as condições de primeira ordem de MQO são dadas por (2.17) e (2.19). O nome "mínimos quadrados ordinários" vem do fato de que essas estimativas minimizam a soma dos quadrados dos resíduos.

FIGURA 2.3 Gráfico da dispersão de salários e educação, quando $educ_i = 12$ para todo i.

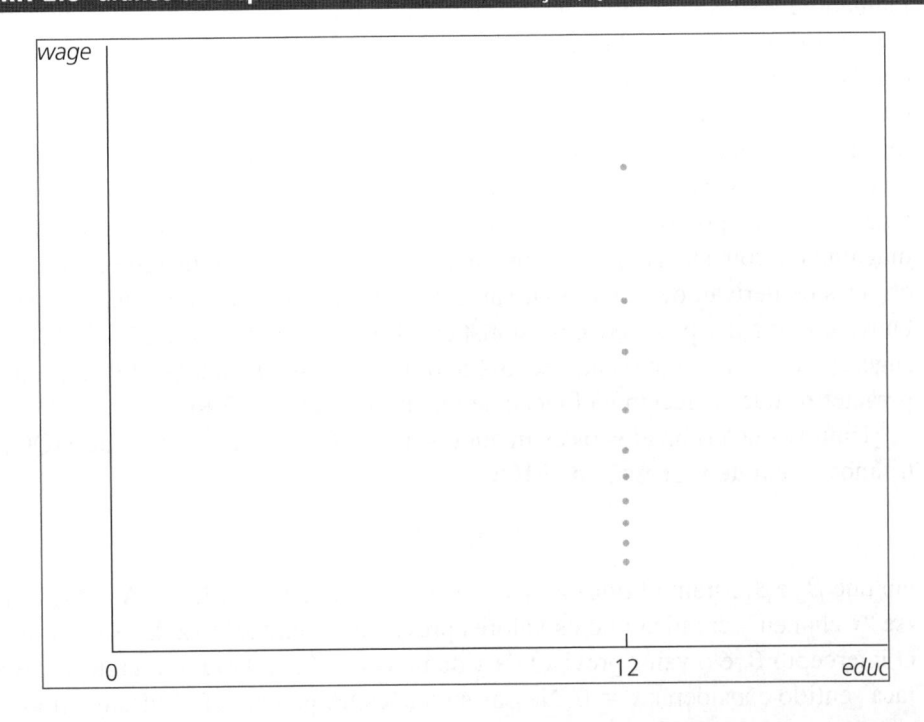

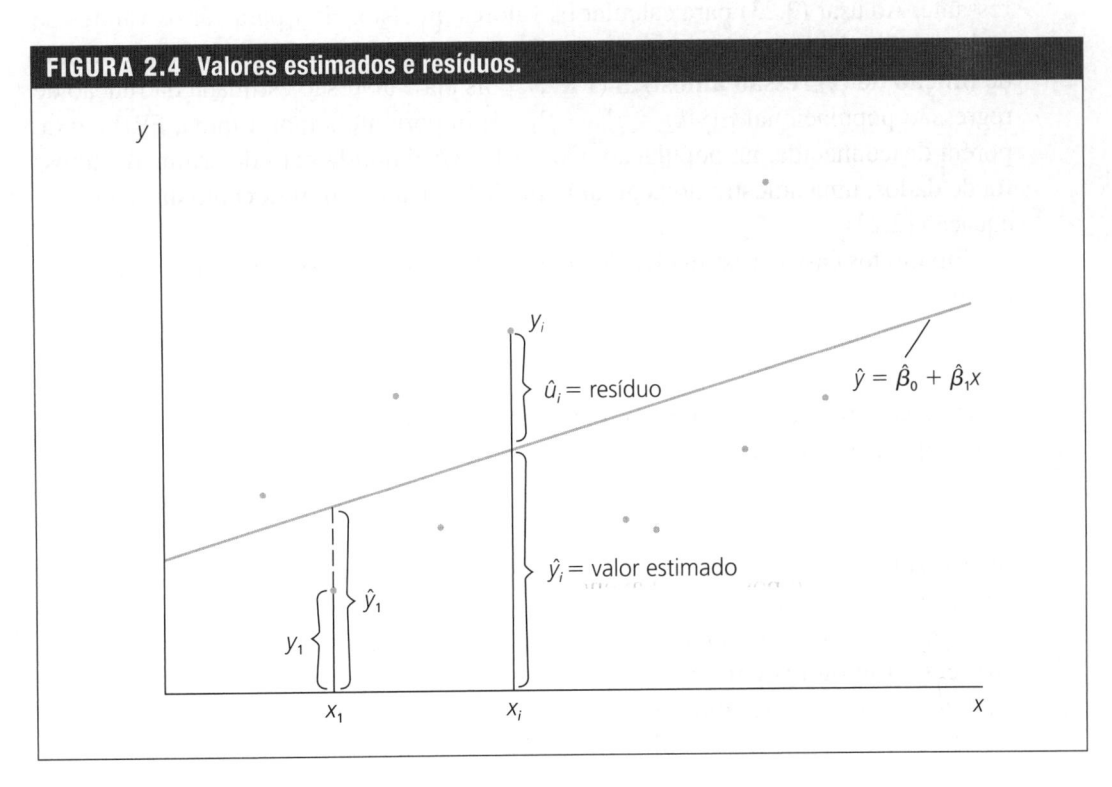

FIGURA 2.4 Valores estimados e resíduos.

$\hat{u}_i$ = resíduo

$\hat{y} = \hat{\beta}_0 + \hat{\beta}_1 x$

$\hat{y}_i$ = valor estimado

Quando vemos o método de mínimos quadrados ordinários como um método que minimiza a soma dos quadrados dos resíduos, é natural perguntar: por que não minimizar outra função dos resíduos, como o valor absoluto dos resíduos? De fato, como discutiremos brevemente na Seção 9.4 (do Capítulo 9), minimizar a soma dos valores absolutos dos resíduos é, algumas vezes, muito útil. No entanto, esse procedimento também tem suas desvantagens. Primeiro, não podemos obter fórmulas para os estimadores resultantes; tendo em conta um conjunto de dados, as estimativas devem ser obtidas por rotinas de otimização numérica. Em consequência, a teoria estatística para estimadores que minimizam a soma dos resíduos absolutos é muito complicada. Minimizar outras funções dos resíduos, como a soma de cada resíduo elevado à quarta potência, tem desvantagens similares. (Nunca deveríamos escolher nossos estimadores para minimizar, por exemplo, a soma dos próprios resíduos, pois resíduos grandes em magnitude e com sinais opostos tendem a se cancelar.) Com o método MQO, seremos capazes de derivar, de modo relativamente fácil, inexistência de viés, consistência e outras importantes propriedades estatísticas. E mais, como as equações (2.12) e (2.13) sugerem, e como veremos na Seção 2.5, o método MQO é adequado para estimar os parâmetros que aparecem na função de média condicional (2.8).

Uma vez determinados os estimadores de intercepto e inclinação de MQO, construímos a **reta de regressão de MQO**:

$$\hat{y} = \hat{\beta}_0 + \hat{\beta}_1 x, \qquad (2.23)$$

em que $\hat{\beta}_0$ e $\hat{\beta}_1$ foram obtidos ao usar as equações (2.17) e (2.19). A notação $\hat{y}$, leia-se "y chapéu", enfatiza que os valores previstos da equação (2.23) são estimativas. O intercepto $\hat{\beta}_0$ é o valor previsto de y quando $x = 0$, embora, em alguns casos, não faça sentido considerar $x = 0$. Nessas situações, $\hat{\beta}_0$ não é, por si mesmo, muito interessante. Ao usar (2.23) para calcular os valores previstos de y para vários valores de x, devemos considerar o intercepto nos cálculos. A equação (2.23) é também chamada de **função de regressão amostral (FRA)**, pois ela é a versão estimada da função de regressão populacional $E(y|x) = \beta_0 + \beta_1 x$. É importante lembrar que a FRP é fixa, porém desconhecida, na população. Como a FRA é obtida para determinada amostra de dados, uma amostra nova gerará uma inclinação e um intercepto diferentes na equação (2.23).

Em muitos casos, a estimativa do coeficiente de inclinação, que podemos escrever como

$$\hat{\beta}_1 = \Delta\hat{y}/\Delta x, \qquad (2.24)$$

é de interesse fundamental. Ela nos diz quanto $\hat{y}$ varia quando x aumenta em uma unidade. Equivalentemente,

$$\Delta\hat{y} = \hat{\beta}_1 \Delta x \qquad (2.25)$$

de modo que, dada qualquer variação em x (seja positiva ou negativa), podemos calcular a variação prevista em y.

Agora, vamos apresentar vários exemplos de regressões simples obtidas de dados reais. Em outras palavras, vamos encontrar as estimativas de intercepto e de inclinação a partir das equações (2.17) e (2.19). Como esses exemplos envolvem muitas observações, os cálculos foram feitos usando *softwares* econométricos.

CAPÍTULO 2

Neste ponto, não se preocupe muito em interpretar as regressões; elas não estão, necessariamente, revelando uma relação causal. Até aqui, não dissemos nada sobre as propriedades estatísticas do método MQO. Na Seção 2.5, consideraremos as propriedades depois de impormos explicitamente hipóteses sobre a equação do modelo populacional (2.1).

EXEMPLO 2.3 Salários de diretores-executivos e retornos sobre o patrimônio

Para o universo de CEOs, seja y o salário anual (*salary*) em milhares de dólares. Assim, $y = 856,3$ indica um salário anual de US\$ 856.300, e $y = 1.452,6$ indica um salário de US\$ 1.452.600. Seja x o retorno médio sobre o patrimônio líquido (*roe*) para o CEO da empresa durante os três anos anteriores. (O retorno médio sobre o patrimônio líquido é definido em termos do lucro líquido, como uma porcentagem do patrimônio líquido comum.) Por exemplo, se *roe* = 10, então o retorno médio sobre o patrimônio líquido é de 10%.

Para estudar a relação entre essa medida do desempenho das empresas e a remuneração dos seus CEOs, postulamos o modelo simples

$$salary = \beta_0 + \beta_1 roe + u.$$

O parâmetro de inclinação β_1 mede a variação no salário anual, em milhares de dólares, quando o retorno médio sobre o patrimônio líquido aumenta em um ponto percentual. Como um *roe* mais elevado é melhor para a empresa, esperamos que $\beta_1 > 0$.

O conjunto de dados do arquivo CEOSAL1 contém informações sobre 209 CEOs para o ano de 1990; esses dados foram obtidos da revista *Business Week* (6/5/1991). Na amostra, o salário médio anual é US\$ 1.281.120; sendo que o menor e o maior são US\$ 223.000 e US\$ 14.822.000, respectivamente. O retorno médio sobre o patrimônio para os anos 1988, 1989 e 1990 é de 17,18%, sendo que os valores menor e maior são de 0,5% e 56,3%, respectivamente.

Usando os dados do arquivo CEOSAL1, a reta de regressão de MQO que relaciona *salary* a *roe* é

$$\widehat{salary} = 963,191 + 18,501\ roe \qquad (2.26)$$
$$n = 209,$$

na qual as estimativas de intercepto e de inclinação foram arredondadas em três casas decimais; usamos "*salary* chapéu" para indicar que essa é uma equação estimada. Como interpretamos a equação? Primeiro, se o retorno da ação é zero, *roe* = 0, então o *salário* previsto é o intercepto, 963,191, que é igual a US\$ 963.191, visto que o *salário* é mensurado em milhares. Em seguida, podemos escrever a variação prevista no salário como uma função da variação em *roe*: $\widehat{\Delta salary} = 18,501(\Delta roe)$. Isso significa que, se o retorno da ação aumenta um ponto percentual, $\Delta roe = 1$, então espera-se que *salary* variará cerca de 18,5, ou US\$ 18.500. Como (2.26) é uma equação linear, esse valor é a variação estimada independentemente do salário inicial.

Podemos facilmente usar (2.26) para comparar salários previstos para valores diferentes de retorno sobre o patrimônio líquido (*roe*). Suponha *roe* = 30. Portanto, $\widehat{salary} = 963,191 + 18,501(30) = 1.518,221$, o que está pouco acima de US\$ 1,5 milhão. Entretanto, isso *não* significa que determinado CEO, cuja empresa tenha um *roe* = 30, ganhe US\$ 1.518.221. Muitos outros fatores afetam o salário. Essa é somente a nossa previsão a partir da reta de regressão de MQO de (2.26). A reta estimada está representada na Figura 2.5, juntamente com a função de regressão populacional E(*salary*|*roe*). Nunca conheceremos a FRP; assim, não podemos dizer quão próxima a FRA está da FRP. Outra amostra de dados levará a uma reta de regressão diferente, que pode estar, ou não, mais próxima da reta de regressão populacional.

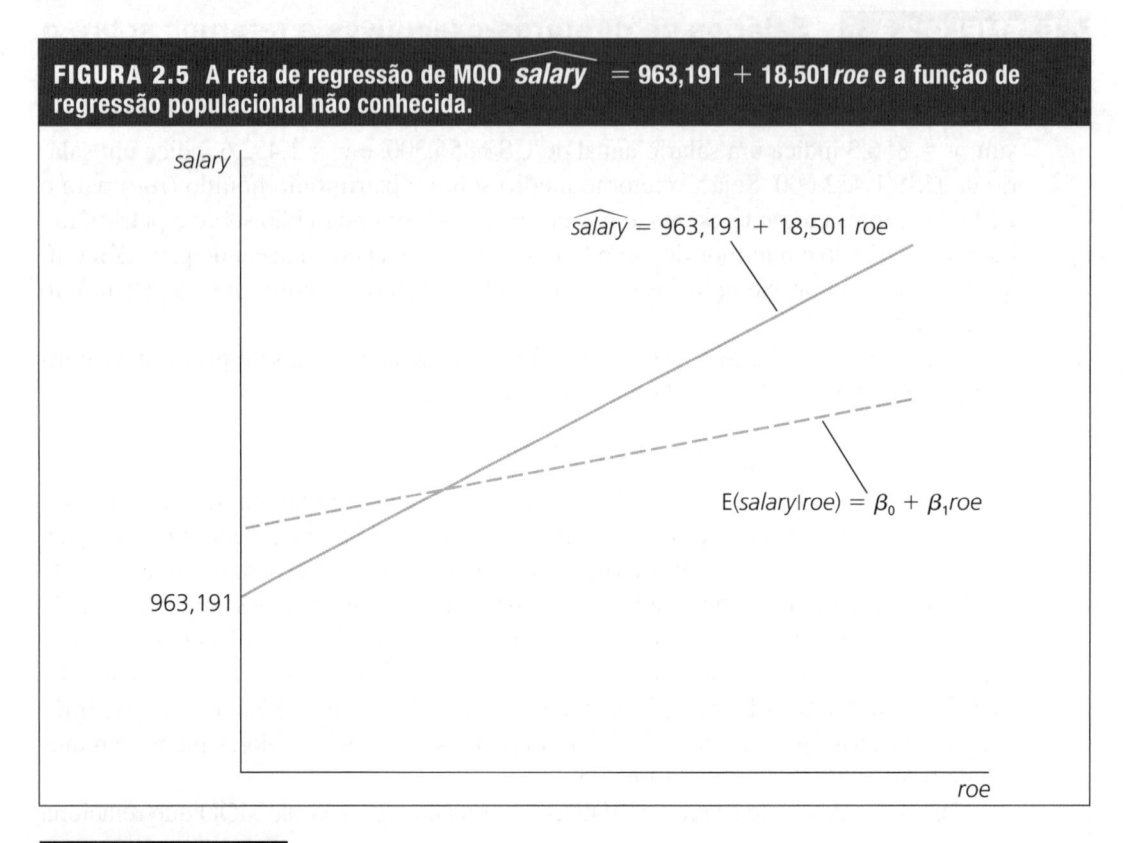

FIGURA 2.5 A reta de regressão de MQO $\widehat{salary} = 963{,}191 + 18{,}501\,roe$ e a função de regressão populacional não conhecida.

EXEMPLO 2.4 Salário e educação

Para a população de pessoas na força de trabalho em 1976, seja $y = wage$, em que o *salário* (*wage*) é mensurado em dólares por hora. Assim, para determinada pessoa, se salário (*wage*) = 6,75, o *salário-hora* é US$ 6,75. Vamos chamar anos de escolaridade formal de $x = educ$; por exemplo, $educ = 12$ corresponde ao ensino médio completo (nos Estados Unidos). O salário-hora médio na amostra é US$ 5,90, o que equivale, de acordo com o índice de preços ao consumidor dos Estados Unidos, a US$ 19,06 em dólares de 2003.

Usando os dados do arquivo WAGE1, em que $n = 526$ indivíduos, obtemos a seguinte reta de regressão de MQO (ou função de regressão amostral):

$$\widehat{wage} = -0{,}90 + 0{,}54\,educ \tag{2.27}$$

$$n = 526.$$

Devemos interpretar essa equação com cautela. O intercepto de $-0{,}90$ significa, literalmente, que uma pessoa sem nenhuma educação formal tem um salário-hora previsto de US$ $-0{,}90$ por hora. Isso, evidentemente, é tolice. Ocorre que apenas 18 pessoas na amostra de 526 têm menos que oito anos de educação formal. Consequentemente,

> **QUESTÃO 2.2**
>
> O salário-hora estimado em (2.27), quando *educ* = 8, é US$ 3,42, em dólares de 1976. Qual será esse valor em dólares de 2003? (*Dica*: você tem as informações necessárias para responder a essa questão no Exemplo 2.4.)

não é surpreendente que a reta de regressão não faça boas previsões para níveis de educação formal muito baixos. Para uma pessoa com oito anos de educação formal, o salário previsto é $\widehat{wage} = -0,90 + 0,54(8) = 3,42$, ou US$ 3,42 por hora (em dólares de 1976).

A inclinação estimada em (2.27) implica um ano a mais de educação formal, que aumenta o salário em 54 centavos de dólar por hora. Portanto, quatro anos a mais de educação formal aumentam o salário-hora previsto em 4(0,54) = 2,16, ou US$ 2,16 por hora. Esses efeitos são razoavelmente grandes. Em razão da natureza linear de (2.27), mais um ano de educação formal aumenta o salário na mesma quantidade, independentemente do nível inicial de educação. Na Seção 2.4, discutiremos alguns métodos que levam em consideração efeitos marginais não constantes de nossas variáveis explicativas.

EXEMPLO 2.5 Resultados eleitorais e despesas de campanha

O arquivo VOTE1 contém dados sobre resultados eleitorais e gastos de campanha de 173 disputas entre dois partidos, em 1988, para a House of Representatives dos Estados Unidos (equivalente à Câmara dos Deputados no Brasil). Há dois candidatos em cada disputa: A e B. Seja *voteA* a porcentagem de votos recebida pelo Candidato A e *shareA* a porcentagem das despesas totais de campanha que cabem ao Candidato A. Muitos outros fatores além de *shareA* afetam o resultado eleitoral (incluindo a qualidade dos candidatos e os valores absolutos dos gastos de A e B). No entanto, podemos estimar um modelo de regressão simples a fim de descobrir se gastar mais do que o concorrente implica uma porcentagem maior de votos.

A equação estimada usando as 173 observações é

$$\widehat{voteA} = 26,81 + 0,464\ shareA \qquad (2.28)$$

$$n = 173.$$

Isso significa que, se a participação do Candidato A aumenta em um ponto percentual, ele recebe quase meio ponto percentual (0,464) a mais da votação total. Não fica claro se isso revela ou não um efeito causal, mas isso é crível. Se *shareA* = 50, prevê-se que *voteA* será cerca de 50, ou metade da votação.

> **QUESTÃO 2.3**
>
> No Exemplo 2.5, qual é a votação prevista para o Candidato A se *shareA* = 60 (que significa 60%)? A resposta parece razoável?

Em alguns casos, a análise de regressão não é usada para determinar a causalidade, mas para observar se duas variáveis são positiva ou negativamente relacionadas, de modo muito parecido com uma análise padrão de correlação. Um exemplo disso ocorre no Exercício em Computador C.3, que pede que você use os dados de Biddle e Hamermesh (1990) referentes ao tempo que se gasta dormindo e trabalhando para investigar a relação entre esses dois fatores.

2-2a Uma nota sobre terminologia

Em muitos casos, indicaremos a estimação de uma relação por meio de MQO ao escrever uma equação como (2.26), (2.27) ou (2.28). Algumas vezes, para simplificar, é útil indicar que uma regressão de MQO foi estimada sem realmente escrever a equação. Frequentemente, indicaremos que a equação (2.23) foi obtida por MQO ao dizer que *rodamos a regressão de*

$$y \text{ sobre } x, \tag{2.29}$$

ou simplesmente que *regredimos y sobre x*. As posições de y e x em (2.29) indicam qual é a variável dependente e qual é a variável independente: sempre regredimos a variável dependente sobre a variável independente. Para aplicações específicas, substituiremos y e x por seus nomes. Assim, para obter (2.26), regredimos *salary* sobre *roe*, ou, para obter (2.28), regredimos *voteA* sobre *shareA*.

Ao usarmos essa terminologia em (2.29), sempre estaremos dizendo que planejamos estimar o intercepto, $\hat{\beta}_0$, juntamente com o coeficiente de inclinação, $\hat{\beta}_1$. Esse caso é apropriado para a maioria das aplicações. Ocasionalmente, podemos querer estimar a relação entre y e x *assumindo* que o intercepto é zero (de modo que $x = 0$ implica $\hat{y} = 0$); trataremos esse caso, concisamente, na Seção 2.6. A não ser que seja explicitamente dito de outro modo, sempre estimaremos um intercepto com uma inclinação.

2.3 Características de MQO em determinada amostra de dados

Na seção anterior tratamos da álgebra na derivação de fórmulas para MQO. Nesta seção, apresentaremos algumas propriedades algébricas da reta de regressão de MQO estimada. Talvez, a melhor maneira de pensar sobre essas propriedades seja perceber que elas são características de MQO para *determinada* amostra de dados. A tarefa mais difícil – tendo em conta as propriedades de MQO em todas as possíveis amostras aleatórias de dados – será discutida na Seção 2.5.

Muitas das propriedades algébricas que derivaremos parecerão triviais. No entanto, ter uma compreensão dessas propriedades ajuda-nos a entender o que acontece com as estimativas de MQO e estatísticas relacionadas quando os dados são manipulados de determinadas maneiras, como quando variam as unidades de medida das variáveis dependente e independentes.

2-3a Valores estimados e resíduos

Assumimos que as estimativas de intercepto e de inclinação, $\hat{\beta}_0$ e $\hat{\beta}_1$, foram obtidas de uma amostra de dados específica. Com $\hat{\beta}_0$ e $\hat{\beta}_1$, podemos obter o valor estimado $\hat{y}_i$ para cada observação. [Isso é dado pela equação (2.20).] Por definição, cada valor estimado de $\hat{y}_i$ está sobre a reta de regressão de MQO. O resíduo de MQO associado a cada observação i, $\hat{u}_i$ é a diferença entre y_i e seu valor estimado, como dado na equação (2.21). Se $\hat{u}_i$ é positivo, a reta subestima y_i; se $\hat{u}_i$ é negativo, a reta superestima y_i.

O caso ideal para a observação i é quando $\hat{u}_i = 0$, mas na maior parte dos casos *todos* os resíduos são diferentes de zero. Em outras palavras, nenhum dos pontos dos dados deve, de fato, estar sobre a reta de MQO.

> **EXEMPLO 2.6** Salário de CEOs e retornos de ações
>
> A Tabela 2.2 contém uma lista das 15 primeiras observações do conjunto de dados dos salários dos CEOs, juntamente com os valores estimados, chamados de *salchapéu*, e os resíduos, chamados *uchapéu*.
>
> Os quatro primeiros CEOs têm salários menores do que os previstos a partir da reta de regressão de MQO (2.26); em outras palavras, dado somente o *roe* da empresa, esses CEOs ganham menos do que prevemos. Como pode ser visto dos *uchapéus* positivos, o quinto CEO ganha mais do que prevemos a partir da reta de regressão de MQO.

2-3b Propriedades algébricas das estatísticas de MQO

Há várias propriedades algébricas úteis das estimativas de MQO e das estatísticas a elas associadas. Vamos discutir as três mais importantes.

(1) A soma, e portanto a média amostral dos resíduos de MQO, é zero. Matematicamente,

$$\sum_{i=1}^{n} \hat{u}_i = 0.$$

(2.30)

TABELA 2.2 Valores estimados e resíduos dos 15 primeiros CEOs.

obsno	roe	salary	salchapéu	uchapéu
1	14,1	1.095	1.224,058	−129,0581
2	10,9	1.001	1.164,854	−163,8542
3	23,5	1.122	1.397,969	−275,9692
4	5,9	578	1.072.348	−494,3484
5	13,8	1.368	1.218,508	149,4923
6	20,0	1.145	1.333,215	−188,2151
7	16,4	1.78	1.266,611	−188,6108
8	16,3	1.094	1.264,761	−170,7606
9	10,5	1.237	1.157,454	79,54626
10	26,3	833	1.449,773	−616,7726
11	25,9	567	1.442,372	−875,3721
12	26,8	933	1.459,023	−526,0231
13	14,8	1.339	1.237,009	101,9911
14	22,3	937	1.375,768	−438,7678
15	56,3	2.011	2.004,808	6,191895

Essa propriedade não precisa de prova; ela resulta, imediatamente, da condição de primeira ordem de MQO (2.14), quando lembramos que os resíduos são definidos por $\hat{u}_i = y_i - \hat{\beta}_0 - \hat{\beta}_1 x_i$. Em outras palavras, as estimativas de MQO $\hat{\beta}_0$ e $\hat{\beta}_1$ são *escolhidas* para fazer com que a soma dos resíduos seja zero (para qualquer conjunto de dados). Isso não diz nada sobre o resíduo de qualquer observação *i* em particular.

(2) A covariância amostral entre os regressores e os resíduos de MQO é zero. Isso resulta da condição de primeira ordem (2.15), que pode ser escrita em termos dos resíduos, como

$$\sum_{i=1}^{n} \hat{u}_i = 0. \qquad (2.31)$$

A média amostral dos resíduos de MQO é zero, de modo que o lado esquerdo de (2.31) é proporcional à covariância amostral entre x_i e $\hat{u}_i$.

(3) O ponto $(\bar{x}, \bar{y})$ sempre está sobre a reta de regressão de MQO. Em outras palavras, se considerarmos a equação (2.23) e inserirmos $\bar{x}$ no lugar de x, então o valor ajustado é $\bar{y}$. Isso é exatamente o que a equação (2.16) nos mostrou.

EXEMPLO 2.7   Salários e educação

Para os dados do arquivo em WAGE1, o salário-hora médio da amostra é 5,90, arredondado para duas casas decimais, e a educação formal média (medida em anos) é 12,56. Se inserirmos *educ* = 12,56 na reta de regressão de MQO (2.27), obtemos $\widehat{wage} = -0{,}90 + 0{,}54(12{,}56) = 5{,}8824$, igual a 5,9 quando arredondamos para a próxima casa decimal. A razão de esses números não serem exatamente os mesmos é que nós arredondamos o salário-hora e os anos de educação formal médios, assim como as estimativas de intercepto e de inclinação. Se, inicialmente, não tivéssemos arredondado nenhum dos valores, obteríamos respostas mais aproximadas, mas essa prática teria pouco efeito útil.

Ao escrever cada y_i como o seu valor ajustado mais o seu resíduo, temos outro modo de interpretar uma regressão de MQO. Para cada *i*, escreva

$$y_1 = \hat{y}_i + \hat{u}_i \qquad (2.32)$$

Da propriedade (1), a média dos resíduos é zero; equivalentemente, a média amostral dos valores estimados, $\hat{y}_i$, é a mesma que a média amostral de y_i, ou $\bar{\hat{y}} = \bar{y}$. Além disso, as propriedades (1) e (2) podem ser usadas para mostrar que a covariância amostral entre $\hat{y}_i$ e $\hat{u}_i$ é zero. Portanto, podemos ver MQO como um método que decompõe cada y_i em duas partes: um valor ajustado e um resíduo. Os valores estimados e os resíduos são não correlacionados na amostra.

Defina a **soma dos quadrados total** (**SQT**), a **soma dos quadrados explicada** (**SQE**) e a **soma dos quadrados dos resíduos** (**SQR**) (também conhecida como a soma dos resíduos ao quadrado), como a seguir:

$$\text{SQT} \equiv \sum_{i=1}^{n}(y_i - \bar{y})^2. \qquad (2.33)$$

$$\text{SQE} \equiv \sum_{i=1}^{n}(\hat{y}_i - \bar{y})^2. \qquad (2.34)$$

$$\text{SQR} \equiv \sum_{i=1}^{n} \hat{u}_i^2. \qquad (2.35)$$

SQT é uma medida da variação amostral total em y_i; isto é, ela mede o quão dispersos estão os y_i na amostra. Se dividirmos SQT por $n - 1$, obteremos a variância amostral de y, como discutido no Apêndice C. Semelhantemente, SQE mede a variação amostral em $\hat{y}_i$ (em que usamos o fato de que $\bar{\hat{y}} = \bar{y}$), e SQR mede a variação amostral em $\hat{u}_i$. A variação total em y pode sempre ser expressa como a soma da variação explicada e da variação não explicada SQR. Assim,

$$\text{SQT} = \text{SQE} + \text{SQR}. \qquad (2.36)$$

Provar (2.36) não é difícil, mas requer o uso de todas as propriedades do operador somatório apresentadas no Apêndice A. Escreva

$$\sum_{i=1}^{n} (y_i - \bar{y})^2 = \sum_{i=1}^{n} [(y_i - \hat{y}_i) + (\hat{y}_i - \bar{y})]^2$$

$$= \sum_{i=1}^{n} [\hat{u}_i + (\hat{y}_i - \bar{y})]^2$$

$$= \sum_{i=1}^{n} \hat{u}_i^2 + 2\sum_{i=1}^{n} \hat{u}_i(\hat{y}_i - \bar{y}) + \sum_{i=1}^{n} (\hat{y}_i - \bar{y})^2$$

$$= \text{SQR} + 2\sum_{i=1}^{n} \hat{u}_i(\hat{y}_i - \bar{y}) + \text{SQE}.$$

Agora, (2.36) é válida se mostrarmos que

$$\sum_{i=1}^{n} \hat{u}_i(\hat{y}_i - \bar{y}) = 0. \qquad (2.37)$$

Contudo, já dissemos que a covariância amostral entre os resíduos e os valores estimados é zero, e essa covariância é justamente a equação (2.37) dividida por $n - 1$. Consequentemente, confirmamos (2.36).

Algumas precauções sobre SQT, SQE e SQR devem ser mencionadas. Não há concordância uniforme sobre os nomes e as abreviações das três quantidades definidas nas equações (2.33), (2.34) e (2.35). A soma dos quadrados total é chamada de SQT ou STQ, de modo que aqui não há grandes confusões. Infelizmente, a soma dos quadrados explicada é, às vezes, chamada de "soma dos quadrados da regressão". Se a esse termo é dada sua abreviação natural, ele pode ser facilmente confundido com o termo "soma dos quadrados dos resíduos". Alguns programas econométricos referem-se à soma dos quadrados explicada como "soma dos quadrados do modelo".

Para tornar as coisas ainda piores, a soma dos quadrados dos resíduos é frequentemente chamada de "soma dos quadrados dos erros". Esse termo é um tanto inadequado, pois, como veremos na Seção 2.5, os erros e os resíduos são quantidades diferentes. Assim, sempre chamaremos (2.35) de soma dos quadrados dos resíduos ou soma dos resíduos ao quadrado. Preferimos usar a abreviação SQR para representar a soma dos resíduos ao quadrado, pois ela é mais comum nos programas econométricos.

2-3c Qualidade de ajuste

Até aqui, não apresentamos uma maneira de mensurar quão bem a variável explicativa ou independente, x, explica a variável dependente, y. Muitas vezes, é útil calcular um número que resuma o quão bem a reta de regressão de MQO se ajusta aos dados. Na discussão seguinte, lembre-se de que assumimos estimar o intercepto com a inclinação.

Ao assumirmos que a soma dos quadrados total, SQT, não é igual a zero – o que é verdadeiro, a não ser no evento muito improvável de todos os y_i serem iguais a um mesmo valor –, podemos dividir (2.36) por SQT para obter $1 = $ SQE/SQT $+$ SQR/SQT. O **R-quadrado** da regressão, algumas vezes chamado de **coeficiente de determinação**, é definido como

$$R^2 \equiv \text{SQE/SQT} = 1 - \text{SQR/SQT}. \tag{2.38}$$

R^2 é a razão entre a variação explicada e a variação total; assim, ele é interpretado como a *fração da variação amostral em y que é explicada por x*. A segunda equação em (2.38) fornece outra maneira de calcular R^2.

De (2.36), o valor de R^2 está sempre entre zero e um, visto que SQE não pode ser maior que SQT. Quando interpretamos R^2, usualmente o multiplicamos por 100 para transformá-lo em percentual: $100 \cdot R^2$ é a *porcentagem da variação amostral em y que é explicada por x*.

Se todos os pontos dos dados estiverem sobre a mesma reta, MQO fornece um ajuste perfeito aos dados. Nesse caso, $R^2 = 1$. Um valor de R^2 quase igual a zero indica um ajuste ruim da reta de MQO: muito pouco da variação em y_i é capturado pela variação em $\hat{y}_i$ (que está sobre a reta de regressão de MQO). De fato, pode ser mostrado que R^2 é igual ao *quadrado* do coeficiente de correlação amostral entre y_i e $\hat{y}_i$. É daí que vem o termo "R-quadrado". (A letra R era, tradicionalmente, usada para denominar uma estimativa do coeficiente de correlação populacional, e seu uso sobreviveu na análise de regressão.)

EXEMPLO 2.8 Salário de CEOs e retornos sobre o patrimônio líquido

Na regressão de salários de CEOs, estimamos a seguinte equação:

$$\widehat{salary} = 963{,}191 + 18{,}501\, roe$$
$$n = 209, R^2 = 0{,}0132. \tag{2.39}$$

Por motivos de clareza, reproduzimos a reta de regressão de MQO e o número de observações. Usando o R-quadrado (arredondado para quatro casas decimais) apresentado para essa equação, podemos ver quanto da variação no salário é, realmente, explicada pelo retorno sobre o patrimônio líquido. A resposta é: não muito. O retorno sobre o patrimônio líquido da empresa explica somente 1,3% da variação nos salários dessa amostra de 209 CEOs. Isso significa que 98,7% das variações salariais desses CEOs ficam sem explicação. Essa falta de poder explicativo não deve ser uma grande surpresa, já que muitas outras características, tanto da empresa como do CEO individualmente, devem influenciar o salário; esses fatores estão, necessariamente, incluídos nos erros de uma análise de regressão simples.

Nas ciências sociais não são incomuns R-quadrados baixos nas equações de regressão, especialmente na análise de corte transversal. Discutiremos essa questão, de modo mais geral, sob a análise de regressão múltipla, mas vale a pena enfatizar agora que um *R*-quadrado aparentemente baixo não significa, necessariamente, que uma equação de regressão de MQO é sem utilidade. Ainda, é possível que (2.39) seja uma boa estimativa da relação *ceteris paribus* entre *salary* e *roe*; se isso é verdade ou não, *não* depende diretamente da magnitude do *R*-quadrado. Os estudantes que estão se defrontando com econometria pela primeira vez, ao avaliar equações de regressão, tendem a pôr muito peso na magnitude do *R*-quadrado. Por enquanto, conscientize-se de que usar o *R*-quadrado como o principal padrão de medida de sucesso de uma análise econométrica pode levar a confusões.

Algumas vezes, a variável explicativa elucida uma parte substancial da variação amostral na variável dependente.

EXEMPLO 2.9 **Resultados eleitorais e despesas de campanha**

Na equação de resultados eleitorais (2.28), $R^2 = 0{,}856$. Assim, a participação dos candidatos nas despesas de campanha explica mais de 85% da variação nos resultados eleitorais nessa amostra. Essa é uma parcela considerável.

2.4 Unidades de medida e forma funcional

Duas questões importantes em economia aplicada são: (1) entender como, ao mudar as unidades de medida das variáveis dependentes e/ou independentes, são afetadas as estimativas de MQO, e (2) saber como incorporar, à análise de regressão, formas funcionais populares usadas em economia. A matemática necessária para uma compreensão completa das questões sobre a forma funcional é revista no Apêndice A.

2-4a Os efeitos de mudanças das unidades de medida sobre as estatísticas de MQO

No Exemplo 2.3, escolhemos mensurar o salário anual (*salary*) em milhares de dólares, e o retorno sobre o patrimônio líquido (*roe*) foi medido como uma porcentagem (em vez de um decimal). É crucial saber como *salary* e *roe* são medidos nesse exemplo, a fim de dar sentido às estimativas da equação (2.39).

Devemos também saber que as estimativas de MQO mudam de maneira completamente previsível quando as unidades de medida das variáveis dependentes e independentes mudam. No Exemplo 2.3, suponhamos que, em vez de medir o salário em milhares de dólares, nós o medimos em dólares. Seja *salardol* o salário em dólares (*salardol* = 845.761 seria interpretado como US$ 845.761). Evidentemente, *salardol* tem uma relação simples com o salário medido em milhares de dólares: *salardol* = 1.000 · *salary*. Não precisamos, realmente, computar a regressão *salardol* sobre *roe* para saber que a equação estimada é:

$$\widehat{salardol} = 963{,}191 + 18.501\, roe. \quad (2.40)$$

Obtemos o intercepto e a inclinação em (2.40) ao, simplesmente, multiplicarmos o intercepto e o coeficiente de inclinação em (2.39) por 1.000. Isso dá às equações (2.39) e (2.40) a *mesma* interpretação. Olhando para (2.40), se *roe* = 0, então $\widehat{salardol}$ = 963.191, de modo que o salário previsto é US$ 963.191 [o mesmo valor que obtivemos

> **QUESTÃO 2.4**
>
> Suponha que o salário seja mensurado em centenas de dólares, em vez de milhares de dólares, e o chamemos de *salarhun*. Quais serão as estimativas de intercepto e de inclinação na regressão de *salarhun* sobre *roe*?

da equação (2.39)]. Além disso, se *roe* aumenta em um, então o salário previsto aumenta em US$ 18.501; novamente, isso é o que concluímos de nossa análise anterior da equação (2.39).

Geralmente, é fácil fazer uma ideia do que acontece às estimativas de intercepto e de inclinação quando se altera a unidade de medida da variável dependente. Se a variável dependente é multiplicada pela constante c – o que significa dizer que cada valor na amostra é multiplicado por c –, então as estimativas de MQO de intercepto e de inclinação também são multiplicadas por c. (Isso supõe que nada foi alterado em relação à variável independente.) No exemplo do salário dos CEOs, $c = 1.000$ ao passarmos de *salary* para *salardol*.

Também podemos usar o exemplo do salário dos CEOs para ver o que acontece quando as unidades de medida da variável independente são mudadas. Defina *roedec* = *roe*/100 como o equivalente decimal de *roe*; assim, *roedec* = 0,23 significa um bônus da ação de 23%. A fim de centrarmos o foco na mudança das unidades de medida da variável independente, retornaremos à nossa variável dependente original, *salary*, mensurada em milhares de dólares. Quando regredimos *salary* sobre *roedec*, obtemos

$$\widehat{salary} = 963{,}191 + 1.850{,}1\ roedec. \quad (2.41)$$

O coeficiente de *roedec* é 100 vezes o coeficiente de *roe* em (2.39). Isso é o que deveria ser. Variar *roe* em um ponto percentual é equivalente a $\Delta roedec = 0{,}01$. Em (2.41), se $\Delta roedec = 0{,}01$, então $\widehat{\Delta salary} = 1.850{,}1(0{,}01) = 18{,}501$, que é igual ao obtido ao se usar (2.39). Observe que, ao passarmos de (2.39) para (2.41), a variável independente foi dividida por 100, e assim a estimativa de inclinação de MQO foi multiplicada por 100, preservando a interpretação da equação. Em geral, se a variável independente é dividida ou multiplicada por alguma constante diferente de zero, c, então o coeficiente de inclinação de MQO é multiplicado ou dividido por c, respectivamente.

O intercepto não mudou em (2.41), pois *roedec* = 0 ainda corresponde a um retorno zero da ação. Em geral, mudar somente as unidades de medida da variável independente não afeta o intercepto.

Na seção anterior, definimos R-quadrado como uma medida de qualidade de ajuste para a regressão de MQO. Podemos também questionar o que acontece a R^2 quando é mudada a unidade de medida da variável independente ou da variável dependente. Sem fazer nenhuma álgebra, deveríamos saber o resultado: a qualidade de ajuste do modelo não depende das unidades de medida de nossas variáveis. Por exemplo, a quantidade de variação no salário, explicada pelo retorno sobre o patrimônio, não deve depender de o salário ser medido em dólares ou em milhares de dólares, ou de o retorno sobre o patrimônio líquido ser uma porcentagem ou um decimal. Essa intuição pode ser verificada matematicamente: usando a definição de R^2, pode ser mostrado que R^2 é, de fato, invariante a mudanças nas unidades de y ou x.

2-4b Incorporação de não linearidades na regressão simples

Até aqui, enfatizamos as relações *lineares* entre as variáveis dependentes e independentes. Como mencionamos no Capítulo 1, relações lineares não são, em geral, suficientes para todas as aplicações econômicas. Felizmente, é bastante fácil incorporar muitas não linearidades na análise de regressão simples ao definir apropriadamente as variáveis dependentes e independentes. Vamos tratar aqui de duas possibilidades que aparecem com frequência em trabalhos aplicados.

Ao ler sobre trabalhos aplicados nas ciências sociais, você encontrará com frequência equações de regressão em que a variável dependente aparece na forma logarítmica. Por que isso é feito? Lembre-se do exemplo salário-educação, em que regredimos o salário-hora sobre os anos de educação formal. Obtivemos uma estimativa da inclinação de 0,54 [veja a equação (2.27)], o que significa dizer que, para cada ano adicional de educação, é previsto um aumento de 54 centavos de dólar no salário-hora. Em razão da natureza linear de (2.27), 54 centavos de dólar é o aumento tanto para o primeiro ano de educação quanto para o vigésimo ano; isso pode não ser razoável.

Provavelmente uma caracterização melhor de como o salário muda com o nível de escolaridade é que cada ano de educação aumenta o salário em uma *porcentagem* constante. Por exemplo, um aumento na educação de 5 para 6 anos aumenta o salário em, digamos, 8% (*ceteris paribus*), e um aumento na educação de 11 para 12 anos também aumenta o salário em 8%. Um modelo que gera (aproximadamente) um efeito percentual constante é

$$\log(wage) = \beta_0 + \beta_1 educ + u, \quad (2.42)$$

em que log (·) é o logaritmo *natural*. (Veja Apêndice A para uma revisão sobre logaritmos.) Em particular, se $\Delta u = 0$, então

$$\%\Delta wage \approx (100 \cdot \beta_1) \Delta educ \quad (2.43)$$

Observe como multiplicamos β_1 por 100 para obter a variação percentual em *wage* dado um ano adicional de educação formal. Como a variação percentual em *wage* é a mesma para cada ano adicional de educação, a variação em salário (*wage*) para um ano extra de educação formal *aumenta* quando a educação formal aumenta; em outras palavras, (2.42) implica um retorno *crescente* da educação formal. Com a exponenciação de (2.42), podemos escrever $wage = \exp(\beta_0 + \beta_1 educ + u)$. O gráfico dessa equação aparece na Figura 2.6, com $u = 0$.

EXEMPLO 2.10 Uma equação do logaritmo dos salários-hora

Utilizando os mesmos dados do Exemplo 2.4, mas usando log(*wage*) como a variável dependente, obtemos a seguinte relação:

$$\widehat{\log(wage)} = 0{,}584 + 0{,}083\ educ \quad (2.44)$$
$$n = 526, R^2 = 0{,}186.$$

O coeficiente de *educ* tem uma interpretação percentual quando é multiplicado por 100: $\widehat{wage}$ para cada ano adicional de educação formal aumenta 8,3%. Isso é o que os economistas querem dizer quando se referem ao "retorno de um ano adicional de educação formal".

É importante relembrar que a principal razão para usar o log de *wage* em (2.42) é impor um efeito percentual constante da educação formal sobre *wage*. Uma vez obtida a equação (2.44), o log natural de *wage* é raramente mencionado. Em particular, *não* é correto dizer que um ano adicional de educação formal aumenta log(*wage*) em 8,3%.

O intercepto em (2.44) não tem muito significado, porque ele produz o log(*wage*) previsto quando *educ* = 0. O *R*-quadrado mostra que *educ* explica cerca de 18,6% da variação em log(*wage*) (*não em wage*). Finalmente, a equação (2.44) pode não capturar toda a não linearidade da relação entre salário-hora e escolaridade formal. Se houver "efeitos-diploma", então o décimo segundo ano de educação – formatura do ensino médio nos Estados Unidos – deve ser muito mais valioso que o décimo primeiro ano. No Capítulo 7 aprenderemos como lidar com esse tipo de não linearidade.

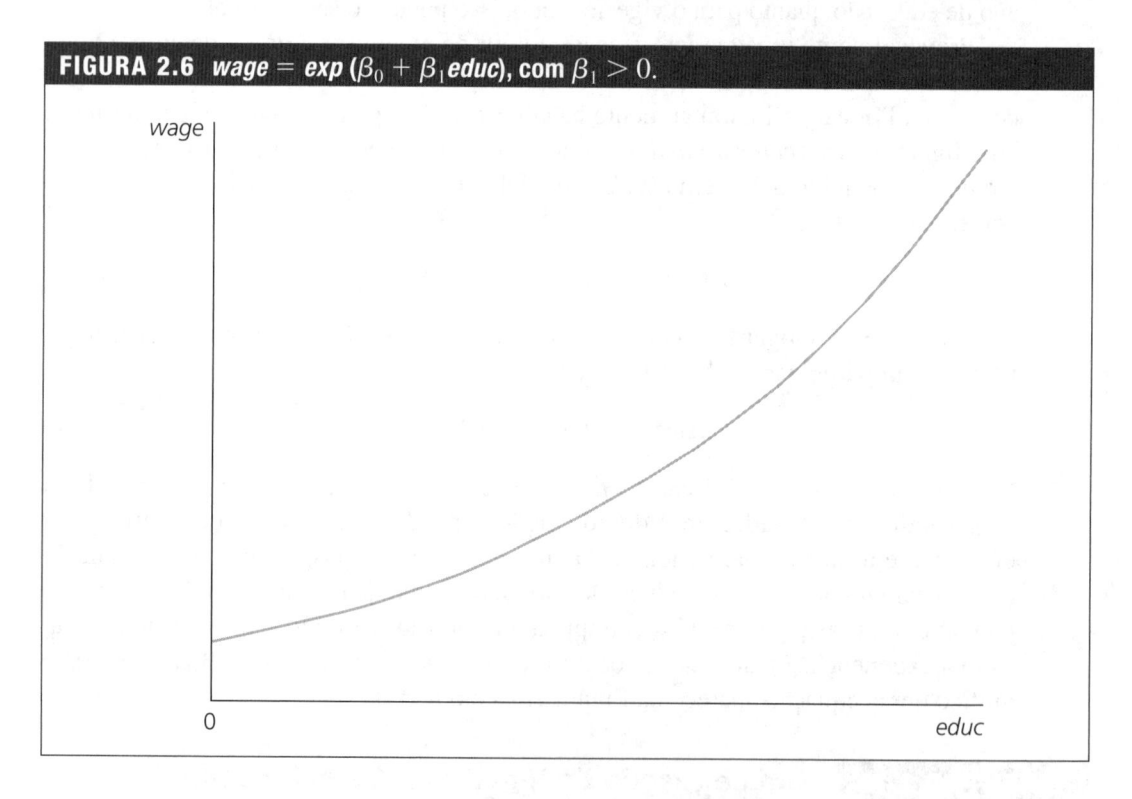

FIGURA 2.6 *wage* = *exp* ($\beta_0 + \beta_1$*educ*), com $\beta_1 > 0$.

Quando se usa a regressão simples, a estimação de um modelo como (2.42) é imediata. Apenas defina a variável dependente, *y*, como *y* = log(*wage*). A variável independente é representada por *x* = *educ*. A mecânica de MQO é a mesma de antes: as estimativas de intercepto e de inclinação são dadas pelas fórmulas (2.17) e (2.19). Em outras palavras, obtemos $\hat{\beta}_0$ e $\hat{\beta}_1$ da regressão de MQO de log(*wage*) sobre *educ*.

Outro uso importante do log natural está em obter um **modelo de elasticidade constante**.

EXEMPLO 2.11 O salário dos CEOs e as vendas da empresa

Podemos estimar um modelo de elasticidade constante que relaciona o salário (*salary*) dos CEOs às vendas das empresas. O conjunto de dados é o mesmo utilizado no Exemplo 2.3, exceto que agora relacionamos *salary* a *sales*. Seja *sales* as vendas anuais das empresas, mensuradas em milhões de dólares. Um modelo de elasticidade constante é

$$\log(salary) = \beta_0 + \beta_1 \log(sales) + u, \quad (2.45)$$

em que β_1 é a elasticidade de *salary* em relação a *sales*. Esse modelo está compreendido no modelo de regressão simples ao se definir a variável dependente como $y = \log(salary)$, e a variável independente como $x = \log(sales)$. Ao estimar essa equação por MQO, temos

$$\widehat{\log(salary)} = 4{,}822 + 0{,}257 \log(sales) \quad (2.46)$$

$$n = 209, R^2 = 0{,}211.$$

O coeficiente de $\log(sales)$ é a elasticidade estimada de *salary* em relação a *sales*. Implica um aumento de 1% nas vendas das empresas que aumenta o salário dos CEOs em cerca de 0,257% – a interpretação usual de uma elasticidade.

As duas formas consideradas nesta seção surgirão no restante deste texto. Tratamos aqui de modelos que contêm logaritmos naturais porque aparecem muito frequentemente em trabalhos aplicados. A interpretação desses modelos não será muito diferente no caso da regressão múltipla.

É também útil observar o que acontece às estimativas de intercepto e de inclinação se mudarmos as unidades de medida da variável dependente quando ela aparece na forma logarítmica. Pelo fato de a variação da forma logarítmica aproximar-se de uma variação proporcional, faz sentido que *nada* aconteça com a inclinação. Podemos ver isso ao escrever a variável em uma nova escala como $c_1 y_i$ para cada observação i. A equação original é $\log(y_i) = \beta_0 + \beta_1 x_i + u_i$. Se adicionamos $\log(c_1)$ a ambos os lados da equação, obtemos $\log(c_1) + \log(y_i) = [\log(c_1) + \beta_0] + \beta_1 x_i + u_i$ ou $\log(c_1 y_i) = [\log(c_1) + \beta_0] + \beta_1 x_i + u_i$. (Lembre-se de que a soma dos logs é igual ao log de seus produtos, como mostrado no Apêndice A.) Portanto, a inclinação ainda é β_1, mas o intercepto agora é $\log(c_1) + \beta_0$. Semelhantemente, se a variável independente for $\log(x)$ e mudarmos as unidades de medida de x antes de considerarmos o log, a inclinação permanecerá a mesma, mas o intercepto mudará. Pediremos que você verifique essas asserções no Problema 2.9.

Finalizamos esta subseção resumindo quatro combinações de formas funcionais construídas a partir da variável original ou de seu logaritmo natural. Na Tabela 2.3, x e y representam as variáveis em suas formas originais. O modelo com y como a variável dependente e x como a variável independente é chamado de modelo *nível-nível*, pois cada variável aparece em sua forma de nível. O modelo com $\log(y)$ como a variável dependente e x como a variável independente é chamado de modelo *log-nível*. Não discutiremos aqui, explicitamente, o modelo *nível-log*, pois ele aparece na prática com menos frequência. De qualquer forma, veremos exemplos desse modelo em outros capítulos.

A última coluna na Tabela 2.3 mostra a interpretação de β_1. No modelo log-nível, $100 \cdot \beta_1$ é algumas vezes chamado de **semielasticidade** de y em relação a x. Como mencionamos no Exemplo 2.11, no modelo log-log, β_1 é a **elasticidade** de y em relação a x. A Tabela 2.3 requer um estudo cuidadoso, já que vamos, com frequência, nos referir a ela no restante do texto.

TABELA 2.3 Resumo das formas funcionais que envolvem logaritmos.			
Modelo	Variável dependente	Variável independente	Interpretação de β_1
Nível-nível	y	x	$\Delta y = \beta_1 \Delta x$
Nível-log	y	$\log(x)$	$\Delta y = (\beta_1/100)\%\Delta x$
Log-nível	$\log(y)$	x	$\%\Delta y = (100\beta_1)\Delta x$
Log-log	$\log(y)$	$\log(x)$	$\%\Delta y = \beta_1 \%\Delta x$

2-4c O significado da regressão "linear"

O modelo de regressão simples que estudamos neste capítulo também é chamado de modelo de regressão *linear* simples. No entanto, como acabamos de ver, o modelo geral também permite certas relações *não lineares*. Portanto, o que significa "linear" aqui? Você pode observar, ao olhar a equação (2.1), que $y = \beta_0 + \beta_1 x + u$. O importante é que essa equação é linear nos *parâmetros* β_0 e β_1. Não há restrições de como y e x se relacionam com as variáveis explicada e explicativa originais de interesse. Como vimos nos Exemplos 2.10 e 2.11, y e x podem ser os logaritmos naturais de variáveis, e isso é muito comum em aplicações. Não precisamos, porém, parar aqui. Por exemplo, nada nos impede de usar a regressão simples para estimar um modelo tal como $cons = \beta_0 + \beta_1 \sqrt{inc} + u$, em que *cons* é o consumo anual e *inc* é a renda anual.

Embora a mecânica da regressão simples não dependa de como y e x são definidos, a interpretação dos coeficientes depende, realmente, de suas definições. Para que os trabalhos empíricos sejam bem-sucedidos, é muito mais importante tornar-se proficiente em interpretar coeficientes do que eficiente no cálculo de fórmulas como (2.19). Obteremos muito mais prática em como interpretar as estimativas da reta de regressão de MQO quando estudarmos a regressão múltipla.

Uma grande quantidade de modelos *não pode* ser considerada modelos de regressão linear, porque eles não são lineares em seus parâmetros; um exemplo é $cons = 1/(\beta_0 + \beta_1 inc) + u$. A estimação desses modelos leva-nos ao âmbito do *modelo de regressão não linear*, o qual está além do escopo deste texto. Para muitas aplicações, é suficiente escolher um modelo que possa ser expresso dentro do arcabouço da regressão linear.

2.5 Valores esperados e variâncias dos estimadores de MQO

Na Seção 2.1 definimos o modelo populacional $y = \beta_0 + \beta_1 x + u$, e afirmamos que a hipótese fundamental para que a análise de regressão simples seja útil é que o valor esperado de u, dado qualquer valor de x, seja zero. Nas seções 2.2, 2.3 e 2.4 discutimos as propriedades algébricas da estimação de MQO. Retornamos agora ao modelo populacional e estudaremos as propriedades *estatísticas* da estimação de MQO. Em outras palavras, veremos agora $\hat{\beta}_0$ e $\hat{\beta}_1$ como *estimadores* dos parâmetros β_0 e β_1 que aparecem no modelo populacional. Isso significa que estudaremos as propriedades das distribuições de $\hat{\beta}_0$ e $\hat{\beta}_1$ de diferentes amostras aleatórias da população. (O Apêndice C contém as definições de estimadores e revisões de algumas de suas principais propriedades.)

2-5a Inexistência de viés em MQO

Vamos iniciar estabelecendo a inexistência de viés do método MQO sob um conjunto simples de hipóteses. Para referências futuras, é útil numerar essas hipóteses usando a sigla "RLS" para regressão linear simples. A primeira hipótese define o modelo populacional.

Hipótese RLS.1 Linear nos parâmetros

No modelo populacional, a variável dependente y está relacionada à variável independente x e ao erro (ou perturbação) u como

$$y = \beta_0 + \beta_1 x + u, \qquad (2.47)$$

em que β_0 e β_1 são os parâmetros de intercepto e de inclinação populacionais, respectivamente.

Para ser realista, y, x e u são todos vistos como variáveis aleatórias quando se especifica o modelo populacional. Discutimos, em alguma extensão, a interpretação desse modelo na Seção 2.1 e demos vários exemplos. Na seção anterior aprendemos que a equação (2.47) não é tão restritiva quanto inicialmente parecia; escolhendo y e x apropriadamente, podemos obter relações não lineares interessantes (como os modelos de elasticidade constante).

Estamos interessados em usar os dados de y e x para estimar os parâmetros β_0 e, especialmente, β_1. Consideramos que nossos dados foram obtidos de uma amostra aleatória. (Veja o Apêndice C para uma revisão sobre amostragem aleatória.)

Hipótese RLS.2 Amostragem aleatória

Podemos usar uma amostra aleatória de tamanho n, $\{(x_i, y_i): i = 1, 2,..., n\}$, proveniente de um modelo populacional [equação (2.47)].

Em capítulos posteriores que abordam a análise de séries de tempo e problemas de seleção de amostra, teremos de dar um tratamento ao fato de a hipótese de amostragem aleatória não ser mais válida. Nem todas as amostras de corte transversal podem ser vistas como resultados de amostras aleatórias, mas muitas podem ser assim entendidas.

Podemos escrever (2.47), em termos da amostra aleatória como

$$y_1 = \beta_0 + \beta_1 x_i + u_i, \quad i = 1, 2, \ldots, n, \qquad (2.48)$$

em que u_i é o erro ou perturbação da observação i (por exemplo, pessoa i, empresa i, cidade i etc.). Assim, u_i contém os fatores não observáveis da observação i que afetam y_i. Os u_i não devem ser confundidos com os resíduos, $\hat{u}_i$, definidos na Seção 2.3. Mais adiante, exploraremos a relação entre os erros e os resíduos. Para interpretar β_0 e β_1 em uma aplicação particular, (2.47) é mais instrutiva, mas (2.48) também é necessária para algumas derivações estatísticas.

A relação (2.48) pode ser colocada em um gráfico para um registro particular dos dados, como mostrado na Figura 2.7.

FIGURA 2.7 Gráfico de $y_i = \beta_0 + \beta_1 x_i + u_i$.

[Figura: gráfico mostrando a FRP $E(y|x) = \beta_0 + \beta_1 x$, com pontos (x_1, y_1) e (x_i, y_i) e seus respectivos erros u_1 e u_i.]

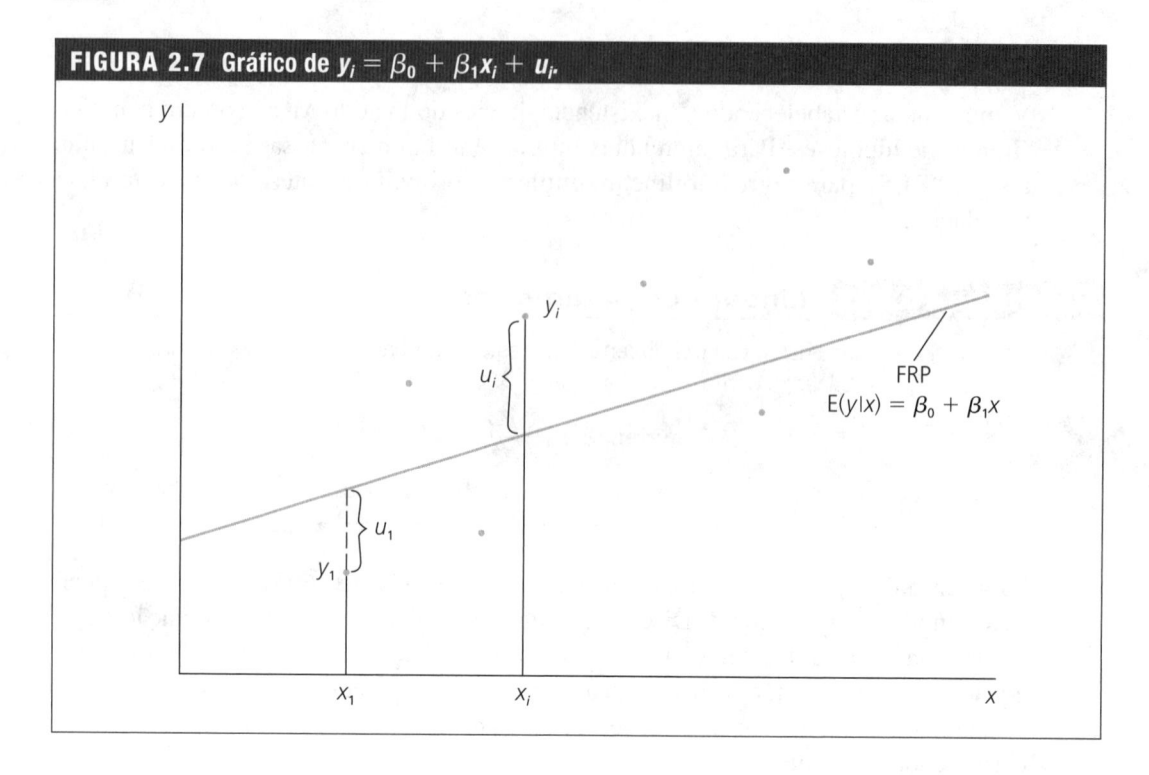

Como já vimos na Seção 2.2, as estimativas pelos MQO da inclinação e do intercepto não são definidas a menos que tenhamos alguma variação amostral na variável explicativa. Agora adicionamos variação em x_i na nossa lista de hipóteses.

Hipótese RLS.3 Variação amostral na variável explicativa

Os resultados amostrais em x, ou seja, $\{x_i, i = 1, \ldots, n\}$ não são todos de mesmo valor.

Essa é uma hipótese muito fraca – certamente não vale a pena enfatizarmos, mas é necessária. Se x varia na população, amostras aleatórias em x tipicamente conterão variação, a menos que a variação populacional seja mínima ou o tamanho da amostra seja pequeno. Inspeção simples das estatísticas de resumo em x_i revelará se a Hipótese RLS.3 falhará: se o desvio padrão amostral de x_i for zero, a Hipótese RLS.3 falhará; caso contrário, ela se sustentará.

A fim de obter estimadores não viesados de β_0 e β_1, precisamos impor a hipótese de média condicional zero que discutimos, com algum detalhe, na Seção 2.1. Agora, vamos adicioná-la explicitamente à nossa lista de hipóteses.

Hipótese RLS.4 Média condicional zero

O erro u tem um valor esperado de zero, dado qualquer valor da variável explicativa. Em outras palavras,

$$E(u|x) = 0.$$

Para uma amostra aleatória, essa hipótese implica $E(u_i|x_i) = 0$, para todo $i = 1, 2, \ldots, n$.

Além de restringir a relação entre u e x na população, a hipótese de média condicional zero – juntamente com a hipótese de amostra aleatória – permite uma simplificação técnica conveniente. Em particular, podemos derivar as propriedades estatísticas dos estimadores de MQO como *condicionais* aos valores de x_i em nossa amostra. Tecnicamente, em derivações estatísticas, condicionar aos valores amostrais da variável independente é o mesmo que tratar x_i como *fixo em amostras repetidas*. Esse processo envolve vários passos. Primeiro, escolhemos n valores amostrais para $x_1, x_2, \ldots, x_n$. (Esses valores podem ser repetidos.) Dados esses valores, obtemos uma amostra de y (efetivamente, obtendo uma amostra aleatória de u_i). Em seguida, obtém-se outra amostra de y, usando novamente os mesmos $x_1, x_2, \ldots, x_n$. Assim, outra amostra de y é obtida, usando os mesmos $x_1, x_2, \ldots, x_n$. E assim por diante.

O cenário em que os valores são fixos em amostras repetidas não é muito realista no contexto não experimental. Por exemplo, na amostragem de indivíduos do exemplo salários-educação, faz pouco sentido pensar em escolher os valores de *educ* antecipadamente e, em seguida, fazer uma amostra de indivíduos com aqueles níveis particulares de educação formal. A amostragem aleatória, na qual os indivíduos são escolhidos aleatoriamente e seus salários e anos de educação formal são registrados, é um processo representativo de que maneira muitos conjuntos de dados são obtidos para a análise empírica nas ciências sociais. Já que *consideramos* $E(u|x) = 0$ e temos amostragem aleatória, nada se perde nas derivações ao tratar os x_i como não aleatórios. O perigo é que o pressuposto de valores fixos em amostras repetidas *sempre* implica u_i e x_i independentes. Ao decidir quando a análise de regressão simples produzirá estimadores não viesados, é crucial pensar em termos da Hipótese RLS.4.

Agora estamos prepraprados para demonstrar que os estimadores MQO são não viesados. Para esse fim, usamos o fato de que $\sum_{i=1}^{n}(x_i - \bar{x})(y_i - \bar{y}) = \sum_{i=1}^{n}(x_i - \bar{x})y_i$ (veja o Apêndice A) para escrever o estimador de inclinação MQO na equação (2.19) como

$$\hat{\beta}_1 = \frac{\sum_{i=1}^{n}(x_i - \bar{x})y_i}{\sum_{i=1}^{n}(x_i - \bar{x})^2}. \tag{2.49}$$

Como agora estamos interessados no comportamento de $\hat{\beta}_1$ ao longo de todas as amostras possíveis, $\hat{\beta}_1$ é apropriadamente visto como uma variável aleatória.

Podemos escrever $\hat{\beta}_1$ em termos dos coeficientes populacionais e dos erros ao substituir o lado direito de (2.48) em (2.49). Temos

$$\hat{\beta}_1 = \frac{\sum_{i=1}^{n}(x_i - \bar{x})y_i}{SQT_x} = \frac{\sum_{i=1}^{n}(x_i - \bar{x})(\beta_0 + \beta_1 x_i + u_i)}{SQT_x}, \tag{2.50}$$

em que definimos a variação total em x_i como $SQT_x = \sum_{i=1}^{n}(x_i - \bar{x})^2$, a fim de simplificar a notação. (Essa expressão não é exatamente a variância amostral de x_i, pois não a dividimos por $n - 1$.) Usando a álgebra do operador somatório, vamos escrever o numerador de $\hat{\beta}_1$ como

$$\sum_{i=1}^{n}(x_i - \bar{x})\beta_0 + \sum_{i=1}^{n}(x_i - \bar{x})\beta_1 x_i + \sum_{i=1}^{n}(x_i - \bar{x})u_i$$
$$= \beta_0 \sum_{i=1}^{n}(x_i - \bar{x}) + \beta_1 \sum_{i=1}^{n}(x_i - \bar{x})x_i + \sum_{i=1}^{n}(x_i - \bar{x})u_i. \tag{2.51}$$

Como mostrado no Apêndice A, $\sum_{i=1}^{n} (x_i - \bar{x}) = 0$ e $\sum_{i=1}^{n} (x_i - \bar{x})x_i = \sum_{i=1}^{n} (x_i - \bar{x})^2 = \text{SQT}_x$. Portanto, podemos escrever o numerador de $\hat{\beta}_1$ como $\beta_1 \text{SQT}_x + \sum_{i=1}^{n} (x_i - \bar{x})u_i$. Escrevendo isso no denominador o resultado é

$$\hat{\beta}_1 = \beta_1 + \frac{\sum_{i=1}^{n}(x_i - \bar{x})u_i}{\text{SQT}_x} = \beta_1 + (1/\text{SQT}_x)\sum_{i=1}^{n} d_i u_i, \qquad (2.52)$$

em que $d_i = x_i - \bar{x}$. Vemos agora que o estimador $\hat{\beta}_1$ é igual à inclinação populacional, β_1, mais um termo que é uma combinação linear dos erros $\{u_1, u_2, \ldots, u_n\}$. Condicionada aos valores de x_i, a aleatoriedade em $\hat{\beta}_1$ deve-se inteiramente aos erros na amostra. O fato de que esses erros sejam, em geral, diferentes de zero é o que faz com que $\hat{\beta}_1$ seja diferente de β_1.

Ao usar a representação em (2.52), podemos provar a primeira importante propriedade estatística do método MQO.

TEOREMA 2.1

INEXISTÊNCIA DE VIÉS EM MQO

Usando as Hipóteses RLS.1 a RLS.4,
$$E(\hat{\beta}_0) = \beta_0 \text{ e } E(\hat{\beta}_1) = \beta_1 \qquad (2.53)$$
para quaisquer valores de β_0 e β_1. Em outras palavras, $\hat{\beta}_0$ é não viesado para β_0, e $\hat{\beta}_1$ é não viesado para β_1.

Prova: Nesta prova, os valores esperados estão condicionados aos valores amostrais da variável independente. Visto que SQT_x e d_i são funções somente de x_i, eles são não aleatórios quando condicionais. Portanto, de (2.52) e mantendo o condicionamento a $\{x_1, x_2, \ldots, x_n\}$ implícito, temos

$$E(\hat{\beta}_1) = \beta_1 + E[(1/\text{SQT}_x)\sum_{i=1}^{n} d_i u_i] = \beta_1 + (1/\text{SQT}_x)\sum_{i=1}^{n} E(d_i u_i)$$
$$= \beta_1 + (1/\text{SQT}_x)\sum_{i=1}^{n} d_i E(U_i) = \beta_1 + (1/\text{SQT}_x)\sum_{i=1}^{n} d_i \cdot 0 = \beta_1,$$

em que usamos o fato de que o valor esperado de cada u_i (condicional a $\{x_1, x_2, \ldots, x_n\}$) é zero sob as Hipóteses RLS.2 e RLS.4. Como a inexistência de viés se mantém para qualquer resultado condicionado a $\{x_1, x_2, \ldots, x_n\}$, ela também se mantém sem se condicionar a $\{x_1, x_2, \ldots, x_n\}$.

A prova para $\hat{\beta}_0$ é clara agora. Obtenha a média de (2.48) através de i para obter $\bar{y} = \beta_0 + \beta_1 \bar{x} + \bar{u}$, e insira essa equação na fórmula de $\hat{\beta}_0$:

$$\hat{\beta}_0 = \bar{y} - \hat{\beta}_1 \bar{x} = \beta_0 + \beta_1 \bar{x} + \bar{u} - \hat{\beta}_1 \bar{x} = \beta_0 + (\beta_1 - \hat{\beta}_1)\bar{x} + \bar{u}$$

Então, condicional aos valores de x_i,
$$E(\hat{\beta}_0) = \beta_0 + E[(\beta_1 - \hat{\beta}_1)\bar{x}] + E(\bar{u}) = \beta_0 + E[(\beta_1 - \hat{\beta}_1)]\bar{x},$$

já que, pelas Hipóteses RLS.2 e RLS.4, $E(\bar{u}) = 0$. No entanto, mostramos que $E(\hat{\beta}_1) = \beta_1$, o que implica $E[(\hat{\beta}_1 - \beta_1)] = 0$. Assim, $E(\hat{\beta}_0) = \beta_0$. Ambos os argumentos são válidos para quaisquer valores de β_0 e β_1, e assim estabelecemos a inexistência de viés.

Lembre-se de que a inexistência de viés é uma característica das distribuições amostrais de $\hat{\beta}_1$ e $\hat{\beta}_0$, o que não nos diz nada sobre a estimativa que obtemos de uma dada amostra. Esperamos que, se a amostra que obtemos é de algum modo "típica", então nossa estimativa esteja "próxima" do valor populacional. Infelizmente, é sempre possível obter uma amostra ruim que nos dê uma estimativa pontual distante de β_1, e nós *nunca* saberemos, com certeza, se esse é o caso. Neste ponto, você pode querer revisar o material sobre estimadores não viesados no Apêndice C, especialmente o exercício de simulação da Tabela C.1, o qual ilustra o conceito de inexistência de viés.

Em geral, a inexistência de viés não é válida se qualquer uma das nossas quatro hipóteses não for válida. Isso significa que é importante pensar na veracidade de cada hipótese em uma aplicação particular. A Hipótese RLS.1 requer que y e x sejam linearmente relacionados com uma perturbação adicionada. Certamente, isso pode não ser válido. Entretanto, sabemos também que y e x podem ser escolhidos de forma que possam produzir relações não lineares interessantes. Lidar com a não validade de (2.47) requer métodos mais avançados, que estão além do escopo deste texto.

Posteriormente, veremos como relaxar a Hipótese RLS.2, a hipótese de amostragem aleatória, na análise de séries de tempo. O que dizer, porém, de seu uso na análise de corte transversal? A amostragem aleatória pode não ser válida em um corte transversal quando as amostras não são representativas da população subjacente; de fato, alguns conjuntos de dados são construídos fazendo-se, intencionalmente, amostras de partes diferentes da população. Discutiremos os problemas de amostragem não aleatória nos capítulos 9 e 17.

Como já discutimos, a Hipótese RLS.3 quase sempre se sustenta em aplicações interessantes de regressão. Sem ela, não podemos sequer obter as estimativas MQO.

A hipótese na qual devemos nos concentrar agora é a RLS.4. Se RLS.4 se mantém, as estimativas de MQO são não viesadas. Do mesmo modo, se RLS.4 não se mantém, os estimadores de MQO são, em geral, *viesados*. Há maneiras de determinar a direção e o tamanho prováveis do viés, o que estudaremos no Capítulo 3.

A possibilidade de que x seja correlacionado com u é quase sempre uma preocupação na análise de regressão simples com dados não experimentais, como indicamos por meio de vários exemplos na Seção 2.1. Usar a regressão simples quando u contém fatores que afetam y e que também estão correlacionados com x pode resultar em *correlação espúria*: isto é, achamos uma relação entre y e x que se deve, em verdade, a outros fatores que afetam y e que também estão correlacionados com x.

EXEMPLO 2.12 Desempenho de estudantes em matemática e o programa de merenda escolar

Seja *math10* a porcentagem de alunos do primeiro ano do ensino médio aprovados em um exame de matemática. Suponha que desejemos estimar o efeito do programa de merenda escolar financiado pelo governo sobre o desempenho dos alunos. Esperamos que o programa de merenda tenha um efeito *ceteris paribus* positivo sobre o desempenho: permanecendo iguais todos os outros fatores, se um estudante, bastante pobre para ter regularmente refeições, tornar-se qualificado para o programa de merenda escolar, seu desempenho deverá melhorar. Seja *lnchprg* o percentual de estudantes que estão aptos para participar do programa de merenda escolar. Portanto, o modelo de regressão simples é

$$math10 = \beta_0 + \beta_1 \, lnchprg + u, \tag{2.54}$$

em que u contém características da escola e do estudante que afetam o desempenho escolar total. Usando os dados do arquivo de MEAP93 de 408 escolas de Michigan no ano escolar 1992–1993, obtemos

$$\widehat{math10} = 32{,}14 - 0{,}319\, lnchprg$$
$$n = 408,\ R^2 = 0{,}171.$$

Essa equação prevê que, se a participação dos estudantes no programa de merenda escolar aumenta em dez pontos percentuais, a porcentagem de estudantes que passa no exame de matemática *cai* cerca de 3,2 pontos percentuais. Devemos acreditar que a participação maior no programa de merenda escolar *causa*, de fato, um desempenho pior? Muito provavelmente não. Uma explicação melhor é que o termo de erro u na equação (2.54) está correlacionado com *lnchprg*. De fato, u contém fatores como a taxa de pobreza das crianças que frequentam a escola, que afeta o desempenho dos estudantes e está altamente correlacionada com a qualificação no programa de merenda. Variáveis como qualidade e recursos da escola também estão contidas em u e, provavelmente, estão correlacionadas com *lnchprg*. É importante lembrar que a estimativa $-0{,}319$ é somente para essa amostra particular, mas seu sinal e magnitude nos fazem suspeitar de que u e x sejam correlacionados, de modo que a regressão linear é viesada.

Além de variáveis omitidas, há outras razões para que x esteja correlacionado com u no modelo de regressão simples. Como essas mesmas questões surgirão na análise de regressão múltipla, postergaremos até lá um tratamento sistemático do problema.

2-5b Variâncias dos estimadores de MQO

Além de saber que a distribuição amostral de $\hat{\beta}_1$ está centrada em torno de β_1 ($\hat{\beta}_1$ é não viesado), é importante saber o quão distante, em média, podemos esperar que $\hat{\beta}_1$ esteja de β_1. Entre outras coisas, isso nos permite escolher o melhor estimador entre todos os estimadores não viesados – ou pelo menos entre uma ampla classe deles. A medida de dispersão da distribuição de $\hat{\beta}_1$ (e $\hat{\beta}_0$) com a qual é mais fácil trabalhar é a variância, ou sua raiz quadrada, o desvio padrão. (Veja o Apêndice C para uma discussão mais detalhada.)

A variância dos estimadores de MQO pode ser calculada sob as Hipóteses RLS.1 a RLS.4. Entretanto, as expressões dessas variâncias são complexas. Em vez disso, vamos adicionar uma hipótese que é tradicional na análise de corte transversal. Essa hipótese afirma que a variância do termo não observável, u, condicionado a x, é constante. Ela é conhecida como a hipótese de **homoscedasticidade** ou de "variância constante".

Hipótese RLS.5 Homoscedasticidade

O erro u tem a mesma variância, dado qualquer valor da variável explicativa. Em outras palavras,

$$Var(u|x) = \sigma^2.$$

Devemos enfatizar que a hipótese de homoscedasticidade é completamente distinta da hipótese de média condicional zero, $E(u|x) = 0$. A Hipótese RLS.4 compreende o *valor esperado* de u, enquanto a Hipótese RLS.5 diz respeito à *variância* de u (ambos condicionados a x). Lembre-se de que nós estabelecemos a inexistência de viés de MQO sem a Hipótese RLS.5: a hipótese de homoscedasticidade não desempenha *nenhum* papel para mostrar que $\hat{\beta}_0$ e $\hat{\beta}_1$ são não viesados. Adicionamos Hipótese RLS.5, pois ela simplifica os cálculos da variância de $\hat{\beta}_0$ e $\hat{\beta}_1$ e implica o método de mínimos quadrados ordinários, que tem certas propriedades de eficiência, que veremos no Capítulo 3. Se considerássemos u e x *independentes*, a distribuição de u, dado x, não dependeria de x, e assim $E(u|x) = E(u) = 0$ e $Var(u|x) = \sigma^2$. No entanto, algumas vezes, independência é uma hipótese forte demais.

Como $Var(u|x) = E(u^2|x) - [E(u|x)]^2$ e $E(u|x) = 0$, $\sigma^2 = E(u^2|x)$, o que significa que σ^2 também é a expectativa *não condicional* de u^2. Portanto, $\sigma^2 = E(u^2) = Var(u)$, pois $E(u) = 0$. Em outras palavras, σ^2 é a variância *não condicional* de u, e por isso σ^2 é muitas vezes chamado de **variância do erro** ou variância da perturbação. A raiz quadrada de σ^2, σ, é o desvio padrão do erro. Um grande σ significa que a distribuição dos fatores não observáveis que afetam y é mais dispersa.

Frequentemente, é útil escrever as Hipóteses RLS.4 e RLS.5 em termos da média condicional e da variância condicional de y:

$$E(y|x) = \beta_0 + \beta_1 x. \tag{2.55}$$

$$Var(y|x) = \sigma^2. \tag{2.56}$$

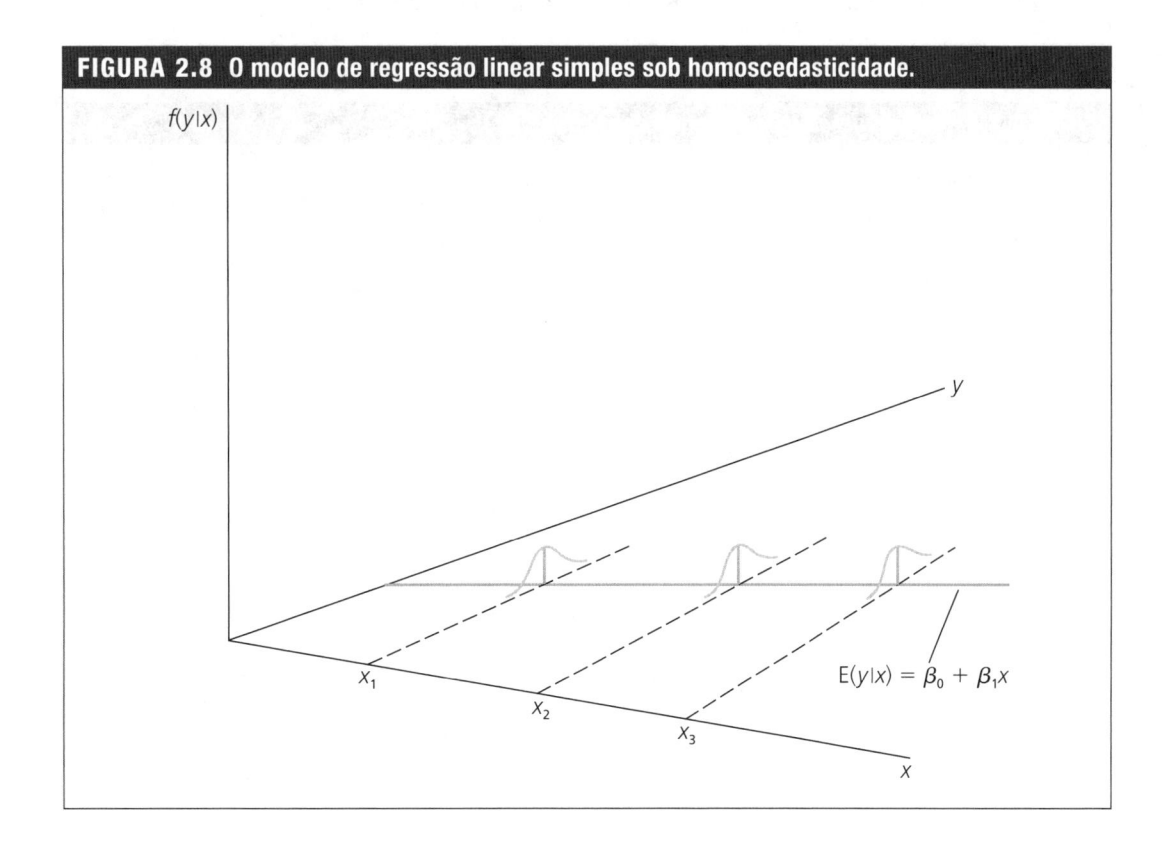

FIGURA 2.8 O modelo de regressão linear simples sob homoscedasticidade.

Em outras palavras, a expectativa condicional de y, dado x, é linear em x, mas a variância de y, dado x, é constante. Essa situação está ilustrada na Figura 2.8, em que $\beta_0 > 0$ e $\beta_1 > 0$.

Quando $\text{Var}(u|x)$ depende de x, diz-se que o termo de erro apresenta **heteroscedasticidade** (ou variância não constante). Como $\text{Var}(u|x) = \text{Var}(y|x)$, a heteroscedasticidade está presente sempre que $\text{Var}(y|x)$ é uma função de x.

EXEMPLO 2.13 — **Heteroscedasticidade em uma equação de salários**

A fim de obter um estimador não viesado do efeito *ceteris paribus* de *educ* sobre *wage*, devemos assumir que $\text{E}(u|educ) = 0$, e isso implica $\text{E}(wage|educ) = \beta_0 + \beta_1 educ$. Se também usarmos a hipótese de homoscedasticidade, então $\text{Var}(u|educ) = \sigma^2$ não depende do nível de educação formal, é o mesmo que assumir $\text{Var}(wage|educ) = \sigma^2$. Assim, enquanto se deixa o salário-hora médio aumentar com o nível de educação formal – é essa taxa de crescimento que estamos interessados em descrever – assume-se que a *variabilidade* no salário-hora em torno de sua média é constante em todos os níveis de educação formal. Isso pode não ser realista. É provável que pessoas com mais tempo de educação formal tenham uma variedade maior de interesses e de oportunidades de trabalho, o que poderia levar a uma variabilidade maior nos níveis de educação formal mais elevados. Pessoas com níveis de educação formal bastante baixos têm muito poucas oportunidades e, frequentemente, precisam trabalhar recebendo salário-mínimo; isso tem o efeito de reduzir a variabilidade salarial nos níveis baixos de educação formal. Essa situação é mostrada na Figura 2.9. Em última análise, se a Hipótese RLS.5 se mantém ou não é uma questão empírica. No Capítulo 8 mostraremos como testar a Hipótese RLS.5.

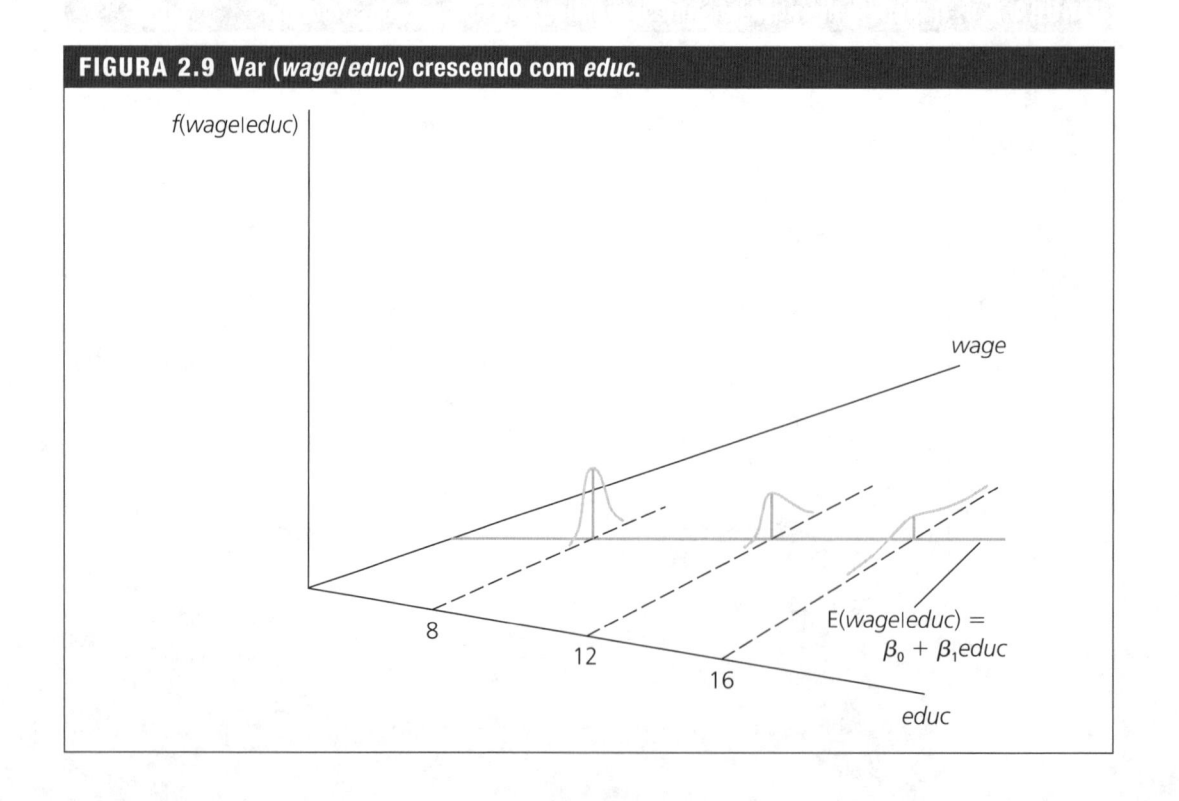

FIGURA 2.9 Var (*wage*|*educ*) crescendo com *educ*.

CAPÍTULO 2 — Modelo de regressão simples

Com a hipótese apropriada de homoscedasticidade, estamos prontos para provar o seguinte:

TEOREMA 2.2 — VARIÂNCIAS AMOSTRAIS EM MQO

Sob as Hipóteses RLS.1 a RLS.5,

$$\text{Var}(\hat{\beta}_1) = \frac{\sigma^2}{\sum_{i=1}^{n}(x_i - \bar{x})^2} = \sigma^2/\text{SQT}_x, \quad (2.57)$$

e

$$\text{Var}(\hat{\beta}_0) = \frac{\sigma^2 n^{-1} \sum_{i=1}^{n} x_i^2}{\sum_{i=1}^{n}(x_i - \bar{x})^2}, \quad (2.58)$$

as quais estão condicionadas aos valores amostrais $\{x_1, \ldots, x_n\}$.

Prova: Derivaremos a fórmula para $\text{Var}(\hat{\beta}_1)$, deixando a outra derivação como Problema 2.10. O ponto de partida é a equação (2.52): $\hat{\beta}_1 = \beta_1 (1/\text{SQT}_x)\sum_{i=1}^{n} d_i u_i$. Visto que β_1 é exatamente uma constante, condicional aos x_i, SQT_x e $d_i = x_i - \bar{x}$ também são não aleatórios. Além disso, como os u_i são variáveis aleatórias independentes para todos os i (por amostragem aleatória), a variância da soma é a soma das variâncias. Usando esses fatos, temos

$$\text{Var}(\hat{\beta}_1) = (1/\text{SQT}_x)^2 \text{Var}\left(\sum_{i=1}^{n} d_i u_i\right) = (1/\text{SQT}_x)^2 \left(\sum_{i=1}^{n} d_i^2 \text{Var}(u_i)\right)$$

$$= (1/\text{SQT}_x)^2 \left(\sum_{i=1}^{n} d_i^2 \sigma^2\right) \quad [\text{já que } \text{Var}(u_i) = \sigma^2 \text{ para todo } i]$$

$$= \sigma^2 (1/\text{SQT}_x)^2 \left(\sum_{i=1}^{n} d_i^2\right) = \sigma^2 (1/\text{SQT}_x)^2 \text{SQT}_x = \sigma^2/\text{SQT}_x,$$

que é o que queríamos provar.

As equações (2.57) e (2.58) são as fórmulas padrão para a análise de regressão simples, mas não são válidas na presença de heteroscedasticidade. Isso será importante quando tratarmos dos intervalos de confiança e dos testes de hipóteses na análise de regressão múltipla.

Para a maior parte dos propósitos, estamos interessados em $\text{Var}(\hat{\beta}_1)$. É fácil resumir como essa variância depende da variância do erro, σ^2, e da variação total em $\{x_1, x_2, \ldots, x_n\}$, SQT_x. Primeiro, quanto maior a variância do erro, maior é $\text{Var}(\hat{\beta}_1)$. Isso faz sentido, já que uma variação maior nos fatores não observáveis que afetam y faz com que seja mais difícil estimar com precisão β_1. Em contrapartida, é preferível maior variabilidade na variável independente: quando a variabilidade nos x_i aumenta, a variância de $\hat{\beta}_1$ diminui. Isso também tem um sentido intuitivo, visto que, quanto mais dispersa for a amostra das variáveis independentes, mais fácil será descrever a relação entre $\text{E}(y|x)$ e x. Isto é, será mais fácil estimar β_1. Se há pouca variação nos x_i, pode ser difícil estabelecer com precisão como $\text{E}(y|x)$ varia com x. Quando o tamanho da amostra cresce, do mesmo modo cresce a variação total nos x_i. Portanto, um tamanho de amostra maior resulta em uma variância menor de $\hat{\beta}_1$.

Essa análise mostra que, se estamos interessados em β_1 e temos uma escolha, então devemos escolher os x_i tão dispersos quanto possível. Às vezes, isso é possível com dados experimentais, mas raramente temos esse luxo nas ciências sociais: em geral, temos de pegar os x_i que obtemos via amostragem aleatória. Algumas vezes, temos uma possibilidade de obter amostras maiores, embora isso possa ser dispendioso.

> **QUESTÃO 2.5**
>
> Mostre que, ao estimar β_0, é melhor ter $\bar{x} = 0$. Qual é a Var($\hat{\beta}_0$) nesse caso? [*Dica*: para qualquer amostra de números, $\sum_{i=1}^{n} x_i^2 \geq \sum_{i=1}^{n}(x_1 - \bar{x})^2$, mantendo-se a igualdade somente se $\bar{x} = 0$.]

Para o propósito de construir intervalos de confiança e derivar estatísticas de testes, precisaremos trabalhar com os desvios padrão de $\hat{\beta}_1$ e $\hat{\beta}_0$, dp($\hat{\beta}_1$) e dp($\hat{\beta}_0$). Lembre-se de que eles são obtidos ao calcular as raízes quadradas das variâncias em (2.57) e (2.58). Particularmente, dp($\hat{\beta}_1$) $= \sigma/\sqrt{SQT_x}$, em que σ é a raiz quadrada de σ^2 e $\sqrt{SQT_x}$ é a raiz quadrada de SQT_x.

2-5c Estimação da variância do erro

As fórmulas em (2.57) e (2.58) permitem-nos isolar os fatores que contribuem para Var($\hat{\beta}_1$) e Var($\hat{\beta}_0$). No entanto, essas fórmulas são desconhecidas, exceto no caso extremamente raro em que σ^2 é conhecido. Não obstante, podemos usar os dados para estimar σ^2, o qual consequentemente nos permite estimar Var($\hat{\beta}_1$) e Var($\hat{\beta}_0$).

Este é um bom momento para enfatizar a diferença entre os *erros* (ou perturbações) e os *resíduos*, já que essa discussão é crucial para a construção de um estimador de σ^2. A equação (2.48) mostra como escrever o modelo populacional em termos de uma observação extraída aleatoriamente como $y_i = \beta_0 + \beta_1 x_i + u_i$, em que u_i é o erro da observação i. Podemos expressar também y_i em termos de seu valor ajustado e do resíduo, como na equação (2.32): $y_i = \hat{\beta}_0 + \hat{\beta}_1 x_i + \hat{u}_i$. Comparando essas duas equações, vemos que o erro aparece na equação que contém os parâmetros *populacionais*, β_0 e β_1. Em contrapartida, os resíduos aparecem na equação *estimada* com $\hat{\beta}_0$ e $\hat{\beta}_1$. Os erros nunca são observáveis, enquanto os resíduos são calculados a partir dos dados.

Podemos usar as equações (2.32) e (2.48) para escrever os resíduos como uma função dos erros:

$$\hat{u}_i = y_i - \hat{\beta}_0 - \hat{\beta}_1 x_i = (\beta_0 + \beta_1 x_i + u_i) - \hat{\beta}_0 - \hat{\beta}_1 x_i.$$

ou

$$\hat{u}_i = u_i - (\hat{\beta}_0 - \beta_0) - (\hat{\beta}_1 - \beta_1)x_i. \tag{2.59}$$

Embora o valor esperado de $\hat{\beta}_0$ iguale-se a β_0, e, similarmente para $\hat{\beta}_1$, $\hat{u}_i$ não é o mesmo que u_i. A diferença entre eles tem, de fato, um *valor esperado* igual a zero.

Agora que entendemos a diferença entre os erros e os resíduos, podemos retornar para estimar σ^2. Primeiro, $\sigma^2 = E(u^2)$, de modo que um "estimador" não viesado de σ^2 é $n^{-1}\sum_{i=1}^{n} u_i^2$. Infelizmente, esse não é um estimador verdadeiro, pois não observamos os erros u_i. No entanto, temos, de fato, as estimativas de u_i, a saber, os resíduos $\hat{u}_i$ de MQO. Se substituirmos os erros pelos resíduos de MQO, temos $n^{-1}\sum_{i=1}^{n}\hat{u}_i^2 = SQR/n$.

CAPÍTULO 2 — Modelo de regressão simples

Esse *é* um estimador verdadeiro, porque ele fornece uma regra computável para qualquer amostra de dados sobre x e y. Uma ligeira desvantagem desse estimador é que ele resulta viesado (embora o viés seja pequeno para n grande). Como é fácil calcular um estimador não viesado, usamos este como substituto.

O estimador SQR/n é viesado, essencialmente, porque ele não explica a razão de duas restrições que devem ser satisfeitas pelos resíduos de MQO. Essas restrições são dadas pelas duas condições de primeira ordem de MQO:

$$\sum_{i=1}^{n} \hat{u}_i = 0, \quad \sum_{i=1}^{n} x_i \hat{u}_i = 0. \tag{2.60}$$

Uma maneira de ver essas restrições é esta: se nós conhecemos $n - 2$ dos resíduos, podemos sempre obter os outros dois resíduos usando as restrições implícitas pelas condições de primeira ordem em (2.60). Assim, há somente $n - 2$ **graus de liberdade** nos resíduos de MQO, em oposição a n graus de liberdade nos erros. Se substituíssemos $\hat{u}_i$ por u_i em (2.60), as restrições não mais se manteriam.

O estimador não viesado de σ^2 que utilizaremos faz um ajustamento dos graus de liberdade:

$$\hat{\sigma}^2 = \frac{1}{(n-2)} \sum_{i=1}^{n} \hat{u}_i^2 = \text{SQR}/(n-2). \tag{2.61}$$

(Esse estimador é, às vezes, denominado por S^2, mas continuaremos a usar a convenção de colocar "chapéus" sobre os estimadores.)

TEOREMA 2.3

ESTIMAÇÃO NÃO VIESADA DE σ^2

Sob as Hipóteses RLS.1 a RLS.5,

$$E(\hat{\sigma}^2) = \sigma^2.$$

Prova: Se construirmos a média da equação (2.59) para todos os i e usarmos o fato de que os resíduos de MQO têm média igual a zero, temos $0 = \bar{u} - (\hat{\beta}_0 - \beta_0) - (\hat{\beta}_1 - \beta_1)\bar{x}$; subtraindo essa equação de (2.59), resulta $\hat{u}_i = (u_i - \bar{u}) - (\hat{\beta}_1 - \beta_1)(x_i - \bar{x})$. Portanto, $\hat{u}_i^2 = (u_i - \bar{u})^2 + (\hat{\beta}_1 - \beta_1)^2(x_i - \bar{x})^2 - 2(u_i - \bar{u})(\hat{\beta}_1 - \beta_1)(x_i - \bar{x})$. A soma ao longo de todos os i resulta na equação $\sum_{i=1}^{n} \hat{u}_i^2 = \sum_{i=1}^{n}(u_i - \bar{u})^2 + (\hat{\beta}_1 - \beta_1)^2 \sum_{i=1}^{n}(x_i - \bar{x})^2 - 2(\hat{\beta}_1 - \beta_1)\sum_{i=1}^{n} u_i(x_i - \bar{x})$. Agora, o valor esperado do primeiro termo é $(n-1)\sigma^2$, conforme apresentado no Apêndice C. O valor esperado do segundo termo é, simplesmente, σ^2 porque $E[(\hat{\beta}_1 - \beta_1)^2] = \text{Var}(\hat{\beta}_1) = \sigma^2/SQT_x$. Finalmente, o terceiro termo pode ser escrito como: $-2(\hat{\beta}_1 - \beta_1)^2 SQT_x$; aplicando as expectativas, resulta em $-2\sigma^2$. Colocando esses três termos juntos, obtemos $E(\sum_{i=1}^{n} \hat{u}_i^2) = (n-1)\sigma^2 + \sigma^2 - 2\sigma^2 = (n-2)\sigma^2$, de modo que $E[\text{SQR}/(n-2)] = \sigma^2$.

Se $\hat{\sigma}^2$ for inserido nas fórmulas da variância (2.57) e (2.58), então teremos estimadores não viesados de $\text{Var}(\hat{\beta}_1)$ e $\text{Var}(\hat{\beta}_0)$. Posteriormente, necessitaremos de estimadores dos desvios padrão de $\hat{\beta}_1$ e $\hat{\beta}_0$, e isso requer estimar σ. O estimador natural de σ é

$$\hat{\sigma} = \sqrt{\hat{\sigma}^2} \tag{2.62}$$

e é chamado **erro padrão da regressão** (**EPR**). (Outros nomes para $\hat{\sigma}$ são *erro padrão da estimativa* e *raiz do erro quadrado médio*, mas não os usaremos.) Ainda que $\hat{\sigma}$ não seja um estimador não viesado de σ, podemos mostrar que ele é um estimador *consistente* de σ (veja Apêndice C), e que ele servirá muito bem para nossos propósitos.

A estimativa $\hat{\sigma}$ é interessante, já que é uma estimativa do desvio padrão dos fatores não observáveis que afetam y; equivalentemente, ela estima o desvio padrão em y depois de os efeitos de x terem sido retirados. A maior parte dos programas econométricos informa o valor de $\hat{\sigma}$ juntamente com o R-quadrado, o intercepto, a inclinação e outras estatísticas de MQO (sob um dos vários nomes listados anteriormente). Por enquanto, nosso principal interesse está em usar $\hat{\sigma}$ para estimar os desvios padrão de $\hat{\beta}_0$ e $\hat{\beta}_1$. Como $dp(\hat{\beta}_1) = \sigma/\sqrt{SQT_x}$, o estimador natural de $dp(\hat{\beta}_1)$ é

$$ep(\hat{\beta}_1) = \hat{\sigma}/\sqrt{SQT_x} = \hat{\sigma}/\left(\sum_{i=1}^{n}(x_i - \bar{x})^2\right)^{1/2};$$

que é chamado de **erro padrão de $\hat{\beta}_1$**. Observe que $ep(\hat{\beta}_1)$ é visto como uma variável aleatória quando pensamos em processar o método MQO usando diferentes amostras de y; isso ocorre porque $\hat{\sigma}$ varia com diferentes amostras. Para uma dada amostra, $ep(\hat{\beta}_1)$ é um número, exatamente como $\hat{\beta}_1$ é simplesmente um número quando nós o calculamos a partir de dados conhecidos.

Semelhantemente, $ep(\hat{\beta}_0)$ é obtido de $dp(\hat{\beta}_0)$ ao substituir σ por $\hat{\sigma}$. O erro padrão de qualquer estimativa nos dá uma ideia de quão preciso é o estimador. Os erros padrão desempenham papel central em todo este texto; nós os usaremos para construir estatísticas de testes e intervalos de confiança de cada procedimento econométrico que apresentaremos, a partir do Capítulo 4.

2.6 Regressão através da origem e regressão em uma constante

Em raros casos, desejamos impor a restrição de que, quando $x = 0$, o valor esperado de y é zero. Há certas relações para as quais isso é razoável. Por exemplo, se a renda (x) for zero, então o pagamento de imposto de renda (y) também deve ser zero. Além disso, há problemas quando um modelo que originalmente tem um intercepto diferente de zero é transformado em um modelo sem um intercepto.

Formalmente, nós escolhemos agora um estimador da inclinação, que chamaremos de $\tilde{\beta}_1$, e uma reta da forma

$$\tilde{y} = \tilde{\beta}_1 x, \qquad (2.63)$$

em que os sinais gráficos do til sobre $\tilde{\beta}_1$ e $\tilde{y}$ são usados para distinguir esse problema do problema muito mais comum de estimar um intercepto juntamente com uma inclinação. Costuma-se chamar (2.63) de **regressão através da origem**, pois a linha (2.63) passa pelo ponto $x = 0$, $\tilde{y} = 0$. Para obter a estimativa de inclinação em (2.63), nós ainda contamos com o método de mínimos quadrados ordinários, que minimiza, nesse caso, a soma dos quadrados dos resíduos:

$$\sum_{i=1}^{n}(y_i - \tilde{\beta}_1 x_i)^2. \qquad (2.64)$$

Usando um cálculo variável, pode-se mostrar que $\tilde{\beta}_1$ deve resolver a condição de primeira ordem:

$$\sum_{i=1}^{n} x_i(y_i - \tilde{\beta}_1 x_i) = 0. \qquad (2.65)$$

Daí, podemos resolver para $\tilde{\beta}_1$:

$$\tilde{\beta}_1 = \frac{\sum_{i=1}^{n} x_i y_i}{\sum_{i=1}^{n} x_i^2}, \qquad (2.66)$$

desde que nem todos os x_i sejam zero – um caso que excluímos.

Observe como $\tilde{\beta}_1$ se compara com a estimativa de inclinação quando também estimamos o intercepto (em vez de determiná-lo igual a zero). Essas duas estimativas são as mesmas se, e somente se, $\bar{x} = 0$. [Veja a equação (2.49) para $\hat{\beta}_1$.] Obter uma estimativa de β_1 usando a regressão através da origem não é frequente em trabalhos aplicados, e por boas razões: se o intercepto, $\beta_0 \neq 0$, logo $\tilde{\beta}_1$ é um estimador viesado de β_1. Você será solicitado a provar isso no Problema 2.8.

Nos casos em que a regressão através da origem é considerada adequada, deve-se ter cuidado ao interpretar o R-quadrado que é tipicamente relatado com tais regressões. Geralmente, a não ser que seja expresso de outra forma, o R-quadrado é obtido sem a remoção da média amostral de $\{y_i: i = 1, \ldots, n\}$ ao obter o SQT. Em outras palavras, o R-quadrado é calculado como

$$1 - \frac{\sum_{i=1}^{n}(y_i - \tilde{\beta}_1 x_i)^2}{\sum_{i=1}^{n} y_i^2}. \qquad (2.67)$$

O numerador aqui faz sentido porque é a soma dos quadrados dos resíduos, mas o denominador age como se soubéssemos que o valor médio de y na população é zero. Um motivo para essa versão do R-quadrado ser usada é que, se utilizarmos a soma total dos quadrados usual, isto é, se calcularmos o R-quadrado como

$$1 - \frac{\sum_{i=1}^{n}(y_i - \tilde{\beta}_1 x_i)^2}{\sum_{i=1}^{n}(y_i - \bar{y})^2}, \qquad (2.68)$$

ele pode ser realmente negativo. Se a expressão (2.68) for negativa, isso significa que usar a média simples de $\bar{y}$ para prever y_i cria um ajuste melhor do que o uso de x_i em uma regressão através da origem. Portanto, a equação (2.68) é realmente mais atraente do que a (2.67), porque ela nos diz que usar x é melhor do que ignorá-lo totalmente.

Essa discussão sobre regressão através da origem e diferentes formas de medir a qualidade de ajuste desperta outra questão: o que acontece se regredirmos somente sobre uma constante? Isto é, definirmos a inclinação como zero (o que significa que não precisamos sequer ter um x) e estimarmos somente um intercepto? A resposta é simples: o intercepto é $\bar{y}$. Esse fato normalmente é mostrado em estatísticas básicas, em que se demonstra que a constante que produz a menor soma de desvios quadrados é sempre a média amostral. Nessas circunstâncias, a equação (2.68) pode ser vista como uma regressão comparativa de x através da origem em relação à regressão de apenas uma constante.

Resumo

Neste capítulo introduzimos o modelo de regressão simples e apresentamos suas propriedades básicas. Dada uma amostra aleatória, o método de mínimos quadrados ordinários é usado para estimar os parâmetros de inclinação e de intercepto no modelo populacional. Demonstramos a álgebra da reta de regressão de MQO, incluindo os cálculos dos valores estimados e dos resíduos, e a obtenção das variações previstas na variável dependente a partir de uma dada variação na variável independente. Na Seção 2.4 discutimos duas questões de importância prática: (1) o comportamento das estimativas de MQO quando mudamos as unidades de medida da variável dependente ou da variável independente e (2) o uso do log natural na elaboração de modelos de elasticidade constante e de semielasticidade constante.

Na Seção 2.5, mostramos que, sob as quatro Hipóteses RLS.1 a RLS.4, os estimadores de MQO são não viesados. A hipótese fundamental é que o termo de erro u tem média zero, dado qualquer valor da variável independente x. Infelizmente, há razões para pensar que isso seja falso em muitas aplicações da regressão simples nas ciências sociais, em que os fatores omitidos em u estão frequentemente correlacionados com x. Quando adicionamos a hipótese de que a variância do erro, dado x, é constante, obtivemos fórmulas simples das variâncias amostrais dos estimadores de MQO. Como vimos, a variância do estimador de inclinação $\hat{\beta}_1$ cresce quando a variância do erro cresce, e ela decresce quando há mais variação amostral na variável independente. Também derivamos um estimador não viesado para $\sigma^2 = \text{Var}(u)$.

Na Seção 2.6, discutimos brevemente a regressão através da origem, cujo estimador de inclinação é obtido na hipótese de que o intercepto seja zero. Às vezes, essa regressão é útil, mas ela não aparece com frequência em trabalhos aplicados.

Temos ainda muito trabalho por fazer. Por exemplo, ainda não sabemos como testar hipóteses sobre os parâmetros populacionais, β_0 e β_1. Assim, embora saibamos que o método MQO é, sob as Hipóteses RLS.1 a RLS.4, não viesado para os parâmetros populacionais, não temos um modo de fazer inferências sobre a população. Outros tópicos, tais como a eficiência de MQO relativa a outros procedimentos possíveis, também foram omitidos.

As questões de intervalos de confiança, testes de hipóteses e eficiência também são centrais para a análise de regressão múltipla. Como a maneira em que construímos os intervalos de confiança e as estatísticas de testes é muito similar para a regressão múltipla – e porque a regressão simples é um caso especial da regressão múltipla –, nosso tempo será mais bem gasto se nos movermos para a regressão múltipla, que é muito mais aplicável que a regressão simples. Nosso propósito, no Capítulo 2, foi fazer você pensar nas questões que surgem na análise econométrica dentro de uma estrutura clara e simples.

AS HIPÓTESES DE GAUSS-MARKOV NA REGRESSÃO SIMPLES

Por conveniência, resumimos as **hipóteses de Gauss-Markov** que usamos neste capítulo. É importante lembrar que somente as RLS.1 até a RLS.4 são necessárias para mostrarmos que $\hat{\beta}_0$ e $\hat{\beta}_1$ são não viesadas. Adicionamos a hipótese de homoscedasticidade, RLS.5, para obtermos as fórmulas habituais de variância de MQO (2.57) e (2.58).

Hipótese RLS.1 (Linear em parâmetros)

No modelo populacional, a variável dependente, y, está relacionada com a variável independente, x, e com o erro (ou perturbação), u, como

$$y = \beta_0 + \beta_1 x + u,$$

em que β_0 e β_1 são os parâmetros do intercepto e da inclinação populacionais, respectivamente.

Hipótese RLS.2 (Amostragem aleatória)
Temos uma amostra aleatória de tamanho n, $\{(x_i, y_i): i = 1, 2, \ldots, n\}$, seguindo o modelo populacional na Hipótese RLS.1.

Hipótese RLS.3 (Variação amostral na variável explicativa)
Os resultados amostrais em x, a saber $\{x_i, i = 1, \ldots, n\}$, não são todos de mesmo valor.

Hipótese RLS.4 (Média condicional zero)
O erro u tem zero como valor esperado, quaisquer que sejam os valores das variáveis. Em outras palavras,

$$E(u|x) = 0.$$

Hipótese RLS.5 (Homoscedasticidade)
O erro u tem a mesma variância quaisquer que sejam os valores das variáveis explicativas. Em outras palavras:

$$\text{Var}(u|x) = \sigma^2.$$

Termos-chave

Coeficiente de determinação
Condições de primeira ordem
Covariável
Elasticidade
Erro padrão da regressão (EPR)
Erro padrão de $\hat{\beta}_1$
Função de regressão populacional (FRP)
Função de regressão amostral (FRA)
Graus de liberdade
Heteroscedasticidade
Hipótese de média condicional zero
Hipóteses de Gauss-Markov
Homoscedasticidade
Independente da média
Mínimos quadrados ordinários (MQO)
Modelo de elasticidade constante
Modelo de regressão linear simples
Parâmetro de inclinação
Parâmetro do intercepto
Regressando
Regressão através da origem
Regressor
Resíduos
Reta de regressão MQO
R-quadrado
Semielasticidade
Soma dos quadrados explicada (SQE)
Soma dos quadrados dos resíduos (SQR)
Soma dos quadrados total (SQT)
Termo de erro (perturbação)
Valor estimado
Variância do erro
Variável de controle
Variável de resposta
Variável dependente
Variável explicada
Variável explicativa
Variável independente
Variável previsora
Variável prevista

Problemas

1. Seja *kids* o número de filhos de uma mulher, e *educ* os anos de educação da mulher. Um modelo simples que relaciona a fertilidade a anos de educação é

$$kids = \beta_0 + \beta_1 educ + u,$$

em que u é um erro não observável.

(i) Que tipos de fatores estão contidos em u? É provável que eles estejam correlacionados com o nível de educação?

(ii) Uma análise de regressão simples mostrará o efeito *ceteris paribus* da educação sobre a fertilidade? Explique.

2. No modelo de regressão linear simples $y = \beta_0 + \beta_1 x + u$, suponha que $E(u) \neq 0$. Fazendo $\alpha_0 = E(u)$, mostre que o modelo pode sempre ser reescrito com a mesma inclinação, mas com um novo intercepto e erro, em que o novo erro tem um valor esperado zero.

3. A tabela seguinte contém as variáveis *GPA* (nota média em curso superior nos Estados Unidos) e *ACT* (nota do teste de avaliação de conhecimentos para ingresso em curso superior nos Estados Unidos) com as notas hipotéticas de oito estudantes de curso superior. *GPA* está baseado em uma escala de quatro pontos e foi arredondado para um dígito após o ponto decimal.

Estudante	GPA	ACT
1	2,8	21
2	3,4	24
3	3,0	26
4	3,5	27
5	3,6	29
6	3,0	25
7	2,7	25
8	3,7	30

(i) Estime a relação entre *GPA* e *ACT* usando MQO; isto é, obtenha as estimativas de intercepto e de inclinação da equação

$$\widehat{GPA} = \hat{\beta}_0 + \hat{\beta}_1 ACT.$$

Comente a direção da relação. O intercepto tem uma interpretação útil aqui? Explique. Qual deveria ser o valor previsto do *GPA* se a nota *ACT* aumentasse em cinco pontos?

(ii) Calcule os valores estimados e os resíduos de cada observação e verifique que a soma dos resíduos é (aproximadamente) zero.

(iii) Qual é o valor previsto do *GPA* quando $ACT = 20$?

(iv) Quanto da variação do *GPA* dos 8 estudantes é explicado pela *ACT*? Explique.

4. Os dados do arquivo BWGHT contêm informações de nascimentos por mulheres nos Estados Unidos. As duas variáveis de interesse são: a variável dependente, peso dos recém-nascidos em onças (*bwght*), e a variável explicativa, número médio de cigarros que a mãe fumou por dia durante a gravidez (*cigs*). A seguinte regressão simples foi estimada usando dados de $n = 1.388$ nascimentos:

$$\widehat{bwght} = 119{,}77 - 0{,}514\,cigs$$

(i) Qual é o peso de nascimento previsto quando $cigs = 0$? E quando $cigs = 20$ (um maço por dia)? Comente a diferença.

(ii) O modelo de regressão simples necessariamente captura uma relação causal entre o peso de nascimento da criança e os hábitos de fumar da mãe? Explique.

(iii) Para prever um peso de nascimento de 125 onças, qual deveria ser a magnitude de *cigs*? Comente.

(iv) A proporção de mulheres que não fumou durante a gravidez na amostra é cerca de 0,85. Isso ajuda a reconciliar sua conclusão do item (iii)?

5. Na função de consumo linear

$$\widehat{cons} = \hat{\beta}_0 + \hat{\beta}_1 inc,$$

a MPC – *propensão marginal a consumir* (estimada) é simplesmente a inclinação $\hat{\beta}_1$, ao passo que a APC – *propensão média a consumir* é $\widehat{cons}/inc = \hat{\beta}_0/inc + \hat{\beta}_1$. Usando as observações de renda e consumo anuais de 100 famílias (ambas medidas em dólares), obtém-se a seguinte equação:

$$\widehat{cons} = -124{,}84 + 0{,}853\, inc$$

$$n = 100, R^2 = 0{,}692.$$

(i) Interprete o intercepto dessa equação e comente seu sinal e magnitude.

(ii) Qual é o consumo previsto quando a renda familiar é US$ 30.000?

(iii) Com *inc* sobre o eixo de *x*, desenhe um gráfico da MPC e da APC estimadas.

6. Usando dados de casas vendidas em 1988 em Andover, Massachusetts [Kiel e Mc-Clain (1995)], a equação seguinte relaciona os preços das casas (*price*) à distância de um incinerador de lixo recentemente construído (*dist*):

$$\widehat{\log(price)} = 9{,}40 + 0{,}312 \log(dist)$$

$$n = 135, R^2 = 0{,}162.$$

(i) Interprete o coeficiente de log(*dist*). O sinal dessa estimativa é o que você esperava?

(ii) Você considera que a regressão simples oferece um estimador não viesado da elasticidade *ceteris paribus* de preço (*price*) em relação à distância (*dist*)? (Pense sobre a decisão da cidade em instalar o incinerador naquele local.)

(iii) Quais outros fatores relativos a casas afetam seu preço? Eles poderiam estar correlacionados com a distância do incinerador?

7. Considere a função de poupança

$$sav = \beta_0 + \beta_1 inc + u, u = \sqrt{inc} \cdot e,$$

em que *e* é uma variável aleatória com $E(e) = 0$ e $Var(e) = \sigma_e^2$. Considere *e* independente de *inc*.

(i) Mostre que $E(u|inc) = 0$, de modo que a hipótese de média condicional zero (Hipótese RLS.4) seja satisfeita. [*Dica*: se *e* é independente de *inc*, então $E(e|inc) = E(e)$.]

(ii) Mostre que $Var(u|inc) = \sigma_e^2 inc$, de modo que a hipótese de homoscedasticidade RLS.5 é violada. Em particular, a variância de *sav* aumenta com *inc*. [*Dica*: Var(*e*|*inc*) = Var(*e*), se *e* e *inc* forem independentes.]

(iii) Faça uma discussão que sustente a hipótese de que a variância da poupança aumenta com a renda da família.

8. Considere o modelo de regressão simples padrão $y = \beta_0 + \beta_1 x + u$ sob as hipóteses de Gauss-Markov RLS.1 a RLS.5. Os estimadores usuais $\hat{\beta}_0$ e $\hat{\beta}_1$ são não viesados para seus respectivos parâmetros populacionais. Seja $\tilde{\beta}_1$ o estimador de β_1 obtido ao assumir que o intercepto é zero (veja a Seção 2.6).
   (i) Encontre $E(\tilde{\beta}_1)$ em termos de x_i, β_0 e β_1. Verifique que $\tilde{\beta}_1$ é não viesado para β_1 quando o intercepto populacional (β_0) é zero. Há outros casos em que $\tilde{\beta}_1$ é não viesado?
   (ii) Encontre a variância de $\tilde{\beta}_1$. [*Dica*: a variância não depende de β_0.]
   (iii) Mostre que $Var(\tilde{\beta}_1) \leq Var(\hat{\beta}_1)$. [*Dica*: para qualquer amostra de dados, $\sum_{i=1}^n x_i^2 \geq \sum_{i=1}^n (x_i - \bar{x})^2$, com a desigualdade estrita preponderando, a não ser que $\bar{x} = 0$.]
   (iv) Comente a relação entre viés e variância ao escolher entre $\hat{\beta}_1$ e $\tilde{\beta}_1$.

9. (i) Sejam $\hat{\beta}_0$ e $\hat{\beta}_1$ o intercepto e a inclinação da regressão de y_i sobre x_i, usando n observações. Sejam c_1 e c_2 constantes, com $c_2 \neq 0$. Sejam $\tilde{\beta}_0$ e $\tilde{\beta}_1$ o intercepto e a inclinação da regressão de $c_1 y_i$ sobre $c_2 x_i$. Mostre que $\tilde{\beta}_1 = (c_1/c_2)\hat{\beta}_1$ e $\tilde{\beta}_0 = c_1 \hat{\beta}_0$, verificando as observações sobre as unidades de medida da Seção 2.4. [*Dica*: para obter $\tilde{\beta}_1$, insira as transformações de x e y em (2.19). Em seguida, use (2.17) para $\tilde{\beta}_0$, estando seguro de usar as transformações de x e y e a inclinação correta.]
   (ii) Agora, sejam $\tilde{\beta}_0$ e $\tilde{\beta}_1$ os parâmetros estimados da regressão de $(c_1 + y_i)$ sobre $(c_2 + x_i)$ (sem nenhuma restrição sobre c_1 ou c_2). Mostre que $\tilde{\beta}_1 = \hat{\beta}_1$ e $\tilde{\beta}_0 = \hat{\beta}_0 + c_1 - c_2 \hat{\beta}_1$.
   (iii) Agora, sejam $\hat{\beta}_0$ e $\hat{\beta}_1$ as estimativas de MQO da regressão $\log(y_i)$ sobre x_i, para a qual devemos assumir $y_i > 0$ para todo i. Para $c_1 > 0$, sejam $\tilde{\beta}_0$ e $\tilde{\beta}_1$ o intercepto e a inclinação da regressão de $\log(c_1 y_i)$ sobre x_i. Mostre que $\tilde{\beta}_1 = \hat{\beta}_1$ e $\tilde{\beta}_0 = \log(c_1) + \hat{\beta}_0$.
   (iv) Agora, assumindo que $x_i > 0$ para todo i, sejam $\tilde{\beta}_0$ e $\tilde{\beta}_1$ o intercepto e a inclinação da regressão de y_i sobre $\log(c_2 x_i)$. Como $\tilde{\beta}_0$ e $\tilde{\beta}_1$ se comparam com o intercepto e a inclinação da regressão de y_i sobre $\log(x_i)$?

10. Sejam $\hat{\beta}_0$ e $\hat{\beta}_1$ os estimadores MQO do intercepto e da inclinação, respectivamente, e que $\bar{u}$ seja a média amostral dos erros (não os resíduos!).
    (i) Demonstre que $\hat{\beta}_1$ pode ser escrita como $\hat{\beta} = \beta_1 + \sum_{i=1}^n w_i u_i$, em que $w_i = d_i/SQT_x$ e $d_i = x_i - \bar{x}$.
    (ii) Use o item (i), juntamente com $\sum_{i=1}^n w_i = 0$, para demonstrar que $\hat{\beta}_1$ e $\bar{u}$ são não correlacionadas. [*Dica*: Você está sendo solicitado a demonstrar que $E[(\hat{\beta} - \beta_1) \cdot \bar{u}] = 0$.].
    (iii) Demonstre que $\hat{\beta}_0$ pode ser escrito da seguinte forma $\hat{\beta}_0 = \beta_0 + \bar{u} - (\hat{\beta}_1 - \beta_1)\bar{x}$.
    (iv) Use os itens (ii) e (iii) para provar que $Var(\hat{\beta}_0) = \sigma^2/n + \sigma^2(\bar{x})^2/SQT_x$.
    (v) Faça os cálculos para simplificar a expressão no item (iv) para a equação (2.58). [*Dica*: $SQT_x/n = n^{-1}\sum_{i=1}^n x_i^2 - (\bar{x})^2$.]

11. Suponha que você esteja interessado em estimar o efeito das horas gastas com um curso de preparação para o vestibular (*hours*) no total das notas do vestibular (*sat*). A população são todos os pré-universitários graduados no ensino médio em determinado ano.
    (i) Suponha que lhe tenha sido dada uma subvenção para executar um experimento controlado. Explique como você estruturaria o experimento para estimar o efeito causal de horas (*hours*) no vestibular (*sat*).

(ii) Considere o caso mais realístico em que os alunos decidem quanto tempo gastarão com um curso de preparação, e você só pode fazer amostragens aleatórias de *sat* e *hours* da população. Escreva o modelo populacional da seguinte forma

$$sat = \beta_0 + \beta_1 hours = u$$

em que, como sempre, num modelo com um intercepto, podemos assumir E(u) = 0. Liste pelo menos dois fatores contidos em u. Existe a probabilidade de eles terem correlação negativa ou positiva com as horas gastas (*hours*)?

(iii) Na equação do item (ii), qual deve ser o sinal de β_1 se o curso de preparação for eficaz?

(iv) Na equação do item (ii), qual é a interpretação de β_0?

12. Considere o problema descrito no fim da Seção 2.6: rodar uma regressão e estimar somente um intercepto.

(i) Dada a amostra $\{y_i: i = 1, 2, \ldots, n\}$, deixe $\tilde{\beta}$ ser a solução para

$$\min_{b_0} \sum_{i=1}^{n} (y_i - b_0)^2.$$

Mostre que $\tilde{\beta} = \bar{y}$, isto é, a média amostral minimiza a soma dos quadrados dos resíduos. (*Dica:* você pode usar cálculos de uma variável ou mostrar o resultado diretamente ao adicionar ou subtrair $\bar{y}$ dentro do quadrado dos resíduos e, assim, usar um pouco de álgebra.)

(ii) Defina os resíduos como $\tilde{u}_i = y_i - \bar{y}$. Dê argumentos justificando que estes resíduos sempre somam zero.

Exercícios em computador

C1 Os dados do arquivo 401K são um subconjunto de dados analisados por Papke (1995) para estudar a relação entre a participação em um plano de pensão 401k e a generosidade do plano. A variável *prate* é a porcentagem de trabalhadores aptos e com uma conta ativa; esta é a variável que gostaríamos de explicar. A medida da generosidade é a taxa de contribuição do plano, *mrate*. Esta variável mostra a quantia média com que a empresa contribui para o fundo trabalhista a cada US$ 1 de contribuição do trabalhador. Por exemplo, se a *mrate* = 0,50, então uma contribuição de US$ 1 do trabalhador corresponde a uma contribuição de US$ 0,50 da empresa.

(i) Encontre a taxa de participação e a taxa de contribuição médias na amostra de planos.

(ii) Agora, estime a equação de regressão simples

$$\widehat{prate} = \hat{\beta}_0 + \hat{\beta}_1 mrate,$$

e relate os resultados ao lado do tamanho da amostra e do *R*-quadrado.

(iii) Interprete o intercepto de sua equação. Interprete o coeficiente de *mrate*.

(iv) Encontre a *prate* prevista quando *mrate* = 3,5. Esta é uma previsão razoável? Explique o que está ocorrendo aqui.

(v) Quanto da variação da *prate* é explicada pela *mrate*? Na sua opinião, isso é bastante?

C2 O conjunto de dados do arquivo CEOSAL2 contém informações sobre CEOs de corporações norte-americanas. A variável *salary* é a compensação anual, em milhares de dólares, e *ceoten* é o número prévio de anos como CEO da empresa.

(i) Encontre o salário médio e a permanência média na amostra.

(ii) Quantos CEOs estão em seu primeiro ano no cargo (isto é, *ceoten* = 0)? Qual é a permanência mais longa como CEO?

(iii) Estime o modelo de regressão simples

$$\log(salary) = \beta_0 + \beta_0 ceoten + u,$$

e registre seus resultados da forma usual. Qual é o aumento percentual previsto (aproximado) no salário quando se tem um ano a mais como CEO?

C3 Use os dados do arquivo SLEEP75, de Biddle e Hamermesh (1990), para estudar se há uma compensação entre o tempo gasto dormindo por semana e o tempo gasto em um trabalho remunerado. Podemos usar qualquer variável como a variável dependente. Para materializar, estime o modelo

$$sleep + \beta_0 + \beta_1 totwrk + u,$$

em que *sleep* são os minutos dormidos à noite por semana e *totwrk* é o total de minutos trabalhados durante a semana.

(i) Registre seus resultados em uma equação junto com o número de observações e o R^2. O que o intercepto desta equação significa?

(ii) Se *totwrk* aumentar 2 horas, quanto você estima que *sleep* cairá? Você acha que este é um efeito grande?

C4 Use os dados do arquivo WAGE2 para estimar uma regressão simples que explique o salário mensal (*wage*) em termos da pontuação do QI (*IQ*).

(i) Encontre o salário médio e o *IQ* médio da amostra. Qual é o desvio padrão amostral do *IQ*? (Pontuações de *IQ* são padronizadas, por isso, a média na população é 100 com um desvio padrão igual a 15.)

(ii) Estime um modelo de regressão simples em que um aumento de um ponto em *IQ* altere *wage* em uma quantia constante de dólares. Use este modelo para encontrar o aumento previsto do salário para o caso de um acréscimo de 15 pontos de *IQ*. O *IQ* explica a maior parte da variação em *wage*?

(iii) Agora, estime um modelo em que cada acréscimo de um ponto em *IQ* tenha o mesmo efeito percentual em *wage*. Se *IQ* aumentar 15 pontos, qual será o aumento percentual previsto aproximado em *wage*?

C5 Para a população de empresas do setor químico, defina *rd* como os gastos anuais em pesquisa e desenvolvimento, e *sales* como as vendas anuais (ambos em milhões de dólares).

(i) Escreva um modelo (não uma equação estimada) que implique uma elasticidade constante entre *rd* e *sales*. Qual é o parâmetro da elasticidade?

(ii) Agora, estime o modelo usando os dados do arquivo RDCHEM. Monte a equação estimada da forma usual. Qual é a elasticidade estimada de *rd* em relação a *sales*? Explique o que essa elasticidade significa.

C6 Usamos os dados do arquivo MEAP93 no Exemplo 2.12. Agora, queremos explorar a relação entre a taxa de aprovação em matemática (*math10*) e os gastos por estudante (*expend*).

(i) Você acha que cada dólar adicional gasto tem o mesmo efeito sobre a taxa de aprovação ou um efeito decrescente seria mais razoável? Explique.

(ii) No modelo populacional

$$math10 = \beta_0 + \beta_1 \log(expend) + u$$

argumente que $\beta_1/10$ é a porcentagem de alteração em *math10* dado um aumento de 10% em *gasto*.

(iii) Use os dados do arquivo MEAP93 para estimar o modelo (ii). Descreva a equação estimada da forma usual, incluindo o tamanho da amostra e o *R*-quadrado.

(iv) Quão grande é o efeito de gastos estimado? Em outras palavras, se os gastos aumentarem 10%, qual será o aumento percentual estimado em *math10*?

(v) Alguns podem se preocupar com o fato de que a análise de regressão pode produzir valores ajustados para *math10* maiores do que 100. Por que isso não é tão preocupante neste conjunto de dados?

C7 Use os dados do arquivo CHARITY [retirado de Franses e Paap (2001)] para responder às seguintes questões:

(i) Qual é a doação (*gift*) média da amostra de 4.268 pessoas (em florins holandeses)? Qual é a porcentagem de pessoas com nenhuma doação?

(ii) Qual é a média de envios por ano? Quais são os valores mínimos e máximos?

(iii) Estime o modelo

$$gift = \beta_0 + \beta_1 mailsyear + u$$

por MQO e registre os resultados da forma usual, incluindo o tamanho da amostra e o *R*-quadrado.

(iv) Interprete o coeficiente de inclinação. Se cada envio custa um florim, a instituição de caridade espera obter um lucro líquido em cada um dos envios? Isso quer dizer que a instituição obtém um lucro líquido em todos os envios? Explique.

(v) Qual é a menor contribuição à instituição prevista na amostra? Usando essa análise de regressão simples, você pode prever zero de *gift*?

C8 Para completar este exercício, você precisará de um programa que lhe permita gerar dados das distribuições uniforme e normal.

(i) Comece gerando 500 observações em x_i – a variável explicativa – a partir da distribuição uniforme com variação [0,10]. (A maioria dos programas estatísticos tem um comando para distribuição Uniforme(0,1); só multiplique essas observações por 10.) Qual é a média da amostra e o desvio padrão da amostra de x_i?

(ii) Gere, de forma aleatória, 500 erros, u_i, a partir da distribuição Normal(0,36). Se você gerar uma Normal(0,1), como geralmente está disponível, simplesmente multiplique os resultados por seis.) A média amostral de u_i é exatamente zero? Por que sim ou por que não? Qual é o desvio padrão amostral de u_i?

(iii) Agora gere y_i como

$$y_i = 1 + 2x_i + u_i \equiv \beta_0 + \beta_1 x_i + u_i;$$

isto é, o intercepto da população é um e a inclinação populacional é dois. Use os dados para executar a regressão de y_i em x_i. Quais são suas estimativas de intercepto e inclinação? Elas são iguais aos valores populacionais da equação acima? Explique.

(iv) Obtenha os resíduos MQO, $\hat{u}_i$, e verifique se a equação (2.60) se mantém (sujeita a erros de arredondamento).

(v) Calcule as mesmas quantidades da equação (2.60), mas use os erros u_i no lugar dos resíduos. Agora, o que você conclui?

(vi) Repita os itens (i), (ii) e (iii) com uma nova amostra de dados, começando com a geração de x_i. Agora, o que você obtém de $\hat{\beta}_0$ e $\hat{\beta}_1$? Por que isto é diferente do que você obteve no item (iii)?

C9 Use os dados do arquivo COUNTYMURDERS para responder a essas questões. Utilize somente os dados de 1996.

(i) Quantos condados tiveram zero assassinatos em 1996? Quantos condados tiveram pelo menos uma execução? Qual é o maior número de execuções?

(ii) Estime a equação abaixo, em que *murders* corresponde ao número de assassinatos.

$$murders = \beta_0 + \beta_1 execs + u$$

por MQO e relate os resultados da forma usual, incluindo o tamanho da amostra e o *R*-quadrado.

(iii) Interprete o coeficiente de inclinação registrado no item (ii). A equação estimada sugere um efeito dissuasor da pena capital?

(iv) Qual é o menor número de assassinatos que pode ser previsto pela equação? Qual é o resíduo de um condado com zero execuções e zero assassinatos?

(v) Explique por que uma análise de regressão simples não é adequada para determinar se a pena capital tem um efeito dissuasor sobre os assassinatos.

C10 O conjunto de dados do arquivo CATHOLIC inclui informações de pontuações de testes de mais de 7.000 estudantes dos Estados Unidos que cursaram a oitava série em 1988. As variáveis *mate*12 e *leitu*12 são notas padronizadas de matemática e leitura, respectivamente.

(i) Quantos estudantes existem na amostra? Encontre as médias e desvios padrão de *mate*12 e *leitu*12.

(ii) Compute a regressão simples de *mate*12 sobre *leitu*12 para obter o intercepto MQO e as estimativas de inclinação. Reporte os resultados na forma

$$\widehat{mate12} = \hat{\beta}_0 + \hat{\beta}_1 leitu12$$

$$n = ?, R^2 = ?$$

em que você vai preencher os valores de $\hat{\beta}_0$ e $\hat{\beta}_1$, além de substituir os pontos de interrogação.

(iii) O intercepto registrado na parte (ii) tem uma interpretação significativa? Explique.

(iv) Você está surpreso pelo $\hat{\beta}_1$ encontrado? E quanto ao R^2?

(v) Suponha que você apresente suas descobertas ao superintendente distrital de educação e ele diga: "Suas descobertas mostram que, para aumentar as notas de matemática, precisamos somente melhorar as notas de leitura; portanto, devemos contratar mais professores de leitura". Como você responderia a este comentário? (*Dica*: Se você calculasse a regressão de *leitu*12 sobre *mate*12, ao invés do contrário, o que esperaria descobrir?)

APÊNDICE 2A

Minimizando a soma dos quadrados dos resíduos

Mostramos aqui que as estimativas de MQO $\hat{\beta}_0$ e $\hat{\beta}_1$ minimizam a soma dos quadrados dos resíduos, como afirmado na Seção 2.2. Formalmente, o problema é caracterizar as soluções $\hat{\beta}_0$ e $\hat{\beta}_1$ para o problema de minimização

$$\min_{b_0, b_1} \sum_{i=1}^{n} (y_i - b_0 - b_1 x_i)^2,$$

em que b_0 e b_1 são argumentos *dummy* para o problema de otimização; para clareza, chame essa função $Q(b_0, b_1)$. De um resultado fundamental do cálculo multivariado (veja Apêndice A), uma condição necessária para $\hat{\beta}_0$ e $\hat{\beta}_1$ resolver o problema de minimização é que as derivadas parciais de $Q(b_0, b_1)$ em relação a b_0 e b_1 devem ser zero quando estimadas com $\hat{\beta}_0, \hat{\beta}_1$: $\partial Q(\hat{\beta}_0, \hat{\beta}_1)/\partial b_0 = 0$ e $\partial Q(\hat{\beta}_0, \hat{\beta}_1)/\partial b_1 = 0$. Usando a regra da cadeia do cálculo, essas duas equações tornam-se

$$-2 \sum_{i=1}^{n} (y_i - \hat{\beta}_0 - \hat{\beta}_1 x_i) = 0$$

$$-2 \sum_{i=1}^{n} x_i (y_i - \hat{\beta}_0 - \hat{\beta}_1 x_i) = 0.$$

Essas duas equações são exatamente (2.14) e (2.15) multiplicadas por $-2n$ e, portanto, são solucionadas pelos mesmos $\hat{\beta}_0$ e $\hat{\beta}_1$.

Como sabemos que, realmente, minimizamos a soma dos quadrados dos resíduos? As condições de primeira ordem são necessárias, mas não são suficientes. Uma maneira de verificar que minimizamos a soma dos quadrados dos resíduos é escrever, para qualquer b_0 e b_1,

$$Q(b_0, b_1) = \sum_{i=1}^{n} [y_i - \hat{\beta}_0 - \hat{\beta}_1 x_i + (\hat{\beta}_0 - b_0) + (\hat{\beta}_1 - b_1) x_i]^2$$

$$= \sum_{i=1}^{n} (\hat{u}_i + (\hat{\beta}_0 - b_0) + (\hat{\beta}_1 - b_1) x_i)^2$$

$$= \sum_{i=1}^{n} \hat{u}_i^2 + n(\hat{\beta}_0 - b_0)^2 + (\hat{\beta}_1 - b_1)^2 \sum_{i=1}^{n} x_i^2 + 2(\hat{\beta}_0 - b_0)(\hat{\beta}_1 - b_1) \sum_{i=1}^{n} x_i,$$

em que usamos as equações (2.30) e (2.31). A soma dos quadrados dos resíduos não depende de b_0 e b_1, enquanto a soma dos últimos três termos pode ser escrita como

$$\sum_{i=1}^{n} [(\hat{\beta}_0 - b_0) + (\hat{\beta}_1 - b_1) x_i]^2,$$

como pode ser verificado diretamente por álgebra. Visto que essa expressão é uma soma de termos quadráticos, o menor que ela pode ser é zero. Portanto, seu menor valor ocorre quando $b_0 = \hat{\beta}_0$ e $b_1 = \hat{\beta}_1$.

CAPÍTULO 3

Análise de regressão múltipla: estimação

No Capítulo 2, aprendemos a usar a análise de regressão simples para explicar uma variável dependente y como função de uma única variável independente x. A desvantagem principal de usar a análise de regressão simples em trabalhos empíricos é o fato de ser muito difícil obter conclusões *ceteris paribus* sobre como x afeta y: a hipótese fundamental, RLS.4 – de que todos os outros fatores que afetam y são não correlacionados com x –, é frequentemente irreal.

A **análise de regressão múltipla** é mais receptiva à análise *ceteris paribus*, pois nos permite controlar *explicitamente* muitos outros fatores que, de maneira simultânea, afetam a variável dependente. Isso é importante tanto para testar teorias econômicas quanto para avaliar efeitos da política quando devemos nos basear em dados não experimentais. Em razão de os modelos de regressão múltipla acomodarem muitas variáveis explicativas que podem estar correlacionadas, esperamos inferir causalidade nos casos em que a análise de regressão simples seria enganosa.

Naturalmente, se adicionarmos ao nosso modelo mais fatores que são úteis para explicar y, então mais da variação de y poderá ser explicada. Assim, a análise de regressão múltipla pode ser usada para construir modelos melhores para prever a variável dependente.

Uma vantagem adicional da análise de regressão múltipla é que ela pode incorporar, completamente, relações de formas funcionais gerais. No modelo de regressão simples, somente a função de uma variável explicativa pode aparecer na equação. Como veremos, o modelo de regressão múltipla permite muito mais flexibilidade.

A Seção 3.1 introduz, formalmente, o modelo de regressão múltipla e, mais adiante, discute as vantagens da regressão múltipla sobre a regressão simples. Na Seção 3.2, demonstramos como estimar os parâmetros do modelo de regressão múltipla por meio do método de mínimos quadrados ordinários. Nas seções 3.3, 3.4 e 3.5 descrevemos várias propriedades dos estimadores de MQO, incluindo a inexistência de viés e a eficiência.

O modelo de regressão múltipla ainda é o instrumento mais extensamente usado da análise empírica em economia e em outras ciências sociais. Igualmente, o método de mínimos quadrados ordinários é popularmente usado para estimar os parâmetros do modelo de regressão múltipla.

3.1 Motivações para a regressão múltipla

3-1a Modelo com duas variáveis independentes

Iniciaremos com alguns exemplos simples para mostrar como a análise de regressão múltipla pode ser usada para resolver problemas que não podem ser resolvidos pela regressão simples.

O primeiro exemplo é uma variação simples da equação do salário introduzida no Capítulo 2 para obter o efeito da educação sobre o salário-hora:

$$wage = \beta_0 + \beta_1 educ + \beta_2 exper + u, \tag{3.1}$$

em que *exper* representa anos de experiência no mercado de trabalho. Assim, *wage* é determinado por duas variáveis explicativas ou independentes, educação e experiência, e por outros fatores não observados, contidos em *u*. Basicamente, ainda estamos interessados no efeito de *educ* sobre *wage*, mantendo fixos todos os outros fatores que afetam *wage*; isto é, estamos interessados no parâmetro β_1.

Comparada com uma análise de regressão simples que relaciona *wage* a *educ*, a equação (3.1) remove, efetivamente, *exper* do termo de erro e a coloca explicitamente na equação. Como *exper* aparece na equação, seu coeficiente, β_2, mede o efeito *ceteris paribus* de *exper* sobre *wage*, que também é de algum interesse.

Não surpreendentemente, assim como na regressão simples, teremos de fazer hipóteses sobre como *u*, em (3.1), está relacionado às variáveis independentes, *educ* e *exper*. Entretanto, como veremos na Seção 3.2, há uma coisa da qual podemos estar seguros: visto que (3.1) contém a experiência de modo explícito, seremos capazes de mensurar o efeito da educação sobre o salário-hora, mantendo a experiência fixa. Na análise de regressão simples – que coloca *exper* no termo de erro –, teríamos de assumir que experiência é não correlacionada com educação, uma hipótese tênue.

Como segundo exemplo, considere o problema de explicar o efeito do gasto público por estudante (*expend*) sobre a nota média padronizada (*avgscore*) do ensino médio. Suponha que a nota média dependa do gasto público, da renda familiar média (*avginc*) e de outros fatores não observáveis:

$$avgscore = \beta_0 + \beta_1 expend + \beta_2 avginc + u. \tag{3.2}$$

Para o propósito de análise da política, o coeficiente de interesse é β_1, o efeito *ceteris paribus* de *expend* sobre *avgscore*. Ao incluir *avginc* explicitamente no modelo, somos capazes de controlar seu efeito sobre *avgscore*. Isso é provavelmente importante, pois a renda familiar média tende a estar correlacionada com o gasto público por estudante: os níveis de gasto público são, frequentemente, determinados tanto por impostos locais sobre a propriedade como sobre a renda. Na análise de regressão simples, *avginc* estaria incluída no termo de erro, que estaria provavelmente correlacionado com *expend*, fazendo que o estimador de β_1 de MQO fosse viesado no modelo de duas variáveis.

Nesses dois exemplos similares, mostramos como outros fatores observáveis, além da variável de interesse primordial [*educ* na equação (3.1) e *expend* na equação (3.2)] podem ser incluídos em um modelo de regressão. Em geral, podemos escrever um modelo com duas variáveis independentes como

$$y = \beta_0 + \beta_1 x_1 + \beta_2 x_2 + u, \tag{3.3}$$

em que β_0 é o intercepto, β_1 avalia a mudança em y em relação a x_1, mantendo os outros fatores fixos, e β_2 avalia a mudança em y em relação a x_2, mantendo os outros fatores fixos.

A análise de regressão múltipla também é útil para generalizar relações funcionais entre variáveis. Como exemplo, suponha que o consumo da família (*cons*) é uma função quadrática da renda familiar (*inc*):

$$cons = \beta_0 + \beta_1 inc + \beta_2 inc^2 + u, \tag{3.4}$$

em que u contém outros fatores que afetam o consumo. Nesse modelo, o consumo depende somente de um fator observado, a renda; desse modo, pareceria que ele pode ser tratado dentro do arcabouço da regressão simples. No entanto, esse modelo está fora do padrão da regressão simples, porque contém duas funções da renda, *inc* e *inc*^{2} (e, portanto, três parâmetros: β_0, β_1 e β_2). Assim, a função consumo é facilmente escrita como modelo de regressão com duas variáveis independentes, e fazendo $x_1 = inc$ e $x_2 = inc^2$.

Mecanicamente, não há *nenhuma* diferença em usar o método de mínimos quadrados ordinários (introduzido na Seção 3.2) para estimar equações tão diferentes como (3.1) e (3.4). Cada uma dessas equações pode ser escrita como (3.3), que é tudo o que importa para os cálculos. Há, entretanto, uma diferença importante em como *interpretar* os parâmetros. Na equação (3.1), β_1 é o efeito *ceteris paribus* de *educ* sobre *wage*. O parâmetro β_1 não tem tal interpretação em (3.4). Em outras palavras, não faz sentido medir o efeito de *inc* sobre *cons* mantendo, ao mesmo tempo, *inc*^{2} fixo, porque se *inc* varia, então *inc*^{2} deve variar! Em vez disso, a variação no consumo com respeito à variação na renda – a propensão marginal a consumir – é aproximada por

$$\frac{\Delta cons}{\Delta inc} \approx \beta_1 + 2\beta_2 inc.$$

Para os cálculos necessários quanto à derivação dessa equação, veja o Apêndice A. Em outras palavras, o efeito marginal da renda sobre o consumo depende tanto de β_2 como de β_1 e do nível de renda. Esse exemplo mostra que, em qualquer aplicação particular, as definições das variáveis independentes são cruciais. Contudo, para o desenvolvimento teórico da regressão múltipla, podemos ser vagos com relação a esses detalhes. No Capítulo 6, estudaremos exemplos como esse de forma mais completa.

No modelo com duas variáveis independentes, a hipótese fundamental sobre como u está relacionado a x_1 e x_2 é

$$E(u|x_1, x_2) = 0. \tag{3.5}$$

A interpretação da condição (3.5) é similar à interpretação da hipótese RLS.4 da análise de regressão simples. Significa que, para qualquer valor de x_1 e x_2 na população, o fator não observável médio é igual a zero. Assim como na regressão simples, a parte importante da hipótese é que o valor esperado de u é o mesmo para todas as combinações de x_1 e x_2; dizer que esse valor comum é zero está longe de ser uma hipótese, desde que o intercepto β_0 esteja incluído no modelo (veja a Seção 2.1).

Como podemos interpretar a hipótese de média condicional zero nos exemplos anteriores? Na equação (3.1), a hipótese é $E(u|educ, exper) = 0$. Isso implica outros fatores que afetam o salário (*wage*) e não estão, em média, relacionados a *educ* e *exper*.

Portanto, se entendermos que aptidão inata é parte de *u*, então será necessário que os níveis médios de aptidão sejam os mesmos em todas as combinações de educação e experiência na população que trabalha. Isso pode ou não ser verdadeiro, mas, como veremos na Seção 3.3, essa é a pergunta que faremos a fim de determinar se o método de mínimos quadrados ordinários produz estimadores não viesados.

O exemplo que mede o desempenho dos estudantes [equação (3.2)] é similar à equação do salário. A hipótese de média condicional zero é E(*u*|*expend*,*avginc*) = 0, o que significa que os outros fatores que afetam as notas – características das escolas e dos estudantes – são, em média, não relacionados aos gastos públicos por estudante e à renda familiar média.

> **QUESTÃO 3.1**
>
> Um modelo simples para explicar as taxas de homicídio nas cidades (*murdrate*) em termos da probabilidade de condenação (*prbconv*) e da duração média da sentença (*avgsen*) é
>
> *murdrate* = β_0 + β_1*prbconv* + β_2*avgsen* + *u*.
>
> Que fatores estão contidos em *u*? Você entende ser provável que a hipótese (3.5) se mantenha?

Quando aplicada à função quadrática do consumo em (3.4), a hipótese da média condicional zero tem uma interpretação ligeiramente diferente. A equação (3.5), escrita literalmente, é E(*u*|*inc*,*inc*^{2}) = 0. Como *inc*^{2} é conhecido quando se conhece *inc*, é redundante incluir *inc*^{2} na expectativa: E(*u*|*inc*,*inc*^{2}) = 0 é o mesmo que E(*u*|*inc*) = 0. Não há problema em colocar *inc*^{2} junto com *inc* na expectativa quando expressamos a hipótese, mas E(*u*|*inc*) = 0 é mais conciso.

3-1b Modelo com *k* variáveis independentes

Como estamos no contexto da regressão múltipla, não há necessidade de ficarmos com duas variáveis independentes. A análise de regressão múltipla permite que muitos fatores observados afetem *y*. No exemplo do salário, poderíamos também incluir semanas de treinamento de trabalho, anos de permanência com o empregador atual, medidas de aptidão e mesmo variáveis demográficas, como o número de irmãos ou a educação da mãe. No exemplo do gasto público por estudante, poderiam ser incluídas variáveis adicionais que medissem a qualidade dos professores e o tamanho das escolas.

O **modelo de regressão linear múltipla** geral (também chamado *modelo de regressão múltipla*) pode ser escrito, na população, como

$$y = \beta_0 + \beta_1 x_1 + \beta_2 x_2 + \beta_3 x_3 + \ldots + \beta_k x_k + u, \tag{3.6}$$

em que β_0 é o **intercepto**, β_1 é o parâmetro associado a x_1, β_2 é o parâmetro associado a x_2, e assim por diante. Como há *k* variáveis independentes e um intercepto, a equação (3.6) contém *k* + 1 parâmetros (desconhecidos) populacionais. Para simplificar, algumas vezes vamos nos referir aos outros parâmetros que não o intercepto como **parâmetros de inclinação**, ainda que, literalmente, nem sempre tenham esse significado. [Veja a equação (3.4), em que nenhum dos parâmetros, β_1 e β_2, são, por si mesmos, uma inclinação, mas juntos determinam a inclinação da relação entre o consumo e a renda.]

A terminologia da regressão múltipla é similar àquela da regressão simples e é apresentada na Tabela 3.1. Exatamente como na regressão simples, a variável *u* é o **termo de erro** ou **perturbação**. Ele contém outros fatores, além de $x_1, x_2, \ldots, x_k$, que afetam y. Não importa quantas variáveis explicativas incluímos em nosso modelo, pois sempre haverá fatores que não podemos incluir, e estão contidos, coletivamente, em u.

TABELA 3.1 Terminologia para a regressão múltipla.	
y	$x_1, x_2, \ldots, x_k$
Variável dependente	Variáveis independentes
Variável explicada	Variáveis explicativas
Variável de resposta	Variáveis de controle
Variável prevista	Variáveis previsoras
Regressando	Regressor

Ao aplicar o modelo de regressão múltipla geral, devemos saber como interpretar os parâmetros. Agora e nos capítulos subsequentes vamos adquirir bastante prática, mas é útil, neste ponto, relembrarmos algumas coisas que já sabemos. Suponha que os salários (*salary*) dos CEOs estejam relacionados às vendas das empresas (*sales*) e à permanência dos CEOs nas empresas (*ceoten*) pela equação

$$\log(salary) = \beta_0 + \beta_1 \log(sales) + \beta_2 ceoten + \beta_3 ceoten^2 + u. \quad (3.7)$$

Essa equação se enquadra no modelo de regressão múltipla (com $k = 3$) ao definirmos $y = \log(salary)$, $x_1 = \log(sales)$, $x_2 = ceoten$ e $x_3 = ceoten^2$. Como sabemos do Capítulo 2, o parâmetro β_1 é a *elasticidade* (*ceteris paribus*) de *salary* em relação a *sales*. Se $\beta_3 = 0$, então $100\beta_2$ é, aproximadamente, o aumento percentual *ceteris paribus* em *salary* quando *ceoten* aumenta em um ano. Quando $\beta_3 \neq 0$, o efeito de *ceoten* sobre *salary* é mais complicado. Postergaremos até o Capítulo 6 um tratamento detalhado de modelos com termos quadráticos.

A equação (3.7) fornece um lembrete importante sobre a análise de regressão múltipla. O termo "linear" na expressão "modelo de regressão linear múltipla" significa que a equação (3.6) é linear nos *parâmetros* β_j. A equação (3.7) é um exemplo de modelo de regressão múltipla que, ao mesmo tempo, é linear nos β_j, e é uma relação não linear entre *salary* e as variáveis *sales* e *ceoten*. Muitas aplicações da regressão linear múltipla envolvem relações não lineares entre as variáveis subjacentes.

É fácil expressar a hipótese essencial para o modelo de regressão múltipla geral em termos de uma expectativa condicional:

$$E(u|x_1, x_2, \ldots, x_k) = 0. \quad (3.8)$$

No mínimo, a equação (3.8) requer que todos os fatores no termo de erro não observado sejam não correlacionados com as variáveis explicativas. Ela também significa que consideramos corretamente a relação funcional entre as variáveis explicada e as explicativas. Qualquer problema que faça com que u seja correlacionado com qualquer variável independente fazem que (3.8) não seja válida. Na Seção 3.3 mostraremos que a hipótese (3.8) implica o método MQO não viesado e derivaremos o viés que surge quando uma variável fundamental for omitida da equação. Nos capítulos 15 e 16, estudaremos outras razões que podem fazer que (3.8) não seja válida e mostraremos o que pode ser feito nesses casos.

3.2 Mecânica e interpretação dos mínimos quadrados ordinários

Vamos resumir, agora, algumas características computacionais e algébricas do método de mínimos quadrados ordinários quando se aplica a um conjunto particular de dados. Discutiremos também como interpretar a equação estimada.

3-2a Obtenção das estimativas de MQO

Vamos considerar, primeiramente, a estimação do modelo com duas variáveis independentes. A equação de MQO estimada é escrita de forma similar ao caso da regressão simples:

$$\hat{y} = \hat{\beta}_0 + \hat{\beta}_1 x_1 + \hat{\beta}_2 x_2, \tag{3.9}$$

em que $\hat{\beta}_0$ é a estimativa de β_0, $\hat{\beta}_1$ é a estimativa de β_1, e $\hat{\beta}_2$ é a estimativa de β_2. Contudo, como obtemos $\hat{\beta}_0$, $\hat{\beta}_1$ e $\hat{\beta}_2$? O método de **mínimos quadrados ordinários** escolhe as estimativas que minimizam a soma dos quadrados dos resíduos. Isto é, dadas n observações de y, x_1 e x_2 $\{(x_{i1}, x_{i2}, y_i): i = 1, 2, ..., n\}$, as estimativas $\hat{\beta}_0$, $\hat{\beta}_1$ e $\hat{\beta}_2$ são escolhidas, simultaneamente, para fazer que a expressão

$$\sum_{i=1}^{n} (y_i - \hat{\beta}_0 - \hat{\beta}_1 x_{i1} - \hat{\beta}_2 x_{i2})^2 \tag{3.10}$$

tenha o menor tamanho possível.

Para entender o que o método MQO está fazendo, é importante dominar o significado da indexação das variáveis independentes em (3.10). As variáveis independentes têm, aqui, dois subscritos: i seguido de 1 ou 2. O subscrito i refere-se ao número da observação. Assim, a soma em (3.10) contempla todas as observações de $i = 1$ a n. O segundo índice é simplesmente um método para distinguir as diferentes variáveis independentes. No exemplo que relaciona *wage* a *educ* e *exper*, $x_{i1} = educ_i$ é a educação formal da pessoa i na amostra, e $x_{i2} = exper_i$ é a experiência da pessoa i. A soma dos quadrados dos resíduos na equação (3.10) é $\sum_{i=1}^{n} (wage_i - \hat{\beta}_0 - \hat{\beta}_1 educ_i - \hat{\beta}_2 exper_i)^2$.

No que vem a seguir, o subscrito i é reservado para indexar o número da observação. Se escrevermos x_{ij}, então isso significa a i-ésima observação da j-ésima variável independente. (Alguns autores preferem mudar a ordem do número da observação e do número da variável, de modo que x_{1i} é a observação i da variável um. No entanto, isso é apenas um problema de gosto notacional.)

No caso geral com k variáveis independentes, procuramos estimar $\hat{\beta}_0, \hat{\beta}_1, ..., \hat{\beta}_k$ na equação

$$\hat{y} = \hat{\beta}_0 + \hat{\beta}_1 x_1 + \hat{\beta}_2 x_2 + \cdots + \hat{\beta}_k x_k. \tag{3.11}$$

As estimativas de MQO, $k + 1$ delas foram escolhidas para minimizar a soma dos quadrados dos resíduos:

$$\sum_{i=1}^{n} (y_i - \hat{\beta}_0 - \hat{\beta}_1 x_{i1} - \cdots - \hat{\beta}_k x_{ik})^2. \tag{3.12}$$

Esse problema de minimização pode ser resolvido usando cálculo multivariado (veja o Apêndice 3A). Isso leva a $k + 1$ equações lineares com $k + 1$ estimadores $\hat{\beta}_0, \hat{\beta}_1, ..., \hat{\beta}_k$ desconhecidos:

$$\sum_{i=1}^{n}(y_i - \hat{\beta}_0 - \hat{\beta}_1 x_{i1} - \ldots - \hat{\beta}_k x_{ik}) = 0$$

$$\sum_{i=1}^{n} x_{i1}(y_i - \hat{\beta}_0 - \hat{\beta}_1 x_{i1} - \ldots - \hat{\beta}_k x_{ik}) = 0$$

$$\sum_{i=1}^{n} x_{i2}(y_i - \hat{\beta}_0 - \hat{\beta}_1 x_{i1} - \ldots - \hat{\beta}_k x_{ik}) = 0 \quad (3.13)$$

$$\vdots$$

$$\sum_{i=1}^{n} x_{ik}(y_i - \hat{\beta}_0 - \hat{\beta}_1 x_{i1} - \ldots - \hat{\beta}_k x_{ik}) = 0.$$

Essas equações são chamadas frequentemente de **condições de primeira ordem** de MQO. Assim, como no modelo de regressão simples da Seção 2.2, as condições de primeira ordem de MQO podem ser obtidas pelo método dos momentos: sob a hipótese (3.8), $E(u) = 0$, e $E(x_j u) = 0$, em que $j = 1, 2, \ldots, k$. As equações em (3.13) são contrapartes amostrais desses momentos da população, embora tenhamos omitido a divisão pelo tamanho da amostra n.

Mesmo para n e k de tamanhos moderados, resolver as equações em (3.13) fazendo os cálculos manualmente é tedioso. Não obstante, computadores modernos que processam programas padrão de estatística e econometria podem resolver essas equações com n e k grandes muito rapidamente.

Há apenas uma pequena ressalva: devemos supor que as equações em (3.13) podem ser resolvidas *unicamente* para os $\hat{\beta}_j$. Por enquanto, consideramos apenas isso, como é usualmente o caso em modelos bem definidos. Na Seção 3.3, formulamos a hipótese necessária para a existência de estimativas de MQO únicas (veja a Hipótese RLM.3).

Como na análise de regressão simples, a equação (3.11) é chamada **reta de regressão de MQO** ou **função de regressão amostral** (**FRA**). Chamaremos $\hat{\beta}_0$ a **estimativa de intercepto de MQO** e $\hat{\beta}_1, \ldots, \hat{\beta}_k$ de **estimativas de inclinação de MQO** (correspondentes às variáveis independentes $x_1, x_2, \ldots, x_k$).

Para demonstrar que uma regressão de MQO foi computada, escreveremos a equação (3.11) com y e $x_1, \ldots, x_k$ substituídos pelos seus nomes de variável (como *wage*, *educ* e *exper*), ou diremos que "rodamos uma regressão de MQO de y sobre $x_1, x_2, \ldots, x_k$" ou que "regredimos y sobre $x_1, x_2, \ldots, x_k$". Essas expressões são modos de dizer que o método de mínimos quadrados ordinários foi usado para obter a equação de MQO (3.11). A não ser que afirmemos explicitamente, sempre estimaremos um intercepto juntamente com as inclinações.

3-2b Interpretação da equação de regressão de MQO

Mais importante que os detalhes subjacentes à computação dos $\hat{\beta}_j$ é a *interpretação* da equação estimada. Iniciaremos com o caso de duas variáveis independentes:

$$\hat{y} = \hat{\beta}_0 + \hat{\beta}_1 x_1 + \hat{\beta}_2 x_2. \quad (3.14)$$

O intercepto $\hat{\beta}_0$ na equação (3.14) é o valor previsto de y quando $x_1 = 0$ e $x_2 = 0$. Às vezes, colocar x_1 e x_2 iguais a zero é uma situação interessante; em outros casos, isso não fará sentido. Não obstante, para obter uma previsão de y a partir da reta de regressão de MQO, o intercepto sempre é necessário, como (3.14) deixa claro.

As estimativas $\hat{\beta}_1$ e $\hat{\beta}_2$ têm interpretações de **efeito parcial**, ou *ceteris paribus*. Da equação (3.14), temos

$$\Delta \hat{y} = \hat{\beta}_1 \Delta x_1 + \hat{\beta}_2 \Delta x_2,$$

de modo que podemos obter a variação prevista em y dadas as variações em x_1 e x_2. (Observe que o intercepto não tem nada a ver com as variações em y.) Em particular, quando x_2 é mantido fixo, de modo que $\Delta x_2 = 0$, então

$$\Delta \hat{y} = \hat{\beta}_1 \Delta x_1,$$

mantendo x_2 fixo. O ponto fundamental é que, ao incluir x_2 em nosso modelo, obtemos um coeficiente de x_1 com uma interpretação *ceteris paribus*. Essa é a razão por que a análise de regressão múltipla é tão útil. Semelhantemente,

$$\Delta \hat{y} = \hat{\beta}_2 \Delta x_2,$$

mantendo x_1 fixo.

EXEMPLO 3.1 Determinantes da nota média em curso superior nos Estados Unidos

As variáveis do arquivo GPA1 incluem a nota média em um curso superior (*colGPA*), a nota média do ensino médio (*hsGPA*) e a nota do teste de avaliação de conhecimentos para ingresso em curso superior (*ACT*) para uma amostra de 141 estudantes de uma grande universidade dos Estados Unidos; tanto *colGPA* como *hsGPA* estão baseados em uma escala de quatro pontos. Obtemos a seguinte reta de regressão de MQO para estimar *colGPA* a partir de *hsGPA* e *ACT*:

$$\widehat{colGPA} = 1{,}29 + 0{,}453\, hsGPA + 0{,}0094\, ACT$$
$$n = 141. \tag{3.15}$$

Como interpretamos essa equação? Primeiro, o intercepto de 1,29 é o valor previsto de *colGPA* se tanto *hsGPA* como *ACT* forem iguais a zero. Como ninguém que frequenta um curso superior teve nota média no ensino médio igual a zero ou uma nota no teste de ingresso no curso superior igual a zero, o intercepto nessa equação não é, por si mesmo, significativo.

As estimativas mais interessantes são os coeficientes de inclinação de *hsGPA* e *ACT*. Como esperado, há uma relação parcial positiva entre *colGPA* e *hsGPA*: mantendo *ACT* fixo, um ponto adicional em *hsGPA* está associado a 0,453 de um ponto em *colGPA*, ou quase meio ponto. Em outras palavras, se escolhermos dois estudantes, A e B, e esses estudantes tiverem a mesma nota *ACT*, mas *hsGPA* do estudante A é um ponto maior que a *colGPA* do estudante B, prevemos que o estudante A tem *colGPA* 0,453 maior que *colGPA* do estudante B. (Isso não diz nada sobre quaisquer duas pessoas reais, mas é a nossa melhor previsão.)

O sinal *ACT* implica, mantendo *hsGPA* fixo, uma variação de 10 pontos na nota em *ACT* – uma variação muito grande, visto que a nota média na amostra é de cerca de 24, com um desvio padrão menor que três – que afeta *colGPA* em menos de um décimo de um ponto. Esse é um efeito pequeno e sugere que, uma vez considerado o *hsGPA*, a nota do *ACT* não é um forte previsor de *colGPA*. (Naturalmente, há muitos outros fatores que contribuem para *colGPA*, mas aqui enfatizamos as estatísticas disponíveis de estudantes do ensino médio.) Posteriormente, após discutirmos a inferência estatística, mostraremos que o coeficiente de *ACT* não é somente pequeno na prática, mas também estatisticamente não significante.

Se colocarmos o foco na análise de regressão simples relacionando somente *colGPA* e *ACT*, obtemos

$$\widehat{colGPA} = 2{,}40 + 0{,}0271 ACT$$

$$n = 141;$$

assim, o coeficiente *ACT* é quase três vezes maior que a estimativa em (3.15). No entanto, essa equação *não* nos permite comparar duas pessoas com o mesmo *hsGPA*; ela corresponde a um experimento diferente. Mais adiante, falaremos mais sobre as diferenças entre as regressões múltipla e simples.

O caso com mais de duas variáveis independentes é similar. A reta de regressão de MQO é

$$\hat{y} = \hat{\beta}_0 + \hat{\beta}_1 x_1 + \hat{\beta}_2 x_2 + \ldots + \hat{\beta}_k x_k. \tag{3.16}$$

Escrita em termos de variações,

$$\Delta \hat{y} = \hat{\beta}_1 \Delta x_1 + \hat{\beta}_2 \Delta x_2 + \ldots + \hat{\beta}_k \Delta x_k. \tag{3.17}$$

O coeficiente de x_1 mede a variação em $\hat{y}$ em razão de um aumento de uma unidade em x_1, mantendo todas as outras variáveis independentes fixas. Isto é,

$$\Delta \hat{y} = \hat{\beta}_1 \Delta x_1, \tag{3.18}$$

mantendo $x_2, x_3, \ldots, x_k$ fixos. Assim, *controlamos* as variáveis $x_2, x_3, \ldots, x_k$ ao estimar o efeito de x_1 sobre y. Os outros coeficientes têm uma interpretação similar.

O exemplo seguinte contém três variáveis independentes.

EXEMPLO 3.2 Equação do salário-hora

Usando as 526 observações de trabalhadores do arquivo WAGE1, incluímos *educ* (anos de educação formal), *exper* (anos de experiência no mercado de trabalho), e *tenure* (anos com o empregador atual) na equação que explica log(*wage*). A equação estimada é

$$\widehat{\log(wage)} = 0{,}284 + 0{,}092\ educ + 0{,}0041\ exper + 0{,}022\ tenure.$$

$$n = 526. \tag{3.19}$$

Como no caso da regressão simples, os coeficientes têm uma interpretação de porcentagem. A única diferença aqui é que eles também têm uma interpretação *ceteris paribus*. O coeficiente 0,092 significa que, mantendo *exper* e *tenure* fixos, um ano a mais de educação formal aumenta o valor esperado de log(*wage*) em 0,092, o que se traduz em um aumento aproximado de 9,2% [100(0,092)] em *wage*. Alternativamente, se considerarmos duas pessoas com os mesmos níveis de experiência e permanência no emprego, o coeficiente de *educ* é a diferença proporcional no salário-hora previsto quando seus níveis de educação diferem em um ano. Essa medida de retorno da educação mantém fixos ao menos dois importantes fatores de produtividade; saber se é uma boa estimativa do retorno *ceteris paribus* de mais um ano de educação formal requer que estudemos as propriedades estatísticas de MQO (veja a Seção 3.3).

3-2c Sobre o significado de "manter outros fatores fixos" na regressão múltipla

Como a interpretação de efeito parcial dos coeficientes de inclinação na análise de regressão múltipla pode causar alguma confusão, fornecemos agora uma discussão adicional.

No Exemplo 3.1, observamos que o coeficiente *ACT* mede a diferença prevista em *colGPA*, mantendo *hsGPA* fixo. O poder da análise de regressão múltipla é que ela proporciona uma interpretação *ceteris paribus* mesmo que os dados *não* sejam coletados de uma maneira *ceteris paribus*. Ao dar ao coeficiente de *ACT* uma interpretação de efeito parcial, pode parecer que, realmente, saímos a campo e extraímos amostras compostas de pessoas com o mesmo *hsGPA* e, possivelmente, com diferentes notas do *ACT*. Isso não é verdade. Os dados são uma amostra aleatória de uma grande universidade: não há restrições colocadas sobre os valores amostrais de *hsGPA* ou *ACT* na obtenção dos dados. De fato, raramente temos o luxo de manter certas variáveis fixas na obtenção de nossa amostra. *Se* pudéssemos coletar uma amostra de indivíduos com a mesma *hsGPA*, então poderíamos realizar uma análise de regressão simples relacionando *colGPA* a *ACT*. A regressão múltipla nos permite, efetivamente, simular essa situação sem restringir os valores de quaisquer variáveis independentes.

O poder que a análise de regressão múltipla tem é que ela nos permite fazer, em ambientes não experimentais, o que os cientistas naturais são capazes de fazer em um ambiente controlado de laboratório: manter outros fatores fixos.

3-2d Variação de mais de uma variável independente simultaneamente

Às vezes, queremos mudar mais que uma variável independente ao mesmo tempo para encontrar o efeito resultante sobre a variável dependente. Isso é facilmente feito usando a equação (3.17). Por exemplo, na equação (3.19), podemos obter o efeito estimado sobre *wage* quando um indivíduo permanece na mesma empresa por mais um ano: ambos *exper* (experiência geral da força de trabalho) e *tenure* (permanência na empresa atual) aumentam em um ano. O efeito total (mantendo *educ* fixo) é

$$\widehat{\Delta \log(wage)} = 0{,}0041\, \Delta exper + 0{,}022\, \Delta tenure = 0{,}0041 + 0{,}022 = 0{,}0261$$

ou cerca de 2,6%. Como *exper* e *tenure* aumentam, cada um em um ano, apenas somamos os coeficientes de *exper* e *tenure* e multiplicamos por 100 para converter o efeito em uma porcentagem.

3-2e Valores ajustados e resíduos de MQO

Após obter a reta de regressão de MQO (3.11), podemos obter um *valor ajustado* ou *previsto* para cada observação. Para a observação i, o valor ajustado é simplesmente

$$\hat{y}_i = \hat{\beta}_0 + \hat{\beta}_1 x_{i1} + \hat{\beta}_2 x_{i2} + \ldots + \hat{\beta}_k x_{ik},$$ (3.20)

que é exatamente o valor previsto obtido ao inserir os valores das variáveis independentes da observação i na equação (3.11). Ao obter os valores ajustados, não devemos esquecer o intercepto; de outro modo, a resposta pode ser muito equivocada. Como exemplo, se em (3.15) $hsGPA_i = 3,5$ e $ACT_i = 24$, $\widehat{colGPA}_i = 1,29 + 0,453(3,5) + 0,0094(24) = 3,101$ (arredondado em três casas após o decimal).

Normalmente, para qualquer observação i, o valor real y_i não se iguala ao valor previsto, $\hat{y}_i$: O método de MQO minimiza o erro quadrático *médio* de previsão, que não diz nada sobre o erro de previsão de qualquer observação específica. O **resíduo** da observação i é definido exatamente como no caso da regressão simples,

$$\hat{u}_1 = y_i - \hat{y}_i$$ (3.21)

Há um resíduo para cada observação. Se $\hat{u}_i > 0$, então $\hat{y}_i$ está abaixo de y_i, o que significa que, para essa observação, y_i é subestimado. Se $\hat{u}_i < 0$, então $y_i < \hat{y}_i$, e y_i é superestimado.

Os valores estimados de MQO e os resíduos têm algumas propriedades importantes que são extensões imediatas do caso da variável única:

> **QUESTÃO 3.2**
>
> No Exemplo 3.1, a reta ajustada de MQO que explica *colGPA* em termos de *hsGPA* e *ACT* é
>
> $\widehat{colGPA} = 1,29 + 0,453\, hsGPA + 0,0094\, ACT.$
>
> Se *hsGPA* médio é de cerca de 3,4 e a nota média do *ACT* está em torno de 24,2, qual é o *colGPA* médio na amostra?

1. A média amostral dos resíduos é zero, então $\overline{y} = \overline{\hat{y}}$.
2. A covariância amostral entre cada variável independente e os resíduos de MQO é zero. Consequentemente, a covariância amostral entre os valores estimados de MQO e os resíduos de MQO é zero.
3. O ponto $(\overline{x}_1, \overline{x}_2, \ldots, \overline{x}_k, \overline{y})$ está sempre sobre a reta de regressão de MQO: $\overline{y} = \hat{\beta}_0 + \hat{\beta}_1 \overline{x}_1 + \hat{\beta}_2 \overline{x}_2 + \ldots + \hat{\beta}_k \overline{x}_k$.

As duas primeiras propriedades são consequências imediatas do conjunto de equações usadas para obter as estimativas de MQO. A primeira equação em (3.13) diz que a soma dos resíduos é zero. As equações restantes são da forma $\sum_{i=1}^{n} x_{ij}\hat{u}_i = 0$, o que implica cada variável independente ter covariância amostral zero com $\hat{u}_i$. A Propriedade 3 decorre imediatamente da Propriedade 1.

3-2f Interpretação de "parcialidade" da regressão múltipla

Ao aplicar o método MQO, não precisamos saber as fórmulas explícitas dos $\hat{\beta}_j$ que solucionam o sistema de equações em (3.13). Entretanto, para certas derivações, precisamos de fórmulas explícitas dos $\hat{\beta}_j$. Essas fórmulas também ajudam a esclarecer o funcionamento de MQO.

Considere, uma vez mais, o caso com $k = 2$ variáveis independentes, em que $\hat{y} = \hat{\beta}_0 + \hat{\beta}_1 x_1 + \hat{\beta}_2 x_2$. Para uma ideia mais concreta, vamos enfatizar $\hat{\beta}_1$. Um modo de expressar $\hat{\beta}_1$ é

$$\hat{\beta}_1 = \left(\sum_{i=1}^{n} \hat{r}_{i1} y_i\right) \bigg/ \left(\sum_{i=1}^{n} \hat{r}_{i1}^2\right),$$ (3.22)

em que os $\hat{r}_{i1}$ são os resíduos de MQO de uma regressão simples de x_1 sobre x_2, usando a amostra em mãos. Regredimos nossa primeira variável independente, x_1, sobre nossa segunda variável independente, x_2, e, em seguida, obtemos os resíduos (y não desempenha nenhum papel aqui). A equação (3.22) mostra que podemos, portanto, fazer uma regressão simples de y sobre $\hat{r}_1$ para obter $\hat{\beta}_1$. (Observe que os resíduos $\hat{r}_{i1}$ têm uma média amostral zero, e assim $\hat{\beta}_1$ é a estimativa de inclinação usual da regressão simples.)

A representação da equação (3.22) dá outra demonstração da interpretação do efeito parcial de $\hat{\beta}_1$. Os resíduos $\hat{r}_{i1}$ são a parte de x_{i1} que é não correlacionada com x_{i2}. Outro modo de dizer isso é que $\hat{r}_{i1}$ é x_{i1} após o efeito de x_{i2} ter sido *parcializado* ou *descontado*. Assim, $\hat{\beta}_1$ mede a relação amostral entre y e x_1 após ter sido eliminada a influência de x_2.

Na análise de regressão simples, não há eliminação da influência de outras variáveis, porque outras variáveis não estão incluídas na regressão. O Exercício em Computador C5 o conduzirá, passo a passo, pelo processo de eliminação da influência usando os dados de salários do Exemplo 3.2. Para propósitos práticos, o importante é que $\hat{\beta}_1$, na equação $\hat{y} = \hat{\beta}_0 + \hat{\beta}_1 x_1 + \hat{\beta}_2 x_2$, mede a variação em y, dado um aumento de uma unidade em x_1, mantendo x_2 fixo.

No modelo geral com k variáveis explicativas, $\hat{\beta}_1$ pode ainda ser escrito como na equação (3.22), mas os resíduos $\hat{r}_{i1}$ vêm da regressão de x_1 sobre $x_2, \ldots, x_k$. Assim, $\hat{\beta}_1$ mede o efeito de x_1 sobre y após $x_2, \ldots, x_k$ terem sido *eliminados* ou *descontados*.

Em econometria, o resultado geral eliminando a influência de uma variável normalmente é chamado de **Teorema de Frisch-Waugh**. Ele tem muitas utilizações na econometria teórica e aplicada. Veremos as aplicações em regressões de séries temporais no Capítulo 10.

3-2g Comparação das estimativas das regressões simples e múltipla

Há dois casos especiais em que a regressão simples de y sobre x_1 produzirá a *mesma* estimativa de MQO de x_1 como a regressão de y sobre x_1 e x_2. Para maior precisão, escreva a regressão simples de y sobre x_1 como $\tilde{y} = \tilde{\beta}_0 + \tilde{\beta}_1 x_1$, e escreva a regressão múltipla como $\hat{y} = \hat{\beta}_0 + \hat{\beta}_1 x_1 + \hat{\beta}_2 x_2$. Sabemos que o coeficiente da regressão simples $\tilde{\beta}_1$ não se iguala, geralmente, ao coeficiente da regressão múltipla $\hat{\beta}_1$. Acontece que há uma relação simples entre $\tilde{\beta}_1$ e $\hat{\beta}_1$, que permite comparações interessantes entre as regressões simples e múltipla:

$$\tilde{\beta}_1 = \hat{\beta}_1 + \hat{\beta}_2 \tilde{\delta}_1, \qquad (3.23)$$

em que $\tilde{\delta}_1$ é o coeficiente de inclinação da regressão simples de x_{i2} sobre x_{i1}, $i = 1, \ldots, n$. Essa equação mostra como $\tilde{\beta}_1$ difere do efeito parcial de x_1 sobre $\hat{y}$. O termo que pode causar confusão é o efeito parcial de x_2 sobre $\hat{y}$ multiplicado pela inclinação da regressão amostral de x_2 sobre x_1. (Veja a Seção 3A.4 no apêndice no final do capítulo para uma verificação mais geral.)

A relação entre $\tilde{\beta}_1$ e $\hat{\beta}_1$ também mostra que há dois casos distintos em que são iguais:

1. O efeito parcial de x_2 sobre $\hat{y}$ é zero na amostra, isto é, $\hat{\beta}_2 = 0$.
2. x_1 e x_2 são não correlacionados na amostra, isto é, $\tilde{\delta}_1 = 0$.

Ainda que as estimativas das regressões múltipla e simples quase nunca sejam idênticas, podemos usar a fórmula anterior para caracterizar o motivo pelo qual deveriam ser muito diferentes ou bastante similares. Por exemplo, se $\hat{\beta}_2$ é pequeno, deveríamos esperar que as estimativas das regressões múltipla e simples de β_1 fossem semelhantes. No Exemplo 3.1, a correlação amostral entre *hsGPA* e *ACT* é de cerca de 0,346, o que não é uma correlação trivial. No entanto, o coeficiente de *ACT* é razoavelmente pequeno. Não é surpreendente descobrir que a regressão de *colGPA* sobre *emGPA* produz uma estimativa de inclinação de 0,482, o que não é muito diferente da estimativa de 0,453 em (3.15).

No caso com k variáveis independentes, a regressão simples de y sobre x_1 e a regressão múltipla de y sobre $x_1, x_2, ..., x_k$ produzem uma estimativa idêntica de x_1 somente se: (1) os coeficientes de MQO de x_2 até x_k forem todos zero *ou* (2) x_1 não for correlacionado com *cada um dos* $x_2, ..., x_k$. Na prática, nenhuma dessas possibilidades é muito provável. Contudo, se os coeficientes de x_2 até x_k forem pequenos, ou as correlações amostrais entre x_1 e as outras variáveis independentes forem pouco substanciais, então as estimativas das regressões simples e múltiplas do efeito de x_1 sobre y podem ser similares.

EXEMPLO 3.3 Participação nos planos de pensão 401(k)

Vamos usar os dados do arquivo em 401K para estimar o efeito de uma taxa de contribuição para um plano (*mrate*) sobre a taxa de participação (*prate*) dos trabalhadores nos planos de pensão de contribuição definida existentes nos Estados Unidos. A taxa de contribuição é a quantidade com a qual a firma contribui para um fundo de trabalhadores para cada dólar de contribuição do trabalhador (até certo limite); assim, *mrate* = 0,75 significa que a firma contribui com US$ 0,75 para cada dólar contribuído pelo trabalhador. A taxa de participação é a porcentagem de trabalhadores habilitados a ter uma conta no plano de pensão. A variável *age* é a idade do plano de pensão. Há 1.534 planos no banco de dados, a *prate* média é 87,36, a *mrate* média é 0,732 e a média de *age* é 13,2.

Regredindo *prate* sobre *mrate* e *age* resulta na equação

$$\widehat{prate} = 80{,}12 + 5{,}52\, mrate + 0{,}243\, age$$

$$n = 1.534.$$

Assim, *mrate* e *age* têm os efeitos esperados. O que aconteceria se não controlássemos a variável *age*? O efeito estimado de *age* não é trivial, e, portanto, poderíamos esperar uma variação grande no efeito estimado de *mrate* se *age* fosse excluída da regressão. Entretanto, a regressão simples de *prate* sobre *mrate* produz $\widehat{prate} = 83{,}08 + 5{,}86\, mrate$. A estimativa de regressão simples do efeito de *mrate* sobre *prate* é, claramente, diferente da estimativa de regressão múltipla, mas a diferença não é muito grande. (A estimativa da regressão simples é somente cerca de 6,2% maior que a estimativa da regressão múltipla.) Isso pode ser explicado pelo fato de a correlação amostral entre *mrate* e *age* ser somente de 0,12.

3-2h Qualidade de ajuste

Assim como na regressão simples, podemos definir a **Soma dos Quadrados Total (SQT)**, a **Soma dos Quadrados Explicada (SQE)** e a **Soma dos Quadrados dos Resíduos (SQR)** ou **Soma dos Resíduos ao Quadrado** como

$$\text{SQT} \equiv \sum_{i=1}^{n}(y_i - \bar{y})^2 \tag{3.24}$$

$$\text{SQE} \equiv \sum_{i=1}^{n}(\hat{y}_i - \bar{y})^2 \tag{3.25}$$

$$\text{SQR} \equiv \sum_{i=1}^{n}\hat{u}_i^2. \tag{3.26}$$

Usando o mesmo argumento utilizado no caso da regressão simples, podemos mostrar que

$$\text{SQT} = \text{SQE} + \text{SQR}. \tag{3.27}$$

Em outras palavras, a variação total em $\{y_i\}$ é a soma das variações totais em $\{\hat{y}_i\}$ e em $\{\hat{u}_i\}$.

Presumindo que a variação total em y não é zero – como é o caso, a não ser que y_i seja constante na amostra –, podemos dividir (3.27) por SQT para obter

$$\text{SQR/SQT} + \text{SQE/SQT} = 1.$$

Exatamente como no caso da regressão simples, o R-quadrado é definido como

$$R^2 \equiv \text{SQE/SQT} = 1 - \text{SQR/SQT}, \tag{3.28}$$

e é interpretado como a proporção da variação amostral em y_i que é explicada pela reta de regressão de MQO. Por definição, R^2 é um número entre zero e um.

Pode-se também mostrar que R^2 é igual ao quadrado do coeficiente de correlação entre o valor real y_i e os valores ajustados $\hat{y}_i$. Isto é,

$$R^2 = \frac{\left(\sum_{i=1}^{n}(y_i - \bar{y})(\hat{y}_i - \bar{\hat{y}})\right)^2}{\left(\sum_{i=1}^{n}(y_i - \bar{y})^2\right)\left(\sum_{i=1}^{n}(\hat{y}_i - \bar{\hat{y}})^2\right)}. \tag{3.29}$$

[Inserimos a média de $\hat{y}_i$ em (3.29) por coerência com a fórmula do coeficiente de correlação; sabemos que essa média é igual a $\bar{y}$, porque a média amostral dos resíduos é zero e $y_i = \hat{y}_i + \hat{u}_i$.]

EXEMPLO 3.4 Determinantes de *colGPA*

Da regressão de *colGPA* que fizemos anteriormente, a equação com R^2 é

$$\widehat{colGPA} = 1{,}29 + 0{,}453\ hsGPA + 0{,}0094\ ACT$$

$$n = 141, R^2 = 0{,}176.$$

Isso significa que *hsGPA* e *ACT* explicam, juntas, cerca de 17,6% da variação em *supGPA* da amostra de estudantes. Isso pode não parecer uma porcentagem alta, mas devemos nos lembrar de que há muitos outros fatores – incluindo formação da família, personalidade, qualidade da educação do ensino médio, afinidade com o curso escolhido – que contribuem para o desempenho dos estudantes. Se *hsGPA* e *ACT* explicassem quase toda a variação em *colGPA*, então o desempenho no curso superior seria predeterminado pelo desempenho no ensino médio!

Um fato importante sobre R^2 é que ele nunca diminui e geralmente aumenta quando outra variável independente é adicionada à regressão e o mesmo conjunto de observações é utilizado para ambas as regressões. Esse fato algébrico ocorre por definição, pois a soma dos quadrados dos resíduos nunca aumenta quando regressores adicionais são acrescentados ao modelo. Por exemplo, o último dígito do número de seguro social não tem nada a ver com o salário-hora de alguém, mas adicionando esse dígito a uma equação de *wage* o R^2 será aumentado (pelo menos um pouco).

Um aviso importante sobre a afirmação anterior sobre o *R*-quadrado é que ela supõe que não tenhamos dados faltantes (*missing data*) nas variáveis explicativas. Se duas regressões utilizam diferentes conjuntos de observações, então, em geral, não podemos dizer como os *R*-quadrados vão se comparar, mesmo que uma regressão use um subconjunto de regressores. Por exemplo, suponha que temos um conjunto completo de dados sobre as variáveis y, x_1 e x_2, mas, para algumas unidades da nossa amostra, existem dados faltantes em x_3. Assim, não podemos dizer que o *R*-quadrado da regressão de y sobre x_1, x_2 será menor do que o da regressão de y sobre x_1, x_2 e x_3: ele pode ir para qualquer lado. A falta de dados pode ser uma questão prática importante, e vamos voltar a ela no Capítulo 9.

O fato de que R^2 nunca diminui quando *qualquer* variável for adicionada a uma regressão faz dele um instrumento fraco para decidir se uma variável ou diversas variáveis deveriam ser adicionadas ao modelo. O fator que deve determinar se uma variável explicativa pertence a um modelo é se a variável explicativa tem, na *população*, um efeito parcial sobre *y* diferente de zero. No Capítulo 4, quando estudarmos a inferência estatística, mostraremos como testar essa hipótese. Veremos também que, quando usado apropriadamente, R^2 permite-nos *testar* um grupo de variáveis com a finalidade de ver se é importante para explicar *y*. Por enquanto, usaremos R^2 como uma medida da qualidade de ajuste para um dado modelo.

EXEMPLO 3.5   Explicando os registros de prisões

O arquivo CRIME1 contém dados de prisões durante o ano de 1986 e outras informações sobre 2.725 homens nascidos em 1960 ou 1961 na Califórnia. Cada homem na amostra foi preso pelo menos uma vez antes de 1986. A variável *narr*86 é o número de vezes que determinado homem foi preso em 1986: ela é zero para muitos homens da amostra (72,29%) e varia de 0 a 12. (A porcentagem de homens presos uma vez em 1986 foi de 20,51%.) A variável *pcnv* é a proporção (não a porcentagem) de prisões anteriores a 1986 que levaram à condenação, *avgsen* é a duração média da sentença cumprida por condenação prévia (zero para muitas pessoas), *ptime*86 são os meses passados na prisão em 1986, e *qemp*86 é o número de trimestres durante o qual determinado homem ficou empregado em 1986 (de zero a quatro).

Um modelo linear que explica as prisões é

$$narr86 = \beta_0 + \beta_1 pcnv + \beta_2 avgsen + \beta_3 ptime86 + \beta_4 qemp86 + u,$$

em que *pcnv* é uma variável (*proxy*) da probabilidade de um homem ser condenado por um crime, e *avgsen* é uma medida do rigor esperado da pena, em caso de condenação. A variável *ptime86* captura o efeito de confinamento do crime: se um indivíduo está na prisão, ele não pode ser preso por um crime fora da prisão. As oportunidades no mercado de trabalho são capturadas grosseiramente por *qemp86*.

Primeiro, estimamos o modelo sem a variável *avgsen*. Obtemos

$$\widehat{narr86} = 0{,}712 - 0{,}150\ pcnv - 0{,}034\ ptime86 - 0{,}104\ qemp86$$

$$n = 2{,}725,\ R^2 = 0{,}0413.$$

Essa equação diz que, como um grupo, as três variáveis *pcnv*, *ptime86* e *qemp86* explicam cerca de 4,1% da variação em *narr86*.

Cada um dos coeficientes de inclinação de MQO tem o sinal esperado. Um aumento na proporção de condenações diminui o número previsto de prisões. Se aumentarmos *pcnv* em 0,50 (um aumento grande na probabilidade de condenação), então, mantendo os outros fatores fixos, $\Delta\widehat{narr86} = -0{,}150(0{,}50) = -0{,}075$. Isso pode parecer pouco usual, porque uma prisão não pode ser uma fração. No entanto, podemos usar esse valor para obter a variação prevista das prisões esperadas de um grande grupo de homens. Por exemplo, entre cem homens, a queda esperada de prisões quando *pcnv* aumenta em 0,50 é −7,5.

Semelhantemente, um período de prisão mais longo leva a um número previsto menor de prisões. De fato, se *ptime86* aumenta de 0 para 12, as prisões previstas para um determinado homem diminuem em 0,034(12) = 0,408. Um trimestre a mais no qual o emprego legal é informado diminui as prisões esperadas em 0,104, o que significaria 10,4 prisões entre cem homens.

Se *avgsen* for adicionado ao modelo, sabemos que R^2 aumentará. A equação estimada é

$$\widehat{narr86} = 0{,}707 - 0{,}151\ pcnv + 0{,}0074\ avgsen - 0{,}037\ ptime86 - 0{,}103\ qemp86$$

$$n = 2{,}725,\ R^2 = 0{,}422.$$

Assim, ao adicionar a variável sentença média, R^2 aumenta de 0,0413 para 0,0422, um efeito praticamente insignificante. O sinal do coeficiente de *avgsen* também é inesperado: ele diz que uma duração mais longa da sentença média aumenta a atividade criminal.

O Exemplo 3.5 merece uma palavra final de cautela. O fato de as quatro variáveis explicativas incluídas na segunda regressão explicarem somente 4,2% da variação em *narr86* não necessariamente significa que a equação é inútil. Ainda que, coletivamente, essas variáveis não expliquem muito da variação nas prisões, é possível que as estimativas de MQO sejam estimativas confiáveis dos efeitos *ceteris paribus* de cada variável independente sobre *narr86*. Como veremos, se esse for o caso, isso não depende, diretamente, do tamanho do R^2. Em geral, um R^2 baixo indica que é difícil prever resultados individuais sobre y com muita precisão, algo que estudaremos com mais detalhes no Capítulo 6. No exemplo da prisão, o R^2 pequeno reflete algo sobre o qual suspeitamos nas ciências sociais: geralmente, é muito difícil prever o comportamento individual.

3-2i Regressão através da origem

Algumas vezes, uma teoria econômica, ou o senso comum, sugere que β_0 deveria ser zero, e por isso devemos mencionar, brevemente, a estimação de MQO quando o intercepto é zero. Especificamente, vamos agora buscar uma equação da forma

$$\tilde{y} = \tilde{\beta}_1 x_1 + \tilde{\beta}_2 x_2 + \ldots + \tilde{\beta}_k x_k, \tag{3.30}$$

em que o símbolo gráfico "~" sobre as estimativas é utilizado para distingui-las das estimativas de MQO obtidas juntamente com o intercepto [como em (3.11)]. Em (3.30), quando $x_1 = 0, x_2 = 0, \ldots, x_k = 0$, o valor previsto é zero. Nesse caso, diz-se que $\tilde{\beta}_1, \ldots, \tilde{\beta}_k$ são as estimativas de MQO da regressão de y sobre $x_1, x_2, \ldots, x_k$ *através da origem*.

As estimativas de MQO em (3.30), como sempre, minimizam a soma dos quadrados dos resíduos, mas com o intercepto igualado a zero. Você deve estar prevenido de que as propriedades de MQO que derivamos anteriormente não se mantêm mais para a regressão através da origem. Em particular, os resíduos de MQO não têm mais uma média amostral zero. Além disso, se R^2 for definido como $1 - SQR/SQT$, em que SQT é dado em (3.24) e SQR é agora $\sum_{i=1}^{n}(y_i - \tilde{\beta}_1 x_{i1} - \ldots - \tilde{\beta}_k x_{ik})^2$, então R^2 pode ser, de fato, negativo. Isso significa que a média amostral, $\bar{y}$, "explica" mais da variação em y_i do que as variáveis explicativas. Devemos incluir um intercepto na regressão ou devemos concluir que as variáveis explicativas pouco explicam y. Para sempre ter um R-quadrado não negativo, alguns economistas preferem calcular R^2 como o quadrado do coeficiente de correlação entre os valores reais e estimados de y, como em (3.29). (Nesse caso, o valor estimado médio deve ser calculado diretamente, visto que não é mais igual a $\bar{y}$.) Entretanto, não há um conjunto de regras sobre como calcular o R-quadrado para a regressão através da origem.

Uma desvantagem séria com a regressão através da origem é que, se o intercepto β_0 for diferente de zero no modelo populacional, então os estimadores dos parâmetros de inclinação serão viesados. O viés pode ser severo em alguns casos. O custo de estimar um intercepto quando β_0 é realmente zero é que as variâncias dos estimadores de inclinação de MQO são maiores.

3.3 O valor esperado dos estimadores de MQO

Passamos agora para as propriedades estatísticas do método de MQO, para estimar os parâmetros de um modelo da população subjacente. Nesta seção, derivamos o valor esperado dos estimadores de MQO. Em particular, formulamos e discutimos quatro hipóteses, que são extensões diretas das hipóteses do modelo de regressão simples, sob as quais os estimadores de MQO são estimadores não viesados dos parâmetros da população. Também obtemos explicitamente o viés em MQO quando uma variável importante for omitida da regressão.

Você deve lembrar que propriedades estatísticas não têm nada a ver com uma amostra particular, mas sim, mais precisamente, com a propriedade dos estimadores quando a amostragem aleatória é feita repetidamente. Assim, as Seções 3.3, 3.4 e 3.5 são um pouco abstratas. Apesar de darmos exemplos de derivação do viés de modelos específicos, não é significativo falar sobre as propriedades estatísticas de um conjunto de estimativas de uma única amostra.

A primeira hipótese que vamos fazer define, simplesmente, o modelo de regressão linear múltipla (RLM).

Hipótese RLM.1 Linear nos parâmetros

O modelo na população pode ser escrito como

$$y = \beta_0 + \beta_1 x_1 + \beta_2 x_2 + \ldots + \beta_k x_k + u, \qquad (3.31)$$

em que β_0, β_1, ..., β_K são os parâmetros desconhecidos (constantes) de interesse, e u é um erro aleatório não observável ou um termo de perturbação aleatória.

A equação (3.31) especifica, formalmente, o **modelo populacional**, algumas vezes chamado **modelo verdadeiro**, para considerar a possibilidade de podermos estimar um modelo diferente de (3.31). A característica fundamental é que o modelo é linear nos parâmetros $\beta_0, \beta_1, \ldots, \beta_k$. Como sabemos (3.31) é bastante flexível, pois y e as variáveis independentes podem ser funções arbitrárias de variáveis subjacentes de interesse, como os logaritmos naturais e os quadrados [veja, por exemplo, a equação (3.7)].

Hipótese RLM.2 Amostragem aleatória

Temos uma amostra aleatória de n observações $\{(x_{i1}, x_{i2}, \ldots, x_{ik}, y_i): i = 1, 2, \ldots, n\}$, do modelo populacional descrito por (3.31) na Hipótese RLM1.

Às vezes, precisamos escrever a equação de uma observação particular i: para uma observação extraída aleatoriamente da população, temos

$$y_i = \beta_0 + \beta_1 x_{i1} + \beta_2 x_{i2} + \ldots + \beta_k x_{ik} + u_i. \qquad (3.32)$$

Lembre-se de que i se refere à observação, ao passo que o segundo subscrito em x é o número da variável. Por exemplo, podemos escrever uma equação do salário de CEOs para um CEO específico particular i como

$$\log(salary_i) = \beta_0 + \beta_1 \log(sales_i) + \beta_2 ceoten_i + \beta_3 ceoten_i^2 + u_i. \qquad (3.33)$$

O termo u_i contém os fatores não observáveis para o CEO i que afetam seu salário. Nas aplicações, é usualmente mais fácil escrever o modelo na forma populacional, como em (3.31). Ela é menos desordenada e enfatiza que estamos de fato interessados em estimar a relação populacional.

À luz do modelo (3.31), os estimadores de MQO $\hat{\beta}_0, \hat{\beta}_1, \hat{\beta}_2, \ldots, \hat{\beta}_k$ da regressão de y sobre $x_1, \ldots, x_k$ são agora considerados estimadores de $\beta_0, \beta_1, \ldots, \beta_k$. Na Seção 3.2, vimos que MQO escolhe as estimativas de intercepto e inclinação de uma amostra particular, de modo que os resíduos tenham como média zero e a correlação amostral entre cada variável independente e os resíduos seja zero. Ainda assim, não incluímos condições sob as quais as estimativas de MQO são bem definidas para determinada amostra. A próxima hipótese preenche a lacuna.

Hipótese RLM.3 Colinearidade não perfeita

Na amostra (e, portanto, na população), nenhuma das variáveis independentes é constante, e não há relações *lineares exatas* entre as variáveis independentes.

A Hipótese RLM.3 é mais complicada que sua contraparte na regressão simples, pois agora devemos examinar as relações entre todas as variáveis independentes. Se uma variável independente em (3.31) é uma combinação linear exata de outras variáveis independentes, dizemos que o modelo sofre de **colinearidade perfeita**, e não pode ser estimado por MQO.

É importante observar que a Hipótese RLM.3 permite, *de fato*, que as variáveis independentes sejam correlacionadas; elas apenas não podem ser correlacionadas *perfeitamente*. Se não permitíssemos qualquer correlação entre as variáveis independentes, então a regressão múltipla não seria muito útil para a análise econométrica. Por exemplo, no modelo que relaciona notas de estudantes aos gastos com educação e à renda familiar,

$$avgscore = \beta_0 + \beta_1 expend + \beta_2 avginc + u,$$

esperamos, com certeza, que *expend* e *avginc* sejam correlacionados: distritos escolares com rendas familiares médias altas tendem a gastar mais em educação por estudante. De fato, a principal motivação para incluir *avginc* na equação é que suspeitamos que seja correlacionada com *expend*, e, desse modo, gostaríamos de mantê-la fixa na análise. A Hipótese RLM.3 somente exclui a correlação *perfeita* entre *expend* e *avginc* em nossa amostra. Teríamos muita má sorte se obtivéssemos uma amostra em que os gastos por estudante fossem perfeitamente correlacionados com a renda familiar média. Espera-se, porém, que haja alguma correlação – talvez substancial – e certamente permitida.

A maneira mais simples pela qual duas variáveis independentes podem ser perfeitamente correlacionadas é quando uma variável é um múltiplo constante da outra. Isso pode acontecer quando um pesquisador, inadvertidamente, coloca a mesma variável medida em unidades diferentes dentro da equação de regressão. Por exemplo, ao estimar a relação entre consumo e renda, não faz sentido incluir como variáveis independentes a renda mensurada em dólares e a renda mensurada em milhares de dólares. Uma delas é redundante. Que sentido faria manter a renda mensurada em dólares, enquanto varia a renda mensurada em milhares de dólares?

Já sabemos que diferentes funções não lineares da mesma variável *podem* aparecer entre os regressores. Por exemplo, o modelo $cons = \beta_0 + \beta_1 inc + \beta_2 inc^2 + u$ não viola a Hipótese RLM.3: ainda que $x_2 = inc^2$ seja uma função exata de $x_1 = inc$, inc^2 não é uma função *linear* exata de *inc*. Incluir inc^2 no modelo é uma maneira útil de generalizar a forma funcional, diferentemente de incluir a renda mensurada em dólares e em milhares de dólares.

O senso comum nos diz para não incluir a mesma variável explicativa medida em diferentes unidades na mesma equação de regressão. Há também maneiras mais sutis de uma variável independente poder ser um múltiplo de outra. Suponha que gostaríamos de estimar uma extensão da função de consumo de elasticidade constante. Poderia parecer natural especificar um modelo tal como

$$\log(cons) = \beta_0 + \beta_1\log(inc) + \beta_2\log(inc^2) + u, \qquad (3.34)$$

em que $x_1 = \log(inc)$ e $x_2 = \log(inc^2)$. Usando as propriedades básicas do log natural (veja o Apêndice A), $\log(inc^2) = 2\cdot\log(inc)$. Isto é, $x_2 = 2x_1$, e naturalmente isso é válido para todas as observações na amostra. Isso viola a Hipótese RLM.3. Em vez disso, deveríamos incluir $[\log(inc)]^2$, e não $\log(inc^2)$, juntamente com $\log(inc)$. Essa é uma extensão prudente do modelo de elasticidade constante, e veremos como interpretar tais modelos no Capítulo 6.

Outra maneira de as variáveis independentes serem perfeitamente colineares ocorre quando uma variável independente pode ser expressa como uma função linear exata de duas ou mais das outras variáveis independentes. Por exemplo, suponha que queremos estimar o efeito dos gastos de campanha sobre os resultados da campanha. Por simplicidade, suponha que cada eleição tenha dois candidatos. Seja *voteA* a porcentagem de votos do Candidato A; seja *expendA* os gastos de campanha do Candidato A; seja *expendB* os gastos de campanha do Candidato B e seja *totalexpend* os gastos totais de campanha; todas as últimas três variáveis são medidas em dólares. Pode parecer natural especificar o modelo como

$$voteA = \beta_0 + \beta_1 expendA + \beta_2 expendB + \beta_3 totalexpend + u, \qquad (3.35)$$

a fim de isolar os efeitos dos gastos de cada candidato e da quantidade total de gastos. No entanto, esse modelo viola a Hipótese RLM.3, porque $x_3 = x_1 + x_2$ por definição. Tentar interpretar essa equação ao estilo *ceteris paribus* revela o problema. Supõe-se que o parâmetro de β_1 na equação (3.35) meça o efeito de um aumento de um dólar nos gastos do Candidato A sobre os votos do Candidato A, mantendo os gastos do Candidato B *e* os gastos totais fixos. Isso é uma tolice, pois, se *expendB* e *totalexpend* forem mantidos fixos, não podemos aumentar *expendA*.

A solução para a colinearidade perfeita em (3.35) é simples: retire qualquer uma das três variáveis do modelo. Provavelmente, tiraríamos *totalexpend*, e consequentemente o coeficiente de *expendA* mensuraria o efeito de aumentar os gastos de A sobre a porcentagem de votos recebidos por A, mantendo os gastos de B fixos.

O exemplo anterior mostra que a Hipótese RLM.3 pode ser violada se não formos cuidadosos ao especificar nosso modelo. A Hipótese RLM.3 também não se mantém se o tamanho da amostra, n, for muito pequeno em relação ao número de parâmetros que são estimados. No modelo de regressão geral da equação (3.31), há $k + 1$ parâmetros, e RLM.3 não se mantém se $n < k + 1$. Intuitivamente isso faz sentido: para estimar $k + 1$ parâmetros, necessitamos de pelo menos $k + 1$ observações. Não surpreendentemente, é melhor ter tantas observações quanto possível, algo que veremos em nossos cálculos da variância na Seção 3.4.

Se o modelo for cuidadosamente especificado e $n \geq k + 1$, a Hipótese RLM.3 pode não se manter em casos raros em razão de má sorte ao coletar a

---

QUESTÃO 3.3

No exemplo anterior, se usarmos como variáveis explicativas *expendA*, *expendB* e *shareA*, em que $shareA = 100\cdot(expendA/totalexpend)$ é a participação percentual dos gastos totais de campanha feitos pelo Candidato A, isso viola a Hipótese RLM.3?

amostra. Por exemplo, em uma equação de salários, com educação e experiência como variáveis, poderíamos obter uma amostra aleatória em que cada indivíduo tivesse exatamente duas vezes mais educação que anos de experiência. Esse cenário faria que a Hipótese RLM.3 falhasse, mas isso pode ser considerado muito improvável, a não ser que tenhamos um tamanho de amostra extremamente pequeno.

A última e mais importante hipótese que precisamos para não viesamento é uma extensão direta da Hipótese RLM.4.

Hipótese RLM.4 Média condicional zero

O erro u tem um valor esperado igual a zero, dados quaisquer valores das variáveis independentes. Em outras palavras,

$$E(u|x_1, x_2, \ldots, x_k) = 0 \qquad (3.36)$$

Uma maneira como a Hipótese RLM.4 pode ser violada é quando a relação funcional entre as variáveis explicadas e explicativas está mal-especificada na equação (3.31): por exemplo, se esquecemos de incluir o termo quadrático inc^2 na função consumo $cons = \beta_0 + \beta_1 inc + \beta_2 inc^2 + u$ quando estimamos o modelo. Outra forma funcional mal-especificada ocorre quando usamos o nível da variável e, de fato, é o log da variável que aparece no modelo populacional, ou vice-versa. Por exemplo, se o modelo verdadeiro tiver log(*wage*) como variável dependente, mas usarmos *wage* como variável dependente em nossa análise de regressão, então os estimadores serão viesados. Intuitivamente, isso deveria ser muito claro. No Capítulo 9, discutiremos maneiras de detectar a má-especificação da forma funcional.

Omitir um fator importante que está correlacionado com qualquer uma das variáveis $x_1, x_2, \ldots, x_k$ faz que a Hipótese RLM.4 também não se sustente. Com a análise de regressão múltipla, somos capazes de incluir muitos fatores entre as variáveis explicativas, e, por isso, variáveis omitidas são menos prováveis de serem um problema na análise de regressão múltipla do que na análise de regressão simples. Não obstante, em qualquer aplicação, há sempre muitos fatores que, em razão da limitação de dados ou da ignorância deles, não somos capazes de incluir. Se acharmos que esses fatores devem ser controlados e que estão correlacionados com uma ou mais variáveis independentes, então a Hipótese RLM.4 será violada. Posteriormente, derivaremos esse viés.

Há outros modos pelos quais u pode estar correlacionado com uma variável explicativa. Nos capítulos 9 e 15, discutiremos o problema do erro de medida em uma variável explicativa. No Capítulo 16, abordaremos o problema, conceitualmente mais difícil, em que uma ou mais variáveis explicativas são determinadas conjuntamente com y – como ocorre quando vemos a quantidade e os preços sendo determinados pela intersecção das curvas de oferta e demanda. Vamos postergar nosso estudo desses problemas até que tenhamos um domínio firme da análise de regressão múltipla sob um conjunto ideal de hipóteses.

Quando a Hipótese RLM.4 se mantém, dizemos frequentemente que temos **variáveis explicativas exógenas**. Se x_j for correlacionado com u por alguma razão, então diz-se que x_j é uma **variável explicativa endógena**. Os termos "exógena" e "endógena" originaram-se da análise de equações simultâneas (veja Capítulo 16), mas o significado do termo "variável explicativa endógena" evoluiu e passou a incluir qualquer caso em que uma variável explicativa pode estar correlacionada com o termo de erro.

Antes de demonstrarmos a inexistência de viés dos estimadores de MQO sob as Hipóteses RLM.1 até RLM.4, vale fazer uma advertência. Os alunos iniciantes de econometria algumas vezes confundem as Hipóteses RLM.3 e RLM.4, mas elas são bastante diferentes. A Hipótese RLM.3 rejeita certos relacionamentos entre as variáveis independentes ou explicativas e não tem *nada* a ver com o erro, *u*. Você saberá imediatamente quando realizar uma estimação MQO se a Hipótese RLM.3 se sustenta ou não. Por outro lado, a Hipótese RLM.4 – a mais importante das duas – restringe o relacionamento entre os fatores não observáveis em *u* e as variáveis explicativas. Infelizmente, nunca saberemos com certeza se o valor médio das não observáveis é não relacionado com as variáveis explicativas. Contudo, trata-se de uma hipótese crítica.

Agora, estamos prontos para mostrar que, sob essas quatro hipóteses da regressão múltipla, os estimadores de MQO são não viesados. Como no caso da regressão simples, as expectativas estão condicionadas aos valores das variáveis independentes da amostra, algo que mostraremos explicitamente no Apêndice 3A.

TEOREMA 3.1

INEXISTÊNCIA DE VIÉS DE MQO

Sob as Hipóteses RLM.1 a RLM.4,

$$E(\hat{\beta}_j) = \beta_j, j = 0, 1, ..., k, \qquad (3.37)$$

para qualquer valor do parâmetro populacional β_j. Em outras palavras, os estimadores de MQO são estimadores não viesados dos parâmetros da população.

Em nossos exemplos empíricos anteriores, a Hipótese RLM.3 foi satisfeita (visto que fomos capazes de calcular as estimativas de MQO). Além disso, em sua maior parte, as amostras são aleatoriamente escolhidas de uma população bem definida. Se acreditamos que os modelos especificados estão corretos sob a Hipótese fundamental RLM.4, então podemos concluir que MQO é não viesado nesses exemplos.

Como estamos nos aproximando do ponto em que podemos usar a regressão múltipla no trabalho empírico é útil lembrar o significado da inexistência de viés. É tentador, nos exemplos como o da equação do salário em (3.19), dizer algo como "9,2% é uma estimativa não viesada do retorno da educação". Como sabemos, uma estimativa não pode ser viesada: uma estimativa é um número fixo, obtido de uma amostra particular, usualmente diferente do parâmetro populacional. Quando dizemos que MQO é não viesado sob as Hipóteses RLM.1 a RLM.4, estamos dizendo que o *procedimento* pelo qual as estimativas de MQO foram obtidas é não viesado, e esse procedimento é visto como algo aplicado em todas as amostras aleatórias possíveis. Esperamos que tenhamos obtido uma amostra que nos dê uma estimativa próxima do valor da população, mas, infelizmente, isso não pode ser garantido. O que é certo é que não temos razão para acreditar que a nossa estimativa provavelmente seja muito grande ou tenha mais chances de ser pequena demais.

3-3a Inclusão de variáveis irrelevantes em um modelo de regressão

Uma questão que podemos dispensar com rapidez razoável é a **inclusão de uma variável irrelevante** ou a **superespecificação do modelo** na análise de regressão múltipla. Isso significa que uma (ou mais) das variáveis independentes está incluída no modelo, embora não tenha efeito parcial sobre y na população. (Isto é, seu coeficiente populacional é zero.)

Para ilustrar a questão, suponha que especificamos o modelo como

$$y = \beta_0 + \beta_1 x_1 + \beta_2 x_2 + \beta_3 x_3 + u, \tag{3.38}$$

e esse modelo satisfaz as Hipóteses RLM.1 a RLM.4. Entretanto, x_3 não tem efeito sobre y após x_1 e x_2 terem sido controlados, o que significa que $\beta_3 = 0$. A variável x_3 pode ou não ser correlacionada com x_1 ou x_2; o que importa é que, uma vez que x_1 e x_2 estejam controlados, x_3 não tem efeito sobre y. Em termos de esperanças condicionais, $E(y|x_1, x_2, x_3) = E(y|x_1, x_2) = \beta_0 + \beta_1 x_1 + \beta_2 x_2$.

Como não sabemos que $\beta_3 = 0$, somos inclinados a estimar a equação adicionando x_3:

$$\hat{y} = \hat{\beta}_0 + \hat{\beta}_1 x_1 + \hat{\beta}_2 x_2 + \hat{\beta}_3 x_3. \tag{3.39}$$

Incluímos a variável irrelevante, x_3, em nossa regressão. Qual é o efeito de incluir x_3 em (3.39), quando seu coeficiente no modelo populacional (3.38) é zero? Em termos da inexistência de viés de $\hat{\beta}_1$ e $\hat{\beta}_2$, *não há efeito algum*. Essa conclusão não requer nenhuma derivação especial, visto que decorre imediatamente do Teorema 3.1. Lembre-se de que a inexistência de viés significa $E(\hat{\beta}_j) = \beta_j$ para *qualquer* valor de β_j, incluindo $\beta_j = 0$. Assim, podemos concluir que $E(\hat{\beta}_0) = \beta_0$, $E(\hat{\beta}_1) = \beta_1$, $E(\hat{\beta}_2) = \beta_2$, e $E(\hat{\beta}_3) = 0$ (para quaisquer valores de β_0, β_1 e β_2). Mesmo que $\hat{\beta}_3$, por si mesmo, nunca seja exatamente zero, seu valor médio obtido de muitas amostras aleatórias será zero.

A conclusão do exemplo anterior é muito mais geral: incluir uma ou mais variáveis irrelevantes no modelo de regressão múltipla, ou superespecificar o modelo, não afeta a inexistência de viés dos estimadores de MQO. Isso significa que incluir variáveis irrelevantes é inócuo? Não. Como veremos na Seção 3.4, incluir variáveis irrelevantes pode ter efeitos indesejáveis sobre as *variâncias* dos estimadores de MQO.

3-3b Viés de variável omitida: o caso simples

Suponha agora que, em vez de incluir uma variável irrelevante, omitimos uma variável que, realmente, pertence ao modelo verdadeiro (ou populacional). Isso é frequentemente chamado problema de **excluir uma variável relevante** ou de **subespecificar o modelo**. No Capítulo 2 e anteriormente neste capítulo, afirmamos que esse problema geralmente faz que os estimadores de MQO sejam viesados. Agora é o momento de mostrar isso explicitamente e, não menos importante, derivar a direção e o tamanho do viés.

Derivar o viés causado ao omitir uma variável importante é um exemplo de **análise de má-especificação**. Iniciaremos com o caso em que o modelo populacional verdadeiro tem duas variáveis explicativas e um termo de erro:

$$y = \beta_0 + \beta_1 x_1 + \beta_2 x_2 + u, \tag{3.40}$$

e supomos que esse modelo satisfaça as Hipóteses RLM.1 a RLM.4.

Suponha que nosso interesse primordial esteja em β_1, o efeito parcial de x_1 sobre y. Por exemplo, y é o *wage* (ou log de *wage*), x_1 é educação e x_2 é uma medida de aptidão inata. A fim de obter um estimador não viesado de β_1, *deveríamos* computar a regressão de y sobre x_1 e x_2 (o que resulta em estimadores não viesados de β_0, β_1 e β_2). Entretanto, em razão da nossa indisponibilidade de dados, estimamos o modelo *excluindo* x_2. Em outras palavras, executamos somente uma regressão simples de y sobre x_1, obtendo a equação

$$\tilde{y} = \tilde{\beta}_0 + \tilde{\beta}_1 x_1 \tag{3.41}$$

Usamos o símbolo gráfico "~" em vez de "^" para enfatizar que $\tilde{\beta}_1$ vem de um modelo subespecificado.

Ao aprender, pela primeira vez, o problema de variável omitida, pode ser difícil para o estudante distinguir entre o modelo verdadeiro subjacente, (3.40) nesse caso, e o modelo que realmente estimamos, capturado pela regressão em (3.41). Pode parecer bobagem omitir a variável x_2 se ela pertence ao modelo, mas frequentemente não temos escolha. Por exemplo, suponha que *wage* seja determinado pela equação

$$wage = \beta_0 + \beta_1 educ + \beta_2 abil + u. \tag{3.42}$$

Como a aptidão *(abil)* não é observada, estimamos, em vez disso, o modelo

$$wage = \beta_0 + \beta_1 educ + v,$$

em que $v = \beta_2 abil + u$. O estimador de β_1 da regressão simples de *wage* sobre *educ* é o que estamos chamando $\tilde{\beta}_1$.

Vamos derivar o valor esperado de $\tilde{\beta}_1$ condicionado aos valores amostrais de x_1 e x_2. Derivar essa expectativa não é difícil, pois $\tilde{\beta}_1$ é exatamente o estimador de inclinação de MQO de uma regressão simples, e já estudamos esse estimador extensivamente no Capítulo 2. A diferença aqui é que devemos analisar suas propriedades quando o modelo de regressão simples é mal-especificado em razão de uma variável omitida.

Como se verifica, fizemos quase todo o trabalho para derivarmos o viés no estimador de regressão simples de $\tilde{\beta}_1$. Da equação (3.23) temos o relacionamento algébrico $\tilde{\beta}_1 = \hat{\beta}_1 + \hat{\beta}_2 \tilde{\delta}_1$, em que $\hat{\beta}_1$ e $\hat{\beta}_2$ serão os estimadores de inclinação (se os pudéssemos ter) da regressão múltipla

$$y_i \text{ sobre } x_{i1}, x_{i2}, i = 1, \ldots, n \tag{3.43}$$

e $\tilde{\delta}_1$ será a inclinação da regressão simples

$$x_{i2} \text{ sobre } x_{i1}, i = 1, \ldots, n. \tag{3.44}$$

Como $\tilde{\delta}_1$ dependerá somente das variáveis independentes da amostra, nós a trataremos como fixa (não aleatória) quando calcularmos $E(\tilde{\beta}_1)$. Além disso, como o modelo na (3.40) satisfaz as Hipóteses RLM.1 até a RLM.4, sabemos que $\hat{\beta}_1$ e $\hat{\beta}_2$ seriam não viesados por β_1 e β_2, respectivamente. Portanto,

$$\begin{aligned} E(\tilde{\beta}_1) &= E(\hat{\beta}_1 + \hat{\beta}_2 \tilde{\delta}_1) = E(\hat{\beta}_1) + E(\hat{\beta}_2)\tilde{\delta}_1 \\ &= \beta_1 + \beta_2 \tilde{\delta}_1, \end{aligned} \tag{3.45}$$

o que implica que o viés em $\tilde{\beta}_1$ será

$$\text{Viés}(\tilde{\beta}_1) = E(\tilde{\beta}_1) - \beta_1 = \beta_2 \tilde{\delta}_1. \tag{3.46}$$

Como o viés nesse caso surge da omissão da variável explicativa x_2, o termo no lado direito da equação (3.46) é frequentemente chamado de **viés de variável omitida**.

Da equação (3.46), vemos que há dois casos em que $\tilde{\beta}_1$ é não viesado. O primeiro é bastante óbvio: se $\beta_2 = 0$ – de modo que x_2 não aparece no modelo verdadeiro (3.40) –, então $\tilde{\beta}_1$ é não viesado. Já sabemos isso da análise de regressão simples do Capítulo 2. O segundo caso é mais interessante. Se $\tilde{\delta}_1 = 0$, então $\tilde{\beta}_1$ é não viesado para β_1, mesmo se $\beta_2 \neq 0$.

Como $\tilde{\delta}_1$ é a covariância amostral entre x_1 e x_2 sobre a variância amostral de x_1, $\tilde{\delta}_1 = 0$ se, e somente se, x_1 e x_2 forem não correlacionados na amostra. Assim, temos a importante conclusão de que, se x_1 e x_2 forem não correlacionados na amostra, então $\tilde{\beta}_1$ é não viesado. Isso não é surpreendente: na Seção 3.2, mostramos que o estimador da regressão simples $\tilde{\beta}_1$ e o estimador da regressão múltipla $\tilde{\beta}_1$ são iguais quando x_1 e x_2 forem não correlacionados na amostra. [Podemos também mostrar que $\tilde{\beta}_1$ é não viesado sem condicionar a x_{i2} se $E(x_2|x_1) = E(x_2)$; então, para a estimação de β_1, deixar x_2 no termo de erro não viola a hipótese de média condicional zero do erro, uma vez que ajustamos o intercepto.]

Quando x_1 e x_2 forem correlacionados, $\tilde{\delta}_1$ tem o mesmo sinal da correlação entre x_1 e x_2: $\tilde{\delta}_1 > 0$ se x_1 e x_2 forem positivamente correlacionados, e $\tilde{\delta}_1 < 0$ se x_1 e x_2 forem negativamente correlacionados. O sinal do viés em $\tilde{\beta}_1$ depende tanto do sinal de β_2 como de $\tilde{\delta}_1$ e está resumido na Tabela 3.2 para os quatro casos possíveis quando há viés. A Tabela 3.2 justifica um estudo cuidadoso. Por exemplo, o viés em $\tilde{\beta}_1$ é positivo se $\beta_2 > 0$ (x_2 tem um efeito positivo sobre y) e x_1 e x_2 são positivamente correlacionados; o viés é negativo se $\beta_2 > 0$ e x_1 e x_2 são negativamente correlacionados, e assim por diante.

TABELA 3.2 Resumo do viés em $\tilde{\beta}_1$ quando x_2 é omitida na estimação da equação (3.40).

	$Corr(x_1, x_2) > 0$	$Corr(x_1, x_2) < 0$
$\beta_2 > 0$	viés positivo	viés negativo
$\beta_2 < 0$	viés negativo	viés positivo

A Tabela 3.2 resume a direção do viés, mas o tamanho do viés também é muito importante. Um viés pequeno de qualquer dos dois sinais não precisa ser causa de preocupação. Por exemplo, se o retorno da educação formal é de 8,6% na população e o viés do estimador de MQO é de 0,1% (um décimo de um ponto percentual), então não precisaríamos ficar muito preocupados. De outro lado, um viés da ordem de três pontos percentuais seria muito mais sério. O tamanho do viés é determinado pelos tamanhos de β_2 e $\tilde{\delta}_1$.

Na prática, como β_2 é um parâmetro populacional desconhecido, não podemos estar certos se β_2 é positivo ou negativo. Entretanto, temos geralmente uma boa ideia sobre a direção do efeito parcial de x_2 sobre y. Além disso, ainda que o sinal da correlação entre x_1 e x_2 não possa ser conhecido se x_2 não é observado, em muitos casos podemos fazer uma suposição criteriosa sobre se x_1 e x_2 são positiva ou negativamente correlacionados.

Na equação do salário-hora (3.42), por definição, mais aptidão conduz a uma produtividade maior e, portanto, a salários-hora maiores: $\beta_2 > 0$. Há também razões para acreditar que *educ* e *abil* sejam positivamente correlacionados: em média, indivíduos com mais aptidão inata escolhem níveis maiores de educação formal. Assim, as estimativas de MQO da equação de regressão simples do *wage* = $\beta_0 + \beta_1 educ + v$ são, *em média*, muito grandes. Isso não significa que a estimativa obtida de nossa amostra seja enorme. Somente podemos dizer que, se coletarmos muitas amostras aleatoriamente e obtivermos as estimativas da regressão simples a cada vez, a média dessas estimativas será maior que β_1.

EXEMPLO 3.6 — Equação do salário-hora

Suponha que o modelo $\log(wage) = \beta_0 + \beta_1 educ + \beta_2 abil + u$ satisfaça as Hipóteses RLM.1 a RLM.4. O conjunto de dados no arquivo WAGE1 não contém dados sobre aptidão, de modo que estimamos β_1 a partir da regressão simples

$$\widehat{\log(wage)} = 0{,}584 + 0{,}083\, educ$$
$$n = 526,\ R^2 = 0{,}186. \tag{3.47}$$

Esse é somente o resultado de uma única amostra, de modo que não podemos dizer que 0,083 é maior que β_1; o retorno verdadeiro da educação poderia ser menor ou maior que 8,3% (nunca saberemos com certeza). Entretanto, sabemos que a média dos estimadores de todas as amostras aleatórias seria bastante grande.

Como um segundo exemplo, suponha que, no nível fundamental do ensino, a nota média dos estudantes de um exame padronizado seja determinada por

$$avgscore = \beta_0 + \beta_1 expend + \beta_2 povrate + u, \tag{3.48}$$

em que *expend* é o gasto público por estudante, e *povrate* é a taxa de pobreza das crianças da escola. Usando dados do distrito da escola, temos somente observações da porcentagem de estudantes com uma nota de aprovação e gastos públicos por estudante; não temos informações sobre taxas de pobreza. Assim, estimamos β_1 a partir da regressão simples de *avgscore* sobre *expend*.

Podemos obter, uma vez mais, o viés provável em $\tilde{\beta}_1$. Primeiro, β_2 é provavelmente negativo: há ampla evidência de que crianças que vivem na pobreza têm, em média, notas mais baixas em testes padronizados. Segundo, o gasto público médio por estudante é, provavelmente, correlacionado de forma negativa com a taxa de pobreza: quanto maior a taxa de pobreza menor o gasto público médio por estudante, de modo que $\mathrm{Corr}(x_1, x_2) < 0$. De acordo com a Tabela 3.2, $\tilde{\beta}_1$ terá um viés positivo. Essa observação tem implicações importantes. Pode ser que o efeito verdadeiro do gasto público seja zero; isto é, $\beta_1 = 0$. Entretanto, a estimativa de β_1 da regressão simples será, geralmente, maior que zero, e isso poderia nos levar a concluir que os gastos públicos são importantes quando não são.

Ao ler e ao fazer trabalhos empíricos em economia, é importante dominar a terminologia associada aos estimadores viesados. No contexto de omissão de uma variável do modelo (3.40), se $E(\tilde{\beta}_1) > \beta_1$, então dizemos que $\tilde{\beta}_1$ tem um **viés para cima**. Quando $E(\tilde{\beta}_1) < \beta_1$, $\tilde{\beta}_1$ tem um **viés para baixo**. Essas definições são as mesmas, seja β_1 positivo ou negativo. A expressão **viesado tendendo a zero** refere-se aos casos em que $E(\tilde{\beta}_1)$ está mais próximo de zero do que de β_1. Portanto, se β_1 for positivo, $\tilde{\beta}_1$ será viesado tendendo a zero se tiver um viés para baixo. De outro lado, se $\beta_1 < 0$, então $\tilde{\beta}_1$ será viesado tendendo a zero se tiver um viés para cima.

3-3c Viés de variável omitida: casos mais gerais

É mais difícil derivar o sinal do viés de variável omitida quando há múltiplos regressores no modelo estimado. Devemos lembrar que a correlação entre uma única variável explicativa e o erro resulta, geralmente, em *todos* os estimadores de MQO serem viesados. Por exemplo, suponha que o modelo populacional

$$y = \beta_0 + \beta_1 x_1 + \beta_2 x_2 + \beta_3 x_3 + u \tag{3.49}$$

satisfaça as Hipóteses RLM.1 a RLM.4. No entanto, omitimos x_3 e estimamos o modelo como

$$\tilde{y} = \tilde{\beta}_0 + \tilde{\beta}_1 x_1 + \tilde{\beta}_2 x_2. \tag{3.50}$$

Agora suponha que x_2 e x_3 sejam não correlacionados, mas que x_1 é correlacionado com x_3. Em outras palavras, x_1 é correlacionado com a variável omitida, mas x_2 não. É tentador pensar que, embora provavelmente $\tilde{\beta}_1$ seja viesado com base na derivação da subseção anterior, $\tilde{\beta}_2$ seja não viesado, pois x_2 é não correlacionado com x_3. Infelizmente, esse *não* é, geralmente, o caso: normalmente, tanto $\tilde{\beta}_1$ quanto $\tilde{\beta}_2$ serão viesados. A única exceção a isso ocorre quando x_1 e x_2 também são não correlacionados.

Mesmo em um modelo razoavelmente simples como o apresentado, pode ser difícil obter a direção do viés em $\tilde{\beta}_1$ e $\tilde{\beta}_2$. Isso se deve ao fato de que x_1, x_2 e x_3 podem estar correlacionados aos pares. Entretanto, uma aproximação é, frequentemente, útil na prática. Se considerarmos que x_1 e x_2 são não correlacionados, podemos estudar o viés em $\tilde{\beta}_1$ como se x_2 estivesse ausente dos modelos populacional e estimado. De fato, quando x_1 e x_2 são não correlacionados, pode-se mostrar que

$$E(\tilde{\beta}_1) = \beta_1 + \beta_3 \frac{\sum_{i=1}^{n}(x_{i1} - \bar{x}_1)x_{i3}}{\sum_{i=1}^{n}(x_{i1} - \bar{x}_1)^2}.$$

Essa equação é exatamente igual à (3.45), mas β_3 substitui β_2, e x_3 substitui x_2 na regressão (3.44). Portanto, o viés em $\tilde{\beta}_1$ é obtido ao se substituir β_2 por β_3 e x_2 por x_3 na Tabela 3.2. Se $\beta_3 > 0$ e $\text{Corr}(x_1, x_3) > 0$, o viés em $\tilde{\beta}_1$ é positivo, e assim por diante.

Como um exemplo, suponha que acrescentamos *exper* ao modelo do salário:

$$wage = \beta_0 + \beta_1 educ + \beta_2 exper + \beta_3 abil + u.$$

Se *abil* for omitida do modelo, ambos os estimadores de β_1 e β_2 serão viesados, mesmo se assumirmos que *exper* é não correlacionado com *abil*. Estamos principalmente interessados no retorno da educação formal, de modo que seria bom se pudéssemos concluir que $\tilde{\beta}_1$ tem um viés para cima ou para baixo em razão da omissão da aptidão. Essa conclusão não é possível sem hipóteses adicionais. Como uma *aproximação*, suponhamos que, além de *exper* e *abil* serem não correlacionadas, *educ* e *exper* também sejam não correlacionadas. (Na realidade, elas são negativamente correlacionadas.) Como $\beta_3 > 0$ e *educ* e *abil* são positivamente correlacionadas, $\tilde{\beta}_1$ teria um viés para cima, exatamente como se *exper* não estivesse no modelo.

O raciocínio usado no exemplo anterior é, muitas vezes, compreendido como um guia aproximado para obter o viés provável dos estimadores em modelos mais complicados. Geralmente, o foco está na relação entre uma variável explicativa particular, por exemplo x_1, e o fator omitido fundamental. Estritamente falando, ignorar todas as outras variáveis explicativas é uma prática válida somente quando cada uma delas é não correlacionada com x_1, mas essa ainda é uma orientação útil. O Apêndice 3A contém uma análise mais cuidadosa do viés de variável omitida com múltiplas variáveis explicativas.

3.4 A variância dos estimadores de MQO

Obteremos, agora, a variância dos estimadores de MQO, de modo que, além de conhecermos as tendências centrais de $\hat{\beta}_j$, também teremos uma medida da dispersão de sua distribuição amostral. Antes de encontrarmos as variâncias, vamos adicionar uma hipótese de homoscedasticidade, como no Capítulo 2. Fazemos isso por duas razões. Primeira, ao impor a hipótese de variância constante do erro, as fórmulas são simplificadas. Segunda, veremos na Seção 3.5 que MQO tem uma propriedade importante de eficiência se acrescentamos a hipótese de homoscedasticidade.

No arcabouço da regressão múltipla, a homoscedasticidade é expressa como a seguir:

Hipótese RLM.5 Homoscedasticidade

O erro u tem a mesma variância dada a quaisquer valores das variáveis explicativas. Em outras palavras, $Var(u|x_1, ..., x_k) = \sigma^2$.

A Hipótese RLM.5 significa que a variância do termo de erro, u, condicionada às variáveis explicativas, é a *mesma* para todas as combinações de resultados das variáveis explicativas. Se essa hipótese é violada, o modelo exibe heteroscedasticidade, exatamente como no caso de duas variáveis.

Na equação

$$wage = \beta_0 + \beta_1 educ + \beta_2 exper + \beta_3 tenure + u,$$

a homoscedasticidade requer que a variância do erro não observado u não dependa dos níveis de educação, experiência ou permanência. Isto é,

$$Var(u|educ, exper, tenure) = \sigma^2$$

Se a variância modifica com qualquer uma das três variáveis explicativas, então a heteroscedasticidade está presente.

As Hipóteses RLM.1 a RLM.5 são, em conjunto, conhecidas como as **hipóteses de Gauss-Markov** (para a regressão de corte transversal). Até agora, nossas asserções sobre as hipóteses são adequadas somente quando aplicadas à análise de corte transversal com amostragem aleatória. Como veremos, as hipóteses de Gauss-Markov para a análise de séries de tempo – e para outras situações, como a análise de dados de painel – são mais difíceis de se manterem, embora haja muitas similaridades.

Na discussão a seguir, usaremos o símbolo **x** para representar o conjunto de todas as variáveis independentes $(x_1, ..., x_k)$. Assim, na regressão do *wage* com *educ*, *exper* e *tenure* como variáveis independentes, **x** = (*educ*, *exper*, *tenure*). Consequentemente, podemos escrever as Hipóteses RLM.1 e RLM.4 como

$$E(y|\mathbf{x}) = \beta_0 + \beta_1 x_1 + \beta_2 x_2 + ... + \beta_k x_k,$$

e a Hipótese RLM.5 é a mesma que $Var(y|\mathbf{x}) = \sigma^2$. Expressar as hipóteses desse modo ilustra como a Hipótese RLM.5 difere muito da Hipótese RLM.4. Esta diz que o valor esperado de *y*, dado **x**, é linear nos parâmetros, mas certamente depende de $x_1, x_2, ..., x_k$. A Hipótese RLM.5 diz que a variância de *y*, dado **x**, *não* depende dos valores das variáveis independentes.

Podemos obter, agora, as variâncias dos $\hat{\beta}_j$, que, uma vez mais, estão condicionadas aos valores amostrais das variáveis independentes. A prova está no apêndice deste Capítulo.

TEOREMA 3.2

VARIÂNCIAS AMOSTRAIS DOS ESTIMADORES DE INCLINAÇÃO DE MQO

Sob as Hipóteses RLM.1 a RLM.5, condicionadas aos valores amostrais das variáveis independentes,

$$Var(\hat{\beta}_j) = \frac{\sigma^2}{SQT_j(1 - R_j^2)}, \quad (3.51)$$

para $j = 1, 2, ..., k$, em que $SQT_j = \sum_{i=1}^{n}(x_{ij} - \bar{x}_j)^2$ é a variação amostral total em x_j, e R_j^2 é o *R*-quadrado da regressão x_j sobre todas as outras variáveis independentes (incluindo um intercepto).

O leitor cuidadoso pode estar se perguntando se existe uma fórmula simples para a variância de $\hat{\beta}_j$, em que não nos condicionemos sobre os resultados amostrais das variáveis explicativas. A resposta é: nenhuma que seja útil. A fórmula na equação (3.51) é uma função altamente não linear de x_{ij}, tornando o cálculo da média entre a distribuição populacional das variáveis explicativas praticamente impossível. Felizmente, para qualquer propósito prático, a equação (3.51) é o que desejamos. Mesmo quando recorremos a aproximações, considerando as propriedades das grandes amostras de MQD no Capítulo 5, verifica-se que equação (3.51) estima a quantidade que precisamos para análises de amostras grandes, desde que as hipóteses RLM.1 a RLM.5 se mantenham.

Antes de estudarmos a equação (3.51) mais detalhadamente, é importante saber que todas as hipóteses de Gauss-Markov são usadas na obtenção dessa fórmula. Embora não necessitemos da hipótese de homoscedasticidade para concluir que MQO é não viesado, precisamos dela para validar a equação (3.51).

O tamanho de $Var(\hat{\beta}_j)$ é importante na prática. Uma variância maior significa um estimador menos preciso, e isso se traduz em intervalos de confiança maiores e testes de hipóteses menos acurados (como veremos no Capítulo 4). Na próxima subseção, discutiremos os elementos que compreendem (3.51).

3-4a Os componentes das variâncias de MQO: multicolinearidade

A equação (3.51) mostra que a variância de $\hat{\beta}_j$ depende de três fatores: σ^2, SQT_j e R_j^2. Lembre-se de que o índice *j* representa simplesmente qualquer uma das variáveis independentes (como a educação ou a taxa de pobreza). Agora, vamos considerar cada um dos fatores que afetam Var($\hat{\beta}_j$) por sua vez.

A VARIÂNCIA DO ERRO, σ^2. Da equação (3.51), um σ^2 maior significa variâncias maiores dos estimadores de MQO. Isso não é totalmente surpreendente: mais "ruído" na equação (um σ^2 maior) torna mais difícil estimar o efeito parcial de qualquer uma das variáveis independentes sobre y, e isso é refletido nas variâncias maiores dos estimadores de inclinação de MQO. Visto que σ^2 é uma característica da população, ele não tem nada a ver com o tamanho da amostra. Ele é o componente de (3.51) que é desconhecido. Veremos mais adiante como obter um estimador não viesado de σ^2.

Para uma dada variável dependente y, há de fato somente uma maneira de reduzir a variância do erro, que é adicionar mais variáveis explicativas à equação (retirar alguns fatores do termo de erro). Infelizmente, nem sempre é possível achar fatores legítimos adicionais que afetem y.

A VARIAÇÃO AMOSTRAL TOTAL EM x_j, SQT$_j$. Da equação (3.51), vemos que quanto maior a variação total em x_j, menor é Var($\hat{\beta}_j$). Assim, tudo o mais sendo igual para estimar β_j, preferimos ter tanta variação amostral em x_j quanto possível. Já descobrimos isso no caso da regressão simples, no Capítulo 2. Embora raramente seja possível escolher os valores amostrais das variáveis independentes, *há* uma maneira de aumentar a variação amostral em cada uma das variáveis independentes: aumentar o tamanho da amostra. De fato, na amostragem aleatória de uma população, SQT$_j$ aumenta sem limite quando o tamanho da amostra torna-se maior – mais ou menos como uma função linear de n. Esse é o componente da variância que depende sistematicamente do tamanho da amostra.

Quando SQT$_j$ é pequeno, Var($\hat{\beta}_j$) pode ficar muito grande, mas um SQT$_j$ pequeno não é uma violação da Hipótese RLM.3. Tecnicamente, quando SQT$_j$ tende a zero, Var($\hat{\beta}_j$) aproxima-se do infinito. O caso extremo de nenhuma variação amostral em x_j, SQT$_j = 0$, não é permitido pela Hipótese RLM.3.

AS RELAÇÕES LINEARES ENTRE AS VARIÁVEIS INDEPENDENTES, R_j^2. O termo R_j^2 na equação (3.51) é o mais difícil de se entender dos três componentes. Esse termo não aparece na análise de regressão simples porque há somente uma variável independente em tal caso. É importante compreender que esse R-quadrado é distinto do R-quadrado da regressão de y sobre $x_1, x_2, \ldots, x_k$: R_j^2 é obtido de uma regressão que envolve somente as variáveis independentes do modelo original, em que x_j desempenha o papel de uma variável dependente.

Considere, primeiro, o caso $k = 2$: $y = \beta_0 + \beta_1 x_1 + \beta_2 x_2 + u$. Então, Var($\hat{\beta}_1$) = $\sigma^2/[\text{SQT}_1(1 - R_1^2)]$, em que R_1^2 é o R-quadrado da regressão simples de x_1 sobre x_2 (e um intercepto, como sempre). Como o R-quadrado mede a qualidade de ajuste, um valor de R_1^2 próximo de um indica que x_2 explica bastante da variação de x_1 na amostra. Isso significa que x_1 e x_2 são altamente correlacionados.

À medida que R_1^2 cresce em direção a um, Var($\hat{\beta}_1$) torna-se maior. Assim, um grau maior de relacionamento linear entre x_1 e x_2 pode levar a variâncias grandes dos estimadores de inclinação de MQO. (Um argumento similar se aplica a $\hat{\beta}_2$.) Veja a Figura 3.1 para a relação entre Var($\hat{\beta}_1$) e o R-quadrado da regressão de x_1 sobre x_2.

No caso geral, R_j^2 é a proporção da variação total de x_j que pode ser explicada pelas *outras* variáveis independentes que aparecem na equação. Para um dado σ^2 e SQT$_j$, a

FIGURA 3.1 Var ($\hat{\beta}_1$) como uma função de R_1^2.

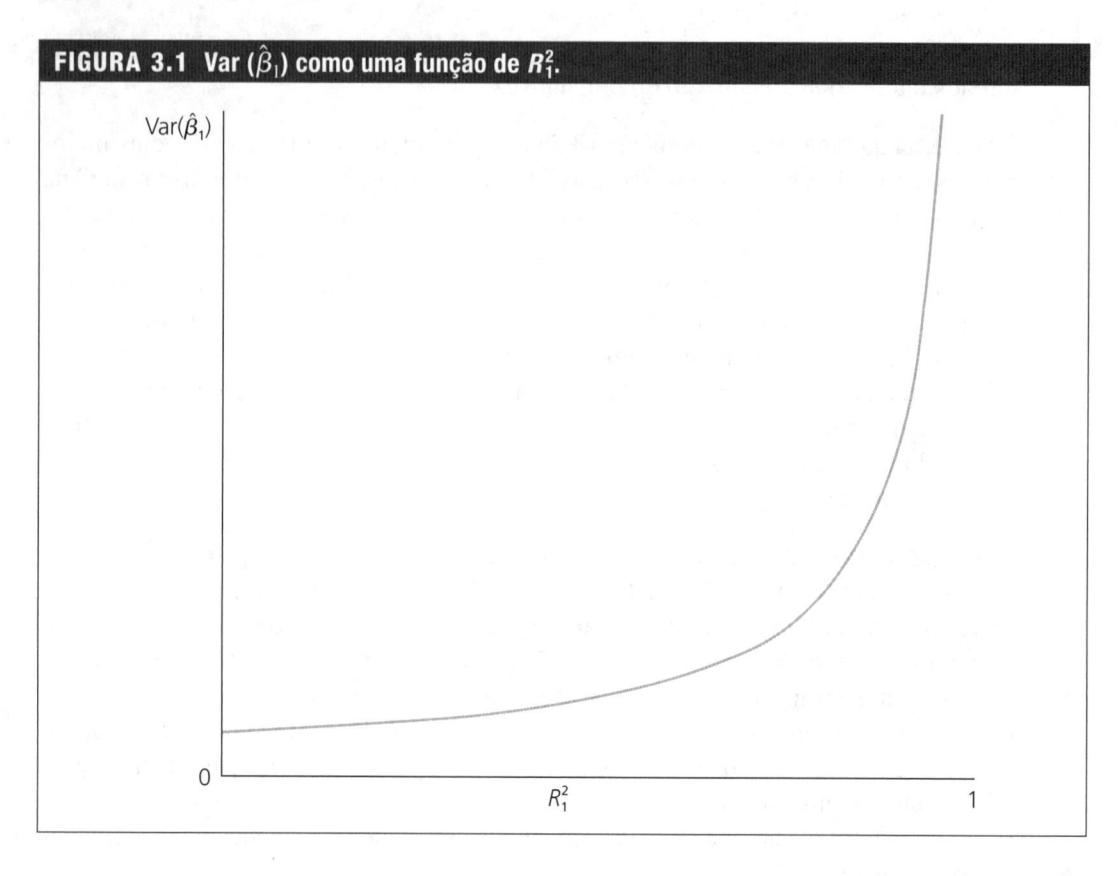

menor Var($\hat{\beta}_j$) é obtida quando $R_j^2 = 0$, que ocorre se, e somente se, x_j tem correlação amostral zero com *cada uma das outras* variáveis independentes. Esse é o melhor caso para estimar β_j, mas é raramente encontrado.

O outro caso extremo, $R_j^2 = 1$, é excluído pela Hipótese RLM.3, pois $R_j^2 = 1$ significa que, na amostra, x_j é uma combinação linear *perfeita* de algumas das outras variáveis independentes da regressão. Um caso mais relevante é quando R_j^2 está "próximo" de um. Da equação (3.51) e da Figura 3.1, vemos que isso pode fazer com que Var($\hat{\beta}_j$) seja grande: Var($\hat{\beta}_j$) $\to \infty$ quando $R_j^2 \to 1$. Correlação alta (mas não perfeita) entre duas ou mais variáveis independentes é chamada **multicolinearidade**.

Antes de discutirmos mais a questão da multicolinearidade, é importante que uma coisa esteja bem clara: um caso em que R_j^2 está próximo de um *não* é uma violação da Hipótese RLM.3.

Como a multicolinearidade não viola nenhuma de nossas hipóteses, o "problema" da multicolinearidade não é, de fato, bem definido. Ao dizer que a multicolinearidade surge ao estimarmos β_j quando R_j^2 está "próximo" de um, colocamos "próximo" entre aspas porque não há um número absoluto que podemos citar para concluir que a multicolinearidade é um problema. Por exemplo, $R_j^2 = 0,9$ significa que 90% da variação amostral em x_j pode ser explicada pelas outras variáveis independentes do modelo de regressão. Inquestionavelmente, isso significa que x_j tem uma forte relação linear com as outras variáveis independentes. No entanto, se isso se traduz em uma Var($\hat{\beta}_j$) que é grande demais para ser útil, depende dos tamanhos de σ^2 e SQT$_j$. Como veremos no Capítulo 4, para a inferência estatística, o que essencialmente importa é quanto $\hat{\beta}_j$ é grande com relação a seu desvio padrão.

Assim como um valor grande de R_j^2 pode causar uma Var($\hat{\beta}_j$) grande, um valor pequeno de SQT$_j$ também pode fazer que Var($\hat{\beta}_j$) seja grande. Portanto, um tamanho pequeno da amostra pode também levar a variâncias amostrais grandes. Preocupar-se com graus elevados de correlação entre variáveis independentes da amostra não é, de fato, diferente de se preocupar com um tamanho pequeno da amostra: ambos funcionam para aumentar Var($\hat{\beta}_j$). O famoso econometrista da Universidade de Wisconsin, Arthur Goldberger, reagindo à obsessão dos econometristas pela multicolinearidade, criou (jocosamente) o termo **micronumerosidade**, que ele define como o "problema do tamanho pequeno da amostra". [Para uma discussão interessante sobre multicolinearidade e micronumerosidade, veja Goldberger (1991).]

Embora o problema da multicolinearidade não possa ser claramente definido, uma coisa é certa: tudo mais sendo igual, para estimar β_j, é melhor ter menos correlação entre x_j e as outras variáveis independentes. Essa observação muitas vezes leva a uma discussão de como "resolver" o problema da multicolinearidade. Nas ciências sociais, em que somos geralmente coletores passivos de dados, não há uma boa maneira de reduzir as variâncias dos estimadores não viesados que não seja coletar mais dados. Para determinado conjunto de dados, podemos tentar, num esforço para reduzir a multicolinearidade, suprimir outras variáveis independentes do modelo. Infelizmente, suprimir uma variável que pertence ao modelo populacional pode levar a viés, como vimos na Seção 3.3.

Nesse ponto, talvez um exemplo ajude a esclarecer algumas das questões aqui levantadas relativas à multicolinearidade. Suponha que estamos interessados em estimar o efeito de várias categorias de despesas de escolas sobre o desempenho de estudantes. É provável que as despesas com salários de professores, materiais institucionais, atletismo etc. estejam altamente correlacionadas: escolas mais ricas tendem a gastar mais com tudo, e escolas mais pobres gastam menos com tudo. Não surpreendentemente, pode ser difícil estimar o efeito de qualquer categoria de despesa específica sobre o desempenho dos estudantes quando há pouca variação em uma categoria que não pode ser, em grande medida, explicada por variações das outras categorias de despesas (isso leva a um alto R_j^2 para cada uma das variáveis de despesas). Esses problemas de multicolinearidade podem ser mitigados ao coletar mais dados, mas assim, em certo sentido, nós mesmos nos impusemos o problema: estamos formulando questões que podem ser sutis demais para que os dados disponíveis as respondam com alguma precisão. Provavelmente, podemos fazer algo muito melhor mudando o escopo da análise e agrupando todas as categorias de despesa em uma única categoria, desde que não mais estivéssemos tentando estimar o efeito parcial de cada categoria separadamente.

Outro ponto importante é que um elevado grau de correlação entre certas variáveis independentes pode ser irrelevante no que diz respeito a quão bem podemos estimar outros parâmetros do modelo. Por exemplo, considere um modelo com três variáveis independentes:

$$y = \beta_0 + \beta_1 x_1 + \beta_2 x_2 + \beta_3 x_3 + u,$$

em que x_2 e x_3 são altamente correlacionados. Então, Var($\hat{\beta}_2$) e Var($\hat{\beta}_3$) podem ser grandes. No entanto, o valor da correlação entre x_2 e x_3 não tem efeito direto sobre Var($\hat{\beta}_1$). De fato, se x_1 é não correlacionado com x_2 e x_3, então $R_1^2 = 0$ e Var($\hat{\beta}_1$) = σ^2/SQT$_1$, independentemente do quanto de correlação existir entre x_2 e x_3. Se β_1 é o parâmetro de interesse, realmente não devemos nos preocupar com o valor da correlação entre x_2 e x_3.

> **QUESTÃO 3.4**
>
> Suponha que você postule um modelo que explica a nota do exame final em termos da frequência às aulas. Assim, a variável dependente é a nota do exame final, e a principal variável explicativa é o número de aulas frequentadas. A fim de controlar as aptidões dos estudantes e pelos esforços fora da sala de aula, você inclui entre as variáveis explicativas a nota acumulada durante todo o curso, a nota do teste de avaliação de conhecimentos para ingresso em curso superior e as medidas do desempenho do estudante no ensino médio. Alguém diz: "Você não pode esperar aprender nada com esse exercício, pois todas essas variáveis são, provavelmente, altamente colineares". Qual seria sua resposta?

A observação anterior é importante porque os economistas frequentemente incluem muitas variáveis de controle a fim de isolar o efeito causal de uma variável particular. Por exemplo, ao olhar para a relação entre as taxas de aprovação de empréstimos e a porcentagem de minorias em uma região, poderíamos incluir variáveis como renda média, valor médio das moradias, medidas de inadimplência, e assim por diante, pois esses fatores precisam ser considerados a fim de se extrair conclusões causais sobre a discriminação. Renda, preços de moradia e inadimplência são, geralmente, altamente correlacionados entre si. No entanto, correlações altas entre esses índices não tornam mais difícil determinar os efeitos da discriminação.

Alguns pesquisadores acham útil calcular estatísticas destinadas a determinar a severidade da multicolinearidade em determinada aplicação. Infelizmente, é fácil empregar mal essas estatísticas, pois, como discutimos, não podemos especificar quanta correlação entre as variáveis explicativas é "demasiada". Alguns "diagnósticos" de multicolinearidade são estatísticas abrangentes para detectar um forte relacionamento linear entre quaisquer subconjuntos de variáveis explicativas. Pelas razões que acabamos de ver, essas estatísticas são de valor questionável porque podem mostrar um "problema" simplesmente porque duas variáveis de controle, cujos coeficientes não nos importam, são altamente correlacionadas. [Provavelmente a estatística de multicolinearidade abrangente mais comum é o chamado *indicador de multicolinearidade*, definido em termos da matriz de dados completa que está fora do escopo deste livro. Veja, por exemplo, Belsley, Kuh e Welsch (1980).]

Um pouco mais úteis, mas ainda propensas a serem mal empregadas, são as estatísticas de coeficientes individuais. A mais comum delas é o **Fator de Inflação de Variância (FIV)**, obtido diretamente da equação (3.51). O FIV do coeficiente de inclinação j é simplesmente $FIV_j = 1/(1 - R_j^2)$, precisamente o termo em $Var(\hat{\beta}_j)$, determinado pela correlação entre x_j e as outras variáveis explicativas. Podemos escrever $Var(\hat{\beta}_j)$ na equação (3.51) como

$$Var(\hat{\beta}_j) = \frac{\sigma^2}{SQT_j} \cdot FIV_j,$$

que mostra que FIV_j é o fator pelo qual $Var(\hat{\beta}_j)$ é mais alto porque x_j não é não correlacionada com todas as outras variáveis explicativas. Como FIV_j é uma função de R_j^2 – de fato, a Figura 3.1 é, em essência, um gráfico de FIV_1 – nossa discussão anterior pode ser moldada inteiramente em termos do FIV. Por exemplo, se pudéssemos escolher, gostaríamos que FIV_j fosse menor (mantendo outros fatores iguais). Contudo, raramente temos escolha. Se acharmos que certas variáveis explicativas precisam ser incluídas numa regressão para inferir a causalidade de x_j, então hesitamos em eliminá-las, e ainda se acharmos que FIV_j é "alto demais" isso não pode seriamente afetar a decisão. Se, digamos, nosso principal interesse está no efeito causal de x_1 em y, então devemos ignorar inteiramente os FIVs de outros coeficientes. Finalmente, a determinação de um valor de corte para o FIV acima do qual concluiremos que a multicolinearidade é um "problema" é arbitrária e não é de grande ajuda. Algumas vezes o valor 10 é escolhido: se FIV_j for acima de 10 (equivalentemente, R_j^2 será acima de 0,9), concluiremos que a multicolinearidade será um "problema" para estimar β_j. Um FIV_j acima de 10, porém, não significa que o desvio padrão de $\hat{\beta}_j$ será grande demais para ser útil, pois o desvio padrão também depende de σ e da SQT_j, e esta última pode ser aumentada com o aumento do tamanho da amostra. Portanto, assim como olhar diretamente para o tamanho de R_j^2, olhar diretamente para o tamanho de FIV_j é de utilidade limitada, embora se possa fazer isso por curiosidade.

3-4b Variâncias em modelos mal-especificados

A escolha de se incluir ou não uma variável particular em um modelo de regressão pode ser feita ao analisar o dilema entre viés e variância. Na Seção 3.3, derivamos o viés produzido pela omissão de uma variável relevante quando o modelo verdadeiro contém duas variáveis explicativas. Vamos continuar a análise desse modelo comparando as variâncias dos estimadores de MQO.

Escreva o modelo populacional verdadeiro que satisfaz as hipóteses de Gauss-Markov, como

$$y = \beta_0 + \beta_1 x_1 + \beta_2 x_2 + u.$$

Consideremos dois estimadores de β_1. O estimador $\hat{\beta}_1$ é proveniente da regressão múltipla

$$\hat{y} = \hat{\beta}_0 + \hat{\beta}_1 x_1 + \hat{\beta}_2 x_2. \tag{3.52}$$

Em outras palavras, incluímos x_2, juntamente com x_1, no modelo de regressão. O estimador $\tilde{\beta}_1$ é obtido ao omitir x_2 do modelo e computando uma regressão simples de y sobre x_1:

$$\tilde{y} = \tilde{\beta}_0 + \tilde{\beta}_1 x_1. \tag{3.53}$$

Quando $\beta_2 \neq 0$, a equação (3.53) exclui uma variável relevante do modelo e, como vimos na Seção 3.3, isso induza um viés em $\tilde{\beta}_1$, a não ser que x_1 e x_2 sejam não correlacionados. De outro lado, $\hat{\beta}_1$ é não viesado para β_1, para qualquer valor de β_2, incluindo $\beta_2 = 0$. Segue-se que, se o viés for usado como único critério, $\hat{\beta}_1$ é preferível a $\tilde{\beta}_1$.

A conclusão de que $\hat{\beta}_1$ é sempre preferível a $\tilde{\beta}_1$ não se sustenta quando trazemos a variância para dentro da análise. Condicionando aos valores de x_1 e x_2 na amostra, temos, de (3.51),

$$\text{Var}(\hat{\beta}_1) = \sigma^2/[SQT_1(1 - R_1^2)], \tag{3.54}$$

em que SQT_1 é a variação total em x_1, e R_j^2 é o R-quadrado da regressão de x_1 sobre x_2. Além disso, uma simples modificação da prova para a regressão de duas variáveis no Capítulo 2 mostra que

$$\text{Var}(\tilde{\beta}_1) = \sigma^2/SQT_1. \tag{3.55}$$

Comparar (3.55) a (3.54) mostra que Var($\tilde{\beta}_1$) é sempre *menor* que Var($\hat{\beta}_1$), a menos que x_1 e x_2 sejam não correlacionados na amostra, caso em que os dois estimadores $\tilde{\beta}_1$ e $\hat{\beta}_1$ são os mesmos. Ao considerar que x_1 e x_2 são não correlacionados, podemos ter as seguintes conclusões:

1. Quando $\beta_2 \neq 0$, $\tilde{\beta}_1$ é viesado, $\hat{\beta}_1$ é não viesado, e Var($\tilde{\beta}_1$) < Var($\hat{\beta}_1$).
2. Quando $\beta_2 = 0$, $\tilde{\beta}_1$ e $\hat{\beta}_1$ são ambos não viesados, e Var($\tilde{\beta}_1$) < Var($\hat{\beta}_1$).

Da segunda conclusão, é claro que $\tilde{\beta}_1$ é preferido se $\beta_2 = 0$. Intuitivamente, se x_2 não tem um efeito parcial sobre y, incluí-lo no modelo pode somente exacerbar o problema da multicolinearidade, o que leva a um estimador menos eficiente de β_1. O custo de incluir uma variável irrelevante no modelo é uma variância maior do estimador de β_1.

O caso em que $\beta_2 \neq 0$ é mais difícil. Omitir x_2 do modelo leva a um estimador viesado de β_1. Tradicionalmente, econometristas têm sugerido comparar o tamanho provável do viés em razão da omissão de x_2 com a redução na variância – resumida no tamanho de R_1^2 – para decidir se x_2 deve ser incluído. Entretanto, quando $\beta_2 \neq 0$, há duas razões favoráveis para incluir x_2 no modelo. A mais importante delas é que qualquer viés em $\tilde{\beta}_1$ não diminui quando o tamanho da amostra cresce; de fato, o viés não segue, necessariamente, qualquer padrão. Portanto, podemos em geral pensar o viés como mais ou menos o mesmo para qualquer tamanho de amostra. De outro lado, Var($\tilde{\beta}_1$) e Var($\hat{\beta}_1$) tendem a zero quando n torna-se grande, o que significa que a multicolinearidade induzida pela adição de x_2 torna-se menos importante quando o tamanho da amostra cresce. Em amostras grandes, preferiríamos $\hat{\beta}_1$.

A outra razão para preferir $\hat{\beta}_1$ é mais sutil. A fórmula da variância em (3.55) está condicionada aos valores de x_{i1} e x_{i2} na amostra, o que oferece o melhor cenário para $\tilde{\beta}_1$. Quando $\beta_2 \neq 0$, a variância de $\tilde{\beta}_1$ condicionada somente a x_1 é maior que aquela apresentada em (3.55). Intuitivamente, quando $\beta_2 \neq 0$ e x_2 é excluído do modelo, a variância do erro aumenta porque o erro efetivamente contém parte de x_2. Contudo, (3.55) ignora o aumento da variância do erro porque trata ambos os regressores como não aleatórios. Para efeitos práticos, o termo $\hat{\sigma}^2$ da equação (3.55) aumenta quando x_2 é eliminado da equação. Uma discussão completa de quais variáveis independentes deveriam ser condicionadas nos desviaria demais de nosso caminho. É suficiente dizer que (3.55) é bastante generosa quando ela aparece para medir a precisão de $\tilde{\beta}_1$.

Felizmente, programas estatísticos relatam o estimador de variância adequado, portanto, não precisamos nos preocupar com as sutilezas das fórmulas teóricas. Depois de ler a próxima subseção, você pode estudar os Problemas 14 e 15 para uma visão adicional.

3-4c Estimação de σ^2: os erros padrão dos estimadores de MQO

Vamos, agora, mostrar como escolher um estimador não viesado de σ^2, que nos permitirá obter estimadores não viesados de Var($\hat{\beta}_j$).

Como $\sigma^2 = E(u^2)$, um "estimador" não viesado de σ^2 é a média amostral dos erros ao quadrado: $n^{-1}\sum_{i=1}^{n} u_i^2$. Infelizmente, esse não é um estimador verdadeiro, pois não observamos os u_i. Não obstante, lembre-se de que os erros podem ser escritos como $u_i = y_i - \beta_0 - \beta_1 x_{i1} - \beta_2 x_{i2} - \ldots - \beta_k x_{ik}$, e a razão de não observarmos os u_i é que não conhecemos os β_j. Quando substituímos cada β_j por seu estimador de MQO, obtemos os resíduos de MQO:

$$\hat{u}_i = y_i - \hat{\beta}_0 - \hat{\beta}_1 x_{i1} - \hat{\beta}_2 x_{i2} - \ldots - \hat{\beta}_k x_{ik}.$$

Parece natural estimar σ^2 ao substituir u_i por $\hat{u}_i$. No caso da regressão simples, vimos que isso leva a um estimador viesado. O estimador não viesado de σ^2 no caso geral da regressão múltipla é

$$\hat{\sigma}^2 = \left(\sum_{i=1}^{n} \hat{u}_i^2\right) \bigg/ (n - k - 1) = \text{SQR}/(n - k - 1). \tag{3.56}$$

Já encontramos esse estimador no caso $k = 1$ da regressão simples.

O termo $n - k - 1$ em (3.56) representa os **graus de liberdade** (*gl*) do problema geral de MQO com n observações e k variáveis independentes. Como há $k + 1$ parâmetros em um modelo de regressão com k variáveis independentes e um intercepto, podemos escrever

$$\begin{aligned} gl &= n - (k + 1) \\ &= (\text{número de observações}) - (\text{número de parâmetros estimados}). \end{aligned} \tag{3.57}$$

Essa é a maneira mais fácil de calcular os graus de liberdade em uma aplicação particular: conte o número de parâmetros, incluindo o intercepto, e subtraia esse valor do número de observações. (No caso raro em que o intercepto não é estimado, o número de parâmetros diminui em um.)

Tecnicamente, a divisão por $n - k - 1$ em (3.56) é proveniente do fato de que o valor esperado da soma dos quadrados dos resíduos é $E(\text{SQR}) = (n - k - 1)\sigma^2$. Intuitivamente, podemos entender porque o ajustamento de graus de liberdade é necessário ao retornarmos às condições de primeira ordem dos estimadores de MQO. Elas podem ser escritas como $\sum_{i=1}^{n} \hat{u}_i = 0$ e $\sum_{i=1}^{n} x_{ij}\hat{u}_i = 0$, em que $j = 1, 2, \ldots, k$. Assim, na obtenção dos estimadores de MQO, $k + 1$ restrições são impostas sobre os resíduos de MQO. Isso significa que, dados $n - (k + 1)$ dos resíduos, os $k + 1$ resíduos restantes são conhecidos: há somente $n - (k + 1)$ graus de liberdade nos resíduos. (Isso pode ser contrastado com os *erros* u_i, os quais têm n graus de liberdade na amostra.)

Para referência, vamos resumir essa discussão com o Teorema 3.3. Provamos esse teorema para o caso da análise de regressão simples no Capítulo 2 (veja o Teorema 2.3). (No Apêndice E é dada uma prova geral que requer álgebra matricial.)

TEOREMA 3.3 | **ESTIMADOR NÃO VIESADO DE σ^2**

Sob as hipóteses de Gauss-Markov RLM.1 a RLM.5, $E(\hat{\sigma}^2) = \sigma^2$.

A raiz quadrada positiva de $\hat{\sigma}^2$, denominada $\hat{\sigma}$, é chamada **Erro Padrão da Regressão** (**EPR**). O EPR é um estimador do desvio padrão do termo de erro. Essa estimativa é usualmente informada pelos programas de regressão, embora seja chamada de nomes diferentes pelos diferentes programas. (Além de EPR, $\hat{\sigma}$ também é chamado *erro padrão da estimativa* e a *raiz do erro quadrático médio*.)

Observe que $\hat{\sigma}$ pode diminuir ou aumentar quando outra variável independente é acrescentada a uma regressão (para uma dada amostra). Isso ocorre pois, embora SQR deva cair quando outra variável explicativa é adicionada, os graus de liberdade também diminuem em um. Como SQR está no numerador e *gl* está no denominador, não podemos dizer, de antemão, qual efeito prevalecerá.

Para construir intervalos de confiança e conduzir testes no Capítulo 4, precisaremos estimar o **desvio padrão de** $\hat{\beta}_j$, que é exatamente a raiz quadrada da variância:

$$\text{dp}(\hat{\beta}_j) = \sigma/[\text{SQT}_j(1 - R_j^2)]^{1/2}.$$

Como σ é desconhecido, ele é substituído pelo seu estimador, $\hat{\sigma}$. Isso nos dá o **erro padrão de** $\hat{\beta}_j$:

$$\text{ep}(\hat{\beta}_j) = \hat{\sigma}/[\text{SQT}_j(1 - R_j^2)]^{1/2}. \tag{3.58}$$

Assim como as estimativas de MQO podem ser obtidas para qualquer amostra dada, os erros padrão também podem. Como ep($\hat{\beta}_j$) depende de $\hat{\sigma}$, o erro padrão tem uma distribuição amostral, que desempenhará um papel importante no Capítulo 4.

Devemos enfatizar algo sobre os erros padrão. Como (3.58) é obtido diretamente da fórmula da variância em (3.51), e como (3.51) se apoia na Hipótese de homoscedasticidade RLM.5, a fórmula do erro padrão em (3.58) *não* é um estimador válido de dp($\hat{\beta}_j$) se os erros exibem heteroscedasticidade. Assim, enquanto a presença de heteroscedasticidade não causa viés em $\hat{\beta}_j$, ela leva viés da fórmula usual da Var($\hat{\beta}_j$), o que invalida, portanto, os erros padrão. Isso é importante porque qualquer programa de regressão calcula (3.58) como o erro padrão básico de cada coeficiente (com uma interpretação um pouco diferente para o intercepto). Se suspeitarmos de heteroscedasticidade, então os erros padrão de MQO "habituais" não são válidos, e alguma ação corretiva deve ser tomada. No Capítulo 8, veremos quais métodos estão disponíveis para trabalhar com a heteroscedasticidade.

Para alguns propósitos, é útil escrever:

$$\text{ep}(\hat{\beta}_j) = \frac{\hat{\sigma}}{\sqrt{n}\,\text{dp}(x_j)\sqrt{1 - R_j^2}}, \tag{3.59}$$

em que selecionamos $\text{dp}(x_j) = \sqrt{n^{-1}\sum_{i=1}^{n}(x_{ij} - \bar{x}_j)^2}$ para ser o desvio padrão da amostra, em que a soma dos quadrados total é dividida por *n* em vez de *n* − 1. A importância da equação (3.59) é que ela mostra como o tamanho da amostra, *n*, afeta diretamente os erros padrão. Os outros três termos da fórmula – $\hat{\sigma}$, dp(x_j) e R_j^2 – vão mudar em diferentes amostras, mas, à medida que *n* aumenta, eles se estabilizam como constantes. Assim, podemos ver, a partir da equação (3.59), que os erros padrão diminuem a zero em uma taxa $1/\sqrt{n}$. Essa fórmula demonstra o valor de se obter mais dados: a precisão de $\hat{\beta}_j$ aumenta quando *n* aumenta. (Em contraste, lembre-se de que o não enviesamento se mantém para qualquer tamanho de amostra para o qual se consiga calcular os estimadores.) Falaremos mais sobre propriedades de grandes amostras de MQO no Capítulo 5.

3.5 Eficiência de MQO: o teorema de Gauss-Markov

Nesta seção, apresentaremos e discutiremos o importante **Teorema de Gauss-Markov**, que justifica o uso do método de MQO em vez de usar uma variedade de estimadores concorrentes. Já conhecemos uma justificativa para MQO: sob as Hipóteses RLM.1 a RLM.4, MQO é não viesado. Entretanto, há *muitos* estimadores não viesados de β_j sob essas hipóteses (por exemplo, veja o Problema 13 neste capítulo). Poderia haver outros estimadores não viesados com variâncias menores que as dos estimadores de MQO?

Se limitarmos apropriadamente a classe de estimadores concorrentes, podemos mostrar que MQO *é* o melhor dentro de sua classe. Especificamente, argumentamos que, sob as Hipóteses RLM.1 a RLM.5, o estimador de MQO $\hat{\beta}_j$ para β_j é o **melhor estimador linear não viesado** (*best linear unbiased estimator – BLUE*). Para declarar o teorema, precisamos entender cada componente da sigla "BLUE". Primeiro, sabemos o que é um estimador: é uma regra que pode ser aplicada a qualquer amostra de dados para produzir uma estimativa. Também sabemos o que é um estimador não viesado: no contexto atual, um estimador, por exemplo $\tilde{\beta}_j$, de β_j é um estimador não viesado de β_j se $E(\tilde{\beta}_j) = \beta_j$ para qualquer $\beta_0, \beta_1, \ldots, \beta_k$.

E o que dizer sobre o significado do termo "linear"? No contexto presente, um estimador $\tilde{\beta}_j$ de β_j é linear se, e somente se, ele puder ser expresso como uma função linear dos dados da variável dependente:

$$\tilde{\beta}_j = \sum_{i=1}^{n} w_{ij} y_i, \qquad (3.60)$$

em que cada w_{ij} pode ser uma função dos valores amostrais de todas as variáveis independentes. Os estimadores de MQO são lineares, como pode ser visto na equação (3.22).

Finalmente, como definir "o melhor"? Para o teorema corrente, o melhor é definido como *a variância menor*. Dados dois estimadores não viesados, é lógico preferir aquele com a variância menor (veja o Apêndice C).

Agora, vamos chamar de $\hat{\beta}_0, \hat{\beta}_1, \ldots, \hat{\beta}_k$ os estimadores de MQO do modelo (3.31) sob as Hipóteses RLM.1 a RLM.5. O Teorema de Gauss-Markov diz que, para qualquer estimador $\tilde{\beta}_j$ que é *linear* e *não viesado*, $\text{Var}(\hat{\beta}_j) \leq \text{Var}(\tilde{\beta}_j)$, e a desigualdade é geralmente estrita. Em outras palavras, na classe dos estimadores lineares não viesados, MQO tem a menor variância (sob as cinco hipóteses de Gauss-Markov). De fato, o teorema diz mais do que isso. Se desejarmos estimar qualquer função linear de β_j, então a combinação linear correspondente dos estimadores de MQO alcança a menor variância entre todos os estimadores não viesados. Vamos concluir com um teorema, demonstrado no Apêndice 3A.

> **TEOREMA 3.4**
>
> **TEOREMA DE GAUSS-MARKOV**
>
> Sob as Hipóteses RLM.1 a RLM.5, $\hat{\beta}_0, \hat{\beta}_1, \ldots, \hat{\beta}_k$ são os melhores estimadores lineares não viesados (BLUEs) de $\beta_0, \beta_1, \ldots, \beta_k$, respectivamente.

É por causa desse teorema que as Hipóteses RLM.1 a RLM.5 são conhecidas como as hipóteses de Gauss-Markov (para a análise de corte transversal).

A importância do Teorema de Gauss-Markov é que, quando um conjunto padrão de hipóteses se mantém, não necessitamos procurar por estimadores não viesados alternativos da forma expressa em (3.60): nenhum será melhor que MQO. Equivalentemente, se somos apresentados a um estimador que é tanto linear como não viesado, então sabemos que a variância desse estimador é pelo menos tão grande quanto a variância de MQO; nenhum cálculo adicional é necessário para mostrar isso.

Para nossos propósitos, o Teorema 3.4 justifica o uso de MQO para estimar modelos de regressão múltipla. Se qualquer uma das hipóteses de Gauss-Markov for violada, o teorema não é mais válido. Já sabemos que a falha da hipótese de média condicional zero (Hipótese RLM.4) faz que MQO seja viesado, de modo que o Teorema 3.4 também deixa de ser válido. Também sabemos que a heteroscedasticidade (falha da Hipótese RLM.5) não faz que MQO seja viesado. Entretanto, MQO não tem mais a menor variância entre os estimadores lineares não viesados na presença da heteroscedasticidade. No Capítulo 8, analisaremos um estimador que melhora MQO quando conhecemos o tipo da heteroscedasticidade.

3.6 Alguns comentários sobre a linguagem da análise de regressão múltipla

É comum que principiantes, e não é raro entre pesquisadores empíricos experientes, relatem que "estimaram um modelo MQO". Embora geralmente compreendamos o que alguém quer dizer com essa declaração, é importante entender que ela está errada – em um nível maior do que apenas estético – e reflete um erro de entendimento dos componentes de uma análise de regressão múltipla.

A primeira coisa a se lembrar é que os mínimos quadrados ordinários (MQO) são um método de estimativa, não um modelo. Um modelo descreve uma população subjacente e depende de parâmetros desconhecidos. O *modelo linear* que temos estudado neste capítulo pode ser escrito – na população – como

$$y = \beta_0 + \beta_1 x_1 + \ldots + \beta_k x_k + u, \tag{3.61}$$

em que os parâmetros são β_j. É importante ressaltar que podemos falar sobre o significado de β_j sem ao menos olhar para os dados. É verdade que não podemos esperar descobrir muito sobre β_j sem dados, mas a interpretação de β_j é obtida pelo modelo linear na equação (3.61).

Uma vez que temos uma amostra de dados, podemos estimar os parâmetros. Embora seja verdade que até agora só discutimos MQO como uma possibilidade, existem, na verdade, muito mais formas de usar os dados do que podemos listar. Focamos nos MQO por causa de seu uso disseminado, que é justificado pelo uso de considerações estatísticas que abordamos anteriormente neste capítulo. No entanto, as várias justificativas para MQO se apoiam nas hipóteses que lançamos (RLM.1 a RLM.5). Como veremos nos capítulos a seguir, sob diferentes hipóteses, diferentes métodos de estimação são preferidos – mesmo que nosso modelo ainda possa ser representado pela equação (3.61). Alguns exemplos incluem os mínimos quadrados ponderados, no Capítulo 8, os desvios mínimos absolutos, no Capítulo 9, e as variáveis instrumentais, no Capítulo 15.

Alguns podem alegar que a discussão aqui é pedante demais, e que a frase "estimar um modelo MQO" deve ser entendida como uma abreviatura de "Eu estimei um modelo linear por MQO". Essa posição tem seu mérito, mas devemos nos lembrar de que estudamos as propriedades dos estimadores MQO sob diferentes hipóteses. Por exemplo, sabemos que os MQO são não viesados sob as primeiras quatro hipóteses de Gauss-Markov, mas eles não têm nenhuma propriedade de eficiência especial sem a Hipótese RLM.5. Também vimos, por meio do estudo do problema das variáveis omitidas, que os MQO são viesados se não tivermos a Hipótese RLM.4. O problema de se usar linguagem imprecisa é que acarreta ambiguidade nas considerações mais importantes: quais hipóteses estão sendo levantadas no modelo linear subjacente? A questão das hipóteses que estamos usando é conceitualmente diferente do estimador que acabamos aplicando.

Idealmente, alguém escreveria uma equação como a (3.61) com nomes de variáveis fáceis de decifrar, como

$$math4 = \beta_0 + \beta_1 classize4 + \beta_2 math3 + \beta_3 \log(income) \quad (3.62)$$
$$+ \beta_4 motheduc + \beta_5 fatheduc + u$$

se estivéssemos tentando explicar resultados de um teste de matemática da quarta série. Assim, no contexto da equação (3.62), este indivíduo incluiria uma discussão sobre ser ou não razoável manter a Hipótese RLM.4, focando nos fatores que ainda poderiam estar em u e se relações funcionais mais complicadas são necessárias (um tópico que estudaremos em detalhes no Capítulo 6). Em seguida, a pessoa descreveria a fonte de dados (que é obtida idealmente via amostragem aleatória), bem como os estimadores de MQO obtidas na amostra. Uma maneira adequada de introduzir uma discussão sobe os estimadores é dizer "Eu estimei a equação (3.62) por mínimos quadrados ordinários. Sob a hipótese de que nenhuma variável importante foi omitida da equação, e assumindo que houve amostragem aleatória, o estimador MQO do efeito do tamanho da classe, β_1, é não viesado. Se o termo de erro, u, tem uma variância constante, o estimador MQO é, na verdade, o melhor linear não viesado". Como veremos nos Capítulos 4 e 5, geralmente podemos dizer até mais a respeito dos MQO. É claro, alguém pode querer admitir que, embora o controle das notas de matemática da terceira série, da renda familiar e da educação dos pais possa corresponder a diferenças importantes entre os estudantes, isso pode não ser suficiente – por exemplo, u poderia incluir motivação dos estudantes ou pais –, neste caso MQO deve ser viesado.

Uma razão mais sutil para ser cuidadoso ao distinguir um modelo populacional subjacente de um método de estimação usado para estimar um modelo é que métodos como MQO podem ser usados basicamente como um exercício no ajuste ou previsão de curva, sem a preocupação explícita com um modelo subjacente e as propriedades estatísticas usuais de não enviesamento e eficiência. Por exemplo, podemos querer usar MQO para estimar uma linha que nos permita prever as futuras notas finais da faculdade (GPA) de um conjunto de estudantes do ensino médio com determinadas características.

Resumo

1. O modelo de regressão múltipla nos permite, efetivamente, manter os outros fatores fixos ao examinarmos os efeitos de uma variável independente particular sobre a variável dependente. Ele permite, explicitamente, que as variáveis independentes sejam correlacionadas.

2. Embora o modelo seja linear em seus *parâmetros*, ele pode ser usado para modelar relações não lineares ao se escolher, apropriadamente, as variáveis dependente e independente.

3. O método de mínimos quadrados ordinários é facilmente aplicado para estimar o modelo de regressão múltipla. Cada estimativa de inclinação mede o efeito parcial da variável independente correspondente sobre a variável dependente, mantendo todas as outras variáveis independentes fixas.

4. R^2 é a proporção da variação amostral da variável dependente explicada pelas variáveis independentes, e é utilizado como uma medida da qualidade de ajuste. É importante não enfatizar demais o valor do R^2 na avaliação de modelos econométricos.

5. Sob as primeiras quatro hipóteses de Gauss-Markov (RLM.1 a RLM.4), os estimadores de MQO são não viesados. Isso implica que a inclusão de uma variável irrelevante em um modelo não tem nenhum efeito sobre a inexistência de viés dos estimadores de intercepto e de inclinação. De outro lado, omitir uma variável importante faz que MQO seja viesado. Em muitas circunstâncias, a direção do viés pode ser determinada.
6. Sob as cinco hipóteses de Gauss-Markov, a variância de um estimador de inclinação de MQO é dada por $\text{Var}(\hat{\beta}_j) = \sigma^2/[\text{SQT}_j(1 - R_j^2)]$. Quando a variância do erro σ^2 cresce, o mesmo ocorre com $\text{Var}(\hat{\beta}_j)$, enquanto $\text{Var}(\hat{\beta}_j)$ diminui quando a variação amostral em x_j, SQT_j, aumenta. O termo R_j^2 mede a magnitude da colinearidade entre x_j e as outras variáveis explicativas. Quando R_j^2 se aproxima de um, $\text{Var}(\hat{\beta}_j)$ é ilimitada.
7. Adicionar uma variável irrelevante a uma equação geralmente aumenta as variâncias dos demais estimadores de MQO por causa da multicolinearidade.
8. Sob as hipóteses de Gauss-Markov (RLM.1 a RLM.5), os estimadores de MQO são os melhores estimadores lineares não viesados (BLUEs).
9. A partir do Capítulo 4, usaremos os erros padrão dos coeficientes de MQO para calcular intervalos de confiança de parâmetros populacionais e obter estatísticas de teste para avaliar hipóteses sobre os parâmetros populacionais. Portanto, ao relatar resultados de regressão, incluiremos agora os erros padrão ao lado dos estimadores de MQO associados. Na forma de equação, os erros padrão geralmente são colocados entre parênteses abaixo dos estimadores de MQO, e a mesma convenção também é usada em tabelas de resultados de MQO.

AS HIPÓTESES DE GAUSS-MARKOV

A seguir apresentamos um resumo das cinco hipóteses de Gauss-Markov que usamos neste capítulo. Lembre-se de que as primeiras quatro foram usadas para estabelecermos a inexistência de viés dos MQO, enquanto a quinta foi adicionada para derivarmos as formas de variância habituais e para concluirmos que os MQO são os melhores estimadores lineares não viesados.

Hipótese RLM.1 (Linear em parâmetros)
O modelo na população pode ser escrito da seguinte forma:

$$y = \beta_0 + \beta_1 x_1 + \beta_2 x_2 + \ldots + \beta_k x_k + u$$

em que $\beta_0, \beta_1, \ldots, \beta_k$ são os parâmetros desconhecidos (constantes) de interesse e u é um erro aleatório não observável ou termo de perturbação.

Hipótese RLM.2 (Amostragem aleatória)
Temos uma amostra aleatória de n observações, $\{(x_{i1}, x_{i2}, \ldots, x_{ik}, y_i): i = 1, 2, \ldots, n\}$, seguindo o modelo populacional na Hipótese RLM.1.

Hipótese RLM.3 (Colinearidade imperfeita)
Na amostra (e, portanto, na população), nenhuma das variáveis independentes é constante e não existem relacionamentos lineares exatos entre as variáveis independentes.

Hipótese RLM.4 (Média condicional zero)
O erro u tem zero como valor esperado dados quaisquer valores das variáveis independentes. Em outras palavras:

$$E(u|x_1, x_2, \ldots, x_k) = 0.$$

Hipótese RLM.5 (Homoscedasticidade)
O erro u tem a mesma variância dados quaisquer valores das variáveis explicativas. Em outras palavras:

$$\text{Var}(u|x_1, ..., x_k) = \sigma^2.$$

Termos-chave

Análise da má-especificação
Análise de regressão múltipla
Ceteris paribus
Colinearidade perfeita
Condições de primeira ordem
Desvio padrão de $\hat{\beta}_j$
Efeito parcial
Erro padrão da regressão (EPR)
Erro padrão de $\hat{\beta}_j$
Estimativa de inclinação de MQO
Estimativa de intercepto de MQO
Excluir uma variável relevante
Fator de inflação de variância (FIV)
Função de regressão amostral (FRA)
Graus de liberdade (gl)
Hipóteses de Gauss-Markov
Inclusão de uma variável irrelevante
Intercepto
Melhor estimador linear não viesado (BLUE)
Micronumerosidade
Mínimos quadrados ordinários
Modelo de regressão linear múltipla (RLM)
Modelo populacional
Modelo verdadeiro
Multicolinearidade
Parâmetro de inclinação
Perturbação
Resíduos
Reta de regressão de MQO
Soma dos quadrados dos resíduos (SQR)
Soma dos quadrados explicada (SQE)
Soma dos quadrados total (SQT)
Soma dos resíduos ao quadrado
Subesfecificar o modelo
Superespecificação do modelo
Teorema de Frisch-Waugh
Teorema de Gauss-Markov
Termo de erro
Variável explicativa endógena
Variável explicativa exógena
Viés de variável omitida
Viés para baixo
Viés para cima
Viesado tendendo a zero

Problemas

1. Usando os dados do arquivo GPA2 sobre 4.137 estudantes de curso superior nos Estados Unidos, estimou-se a seguinte equação por MQO:

$$\widehat{colgpa} = 1{,}392 - 0{,}0135\ hsperc + 0{,}00148\ sat$$
$$n = 4.137, R^2 = 0{,}273,$$

   em que *colgpa* é mensurada em uma escala de quatro pontos, *hsperc* é o percentual da turma de formados do ensino médio (definido de modo que, por exemplo, *hsperc* = 5 significa os 5% *melhores* da sala), e *sat* é uma nota média ponderada de matemática e habilidade verbal do estudante para ingresso em curso superior.

   (i) Por que faz sentido que o coeficiente de *hsperc* seja negativo?

   (ii) Qual é o valor previsto de *colgpa* quando *hsperc* = 20 e *sat* = 1.050?

   (iii) Suponha que dois alunos do ensino médio, A e B, estejam no mesmo percentual no ensino médio, mas a nota *sat* do Estudante A foi 140 pontos maior (cerca de um desvio padrão na amostra). Qual é a diferença prevista em *colgpa* para esses dois estudantes? A diferença é grande?

(iv) Mantendo *hsperc* fixo, que diferença na nota *sat* levaria a uma diferença prevista de *colgpa* de 0,50, ou metade de um ponto de classificação? Comente sua resposta.

2. Os dados do arquivo WAGE2, sobre homens que trabalham, foram utilizados para estimar a seguinte equação:

$$\widehat{educ} = 10{,}36 - 0{,}094\ sibs + 0{,}131\ meduc + 0{,}210\ feduc$$
$$n = 722,\ R^2 = 0{,}214,$$

em que *educ* é anos de escolaridade formal, *sibs* é o número de irmãos, *meduc* é anos de escolaridade formal da mãe, e *feduc* é anos de escolaridade formal do pai.

(i) *sibs* tem o efeito esperado? Explique. Mantendo *meduc* e *feduc* fixos, em quanto deveria *sibs* aumentar para reduzir os anos previstos da educação formal em um ano? (Uma resposta incompleta é aceitável aqui.)

(ii) Discuta a interpretação do coeficiente de *meduc*.

(iii) Suponha que o Homem A não tenha irmãos, e sua mãe e seu pai tenham, cada um, 12 anos de educação formal. Suponha também que o Homem B não tenha irmãos, e sua mãe e seu pai tenham, cada um, 16 anos de educação formal. Qual é a diferença prevista em anos de educação formal entre B e A?

3. O modelo seguinte é uma versão simplificada do modelo de regressão múltipla usado por Biddle e Hamermesh (1990) para estudar a escolha entre o tempo gasto dormindo e trabalhando e para observar outros fatores que afetam o sono:

$$sleep = \beta_0 + \beta_1 totwrk + \beta_2 educ + \beta_3 age + u,$$

em que *sleep* e *totwrk* (trabalho total) são mensurados em minutos por semana e *educ* e *age* são mensurados em anos. (Veja também a Seção Exercícios em Computador C3 no Capítulo 2)

(i) Se os adultos escolhem entre dormir e trabalhar, qual é o sinal de β_1?

(ii) Que sinais você espera que β_2 e β_3 terão?

(iii) Usando os dados do arquivo SLEEP75, a equação estimada é

$$\widehat{sleep} = 3.638{,}25 - 0{,}148\ totwrk - 11{,}13\ educ + 2{,}20\ age$$
$$n = 706,\ R^2 = 0{,}113.$$

Se alguém trabalha cinco horas a mais por semana, qual é a queda, em minutos, no valor esperado de *sleep*? Esse valor representa uma mudança grande?

(iv) Discuta o sinal e a magnitude do coeficiente de *educ*.

(v) Você diria que *totwrk*, *educ* e *age* explicam muito da variação de *sleep*? Quais outros fatores poderiam afetar o tempo gasto dormindo? É provável que sejam correlacionados com *totwrk*?

4. O salário inicial (mediano) para recém-formados em Direito é determinado pela equação

$$\log(salary) = \beta_0 + \beta_1 LSAT + \beta_2 GPA + \beta_3 \log(libvol) + \beta_4 \log(cost)$$
$$+ \beta_5 rank + u,$$

em que *LSAT* é a nota mediana do LSAT (nota de ingresso no curso de Direito) dos recém-formados, *GPA* é a nota mediana dos recém-formados nas disciplinas do curso de Direito, *libvol* é o número de volumes da biblioteca da escola de Direito, *cost* é o custo anual da escola de Direito e *rank* é a classificação da escola de Direito (com *rank* = 1 sendo o melhor posto de classificação).

(i) Explique a razão de esperarmos $\beta_5 \leq 0$.

(ii) Quais são os sinais que você espera para os outros parâmetros de inclinação? Justifique sua resposta.

(iii) Utilizando os dados do arquivo LAWSCH85, a equação estimada é

$$\widehat{\log(salary)} = 8{,}34 + 0{,}0047\,LSAT + 0{,}248\ \ colGPA + 0{,}095 \log(libvol)$$
$$+ 0{,}038 \log(cost) - 0{,}0033\ rank$$

$$n = 136, R^2 = 0{,}842.$$

Qual é a diferença *ceteris paribus* prevista no salário para as escolas com um *colGPA* mediano diferente em um ponto? (Descreva sua resposta em percentual.)

(iv) Interprete o coeficiente da variável log(*libvol*).

(v) Você diria que é mais razoável frequentar uma escola de Direito que tem uma classificação melhor? Qual é a diferença no salário inicial esperado para uma escola que tem uma classificação igual a 20?

5. Em um estudo que relaciona a nota média em curso superior (*GPA*) ao tempo gasto em várias atividades, você distribui uma pesquisa para vários estudantes. Os estudantes devem responder quantas horas eles despendem, em cada semana, em quatro atividades: estudo (*study*), sono (*sleep*), trabalho (*work*) e lazer (*leisure*). Toda atividade é colocada em uma das quatro categorias, de modo que, para cada estudante, a soma das horas nas quatro atividades deve ser igual a 168.

(i) No modelo

$$colGPA = \beta_0 + \beta_1 study + \beta_2 sleep + \beta_3 work + \beta_4 leisure + u,$$

faz sentido manter *sleep*, *work* e *leisure* fixos, enquanto *study* varia?

(ii) Explique a razão de esse modelo violar a Hipótese RLM.3.

(iii) Como você poderia reformular o modelo de modo que seus parâmetros tivessem uma interpretação útil e ele satisfizesse a Hipótese RLM.3?

6. Considere o modelo de regressão múltipla contendo três variáveis independentes, sob as Hipóteses RLM.1 a RLM.4:

$$y = \beta_0 + \beta_1 x_1 + \beta_2 x_2 + \beta_3 x_3 + u.$$

Você está interessado em estimar a soma dos parâmetros de x_1 e x_2; chame-a de $\theta_1 = \beta_0 + \beta_1$.

(i) Mostre que $\hat{\theta}_1 = \hat{\beta}_1 + \hat{\beta}_2$ é um estimador não viesado de θ_1.

(ii) Encontre Var($\hat{\theta}_1$) em termos de Var($\hat{\beta}_1$), Var($\hat{\beta}_2$) e Corr($\hat{\beta}_1, \hat{\beta}_2$).

7. Quais dos seguintes itens podem fazer que os estimadores de MQO sejam viesados?

(i) Heteroscedasticidade.

(ii) Omitir uma variável importante.

(iii) Um coeficiente de correlação amostral de 0,95 entre duas variáveis independentes incluídas no modelo.

8. Suponha que a produtividade média do trabalhador da indústria (*avgprod*) dependa de dois fatores – horas médias de treinamento do trabalhador (*avgtrain*) e aptidão média do trabalhador (*avgabil*):

$$avgprod = \beta_0 + \beta_1 avgtrain + \beta_2 avgabil + u.$$

Suponha que essa equação satisfaça as hipóteses de Gauss-Markov. Se um subsídio foi dado às empresas cujos trabalhadores têm uma aptidão menor do que a média, de modo que *avgtrain* e *avgabil* sejam negativamente correlacionados, qual é o provável viés em $\tilde{\beta}_1$ obtido da regressão simples de *avgprod* sobre *avgtrain*?

9. A equação seguinte descreve o preço (*price*) médio das residências de uma comunidade em termos da quantidade de poluição (*nox*, de óxido nitroso) e do número médio de cômodos nas residências da comunidade (*rooms*):

$$\log(price) = \beta_0 + \beta_1 \log(nox) + \beta_2 rooms + u.$$

(i) Quais são os prováveis sinais de β_1 e β_2? Qual é a interpretação de β_1? Explique.

(ii) Por que *nox* [ou, mais precisamente, $\log(nox)$] e *rooms* deveriam ser negativamente correlacionados? Se esse é o caso, a regressão simples de $\log(price)$ sobre $\log(nox)$ produz um estimador viesado para cima ou para baixo de β_1?

(iii) Utilizando os dados do arquivo HPRICE2 foram estimadas as seguintes equações:

$$\widehat{\log(price)} = 11{,}71 - 1{,}043 \log(nox), n = 506, R^2 = 0{,}264.$$

$$\widehat{\log(price)} = 9{,}23 - 0{,}718 \log(nox) + 0{,}306 \, rooms, n = 506, R^2 = 0{,}514.$$

A relação entre as estimativas da elasticidade de *price* das regressões simples e múltipla em relação a *nox* é a que você previu, tomando como base sua resposta no item (ii)? Pode-se dizer que –0,718 está claramente mais próximo da elasticidade verdadeira que $-1{,}043$?

10. Suponha que você tenha interesse em estimar o relacionamento *ceteris paribus* entre y e x_1. Para esse propósito você pode coletar dados de duas variáveis de controle, x_2 e x_3. (Para melhor clareza, você pode entender y como uma nota do exame final, x_1 como frequência às aulas, x_2 como a nota de média graduação até o semestre anterior, e x_3 como uma nota de teste de aptidão acadêmica ou de teste de avaliação.) Seja $\tilde{\beta}_1$ a estimativa da regressão simples de y sobre x_1 e seja $\hat{\beta}_1$ a estimativa de regressão múltipla de y sobre x_1, x_2, x_3.

(i) Se x_1 for altamente correlacionada com x_2 e x_3 na amostra e x_2 e x_3 tiverem grandes efeitos parciais em y, você antecipa que $\tilde{\beta}_1$ e $\hat{\beta}_1$ sejam semelhantes ou muito diferentes? Explique.

(ii) Se x_1 for quase não correlacionada com x_2 e x_3, mas x_2 e x_3 forem altamente correlacionadas, $\tilde{\beta}_1$ e $\hat{\beta}_1$ tenderão a ser semelhantes ou muito diferentes? Explique.

(iii) Se x_1 for altamente correlacionada com x_2 e x_3, e x_2 e x_3 tiverem pequenos efeitos parciais em y, você anteciparia que $\text{ep}(\tilde{\beta}_1)$ ou $\text{ep}(\hat{\beta}_1)$ será menor? Explique.

(iv) Se x_1 for quase não correlacionada com x_2 e x_3, x_2 e x_3 tiver grandes efeitos parciais em y, e x_2 e x_3 forem altamente correlacionadas, você anteciparia que $\text{ep}(\tilde{\beta}_1)$ ou $\text{ep}(\hat{\beta}_1)$ será menor? Explique.

11. Suponha que o modelo populacional que determina y seja:

$$y = \beta_0 + \beta_1 x_1 + \beta_2 x_2 + \beta_3 x_3 + u,$$

e esse modelo satisfaz as hipóteses RLM1 a RLM4. Entretanto, estimamos o modelo que omite x_3. Sejam $\tilde{\beta}_0$, $\tilde{\beta}_1$ e $\tilde{\beta}_2$ os estimadores de MQO da regressão de y sobre x_1 e x_2. Mostre que o valor esperado de $\tilde{\beta}_1$ (dados os valores das variáveis independentes da amostra) é

$$E(\tilde{\beta}_1) = \beta_1 + \beta_3 \frac{\sum_{i=1}^{n} \hat{r}_{i1} x_{i3}}{\sum_{i=1}^{n} \hat{r}_{i1}^2},$$

em que os $\hat{r}_{i1}$ são os resíduos de MQO da regressão de x_1 sobre x_2. [*Dica*: a fórmula de $\tilde{\beta}_1$ é proveniente da equação (3.22). Coloque $y_i = \beta_0 + \beta_1 x_{i1} + \beta_2 x_{i2} + \beta_3 x_{i3} + u_i$ nessa equação. Após alguma álgebra, obtenha o valor esperado, tratando x_{i3} e $\hat{r}_{i1}$ como não aleatórios.]

12. A seguinte equação representa os efeitos das receitas totais de impostos sobre o crescimento subsequente do emprego para a população de municípios dos Estados Unidos:

$$cresc = \beta_0 + \beta_1 parc_p + \beta_2 parc_r + \beta_3 parc_v + outros\ fatores,$$

em que *cresc* é a variação percentual do emprego de 1980 a 1990, enquanto o total das receitas de impostos tem a seguinte distribuição: $parc_p$ é a parcela dos impostos sobre a propriedade, $parc_r$ é a parcela das receitas de impostos sobre a renda, e $parc_v$ é a parcela das receitas de impostos sobre as vendas. Todas essas variáveis estão mensuradas em 1980. A parcela omitida, $parc_t$, inclui taxas e impostos variados. Por definição, as quatro parcelas somam um. Outros fatores incluiriam despesas com educação, infraestrutura e assim por diante (todos mensurados em 1980).

   (i) Por que devemos omitir uma das variáveis de parcela de impostos da equação?

   (ii) Dê uma interpretação cuidadosa de β_1.

13. Leia os itens abaixo e faça o que se pede.

   (i) Considere o modelo de regressão simples $y = \beta_0 + \beta_1 x + u$, sob as primeiras quatro hipóteses de Gauss-Markov. Para alguma função $g(x)$, por exemplo, $g(x) = x^2$ ou $g(x) = \log(1 + x^2)$, defina $z_i = g(x_i)$. Defina um estimador de inclinação como

$$\tilde{\beta}_1 = \left(\sum_{i=1}^{n}(z_i - \bar{z})y_i\right) \bigg/ \left(\sum_{i=1}^{n}(z_i - \bar{z})x_i\right).$$

   Mostre que $\tilde{\beta}_1$ é linear e não viesado. Lembre-se: como $E(u|x) = 0$, você pode tratar tanto x_i como z_i como não aleatórios em sua derivação.

   (ii) Acrescente a hipótese de homoscedasticidade, RLM.5. Mostre que

$$Var(\tilde{\beta}_1) = \sigma^2 \left(\sum_{i=1}^{n}(z_i - \bar{z})^2\right) \bigg/ \left(\sum_{i=1}^{n}(z_i - \bar{z})x_i\right)^2.$$

   (iii) Mostre diretamente que, sob as hipóteses de Gauss-Markov, $Var(\hat{\beta}_1) \leq Var(\tilde{\beta}_1)$, em que $\hat{\beta}_1$ é o estimador de MQO. [*Dica*: a desigualdade de Cauchy-Schwartz do Apêndice B implica que

$$\left(n^{-1}\sum_{i=1}^{n}(z_i - \bar{z})(x_i - \bar{x})\right)^2 \leq \left(n^{-1}\sum_{i=1}^{n}(z_i - \bar{z})^2\right)\left(n^{-1}\sum_{i=1}^{n}(x_i - \bar{x})^2\right);$$

   observe que podemos retirar $\bar{x}$ da covariância amostral.]

14. Suponha que você tem uma amostra de tamanho n sobre três variáveis, y, x_1 e x_2, e você está interessado principalmente no efeito de x_1 sobre y. Defina $\tilde{\beta}_1$ como o coeficiente sobre x_1 da regressão simples, e $\hat{\beta}_1$ como o coeficiente sobre x_1 da regressão de y sobre x_1, x_2. Os erros padrão registrados por qualquer programa de regressão são

$$se(\tilde{\beta}_1) = \frac{\tilde{\sigma}}{\sqrt{SQT_1}}$$

$$\text{ep}(\hat{\beta}_1) = \frac{\hat{\sigma}}{\sqrt{\text{SQT}_1}} \cdot \sqrt{\text{FIV}_1},$$

em que $\tilde{\sigma}$ é o EPR da regressão simples, $\hat{\sigma}$ é o EPR da regressão múltipla, $\text{FIV}_1 = 1/(1 - R_1^2)$, e R_1^2 é o R-quadrado da regressão de x_1 sobre x_2. Explique por que ep $(\hat{\beta}_1)$ pode ser menor ou maior do que $(\tilde{\beta}_1)$.

15. As equações estimadas a seguir utilizam os dados do arquivo MLB1, que contém informações sobre salários dos jogadores da liga principal de beisebol. A variável dependente, *lsalary*, é o log do salário. As duas variáveis explicativas são anos na liga principal (*years*) e rebatidas que levaram a correr para a próxima base por ano (*rbisyr*):

$$\widehat{lsalary} = 12{,}373 + 0{,}1770 \; years$$
$$\phantom{\widehat{lsalary} = }(0{,}098) \; (0{,}0132)$$

$$n = 353, \; \text{SQR} = 326{,}196, \; \text{EPR} = 0{,}964, \; R^2 = 0{,}337$$

$$\widehat{lsalary} = 11{,}861 + 0{,}0904 \; years + 0{,}0302 \; rbisyr$$
$$\phantom{\widehat{lsalary} = }(0{,}084) \; (0{,}0118) (0{,}0020)$$

$$n = 353, \; \text{SQR} = 198{,}475, \; \text{EPR} = 0{,}753, \; R^2 = 0{,}597$$

(i) Quantos graus de liberdade existem em cada regressão? Por que o EPR é menor na segunda regressão do que na primeira?

(ii) O coeficiente de correlação amostral entre *years* e *rbisyr* é de cerca de 0,487. Isso faz sentido? Qual é o fator de inflação de variância (existe só um) dos coeficientes de inclinação da regressão múltipla? Você diria que há colinearidade baixa, moderada ou alta entre *years* e *rbisyr*?

(iii) Por que o erro padrão do coeficiente em *years* na regressão múltipla é mais baixo do que sua contraparte na regressão simples?

16. As equações a seguir foram estimadas usando os dados do arquivo LAWSCH85:

$$\widehat{lsalary} = 9{,}90 - 0{,}0041 \; rank + 0{,}294 \; GPA$$
$$\phantom{\widehat{lsalary} = }(0{,}24) \; (0{,}0003) (0{,}069)$$

$$n = 142, \; R^2 = 0{,}8238$$

$$\widehat{lsalary} = 9{,}86 - 0{,}0038 \; rank + 0{,}295 \; GPA + 0{,}00017 \; age$$
$$\phantom{\widehat{lsalary} = }(0{,}29) \; (0{,}0004) (0{,}083) (0{,}00036)$$

$$n = 99, \; R^2 = 0{,}8036$$

Como pode o R-quadrado ser menor quando a variável *age* é adicionada à equação?

Exercícios em computador

C1 Um problema de interesse de agentes de saúde (e outros) é determinar os efeitos de fumar durante a gravidez sobre a saúde da criança. Uma medida da saúde infantil é o peso ao nascer; um peso muito baixo ao nascer pode colocar o recém-nascido em risco de contrair várias doenças. Como os fatores além do fumo que podem afetar o peso ao nascer são provavelmente relacionados com o ato de fumar, devemos levá-los em conta. Por exemplo, uma renda mais alta geralmente resulta em acesso a um melhor cuidado pré-natal, bem como uma melhor nutrição da mãe. Uma equação que reconhece isso é

$$bwght = \beta_0 + \beta_0 cigs + \beta_2 faminc + u.$$

(i) Qual é o sinal mais provável para β_2?

(ii) Você acha que *cigs* e *faminc* são possivelmente correlacionados? Explique por que a correlação deve ser positiva ou negativa.

(iii) Agora, estime a equação com e sem *faminc*, usando os dados do arquivo BWGHT. Registre os resultados em forma de equação, incluindo o tamanho da amostra e o R-quadrado. Discuta seus resultados, verificando se adicionar *faminc* altera substancialmente o efeito estimado de *cigs* sobre *bwght*.

C2 Use os dados do arquivo HPRICE1 para estimar o modelo

$$price = \beta_0 + \beta_1 sqrft + \beta_2 bdrms + u.$$

Em que *price* é o preço da residência medido em milhares de dólares.

(i) Escreva os resultados em forma de equação.

(ii) Qual é o aumento estimado do preço de uma casa com um quarto a mais, mantendo a área constante?

(iii) Qual é o aumento estimado do preço de uma casa com um quarto adicional de 140 pés quadrados? Compare isso com sua resposta ao item (ii).

(iv) Qual porcentagem de variação do preço é explicada pela área e número de quartos?

(v) A primeira casa da amostra tem *sqrft* = 2.438 e *bdrms* = 4. Encontre o preço de venda previsto dessa casa a partir da linha de regressão MQO.

(vi) O preço de venda real da primeira casa da amostra foi US$ 300.000 (assim, *price* = 300). Encontre o resíduo para essa casa. O valor sugere que o comprador pagou pouco ou muito pela casa?

C3 O arquivo CEOSAL2 contém dados sobre 177 CEOs e pode ser usado para examinar os efeitos do desempenho da empresa sobre o salário destes executivos.

(i) Estime um modelo que relacione o salário anual às vendas e ao valor de mercado da companhia. Faça o modelo do tipo de elasticidade constante para ambas as variáveis independentes. Escreva os resultados em forma de equação.

(ii) Adicione *profits* ao modelo do item (i). Por que essa variável não pode ser incluída em forma logarítmica? Você poderia dizer que essas variáveis de desempenho da empresa explicam a maior parte da variação dos salários dos CEOs?

(iii) Acrescente a variável *ceoten* ao modelo do item (ii). Qual é o retorno percentual estimado para outro ano de permanência do CEO, mantendo os outros valores fixos?

(iv) Encontre o coeficiente de correlação amostral entre as variáveis log(*mktval*) e *profits*. Essas variáveis são altamente correlacionadas? O que isso diz sobre os estimadores de MQO?

C4 Use os dados do arquivo ATTEND para este exercício.

(i) Obtenha os valores mínimo, máximo e médio para as variáveis *atndrte*, *priGPA* e *ACT*.

(ii) Estime o modelo

$$atndrte = \beta_0 + \beta_1 priGPA + \beta_2 ACT + u,$$

e escreva os resultados em forma de equação. Interprete o intercepto. Ele tem um significado útil?

(iii) Discuta os coeficientes de inclinação estimados. Há alguma surpresa?

(iv) Qual é a *atndrte* prevista se *priGPA* = 3,65 e *ACT* = 20? O que você tira desse resultado? Existem alguns estudantes na amostra com esses valores das variáveis explicativas?

(v) Se o estudante A tiver *priGPA* = 3,1 e *ACT* = 21, e o estudante B tiver *priGPA* = 2,1 e *ACT* = 26, qual é a diferença prevista em suas taxas de frequência?

C5 Confirme a interpretação eliminando a influência dos estimadores de MQO ao fazer explicitamente a eliminação da influência no Exemplo 3.2. Isso exige que primeiro você regresse *educ* em *exper* e *tenure* e salve os resíduos, $\hat{r}_1$. Em seguida, regresse log(*wage*) sobre $\hat{r}_1$. Compare o coeficiente de $\hat{r}_1$ com o coeficiente de *educ* na regressão de log(*wage*) sobre *educ*, *exper* e *tenure*.

C6 Use o conjunto de dados do arquivo WAGE2 para resolver este problema. Como sempre, certifique-se que todas as regressões seguintes contenham um intercepto.

(i) Execute uma regressão simples de *QI* sobre *educ* para obter o coeficiente de inclinação, digamos, $\tilde{\delta}$.

(ii) Faça a regressão simples de log(*wage*) sobre *educ* e obtenha o coeficiente de inclinação, chamado de $\tilde{\beta}_1$.

(iii) Execute a regressão múltipla de log(*wage*) sobre *educ* e *QI* e obtenha os coeficientes de inclinação $\hat{\beta}_1$ e $\hat{\beta}_2$, respectivamente.

(iv) Verifique se $\tilde{\beta}_1 = \hat{\beta}_1 + \hat{\beta}_2 \tilde{\delta}_1$.

C7 Use os dados do arquivo MEAP93 para responder a essa questão.

(i) Estime o modelo

$$math10 = \beta_0 + \beta_1 \log(expend) + \beta_2 lnchprg + u,$$

e registre os resultados na forma usual, incluindo o tamanho da amostra e o R-quadrado. Os sinais dos coeficientes de inclinação são os que você esperava? Explique.

(ii) Como você interpreta o intercepto que estimou no item (i)? Em especial, faz sentido definir duas variáveis explicativas como zero? [*Dica*: Lembre-se que log(1) = 0.]

(iii) Agora, faça a regressão simples de *math10* sobre log(*expend*) e compare o coeficiente de inclinação com aquele obtido no item (i). O efeito de gastos estimado agora é maior ou menor do que no item (i)?

(iv) Encontre a correlação entre *lexpend* = log(*expend*) e *lnchprg*. O sinal da relação faz sentido para você?

(v) Use o item (iv) para explicar suas descobertas no item (iii).

C8 Use os dados do arquivo DISCRIM para responder a essa questão. São dados sobre preços de vários itens em restaurantes de fast food e características da população dividida por CEP em Nova Jersey e Pensilvânia. A ideia é ver se os restaurantes cobram preços mais altos em áreas com uma maior concentração de negros.

(i) Encontre os valores médios da proporção de negros (*prpblck*) e renda (*income*) na amostra, além de seus desvios padrão. Quais são as unidades de medida de *prpblck* e *income*?

(ii) Considere um modelo para explicar o preço do refrigerante, *psoda*, em termos de proporção da população que é negra e com renda mediana:

$$psoda = \beta_0 + \beta_1 prpblck + \beta_2 income + u$$

Estime o modelo por MQO e registre os resultados em forma de equação, incluindo o tamanho da amostra e o *R*-quadrado. (Não use notação científica ao relatar as estimativas.) Interprete o coeficiente sobre *prpblck*. Você acha que ele é economicamente grande?

(iii) Compare a estimativa do item (ii) com a estimativa de regressão simples de *psoda* sobre *prpblck*. O efeito de discriminação é maior ou menor quando se controla a renda?

(iv) Um modelo com elasticidade-preço constante em relação à renda pode ser mais adequado. Registre as estimativas do modelo

$$\log(psoda) = \beta_0 + \beta_1 prpblck + \beta_2 \log(income) + u$$

Se *prpblck* aumenta 0,20 (20 pontos percentuais), qual é a alteração percentual estimada em *psoda*? (*Dica:* A resposta é 2.*xx*, você deve encontrar o *"xx"*.)

(v) Agora adicione a variável *prppov* à regressão do item (iv). O que acontece com $\hat{\beta}_{prpblck}$?

(vi) Encontre a correlação entre log(*income*) e *prppov*. É aproximadamente o que você esperava?

(vii) Avalie a seguinte afirmação: "Como log(*income*) e *prppob* são altamente correlacionadas, elas não têm por que estar na mesma regressão".

C9 Use os dados do arquivo CHARITY para responder às questões a seguir:

(i) Estime a equação

$$gift = \beta_0 + \beta_1 mailsyear + \beta_2 giftlast + \beta_3 propresp + u$$

por MQO e registre os resultados da forma usual, incluindo o tamanho da amostra e o *R*-quadrado. De que forma o *R*-quadrado se compara com o obtido pela regressão simples que omite *giftlast* e *propresp*?

(ii) Interprete o coeficiente sobre *mailsyear*. Ele é maior ou menor do que o coeficiente correspondente da regressão simples?

(iii) Interprete o coeficiente sobre *propresp*. Tenha cuidado ao notar as unidades de medida de *propresp*.

(iv) Agora, acrescente a variável *avggift* à equação. O que acontece com o efeito estimado de *mailsyear*?

(v) Na equação do item (iv), o que aconteceu com o coeficiente de *giftlast*? O que você acha que está acontecendo?

C10 Use os dados do arquivo HTV para responder essa questão. O conjunto de dados inclui informações sobre salários, escolaridade, escolaridade dos pais e diversas outras variáveis a respeito de 1.230 homens trabalhadores em 1991.

(i) O que é a variação da variável *educ* na amostra? Qual porcentagem de homens completou o ensino médio mas não o ensino superior? São os homens ou seus pais que têm, em média, níveis mais altos de escolaridade?

(ii) Estime o modelo de regressão

$$educ = \beta_0 + \beta_1 motheduc + \beta_2 fatheduc + u$$

por MQO e registre os resultados na forma usual. Quanta variação amostral em *educ* pode ser explicada pela escolaridade dos pais? Interprete o coeficiente de *motheduc*.

(iii) Adicione a variável *ability* (uma medida da habilidade cognitiva) à regressão do item (ii) e registre os resultados em forma de equação. "Habilidade" ajuda a explicar variações na educação, mesmo depois de controlar os dados de escolaridade dos pais? Explique.

(iv) (Exige cálculo) Agora estime uma equação em que *ability* apareça em forma quadrática:

$$educ = \beta_0 + \beta_1 motheduc + \beta_2 fatheduc + \beta_3 abil + \beta_4 abil^2 + u.$$

Usando as estimativas $\hat{\beta}_3$ e $\hat{\beta}_4$, use cálculo para encontrar o valor de *abil*, chame-o de *abil**, em que *educ* é minimizada. (Os outros coeficientes e valores das variáveis de educação dos pais não têm efeito; estamos mantendo a escolaridade dos pais fixa.) Note que *abil* é medida de forma que valores negativos são admissíveis. Você também pode verificar que a segunda derivativa é positiva, assim você realmente tem um mínimo.

(v) Comente sobre apenas uma pequena fração de homens da amostra terem "habilidade" menor do que o valor calculado no item (iv). Por que isso é importante?

(vi) Se você tiver acesso a um software estatístico que inclua recursos gráficos, use as estimativas do item (iv) para desenhar um gráfico das relações entre a educação prevista e *abil*. Defina *motheduc* e *fatheduc* como os valores médios da amostra, 12,18 e 12,45, respectivamente.

C11 Use os dados do arquivo MEAPSINGLE para estudar os efeitos de residências com apenas um dos pais sobre o desempenho em matemática. Estes dados são provenientes de um subconjunto de escolas do sudeste de Michigan no ano 2000. As variáveis socioeconômicas foram obtidas por CEP (em que os CEPs são determinados a escolas com base em seus endereços de correspondência).

(i) Execute a regressão simples de *math*4 sobre *pctsgle* e registre os resultados no formato usual. Interprete o coeficiente de inclinação. O efeito sobre a monoparentalidade parece grande ou pequeno?

(ii) Adicione as variáveis *lmedinc* e *free* à equação. O que acontece com o coeficiente de *pctsgle*? Explique o que está acontecendo.

(iii) Encontre a correlação amostral entre *lmedinc* e *free*. Ela tem o sinal que você esperava?

(iv) A correlação substancial entre *lmedinc* e *free* significa que você deve retirar um deles da regressão para estimar melhor o efeito causal da monoparentalidade no desempenho dos estudantes? Explique.

(v) Encontre os fatores de inflação da variância (FIVs) de cada uma das variáveis explicativas que aparecem na regressão do item (ii). Quais variáveis têm o FIV maior? Esse conhecimento afeta o modelo que você usa para estudar o efeito causal pela monoparentalidade sobre o desempenho em matemática?

C12 Os dados do arquivo ECONMATH contêm médias e pontuações de testes padronizados, além do desempenho em um curso introdutório de Economia de estudantes em uma grande universidade pública. A variável a ser explicada é *score*, a nota final do curso medida como porcentagem.

(i) Quantos estudantes receberam uma nota perfeita no curso? Qual foi a nota média? Encontre as médias e desvios padrão de *actmth* e *acteng* e discuta como eles se comparam.

(ii) Estime uma equação linear relacionando *score* a *colGPA*, *actmth* e *acteng*, em que *colGPA* é medida no início do período. Registre os resultados na forma usual.

(iii) Você diria que a nota ACT em matemática ou inglês é um melhor previsor de desempenho do curso de Economia? Explique.

(iv) Discuta o tamanho do *R*-quadrado na regressão.

APÊNDICE 3A

3A.1 Derivação das condições de primeira ordem da equação (3.13)

A análise é muito similar à do caso da regressão simples. Devemos caracterizar as soluções para o problema

$$\min_{b_0, b_1, \ldots, b_k} \sum_{i=1}^{n} (y_i - b_0 - b_1 x_{i1} - \ldots - b_k x_{ik})^2.$$

Considerando as derivadas parciais em relação a cada um dos b_j (veja o Apêndice A), avaliando-as nas soluções e igualando-as a zero resulta

$$-2 \sum_{i=1}^{n} (y_i - \hat{\beta}_0 - \hat{\beta}_1 x_{i1} - \ldots - \hat{\beta}_k x_{ik}) = 0$$

$$-2 \sum_{i=1}^{n} x_{ij} (y_i - \hat{\beta}_0 - \hat{\beta}_1 x_{i1} - \ldots - \hat{\beta}_k x_{ik}) = 0, \quad \text{para todo} \quad j = 1, \ldots, k.$$

Cancelando -2 obtemos as condições de primeira ordem em (3.13).

3A.2 Derivação da equação (3.22)

Para derivar (3.22), escreva x_{i1} em termos de seus valores estimados e seus resíduos a partir da regressão de x_1 sobre $x_2, \ldots, x_k$: $x_{i1} = \hat{x}_{i1} + \hat{r}_{i1}$, para todo $i = 1, \ldots, n$. Agora, insira essa expressão na segunda equação de (3.13):

$$\sum_{i=1}^{n} (\hat{x}_{i1} + \hat{r}_{i1})(y_i - \hat{\beta}_0 - \hat{\beta}_1 x_{i1} - \ldots - \hat{\beta}_k x_{ik}) = 0. \tag{3.63}$$

Pela definição do resíduo $\hat{u}_i$ de MQO, como $\hat{x}_{i1}$ é exatamente uma função linear das variáveis explicativas $x_{i2}, \ldots, x_{ik}$, segue que $\sum_{i=1}^{n} \hat{x}_{i1} \hat{u}_i = 0$. Portanto, a equação (3.63) pode ser expressa como

$$\sum_{i=1}^{n} \hat{r}_{i1}(y_i - \hat{\beta}_0 - \hat{\beta}_1 x_{i1} - \ldots - \hat{\beta}_k x_{ik}) = 0. \tag{3.64}$$

Como os $\hat{r}_{i1}$ são os resíduos da regressão de x_1 sobre $x_2, \ldots, x_k$, $\sum_{i=1}^{n} x_{ij} \hat{r}_{i1} = 0$, para todo $j = 2, \ldots, k$. Portanto (3.64) é equivalente a $\sum_{i=1}^{n} \hat{r}_{i1}(y_i - \hat{\beta}_1 x_{i1}) = 0$. Finalmente, usamos o fato de que $\sum_{i=1}^{n} \hat{x}_{i1} \hat{r}_{i1} = 0$, o que significa que $\hat{\beta}_1$ soluciona

$$\sum_{i=1}^{n} \hat{r}_{i1}(y_i - \hat{\beta}_1 \hat{r}_{i1}) = 0.$$

Agora, com um pouco de álgebra chegamos a (3.22), desde que, evidentemente, $\sum_{i=1}^{n} \hat{r}_{i1}^2 > 0$; isso é garantido pela Hipótese RLM.3.

3A.3 Prova do Teorema 3.1

Vamos provar o Teorema 3.1 para $\hat{\beta}_1$; a prova para os outros parâmetros de inclinação é, virtualmente, idêntica. (Veja o Apêndice E, para uma prova mais sucinta utilizando matrizes.) Sob a Hipótese RLM.3, os estimadores de MQO existem, e podemos escrever $\hat{\beta}_1$ como em (3.22). Sob a Hipótese RLM.1, podemos escrever y_i como na (3.32); substitua-a pela y_i da (3.22). Depois, usando $\sum_{i=1}^{n}\hat{r}_{i1} = 0$, $\sum_{i=1}^{n}x_{ij}\hat{r}_{i1} = 0$, para todos os $j = 2,\ldots, k$, e $\sum_{i=1}^{n}x_{i1}\hat{r}_{i1} = \sum_{i=1}^{n}\hat{r}_{i1}^2$, temos

$$\hat{\beta}_1 = \beta_1 + \left(\sum_{i=1}^{n}\hat{r}_{i1}u_i\right) \bigg/ \left(\sum_{i=1}^{n}\hat{r}_{i1}^2\right). \qquad (3.65)$$

Agora, sob as Hipóteses RLM.2 e RLM.4, o valor esperado de cada u_i, dadas todas as variáveis independentes na amostra, é zero. Como os $\hat{r}_{i1}$ são justamente funções das variáveis independentes da amostra, segue-se que

$$E(\hat{\beta}_1|\mathbf{X}) = \beta_1 + \left(\sum_{i=1}^{n}\hat{r}_{i1}E(u_i|\mathbf{X})\right) \bigg/ \left(\sum_{i=1}^{n}\hat{r}_{i1}^2\right)$$

$$= \beta_1 + \left(\sum_{i=1}^{n}\hat{r}_{i1}\cdot 0\right) \bigg/ \left(\sum_{i=1}^{n}\hat{r}_{i1}^2\right) = \beta_1,$$

em que $\mathbf{X}$ representa os dados de todas as variáveis independentes, e $E(\hat{\beta}_1|\mathbf{X})$ é o valor esperado de $\hat{\beta}_1$, dado $x_{i1}, \ldots, x_{ik}$, para todo $i = 1, \ldots, n$. Isso completa a prova.

3A.4 Viés de variável omitida no modelo geral

Podemos derivar o viés de variável omitida no modelo geral da equação (3.31) sob as quatro primeiras hipóteses de Gauss-Markov. Em particular, sejam $\hat{\beta}_j$, $j = 0, 1, \ldots, k$ os estimadores de MQO da regressão ao se usar o conjunto completo de variáveis explicativas. Sejam $\tilde{\beta}_j$, $j = 0, 1, \ldots, k-1$ os estimadores de MQO da regressão que omite x_k. Sejam $\tilde{\delta}_j$, $j = 1, \ldots, k-1$ os coeficientes de inclinação de x_j da regressão auxiliar de x_{ik} sobre $x_{i1}, x_{i2}, \ldots, x_{i,k-1}$, $i = 1, \ldots, n$. Um fato útil é que

$$\tilde{\beta}_j = \hat{\beta}_j + \hat{\beta}_k \tilde{\delta}_j. \qquad (3.66)$$

Isso mostra explicitamente que, quando não controlamos x_k na regressão, o efeito parcial estimado de x_j é igual ao efeito parcial quando incluímos x_k mais o efeito parcial de x_k sobre $\hat{y}$ vezes a relação parcial entre a variável omitida, x_k, e x_j, $j < k$. Condicionado ao conjunto inteiro de variáveis explicativas, $\mathbf{X}$, sabemos que os $\hat{\beta}_j$ são todos não viesados para os correspondentes β_j, $j = 1, \ldots, k$.

Além disso, como $\tilde{\delta}_j$ é exatamente uma função de $\mathbf{X}$, temos

$$E(\tilde{\beta}_j|\mathbf{X}) = E(\hat{\beta}_j|\mathbf{X}) + E(\hat{\beta}_k|\mathbf{X})\tilde{\delta}_j$$
$$= \beta_j + \beta_k\tilde{\delta}_j. \qquad (3.67)$$

A equação (3.67) mostra que $\tilde{\beta}_j$ é viesado para β_j, a menos que $\beta_k = 0$ – caso em que x_k não tem efeito parcial na população –, ou $\tilde{\delta}_j$ é igual a zero, o que significa que x_{ik} e x_{ij} são parcialmente não correlacionados na amostra. A chave para obter a equação (3.67) é a equação (3.66). Para mostrar a equação (3.66), podemos usar a equação (3.22) várias vezes. Por simplicidade, vamos olhar para $j = 1$. Agora, $\tilde{\beta}_1$ é o coeficiente de inclinação da regressão simples de y_i sobre $\tilde{r}_{i1}$, $i = 1, \ldots, n$, em que os $\tilde{r}_{i1}$ são os resíduos de MQO da regressão de x_{i1} sobre $x_{i2}, x_{i3}, \ldots, x_{i,k-1}$. Considere o numerador da expressão da $\tilde{\beta}_1$: $\sum_{i=1}^{n} \tilde{r}_{i1} y_i$. Contudo, para cada i, podemos escrever $y_i = \hat{\beta}_0 + \hat{\beta}_1 x_{i1} + \ldots + \hat{\beta}_k x_{ik} + \hat{u}_i$ e integrar na y_i. Agora, pelas propriedades dos resíduos dos MQO, as $\tilde{r}_{i1}$ têm média de amostra zero e são não correlacionadas com $x_{i2}, x_{i3}, \ldots, x_{i,k-1}$ na amostra. De forma semelhante, as $\hat{u}_i$ têm média de amostra zero e correlação de amostra zero com $x_{i1}, x_{i2}, \ldots, x_{ik}$. Por conseguinte $\tilde{r}_{i1}$ e $\hat{u}_i$ são não correlacionados na amostra (uma vez que $\tilde{r}_{i1}$ e $\hat{u}_i$ são apenas combinações lineares de $x_{i1}, x_{i2}, \ldots, x_{i,k-1}$). Assim

$$\sum_{i=1}^{n} \tilde{r}_{i1} y_i = \hat{\beta}_1 \left(\sum_{i=1}^{n} \tilde{r}_{i1} x_{i1} \right) + \hat{\beta}_k \left(\sum_{i=1}^{n} \tilde{r}_{i1} x_{ik} \right). \tag{3.68}$$

Agora, $\sum_{i=1}^{n} \tilde{r}_{i1} x_{i1} = \sum_{i=1}^{n} \tilde{r}_{i1}^2$, que é também o denominador de $\tilde{\beta}_1$. Portanto, mostramos que

$$\tilde{\beta}_1 = \hat{\beta}_1 + \hat{\beta}_k \left(\sum_{i=1}^{n} \tilde{r}_{i1} x_{ik} \right) \bigg/ \left(\sum_{i=1}^{n} \tilde{r}_{i1}^2 \right)$$
$$= \hat{\beta}_1 + \hat{\beta}_k \tilde{\delta}_1.$$

Essa é a relação que queríamos mostrar.

3A.5 Prova do Teorema 3.2

Novamente, vamos provar o teorema para $j = 1$. Escreva $\hat{\beta}_1$ como na equação (3.65). Agora, sob RLM.5, $\text{Var}(u_i|\mathbf{X}) = \sigma^2$, para todo $i = 1, \ldots, n$. Sob amostragem aleatória, os u_i são independentes, mesmo condicionados a $\mathbf{X}$, e os $\hat{r}_{i1}$ são não aleatórios condicionados a $\mathbf{X}$. Portanto,

$$\text{Var}(\hat{\beta}_1|\mathbf{X}) = \left(\sum_{i=1}^{n} \hat{r}_{i1}^2 \text{Var}(u_i|\mathbf{X}) \right) \bigg/ \left(\sum_{i=1}^{n} \hat{r}_{i1}^2 \right)^2$$
$$= \left(\sum_{i=1}^{n} \hat{r}_{i1}^2 \sigma^2 \right) \bigg/ \left(\sum_{i=1}^{n} \hat{r}_{i1}^2 \right)^2 = \sigma^2 \bigg/ \left(\sum_{i=1}^{n} \hat{r}_{i1}^2 \right).$$

Agora, visto que $\sum_{i=1}^{n} \hat{r}_{i1}^2$ é a soma dos quadrados dos resíduos da regressão de x_1 sobre $x_2, \ldots, x_k$, $\sum_{i=1}^{n} \hat{r}_{i1}^2 = \text{SQT}_1 (1 - R_j^2)$. Isso completa a prova.

3A.6 Prova do Teorema 3.4

Mostramos que, para qualquer outro estimador linear não viesado $\tilde{\beta}_1$ de β_1, $\text{Var}(\tilde{\beta}_1) \geq \text{Var}(\hat{\beta}_1)$, em que $\hat{\beta}_1$ é o estimador de MQO. Não se perde generalidade ao jogarmos o foco em $j = 1$.

Para $\hat{\beta}_1$ como na equação (3.60), podemos inserir em y_i para obter

$$\tilde{\beta}_1 = \beta_0 \sum_{i=1}^{n} w_{i1} + \beta_1 \sum_{i=1}^{n} w_{i1} x_{i1} + \beta_2 \sum_{i=1}^{n} w_{i1} x_{i2} + \ldots + \beta_k \sum_{i=1}^{n} w_{i1} x_{ik} + \sum_{i=1}^{n} w_{i1} u_i.$$

Agora, visto que os w_{i1} são funções de x_{ij},

$$\text{E}(\tilde{\beta}_1|\mathbf{X}) = \beta_0 \sum_{i=1}^{n} w_{i1} + \beta_1 \sum_{i=1}^{n} w_{i1} x_{i1} + \beta_2 \sum_{i=1}^{n} w_{i1} x_{i2} + \ldots + \beta_k \sum_{i=1}^{n} w_{i1} x_{ik} + \sum_{i=1}^{n} w_{i1} \text{E}(u_i|\mathbf{X})$$
$$= \beta_0 \sum_{i=1}^{n} w_{i1} + \beta_1 \sum_{i=1}^{n} w_{i1} x_{i1} + \beta_2 \sum_{i=1}^{n} w_{i1} x_{i2} + \ldots + \beta_k \sum_{i=1}^{n} w_{i1} x_{ik}$$

porque $E(u_i|\mathbf{X}) = 0$, para todo $i = 1, \ldots, n$, sob RLM.2 e RLM.4. Portanto, para $E(\tilde{\beta}_1|\mathbf{X})$ igualar-se a β_1 para quaisquer valores dos parâmetros, devemos ter

$$\sum_{i=1}^{n} w_{i1} = 0, \sum_{i=1}^{n} w_{i1}x_{i1} = 1, \sum_{i=1}^{n} w_{i1}x_{ij} = 0, j = 2, \ldots, k. \quad (3.69)$$

Agora, sejam $\hat{r}_{i1}$ os resíduos da regressão de x_{i1} sobre $x_{i2}, \ldots, x_{ik}$. Então, de (3.69), segue-se que

$$\sum_{i=1}^{n} w_{i1} r_{i1} = 1 \quad (3.70)$$

visto que $x_{i1} = \hat{x}_{i1} + \hat{r}_{i1}$ e $\sum_{i=1}^{n} w_{i1}\hat{x}_{i1} = 0$. Agora, considere a diferença entre $\text{Var}(\tilde{\beta}_1|\mathbf{X})$ e $\text{Var}(\hat{\beta}_1|\mathbf{X})$ sob RLM.1 a RLM.5:

$$\sigma^2 \sum_{i=1}^{n} w_{i1}^2 - \sigma^2 \bigg/ \left(\sum_{i=1}^{n} \hat{r}_{i1}^2 \right). \quad (3.71)$$

Por causa de (3.70), podemos escrever a diferença em (3.71), sem σ^2, como

$$\sum_{i=1}^{n} w_{i1}^2 - \left(\sum_{i=1}^{n} w_{i1}\hat{r}_{i1} \right)^2 \bigg/ \left(\sum_{i=1}^{n} \hat{r}_{i1}^2 \right). \quad (3.72)$$

No entanto, (3.72) é simplesmente

$$\sum_{i=1}^{n} (w_{i1} - \hat{\gamma}_1 \hat{r}_{i1})^2, \quad (3.73)$$

em que $\hat{\gamma}_1 = \left(\sum_{i=1}^{n} w_{i1}\hat{r}_{i1} \right) / \left(\sum_{i=1}^{n} \hat{r}_{i1}^2 \right)$, como pode ser visto ao se elevar cada termo em (3.73) ao quadrado, somando e cancelando os termos. Como (3.73) é exatamente a soma dos quadrados dos resíduos da regressão simples de w_{i1} sobre $\hat{r}_{i1}$ – lembre-se de que a média amostral de $\hat{r}_{i1}$ é zero – (3.73) deve ser não negativo. Isso completa a prova.

CAPÍTULO 4

Análise de regressão múltipla: inferência

Este capítulo continua o estudo da análise de regressão múltipla. Vamos nos voltar agora para o problema de testar hipóteses sobre os parâmetros do modelo da regressão populacional. Iniciaremos a Seção 4.1 encontrando as distribuições dos estimadores de MQO sob a hipótese adicional de que o erro populacional é normalmente distribuído. As Seções 4.2 e 4.3 tratam dos testes de hipóteses sobre os parâmetros individuais, enquanto a Seção 4.4 discute como testar uma única hipótese que envolve mais de um parâmetro. Na Seção 4.5, vamos dar enfoque ao teste de restrições múltiplas, bem como dedicar atenção especial em determinar se um grupo de variáveis independentes pode ser omitido do modelo.

4.1 Distribuições amostrais dos estimadores de MQO

Até este ponto, construímos um conjunto de hipóteses sob as quais o método MQO é não viesado; também derivamos e discutimos o viés causado por variáveis omitidas. Na Seção 3.4, obtivemos as variâncias dos estimadores de MQO sob as hipóteses de Gauss-Markov. Na Seção 3.5, mostramos que essa variância é a menor entre os estimadores lineares não viesados.

Conhecer o valor esperado e a variância dos estimadores de MQO é útil para descrever sua precisão. Entretanto, para a inferência estatística necessitamos conhecer mais do que apenas os dois primeiros momentos de $\hat{\beta}_j$; precisamos conhecer a distribuição amostral completa de $\hat{\beta}_j$. Mesmo sob as hipóteses de Gauss-Markov, a distribuição de $\hat{\beta}_j$ pode ter, virtualmente, qualquer forma.

Quando estabelecemos um condicionamento aos valores das variáveis independentes de nossa amostra, fica claro que as distribuições amostrais dos estimadores de MQO dependem da distribuição subjacente dos erros. Para tornar as distribuições amostrais de $\hat{\beta}_j$ passíveis de tratamento, vamos adotar agora que o erro não observado é *normalmente distribuído* na população. Chamamos isso de **hipótese da normalidade**.

Hipótese RLM.6 | Normalidade

O erro populacional u é independente das variáveis explicativas $x_1, x_2, \ldots, x_k$ e é normalmente distribuído com média zero e variância σ^2: $u \sim \text{Normal}(0,\sigma^2)$.

A Hipótese RLM.6 é muito mais forte que qualquer uma das nossas hipóteses anteriores. De fato, como u é independente de x_j sob RLM.6, $E(u|x_1, \ldots, x_k) = E(u) = 0$ e $\text{Var}(u|x_1, \ldots, x_k) = \text{Var}(u) = \sigma^2$. Assim, ao fazermos a Hipótese RLM.6, necessariamente estamos assumindo RLM.4 e RLM.5. Para enfatizar que estamos assumindo mais do que antes, vamos nos referir ao conjunto completo de Hipóteses RLM.1 a RLM.6.

Nas aplicações da regressão de corte transversal, as Hipóteses RLM.1 a RLM.6 são chamadas **hipóteses do modelo linear clássico** (**MLC**). Assim, vamos nos referir ao modelo sob essas seis hipóteses como o **modelo linear clássico**. É melhor pensar que as hipóteses do MLC contêm todas as hipóteses de Gauss-Markov *mais* a hipótese de um termo de erro normalmente distribuído.

Sob as hipóteses do MLC, os estimadores de MQO $\hat{\beta}_0, \hat{\beta}_1, \ldots, \hat{\beta}_k$ têm uma propriedade de eficiência mais forte do que teriam sob as hipóteses de Gauss-Markov. Pode-se mostrar que os estimadores de MQO são os **estimadores não viesados de variância mínima**, e significa que MQO tem a menor variância entre os estimadores não viesados; não temos mais de restringir nossa comparação com os estimadores que são lineares em y_i. Essa propriedade de MQO sob as hipóteses do MLC é discutida no Apêndice E.

Uma maneira prática de resumir as hipóteses do MLC na população é

$$y|\mathbf{x} \sim \text{Normal}(\beta_0 + \beta_1 x_1 = \ldots + \beta_k x_k, \sigma^2),$$

em que $\mathbf{x}$ é, novamente, uma maneira de escrever $(x_1, \ldots, x_k)$. Assim, condicionado a $\mathbf{x}$, y tem uma distribuição normal com média linear em $x_1, \ldots, x_k$ e uma variância constante. Para uma única variável independente x, essa situação está ilustrada na Figura 4.1.

O argumento para justificar a distribuição normal dos erros é usualmente este: como u é a soma de muitos fatores diferentes não observados que afetam y, podemos invocar o teorema do limite central (veja o Apêndice C) para concluir que u tem uma distribuição normal aproximada. Esse argumento tem algum mérito, mas não sem debilidades. Primeiro, os fatores em u podem ter distribuições muito diferentes na população (por exemplo, a aptidão e a qualidade da educação no erro de uma equação de *wage*). Embora o teorema do limite central (TLC) possa ainda ser válido em tais casos, a aproximação normal pode ser insatisfatória, dependendo de quantos fatores aparecem em u e de quão diferentes são suas distribuições.

Um problema mais sério com o argumento do TLC é que ele supõe que todos os fatores não observados afetam y de um modo separado e aditivo. Nada garante que isso seja assim. Se u é uma função complicada dos fatores não observados, então o argumento do TLC realmente não se aplica.

Em qualquer aplicação, saber se a normalidade de u pode ser presumida é uma questão empírica. Por exemplo, não há teorema que diz que *wage* condicionado a *educ*, *exper* e *tenure* é normalmente distribuído. De qualquer modo, o simples raciocínio sugere que o oposto é verdadeiro: visto que o *salário*-hora nunca pode ser menor que zero, ele não pode, estritamente falando, ter uma distribuição normal. Além disso, uma vez que há leis de salário-mínimo, alguma fração da população ganha exatamente o salário-mínimo, o que viola a hipótese de normalidade. Contudo, como uma questão prática, podemos perguntar

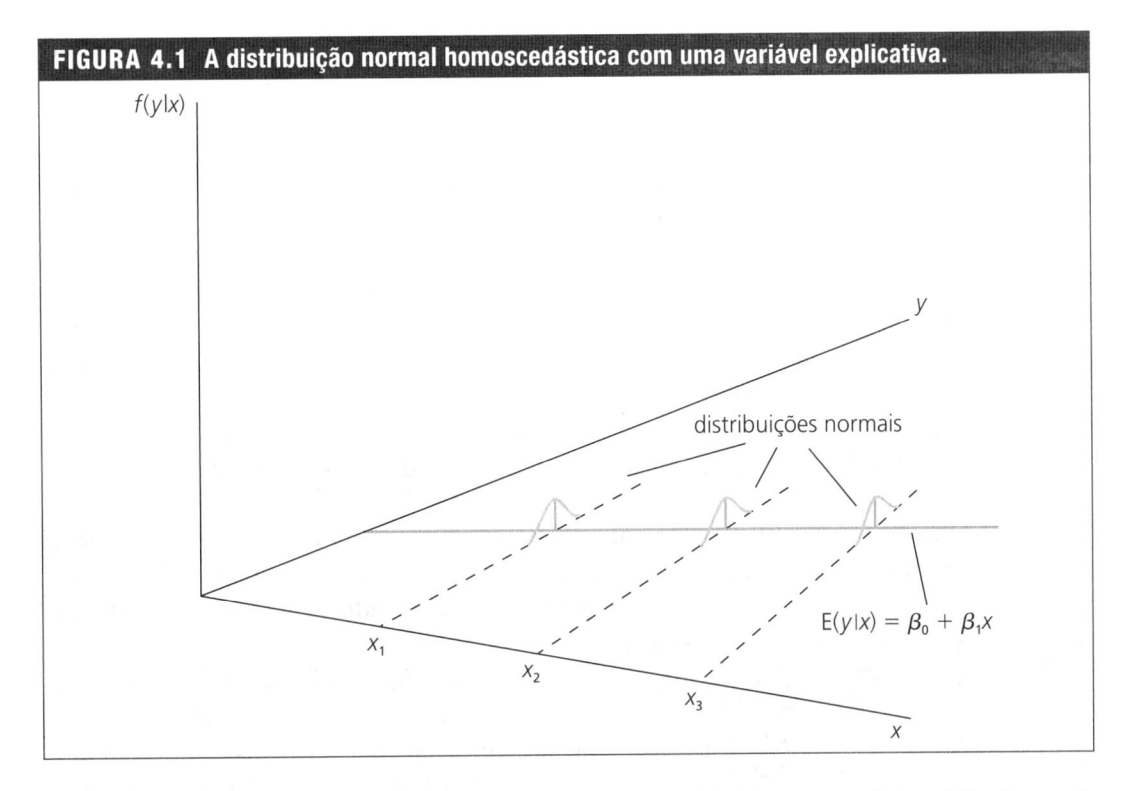

FIGURA 4.1 A distribuição normal homoscedástica com uma variável explicativa.

(figura: distribuições normais em torno de $E(y|x) = \beta_0 + \beta_1 x$, com pontos x_1, x_2, x_3 no eixo x e eixo vertical $f(y|x)$)

se a distribuição condicional do salário está "próxima" de ser normal. A evidência empírica passada sugere que normalidade *não* é uma boa hipótese para os salários.

Frequentemente, fazer uma transformação, especialmente tomando o log, produz uma distribuição que está mais próxima da normal. Por exemplo, algo como log(*preço*) tende a ter uma distribuição que parece mais normal do que a distribuição de *preço*. Uma vez mais, essa é uma questão empírica. Discutiremos as consequências da não normalidade para a inferência estatística no Capítulo 5.

Há alguns exemplos em que RLM.6 é claramente falsa, como pode ser demonstrado com uma introspecção simples. Sempre que *y* assume apenas alguns valores, ela não pode ter uma distribuição próxima de uma distribuição normal. A variável dependente do Exemplo 3.5 dá uma boa amostra. A variável *narr86*, o número de vezes que um homem jovem foi preso em 1986, considera um conjunto pequeno de valores inteiros e é igual a zero para a maioria dos homens. Assim, *narr86* está longe de ser normalmente distribuída. O que pode ser feito nesses casos? Como veremos no Capítulo 5 – e isso é importante –, a não normalidade dos erros não é um problema sério com tamanhos grandes de amostra. Por ora, vamos apenas fazer a hipótese da normalidade.

A normalidade do termo de erro traduz-se nas distribuições normais amostrais dos estimadores de MQO:

TEOREMA 4.1

DISTRIBUIÇÕES AMOSTRAIS NORMAIS

Sob as Hipóteses do MLC, RLM.1 a RLM.6, condicional aos valores amostrais das variáveis independentes,

$$\hat{\beta}_j \sim \text{Normal}[\beta_j, \text{Var}(\hat{\beta}_j)], \tag{4.1}$$

em que $\text{Var}(\hat{\beta}_j)$ foi estudada no Capítulo 3 [equação (3.51)]. Portanto,

$$(\hat{\beta}_j - \beta_j)/dp(\hat{\beta}_j) \sim \text{Normal}(0,1).$$

A prova de (4.1) não é tão difícil, dadas as propriedades das variáveis aleatórias normalmente distribuídas descritas no Apêndice B. Cada $\hat{\beta}_j$ pode ser escrito como $\hat{\beta}_j = \beta_j \sum_{i=1}^{n} w_{ij} u_i$, em que $w_{ij} = \hat{r}_{ij}/\text{SQR}_j$, $\hat{r}_{ij}$ é o i-ésimo resíduo da regressão de x_j sobre todas as outras variáveis independentes, e SQR_j é a soma dos quadrados dos resíduos dessa regressão [veja a equação (3.62)]. Como os w_{ij} dependem somente das variáveis independentes, eles podem ser tratados como não aleatórios. Assim, $\hat{\beta}_j$ é exatamente uma combinação linear dos erros na amostra, $\{u_i: i = 1, 2, ..., n\}$. Sob a Hipótese RLM.6 (e a Hipótese de amostragem aleatória RLM.2), os erros são variáveis aleatórias independentes e identicamente distribuídas com Normal (0, $\hat{\sigma}^2$). Um fato importante sobre variáveis aleatórias normais independentes é que uma combinação linear de tais variáveis é normalmente distribuída (veja o Apêndice B). Isso basicamente completa a prova. Na Seção 3.3, vimos que $E(\hat{\beta}_j) = \beta_j$, e derivamos a $\text{Var}(\hat{\beta}_j)$ na Seção 3.4; não há necessidade de derivarmos novamente essas expressões.

A segunda parte deste teorema resulta imediatamente do fato de que, quando padronizamos uma variável aleatória normal ao subtrair dela sua média e dividi-la pelo seu desvio padrão, obtemos uma variável aleatória normal padronizada.

As conclusões do Teorema 4.1 podem ser fortalecidas. Além de (4.1), qualquer combinação linear dos $\hat{\beta}_0, \hat{\beta}_1, ..., \hat{\beta}_k$ também é normalmente distribuída, e qualquer subconjunto dos $\hat{\beta}_j$ tem uma distribuição normal *conjunta*. Esses fatos estão na base dos resultados dos testes no restante deste capítulo. No Capítulo 5, mostraremos que a normalidade dos estimadores de MQO ainda é *aproximadamente* verdadeira em amostras grandes, mesmo sem normalidade dos erros.

> **QUESTÃO 4.1**
>
> Suponha que u é independente das variáveis explicativas, e que assume os valores $-2, -1, 0, 1$ e 2 com probabilidade igual a $1/5$. Isso infringe as hipóteses de Gauss-Markov? Isso infringe as hipóteses do MLC?

4.2 Testes de hipóteses sobre um único parâmetro populacional: o teste t

Esta Seção abrange o importante tópico de testar hipóteses sobre um único parâmetro da função de regressão populacional. O modelo populacional pode ser escrito como

$$y = \beta_0 + \beta_1 x_1 + ... + \beta_k x_k + u, \qquad (4.2)$$

e consideramos que ele satisfaz as hipóteses do MLC. Sabemos que MQO produz estimadores não viesados de β_j. Nesta Seção, estudaremos como testar hipóteses sobre um particular β_j. Para um entendimento completo dos testes de hipóteses, devemos lembrar que os β_j são características desconhecidas da população, e nunca os conheceremos com segurança. No entanto, podemos fazer *hipóteses* sobre o valor de β_j e, em seguida, utilizar inferência estatística para testar nossa hipótese.

A fim de construir os testes de hipóteses, precisamos do seguinte resultado:

> **TEOREMA 4.2**
>
> **A DISTRIBUIÇÃO *t* PARA OS ESTIMADORES PADRONIZADOS**
>
> Sob as hipóteses do MLC, RLM.1 a RLM.6,
>
> $$(\hat{\beta}_j - \beta_j)/\text{ep}(\hat{\beta}_j) \sim t_{n-k-1} = t_{df}, \quad (4.3)$$
>
> em que $k + 1$ é o número de parâmetros desconhecidos do modelo populacional $y = \beta_0 + \beta_1 x_1 + \ldots + \beta_k x_k + u$ (k parâmetros de inclinação mais o intercepto β_0) e $n - k - 1$ são os graus de liberdade (gl).

Esse resultado difere do Teorema 4.1 em alguns aspectos notáveis. O Teorema 4.1 mostrou que, sob as hipóteses do MLC $(\hat{\beta}_j - \beta_j)/\text{ep}(\hat{\beta}_j) \sim \text{Normal}(0,1)$. A distribuição t em (4.3) é proveniente do fato de que a constante σ em $\text{ep}(\hat{\beta}_j)$ foi substituída pela variável aleatória $\hat{\sigma}$. A prova de que isso leva a uma distribuição t com $n - k - 1$ graus de liberdade não é particularmente percebida. Essencialmente, a prova mostra que (4.3) pode ser escrita como a razão da variável aleatória normal padronizada $(\hat{\beta}_j - \beta_j)/\text{ep}(\hat{\beta}_j)$ sobre a raiz quadrada de $\hat{\sigma}^2/\sigma^2$. Pode-se mostrar que essas variáveis aleatórias são independentes, e $(n - k - 1)\hat{\sigma}^2/\sigma^2 \sim \chi^2_{n-k-1}$. O resultado decorre da definição de uma variável aleatória t (veja a Seção B.5 do Apêndice B).

O Teorema 4.2 é importante porque nos permite testar hipóteses que envolvem os β_j. Na maioria das aplicações, nosso principal interesse é testar a **hipótese nula**

$$H_0: \beta_j = 0, \quad (4.4)$$

em que j corresponde a qualquer uma das k variáveis independentes. É importante entender o que (4.4) significa, e ser capaz de descrever essas hipóteses em linguagem simples em uma determinada aplicação. Como β_j mede o efeito parcial de x_j sobre (o valor esperado de) y, após controlar todas as outras variáveis independentes (4.4) significa que, uma vez terem sido $x_1, x_2, \ldots, x_{j-1}, x_{j+1}, \ldots, x_k$ foram considerados, x_j não tem *nenhum efeito* sobre o valor esperado de y. Não podemos expressar a hipótese nula como "x_j tem realmente um efeito parcial sobre y" porque isso é verdadeiro para qualquer outro valor de β_j que não zero. O teste clássico é apropriado para testar *hipóteses simples* como (4.4).

Como um exemplo, considere a equação do salário-hora.

$$\log(wage) = \beta_0 + \beta_1 educ + \beta_2 exper + \beta_3 tenure + u.$$

A hipótese nula $H_0: \beta_2 = 0$ significa que, uma vez tendo considerado a educação formal e a permanência, o número de anos no mercado de trabalho (*exper*) não tem efeito algum sobre o salário-hora. Essa é uma hipótese economicamente interessante. Se verdadeira, ela implica o histórico de trabalho de uma pessoa, anterior ao emprego atual, e não afeta o salário. Se $\beta_2 > 0$, então a experiência prévia de trabalho contribui para a produtividade e, portanto, para o salário.

Você provavelmente se lembra, de seus cursos de estatística, dos rudimentos do teste de hipótese para a média de uma população normal. (Há uma revisão no Apêndice C.) Os mecanismos do teste (4.4) no contexto da regressão múltipla são muito semelhantes. A parte difícil está em obter as estimativas dos coeficientes, os erros padrão e os valores críticos, mas a maior parte desse trabalho é feita automaticamente por programas econométricos. Nosso trabalho é aprender como o resultado da regressão pode ser usado para testar as hipóteses de interesse.

A estatística que usamos para testar (4.4) (contra qualquer alternativa) é chamada "a" **estatística** t ou "a" **razão** t de $\hat{\beta}_j$, e é definida como

$$t_{\hat{\beta}_j} \equiv \hat{\beta}_j/\text{se}(\hat{\beta}_j). \qquad (4.5)$$

Colocamos "a" entre aspas porque, como veremos em breve, para testar outras hipóteses sobre β_j é necessária uma forma mais geral da estatística t. Por ora, é importante saber que (4.5) é apropriada somente para testar (4.4). Em aplicações específicas é útil indexar estatísticas t escrevendo a denominação da variável independente: por exemplo, t_{educ} seria a estatística de $t\,\hat{\beta}_{educ}$.

A estatística t de $\hat{\beta}_j$ é simples de calcular, dados $\hat{\beta}_j$ e seu erro padrão. De fato, a maioria dos programas de regressão faz a divisão automaticamente e informa a estatística t juntamente com cada coeficiente e seu erro padrão.

Antes de discutir como usar (4.5) para testar, formalmente, H_0: $\beta_j = 0$, é útil ver porque $t_{\hat{\beta}_j}$ tem características que o tornam razoável como uma estatística de teste para detectar $\beta_j \neq 0$. Em primeiro lugar, como $\text{ep}(\hat{\beta}_j)$ é sempre positivo, $t_{\hat{\beta}_j}$ tem o mesmo sinal de $\hat{\beta}_j$: se $\hat{\beta}_j$ é positivo, então do mesmo modo é $t_{\hat{\beta}_j}$, e se $\hat{\beta}_j$ é negativo, igualmente negativo será $t_{\hat{\beta}_j}$. Segundo, para um dado valor de $\text{ep}(\hat{\beta}_j)$, um valor maior de $\hat{\beta}_j$ leva a valores maiores de $t_{\hat{\beta}_j}$. Se $\hat{\beta}_j$ fica mais negativo, do mesmo modo fica $t_{\hat{\beta}_j}$.

Como estamos testando H_0: $\beta_j = 0$, é natural olhar nosso estimador não viesado de β_j, $\hat{\beta}_j$, como um guia. Em qualquer aplicação interessante, a estimativa pontual $\hat{\beta}_j$ *nunca* será exatamente zero, seja H_0 verdadeira ou não. A questão é: Quão distante está $\hat{\beta}_j$ de zero? Um valor amostral de $\hat{\beta}_j$ muito distante de zero fornece evidência contra H_0: $\beta_j = 0$. Entretanto, devemos reconhecer que há um erro amostral em nossa estimativa $\hat{\beta}_j$, de modo que o tamanho de $\hat{\beta}_j$ deve ser ponderado pelo seu erro amostral. Como o erro padrão de $\hat{\beta}_j$ é uma estimativa do desvio padrão de $\hat{\beta}_j$, $t_{\hat{\beta}_j}$ mede quantos desvios padrão estimados $\hat{\beta}_j$ estão afastados de zero. Isso é precisamente o que fazemos ao testar se a média de uma população é zero usando a estatística t padrão da estatística introdutória. Valores de $t_{\hat{\beta}_j}$ suficientemente distantes de zero resultarão em uma rejeição de H_0. A regra de rejeição exata depende da hipótese alternativa e do nível de significância escolhido do teste.

Determinar uma regra para rejeitar (4.4) a um dado nível de significância – isto é, a probabilidade de rejeitar H_0 quando ela é verdadeira – requer conhecer a distribuição amostral de $t_{\hat{\beta}_j}$ quando H_0 é verdadeira. Do Teorema 4.2, sabemos que ela é t_{n-k-1}. Esse é o resultado teórico essencial necessário para testar (4.4).

Antes de continuarmos, é importante lembrar que estamos testando hipóteses sobre parâmetros *populacionais*. Nós *não* estamos testando hipóteses sobre estimativas de uma amostra particular. Assim, nunca fará sentido formular a hipótese nula como "H_0: $\hat{\beta}_1 = 0$" ou, ainda pior, como "H_0: $0{,}237 = 0$" quando a estimativa do parâmetro for $0{,}237$ na amostra. Estamos testando se o valor populacional desconhecido, β_1, é zero.

Alguns tratamentos da análise de regressão definem a estatística t como o *valor absoluto* de (4.5), de modo que a estatística t sempre é positiva. Essa prática tem a desvantagem de tornar um pouco confuso o teste contra hipóteses alternativas unilaterais. Ao longo deste livro, a estatística t sempre tem o mesmo sinal da estimativa do coeficiente de MQO correspondente.

4-2a Teste contra hipóteses alternativas unilaterais

Para determinarmos uma regra para rejeitar H$_0$, precisamos decidir sobre a **hipótese alternativa** relevante. Primeiro, considere uma **hipótese alternativa unilateral** do tipo

$$H_1: \beta_j > 0. \tag{4.6}$$

Quando formulamos a hipótese alternativa como na equação (4.6), estamos realmente dizendo que a hipótese nula é H$_0$:$\beta_j \leq 0$. Por exemplo, se β_j é o coeficiente de educação em uma regressão de salário, só nos importaremos em detectar se ele é diferente de zero quando β_j for, de fato, positivo. Você pode se lembrar da estatística introdutória em que o valor nulo mais difícil de se rejeitar em favor de (4.6) é $\beta_j = 0$. Em outras palavras, se rejeitarmos o nulo $\beta_j = 0$, automaticamente rejeitaremos $\beta_j < 0$. Portanto, é suficiente agir como se estivéssemos testando H$_0$: $\beta_j = 0$ contra H$_1$: $\beta_j > 0$, ignorando efetivamente $\beta_j < 0$, e essa é a abordagem que seguimos neste livro.

Como devemos escolher uma regra de rejeição? Em primeiro lugar, devemos decidir sobre um **nível de significância** ("nível", para resumir) ou uma probabilidade de rejeitar H$_0$ quando ela é, de fato, verdadeira. Em termos mais concretos, suponha que decidimos por um nível de significância de 5%, uma vez que esta é a escolha mais comum. Assim, estamos dispostos a rejeitar erroneamente H$_0$, quando ela é verdadeira 5% das vezes. Agora, embora $t_{\hat{\beta}_j}$ tenha uma distribuição t sob H$_0$ – de modo que ele tem média igual a zero –, sob a hipótese alternativa $\beta_j > 0$, o valor esperado de $t_{\hat{\beta}_j}$ é positivo. Assim, estamos procurando um valor positivo "suficientemente grande" de $t_{\hat{\beta}_j}$ a fim de rejeitar H$_0$: $\beta_j = 0$ em favor de H$_1$:$\beta_j > 0$. Valores negativos de $t_{\hat{\beta}_j}$ não fornecem evidência em favor de H$_1$.

A definição de "suficientemente grande", com um nível de significância de 5%, é o 95º percentil de uma distribuição t com $n - k - 1$ graus de liberdade; denominemos esse ponto de c. Em outras palavras, a **regra de rejeição** é que H$_0$ é rejeitada em favor de H$_1$, no nível de significância de 5%, se

$$t_{\hat{\beta}_j} > c. \tag{4.7}$$

De acordo com nossa escolha do **valor crítico** c, a rejeição de H$_0$, quando ela é verdadeira, ocorrerá em 5% de todas as amostras aleatórias.

A regra de rejeição em (4.7) é um exemplo de um **teste monocaudal**. Para obtermos c, necessitamos somente do nível de significância e dos graus de liberdade. Por exemplo, para um teste no nível de 5% e com $n - k - 1 = 28$ graus de liberdade, o valor crítico é $c = 1,701$. Se $t_{\hat{\beta}_j} \leq 1,701$, não rejeitamos H$_0$ em favor de (4.6) no nível de 5%. Observe que um valor negativo de $t_{\hat{\beta}_j}$, não importando o tamanho desse valor em termos absolutos, leva a uma negativa em rejeitar H$_0$ em favor de (4.6). (Veja a Figura 4.2.)

O mesmo procedimento pode ser usado com outros níveis de significância. Para um teste no nível de 10% e se $gl = 21$, o valor crítico é $c = 1,323$. Para um nível de significância de 1% e se $gl = 21$, $c = 2,518$. Todos esses valores críticos são obtidos diretamente da Tabela G.2. Você deve observar um padrão nos valores críticos: quando o nível de significância cai, o valor crítico aumenta, de modo que, para rejeitar H$_0$, exigimos um valor cada vez maior de $t_{\hat{\beta}_j}$. Assim, se H$_0$ é rejeitada, por exemplo, no nível de 5%, então ela também é, automaticamente, rejeitada no nível de 10%. Não faz

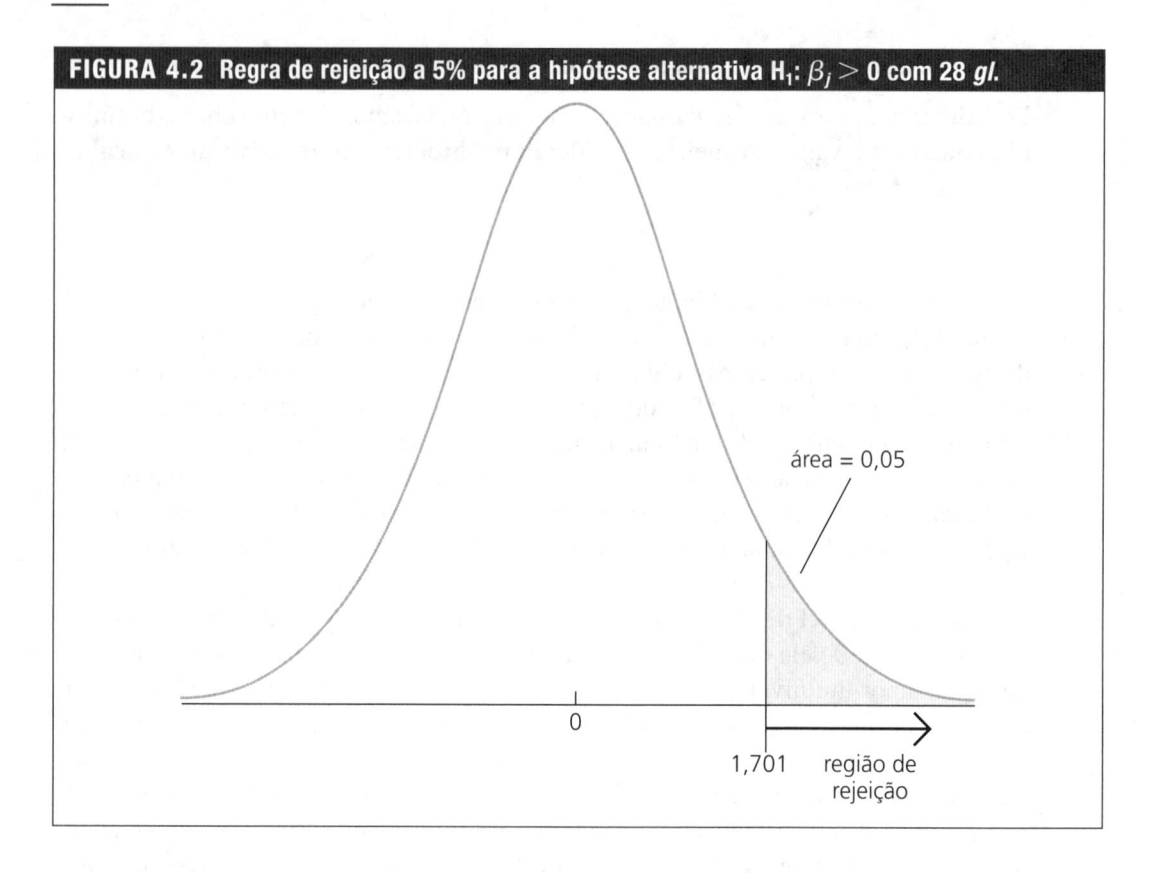

FIGURA 4.2 Regra de rejeição a 5% para a hipótese alternativa H$_1$: $\beta_j > 0$ com 28 *gl*.

área = 0,05

0

1,701   região de rejeição

sentido rejeitar a hipótese nula, por exemplo, no nível de 5% e, em seguida, refazer o teste para nos certificarmos do resultado no nível de 10%.

À medida que os graus de liberdade da distribuição *t* ficam maiores, a distribuição *t* aproxima-se da distribuição normal padronizada. Por exemplo, quando $n - k - 1 = 120$, o valor crítico de 5% para a hipótese alternativa unilateral (4.7) é 1,658, comparável ao valor normal padronizado de 1,645. Esses valores, em objetivos práticos, são suficientemente próximos; para graus de liberdade maiores que 120, pode-se usar os valores críticos da distribuição normal padronizada.

EXEMPLO 4.1   Equação do salário-hora

Usando os dados do arquivo WAGE1, obtemos a equação estimada

$$\widehat{\log(wage)} = 0{,}284 + 0{,}092\,educ + 0{,}0041\,exper + 0{,}022\,tenure$$
$$\quad\quad (0{,}104)\ \ (0{,}007)\quad\quad (0{,}0017)\quad\quad (0{,}003)$$
$$n = 526,\ R^2 = 0{,}316,$$

em que os erros padrão aparecem entre parênteses abaixo dos coeficientes estimados. Seguiremos essa convenção ao longo do livro. Essa equação pode ser usada para testar se o retorno de *exper*, controlando *educ* e *tenure*, é zero na população, contra a hipótese alternativa de que ele é positivo. Para tanto, escreva H$_0$: $\beta_{exper} = 0$ *versus* H$_1$: $\beta_{exper} > 0$. (Nas aplicações, indexar um parâmetro pelo nome da variável ao qual está associado é uma maneira hábil de caracterizar os parâmetros, visto que os índices numéricos que usamos são, em geral, arbitrários e podem causar confusão.) Lembre-se de que β_{exper}

representa o parâmetro populacional desconhecido. Não faz sentido algum escrever "H$_0$: 0,0041 = 0" ou "H$_0$: $\hat{\beta}_{exper}$ = 0".

Como temos 522 graus de liberdade, podemos usar os valores críticos da distribuição normal padronizada. O valor crítico a 5% é 1,645, e o valor crítico a 1% é 2,326. A estatística t para $\hat{\beta}_{exper}$ é

$$t_{exper} = 0{,}0041/0{,}0017 \approx 2{,}41,$$

e portanto $\hat{\beta}_{exper}$, ou *exper*, é estatisticamente significante mesmo no nível de 1%. Também dizemos que "$\hat{\beta}_{exper}$ é estatisticamente maior que zero ao nível de significância de 1%".

O retorno estimado para um ano a mais de experiência, mantendo fixas a permanência e a educação formal, não é muito grande. Por exemplo, acrescentar três anos aumenta log(*wage*) em 3(0,0041) = 0,0123, de modo que o salário é somente cerca de 1,2% maior. No entanto, mostramos, de modo convincente, que o efeito parcial da experiência é positivo na população.

A hipótese alternativa unilateral cujo parâmetro é menor que zero,

$$\text{H}_1: \beta_j < 0, \qquad (4.8)$$

também aparece nas aplicações. A regra de rejeição para a hipótese alternativa (4.8) é exatamente a imagem espelhada do caso anterior. Agora, o valor crítico vem da cauda esquerda da distribuição t. Na prática, é mais fácil pensar a regra de rejeição como

$$t_{\hat{\beta}_j} < -c, \qquad (4.9)$$

em que c é o valor crítico da alternativa H$_1$: $\beta_j > 0$. Para simplificar, sempre assumimos que c é positivo, visto que é assim que os valores críticos são apresentados nas tabelas t, e, portanto, o valor crítico $-c$ é um número negativo.

Por exemplo, se o nível de significância é 5% e o número de graus de liberdade é 18, então $c = 1{,}734$, e assim H$_0$: $\beta_j = 0$ é rejeitada em favor de H$_1$: $\beta_j < 0$ no nível de 5% se $t_{\hat{\beta}_j} < -1{,}734$. É importante lembrar que, para rejeitar H$_0$ contra a hipótese alternativa negativa (4.8), devemos obter uma estatística t negativa. Uma razão t positiva, não importa o quão grande ela seja, não fornece evidência em favor de (4.8). A regra de rejeição está ilustrada na Figura 4.3.

QUESTÃO 4.2

Sejam as taxas de aprovação de empréstimos de uma comunidade determinadas por

apprate = β_0 + β_1 *percmin* + β_2 *avginc* + β_3 *avgwlth* + β_4 *avgdebt* + *u*,

em que *percmin* é a porcentagem de menoridade na comunidade, *avginc* é a renda média, *avgwlth* é a riqueza média, e *avgdebt* é alguma medida de dívidas médias. Como você formularia a hipótese nula de que não há diferença nas taxas de empréstimos entre os bairros em razão da composição racial e étnica quando a renda média, a riqueza média e a dívida média foram controladas? Como você formularia a hipótese alternativa de que há discriminação contra as minorias nas taxas de aprovação de empréstimos?

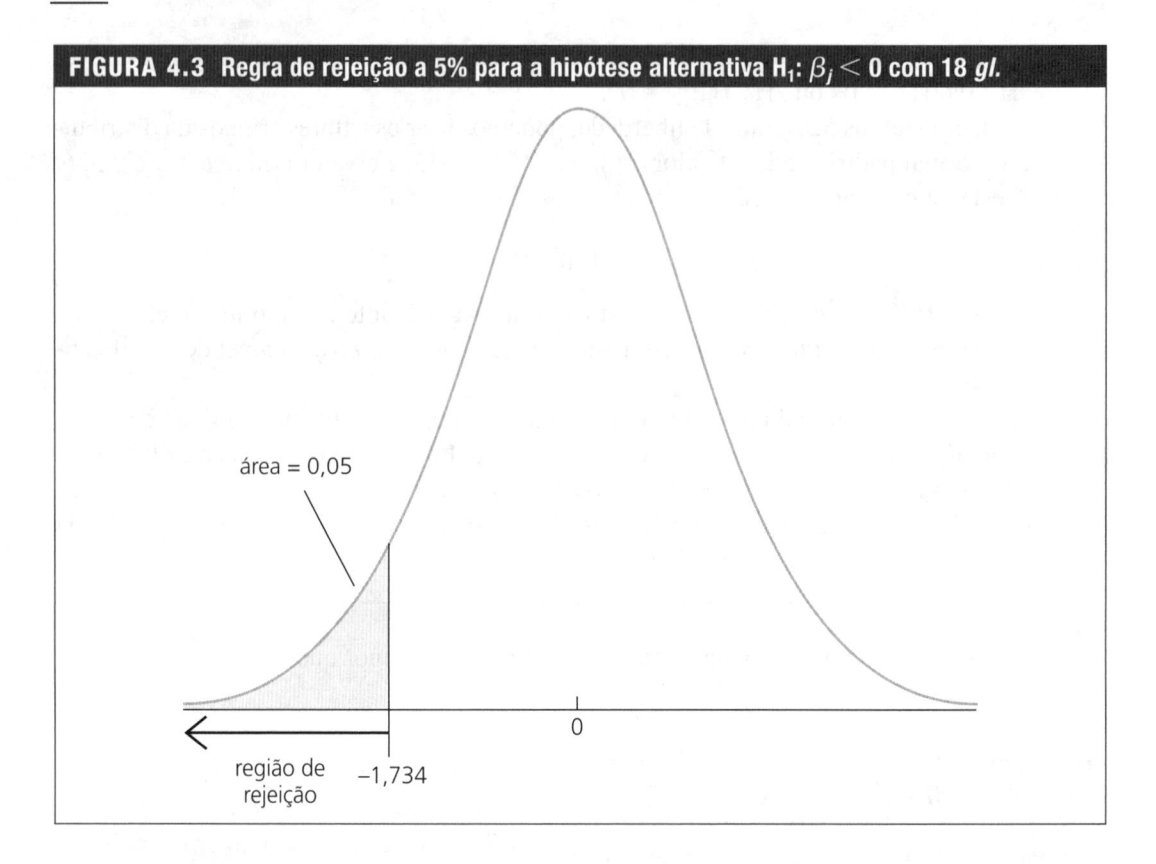

FIGURA 4.3 Regra de rejeição a 5% para a hipótese alternativa H$_1$: $\beta_j < 0$ com 18 gl.

área = 0,05

região de rejeição   −1,734   0

EXEMPLO 4.2   Desempenho de estudantes e tamanho das escolas

Há muito interesse no efeito do tamanho das escolas sobre o desempenho dos estudantes. (Veja, por exemplo, a edição da revista *The New York Times Magazine*, de 28.5.95.) Afirma-se que, tudo o mais sendo igual, os estudantes de escolas menores saem-se melhor do que aqueles de escolas maiores. Acredita-se que essa hipótese é verdadeira, mesmo após considerar as diferenças de tamanho das salas entre as escolas.

O arquivo MEAP93 contém dados sobre 408 escolas de ensino médio em Michigan para o ano de 1993. Podemos usar esses dados para testar a hipótese nula de que o tamanho da escola não tem efeito sobre as notas de testes padronizados, contra a hipótese alternativa de que o tamanho tem um efeito negativo. O desempenho é medido pela porcentagem de estudantes que recebem uma nota de aprovação no teste de matemática, *math10*. O tamanho da escola é medido pelo número de estudantes matriculados (*enroll*). A hipótese nula é H$_0$: $\beta_{enroll} = 0$, e a hipótese alternativa é H$_1$: $\beta_{enroll} < 0$. Por ora, vamos controlar outros dois fatores: o salário anual médio dos professores (*totcomp*) e o número de funcionários por mil estudantes (*staff*). O salário do professor é uma medida da qualidade do professor, e o tamanho de *staff* é uma medida aproximada da atenção recebida pelos estudantes.

A equação estimada, com os erros padrão entre parênteses, é

$$\widehat{math10} = 2{,}274 + 0{,}00046 \ totcomp + 0{,}048 \ staff - 0{,}00020 \ enroll$$
$$(6{,}113) \quad (0{,}00010) \quad\quad (0{,}040) \quad\quad (0{,}00022)$$
$$n = 408, R^2 = 0{,}0541.$$

O coeficiente de *enroll*, −0,00020, está de acordo com a conjectura de que escolas maiores tolhem o desempenho: números maiores de matrículas levam a uma porcentagem menor de estudantes com nota de aprovação. (Os coeficientes de *totcomp* e *staff* também têm os sinais esperados.) O fato de *enroll* ter um coeficiente estimado diferente de zero pode ser por causa, justamente, do erro de amostragem; para nos convencermos de um efeito, precisamos conduzir um teste *t*.

Como $n - k - 1 = 408 - 4 = 404$, usamos o valor crítico normal padronizado. No nível de 5%, o valor crítico é −1,65; para rejeitar H_0 no nível de 5%, a estatística *t* de *matricl* deve ser menor que −1,65.

A estatística *t* de *enroll* é $-0,00020/0,00022 \approx -0,91$, que é maior que −1,65: não podemos rejeitar H_0 em favor de H_1 no nível de 5%. De fato, o valor crítico no nível de 15% é −1,04, e, como $-0,91 > -1,04$, não é possível rejeitar H_0 mesmo no nível de 15%. Concluímos que *enroll* não é estatisticamente significante no nível de 15%.

A variável *totsal* é estatisticamente significante mesmo no nível de significância de 1% porque sua estatística *t* é 4,6. Do outro lado, a estatística *t* de *staff* é 1,2, portanto não podemos rejeitar H_0: $\beta_{staff} = 0$ contra H_1: $\beta_{staff} > 0$, mesmo no nível de significância de 10%. (O valor crítico, calculado a partir da distribuição normal padronizada, é $c = 1,28$.)

Para ilustrar como a mudança da forma funcional pode afetar nossas conclusões, vamos estimar também o modelo com todas as variáveis independentes na forma logarítmica. Isso permite, por exemplo, que o efeito do tamanho da escola diminua quando o tamanho da escola aumenta. A equação estimada é

$$\widehat{math10} = -207,66 + 21,16 \log(totcomp) + 3,98 \log(staff) - 1,29 \log(enroll)$$
$$(48,70) \quad (4,06) \quad\quad\quad (4,19) \quad\quad\quad (0,69)$$
$$n = 408, R^2 = 0,0654.$$

A estatística *t* de log(*enroll*) é cerca de −1,87; como esse valor está abaixo do valor crítico ao nível de 5% −1,65, rejeitamos H_0: $\beta_{\log(enroll)} = 0$ em favor de H_1: $\beta_{\log(enroll)} < 0$ no nível de 5%.

No Capítulo 2, encontramos um modelo em que a variável dependente aparecia em sua forma original (chamada forma de nível), enquanto a variável independente aparecia na forma log (chamado modelo *nível-log*). A interpretação dos parâmetros é a mesma no contexto da regressão múltipla, exceto, evidentemente, que podemos dar uma interpretação *ceteris paribus* aos parâmetros. Mantendo fixos *totcomp* e *staff*, temos $\Delta\widehat{math10} = -1,29[\Delta\log(enroll)]$, de modo que

$$\Delta\widehat{math10} \approx -(1,29/100)(\%\Delta enroll) \approx -0,013(\%\Delta enroll)$$

Uma vez mais, usamos o fato de que a variação em log(*enroll*), quando multiplicada por 100, é aproximadamente a variação percentual em *enroll*. Assim, se o número de matrículas é 10% maior em uma escola, $\widehat{math10}$ prevê-se que é 0,013(10) = 0,13 ponto percentual menor (*math10* é mensurado como uma porcentagem).

Que modelo preferimos: aquele que usa o nível de *enroll* ou aquele que usa log(*enroll*)? No modelo nível-nível, o número de matrículas não tem um efeito estatisticamente significativo, mas no modelo nível-log ele tem. Isso se traduz em um *R*-quadrado maior para o modelo nível-log, o que significa dizer que explicamos mais

> da variação em *math10* ao usar *enroll* na forma logarítmica (6,5% contra 5,4%). O modelo nível-log é preferível, pois ele captura, de modo mais próximo, a relação entre *math10* e *enroll*. No Capítulo 6, falaremos mais sobre como usar o *R*-quadrado para escolher a forma funcional.

4-2b Teste contra hipóteses alternativas bilaterais

Nas aplicações, é comum testar a hipótese nula $H_0: \beta_j = 0$ contra uma hipótese **alternativa bilateral**, ou seja,

$$H_1: \beta_j \neq 0. \tag{4.10}$$

Sob essa hipótese alternativa, x_j há um efeito *ceteris paribus* sobre y sem especificar se o efeito é positivo ou negativo. Ela é a hipótese alternativa relevante quando o sinal de β_j não é bem determinado pela teoria (ou pelo senso comum). Mesmo quando sabemos se β_j é positivo ou negativo sob a hipótese alternativa, um teste bilateral é muitas vezes prudente. No mínimo, usar uma alternativa bilateral nos impede de olhar a equação estimada e, então, basear a hipótese alternativa em se $\hat{\beta}_j$ é positivo ou negativo. Usar as estimativas da regressão para ajudar a formular as hipóteses nula e alternativa não é permitido, porque a inferência estatística clássica pressupõe que formulamos as hipóteses nula e alternativa sobre a população antes de olhar os dados. Por exemplo, não devemos estimar em primeiro lugar a equação que relaciona o desempenho em matemática ao número de matrículas, observar que o efeito estimado é negativo e, em seguida, decidir que a hipótese alternativa relevante é $H_1: \beta_{enroll} < 0$.

Quando a alternativa é bilateral, estamos interessados no *valor absoluto* da estatística t. A regra de rejeição para $H_0: \beta_j = 0$ contra (4.10) é

$$|t_{\hat{\beta}_j}| > c, \tag{4.11}$$

em que $|\cdot|$ representa o valor absoluto e c é um valor crítico apropriadamente escolhido. Para achar c, vamos especificar novamente um nível de significância, por exemplo, de 5%. Para um **teste bicaudal**, c é escolhido de tal forma que faça que a área em cada cauda da distribuição t seja igual a 2,5%. Em outras palavras, c é o 97,5º percentil da distribuição t com $n - k - 1$ graus de liberdade. Quando $n - k - 1 = 25$, o valor crítico de 5% para um teste bilateral é $c = 2,060$. A Figura 4.4 ilustra essa distribuição.

Quando uma hipótese alternativa específica não é formulada, considera-se geralmente que ela é bilateral. No restante deste livro, o padrão será uma hipótese alternativa bilateral, e 5% será o nível de significância padrão. Ao conduzir uma análise econométrica empírica, é sempre uma boa ideia explicitar qual é a hipótese alternativa e o nível de significância. Se H_0 é rejeitada em favor de (4.10) no nível de 5%, em geral dizemos que "x_j é **estatisticamente significante**, ou estatisticamente diferente de zero, no nível de 5%". Se H_0 não é rejeitada, dizemos que "x_j é **estatisticamente não significante** no nível de 5%".

FIGURA 4.4 Regra de rejeição a 5% para a alternativa H_1: $\beta_j \neq 0$ com 25 *gl*.

área = 0,025

área = 0,025

região de rejeição   −2,06

2,06   região de rejeição

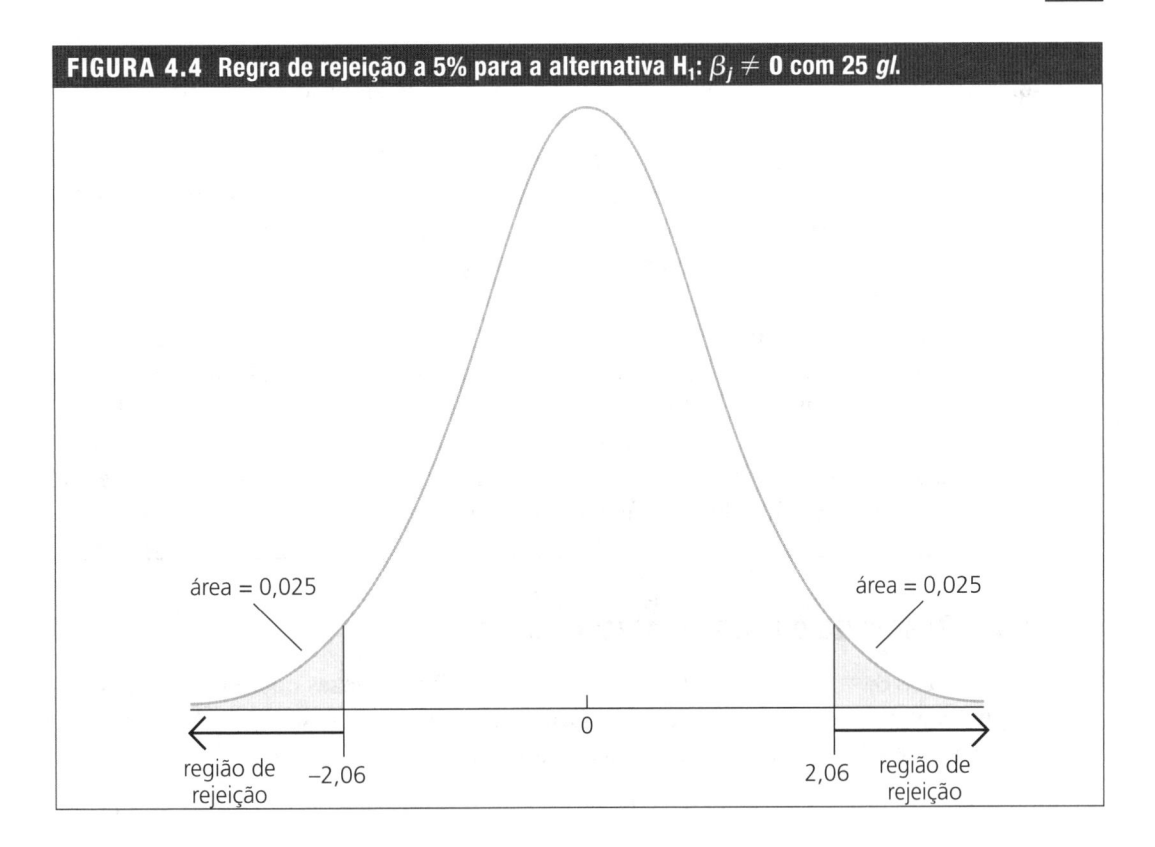

EXEMPLO 4.3   Determinantes de *colGPA*

Usamos os dados do arquivo GPA1 para estimar um modelo que explique a nota média em curso superior (*colGPA*), utilizando o número de faltas às aulas por semana (*skipped*) como uma variável explicativa adicional. O modelo estimado é

$$\widehat{colGPA} = 1{,}39 + 0{,}412\, emGPA + 0{,}015\, ACT - 0{,}083\, skipped$$
$$(0{,}33)\quad (0{,}094)\qquad\qquad (0{,}011)\qquad\quad (0{,}026)$$
$$n = 141, R^2 = 0{,}234.$$

Podemos facilmente calcular as estatísticas *t* para verificar quais variáveis são estatisticamente significantes ao usar uma hipótese alternativa bilateral em cada caso. O valor crítico de 5% é cerca de 1,96, visto que os graus de liberdade (141 − 4 = 137) são suficientemente grandes para usar a aproximação normal padronizada. O valor crítico de 1% é cerca de 2,58.

A estatística *t* de *hsGPA* é 4,38, significante mas em níveis de significância muito pequenos. Assim, dizemos que "*hsGPA* é estatisticamente significante a qualquer nível de significância convencional". A estatística *t* de ACT é 1,36, que não é estatisticamente significante ao nível de 10% contra uma alternativa bilateral. O coeficiente de ACT também é, na prática, pequeno: um aumento de 10 pontos em ACT, que é grande, faz que o valor previsto de *colGPA* cresça somente 0,15 pontos. Assim, a variável ACT é, na prática e estatisticamente, não significante.

O coeficiente de faltas tem uma estatística t de $-0{,}083/0{,}026 = -3{,}19$, de modo que *skipped* é estatisticamente significante no nível de significância de 1% (3,19 > 2,58). Isso significa que uma falta a mais por semana diminui o *colGPA* previsto em cerca de 0,083. Assim, mantendo *hsGPA* e *ACT* fixos, a diferença prevista em *colGPA* entre um estudante que não falta a nenhuma aula por semana e um estudante que falta a cinco aulas por semana é de 0,42. Lembre-se de que isso não diz nada sobre estudantes específicos; mais exatamente, 0,42 é a média estimada em toda uma subpopulação de estudantes.

No exemplo, para cada variável do modelo, poderíamos argumentar que uma hipótese alternativa unilateral é apropriada. As variáveis *hsGPA* e *skipped* são muito significantes ao se usar um teste bicaudal e têm os sinais que esperamos, de modo que não há razão para fazer um teste monocaudal. De outro lado, contra uma hipótese alternativa unilateral ($\beta_3 > 0$), *ACT* é significante no nível de 10%, mas não no nível de 5%. Isso não muda o fato de o coeficiente de *ACT* ser muito pequeno.

4-2c Testes de outras hipóteses sobre β_j

Embora $H_0: \beta_j = 0$ seja a hipótese mais comum, algumas vezes queremos testar se β_j é igual a alguma outra constante dada. Dois exemplos comuns são $\beta_j = 1$ e $\beta_j = -1$. Em geral, se a hipótese nula é expressa como

$$H_0: \beta_j = a_j, \qquad (4.12)$$

em que a_j é nosso valor hipotético de β_j, então a estatística t apropriada é

$$t = (\hat{\beta}_j - a_j)/\text{ep}(\hat{\beta}_j).$$

Assim como antes, t mede quantos desvios padrão estimados $\hat{\beta}_j$ está distante do valor hipotético de β_j. A estatística t geral é usualmente escrita como

$$t = \frac{(estimativa - valor\ hipotético)}{erro\ padrão}. \qquad (4.13)$$

Sob (4.12), essa estatística t é distribuída como t_{n-k-1}, de acordo com o Teorema 4.2. A estatística t usual é obtida quando $a_j = 0$.

Podemos usar a estatística t geral para fazer o teste contra hipóteses alternativas unilaterais ou bilaterais. Por exemplo, se as hipóteses nula e alternativa são $H_0: \beta_j = 1$ e $H_1: \beta_j > 1$, então encontramos o valor crítico para uma alternativa unilateral *exatamente* como antes: a diferença está em como calculamos a estatística t, não em como obtemos o c apropriado. Rejeitamos H_0 em favor de H_1 se $t > c$. Nesse caso, diríamos que "$\hat{\beta}_j$ é estatisticamente maior que um" no nível de significância apropriado.

EXEMPLO 4.4   Crimes no campus e matrículas

Considere um modelo simples que relaciona o número anual de crimes no *campus* de uma universidade (*crime*) ao número de estudantes matriculados na universidade (*enroll*):

$$\log(crime) = \beta_0 + \beta_1 \log(enroll) + u.$$

Esse é um modelo de elasticidade constante, em que β_1 é a elasticidade do crime em relação às matrículas. Não é muito útil testar H_0: $\beta_1 = 0$, se esperamos que o número total de crimes aumente quando o tamanho do *campus* aumenta. Uma hipótese mais interessante seria supor que a elasticidade do crime em relação a matrículas é igual a um: H_0: $\beta_1 = 1$. Isso significa que um aumento de 1% nas matrículas leva, em média, a um aumento de 1% nos crimes. Uma hipótese alternativa digna de nota é H_1: $\beta_1 > 1$, implica um aumento de 1% nas matrículas que aumenta o crime no *campus* em mais de 1%. Se $\beta_1 > 1$, então, em um sentido relativo – não exatamente um sentido absoluto –, o crime é mais um problema de *campi* maiores. Uma maneira de ver isso é considerar o exponencial da equação:

$$crime = \exp(\beta_0) enroll^{\beta_1} \exp(u).$$

(Veja as propriedades do logaritmo natural e das funções exponenciais no Apêndice A.) Para $\beta_0 = 0$ e $u = 0$, essa equação está representada na Figura 4.5, com $\beta_1 < 1$, $\beta_1 = 1$ e $\beta_1 > 1$.

Vamos testar $\beta_1 = 1$ contra $\beta_1 > 1$, usando os dados de 97 faculdades e universidades dos Estados Unidos no ano de 1992, os quais estão contidos no arquivo CAMPUS. Os dados são provenientes do Programa Uniform Crime Reports, do FBI, e o número médio de crimes no *campus* é cerca de 394 na amostra, enquanto o número médio de matrículas é aproximadamente 16.076. A equação estimada (com as estimativas e os erros padrão arredondados em duas casas decimais) é

$$\widehat{\log(crime)} = -6{,}63 + 1{,}27 \log(enroll) \tag{4.14}$$
$$(1{,}03) \quad (0{,}11)$$
$$n = 97, R^2 = 0{,}585.$$

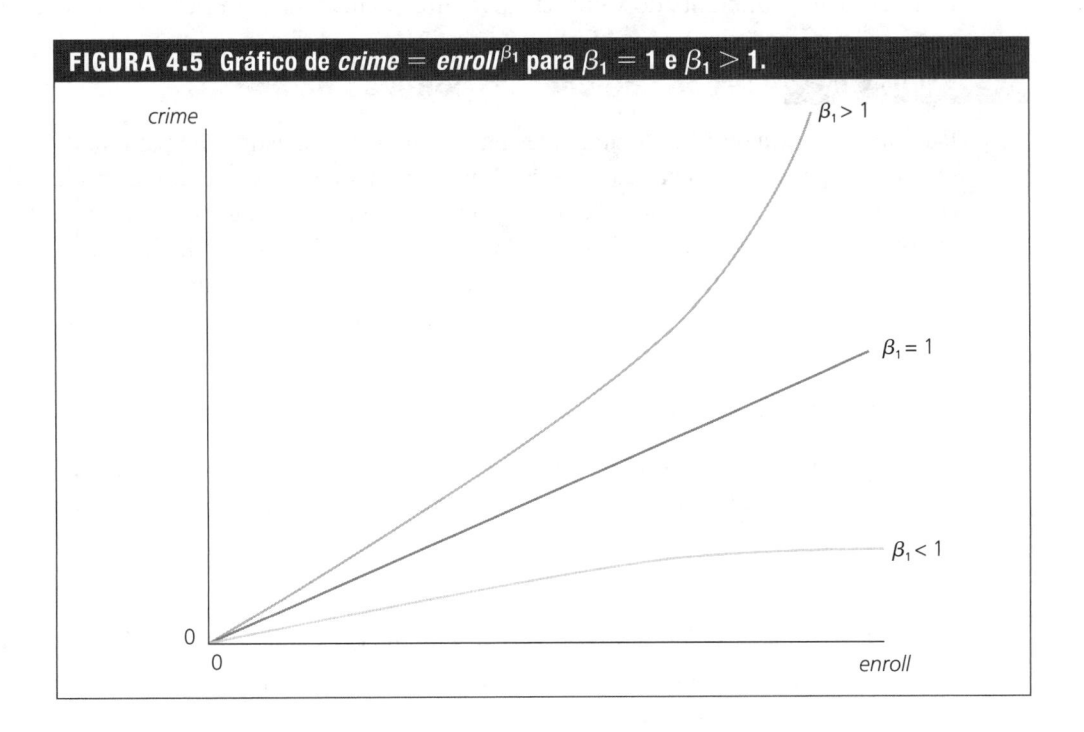

FIGURA 4.5 Gráfico de *crime* = *enroll*$^{\beta_1}$ para $\beta_1 = 1$ e $\beta_1 > 1$.

A elasticidade estimada de *crime* em relação a *enroll*, 1,27, está na direção da alternativa $\beta_1 > 1$. No entanto, há evidência suficiente para concluir que $\beta_1 > 1$? Precisamos tomar cuidado ao testar essa hipótese, especialmente porque os resultados estatísticos dos programas padrão de regressão são muito mais complexos do que o resultado simplificado informado pela equação (4.14). Nosso primeiro instinto deveria ser construir "a" estatística *t*, tomando o coeficiente de log(*enroll*) e dividindo-o pelo seu erro padrão, que é a estatística *t* descrita por um programa de regressão. No entanto, essa é a estatística errada para testar $H_0: \beta_1 = 1$. A estatística *t* correta é obtida de (4.13): subtraímos o valor hipotético, um, da estimativa e dividimos o resultado pelo seu erro padrão de $\hat{\beta}_1$: t = (1,27 − 1)/0,11 = 0,27/0,11 ≈ 2,45. O valor crítico unilateral de 5% para uma distribuição *t* com 97 − 2 = 95 gl é cerca de 1,66 (usando gl = 120), de modo que, claramente, rejeitamos $\beta_1 = 1$ em favor de $\beta_1 > 1$ no nível de 5%. De fato, o valor crítico de 1% é cerca de 2,37, e, portanto, rejeitamos a hipótese nula em favor da hipótese alternativa, no nível de 1%.

Devemos ter em mente que essa análise não mantém os outros fatores constantes e, portanto, a elasticidade de 1,27 não é necessariamente uma boa estimativa do efeito *ceteris paribus*. É possível que um número maior de matrículas esteja correlacionado com outros fatores que tornam maior a incidência de crimes: escolas maiores podem estar localizadas em áreas de maior ocorrência de crimes. Poderíamos controlar isso ao coletar dados sobre taxas de crimes em cada cidade.

Para um teste alternativo bilateral, por exemplo, $H_0: \beta_j = -1$, $H_1: \beta_j \neq -1$, ainda calculamos a estatística *t* como em (4.13): $t = (\hat{\beta}_j + 1)/\text{ep}(\hat{\beta}_j)$ (observe que subtrair −1 significa adicionar 1). A regra de rejeição para o teste bicaudal é a usual: rejeitar H_0 se $|t| > c$, em que *c* é o valor crítico bicaudal. Se H_0 é rejeitada, dizemos que "$\hat{\beta}_j$ é estatisticamente diferente do valor negativo um" no nível de significância apropriado.

EXEMPLO 4.5 Preços de casas e poluição do ar

Para uma amostra de 506 comunidades na área de Boston, estimamos um modelo que relaciona o preço médio das casas (*price*) nas comunidades a várias características das comunidades: *nox* é a quantidade de óxido nitroso no ar, em partes por milhão; *dist* é uma distância ponderada da comunidade em relação a cinco centrais de emprego, em milhas; *rooms* é o número médio de cômodos nas casas da comunidade; e *stratio* é a razão média estudante-professor nas escolas da comunidade. O modelo populacional é

$$\log(price) = \beta_0 + \beta_1 \log(nox) + \beta_2 \log(dist) + \beta_3 rooms + \beta_4 stratio + u.$$

Assim, β_1 é a elasticidade do preço em relação a *nox*. Queremos testar $H_0: \beta_1 = -1$ contra a hipótese alternativa $H_1: \beta_1 \neq -1$. A estatística *t* para fazer esse teste é $t = (\hat{\beta}_1 + 1)/\text{ep}(\hat{\beta}_1)$.

Usando os dados do arquivo HPRICE2, o modelo estimado é

$$\widehat{\log(price)} = 11{,}08 - 0{,}954 \log(nox) - 0{,}134 \log(dist) + 0{,}255\, rooms - 0{,}052\, stratio$$
$$\phantom{\widehat{\log(price)} = } (0{,}32) \quad (0{,}117) (0{,}043) (0{,}019) (0{,}006)$$

$n = 506$, $R^2 = 0{,}581$.

Todas as estimativas de inclinação têm os sinais esperados. Cada coeficiente é estatisticamente diferente de zero a níveis de significância muito pequenos, incluindo o coeficiente de log(nox). No entanto, não queremos testar $\beta_1 = 0$. A hipótese nula de interesse é $H_0: \beta_1 = -1$, com a estatística t correspondente $(-0,954 + 1)/0,117 = 0,393$. Quando a estatística t é pequena como essa, há pouca necessidade de olhar a tabela t de um valor crítico: a elasticidade estimada não é estatisticamente diferente de -1, mesmo a níveis de significância bastante altos. Controlando fatores que incluímos, há pouca evidência de que a elasticidade seja diferente de -1.

4-2d Cálculos dos *p*-valores dos testes *t*

Até agora, falamos sobre como testar hipóteses ao usar uma abordagem clássica: após formular a hipótese alternativa, escolhemos um nível de significância, que então determina um valor crítico. Uma vez que o valor crítico tenha sido identificado, o valor da estatística t é comparado com o valor crítico, e a hipótese nula é rejeitada ou não, ao nível de significância dado.

Mesmo após decidir sobre a alternativa apropriada, há um componente de arbitrariedade na abordagem clássica, resultante da necessidade de escolher um nível de significância com antecedência. Diferentes pesquisadores preferem níveis de significância diferentes, dependendo da aplicação particular. Não há nível de significância "correto".

Comprometer-se com um nível de significância antecipadamente pode esconder informações úteis sobre o resultado de um teste de hipóteses. Por exemplo, suponha que desejamos testar a hipótese nula de que um parâmetro seja zero contra uma hipótese alternativa bilateral, e que com 40 graus de liberdade, obtivemos uma estatística t igual a 1,85. A hipótese nula não é rejeitada no nível de 5%, visto que a estatística t é menor que o valor crítico bicaudal de $c = 2,021$. Um pesquisador cujo propósito é não rejeitar a hipótese nula poderia simplesmente descrever esse resultado juntamente com a estimativa: a hipótese nula não é rejeitada no nível de 5%. Evidentemente, se a estatística t, ou o coeficiente e seu erro padrão fossem informados, então poderíamos também determinar que a hipótese nula seria rejeitada ao nível de 10%, uma vez que o valor crítico de 10% é $c = 1,684$.

Em vez de fazer o teste a diferentes níveis de significância, é mais informativo responder à seguinte questão: dado o valor observado da estatística t, qual é *o menor* nível de significância ao qual a hipótese nula seria rejeitada? Esse nível é conhecido como o ***p*-valor** do teste (veja o Apêndice C). No exemplo anterior, sabemos que o *p*-valor é maior que 0,05, visto que a hipótese nula não é rejeitada no nível de 5%, e sabemos que o *p*-valor é menor que 0,10, uma vez que a hipótese nula é rejeitada no nível de 10%. Obtemos o *p*-valor real ao calcular a probabilidade de que uma variável aleatória t, com 40 gl, seja maior que 1,85 em valor absoluto. Isto é, o *p*-valor é o nível de significância do teste quando usamos o valor da estatística de teste (1,85 no exemplo anterior) como o valor crítico do teste. Esse *p*-valor é mostrado na Figura 4.6.

Como um *p*-valor é uma probabilidade, seu valor está sempre entre zero e um. A fim de calcular os *p*-valores, precisamos de tabelas impressas extremamente detalhadas da distribuição t – o que não é muito prático – ou um programa de computador que calcule as áreas sob a função densidade de probabilidade da distribuição t. A maioria

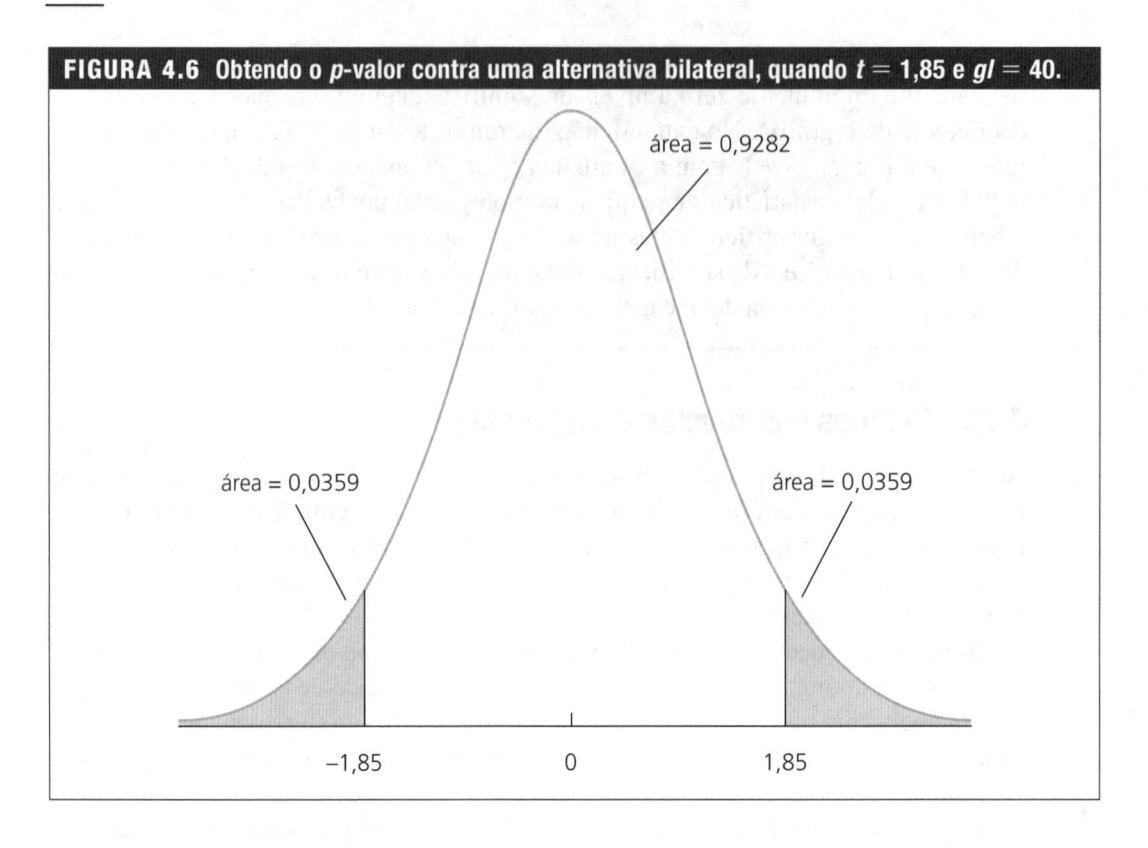

FIGURA 4.6 Obtendo o *p*-valor contra uma alternativa bilateral, quando $t = 1,85$ e $gl = 40$.

(área = 0,9282; área = 0,0359 em cada cauda; valores −1,85 e 1,85)

dos programas de regressão modernos tem essa capacidade. Alguns deles calculam os *p*-valores rotineiramente a cada regressão de MQO, mas somente para certas hipóteses. Se um programa de regressão informa um *p*-valor juntamente com o resultado padrão de MQO, esse valor é, quase certamente, o *p*-valor de testar a hipótese nula $H_0: \beta_j = 0$ contra a hipótese alternativa bilateral. O *p*-valor, nesse caso, é

$$P(|T| > |t|), \qquad (4.15)$$

em que, para esclarecimento, *T* representa uma variável aleatória com distribuição *t*, com $n - k - 1$ graus de liberdade, e *t* é o valor numérico da estatística de teste.

O *p*-valor resume, com precisão, a força e a fraqueza da evidência empírica contra a hipótese nula. Talvez a interpretação mais útil seja a seguinte: o *p*-valor é a probabilidade de observar uma estatística *t* tão extrema quanto aceitaríamos *se a hipótese nula fosse verdadeira*. Isso significa que *p*-valores *pequenos* são evidências *contra* a hipótese nula; *p*-valores grandes fornecem pouca evidência contra H_0. Por exemplo, se *p*-valor = 0,50 (informado sempre como um decimal, não como uma porcentagem), observaríamos um valor da estatística *t* tão extremo quanto o faríamos em 50% de todas as amostras aleatórias quando a hipótese nula fosse verdadeira; essa é uma evidência bastante fraca contra H_0.

No exemplo com $gl = 40$ e $t = 1,85$, o *p*-valor é calculado como

$$p\text{-valor} = P(|T| > 1,85) = 2P(T > 1,85) = 2(0,0359) = 0,0718,$$

em que $P(T > 1,85)$ é a área à direita de 1,85 da distribuição *t* com 40 *gl*. (Esse valor foi calculado usando o programa econométrico Stata; ele não está disponível na

Tabela G.2.) Isso significa que, se a hipótese nula for verdadeira, observaríamos um valor absoluto da estatística t tão grande quanto 1,85 em cerca de 7,2% das vezes. Isso fornece alguma evidência contra a hipótese nula, mas não a rejeitaríamos no nível de significância de 5%.

O exemplo anterior ilustra que, uma vez que o p-valor foi calculado, um teste clássico pode ser realizado em qualquer nível desejado. Se α é o nível de significância do teste (na forma decimal), então H_0 é rejeitada se p-valor $< \alpha$; de outro modo, H_0 não é rejeitada no nível de $100 \cdot \alpha\%$.

Calcular os p-valores de alternativas unilaterais também é muito simples. Suponha, por exemplo, que vamos testar $H_0: \beta_j = 0$ contra $H_1: \beta_j > 0$. Se $\hat{\beta}_j < 0$, então calcular um p-valor não é importante: sabemos que o p-valor é maior que 0,50, o que nunca nos fará rejeitar H_0 em favor de H_1. Se $\hat{\beta}_j > 0$, então $t > 0$ e o p-valor é exatamente a probabilidade de uma variável aleatória, com os gl apropriados, exceder o valor t. Alguns programas de regressão somente calculam os p-valores para alternativas bilaterais. No entanto, é simples obter o p-valor unilateral: apenas divida o p-valor bilateral por 2.

Se a hipótese alternativa for $H_1: \beta_j < 0$, faz sentido calcular um p-valor se $\hat{\beta}_j < 0$ (e portanto $t < 0$): p-valor $= P(T < t) = P(T > |t|)$, porque a distribuição t é simétrica em torno de zero. Uma vez mais, isso pode ser obtido como a metade do p-valor de um teste bicaudal.

Como as magnitudes das estatísticas t que levam à significância estatística se tornarão rapidamente familiares, especialmente para tamanhos de amostras grandes, não é sempre crucial descrever os p-valores das estatísticas t. No entanto, não é incorreto informá-las. Além disso, quando discutirmos o teste F na Seção 4.5, veremos que é importante calcular os p-valores, porque os valores críticos dos testes F não são facilmente memorizados.

> **QUESTÃO 4.3**
>
> Suponha que você estimou um modelo de regressão e obteve $\hat{\beta}_1 = 0,56$ e p-valor $= 0,086$ para testar $H_0: \beta_1 = 0$ contra $H_1: \beta_1 \neq 0$. Qual é o p-valor para o teste $H_0: \beta_1 = 0$ contra $H_1: \beta_1 > 0$?

4-2e Lembrete sobre a linguagem do teste de hipóteses clássico

Quando H_0 não é rejeitada, preferimos usar a linguagem "não é possível rejeitar H_0 no nível de x%" em vez de "H_0 é aceita no nível de x%". Podemos usar o Exemplo 4.5 para ilustrar o porquê de a primeira afirmação ser preferida. Naquele exemplo, a elasticidade estimada do preço (*price*) em relação a *nox* é $-0,954$, e a estatística t para testar $H_0: \beta_{nox} = -1$ é $t = 0,393$; portanto, não podemos rejeitar H_0. Contudo, há muitos outros valores de β_{nox} (mais do que podemos contar) que não podem ser rejeitados. Por exemplo, a estatística t para $H_0: \beta_{nox} = -0,9$ é $(-0,954 + 0,9)/0,117 = -0,462$, e portanto essa hipótese nula também não é rejeitada. Claramente, $\beta_{nox} = -1$ e $\beta_{nox} = -0,9$ não podem ser ambas verdadeiras, de modo que não faz sentido dizer que "aceitamos" uma dessas hipóteses. Tudo o que podemos dizer é que os dados não nos permitem rejeitar uma dessas hipóteses no nível de significância de 5%.

4-2f Significância econômica ou prática *versus* significância estatística

Após termos enfatizado a *significância estatística* ao longo desta Seção, agora é um bom momento para lembrar que devemos prestar atenção na magnitude das estimativas dos *coeficientes*, além do tamanho das estatísticas *t*. A significância estatística de uma variável x_j é determinada completamente pelo tamanho de $t_{\hat{\beta}_j}$, enquanto a **significância econômica** ou a **significância prática** da variável está relacionada ao tamanho (e sinal) de $\hat{\beta}_j$.

Lembre-se de que a estatística *t* para testar $H_0: \beta_j = 0$ é definida ao dividirmos a estimativa por seu erro padrão: $t_{\hat{\beta}_j} = \hat{\beta}_j/\text{ep}(\hat{\beta}_j)$. Assim, $t_{\hat{\beta}_j}$ pode indicar significância estatística tanto porque $\hat{\beta}_j$ é "grande" ou porque $\text{ep}(\hat{\beta}_j)$ é "pequeno". É importante, na prática, distinguir entre essas duas razões das estatísticas *t* estatisticamente significantes. Colocar muita ênfase sobre a significância estatística pode levar à conclusão falsa de que uma variável é "importante" para explicar *y* embora seu efeito estimado seja moderado.

EXEMPLO 4.6 Taxas de participação nos planos de pensão 401(k)

No Exemplo 3.3, usamos os dados dos planos de pensão 401 (*k*) dos EUA para estimar um modelo que descreve as taxas de participação em termos de taxas de complementação das empresas e do tempo da existência dos planos. Vamos incluir, agora, uma medida de tamanho das empresas, o número total de empregados das empresas (*totemp*). A equação estimada é

$$\widehat{prate} = 80{,}29 + 5{,}44\, mrate + 0{,}269\, age + 0{,}00013\, totemp$$
$$\quad\quad\;\; (0{,}78)\;\; (0{,}52) \quad\quad\;\; (0{,}045) \quad\quad (0{,}00004)$$
$$n = 1{,}534,\; R^2 = 0{,}100.$$

A menor estatística *t*, em valor absoluto, é a da variável *totemp*: $t = -0{,}00013/0{,}00004 = -3{,}25$, e ela é estatisticamente significante nos níveis de significância muito pequenos. (O *p*-valor bicaudal dessa estatística *t* é cerca de 0,001.) Assim, todas as variáveis são estatisticamente significantes nos níveis de significância bem pequenos.

Qual o tamanho, em um sentido prático, do coeficiente de *totemp*? Mantendo fixos *mrate* e *age*, se uma empresa cresce em 10.000 empregados, a taxa de participação cai em 10.000(0,00013) = 1,3 pontos percentuais. Isso é um crescimento enorme no número de empregados, com um efeito somente modesto na taxa de participação. Assim, embora o tamanho da empresa afete, de fato, a taxa de participação, o efeito não é, na prática, muito grande.

O exemplo anterior mostra que é particularmente importante interpretar a magnitude do coeficiente, além de olhar as estatísticas *t*, ao trabalhar com amostras grandes. Com tamanhos de amostras grandes, os parâmetros podem ser estimados com muita precisão: os erros padrão são, em geral, muito pequenos em relação às estimativas dos coeficientes, o que frequentemente resulta em significância estatística.

Alguns pesquisadores insistem em usar níveis de significância pequenos quando o tamanho da amostra cresce, em parte como uma maneira de compensar o fato de que os erros padrão estão ficando menores. Por exemplo, se nos sentimos confortáveis com um nível de 5% quando *n* corresponde a algumas poucas centenas de observações, deveríamos usar o nível de 1% quando *n* corresponde a alguns milhares. Usar um nível de significância menor significa que as significâncias econômica e estatística são mais prováveis de coincidir, mas não há garantias: no exemplo anterior, mesmo se usarmos um nível de significância tão pequeno quanto 0,1% (um décimo de um por cento), ainda concluiríamos que *totemp* é estatisticamente significante.

Muitos pesquisadores também insistem em considerar níveis de significância maiores em aplicações com tamanhos de amostra pequenos, refletindo o fato de que é difícil achar significância com tamanhos de amostra menores. (Tamanhos de amostras menores levam a estimadores menos precisos, e os valores críticos são maiores em magnitude, dois fatores que tornam mais difícil encontrar a significância estatística.) Infelizmente, se esse é ou não o caso pode depender dos planos subjacentes do pesquisador.

EXEMPLO 4.7 — Efeitos das subvenções a treinamento sobre as taxas de rejeição de produtos das empresas

A taxa de rejeição de produtos de uma empresa manufatureira é o número de itens defeituosos que devem ser descartados de cada 100 itens produzidos. Assim, uma diminuição nessa taxa de rejeição reflete maior produtividade dos funcionários.

Podemos usar a taxa de rejeição para medir o efeito do treinamento dos trabalhadores sobre a produtividade. Usando os dados de JTRAIN, mas só para o ano de 1987 e empresas não sindicalizadas, estimou-se a seguinte equação:

$$\widehat{\log(scrap)} = 12{,}46 - 0{,}029 \; hrsemp - 0{,}962 \log(sales) + 0{,}761 \log(employ)$$
$$(5{,}69) \quad (0{,}023) \qquad\qquad (0{,}453) \qquad\qquad (0{,}407)$$
$$n = 29, R^2 = 0{,}262.$$

A variável *hrsemp* corresponde às horas anuais de treinamento por trabalhador, *sales* corresponde às vendas anuais da empresa (em dólares), e *employ* é o número de empregados. Para 1987, a taxa média de rejeição na amostra é cerca de 4,6 e o *hrsemp* médio é cerca de 8,9.

A principal variável de interesse é *hrsemp*. Uma hora a mais de treinamento por trabalhador diminui log(*scrap*) em 0,029, o que significa que a taxa de rejeição é cerca de 2,9% menor. Assim, se *hrsemp* aumenta em 5 – cada empregado é treinado 5 horas a mais por ano –, estima-se que a taxa de rejeição caia em 5(2,9) = 14,5%. Isso parece ser um efeito razoavelmente grande, mas saber se o treinamento adicional vale a pena para a empresa, depende do custo de treinamento e dos benefícios de uma taxa de rejeição menor. Não temos os números necessários para fazer uma análise custo-benefício, mas o efeito estimado não parece trivial.

E o que dizer sobre a significância estatística da variável de treinamento? A estatística *t* de *hrsemp* é $-0{,}029/0{,}023 = -1{,}26$, e agora você provavelmente a reconhece como não sendo suficientemente grande em magnitude para concluir que *hrsemp* é estatisticamente significante no nível de 5%. De fato, com $29 - 4 = 25$ graus de liberdade para a alternativa unilateral, $H_1: \beta_{hrsemp} < 0$, o valor crítico de 5% é cerca de $-1{,}71$. Assim, usando um teste de nível estrito a 5%, devemos concluir que *hrsemp* não é estatisticamente significante, mesmo usando uma alternativa unilateral.

> Como o tamanho da amostra é bastante pequeno, poderíamos ser mais liberais com o nível de significância. O valor crítico de 10% é $-1,32$, e portanto *hrsemp* é significante contra a alternativa unilateral no nível de 10%. O *p*-valor é facilmente calculado como $P(T_{25} < -1,26) = 0,110$. Esse pode ser um *p*-valor suficientemente pequeno para concluir que o efeito estimado do treinamento não se deve apenas ao erro de amostragem, mas as opiniões difeririam, legitimamente, quanto a um *p*-valor unilateral de 0,11 ser suficientemente pequeno.

Lembre-se de que erros padrão grandes podem também ser um resultado da multicolinearidade (alta correlação entre algumas das variáveis independentes), mesmo que o tamanho da amostra pareça razoavelmente grande. Como discutimos na Seção 3.4, não há muito que possamos fazer sobre esse problema além de coletar mais dados ou mudar o escopo da análise excluindo certas variáveis independentes do modelo. Como no caso de um tamanho pequeno de amostra, pode ser difícil estimar precisamente os efeitos parciais quando algumas das variáveis explicativas são altamente correlacionadas. (A Seção 4.5 contém um exemplo.)

Finalizamos esta Seção com algumas instruções para discutir as significâncias econômica e estatística de uma variável em um modelo de regressão múltipla:

1. Cheque a significância estatística. Se a variável é estatisticamente significante, discuta a magnitude do coeficiente para ter uma ideia de sua importância prática ou econômica. Esse último passo pode requerer algum cuidado, dependendo de como as variáveis independentes e dependentes aparecem na equação. (Em particular, quais são as unidades de medida? As variáveis aparecem na forma logarítmica?)
2. Se uma variável não é estatisticamente significante nos níveis usuais (10%, 5% ou 1%), você poderia ainda perguntar se a variável tem o efeito esperado sobre *y* e se tal efeito é, na prática, grande. Se ele é grande, você deve calcular um *p*-valor para a estatística *t*. Para tamanhos de amostras pequenos, você pode, às vezes, construir um argumento para *p*-valores tão grandes quanto 0,20 (mas não há regras rigorosas). Com *p*-valores grandes, isto é, estatísticas *t* pequenas, estamos pisando em gelo fino, porque as estimativas grandes, na prática, podem ser em razão de erro de amostragem: uma amostra aleatória diferente poderia resultar em uma estimativa muito diferente.
3. É comum encontrar variáveis com estatísticas *t* pequenas que têm o sinal "errado". Para propósitos práticos, elas podem ser ignoradas: concluímos que as variáveis são estatisticamente não significantes. Uma variável importante que tem sinal não esperado e um efeito prático grande é um problema muito mais preocupante e difícil de resolver. Em geral, deve-se pensar mais sobre o modelo e a natureza dos dados, para resolver esses problemas. Frequentemente, uma estimativa contraintuitiva e significante resulta da omissão de uma variável fundamental ou de um dos problemas importantes que discutiremos nos Capítulos 9 e 15.

4.3 Intervalos de confiança

Sob as hipóteses do modelo linear clássico, podemos facilmente construir um **intervalo de confiança** (**IC**) para o parâmetro populacional β_j. Os intervalos de confiança são também chamados *estimativas de intervalo*, porque dão uma extensão dos valores prováveis do parâmetro populacional, e não somente uma estimativa pontual.

Usando o fato de que $(\hat{\beta}_j - \beta_j)/\text{ep}(\hat{\beta}_j)$ tem uma distribuição t com $n - k - 1$ graus de liberdade [veja (4.3)], uma simples manipulação algébrica leva a um IC do β_j desconhecido. Um *intervalo de confiança de 95%*, é dado por

$$\hat{\beta}_j \pm c \cdot \text{ep}(\hat{\beta}_j), \qquad (4.16)$$

em que a constante c é o 97,5° percentil de uma distribuição t_{n-k-1}. Mais precisamente, os limites inferiores e superiores do intervalo de confiança são dados por

$$\underline{\beta}_j \equiv \hat{\beta}_j - c \cdot \text{ep}(\hat{\beta}_j)$$

e

$$\overline{\beta}_j \equiv \hat{\beta}_j + c \cdot \text{ep}(\hat{\beta}_j),$$

respectivamente.

Neste ponto, é útil rever o significado de um intervalo de significância. Se as amostras aleatórias fossem obtidas repetidas vezes, com $\underline{\beta}_j$ e $\overline{\beta}_j$ calculados a cada vez, então o valor populacional (desconhecido) β_j estaria dentro do intervalo $(\underline{\beta}_j, \overline{\beta}_j)$ em 95% das amostras. Infelizmente, para a única amostra que usamos para construir o IC, não sabemos se β_j está, realmente, contido no intervalo. Esperamos ter obtido uma amostra que seja uma das 95% de todas as amostras em que a estimativa de intervalo contém β_j, mas não temos essa garantia.

Construir um intervalo de confiança é muito simples quando se usa a tecnologia computacional atual. São necessárias três quantidades: $\hat{\beta}_j$, $\text{ep}(\hat{\beta}_j)$ e c. A estimativa do coeficiente e seu erro padrão são informados por qualquer programa de regressão. Para obter o valor de c, devemos conhecer os graus de liberdade, $n - k - 1$, e o nível de confiança–95% neste caso. Portanto, o valor de c é obtido da distribuição t_{n-k-1}.

Como um exemplo, para $gl = n - k - 1 = 25$, um intervalo de confiança de 95% para qualquer β_j é dado por $[\hat{\beta}_j - 2{,}06 \cdot \text{ep}(\hat{\beta}_j), \hat{\beta}_j + 2{,}06 \cdot \text{ep}(\hat{\beta}_j)]$.

Quando $n - k - 1 > 120$, a distribuição t_{n-k-1} está suficientemente próxima da normal para usar o 97,5° percentil de uma distribuição normal padrão para construir um IC de 95%: $\hat{\beta}_j \pm 1{,}96 \cdot \text{ep}(\hat{\beta}_j)$. De fato, quando $n - k - 1 > 50$, o valor de c está próximo demais de 2, de modo que podemos usar uma *regra de ouro* simples para intervalos de confiança de 95%: $\hat{\beta}_j$ mais ou menos duas vezes seu desvio padrão. Para graus de liberdade pequenos, os percentis exatos devem ser obtidos das tabelas t.

É fácil construir intervalos de confiança para qualquer outro nível de confiança. Por exemplo, um IC de 90% é obtido ao escolher c como o 95° percentil da distribuição t_{n-k-1}. Quando $gl = n - k - 1 = 25$, $c = 1{,}71$ e, portanto, o IC de 90% é $\hat{\beta}_j \pm 1{,}71 \cdot \text{ep}(\hat{\beta})$, que é necessariamente mais estreito que o IC de 95%. Para um IC de 99%, c é o 99,5° percentil da distribuição t_{25}. Com $gl = 25$, o IC de 99% é aproximadamente $\hat{\beta}_j \pm 2{,}79 \cdot \text{ep}(\hat{\beta}_j)$, que é inevitavelmente mais largo que o IC de 95%.

Muitos softwares de regressão modernos poupam-nos de fazer quaisquer cálculos ao informar um IC de 95% juntamente com cada coeficiente e seu erro padrão. Visto que um intervalo de confiança é construído, é fácil realizar um teste de hipóteses bicaudal. Se a hipótese nula for $H_0: \beta_j = a_j$, então H_0 é rejeitada contra $H_1: \beta_j \neq a_j$ ao nível de significância de (por exemplo) 5% se, e somente se, a_j *não* está no intervalo de confiança de 95%.

EXEMPLO 4.8 — Modelo de gastos com pesquisa e desenvolvimento

Os economistas que estudam organizações empresariais estão interessados na relação entre o tamanho da empresa – frequentemente medida pelas vendas anuais – e o gasto com pesquisa e desenvolvimento (P&D). Caracteristicamente, é usado um modelo de elasticidade constante. Pode-se também estar interessado no efeito *ceteris paribus* da margem de lucro – isto é, lucro como uma porcentagem das vendas – nos gastos com P&D. Usando os dados contidos no arquivo RDCHEM, de 32 empresas norte-americanas de indústria química, estimamos a seguinte equação (com erros padrões entre parênteses abaixo dos coeficientes:

$$\widehat{\log(rd)} = -4{,}38 + 1{,}084 \log(sales) + 0{,}0217\, profmarg$$
$$\qquad\qquad (0{,}47)\ \ (0{,}060) \qquad\qquad (0{,}0218)$$
$$n = 32,\ R^2 = 0{,}918.$$

A elasticidade estimada dos gastos com P&D com relação às vendas da empresa é 1,084, de forma que, mantendo a margem de lucro fixa, um aumento de 1% nas vendas estará associado a um aumento de 1,084% nos gastos com P&D. (Casualmente, P&D e vendas são ambas medidas em milhões de dólares, mas suas unidades de medição não afetam a estimativa de elasticidade.) Podemos construir um intervalo de confiança de 95% da elasticidade das vendas logo que notarmos que o modelo estimado tem $n - k - 1 = 32 - 2 - 1 = 29$ graus de liberdade. Na tabela G.2 encontramos o 97,5° percentil numa distribuição t_{29}: $c = 2{,}045$. Assim, o intervalo de confiança de 95% de $\beta_{\log(sales)}$ é $1{,}084 \pm 0{,}060\,(2{,}045)$, ou aproximadamente $(0{,}961,\ 1{,}21)$. Que zero esteja bem fora desse intervalo não nos surpreende: esperamos que os gastos com P&D aumentem com o tamanho da empresa. Mais interessante é que a unidade está incluída no intervalo de confiança de 95% de $\beta_{\log(sales)}$, o que significa que não podemos rejeitar $H_0: \beta_{\log(sales)} = 1$ contra $H_1: \beta_{\log(sales)} \neq 1$ no nível de significância de 5%. Em outras palavras, a elasticidade estimada de P&D-sales não é estatisticamente diferente de 1 no nível de 5%. (A estimativa não é, tampouco, diferente de 1.)

O coeficiente estimado na *profmarg* também é positivo e o intervalo de confiança de 95% para o parâmetro populacional, $\beta_{profmarg}$, é $0{,}0217 \pm 0{,}0218\,(2{,}045)$, ou aproximadamente $(-0{,}0045,\ 0{,}0479)$. Nesse caso, zero está incluído no intervalo de confiança de 95%, portanto falhamos em rejeitar $H_0: \beta_{profmarg} = 0$ contra $H_1: \beta_{profmarg} \neq 0$ no nível de 5%. No entanto, a estatística t é aproximadamente 1,70, o que produz um p-valor bilateral de aproximadamente 0,10, e, portanto, concluímos que *profmarg* é estatisticamente significante no nível de 10% contra a alternativa bilateral, ou no nível de 5% contra a alternativa unilateral $H_1: \beta_{profmarg} > 0$. E mais, o tamanho econômico do coeficiente da margem de lucro não é pequeno: mantendo *sales* fixa, um aumento de um ponto percentual na *profmarg* prevê um aumento com os gastos com P&D de $100(0{,}0217) \approx 2{,}2\%$. Uma análise completa desse exemplo vai além de simplesmente especificar se um valor particular – zero, neste caso – está ou não dentro do intervalo de confiança de 95%.

Você deve lembrar que um intervalo de confiança é apenas tão bom quanto as hipóteses subjacentes feitas para construí-lo. Se omitirmos fatores importantes que são correlacionados com as variáveis explicativas, então as estimativas dos coeficientes não

CAPÍTULO 4 | Análise de regressão múltipla: inferência | **149**

são confiáveis: MQO é viesado. Se a heteroscedasticidade está presente – como mostrado no exemplo anterior, se a variância de log(*rd*) depende de qualquer uma das variáveis explicativas –, então o erro padrão não é válido como uma estimativa de ep($\hat{\beta}_j$) (como discutido na Seção 3.4), e o intervalo de confiança calculado ao se usar esses erros padrão não será, verdadeiramente, um IC de 95%. Também usamos a hipótese de normalidade dos erros para obter esses ICs, mas, como veremos no Capítulo 5, isso não é tão importante para aplicações que envolvem centenas de observações.

4.4 Testes de hipóteses sobre uma combinação linear dos parâmetros

as duas seções anteriores mostraram como usar o teste de hipóteses clássico ou os intervalos de confiança para testar hipóteses sobre um único β_j de cada vez. Nas aplicações, devemos frequentemente testar hipóteses que envolvem mais de um dos parâmetros da população. Nesta Seção, vamos mostrar como testar uma única hipótese envolvendo mais de um dos β_j. A Seção 4.5 mostrará como testar hipóteses múltiplas.

Para ilustrar a abordagem geral, consideraremos um modelo simples para comparar os retornos da educação de cursos superiores profissionalizantes de dois anos (*junior colleges*) e de cursos superiores de quatro anos (*four-year colleges*); por simplicidade, vamos nos referir ao último como "universidades". [Kane e Rouse (1995) fazem uma análise detalhada dos retornos dos *junior colleges* e dos *four-year colleges*.] A população inclui as pessoas com o ensino médio completo que trabalham, e o modelo é

$$\log(wage) = \beta_0 + \beta_1 jc + \beta_2 univ + \beta_3 exper + u, \tag{4.17}$$

em que *jc* é o número de anos frequentados em um curso superior profissionalizante de dois anos; *univ* é o número de anos frequentados em um curso superior de quatro anos; e *exper* são os meses na força de trabalho. Note que qualquer combinação de curso profissionalizante e curso universitário de quatro anos é permitida, incluindo *jc* = 0 e *univ* = 0.

A hipótese de interesse é se um ano no curso profissionalizante é equivalente a um ano na universidade: isso é expresso como

$$H_0: \beta_1 = \beta_2. \tag{4.18}$$

Sob H_0, um ano a mais no curso profissionalizante e um ano a mais na universidade levam ao mesmo aumento percentual *ceteris paribus* em *wage*. Na maioria dos casos, a alternativa de interesse é unilateral: um ano no curso profissionalizante é menos valioso do que um ano na universidade. Isso é expresso como

$$H_1: \beta_1 < \beta_2. \tag{4.19}$$

As hipóteses (4.18) e (4.19) dizem respeito a *dois* parâmetros, β_1 e β_2, uma situação com a qual não tínhamos nos deparado ainda. Não podemos simplesmente usar as estatísticas *t* individuais de $\hat{\beta}_1$ e $\hat{\beta}_2$ para testar H_0. Entretanto, conceitualmente, não há dificuldade em construir uma estatística *t* para testar (4.18). A fim de fazer isso, vamos reescrever a hipótese nula e a alternativa como $H_0: \beta_1 - \beta_2 = 0$ e $H_1: \beta_1 - \beta_2 < 0$, respectivamente. A estatística *t* é baseada em se a diferença estimada $\hat{\beta}_1 -$

$\hat{\beta}_2$ é suficientemente menor que zero para assegurar a rejeição de (4.18) em favor de (4.19). Para considerar o erro de nossos estimadores, padronizamos essa diferença ao dividi-la pelo erro padrão:

$$t = \frac{\hat{\beta}_1 - \hat{\beta}_2}{\text{ep}(\hat{\beta}_1 - \hat{\beta}_2)}. \tag{4.20}$$

Uma vez que temos a estatística t de (4.20), o teste segue o procedimento anterior. Escolhemos um nível de significância para o teste e, com base nos gl, obtemos um valor crítico. Como a alternativa é da forma (4.19), a regra de rejeição é da forma $t < -c$, em que c é um valor positivo escolhido de uma distribuição t apropriada. Ou então calculamos a estatística t e, em seguida, o p-valor (veja a Seção 4.2).

A única coisa que faz que o teste da igualdade de dois parâmetros diferentes seja mais difícil do que testar um único β_j é a obtenção do erro padrão do denominador de (4.20). Obter o numerador é trivial, uma vez que tenhamos computado a regressão de MQO. Ao usar os dados do arquivo TWOYEAR, provenientes de Kane e Rouse (1995), estimamos a equação (4.17):

$$\widehat{\log(wage)} = 1{,}472 + 0{,}0667\,jc + 0{,}0769\,univ + 0{,}0049\,exper$$
$$(0{,}021)\quad (0{,}0068)\quad\ \ (0{,}0023)\quad\ \ (0{,}0002) \tag{4.21}$$
$$n = 6.763,\ R^2 = 0{,}222.$$

É evidente, a partir de (4.21), que jc e $univ$ têm ambos os efeitos – econômico e estatístico – significantes sobre o salário. Isso é, certamente, de interesse, mas estamos mais interessados em testar se a *diferença* estimada dos coeficientes é estatisticamente significante. A diferença é estimada como $\hat{\beta}_1 - \hat{\beta}_2 = -0{,}0102$, de modo que o retorno de um ano em um curso profissionalizante é cerca de um ponto percentual menor que um ano na universidade. Economicamente, isso não é uma diferença trivial. A diferença de $-0{,}0102$ é o numerador da estatística t em (4.20).

Infelizmente, os resultados da regressão na equação (4.21) não contêm informações suficientes para obter o erro padrão de $\hat{\beta}_1 - \hat{\beta}_2$. Pode ser tentador afirmar que $\text{ep}(\hat{\beta}_1 - \hat{\beta}_2) = \text{ep}(\hat{\beta}_1) - \text{ep}(\hat{\beta}_2)$, mas isso não é verdade. De fato, se invertêssemos os papéis de $\hat{\beta}_1$ e $\hat{\beta}_2$, terminaríamos com um erro padrão negativo da diferença ao usar a diferença dos erros padrão. Estes devem *sempre* ser positivos porque são estimativas dos desvios padrão. Embora o erro padrão da diferença $\hat{\beta}_1 - \hat{\beta}_2$ dependa, certamente, de $\text{ep}(\hat{\beta}_1)$ e $\text{ep}(\hat{\beta}_2)$, ele depende de uma maneira um pouco complicada. Para encontrar $\text{ep}(\hat{\beta}_1 - \hat{\beta}_2)$, primeiro obtemos a variância da diferença. Ao usar os resultados das variâncias do Apêndice B, temos

$$\text{Var}(\hat{\beta}_1 - \hat{\beta}_2) = \text{Var}(\hat{\beta}_1) + \text{Var}(\hat{\beta}_2) - 2\,\text{Cov}(\hat{\beta}_1, \hat{\beta}_2). \tag{4.22}$$

Observe, cuidadosamente, como as duas variâncias são *somadas* e, então, a covariância é subtraída duas vezes. O desvio padrão de $\hat{\beta}_1 - \hat{\beta}_2$ é exatamente a raiz quadrada de (4.22), e, como $[\text{ep}(\hat{\beta}_1)]^2$ é um estimador não viesado de $\text{Var}(\hat{\beta}_1)$, e similarmente para $[\text{ep}(\hat{\beta}_2)]^2$, temos

$$\text{ep}(\hat{\beta}_1 - \hat{\beta}_2) = \{[\text{ep}(\hat{\beta}_1)]^2 + [\text{ep}\hat{\beta}_2)]^2 - 2s_{12}\}^{1/2}, \tag{4.23}$$

em que s_{12} é uma estimativa de $\text{Cov}(\hat{\beta}_1, \hat{\beta}_2)$. Não mostramos uma fórmula para $\text{Cov}(\hat{\beta}_1, \hat{\beta}_2)$. Alguns programas de regressão têm características que nos permitem obter s_{12}, caso em que se pode calcular o erro padrão em (4.23) e, em seguida, a estatística t em (4.20). O Apêndice E mostra com usar a álgebra matricial para obter s_{12}.

Alguns dos programas de econometria mais sofisticados incluem comandos especiais que podem ser utilizados para testar hipóteses sobre combinações lineares. Aqui cuidamos de uma abordagem simples para calcular virtualmente qualquer procedimento estatístico. Em vez de tentar calcular $\text{ep}(\hat{\beta}_1 - \hat{\beta}_2)$ a partir de (4.23), é muito mais fácil estimar um modelo diferente que produz, diretamente, o erro padrão de interesse. Defina um novo parâmetro como a diferença entre β_1 e β_2: $\theta_1 = \beta_1 - \beta_2$. Então, queremos testar

$$H_0: \theta_1 = 0 \text{ contra } H_1: \theta_1 < 0. \tag{4.24}$$

A estatística t em (4.20), em termos de $\hat{\theta}_1$ é exatamente $t = \hat{\theta}_1/\text{ep}(\hat{\theta}_1)$. O desafio é encontrar $\text{ep}(\hat{\theta}_1)$.

Podemos obter isso ao reescrever o modelo, de modo que θ_1 aparece diretamente como o coeficiente de uma das variáveis independentes. Como $\theta_1 = \beta_1 - \beta_2$, podemos também escrever $\beta_1 = \theta_1 + \beta_2$. Inserindo em (4.17) e rearranjando, resulta a equação

$$\begin{aligned}\log(wage) &= \beta_0 + (\theta_1 + \beta_2)jc + \beta_2 univ + \beta_3 exper + u \\ &= \beta_0 + \theta_1 jc + \beta_2(jc + univ) + \beta_3 exper + u.\end{aligned} \tag{4.25}$$

A ideia fundamental é que o parâmetro θ_1, cuja hipótese estamos interessados em testar, multiplica agora a variável *cp*. O intercepto ainda é β_0, e *exper* também aparece multiplicado por β_3. Mais importante, há uma nova variável multiplicando β_2, a saber, *jc* + *univ*. Assim, se quisermos estimar diretamente θ_1 e obter o erro padrão $\hat{\theta}_1$, então devemos construir a nova variável *jc* + *univ* e incluí-la no modelo de regressão no lugar de *univ*. Nesse exemplo, a nova variável tem uma interpretação natural: ela é o *total* de anos de curso superior; assim, defina *totcoll* = *jc* + *univ* e escreva (4.25) como

$$\log(wage) = \beta_0 + \theta_1 jc + \beta_2 totcoll + \beta_3 exper + u. \tag{4.26}$$

O parâmetro β_1 desapareceu do modelo, enquanto θ_1 aparece explicitamente. Esse modelo é, de fato, uma maneira diferente de escrever o modelo original. A única razão pela qual definimos esse modelo é que, quando o estimamos, o coeficiente de *cp* é ($\hat{\theta}_1$), e, mais importante, $\text{ep}(\hat{\theta}_1)$ é informado juntamente com a estimativa. A estatística t que queremos é a que está relacionada à variável *jc* (e não à variável *totcoll*), e é informada por qualquer programa de regressão.

Quando fazemos isso com as 6.763 observações utilizadas anteriormente, o resultado é

$$\begin{aligned}\widehat{\log(wage)} = {}& 1{,}472 - 0{,}0102\, jc + 0{,}0769\, totcoll + 0{,}0049\, exper \\ & (0{,}021) \quad (0{,}0069) \qquad (0{,}0023) \qquad (0{,}0002) \end{aligned} \tag{4.27}$$

$$n = 6{,}763,\, R^2 = 0{,}222.$$

Nessa equação, o único número que não poderíamos obter de (4.21) é o erro padrão da estimativa $-0{,}0102$, que é igual a $0{,}0069$. A estatística t para testar (4.18) é

$-0,0102/0,0069 = -1,48$. Contra a alternativa unilateral (4.19), o p-valor é cerca de 0,070; assim, há alguma, mas não forte, evidência contra (4.18).

O intercepto e a estimativa de inclinação de *exper*, juntamente com os erros padrão, são os mesmos de (4.21). Esse fato *deve* ser verdadeiro, e ele fornece uma maneira de checar se a equação transformada foi apropriadamente estimada. O coeficiente da nova variável, *totcoll*, é o mesmo do coeficiente de *univ* em (4.21), e o erro padrão também é o mesmo. Sabemos que isso deve acontecer ao comparar (4.17) e (4.25).

É bastante simples calcular um intervalo de confiança de 95% para $\theta_1 = \beta_1 - \beta_2$. Usando a aproximação normal padronizada, o IC é obtido da maneira usual: $\hat{\theta}_1 \pm 1{,}96\, \text{ep}(\hat{\theta}_1)$, que, nesse caso, leva a $-0{,}0102 \pm 0{,}0135$.

A estratégia de reescrever o modelo, de modo que ele contenha o parâmetro de interesse, funciona em todos os casos e é fácil de implementar. (Veja os Exercícios em Computador C.1 e C.3 para outros exemplos.)

4-5 Testes de restrições lineares múltiplas: o teste *F*

A estatística *t* associada a qualquer coeficiente de MQO pode ser usada para testar se o parâmetro desconhecido correspondente na população é igual a qualquer constante dada (geralmente, mas nem sempre, zero). Acabamos de mostrar como testar hipóteses sobre uma única combinação linear dos β_j ao rearranjar a equação e computar uma regressão usando variáveis transformadas. No entanto, até agora, somente cobrimos hipóteses que envolvem uma *única* restrição. Frequentemente, desejamos testar hipóteses *múltiplas* sobre os parâmetros subjacentes $\beta_0, \beta_1, \ldots, \beta_k$. Vamos começar com o procedimento principal de testar se um conjunto de variáveis independentes não tem efeito parcial sobre uma variável dependente.

4-5a Teste de restrições de exclusão

Já sabemos como testar se uma variável determinada não tem efeito parcial sobre a variável dependente: use a estatística *t*. Agora, queremos testar se um *grupo* de variáveis não tem efeito sobre a variável dependente. Mais precisamente, a hipótese nula é que um conjunto de variáveis não tem efeito sobre *y*, uma vez que outro conjunto de variáveis foi controlado.

Como uma ilustração do porquê testar a significância de um grupo é útil, vamos considerar o seguinte modelo que explica os salários dos jogadores da principal liga de beisebol dos Estados Unidos:

$$\log(salary) = \beta_0 + \beta_1 years + \beta_2 gamesyr + \beta_3 bavg + \beta_4 hrunsyr + \beta_5 rbisyr + u, \quad (4.28)$$

em que *salary* é o salário total do jogador em 1993, *years* corresponde aos anos do jogador na liga, *gamesyr* é a média de partidas jogadas por ano, *bavg* é a média de rebatidas na carreira do jogador (por exemplo, $bavg = 250$), *hrunsyr* corresponde a rebatidas para fora do campo que redundaram em pontos por ano, e *rbisyr* corresponde a rebatidas que redundaram em corrida até a próxima base por ano. Suponha que queiramos testar a hipótese nula de que, uma vez tendo sido controlados os anos na liga e os jogos por ano, as estatísticas que medem o desempenho – *bavg*, *hrunsyr* e *rbisyr* — não têm efeito sobre o salário. Essencialmente, hipótese nula expressa que a produtividade, medida pelas estatísticas do beisebol, não tem efeito sobre o salário.

Em termos dos parâmetros do modelo, a hipótese nula é formulada como

$$H_0: \beta_3 = 0, \beta_4 = 0, \beta_5 = 0. \tag{4.29}$$

A hipótese nula (4.29) constitui três **restrições de exclusão**: se (4.29) é verdadeira, então *bavg*, *hrunsyr* e *rbisyr* não têm efeito sobre log(*salary*) após *years* e *gamesyr* terem sido controlados e, portanto, deveriam ser excluídos do modelo. Esse é um exemplo de conjunto de **restrições múltiplas** porque estamos colocando mais de uma restrição sobre os parâmetros de (4.28); posteriormente, veremos mais exemplos gerais de restrições múltiplas. Um teste de restrições múltiplas é chamado **teste de hipóteses múltiplas** ou o **teste de hipóteses conjuntas**.

Qual seria a alternativa para (4.29)? Se o que temos em mente é que "estatísticas de desempenho importam, mesmo após controlar as variáveis *years* na liga e *gamesyr*", então a hipótese alternativa é simplesmente

$$H_1: H_0 \text{ não é verdadeira.} \tag{4.30}$$

A alternativa (4.30) mantém-se quando pelo menos um dos β_3, β_4 ou β_5 for diferente de zero. (Qualquer um deles ou todos poderiam ser diferentes de zero.) O teste que estudamos aqui é construído para detectar qualquer violação de H_0. Ele também é válido quando a hipótese alternativa é algo como $H_1: \beta_3 > 0$ ou $\beta_4 > 0$ ou $\beta_5 > 0$, mas ele não será o melhor teste possível sob essas alternativas. Não temos espaço ou formação estatística necessários para cobrir testes que têm mais poder sob hipóteses alternativas unilaterais múltiplas.

Como devemos proceder para testar (4.29) contra (4.30)? É tentador testar (4.29) usando as estatísticas *t* das variáveis *bavg*, *hrunsyr* e *rbisyr* para determinar se cada variável é *individualmente* significante. Essa opção não é apropriada. Uma estatística *t* particular testa uma hipótese que não coloca restrições sobre os outros parâmetros. Além disso, teríamos três resultados para resolver o problema — um para cada estatística *t*. Qual deles constituiria a rejeição de (4.29) no nível de, por exemplo, 5%? Dever-se-ia exigir que todas as três estatísticas *t* são significantes no nível de 5% ou somente uma das três? Essas são questões difíceis, e felizmente não temos de respondê-las. Além do mais, usar estatísticas *t* separadas para testar uma hipótese múltipla como (4.29) pode ser muito enganoso. Precisamos de uma maneira para testar as restrições de exclusão *conjuntamente*.

Para ilustrar essas questões, estimamos a equação (4.28) usando os dados do arquivo MLB1. Obtemos

$$\widehat{\log(salary)} = 11{,}19 + 0{,}0689 \, years + 0{,}0126 \, gamesyr$$
$$\phantom{\widehat{\log(salary)} =\ } (0{,}29) \quad (0{,}0121) \qquad\quad (0{,}0026)$$
$$+ 0{,}00098 \, bavg + 0{,}0144 \, hrunsyr + 0{,}0108 \, rbisyr \tag{4.31}$$
$$ (0{,}00110) \qquad\quad (0{,}0161) \qquad\quad (0{,}0072)$$
$$n = 353, \text{SQR} = 183{,}186, R^2 = 0{,}6278,$$

em que SQR é a soma dos quadrados dos resíduos. (Vamos usá-lo mais tarde.) A fim de facilitar futuras comparações, deixamos vários números após a vírgula em

SQR e no *R*-quadrado. A equação (4.31) revela que, enquanto *years* e *gamesyr* são estatisticamente significantes, nenhuma das variáveis *bavg*, *hrunsyr* e *rbisyr* tem uma estatística *t* estatisticamente significante contra uma alternativa bilateral no nível de significância de 5%. (A estatística *t* de *rbisyr* está muito próxima de ser significante; seu *p*-valor bilateral é 0,134.) Assim, baseados nas três estatísticas *t*, parece que não podemos rejeitar H_0.

Essa conclusão revela-se errada. Para ver isso, devemos derivar um teste de restrição múltipla cuja distribuição seja conhecida e tabelada. A soma dos quadrados dos resíduos aparece, agora, para dar uma base muito conveniente para testar hipóteses múltiplas. Também mostraremos como o *R*-quadrado pode ser usado no caso especial de testar restrições de exclusão.

Conhecer a soma dos quadrados dos resíduos em (4.31) não nos diz nada sobre a decisão quanto à hipótese nula em (4.29). No entanto, o fator que nos dirá algo é: saber quanto aumenta SQR quando retiramos as variáveis *bavg*, *hrunsyr* e *rbisyr* do modelo. Lembre-se de que, como as estimativas de MQO são escolhidas para minimizar a soma dos quadrados dos resíduos, o SQR *sempre* aumenta quando variáveis são retiradas do modelo; esse é um fato algébrico. A questão é saber se esse aumento é suficientemente grande, *relativamente* ao SQR do modelo com todas as variáveis, para garantir a rejeição da hipótese nula.

O modelo sem as três variáveis em questão é simplesmente

$$\log(salary) = \beta_0 + \beta_1 years + \beta_2 gamesyr + u. \quad (4.32)$$

No contexto do teste de hipóteses, a equação (4.32) é o **modelo restrito** para testar (4.29); o modelo (4.28) é chamado **modelo irrestrito**. O modelo restrito sempre tem menos parâmetros que o modelo irrestrito.

Quando estimamos o modelo restrito usando os dados do arquivo MLB1, obtemos

$$\widehat{\log(salary)} = 11{,}22 + 0{,}0713 \; years + 0{,}0202 \; gamesyr$$
$$(0{,}11) \quad (0{,}0125) \qquad \quad (0{,}0013) \qquad (4.33)$$
$$n = 353, \; SQR = 198{,}311, \; R^2 = 0{,}5971.$$

Como imaginamos, o SQR de (4.33) é maior que o SQR de (4.31), e o *R*-quadrado do modelo restrito é menor que o *R*-quadrado do modelo irrestrito. O que precisamos decidir é se, ao passarmos do modelo irrestrito para o modelo restrito, o aumento em SQR (183,186 para 198,311) é suficientemente grande para garantir a rejeição de (4.29). Como em todo teste, a resposta depende do nível de significância do teste. No entanto, não podemos realizar o teste a um determinado nível de significância até que tenhamos uma estatística cuja distribuição seja conhecida, e possa ser tabelada, sob H_0. Assim, precisamos de uma maneira para combinar as informações dos dois SQRs para obter uma estatística de teste com uma distribuição conhecida sob H_0.

Podemos derivar o teste para o caso geral, visto que isso não é tão difícil. Escreva o modelo *irrestrito* com *k* variáveis independentes como

$$y = \beta_0 + \beta_1 x_1 + \ldots + \beta_k x_k + u; \quad (4.34)$$

o número de parâmetros no modelo irrestrito é $k + 1$. (Lembre-se de adicionar um por causa do intercepto.) Suponha que temos *q* restrições de exclusão para testar: isto é, a

CAPÍTULO 4 — Análise de regressão múltipla: inferência

hipótese nula afirma que q variáveis em (4.34) têm coeficientes zero. Por simplicidade notacional, suponha que sejam as q últimas variáveis da lista de variáveis independentes: $x_{k-q+1}, \ldots, x_k$. (A ordem das variáveis, evidentemente, é arbitrária e não importa.) A hipótese nula é formulada como

$$H_0: \beta_{k-q+1} = 0, \ldots, \beta_k = 0, \tag{4.35}$$

que coloca q restrições de exclusão sobre o modelo (4.34). A hipótese alternativa a (4.35) é simplesmente que H_0 é falsa; isso significa que pelo menos um dos parâmetros listados em (4.35) é diferente de zero. Quando impomos as restrições sob H_0, ficamos com o modelo restrito:

$$y = \beta_0 + \beta_1 x_1 + \ldots + \beta_{k-q} x_{k-q} + u. \tag{4.36}$$

Nesta Seção, vamos assumir que ambos os modelos irrestrito e restrito contêm um intercepto, visto que esse é o caso mais amplamente encontrado na prática.

Agora, vamos à estatística de teste propriamente dita. Anteriormente, sugerimos que olhar para o aumento relativo em SQR quando nos movemos do modelo irrestrito para o restrito deveria ser informativo para testar a hipótese (4.35). A **estatística F** (ou *razão F*) é definida como

$$F \equiv \frac{(\text{SQR}_r - \text{SQR}_{ur})/q}{\text{SQR}_{ur}/(n - k - 1)}, \tag{4.37}$$

em que SQR_r é a soma dos quadrados dos resíduos do modelo restrito, e SQR_{ur} é a soma dos quadrados dos resíduos do modelo irrestrito.

QUESTÃO 4.4

Considere a possibilidade de relacionar o desempenho individual em um teste padronizado, medido pela pontuação, a uma variedade de outras variáveis. Fatores relativos à escola incluem o tamanho médio da classe, os gastos por estudante, o salário médio dos professores e o total de matrículas escolares. Outras variáveis específicas em relação aos estudantes são a renda familiar, a educação da mãe, a educação do pai e o número de irmãos. O modelo é

score = β_0 + $\beta_1$classize + $\beta_2$expend +
$\beta_3$tchcomp + $\beta_4$enroll +
$\beta_5$faminc + $\beta_6$motheduc +
$\beta_7$fatheduc + $\beta_8$siblings + u.

Formule a hipótese nula de que as variáveis específicas aos estudantes não têm efeito sobre o desempenho no teste padronizado, uma vez que os fatores relativos à escola sejam controlados. Quais são os valores de k e q nesse exemplo? Escreva a versão restrita do modelo.

Você deveria observar imediatamente que, como SQR_r não pode ser maior que SQR_{ur}, a estatística F é *sempre* não negativa (e quase sempre estritamente positiva). Assim, se você calcular uma estatística F negativa, algo está errado; em geral, a ordem dos SQRs no numerador de F é equivocadamente invertida. Também, o SQR no denominador de F é o SQR do modelo *irrestrito*. A maneira mais fácil de lembrar onde os SQRs aparecem é pensar em F medindo o aumento relativo em SQR quando nos movemos do modelo irrestrito para o restrito.

A diferença nos SQRs no numerador de F é dividida por q, que é o número de restrições impostas ao nos movermos do modelo irrestrito para o restrito (q variáveis independentes foram retiradas). Portanto, podemos escrever

q = **graus de liberdade do numerador** = $gl_r - gl_{ur}$, (4.38)

o que também mostra que q é a diferença nos graus de liberdade entre os modelos restrito e irrestrito. (Lembre-se de que gl = número de observações − número de parâmetros estimados.) Visto que o modelo restrito tem menos parâmetros − e cada modelo é estimado usando as mesmas n observações −, gl_r é sempre maior que gl_{ur}.

O SQR no denominador de F é dividido pelos graus de liberdade do modelo irrestrito:

$$n - k - 1 = \textbf{graus de liberdade do denominador} = gl_{ur}. \quad (4.39)$$

De fato, o denominador de F é exatamente o estimador não viesado de $\sigma^2 = \text{Var}(u)$ do modelo irrestrito.

Em uma aplicação particular, calcular a estatística F é mais fácil do que ler penosamente a notação um pouco incômoda usada para descrever o caso geral. Em primeiro lugar, obtemos os graus de liberdade do modelo irrestrito, gl_{ur}. Então, contamos quantas variáveis estão excluídas no modelo restrito; esse é o valor de q. Os SQRs são informados em toda regressão de MQO e, portanto, é simples compor a estatística F.

Na regressão do salário da principal liga de beisebol, $n = 353$, e o modelo completo (4.28) contém seis parâmetros. Assim, $n - k - 1 = gl_{ur} = 353 - 6 = 347$. O modelo restrito (4.32) contém menos três variáveis independentes que (4.28), e portanto, $q = 3$. Assim, temos todos os ingredientes para calcular a estatística F; vamos adiar o cálculo até que saibamos o que fazer com ele.

Para usar a estatística F, devemos conhecer sua distribuição amostral sob a hipótese nula para escolher os valores críticos e as regras de rejeição. Pode ser mostrado que, sob H_0 (e assumindo que as hipóteses do MLC se mantêm), F é distribuído como uma variável aleatória F com $(q, n - k - 1)$ graus de liberdade. Escrevemos isso como

$$F \sim F_{q, n-k-1}.$$

A distribuição de $F_{q, n-k-1}$ está tabelada e disponível em tabelas estatísticas (veja a Tabela G.3) e, ainda mais importante, em softwares estatísticos.

Não vamos derivar a distribuição F porque a matemática é muito complicada. Basicamente, pode ser mostrado que a equação (4.37) é, de fato, a razão de duas variáveis aleatórias qui-quadradas independentes, divididas por seus respectivos graus de liberdade. A variável aleatória qui-quadrada do numerador tem q graus de liberdade, e a qui-quadrada do denominador tem $n - k - 1$ graus de liberdade. Essa é a definição de uma variável aleatória com distribuição F (veja o Apêndice B).

Da definição de F, é bastante claro que rejeitaremos H_0 em favor de H_1 quando F for suficientemente "grande". A grandeza depende de nosso nível de significância escolhido. Suponha que decidimos por um teste no nível de 5%. Seja c o 95º percentil da distribuição $F_{q, n-k-1}$. O valor crítico depende de q (os gl do numerador) e $n - k - 1$ (os gl do denominador). É importante guardar corretamente os graus de liberdade do numerador e do denominador.

Os valores críticos de 10%, 5% e 1% da distribuição F são dados na Tabela G.3. A regra de rejeição é simples. Uma vez obtido c, rejeitamos H_0 em favor de H_1, no nível de significância escolhido se

$$F > c. \quad (4.40)$$

Com um nível de significância de 5%, $q = 3$, e $n - k - 1 = 60$, o valor crítico é $c = 2,76$. Rejeitaríamos H_0 ao nível de significância de 5% se o valor calculado da estatística F excedesse 2,76. O valor crítico a 5% e a região de rejeição são apresentados na Figura 4.7. Para os mesmos graus de liberdade, o valor crítico a 1% é 4,13.

Na maioria das aplicações, os graus de liberdade do numerador (q) serão notadamente menores que os graus de liberdade do denominador ($n - k - 1$). As aplicações em que $n - k - 1$ é menor têm menos probabilidade de serem bem-sucedidas porque os parâmetros do modelo irrestrito provavelmente não serão estimados com precisão. Quando os gl do denominador alcançam cerca de 120, a distribuição F não é mais sensível a eles. (Isso é totalmente semelhante à distribuição t aproximada pela distribuição normal padronizada quando os gl tornam-se grandes.) Assim, há uma entrada na tabela para o denominador $gl = \infty$, e isso é o que usamos com amostras grandes (visto que $n - k - 1$ é, então, grande). Uma formulação semelhante é válida para os gl do numerador muito grande, mas isso raramente ocorre nas aplicações.

Se H_0 é rejeitada, dizemos que $x_{k-q+1}, \ldots, x_k$ são **estatisticamente significantes conjuntamente** (ou apenas *conjuntamente significantes*) no nível de significância apropriado. Esse teste sozinho não nos permite dizer quais das variáveis têm um efeito parcial sobre y; todas elas podem afetar y ou talvez somente uma afeta. Se a hipótese nula não for rejeitada, as variáveis são **conjuntamente não significantes**, o que, em geral, justifica retirá-las do modelo.

No exemplo da principal liga de beisebol com três graus de liberdade do numerador e 347 graus de liberdade do denominador, o valor crítico a 5% é 2,60, e o valor crítico a 1% é 3,78. Rejeitamos H_0 no nível de 1% se F está acima de 3,78; rejeitamos H_0 no nível de 5% se F está acima de 2,60.

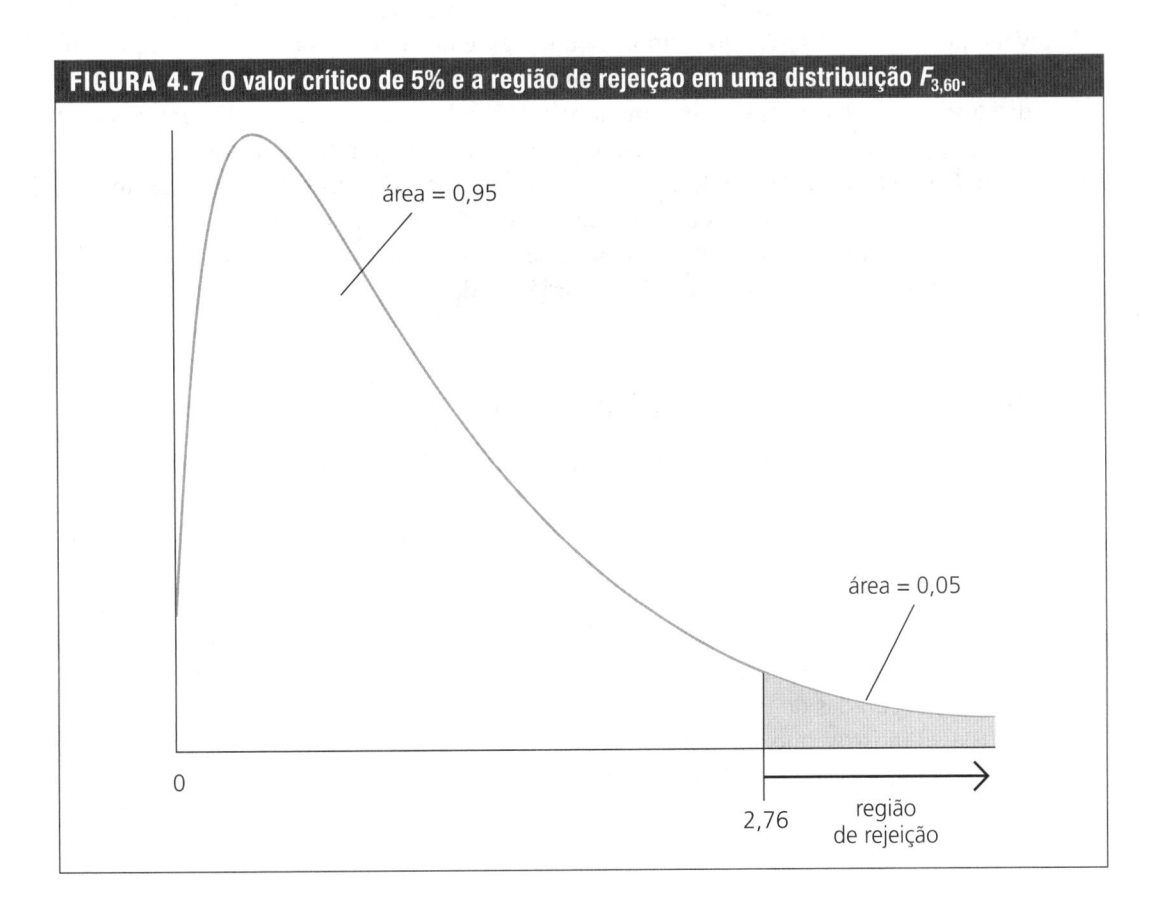

FIGURA 4.7 O valor crítico de 5% e a região de rejeição em uma distribuição $F_{3,60}$.

Estamos agora em posição para testar a hipótese com a qual iniciamos esta seção: após controlar *years* e *gamesyr*, as variáveis *bavg*, *hrunsyr* e *rbisyr* não têm efeito sobre os salários dos jogadores. Na prática, é mais fácil, em primeiro lugar, calcular ($SQR_r - SQR_{ur}$)/SQR_{ur} e então multiplicar o resultado por $(n - k - 1)/q$; a razão pela qual a fórmula é expressa como em (4.37) é que ela torna mais fácil guardar corretamente os graus de liberdade do numerador e do denominador. Usando os SQRs em (4.31) e (4.33), temos

$$F = \frac{(198{,}311 - 183{,}186)}{183{,}186} \cdot \frac{347}{3} \approx 9{,}55.$$

Esse número está bem acima do valor crítico de 1% da distribuição F com 3 e 347 graus de liberdade e, portanto, rejeitamos completamente a hipótese de que *bavg*, *hrunsyr* e *rbisyr* não têm efeito sobre o salário.

O resultado do teste conjunto pode parecer surpreendente à luz das estatísticas t não significantes das três variáveis. O que está acontecendo é que as variáveis *hrunsyr* e *rbisyr* são altamente correlacionadas, e essa multicolinearidade torna difícil descobrir o efeito parcial de cada variável; isso é refletido nas estatísticas t individuais. A estatística F testa se essas variáveis (incluindo *bavg*) são conjuntamente significantes, e a multicolinearidade entre *hrunsyr* e *rbisyr* é muito menos relevante para testar essa hipótese. No Problema 4.16, pediremos que você estime novamente o modelo retirando *rbisyr*, caso em que *hrunsyr* se torna muito significante. O mesmo é verdadeiro para *rbisyr* quando *hrunsyr* é retirado do modelo.

A estatística F é frequentemente útil para testar a exclusão de um grupo de variáveis quando as variáveis do grupo são altamente correlacionadas. Por exemplo, suponha que queiramos testar se o desempenho da empresa afeta os salários dos seus diretores-executivos. Há muitas maneiras de medir o desempenho das empresas, e provavelmente não será claro dizer, antecipadamente, qual medida é a mais importante. Como as medidas de desempenho das empresas são, provavelmente, altamente correlacionadas, esperar encontrar medidas individualmente significantes pode ser pedir demais, em razão da multicolinearidade. No entanto, um teste F pode ser usado para determinar se, como um grupo, as variáveis de desempenho das empresas afetam o salário.

4-5b Relação entre as estatísticas *F* e *t*

Vimos nesta Seção como a estatística F pode ser usada para testar se um grupo de variáveis deve ser incluído em um modelo. O que aconteceria se aplicássemos a estatística F para o caso de testar a significância de uma *única* variável independente? Esse caso certamente não é excluído pelo desenvolvimento anterior. Por exemplo, podemos descrever a hipótese nula como $H_0: \beta_k = 0$ e $q = 1$ (para testar a única restrição de exclusão, de que x_k pode ser excluído do modelo). Da Seção 4.2, sabemos que a estatística t de β_k pode ser usada para testar essa hipótese. A questão, então, é: temos duas maneiras separadas de testar hipóteses sobre um único coeficiente? A resposta é não. É possível mostrar que a estatística F para testar a exclusão de uma única variável é igual ao *quadrado* da estatística t correspondente. Como t^2_{n-k-1} tem uma distribuição $F_{1,n-k-1}$, as duas abordagens levam exatamente ao mesmo resultado, desde que a hipótese alternativa seja bilateral. A estatística t é mais flexível para testar uma única hipótese porque pode ser usada para testar alternativas unilaterais. Visto que as estatísticas t também são mais fáceis de serem obtidas do que as estatísticas F, não há razão para usar uma estatística F para testar hipóteses sobre um único parâmetro.

Na regressão dos jogadores da principal liga de beisebol, vimos que duas (ou mais) variáveis que têm, cada uma, estatísticas t não significantes podem ser conjuntamente muito significantes. Também é possível que, em um grupo de muitas variáveis explicativas, uma variável tenha uma estatística t significante, mas o grupo de variáveis é conjuntamente não significante aos níveis de significância usuais. O que devemos fazer com esse tipo de resultado? Em termos concretos, suponha que, em um modelo com muitas variáveis explicativas, não possamos rejeitar a hipótese nula de que β_1, β_2, β_3, β_4 e β_5 são todos iguais a zero no nível de 5%, ainda que a estatística t de $\hat{\beta}_1$ seja significante no nível de 5%. Logicamente, não podemos ter $\beta_1 \neq 0$ e também ter β_1, β_2, β_3, β_4 e β_5 todos iguais a zero! Contudo, quando se trata de fazer um teste, é possível que agrupemos um punhado de variáveis não significantes juntamente com uma variável significante e concluamos que o conjunto inteiro de variáveis é conjuntamente não significante. (Esses possíveis conflitos entre um teste t e um teste F conjunto dão outro exemplo da razão de que não devemos "aceitar" hipóteses nulas; podemos somente não rejeitá-las.) Espera-se que a estatística F revele se qualquer combinação de um conjunto de coeficientes é diferente de zero, mas nunca é o melhor teste para determinar se um único coeficiente é diferente de zero. O teste t é o mais apropriado para testar uma única hipótese. (Tecnicamente, uma estatística F para restrições conjuntas que incluam $\beta_1 = 0$ tem menos poder de detectar $\beta_1 \neq 0$ do que a estatística t usual. Para uma discussão do poder de um teste, veja a Seção C.6 do Apêndice C.)

Infelizmente, o fato de podermos às vezes ocultar uma variável estatisticamente significante entre algumas variáveis não significantes pode levar a equívocos se os resultados da regressão não forem cuidadosamente descritos. Por exemplo, suponha que, em um estudo dos determinantes das taxas de aprovação de empréstimos de uma cidade, x_1 é a fração de famílias negras na cidade. Suponha que as variáveis x_2, x_3, x_4 e x_5 sejam as frações de famílias chefiadas por diferentes grupos de idade. Ao explicar as taxas de empréstimos, incluiríamos medidas de renda, riqueza, avaliação de crédito, e assim por diante. Suponha que a idade do chefe de família não tenha efeito sobre as taxas de aprovação de empréstimos, uma vez que as outras variáveis sejam controladas. Mesmo se a raça tiver um efeito marginalmente significante, é possível que as variáveis raça e idade sejam conjuntamente não significantes. Alguém que queira concluir que raça não é um fator importante poderia simplesmente escrever algo como "As variáveis raça e idade foram acrescentadas à equação, mas elas foram conjuntamente não significantes no nível de 5%". Felizmente, a revisão atenta impede esses tipos de conclusões enganosas, mas você deve estar consciente de que elas podem ocorrer.

Frequentemente, quando uma variável é estatisticamente muito significante e é testada com outro conjunto de variáveis, o conjunto todo será significante. Nesses casos, não há mais inconsistência lógica em rejeitar ambas as hipóteses nulas.

4-5c A forma R-quadrado da estatística F

Para testar restrições de exclusão, frequentemente é mais conveniente ter uma forma da estatística F que possa ser calculada usando os R-quadrados dos modelos restrito e irrestrito. Uma razão para isso é que o R-quadrado está sempre entre zero e um, enquanto os SQRs podem ser muito grandes, dependendo da unidade de y, o que faz dos cálculos baseados nos SQRs algo entediante. Usando o fato de que $\text{SQR}_r = \text{SQT}(1 - R_r^2)$ e $\text{SQR}_{ur} = \text{SQT}(1 - R_{ur}^2)$, podemos substituir esses termos em (4.37) para obter

$$F = \frac{(R_{ur}^2 - R_r^2)/q}{(1 - R_{ur}^2)/(n - k - 1)} = \frac{(R_{ur}^2 - R_r^2)/q}{(1 - R_{ur}^2)/df_{ur}} \tag{4.41}$$

(observe que os termos SQT são cancelados em todas as situações). Isso se chama a **forma R-quadrado da estatística F**. [Nesse ponto, você deve ser advertido de que embora a equação (4.41) seja muito conveniente para testar restrições de exclusão, ela não pode ser aplicada para testar todas as restrições lineares. Como veremos ao discutir como testar restrições lineares gerais, a forma soma dos quadrados dos resíduos da estatística F é, às vezes, necessária.]

Como o R-quadrado é um resultado informado em quase todas as regressões (embora o SQR não seja), é fácil usar os R-quadrados dos modelos irrestrito e restrito para testar a exclusão de algumas variáveis. Atenção particular deve ser dada à ordem dos R-quadrados do numerador: o R-quadrado *irrestrito* vem primeiro [compare com os SQRs em (4.37)]. Como $R_{ur}^2 > R_r^2$, isso mostra novamente que F sempre será positivo.

Ao usar a forma R-quadrado para testar a exclusão de um conjunto de variáveis, é importante *não* elevar ao quadrado o R-quadrado antes de colocá-lo na fórmula (4.41), pois isso já foi feito. Todas as regressões informam o R^2, e esses números são colocados diretamente em (4.41). No exemplo do salário dos jogadores de beisebol, podemos usar (4.41) para obter a estatística F:

$$F = \frac{(0{,}6278 - 0{,}5971)}{(1 - 0{,}6278)} \cdot \frac{347}{3} \approx 9{,}54,$$

que está muito próxima da que obtivemos anteriormente. (A diferença deve-se a erro de arredondamento.)

EXEMPLO 4.9 Educação dos pais em uma equação do peso de nascimentos

Como outro exemplo de cálculo de uma estatística F, considere o seguinte modelo para explicar o peso de recém-nascidos em termos de vários fatores:

$$bwght = \beta_0 + \beta_1 cigs + \beta_2 parity + \beta_3 faminc + \beta_4 motheduc + \beta_5 fatheduc + u, \tag{4.42}$$

em que *bwght* é o peso de nascimento, em libras, *cigs* é o número médio de cigarros que a mãe fumou por dia durante a gravidez, *parity* é a ordem de nascimento dessa criança, *faminc* é a renda familiar anual, *motheduc* corresponde aos anos de escolaridade formal da mãe, e *fatheduc* corresponde aos anos de escolaridade formal do pai. Vamos testar a hipótese nula de que, após controlar *cigs*, *parity* e *faminc*, a educação dos pais não tem efeito sobre o peso de nascimento. Isso é expresso como H_0: $\beta_4 = 0$, $\beta_5 = 0$, e, portanto, há $q = 2$ restrições de exclusão para serem testadas. Há $k + 1 = 6$ parâmetros no modelo irrestrito (4.42), de modo que os *gl* do modelo irrestrito são $n - 6$, em que n é o tamanho da amostra.

Vamos testar essa hipótese usando os dados em BWGHT. Esse conjunto de dados contém informações de 1.388 nascimentos, mas devemos ser cuidadosos ao contar as observações usadas no teste da hipótese nula. Ocorre que em pelo menos uma das variáveis *motheduc* e *fatheduc* estão faltando informações de 197 nascimentos na amostra; essas observações não podem ser incluídas ao estimar o modelo irrestrito. Assim, temos realmente $n = 1.191$ observações e, portanto, há $1.191 - 6 = 1.185$ gl no modelo irrestrito. Devemos estar seguros de usar essas mesmas 1.191 observações quando estimarmos o modelo restrito (e não o total das 1.388 observações que estão disponíveis). Em geral, ao estimar o modelo restrito para calcular um teste F, devemos usar as mesmas observações para estimar o modelo irrestrito; de outro modo, o teste não é válido. Quando não faltarem dados, isso deixa de ser um problema.

Os gl do numerador são iguais a 2, e os gl do denominador, a 1.185; da Tabela G.3, o valor crítico a 5% é $c = 3,0$. Por brevidade, em vez de informar os resultados completos, vamos apresentar somente os R-quadrados. O R-quadrado do modelo completo é $R^2_{ur} = 0,0387$. Quando *motheduc* e *fatheduc* são retirados da regressão, o R-quadrado cai para $R^2_r = 0,0364$. Assim, a estatística F é $F = [(0,0387 - 0,0364)/(1 - 0,0387)](1.185/2) = 1,42$; como esse valor está bem abaixo do valor crítico de 5%, não é possível rejeitar H_0. Em outras palavras, *motheduc* e *fatheduc* são conjuntamente não significantes na equação do peso de nascimento. A maioria dos programas estatísticos atuais tem comandos integrados para testar hipóteses múltiplas depois da estimação de MQO; portanto, não é preciso se preocupar com o erro de executar as duas regressões com diferentes conjuntos de dados. Tipicamente, os comandos são aplicados depois da estimação do modelo irrestrito, o que significa que o menor conjunto de dados é usado sempre que houver dados faltantes de algumas variáveis. Fórmulas para calcular a estatística F usando álgebra matricial – veja o Apêndice E – não exigem a estimação do modelo restrito.

QUESTÃO 4.5

Os dados do arquivo ATTEND foram usados para estimar as duas equações

$$\widehat{atndrte} = 47,13 + 13,37\ priGPA$$
$$\qquad\quad (2,87)\quad (1,09)$$
$$n = 680, R^2 = 0,183$$

e

$$\widehat{atndrte} = 75,70 + 17,26\ priGPA - 1,72\ ACT$$
$$\qquad\quad (3,88)\quad (1,08)\qquad\qquad (?)$$
$$n = 680, R^2 = 0,291,$$

em que, como sempre, os erros padrão estão entre parênteses; o erro padrão de *ACT* está faltando na segunda equação. Qual é a estatística t do coeficiente de *ACT*? (Dica: primeiro calcule a estatística F da significância de *ACT*.)

4-5d Cálculo dos *p*-valores para testes *F*

Para apresentar os resultados dos testes F, os *p*-valores são especialmente úteis. Como a distribuição F depende dos gl do numerador e do denominador, é difícil obter uma impressão de quanto é forte ou fraca a evidência contra a hipótese nula simplesmente olhando para o valor da estatística F e um ou dois valores críticos.

No contexto do teste F, o *p*-valor é definido como

$$p\text{-valor} = P(\mathscr{F} > F), \qquad (4.43)$$

em que, para enfatizar, $\mathscr{F}$ representa uma variável aleatória F com $(q, n - k - 1)$ graus de liberdade, e F é o valor real da estatística de teste. O *p*-valor ainda tem a mesma interpretação que tinha para a estatística t: é a probabilidade de observarmos um valor de F pelo menos tão grande quanto aquele que encontramos, *dado* que a hipótese nula é verdadeira. Um p-valor pequeno é evidência contra H_0. Por exemplo, o p-valor = 0,016 significa que a probabilidade de observarmos um valor de F tão grande quanto aquele para o qual a hipótese nula é verdadeira é somente 1,6%; em geral, rejeitamos H_0 nesses casos. Se o p-valor = 0,314, então a probabilidade de observarmos um valor da estatística F tão grande quanto aquele sob a hipótese nula é 31,4%. Muitos poderiam achar que esse valor é uma evidência bastante fraca contra H_0.

Assim como com o teste t, uma vez calculado o p-valor, o teste F pode ser realizado para qualquer nível de significância. Por exemplo, se o p-valor = 0,024, rejeitamos H_0 no nível de significância de 5%, mas não no nível de 1%.

O p-valor do teste F no Exemplo 4.9 é 0,238, e, portanto, a hipótese nula de $\beta_{motheduc}$ e $\beta_{fatheduc}$ serem ambos zero não é rejeitada mesmo no nível de significância de 20%.

Muitos programas econométricos têm recursos embutidos para testar restrições múltiplas de exclusão. Neles, o cálculo computacional tem várias vantagens sobre o cálculo manual das estatísticas: provavelmente cometeremos menos erros, os p-valores são calculados automaticamente e o problema de falta de dados, como no Exemplo 4.9, é tratado sem qualquer trabalho adicional de nossa parte.

4-5e A estatística F para a significância geral de uma regressão

Um conjunto especial de restrições de exclusão é rotineiramente testado por muitos programas de regressão. Essas restrições têm a mesma interpretação, independentemente do modelo. No modelo com k variáveis independentes, podemos escrever a hipótese nula como

$$H_0: x_1, x_2, ..., x_k \text{ não ajudam a explicar } y.$$

Essa hipótese nula é, de certa maneira, muito pessimista. Ela afirma que *nenhuma* das variáveis explicativas tem um efeito sobre y. Expressa em termos dos parâmetros, a hipótese nula é que todos os parâmetros de inclinação são zero:

$$H_0: \beta_1 = \beta_2 = ... = \beta_k = 0, \qquad (4.44)$$

e a hipótese alternativa é que pelo menos um dos β_j seja diferente de zero. Outra maneira útil de formular a hipótese nula é que $H_0: E(y|x_1, x_2, ..., x_k) = E(y)$, de modo que conhecer os valores de $x_1, x_2, ..., x_k$ não afeta o valor esperado de y.

Há k restrições em (4.44), e quando as impomos, obtemos o modelo restrito

$$y = \beta_0 + u; \qquad (4.45)$$

todas as variáveis independentes foram retiradas da equação. Agora, o R-quadrado da estimação de (4.45) é zero; nada da variação em y está sendo explicado porque não há variáveis explicativas. Portanto, a estatística F para testar (4.44) pode ser escrita como

$$\frac{R^2/k}{(1 - R^2)/(n - k - 1)}, \qquad (4.46)$$

em que R^2 é exatamente o R-quadrado usual da regressão de y sobre $x_1, x_2, ..., x_k$.

A maioria dos programas de regressão informa a estatística F em (4.46) automaticamente, o que torna tentador usar essa estatística para testar restrições de exclusão gerais. Você deve evitar essa tentação. A estatística F em (4.41) é usada para restrições de exclusão gerais; ela depende dos R-quadrados dos modelos restrito e irrestrito. A forma especial (4.46) é válida somente para testar a exclusão conjunta de *todas* as variáveis independentes. Às vezes, isso é chamado de determinador de **significância geral da regressão**.

Se não for possível rejeitar (4.44), não há evidência de que qualquer uma das variáveis independentes ajude a explicar y. Isso usualmente significa que devemos procurar outras variáveis para explicar y. Para o Exemplo 4.9, a estatística F para testar (4.44) é cerca de 9,55 com $k = 5$ e $n - k - 1 = 1.185$ *gl*. O p-valor é zero para quatro casas após o ponto decimal, de modo que (4.44) é fortemente rejeitada. Assim, concluímos que as variáveis na equação *bwght* explicam, *de fato*, alguma variação em *bwght*. A quantidade explicada não é grande: somente 3,87%. No entanto, o R-quadrado aparentemente pequeno resulta em uma estatística F altamente significante. Essa é a razão de devermos calcular a estatística F para testar a significância conjunta e não apenas olhar o tamanho do R-quadrado.

Ocasionalmente, a estatística F para a hipótese de que todas as variáveis independentes são conjuntamente não significantes é o foco de um estudo. O Problema 4.10 pedirá que use dados de retorno de ações para testar se os retornos das ações ao longo de um horizonte de quatro anos são previsíveis, com base em informações conhecidas somente no início do período. Sob a *hipótese dos mercados eficientes*, os retornos não deveriam ser previsíveis; a hipótese nula é precisamente (4.44).

4-5f Teste de restrições lineares gerais

Testar restrições de exclusão é, de longe, a mais importante aplicação da estatística F. Às vezes, entretanto, as restrições implicadas por uma teoria são mais complicadas do que apenas excluir algumas variáveis independentes. É ainda simples usar a estatística F para um teste dessa natureza.

Como um exemplo, considere a seguinte equação:

$$\log(price) = \beta_0 + \beta_1 \log(assess) + \beta_2 \log(lotsize) \\ + \beta_3 \log(sqrft) + \beta_4 bdrms + u, \quad (4.47)$$

em que *price* é o preço das casas, *assess* é o valor avaliado das casas (antes de serem vendidas), *lotsize* é o tamanho dos terrenos em pés quadrados, *sqrft* é a área da casa e *bdrms* é o número de quartos. Agora, suponha que gostaríamos de testar se o preço de avaliação das casas é uma avaliação racional. Nesse caso, uma variação de 1% em *assess* deve estar associada a uma variação de 1% em *price*; isto é, $\beta_1 = 1$. Além disso, *lotsize*, *sqrft* e *bdrms* não devem ajudar a explicar $\log(price)$, uma vez que o valor de avaliação tenha sido controlado. Juntas, essas hipóteses podem ser expressas como

$$H_0: \beta_1 = 1, \beta_2 = 0, \beta_3 = 0, \beta_4 = 0. \quad (4.48)$$

Quatro restrições devem ser testadas; três são restrições de exclusão, mas $\beta_1 = 1$ não é. Como podemos testar essa hipótese usando a estatística F?

Como no caso da restrição de exclusão, estimamos o modelo irrestrito (4.47) nesse caso, e, em seguida, impomos as restrições em (4.48) para obter o modelo restrito. O segundo passo pode ser um pouquinho complicado. Entretanto, tudo o que fazemos é inserir as restrições. Se escrevermos (4.47) como

$$y = \beta_0 + \beta_1 x_1 + \beta_2 x_2 + \beta_3 x_3 + \beta_4 x_4 + u, \quad (4.49)$$

então o modelo restrito é $y = \beta_0 + x_1 + u$. Agora, para forçar a restrição de que o coeficiente de x_1 é a unidade, devemos estimar o seguinte modelo:

$$y - x_1 = \beta_0 + u. \tag{4.50}$$

Esse é apenas um modelo com um intercepto (β_0), mas com uma variável dependente diferente daquela em (4.49). O procedimento para calcular a estatística F é o mesmo: estime (4.50), obtenha o SQR (SQR$_r$) e utilize-o com o SQR irrestrito de (4.49) na estatística F (4.37). Estamos testando restrições $q = 4$, e há $n - 5$ gl no modelo irrestrito. A estatística F é simplesmente $[(\text{SQR}_r - \text{SQR}_{ur})/\text{SQR}_{ur}][(n - 5)/4]$.

Antes de ilustrar esse teste usando um conjunto de dados, devemos enfatizar um ponto: não podemos usar a forma R-quadrado da estatística F nesse exemplo porque a variável dependente em (4.50) é diferente daquela em (4.49). Isso significa que a soma dos quadrados total das duas regressões será diferente, e (4.41) não é mais equivalente a (4.37). Como regra geral, a forma SQR da estatística F deve ser usada se uma variável dependente diferente for necessária para computar a regressão restrita.

O modelo irrestrito estimado usando os dados em HPRICE1 é

$$\widehat{\log(price)} = 0{,}264 + 1{,}043 \log(assess) + 0{,}0074 \log(lotsize)$$
$$(0{,}570) \quad (0{,}151) \qquad\qquad (0{,}0386)$$
$$- 0{,}1032 \log(sqrft) + 0{,}0338\, bdrms$$
$$(0{,}1384) \qquad\qquad (0{,}0221)$$
$$n = 88,\ \text{SQR} = 1{,}822,\ R^2 = 0{,}773.$$

Se usamos separadamente as estatísticas t para testar cada hipótese em (4.48), não será possível rejeitar cada uma delas. Contudo, a racionalidade da avaliação é uma hipótese conjunta, de modo que devemos testar as restrições conjuntamente. O SQR do modelo restrito é SQR$_r = 1{,}880$ e, portanto, a estatística F é $[(1{,}880 - 1{,}822)/1{,}822](83/4) = 0{,}661$. O valor crítico de 5% em uma distribuição F com $(4, 83)$ gl é cerca de 2,50, portanto não podemos rejeitar H_0. Não há, essencialmente, evidência contra a hipótese de que os valores de avaliação sejam racionais.

4.6 Descrição dos resultados da regressão

Finalizamos este capítulo dando algumas instruções de como descrever os resultados da regressão múltipla para projetos empíricos relativamente complicados. Isso deve ensiná-lo a ler trabalhos publicados nas ciências sociais aplicadas, ao mesmo tempo em que prepara você para escrever seus próprios artigos empíricos. Expandiremos esse tópico no restante do livro ao descrever os resultados de vários exemplos, mas muitos dos pontos fundamentais podem ser apresentados agora.

Naturalmente, os coeficientes estimados de MQO devem ser sempre informados. Das variáveis fundamentais de uma análise, você deve *interpretar* os coeficientes estimados (o que, frequentemente, requer conhecer as unidades de medida das variáveis). Por exemplo, ele é uma elasticidade ou tem alguma outra interpretação que necessita de explicação? A importância econômica ou a prática das estimativas das variáveis-chave devem ser discutidas.

Os erros padrão devem sempre ser incluídos juntamente com os coeficientes estimados. Alguns autores preferem informar as estatísticas t em vez dos erros padrão (e, frequentemente, apenas o valor absoluto das estatísticas *t*). Embora não haja, realmente, nada de errado com isso, há alguma preferência por informar os erros padrão. Primeiro, isso nos força a pensar, cuidadosamente, sobre a hipótese nula que está sendo testada; a hipótese nula nem sempre corresponde a dizer que o parâmetro populacional é zero. Segundo, ter os erros padrão torna mais fácil calcular os intervalos de confiança.

O *R*-quadrado da regressão deve sempre ser incluído. Vimos que, além de dar uma medida da qualidade de ajuste, faz que os cálculos das estatísticas *F* para as restrições de exclusão fiquem simples. Informar a soma dos quadrados dos resíduos e o erro padrão da regressão às vezes é uma boa ideia, mas não é crucial. O número de observações usado na estimação de qualquer equação deve aparecer próximo da equação estimada.

Se somente alguns poucos modelos são estimados, os resultados podem ser resumidos na forma de equações, como fizemos até aqui. Entretanto, em muitos trabalhos, várias equações são estimadas para muitos conjuntos diferentes de variáveis independentes. Podemos estimar a mesma equação para diferentes grupos de pessoas, ou mesmo ter equações que explicam diferentes variáveis dependentes. Nesses casos, é melhor resumir os resultados em uma ou mais tabelas. A variável dependente deve ser indicada claramente na tabela, e as variáveis independentes, listadas na primeira coluna. Os erros padrão (ou as estatísticas *t*) podem ser colocados entre parênteses abaixo das estimativas.

EXEMPLO 4.10 A relação salário-benefício de professores

Façamos *totcomp* representar a remuneração média anual total de um professor, incluindo o salário e todos os benefícios adicionais (pensão, seguro-saúde etc.). Ampliando a equação dos salários, a remuneração total deve ser uma função da produtividade e talvez de outras características. Como é padrão, vamos usar a forma logarítmica:

$$\log(totcomp) = f(\text{características da produtividade, outros fatores}),$$

em que $f(\cdot)$ é alguma função (não especificada por enquanto). Escreva

$$totcomp = salary + benefits = salary\left(1 + \frac{benefits}{salary}\right).$$

Essa equação mostra que a remuneração total é o produto de dois termos: *salary* e $1 + b/s$, em que b/s é a abreviação para "razão benefícios-salário". Tirando o log dessa equação resulta em $\log(totcomp) = \log(salary) + \log(1 + b/s)$. Agora, para um b/s "pequeno", $\log(1 + b/s) \approx b/s$; vamos usar essa aproximação. Isso leva ao modelo econométrico

$$\log(salary) = \beta_0 + \beta_1(b/s) + \text{outros fatores}.$$

Testar a relação salário-benefício é, então, o mesmo que testar H_0: $\beta_1 = -1$ contra H_1: $\beta_1 \neq -1$.

Vamos usar os dados do arquivo MEAP93 para testar essa hipótese. Esses dados são ponderados por escola, e não observamos muitos outros fatores que poderiam afetar a remuneração total. Incluiremos os controles para o tamanho da escola (*enroll*), número de funcionários por mil estudantes (*staff*), e medidas como taxas de evasão escolar (*droprate*) e de formatura (*gradrate*). O *b/s* médio na amostra é cerca de 0,205, e o maior valor é 0,450.

As equações estimadas são apresentadas na Tabela 4.1, na qual os erros padrão aparecem entre parênteses, abaixo das estimativas dos coeficientes. A variável-chave é *b/s*, a razão benefícios-salário.

Na primeira coluna da Tabela 4.1, vemos que, sem controlar quaisquer outros fatores, o coeficiente de MQO de *b/s* é $-0,825$. A estatística t para testar a hipótese nula $H_0: \beta_1 = -1$ é $t = (-0,825 + 1)/0,200 = 0,875$, e portanto a regressão simples não permite rejeitar H_0. Após adicionar controles para o tamanho da escola e o tamanho do corpo docente (o qual captura, mais ou menos, o número de estudantes por professor), a estimativa do coeficiente de *b/s* passa a ser $-0,605$. Agora, o teste de $\beta_1 = -1$ resulta em uma estatística t igual a cerca de 2,39; assim, H_0 é rejeitada ao nível de 5% contra uma alternativa bilateral. As variáveis log(*enroll*) e log(*staff*) são estatisticamente muito significantes.

> **QUESTÃO 4.6**
>
> De que modo o acréscimo de *droprate* e *gradrate* afeta a estimativa da relação salário-benefício? Essas variáveis são conjuntamente significantes no nível de 5%? E no nível de 10%?

TABELA 4.1 Teste da relação salário-benefícios.			
Variável dependente: log(*salary*)			
Variáveis independentes	(1)	(2)	(3)
b/s	−0,825 (0,200)	−0,605 (0,165)	−0,589 (0,165)
log(enroll)	———	0,874 (0,0073)	0,0881 (0,0073)
log(staff)	———	−0,222 (0,050)	−0,218 (0,050)
droprate	———	———	−0,00028 (0,00161)
gradrate	———	———	−0,00097 (0,00066)
intercepto	10,523 (0,042)	10,884 (0,252)	10,738 (0,258)
Observações	408	408	408
R-quadrado	0,040	0,353	0,361

CAPÍTULO 4 — Análise de regressão múltipla: inferência

Resumo

Neste capítulo, apresentamos o tópico muito importante da inferência estatística, o qual nos permite obter conclusões sobre o modelo populacional a partir de uma amostra aleatória. Vamos resumir os pontos principais:

1. Sob as hipóteses do modelo linear clássico RLM.1 a RLM.6, os estimadores de MQO são normalmente distribuídos.
2. Sob as hipóteses do MLC, as estatísticas t têm distribuições t sob a hipótese nula.
3. Usamos as estatísticas t para testar hipóteses sobre um único parâmetro contra alternativas unilaterais ou bilaterais, adotando testes monocaudais ou bicaudais, respectivamente. A hipótese nula mais comum é $H_0: \beta_j = 0$, mas, às vezes, queremos testar outros valores de β_j sob H_0.
4. No teste de hipótese clássico, primeiro escolhemos um nível de significância que, juntamente com os gl e a hipótese alternativa, determina o valor crítico contra o qual comparamos a estatística t. É mais informativo calcular o p-valor de um teste t – o nível de significância menor ao qual a hipótese nula é rejeitada –, de modo que a hipótese pode ser testada a qualquer nível de significância.
5. Sob as hipóteses do MLC, os intervalos de confiança podem ser construídos para cada β_j. Esses ICs podem ser usados para testar qualquer hipótese nula relativa a β_j contra uma alternativa bilateral.
6. Testes de hipóteses simples relativos a mais de um β_j podem sempre ser testados, reescrevendo o modelo de tal forma que contenha o parâmetro de interesse. Em seguida, uma estatística t padrão pode ser usada.
7. A estatística F é usada para testar restrições múltiplas de exclusão, e há duas formas equivalentes do teste. Uma está baseada nos SQRs dos modelos restrito e irrestrito. Uma forma mais conveniente está baseada nos R-quadrados dos dois modelos.
8. Ao calcular uma estatística F, os gl do numerador correspondem ao número de restrições que estão sendo testadas, enquanto os gl do denominador são os graus de liberdade do modelo irrestrito.
9. A hipótese alternativa do teste F é bilateral. Na abordagem clássica, especificamos um nível de significância que, juntamente com o gl do numerador e o gl do denominador, determina o valor crítico. A hipótese nula é rejeitada quando a estatística F excede o valor crítico c. Alternativamente, podemos calcular o p-valor para resumir a evidência contra H_0.
10. Restrições lineares múltiplas gerais podem ser testadas usando a forma soma dos quadrados dos resíduos da estatística F.
11. A estatística F da significância geral de uma regressão testa a hipótese nula de que *todos* os parâmetros de inclinação são zero, com o intercepto irrestrito. Sob H_0, as variáveis explicativas não têm efeito sobre o valor esperado de y.
12. Quando faltam dados em uma ou mais variáveis explicativas, deve-se ter cuidado ao calcular estatísticas F "à mão", isto é, usando a soma dos quadrados dos resíduos ou os R-quadrados das duas regressões. Sempre que possível, é melhor deixar os cálculos com programas estatísticos que tenham comandos integrados, que trabalham com ou sem dados faltantes.

HIPÓTESES DO MODELO LINEAR CLÁSSICO

Agora é uma boa hora para revermos o conjunto total das hipóteses do modelo linear clássico (MLC) da regressão de seção transversal. Em seguida cada hipótese terá um comentário sobre seu papel na análise de regressão múltipla.

Hipótese RLM.1 (Linear em parâmetros)

O modelo na população pode ser escrito da seguinte maneira

$$y = \beta_0 + \beta_1 x_1 + \beta_2 x_2 + \ldots + \beta_k x_k + u,$$

em que $\beta_0, \beta_1, \ldots, \beta_k$ são os parâmetros desconhecidos (constantes) de interesse e u é um erro aleatório não observável ou um termo de perturbação.

A hipótese RLM.1 descreve o relacionamento populacional que esperamos estimar, e explicitamente especifica β_j – os efeitos populacionais *ceteris paribus* da x_j sobre y – como os parâmetros de interesse.

Hipótese RLM.2 (Amostragem aleatória)

Temos uma amostra aleatória de n observações, $\{(x_{i1}, x_{i2}, \ldots, x_{ik}, y_i): i = 1, \ldots, n\}$, seguindo o modelo populacional na hipótese RLM.1.

Essa hipótese de amostragem aleatória significa que possuímos dados que podem ser usados para estimarmos a β_j, e que os dados foram selecionados como representativos da população descrita na hipótese RLM.1.

Hipótese RLM.3 (Colinearidade imperfeita)

Na amostra (e, portanto, na população), nenhuma das variáveis independentes é constante e não existem relacionamentos lineares exatos entre as variáveis independentes.

Sempre que temos uma amostra de dados, precisamos saber se podemos usar os dados para calcularmos as estimativas MQO, a $\hat{\beta}_j$. Essa é a função da Hipótese RLM.3: se tivermos variação amostral em cada variável independente e nenhum relacionamento linear exato entre as variáveis independentes, poderemos calcular a $\hat{\beta}_j$.

Hipótese RLM.4 (Média condicional zero)

O erro u tem zero, como valor esperado, dados quaisquer valores das variáveis explicativas. Em outras palavras, $E(u|x_1, x_2, \ldots x_k) = 0$.

Como já discutimos, presumindo que as não observáveis são, na média, não relacionadas com as variáveis explicativas, é vital para se derivar a primeira propriedade estatística de cada estimador MQO: sua ausência de viés no parâmetro populacional correspondente. É claro, todas as hipóteses anteriores são usadas para demonstrar a ausência de viés.

Hipótese RLM.5 (Homoscedasticidade)

O erro u tem a mesma variância dados quaisquer valores das variáveis explicativas, em outras palavras:

$$\text{Var}(u|x_1, x_2, \ldots, x_k) = \sigma^2.$$

Comparada com a Hipótese RLM.4, a hipótese de homoscedasticidade é de importância secundária; particularmente, a Hipótese RLM.5 não tem influência na ausência de viés das $\hat{\beta}_j$. Ainda assim, a homoscedasticidade tem duas implicações importantes: (1) Podemos derivar fórmulas das variâncias amostrais cujos componentes são fáceis de serem caracterizados; (2) Podemos concluir, sob as hipóteses RLM.1 até a RLM.5 de Gauss-Markov, que os estimadores MQO têm a menor variância entre *todos* os estimadores lineares, não viesados.

CAPÍTULO 4 — Análise de regressão múltipla: inferência

Hipótese RLM.6 (Normalidade)

O erro populacional u é *independente* das variáveis explicativas $x_1, x_2, \ldots, x_k$ e é normalmente distribuído com média zero e variância σ^2: $u \sim \text{Normal}(0, \sigma^2)$.

Neste capítulo, adicionamos a Hipótese RLM.6 à distribuição amostral exata das estatísticas t e estatísticas F, de forma que possamos realizar testes de hipóteses. No próximo capítulo, veremos que a RLM.6 pode ser eliminada se tivermos uma amostra de tamanho razoavelmente grande. A Hipótese RLM.6 realmente implica uma propriedade de eficiência mais forte dos MQO: os estimadores MQO têm a menor variância entre *todos* os estimadores não viesados; o grupo de comparação não estará mais restrito a estimadores lineares na $\{y_i: i = 1, 2, \ldots, n\}$.

Termos-chave

- Alternativa bilateral
- Conjuntamente não significante
- Estatisticamente significantes conjuntamente
- Estatística F
- Estatística T
- Estatisticamente não significante
- Estatisticamente significante
- Estimadores não viesados de variância mínima
- Forma R-quadrado da estatística F
- Graus de liberdade do denominador
- Graus de liberdade do numerador
- Hipótese alternativa
- Hipótese alternativa unilateral
- Hipótese da normalidade
- Hipótese nula
- Hipóteses do modelo linear clássico (MLC)
- Intervalo de confiança (IC)
- Modelo irrestrito
- Modelo linear clássico
- Modelo restrito
- Nível de significância
- p-valor
- Razão t
- Regra de rejeição
- Restrições de exclusão
- Restrições múltiplas
- Significância econômica
- Significância geral da regressão
- Significância prática
- Teste bicaudal
- Teste de hipóteses múltiplas
- Teste de hipóteses conjuntas
- Teste monocaudal
- Valor crítico

Problemas

1. Quais dos seguintes itens podem fazer que as estatísticas t de MQO não sejam válidas (isto é, que não tenham distribuições t sob H_0)?
   (i) Heteroscedasticidade.
   (ii) Um coeficiente de correlação de 0,95 entre duas variáveis independentes que estão no modelo.
   (iii) Omitir uma variável explicativa importante.

2. Considere uma equação para explicar os salários dos diretores-executivos (CEOs) em termos das vendas anuais das empresas (*sales*), dos retornos sobre o patrimônio líquido (*roe*, em forma percentual) e do retorno sobre o capital das empresas (*ros*, na forma percentual):

   $$\log(salary) = \beta_0 + \beta_1 \log(sales) + \beta_2 roe + \beta_3 ros + u.$$

   (i) Em termos dos parâmetros do modelo, formule a hipótese nula em que, após controlar *sales* e *roe*, *ros* não tem efeito sobre o salário dos CEOs. Formule a hipótese alternativa de que um melhor desempenho de mercado das ações aumenta o salário dos diretores-executivos.

   (ii) Usando os dados em CEOSAL1, obtém-se a seguinte equação por MQO:

$$\widehat{\log(salary)} = 4{,}32 + 0{,}280 \log(sales) + 0{,}0174\, roe + 0{,}00024\, ros$$
$$(0{,}32)\ (0{,}035) \qquad\qquad (0{,}0041) \qquad (0{,}00054)$$
$$n = 209,\ R^2 = 0{,}283.$$

Se *ros* aumenta em 50 pontos, qual é a variação percentual prevista em *salary*? Na prática, *ros* tem um efeito grande sobre *salary*?

(iii) Teste a hipótese nula de que *ros* não tem efeito sobre *salary* contra a alternativa de que *ros* tem um efeito positivo. Faça o teste ao nível de significância de 10%.

(iv) Você incluiria *ros* no modelo final que explica a remuneração dos CEOs em termos do desempenho das empresas? Explique.

3. A variável *rdintens* corresponde a gastos com pesquisa e desenvolvimento (P&D) como uma porcentagem das vendas. As vendas são mensuradas em milhões de dólares. A variável *profmarg* corresponde a lucros como uma porcentagem das vendas.

Usando os dados do arquivo RDCHEM de 32 empresas da indústria química, estimou-se a seguinte equação:

$$\widehat{rdintens} = 0{,}472 + 0{,}321 \log(sales) + 0{,}050\, profmarg$$
$$(1{,}369)\ (0{,}216) \qquad\qquad (0{,}046)$$
$$n = 32,\ R^2 = 0{,}099.$$

(i) Interprete o coeficiente de log(*sales*). Em particular, se *sales* aumenta em 10%, qual é a variação percentual estimada em *rdintens*? Esse efeito é economicamente grande?

(ii) Teste a hipótese de que a intensidade de P&D não varia com *sales* contra a alternativa de que P&D aumenta com as vendas. Teste nos níveis de 5% e 10%.

(iii) Interprete o coeficiente na *profmarg*. Ele é economicamente grande?

(iv) *profmarg* tem um efeito estatisticamente significante sobre *rdintens*?

4. As taxas de aluguel são influenciadas pela população de estudantes em uma cidade onde há universidades? Seja *rent* o aluguel médio mensal pago pela unidade alugada em uma determinada cidade, onde há universidades. Seja *pop* o total da população da cidade, *avginc*, a renda média da cidade e *pctstu*, a população de estudantes como um percentual da população total. Um modelo para testar uma relação é

$$\log(rent) = \beta_0 + \beta_1 \log(pop) + \beta_2 \log(avginc) + \beta_3 pctstu + u.$$

(i) Formule a hipótese nula de que o tamanho da população estudantil relativo à população das cidades não tem efeito *ceteris paribus* sobre os aluguéis mensais. Formule a alternativa de que há um efeito.

(ii) Quais sinais você espera para β_1 e β_2?

(iii) A equação estimada, usando dados de 1990 de 64 cidades com universidades do arquivo RENTAL, é

$$\widehat{\log(rent)} = 0{,}043 + 0{,}066 \log(pop) + 0{,}507 \log(avginc) + 0{,}0056\, pctstu$$
$$(0{,}844)\ (0{,}039) \qquad\qquad (0{,}081) \qquad\qquad\qquad (0{,}0017)$$
$$n = 64,\ R^2 = 0{,}458.$$

O que está errado com a seguinte afirmação: "Um aumento de 10% na população está associado a um aumento de cerca de 6,6% no aluguel"?

(iv) Teste a hipótese formulada no item (i) no nível de 1%.

5. Considere a equação estimada do Exemplo 4.3 que poderia também ser usada para estudar os efeitos de faltar às aulas sobre a GPA em curso superior:

$$\widehat{colGPA} = 1{,}39 + 0{,}412\ hsGPA + 0{,}15\ ACT - 0{,}083\ skipped$$
$$(0{,}33)\ \ (0{,}94) \qquad\qquad (0{,}011) \qquad (0{,}026)$$
$$n = 141,\ R^2 = 0{,}234.$$

(i) Usando a aproximação normal padronizada, encontre o intervalo de confiança de 95% para β_{hsGPA}.

(ii) Você pode rejeitar a hipótese H_0: $\beta_{hsGPA} = 0{,}4$ contra a hipótese alternativa bilateral no nível de 5%?

(iii) Você pode rejeitar a hipótese H_0: $\beta_{hsGPA} = 1$ contra a hipótese alternativa bilateral no nível de 5%?

6. Na Seção 4.5 usamos, como exemplo, o teste da racionalidade da avaliação dos preços de casas. Lá, usamos um modelo log-log em *price* e *assess* [veja a equação (4.47)]. Aqui, vamos usar uma formulação nível-nível.

(i) No modelo de regressão simples

$$price = \beta_0 + \beta_1 assess + u,$$

a avaliação é racional se $\beta_1 = 1$ e $\beta_0 = 0$. A equação estimada é

$$\widehat{price} = -14{,}47 + 0{,}976\ assess$$
$$(16{,}27)\ \ (0{,}049)$$
$$n = 88,\ SQR = 165.644{,}51,\ R^2 = 0{,}820.$$

Primeiro, teste a hipótese H_0: $\beta_0 = 0$ contra a hipótese alternativa bilateral. Em seguida, teste H_0: $\beta_1 = 1$ contra a hipótese alternativa bilateral. O que você conclui?

(ii) Para testar a hipótese conjunta $\beta_0 = 0$ e $\beta_0 = 1$, precisamos do SQR do modelo restrito. É como calcular $\sum_{i=1}^{n}(price_i - assess_i)^2$, em que $n = 88$, visto que os resíduos do modelo restrito são exatamente $price_i - assess_i$. (Nenhuma estimação é necessária para o modelo restrito porque ambos os parâmetros estão especificados sob H_0.) Isso tem como resultado SQR = 209.448,99. Faça o teste F para a hipótese conjunta.

(iii) Agora, teste H_0: $\beta_2 = 0$, $\beta_3 = 0$ e $\beta_4 = 0$ no modelo

$$price = \beta_0 + \beta_1 assess + \beta_2 lotsize + \beta_3 sqrft + \beta_4 bdrms + u.$$

O R-quadrado da estimação desse modelo usando as mesmas 88 residências é 0,829.

(iv) Se a variância de *price* varia com *assess*, *lotsize*, *sqrft* ou *bdrms*, o que você pode dizer sobre o teste F do item (iii)?

7. No Exemplo 4.7, usamos dados de empresas manufatureiras não sindicalizadas para estimar a relação entre a taxa de rejeição e outras características da firma. Agora, vamos olhar esse exemplo mais de perto e usar todas as empresas disponíveis.

(i) O modelo populacional estimado no Exemplo 4.7 pode ser escrito como

$$\log(scrap) = \beta_0 + \beta_1 hrsemp + \beta_2 \log(sales) + \beta_3 \log(employ) + u.$$

Usando as 43 observações disponíveis para 1987, a equação estimada é

$$\widehat{\log(scrap)} = 11{,}74 - 0{,}042\ hrsemp - 0{,}951\ \log(sales) + 0{,}992\ \log(employ)$$
$$(4{,}57)\quad (0{,}019)\qquad\qquad (0{,}370)\qquad\qquad\quad (0{,}360)$$
$$n = 43,\ R^2 = 0{,}310.$$

Compare essa equação com aquela estimada com somente 29 firmas não sindicalizadas na amostra.

(ii) Mostre que o modelo populacional pode também ser escrito como

$$\log(scrap) = \beta_0 + \beta_1(hrsemp) + \beta_2\log(sales/employ) + \theta_3\log(employ) + u,$$

em que $\theta_3 = \beta_2 + \beta_3$. [*Dica*: Lembre-se de que $\log(x_2/x_3) = \log(x_2) - \log(x_3)$.] Interprete a hipótese H_0: $\theta_3 = 0$.

(iii) Quando a equação do item (ii) é estimada, obtemos

$$\widehat{\log(scrap)} = 11{,}74 - 0{,}042\ hrsemp - 0{,}951\ \log(sales/employ) + 0{,}041\ \log(employ)$$
$$(4{,}57)\quad (0{,}019)\qquad\qquad (0{,}370)\qquad\qquad\qquad\quad (0{,}205)$$
$$n = 43,\ R^2 = 0{,}310.$$

Controlando o treinamento dos trabalhadores e a razão vendas-empregados, as empresas maiores têm taxas de rejeição maiores estatisticamente significantes?

(iv) Teste a hipótese de que um aumento de 1% em *sales/employ* está associado a uma queda de 1% na taxa de rejeição.

8. Considere o modelo de regressão múltipla com três variáveis independentes, sob as hipóteses do modelo linear clássico RLM.1 a RLM.6:

$$y = \beta_0 + \beta_1 x_1 + \beta_2 x_2 + \beta_3 x_3 + u.$$

Você deseja testar a hipótese nula H_0: $\beta_1 - 3\beta_2 = 1$.

(i) Sejam $\hat{\beta}_1$ e $\hat{\beta}_2$ os estimadores de MQO de β_1 e β_2. Encontre $\text{Var}(\hat{\beta}_1 - 3\hat{\beta}_2)$ em termos das variâncias de $\hat{\beta}_1$ e $\hat{\beta}_2$ e a covariância entre eles. Qual é o erro padrão de $\hat{\beta}_1 - 3\hat{\beta}_2$?

(ii) Escreva a estatística *t* para testar H_0: $\beta_1 - 3\beta_2 = 1$.

(iii) Defina $\theta_1 = \beta_1 - 3\beta_2$ e $\hat{\theta}_1 = \hat{\beta}_1 - 3\hat{\beta}_2$. Escreva uma equação de regressão que envolva $\beta_0, \theta_1, \beta_2$ e β_3, que permita que você obtenha diretamente $\hat{\theta}_1$ e seu erro padrão.

9. No Problema 3.3, estimamos a equação

$$\widehat{sleep} = 3.638{,}25 - 0{,}148\ totwrk - 11{,}13\ educ + 2{,}20\ age$$
$$(112{,}28)\quad (0{,}017)\qquad\quad (5{,}88)\qquad\ (1{,}45)$$
$$n = 706,\ R^2 = 0{,}113,$$

para a qual informamos, agora, os erros padrão juntamente com as estimativas.

(i) *educ* ou *age* são individualmente significantes ao nível de 5% contra uma hipótese alternativa bilateral? Mostre como você chegou à resposta.

(ii) Ao retirar *educ* e *age* da equação, temos

$$\widehat{sleep} = 3.586{,}38 - 0{,}151\ totwrk$$
$$(38{,}91)\quad (0{,}017)$$
$$n = 706,\ R^2 = 0{,}103.$$

É possível afirmar que *educ* e *age* são conjuntamente significantes na equação original ao nível de 5%? Justifique sua resposta.

(iii) Incluir *educ* e *age* no modelo afeta muito a relação estimada entre dormir e trabalhar?

(iv) Suponha que a equação de dormir (*sleep*) contenha heteroscedasticidade. O que isso significa para os testes calculados nos itens (i) e (ii)?

10. A análise de regressão pode ser usada para testar se o mercado usa eficientemente as informações ao avaliar ações. Seja *return* o retorno total de possuir ações de uma empresa ao longo de um período de quatro anos, do final de 1990 até o final de 1994. A *hipótese dos mercados eficientes* diz que esses retornos não devem estar sistematicamente relacionados à informação conhecida em 1990. Se as características conhecidas da empresa no início do período ajudassem a prever os retornos das ações, poderíamos usar essas informações para escolher ações.

Para 1990, seja *dkr* a relação dívida-capital de uma empresa, seja *eps* os ganhos por ação, seja *netinc* a renda líquida e seja *salary* a remuneração total dos CEOs da empresa.

(i) Usando os dados do arquivo RETURN, estimou-se a seguinte equação:

$$\widehat{return} = -14{,}37 + 0{,}321\,dkr + 0{,}043\,eps - 0{,}0051\,nentic + 0{,}0035\,salary$$
$$\phantom{\widehat{return} = }(6{,}89)\ \ (0{,}201)\ \ \ \ \ (0{,}078)\ \ \ \ \ (0{,}0047)\ \ \ \ \ \ \ (0{,}0022)$$
$$n = 142,\ R^2 = 0{,}0395.$$

Teste se as variáveis explicativas são conjuntamente significantes ao nível de 5%. Alguma variável explicativa é individualmente significante?

(ii) Agora, nova estimação do modelo usando a forma log para *netinc* e *salary* forneceu a seguinte equação:

$$\widehat{return} = -36{,}30 + 0{,}327\,dkr + 0{,}069\,eps - 4{,}74\log(netinc) + 7{,}24\log(salary)$$
$$\phantom{\widehat{return} = }(39{,}37)\ \ (0{,}203)\ \ \ \ \ (0{,}080)\ \ \ \ \ (3{,}39)\ \ \ \ \ \ \ \ \ \ \ \ \ \ \ \ \ (6{,}31)$$
$$n = 142,\ R^2 = 0{,}0330.$$

Alguma de suas conclusões no item (i) mudou?

(iii) Nessa amostra, algumas empresas têm zero de dívidas e outras têm ganhos negativos. Deveríamos tentar usar log(*dkr*) ou log(*eps*) para vermos se isso melhorará o ajustamento? Explique.

(iv) Em geral, a evidência da previsibilidade dos retornos é forte ou fraca?

11. A tabela seguinte foi criada ao usar os dados do arquivo CEOSAL2, onde erros padrão estão entre parênteses abaixo dos coeficientes:

Variáveis Independentes	Variável dependente: log(*salary*)		
	(1)	(2)	(3)
log(sales)	0,224	0,158	0,188
	(0,027)	(0,040)	(0,040)
log(mktval)	——	0,112	0,100
		(0,050)	(0,049)
Profmarg	——	−0,0023	−0,0022
		(0,0022)	(0,0021)
ceoten	——	——	0,0171
			(0,0055)
comten	——	——	−0,0092
			(0,0033)
intercepto	4,94	4,62	4,57
	(0,20)	(0,25)	(0,25)
Observações	177	177	177
R-quadrado	0,281	0,304	0,353

A variável *mktval* é o valor de mercado da empresa, *profmarg* é o lucro como porcentagem das vendas, *ceoten* corresponde aos anos de trabalho como diretor-executivo na atual empresa, e *comten* é o total de anos na empresa.

(i) Comente os efeitos de *profmarg* sobre o salário dos diretores-executivos.
(ii) O valor de mercado tem um efeito significante? Explique.
(iii) Interprete os coeficientes de *ceoten* e *comten*. As variáveis são estatisticamente significantes?
(iv) O que você entende do fato de que a permanência muito longa na empresa, mantendo fixos os outros fatores, está associada a salários mais baixos?

12. A análise a seguir foi obtida usando dados do arquivo MEAP93, que contém as taxas de aprovação (em porcentagem) de um teste de matemática escolar.

    (i) A variável *expend* são os gastos por estudante, em dólares, e *math10* é a taxa de aprovação no exame. A regressão simples a seguir relaciona *math10* com *lexpend* = log(*expend*):

    $$\widehat{math10} = -69{,}34 + 11{,}16\ lexpend$$
    $$(25{,}53)\quad (3{,}17)$$
    $$n = 408,\ R^2 = 0{,}0297.$$

    Interprete o coeficiente de *lexpend*. Em especial, se *expend* aumentar em 10%, qual é a alteração percentual estimada em *math10*? Como você interpreta a estimativa de um intercepto grande e negativo? (O valor mínimo de *lexpend* é 8,11 e seu valor médio é 8,37.)

    (ii) O *R*-quadrado pequeno do item (i) indica que os gastos são correlacionados com outros fatores que afetam *math10*? Explique. Você esperaria que o *R*-quadrado fosse muito maior se os gastos fossem designados de forma aleatória às escolas – isto é, independente das outras escolas e das características dos estudantes – em vez de ter os distritos escolares determinando os gastos?

    (iii) Quando o log do engajamento e a porcentagem de estudantes com direito ao programa federal de almoço grátis são incluídos, a equação estimada se torna

    $$\widehat{math10} = -23{,}14 + 7{,}75\ lexpend - 1{,}26\ lenroll - 0{,}324\ lnchprg$$
    $$(24{,}99)\quad (3{,}04)\quad\quad (0{,}58)\quad\quad (0{,}36)$$
    $$n = 408,\ R^2 = 0{,}1893.$$

    Comente sobre o que acontece com o coeficiente de *lexpend*. O coeficiente de gastos ainda é estatisticamente diferente de zero?

    (iv) Como você interpreta o *R*-quadrado do item (iii)? Quais são alguns outros fatores que podem ser usados para explicar *math10* (em nível escolar)?

13. Os dados do arquivo MEAPSINGLE foram usados para estimar as seguintes equações relacionando o desempenho em nível escolar em um teste de matemática da quarta série com características socioeconômicas de estudantes da escola. A variável *free*, medida em nível escolar, é a porcentagem de estudantes qualificados para o programa federal de almoço grátis. A variável *medinc* é a renda média por CEP, e *pctsgle* é a porcentagem de estudantes que não moram com os dois pais (também medida por CEP). Ver também o Exercício em Computador C11, no Capítulo 3.

    $$\widehat{math4} = 96{,}77 - 0{,}833\ pctsgle$$
    $$(1{,}60)\quad (0{,}071)$$
    $$n = 299,\ R^2 = 0{,}380$$

$$\widehat{math4} = 93{,}00 - 0{,}275\, pctsgle - 0{,}402\, free$$
$$\phantom{\widehat{math4} =}(1{,}63)\ (0{,}117)(0{,}070)$$
$$n = 299, R^2 = 0{,}459$$

$$\widehat{math4} = 24{,}49 - 0{,}274\, pctsgle - 0{,}422\, free - 0{,}752\, lmedinc + 9{,}01\, lexpp$$
$$\phantom{\widehat{math4} =}(59{,}24)\ (0{,}161)(0{,}071)(5{,}358)(4{,}04)$$
$$n = 299, R^2 = 0{,}472$$

$$\widehat{math4} = 17{,}52 - 0{,}259\, pctsgle - 0{,}420\, free + 8{,}80\, lexpp$$
$$\phantom{\widehat{math4} =}(32{,}25)(0{,}117)(0{,}070)(3{,}76)$$
$$n = 299, R^2 = 0{,}472$$

(i) Interprete o coeficiente da variável *pctsgle* da primeira equação. Comente sobre o que ocorre quando *free* é adicionada como uma variável explicativa.

(ii) Os gastos por aluno, inseridos em forma logarítmica, têm um efeito estatisticamente significativo sobre o desempenho? Quão grande é o efeito estimado?

(iii) Se você tivesse que escolher entre as quatro equações como sua melhor estimativa do efeito de *pctsgle* e obter um intervalo de confiança de 95% de $\beta_{pctsgle}$, qual você escolheria? Por quê?

Exercícios em computador

C1 O modelo a seguir pode ser usado para estudar se gastos de campanha afetam os resultados das eleições:

$$voteA = \beta_0 + \beta_1 \log(expendA) + \beta_2 \log(expendB) + \beta_3 prtystrA + u,$$

em que *voteA* é a porcentagem de votos recebidos pelo Candidato A, *expendA* e *expendB* são os gastos de campanha dos Candidatos A e B, e *prtystrA* é uma medida da força do partido do Candidato A (uma porcentagem dos votos presidenciais mais recentes que foram para o partido A).

(i) Qual é a interpretação de β_1?

(ii) Em termos de parâmetros, defina a hipótese nula de que um aumento de 1% nos gastos de A seja compensado por um aumento de 1% nos gastos de B.

(iii) Estime o modelo dado usando as informações do arquivo VOTE1 e registre os resultados na forma usual. Os gastos do Candidato A afetam os resultados? E os gastos do Candidato B? Você poderia usar esses resultados para testar a hipótese do item (ii)?

(iv) Estime um modelo que dê diretamente a estatística *t* para testar a hipótese do item (ii). O que você conclui? (Use uma alternativa bilateral.)

C2 Use os dados do arquivo LAWSCH85 para resolver este exercício.

(i) Usando o mesmo modelo do Problema 4, do Capítulo 3, afirme e teste a hipótese nula de que a classificação de faculdades de direito não exerce efeito *ceteris paribus* sobre o salário médio de iniciantes.

(ii) As características da classe de renda dos estudantes – chamadas de LSAT e GPA – são individual ou conjuntamente significativas para explicar salário? (Certifique-se de levar em conta dados faltantes em LSAT e GPA.)

(iii) Teste se o tamanho da classe ingressante (*clsize*) ou o tamanho da faculdade (*faculty*) precisam ser adicionados a essa equação; desenvolva um único teste. (Tenha cuidado ao levar em conta dados faltantes em *clsize* e *faculty*.)

(iv) Quais fatores podem influenciar a classificação de escolas de direito que não estão inclusos na regressão do salário?

C3 Consulte o Exercício em computador C2, do Capítulo 3. Agora, use o log do preço das residências como variável dependente:

$$\log(price) = \beta_0 + \beta_1 sqrft + \beta_2 bdrms + u.$$

(i) Você está interessado em estimar e obter um intervalo de confiança para a alteração percentual de *price* quando um dormitório de 150 pés quadrados é adicionado a uma casa. Em forma decimal, isto é $\theta_1 = 150\beta_1 + \beta_2$. Use os dados do arquivo HPRICE1 para estimar θ_1.

(ii) Escreva β_2 em termos de θ_1 e β_1 e conecte isso à equação de log(*price*).

(iii) Use o item (ii) para obter um erro padrão de $\hat{\theta}_2$ e use esse erro padrão para construir um intervalo de confiança de 95%.

C4 No Exemplo 4.9, a versão restrita do modelo pode ser estimada usando todas as 1.388 observações da amostra. Calcule o *R*-quadrado da regressão de *bwght* sobre *cigs*, *parity* e *faminc* usando todas as observações. Compare-o ao *R*-quadrado registrado no modelo restrito do Exemplo 4.9.

C5 Use os dados do arquivo MLB1 para resolver este exercício.

(i) Use o modelo estimado na equação (4.31) e remova a variável *rbisyr*. O que acontece com a significância estatística de *hrunsyr*? E com o tamanho do coeficiente de *hrunsyr*?

(ii) Adicione as variáveis *runsyr* (rebatidas por ano), *fldperc* (porcentagem de defesas perdidas) e *sbasesyr* (bases roubadas por ano) ao modelo do item (i). Quais desses fatores são individualmente significativos?

(iii) No modelo do item (ii), teste a significância conjunta de *bavg*, *fldperc* e *sbasesyr*.

C6 Use os dados do arquivo WAGE2 para resolver este exercício.

(i) Considere a equação salarial padrão

$$\log(wage) = \beta_0 + \beta_1 educ + \beta_2 exper + \beta_3 tenure + u.$$

Apresente a hipótese de que mais um ano de experiência do trabalhador tem o mesmo efeito sobre log(*wage*) que mais um ano de permanência no empregador atual.

(ii) Teste a hipótese nula do item (i) contra uma alternativa bilateral, a um nível de 5% de significância, construindo um intervalo de confiança de 95%. O que você conclui?

C7 Volte ao exemplo usado na Seção 4.4. Você usará o conjunto de dados do arquivo TWOYEAR.

(i) A variável *phsrank* é o percentil do ensino médio de uma pessoa. (Um número mais alto é melhor. Por exemplo, 90 significa que você está mais bem classificado do que 90% da sua classe.) Encontre a menor, a maior e a média *phsrank* na amostra.

(ii) Adicione *phsrank* à equação (4.26) e reporte os estimadores de MQO na forma usual. A variável *phsrank* é estatisticamente significativa? Quanto valem 10 pontos percentuais de classificação de ensino médio em termos de salário?

(iii) A adição de *phsrank* à equação (4.26) altera substancialmente as conclusões sobre os retornos de faculdades de dois e quatro anos? Explique.

(iv) O conjunto de dados contém uma variável chamada *id*. Explique por que a adição de *id* à equação (4.17) ou (4.26) é esperada como estatisticamente insignificante. Qual é o *p*-valor bilateral?

C8 O conjunto de dados do arquivo 401KSUBS contém informações sobre os ativos financeiros líquidos (*nettfa*), idade dos respondentes da pesquisa (*age*), renda familiar anual (*inc*), tamanho da família (*fsize*) e participação em determinados planos de pensão para pessoas dos Estados Unidos. As variáveis de patrimônio e renda são registradas em milhares de dólares. Para essa questão, use somente os dados de residências com apenas uma pessoa (assim, *fsize* = 1).

(i) Quantas residências com apenas uma pessoa existem no conjunto de dados?

(ii) Use os MQO para estimar o modelo

$$nettfa = \beta_0 + \beta_1 inc + \beta_2 age + u,$$

e reporte os resultados usando o formato usual. Certifique-se de usar somente residências com apenas uma pessoa na amostra. Interprete os coeficientes de inclinação. Houve alguma surpresa em relação às estimativas de inclinação?

(iii) O intercepto da regressão do item (ii) teve um significado interessante? Explique.

(iv) Encontre o *p*-valor do teste $H_0: \beta_2 = 1$ contra $H_1: \beta_2 < 1$. Você rejeita H_0 ao nível de significância de 1%?

(v) Se você fizer uma regressão simples de *nettfa* sobre *inc*, o coeficiente estimado de renda seria muito diferente do estimado do item (ii)? Por que sim ou por que não?

C9 Use os dados do arquivo DISCRIM para responder a questão. (Veja também o Exercício em computador C8, do Capítulo 3.)

(i) Use MQO para estimar o modelo

$$\log(psoda) = \beta_0 + \beta_1 prpblck + \beta_2 \log(income) + \beta_3 prppov + u,$$

e reporte os resultados na forma usual. β_0 é estatisticamente diferente de zero a um nível de 5% contra uma alternativa bilateral? E a um nível de 1%?

(ii) Qual é a correlação entre log(*income*) e *prppov*? Cada uma das variáveis é estatisticamente significante em qualquer caso? Registre os *p*-valores bilaterais.

(iii) Adicione a variável log(*hseval*) à regressão do item (i). Interprete seu coeficiente e registre o *p*-valor bilateral de $H_0: \beta_{\log(hseval)} = 0$.

(iv) Na regressão do item (iii), o que acontece com a significância estatística individual de log(*income*) e *prppov*? Essas variáveis são conjuntamente significativas? (Calcule um *p*-valor.) Como você interpreta suas respostas?

(v) Dados os resultados das regressões anteriores, qual deles você escolheria como o mais confiável para determinar se a composição racial de um CEP influencia os preços de restaurantes *fast-food* locais?

C10 Use os dados do arquivo ELEM94_95 para responder a essa questão. As descobertas podem ser comparadas com as informações da Tabela 4.1. A variável dependente *lavgsal* é o log do salário médio de um professor e *bs* é a relação entre a média de benefícios e o salário médio (por escola).

(i) Execute a regressão simples de *lavgsal* sobre *bs*. A inclinação estimada é estatisticamente diferente de zero? Ela é estatisticamente diferente de –1?

(ii) Adicione a variável *lenrol* e *lstaff* à regressão do item (i). O que acontece com o coeficiente de *bs*? De que forma a situação se compara com a da Tabela 4.1?

(iii) Por que o erro padrão do coeficiente de *bs* é menor do item (ii) do que no item (i)? (Dica: O que acontece com a variância de erro *versus* a multicolinearidade quando *lenrol* e *lstaff* são adicionados?)

(iv) Por que o coeficiente de *lstaff* é negativo? Ele é grande em magnitude?

(v) Agora, adicione a variável almoço (*lunch*) à regressão. Mantendo os outros fatores fixos, os professores estão sendo compensados por ensinar alunos de ambientes desfavorecidos? Explique.

(vi) De modo geral, o padrão de resultados que você encontrou no arquivo ELEM94_95 é coerente com o padrão da Tabela 4.1?

C11 Use os dados do arquivo HTV para responder a esta questão. Veja também o Exercício em Computador C10, no Capítulo 3.

(i) Estime o modelo de regressão

$$educ = \beta_0 + \beta_1 motheduc + \beta_2 fatheduc + \beta_3 abil + \beta_4 abil^2 + u$$

por MQO e registre os resultados na forma usual. Teste a hipótese nula de que *educ* está linearmente relacionado a *abil* contra a alternativa que diz que a relação é quadrática.

(ii) Usando a equação do item (i), teste $H_0: \beta_1 = \beta_2$ contra uma alternativa bilateral. Qual é o *p*-valor do teste?

(iii) Adicione as duas variáveis de ensino superior à regressão do item (i) e determine se são estatisticamente significativas de forma conjunta.

(iv) Qual é a correlação entre *tuit17* e *tuit18*? Explique por que usar a média de ensino durante os dois anos pode ser preferível a adicionar cada um separadamente? O que acontece quando você usa a média?

(v) As descobertas da variável média de ensino do item (iv) fazem sentido quando são interpretadas de forma causal? O que pode estar acontecendo?

C12 Use os dados do arquivo ECONMATH para responder as questões a seguir.

(i) Estime um modelo explicando *colgpa*, *hsgpa*, *actmth* e *acteng*. Reporte os resultados na forma usual. Todas as variáveis explicativas são estatisticamente significativas?

(ii) Considere um aumento de um desvio padrão em *hsgpa*, cerca de 0,343. Quanto *colgpa* aumentaria mantendo *actmth* e *actingl* fixos. Em quanto os desvios padrão da variável *actmth* deveriam aumentar para mudar *colgpa* na mesma quantia que um desvio padrão em *hsgpa*? Comente.

(iii) Teste a hipótese nula de que *actmth* e *acteng* têm o mesmo efeito (na população) contra uma alternativa bilateral. Registre o *p*-valor e descreva suas conclusões.

(iv) Suponha que o responsável pelas entradas na universidade queira que você use os dados sobre as variáveis do item (i) para criar uma equação que explique pelo menos 50% da variação em *colgpa*. O que você diria a ele?

CAPÍTULO 5

Análise de regressão múltipla: MQO assimptótico

Nos Capítulos 3 e 4 estudamos o que chamamos propriedades de *amostra finita*, de *amostra pequena* ou *exata* dos estimadores de MQO do modelo populacional

$$y = \beta_0 + \beta_1 x_1 + \beta_2 x_2 + \ldots + \beta_k x_k + u. \tag{5.1}$$

Por exemplo, a inexistência de viés de MQO (derivada no Capítulo 3), sob as quatro primeiras hipóteses de Gauss-Markov, é uma propriedade de amostra finita porque é válida para *qualquer* amostra de tamanho n (sujeita à restrição amena de que n deve ser pelo menos tão grande quanto o número total de parâmetros no modelo de regressão, $k + 1$). Semelhantemente, o fato de que MQO é o melhor estimador não viesado linear sob o conjunto completo das hipóteses de Gauss-Markov (RLM.1 a RLM.5) é uma propriedade de amostra finita.

No Capítulo 4 acrescentamos a Hipótese modelo linear clássico RLM.6, a qual afirma que o termo de erro u é normalmente distribuído e independente das variáveis explicativas. Isso nos permitiu derivar as distribuições amostrais *exatas* dos estimadores de MQO (condicionados às variáveis explicativas da amostra). Em particular, o Teorema 4.1 mostrou que os estimadores de MQO têm distribuições amostrais normais, o que levou diretamente às distribuições t e F das estatísticas t e F. Se o erro não é normalmente distribuído, a distribuição de uma estatística t não é exatamente t, e uma estatística F não tem uma distribuição F exata para qualquer tamanho de amostra.

Além das propriedades de amostra finita é importante conhecer as **propriedades assimptóticas** ou **propriedades de amostras grandes** dos estimadores e das estatísticas de testes. Essas propriedades não são definidas para um tamanho particular de amostra; pelo contrário, elas são definidas quando o tamanho da amostra cresce sem limites. Felizmente, sob as hipóteses que fizemos, o método MQO tem propriedades de amostra grande satisfatórias. Uma constatação importante na prática é que mesmo sem a hipótese de normalidade (Hipótese RLM.6), as estatísticas t e F têm distribuições *aproximadamente* t e F, pelo menos em amostras grandes. Vamos discutir esse assunto com mais detalhes na Seção 5.2, após tratarmos da consistência do método MQO na Seção 5.1.

Como o material deste capítulo é mais difícil de entender, e porque é possível conduzir trabalhos empíricos sem uma compreensão profunda desses conteúdos, ele pode ser pulado. No entanto, necessariamente vamos nos referir a propriedades de MQO para grandes amostras quando estudarmos variáveis de resposta discretas, no Capítulo 7, quando relaxarmos a hipótese de homoscedasticidade, no Capítulo 8, e quando analisarmos a estimação com dados de séries temporais, na Parte 2. Além disso, praticamente todos os métodos econométricos avançados derivam suas justificativas usando análises de amostras grandes, portanto, os leitores que vão continuar até a Parte 3 devem estar familiarizados com os conteúdos deste capítulo.

5.1 Consistência

A inexistência de viés dos estimadores, embora importante, não pode ser conseguida sempre. Por exemplo, como discutimos no Capítulo 3, o erro padrão da regressão, $\hat{\sigma}$, não é um estimador não viesado de σ, o desvio padrão do erro u em um modelo de regressão múltipla.

Embora os estimadores de MQO sejam não viesados sob RLM.1 a RLM.4, descobriremos, no Capítulo 11, que há regressões de séries temporais em que os estimadores de MQO não são não viesados. Além disso, na Parte 3 do livro, encontraremos vários outros estimadores que são viesados.

Embora nem todos os estimadores úteis sejam não viesados, virtualmente todos os economistas concordam que a **consistência** é um requisito mínimo de um estimador. O Prêmio Nobel econometrista, Clive W. J. Granger, observou certa vez: "Se você não puder obter a consistência apropriadamente quando n tende ao infinito, então não deve se envolver com isso". A implicação é que, quando seu estimador de um parâmetro populacional particular não for consistente, você estará desperdiçando seu tempo.

Há maneiras um pouco diferentes de descrever a consistência. As definições e os resultados formais estão apresentados no Apêndice C, aqui vamos dar ênfase a um entendimento intuitivo. Mais concretamente, seja $\hat{\beta}_j$ o estimador de MQO de β_j para algum j. Para cada n, $\hat{\beta}_j$ tem uma distribuição de probabilidades (representando seus valores possíveis em diferentes amostras aleatórias de tamanho n). Como $\hat{\beta}_j$ é não viesado sob as Hipóteses RLM.1 a RLM.4, essa distribuição tem valor médio β_j. Se esse estimador for consistente, a distribuição de $\hat{\beta}_j$ se torna mais e mais estreitamente distribuída ao redor de β_j quando o tamanho da amostra cresce. Quando n tende ao infinito, a distribuição de $\hat{\beta}_j$ decai no ponto único β_j. De fato, isso significa que podemos fazer com que nosso estimador, arbitrariamente, aproxime-se de β_j se pudermos coletar tantos dados quanto desejarmos. Essa convergência está ilustrada na Figura 5.1.

Naturalmente, para qualquer aplicação, temos um tamanho de amostra fixo, que é a razão pela qual uma propriedade assimptótica tal como a consistência pode ser difícil de entender. Consistência envolve um experimento mental sobre o que aconteceria se o tamanho da amostra se tornasse grande (enquanto, ao mesmo tempo, obtemos muitas amostras aleatórias para cada tamanho de amostra). Se a obtenção de mais e mais dados não nos levar, em geral, para perto do valor do parâmetro de interesse, estamos usando um procedimento de estimação insatisfatório.

Convenientemente, o mesmo conjunto de hipóteses implica tanto a inexistência de viés como a consistência de MQO. Vamos resumir o assunto com um teorema.

TEOREMA 5.1 CONSISTÊNCIA DE MQO

Sob as Hipóteses RLM.1 a RLM.4, o estimador de MQO $\hat{\beta}_j$ é um estimador consistente de β_j, para todo $j = 0, 1,..., k$.

Uma prova geral desse resultado é mais facilmente desenvolvida usando os métodos da álgebra matricial descritos nos Apêndices D e E. No entanto, podemos provar o Teorema 5.1 sem dificuldades no caso do modelo de regressão simples. Vamos nos concentrar no estimador de inclinação, $\hat{\beta}_1$.

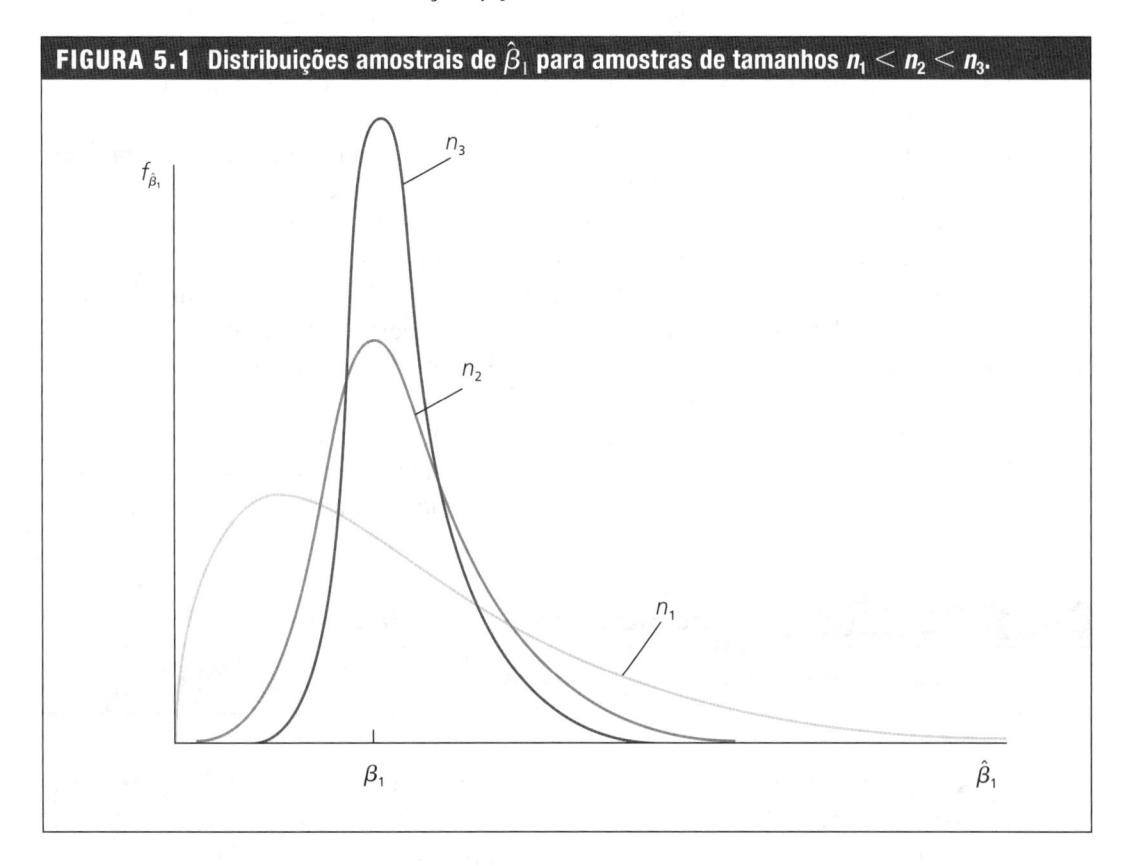

FIGURA 5.1 Distribuições amostrais de $\hat{\beta}_1$ para amostras de tamanhos $n_1 < n_2 < n_3$.

A prova começa do mesmo modo que a prova da inexistência de viés: escrevemos a fórmula de $\hat{\beta}_1$, e em seguida a inserimos em $y_i = \beta_0 + \beta_1 x_{i1} + u_i$:

$$\hat{\beta}_1 = \left(\sum_{i=1}^{n}(x_{i1} - \bar{x}_1)y_i\right) \Big/ \left(\sum_{i=1}^{n}(x_{i1} - \bar{x}_1)^2\right)$$

$$= \beta_1 + \left(n^{-1}\sum_{i=1}^{n}(x_{i1} - \bar{x}_1)u_i\right) \Big/ \left(n^{-1}\sum_{i=1}^{n}(x_{i1} - \bar{x}_1)^2\right), \quad (5.2)$$

em que dividir o numerador e o denominador por n não altera a expressão, mas permite que apliquemos diretamente a lei dos grandes números. Quando aplicamos a lei dos grandes números às médias da segunda parte da equação (5.2), concluímos que o numerador e o denominador convergem em probabilidade com as quantidades populacionais, $\text{Cov}(x_1, u)$ e $\text{Var}(x_1)$, respectivamente. Como $\text{Var}(x_1) \neq 0$ – o que é presumido em RLM.3 – podemos usar as propriedades dos *limites de probabilidade* (veja o Apêndice C) para obter

$$\text{plim } \hat{\beta}_1 = \beta_1 + \text{Cov}(x_1,u)/\text{Var}(x_1) \qquad (5.3)$$
$$= \beta_1 \text{ porque Cov } (x_1,u) = 0.$$

Usamos o fato, discutido nos Capítulos 2 e 3, de que $E(u|x_1) = 0$ (Hipótese RLM.4) implica que x_1 e u são não correlacionados (têm covariância zero).

Como questão técnica, para garantir que os limites de probabilidade existam, devemos supor que $\text{Var}(x_1) < \infty$ e $\text{Var}(u) < \infty$ (o que significa que suas distribuições de probabilidade não são muito espalhadas), mas não nos preocuparemos com casos em que essas hipóteses não se mantenham. Além disso, podemos – e, em um tratamento econométrico avançado, devemos – relaxar explicitamente a Hipótese RLM.3 para descartar apenas a colinearidade perfeita na população. Conforme mencionamos, a Hipótese RLM.3 também invalida a colinearidade perfeita entre os regressores na amostra que temos à mão. Tecnicamente, em um experimento idealizado podemos ser coerentes com nenhuma colinearidade perfeita na população, permitindo de fato a infeliz possibilidade de termos obtido um conjunto de dados que de fato exibe colinearidade perfeita. De uma perspectiva prática, a distinção não é importante, já que não conseguimos calcular estimadores de MQO para nossa amostra se a RLM.3 não se mantiver.

Os argumentos anteriores, e a equação (5.3) em particular, mostram que MQO é consistente no caso da regressão simples se considerarmos somente correlação zero. Isso também é verdadeiro no caso geral. Vamos agora formular isso como uma hipótese.

Hipótese RLM4'. Média zero e correlação zero

$E(u) = 0$ e $\text{Cov}(x_j,u) = 0$, para $j = 1, 2, ..., k$.

A Hipótese RLM.4' é mais fraca que a RLM.4 porque esta última infere a primeira. Uma maneira de caracterizar a hipótese de média condicional zero, $E(u|x_1, ..., x_k) = 0$, é que *qualquer* função das variáveis explicativas é não correlacionada com u. A Hipótese RLM.4' requer apenas que cada x_j seja não correlacionada com u (e que u tenha média zero na população). No Capítulo 2 nós efetivamente propelimos o estimador de MQO de regressão simples usando a Hipótese RLM.4', e as condições de primeira ordem dos MQO no caso de regressão múltipla, dado nas equações (3.13), são simplesmente amostras equivalentes das hipóteses de correlação populacional zero (e a hipótese de média zero). Portanto, de certo modo, a Hipótese RLM.4' é mais naturalmente uma hipótese porque leva diretamente para as estimativas dos MQO. Além disso, quando pensamos nas violações da Hipótese RLM.4, normalmente pensamos em termos de $\text{Cov}(x_j, u) \neq 0$ de alguma j. Então, porque usamos a Hipótese RLM.4 até agora? Existem duas razões, ambas já abordadas anteriormente. Primeira, MQO acontece ser viesado (mas consistente) sob a Hipótese RLM.4' se $E(u|x_1, ..., x_k)$ depender de qualquer das x_j. Como anteriormente nos concentramos em amostra finita, ou mais exatamente, nas propriedades de amostragem dos estimadores MQO, tivemos a necessidade da hipótese de média condicional zero mais forte.

Segunda, e provavelmente mais importante, é que a hipótese de média condicional zero significa que modelamos de maneira apropriada a função de regressão populacional (FRP). Isto é, sob a Hipótese RLM.4 podemos escrever

$$E(y|x_1, ..., x_k) = \beta_0 + \beta_1 x_1 + ... + \beta_k x_k,$$

e assim podemos obter efeitos parciais das variáveis explicativas sobre o valor médio ou esperado de y. Se, ao contrário, somente consideramos que a Hipótese RLM.4', $\beta_0 + \beta_1 x_1 + ... + \beta_k x_k$ não precisamos representar a função de regressão populacional, e nos defrontamos com a possibilidade de que algumas funções não lineares de x_j, como por exemplo, x_j^2, podem ser correlacionadas com o erro u. Uma situação como esta significa que desprezamos não linearidades no modelo, que poderiam nos auxiliar a explicar melhor a y; se soubéssemos disso, teríamos normalmente incluído essas funções não lineares. Em outras palavras, na maioria das vezes esperamos obter uma boa estimativa da FRP, e assim a hipótese de média condicional zero é natural. Mesmo assim, a hipótese mais fraca de correlação zero acaba sendo útil na interpretação da estimação MQO de um modelo linear por prover a melhor aproximação linear da FRP. Ela também é usada em cenários mais avançados, como no Capítulo 15, onde não estamos interessados em modelar uma FRP. Para discussões adicionais sobre esse ponto um tanto sutil, veja Wooldridge (2010, Capítulo 4).

5-1a A derivação da inconsistência no método estimador MQO

Do mesmo modo que a não observância de $E(u|x_1, ..., x_k) = 0$ causa viés dos estimadores de MQO, a correlação entre u e *qualquer* das variáveis $x_1, x_2, ..., x_k$ faz com que, em geral, *todos* os estimadores de MQO sejam inconsistentes. Essa simples, mas importante, observação é frequentemente resumida como: *se o erro é correlacionado com qualquer uma das variáveis independentes, então MQO é viesado e inconsistente*. Isso é lamentável porque significa que qualquer viés persiste quando o tamanho da amostra cresce.

No caso da regressão simples, podemos obter a inconsistência da primeira parte da equação (5.3), que se mantém sejam ou não u e x_1 não correlacionados. A **inconsistência** em $\hat{\beta}_1$ (às vezes, imprecisamente chamada de **viés assimptótico**) é

$$\text{plim } \hat{\beta}_1 - \beta_1 = \text{Cov}(x_1, u)/\text{Var}(x_1). \tag{5.4}$$

Como $\text{Var}(x_1) > 0$, a inconsistência em $\hat{\beta}_1$ é positiva se x_1 e u são positivamente correlacionados, e a inconsistência é negativa se x_1 e u são negativamente correlacionados. Se a covariância entre x_1 e u é pequena relativamente à variância em x_1, a inconsistência pode ser desprezível; infelizmente, não podemos nem mesmo estimar quão grande é a covariância porque u não é observado.

Podemos usar (5.4) para derivar o análogo assimptótico do viés de variável omitida (veja a Tabela 3.2 no Capítulo 3). Suponha que o modelo verdadeiro,

$$y = \beta_0 + \beta_1 x_1 + \beta_2 x_2 + v,$$

satisfaça as quatro primeiras hipóteses de Gauss-Markov. Então, v tem média zero e é não correlacionado com x_1 e x_2. Se $\hat{\beta}_0$, $\hat{\beta}_1$ e $\hat{\beta}_2$ foram os estimadores de MQO da regressão de y sobre x_1 e x_2, então o Teorema 5.1 implica que esses estimadores são consistentes. Se omitirmos x_2 da regressão e fizermos a regressão simples de y sobre x_1, então $u = \beta_2 x_2 + v$. Seja $\tilde{\beta}_1$ o estimador de inclinação da regressão simples. Então,

$$\text{plim } \tilde{\beta}_1 = \beta_1 + \beta_2 \delta_1, \tag{5.5}$$

em que

$$\delta_1 = \text{Cov}(x_1, x_2)/\text{Var}(x_1). \tag{5.6}$$

Assim, para propósitos práticos, podemos ver a inconsistência como idêntica ao viés. A diferença é que a inconsistência é expressa em termos da variância populacional de x_1 e da covariância populacional entre x_1 e x_2, enquanto o viés é baseado em suas contrapartes amostrais (porque estabelecemos condicionamento aos valores de x_1 e x_2 na amostra).

Se x_1 e x_2 forem não correlacionados (na população), então $\delta_1 = 0$ e $\tilde{\beta}_1$ é um estimador consistente de β_1 (embora não necessariamente não viesado). Se x_2 tiver um efeito parcial positivo sobre y, de modo que $\beta_2 > 0$, e x_1 e x_2 forem positivamente correlacionados, de modo que $\delta_1 > 0$, então a inconsistência em $\tilde{\beta}_1$ é positiva, e assim por diante. Podemos obter a direção da inconsistência ou o viés assimptótico a partir da Tabela 3.2. Se a covariância entre x_1 e x_2 for pequena relativamente à variância de x_1, a inconsistência pode ser pequena.

EXEMPLO 5.1 Preços de casas e distância de um incinerador

Seja y o preço de uma casa (*price*), x_1 a distância da casa a um novo incinerador de lixo (*distance*), e x_2 a "qualidade" da casa (*quality*). A variável *quality* é imprecisa, de modo que pode incluir coisas como o tamanho da casa e do terreno, número de quartos e de banheiros, e, intangíveis, como a atratividade da vizinhança. Se o incinerador deprecia os preços das casas, então β_1 deve ser positivo: tudo mais sendo igual, uma casa que está mais distante do incinerador tem mais valor. Por definição, β_2 é positivo, visto que casas de maior qualidade são vendidas por preços mais elevados, mantendo outros fatores iguais. Se o incinerador estivesse mais longe, em média, das casas melhores, a distância e a qualidade seriam positivamente correlacionadas, e, portanto, $\delta_1 > 0$. Uma regressão simples de preço sobre distância [ou log(*price*) sobre log(*distance*)] tenderá a superestimar o efeito do incinerador: $\beta_1 + \beta_2 \delta_1 > \beta_1$.

QUESTÃO 5.1

Suponha que o modelo

score = $\beta_0 + \beta_1$*skipped* + β_2*priGPA* + u

satisfaça as quatro primeiras hipóteses de Gauss-Markov, em que *nota* é a nota de um exame final, *skipped* é o número de faltas e *priGPA* é uma nota média acumulada até o penúltimo semestre. Se $\tilde{\beta}_1$ for o estimador de regressão simples de *score* sobre *skipped*, qual será a direção do viés assimptótico em $\tilde{\beta}_1$?

Um ponto importante sobre a inconsistência dos estimadores de MQO é que, por definição, o problema não desaparece ao adicionarmos mais observações à amostra. O problema fica pior com mais dados: o estimador de MQO fica mais e mais próximo de $\beta_1 + \beta_2 \delta_1$ quando aumenta o tamanho da amostra.

Derivar o sinal e a magnitude da inconsistência no caso geral de k regressores é mais difícil, do mesmo modo que derivar o viés é mais difícil. Precisamos lembrar que, se tivermos o modelo da equação (5.1), em que, por exemplo, x_1 é correlacionado com u, mas as outras variáveis independentes são não correlacionadas com u, *todos* os estimadores de MQO serão geralmente inconsistentes. Por exemplo, no caso em que $k = 2$,

$$y = \beta_0 + \beta_1 x_1 + \beta_2 x_2 + u, \tag{5.7}$$

suponha que x_2 e u sejam não correlacionados, mas x_1 e u sejam correlacionados. Então, os estimadores de MQO $\hat{\beta}_1$ e $\hat{\beta}_2$ serão, em geral, inconsistentes. (O intercepto também será inconsistente.) A inconsistência em $\hat{\beta}_2$ surge quando x_1 e x_2 são correlacionados, como é normalmente o caso. Se x_1 e x_2 forem não correlacionados, então qualquer correlação entre x_1 e u *não* resulta na inconsistência de $\hat{\beta}_2$: plim $\hat{\beta}_2 = \beta_2$. Além disso, a inconsistência em $\hat{\beta}_1$ é a mesma que em (5.7). A mesma formulação se mantém no caso geral: se x_1 for correlacionado com u, mas x_1 e u não forem correlacionados com as outras variáveis independentes, então somente $\hat{\beta}_1$ é inconsistente, e a inconsistência é dada por (5.4). O caso geral é muito semelhante ao caso de variável omitida da Seção 3A.4 do Apêndice 3A.

5.2 Normalidade assimptótica e inferência em amostras grandes

A consistência de um estimador é uma importante propriedade, mas sozinha ela não nos permite trabalhar com inferência estatística. Saber simplesmente que o estimador está se aproximando do valor populacional quando o tamanho da amostra cresce não nos permite testar hipóteses sobre os parâmetros. Para tanto, precisamos da distribuição amostral dos estimadores de MQO. Sob as hipóteses do modelo linear clássico, RLM.1 a RLM.6, o Teorema 4.1 mostra que as distribuições amostrais são normais. Esse resultado é a base para derivar as distribuições t e F que usamos com muita frequência na econometria aplicada.

A normalidade exata dos estimadores de MQO depende crucialmente da normalidade da distribuição do erro, u, na população. Se os erros $u_1, u_2, \ldots, u_n$ forem extrações aleatórias de alguma distribuição, diferente da normal, o $\hat{\beta}_j$ não será normalmente distribuído, o que significa que as estatísticas t não terão distribuições t e as estatísticas F não terão distribuições F. Esse é um problema potencialmente sério porque nossa inferência depende de sermos capazes de obter p-valores das distribuições t e F.

Lembre-se de que a Hipótese RLM.6 é equivalente a dizer que a distribuição de y, dados $x_1, x_2, \ldots, x_k$, é normal. Como y é observado e u não é, em uma aplicação particular, é muito mais fácil pensar se é provável que a distribuição de y seja normal. De fato, já vimos alguns exemplos em que y definitivamente não poderia ter uma distribuição condicional normal. Uma variável aleatória normalmente distribuída é distribuída simetricamente ao redor de sua média, pode assumir qualquer valor positivo ou negativo (mas com probabilidade zero), e mais de 95% da área sob a distribuição está dentro de dois desvios padrão.

No Exemplo 3.5 estimamos um modelo que explica o número de prisões de homens jovens durante determinado ano (*narr86*). Na população, a maioria dos homens não estava presa durante o ano, e a maioria tinha sido presa uma vez no máximo. (Na amostra de 2.725 homens nos dados do arquivo CRIME1, menos de 8% foram presos mais que uma vez em 1986.) Como *narr86* assume somente dois valores para 92% da amostra, ela não pode estar próxima de ser normalmente distribuída na população.

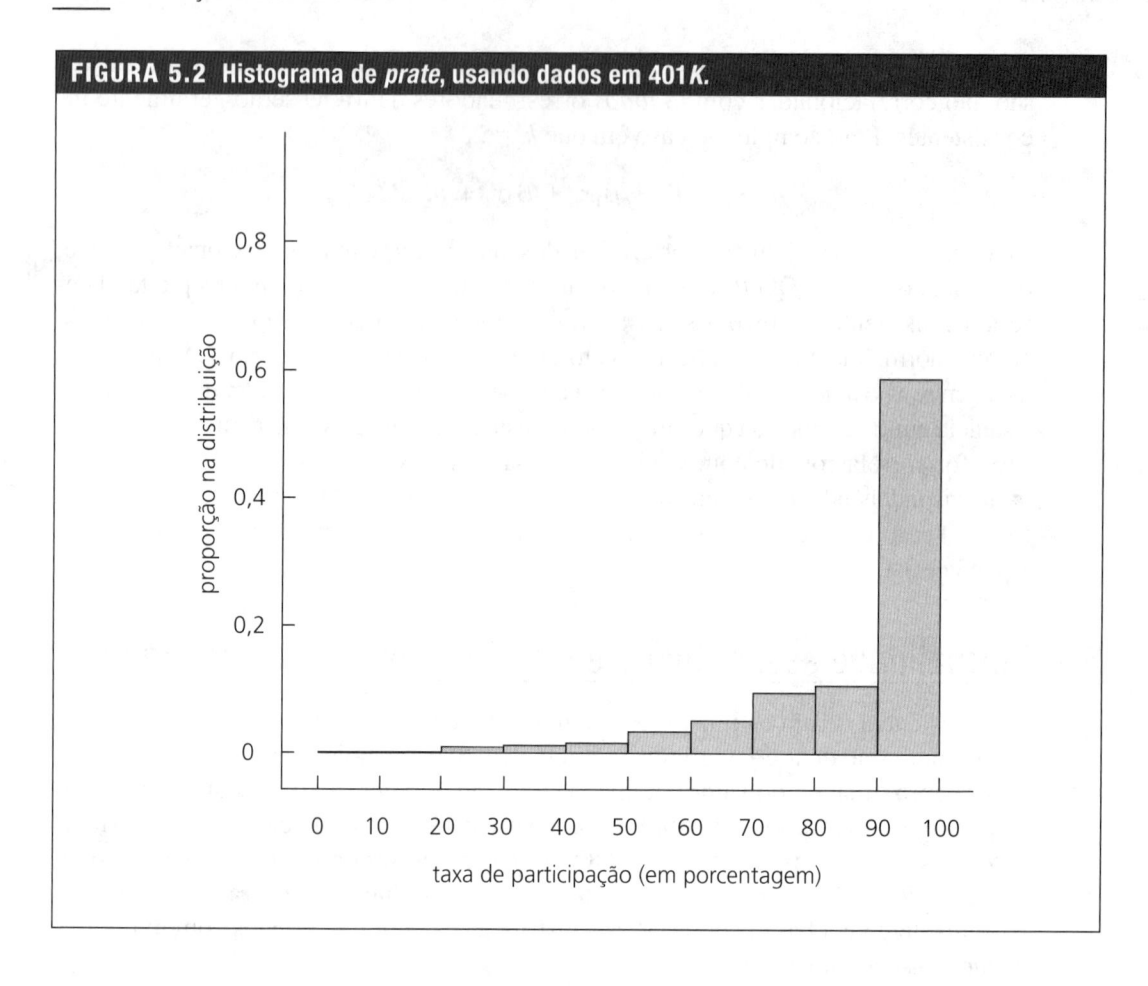

FIGURA 5.2 Histograma de *prate*, usando dados em 401*K*.

[Histograma: eixo y "proporção na distribuição" de 0 a 0,8; eixo x "taxa de participação (em porcentagem)" de 0 a 100. A última barra (90-100) é a maior, com aproximadamente 0,58.]

No Exemplo 4.6 estimamos um modelo que explica as percentagens de participação (*prate*) nos planos de pensão 401(k) dos Estados Unidos. A distribuição de frequência (também chamada *histograma*) na Figura 5.2 mostra que a distribuição de *prate* é fortemente inclinada para a direita, em vez de ser normalmente distribuída. De fato, mais de 40% das observações de *prate* são iguais a 100, indicando participação de 100%. Isso viola a hipótese de normalidade, mesmo que condicional às variáveis explicativas.

Sabemos que a normalidade não tem nenhum papel na inexistência de viés de MQO, nem afeta a conclusão de que MQO é o melhor estimador linear não viesado sob as hipóteses de Gauss-Markov. No entanto, a inferência exata baseada nas estatísticas t e F necessita de RML.6. Isso significa que, em nossa análise de *prate* do Exemplo 4.6, devemos abandonar as estatísticas t para determinar quais variáveis são estatisticamente significantes? Felizmente, a resposta a essa questão é *não*. Ainda que os y_i não sejam provenientes de uma distribuição normal, podemos usar o teorema do limite central do Apêndice C para concluir que os estimadores de MQO satisfazem a **normalidade assimptótica**, o que significa que eles são, de maneira aproximada, normalmente distribuídos em amostras de tamanhos suficientemente grandes.

CAPÍTULO 5 — Análise de regressão múltipla: MQO assimptótico

> **TEOREMA 5.2**
>
> **NORMALIDADE ASSIMPTÓTICA DE MQO**
>
> Sob as hipóteses de Gauss-Markov RLM.1 a RLM.5,
>
> (i) $\sqrt{n}(\hat{\beta}_j - \beta_j) \overset{a}{\sim} \text{Normal}(0, \sigma^2/a_j^2)$, em que $\sigma^2/a_j^2 > 0$ é a **variância assimptótica** de $\sqrt{n}(\hat{\beta}_j - \beta_j)$; para os coeficientes de inclinação, $a_j^2 = \text{plim}(n^{-1}\sum_{i=1}^{n}\hat{r}_{ij}^2)$, em que os $\hat{r}_{ij}$ são os resíduos da regressão de x_j sobre outras variáveis independentes. Dizemos que $\hat{\beta}_j$ é assimptótico e normalmente distribuído (veja o Apêndice C);
>
> (ii) $\hat{\sigma}^2$ é um estimador consistente de $\sigma^2 = \text{Var}(u)$;
>
> (iii) Para cada j,
>
> $$(\hat{\beta}_j - \beta_j)/\text{dp}(\hat{\beta}_j) \overset{a}{\sim} \text{Normal}(0,1)$$
>
> e
>
> $$(\hat{\beta}_j - \beta_j)/\text{ep}(\hat{\beta}_j) \overset{a}{\sim} \text{Normal}(0,1), \quad (5.8)$$
>
> em que $ep(\hat{\beta}_j)$ é o erro padrão usual de MQO.

A prova da normalidade assimptótica é um pouco complicada e está delineada para o caso da regressão linear simples no apêndice deste capítulo. O item (ii) provém da lei dos grandes números e o item (iii) decorre dos itens (i) e (ii) e das propriedades assimptóticas discutidas no Apêndice C.

O Teorema 5.2 é útil porque a hipótese de normalidade RLM.6 foi excluída; a única restrição sobre a distribuição do erro é que ele tenha variância finita, algo que sempre consideraremos. Também presumimos média condicional zero (RLM.4) e homoscedasticidade de u (RLM.5).

Ao tentar entender o significado do Teorema 5.2, é importante separar as noções da distribuição populacional do termo de erro, u, e das distribuições amostrais de $\hat{\beta}_j$, à medida que o tamanho da amostra aumenta. Um erro comum é pensar que algo está acontecendo com a distribuição de u – ou seja, que ela está ficando mais "perto" da normal – à medida que o tamanho da amostra aumenta. Contudo, lembre-se de que a distribuição populacional é imutável e não tem nada a ver com o tamanho da amostra. Por exemplo, discutimos anteriormente *narr86*, o número de vezes que um jovem é preso durante o ano de 1986. A natureza dessa variável – ela envolve valores pequenos, inteiros e não negativos – é fixa na população. Termos 10 ou 1.000 homens dessa população na amostra obviamente não terá efeito sobre a distribuição populacional.

O que o Teorema 5.2 diz é que, a despeito da distribuição populacional de u, os estimadores de MQO, quando padronizados adequadamente, têm distribuições normais padrão aproximadas. Essa aproximação surge pelo teorema do limite central porque os estimadores de MQO envolvem – de forma complicada – o uso de médias amostrais. Efetivamente, a série das distribuições das médias dos erros subjacentes se aproxima da normalidade para praticamente qualquer distribuição populacional.

Perceba como o $\hat{\beta}_j$ padronizado tem uma distribuição normal padrão assimptótica se dividirmos a diferença $\hat{\beta}_j - \beta_j$ por $dp(\hat{\beta}_j)$ (o que não observamos, pois depende de σ), ou por $ep(\hat{\beta}_j)$ (que podemos calcular a partir de nossos dados, pois depende de $\hat{\sigma}$). Em outras palavras, a partir de um ponto de vista assimptótico, não importa que tenhamos de substituir σ por $\hat{\sigma}$. É claro, substituir σ por $\hat{\sigma}$ afeta a distribuição exata do $\hat{\beta}_j$ padronizado. Acabamos de ver, no Capítulo 4, que, sob as hipóteses do modelo linear clássico, $(\hat{\beta}_j - \beta_j)/\text{dp}(\hat{\beta}_j)$ tem uma distribuição Normal(0,1) exata e $(\hat{\beta}_j - \beta_j)/\text{dp}(\hat{\beta}_j)$ tem uma distribuição exata de t_{n-k-1}.

Como deveríamos usar o resultado da equação (5.8)? Pode ser considerada uma consequência, se vamos apelar à análise de grandes amostras, que agora devemos usar a distribuição normal padrão para inferência, em vez da distribuição t. No entanto, de uma perspectiva prática, é legítimo escrever

$$(\hat{\beta}_j - \beta_j)/\text{ep}(\hat{\beta}_j) \overset{a}{\sim} t_{n-k-1} = t_{gl}, \qquad (5.9)$$

porque t_{gl} se aproxima da distribuição Normal(0,1) à medida que gl aumenta. Já que sabemos pelas hipóteses do MLC que distribuições t_{n-k-1} se mantêm exatamente, faz sentido geralmente tratar $(\hat{\beta}_j - \beta_j)/\text{dp}(\hat{\beta}_j)$ como uma variável aleatória t_{n-k-1}, mesmo quando a hipótese RLM.6 não se mantém.

A equação (5.9) nos diz que o teste t e a construção dos intervalos de confiança são realizados *exatamente* como sob as hipóteses do modelo linear clássico. Isso significa que nossa análise das variáveis dependentes, como *prate* e *narr86*, não tem absolutamente de mudar se as hipóteses de Gauss-Markov se mantêm; em ambos os casos, temos pelo menos 1.500 observações, o que certamente é suficiente para justificar a aproximação pelo teorema do limite central.

Se o tamanho da amostra não é muito grande, então a distribuição t pode ser uma aproximação insatisfatória da distribuição da estatística t quando u não é normalmente distribuído. Infelizmente, antes de saber se a aproximação é suficientemente boa, não há prescrições gerais de quão grande deve ser o tamanho da amostra. Alguns econometristas pensam que $n = 30$ é satisfatório, mas esse valor pode não ser suficiente para todas as possíveis distribuições de u. Dependendo da distribuição de u, podem ser necessárias mais observações antes de o teorema do limite central começar a fazer efeito. Além disso, a qualidade da aproximação não depende apenas de n, mas dos gl, $n - k - 1$: com mais variáveis independentes no modelo, um tamanho de amostra maior é normalmente necessário para empregar a aproximação t. Os métodos para inferência com graus de liberdade e erros não normais estão fora do escopo deste livro. Usaremos as estatísticas t como sempre usamos, sem nos preocupar com a hipótese de normalidade.

É muito importante ver que o Teorema 5.2, *de fato*, exige a hipótese de homoscedasticidade (juntamente com a hipótese de média condicional zero). Se $\text{Var}(y|\mathbf{x})$ não é constante, as estatísticas t usuais e os intervalos de confiança não são válidos, não importa quão grande seja o tamanho da amostra; na presença da heteroscedasticidade, o teorema do limite central em nada nos ajuda. Por essa razão, dedicaremos todo o Capítulo 8 à discussão do que pode ser feito na presença de heteroscedasticidade.

Uma conclusão do Teorema 5.2 é que $\hat{\sigma}^2$ é um estimador consistente de σ^2; já sabemos do Teorema 3.3 que $\hat{\sigma}^2$ é não viesado para $\hat{\sigma}^2$ sob as hipóteses de Gauss-Markov. A consistência significa que $\hat{\sigma}$ é um estimador consistente de σ, o que é importante para estabelecer o resultado da normalidade assimptótica na equação (5.8).

Lembre-se de que $\hat{\sigma}$ aparece no erro padrão de cada $\hat{\beta}_j$. De fato, a variância estimada de $\hat{\beta}_j$ é

$$\widehat{\text{Var}(\hat{\beta}_j)} = \frac{\hat{\sigma}^2}{\text{SQT}_j(1 - R_j^2)}, \qquad (5.10)$$

CAPÍTULO 5 — Análise de regressão múltipla: MQO assimptótico

> **QUESTÃO 5.2**
>
> Em um modelo de regressão com um tamanho de amostra grande, qual é o intervalo de confiança de 95% aproximado para $\hat{\beta}_j$ sob RLM.1 a RLM.5? Ele é chamado de **intervalo de confiança assimptótico**.

em que SQT_j é a soma dos quadrados total de x_j na amostra, e R_j^2 é o R-quadrado da regressão de x_j sobre todas as outras variáveis independentes. Na Seção 3.4 estudamos cada componente de (5.10), os quais vamos expor agora no contexto da análise assimptótica. Quando o tamanho da amostra aumenta, $\hat{\sigma}^2$ converge em probabilidade para a constante σ^2. Além disso, R_j^2 se aproxima de um número estritamente entre zero e um (de modo que $1 - R_j^2$ converge para algum número entre zero e um). A variância amostral de x_j é SQT_j/n, e portanto SQT_j/n converge para $\text{Var}(x_j)$ quando o tamanho da amostra aumenta. Isso quer dizer que SQT_j cresce aproximadamente à mesma taxa que o tamanho da amostra: $SQT_j \approx n\sigma_j^2$, em que σ_j^2 é a variância populacional de x_j. Quando combinamos esses fatos, vemos que $\widehat{\text{Var}}(\hat{\beta}_j)$ se contrai para zero à taxa de $1/n$; essa é a razão de tamanhos maiores de amostra serem melhores.

Quando u não é normalmente distribuído, a raiz quadrada de (5.10) é, às vezes, chamada de **erro padrão assimptótico**, e as estatísticas t são chamadas de **estatísticas t assimptóticas**. Como essas quantidades são as mesmas que estudamos no Capítulo 4, vamos chamá-las apenas de erros padrão e estatísticas t, com o entendimento de que elas, algumas vezes, têm somente justificativa de amostra grande. Um comentário semelhante é válido para um **intervalo de confiança assimptótico** construído do erro padrão assimptótico.

Ao usar o argumento anterior sobre a variância estimada, podemos escrever

$$\text{ep}(\hat{\beta}_j) \approx c_j/\sqrt{n}, \qquad (5.11)$$

em que c_j é uma constante positiva que *não* depende do tamanho da amostra. De fato, a constante c_j pode ser demonstrada como

$$c_j = \frac{\sigma}{\sigma_j\sqrt{1-\rho_j^2}},$$

Em que $\sigma = \text{dp}(u)$, $\sigma_j = \text{dp}(x_j)$ e ρ_j^2 é o R-quadrado da população a partir da regressão de x_j sobre outras variáveis explicativas. Assim como estudar a equação (5.10) para ver quais variáveis afetam $\text{Var}(\hat{\beta}_j)$ sob as hipóteses de Gauss-Markov, podemos usar essa expressão de c_j para estudar o impacto de um maior erro do desvio padrão (σ), maior variação populacional em x_j (σ_j) e multicolinearidade na população (ρ_j^2). A equação (5.11) é somente uma aproximação, mas é uma regra de bolso útil: pode-se esperar que os erros padrão diminuam a uma taxa que é o inverso da *raiz quadrada* do tamanho da amostra.

> **EXEMPLO 5.2** — **Erros padrão em uma equação do peso ao nascer**
>
> Usamos os dados do arquivo BWGHTW para estimar uma relação em que o log do peso de nascimento é a variável dependente, já os cigarros fumados por dia (*cigs*) e o log da renda familiar são as variáveis independentes. O número total de observações é 1.388. Ao usar a primeira metade das observações (694), o erro padrão de $\hat{\beta}_{cigs}$ é cerca de 0,0013. Ao usar todas as observações, o erro padrão é cerca de 0,00086. A razão entre o último erro padrão e o primeiro é 0,00086/0,0013

≈ 0,662. Isso está bastante próximo de $\sqrt{694/1.388} \approx 0{,}707$, a razão obtida pela aproximação em (5.10). Em outras palavras, a equação (5.11) significa que o erro padrão, ao usar o tamanho de amostra maior, deve ser 70,7% do erro padrão obtido ao usar a amostra menor. Essa porcentagem está muito perto dos 66,2% que realmente calculamos a partir da relação entre os erros padrão.

A normalidade assimptótica dos estimadores de MQO também significa que as estatísticas F têm distribuições F aproximadas em amostras de tamanho grandes. Assim, para testar as restrições de exclusão ou outras hipóteses múltiplas, nada muda em relação ao que tínhamos feito antes.

5-2a Outros testes de amostras grandes: estatística multiplicador de Lagrange

Visto que entramos no domínio da análise assimptótica, outras estatísticas de testes podem ser usadas para testar hipóteses. Para a maioria dos propósitos, há pouca razão para ir além das estatísticas t e F usuais: como acabamos de ver, essas estatísticas têm justificativa de amostra grande sem a hipótese de normalidade. No entanto, algumas vezes é útil ter outras maneiras de testar restrições de exclusão múltiplas; por isso, vamos agora estudar a **estatística multiplicador de Lagrange** (*LM*), que vem alcançando alguma popularidade na econometria moderna.

O nome "estatística multiplicador de Lagrange" provém da otimização com restrição, um tópico além do escopo deste livro. [Veja Davidson e MacKinnon (1993).] Também é usado o nome **estatística** *score* – o qual também é proveniente da otimização utilizada em cálculo. Felizmente, no arcabouço da regressão linear, é simples explicar a estatística *LM* sem se aprofundar na matemática mais complicada.

A forma da estatística *LM* que vamos derivar aqui apoia-se nas hipóteses de Gauss-Markov, as mesmas hipóteses que justificam a estatística F em amostras grandes. Não precisamos da hipótese de normalidade.

Para derivar a estatística *LM*, considere o modelo de regressão múltipla habitual com k variáveis independentes:

$$y = \beta_0 + \beta_1 x_1 + \ldots + \beta_k x_k + u. \tag{5.12}$$

Gostaríamos de testar se, por exemplo, todas as últimas q dessas variáveis têm parâmetros populacionais zero: a hipótese nula é

$$H_0: \beta_{k-q+1} = 0, \ldots, \beta_k = 0, \tag{5.13}$$

a qual coloca q restrições de exclusão sobre o modelo (5.12). Assim como no teste F, a hipótese alternativa a (5.13) é que pelo menos um dos parâmetros é diferente de zero.

A estatística *LM* exige somente a estimação do modelo *restrito*. Assim, suponha que computamos a regressão

$$y = \tilde{\beta}_0 + \tilde{\beta}_1 x_1 + \ldots + \tilde{\beta}_{k-q} x_{k-q} + \tilde{u}, \tag{5.14}$$

em que "~" indica que as estimativas são do modelo restrito. Em particular, $\tilde{u}$ representa os resíduos do modelo restrito. (Como sempre, isso é apenas uma maneira de escrever para indicar que obtivemos o resíduo restrito de cada observação da amostra.)

Se as variáveis omitidas x_{k-q+1} até x_k tiverem, realmente, coeficientes populacionais zero, então $\tilde{u}$ deve ser, pelo menos aproximadamente, não correlacionado com cada uma dessas variáveis na amostra. Isso sugere computar uma regressão desses resíduos sobre aquelas variáveis independentes excluídas sob H_0, que é semelhante ao que o teste *LM* faz. Entretanto, para obter uma estatística de teste que possa ser usada, devemos incluir *todas* as variáveis independentes na regressão. (A razão pela qual devemos incluir todos os regressores é que, em geral, os regressores omitidos no modelo restrito são correlacionados com os regressores que aparecem no modelo restrito.) Assim, computamos a regressão de

$$\tilde{u} \text{ sobre } x_1, x_2, ..., x_k. \qquad (5.15)$$

Esse é um exemplo de **regressão auxiliar**, uma regressão usada para calcular uma estatística de teste, mas cujos coeficientes não são de interesse direto.

Como podemos usar o resultado da regressão de (5.15) para testar (5.13)? Se (5.13) for verdadeira, o *R*-quadrado de (5.15) deve estar "próximo" de zero, sujeito ao erro amostral, porque $\tilde{u}$ será aproximadamente não correlacionado com todas as variáveis independentes. A questão – como sempre ocorre com os testes de hipóteses – é como determinar quando a estatística é suficientemente grande para rejeitar a hipótese nula em um nível de significância escolhido. Isso resulta que, sob a hipótese nula, o tamanho da amostra multiplicado pelo *R*-quadrado da regressão auxiliar (5.15) é distribuído assimptoticamente como uma variável aleatória qui-quadrada com q graus de liberdade. Isso leva a um procedimento simples para testar a significância conjunta de um grupo de q variáveis independentes.

A estatística multiplicador de Lagrange para q restrições de exclusão:

(i) Regrida y sobre o conjunto *restrito* de variáveis independentes e salve os resíduos, $\tilde{u}$.
(ii) Regrida $\tilde{u}$ sobre *todas* as variáveis independentes e obtenha o *R*-quadrado, por exemplo R_u^2 (para distingui-lo dos *R*-quadrados obtidos com y como variável dependente).
(iii) Calcule $LM = nR_u^2$ [o tamanho amostral vezes o *R*-quadrado obtido no passo (ii)].
(iv) Compare o *LM* com o valor crítico apropriado, c, de uma distribuição χ_q^2; se $LM > c$, a hipótese nula é rejeitada. Melhor ainda, obtenha o *p*-valor como a probabilidade de que uma variável aleatória χ_q^2 exceda o valor da estatística de teste. Se o *p*-valor for menor que o nível de significância desejado, então H_0 é rejeitada. Se não for, não podemos rejeitar H_0. A regra de rejeição é essencialmente a mesma do teste *F*.

Por causa de sua forma, a estatística *LM* é às vezes referida como a **estatística *n*-*R*-quadrado**. Diferentemente da estatística *F*, os graus de liberdade do modelo irrestrito não têm nenhum papel na realização do teste *LM*. Tudo o que importa é o número de restrições que estão sendo testadas (q), o tamanho do *R*-quadrado auxiliar (R_u^2) e o tamanho da amostra (n). Os *gl* do modelo irrestrito não têm nenhum papel por causa da natureza assimptótica da estatística *LM*. No entanto, devemos estar certos de multiplicar R_u^2 pelo tamanho da amostra para obter *LM*; um valor aparentemente baixo do *R*-quadrado pode ainda levar à significância conjunta se *n* for grande.

Antes de dar um exemplo, uma palavra de precaução se faz necessária. Se, no passo (i), inadvertidamente regredirmos *y* sobre todas as variáveis independentes e utilizarmos os resíduos obtidos dessa regressão irrestrita no passo (ii), não vamos ter uma estatística interessante: o *R*-quadrado resultante será exatamente zero! Isso ocorre porque MQO escolhe as estimativas de modo que os resíduos sejam não correlacionados nas amostras com todas as variáveis independentes incluídas [veja as equações (3.13)]. Assim, podemos somente testar (5.13) ao regredir os resíduos restritos sobre *todas* as variáveis independentes. (Regredir os resíduos restritos sobre o conjunto restrito de variáveis independentes também produzirá $R^2 = 0$.)

EXEMPLO 5.3 — Modelo econômico do crime

Vamos ilustrar o teste LM ao usar uma versão ligeiramente mais extensa do modelo do crime do Exemplo 3.5:

$$narr86 = \beta_0 + \beta_1 pcvn + \beta_2 avgsen + \beta_3 tottime + \beta_4 ptime86 + \beta_5 qemp86 + u,$$

em que *narr86* é o número de vezes que um homem foi preso, *pcvn* é a proporção de prisões anteriores que levaram à condenação, *avgsen* é a sentença média cumprida de condenações passadas, *tottime* é o tempo total que o homem passou na prisão em 1986 desde que atingiu a idade de 18 anos, *ptime86* corresponde aos meses passados na prisão em 1986, e *qemp86* é o número de trimestres, em 1986, durante os quais o homem esteve legalmente empregado.

Vamos usar a estatística LM para testar a hipótese nula de que *avgsen* e *tottime* não têm efeito sobre *narr86*, uma vez que os outros fatores foram controlados.

No passo (i), estimamos o modelo restrito ao regredir *narr86* sobre *pcvn*, *ptime86* e *qemp86* – as variáveis *avgsen* e *tottime* são excluídas dessa regressão – e obtemos os resíduos $\tilde{u}$ dessa regressão (2.725 resíduos). Então, computamos a regressão de

$$\tilde{u} \text{ sobre } pcvn, ptime86, qemp86, avgsen \text{ e } tottime; \tag{5.16}$$

como sempre, a ordem na qual listamos as variáveis independentes é irrelevante. Essa segunda regressão gera R_u^2, que é cerca de 0,0015. Esse valor pode parecer pequeno, mas devemos multiplicá-lo por *n* para obter a estatística LM = 2.725(0,0015) ≈ 4,09. O valor crítico de 10% em uma distribuição qui-quadrada com dois graus de liberdade é cerca de 4,61 (arredondado para duas casas decimais; veja a Tabela G.4). Assim, não é possível rejeitar a hipótese nula de que $\beta_{avgsen} = 0$ e $\beta_{tottime} = 0$ no nível de 10%. O *p*-valor é $P(\chi_2^2 > 4,09) \approx 0,129$, de modo que rejeitamos H_0 no nível de 15%.

Como comparação, o teste *F* para a significância conjunta de *avgsen* e *tottime* resulta em um *p*-valor de cerca de 0,131, bastante próximo daquele obtido ao usar a estatística LM. Isso não é surpreendente, visto que assimptoticamente as duas estatísticas têm a mesma probabilidade de erro Tipo I. (Isto é, elas rejeitam a hipótese nula com a mesma frequência quando a hipótese nula é verdadeira.)

Como o exemplo anterior sugere, com uma amostra grande raramente vemos discrepâncias importantes entre os resultados dos testes *LM* e *F*. Usaremos a estatística *F* para a maior parte dos problemas porque ela é rotineiramente calculada pela maioria dos programas de regressão. No entanto, você deve estar consciente sobre a estatística *LM* para reconhecê-la, pois ela é usada em trabalhos aplicados.

Um último comentário sobre a estatística *LM*. Assim como com a estatística *F*, devemos estar seguros de usar as mesmas observações nos passos (i) e (ii). Se faltarem dados para algumas das variáveis independentes excluídas sob a hipótese nula, os resíduos do passo (i) devem ser obtidos de uma regressão sobre o conjunto de dados reduzido.

5.3 Eficiência assimptótica de MQO

Sabemos que, sob as hipóteses de Gauss-Markov, os estimadores de MQO são os melhores estimadores não viesados lineares. MQO também é, sob as hipóteses de Gauss-Markov, **assimptoticamente eficiente** dentro de uma classe de estimadores. Um tratamento geral requer álgebra matricial e análise assimptótica avançada. Em primeiro lugar, vamos descrever o resultado para o caso da regressão simples.

No modelo

$$y = \beta_0 + \beta_1 x + u, \tag{5.17}$$

u tem média condicional zero sob RLM.4: $E(u|x) = 0$. Isso dá lugar a uma variedade de estimadores consistentes de β_0 e β_1; como habitual, vamos nos concentrar no parâmetro de inclinação β_1. Seja $g(x)$ qualquer função de x; por exemplo, $g(x) = x^2$ ou $g(x) = 1/(1 + |x|)$. Então u é não correlacionado com $g(x)$ (veja a Propriedade CE.5 no Apêndice B). Seja $z_i = g(x_i)$ para todas as observações i. Então, o estimador

$$\tilde{\beta}_1 = \left(\sum_{i=1}^{n}(z_i - \bar{z})y_i\right) \Big/ \left(\sum_{i=1}^{n}(z_i - \bar{z})x_i\right) \tag{5.18}$$

é consistente para β_1, desde que $g(x)$ e x sejam correlacionados. [Lembre-se: é possível que $g(x)$ e x sejam não correlacionados porque a correlação mensura a dependência *linear*.] Para ver isso, podemos colocar $y_i = \beta_0 + \beta_1 x_i + u_i$ e escrever $\tilde{\beta}_1$ como

$$\tilde{\beta}_1 = \beta_1 + \left(n^{-1}\sum_{i=1}^{n}(z_i - \bar{z})u_i\right) \Big/ \left(n^{-1}\sum_{i=1}^{n}(z_i - \bar{z})x_i\right). \tag{5.19}$$

Agora, podemos aplicar a lei dos grandes números ao numerador e ao denominador, os quais convergem em probabilidade para $\text{Cov}(z,u)$ e $\text{Cov}(z,x)$, respectivamente. Na condição de que $\text{Cov}(z,u) \neq 0$ – de modo que z e x sejam correlacionados –, temos

$$\text{plim} = \tilde{\beta}_1 = \beta_1 + \text{Cov}(z,u)/\text{Cov}(z,x) = \beta_1$$

porque $\text{Cov}(z,u) = 0$ sob RLM.4.

É mais difícil mostrar que $\tilde{\beta}_1$ é assimptoticamente normal. No entanto, usando argumentos semelhantes àqueles do apêndice deste capítulo, pode ser mostrado que $\sqrt{n}(\tilde{\beta}_1 - \beta_1)$ é assimptoticamente normal com média zero e variância assimptótica $\sigma^2 \text{Var}(z)/[\text{Cov}(z,x)]^2$. A variância assimptótica do estimador de MQO é obtida quando $z = x$, caso em que $\text{Cov}(z,x) = \text{Cov}(x,x) = \text{Var}(x)$. Portanto, a variância assimptótica de $\sqrt{n}(\hat{\beta}_1 - \beta_1)$, em que $\hat{\beta}_1$ é o estimador de MQO, é $\sigma^2 \text{Var}(x)/[\text{Var}(x)]^2 = \sigma^2/\text{Var}(x)$. Agora, a desigualdade de Cauchy-Schwartz (veja o Apêndice B.4) implica $[\text{Cov}(z,x)]^2 \leq \text{Var}(z)\text{Var}(x)$, o que implica que a variância assimptótica de $\sqrt{n}(\hat{\beta}_1 - \beta_1)$ não é maior do que a de $\sqrt{n}\,(\tilde{\beta}_1 - \beta_1)$. Assim, para o caso da regressão simples, mostramos que, sob as hipóteses de Gauss-Markov, o estimador de MQO tem uma variância assimptótica menor do que qualquer outro estimador da forma (5.18). [O estimador em (5.18) exemplifica um *estimador de variáveis instrumentais*, que estudaremos extensivamente no Capítulo 15]. Se a hipótese de homoscedasticidade não for válida, então há estimadores da forma (5.18) que têm uma variância assimptótica menor do que a de MQO. Veremos isso no Capítulo 8.

O caso geral é semelhante, mas matematicamente muito mais difícil. No caso de k regressores, a classe de estimadores consistentes é obtida ao generalizar as condições de primeira ordem de MQO:

$$\sum_{i=1}^{n} g_j(\boldsymbol{x}_i)(y_i - \tilde{\beta}_0 - \tilde{\beta}_1 x_{i1} - \ldots - \tilde{\beta}_k x_{ik}) = 0, j = 0, 1, \ldots, k, \quad (5.20)$$

em que $g_j(\boldsymbol{x}_i)$ representa qualquer função de todas as variáveis explicativas para a observação i. Como pode ser visto ao comparar (5.20) com as condições de primeira ordem de MQO em (3.13), obtemos os estimadores de MQO quando $g_0(\boldsymbol{x}_i) = 1$ e $g_j(\boldsymbol{x}_i) = x_{ij}$, para $j = 1, 2, \ldots, k$. A classe dos estimadores em (5.20) é infinita, pois podemos usar qualquer função de x_{ij} que quisermos.

TEOREMA 5.3

EFICIÊNCIA ASSIMPTÓTICA DE MQO

Sob as hipóteses de Gauss-Markov, sejam $\tilde{\beta}_j$ os estimadores que solucionam as equações da forma (5.20) e $\hat{\beta}_j$ os estimadores de MQO. Então, para $j = 0, 1, 2, \ldots, k$, os estimadores de MQO têm as menores variâncias assimptóticas: $\text{Avar}\,\sqrt{n}(\hat{\beta}_j - \beta_j) \leq \text{Avar}\,\sqrt{n}(\tilde{\beta}_j - \beta_j)$

Provar a consistência dos estimadores em (5.20), sem mencionar que eles são assimptoticamente normais, é matematicamente difícil. Veja Wooldridge (2010, Capítulo 5).

Resumo

As afirmações subjacentes ao material deste capítulo são razoavelmente técnicas, mas suas implicações práticas são diretas. Mostramos que as quatro primeiras hipóteses de Gauss-Markov implicam que MQO é consistente. Além disso, todos os métodos de testar e construir intervalos de confiança que aprendemos no Capítulo 4 são aproximadamente válidos, sem presumir que os erros são extraídos de uma distribuição normal (equivalentemente, a distribuição de y, dadas as variáveis explicativas, não é normal). Isso significa que podemos aplicar MQO e usar os métodos anteriores para um conjunto de aplicações em que a variável dependente não é de fato aproximada e normalmente distribuída. Também mostramos que, em vez da estatística F, a estatística LM pode ser usada para testar restrições de exclusão.

Antes de deixarmos este capítulo, devemos observar que situações como o Exemplo 5.3 podem muito bem apresentar problemas que, *de fato*, exigem atenção especial. Para uma variável como *narr86*, que é zero ou um para a maioria dos homens na população, um modelo linear pode não ser capaz de capturar adequadamente a relação funcional entre *narr86* e as variáveis explicativas. Além do mais, mesmo se um modelo linear descreve o valor esperado das prisões, a heteroscedasticidade poderia ser um problema. Problemas como esses não são mitigados quando o tamanho da amostra aumenta e, portanto, retornaremos a eles em capítulos posteriores.

Termos-chave

Assimptoticamente eficiente
Consistência
Erro padrão assimptótico
Estatística multiplicador de Lagrange (*LM*)
Estatística *n-R*-quadrado
Estatística *score*
Estatísticas *t* assimptóticas
Inconsistência
Intervalo de confiança assimptótico
Normalidade assimptótica
Propriedades assimptóticas
Propriedades de amostras grandes
Regressão auxiliar
Variância assimptótica
Viés assimptótico

Problemas

1. No modelo de regressão simples sob os RLM.1 até RLM.4, afirmamos que o estimador de inclinação, $\hat{\beta}_1$, é consistente com β_1. Usando $\hat{\beta}_0 = \bar{y} - \hat{\beta}_1 \bar{x}_1$, demonstre que plim $\hat{\beta}_0 = \beta_0$. [Você precisará usar a consistência de $\hat{\beta}_1$ e a lei dos grandes números, juntamente com o fato de que $\beta_0 = E(y) - \beta_1 E(x_1)$.]

2. Suponha que o modelo

$$pctstck = \beta_0 + \beta_1 funds + \beta_2 risktol + u$$

satisfaça as quatro primeiras hipóteses de Gauss-Markov, em que *pctstck* é a porcentagem da pensão de um trabalhador investida no mercado de ações, *funds* é o número de fundos mútuos que o trabalhador pode escolher e *risktol* é alguma medida de tolerância de risco (*risktol* maior significa que a pessoa tem uma tolerância maior ao risco). Se *funds* e *risktol* são positivamente correlacionados, qual é a inconsistência em $\tilde{\beta}_1$, o coeficiente de inclinação da regressão de *pctstck* sobre *funds*?

3. O conjunto de dados do arquivo SMOKE contém informações sobre o comportamento tabagista e outras variáveis para uma amostra aleatória de adultos solteiros dos Estados Unidos. A variável *cigs* é o número (médio) de cigarros fumados por dia. Você acha que *cigs* tem uma distribuição normal na população adulta dos Estados Unidos? Explique.

4. No modelo de regressão simples (5.17), sob as primeiras quatro hipóteses de Gauss-Markov, mostramos que o estimador da forma (5.18) é consistente com a inclinação β_1. Dado tal tipo de estimador, defina um estimador de β_0 por $\tilde{\beta}_0 = \bar{y} - \tilde{\beta}_1 \bar{x}$. Mostre que plim $\tilde{\beta}_0 = \beta_0$.

5. O histograma a seguir foi criado usando a variável *score* do arquivo ECONMATH. Foram usadas trinta divisões para criá-lo, e a altura de cada célula é a proporção de observações dentro do intervalo correspondente. A distribuição normal de melhor ajuste – isto é, usando a média amostral e o desvio padrão médio – foi sobreposta no histograma.

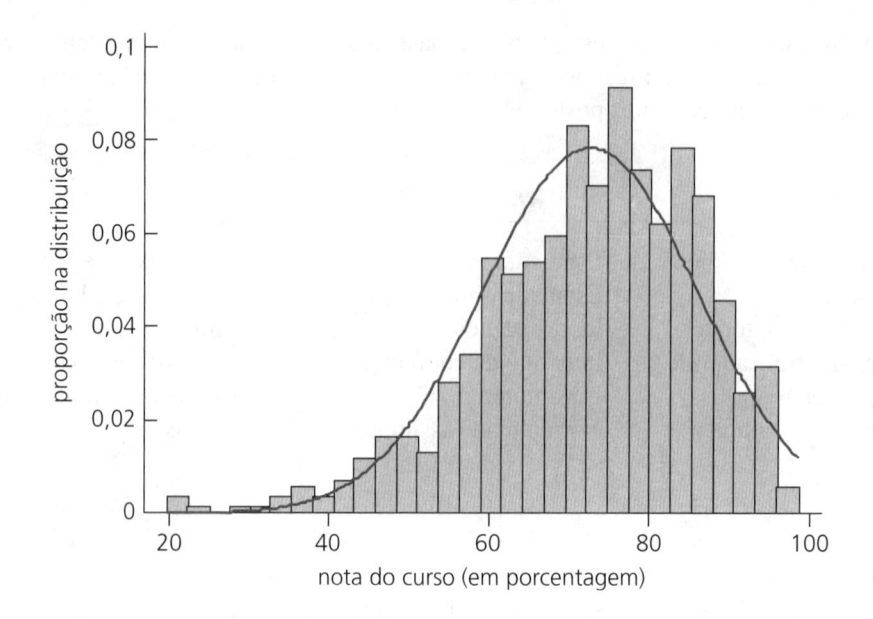

(i) Se você usar a distribuição normal para estimar a probabilidade de *score* superar 100, a resposta seria zero? Por que sua resposta contradiz a hipótese de uma distribuição normal de *score*?

(ii) Explique o que está acontecendo na parte esquerda do histograma. A distribuição normal se ajusta bem à parte esquerda do gráfico?

Exercícios em computador

C1 Use os dados do arquivo WAGE1 para resolver este exercício.

(i) Estime a equação

$$wage = \beta_0 + \beta_1 educ + \beta_2 exper + \beta_3 tenure + u$$

Salve os resíduos e trace um histograma.

(ii) Repita o item (i), mas com log(*wage*) como a variável dependente.

(iii) Você diria que a Hipótese RLM.6 está mais próxima de ser satisfeita pelo modelo nível-nível ou pelo modelo nível-log?

C2 Use os dados do arquivo GPA2 para este exercício.

(i) Usando todas as 4.137 observações, estime a equação

$$colgpa = \beta_0 + \beta_1 hsperc + \beta_2 sat + u$$

E registre os resultados na forma padrão.

(ii) Reestime a equação do item (i) usando as 2.070 primeiras observações.

(iii) Encontre a relação de erros padrão em *hsperc* dos itens (i) e (ii). Compare as descobertas com os resultados da equação (5.11).

C3 Na equação (4.42) do Capítulo 4, usando o conjunto de dados BWGHT, calcule a estatística *LM* para testar se *motheduc* e *fatheduc* são conjuntamente significativas. Ao obter os resíduos para o modelo restrito, certifique-se que o modelo restrito seja estimado usando apenas aquelas observações para as quais todas as variáveis do modelo irrestrito estejam disponíveis (veja o Exemplo 4.9).

C4 Várias estatísticas são comumente usadas para detectar falta de normalidade em distribuições populacionais subjacentes. Aqui vamos estudar uma das que mede a quantidade de assimetria em uma distribuição. Lembre-se de que qualquer variável aleatória normalmente distribuída é simétrica em relação a sua média; portanto, se padronizarmos uma variável aleatória simetricamente distribuída, digamos $z = (y - \mu_y)/\sigma_y$, em que $\mu_y = E(y)$ e $\sigma_y = dp(y)$, então z tem média zero, variância um e $E(z^3) = 0$. Dada uma amostra de dados $\{y_i: i = 1, \ldots, n\}$, podemos padronizar y_i na amostra usando $z_i = (y_i - \hat{\mu}_y)/\hat{\sigma}_y$, em que $\hat{\mu}_y$ é a média amostral e $\hat{\sigma}_y$ é o desvio padrão da amostra. (Ignoramos o fato de que essas são estimativas baseadas na amostra.) Uma estatística amostral que mede assimetria é $n^{-1}\sum_{i=1}^{n} z_i^3$, ou quando n é substituído por $(n - 1)$ como um ajuste de graus de liberdade. Se y tiver uma distribuição normal na população, a medida de assimetria para valores padronizados da amostra não deve diferir significativamente de zero.

(i) Primeiro use o conjunto de dados do arquivo 401KSUBS, mantendo somente as observações com $fsize = 1$. Encontre a medida de assimetria de *inc*. Faça o mesmo com log(*inc*). Qual variável tem mais assimetria e, portanto, parece menos propensa a ser normalmente distribuída?

(ii) Em seguida, use o arquivo BWGHT2. Encontre medidas de obliquidade de *bwght* e log(*bwght*). O que você conclui?

(iii) Analise a seguinte declaração: "A transformação logarítmica sempre faz uma variável positiva parecer mais normalmente distribuída."

(iv) Se estamos interessados na hipótese de normalidade no contexto de regressão, deveríamos estar avaliando as distribuições incondicionais de y e log(y)? Explique.

C5 Considere a análise feita no Exercício em computador C11, no Capítulo 4, usando os dados do arquivo HTV, em que *educ* é a variável dependente em uma regressão.

(i) Quantos valores diferentes são adotados por *educ* na amostra? A variável *educ* tem uma distribuição contínua?

(ii) Trace um histograma de *educ* com uma cobertura de distribuição normal. A distribuição de *educ* parece próxima do normal?

(iii) Qual das hipóteses do MLC parece ser claramente violada no modelo

$$educ = \beta_0 + \beta_1 motheduc + \beta_2 fatheduc + \beta_3 abil + \beta_4 abil^2 + u?$$

De que forma essa violação muda os procedimentos de inferência estatística executados no Exercício em computador C11, do Capítulo 4?

C6 Use os dados do arquivo ECONMATH para responder a essa questão.

(i) Logicamente, quais são os menores e os maiores valores que podem ser adotados pela variável *score*? Quais são os menores e os maiores valores da amostra?

(ii) Considere o modelo linear

$$score = \beta_0 + \beta_1 colgpa + \beta_2 actmth + \beta_3 acteng + u.$$

Por que a Hipótese RLM.6 não se mantém para o termo de erro u? Que consequências isso traz ao uso da estatística t usual para testar $H_0: \beta_3 = 0$?

(iii) Estime o modelo do item (ii) e obtenha a estatística t e o p-valor associado para testar $H_0: \beta_3 = 0$. Como você defenderia suas descobertas para alguém que faz a seguinte afirmação: "Você não pode confiar nesse p-valor porque o termo de erro da equação claramente não tem uma distribuição normal."

APÊNDICE 5A
Normalidade assimptótica dos MQO

Vamos delinear uma prova da normalidade assimptótica de MQO [Teorema 5.2(i)] no caso da regressão simples. Escreva o modelo de regressão simples como na equação (5.17). Em seguida, por meio da álgebra usual da regressão simples, podemos escrever

$$\sqrt{n}(\hat{\beta}_1 - \beta_1) = (1/s_x^2)\left[n^{-1/2}\sum_{i=1}^{n}(x_i - \bar{x})u_i\right],$$

em que usamos s_x^2 para representar a variância amostral de $\{x_i: i = 1, 2, ..., n\}$. Pela lei dos grandes números (veja o Apêndice C), $s_x^2 \xrightarrow{p} \sigma_x^2 = \text{Var}(x)$. A Hipótese RLM.3 exclui a perfeita colinearidade, o que significa que $\text{Var}(x) > 0$ (x_i varia na amostra, e portanto x não é constante na população). Em seguida, $n^{-1/2}\sum_{i=1}^{n}(x_i - \bar{x})u_i = n^{-1/2}\sum_{i=1}^{n}(x_i - \mu)u_i + (\mu - \bar{x})[n^{-1/2}\sum_{i=1}^{n}u_i]$ em que $\mu = E(x)$ é a média populacional de x. Agora $\{u_i\}$ é a sequência de variáveis aleatórias independentes e identicamente distribuídas (i.i.d.) com média zero e variância σ^2, e portanto $n^{-1/2}\sum_{i=1}^{n}u_i$ converge para a distribuição Normal(0, σ^2) quando $n \to \infty$; isso é exatamente o teorema do limite central do Apêndice C. Pela lei dos grandes números, $\text{plim}(\mu - \bar{x}) = 0$. Um resultado padrão da teoria assimptótica é que se $\text{plim}(w_n) = 0$ e z_n tem uma distribuição normal assimptótica, então $\text{plim}(w_n z_n) = 0$. [Veja Wooldridge (2010, Capítulo 3) para mais discussão.] Isso implica $(\mu - \bar{x})[n^{-1/2}\sum_{i=1}^{n}u_i]$ plim zero. Em seguida, $\{(x_i - \mu)u_i: i = 1, 2, ...\}$ é uma sequência indefinida de variáveis aleatórias i.i.d. com média zero – porque u e x são não correlacionados sob RLM.4 – e variância $\sigma^2\sigma_x^2$, pela hipótese de homoscedasticidade RLM.5. Portanto, $n^{-1/2}\sum_{i=1}^{n}(x_i - \mu)u_i$ tem uma distribuição Normal $(0,\sigma^2\sigma_x^2)$ assimptótica. Acabamos de mostrar que a diferença entre $n^{-1/2}\sum_{i=1}^{n}(x_i - \bar{x})u_i$ e $n^{-1/2}\sum_{i=1}^{n}(x_i - \mu)u_i$ tem plim zero. Um resultado da teoria assimptótica é que se z_n tem uma distribuição normal e $\text{plim}(v_n - z_n) = 0$, então v_n tem a mesma distribuição normal assimptótica que z_n. Em decorrência $n^{-1/2}\sum_{i=1}^{n}(x_i - \bar{x})$ também tem uma distribuição Normal$(0,\sigma^2\sigma_x^2)$ assimptótica. Colocando todas essas peças juntas, temos

$$\sqrt{n}(\hat{\beta}_1 - \beta_1) = (1/\sigma_x^2)\left[n^{-1/2}\sum_{i=1}^{n}(x_i - \bar{x})u_i\right]$$

$$+ [(1/s_x^2) - (1/\sigma_x^2)]\left[n^{-1/2}\sum_{i=1}^{n}(x_i - \bar{x})u_i\right],$$

e como $\text{plim}(1/s_x^2) = 1/\sigma_x^2$, o segundo termo tem plim zero. Portanto, a distribuição assimptótica de $\sqrt{n}(\hat{\beta}_1 - \beta_1$ é Normal $(0, \{\sigma^2\sigma_x^2\}/\{\sigma_x^2\}^2) = $ Normal $(0, \sigma^2/\sigma_x^2)$. Isso completa a prova para o caso da regressão simples, quando $a_1^2 = \sigma_x^2$ neste caso. Veja Wooldridge (2010, Capítulo 4) para o caso geral.

CAPÍTULO **6**

Análise de regressão múltipla: problemas adicionais

Este capítulo articula vários problemas da análise de regressão múltipla que não foram tratados convenientemente nos capítulos anteriores. Estes tópicos não são tão fundamentais quanto os discutidos nos Capítulos 3 e 4, mas são importantes para a aplicação da regressão múltipla em uma ampla gama de problemas empíricos.

6.1 Efeitos da dimensão dos dados nas estatísticas MQO

No Capítulo 2, sobre regressão bivariada, discutimos de forma sucinta os efeitos da mudança nas unidades de medida sobre os interceptos e as estimativas de inclinação do MQO. Também mostramos que a mudança nas unidades de medida não afeta o R-quadrado. Agora retornaremos ao problema da dimensão dos dados e examinaremos o efeito do redimensionamento das variáveis dependente ou independente sobre os erros padrão, estatísticas t, estatísticas F e intervalos de confiança.

Veremos que tudo o que esperamos acontecer, acontece. Quando as variáveis são redimensionadas, os coeficientes, erros padrão, intervalos de confiança, estatísticas t e F mudam de tal maneira que preservam todos os efeitos mensurados e os resultados dos testes. Embora isso não seja uma grande surpresa – aliás, ficaríamos muito preocupados se não fosse assim – é útil ver o que ocorre explicitamente. Muitas vezes, o redimensionamento de dados serve para fins cosméticos, tal como reduzir o número de zeros depois da vírgula, em um coeficiente estimado. Escolhendo criteriosamente as unidades de medida, podemos melhorar a aparência de uma equação estimada sem alterar nada que seja essencial.

Poderíamos tratar desse problema de maneira generalizada, mas ele é mais bem ilustrado com exemplos. Da mesma forma, será de pouca valia neste ponto introduzirmos uma notação abstrata.

Começamos com uma equação relacionando o peso dos recém-nascidos com o hábito de fumar e a renda familiar:

$$\widehat{bwght} = \hat{\beta}_0 + \hat{\beta}_1 cigs + \hat{\beta}_2 faminc \qquad (6.1)$$

em que *bwght* é o peso dos recém-nascidos, em onças, *cigs* é o número médio de cigarros que a mãe fumou por dia durante a gravidez, e *faminc* é a renda anual familiar, em milhares de dólares. As estimativas desta equação, obtidas utilizando dados contidos no arquivo BWGHT, são dadas na primeira coluna da Tabela 6.1. Os erros padrão estão relacionados entre parênteses. A estimativa de *cigs* mostra que se uma mulher fumar cinco ou mais cigarros por dia, o peso previsto dos recém-nascidos deve estar em torno de 0,4634(5) = 2,317 onças a menos. A estatística t de *cigs* é $-5,06$, de modo que a variável é estatisticamente bastante significante.

TABELA 6.1 Efeitos da dimensão dos dados.

Variável dependente	(1) *bwght*	(2) *bwghtlbs*	(3) *bwght*
Variáveis independentes			
cigs	−0,4634 (0,0916)	0,0289 (0,0057)	—
packs	—	—	−9,268 (1,832)
faminc	0,0927 (0,0292)	0,0058 (0,0018)	0,0927 (0,0292)
intercepto	116,974 (1,049)	7,3109 (0,0656)	116,974 (1,049)
Observações	1.388	1.388	1.388
R-quadrado	0,0298	0,0298	0,0298
SQR	557.485,51	2.177,6778	557.485,51
EPR	20,063	1,2539	20,063

Agora, suponha que decidimos medir o peso dos recém-nascidos em libras, em vez de onças. Façamos *bwghtlbs* = *bwght*/16 ser o peso dos recém-nascidos em libras. O que acontece com nossas estatísticas MQO se usarmos essa variável dependente em nossa equação? É fácil verificar o efeito no coeficiente da estimativa pela simples manipulação da equação (6.1). Divida a equação inteira por 16:

$$\widehat{bwght}/16 = \hat{\beta}_0/16 + (\hat{\beta}_1/16)cigs + (\hat{\beta}_2/16)faminc.$$

Como o termo da esquerda é o peso dos recém-nascidos em libras, segue-se que cada novo coeficiente corresponderá ao coeficiente antigo dividido por 16. Para verificar isso, a regressão de *bwghtlbs* sobre *cigs* e *faminc* está registrada na coluna (2) da Tabela 6.1. Até quatro dígitos, o intercepto e as inclinações da coluna (2) são exatamente os da coluna (1) divididos por 16. Por exemplo, o coeficiente de *cigs* é agora −0,0289; isso significa que, se *cigs* fosse cinco vezes mais alto, o peso ao nascer seria 0,0289(5) = 0,1445 *libras* mais baixo. Em termos de onças, temos 0,1445(16) = 2,312, que é um pouco diferente dos 2,317 que obtivemos anteriormente em razão do erro de arredondamento. A questão importante é que, uma vez tendo sido os efeitos transformados nas mesmas unidades, obtemos exatamente a mesma resposta, independentemente de como a variável dependente seja medida.

E quanto à significância estatística? Como esperado, a alteração da variável dependente de onças para libras não tem efeito sobre quanto são estatisticamente importantes as variáveis independentes. Os erros padrão na coluna (2) são 16 vezes menores que os da coluna (1). Alguns cálculos rápidos mostram que as estatísticas t na coluna (2) são, realmente, idênticas às da coluna (1). Os pontos extremos dos intervalos de confiança na coluna (2) são exatamente os pontos extremos na coluna (1) divididos por 16. Isso ocorre porque os ICs mudam pelos mesmos fatores dos erros padrão. [Lembre-se de que o IC de 95% neste caso é $\hat{\beta}_j \pm 1{,}96\,\mathrm{ep}(\hat{\beta}_j)$.]

Em termos de qualidade de ajuste, os R-quadrados das duas regressões são idênticos, como esperado. Observe que a soma dos quadrados dos resíduos, SQR, e o erro padrão da regressão, EPR, diferem nas equações. Essas diferenças são facilmente explicadas. Seja $\hat{u}_i$ o resíduo da observação i na equação original (6.1). Então, quando *bwghtlbs* é a variável dependente, o resíduo é simplesmente $\hat{u}_i/16$. Assim, o resíduo ao *quadrado* na segunda equação é $(\hat{u}_i/16)^2 = \hat{u}_i^2/256$. Essa é a razão pela qual a soma dos quadrados dos resíduos na coluna (2) é igual à SQR na coluna (1) dividida por 256.

Como $\mathrm{EPR} = \hat{\sigma} = \sqrt{\mathrm{SQR}/(n-k-1)} = \sqrt{\mathrm{SQR}/1{,}385}$, o EPR na coluna (2) é 16 vezes menor do que na coluna (1). Outra maneira de ver isso é que o erro na equação com *bwghtlbs* como a variável dependente tem um desvio padrão 16 vezes menor do que o desvio padrão do erro original. Isso não significa que tenhamos reduzido o erro ao alterarmos a maneira pela qual o peso dos recém-nascidos é medido: o EPR menor simplesmente reflete uma diferença nas unidades de medida.

Continuando, retornemos à unidade de medida original da variável dependente: *bwght* é medido em onças. Vamos alterar a unidade de medida de uma das variáveis independentes, *cigs*. Defina *packs* como a quantidade de maços de cigarros fumados por dia. Assim, *packs* = *cigs*/20. O que acontece com os coeficientes e outras estatísticas MQO? Dessa forma, podemos escrever

$$\widehat{bwght} = \hat{\beta}_0 + (20\hat{\beta}_1)(cigs/20) + \hat{\beta}_2 faminc = \hat{\beta}_0 + (20\hat{\beta}_1)packs + \hat{\beta}_2 faminc.$$

Portanto, o intercepto e o coeficiente de inclinação de *faminc* não se alteraram, mas o coeficiente de *packs* é 20 vezes o de *cigs*. Isso é intuitivamente atraente. Os resultados da regressão de *bwght* sobre *packs* e *faminc* estão na coluna (3) da Tabela 6.1. A propósito, lembre-se de que não teria sentido incluir tanto *cigs* como *packs* na mesma equação; isso induziria à multicolinearidade perfeita e não teria nenhum significado interessante.

Além do coeficiente de *packs*, existe outra estatística na coluna (3) que difere da mostrada na coluna (1): o erro padrão de *packs* é 20 vezes maior que o de *cigs* na coluna (1). Isso significa que a estatística t para verificar a significância do hábito de fumar é a mesma, quer ele seja medido em cigarros quer em maços. Isso é natural.

> **QUESTÃO 6.1**
>
> Na equação original sobre o peso dos recém-nascidos (6.1), suponha que *faminc* seja medida em dólares em lugar de milhares de dólares. Desse modo, defina a variável *fincdol* = 1.000·*faminc*. Como mudam as estatísticas MQO quando *rendfamdol* substitui *fincdol*? Para o propósito de apresentar os resultados da regressão, você acha melhor medir a renda em dólares ou em milhares de dólares?

O exemplo anterior explica claramente a maioria das possibilidades que surgem quando a variável dependente e as variáveis independentes são redimensionadas. O redimensionamento muitas vezes é feito com os valores monetários em economia, especialmente quando os montantes são muito grandes.

No Capítulo 2, argumentamos que, se a variável dependente aparecer na forma logarítmica, a alteração na unidade de medida não afetará o coeficiente de inclinação. Isso também acontece aqui: a alteração na unidade de medida da variável dependente, quando aparece na forma logarítmica, não afeta nenhuma das estimativas de inclinação. Isso resulta do simples fato de que $\log(c_1 y_i) = \log(c_1) + \log(y_i)$ para qualquer constante $c_1 > 0$. O novo intercepto será $\log(c_1) + \hat{\beta}_0$. De forma semelhante, a alteração da unidade de medida de qualquer x_j, em que $\log(x_j)$ aparece na regressão, afeta somente o intercepto. Isso corresponde ao que conhecemos sobre alterações em porcentagens e, em particular, em elasticidades: elas não sofrem alterações quando mudam as unidades de medida de y ou de x_j. Por exemplo, se tivéssemos especificado a variável dependente em (6.1) como log(*bwght*), estimássemos a equação, e depois a tivéssemos reestimado com log(*bwghtlbs*) como a variável dependente, os coeficientes de *cigs* e *faminc* seriam os mesmos em ambas as regressões; somente o intercepto seria diferente.

6-1a Os coeficientes beta

Algumas vezes, em aplicações econométricas, uma variável importante é medida em uma dimensão de difícil interpretação. Economistas especializados na área trabalhista frequentemente incluem a pontuação de testes de conhecimentos em equações salariais, e a dimensão em que esses testes são registrados muitas vezes é arbitrária e de difícil interpretação (pelo menos para os economistas!). Em quase todos os casos estamos interessados em saber como a pontuação de um indivíduo em particular se compara com a da população. Assim, em lugar de perguntarmos a respeito do efeito sobre o salário por hora se, digamos, a pontuação do teste for dez pontos mais alta, faz mais sentido perguntar o que acontece quando a pontuação do teste for um *desvio padrão* mais alto.

Nada impede que vejamos o que acontece com a variável dependente quando uma variável independente em um modelo estimado aumenta certo número de desvios padrão, supondo que tenhamos obtido o desvio padrão da amostra (o que é fácil na maioria dos programas de regressão). Geralmente, essa é uma boa ideia. Assim, por exemplo, quando observamos o efeito de uma pontuação de teste padronizada, como o SAT (nota de ingresso em curso superior nos Estados Unidos), sobre a nota média em curso superior, podemos encontrar o desvio padrão de SAT e verificar o que acontece quando essa pontuação aumenta em um ou dois desvios padrão.

Algumas vezes é útil obter resultados de regressão quando *todas* as variáveis envolvidas, a dependente e todas as independentes, tenham sido *padronizadas*. Uma variável é padronizada em uma amostra pela subtração de sua média e dividindo o resultado por seu desvio padrão (veja o Apêndice C). Isso significa que computamos a transformação z de cada variável na amostra. Depois, fazemos a regressão usando os valores de z.

Por que a padronização é útil? É mais fácil começarmos com a equação MQO original, e as variáveis em suas formas originais:

$$y_i = \hat{\beta}_0 + \hat{\beta}_1 x_{i1} + \hat{\beta}_2 x_{i2} + \ldots + \hat{\beta}_k x_{ik} + \hat{u}_i. \tag{6.2}$$

Incluímos o subscrito de observação i para enfatizar que nossa padronização é aplicada a todos os valores da amostra. Agora, se ao calcularmos a média de (6.2), usarmos o fato de que $\hat{u}_i$ tem uma média de amostra zero, e subtrairmos o resultado de (6.2), obtemos

$$y_i - \bar{y} = \hat{\beta}_1(x_{i1} - \bar{x}_1) + \hat{\beta}_2(x_{i2} - \bar{x}_2) + \ldots + \hat{\beta}_k(x_{ik} - \bar{x}_k) + \hat{u}_i.$$

Em seguida, definamos $\hat{\sigma}_y$ como o desvio padrão da amostra da variável dependente, $\hat{\sigma}_1$ como o dp da amostra da x_1, $\hat{\sigma}_2$ como o dp da amostra de x_2, e assim sucessivamente. Agora, um pouco de álgebra produz a equação

$$(y_i - \bar{y})/\hat{\sigma}_y = (\hat{\sigma}_1/\hat{\sigma}_y)\hat{\beta}_1[(x_{i1} - \bar{x}_1)/\hat{\sigma}_1] + \ldots \\ + (\hat{\sigma}_k/\hat{\sigma}_y)\hat{\beta}_k[(x_{ik} - \bar{x}_k)/\hat{\sigma}_k] + (\hat{u}_i/\hat{\sigma}_y). \tag{6.3}$$

Cada variável em (6.3) foi padronizada pela substituição por seus valores de z, e isso resultou em novos coeficientes de inclinação. Por exemplo, o coeficiente de inclinação de $(x_{i1} - \bar{x}_1)/\hat{\sigma}_1$ é $(\hat{\sigma}_1/\hat{\sigma}_y)\hat{\beta}_1$. Isso é simplesmente o coeficiente original, $\hat{\beta}_1$, multiplicado pela razão do desvio padrão de x_1 sobre o desvio padrão de y. O intercepto simplesmente desapareceu.

É útil reescrever (6.3), eliminando o subscrito i, como

$$z_y = \hat{b}_1 z_1 + \hat{b}_2 z_2 + \ldots + \hat{b}_k z_k + erro, \tag{6.4}$$

em que z_y é o valor de z de y, z_1 é o valor de z de x_1, e assim por diante. Os novos coeficientes são

$$\hat{b}_j = (\hat{\sigma}_j/\hat{\sigma}_y)\hat{\beta}_j \text{ for } j = 1, \ldots, k. \tag{6.5}$$

Esses $\hat{b}_j$ são tradicionalmente chamados de **coeficientes padronizados** ou **coeficientes beta**. (Esta última denominação é mais comum, mas um pouco inadequada, já que utilizamos o beta chapéu para representar as estimativas MQO *usuais*.)

Os coeficientes beta recebem seus significados interessantes a partir da equação (6.4): Se x_1 aumentar em um desvio padrão, $\hat{y}$, então, será alterado em $\hat{b}_1$ desvios padrão. Assim, estamos medindo os efeitos não em termos das unidades originais de y ou de x_j, mas em unidades de desvios padrão. Como isso torna a dimensão dos regressores irrelevante, essa equação coloca as variáveis explicativas em pé de igualdade. Em uma equação MQO padrão, não é possível simplesmente verificar o tamanho dos diferentes coeficientes e concluir que a variável explicativa com o maior coeficiente é "a mais importante". Acabamos de ver que a magnitude dos coeficientes pode ser mudada à vontade pela alteração das unidades de medida das variáveis x_j. No entanto, quando cada x_j é padronizado, a comparação das magnitudes dos coeficientes beta resultantes é mais convincente. Quando a equação de regressão tem apenas uma variável explicativa, x_1, seu coeficiente padronizado é simplesmente o coeficiente de correlação amostral entre y e x_1, o que quer dizer que deve estar no intervalo entre –1 e 1.

Mesmo em situações nas quais os coeficientes são facilmente interpretáveis – digamos, as variáveis independentes e dependentes de interesse estão na forma logarítmica, e, assim, os coeficientes MQO de interesse são elasticidades estimadas – ainda existe espaço para calcularmos os coeficientes beta. Embora as elasticidades sejam livres de unidades de medida, uma alteração em determinada variável explicativa em, digamos, 10% pode representar maior ou menor alteração no intervalo da variável alterando outra variável explicativa em 10%. Por exemplo, em um estado com ampla variação de renda, mas com relativamente pouca variação nos gastos por aluno, pode não fazer muito sentido comparar elasticidades de desempenho com relação à renda e aos gastos. Comparar as magnitudes do coeficiente beta pode ser útil.

Para obter os coeficientes beta, podemos sempre padronizar y, x_1,..., x_k e em seguida computar a regressão MQO do valor de z de y sobre os valores de z de x_1,..., x_k – no qual não é necessário incluir um intercepto, já que ele será zero. Isso pode ser tedioso com muitas variáveis independentes. Alguns programas econométricos produzem coeficientes beta com um simples comando. O exemplo seguinte ilustra o uso de coeficientes beta.

EXEMPLO 6.1   Efeitos da poluição sobre os preços de imóveis

Utilizamos os dados do Exemplo 4.5 (do arquivo HPRICE2) para ilustrar o uso de coeficientes beta. Lembre-se de que a principal variável independente é *nox*, uma medida do óxido nitroso no ar em cada comunidade. Uma maneira de entender o tamanho do efeito da poluição – sem entrar na questão científica do efeito do óxido de nitrogênio sobre a qualidade do ar – é computar os coeficientes beta. (O Exemplo 4.5 contém um método alternativo: obtivemos uma elasticidade-preço em relação a *nox* usando preço e *nox* em forma logarítmica.)

A equação populacional é o modelo nível-nível

$$price = \beta_0 + \beta_1 nox + \beta_2 crime + \beta_3 rooms + \beta_4 dist + \beta_5 stratio + u,$$

em que todas as variáveis exceto crime foram definidas no Exemplo 4.5; *crime* é o número de crimes registrados *per capita*. Os coeficientes beta aparecem na seguinte equação (portanto cada variável foi convertida ao seu valor de z):

$$\widehat{zprice} = -0{,}340\, znox - 0{,}143\, zcrime + 0{,}514\, zrooms - 0{,}235\, zdist - 0{,}270\, zstratio.$$

Esta equação mostra que o aumento de um desvio padrão em *nox* reduz o preço em 0,34 desvio padrão; o aumento de um desvio padrão em crime reduz o preço em 0,14 desvio padrão. Assim, o mesmo movimento relativo da poluição na população tem um efeito maior sobre os preços dos imóveis do que o da criminalidade. O tamanho do imóvel, medido pelo número de cômodos (*rooms*), tem o maior efeito padronizado. Se quisermos saber os efeitos de cada variável independente sobre o valor da média dos preços dos imóveis, teremos de usar as variáveis não padronizadas.

O uso de variáveis padronizadas ou não padronizadas não afetará a significância estatística: as estatísticas t serão as mesmas, em ambos os casos.

6.2 Um pouco mais sobre a forma funcional

Em vários dos exemplos anteriores, encontramos o artifício mais comum em econometria para permitir relações não lineares entre a variável explicada e as variáveis explicativas: o uso de logaritmos das variáveis dependentes ou independentes. Também vimos modelos que contêm os quadrados de algumas variáveis explicativas, mas ainda precisamos discorrer sobre um tratamento sistemático desses tópicos. Nesta seção, trataremos de algumas variações e extensões sobre formas funcionais que surgem frequentemente em trabalhos aplicados.

6-2a Um pouco mais sobre o uso de formas funcionais logarítmicas

Começamos revendo como interpretar os parâmetros no modelo

$$\log(price) = \beta_0 + \beta_1 \log(nox) + \beta_2 rooms + u, \tag{6.6}$$

em que essas variáveis são as mesmas do Exemplo 4.5. Lembre-se de que em todo o texto $\log(x)$ é o log *natural* de x. O coeficiente β_1 é a elasticidade do *price* em relação a *nox* (poluição). O coeficiente β_2 é a mudança em $\log(price)$, quando $\Delta rooms = 1$; como vimos muitas vezes, quando multiplicada por 100, essa é a porcentagem aproximada de mudança em *price*. Lembre-se de que $100 \cdot \beta_2$ é algumas vezes chamado de semielasticidade do *price* em relação a *rooms*.

Quando estimamos utilizando os dados do arquivo HPRICE2, obtemos

$$\widehat{\log(price)} = 9{,}23 - 0{,}718 \log(nox) + 0{,}306 \, rooms$$
$$\phantom{\widehat{\log(price)} = }(0{,}19) \;\; (0{,}066) (0{,}019) \tag{6.7}$$
$$n = 506, R^2 = 0{,}514.$$

Assim, quando *nox* aumenta em 1%, *price* cai em 0,718%, mantendo-se apenas *rooms* fixo. Quando *rooms* aumenta em um, *price* aumenta em aproximadamente 100(0,306) = 30,6%.

A estimativa de que um cômodo a mais aumenta o preço em cerca de 30,6% torna-se de certa forma imprecisa para esta aplicação. O erro de aproximação ocorre porque, como a mudança em $\log(y)$ se torna cada vez maior, a aproximação $\%\Delta y \approx 100 \cdot \Delta \log(y)$ se mostra cada vez mais imprecisa. Felizmente, existe um cálculo simples para computar a porcentagem exata de mudança.

Para descrever o procedimento, consideremos o modelo estimado de forma geral

$$\widehat{\log(y)} = \hat{\beta}_0 + \hat{\beta}_1 \log(x_1) + \hat{\beta}_2 x_2.$$

(A inclusão de variáveis independentes adicionais não altera o procedimento.) Agora, fixando x_1, temos $\Delta \widehat{\log(y)} = \hat{\beta}_2 \Delta x_2$. O uso de simples propriedades algébricas das funções exponenciais e logarítmicas produz a porcentagem exata de mudança no y estimado como

$$\%\Delta \hat{y} = 100 \cdot [\exp(\hat{\beta}_2 \Delta x_2) - 1], \tag{6.8}$$

em que a multiplicação por 100 transforma a mudança proporcional em uma mudança percentual. Quando $\Delta x_2 = 1$,

$$\%\Delta \hat{y} = 100 \cdot [\exp(\hat{\beta}_2) - 1]. \tag{6.9}$$

Aplicada ao exemplo dos preços dos imóveis com $x_2 = rooms$ e $\hat{\beta}_2 = 0{,}306$, $\%\widehat{\Delta price} = 100[\exp(0{,}306) - 1] = 35{,}8\%$, que é visivelmente maior do que a porcentagem aproximada de mudança, 30,6%, obtida diretamente de (6.7). {A propósito, esse não é um estimador não viesado, pois $\exp(\cdot)$ é uma função não linear; ele é, porém, um estimador consistente de $100[\exp(\beta_2) - 1]$. Isso é assim porque o limite de probabilidade é calculado por meio de funções contínuas, enquanto o operador valor esperado não é calculado dessa forma. Veja o Apêndice C}.

O ajuste na equação (6.8) não é tão crucial para pequenas mudanças percentuais. Por exemplo, quando incluímos na equação (6.7) a relação aluno-professor, seu coeficiente estimado é $-0{,}052$, o que significa que, se *stratio* aumentar em um, *price* diminui em aproximadamente 5,2%. A mudança proporcional exata é $\exp(-0{,}052) - 1 \approx -0{,}051$, ou $-5{,}1\%$. De outro lado, se aumentarmos *stratio* em cinco, então a mudança percentual aproximada em *price* será -26%, enquanto a mudança exata obtida da equação (6.8) é $100[\exp(-0{,}26) - 1] \approx -22{,}9\%$.

A aproximação logarítmica nas alterações percentuais possui uma vantagem que justifica sua apuração mesmo quando a alteração percentual é grande. Para descrever esta vantagem, vejamos novamente o efeito nos preços ao alterarmos o número de quartos para um. A aproximação logarítmica é justamente o coeficiente de quartos na equação (6.7) multiplicado por 100, ou seja, 30,6%. Também calculamos uma estimativa da porcentagem de alteração exata *aumentando* o número de quartos (*rooms*) em um como 35,8%. E se quisermos estimar a alteração percentual *diminuindo* o número de quartos (*rooms*) em um? Na equação (6.8) tomamos $\Delta x_2 = -1$ e $\hat{\beta}_2 = 0{,}306$, e, portanto, $\%\widehat{\Delta price} = 100[\exp(0{,}306) - 1] = -26{,}4$, ou uma queda de 26,4%. Observe que a aproximação baseada no uso do coeficiente de *rooms* está entre 26,4 e 35,8 – um resultado que sempre ocorre. Em outras palavras, o simples uso do coeficiente (multiplicado por 100) nos dá uma estimativa que sempre está entre os valores absolutos das estimativas de um aumento ou de uma diminuição. Se estivermos especificamente interessados num aumento ou numa diminuição, podemos usar o cálculo com base na equação (6.8).

O tópico recém-abordado sobre o cálculo de alterações percentuais é basicamente o mesmo feito na introdução à economia quando se trata de calcular, digamos, elasticidades de preços da demanda com base em grandes alterações de preços. O resultado depende de adotarmos o princípio ou o término de preços e quantidade ao calcular as alterações de porcentagem. Usar a aproximação logarítmica é semelhante, em essência, a calcular uma curva de elasticidade da demanda, em que a média de preços e de quantidades são usadas nos denominadores no cálculo das alterações percentuais.

Vimos que o uso de logs naturais leva a coeficientes com interpretações interessantes e podemos ignorar o fato de as unidades de medida das variáveis aparecerem em forma logarítmica, pois os coeficientes de inclinação são invariantes em relação a redimensionamentos. Existem várias outras razões pelas quais os logs são tão usados em trabalhos aplicados. Em primeiro lugar, quando $y > 0$, os modelos que usam $\log(y)$ como a variável dependente em geral satisfazem às hipóteses do MLC mais apropriadamente do que os modelos que usam o nível de y. Variáveis estritamente positivas frequentemente possuem distribuições condicionais que são heteroscedásticas ou concentradas; o uso do log pode aliviar, se não eliminar, ambos os problemas.

Outro possível benefício de usar logaritmos é que obter o log de uma variável geralmente estreita sua amplitude. Isso é particularmente verdadeiro com variáveis que podem ser grandes valores monetários, como vendas anuais de uma empresa ou salários de jogadores de beisebol. Variáveis populacionais também tendem a variar amplamente. O estreitamento da amplitude de variáveis dependentes e independentes pode tornar os estimadores de MQO menos sensíveis a *outliers* (ou valores extremos); abordaremos a questão das observações extremas no Capítulo 9.

No entanto, não se deve usar transformações logarítmicas indiscriminadamente porque, em alguns casos, elas podem, na verdade, criar valores extremos. Um exemplo é quando a variável y está entre zero e um (como uma proporção) e adquire valores próximos a zero. Neste caso, log(y) (que é necessariamente negativo) pode ser muito grande em magnitude, enquanto a variável original, y, está restrita entre zero e um.

Existem algumas regras de práticas padronizadas para o uso de logs, embora nenhuma definitiva. Quando a variável é um valor monetário positivo, ela frequentemente é transformada em log. Temos visto isso para variáveis como salários, vendas no comércio e valores de mercado das empresas. Variáveis como população, número total de empregados e matrículas escolares frequentemente aparecem em forma logarítmica; elas têm a característica comum de ser grandes valores inteiros.

Variáveis que são medidas em anos – como educação, experiência, tempo de permanência, idade etc. – normalmente aparecem em sua forma original. Uma variável que seja uma proporção ou uma porcentagem – como a taxa de desemprego, a taxa de participação em planos de aposentadoria, a taxa de estudantes aprovados em um exame padronizado e a taxa de detenção sobre crimes registrados – pode aparecer tanto em sua forma original como logarítmica, embora haja uma tendência em usá-la em forma de nível. Isso se deve ao fato de que quaisquer coeficientes de regressão que envolvam a variável *original* – seja ela a variável dependente seja a independente – terão uma interpretação de mudança de *pontos percentuais*. (Veja o Apêndice A, para uma revisão sobre a distinção entre mudança percentual e mudança de pontos percentuais.). Se usarmos, digamos, log(*desempr*) em uma regressão, em que *unem* é a porcentagem de indivíduos desempregados, precisamos ter muito cuidado para distinguir entre uma mudança de pontos percentuais e uma mudança percentual. Lembre-se, quando *desempr* aumenta de oito para nove, isso é um acréscimo de um ponto percentual, equivalente a um incremento de 12,5% sobre o nível de desemprego inicial. O uso do log significa que queremos saber a mudança percentual da taxa de desemprego: log(9) − log(8) ≈ 0,118 ou 11,8%, que é a aproximação logarítmica do aumento efetivo de 12,5%.

Uma limitação do log é que ele não pode ser usado, caso uma variável assuma valor zero ou negativo. Em casos nos quais a variável y não seja negativa, mas pode assumir o valor 0, log(1 + y) é algumas vezes usado. As interpretações de mudança percentual são, em geral, estritamente preservadas, exceto para mudanças que começam em $y = 0$ (em que a porcentagem de mudança não é sequer definida). Geralmente, usar log(1 + y) e depois interpretar as estimativas como se a variável fosse log(y) é aceitável quando os dados em y contêm relativamente poucos zeros. Um exemplo pode ser o de y representar horas de treinamento por funcionário da população industriária, quando uma grande fração das empresas oferece treinamento a, pelo menos, um de seus funcionários. Tecnicamente, porém, log(1 + y) não pode ser normalmente distribuído embora seja menos heteroscedástica do que y). Útil, apesar de mais avançados, as alternativas são os modelos de Tobit e Poisson no Capítulo 17.

> **QUESTÃO 6.2**
>
> Suponha que o número anual de prisões por direção de veículo sob embriaguez, nos Estados Unidos, seja determinado por
>
> log(*arrests*) = β_0 + $\beta_1$log(*pop*) + $\beta_2$age16_25 + outros fatores,
>
> em que *age* 16_25 é a proporção da população entre 16 e 25 anos de idade. Mostre que β_2 tem a seguinte interpretação (*ceteris paribus*): ela é a mudança percentual em prisões quando a porcentagem da população com idade entre 16 e 25 anos aumenta em um ponto percentual.

Uma desvantagem de usar uma variável dependente na forma logarítmica está na dificuldade de prever a variável original. O modelo original nos permite prever log(y), e não y. No entanto, é razoavelmente fácil transformar uma previsão de log(y) em uma previsão de y (veja a Seção 6.4). Uma questão relacionada é que *não* é válido comparar R-quadrados de modelos nos quais y é a variável dependente em um caso e log(y) é a variável dependente no outro. Essas medidas explicam variações em diferentes variáveis. Discutimos como computar medidas comparáveis de qualidade de ajuste na Seção 6.4.

6-2b Modelos com funções quadráticas

As **funções quadráticas** também são usadas com bastante frequência em economia aplicada para capturar efeitos marginais crescentes ou decrescentes. Seria interessante rever as propriedades das funções quadráticas no Apêndice A.

No caso mais simples, y depende de um único fator observado x, mas de uma forma quadrática:

$$y = \beta_0 + \beta_1 x + \beta_2 x^2 + u.$$

Por exemplo, considere $y = wage$ e $x = exper$. Como discutimos no Capítulo 3, esse modelo não se enquadra na análise de regressão simples, mas é facilmente trabalhado em regressão múltipla.

É importante lembrar que β_1 não mede a mudança em y em relação a x; não faz sentido manter x^2 fixo quando se altera x. Se escrevermos a equação estimada como

$$\hat{y} = \hat{\beta}_0 + \hat{\beta}_1 x + \hat{\beta}_2 x^2, \qquad (6.10)$$

teremos a aproximação

$$\Delta\hat{y} \approx (\hat{\beta}_0 + 2\hat{\beta}_2 x)\Delta x, \text{ e assim } \Delta\hat{y}/\Delta x \approx \hat{\beta}_1 + 2\hat{\beta}_2 x. \qquad (6.11)$$

Isso nos mostra que a inclinação da relação entre x e y depende do valor de x; a inclinação estimada é $\hat{\beta}_1 + 2\hat{\beta}_2 x$. Se inserirmos $x = 0$, veremos que $\hat{\beta}_1$ pode ser interpretado como a inclinação aproximada na alteração de $x = 0$ para $x = 1$. Após isso, o segundo termo, $2\hat{\beta}_2 x$, deve ser levado em conta.

Se estivermos interessados em somente calcular a mudança prevista em y dado um valor inicial de x e uma mudança de x, poderíamos usar (6.10) diretamente: não há nenhuma razão para usar cálculos de aproximação. Contudo, como normalmente estamos mais interessados em resumir rapidamente o efeito de x em y, e a interpretação de $\hat{\beta}_1$ e de $\hat{\beta}_2$, a equação (6.11) fornece esse resumo. Em geral, podemos inserir o valor médio de x na amostra, ou outros valores de interesse, como a mediana ou os valores dos quartis inferior ou superior de x.

Em muitas aplicações, $\hat{\beta}_1$ é positivo, e $\hat{\beta}_2$ é negativo. Por exemplo, utilizando os dados de salários contidos no arquivo WAGE1, obtemos

$$\widehat{wage} = 3{,}73 + 0{,}298\, exper - 0{,}0061\, exper^2$$
$$(0{,}35)\ \ (0{,}041) \qquad (0{,}0009) \qquad (6.12)$$
$$n = 526,\ R^2 = 0{,}093.$$

A equação estimada sugere que *exper* tem um efeito de redução sobre *wage*. O primeiro ano de experiência vale aproximadamente US$ 0,30 por hora (US$ 0,298). O segundo ano de experiência vale menos [cerca de US$ 0,298 − 2(0,0061)(1) ≈ 0,286, ou US$ 0,286, de acordo com a aproximação em (6.11) com $x = 1$]. Aumentando de 10 para 11 os anos de experiência, a previsão de aumento do salário-hora é de cerca de 0,298 − 2(0,0061)(10) = 0,176 ou US$ 0,17, e assim por diante.

Quando o coeficiente de x é positivo e o coeficiente de x^2 é negativo, a função quadrática tem um formato parabólico. Sempre existe um valor positivo de x, no qual o efeito de x sobre y é zero; antes desse ponto, x tem um efeito positivo sobre y; após esse ponto, x tem um efeito negativo sobre y. Na prática, pode ser importante saber onde fica esse ponto crítico.

Na equação estimada (6.10) com $\hat{\beta}_1 > 0$ e $\hat{\beta}_2 < 0$, esse ponto crítico (ou o máximo da função) é sempre alcançado na relação entre o coeficiente de x e *duas vezes* o valor absoluto do coeficiente de x^2:

$$x^* = |\hat{\beta}_1/(2\hat{\beta}_2)|. \tag{6.13}$$

No exemplo dos salários, $x^* = exper^*$ é $0,298/[2(0,0061)] \approx 24,4$. (Observe como simplesmente eliminamos o sinal de menos em 0,0061 ao fazermos esse cálculo.) Esta relação quadrática está ilustrada na Figura 6.1.

Na equação dos salários (6.12), o retorno da experiência passa a ser zero por volta dos 24,4 anos. O que devemos concluir disso? Existem, pelo menos, três explicações possíveis. Primeiro, pode ser que poucas pessoas na amostra tenham mais de 24 anos de experiência, e assim a parte da curva à direita de 24 pode ser ignorada. A consequência de usar uma função quadrática para capturar efeitos decrescentes é que a partir de certo ponto ela acabará fazendo um movimento

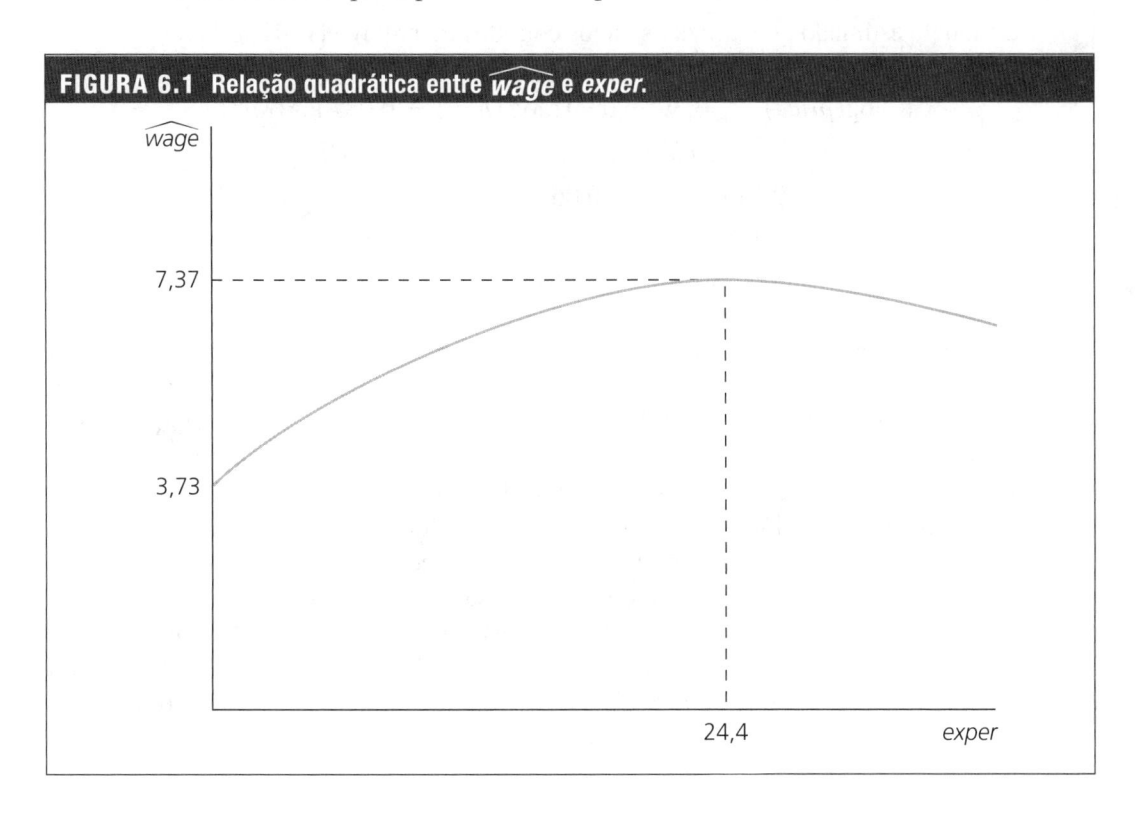

FIGURA 6.1 Relação quadrática entre $\widehat{wage}$ e *exper*.

inverso. Se esse ponto estiver além de uma pequena porcentagem das pessoas na amostra, isso não será motivo para grande preocupação. Mas no conjunto de dados do arquivo WAGE1, cerca de 28% das pessoas na amostra têm mais de 24 anos de experiência; essa é uma porcentagem alta demais para ser ignorada.

É possível que o retorno de *exper* realmente se torne negativo em algum ponto, mas é difícil acreditar que isso aconteça aos 24 anos de experiência. Uma possibilidade mais provável é que o efeito estimado de *exper* sobre *wage* seja viesado, por não termos controlado outros fatores ou porque a relação funcional entre *wage* e *exper* na equação (6.12) não está totalmente correta. O Exercício em computador C.2 pede que você explore essa possibilidade controlando a educação, além de usar log(*wage*) como a variável dependente.

Quando um modelo tem uma variável dependente na forma logarítmica e uma variável explicativa como uma função quadrática, é necessário certo cuidado para fazer uma boa interpretação. O exemplo seguinte também mostra que a função quadrática pode ter um formato em U, em vez de uma forma parabólica. A forma em U surge na equação (6.10) quando $\hat{\beta}_1$ é negativo e $\hat{\beta}_2$ é positivo; isso captura um efeito crescente de *x* sobre *y*.

EXEMPLO 6.2   Efeitos da poluição sobre os preços dos imóveis

Modificamos o modelo dos preços dos imóveis do Exemplo 4.5 para incluir um termo quadrático em *rooms*:

$$\log(price) = \beta_0 + \beta_1 \log(nox) + \beta_2 \log(dist) + \beta_3 rooms + \beta_4 rooms^2 + \beta_5 stratio + u. \tag{6.14}$$

O modelo estimado que utiliza os dados contidos no arquivo HPRICE2 é

$$\widehat{\log(price)} = 13{,}39 - 0{,}902 \log(nox) - 0{,}087 \log(dist)$$
$$\quad\quad (0{,}57)\ \ (0{,}115)\quad\quad\quad (0{,}043)$$
$$- 0{,}545\, rooms + 0{,}062\, rooms^2 - 0{,}048\, stratio$$
$$(0{,}165)\quad\quad\ (0{,}013)\quad\quad\ \ (0{,}006)$$
$$n = 506, R^2 = 0{,}603.$$

O termo quadrático *rooms*^{2} tem uma estatística *t* em torno de 4,77 e, portanto, é estatisticamente muito significante. Mas o que é possível afirmar sobre a interpretação do efeito de *rooms* sobre log(*price*)? Inicialmente, o efeito parece ser estranho. Como o coeficiente de *rooms* é negativo e o coeficiente de *rooms*^{2} é positivo, a equação verdadeiramente sugere que, com valores baixos de *rooms*, um cômodo adicional tem um efeito negativo sobre log(*price*). Em algum ponto, o efeito se torna positivo, e a forma quadrática significa que a semielasticidade de preço em relação a *rooms* cresce na mesma proporção do crescimento de *rooms*. Essa situação é mostrada na Figura 6.2.

Obtemos o valor do ponto crítico de *rooms* usando a equação (6.13) (embora $\hat{\beta}_1$ seja negativo e $\hat{\beta}_2$ seja positivo). O valor absoluto do coeficiente de *rooms*, 0,545, dividido pelo dobro do coeficiente de *rooms*^{2}, 0,062, resulta em *rooms*$^* = 0{,}545/[2(0{,}062)] \approx 4{,}4$; este ponto está marcado na Figura 6.2.

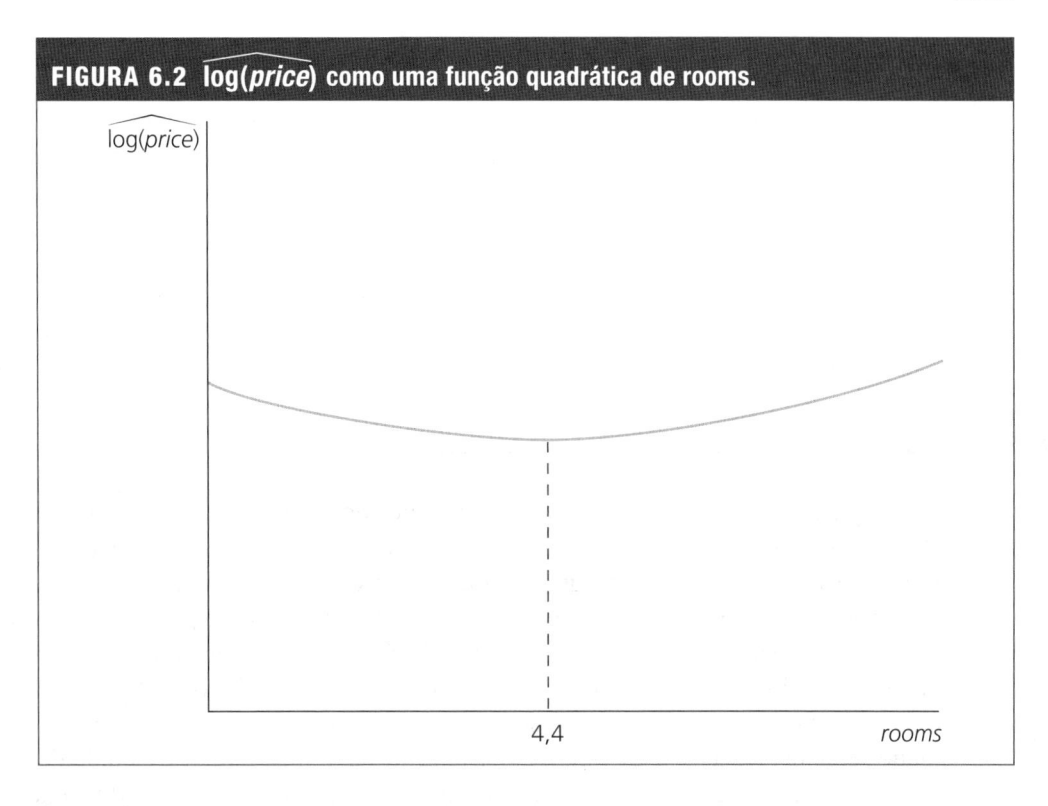

FIGURA 6.2 $\widehat{\log(price)}$ como uma função quadrática de rooms.

[Figura: curva quadrática de $\widehat{\log(price)}$ em função de rooms, com mínimo em 4,4]

Será que podemos acreditar que se iniciarmos com três cômodos e aumentarmos para quatro isso efetivamente reduzirá o valor esperado do imóvel? Provavelmente não. Acontece que somente cinco das 506 comunidades na amostra possuem imóveis com média de 4,4 cômodos ou menos, cerca de 1% da amostragem. Isso é tão pequeno que a função quadrática à esquerda de 4,4 pode, para fins práticos, ser ignorada. À direita de 4,4, vemos que a adição de outro cômodo tem um efeito crescente na mudança percentual no preço:

$$\Delta\widehat{\log(price)} \approx \{[-.545 + 2(0{,}062)]rooms\}\Delta rooms$$

e assim

$$\%\Delta\widehat{price} \approx 100\{[-0{,}545 + 2(0{,}062)]rooms\}\Delta rooms$$
$$= (-54{,}5 + 12{,}4\ rooms)\Delta rooms.$$

Portanto, um aumento em *rooms*, digamos de cinco para seis, aumenta o preço em aproximadamente $-54,5 + 12,4(5) = 7,5\%$; o aumento de seis para sete aumenta o preço em aproximadamente $-54,5 + 12,4(6) = 19,9\%$. Esse é um efeito crescente bastante forte.

O forte efeito crescente de cômodos sobre $\log(price)$ neste exemplo ilustra uma importante lição: não se pode simplesmente olhar para o coeficiente do termo quadrático – neste caso, 0,062 – e declarar que ele é pequeno demais para importar, com base apenas em sua magnitude. Em muitas aplicações com termos quadráticos, o coeficiente da variável elevada ao quadrado tem um ou mais zeros depois da casa decimal: afinal de contas, esse coeficiente mede como a inclinação está mudando à medida que *x* (*rooms*) muda. Um coeficiente aparentemente pequeno pode ter consequências de fato importantes, como acabamos de ver. Como regra, deve-se calcular o efeito parcial e ver como ele varia com *x* para determinar se o termo quadrático é importante na prática. Ao fazer isso, é útil comparar a mudança na inclinação implícita pelo modelo quadrático com a inclinação constante obtida pelo modelo com apenas um termo linear. Se eliminarmos *rooms*² da equação, o coeficiente de *rooms* se torna cerca de 0,255, o que indica que cada cômodo adicional – começando de qualquer número de cômodos – aumenta o preço médio em cerca de 25,5%. Isso é muito diferente do modelo quadrático, em que o efeito se torna 25,5% em *rooms* =6,45, mas muda rapidamente à medida que *rooms* diminui ou aumenta. Por exemplo, com *rooms* =7, o retorno para o cômodo seguinte é de cerca de 32,3%.

O que geralmente acontece se os coeficientes no nível e os termos quadráticos tiverem o *mesmo* sinal (ambos positivos ou ambos negativos) e as variáveis explicativas forem, necessariamente, não negativas (como no caso de *rooms* ou *exper*)? Em qualquer caso, não existe ponto de virada de valores $x > 0$. Por exemplo, se β_1 e β_2 forem ambas positivas, o menor valor esperado de *y* estará em $x = 0$ e o aumento em *x* sempre terá um efeito positivo e crescente em *y*. (Isso também será verdadeiro se $\beta_1 = 0$ e $\beta_2 > 0$, o que significa que o efeito parcial será zero em $x = 0$ e crescente se *x* aumentar). De modo semelhante, se β_1 e β_2 forem ambas negativas, o maior valor esperado de *y* será em $x = 0$ e aumenta se *x* tiver um efeito negativo em *y*, com a magnitude do efeito crescendo à medida que *x* se torne maior.

A fórmula geral para o ponto crítico de qualquer função quadrática é $x^* = -\hat{\beta}_1/(2\hat{\beta}_2)$, que leva a um valor positivo se $\hat{\beta}_1$ e $\hat{\beta}_2$ tiverem sinais opostos, e a um valor negativo se $\hat{\beta}_1$ e $\hat{\beta}_2$ tiverem o mesmo sinal. Conhecer essa simples fórmula é útil em casos em que *x* pode ter tanto valores positivos quanto negativos; você pode calcular o ponto crítico e ver se ele faz sentido, levando em conta a amplitude de *x* na amostra.

Existem muitas outras possibilidades de usar funções quadráticas juntamente com logaritmos. Por exemplo, uma extensão de (6.14) que permita uma elasticidade não constante entre *price* e *nox* é

$$\log(price) = \beta_0 + \beta_1 \log(nox) + \beta_2 [\log(nox)]^2 \\ + \beta_3 crime + \beta_4 rooms + \beta_5 rooms^2 + \beta_6 stratio + u. \quad (6.15)$$

Se $\beta_2 = 0$, β_1 será a elasticidade do *price* em relação a *nox*. Caso contrário, essa elasticidade dependerá do nível de *nox*. Para verificar isso, podemos combinar os argumentos dos efeitos parciais nos modelos quadrático e logarítmico para mostrar que

$$\%\Delta price \approx [\beta_1 + 2\beta_2 \log(nox)]\%\Delta nox; \quad (6.16)$$

portanto, a elasticidade de *price* em relação a *nox* é $\beta_1 + 2\beta_2 \log(nox)$, de forma que ela dependa de $\log(nox)$.

Finalmente, outros termos polinomiais podem ser incluídos nos modelos de regressão. Certamente a função quadrática é vista com mais frequência, mas um termo cúbico ou até de quarta potência aparece de vez em quando. Uma forma funcional frequentemente razoável de uma função de custo total é

$$custo = \beta_0 + \beta_1 quantidade + \beta_2 quantidade^2 + \beta_3 quantidade^3 + u.$$

Não é complicado estimar este modelo. A interpretação dos parâmetros é mais trabalhosa (embora objetiva com o uso de cálculo infinitesimal); não estudaremos este modelo com mais detalhes.

6-2c Modelos com termos de interação

Algumas vezes, é natural que o efeito parcial, a elasticidade, ou a semielasticidade da variável dependente, em relação a uma variável explicativa, dependa da magnitude de *outra* variável explicativa. Por exemplo, no modelo

$$price = \beta_0 + \beta_1 sqrft + \beta_2 bdrms + \beta_3 sqrft \cdot bdms + \beta_4 bthrms + u,$$

o efeito parcial de *bdrms* sobre *price* (mantendo fixas todas as outras variáveis) é

$$\frac{\Delta price}{\Delta bdrms} = \beta_2 + \beta_3 sqrft. \tag{6.17}$$

Se $\beta_3 > 0$, então (6.17) sugere que um quarto a mais produz um aumento maior no preço dos imóveis maiores. Em outras palavras, existe um **efeito de interação** entre a área do imóvel e o número de quartos. Ao resumirmos o efeito de *bdrms* sobre *price*, devemos avaliar (6.17) quanto aos valores de interesse de *sqrft*, como o valor médio, ou os quartis inferior ou superior na amostra. Se β_3 é zero ou não, é algo que podemos verificar facilmente.

Pode ser complicado interpretar os parâmetros das variáveis originais quando incluímos um termo de interação. Por exemplo, na equação anterior sobre preços de imóveis, a equação (6.17) mostra que β_2 é o efeito de *bdrms* sobre *price* para um preço com zero de área construída! Esse efeito, obviamente, não é muito interessante. Em vez disso, devemos ser cuidadosos ao inserir valores *sqrft* de interesse da área do imóvel, como o valor médio ou a mediana da amostra, na versão estimada da equação (6.17).

Frequentemente, é vantajoso reparametrizar um modelo para que os coeficientes das variáveis originais tenham significados interessantes. Considere um modelo com duas variáveis explicativas e uma interação:

$$y = \beta_0 + \beta_1 x_1 + \beta_2 x_2 + \beta_3 x_1 x_2 + u.$$

Como acabamos de mencionar, β_2 é o efeito parcial de x_2 em y quando $x_1 = 0$. Muitas vezes, isso não é de interesse. Em vez disso, podemos reparametrizar o modelo como

$$y = \alpha_0 + \delta_1 x_1 + \delta_2 x_2 + \beta_3 (x_1 - \mu_1)(x_2 - \mu_2) + u,$$

em que μ_1 é a média populacional de x_1 e μ_2 é a média populacional de x_2. Podemos facilmente ver que agora o coeficiente de x_2, δ_2, é o efeito parcial de x_2 sobre y no valor médio de x_1. (Multiplicando a interação na segunda equação e comparando os coeficientes, podemos mostrar com facilidade que $\delta_2 = \beta_2 + \beta_3 \mu_1$. O parâmetro δ_1 tem uma interpretação semelhante.) Portanto, se subtrairmos as médias das variáveis – na prática, elas seriam, tipicamente, as médias da amostra – antes de criarmos o termo de interação, os coeficientes das variáveis originais terão uma interpretação útil. E mais, obteremos imediatamente os erros padrão dos efeitos parciais ao nível dos valores médios. Nada nos impede de substituir μ_1 ou μ_2 por outros valores das variáveis explicativas que possam ser de interesse. O exemplo seguinte ilustra como podemos usar os termos de interação.

EXEMPLO 6.3 — Efeitos da frequência escolar no desempenho de exames finais

Um modelo para explicar o resultado padronizado de um exame final (*stndfnl*) em termos da taxa de frequência escolar, da média geral das notas em curso superior no último semestre, e ACT é:

$$stndfnl = \beta_0 + \beta_1 atndrte + \beta_2 priGPA + \beta_3 ACT + \beta_4 priGPA^2 \\ + \beta_5 ACT^2 + \beta_6 priGPA \cdot atndrte + u. \quad (6.18)$$

(Utilizamos o resultado padronizado do exame pelos motivos discutidos na Seção 6.1: é mais fácil interpretar o desempenho de um aluno em relação ao restante da classe.) Além dos termos quadráticos em *priGPA* e *ACT*, este modelo inclui uma interação entre *priGPA* e a taxa de frequência (*atndrte*). A ideia é que a frequência às aulas pode ter um efeito diferente nos alunos que obtiveram desempenhos diferentes no passado, como medido por *priGPA*. Estamos interessados nos efeitos da frequência sobre as notas do exame final: $\Delta stndfnl/\Delta atndrte = \beta_1 + \beta_6 priGPA$.

Usando as 680 observações do arquivo ATTEND para estudantes da área de economia, a equação estimada é

$$\widehat{stndfnl} = 2{,}05 - 0{,}0067\ atndrte - 1{,}63\ priGPA - 0{,}128\ ACT \\ (1{,}36)\ \ (0{,}0102)\ \ \ \ \ \ \ \ \ \ (0{,}48)\ \ \ \ \ \ \ \ \ \ \ (0{,}098) \\ + 0{,}296\ priGPA^2 + 0{,}0045\ ACT^2 + 0{,}0056\ priGPA \cdot atndrte \quad (6.19) \\ (0{,}101)\ \ \ \ \ \ \ \ \ \ \ \ (0{,}0022)\ \ \ \ \ \ \ \ \ \ \ (0{,}0043) \\ n = 680,\ R^2 = 0{,}229,\ \overline{R}^2 = 0{,}222.$$

Devemos interpretar essa equação com extremo cuidado. Se simplesmente olharmos o coeficiente de *atndrte*, concluiremos de forma errônea que a frequência tem efeito negativo na nota do exame final. Porém, esse coeficiente supostamente mede o efeito quando *priGPA* = 0, o que não é interessante (nessa amostra, a menor nota média do ensino médio é cerca de 0,86). Também devemos ter cuidado para não examinarmos separadamente as estimativas de β_1 e β_6 e concluirmos que, como cada estatística t é insignificante, não podemos rejeitar $H_0: \beta_1 = 0, \beta_6 = 0$. Aliás, o p-valor do teste F dessa hipótese conjunta é 0,014, de modo que com certeza rejeitamos H_0 no nível de 5%. Este é um bom exemplo de como o exame em separado de estatísticas t, quando estamos testando uma hipótese conjunta, pode nos levar a equívocos.

Como devemos estimar o efeito parcial de *atndrte* sobre *stndfnl*? Devemos inserir valores de interesse de *priGPA* para obter o efeito parcial. O valor médio de *priGPA* na amostra é 2,59, de modo que nesse valor médio o efeito de *atndrte* sobre *stndfnl* é $-0{,}0067 + 0{,}0056(2{,}59) \approx 0{,}0078$. Qual o significado disso? Como a *atndrte* é medida como uma porcentagem, isso significa que um aumento de dez pontos percentuais em *atndrte* aumenta $\widehat{stndfnl}$ em 0,078 desvios padrão da nota média do exame final.

Como podemos dizer se a estimativa 0,0078 é estatisticamente diferente de zero? Temos que computar novamente a regressão, substituindo *priGPA·atndrte* por (*priGPA* − 2,59)·*atndrte*. Isso produz, como o novo coeficiente de *atndrte*, o efeito estimado quando *priGPA* = 2,59, juntamente com seu erro padrão; nada mais é alterado na regressão. (Descrevemos esse mecanismo na Seção 4.4.) A execução dessa nova regressão fornece o erro padrão de $\hat{\beta}_1 + \hat{\beta}_6(2,59) = 0,0078$ como 0,0026, o que produz $t = 0,0078/0,0026 = 3$. Portanto, na *priGPA* média, concluímos que a taxa de frequência às aulas tem efeito positivo estatisticamente significante nas notas do exame final.

> **QUESTÃO 6.3**
>
> Se adicionarmos o termo β_7 ACT · *atndrte* à equação (6.18), qual será o efeito parcial de *atndrte* sobre *stndfnl*?

É ainda mais complicado encontrar o efeito de *priGPA* sobre *stndfnl*, em razão do termo quadrático $priGPA^2$. Para encontrar o efeito no valor médio de *priGPA* e na taxa média de frequência, 0,82, substituímos $priGPA^2$ por $(priGPA - 2,59)^2$ e *priGPA·atndrte* por $priGPA·(atndrte - 0,82)$. O coeficiente de *priGPA* se tornará o efeito parcial nos valores médios e obteremos seu erro padrão. (Veja o Exercício em Computador C7.)

6-2d Calculando efeitos parciais médios

A particularidade dos modelos com termos quadráticos, interações e outras formas funcionais não lineares é que os efeitos parciais dependem dos valores de uma ou mais variáveis explicativas. Por exemplo, acabamos de ver no Exemplo 6.3 que o efeito de *atndrte* depende do valor de *priGPA*. É fácil ver que o efeito parcial de *priGPA* na equação (6.18) é

$$\beta_2 + 2\beta_4 priGPA + \beta_6 atndrte$$

(algo que pode ser verificado com um cálculo simples ou com a combinação das fórmulas quadrática e de interação). Os adornos da equação (6.18) podem ser úteis para ver como a força de associações entre *stndfnl* e cada variável explicativa muda com os valores de todas as variáveis explicativas. A flexibilidade obtida por um modelo como (6.18) tem um preço: é difícil descrever os efeitos parciais das variáveis explicativas sobre *stndfnl* com um único número.

Geralmente desejamos um valor único para descrever a relação entre a variável dependente, *y*, e cada variável explicativa. Uma medida resumo popular é o **efeito parcial médio (APE)**, também chamado de *efeito marginal médio*. A ideia por trás do APE é simples para modelos como (6.18). Depois de calcular o efeito parcial e incluir os parâmetros estimados, calculamos a média dos efeitos parciais para cada unidade ao longo da amostra. Assim, o efeito parcial estimado de *atndrte* sobre *stndfnl* é

$$\hat{\beta}_1 + \hat{\beta}_6 priGPA_i.$$

Não queremos relatar o efeito parcial de cada um dos 680 estudantes da amostra. Em vez disso, calculamos a média desses efeitos parciais para obter

$$APE_{stndfnl} = \hat{\beta}_1 + \hat{\beta}_6 \overline{priGPA},$$

em que $\overline{priGPA}$ é a média amostral de *priGPA*. O número único $APE_{stndfnl}$ é o APE (estimado). O APE de *antGPA* é um pouco mais complicado:

$$\text{APE}_{priGPA} = \hat{\beta}_2 + 2\hat{\beta}_4 \overline{priGPA} + \beta_6 \overline{atndrte}.$$

Tanto $\text{APE}_{stndfnl}$ quanto APE_{priGPA} nos mostram o tamanho dos efeitos parciais sobre a média.

A centralização de variáveis explicativas sobre suas médias amostrais antes da criação de quadráticos ou interações força os coeficientes em nível ser os APEs. Isso pode ser inconveniente em modelos complicados. Felizmente, alguns programas de regressão comumente utilizados calculam APEs com um simples comando depois da estimação de MQO. Tão importante quanto, os erros padrão adequados são calculados usando o fato de que um APE é uma combinação linear dos coeficientes de MQO. Por exemplo, os APEs e seus erros padrão em modelos com quadráticos e interações, como no Exemplo 6.3, são fáceis de obter.

APEs também são úteis em modelos que são inerentemente não lineares nos parâmetros, dos quais trataremos no Capítulo 17. Neste ponto, revisaremos a definição e o cálculo de APEs.

6.3 Um pouco mais sobre a qualidade de ajuste e a seleção de regressores

Até agora, não dedicamos muita atenção ao tamanho do R^2 na avaliação de nossos modelos de regressão, porque estudantes iniciantes tendem a colocar muito peso no R--quadrado. Como em breve veremos, a seleção de um conjunto de variáveis explicativas com base no tamanho do R-quadrado pode levar a modelos absurdos. No Capítulo 10 descobriremos que R-quadrados obtidos de regressões de séries temporais podem ser artificialmente altos e resultar em conclusões enganosas.

Nada nas hipóteses do modelo linear clássico exige que o R^2 esteja acima de qualquer valor em particular; o R^2 é simplesmente uma estimativa do quanto da variação em y é explicado por $x_1, x_2, \ldots, x_k$ na população. Vimos várias regressões que tinham R-quadrados bastante pequenos. Embora isso signifique que não tenhamos avaliado vários fatores que afetam y, não quer dizer que os fatores em u sejam correlacionados com as variáveis independentes. A hipótese de média condicional zero RLM.4 é que determina se obteremos estimadores não viesados dos efeitos *ceteris paribus* das variáveis independentes, e o tamanho do R-quadrado não tem influência direta nisso.

Um R-quadrado pequeno sugere que a variância do erro é grande em relação à variância de y, o que significa que podemos ter muito trabalho para estimar β_j com precisão. Contudo, lembre-se, vimos na Seção 3.4 que uma variância grande do erro pode ser compensada por uma amostra de tamanho grande: se tivermos dados suficientes, podemos ter condições de estimar com precisão os efeitos parciais, mesmo que não tenhamos controlado muitos dos fatores não observados. Se podemos ou não obter estimativas suficientemente precisas, depende da aplicação que estamos pesquisando. Por exemplo, suponha que alguns alunos ingressantes de uma grande universidade recebam, aleatoriamente, subsídios para a compra de computadores. Se o montante do subsídio for determinado de forma realmente aleatória, podemos estimar o efeito *ceteris paribus* do montante do subsídio sobre a nota de aproveitamento dos alunos, com o uso de uma análise de regressão simples. (Em razão da atribuição aleatória, todos os outros fatores que afetam a nota de aproveitamento seriam não correlacionados com o montante do subsídio.) Parece provável que o montante de subsídio explique pouco da variação na nota de aproveitamento, de modo que o R-quadrado de tal regressão provavelmente será muito pequeno. No entanto, se tivermos uma amostra de grande tamanho, ainda poderemos ter condições de obter uma estimativa razoavelmente precisa do efeito do subsídio.

Outra boa ilustração sobre uma potência pobre explicativa não ter nada a ver com a estimação não viesada da β_j é dada pela análise do conjunto de dados no arquivo APPLE. Diferentemente dos outros conjuntos de dados que temos usado, as principais variáveis explicativas no APPLE foram definidas experimentalmente – isto é, sem considerar outros fatores que possam afetar a variável dependente. A variável que gostaríamos de explicar, *ecolbs*, representa (hipoteticamente) as libras de maçãs "ecologicamente amigáveis" e "com selos ecológicos" que uma família demandaria. A cada família (na realidade, cada chefe de família) foi apresentada uma descrição de maçãs com selos ecológicos, juntamente com preços de maçãs normais (*regprc*) e preços das hipoteticamente com selos ecológicos (*ecoprc*). Como os pares de preços foram aleatoriamente designados a cada família, eles são não correlacionados com outros fatores observados (tal como renda familiar) e fatores não observados (tal como o desejo por um meio ambiente limpo). Portanto, a regressão da *ecolbs* sobre as *ecoprc*, *regprc* (ao longo de todas as amostras geradas dessa maneira) produz estimadores não viesados dos efeitos do preço. No entanto, o R-quadrado da regressão é somente 0,0364: as variáveis de preço explicam somente cerca de 3,6% da variação total na *ecolbs*. Assim, aqui está um caso em que explicamos muito pouco da variação em *y*, todavia estamos na rara situação de sabermos que os dados foram gerados de forma que a estimação não viesada de β_j seja possível. (A propósito, a adição de características familiares observadas tem um efeito muito pequeno na potência explicativa. Veja o Exercício em computador C11).

Lembre-se, porém, de que a *mudança* relativa no R-quadrado, quando variáveis são adicionadas à equação, é muito útil: a estatística F em (4.41) para testar a significância conjunta depende de forma crucial da diferença nos R-quadrados entre o modelo sem restrições e o modelo restrito.

Como veremos na Seção 6.4, uma consequência importante de um R-quadrado baixo é que a previsão se torna difícil. Como a maior parte da variação em *y* é explicada por fatores não observados (ou pelo menos fatores que não incluímos em nosso modelo), teremos em geral dificuldade ao usar a equação de MQO para prever resultados individuais futuros em *y*, dado um conjunto de valores para as variáveis explicativas. Na verdade, o R-quadrado baixo significa que teremos dificuldade ao prever *y* mesmo se conhecermos β_j, os coeficientes populacionais. Fundamentalmente, a maioria dos fatores que explicam *y* não é contabilizada nas variáveis explicativas, tornando a previsão difícil.

6-3a O R-quadrado ajustado

A maioria dos programas econométricos registra, juntamente com o R-quadrado, uma estatística chamada **R-quadrado ajustado**. Como o R-quadrado ajustado é descrito em muitos trabalhos aplicados, e como ele tem algumas características úteis, trataremos dele nesta subseção.

Para verificar como o R-quadrado usual pode ser ajustado, é útil escrevê-lo como

$$R^2 = 1 - (\text{SQR}/n)/(\text{SQT}/n), \tag{6.20}$$

em que SQR é a soma dos quadrados dos resíduos e SQT é a soma total dos quadrados; comparada com a equação (3.28), tudo o que fizemos foi dividir tanto SQR como SQT por n. Essa expressão revela o que R^2 está realmente estimando. Defina σ_y^2 como a variância populacional de y e faça com que σ_u^2 represente a variância populacional do termo de erro, u. (Até agora temos usado σ^2 para representar σ_u^2, mas é vantajoso ser mais específico nesse caso.) O **R-quadrado da população** é definido como $\rho^2 = 1 - \sigma_u^2/\sigma_y^2$; essa é a proporção da variação em y na população explicada pelas variáveis independentes. Isso é o que, supostamente, R^2 deve estar estimando.

O R^2 estima σ_u^2 por SQR/n, que sabemos ser viesado. Então, por que não substituir SQR/n por SQR/$(n - k - 1)$? Além disso, podemos usar SQT/$(n - 1)$ em lugar de SQT/n, já que o primeiro é o estimador não viesado de σ_y^2. Usando esses estimadores, chegamos ao *R*-quadrado ajustado:

$$\bar{R}^2 = 1 - [\text{SQR}/(n - k - 1)]/[\text{SQT}/(n - 1)]$$
$$= 1 - \hat{\sigma}^2/[\text{SQT}/(n - 1)], \qquad (6.21)$$

desde que $\hat{\sigma}^2 = \text{SQR}/(n - k - 1)$. Em razão da notação usada para representar o *R*-quadrado ajustado, ele é, algumas vezes, chamado de *R-barra-quadrado*.

O *R*-quadrado ajustado algumas vezes é chamado de *R-quadrado corrigido*, mas esse não é um bom nome, pois sugere que $\bar{R}^2$ é de alguma forma melhor que R^2 como um estimador do *R*-quadrado da população. Infelizmente, $\bar{R}^2$ *não* é reconhecido, de forma geral, como o melhor estimador. É tentador imaginar que $\bar{R}^2$ corrige o viés de R^2 na estimativa do *R*-quadrado da população ρ^2, mas ele não faz isso: a razão de dois estimadores não viesados não é um estimador não viesado.

O ponto mais instigante do $\bar{R}^2$ é que ele impõe uma penalidade à inclusão de variáveis independentes adicionais em um modelo. Sabemos que R^2 nunca diminui quando uma nova variável independente é incluída em uma equação de regressão: isso ocorre porque SQR nunca aumenta (e normalmente diminui) quando novas variáveis independentes são adicionadas (supondo que utilizemos o mesmo conjunto de observações). Todavia, a fórmula do $\bar{R}^2$ mostra que ele depende explicitamente de k, o número de variáveis independentes. Se uma variável independente for adicionada a uma regressão, SQR diminui, mas o mesmo acontece com os *gl* na regressão, $n - k - 1$. Portanto, SQR/$(n - k - 1)$ pode aumentar ou diminuir quando uma nova variável independente é adicionada a uma regressão.

Um fato algébrico interessante é o seguinte: se adicionarmos uma nova variável independente a uma equação de regressão, $\bar{R}^2$ aumenta se, e somente se, a estatística t da nova variável for maior que um em valor absoluto. (Uma extensão disto é que $\bar{R}^2$ aumenta quando um grupo de variáveis é adicionado a uma regressão se, e somente se, a estatística F da significância conjunta das novas variáveis for maior que a unidade.) Assim, vemos imediatamente que usar o $\bar{R}^2$ para decidir se determinada variável independente (ou conjunto de variáveis) pertence a um modelo nos fornece uma resposta diferente daquelas fornecidas pelos testes usuais t ou F (porque uma estatística t ou F igual à unidade não é estatisticamente significante aos níveis tradicionais de significância).

Algumas vezes é útil ter uma fórmula do $\bar{R}^2$ em termos de R^2. A álgebra simples mostra que

$$\bar{R}^2 = 1 - (1 - R^2)(n - 1)/(n - k - 1). \qquad (6.22)$$

Por exemplo, se $R^2 = 0{,}30$, $n = 51$ e $k = 10$, então $\bar{R}^2 = 1 - 0{,}70(50)/40 = 0{,}125$. Assim, para n pequeno e k grande, $\bar{R}^2$ pode estar substancialmente abaixo de R^2. De fato, se o R-quadrado normal for pequeno, e $n - k - 1$ for pequeno, $\bar{R}^2$ pode, na realidade, ser negativo! Por exemplo, podemos considerar $R^2 = 0{,}10$, $n = 51$ e $k = 10$ para verificar que $\bar{R}^2 = -0{,}125$. Um $\bar{R}^2$ negativo indica uma adaptação muito pobre do modelo relativamente ao número de graus de liberdade.

O R-quadrado ajustado algumas vezes é descrito junto com o R-quadrado habitual em regressões, e algumas vezes o $\bar{R}^2$ é descrito em lugar do R^2. É importante lembrar que é o R^2, e não o $\bar{R}^2$, que aparece na estatística F em (4.41). A mesma fórmula com $\bar{R}^2_r$ e $\bar{R}^2_{ur}$ não é válida.

6-3b O uso do R-quadrado ajustado para a escolha entre modelos não aninhados

Na Seção 4.5 aprendemos como calcular uma estatística F para testar a significância conjunta de um grupo de variáveis; isso nos possibilita decidir, em um nível particular de significância, se pelo menos uma variável no grupo afeta a variável dependente. Esse teste não nos permite decidir *qual* das variáveis tem um efeito. Em alguns casos, queremos escolher um modelo sem variáveis independentes redundantes, e o R-quadrado ajustado pode nos ajudar nessa tarefa.

No exemplo dos salários dos jogadores da principal liga de beisebol na Seção 4.5, vimos que nem *hrunsyr* nem *rbisyr* eram individualmente significantes. Essas duas variáveis são altamente correlacionadas, de modo que podemos querer optar entre os modelos

$$\log(salary) = \beta_0 + \beta_1 years + \beta_2 gamesyr + \beta_3 bavg + \beta_4 hrunsyr + u$$

e

$$\log(salary) = \beta_0 + \beta_1 years + \beta_2 gamesyr + \beta_3 bavg + \beta_4 rbisyr + u.$$

Estas duas equações são **modelos não aninhados**, pois nenhuma equação é um caso especial da outra. A estatística F, que estudamos no Capítulo 4, nos permite testar somente modelos *aninhados*: um modelo (o modelo restrito) é um caso especial do outro modelo (o modelo sem restrições). Veja as equações (4.32) e (4.28) para exemplos dos modelos restritos e sem restrições. Uma possibilidade é criar um modelo combinado que contenha *todas* as variáveis explicativas dos modelos originais e depois testar cada modelo contra o modelo geral usando o teste F. O problema deste processo é que ambos os modelos poderão ser rejeitados, ou nenhum modelo poderá ser rejeitado (como acontece com o exemplo dos salários dos jogadores da principal liga de beisebol na Seção 4.5). Assim, esse processo nem sempre fornece uma maneira de fazermos a distinção entre modelos com regressores não aninhados.

Na regressão dos salários dos jogadores de beisebol usando dados do arquivo MLB1, o $\bar{R}^2$ da regressão que contém *hrunsyr* é 0,6211 e o $\bar{R}^2$ da regressão que contém *rbisyr* é 0,6226. Portanto, com base no R-quadrado ajustado, existe uma preferência pequena para o modelo com *rbisyr*. Entretanto, a diferença, na prática, é muito pequena, e podemos obter uma outra resposta controlando algumas das variáveis do Exercício em computador C5, no Capítulo 4. (Como ambos os modelos não aninhados contêm cinco parâmetros, o R-quadrado habitual pode ser usado para fornecer a mesma conclusão.)

A comparação dos $\bar{R}^2$ para optarmos entre os diferentes conjuntos não aninhados de variáveis independentes pode ser de grande valia quando essas variáveis representam formas funcionais diferentes. Considere dois modelos que relacionam a intensidade de P&D às vendas de uma empresa:

$$rdintens = \beta_0 + \beta_1\log(sales) + u. \quad (6.23)$$

$$rdintens = \beta_0 + \beta_1 sales + \beta_2 sales^2 + u. \quad (6.24)$$

O primeiro modelo captura um rendimento decrescente pela inclusão de *vendas* na forma logarítmica; o segundo modelo faz isso com o uso de um termo quadrático. Assim, o segundo modelo contém um parâmetro a mais que o primeiro.

Quando as equações são estimadas usando as 32 observações das empresas de produtos químicos do arquivo RDCHEM, o R^2 é 0,061, e o R^2 da equação (6.24) é 0,148. Portanto, parece que a função quadrática faz um ajuste muito melhor. Contudo, uma comparação dos R-quadrados habituais com o primeiro modelo é injusta, porque ele contém um parâmetro a menos que a equação (6.24). Isto é, (6.23) é um modelo mais parcimonioso que (6.24).

Tudo o mais igual, modelos mais simples são melhores. Como o R-quadrado habitual não penaliza modelos mais complicados, é melhor usar o $\bar{R}^2$. O $\bar{R}^2$ de (6.23) é 0,030, ao passo que o $\bar{R}^2$ de (6.24) é 0,090. Portanto, mesmo depois dos ajustes das diferenças nos graus de liberdade, o modelo quadrático é o melhor. O modelo quadrático também é o preferido quando margens de lucro são incluídas em cada regressão.

Existe uma limitação importante no uso do $\bar{R}^2$ para escolher entre modelos não aninhados: não podemos usá-lo para a escolha entre diferentes formas funcionais da variável dependente. Isso é uma pena, pois muitas vezes queremos saber se y ou $\log(y)$ (ou talvez alguma outra transformação) deve ser usada como a variável dependente com base na qualidade de ajuste. No entanto, nem o R^2 nem o $\bar{R}^2$ podem ser usados para esse fim. A razão é simples: esses R-quadrados medem a proporção explicada do total da variação de qualquer variável dependente que estejamos usando na regressão, e diferentes funções da variável dependente terão diferentes montantes de variação a ser explicadas. Por exemplo, as variações totais em y e $\log(y)$ não são as mesmas, e às vezes são muito diferentes. A comparação dos R-quadrados ajustados dessas regressões com essas diferentes formas das variáveis dependentes não nos dá nenhuma informação sobre qual modelo se adapta melhor; eles estimam duas variáveis dependentes separadas.

QUESTÃO 6.4

Explique por que escolher um modelo maximizando $\bar{R}^2$ ou minimizando $\hat{\sigma}$ (o erro padrão da regressão) é a mesma coisa.

EXEMPLO 6.4 Remuneração de diretores-executivos (CEO) e desempenho de empresas

Considere dois modelos estimados que relacionam a remuneração de diretores-executivos ao desempenho de empresas:

CAPÍTULO 6 Análise de regressão múltipla: problemas adicionais **221**

e

$$\widehat{salary} = 830{,}63 + 0{,}0163\, sales + 19{,}63\, roe$$
$$(223{,}90)\ \ (0{,}0089)\ \ \ \ \ \ \ (11{,}08)$$
$$n = 209,\ R^2 = 0{,}029,\ \overline{R}^2 = 0{,}020$$

(6.25)

$$\widehat{lsalary} = 4{,}36 + 0{,}275\, lsales + 0{,}0179\, roe$$
$$(0{,}29)\ \ (0{,}033)\ \ \ \ \ \ \ \ (0{,}0040)$$
$$n = 209,\ R^2 = 0{,}282,\ \overline{R}^2 = 0{,}275,$$

(6.26)

em que *roe* é o retorno sobre o patrimônio, discutido no Capítulo 2. Para simplificar, *lsalary* e *lsales* representam os logs naturais de *salary* e *sales*. Já sabemos como interpretar essas diferentes equações estimadas. Podemos, no entanto, dizer se um modelo ajusta os dados melhor que o outro?

O R-quadrado da equação (6.25) mostra que *sales* e *roe* explicam somente cerca de 2,9% da variação do salário dos CEOs na amostra. Tanto *sales* como *roe* têm significância estatística marginal.

A equação (6.26) mostra que log(*sales*) e *roe* explicam cerca de 28,2% da variação do log(*salary*). Em termos de qualidade de ajuste, esse R-quadrado bem mais alto parece sugerir que o modelo (6.26) é bem melhor, mas esse não é necessariamente o caso. A soma dos quadrados total de *salary* na amostra é 391.732,982, enquanto a soma dos quadrados total de log(*salary*) é somente 66,72. Assim, há muito menos variação em log(*salary*) que precisa ser explicada.

Neste ponto, podemos usar outros recursos além do R^2 e do $\overline{R}^2$ para optar entre esses modelos. Por exemplo, log(*sales*) e *roe* são muito mais significantes, estatisticamente, em (6.26) do que são *sales* e *roe* em (6.25), e os coeficientes em (6.26) provavelmente são de maior interesse. Para termos certeza, porém, precisaremos fazer uma comparação válida da qualidade de ajuste.

Na Seção 6.4 forneceremos um indicador que efetivamente nos permita comparar modelos nos quais *y* aparece tanto na forma em nível como na forma logarítmica.

6-3c O controle de muitos fatores na análise de regressão

Em muitos dos exemplos que tratamos, e certamente em nossa discussão sobre o viés de variáveis omitidas no Capítulo 3, temos nos preocupado com a omissão de fatores importantes em modelos que possam estar correlacionados com as variáveis independentes. Também é possível controlarmos *grande* quantidade de variáveis em uma análise de regressão.

Se enfatizarmos exageradamente a qualidade de ajuste, estaremos nos propondo a controlar fatores em um modelo de regressão que não deveriam ser controlados. Para evitar este equívoco, precisamos nos lembrar da interpretação *ceteris paribus* de modelos de regressão múltipla.

Para ilustrar esse problema, suponha que estejamos fazendo um estudo para avaliar o impacto dos impostos estaduais sobre a cerveja em acidentes fatais de trânsito. A ideia é que um imposto mais elevado sobre a cerveja reduzirá o consumo de bebidas alcoólicas e, da mesma forma, o hábito de dirigir embriagado, resultando em menos acidentes fatais de trânsito. Para medirmos o efeito *ceteris paribus* dos impostos sobre esses acidentes, podemos modelar *fatalidades* como uma função de diversos fatores, inclusive o *imposto* sobre a cerveja:

$$fatalities = \beta_0 + \beta_1 tax + \beta_2 miles + \beta_3 percmale + \beta_4 perc16\_21 + ...,$$

em que *miles* é o total de milhas dirigidas, *percmale* é a porcentagem masculina da população do Estado, e *perc16_21* é a porcentagem da população entre 16 e 21 anos de idade, e assim por diante.

Observe que não incluímos uma variável que meça o consumo *per capita* de cerveja. Estaremos cometendo um erro de variáveis omitidas? A resposta é não. Se controlarmos o consumo de cerveja nessa equação, de que forma o imposto sobre cerveja afetará as fatalidades no trânsito? Na equação

$$fatalities = \beta_0 + \beta_1 tax + \beta_2 beercons + ...,$$

β_1 mede a diferença nas fatalidades em razão do aumento de um ponto percentual em *tax*, mantendo *beercons* fixo. É difícil entender por que isso seria de interesse. Não deveríamos controlar as diferenças de *beercons* entre os Estados, a menos que quiséssemos verificar algum tipo de efeito indireto do imposto sobre a cerveja. Outros fatores, como a distribuição por sexo e idade, deveriam ser controlados.

Como um segundo exemplo, suponha que, de um país em desenvolvimento, queiramos estimar o efeito do uso de pesticida entre os agricultores nos gastos com planos de saúde. Além das quantidades de pesticida usadas, deveríamos incluir o número de consultas médicas como uma variável explicativa? Não. Gastos com planos de saúde incluem consultas médicas e gostaríamos de captar todos os efeitos do uso de pesticida nos gastos com planos de saúde. Se incluirmos o número de consultas médicas como uma variável explicativa, então mediremos somente os efeitos do uso de pesticida nos gastos com planos de saúde que não sejam com consultas médicas. Faz mais sentido usarmos o número de consultas médicas como uma variável dependente numa regressão separada sobre as quantidades de pesticida.

Os exemplos anteriores são o que podemos chamar de **controle excessivo** dos fatores em regressão múltipla. Frequentemente isso resulta da tensão sobre vieses potenciais que possam surgir por se deixar de fora uma variável explicativa importante. Devemos, porém, ter em mente a natureza *ceteris paribus* da regressão múltipla. Em alguns casos, não faz sentido manterem-se alguns fatores fixos, precisamente porque eles devem ter permissão de se alterarem quando uma variável política for alterada.

Infelizmente a questão de decidir se devemos ou não controlar certos fatores nem sempre é bem definida. Por exemplo, Betts (1995) estuda o efeito da qualidade do ensino médio sobre a renda subsequente. Ele salienta que, se qualidade melhor de ensino resulta em mais educação, então controlar a educação na regressão juntamente com avaliação da qualidade subestimará o retorno da qualidade. Betts faz a análise com e sem anos de escolaridade na equação para obter uma gama de efeitos estimados da qualidade de ensino.

Para verificar claramente como a ênfase em R-quadrados altos pode criar problemas, considere o exemplo do preço dos imóveis da Seção 4.5 que ilustra a verificação de múltiplas hipóteses. Naquele caso, queríamos verificar a racionalidade da avaliação dos preços dos imóveis. Fizemos a regressão de log(*price*) sobre log(*assess*), log(*lotsize*), log(*sqrft*) e *bdrms* e verificamos se as três últimas variáveis tinham coeficientes populacionais zero enquanto log(*assess*) tinha um coeficiente unitário. No entanto, e se quisermos mudar o propósito da análise e estimar um *modelo de preço hedônico* que nos permita obter os valores marginais de várias características dos imóveis? Devemos incluir log(*assess*) na equação? O R-quadrado ajustado da regressão com log(*assess*) é 0,762, ao passo que o R-quadrado ajustado sem ele é 0,630. Com base somente na qualidade de ajuste, devemos incluir log(*assess*). Contudo, isso será incorreto se nossa meta for determinar os efeitos do tamanho da propriedade, área construída e número de quartos nos valores dos imóveis. A inclusão de log(*assess*) na equação equivale a manter um indicador de valor fixo e indagar quanto a adição de um quarto alterará outro indicador de valor. Essa medida não faz sentido na avaliação das características dos imóveis.

Se lembrarmos que modelos diferentes servem a propósitos diferentes, e nos concentrarmos na interpretação *ceteris paribus* da regressão, não incluiremos os fatores errados em um modelo de regressão.

6-3d A adição de regressores para reduzir a variância do erro

Acabamos de ver alguns exemplos em que certas variáveis independentes não devem ser incluídas em um modelo de regressão, mesmo que elas sejam correlacionadas com a variável dependente. Do Capítulo 3, sabemos que a adição de uma nova variável independente em uma regressão pode exacerbar o problema da multicolinearidade. De outro lado, como estamos retirando algo do termo de erro, a adição de uma variável geralmente reduz a variância do erro. De forma geral, não podemos saber que efeito será dominante.

Todavia, há um caso que é óbvio: devemos sempre incluir variáveis independentes que afetem *y* e que sejam *não correlacionadas* com todas as variáveis independentes de interesse. Por quê? Porque a adição dessa variável não induz multicolinearidade na população (e, portanto, a multicolinearidade na amostra deve ser desprezível), mas reduzirá a variância do erro. Em amostras de tamanho grande, os erros padrão de todos os estimadores MQO serão reduzidos.

Como exemplo, considere estimar a demanda individual por cerveja como uma função do preço médio da cerveja no município. Pode ser razoável supor que as características individuais sejam não correlacionadas com os preços em nível de municípios, e assim uma regressão simples do consumo de cerveja sobre o preço nos municípios seria suficiente para estimar o efeito do preço sobre a demanda individual. Entretanto, é possível obter uma estimativa mais precisa da elasticidade-preço da demanda por cerveja com a inclusão de características individuais, como a idade e o grau de escolaridade. Se esses fatores afetarem a demanda e forem não correlacionados com o preço, o erro padrão do coeficiente do preço será menor, pelo menos em amostras grandes.

Como segundo exemplo, considere o subsídio para equipamentos de computação dado no início da Seção 6.3. Se, além da variável do subsídio, controlarmos outros fatores que possam explicar a nota média final em curso superior GPA, poderemos provavelmente conseguir uma estimativa mais precisa do efeito do subsídio. Variáveis indicadoras da nota média no ensino médio, a classificação da instituição, as pontuações SAT e ACT e os antecedentes familiares são bons candidatos. Como os montantes do subsídio são determinados aleatoriamente, todas as variáveis de controle adicionais serão não correlacionadas com o montante de subsídio; nessa amostra, a multicolinearidade entre o montante do subsídio e as outras variáveis independentes deve ser mínima.

Entretanto, a adição de controles extras pode reduzir significativamente a variância do erro, conduzindo a uma estimativa mais precisa do efeito do subsídio. Lembre-se, neste caso, de que o problema não é a inexistência de viés: obteremos um estimador não viesado e consistente, quer incluamos ou não as variáveis de desempenho no ensino médio e de antecedentes familiares. O problema está na obtenção de um estimador com menor variância amostral.

Um ponto relacionado é que, quando temos atribuição aleatória de uma política pública, não precisamos nos preocupar se algumas de nossas variáveis explicativas são "endógenas" – já que essas variáveis não são afetadas pela política pública. Por exemplo, ao estudar os efeitos das horas de um programa de capacitação profissional sobre os ganhos trabalhistas, podemos incluir a quantidade de educação relatada antes do programa de treinamento. Não temos de nos preocupar se a escolaridade está correlacionada com fatores omitidos, como "habilidade", porque não estamos tentando estimar o retorno da escolaridade. Estamos tentando estimar o efeito do programa de treinamento profissional, e podemos incluir quaisquer controles que não sejam afetados pelo programa sem enviesar seu efeito. O que devemos evitar é a inclusão de uma variável como a quantidade de educação *depois* do programa de capacitação profissional, já que algumas pessoas podem decidir obter mais educação por causa da quantidade de horas atribuídas a elas no programa de treinamento.

Infelizmente, casos em que temos informações sobre as variáveis explicativas adicionais que sejam não correlacionadas com as variáveis explicativas de interesse são raros no campo das ciências sociais. Todavia, vale a pena lembrar que, quando estiverem disponíveis, essas variáveis poderão ser incluídas em um modelo para reduzir a variância do erro sem induzir multicolinearidade.

6.4 Previsão e análise de resíduos

No Capítulo 3 definimos os valores previstos ou estimados do MQO e os resíduos do MQO. As **previsões** certamente são úteis, mas estão sujeitas à variação amostral, já que são obtidas com o uso dos estimadores MQO. Assim, nesta seção, mostramos como obter intervalos de confiança de previsões da linha de regressão MQO.

Sabemos, dos Capítulos 3 e 4, que os resíduos são usados para obter a soma dos quadrados dos resíduos e o R-quadrado, de modo que eles são importantes para a qualidade de ajuste e os testes de hipóteses. Algumas vezes, os economistas estudam os resíduos de uma observação específica para obter informações sobre os indivíduos (ou empresas, imóveis etc.) na amostra.

6.4a Intervalos de confiança de previsões

Suponha que tenhamos estimado a equação

$$\hat{y} = \hat{\beta}_0 + \hat{\beta}_1 x_1 + \hat{\beta}_2 x_2 + \ldots + \hat{\beta}_k x_k. \tag{6.27}$$

Quando inserimos valores específicos das variáveis independentes nessa equação, obtemos uma previsão de y, que é uma estimativa do *valor esperado* de y, dados os valores específicos das variáveis explicativas. Para enfatizar, sejam $c_1, c_2, \ldots, c_k$ valores particulares de cada uma das k variáveis independentes; elas poderão ou não corresponder a um ponto efetivo dos dados em nossa amostra. O parâmetro que gostaríamos de estimar é

$$\theta_0 = \beta_0 + \beta_1 c_1 + \beta_2 c_2 + \ldots + \beta_k c_k$$
$$= E(y|x_1 = c_1, x_2 = c_2, \ldots, x_k = c_k). \tag{6.28}$$

O estimador de θ_0 é

$$\hat{\theta}_0 = \hat{\beta}_0 + \hat{\beta}_1 c_1 + \hat{\beta}_2 c_2 + \ldots + \hat{\beta}_k c_k. \tag{6.29}$$

Na prática, isso é fácil de ser computado. Entretanto, e se o que quisermos for um indicador da incerteza nesse valor previsto? É natural construir um intervalo de confiança de θ_0 que seja centrado em $\hat{\theta}_0$.

Para obter um intervalo de confiança de θ_0 precisamos de um erro padrão de $\hat{\theta}_0$. Então, com um grande gl, poderemos construir um intervalo de confiança de 95% utilizando a regra prática $\hat{\theta}_0 \pm 2 \cdot \text{ep}(\hat{\theta}_0)$. (Como sempre, podemos usar os percentis exatos em uma distribuição t.)

Como obtemos o erro padrão de $\hat{\theta}_0$? Este é o mesmo problema que encontramos na Seção 4.4: precisamos obter um erro padrão de uma combinação linear dos estimadores MQO. Aqui, o problema é ainda mais complicado, pois todos os estimadores MQO geralmente aparecem em $\hat{\theta}_0$ (a menos que algum c_j seja zero). No entanto, o mesmo truque que usamos na Seção 4.4 funcionará aqui. Escreva $\beta_0 = \theta_0 - \beta_1 c_1 - \ldots - \beta_k c_k$ e agregue isso à equação

$$y = \beta_0 + \beta_1 x_1 + \ldots + \beta_k x_k + u$$

para obter

$$y = \theta_0 + \beta_1(x_1 - c_1) + \beta_2(x_2 - c_2) + \ldots + \beta_k(x_k - c_k) + u. \tag{6.30}$$

Em outras palavras, subtraímos o valor c_j de cada observação de x_j, e depois computamos a regressão de

$$y_i \text{ em } (x_{i1} - c_1), \ldots, (x_{ik} - c_k), i = 1, 2, \ldots, n. \tag{6.31}$$

O valor previsto em (6.29) e, mais importante, seu erro padrão são obtidos do *intercepto* (ou constante) na regressão (6.31).

Como exemplo, obtemos um intervalo de confiança de uma previsão a partir de uma regressão de GPA em nível superior, das quais usamos informações do ensino médio.

EXEMPLO 6.5 Intervalo de confiança de *colgpa* previsto

Utilizando os dados contidos no arquivo GPA2, obtemos a seguinte equação para prever *colGPA*:

$$\widehat{colgpa} = 1{,}493 + 0{,}00149\ sat - 0{,}01386\ hsperc$$
$$(0{,}075)\ (0{,}00007)\quad (0{,}00056)$$
$$- 0{,}06088\ hsize + 0{,}00546\ hsize^2 \tag{6.32}$$
$$(0{,}01650)\qquad (0{,}00227)$$
$$n = 4.137, R^2 = 0{,}278, \overline{R}^2 = 0{,}277, \hat{\sigma} = 0{,}560$$

em que apresentamos as estimativas com várias casas decimais para reduzir o erro de arredondamento. Qual a previsão de *colgpa* quando *sat* = 1.200, *hsperc* = 30 e *hsize* = 5 (o que significaria 500)? Isso é fácil de ser obtido, incorporando esses valores na equação (6.32): $\widehat{colgpa}$ = 2,70 (arredondado para duas casas decimais). Infelizmente, não podemos usar diretamente a equação (6.32) para obter um intervalo de confiança da *colgpa* esperado com os valores dados das variáveis independentes. Uma maneira simples de obter um intervalo de confiança é definir um novo conjunto de variáveis independentes: *sat0* = *sat* − 1.200, *hsperc0* = *hsperc* − 30, *hsize0* = *hsize* − 5 e *hsizesq0* = *hsize*^{2} − 25. Quando fazemos a regressão de *colgpa* sobre essas novas variáveis independentes, obtemos

$$\widehat{colgpa} = 2,700 + 0,00149\, sat0 - 0,01386\, hsperc0$$
$$(0,020) \quad (0,00007) \quad\quad (0,00056)$$
$$- 0,06088\, hsize0 + 0,00546\, hsizeq0$$
$$(0,1650) \quad\quad\quad (0,00227)$$
$$n = 4.137,\ R^2 = 0,278,\ \bar{R}^2 = 0,277,\ \hat{\sigma} = 0,560.$$

A única diferença entre esta regressão e aquela em (6.32) é o intercepto, que é a previsão que queremos, juntamente com seu erro padrão 0,020. Não é por acidente que os coeficientes de inclinação, seus erros padrão, *R*-quadrado etc. são os mesmos de antes; esse fato fornece uma maneira de verificarmos se foram feitas as transformações adequadas. Podemos construir com facilidade um intervalo de confiança de 95% da nota média esperada (GPA): 2,70 ± 1,96(0,020) ou em torno de 2,66 a 2,74. Este intervalo de confiança é suficientemente estreito em razão do tamanho bastante grande da amostra.

Como a variância do estimador do intercepto é a menor quando cada variável explicativa tem média amostral zero (veja a Questão 2.5 para o caso da regressão simples), segue da regressão em (6.31) que a variância da previsão nos valores médios de x_j (isto é, $c_j = \bar{x}_j$ para todo *j*) é a menor. Esse resultado não é tão surpreendente, já que o ponto de maior confiabilidade em nossa linha de regressão está próximo ao centro dos dados. À medida que os valores de c_j se afastam de $\bar{x}_j$, Var($\hat{y}$) se torna cada vez maior.

O método anterior nos possibilita colocar um intervalo de confiança em torno da estimativa MQO de E($y|x_1,\ldots, x_k$) para quaisquer valores das variáveis explicativas. Em outras palavras, obtemos um intervalo de confiança do valor *médio* de *y* da subpopulação com determinado conjunto de covariadas. Entretanto, um intervalo de confiança da média pessoal na subpopulação não é a mesma coisa que um intervalo de confiança de uma unidade particular (indivíduo, família, empresa etc.) da população. Na formação de um intervalo de confiança de um resultado desconhecido de *y*, devemos avaliar outra fonte muito importante de variação: a variância no erro não observado, que registra nosso desconhecimento dos fatores não observados que afetam *y*.

Seja y^0 o valor para o qual gostaríamos de construir um intervalo de confiança, que algumas vezes chamamos de **intervalo de previsão**. Por exemplo, y^0 poderia representar uma pessoa ou uma empresa que não esteja em nossa amostra original.

Façamos $x_1^0, \ldots, x_k^0$ serem os novos valores das variáveis independentes, que consideramos observar, e u^0 ser o erro não observado. Portanto, temos

$$y^0 = \beta_0 + \beta_1 x_1^0 + \beta_2 x_2^0 + \ldots + \beta_k x_k^0 + u^0. \tag{6.33}$$

Como antes, nossa melhor previsão de y^0 é o valor esperado de y^0, dadas as variáveis explicativas que estimamos da linha de regressão MQO: $\hat{y}^0 = \hat{\beta}_0 + \hat{\beta}_1 x_1^0 + \hat{\beta}_2 x_2^0 + \ldots + \hat{\beta}_k x_k^0$. O **erro de previsão** com o uso de $\hat{y}^0$ para prever y^0 é

$$\hat{e}^0 = y^0 - \hat{y}^0 = (\beta_0 + \beta_1 x_1^0 + \ldots + \beta_k x_k^0) + u^0 - \hat{y}^0. \tag{6.34}$$

Agora, $E(\hat{y}^0) = E(\hat{\beta}_0) + E(\hat{\beta}_1)x_1^0 + E(\hat{\beta}_2)x_2^0 + \ldots + E(\hat{\beta}_k)x_k^0 = \beta_0 + \beta_1 x_1^0 + \ldots + \beta_k x_k^0$, porque os $\hat{\beta}_j$ são não viesados. (Como antes, essas expectativas são todas condicionais aos valores amostrais das variáveis independentes.) Como u^0 tem média zero, $E(\hat{e}^0) = 0$. Mostramos que o erro de previsão esperado é zero.

Ao encontrar a variância de $\hat{e}^0$, observe que u^0 é não correlacionado com cada $\hat{\beta}_j$, porque u^0 é não correlacionado com os erros na amostra usada para a obtenção de $\hat{\beta}_j$. Pelas propriedades básicas da covariância (veja o Apêndice B), u^0 e $\hat{y}^0$ são não correlacionados. Portanto, a **variância do erro de previsão** (condicional a todos os valores das variáveis independentes incluídas na amostra) é a soma das variâncias:

$$\text{Var}(\hat{e}^0) = \text{Var}(\hat{y}^0) + \text{Var}(u^0) = \text{Var}(\hat{y}^0) + \sigma^2, \tag{6.35}$$

em que $\sigma^2 = \text{Var}(u^0)$ é a variância do erro. Existem duas fontes de variância em $\hat{e}^0$. A primeira é o erro de amostragem em $\hat{y}^0$, que surge por termos estimado β_j. Como cada $\hat{\beta}_j$ tem uma variância proporcional a $1/n$, na qual n é o tamanho da amostra, $\text{Var}(\hat{y}^0)$ é proporcional a $1/n$. Isso significa que, para amostras grandes, $\text{Var}(\hat{y}^0)$ pode ser muito pequena. Em contraposição, σ^2 é a variância do erro na população; ela não muda com o tamanho da amostra. Em muitos exemplos, σ^2 será o termo dominante em (6.35).

Sob as hipóteses do modelo linear clássico, $\hat{\beta}_j$ e u^0 são normalmente distribuídos, e assim $\hat{e}^0$ também é normalmente distribuído (condicional a todos os valores amostrais das variáveis explicativas). Anteriormente, descrevemos como obter um estimador não viesado de $\text{Var}(\hat{y}^0)$, e obtivemos nosso estimador não viesado de σ^2 no Capítulo 3. Com o uso desses estimadores, podemos definir o erro padrão de $\hat{e}^0$ como

$$\text{ep}(\hat{e}^0) = \{[\text{ep}(\hat{y}^0)]^2 + \hat{\sigma}^2\}^{1/2}. \tag{6.36}$$

Utilizando o mesmo raciocínio para as estatísticas t de $\hat{\beta}_j$, $\hat{e}^0/\text{ep}(\hat{e}^0)$ tem uma distribuição t com $n - (k + 1)$ graus de liberdade. Portanto,

$$P[-t_{0,025} \leq \hat{e}^0/\text{ep}(\hat{e}^0) \leq t_{0,025}] = 0{,}95,$$

em que $t_{0,025}$ é o 97,5º percentil na distribuição t_{n-k-1}. Para $n - k - 1$ grande, lembre-se de que $t_{0,025} \approx 1{,}96$. Inserindo $\hat{e}^0 = y^0 - \hat{y}^0$ e fazendo a reordenação, obtemos um intervalo de previsão de 95% para y^0:

$$\hat{y}^0 \pm t_{0,025} \cdot \text{ep}(\hat{e}^0); \tag{6.37}$$

como sempre, exceto para gl pequeno, uma boa regra prática é $\hat{y}^0 \pm 2\text{ep}(\hat{e}^0)$. Isso é mais amplo que o próprio intervalo de confiança de $\hat{y}^0$, em razão de $\hat{\sigma}^2$ em (6.36); normalmente ela é muito mais ampla para refletir os fatores em u^0 que não tenhamos controlado.

EXEMPLO 6.6 Intervalo de confiança de notas médias futuras

Suponha que desejemos um IC de 95% de *colgpa* futuro de um aluno do ensino médio com *sat* = 1.200, *hsperc* = 30 e *hsize* = 5. No Exemplo 6.5 obtivemos um intervalo de confiança de 95% da média do GPA entre todos os alunos com as características particulares *sat* = 1.200, *hsperc* = 30 e *hsize* = 5. Agora, queremos um intervalo de confiança de 95% de qualquer aluno que especificamente tenha essas características. O intervalo de previsão de 95% deve registrar a variação na característica individual, não observada, que afeta o desempenho universitário. Temos tudo que é preciso para obter um IC de *colgpa*. Sabemos que ep($\hat{y}^0$) = 0,020 e $\hat{\sigma}$ = 0,560 e, portanto, de (6.36), ep($\hat{e}^0$) = [$(0,020)^2 + (0,560)^2]^{1/2} \approx 0,560$. Observe o quanto ep($\hat{y}^0$) é pequeno em relação a $\hat{\sigma}$: praticamente, toda a variação em $\hat{e}^0$ vem da variação em u^0. O IC de 95% é 2,70 ± 1,96(0,560) ou está entre 1,60 e 3,80. Este é um intervalo de confiança enorme, e mostra que, com base nos fatores que incluímos na regressão, não podemos definir com clareza a futura nota de graduação de determinado indivíduo. (Em certo sentido, isso é bom, por significar que a classificação no curso médio e o desempenho no teste de aptidão acadêmica não predeterminam o desempenho de alguém na faculdade.) Evidentemente, as características não observadas variam amplamente de um indivíduo para o outro com as mesmas notas no teste de aptidão acadêmica (SAT) e na classificação no curso médio observadas.

6-4b Análise de resíduos

Algumas vezes, é útil examinar as observações individuais para verificar se o valor efetivo da variável dependente está acima ou abaixo do valor previsto; isto é, examinar os resíduos das observações individuais. Esse processo é chamado de **análise de resíduos**. Os economistas são conhecidos por examinarem os resíduos de uma regressão para auxiliar, por exemplo, na compra de um imóvel. O exemplo seguinte sobre preços de imóveis ilustra a análise de resíduos. Os preços dos imóveis estão relacionados a várias características observadas do imóvel. Podemos relacionar todas as características que julgarmos importantes, como tamanho, número de quartos, número de banheiros, e assim por diante. Podemos usar uma amostra de imóveis para estimar o relacionamento entre o preço e as características, e terminamos obtendo um valor previsto e um valor real de cada imóvel. Então, podemos construir os resíduos, $\hat{u}_i = y_i - \hat{y}_i$. O imóvel com o maior resíduo negativo é, pelo menos com base nos fatores que estamos controlando, o mais barato em relação às suas características *observadas*. É claro que um preço de venda substancialmente inferior ao seu preço previsto poderia indicar alguma característica indesejável do imóvel que deixamos de avaliar, e que, portanto, está contido no erro não observado. Além da obtenção da previsão e do resíduo, também faz sentido computar o intervalo de confiança de qual seria o preço de venda do imóvel no futuro, utilizando o método descrito na equação (6.37).

Utilizando os dados contidos no arquivo HPRICE1, computamos a regressão de *price* sobre *lotsize*, *sqrft* e *bdrms*. Na amostra de 88 imóveis, o resíduo mais negativo é −120,206, do 81º imóvel. Portanto, o preço pedido por esse imóvel está US$ 120.206,00 abaixo de seu preço previsto.

Existem muitos outros usos da análise de resíduos. Uma maneira de classificar as faculdades de direito é fazer a regressão de direito (LSAT) dos salários iniciais sobre uma variedade de características dos alunos (como a mediana das notas de ingresso nos cursos para novos alunos, a mediana das notas médias de graduação para novos alunos etc.) e obter um valor previsto e um resíduo de cada faculdade de direito. A faculdade de direito com o maior resíduo terá o maior valor agregado previsto. (Naturalmente, ainda restará muita incerteza sobre como o salário inicial de um indivíduo se compararia com a mediana geral de uma faculdade de direito.) Esses resíduos poderão ser usados juntamente com mensalidades cobradas pelas faculdades de direito para determinarmos o valor mais vantajoso; isso exigirá um desconto apropriado dos ganhos futuros.

A análise de resíduos também tem participação em decisões judiciais. Um artigo publicado no jornal *The New York Times* intitulado "Juiz diz que a pobreza de alunos, e não a segregação, prejudica aproveitamento escolar" (28.06.1995) descreve um importante processo legal. A questão era se o fraco desempenho nos exames padronizados do Distrito Escolar de Hartford, em relação ao desempenho nos distritos vizinhos, era em razão da baixa qualidade de ensino nas escolas altamente segregadas. O juiz concluiu que "a disparidade nas notas de aproveitamento escolar não indica que Hartford esteja fazendo um trabalho inadequado ou insuficiente na educação de seus alunos ou que suas escolas sejam deficientes, pois as notas de aproveitamento previstas com base em relevantes fatores socioeconômicos estão próximas dos níveis esperados". Esta conclusão é baseada em uma análise de regressão das notas de aproveitamento médias ou de suas medianas sobre as características socioeconômicas de vários distritos escolares de Connecticut. A conclusão do juiz sugere que, considerando o nível de pobreza dos alunos das escolas de Hartford, as notas de aproveitamento efetivas dos alunos eram semelhantes às previstas em uma análise de regressão: o resíduo de Hartford não era suficientemente negativo para concluir que as escolas em si mesmas eram responsáveis pelas baixas notas de aproveitamento escolar.

> **QUESTÃO 6.5**
>
> Como você usaria a análise de resíduo para determinar quais atletas profissionais estão sendo pagos demais ou estão sendo mal pagos com relação aos seus desempenhos?

6-4c Previsão de *y* quando log(*y*) é a variável dependente

Como a transformação do log natural é usada com tanta frequência na variável dependente em economia empírica, dedicamos esta subseção ao problema de prognosticar *y* quando a variável dependente é log(*y*). Como um subproduto, obteremos um indicador de qualidade de ajuste do modelo log que possa ser comparado com o *R*-quadrado do modelo em nível.

Para obter uma previsão é útil definirmos $logy = \log(y)$; isso realça o fato de que é o log de *y* que será previsto no modelo

$$logy = \beta_0 + \beta_1 x_1 + \beta_2 x_2 + \ldots + \beta_k x_k + u. \tag{6.38}$$

Nessa equação os x_j poderão ser transformações de outras variáveis; por exemplo, poderíamos ter $x_1 = \log(sales)$, $x_2 = \log(mktval)$, $x_3 = ceoten$ no exemplo do salário dos diretores-executivos.

Dados os estimadores MQO, sabemos como prever *logy* para qualquer valor das variáveis independentes:

$$\widehat{logy} = \hat{\beta}_0 + \hat{\beta}_1 x_1 + \hat{\beta}_2 x_2 + \ldots + \hat{\beta}_k x_k. \tag{6.39}$$

Agora, como o exponencial desfaz o log, nossa primeira suposição para prever *y* é simplesmente exponenciar o valor previsto de log(*y*): $\hat{y} = (\widehat{logy})$. Isso não funciona; aliás, isso sistematicamente *subestimará* o valor esperado de *y*. De fato, se o modelo (6.38) obedecer às hipóteses do modelo linear clássico RLM.1 até RLM.6, pode ser demonstrado que

$$E(y|x) = \exp(\sigma^2/2) \cdot \exp(\beta_0 + \beta_1 x_1 + \beta_2 x_2 + \ldots + \beta_k x_k)$$

em que *x* representa as variáveis independentes e σ^2 é a variância de *u*. [Se $u \sim$ Normal(0, σ^2), o valor esperado de exp(*u*) será exp($\sigma^2/2$)]. Esta equação mostra que um ajuste simples é necessário para prevermos *y*:

$$\hat{y} = \exp(\hat{\sigma}^2/2)\exp(\widehat{logy}), \tag{6.40}$$

em que $\hat{\sigma}^2$ é simplesmente o estimador não viesado de σ^2. Como $\hat{\sigma}$, o erro padrão da regressão, é sempre conhecido, a obtenção de valores previstos de *y* será fácil. Como $\hat{\sigma}^2 > 0$, $\exp(\hat{\sigma}^2/2) > 1$. Para um $\hat{\sigma}^2$ grande, esse fator de ajuste poderá ser substancialmente maior que a unidade.

A previsão em (6.40) não é não viesada, mas consistente. Não existem previsões não viesadas de *y*, e em muitos casos (6.40) funciona bem. Contudo, ela depende da normalidade do termo de erro, *u*. No Capítulo 5, mostramos que o MQO possui propriedades desejáveis, mesmo quando *u* não for normalmente distribuído. Portanto, é vantajoso ter uma previsão que não dependa da normalidade. Se simplesmente considerarmos *u* independente das variáveis explicativas, teremos

$$E(y|x) = \alpha_0 \exp(\beta_0 + \beta_1 x_1 + \beta_2 x_2 + \ldots + \beta_k x_k), \tag{6.41}$$

em que α_0 é o valor esperado de exp(*u*), que deve ser maior que a unidade.

Dada uma estimativa de $\hat{\alpha}_0$, podemos prever *y* como

$$\hat{y} = \hat{\alpha}_0 \exp(\widehat{logy}), \tag{6.42}$$

que mais uma vez simplesmente requer que façamos a exponenciação do valor previsto do modelo log e que multipliquemos o resultado por $\hat{\alpha}_0$.

Duas abordagens são autossugeridas para estimar α_0 sem a hipótese de normalidade. A primeira é baseada em $\alpha_0 = E[\exp(u)]$. Para estimar α_0 substituímos a expectativa populacional com uma média amostral e então substituímos os erros não observados, u_i, pelos resíduos dos MQO, $\hat{u}_i = \log(y_i) - \hat{\beta}_0 - \hat{\beta}_1 x_{i1} - \ldots - \hat{\beta}_k x_{ik}$. Isto leva ao estimador do método dos momentos (veja o Apêndice C).

$$\hat{\alpha}_0 = n^{-1} \sum_{i=1}^{n} \exp(\hat{u}_i). \tag{6.43}$$

Não surpreende que $\hat{\alpha}_0$ seja um estimador consistente de α_0, mas ele não é imparcial pois substituímos u_i por $\hat{u}_i$ no interior de uma função não linear. Esta versão de $\hat{\alpha}_0$ é um caso especial que Duan (1983) chamou uma **estimativa *smearing***. Como os resíduos dos MQO têm uma média amostral zero, pode ser demonstrado que, em qualquer conjunto de dados, $\hat{\alpha}_0 > 1$. (Tecnicamente, $\hat{\alpha}_0$ resultaria igual a um se todos os resíduos dos MQO fossem zero, mas isso nunca acontece em nenhuma aplicação interessante.) O fato de $\hat{\alpha}_0$ ser necessariamente maior que um é conveniente, pois pode ser que $\alpha > 1$.

Uma estimativa diferente de α_0 é baseada em uma regressão simples pela origem. Para ver como ela funciona, defina $m_i = \exp(\beta_0 + \beta_1 x_{i1} + \ldots + \beta_k x_{ik})$, de forma que, da equação (6.41), $E(y_i|m_i) = \alpha_0 m_i$. Se pudéssemos observar m_i, poderíamos obter um estimador não viesado de α_0 pela regressão de y_i sobre m_i sem um intercepto. Em vez disso, substituímos a β_j por suas estimativas dos MQO e obtemos $\hat{m}_i = \exp \widehat{logy_i}$, em que, é claro, as $\widehat{logy_i}$ são os valores ajustados da regressão $logy_i$ sobre $x_{i1}, \ldots, x_{ik}$ (com um intercepto). Então, $\check{\alpha}_0$ [para distingui-la de $\hat{\alpha}_0$ na equação (6.43)] é a estimativa de inclinação dos MQO da regressão simples y_i sobre $\hat{m}_i$ (sem intercepto):

$$\check{\alpha}_0 = \left(\sum_{i=1}^{n} \hat{m}_i^2\right)^{-1} \left(\sum_{i=1}^{n} \hat{m}_i y_i\right). \quad (6.44)$$

Chamaremos $\check{\alpha}_0$ a estimativa de regressão de α_0. Assim como $\hat{\alpha}_0$, $\check{\alpha}_0$ é consistente, mas não viesado. Curiosamente, não há garantia de que $\check{\alpha}_0$ será maior que um, embora assim o seja na maioria das aplicações. Se $\check{\alpha}_0$ for menor que um, e especialmente se for muito menor que um, é provável que a hipótese da independência entre u e a x_j seja infringida. Se $\check{\alpha}_0 < 1$, uma possibilidade é apenas usar a estimativa em (6.43), embora isso possa simplesmente mascarar um problema com o modelo linear de log(y). Sintetizamos os passos:

6-4d Previsão de *y* quando log(*y*) é a variável dependente

1. Obtenha os valores ajustados, $\widehat{logy_i}$, e os resíduos, $\hat{u}_i$, da regressão $logy$ sobre $x_1, \ldots, x_k$.
2. Obtenha $\hat{\alpha}_0$ como na equação (6.43) ou $\check{\alpha}_0$, na equação (6.44).
3. Para determinados valores de $x_1, \ldots, x_k$, obtenha $\widehat{logy}$ da (6.42).
4. Obtenha a predição $\hat{y}$ da (6.42) (com $\hat{\alpha}_0$ ou $\check{\alpha}_0$).

Agora, mostramos como prever os salários dos diretores-executivos usando esse procedimento.

EXEMPLO 6.7 Previsão de salários de diretores-executivos

O modelo de interesse é

$$\log(salary) = \beta_0 + \beta_1 \log(sales) + \beta_2 \log(mktval) + \beta_3 ceoten + u,$$

de forma que β_1 e β_2 são elasticidades e $100 \cdot \beta_3$ é uma semielasticidade. A equação estimada utilizando os dados contidos no arquivo CEOSAL2 é

$$\widehat{lsalary} = 4{,}504 + 0{,}163 \; lsales + 0{,}109 \; lmktval + 0{,}0117 \; ceoten$$
$$\quad (0{,}257) \quad (0{,}039) \quad\quad (0{,}050) \quad\quad\quad (0{,}0053) \quad\quad (6.45)$$
$$n = 177, R^2 = 0{,}318,$$

em que, para maior clareza, *lsalary* representa o log de *salary* e, de forma semelhante, *lsales* e *lmktval* representam o log de *sales* e *lmktval*. A seguir, obtemos $\hat{m}_i = \exp(\widehat{lsalary_i})$ de cada observação na amostra.

A estimativa *smearing* de Duan da (6.43) está em torno de $\hat{\alpha}_0 = 1{,}136$, e a estimativa da regressão da (6.44) é $\check{\alpha}_0 = 1{,}117$. Podemos usar qualquer das estimativas para prever *salary* de qualquer valor de *sales*, *mktval* e *ceoten*. Encontremos a previsão de vendas = 5.000 (que significa US$ 5 bilhões, porque *sales* está em milhões), *mktval* = 10.000 (US$ 10 bilhões) e *ceoten* = 10. Da (6.45), a previsão de *lsalary* é $4{,}504 + 0{,}163 \cdot \log(5.000) + 0{,}109 \cdot \log(10.000) + 0{,}0117(10) \approx 7{,}013$, e $\exp(7{,}013) \approx 1.110{,}983$. Usando a estimativa da α_0 (6.43), o salário previsto é cerca de 1.262,077, ou US$ 1.262.077. Usando a estimativa da (6.44) teremos uma previsão de salário em torno de US$ 1.240.968. Elas diferem entre si muito menos que suas diferenças da previsão simplista de US$ 1.110.983.

Podemos usar o método anterior de obter previsões para determinar quanto o modelo com $\log(y)$ como variável dependente explica bem a variável y. Já temos indicadores para modelos quando y é a variável dependente: o R-quadrado e o R-quadrado ajustado. O objetivo é encontrar um bom indicador de qualidade de ajuste no modelo $\log(y)$ que possa ser comparado com um R-quadrado de um modelo no qual y seja a variável dependente.

Existem maneiras diferentes de definir um indicador de qualidade de ajuste após a retransformação de um modelo $\log(y)$ para prever y. Aqui apresentamos uma abordagem que é fácil de implementar e que produz o mesmo valor quer estimemos como α_0 nas (6.40), (6.43) ou (6.44). Para causar o indicador, lembre-se de uma equação de regressão linear estimada pelo MQO,

$$\hat{y} = \hat{\beta}_0 + \hat{\beta}_1 x_1 + \ldots + \hat{\beta}_k x_k \qquad (6.46)$$

o R-quadrado habitual é simplesmente o quadrado da correlação entre y_i e $\hat{y}_i$ (veja a Seção 3.2). Agora, se como substituto calcularmos os valores ajustados da (6.42) – isto é, $\hat{y}_i = \hat{\alpha}_0 m_i$ de todas as observações i – então faz sentido usar o quadrado da correlação entre y_i e esses valores ajustados como um R-quadrado. Como a correlação não é afetada se multiplicarmos por uma constante, não importa qual estimativa de α_0 usemos. Aliás, este indicador de R-quadrado de y [não $\log(y)$] é simplesmente o quadrado da correlação entre y_i e $\hat{m}_i$. Podemos comparar isto diretamente com o R-quadrado da equação (6.46).

A medida da correlação ao quadrado não depende da forma como estimamos α_0. Uma segunda abordagem é calcular um R-quadrado de y com base na soma dos quadrados dos resíduos. Para fins concretos, suponha que usemos a equação (6.43) para estimar α_0. Assim, os resíduos da previsão de y_i são

$$\hat{r}_i = y_i - \hat{\alpha}_0 \exp(\widehat{\log y_i}), \qquad (6.47)$$

e podemos usar esses resíduos para calcular a soma dos quadrados dos resíduos. Usando a fórmula do R-quadrado da regressão linear, somos levados a

$$1 - \frac{\sum_{i=1}^{n} \hat{r}_i^2}{\sum_{i=1}^{n}(y_i - \bar{y})} \qquad (6.48)$$

como uma medida alternativa de qualidade de ajuste que pode ser comparada com o R-quadrado do modelo linear de y. Note que podemos calcular esse tipo de medida

CAPÍTULO 6 — Análise de regressão múltipla: problemas adicionais

para a estimativa alternativa de α_0 nas equações (6.40) e (6.44) inserindo essas estimativas no lugar de $\hat{\alpha}_0$ na equação (6.47). Diferentemente da correlação ao quadrado entre y_i e $\hat{m}_i$, o R-quadrado da equação (6.48) vai depender de como estimamos α_0. A estimativa que minimiza $\sum_{i=1}^{n}\hat{r}_i^2$ é aquela da equação (6.44), mas isso não quer dizer que devamos preferi-la (e certamente não se $\check{\alpha}_0 < 1$). Não estamos tentando escolher entre as diferentes estimativas de α_0; em vez disso, estamos buscando medidas de qualidade de ajuste que possam ser comparadas com o modelo linear de y.

EXEMPLO 6.8 Previsão de salários de diretores-executivos

Após obtermos a $\hat{m}_i$, simplesmente obtemos a correlação entre salário$i$ e $\hat{m}_i$; ela é 0,493. O quadrado dela está em torno de 0,243 e isso é um indicador de com que eficiência o modelo log explica a variação no *salary*, não no log(*salary*). [O R^2 de (6,45), 0,318, nos diz que o modelo log explica cerca de 31,8% da variação no log(*salary*)].

Como um modelo linear conflitante, suponha que estimemos um modelo com todas as variáveis em nível:

$$salary = \beta_0 + \beta_1 sales + \beta_2 mktval + \beta_3 ceoten + u. \qquad (6.49)$$

O importante é que a variável dependente seja *salary*. Poderíamos usar logs de *sales* ou de *mktval* no lado direito, mas faz mais sentido termos todos os valores em dólares nivelados se (*salary*) aparecer nivelado. O R-quadrado obtido estimando esse modelo, usando as mesmas 177 observações, é 0,201. Assim, o modelo log explica mais da variação em salário, portanto nós o preferimos à (6.49) com base na qualidade de ajuste. O modelo log também é o preferido porque parece ser mais realista e seus parâmetros são mais fáceis de ser interpretados.

Se mantivermos o conjunto total das hipóteses do modelo linear clássico no modelo (6.38), poderemos facilmente obter os intervalos de predição de $y^0 = \exp(\beta_0 + \beta_1 x_1^0 + ... + \beta_k x_k^0 + u^0)$ quando tivermos estimado um modelo linear de log(y). Recorde que $x_1^0, x_2^0,...,x_k^0$ são valores conhecidos e u^0 é o erro não observado que parcialmente determina y^0. Da equação (6.37) um intervalo de predição de 95% de $logy^0$ = log(y^0) é simplesmente $\widehat{logy^0} \pm t_{0,025} \cdot ep(\hat{e}^0)$, em que ep($\hat{e}^0$) é obtida da regressão de log(y) sobre $x_1,..., x_k$ usando as observações n originais. Seja $c_l = \widehat{logy^0} - t_{0,025} \cdot ep(\hat{e}^0)$ e $c_u = \widehat{logy^0} + t_{0,025} \cdot ep(\hat{e}^0)$ os limites superior e inferior do intervalo de predição de $logy^0$. Isto é, $P(c_l \leq logy^0 \leq c_u) = 0,95$. Como a função exponencial é estritamente crescente, também é verdadeiro que $P[\exp(c_l) \leq \exp(logy^0) \leq \exp(c_u)] = 0,95$, isto é, $P[\exp(c_l) \leq y^0 \leq \exp(c_u)] = 0,95$. Portanto podemos tomar $\exp(c_l)$ e $\exp(c_u)$ como os limites inferior e superior, respectivamente, de um intervalo de predição de 95% de y^0. Para n grande, $t_{0,025} = 1,96$, e assim um intervalo de predição de 95% de y^0 será de $\exp[-1,96 \cdot ep(\hat{e}^0)]\exp(\hat{\beta}_0 + \mathbf{x}^0\hat{\beta})$ para $\exp[-1,96 \cdot ep(\hat{e}^0)] \exp(\hat{\beta}_0 + \mathbf{x}^0\hat{\beta})$, em que $\mathbf{x}^0\hat{\beta}$ é a forma abreviada de $\hat{\beta}_1 x_1^0 + \ldots + \hat{\beta}_k x_k^0$. Lembre-se, a $\hat{\beta}_j$ e a ep($\hat{e}^0$) são obtidas da regressão com log(y) como a variável dependente. Como supomos a normalidade de u na (6.38), provavelmente usaríamos a (6.40) para obter um ponto de predição de y^0. Diferentemente da equação (6.37), este ponto de predição não estará situado no centro entre os limites superior e inferior $\exp(c_l)$ e $\exp(c_u)$. Podem-se obter intervalos de predição de 95% selecionando-se diferentes quantis na distribuição t_{n-k-1}. Se $q_{\alpha 1}$ e $q_{\alpha 2}$ forem quantis com $\alpha_2 - \alpha_1 = 0,95$, então poderemos selecionar $c_l = q_{\alpha 1}ep(\hat{e}^0)$ e $c_u = q_{\alpha 2}ep(\hat{e}^0)$.

Como um exemplo considere a regressão dos salários dos diretores-executivos, em que fazemos a predição nos mesmos valores de *sales*, *mktval* e *ceoten* como no Exemplo 6.7. O erro padrão da regressão da (6.43) é, aproximadamente, 0,505, e o erro padrão de $\widehat{logy}^0$ é, aproximadamente, 0,075. Portanto, usando a equação (6.36), ep($\hat{e}^0$) ≈ 0,511 como no exemplo GPA, a variância do erro sobrecarrega o erro de estimação nos parâmetros, embora aqui o tamanho da amostra seja apenas 177. Um intervalo de predição de 95% de *salary*^{0} é exp[−1,96 · (0,511)]exp(7,013) até exp[1,96 · (0,511)] exp(7,013) ou aproximadamente de 408,071 até 3.024,678, isto é, de US$ 408.071,00 até US$ 3.024.678,00. Este intervalo de predição de 95% tão amplo dos salários dos diretores-executivos junto aos valores de vendas, valor de mercado e tempo de permanência no empregador atual fornecidos mostra que há muita coisa que não incluímos na regressão que determina o salário. A propósito, o ponto de predição do salário, usando a (6.40), é de aproximadamente US$ 1.262.075 – mais alto que as predições usando as outras estimativas de α_0 e mais próximo do limite inferior do que do limite superior do intervalo de predição de 95%.

Resumo

Neste capítulo, tratamos de alguns tópicos importantes sobre a análise de regressão múltipla.

A Seção 6.1 mostrou que uma mudança nas unidades de medida de uma variável independente altera o coeficiente do MQO da maneira esperada: se x_j for multiplicado por *c*, seu coeficiente será dividido por *c*. Se a variável dependente é multiplicada por *c*, *todos* os coeficientes de MQO são multiplicados por *c*. Nem a estatística *t* nem a *F* são alteradas pela mudança das unidades de medida de quaisquer variáveis.

Discutimos os coeficientes beta, que medem os efeitos das variáveis independentes sobre a variável dependente em unidades de desvios padrão. Os coeficientes beta são obtidos de uma regressão MQO padrão depois de as variáveis dependente e independentes terem sido transformadas em valores *z*.

Apresentamos uma discussão detalhada da forma funcional, incluindo transformação logarítmica, termos quadráticos e de interação. É útil resumir algumas de nossas conclusões.

CONSIDERAÇÕES AO USAR LOGARITMOS

1. Os coeficientes têm interpretações de variações percentuais. Podemos desconhecer as unidades de medida de qualquer variável que apareça em forma logarítmica, e mudar as unidades de, por exemplo, dólares para milhares de dólares. Isso não tem nenhum efeito sobre o coeficiente da variável quando ela aparece em forma logarítmica.
2. Logs geralmente são usados para quantias em dinheiro que são sempre positivas, bem como para variáveis como população, especialmente quando há muita variação. Eles são usados com menos frequência para variáveis medidas em anos, como escolaridade, idade e experiência. Logs são pouco usados em variáveis que já são porcentagens ou proporções, como taxas de desemprego ou de aprovação em um teste.
3. Modelos com log(*y*) como variável dependente geralmente satisfazem melhor às hipóteses do modelo linear clássico. Por exemplo, o modelo tem mais chance de ser linear, há mais probabilidade de a homoscedasticidade se manter e a normalidade geralmente é mais plausível.

4. Em muitos casos, usar o log reduz bastante a variação de uma variável, tornando os estimadores de MQO menos inclinados à influência de *outliers*. No entanto, nos casos em que y é uma fração e próxima de zero para muitas observações, $\log(y_i)$ pode ter muito mais variabilidade do que y_i. Para valores de y_i muito próximos de zero, $\log(y_i)$ é um número negativo com magnitude muito grande.
5. Se $y \geq 0$, mas $y = 0$ é possível, não podemos usar $\log(y)$. Às vezes, $\log(1 + y)$ é usado, mas a interpretação dos coeficientes é difícil.
6. Para grandes variações em uma variável explicativa, podemos calcular uma estimativa mais precisa do efeito de alteração percentual.
7. É difícil (mas possível) prever y quando estimamos um modelo para $\log(y)$.

CONSIDERAÇÕES AO USAR QUADRÁTICOS

1. Uma função quadrática em uma variável explicativa permite um efeito crescente ou decrescente.
2. O ponto crítico de uma função quadrática é facilmente calculado, e deve ser calculado para ver se ela faz sentido.
3. Funções quadráticas em que os coeficientes têm os sinais opostos têm um ponto estritamente positivo; se os sinais dos coeficientes forem os mesmos, o ponto de inflexão é um valor negativo de x.
4. Um coeficiente aparentemente pequeno no quadrado de uma variável pode ser importante na prática em relação ao que ele indica a respeito de uma inclinação dinâmica. Pode-se usar um teste t para ver se o termo quadrático é estatisticamente significativo e calcular a inclinação em vários valores de x para ver se ele é importante na prática.
5. Para um modelo quadrático de uma variável x, o coeficiente de x mede o efeito parcial, começando em $x = 0$, como pode ser visto na equação (6.11). Se zero não for um valor possível ou interessante de x, pode-se centralizar x sobre um valor mais interessante, como a média da amostra, antes de calcular o quadrado. Isso é o mesmo que calcular o efeito parcial médio.

CONSIDERAÇÕES AO USAR INTERAÇÕES

1. Termos de interação permitem que o efeito parcial de uma variável explicativa, por exemplo, x_1, dependa do nível de outra variável, x_2 – e vice-versa.
2. Interpretar modelos com interações pode ser difícil. O coeficiente de x_1, digamos, β_1, mede o efeito parcial de x_1 sobre y quando $x_2 = 0$, o que pode ser impossível ou desinteressante. Centralizar x_1 e x_2 sobre valores de interesse antes de construir o termo de interação geralmente leva a uma equação visualmente mais atraente. Quando as variáveis são centralizadas sobre suas médias amostrais, os coeficientes nos níveis se tornam efeitos parciais médios estimados.
3. Um teste t padrão pode ser usado para determinar se um termo de interação é estatisticamente significativo. O cálculo de efeitos parciais em diferentes valores das variáveis explicativas pode ser usado para determinar a importância prática das interações.

Apresentamos o R-quadrado ajustado, $\bar{R}^2$, como uma alternativa ao R-quadrado usual para medir qualidade de ajuste. Enquanto o R^2 nunca cai quando outras variáveis são acrescentadas à regressão, o $\bar{R}^2$ penaliza o número de regressores e pode cair quando uma variável independente for adicionada. Isso torna o $\bar{R}^2$ preferível para escolher entre modelos não aninhados com diferentes números de variáveis explicativas. O R^2 e o $\bar{R}^2$ não podem ser usados para comparar modelos com diferentes variáveis dependentes. No entanto, é bem fácil obter medidas de qualidade de ajuste para escolher entre y e $\log(y)$ como variável dependente, conforme mostrado na Seção 6.4.

Na Seção 6.3, discutimos o problema sutil de confiar muito no R^2 ou no $\bar{R}^2$ para chegar a um modelo final: é possível controlar muitos fatores em um modelo de regressão. Por essa razão, é importante pensar antecipadamente na especificação do modelo, particularmente na natureza *ceteris paribus* da equação de regressão múltipla. Variáveis explicativas que afetam y e não são correlacionadas com todas as outras variáveis explicativas podem ser usadas para reduzir a variância de erro sem induzir a multicolinearidade.

Na Seção 6.4, demonstramos como obter um intervalo de confiança para uma previsão feita a partir de uma reta de regressão de MQO. Também mostramos como um intervalo de confiança pode ser construído para um valor futuro e desconhecido de y.

Ocasionalmente, queremos prever y quando $\log(y)$ é usado como variável dependente em um modelo de regressão. A Seção 6.4 explica esse método simples. Por fim, às vezes estamos interessados em saber sobre o sinal e a magnitude dos resíduos de determinadas observações. A análise de resíduos pode ser usada para determinar se certos membros da amostra têm valores previstos que estão bem acima ou bem abaixo de seus verdadeiros resultados.

Termos-chave

Análise de resíduos
Bootstrap
Coeficientes beta
Coeficientes padronizados
Controle excessivo
Efeito de interação

Efeito parcial médio (APE)
Erro de previsão
Erro padrão do *bootstrap*
Estimativa *smearing*
Funções quadráticas
Intervalo de previsão

Método de reamostragem
Modelos não aninhados
Previsões
R-quadrado ajustado
R-quadrado da população
Variância do erro de previsão

Problemas

1. A seguinte equação foi estimada utilizando os dados contidos no arquivo CEOSAL1:

$$\widehat{\log(salary)} = 4{,}322 + 0{,}276 \log(sales) + 0{,}0215\, roe - 0{,}00008\, roe^2$$
$$\phantom{\widehat{\log(salary)} = } (0{,}324)\ \ (0{,}33) (0{,}129) (0{,}00026)$$
$$n = 209,\ R^2 = 0{,}282.$$

Esta equação permite que *roe* tenha um efeito decrescente sobre $\log(salary)$. Essa generalidade é necessária? Justifique.

2. Sejam $\hat{\beta}_0, \hat{\beta}_1, \ldots, \hat{\beta}_k$ as estimativas MQO da regressão de y_i sobre $x_{i1}, \ldots, x_{ik}, i = 1, 2, \ldots, n$. Para constantes diferentes de zero $c_1, \ldots, c_k$, argumente que o intercepto e as inclinações MQO da regressão de $c_0 y_i$ sobre $c_1 x_{i1}, \ldots, c_k x_{ik}, i = 1, 2, \ldots, n$ são dados por $\tilde{\beta}_0 = c_0 \hat{\beta}_0, \tilde{\beta}_1 = (c_0/c_1)\hat{\beta}_1, \ldots, \tilde{\beta}_k = (c_0/c_k)\hat{\beta}_k$. (*Dica*: Use o fato de que $\hat{\beta}_j$ soluciona as condições de primeira ordem em (3.13), e que $\tilde{\beta}_j$ deve solucionar as condições de primeira ordem envolvendo as variáveis dependente e independentes redimensionadas.)

3. Utilizando os dados contidos no arquivo RDCHEM, a seguinte equação foi obtida por MQO:

$$\widehat{rdintens} = 2{,}613 + 0{,}00030\ sales - 0{,}0000000070\ sales^2$$
$$(0{,}429)\quad (0{,}00014)\quad\quad (0{,}0000000037)$$
$$n = 32,\ R^2 = 0{,}1484.$$

(i) Em que ponto o efeito marginal de *sales* sobre *rdintens* se torna negativo?

(ii) Você manteria o termo quadrático no modelo? Explique.

(iii) Defina *salesbil* como vendas expressas em bilhões de dólares: *salesbil* = *sales*/1.000. Reescreva a equação com *salesbil* e *salesbil*^{2} como as variáveis independentes. Certifique-se de descrever os erros padrão e o R-quadrado. [*Dica*: Observe que *salesbil*^{2} = *sales*^{2}/(1.000)^2.]

(iv) Com o propósito de reportar os resultados, qual equação você prefere?

4. O seguinte modelo permite que o retorno da educação dependa da educação total dos pais, chamada *pareduc*:

$$\log(wage) = \beta_0 + \beta_1 educ + \beta_2 educ\cdot pareduc + \beta_3 exper + \beta_4 tenure + u.$$

(i) Mostre que, em forma decimal, o retorno de mais um ano de educação nesse modelo é

$$\Delta\log(wage)/\Delta educ = \beta_1 + \beta_2 pareduc.$$

Que sinal você espera para β_2? Por quê?

(ii) Utilizando os dados contidos no arquivo WAGE2, a equação estimada é

$$\widehat{\log(wage)} = 5{,}65 + 0{,}047\ educ + 0{,}00078\ educ\cdot pareduc +$$
$$(0{,}13)\ (0{,}010)\quad\quad (0{,}00021)$$
$$0{,}019\ exper + 0{,}010\ tenure$$
$$(0{,}004)\quad\quad (0{,}003)$$
$$n = 722,\ R^2 = 0{,}169.$$

(Somente 722 observações contêm todas as informações sobre a educação dos pais.) Interprete o coeficiente do termo de interação. Pode ser interessante escolher dois valores específicos para *pareduc* – por exemplo, *pareduc* = 32 se ambos tiverem educação superior, ou *pareduc* = 24 se ambos tiverem educação de nível médio – e comparar o retorno estimado de *educ*.

(iii) Quando *pareduc* é adicionada como uma variável separada na equação, obtemos:

$$\widehat{\log(wage)} = 4{,}94 + 0{,}097\ educ + 0{,}033\ pareduc + 0{,}0016\ educ\cdot pareduc$$
$$(0{,}38)\ (0{,}027)\quad\quad (0{,}017)\quad\quad (0{,}0012)$$
$$+\ 0{,}020\ exper + 0{,}010\ tenure$$
$$(0{,}004)\quad\quad (0{,}003)$$
$$n = 722,\ R^2 = 0{,}174.$$

O retorno da educação agora depende positivamente da educação dos pais? Teste a hipótese nula de que o retorno da educação não depende da educação dos pais.

5. No Exemplo 4.2, no qual a porcentagem de alunos aprovados em um exame de matemática do 10º ano (*math10*) é a variável dependente, faz sentido incluir *sci11* – a porcentagem de alunos do 11º ano aprovados em um exame de ciências – como uma variável explicativa adicional?

6. Quando *atndrte*^{2} e *ACT·atndrte* são adicionadas à equação (6.19), o *R*-quadrado passa a ser 0,232. Esses termos adicionais são conjuntamente significantes no nível de 10%? Você os incluiria no modelo?

7. As três seguintes equações foram estimadas utilizando-se as 1.534 observações contidas no arquivo 401K.

$$\widehat{prate} = 80{,}29 + 5{,}44\, mrate + 0{,}269\, age - 0{,}00013\, totemp$$
$$(0{,}78)\ (0{,}52)\qquad (0{,}045)\qquad (0{,}00004)$$
$$R^2 = 0{,}100,\ \bar{R}^2 = 0{,}098.$$

$$\widehat{prate} = 97{,}32 + 5{,}02\, mrate + 0{,}314\, age - 2{,}66\, \log(totemp)$$
$$(1{,}95)\ (0{,}51)\qquad (0{,}044)\qquad (0{,}28)$$
$$R^2 = 0{,}144,\ \bar{R}^2 = 0{,}142.$$

$$\widehat{prate} = 80{,}62 + 5{,}34\, mrate + 0{,}290\, age - 0{,}00043\, totemp$$
$$(0{,}78)\ (0{,}52)\qquad (0{,}045)\qquad (0{,}00009)$$
$$+ 0{,}0000000039\, totemp^2$$
$$(0{,}00000000010)$$
$$R^2 = 0{,}108,\ \bar{R}^2 = 0{,}106.$$

Qual desses três modelos você prefere? Por quê?

8. Suponha que queiramos estimar os efeitos do consumo de bebida alcoólica (*alcohol*) na nota média de graduação (*colGPA*). Além de coletar informações sobre as médias das notas de graduação e do uso de bebida alcoólica, também obtivemos dados sobre a frequência (digamos, porcentagem de aulas frequentadas, chamada *attend*). Uma pontuação de teste padronizado (digamos, *SAT*) e nota média do ensino médio (*hsGPA*) também estão disponíveis.

   (i) Devemos incluir *attend* juntamente com *alcohol* como variáveis explicativas num modelo de regressão múltipla? (Pense em como você interpretaria $\beta_{alcohol}$).

   (ii) As variáveis *hsGPA* e *SAT* devem ser incluídas como variáveis explicativas? Explique.

9. Se iniciarmos com a (6.38) sob as hipóteses MLC, admitirmos *n* grande e ignorarmos o erro de estimação em $\hat{\beta}_j$, um intervalo de predição de 95% de y^0 será [exp(–1,96 $\hat{\sigma}$) exp($\widehat{\log y^0}$), exp(1,96 $\hat{\sigma}$) exp($\widehat{\log y^0}$)]. O ponto de predição de y^0 é $\hat{y}^0 = \exp(\hat{\sigma}_2)\exp(\widehat{\log y^0})$.

   (i) Para quais valores de $\hat{\sigma}$ o ponto de predição ficará no intervalo de predição de 95%? Esta condição parece provável de se sustentar na maioria das aplicações?

   (ii) Confirme se a condição do item (i) é cumprida no exemplo dos salários dos diretores-executivos.

10. As duas equações a seguir foram estimadas usando dados do arquivo MEAPSINGLE. A principal variável explicativa é *lexppp*, o log dos gastos por estudante em nível escolar.

$$\widehat{math4} = 24{,}49 + 9{,}01\,lexppp - 0{,}422\,free - 0{,}752\,lmedinc - 0{,}274\,pctsgle$$
$$(59{,}24)\ (4{,}04)\qquad (0{,}071)\qquad (5{,}358)\qquad (0{,}161)$$
$$n = 229,\ R^2 = 0{,}472,\ \bar{R}^2 = 0{,}462.$$

$$\widehat{math4} = 149{,}38 + 1{,}93\,lexppp - 0{,}060\,free - 10{,}78\,lmendic - 0{,}397\,pctsgle + 0{,}667\,read4$$
$$(41{,}70)\ (2{,}82)\qquad (0{,}054)\qquad (3{,}76)\qquad (0{,}111)\qquad (0{,}042)$$
$$n = 229,\ R^2 = 0{,}749,\ \bar{R}^2 = 0{,}743.$$

(i) Se você for um gestor de políticas públicas tentando estimar o efeito causal dos gastos por estudante sobre o desempenho na prova de matemática, explique por que a primeira equação é mais relevante do que a segunda. Qual é o efeito estimado de um aumento de 10% nos gastos por estudante?

(ii) A adição de *read4* à regressão tem efeitos estranhos sobre os coeficientes e significância estatística além de β_{lexppp}?

(iii) De que forma você explicaria a alguém com apenas um conhecimento básico de regressões por que, neste caso, você preferiria a equação com o menor R-quadrado ajustado?

Exercícios em computador

C1 Use os dados do arquivo KIELMC, apenas do ano de 1981, para responder às questões a seguir. Os dados são de casas vendidas durante 1981 em North Andover, Massachusetts; 1981 foi o ano de início da construção de um incinerador de lixo local.

(i) Para estudar os efeitos da localização do incinerador sobre os preços das residências, considere o modelo de regressão simples

$$\log(price) = \beta_0 + \beta_1 \log(dist) + u,$$

em que *price* é o preço da casa em dólares e *dist* é a distância da casa ao incinerador medida em pés. Interprete essa equação de forma causal, qual sinal você esperaria para β_1 se a presença do incinerador depreciasse o preço das casas? Estime essa equação e interprete os resultados.

(ii) Ao modelo de regressão simples do item (i), adicione as variáveis log(*intst*), log(*area*), log(*land*), *rooms*, *baths* e *age*, em que *intst* é a distância da casa até a rodovia interestadual, *area* é a área construída da casa em pés quadrados, *land* é o tamanho do terreno em pés quadrados, *rooms* é o número total de quartos, *baths* é o número de banheiros e *age* é a idade da casa em anos. Agora, o que você conclui a respeito dos efeitos do incinerador? Explique por que (i) e (ii) dão resultados conflitantes.

(iii) Adicione [log(*intst*)]² ao modelo do item (ii). Agora o que acontece? O que você conclui sobre a importância da forma funcional?

(iv) O quadrado de log(*dist*) é significativo quando você o adiciona ao modelo do item (iii)?

C2 Use os dados do arquivo WAGW1 neste exercício.

(i) Use MQO para estimar a equação

$$\log(wage) = \beta_0 + \beta_1 educ + \beta_2 exper + \beta_3 exper^2 + u$$

e reporte os resultados usando o formato usual.

(ii) *Exper²* é estatisticamente significativa ao nível de 1%?

(iii) Usando a aproximação

$$\%\widehat{\Delta wage} \approx 100(\hat{\beta}_2 + 2\hat{\beta}_3 exper)\Delta exper,$$

encontre o retorno aproximado para o quinto ano de experiência. Qual é o retorno aproximado para o vigésimo ano de experiência?

(iv) Com qual valor de *exper* a experiência adicional realmente diminui o log(*wage*) previsto? Quantas pessoas têm mais experiência nessa amostra?

C3 Considere um modelo em que o retorno para a educação depende da quantidade de experiência no trabalho (e vice-versa):

$$\log(wage) = \beta_0 + \beta_1 educ + \beta_2 exper + \beta_3 educ \cdot exper + u.$$

(i) Mostre que o retorno para outro ano de educação (em forma decimal), mantendo *exper* fixa, é $\beta_1 + \beta_3 exper$.

(ii) Afirme a hipótese nula de que o retorno para educação não depende do nível de *exper*. Qual você considera a alternativa adequada?

(iii) Use os dados do arquivo WAGE2 para testar a hipótese nula do item (ii) contra sua alternativa declarada.

(iv) Deixe que θ_1 represente o retorno para a educação (em forma decimal) quando *exper* = 10: $\theta_1 = \beta_1 + 10\beta_3$. Obtenha $\hat{\theta}_1$ e um intervalo de confiança de 95% para θ_1. (*Dica*: escreva $\beta_1 = \theta_1 - 10\beta_3$ e coloque na equação; em seguida, reorganize. Isso dará a regressão para obter o intervalo de confiança de θ_1.)

C4 Use os dados do arquivo GPA2 para este exercício.

(i) Estime o modelo

$$sat = \beta_0 + \beta_1 hsize + \beta_2 hsize^2 + u,$$

Em que *hsize* é o tamanho da turma de formandos (em centenas) e escreva os resultados na forma usual. O termo quadrático é estatisticamente significativo?

(ii) Usando a equação estimada do item (i), qual é o tamanho "ideal" da turma do ensino médio? Justifique sua resposta.

(iii) Essa análise é representativa do desempenho acadêmico de *todos* os alunos do terceiro ano? Explique.

(iv) Encontre o tamanho ideal estimado da turma do ensino médio, usando log(*sat*) como variável dependente. O valor é muito diferente do que foi obtido no item (ii)?

C5 Use os dados sobre preços de residências do arquivo HPRICE1 neste exercício.

(i) Estime o modelo

$$\log(price) = \beta_0 + \beta_1 \log(lotsize) + \beta_2 \log(sqrft) + \beta_3 bdrms + u$$

e registre os resultados no formato usual de MQO.

(ii) Encontre o valor previsto de log(*price*) quando *lotsize* = 20.000, *sqrft* = 2.500 e *bdrms* = 4. Usando os métodos da Seção 6.4, encontre o valor previsto de *price* com os mesmos valores de variáveis explicativas.

(iii) Para explicar a variação em *price*, decida se prefere o modelo do item (i) ou o modelo

$$price = \beta_0 + \beta_1 lotsize + \beta_2 sqrft + \beta_3 bdrms + u.$$

C6 Use os dados do arquivo VOTE1 para resolver este exercício.

(i) Considere um modelo com uma interação entre gastos:

$$voteA = \beta_0 + \beta_1 prtystrA + \beta_2 expendA + \beta_3 expendB + \beta_4 expendA \cdot expendB + u.$$

Qual é o efeito parcial de *expendB* sobre *voteA*, mantendo *prtystrA* e *expendA* fixos? Qual é o efeito parcial de *expendA* sobre *voteA*? O sinal esperado de β_4 é óbvio?

(ii) Estime a equação do item (i) e reporte os resultados na forma usual. O termo de interação é estatisticamente significativo?

(iii) Encontre a média de *expendA* na amostra. Fixe *expendA* em 300 (para US$ 300.000). Qual é o efeito estimado de mais US$ 100.000 gastos pelo candidato B sobre *voteA*? É um efeito grande?

(iv) Agora fixe *expendB* em 100. Qual é o efeito estimado de $\Delta expendA = 100$ sobre *voteA*? Isso faz sentido?

(v) Estime um modelo que substitua a interação com *shareA*, a participação percentual do Candidato A no total de gastos de campanha. Faz sentido manter *expendA* e *expendB* fixos enquanto altera *shareA*?

(vi) (Exige cálculo) No modelo do item (v), encontre o efeito parcial de *expendB* sobre *voteA*, mantendo *prtystrA* e *expendA* fixos. Avalie isso com *expendA* = 300 e *expendB* = 0 e comente os resultados.

C7 Use os dados do arquivo ATTEND para este exercício.

(i) No modelo do Exemplo 6.3, defenda que

$$\Delta stndfnl/\Delta priGPA \approx \beta_2 + 2\beta_4 priGPA + \beta_6 atndrte.$$

Use a equação (6.19) para estimar o efeito parcial quando *priGPA* = 2,59 e *atndrte* = 82. Interprete sua estimativa.

(ii) Mostre que a equação pode ser escrita como

$$stndfnl = \theta_0 + \beta_1 atndrte + \theta_2 priGPA + \beta_3 ACT + \beta_4 (priGPA - 2{,}59)^2$$
$$+ \beta_5 ACT^2 + \beta_6 priGPA(atndrte - 82) + u,$$

em que $\theta_2 = \beta_2 + 2\beta_4(2{,}59) + \beta_6(82)$. (Note que o intercepto mudou, mas isso não é importante.) Use a equação para obter o erro padrão de $\hat{\theta}_2$ do item (i).

(iii) Suponha que, no lugar de *priGPA*(*atndrte* – 82), você coloque (*priGPA* – 2,59) · (*atndrte* – 82). Como você interpretaria agora os coeficientes de *atndrte* e *priGPA*?

C8 Use os dados do arquivo HPRICE1 para este exercício.

(i) Estime o modelo

$$price = \beta_0 + \beta_1 lotstze + \beta_2 sqrft + \beta_3 bdrms + u$$

e registre os resultados na forma usual, incluindo o erro padrão da regressão. Obtenha o preço previsto quando se adicionam *lotsize* = 10.000, *sqrft* = 2.300 e *bdrms* = 4; arredonde esse preço ao valor mais próximo.

(ii) Calcule uma regressão que lhe permita colocar um intervalo de confiança de 95% sobre o valor previsto no item (i). Note que sua previsão vai diferir um pouco devido ao erro de arredondamento.

(iii) Defina $price^0$ como o futuro preço de venda desconhecido da casa com as características usadas nos itens (i) e (ii). Encontre um intervalo de confiança de 95% para $price^0$ e comente sobre a largura desse intervalo.

C9 O conjunto de dados NBASAL contém informações salariais e estatísticas da carreira de 269 jogadores da National Basketball Association (NBA).

(i) Estime um modelo que relacione pontos por jogo (*points*) aos anos na liga (*exper*), *age* e *years* jogando na universidade (*coll*). Inclua um termo quadrático em *exper*; as outras variáveis devem aparecer em nível. Registre os resultados na forma usual.

(ii) Mantendo os anos na universidade e a idade fixos, por qual valor de experiência o ano seguinte de experiência reduziria os pontos por jogo? Isso faz sentido?

(iii) Por que você acha que *coll* tem um coeficiente negativo e estatisticamente significativo? (*Dica*: jogadores da NBA podem ser convocados antes de terminar suas carreiras universitárias e até mesmo diretamente do ensino médio.)

(iv) Adicione um termo quadrático em *age* à equação. Ele é necessário? O que isso parece sugerir em relação aos efeitos de idade, uma vez que experiência e educação estão controladas?

(v) Agora faça a regressão de log(*wage*) sobre *points*, *exper*, $exper^2$, *age* e *coll*. Relate os resultados no formato usual.

(vi) Teste se *age* e *coll* são conjuntamente significativos na regressão do item (v). O que isso implica em relação a idade e educação terem efeitos separados sobre salário, uma vez que produtividade e tempo de serviço são levados em conta?

C10 Use os dados do arquivo BWGHT2 neste exercício.

(i) Estime a equação

$$\log(bwght) = \beta_0 + \beta_1 npvis + \beta_2 npvis^2 + u$$

por MQO e reporte os resultados na forma usual. O termo quadrático é significativo?

(ii) Mostre que, com base na equação do item (i), o número de visitas de pré-natal que maximiza log(*bwght*) é estimado em cerca de 22. Quantas mulheres tiveram pelo menos 22 visitas de pré-natal na amostra?

(iii) Faz sentido que o peso ao nascer tenha uma previsão de queda depois de 22 visitas de pré-natal? Explique.

(iv) Adicione a idade da mãe à equação usando a forma funcional quadrática. Mantendo *npvis* fixa, com que idade da mãe o peso do bebê ao nascer seria maximizado? Que fração de mulheres da amostra é mais velha do que a idade "ideal"?

(v) Você diria que a idade da mãe e o número de visitas de pré-natal explicam grande parte da variação em log(*bwght*)?

(vi) Usando quadráticas em *npvis* e *age*, decida se usar o log natural ou o nível de *bwght* é melhor para prevê-lo.

C11 Use o arquivo APPLE para verificar algumas das afirmações feitas na Seção 6.3.

(i) Execute a regressão de *ecolbs* sobre *ecoprc* e *regprc* e escreva os resultados na forma usual, incluindo o *R*-quadrado e o *R*-quadrado ajustado. Interprete os coeficientes sobre as variáveis de preço e comente sobre seus sinais e magnitudes.

(ii) As variáveis de preço são estatisticamente significativas? Registre os *p*-valores dos testes *t* individuais.

(iii) Qual é a abrangência dos valores ajustados para *ecolbs*? Qual fração da amostra registra *ecolbs* = 0? Comente.

(iv) Você acha que as variáveis de preço juntas fazem um bom trabalho ao explicar a variação em *ecolbs*? Explique.

(v) Adicione as variáveis *faminc, hhsize* (tamanho do domicílio), *educ* e *age* à regressão do item (i). Encontre o *p*-valor de sua significância conjunta. O que você conclui?

(vi) Faça regressões simples separadas de *ecolbs* sobre *ecoprc* e de *ecolbs* sobre *regprc*. De que forma os coeficientes da regressão simples se comparam com os da regressão múltipla do item (i)? Encontre o coeficiente de correlação entre *ecoprc* e *regprc* para ajudar a explicar suas descobertas.

(vii) Considere um modelo que adicione a renda familiar e a quantidade demandada de maçãs comuns:

$$ecolbs = \beta_0 + \beta_1 ecoprc + \beta_2 regprc + \beta_3 faminc + \beta_4 reglbs + u.$$

Partindo da teoria econômica básica, qual variável explicativa não pertence à equação? Quando você tira as variáveis uma de cada vez, os tamanhos dos *R*-quadrados ajustados afetam sua resposta?

C12 Use o subconjunto do arquivo 401KSUBS com *fsize* = 1; isso restringe a análise a domicílios com apenas uma pessoa; veja também o Exercício em computador C8, do Capítulo 4.

(i) Qual é a idade da pessoa mais jovem da amostra? Quantas pessoas têm essa idade?

(ii) No modelo

$$nettfa = \beta_0 + \beta_1 inc + \beta_2 age + \beta_3 age^2 + u,$$

qual é a interpretação literal de β_2? Por si só, ele é interessante?

(iii) Estime o modelo do item (ii) e escreva os resultados na forma padrão. Você está preocupado com o fato de o coeficiente de *age* ser negativo? Explique.

(iv) Já que as pessoas mais jovens da amostra têm 25 anos, faz sentido pensar que, para determinado nível de renda, a menor quantia média de ativos financeiros líquidos está na idade de 25. Lembre-se de que o efeito parcial de *age* sobre *nettfa* é $\beta_2 + 2\beta_3(25) = \beta_2 + 50\beta_3$; chame-o de θ_2. Encontre $\hat{\theta}_2$ e obtenha o *p*-valor bilateral para testar $H_0: \theta_2 = 0$. Você deverá concluir que $\hat{\theta}_2$ é pequeno e estatisticamente insignificante. [*Dica*: Uma forma de fazer isso é estimando o modelo *nettfa* = $\alpha_0 + \beta_1 inc + \theta_2 age + \beta_3(age - 25)^2 + u$, em que o intercepto, α_0, é diferente de β_0. Também existem outras formas.]

(v) Como as evidências contra $H_0: \theta_2 = 0$ são muito fracas, defina-o como zero e estime o modelo

$$nettfa = \alpha_0 + \beta_1 inc + \beta_3(age - 25)^2 + u.$$

Em termos de qualidade de ajuste, esse modelo se ajusta melhor do que o do item (ii)?

(vi) Para a equação estimada do item (v), defina $inc = 30$ (aproximadamente o valor médio) e represente a relação entre *nettfa* e *age* graficamente, mas somente para idade ≥ 25. Descreva o que você vê.

(vii) Cheque para ver se a inclusão de um quadrático em *inc* é necessária.

C13 Use os dados do arquivo MEAP00 para responder a essa questão.

(i) Estime o modelo

$$math4 = \beta_0 + \beta_2 lexppp + \beta_2 lenroll + \beta_3 lunch + u$$

por MQO e escreva os resultados na forma usual. Cada uma das variáveis explicativas é estatisticamente significativa ao nível de 5%?

(ii) Obtenha os valores ajustados da regressão do item (i). Qual é a abrangência dos valores ajustados? De que forma isso se compara com a abrangência de dados reais em *math4*?

(iii) Obtenha os resíduos da regressão do item (i). Qual é o código da construção da escola que tem o maior resíduo (positivo)? Interprete esse resíduo.

(iv) Adicione termos quadráticos a todas as variáveis explicativas da equação e teste-os para significância conjunta. Você os deixaria no modelo?

(v) Voltando ao modelo do item (i), divida a variável dependente e cada variável explicativa por seu desvio padrão amostral e refaça a regressão. (Inclua um intercepto, a não ser que você também subtraia primeiro a média de cada variável.) Em termos de unidades de desvio padrão, qual variável explicativa tem maior efeito sobre a taxa de aprovação em matemática?

C14 Use os dados do arquivo BENEFITS para responder a essa questão. É um conjunto de dados de nível escolar do jardim de infância à quinta série sobre salário e benefícios médios dos professores. Veja o Exemplo 4.10 para mais informações.

(i) Regresse *lavgsal* sobre *bs* e registre os resultados na forma usual. Podemos rejeitar $H_0: \beta_{bs} = 0$ contra uma alternativa bilateral? Podemos rejeitar $H_0: \beta_{bs} = -1$ contra $H_1: \beta_{bs} > -1$? Registre os *p*-valores de ambos os testes.

(ii) Defina $lbs = \log(bs)$. Descubra a amplitude de valores para *lbs* e encontre seu desvio padrão. Como eles se comparam com a amplitude e o desvio padrão de *bs*?

(iii) Regresse *lavgsal* sobre *lbs*. Ela se ajusta melhor do que a regressão da parte (i)?

(iv) Estime a equação

$$lavgsal = \beta_0 + \beta_1 bs + \beta_2 lenroll + \beta_3 lstaff + \beta_4 lunch + u$$

e escreva os resultados na forma usual. O que acontece com o coeficiente sobre *b/s*? Agora ele é estatisticamente diferente de zero?

(v) Interprete o coeficiente sobre *lstaff*. Por que você acha que ele é negativo?

(vi) Adicione $lunch^2$ à equação do item (iv). Isso é estatisticamente significativo? Calcule o ponto crítico (menor valor) do quadrático e mostre que ele está dentro do intervalo dos dados observados sobre *lunch*. Quantos valores de *lunch* são mais altos do que o ponto crítico calculado?

(vii) Com base nas descobertas do item (vi), descreva como os salários dos professores se relacionam com as taxas de pobreza das escolas. Em termos de salários dos professores e mantendo outros fatores fixos, é melhor dar aulas em uma escola com $lunch = 0$ (sem pobreza), $lunch = 50$ ou $lunch = 100$ (todas as crianças no programa de almoço grátis)?

APÊNDICE 6A

6A Uma breve introdução à reamostragem

Em muitos casos em que fórmulas de erros padrão são difíceis de ser obtidas matematicamente, ou em que se acha que eles não são uma aproximação muito boa da verdadeira variação amostral de um estimador, podemos nos valer de um **método de reamostragem**. A ideia geral é tratar os dados observados como uma população da qual podemos extrair amostras. O método de reamostragem mais comum é o ***bootstrap***. (Existem, na verdade, várias versões de reamostragem, mas a mais geral e aplicada com maior rapidez é chamada de *bootstrap não paramétrica*, e é esta que descrevemos aqui.)

Suponha que tenhamos uma estimativa, $\hat{\theta}$, de um parâmetro populacional, θ. Obtivemos esta estimativa, que pode ter sido uma função das estimativas MQO (ou estimativas que trataremos em capítulos posteriores), de uma amostra aleatória de tamanho n. Gostaríamos de obter um erro padrão de $\hat{\theta}$ que possa ser usado na construção de estatística t ou intervalos de confiança. Notadamente, podemos obter um erro padrão válido calculando a estimativa de diferentes amostras aleatórias extraídas dos dados originais.

A implementação é fácil. Se listarmos nossas observações de 1 a n, extrairemos n números aleatoriamente, com substituição, desta lista. Isto produzirá um novo conjunto de dados (de tamanho n) que consistirá nos dados originais, mas com muitas observações aparecendo várias vezes (exceto no caso bastante raro em que reamostramos os dados originais). Cada vez que extrairmos amostras aleatoriamente a partir dos dados originais, podemos estimar θ usando o mesmo procedimento que usamos nos dados originais. Que $\hat{\theta}^{(b)}$ denote a estimativa da reamostra b. Agora, se repetirmos a reamostragem e a estimação m vezes, teremos m novas estimativas, $\{\hat{\theta}^{(b)}: b = 1, 2,\ldots, m\}$. O **erro padrão do *bootstrap*** de $\hat{\theta}$ é simplesmente o desvio padrão amostral da $\hat{\theta}^{(b)}$, ou seja,

$$\text{bse}(\hat{\theta}) = \left[(m-1)^{-1}\sum_{b=1}^{m}(\hat{\theta}^{(b)} - \bar{\hat{\theta}})^2\right]^{1/2}, \tag{6.50}$$

em que $\bar{\hat{\theta}}$ é a média das reamostragens.

Se a obtenção de uma estimativa de θ numa amostra de tamanho n exige pouco tempo computacional, como no caso dos MQO e de todos os outros estimadores que encontramos neste livro, podemos nos permitir preferir que m – o número de replicações de reamostragens – seja grande. Um valor típico é $m = 1.000$, mas mesmo $m = 500$ ou um valor menor pode produzir um erro padrão confiável. Observe que o tamanho de m – o número de vezes que reamostramos os dados originais – não tem nada a ver com o tamanho da amostra, n. (Para certos problemas de estimação além do escopo deste livro, um n grande pode forçar que se faça um número menor de replicações de *bootstrap*.) Muitos pacotes estatísticos e econométricos possuem comandos de reamostragem integrados, e isso torna simples o cálculo dos erros padrão de *bootstrap*, especialmente quando comparado com o trabalho frequentemente requerido para obter uma fórmula analítica de um erro padrão assimptótico.

Pode-se de fato fazer melhor na maioria dos casos usando-se o exemplo de *bootstrap* para calcular *p*-valores de estatísticas *t* (e estatísticas *F*) ou para obter intervalos de confiança, em vez de obter um erro padrão de reamostragem para ser usado na construção de estatísticas *t* ou intervalos de confiança. Veja Horowitz (2001) para uma abordagem abrangente.

CAPÍTULO 7

Análise de regressão múltipla com informações qualitativas: variáveis binárias (ou *dummy*)

Nos capítulos anteriores, as variáveis dependentes e independentes em nossos modelos de regressão múltipla tinham significado *quantitativo*. Alguns exemplos incluíam taxas de salário por hora, anos de escolaridade, nota média final em curso superior (GPA), quantidade da poluição do ar, níveis de vendas de empresas e número de detenções. Em cada caso, a magnitude da variável carrega informações valiosas. No trabalho empírico também devemos incorporar fatores *qualitativos* nos modelos de regressão. O sexo ou a etnia de um indivíduo, o ramo de atividade de uma empresa (fabricante, varejista etc.) e a região onde uma cidade está localizada (sul, norte, oeste etc.) são todos considerados fatores qualitativos.

A maior parte deste capítulo é dedicada a variáveis *independentes* qualitativas. Após discutirmos as maneiras apropriadas de descrever informações qualitativas na Seção 7.1, mostraremos como variáveis explicativas qualitativas podem ser facilmente incorporadas em modelos de regressão múltipla nas Seções 7.2, 7.3 e 7.4. Essas seções tratam de quase todos os modos conhecidos nos quais as variáveis independentes qualitativas são usadas na análise de regressão de corte transversal.

Na Seção 7.5 examinaremos uma variável dependente binária, que é um tipo especial de variável dependente qualitativa. O modelo de regressão múltipla tem interpretação bastante interessante neste caso e é chamado de modelo de probabilidade linear. Embora muito criticado por alguns econometristas, a simplicidade do modelo de probabilidade linear faz dele uma ferramenta útil em muitos contextos empíricos. Também descreveremos suas falhas na Seção 7.5, embora sejam frequentemente secundárias no trabalho empírico.

7.1 A descrição das informações qualitativas

Fatores qualitativos frequentemente aparecem na forma de informação binária: uma pessoa é do sexo feminino ou masculino; alguém possui ou não um computador pessoal; uma firma oferece ou não certo tipo de plano de pensão a seus empregados; um Estado adota ou não a pena de morte. Em todos esses exemplos, a informação relevante pode ser capturada pela definição de uma **variável binária** ou uma **variável zero-um**. Em econometria, as variáveis binárias são em geral chamadas de **variáveis *dummy***, embora essa denominação não seja muito descritiva.

Ao definirmos uma variável *dummy*, precisamos decidir a qual evento será atribuído o valor um e a qual será atribuído o valor zero. Por exemplo, em um estudo sobre a determinação do salário individual, podemos definir *female* como a variável binária que assumirá o valor um quando a pessoa for mulher e zero, quando homem. Nesse caso, nome indica o evento cujo valor é um. A mesma informação é transmitida se definirmos que *male* será um, se a pessoa for homem, e zero, se mulher. Qualquer uma dessas formas é melhor que usarmos *gênero*, porque essa designação não deixa claro quando a variável *dummy* é um: *gênero* = 1 corresponde a homem ou a mulher? A maneira pela qual denominamos nossas variáveis não tem importância para obter os resultados da regressão, mas sempre nos ajuda a escolher nomes que deixam claras as equações e as explicações.

> **QUESTÃO 7.1**
>
> Suponha que, em um estudo que compara resultados de eleições entre candidatos democratas e republicanos, você queira indicar o partido de cada candidato. Um nome como *partido* será uma boa escolha para uma variável binária neste caso? Qual seria um nome melhor?

Suponha que no exemplo do salário-hora tenhamos escolhido o nome *female* para indicar o sexo. Além disso, definimos uma variável binária *married* como igual a um se a pessoa for casada, e zero, caso contrário. A Tabela 7.1 fornece uma listagem parcial de um possível conjunto de dados sobre salários-hora. Vemos que a Pessoa 1 é do sexo feminino e não é casada, a Pessoa 2 é do sexo feminino e é casada, a Pessoa 3 é do sexo masculino e não é casada, e assim por diante.

TABELA 7.1 Uma listagem parcial dos dados do arquivo WAGE1.

person	wage	educ	exper	famale	married
1	3,10	11	2	1	0
2	3,24	12	22	1	1
3	3,00	11	2	0	0
4	6,00	8	44	0	1
5	5,30	12	7	0	1
.	.	.	.	.	.
.	.	.	.	.	.
.	.	.	.	.	.
525	11,56	16	5	0	1
526	3,50	14	5	1	0

Por que usamos os valores zero e um para descrever informações qualitativas? Em certo sentido, esses valores são arbitrários: quaisquer dois valores diferentes serviriam. O benefício real de capturar informação qualitativa usando variáveis zero-um é que elas levam a modelos de regressão nos quais os parâmetros têm interpretações bastante naturais, como veremos agora.

7.2 Uma única variável *dummy* independente

Como incorporamos informações binárias em modelos de regressão? No caso mais simples, com somente uma variável *dummy* explicativa, simplesmente adicionamos a variável à equação como uma variável independente. Por exemplo, considere o seguinte modelo simples de determinação de salários por hora:

$$wage = \beta_0 + \delta_0 female + \beta_1 educ + u. \quad (7.1)$$

Usamos δ_0 como o parâmetro da variável *female* para ressaltar a interpretação dos parâmetros que multiplicam variáveis *dummy*; mais adiante, usaremos a notação que for mais conveniente.

No modelo (7.1), somente dois fatores observados afetam os salários: gênero e educação. Como *female* = 1 quando a pessoa é mulher, e *female* = 0 quando a pessoa é homem, o parâmetro δ_0 tem a seguinte interpretação: δ_0 é a diferença no salário por hora entre mulheres e homens, *dado* o mesmo grau de educação (e o mesmo termo de erro u). Assim, o coeficiente δ_0 determina se existe discriminação contra as mulheres: se $\delta_0 < 0$, então, para o mesmo nível dos outros fatores, as mulheres ganham menos que os homens, em média.

Em termos de expectativas, se presumirmos a hipótese de média condicional zero $E(u|female, educ) = 0$, então

$$\delta_0 = E(wage|female = 1, educ) - E(wage|female = 0, educ).$$

Como *female* = 1 corresponde a mulheres e *female* = 0 corresponde a homens, podemos escrever essa expressão de forma mais simples:

$$\delta_0 = E(wage|female, educ) - E(wage|male, educ). \quad (7.2)$$

O importante aqui é que o nível de educação é o mesmo em ambas as expectativas; a diferença, δ_0, deve-se somente ao gênero.

A situação pode ser descrita graficamente como um **deslocamento de intercepto** entre as linhas que representam homens e mulheres. Na Figura 7.1, o caso $\delta_0 < 0$ é mostrado, de modo que os homens ganham um montante fixo por hora a mais que as mulheres. A diferença não depende do nível de educação, e isso explica a razão de os perfis salário-educação das mulheres e dos homens serem paralelos.

Neste ponto, você pode estar se perguntando por que não incluímos, também, em (7.1) uma variável *dummy*, digamos, *male*, que seria um para homens e zero para mulheres. A razão é que isso seria redundante. Na equação (7.1), o intercepto para homens é β_0, enquanto o intercepto para mulheres é $\beta_0 + \delta_0$. Como existem apenas dois grupos, precisamos de apenas dois interceptos diferentes. Isso significa que, além de β_0, precisamos usar somente *uma* variável *dummy*; decidimos incluir a variável *dummy* para mulheres. O uso de duas variáveis *dummy* introduziria colinearidade

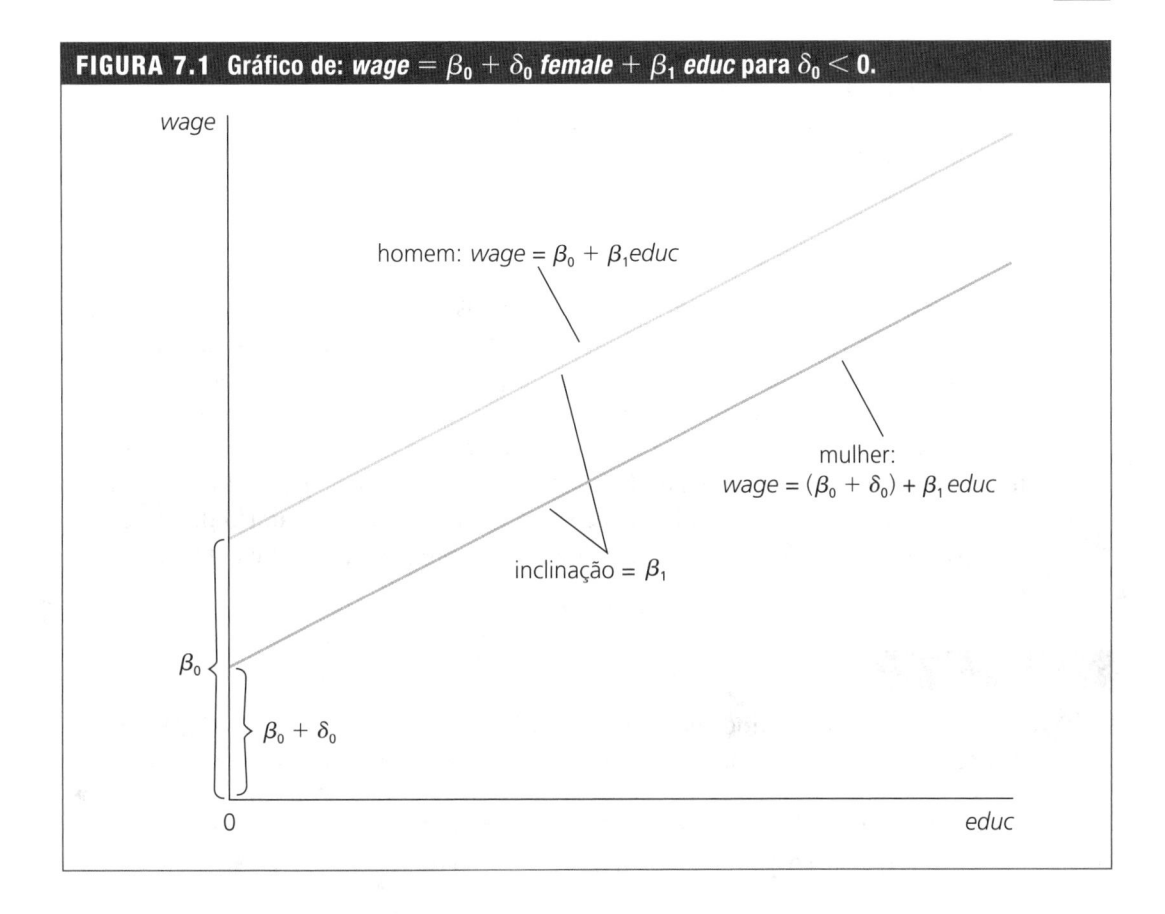

FIGURA 7.1 Gráfico de: $wage = \beta_0 + \delta_0 \, female + \beta_1 \, educ$ para $\delta_0 < 0$.

homem: $wage = \beta_0 + \beta_1 educ$

mulher: $wage = (\beta_0 + \delta_0) + \beta_1 educ$

inclinação $= \beta_1$

β_0

$\beta_0 + \delta_0$

educ

perfeita, porque *female* + *male* = 1, o que significa que *male* é uma função linear perfeita de *female*. A inclusão de variáveis *dummy* para ambos os sexos é o exemplo mais simples daquilo que chamamos de **armadilhas da variável *dummy***, que surge quando um grande número de variáveis *dummy* descreve determinado número de grupos. Discutiremos esse assunto mais adiante.

Na equação (7.1), escolhemos homens para ser o **grupo-base** ou o **grupo de referência**, isto é, o grupo contra o qual as comparações são feitas. Esta é a razão pela qual β_0 é o intercepto para os homens, e δ_0 é a *diferença* dos interceptos entre mulheres e homens. Poderíamos ter escolhido as mulheres como o grupo-base, escrevendo o modelo como

$$wage = \alpha_0 + \gamma_0 male + \beta_1 educ + u,$$

em que o intercepto para mulheres é α_0 e o intercepto para homens é $\alpha_0 + \gamma_0$; isso implica $\alpha_0 = \beta_0 + \delta_0$ e $\alpha_0 + \gamma_0 = \beta_0$. Em qualquer aplicação, não importa como escolhemos o grupo-base, mas é importante estar atento a respeito de qual é o grupo-base.

Alguns pesquisadores preferem eliminar o intercepto global do modelo e incluir variáveis *dummy* para cada grupo. A equação então seria $wage = \beta_0 male + \alpha_0 female + \beta_1 educ + u$, em que o intercepto para os homens é β_0 e o intercepto para as mulheres é α_0. Não existe armadilha da variável *dummy* neste caso, porque não temos um intercepto global. Todavia, essa formulação tem pouco a oferecer, já que é mais difícil verificar diferenças nos interceptos, e não existe uma maneira consensual de calcular o R-quadrado em regressões sem intercepto. Portanto, sempre incluiremos um intercepto global para o grupo-base.

Nada mais muda muito quando mais variáveis explicativas estão envolvidas. Considerando os homens como o grupo-base, um modelo que controla a experiência e a permanência, além da educação é

$$wage = \beta_0 + \delta_0 female + \beta_1 educ + \beta_2 exper + \beta_3 tenure + u. \quad (7.3)$$

Se *educ*, *exper* e *tenure* forem todas características relevantes da produtividade, a hipótese nula de não existência de diferença entre homens e mulheres será $H_0: \delta_0 = 0$. A hipótese alternativa de que existe discriminação contra as mulheres será $H_1: \delta_0 < 0$.

Como podemos efetivamente testar a discriminação salarial? A resposta é simples: estimamos o modelo por MQO, *exatamente* como antes, e usamos a estatística t habitual. Nada muda na mecânica do MQO ou na teoria estatística quando algumas das variáveis independentes são definidas como variáveis *dummy*. A única diferença em relação ao que vínhamos fazendo até agora é a interpretação do coeficiente da variável *dummy*.

EXEMPLO 7.1 Equação dos salários por hora

Utilizando os dados contidos no arquivo WAGE1, estimamos o modelo (7.3). Por enquanto, usamos *wage*, em vez de log(*wage*), como a variável dependente:

$$\widehat{wage} = -1{,}57 - 1{,}81\, female + 0{,}572\, educ + 0{,}25\, exper + 0{,}141\, tenure$$
$$\phantom{\widehat{wage} = }(0{,}72)\ \ (0{,}26)(0{,}049)(0{,}012)(0{,}021) \quad (7.4)$$
$$n = 526,\ R^2 = 0{,}364.$$

O intercepto negativo — o intercepto para os homens, neste caso — não é muito significativo, já que ninguém na amostra tem zero anos de *educ*, *exper* e *tenure*. O coeficiente de *female* é interessante, porque ele registra a diferença média no salário por hora entre mulher e homem, dados os *mesmos* níveis de *educ*, *exper* e *tenure*. Se compararmos uma mulher e um homem com os mesmos níveis de educação, experiência e permanência, a mulher ganha, em média, US$ 1,81 por hora a menos que o homem. (Não se esqueça de que estamos tratando de salários-hora de 1976.)

É importante lembrarmos que, como fizemos uma regressão múltipla e controlamos *educ*, *exper* e *tenure*, o diferencial de US$ 1,81 no salário não pode ser explicado por diferentes níveis médios de educação, experiência ou permanência entre homens e mulheres. Podemos concluir que o diferencial de US$ 1,81 é em razão do gênero ou de fatores associados ao gênero que não controlamos na regressão. [No dólar de 2013, o diferencial no salário (*wage*) estava em torno de 4,09(1,81) ≈ 7,40.]

É esclarecedor comparar o coeficiente de *female* na equação (7.4) com a estimativa que obtemos quando todas as outras variáveis explicativas são eliminadas da equação:

$$\widehat{wage} = 7{,}10 - 2{,}51\, female$$
$$\phantom{\widehat{wage} = }(0{,}21)\ \ (0{,}30) \quad (7.5)$$
$$n = 526,\ R^2 = 0{,}116.$$

Os coeficientes em (7.5) têm uma interpretação simples. O intercepto é o salário médio dos homens na amostra (seja *female* = 0), de modo que os homens ganham, em média, US$ 7,10 por hora. O coeficiente de *female* é a diferença no salário médio entre homens e mulheres. Assim, o salário médio das mulheres, na amostra, é 7,10 − 2,51 = 4,59, ou US$ 4,59 por hora. (A propósito, existem 274 homens e 252 mulheres na amostra.)

A equação (7.5) apresenta um modo simples de realizar um *teste de comparação de médias* entre os dois grupos, que neste caso são homens e mulheres. A diferença estimada −2,51 tem uma estatística t de −8,37, que é, estatisticamente, bastante significante (e, claro, US$ 2,51 também é grande economicamente). Em geral, a regressão simples sobre uma constante e uma variável *dummy* é uma maneira bastante objetiva de comparar as médias de dois grupos. Para que o teste t habitual seja válido, temos de considerar a manutenção da hipótese de homoscedasticidade, o que significa que a variância populacional dos salários-hora dos homens é a mesma dos salários das mulheres.

O diferencial salarial estimado entre homens e mulheres é maior em (7.5) do que na equação (7.4), porque (7.5) não controla as diferenças em educação, experiência e permanência, e esses fatores são mais baixos, em média, para as mulheres do que para os homens nessa amostra. A equação (7.4) fornece uma estimativa mais confiável da discrepância salarial *ceteris paribus* entre os sexos; ela ainda indica um diferencial bastante grande.

Em muitos casos, variáveis *dummy* independentes refletem escolhas de indivíduos ou de outras unidades econômicas (em oposição a algo predeterminado, como gênero). Nessas situações, a questão da causalidade é novamente crucial. No exemplo seguinte, gostaríamos de saber se o fato de possuir um computador pessoal *causa* um GPA mais elevado em curso superior.

EXEMPLO 7.2 Efeitos relativos à posse de computadores na avaliação em cursos superiores

Para determinar os efeitos relativos à posse de computador na nota média em curso superior, estimamos o modelo

$$colGPA = \beta_0 + \delta_0 PC + \beta_1 hsGPA + \beta_2 ACT + u,$$

em que a variável *dummy* PC é igual a um se o aluno possui um computador pessoal, e zero, caso contrário. Existem várias razões pelas quais a propriedade de um computador pessoal pode ter um efeito sobre *colGPA*. O trabalho de um aluno pode ser de melhor qualidade se feito em um computador e ele pode ganhar tempo por não ter de ficar esperando sua vez em um laboratório de informática. É claro que o aluno pode estar mais inclinado a brincar com jogos ou a navegar na Internet se possuir seu próprio PC, de modo que não é óbvio que δ_0 será positivo. As variáveis *hsGPA* (nota média final do ensino médio) e *ACT* (nota do teste de avaliação para ingresso em curso superior) são usadas como controles: pode ser que alunos mais fortes, medidos pela nota média final do ensino médio e pela nota do teste de avaliação, possuam computadores. Controlamos esses fatores porque gostaríamos de saber o efeito médio sobre *colGPA* se escolhermos um aluno aleatoriamente e dermos a ele um computador pessoal.

Utilizando os dados contidos no arquivo GPA1, obtemos

$$\widehat{colGPA} = 1{,}26 + 0{,}157\,PC + 0{,}447\,hsGPA + 0{,}0087\,ACT$$
$$(0{,}33) \quad (0{,}057) \quad\;\; (0{,}094) \quad\quad\quad (0{,}0105) \tag{7.6}$$
$$n = 141,\; R^2 = 0{,}219.$$

Esta equação sugere para um aluno que possua um computador pessoal uma nota média final prevista em torno de 0,16 pontos mais alta se comparada com a de um aluno que não possui um PC (lembre-se, tanto *colGPA* como *hsGPA* estão em uma escala de quatro pontos). O efeito também é, estatisticamente, bastante significante, com $t_{PC} = 0{,}157/0{,}057 \approx 2{,}75$.

O que acontece se eliminarmos *hsGPA* e *ACT* da equação? É claro que a eliminação da última variável deve ter um efeito muito pequeno, já que seu coeficiente e sua respectiva estatística t são muito pequenos. Contudo, *hsGPA* é bastante significante, e assim sua eliminação pode afetar a estimativa de β_{PC}. A regressão de *colGPA* sobre *PC* produz a estimativa do coeficiente de *PC* igual a, aproximadamente, 0,170, com um erro padrão de 0,063; neste caso, $\hat{\beta}_{PC}$ e sua estatística t não mudam muito.

Nos exercícios no final do capítulo será solicitado o controle de outros fatores na equação para verificar se o efeito relativo à posse de um computador desaparece ou, pelo menos, torna-se significativamente menor.

Cada um dos exemplos anteriores pode ser entendido como relevante para a **análise de política**. No primeiro exemplo estávamos interessados na discriminação do sexo na força de trabalho. No segundo exemplo estávamos preocupados com o efeito da posse de um computador sobre o desempenho no curso superior. Um caso especial de análise de política é a **avaliação de programas**, na qual gostaríamos de saber o efeito de programas econômicos ou sociais sobre indivíduos, empresas, vizinhança, cidades etc.

No caso mais simples existem dois grupos de objetos de estudo. O **grupo de controle** não participa do programa. O **grupo experimental** ou **grupo de tratamento** faz parte do programa. Esses nomes provêm da literatura das ciências experimentais e não devem ser interpretados literalmente. Exceto em casos raros, a escolha dos grupos de controle e de tratamento não é feita aleatoriamente. Entretanto, em alguns casos, a análise de regressão múltipla pode ser usada para controlar um número suficiente de outros fatores para estimar o efeito causal do programa.

EXEMPLO 7.3 **Efeitos da concessão de subsídios sobre as horas de treinamento**

Utilizando os dados de 1988 das indústrias de Michigan contidas no arquivo JTRAIN, obteremos a seguinte equação estimada:

$$\widehat{hrsemp} = 46{,}67 + 26{,}25\,grant - 0{,}98\,\log(sales) - 6{,}07\,\log(employ)$$
$$(43{,}41) \quad\; (5{,}59) \quad\quad\; (3{,}54) \quad\quad\quad\quad (3{,}88) \tag{7.7}$$
$$n = 105,\; R^2 = 0{,}237.$$

A variável dependente representa horas de treinamento por empregado, no nível da empresa. A variável *grant* é uma variável *dummy* igual a um se a firma recebeu um subsídio para treinamento em 1988, e zero, caso contrário. As variáveis *sales* e *employ* representam as vendas anuais e o número de empregados, respectivamente. Não podemos usar *hrsemp* na forma logarítmica porque ela tem valor zero para 29 das 105 empresas usadas na regressão.

A variável *grant* é estatisticamente bastante significante, com $t_{grant} = 4{,}70$. Controlando vendas e emprego, as empresas que receberam subsídios treinaram cada um de seus empregados, em média, 26,25 horas a mais. Como o número médio de horas de treinamento por empregado na amostra está em torno de 17, com um valor máximo de 164, *grant* tem grande efeito sobre o treinamento, como o esperado.

O coeficiente de log(*sales*) é pequeno e não significante. O coeficiente de log(*employ*) significa que, se a empresa for 10% maior, ela treinará seus empregados cerca de 0,61 horas a menos. Sua estatística *t* é $-1{,}56$, que é apenas marginalmente significante, em termos estatísticos.

Assim como em relação a qualquer outra variável independente, devemos perguntar se o efeito mensurado de uma variável qualitativa é causal. Na equação (7.7), a diferença de treinamento entre as empresas que recebem subsídios e as que não recebem se deve aos subsídios, ou o recebimento de um subsídio é simplesmente um indicador de alguma outra coisa? É possível que as empresas que recebam subsídios tenham, em média, treinado seus empregados de modo mais regular, mesmo sem os subsídios. Somente podemos esperar que tenhamos controlado tantos fatores quanto possível que possam estar relacionados a se a empresa recebeu subsídio e aos seus níveis de treinamento.

Retornaremos à análise de políticas públicas com variáveis *dummy* na Seção 7.6, como também em outros capítulos.

7-2a A interpretação dos coeficientes de variáveis *dummy* explicativas quando a variável dependente é expressa como log(*y*)

Uma especificação comum em trabalhos aplicados tem a variável dependente na forma logarítmica, com uma ou mais variáveis *dummy* como variáveis independentes. Como interpretamos os coeficientes das variáveis *dummy* neste caso? Não surpreendentemente, os coeficientes têm uma interpretação *percentual*.

EXEMPLO 7.4 Regressão dos preços de imóveis

Utilizando os dados contidos no arquivo HPRICE1, obtemos a equação

$$\widehat{\log(price)} = -1{,}35 + 0{,}168 \log(lotsize) + 0{,}707 \log(sqrft)$$
$$(0{,}65) \quad (0{,}038) \qquad\qquad (0{,}093)$$
$$+ 0{,}027 \, bdrms + 0{,}054 \, colonial \qquad (7.8)$$
$$(0{,}029) \qquad\quad (0{,}045)$$
$$n = 88, R^2 = 0{,}649.$$

Todas as variáveis são autoexplicativas, exceto colonial, que é uma variável binária igual a um se o imóvel tiver estilo colonial. O que significa o coeficiente de *colonial*? Para níveis dados de *lotsize*, *sqrft* e *bdrms*, a diferença em $\widehat{\log(price)}$ entre um imóvel de estilo colonial e outro de outro estilo é 0,054. Isso significa prever que um imóvel de estilo colonial seja vendido por cerca de 5,4% a mais, mantendo-se todos os outros fatores fixos.

Este exemplo mostra que, quando log(*y*) é a variável dependente em um modelo, o coeficiente de uma variável *dummy*, quando multiplicado por 100, é interpretado como a diferença percentual em *y*, mantendo fixos todos os outros fatores. Quando o coeficiente de uma variável *dummy* sugere grande mudança proporcional em *y*, a diferença percentual exata pode ser obtida tal como no cálculo da semielasticidade na Seção 6.2.

EXEMPLO 7.5   Equação log do salário-hora

Reestimemos a equação salarial do Exemplo 7.1, usando log(*wage*) como a variável dependente e adicionando termos quadráticos em *exper* e *tenure*:

$$\widehat{\log(wage)} = 0{,}417 - 0{,}297\, female + 0{,}080\, educ + 0{,}029\, exper$$
$$(0{,}099)\ \ \ (0{,}036)\ \ \ \ \ \ \ \ \ \ \ (0{,}007)\ \ \ \ \ \ \ \ \ \ (0{,}005)$$
$$- 0{,}00058\, exper^2 + 0{,}032\, tenure - 0{,}00059\, tenure^2 \quad (7.9)$$
$$(0{,}00010)\ \ \ \ \ \ \ \ \ \ \ (0{,}007)\ \ \ \ \ \ \ \ \ \ \ (0{,}00023)$$
$$n = 526, R^2 = 0{,}441.$$

Usando a mesma aproximação do Exemplo 7.4, o coeficiente de *female* implica, para os mesmos níveis de *educ*, *exper* e *tenure*, que as mulheres ganham cerca de 100(0,297) = 29,7% a menos que os homens. Podemos fazer melhor que isso ao computarmos a diferença percentual exata nos salários previstos. O que queremos é a diferença proporcional nos salários entre mulheres e homens, mantendo fixos todos os outros fatores: $(\widehat{wage}_F - \widehat{wage}_M)/\widehat{wage}_M$. O que temos a partir de (7.9) é

$$\widehat{\log(wage_F)} - \widehat{\log(wage_M)} = -0{,}297$$

Fazendo a exponenciação e a subtração, temos

$$\widehat{wage}_F - \widehat{wage}_M)/\widehat{wage}_M = \exp(-0{,}297) - 1 \approx -0{,}257$$

Essa estimativa mais exata significa que o salário de uma mulher é, em média, 25,7% menor que o salário de um homem nas mesmas condições.

Se tivéssemos feito a mesma correção no Exemplo 7.4, teríamos obtido exp(0,054) − 1 ≈ 0,0555, ou cerca de 5,6%. A correção tem um efeito menor no Exemplo 7.4 do que no exemplo salarial, porque a magnitude do coeficiente da variável *dummy* é muito menor em (7.8) do que em (7.9).

De forma geral, se $\hat{\beta}_1$ for o coeficiente de uma variável *dummy*, digamos, x_1, quando $\log(y)$ é a variável dependente, a diferença percentual exata em y previsto quando $x_1 = 1$ *versus* quando $x_1 = 0$ é

$$100 \cdot [\exp(\hat{\beta}_1) - 1]. \qquad (7.10)$$

O coeficiente $\hat{\beta}_1$ estimado pode ser positivo ou negativo, e é importante preservar seu sinal ao computar (7.10).

A aproximação logarítmica tem a vantagem de produzir uma estimativa entre as magnitudes obtidas usando-se cada grupo como o grupo-base. Em particular, embora a equação (7.10) nos dê a melhor estimativa que $100 \cdot \hat{\beta}_1$ da porcentagem pela qual y de $x_1 = 1$ é maior que y de $x_1 = 0$ (7.10) não será uma boa estimativa se trocarmos o grupo-base. No Exemplo 7.5, podemos estimar a porcentagem pela qual o salário de um homem excederá o salário de uma mulher, e esta estimativa é $100 \cdot [\exp(\hat{\beta}_1) - 1] = 100 \cdot [\exp(0{,}297) - 1] \approx 34{,}6$. A aproximação, baseada em $100 \cdot \hat{\beta}_1$, 29,7, está entre 25,7 e 34,6 (e próximo ao meio). Portanto, faz sentido relatar que "a diferença em salários previstos, entre homens e mulheres é de aproximadamente 29,7%", sem a necessidade de definirmos qual é o grupo-base.

7.3 O uso de variáveis *dummy* para categorias múltiplas

Podemos usar diversas variáveis *dummy* independentes na mesma equação. Por exemplo, poderíamos adicionar a variável *dummy married* na equação (7.9). O coeficiente de *married* fornece o diferencial proporcional (aproximado) nos salários entre aqueles que são, ou não, casados, mantendo fixos gênero, *educ*, *exper* e *tenure*. Quando estimamos esse modelo, o coeficiente de *married* (com o erro padrão entre parênteses) é 0,053 (0,041), e o coeficiente de *female* passa a ser $-0{,}290$ (0,036). Assim, o "prêmio por ser casado" é estimado em torno de 5,3%, mas não é estatisticamente diferente de zero ($t = 1{,}29$). Uma limitação importante deste modelo é que o prêmio por ser casado é considerado o mesmo para homens e mulheres; isso é flexibilizado no exemplo a seguir.

EXEMPLO 7.6 Equação log do salário-hora

Estimemos um modelo que considere diferenças salariais entre quatro grupos: homens casados, mulheres casadas, homens solteiros e mulheres solteiras. Para fazermos isso temos de selecionar um grupo-base; escolhemos homens solteiros. Então, devemos definir as variáveis *dummy* para cada um dos demais grupos. Vamos chamá-los *marrmale*, *marrfem* e *singfem*. Colocando essas três variáveis na equação (7.9) (e, é claro, eliminando *female*, já que agora ela é redundante) produz

$$\widehat{\log(wage)} = 0{,}321 + 0{,}213 \text{ marrmale} - 0{,}198 \text{ marrfem}$$
$$\phantom{\widehat{\log(wage)} =} (0{,}100) (0{,}055) (0{,}058)$$
$$\phantom{\widehat{\log(wage)} =} - 0{,}110 \text{ singfem} + 0{,}079 \text{ educ} + 0{,}027 \text{ exper} - 0{,}00054 \text{ exper}^2$$
$$\phantom{\widehat{\log(wage)} =} (0{,}056) (0{,}007) (0{,}005) (0{,}00011) \qquad (7.11)$$
$$\phantom{\widehat{\log(wage)} =} + 0{,}029 \text{ tenure} - 0{,}00053 \text{ tenure}^2$$
$$\phantom{\widehat{\log(wage)} =} (0{,}007) (0{,}00023)$$
$$n = 526, R^2 = 0{,}461.$$

Todos os coeficientes, exceto o de *singfem*, têm estatísticas *t* bem acima de dois, em valores absolutos. A estatística *t* de *singfem* está em torno de −1,96, que é significante apenas ao nível de 5% contra uma alternativa bilateral.

Para interpretar os coeficientes das variáveis *dummy*, devemos nos lembrar de que o grupo-base é o de homens solteiros. Assim, as estimativas das três variáveis *dummy* medem a diferença proporcional nos salários-hora *relativamente* aos homens solteiros. Por exemplo, estima-se que os homens casados ganhem cerca de 21,3% a mais que os homens solteiros, mantendo fixas *educação*, *experiência* e *permanência* (*educ*, *exper* e *tenure*). [A estimativa mais precisa a partir de (7.10) está em torno de 23,7%.] Uma mulher casada, no entanto, ganharia 19,8% a menos que um homem solteiro com os mesmos níveis das outras variáveis.

Como o grupo-base é representado pelo intercepto na equação (7.11), incluímos variáveis *dummy* para apenas três dos quatro grupos. Se tivéssemos incluído uma variável *dummy* para homens solteiros em (7.11) cairíamos na armadilha da variável *dummy*, por termos introduzido colinearidade perfeita. Alguns programas de regressão corrigem automaticamente esse engano, enquanto outros apenas informam a existência de colinearidade perfeita. É melhor especificar cuidadosamente as variáveis *dummy*, pois isso nos forçará a interpretar apropriadamente o modelo final.

Embora os homens solteiros sejam o grupo-base em (7.11), podemos usar essa equação para obter a diferença estimada entre dois grupos quaisquer. Como o intercepto global é comum a todos os grupos, podemos ignorá-lo quando procuramos diferenças. Assim, a diferença proporcional estimada entre as mulheres solteiras e as casadas é −0,110 − (−0,198) = 0,088, o que significa que as mulheres solteiras ganham cerca de 8,8% a mais que as mulheres casadas. Infelizmente, não podemos usar a equação (7.11) para verificar se a diferença estimada entre as mulheres solteiras e as casadas é estatisticamente significante. O conhecimento dos erros padrão de *marrfem* e *singfem* não é suficiente para realizar o teste (veja Seção 4.4). O mais fácil a fazer é selecionar um desses grupos para ser o grupo-base e reestimar a equação. Nada de substancial mudará, mas obteremos a estimativa necessária e seu erro padrão de forma direta. Quando usamos as mulheres casadas como o grupo-base, obtemos

$$\widehat{\log(wage)} = 0{,}123 + 0{,}411 \, marrmale + 0{,}198 \, singmale + 0{,}088 \, singfem + \ldots,$$
$$\phantom{\widehat{\log(wage)} = } (0{,}106) \quad (0{,}056) \qquad\quad (0{,}058) \qquad\qquad (0{,}052)$$

em que, é claro, nenhum dos coeficientes ou dos erros padrão não descritos sofreu alterações. A estimativa do coeficiente de *singfem* é, como esperado, 0,088. Agora temos um erro padrão para acompanhar essa estimativa. A estatística *t* para a hipótese nula de que não existe diferença na população entre mulheres casadas e solteiras é $t_{singfem} = 0{,}088/0{,}052 \approx 1{,}69$. Essa é uma evidência marginal contra a hipótese nula. Também vemos que a diferença estimada entre os homens casados e as mulheres casadas é, estatisticamente, muito significante ($t_{marrmale} = 7{,}34$).

O exemplo acima ilustra um princípio geral para a inclusão de variáveis *dummy* que indicam grupos diferentes: se o modelo de regressão deve ter diferentes interceptos para, digamos, *g* grupos ou categorias, precisamos incluir *g* − 1 variáveis *dummy* no modelo, juntamente com um intercepto. O intercepto do grupo-base é o intercepto global no modelo, e o coeficiente da variável *dummy* de determinado grupo representa a diferença estimada nos interceptos entre aquele grupo e o grupo-base. A inclusão de *g* variáveis *dummy* juntamente com um intercepto resultará na armadilha da variável *dummy*. Uma alternativa é incluir *g* variáveis simuladas e excluir um intercepto global. A inclusão de *g* variáveis simuladas sem interceptos globais é algumas vezes vantajosa, mas tem duas inconveniências práticas. Primeira, ela torna excessivamente trabalhoso verificar diferenças com relação ao grupo-base. Segunda, pacotes de regressão normalmente alteram a maneira de como o *R*-quadrado é calculado quando não é incluído um intercepto global. Em particular, na fórmula $R^2 = 1 - SQR/SQT$, a soma dos quadrados total, SQT, é substituída por uma soma total dos quadrados que não centraliza y_i perto da sua média, digamos, $SQT_0 = \sum_{i=1}^{n} y_i^2$. O *R*-quadrado resultante, digamos, $R_0^2 = 1 - SQR/SQT_0$, é algumas vezes chamado de **R-quadrado não centrado**. Infelizmente, R_0^2 é raramente adequado como um indicador de qualidade de ajuste. É sempre verdade que $SQT_0 \geq SQT$ com igualdade somente se $\bar{y} = 0$. Frequentemente, SQT_0 é muito maior que SQT, o que significa que R_0^2 é muito maior que R^2. Por exemplo, se no exemplo anterior fizermos a regressão sobre *marrmale, singmale, marrfem, singfem* e outras variáveis explicativas – sem um intercepto –, o *R*-quadrado, relatado pelo Stata, que é R^2_0, é 0,948. Esse *R*-quadrado é um artefato de não centrar a soma dos quadrados total no cálculo. O *R*-quadrado correto é dado na equação (7.11) como 0,461. Alguns pacotes de regressão, inclusive o Stata, têm a opção para forçar o cálculo do *R*-quadrado centrado mesmo que não tenha sido incluído um intercepto global, e o uso desta opção é, de forma geral, uma boa ideia. Na vasta maioria dos casos, qualquer *R*-quadrado usado na comparação de uma SQR e SQT deve ser calculado centrando y_i perto de $\bar{y}$. Podemos considerar essa SQT como a soma dos quadrados dos resíduos obtida se simplesmente usarmos a média amostral, $\bar{y}$, para predizer cada y_i. Certamente estamos definindo a barreira bem baixa para qualquer modelo se tudo o que avaliamos é seu ajuste com relação ao uso de um indicador constante. Para um modelo sem um intercepto que se ajusta deficientemente, é possível que SQR > SQT, o que significa que R^2 seria negativo. O *R*-quadrado não centralizado estará sempre entre zero e um, o que provavelmente explica a razão de ele normalmente ser o padrão quando um intercepto não é estimado em modelos de regressão.

> **QUESTÃO 7.2**
>
> Nos dados sobre salários dos jogadores de beisebol encontrados no arquivo MLB1, os jogadores ocupam uma de seis posições: *frstbase, scndbase, thrdbase, shrtstop, outfield,* ou *catcher* (equivalente a: *pribase, segbase, terbase, interbase, jardext* ou *receptor*). Para possibilitar diferenças salariais entre as posições, com determinados defensores (*outfield*) como o grupo-base, quais variáveis *dummy* você incluiria como variáveis independentes?

7-3a Incorporação de informações ordinais com o uso de variáveis *dummy*

Suponha que gostaríamos de estimar o efeito do risco de crédito das cidades sobre as taxas de juros dos títulos públicos municipais (*MBR*). Várias instituições financeiras, como a Moody's Investors Service e a Standard and Poor's, classificam a qualidade da dívida de governos locais, na qual a classificação depende de fatores como a probabilidade de inadimplência (governos locais preferem taxas menores de juros para reduzir seus custos de empréstimos). À guisa de simplicidade, suponha que a classificação com zero sendo a pior classificação de crédito e quatro, o melhor. Este é um exemplo de uma **variável ordinal**. Vamos chamar essa variável de CR por definição. A questão a ser tratada é: Como incorporamos a variável CR em um modelo para explicar a variável MBR?

Uma possibilidade é apenas incluir CR como incluiríamos qualquer outra variável explicativa:

$$MBR = \beta_0 + \beta_1 CR + outros\ fatores,$$

em que deliberadamente não mostramos quais são os outros fatores. Nesse caso, β_1 é a mudança em pontos percentuais em MBR quando CR aumenta uma unidade, mantendo fixos todos os outros fatores. Infelizmente, é bastante difícil interpretar o aumento de uma unidade em CR. Sabemos o significado quantitativo de mais um ano de educação, ou de um dólar a mais gasto por aluno, mas fatores como risco de crédito, em geral, têm apenas significado ordinal. Sabemos que um CR de quatro é melhor que um CR de três, mas será que a diferença entre quatro e três é a mesma que a diferença entre um e zero? Se não, não fará sentido supor que o aumento de uma unidade em CR terá um efeito constante sobre MBR.

Uma abordagem melhor que podemos implementar, pois CR presume relativamente poucos valores, é definir variáveis *dummy* para cada valor de CR. Assim, definimos $CR_1 = 1$ se $CR = 1$, e, caso contrário, $CR_1 = 0$; $CR_2 = 1$ se $CR = 2$ e, caso contrário, $CR_2 = 0$, e assim por diante. Na realidade, levamos em conta o risco de crédito e o transformamos em cinco categorias. Dessa forma podemos estimar o modelo

$$MBR = \beta_0 + \delta_1 CR_1 + \delta_2 CR_2 + \delta_3 CR_3 + \delta_4 CR_4 + outros\ fatores. \qquad (7.12)$$

Seguindo nosso critério sobre inclusão de variáveis *dummy* em um modelo, incluímos quatro variáveis *dummy*, já que temos cinco categorias. A categoria aqui omitida é risco de crédito zero; e, portanto, ela é o grupo-base. (Esta é a razão pela qual não precisamos definir uma variável *dummy* para esta categoria.) Os coeficientes são de fácil interpretação: δ_1 é a diferença em MBR (outros fatores fixos) entre uma cidade com um risco de crédito um e uma cidade com um risco de crédito zero; δ_2 é a diferença em MBR entre uma cidade com um risco de crédito dois e uma cidade com um risco de crédito zero; e assim por diante. O movimento entre os índices de risco de crédito tem efeitos diferentes, de modo que o uso de (7.12) é muito mais flexível do que simplesmente considerarmos CR uma variável única. Uma vez definidas as variáveis *dummy*, estimar (7.12) é simples.

> **QUESTÃO 7.3**
>
> No modelo (7.12), como você testaria a hipótese nula de que o risco de crédito não tem efeito sobre MBR?

A equação (7.12) contém o modelo com um efeito parcial constante, sendo este um caso especial. Uma maneira de escrever as três restrições que implicam um efeito parcial constante é $\delta_2 = 2\delta_1$, $\delta_3 = 3\delta_1$ e $\delta_4 = 4\delta_1$. Quando incorporamos essas restrições à equação (7.12) e a reorganizamos, obtemos $MBR = \beta_0 + \delta_1 (CR_1 + 2CR_2 + 3CR_3 + 4CR_4) + outros\ fatores$. Agora, o termo que multiplica δ_1 é simplesmente a variável original do risco de crédito, CR. Ao obters a estatística F para testar as restrições do efeito parcial constante, obtemos o R-quadrado irrestrito de (7.12) e o R-quadrado restrito a partir da regressão de MBR sobre CR e os outros fatores que tenhamos controlado. A estatística F é obtida como na equação (4.41) com $q = 3$.

CAPÍTULO 7 Análise de regressão múltipla com informações qualitativas: variáveis binárias ...

EXEMPLO 7.7 Efeitos da atratividade física sobre os salários

Hamermesh e Biddle (1994) usaram indicadores de boa aparência física em uma equação de salários-hora. (O arquivo BEAUTY contém menos variáveis, mas mais observações do que as utilizadas por Hamermesh e Biddle; ver Exercício em Computador C12.). Cada pessoa da amostra foi classificada por um entrevistador quanto à aparência, utilizando cinco categorias (feia, comum, média, bonita e muito bonita). Como pouca gente se classifica nos dois extremos, os autores colocaram as pessoas em um dos três grupos para a análise de regressão, média, abaixo da média e acima da média, na qual o grupo-base era a média. Utilizando os dados da Quality of Employment Survey (Pesquisa de Qualidade do Emprego) de 1977, depois de terem sido controladas as características de produtividade habituais, Hamermesh e Biddle estimaram uma equação para homens:

$$\widehat{\log(wage)} = \hat{\beta}_0 - 0{,}164\, belavg + 0{,}016\, abvavg + outros\, fatores$$
$$(0{,}046) \qquad\qquad (0{,}033)$$
$$n = 700,\, \overline{R}^2 = 0{,}403$$

e uma equação para mulheres:

$$\widehat{\log(wage)} = \hat{\beta}_0 - 0{,}124\, belavg + 0{,}035\, abvavg + outros\, fatores$$
$$(0{,}066) \qquad\qquad (0{,}049)$$
$$n = 409,\, \overline{R}^2 = 0{,}330.$$

Os outros fatores controlados na regressão incluem educação, experiência, permanência, estado civil e raça; veja Tabela 3 no ensaio de Hamermesh e Biddle para uma lista mais completa. Para economizar espaço, os coeficientes das outras variáveis e do intercepto não são descritos no artigo.

Entre os homens, o artigo prevê que aqueles com aparência abaixo da média ganham cerca de 16,4% a menos que os com aparência média com os mesmos fatores (inclusive educação, experiência, permanência, estado civil e etnia). O efeito é estatisticamente diferente de zero, com $t = -3{,}57$. De modo semelhante, homens com aparência acima da média ganham 1,6% a mais, embora o efeito não seja estatisticamente significante ($t < 0{,}5$).

Uma mulher com aparência abaixo da média ganha cerca de 12,4% a menos que outra com aparência média, com $t = -1{,}88$. Como aconteceu com os homens, a estimativa do coeficiente de *abvavg* não é estatisticamente diferente de zero.

Em trabalhos relacionados, Biddle e Hamermesh (1998) reviram os efeitos da aparência sobre ganhos usando um grupo mais homogêneo: graduados de determinada faculdade de direito. Os autores continuaram verificando que a aparência física tem efeito sobre os ganhos anuais, algo que talvez não seja muito surpreendente entre os profissionais do direito.

Em alguns casos, a variável ordinal assume um número muito grande de valores, de maneira que não é possível incluir uma variável *dummy* para cada valor. Por exemplo, o arquivo LAWSCH85 contém dados sobre a mediana dos salários iniciais dos formados em faculdades de direito. Uma das principais variáveis explicativas é a classificação da faculdade de direito. Como cada faculdade tem posição diferente, evidentemente não podemos incluir uma variável *dummy* para cada posição. Se não quisermos colocar a classificação diretamente na equação, podemos dividi-la em categorias. O exemplo seguinte mostra como isso é feito.

EXEMPLO 7.8 Efeitos da classificação das faculdades de direito sobre salários iniciais

Defina as variáveis *dummy top10*, *r11_25*, *r26_40*, *r41_60* e *r61_100*, considerando valor unitário quando a variável *rank* cair na faixa apropriada. Definimos o grupo-base como o das faculdades classificadas abaixo de 100. A equação estimada é

$$\widehat{\log(salary)} = 9{,}17 + 0{,}700\ top10 + 0{,}594\ r11\_25 + 0{,}375\ r26\_40$$
$$(0{,}41)\quad (0{,}053)\qquad\quad (0{,}039)\qquad\quad (0{,}034)$$
$$+\ 0{,}263\ r41\_60 + 0{,}132\ r61\_100 + 0{,}0057\ LSAT$$
$$(0{,}028)\qquad\quad (0{,}021)\qquad\quad (0{,}0031)$$
$$+\ 0{,}041\ GPA + 0{,}036\ \log(libvol) + 0{,}0008\ \log(cost)$$
$$(0{,}074)\qquad (0{,}026)\qquad\qquad (0{,}0251)$$
$$n = 136,\ R^2 = 0{,}911,\ \overline{R}^2 = 0{,}905.$$

(7.13)

Vemos imediatamente que todas as variáveis *dummy* que definem as diferentes classificações são estatisticamente bastante significantes. A estimativa do coeficiente de *r61_100* significa que, mantendo fixos *LSAT*, *GPA*, *libvol* e *cost*, o salário mediano de ex-alunos formados em uma escola classificada entre as posições 61 e 100 é cerca de 13,2% mais alto do que o salário daquele de uma escola classificada abaixo de 100. A diferença entre as dez primeiras e as abaixo de 100 é bastante elevada. Fazendo os cálculos exatos dados na equação (7.10), temos exp(0,700) − 1 ≈ 1,014, e assim o salário mediano previsto é mais de 100% maior nas dez primeiras escolas do que nas abaixo de 100.

Para indicar se a divisão da classificação em diferentes grupos é um aperfeiçoamento, podemos comparar o *R*-quadrado ajustado de (7.13) com o *R*-quadrado ajustado com *rank* incluído como uma variável única: o primeiro é 0,905 e o segundo é 0,836, de modo que a flexibilidade adicional de (7.13) está garantida.

Curiosamente, quando a classificação é colocada nas categorias dadas (admitidamente arbitrárias), todas as outras variáveis tornam-se não significantes. Aliás, um teste para verificar a significância conjunta de *LSAT*, *GPA,* log(*libvol*) e log(*cost*) produz um *p*-valor de 0,055, que está no limite da significância. Quando *rank* é incluída em sua forma original, o *p*-valor da significância conjunta é zero até quatro casas decimais.

Um comentário final sobre este exemplo é que, na derivação das propriedades dos mínimos quadrados ordinários, presumimos que tínhamos uma amostra aleatória. A aplicação atual infringe essa hipótese em razão da maneira como *rank* foi definido: a classificação de uma faculdade necessariamente depende da classificação das outras escolas da amostra, e, portanto, os dados não podem representar extrações independentes da população de faculdades de direito. Isso não causa nenhum problema mais grave, desde que o termo de erro seja não correlacionado com as variáveis explicativas.

7.4 Interações com variáveis *dummy*

7-4a Interações entre variáveis *dummy*

Assim como as variáveis com significados quantitativos, as variáveis *dummy* também podem interagir em modelos de regressão. Vimos uma ilustração disso no Exemplo 7.6, no qual definimos quatro categorias com base em estado civil e gênero. Aliás, podemos reformular aquele modelo adicionando um **termo de interação** entre *female* e *married*, em que essas variáveis apareçam separadamente. Isso possibilita que o prêmio por ser casado dependa do gênero, como era o caso em (7.11). Com o propósito de comparação, o modelo estimado com o termo de interação *female-married* é

$$\widehat{\log(wage)} = 0{,}321 - 0{,}110 \, female + 0{,}231 \, married \\ \phantom{\widehat{\log(wage)} =} (0{,}100) \ (0{,}056) (0{,}055) \\ \phantom{\widehat{\log(wage)} =} - 0{,}301 \, female\cdot married + \ldots, \\ \phantom{\widehat{\log(wage)} =} (0{,}072)$$

(7.14)

em que o restante da regressão será necessariamente idêntico a (7.11). A equação (7.14) mostra de maneira explícita que existe uma interação estatisticamente significante entre gênero e estado civil. Este modelo também permite obter o diferencial estimado de salários-hora entre todos os quatro grupos, mas aqui devemos ter o cuidado de inserir a correta combinação de valores zero e um.

A definição *female* = 0 e *married* = 0 corresponde ao grupo de homens solteiros, que é o grupo-base, já que isso elimina *female*, *married* e *female* · *married*. Podemos encontrar o intercepto de homens casados definindo *female* = 0 e *married* = 1 em (7.14); isso produz um intercepto de 0,321 + 0,213 = 0,534, e assim por diante.

A equação (7.14) é apenas uma maneira diferente de encontrar diferenciais de salários (*wage*) entre todas as combinações de gênero e estado civil. Ela nos possibilita facilmente testar a hipótese nula de que o diferencial de gênero não depende do estado civil (e, de forma equivalente, que o diferencial de estado civil não depende do gênero). A equação (7.11) é mais conveniente para testar os diferenciais salariais entre qualquer grupo e o grupo-base de homens solteiros.

> **EXEMPLO 7.9** Efeitos da utilização de computadores nos salários-hora
>
> Krueger (1993) estima os efeitos da utilização de computadores sobre os salários. Ele define uma variável *dummy*, que chamaremos *compwork*, igual a um se a pessoa usa computador individual no trabalho. Outra variável *dummy*, *comphome*, é igual a um se a pessoa usa computador em casa. Pesquisando 13.379 pessoas da Current Population Survey (Pesquisa sobre a população atual – CPS) de 1989, Krueger (1993, Tabela 4) obtém
>
> $$\widehat{\log(wage)} = \hat{\beta}_0 + 0{,}177 \, compwork + 0{,}070 \, comphome \\ \phantom{\widehat{\log(wage)} =\hat{\beta}_0} (0{,}009) (0{,}019) \\ \phantom{\widehat{\log(wage)} =\hat{\beta}_0} + 0{,}017 \, compwork\cdot comphome + outros \, fatores. \\ \phantom{\widehat{\log(wage)} =\hat{\beta}_0} (0{,}023)$$
>
> (7.15)

(Os outros fatores são os padrões para regressões de salários, inclusive educação, experiência, gênero e estado civil; veja o ensaio de Krueger para a lista exata.) Krueger não descreve o intercepto porque ele não é importante; tudo que precisamos saber é que o grupo-base consiste em pessoas que não usam computador em casa ou no trabalho. Vale a pena observar que o retorno estimado do uso de computador no trabalho (mas não em casa) está em torno de 17,7%. (A estimativa mais precisa é de 19,4%.) De forma semelhante, as pessoas que usam computador em casa, não no trabalho, têm um prêmio salarial em torno de 7% sobre as que não usam computador, em casa ou no trabalho. O diferencial entre as que usam computador em ambos os locais e as que simplesmente não usam computador é de cerca de 26,4% (obtida com a adição dos três coeficientes e multiplicando o resultado por 100), ou a estimativa mais precisa de 30,2% obtida da equação (7.10).

O termo de interação em (7.15) não é estatisticamente significante, e tampouco muito grande economicamente. Entretanto, sua inclusão prejudica muito pouco a equação.

7-4b Considerando inclinações diferentes

Vimos vários exemplos de como permitir diferentes interceptos para qualquer número de grupos em um modelo de regressão múltipla. Também existem casos de interação de variáveis *dummy* com variáveis explicativas que não são *dummy* para permitir uma **diferença nas inclinações**. Continuando com o exemplo salarial, suponha que queiramos verificar se o retorno da educação é o mesmo para homens e mulheres, considerando um diferencial de salários constante entre homens e mulheres (um diferencial do qual já encontramos comprovação). Para simplificar, incluímos somente educação e gênero no modelo. Que tipo de modelo leva em conta retornos diferentes em educação? Considere o modelo

$$\log(wage) = (\beta_0 + \delta_0 female) + (\beta_1 + \delta_1 female)educ + u. \quad (7.16)$$

Se conectarmos *female* = 0 em (7.16), veremos que o intercepto de homens é β_0, ao passo que a inclinação na educação dos homens é β_1. Para as mulheres, colocamos *female* = 1; assim, o intercepto para as mulheres será $\beta_0 + \delta_0$ e a inclinação será $\beta_1 + \delta_1$. Portanto, δ_0 mede a diferença nos interceptos entre mulheres e homens, enquanto δ_1 mede a diferença no retorno da educação entre mulheres e homens. Dois dos quatro casos dos sinais de δ_0 e δ_1 são apresentados na Figura 7.2.

O gráfico (a) da Figura 7.2 mostra o caso em que o intercepto das mulheres está abaixo do intercepto dos homens, enquanto a inclinação da linha é menor para as mulheres do que para os homens. Isso significa que as mulheres ganham menos que os homens em todos os níveis de educação, e a diferença aumenta conforme *educ* se torna maior. No gráfico (b), o intercepto das mulheres está abaixo do intercepto dos homens, mas a inclinação da educação é maior para as mulheres. Isso significa que as mulheres ganham menos que os homens em baixos níveis de educação, mas a diferença diminui conforme a educação aumenta. Em algum ponto, uma mulher ganhará mais que um homem, dado o mesmo nível de educação (e esse ponto é facilmente encontrado, dada a equação estimada).

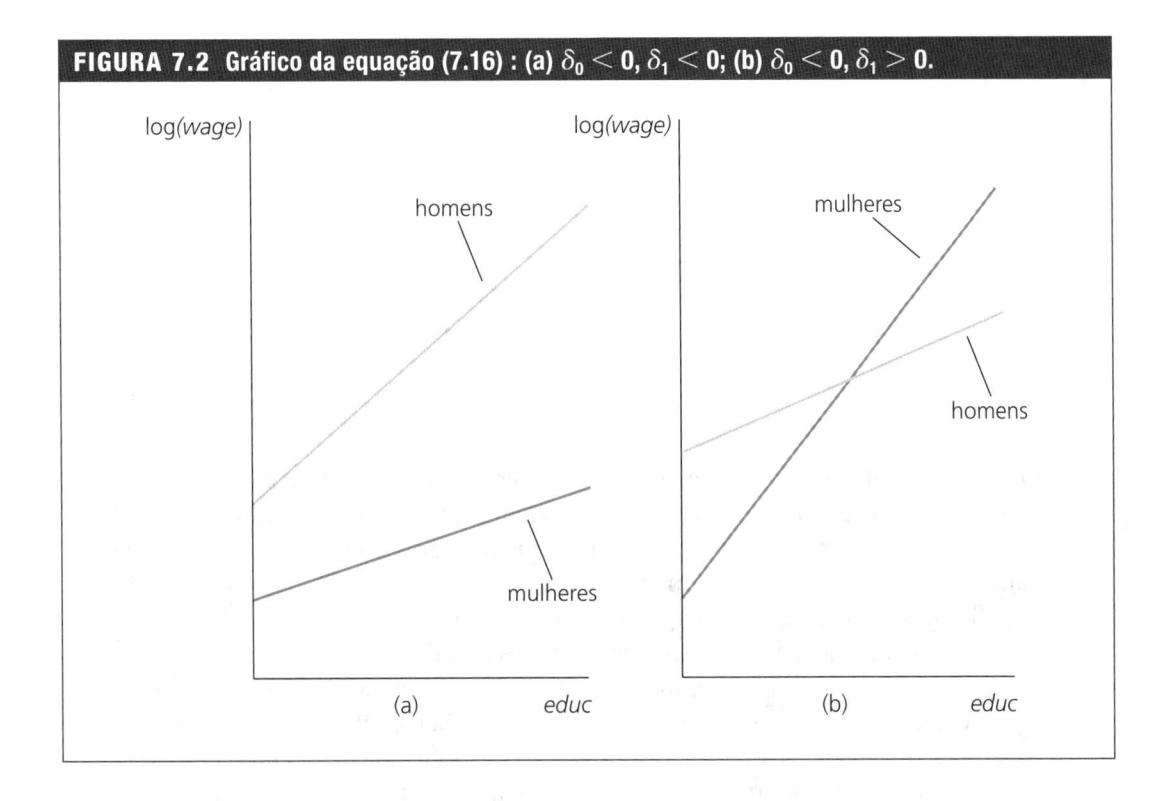

CAPÍTULO 7 Análise de regressão múltipla com informações qualitativas: variáveis binárias ... **263**

FIGURA 7.2 Gráfico da equação (7.16) : (a) $\delta_0 < 0, \delta_1 < 0$; (b) $\delta_0 < 0, \delta_1 > 0$.

Como podemos estimar o modelo (7.16)? Para aplicar os MQO, devemos escrever o modelo com uma interação entre *female* e *educ*:

$$\log(wage) = \beta_0 + \delta_0 female + \beta_1 educ + \delta_1 female \cdot educ + u. \quad (7.17)$$

Os parâmetros agora podem ser estimados a partir da regressão de log(*wage*) sobre *female*, *educ* e *female·educ*. A obtenção do termo de interação é fácil com o uso de qualquer programa de regressão. Não se assuste com a natureza estranha de *female·educ*, que será zero para qualquer homem na amostra e igual ao nível de educação de qualquer mulher na amostra.

Uma hipótese importante é que o retorno da educação é o mesmo para mulheres e homens. Em termos do modelo (7.17), isso é declarado como H_0: $\delta_1 = 0$, o que significa que a inclinação de log(*wage*) em relação a *educ* é a mesma para homens e mulheres. Observe que essa hipótese não faz nenhuma restrição sobre a diferença nos interceptos, δ_0. Um diferencial de salários entre homens e mulheres é admitido nessa hipótese nula, mas ele deve ser o mesmo em todos os níveis de educação. Essa circunstância é descrita pela Figura 7.1.

Também estamos interessados na hipótese em que os salários médios são idênticos para homens e mulheres que tenham os mesmos níveis de educação. Isso significa que *ambos* δ_0 e δ_1 devem ser zero sob a hipótese nula. Na equação (7.17) precisamos usar um teste F para testar H_0: $\delta_0 = 0$, $\delta_1 = 0$. No modelo com apenas uma diferença de interceptos, rejeitamos essa hipótese, pois H_0: $\delta_0 = 0$ é completamente rejeitada contra H_1: $\delta_0 < 0$.

EXEMPLO 7.10 — Equação Log dos Salários-Hora

Adicionemos termos quadráticos de experiência e permanência à equação (7.17):

$$\widehat{\log(wage)} = 0{,}389 - 0{,}227\,female + 0{,}082\,educ$$
$$\phantom{\widehat{\log(wage)} =}\;(0{,}119)\;\;(0{,}168)\;\;\;\;(0{,}008)$$
$$\phantom{\widehat{\log(wage)} =}\; - 0{,}0056\,female{\cdot}educ + 0{,}029\,exper - 0{,}00058\,exper^2$$
$$\phantom{\widehat{\log(wage)} =}\;\;\;(0{,}0131)\phantom{\,female{\cdot}educ}\;\;(0{,}005)\;\;(0{,}00011) \qquad (7.18)$$
$$\phantom{\widehat{\log(wage)} =}\; + 0{,}032\,tenure - 0{,}00059\,tenure^2$$
$$\phantom{\widehat{\log(wage)} =}\;\;\;(0{,}007)\;\;(0{,}00024)$$
$$n = 526,\; R^2 = 0{,}441.$$

O retorno estimado da educação dos homens nesta equação é 0,082, ou 8,2%. Para mulheres, o retorno é $0{,}082 - 0{,}0056 = 0{,}0764$, ou cerca de 7,6%. A diferença, $-0{,}56\%$, ou pouco mais de meio ponto percentual a menos para as mulheres, não é economicamente grande nem estatisticamente significante: a estatística t é $-0{,}0056/0{,}0131 \approx -0{,}43$. Assim, concluímos que não há comprovação contra a hipótese de que o retorno da educação seja o mesmo para homens e mulheres.

O coeficiente de *female*, embora permaneça economicamente grande, não é mais significante aos níveis convencionais ($t = -1{,}35$). Seu coeficiente e a estatística t na equação sem a interação eram $-0{,}297$ e $-8{,}25$, respectivamente [veja a equação (7.9)]. Devemos agora concluir que não existe evidência estatisticamente significante de salários mais baixos para mulheres nos mesmos níveis de *educ*, *exper* e *tenure*? Isso seria um erro grave. Como adicionamos a interação *female·educ* à equação, o coeficiente de *female* é agora estimado com muito menos precisão do que na equação (7.9): o erro padrão aumentou em quase cinco vezes ($0{,}168/0{,}036 \approx 4{,}67$). A razão disso é que *female* e *female·educ* são altamente correlacionados na amostra. Neste exemplo, existe uma maneira proveitosa de pensar sobre a multicolinearidade: na equação (7.17) e na equação mais geral estimada em (7.18), δ_0 mede o diferencial de salários entre mulheres e homens quando $educ = 0$. Poucas pessoas na amostra têm níveis muito baixos de educação, então não é surpreendente que tenhamos muito trabalho para estimar o diferencial em $educ = 0$ (tampouco o diferencial em zero anos de educação é muito informativo). Mais interessante seria estimar o diferencial por gênero no, digamos, nível médio de educação da amostra (cerca de 12,5). Para fazer isso, temos de substituir *female·educ* por *female·(educ − 12,5)* e computar novamente a regressão; isso muda apenas o coeficiente de *female* e seu erro padrão.(Veja Exercício em computador C7.)

Se computarmos a estatística F de H_0: $\delta_0 = 0$, $\delta_1 = 0$, obteremos $F = 34{,}33$, que é um enorme valor para uma variável aleatória F com numerador $gl = 2$ e denominador $gl = 518$: o p-valor é zero até quatro casas decimais. No final, preferimos o modelo (7.9), que considera um diferencial de salários-hora constante entre mulheres e homens.

QUESTÃO 7.4

Como você ampliaria o modelo estimado em (7.18) para possibilitar que o retorno de *tenure* se diferencie por gênero?

Como um exemplo mais complicado que envolve interações, examinamos agora os efeitos da raça e da composição racial das cidades sobre os salários dos jogadores de beisebol da liga principal desse esporte nos Estados Unidos.

EXEMPLO 7.11 — Efeitos da etnia sobre os salários dos jogadores de beisebol

Usando MLB, a equação seguinte é estimada para os 330 jogadores de beisebol da liga principal das cidades onde estão disponíveis estatísticas sobre a composição racial. As variáveis *black* (negro) e *hispan* são indicadores binários dos jogadores individuais. (O grupo-base é formado pelos jogadores brancos.) A variável *percblck* é a porcentagem de negros na cidade da equipe, enquanto *perchisp* é a porcentagem de hispânicos. As outras variáveis indicam aspectos da produtividade e da longevidade dos jogadores. Nesse caso, estamos interessados no efeito da etnia depois de termos controlado esses fatores.

Além de termos incluído *black* e *hispan* na equação, adicionamos as interações *black·percblck* e *hispan·perchisp*. A equação estimada é

$$\widehat{\log(salary)} = 10{,}34 + 0{,}0673\ years + 0{,}0089\ gamesyr$$
$$(2{,}18)\quad (0{,}0129)\qquad (0{,}0034)$$
$$+\ 0{,}00095\ bavg + 0{,}0146\ hrunsyr + 0{,}0045\ rbisyr$$
$$(0{,}00151)\qquad (0{,}0164)\qquad\qquad (0{,}0076)$$
$$+\ 0{,}0072\ runsyr + 0{,}0011\ fldperc + 0{,}0075\ allstar$$
$$(0{,}0046)\qquad (0{,}0021)\qquad\qquad (0{,}0029)$$
$$-\ 0{,}198\ black - 0{,}190\ hispan + 0{,}0125\ black{\cdot}percblck$$
$$(0{,}125)\qquad (0{,}153)\qquad\qquad (0{,}0050)$$
$$+\ 0{,}0201\ hispan{\cdot}perchisp$$
$$(0{,}0098)$$
$$n = 330,\ R^2 = 0{,}638. \tag{7.19}$$

Primeiro, devemos verificar se as quatro variáveis étnicas, *black*, *hispan*, *black·percblck* e *hispan·perchisp* são conjuntamente significantes. Usando os mesmos 330 jogadores, o R-quadrado quando as quatro variáveis étnicas são eliminadas é 0,626. Como existem quatro restrições e gl = 330 − 13 no modelo sem restrições, a estatística F está em torno de 2,63, o que produz um p-valor de 0,034. Assim, essas variáveis são conjuntamente significantes no nível de 5% (embora não o sejam no nível de 1%).

Como interpretaremos os coeficientes das variáveis étnicas? Na discussão seguinte, todos os fatores de produtividade são mantidos fixos. Primeiro, considere o que acontece com jogadores negros, mantendo fixo *perchisp*. O coeficiente −0,198 de *black* literalmente significa que, se um jogador negro estiver em uma cidade onde não haja negros (*percblck* = 0), então o jogador negro ganhará cerca de 19,8% menos do que um jogador branco nas mesmas condições. À medida que *percblck* aumenta – o que significa que a população branca diminui, já que *perchisp* é mantida fixa – os salários dos negros aumentam em comparação aos dos brancos. Em uma cidade com 10% de negros, log(*wage*) dos negros, se comparado com o dos brancos, é −0,198 + 0,0125(10) = −0,073, ou seja, os salários dos negros serão cerca de 7,3% menores que os dos brancos nessa cidade. Quando *percblck* = 20, os negros ganham cerca de 5,2% a mais que os brancos. A maior porcentagem de negros em uma cidade está em torno de 74% (Detroit).

De forma semelhante, os hispânicos ganham menos que os brancos em cidades com um baixo percentual de hispânicos. Todavia, podemos facilmente encontrar o valor de *perchisp* que torna o diferencial entre brancos e hispânicos igual a zero: ele deve ser $-0{,}190 + 0{,}0201\ perchisp = 0$, o que produz *perchisp* 9,45. Em cidades nas quais a porcentagem de hispânicos é menor do que 9,45%, é possível prever que os hispânicos ganharão menos que os brancos (para determinada população de negros), e o oposto é verdadeiro se o número de hispânicos estiver acima de 9,45%. Doze das 22 cidades representadas na amostra possuem população hispânica menor do que 9,45% da população total. A maior porcentagem de hispânicos está em torno de 31%.

Como interpretar esses resultados? Não podemos simplesmente alegar que existe discriminação contra negros e hispânicos, porque as estimativas indicam que os brancos ganham menos que os negros e os hispânicos em cidades densamente povoadas por minorias. A importância da composição racial de uma cidade sobre os salários pode ser em razão das preferências dos jogadores: talvez os melhores jogadores negros vivam em cidades com mais negros e os melhores jogadores hispânicos tendam a viver em cidades com maior concentração de hispânicos. As estimativas em (7.19) nos possibilitam determinar a presença de alguma relação, mas não temos condições de fazer a distinção entre essas duas hipóteses.

7-4c Verificação de diferenças nas funções de regressão entre grupos

Os exemplos anteriores ilustram que a interação de variáveis *dummy* com outras variáveis independentes pode ser uma ferramenta poderosa. Algumas vezes, queremos testar a hipótese nula de que duas populações, ou grupos, seguem a mesma função de regressão, contra a hipótese alternativa de que uma ou mais das inclinações diferem entre os grupos. Também veremos exemplos disso no Capítulo 13, quando discutiremos o agrupamento de diferentes cortes transversais ao longo do tempo.

Suponha que queiramos testar se o mesmo modelo de regressão descreve a nota média final em curso superior de atletas universitários masculinos e femininos. A equação é

$$cumgpa = \beta_0 + \beta_1 sat + \beta_2 hsperc + \beta_3 tothrs + u,$$

em que *sat* é a nota obtida no exame de ingresso em curso superior, *hsperc* é o percentil da classificação no ensino médio e *tothrs* é o total de horas do curso superior. Sabemos que, para considerar uma diferença nos interceptos, podemos incluir uma variável *dummy* para masculino ou feminino. Se quisermos que qualquer uma das inclinações dependa do gênero, simplesmente fazemos a interação da variável apropriada com, digamos, *female*, e a incluímos na equação.

Se estivermos interessados em verificar se existe *qualquer* diferença entre homens e mulheres, então devemos admitir um modelo no qual o intercepto e todas as inclinações possam ser diferentes entre os grupos:

$$cumgpa = \beta_0 + \delta_0 female + \beta_1 sat + \delta_1 female \cdot sat + \beta_2 hsperc \\ + \delta_2 female \cdot hsperc + \beta_3 tothrs + \delta_3 female \cdot tothrs + u. \quad (7.20)$$

O parâmetro δ_0 é a diferença nos interceptos entre mulheres e homens, δ_1 é a diferença de inclinações em relação a *sat* entre mulheres e homens, e assim por diante. A hipótese nula de que *cumgpa* segue o mesmo modelo para homens e mulheres é escrita da seguinte forma:

$$H_0: \delta_0 = 0, \delta_1 = 0, \delta_2 = 0, \delta_3 = 0. \quad (7.21)$$

Se um dos δ_j for diferente de zero, então os modelos são diferentes para homens e mulheres.

Utilizando os dados do primeiro semestre do arquivo GPA3, o modelo completo é estimado como

$$\widehat{cumgpa} = 1{,}48 - 0{,}353\, female + 0{,}0011\, sat + 0{,}00075\, female{\cdot}sat$$
$$(0{,}21)\ (0{,}411) \qquad\quad (0{,}0002) \qquad\quad (0{,}00039)$$
$$-0{,}0085\, hsperc - 0{,}00055\, female{\cdot}hsperc + 0{,}0023\, tothrs$$
$$(0{,}0014) \qquad\quad (0{,}00316) \qquad\qquad\qquad (0{,}0009) \quad (7.22)$$
$$-0{,}00012\, female{\cdot}tothrs$$
$$(0{,}00163)$$
$$n = 366,\ R^2 = 0{,}406,\ \overline{R}^2 = 0{,}394.$$

Nenhum dos quatro termos de interação na variável *dummy female* é estatisticamente muito significante; somente a interação *female·sat* tem uma estatística *t* próxima de dois. Entretanto, sabemos que não devemos confiar nas estatísticas *t* individuais para testar uma hipótese conjunta como (7.21). Para calcular a estatística *F* devemos estimar o modelo restrito, que resulta da eliminação de *female* e de todas as interações; isso produz um R^2 (o R^2 restrito) em torno de 0,352, de modo que a estatística *F* está em torno de 8,14; o *p*-valor é zero até cinco casas decimais, o que nos leva a rejeitar completamente (7.21). Assim, os modelos que especificam GPA de atletas masculinos e femininos são diferentes, embora cada termo em (7.22), que permitem que homens e mulheres sejam diferentes, sejam individualmente não significantes ao nível de 5%.

O grande erro padrão da variável *female* e os termos de interação tornam difícil dizer com precisão como diferem homens e mulheres. Precisamos ter muito cuidado na interpretação da equação (7.22), pois, na obtenção das diferenças entre homens e mulheres, os termos de interação devem ser levados em conta. Se olharmos somente a variável *female*, concluiremos erroneamente que *cumgpa* é cerca de 0,353 menor para mulheres do que para homens, mantendo fixos os outros fatores. Esta é a diferença estimada somente quando *sat*, *hsperc* e *tothrs* são definidas como zero, o que não é um cenário interessante. Com *sat* = 1.100, *hsperc* = 10 e *tothrs* = 50, a *diferença* prevista entre uma mulher e um homem é $-0{,}353 + 0{,}00075\,(1.100) - 0{,}00055(10) - 0{,}00012(50) \approx 0{,}461$. Ou seja, é possível prever que a atleta feminina tem *cumgpa* quase meio ponto mais alta que um atleta masculino nas mesmas condições.

Em um modelo com três variáveis, *sat*, *hsperc* e *tothrs*, é muito simples adicionar todas as interações para testar diferenças entre grupos. Em alguns casos, muito mais variáveis explicativas estão envolvidas, e, portanto, é conveniente termos uma maneira diferente de computar a estatística. A soma dos quadrados dos resíduos da estatística *F* pode ser computada facilmente mesmo quando muitas variáveis independentes estão envolvidas.

No modelo geral com k variáveis explicativas e um intercepto, suponha que tenhamos dois grupos, que chamaremos de $g = 1$ e $g = 2$. Gostaríamos de verificar se o intercepto e todas as inclinações são os mesmos nos dois grupos. Escreva o modelo como

$$y = \beta_{g,0} + \beta_{g,1}x_1 + \beta_{g,2}x_2 + \ldots + \beta_{g,k}x_k + u, \qquad (7.23)$$

para $g = 1$ e $g = 2$. A hipótese de que cada beta em (7.23) é o mesmo nos dois grupos envolve $k + 1$ restrições (no exemplo de GPA, $k + 1 = 4$). O modelo sem restrições, que pode ser entendido como tendo uma variável *dummy* de grupo e k termos de interação, além do intercepto e das próprias variáveis, tem $n - 2(k + 1)$ graus de liberdade. [No exemplo de GPA, $n - 2(k + 1) = 366 - 2(4) = 358$.] Até aqui, não há novidade alguma. A percepção básica é que a soma dos quadrados dos resíduos do modelo sem restrições pode ser obtida de duas regressões *separadas*, uma para cada grupo. Seja SQR_1 a soma dos quadrados dos resíduos obtida ao estimar (7.23) para o primeiro grupo; isso envolve n_1 observações. Seja SQR_2 a soma dos quadrados dos resíduos obtida ao estimar o modelo que usa o segundo grupo (n_2 observações). No exemplo anterior, se o grupo 1 for de mulheres, $n_1 = 90$ e $n_2 = 276$. Agora, a soma dos quadrados dos resíduos do modelo sem restrições é simplesmente $SQR_{ir} = SQR_1 + SQR_2$. A soma dos quadrados dos resíduos restrita é somente a SQR do agrupamento dos grupos e da estimativa de uma única equação, digamos SQR_p. Uma vez calculados esses termos, computamos a estatística F da forma habitual:

$$F = \frac{[SQR_P - (SQR_1 + SQR_2)]}{SQR_1 + SQR_2} \cdot \frac{[n - 2(k + 1)]}{k + 1} \qquad (7.24)$$

em que n é o número *total* de observações. Essa estatística F específica é usualmente chamada em econometria de **estatística de Chow**. Como o teste de Chow é apenas um teste F, ele só é válido sob homoscedasticidade. Em particular, sob a hipótese nula, as variâncias dos erros dos dois grupos devem ser iguais. Como sempre, a normalidade não é necessária para a análise assimptótica.

Para aplicarmos a estatística de Chow no exemplo de GPA, precisamos da SQR da regressão que reuniu os grupos: ela é $SQR_p = 85,515$. A SQR das 90 mulheres na amostra é $SQR_1 = 19,603$ e a SQR dos homens é $SQR_2 = 58,752$. Portanto, $SQR_{ir} = 19,603 + 58,752 = 78,355$. A estatística F é $[(85,515 - 78,355)/78,355](358/4) \approx 8,18]$; naturalmente, sujeito ao erro de arredondamento, isso é o que obtemos usando a forma R-quadrado do teste nos modelos com e sem os termos de interação. (Uma advertência: não existe uma forma R-quadrado simples do teste se forem estimadas regressões separadas para cada grupo; a forma R-quadrado do teste poderá ser usada somente se tiverem sido incluídas interações para criar o modelo sem restrições.)

Uma limitação importante do teste de Chow, independentemente do método usado para implementá-lo, é a hipótese nula não permitir nenhuma diferença entre os grupos. Em muitos casos, é mais interessante considerar uma diferença nos interceptos entre os grupos e depois verificar as diferenças das inclinações; vimos uma ilustração disso na equação salarial no Exemplo 7.10. Há duas maneiras de fazer com que os interceptos difiram sob a hipótese nula. Uma delas é incluir a *dummy* do grupo e todos os termos de interação, como na equação (7.22), mas apenas testar a significância conjunta dos termos de interação. A segunda é calcular uma estatística F como na equação (7.24), mas onde a soma dos quadrados restrita, chamada de "SQR$_p$" na equação (7.24), é obtida pela regressão que permite somente um deslocamento do intercepto. Já que estamos testando as restrições k em vez de $k + 1$, a estatística F se torna:

$$F = \frac{[SQR_P - (SQR_1 + SQR_2)]}{SQR_1 + SQR_2} \cdot \frac{[n - 2(k + 1)]}{k}.$$

Com essa abordagem no exemplo do GPA, obtém-se SQR$_P$ a partir da regressão de *cumgpa* sobre *famale, sat, hsperc* e *tothrs*, usando os dados de estudantes-atletas homens e mulheres.

Como existem relativamente poucas variáveis explicativas no exemplo do GPA, é fácil estimar a equação (7.20) e testar H$_0$: $\delta_1 = 0$, $\delta_2 = 0$, $\delta_3 = 0$ (com δ_0 irrestrito sob a hipótese nula). A estatística F das três restrições de exclusão dá um p-valor igual a 0,205, por isso, não rejeitamos a hipótese nula até um nível de significância de 20%.

A impossibilidade de rejeitar a hipótese de que os parâmetros que multiplicam os termos de interação são todos zero sugere que o melhor modelo permite somente uma diferença de interceptos:

$$\widehat{cumgpa} = 1{,}39 + 0{,}310 \text{ } female + 0{,}0012 \text{ } sat - 0{,}0084 \text{ } hsperc$$
$$(0{,}18) \text{ } (0{,}059) \quad\quad (0{,}0002) \quad\quad (0{,}0012)$$
$$+ 0{,}0025 \text{ } tothrs \quad\quad\quad\quad\quad\quad (7.25)$$
$$(0{,}0007)$$
$$n = 366, R^2 = 0{,}398, \overline{R}^2 = 0{,}392.$$

Os coeficientes das inclinações em (7.25) estão próximos daqueles do grupo-base (homens) em (7.22); a eliminação das interações altera pouca coisa. Contudo, *female* em (7.25) é altamente significativa: sua estatística t está acima de cinco, sugerindo que, em determinados níveis de *sat, hsperc* e *tothrs*, uma atleta mulher tem uma *cumgpa* prevista que é 0,31 pontos mais alta que a de um atleta homem. Essa é, de fato, uma diferença importante.

7.5 Uma variável dependente binária: o modelo de probabilidade linear

até agora, aprendemos bastante sobre as propriedades e a aplicabilidade do modelo de regressão linear múltipla. Nas últimas seções, estudamos como podemos incorporar informações qualitativas, por exemplo, variáveis explicativas em um modelo de regressão múltipla, por meio do uso de variáveis independentes binárias. Em todos os modelos vistos até agora, a variável dependente y teve um significado *quantitativo* (por exemplo, y é um montante em dólares, uma pontuação em um teste, uma porcentagem ou seus logs). O que acontece se quisermos usar regressão múltipla para *explicar* um evento qualitativo?

No caso mais simples, o evento que gostaríamos de explicar e que aparece com muita frequência na prática, é um resultado binário. Em outras palavras, nossa variável dependente, y, assume somente um dos dois valores: zero ou um. Por exemplo, y

pode ser definido para indicar se um adulto concluiu o ensino médio; y pode indicar se um aluno do curso superior usou drogas ilegais durante determinado ano escolar; ou y pode indicar se uma empresa foi absorvida por outra durante determinado ano. Em cada um desses exemplos, podemos definir que $y = 1$ represente um dos resultados e $y = 0$, o outro.

Isso significaria escrever um modelo de regressão múltipla, tal como

$$y = \beta_0 + \beta_1 x_1 + \ldots + \beta_k x_k + u, \tag{7.26}$$

quando y for uma variável binária? Como y pode assumir somente dois valores, β_j não pode ser interpretado como a mudança em y em razão do aumento de uma unidade em x_j, mantendo fixos todos os outros fatores: y somente muda de zero para um ou de um para zero (ou não muda). No entanto, os coeficientes β_j ainda têm interpretações úteis. Se presumirmos que a hipótese de média condicional zero RLM.4 é válida, isto é, $E(u|x_1,\ldots, x_k) = 0$, então teremos, como sempre,

$$E(y|\mathbf{x}) = \beta_0 + \beta_1 x_1 + \ldots + \beta_k x_k,$$

em que $\mathbf{x}$ é uma forma abreviada que representa todas as variáveis explicativas.

O ponto principal é que, quando y é uma variável binária que adota os valores zero e um, é sempre verdade que $P(y = 1|\mathbf{x}) = E(y|\mathbf{x})$: a probabilidade de "sucesso" — isto é, a probabilidade de que $y = 1$ — é a mesma do valor esperado de y. Assim, temos a importante equação

$$P(y = 1|\mathbf{x}) = \beta_0 + \beta_1 x_1 + \ldots + \beta_k x_k, \tag{7.27}$$

que mostra a probabilidade de sucesso, digamos, $p(\mathbf{x}) = P(y = 1|\mathbf{x})$, uma função linear de x_j. A equação (7.27) é um exemplo de modelo de resposta binária, e $P(y = 1|\mathbf{x})$ também é chamado de **probabilidade de resposta**. (Trataremos de outros modelos de resposta binária no Capítulo 17.) Como a soma das probabilidades deve ser um, $P(y = 0|\mathbf{x}) = 1 - P(y = 1|\mathbf{x})$ também é uma função linear de x_j.

O modelo de regressão linear múltipla com uma variável dependente binária é chamado de **modelo de probabilidade linear (MPL)** porque a probabilidade de resposta é linear nos parâmetros β_j. No MPL, β_j mede a mudança na probabilidade de sucesso quando x_j muda, mantendo fixos os outros fatores:

$$\Delta P(y = 1|\mathbf{x}) = \beta_j \Delta x_j. \tag{7.28}$$

Com isso em mente, o modelo de regressão múltipla pode nos permitir estimar o efeito de diversas variáveis explicativas sobre eventos qualitativos. A mecânica do MQO é a mesma de antes.

Se escrevermos a equação estimada como

$$\hat{y} = \hat{\beta}_0 + \hat{\beta}_1 x_1 + \ldots + \hat{\beta}_k x_k,$$

temos que nos lembrar que $\hat{y}$ é a probabilidade de sucesso prevista. Portanto, $\hat{\beta}_0$ é a probabilidade de sucesso prevista quando cada x_j é definido como zero, o que pode, ou não, ser interessante. O coeficiente de inclinação $\hat{\beta}_1$ mede a mudança prevista na probabilidade de sucesso quando x_1 aumenta em uma unidade.

Para interpretarmos corretamente um modelo de probabilidade linear, precisamos saber o que constitui um "sucesso". Assim, é uma boa ideia dar à variável dependente um nome que descreva o evento $y = 1$. Como exemplo, definamos *inlf* ("na força de trabalho") como uma variável binária que indica a participação na força de trabalho de uma mulher casada, durante 1975: $inlf = 1$ se a mulher informar ter trabalhado com remuneração fora de casa em algum período do ano, e zero, caso contrário. Presumimos que a participação na força de trabalho depende de outras fontes de renda, inclusive a renda do marido (*nwifeinc*, expressa em milhares de dólares), anos de estudo (*educ*), experiência anterior no mercado de trabalho (*exper*), *age*, número de filhos menores de seis anos (*kidslt6*) e número de filhos entre 6 e 18 anos (*kidsge6*). Utilizando os dados de Mroz (1987), estimamos o seguinte modelo de probabilidade linear, no qual 428 das 753 mulheres da amostra informam que estiveram na força de trabalho em algum período do ano de 1975:

$$\widehat{inlf} = 0{,}586 - 0{,}0034\ nwifeinc + 0{,}038\ educ + 0{,}039\ exper$$
$$\phantom{\widehat{inlf} = }(0{,}154)\ \ (0{,}0014)(0{,}007)(0{,}006)$$
$$\phantom{\widehat{inlf} = }- 0{,}00060\ exper^2 - 0{,}016\ age - 0{,}262\ kidslt6 + 0{,}013\ kidsge6 \quad (7.29)$$
$$\phantom{\widehat{inlf} = }(0{,}00018)(0{,}002)(0{,}034)(0{,}013)$$
$$n = 753, R^2 = 0{,}264.$$

Usando as estatísticas t habituais, todas as variáveis em (7.29), exceto *kidsge6*, são estatisticamente significantes e todas as variáveis significantes têm os efeitos que esperaríamos baseados na teoria econômica (ou no bom senso).

Para interpretar as estimativas, devemos nos lembrar de que uma alteração na variável independente muda a probabilidade de que $inlf = 1$. Por exemplo, o coeficiente de *educ* significa que, tudo o mais em (7.29) mantido fixo, mais um ano de educação aumenta a probabilidade de participação na força de trabalho em 0,038. Se interpretarmos essa equação literalmente, mais dez anos de educação aumentarão a probabilidade de estar na força de trabalho em 0,038(10) = 0,38, o que é um aumento bastante grande em uma probabilidade. A relação entre a probabilidade de participação na força de trabalho e *educ* está traçada na Figura 7.3. As outras variáveis independentes são fixadas nos valores *nwifeinc* = 50, *exper* = 5, *age* = 30, *kidslt6* = 1 e *kidsge6* = 0, para fins ilustrativos. A probabilidade prevista é negativa até que o nível de educação iguale 3,84 anos. Isso não deve causar muita preocupação porque, na amostra, nenhuma mulher tem menos de cinco anos de estudo. O nível de educação mais alto informado é de 17 anos, e isso leva a uma probabilidade prevista de 0,5. Se definíssemos as outras variáveis independentes com diferentes valores, a gama de probabilidades previstas se alteraria. Contudo, o efeito marginal de mais um ano de educação na probabilidade de participação na força de trabalho será sempre 0,038.

O coeficiente de *nwifeinc* sugere que, se $\Delta nwifeinc = 10$ (o que significa um aumento de US\$ 10.000), a probabilidade de que uma mulher esteja na força de trabalho diminui em 0,034. Esse não é um efeito especialmente grande, considerando que um aumento na renda de US\$ 10.000 é bastante significativo em termos de dólares de 1975. A experiência foi incluída como um termo quadrático para possibilitar que o efeito da experiência anterior tenha um efeito decrescente na probabilidade de participação na força de trabalho. Mantendo fixos outros fatores, a mudança estimada na probabilidade será aproximadamente $0{,}039 - 2(0{,}0006)exper = 0{,}039 - 0{,}0012\ exper$. O ponto no qual a experiência anterior não tem efeito sobre a probabilidade de

FIGURA 7.3 Relação estimada entre a probabilidade de estar na força de trabalho e anos de educação, com outras variáveis explicativas fixas.

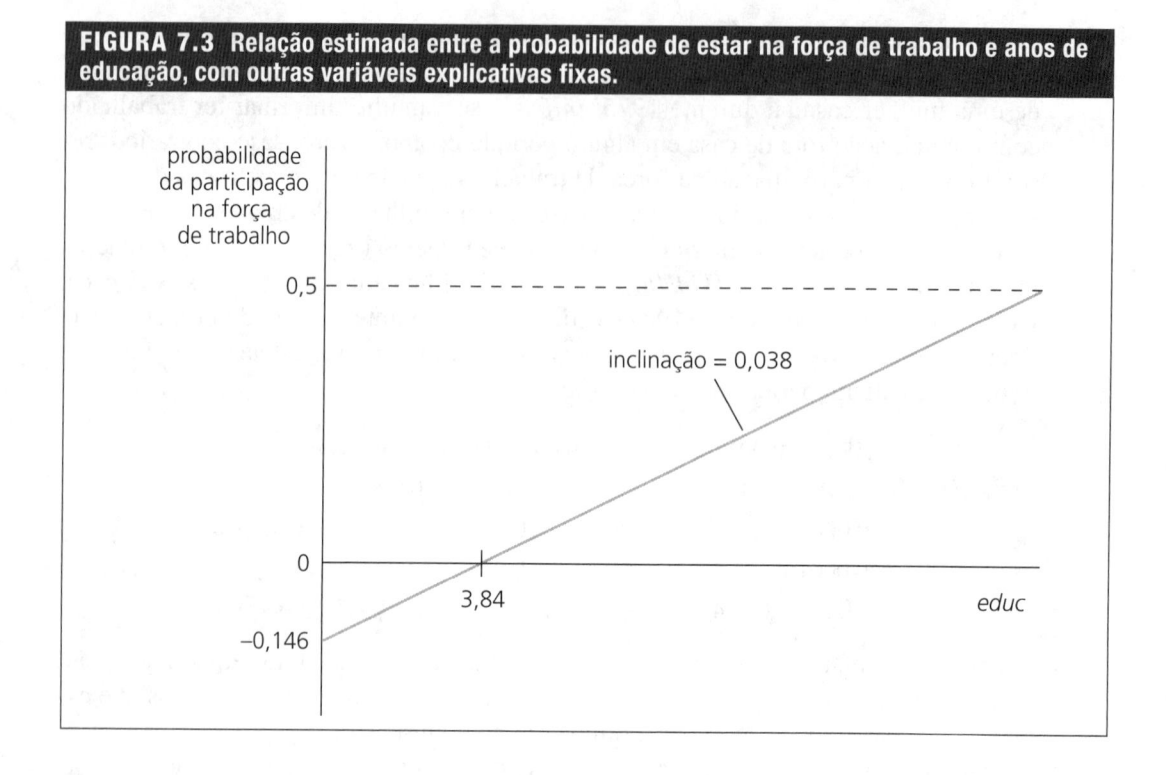

[Figura: gráfico mostrando uma reta com inclinação = 0,038, cruzando o eixo vertical em −0,146, o eixo horizontal em educ = 3,84, e atingindo 0,5 no extremo direito. Eixo vertical: probabilidade da participação na força de trabalho; eixo horizontal: educ.]

participação na força de trabalho é $0{,}039/0{,}0012 = 32{,}5$, que é um alto nível de experiência: somente 13 das 753 mulheres na amostra têm mais de 32 anos de experiência.

Ao contrário do número de filhos mais velhos, o número de filhos mais novos tem um enorme impacto na participação na força de trabalho. Ter mais um filho com menos de seis anos de idade reduz a probabilidade de participação na força de trabalho em −0,262, nos níveis dados das outras variáveis. Na amostra, pouco menos de 20% das mulheres têm pelo menos um filho nessa faixa de idade.

Este exemplo ilustra o quanto é fácil estimar e interpretar os modelos de probabilidade linear, mas também destaca algumas de suas deficiências do MPL. Primeiro, é fácil verificar que, se agregarmos certas combinações de valores das variáveis independentes em (7.29), podemos obter previsões menores que zero ou maiores que um. Como estamos falando de probabilidades previstas, e probabilidades que devem estar entre zero e um, isso pode ser um pouco complicado. Por exemplo, qual seria o sentido de prever que uma mulher está na força de trabalho com uma probabilidade de −0,10? Aliás, das 753 mulheres na amostra, 16 dos valores estimados usando (7.29) são menores que zero, e 17 dos valores estimados são maiores que um.

Um problema relacionado é que a probabilidade não pode ser linearmente relacionada com as variáveis independentes em todos os seus possíveis valores. Por exemplo, a equação (7.29) prevê que o efeito de passar de zero filho para um filho pequeno reduz a probabilidade de trabalhar em 0,262. Essa também é a redução se a mulher passar de um filho para dois. Pareceria mais realista que o primeiro filho reduzisse a probabilidade em grande escala, enquanto os filhos subsequentes tivessem um efeito marginal menor. De fato, quando levada ao extremo, a equação (7.29) sugere que passar de zero para quatro filhos reduz a probabilidade de trabalhar em $\Delta \widehat{inlf} = 0{,}262(\Delta kidslt6) = 0{,}262(4) = 1{,}048$, o que é impossível.

Mesmo com esses problemas, o modelo de probabilidade linear é útil e frequentemente aplicado em economia. Em geral, ele funciona bem com os valores das variáveis independentes que estejam próximos das médias na amostra. No exemplo da participação na força de trabalho, não existe nenhuma mulher na amostra que tenha quatro filhos pequenos; aliás, somente três mulheres têm três filhos pequenos. Mais de 96% das mulheres não têm filhos ou têm apenas um, e assim provavelmente deveríamos restringir nossa atenção neste caso, quando interpretarmos a equação estimada.

Probabilidades previstas fora do intervalo da unidade são um pouco problemáticas quando queremos fazer previsões. Contudo, há maneiras de usar as probabilidades estimadas (mesmo se algumas forem negativas ou maiores que um) para prever um resultado zero-um. Como anteriormente, denote $\hat{y}_i$ os valores ajustados — que podem não estar limitados entre zero e um. Defina um valor previsto como $\tilde{y}_i = 1$ se $\hat{y}_i \geq 0{,}5$ e $\tilde{y}_i = 0$ se $\hat{y}_i < 0{,}5$. Agora temos um conjunto de valores previstos, $\tilde{y}_i$, $i = 1, ..., n$, que, como y_i, são ou zero ou um. Podemos usar os dados em y_i e $\tilde{y}_i$ para obter as frequências com as quais corretamente podemos prever $y_i = 1$ e $y_i = 0$, como também a proporção das previsões corretas globais. O último indicador, quando transformado em porcentagem, é um indicador de qualidade de ajuste amplamente usado para variáveis dependentes binárias: **porcentagem corretamente prevista**. Um exemplo é dado na seção Exercício em computador C9, e comentários adicionais, no contexto de modelos mais avançados, podem ser encontrados na Seção 17.1.

Em razão da natureza binária de y, o modelo de probabilidade linear infringe uma das hipóteses de Gauss-Markov. Quando y é uma variável binária, sua variância, condicional em $\mathbf{x}$, é

$$\text{Var}(y|\mathbf{x}) = p(\mathbf{x})[1 - p(\mathbf{x})], \quad (7.30)$$

em que $p(\mathbf{x})$ é uma forma abreviada da probabilidade de sucesso: $p(\mathbf{x}) = \beta_0 + \beta_1 x_1 + ... + \beta_k x_k$. Isso significa que, com exceção do caso em que a probabilidade não depende de qualquer das variáveis independentes, *deve* haver heteroscedasticidade no modelo de probabilidade linear. Sabemos, do Capítulo 3, que isso não causa viés nos estimadores MQO de β_j. Entretanto, sabemos também, dos Capítulos 4 e 5, que a homoscedasticidade é crucial para justificar as estatísticas t e F habituais, mesmo em amostras grandes. Como os erros padrão em (7.29) não são, de forma geral, válidos, devemos usá-los com cuidado. Mostraremos como corrigir os erros padrão quanto à heteroscedasticidade no Capítulo 8. Em muitas aplicações, as estatísticas MQO habituais não ficam muito distorcidas, e ainda é aceitável no trabalho aplicado apresentar uma análise MQO padrão de um modelo de probabilidade linear.

EXEMPLO 7.12 Um modelo de probabilidade linear de prisões

Façamos *arr86* ser uma variável binária igual à unidade se um homem foi preso durante o ano de 1986, e zero, caso contrário. A população é um grupo de homens jovens na Califórnia nascidos em 1960 ou 1961 que tenham sido presos pelo menos uma vez antes de 1986. Um modelo de probabilidade linear para descrever *arr86* é

$arr86 = \beta_0 + \beta_1 pcnv + \beta_2 avgsen + \beta_3 tottime + \beta_4 ptime86 + \beta_5 qemp86 + u,$

em que *pcnv* é a proporção de condenações anteriores, *avgsen* é a duração média da sentença por condenações anteriores (em meses), *tottime* é o número de meses passados na prisão desde os 18 anos de idade antes de 1986, *ptime86* é o número de meses passados na prisão durante 1986 e *qemp86* é o número de trimestres (0 a 4) que o homem esteve legalmente empregado em 1986.

Os dados que usamos estão no arquivo CRIME1, o mesmo conjunto de dados usado para o Exemplo 3.5. Neste caso, usamos uma variável dependente binária, porque somente 7,2% dos homens da amostra foram presos mais de uma vez. Cerca de 27,7% foram presos pelo menos uma vez durante 1986. A equação estimada é

$$\widehat{arr86} = 0{,}441 - 0{,}162\, pcnv + 0{,}0061\, avgsen - 0{,}0023\, tottime$$
$$\phantom{\widehat{arr86} =\ } (0{,}017)\ \ (0{,}021)\ \ \ \ \ \ \ \ \ (0{,}0065)\ \ \ \ \ \ \ \ \ \ (0{,}0050)$$
$$\phantom{\widehat{arr86} =\ } -\ 0{,}022\, ptime86 - 0{,}043\, qemp86 \tag{7.31}$$
$$\phantom{\widehat{arr86} =\ } (0{,}005)\ \ \ \ \ \ \ \ \ \ \ \ (0{,}005)$$
$$n = 2{,}725,\ R^2 = 0{,}0474.$$

O intercepto 0,441 é a probabilidade esperada de prisão de alguém que não tenha sido condenado (e, portanto, *pcnv* e *avgsen* são zero), não tenha passado tempo na prisão desde a idade de 18 anos, não tenha passado tempo na prisão em 1986, e esteve desempregado durante o ano inteiro. As variáveis *avgsen* e *tottime* não são significantes tanto individual como conjuntamente (o teste F produz p-valor = 0,347), e *avgsen* terá um sinal anti-intuitivo se sentenças mais longas supostamente desencorajarem a criminalidade. Grogger (1991), utilizando um conjunto ampliado desses dados e métodos econométricos diferentes, verificou que *tottime* tem efeito *positivo* estatisticamente significante sobre as prisões e concluiu que *tottime* é um indicador do capital humano construído em torno de atividades criminais.

O aumento da probabilidade de condenação não reduz a probabilidade de prisões, mas precisamos ser cuidadosos quando interpretarmos a magnitude do coeficiente. A variável *pcnv* é uma proporção entre zero e um; assim, a alteração de *pcnv* de zero para um significará mudar de não haver possibilidade de ser condenado para ser condenado com certeza. Mesmo essa grande mudança reduz a probabilidade de ser preso em somente 0,162; aumentando *pcnv* em 0,5 decresce a probabilidade de ser preso em 0,081.

O efeito das prisões é dado pelo coeficiente de *ptime86*. Se um homem estiver na cadeia, ele não pode ser preso. Como *ptime86* é medido em meses, seis meses a mais na prisão reduzem a probabilidade de ser preso em 0,022(6) = 0,132. A equação (7.31) fornece outro exemplo no qual o modelo de probabilidade linear não pode ser verdadeiro em toda a amplitude das variáveis independentes. Se um homem esteve preso durante todos os 12 meses do ano de 1986, ele não pôde ser preso nesse ano. Definindo todas as outras variáveis iguais a zero, a probabilidade prevista de prisão quando *ptime86* = 12 será 0,441 − 0,022(12) = 0,177, que é diferente de zero. Mesmo assim, se partirmos da probabilidade incondicional de prisão, 0,277, 12 meses na prisão reduzem a probabilidade a praticamente zero: 0,277 − 0,022(12) = 0,13.

Finalmente, o emprego reduz a probabilidade de ser preso de maneira significante. Com todos os outros fatores mantidos fixos, um homem empregado em todos os quatro trimestres tem 0,172 menos probabilidade de ser preso do que outro desempregado.

Também podemos incluir variáveis *dummy* independentes em modelos com variáveis *dummy* dependentes. O coeficiente mede a diferença prevista na probabilidade relativa no grupo de base. Por exemplo, se adicionarmos duas *dummies* de etnia, *black* e *hispan*, à equação sobre prisões, obteremos

$$\widehat{arr86} = 0{,}380 - 0{,}152\ pcnv + 0{,}0046\ avgsen - 0{,}0026\ tottime$$
$$(0{,}019)\ \ (0{,}021)\ \ \ \ \ \ \ \ \ (0{,}0064)\ \ \ \ \ \ \ \ \ \ \ \ (0{,}0049)$$
$$- 0{,}024\ ptime86 - 0{,}038\ qemp86 + 0{,}170\ black + 0{,}096\ hispan \quad (7.32)$$
$$(0{,}005)\ \ \ \ \ \ \ \ \ \ \ \ (0{,}005)\ \ \ \ \ \ \ \ \ \ \ (0{,}024)\ \ \ \ \ \ \ \ \ (0{,}021)$$
$$n = 2.725,\ R^2 = 0{,}0682.$$

O coeficiente de *negro* (*black*) significa que, tendo todos os outros fatores iguais, um homem negro tem uma probabilidade 0,17 maior de ser preso do que um homem branco (o grupo-base). Outra maneira de expressar isso é dizer que a probabilidade de prisão é 17 pontos percentuais mais elevada para os negros do que para os brancos. A diferença também é estatisticamente significante. De forma semelhante, homens hispânicos têm uma probabilidade 0,096 maior de serem presos do que um homem branco.

> **QUESTÃO 7.5**
>
> Qual é a probabilidade de prisão prevista para um homem negro que nunca tenha sido condenado — portanto *pcnv*, *avgsen*, *tottime* e *ptime86* são todas zero — e que esteve empregado em todos os quatro trimestres de 1986? Isso parece razoável?

7.6 Um pouco mais sobre análise e avaliação de políticas e programas governamentais

vimos alguns exemplos de modelos que contêm variáveis *dummy* que podem ser úteis para a avaliação das políticas de governo. O Exemplo 7.3 deu uma mostra de avaliação de programa governamental, para a qual algumas empresas receberam subsídios para treinamento de pessoal e outras não.

Como mencionamos anteriormente, precisamos ser cuidadosos ao avaliarmos programas de governo, pois na maioria dos exemplos em ciências sociais, os grupos de controle e de tratamento não são determinados aleatoriamente. Considere novamente o estudo de Holzer et al. (1993), de acordo com o qual estamos agora interessados no efeito dos subsídios para treinamento de pessoal sobre a produtividade dos trabalhadores (em contraposição à quantidade de treinamento). A equação de interesse é

$$\log(scrap) = \beta_0 + \beta_1 grant + \beta_2 \log(sales) + \beta_3 \log(employ) + u,$$

em que *rejei* é a taxa de rejeição dos produtos da empresa, e as últimas duas variáveis são incluídas como controles. A variável binária *grant* indica se a empresa recebeu subsídios para treinamento de pessoal em 1988.

Antes de examinarmos as estimativas, devemos nos preocupar em saber se os fatores não observados que afetam a produtividade dos trabalhadores — tais como os níveis médios de educação, aptidão, experiência e permanência no emprego — podem estar correlacionados com o fato de a empresa ter recebido subsídios. Holzer et al. destacam que os subsídios foram concedidos na ordem de chegada das solicitações. Isso não é a mesma coisa que distribuir os subsídios de forma aleatória. Pode ser que empresas com trabalhadores menos produtivos tenham visto oportunidade de melhorar a produtividade e, portanto, tenham sido mais diligentes na solicitação de subsídios.

Utilizando os dados contidos no arquivo JTRAIN de 1988 – quando as empresas foram efetivamente qualificadas a receber subsídios – obtemos

$$\widehat{\log(scrap)} = 4{,}99 - 0{,}052\, grant - 0{,}455 \log(sales)$$
$$(4{,}66)\ \ (0{,}431) \qquad\quad (0{,}373)$$
$$+ 0{,}639 \log(employ) \quad\quad (7.33)$$
$$(0{,}365)$$
$$n = 50, R^2 = 0{,}072.$$

(Dezessete das 50 empresas receberam subsídios para treinamento, e o índice médio de rejeição entre todas as empresas é de 3,47.) A estimativa de $-0{,}052$ de *grant* significa que, para *sales* e *employ* dados, as empresas que receberam subsídios têm índice de rejeição cerca de 5,2% menor do que o daquelas que não receberam. Essa é a tendência do efeito esperado se os subsídios ao treinamento forem eficientes, mas a estatística *t* é muito pequena. Assim, desta análise de corte transversal, devemos concluir que os subsídios não tiveram efeito sobre a produtividade das empresas. Retornaremos a este exemplo no Capítulo 9 e mostraremos como a adição de informações de um ano anterior conduz a conclusões bastante diferentes.

Mesmo nos casos em que a análise das políticas de governo não envolve a atribuição de unidades para um grupo de controle e para um grupo de tratamento, devemos ser cuidadosos ao incluir fatores que possam estar sistematicamente relacionados com as variáveis independentes binárias de interesse. Um bom exemplo disso é fazer um teste sobre discriminação étnica. Etnia não é algo determinado por um indivíduo ou por administradores governamentais. De fato, etnia parece ser um exemplo perfeito de uma variável explicativa exógena, já que é determinada quando do nascimento da pessoa. Todavia, por razões históricas, etnia não é necessariamente exógena: existem diferenças culturais sistemáticas entre as etnias e essas diferenças podem ser importantes em um teste sobre a discriminação *corrente*.

Como um exemplo, considere a possibilidade de fazermos um teste para verificar a discriminação na aprovação de empréstimos. Se pudermos colher informações sobre, digamos, solicitações de empréstimos hipotecários individuais, poderemos definir a variável *dummy* dependente *approved* como igual a um se uma solicitação foi aprovada, e zero, caso contrário. Uma diferença sistemática nas taxas de aprovação entre as etnias será uma indicação de discriminação. Contudo, como a aprovação depende de muitos outros fatores, inclusive renda, riqueza, classificação do risco de crédito e capacidade de pagamento do empréstimo, devemos controlar esses fatores *se* neles houver diferenças sistemáticas entre as etnias. Um modelo de probabilidade linear para testar a discriminação pode parecer com o seguinte:

approved $= \beta_0 + \beta_1 nonwhite + \beta_2 income + \beta_3 wealth + \beta_4 credrate +$ *outros fatores*.

A discriminação contra as minorias é indicada por uma rejeição de H_0: $\beta_1 = 0$ em favor de H_0: $\beta_1 < 0$, porque β_1 é o montante pelo qual a probabilidade de uma pessoa não branca obter uma aprovação difere da probabilidade de uma pessoa branca obtê-la, dados os mesmos níveis das outras variáveis na equação. Se *income, wealth* etc. forem sistematicamente diferentes entre as etnias, então será importante controlar esses fatores em uma análise de regressão múltipla.

Outro problema que frequentemente surge em avaliações de políticas e programas de governo é que os indivíduos (ou empresas ou cidades) escolhem participar ou não de certos procedimentos ou programas. Por exemplo, as pessoas escolhem fazer uso de drogas ilegais ou de bebidas alcoólicas. Se quisermos examinar os efeitos desses comportamentos sobre a situação de desemprego, a renda ou a atividade criminal, deveremos nos preocupar com o fato de que o uso de drogas pode estar correlacionado a outros fatores que possam afetar os resultados do emprego e da criminalidade. Crianças qualificadas para participar de programas de desenvolvimento mental e da saúde infantil são incluídas nesses programas [como o HeadStart] com base na decisão de seus pais. Como a formação familiar é levada em conta nas decisões desses programas e afeta os resultados dos alunos, devemos controlar esses fatores ao verificarmos seus efeitos [veja, por exemplo, Currie e Thomas (1995)]. Indivíduos selecionados por empregadores ou por agências governamentais para participarem de programas de treinamento no emprego podem participar ou não, e essa decisão provavelmente não será aleatória [veja, por exemplo, Lynch (1992)]. Cidades e estados decidem implementar certas leis de controle de armas, e muito provável que essa decisão estará sistematicamente relacionada a outros fatores que afetam crimes violentos [veja, por exemplo, Kleck e Patterson (1993)].

O parágrafo anterior dá exemplos do que, de forma geral, é conhecido como problemas de **autosseleção** em economia. Literalmente, o termo advém do fato de que os indivíduos se autosselecionam para certos procedimentos ou programas: a participação não é determinada de forma aleatória. O termo é usado em geral quando um indicador binário de participação pode estar sistematicamente relacionado com fatores não observados. Assim, se escrevermos o modelo simples

$$y = \beta_0 + \beta_1 partic + u, \tag{7.34}$$

em que *y* é uma variável de resultado e *partic* é uma variável binária igual à unidade se o indivíduo, empresa ou cidade participa de um procedimento, programa ou tem certo tipo de lei, então estamos preocupados com o valor médio de *u* que depende da participação: $E(u|partic = 1) \neq E(u|partic = 0)$. Como sabemos, isso levará o estimador β_1 da regressão simples a ser viesado, e, portanto, não encontraremos o efeito verdadeiro da participação. Assim, o problema da autosseleção é outra maneira de uma variável explicativa (*partic*, neste caso) poder ser endógena.

Por enquanto sabemos que a análise de regressão múltipla pode, até certo ponto, aliviar o problema de autosseleção. Fatores no termo de erro da equação (7.34) que sejam correlacionados com *partic* podem ser incluídos em uma equação de regressão múltipla, presumindo, é claro, que possamos coletar os dados desses fatores. Infelizmente, em muitos casos, preocupa-nos que fatores não observados estejam relacionados com a participação, caso em que a regressão múltipla produzirá estimadores viesados.

Na análise padrão de regressão múltipla que usa dados de corte transversal, devemos ficar atentos com o aparecimento de efeitos espúrios de programas nas variáveis de resultado devido ao problema de autosseleção. Um bom exemplo disto está contido em Currie e Cole (1993). Esses autores examinam os efeitos da participação, em um programa específico de auxílio para famílias com dependentes menores de idade, sobre o peso dos recém-nascidos. Mesmo após controlar uma variedade de famílias e características culturais, os autores obtêm estimativas MQO que sugerem que a participação nesse programa específico *diminui* o peso dos recém-nascidos. Como os autores ressaltam, é difícil acreditar que a participação no programa, por si própria, seja a *causa* do peso menor dos recém-nascidos. [Veja Currie (1995) para exemplos adicionais.] Utilizando um método econométrico diferente, que discutiremos no Capítulo 15, Currie e Cole encontraram evidência tanto para nenhum efeito como para um efeito *positivo* da participação no programa de auxílio para famílias com dependentes menores de idade, sobre o peso dos recém-nascidos.

Quando o problema de autosseleção faz com que a análise de regressão múltipla seja viesada em razão da falta de suficientes variáveis de controle, métodos mais avançados, tratados nos Capítulos 13, 14 e 15 poderão ser usados.

7.7 Interpretando resultados de regressão com variáveis dependentes discretas

uma resposta binária é a forma mais extrema de uma variável discreta: ela assume apenas dois valores, zero e um. Como discutimos na Seção 7.5, os parâmetros de um modelo linear de probabilidade podem ser interpretados como a medida das mudanças na *probabilidade* de $y = 1$ devido a um aumento de uma unidade em uma variável explicativa. Também discutimos que, como y é um resultado zero-um, $P(y = 1) = E(y)$, e essa igualdade continua quando a condicionamos sobre variáveis explicativas.

Outras variáveis dependentes discretas surgem na prática, e já vimos alguns exemplos, como o número de vezes em que alguém é preso em determinado ano (Exemplo 3.5). Estudos sobre fatores que afetam a fertilidade geralmente usam o número de crianças vivas como a variável dependente em uma análise de regressão. Do mesmo modo que o número de prisões, o número de crianças vivas assume um pequeno conjunto de valores inteiros, e zero é um valor comum. Os dados do arquivo FERTIL2, que contém informações sobre uma grande amostra de mulheres na Botsuana, constituem um desses exemplos. Geralmente os demógrafos estão interessados nos efeitos da educação sobre a fertilidade, dando especial atenção à tentativa de determinar se a educação tem efeito causal sobre a fertilidade. Estes exemplos criam uma questão sobre como interpretar os coeficientes de regressão: afinal de contas, ninguém pode ter uma fração de filho.

Para ilustrar essas questões, a regressão abaixo usa os dados do arquivo FERTIL2:

$$\widehat{children} = -1{,}997 + 0{,}175\, age - 0{,}090\, educ \quad [7.35]$$
$$(0{,}094)\ (0{,}003) \quad\quad (0{,}006)$$
$$n = 4.361,\ R^2 = 0{,}560.$$

Dessa vez, ignoramos a questão de essa regressão controlar adequadamente todos os fatores que afetam a fertilidade. Em vez disso, focamos na interpretação dos coeficientes da regressão.

Considere o principal coeficiente de interesse, $\hat{\beta}_{educ} = -0{,}090$. Se interpretarmos essa estimativa de forma literal, ela diz que cada ano adicional de educação reduz o número estimado de filhos em 0,090 – algo obviamente impossível para qualquer mulher. Um problema similar surge quando tentamos interpretar $\hat{\beta}_{age} = 0{,}175$. Como podemos dar sentido a esses coeficientes?

A interpretação de resultados de regressão geralmente é útil, mesmo em casos em que y é discreto e assume um pequeno número de valores, para lembrar a interpretação de MQO como estimativa dos efeitos de x_j sobre o valor esperado (ou médio) de y. Normalmente, sob as Hipóteses RLM.1 e RLM.4,

$$E(y|x_1, x_2, \ldots, x_k) = \beta_0 + \beta_1 x_1 + \ldots + \beta_k x_k. \qquad [7.36]$$

Portanto, β_j é o efeito de um aumento *ceteris paribus* de x_j sobre o valor esperado de y. Conforme discutimos na Seção 6.4, para determinado conjunto de valores de x_j, interpretamos o valor previsto, $\hat{\beta}_0 + \hat{\beta}_1 x_1 + \ldots + \hat{\beta}_k x_k$, como uma estimativa de $E(y|x_1, x_2, \ldots, x_k)$. Assim, $\hat{\beta}_j$ é nossa estimativa de como a média de y muda quando $\Delta x_j = 1$ (mantendo outros fatores fixos).

Visto sob esse ângulo, podemos agora dar sentido aos resultados da regressão como na equação (7.35). O coeficiente $\hat{\beta}_{educ} = -0{,}090$ significa que estimamos que a fertilidade média cai 0,09 crianças dado um ou mais anos de educação. Uma boa forma de resumir essa interpretação é que, se cada mulher em um grupo de 100 obtiver mais um ano de educação, estimamos que haverá nove filhos a menos entre elas.

Adicionar variáveis *dummy* às regressões quando y, por si só, é discreto não causa problemas quando interpretamos o efeito estimado em termos de valores médios. Usando os dados do arquivo FERTIL2 obtemos

$$\widehat{children} = -2{,}071 + 0{,}177\, age - 0{,}079\, educ - 0{,}362\, electric$$
$$(0{,}095)\ (0{,}003)\qquad (0{,}006)\qquad (0{,}068) \qquad [7.37]$$
$$n = 4.358,\ R^2 = 0{,}562,$$

onde *electric* é uma variável *dummy* igual a um se a mulher vive em uma casa com eletricidade. É claro que pode não ser verdade que determinada mulher que viva em uma casa com eletricidade tenha 0,362 filhos a menos do que outra que viva em uma casa sem eletricidade. Contudo, podemos dizer que, ao compararmos 100 mulheres que vivam em casas com eletricidade com outras 100 mulheres que vivam em casas sem eletricidade – com a mesma idade e nível de educação –, estimamos que o primeiro grupo tem cerca de 36 crianças a menos.

Casualmente, quando y é discreto, o modelo linear nem sempre proporciona as melhores estimativas de efeitos parciais sobre $E(y|x_1, x_2, \ldots, x_k)$. O Capítulo 17 contém modelos mais avançados e métodos de estimação que tendem a ajustar melhor os dados quando a amplitude de y é limitada de alguma forma substancial. No entanto, um modelo linear estimado por MQO geralmente fornece uma boa aproximação dos efeitos parciais reais, pelo menos em média.

Resumo

Neste capítulo aprendemos como usar informações qualitativas na análise de regressão. No caso mais simples, uma variável *dummy* é definida para fazer a distinção entre dois grupos, e o coeficiente estimado da variável *dummy* estima a diferença *ceteris paribus* entre os dois grupos. A admissão de mais de dois grupos é realizada pela definição de um conjunto de variáveis *dummy*: se houver g grupos, então $g - 1$ variáveis *dummy* são incluídas no modelo. Todas as estimativas das variáveis *dummy* são interpretadas em relação ao grupo-base ou referencial (o grupo para o qual nenhuma variável *dummy* é incluída no modelo).

As variáveis *dummy* também são úteis para incorporar informações ordinais, como classificações de crédito e de aparência pessoal, em modelos de regressão. Simplesmente definimos um conjunto de variáveis *dummy* que representam os diferentes resultados da variável ordinal, admitindo uma das categorias como grupo-base.

Para possibilitar diferenças de inclinações entre os diferentes grupos, as variáveis *dummy* podem interagir com variáveis quantitativas. No caso extremo, podemos permitir que cada grupo tenha sua própria inclinação em todas as variáveis, como também seu próprio intercepto. O teste de Chow pode ser usado para detectar se existem quaisquer diferenças entre os grupos. Em muitos casos, é mais interessante verificar se, depois de termos permitido uma diferença de interceptos, as inclinações de dois grupos diferentes são as mesmas. Um teste F padrão pode ser usado para esse propósito em um modelo irrestrito que inclua interações entre a *dummy* do grupo e todas as variáveis.

O modelo de probabilidade linear, que é simplesmente estimado pelo MQO, possibilita explicar uma resposta binária usando análise de regressão. As estimativas MQO agora são interpretadas como alterações na probabilidade de "sucesso" ($y = 1$), dado um aumento de uma unidade na variável explicativa correspondente. O MPL tem algumas inconveniências: pode produzir probabilidades previstas menores que zero ou maiores que um, implica um efeito marginal constante de cada variável explicativa que aparece em sua forma original e contém heteroscedasticidade. Os primeiros dois problemas muitas vezes não são graves quando estamos obtendo estimativas dos efeitos parciais das variáveis explicativas na faixa intermediária dos dados. A heteroscedasticidade invalida os erros padrão usuais do MQO e as estatísticas de testes, mas, como veremos no próximo capítulo, isso é facilmente corrigido em amostras suficientemente grandes.

A Seção 7.6 apresenta uma discussão sobre como variáveis binárias são utilizadas para avaliar políticas e programas. Como em uma análise de regressão, devemos nos lembrar de que a participação em programas, ou outro regressor binário com implicações políticas, deve ser correlacionada com fatores não observáveis que afetem a variável dependente, resultando no viés usual de variáveis omitidas.

Terminamos este capítulo com uma discussão geral sobre como interpretar equações de regressão quando a variável dependente é discreta. O essencial é se lembrar de que os coeficientes podem ser interpretados como os efeitos sobre o valor esperado da variável dependente.

Termos-chave

Análise de políticas
Armadilha da variável *dummy*
Autosseleção
Avaliação de programas
Deslocamento de intercepto
Diferença nas inclinações
Estatística de Chow
Grupo de controle

Grupo de referência
Grupo de tratamento
Grupo experimental
Grupo-base
Modelo de probabilidade linear (MPL)
Porcentagem corretamente prevista

Probabilidade de resposta
R-quadrado não centrado
Termo de interação
Variáveis *dummy*
Variável binária
Variável ordinal
Variável zero-um

Problemas

1. Utilizando os dados contidos no arquivo SLEEP75 (veja também o Problema 3.3), obtemos a equação estimada

$$\widehat{sleep} = 3.840{,}83 - 0{,}163\, totwrk - 11{,}71\, educ - 8{,}70\, age$$
$$(235{,}11)\ (0{,}018) \qquad (5{,}86) \qquad (11{,}21)$$
$$+ 0{,}128\, age^2 + 87{,}75\, male$$
$$(0{,}134) \qquad (34{,}33)$$
$$n = 706,\ R^2 = 0{,}123,\ \bar{R}^2 = 0{,}117.$$

A variável *sleep* é o total de minutos gastos por semana dormindo durante a noite, *totwrk* é o total de minutos semanais gastos trabalhando, *educ* e *age* são medidas em anos e *male* é uma variável *dummy* de gênero.

(i) Supondo todos os outros fatores iguais, existe evidência de que os homens durmam mais que as mulheres? O quanto essa evidência é forte?

(ii) Existe uma relação de substituição estatisticamente significante entre trabalhar e dormir? Qual é a relação de substituição estimada?

(iii) Que outras regressões você precisa executar para testar a hipótese nula de que, mantendo fixos os outros fatores, a idade não tem efeito sobre dormir?

2. As seguintes equações foram estimadas utilizando os dados contidos no arquivo BWGHT:

$$\widehat{\log(bwght)} = 4{,}66 - 0{,}0044\, cigs + 0{,}0093\, \log(faminc) + 0{,}016\, parity$$
$$(0{,}22)\ (0{,}0009) \qquad (0{,}0059) \qquad\qquad (0{,}006)$$
$$+ 0{,}027\, male + 0{,}055\, white$$
$$(0{,}010) \qquad (0{,}013)$$
$$n = 1.388,\ R^2 = 0{,}0472$$

e

$$\widehat{\log(bwght)} = 4{,}65 - 0{,}0052\, cigs + 0{,}0110\, \log(faminc) + 0{,}017\, parity$$
$$(0{,}38)\ (0{,}0010) \qquad (0{,}0085) \qquad\qquad (0{,}006)$$
$$+ 0{,}034\, male + 0{,}045\, white - 0{,}0030\, motheduc + 0{,}0032\, fatheduc$$
$$(0{,}011) \qquad (0{,}015) \qquad\quad (0{,}0030) \qquad\qquad (0{,}0026)$$
$$n = 1.191,\ R^2 = 0{,}0493.$$

As variáveis são definidas como no Exemplo 4.9, mas adicionamos uma variável *dummy* para o caso de a criança ser do sexo masculino e uma variável *dummy* que indica se a criança é classificada como branca.

(i) Na primeira equação, interprete o coeficiente da variável *cigs*. Particularmente, qual é o efeito no peso dos recém-nascidos se a mãe fumar dez ou mais cigarros por dia?

(ii) Quanto se espera que um recém-nascido branco pese a mais que uma criança não branca, mantendo fixos todos os outros fatores na primeira equação? A diferença é estatisticamente significante?

(iii) Comente sobre o efeito estimado e a significância estatística de *motheduc*.

(iv) Com a informação dada, por que você não terá condições de calcular a estatística F da significância conjunta de *motheduc* e *fatheduc*? O que você teria de fazer para calcular a estatística F?

3. Utilizando os dados contidos no arquivo GPA2, a seguinte equação foi estimada:

$$\widehat{sat} = 1.028{,}10 + 19{,}30\, hsize - 2{,}19\, hsize^2 - 45{,}09\, female$$
$$\phantom{\widehat{sat} =\ } (6{,}29)\quad\ (3{,}83)\qquad\ (0{,}53)\qquad\quad (4{,}29)$$
$$\phantom{\widehat{sat} =\ } - 169{,}81\, black + 62{,}31\, female\cdot black$$
$$\phantom{\widehat{sat} =\ } (12{,}71)\qquad\quad (18{,}15)$$
$$n = 4.137,\ R^2 = 0{,}0858.$$

A variável *sat* é a pontuação combinada de matemática e habilidade verbal do estudante para ingresso em curso superior (SAT); *hsize* é o tamanho da classe do aluno no ensino médio, em centenas; *female* é uma variável *dummy* para gênero; *black* é uma variável *dummy* da raça igual a um para negros, e zero, caso contrário.

(i) Existe forte evidência de que $hsize^2$ deva ser incluída no modelo? Desta equação, qual é o tamanho ótimo da classe no ensino médio?

(ii) Mantendo fixo *hsize*, qual é a diferença estimada na nota SAT entre mulheres não negras e homens não negros? O quanto é estatisticamente significante essa diferença estimada?

(iii) Qual é a diferença estimada na *sat* entre homens não negros e homens negros? Teste a hipótese nula de que não há diferença entre suas notas, contra a hipótese alternativa de que existe uma diferença.

(iv) Qual é a diferença estimada na nota *sat* entre mulheres negras e mulheres não negras? O que você necessitaria fazer para verificar se a diferença é estatisticamente significante?

4. Uma equação que explica os salários dos diretores-executivos é

$$\widehat{\log(salary)} = 4{,}59 + 0{,}257\, \log(sales) + 0{,}011\, roe + 0{,}158\, finance$$
$$ (0{,}30)\ (0{,}032)\qquad\qquad (0{,}004)\qquad (0{,}089)$$
$$ + 0{,}181\, consprod - 0{,}283\, utility$$
$$ (0{,}085)\qquad\qquad (0{,}099)$$
$$n = 209,\ R^2 = 0{,}357.$$

Os dados usados estão no arquivo CEOSAL1, no qual *finance*, *consprod* e *utility* são variáveis binárias que indicam as empresas financeiras, de produtos de consumo e de serviços públicos. O ramo de atividade omitido foi o de transportes.

(i) Calcule a diferença percentual aproximada no salário estimado entre os setores de serviços públicos e de transportes, mantendo fixos *sales* e *roe*. A diferença é estatisticamente significante ao nível de 1%?

(ii) Use a equação (7.10) para obter a diferença percentual exata no salário estimado entre os setores de serviços públicos e de transportes e compare-a com a resposta obtida no item (i).

(iii) Qual é a diferença percentual aproximada no salário estimado entre as atividades de produtos de consumo e financeiros? Escreva uma equação que possibilite verificar se a diferença é estatisticamente significante.

5. No Exemplo 7.2 defina *noPC* como uma variável *dummy* igual a um se o aluno não possuir um PC, e zero caso contrário.

(i) Se *noPC* for usada no lugar de *PC* na equação (7.6), o que acontece com o intercepto na equação estimada? Qual será o coeficiente de *noPC*? (*Dica*: Escreva *PC* = 1 − *noPC* e agregue isso na equação $\widehat{colGPA} = \hat{\beta}_0 + \hat{\delta}_0 PC + \hat{\beta}_1 hsGPA + \hat{\beta}_2 ACT$.)

(ii) O que acontecerá com o *R*-quadrado se *noPC* for usado em lugar de *PC*?

(iii) As variáveis *PC* e *noPC* deveriam ser incluídas como variáveis independentes no modelo? Explique.

6. Para testar a eficiência de um programa de treinamento de pessoal sobre os subsequentes salários dos trabalhadores, especificamos o modelo

$$\log(wage) = \beta_0 + \beta_1 trein + \beta_2 educ + \beta_3 exper + u,$$

em que *trein* é uma variável binária igual à unidade se um trabalhador participou do programa. Pense no termo de erro *u* como contendo a aptidão não observada do trabalhador. Se trabalhadores menos aptos tiverem maior oportunidade de ser selecionados para o programa, e você usar uma análise MQO, o que você pode dizer sobre o provável viés no estimador MQO de β_1? (*Dica*: Consulte o Capítulo 3.)

7. No exemplo da equação (7.29), suponha que definamos *outlf* como um se a mulher estiver fora da força de trabalho, e zero, caso contrário.

(i) Se fizermos a regressão de *outlf* sobre todas as variáveis independentes na equação (7.29), o que acontecerá com as estimativas do intercepto e da inclinação? (Dica: *inlf* = 1 − *outlf*. Agregue essa expressão na equação populacional *inlf* = $\beta_0 + \beta_1 nwifeinc + \beta_2 educ + \ldots$ e reorganize.)

(ii) O que acontecerá com os erros padrão das estimativas do intercepto e da inclinação?

(iii) O que acontecerá com o *R*-quadrado?

8. Suponha que você colete dados de uma pesquisa sobre salários, educação, experiência e gênero. Além disso, você solicita informações sobre o uso de maconha. A pergunta original é: "Em quantas ocasiões distintas, no mês passado, você fumou maconha?".

(i) Escreva uma equação que permita a você estimar os efeitos do uso de maconha sobre os salários com todos os outros fatores controlados. Você deve ter condições de fazer declarações do tipo: "Estima-se que fumar maconha cinco vezes ou mais por mês altera os salários em *x*%".

(ii) Escreva um modelo que permita verificar se o uso de drogas tem efeitos diferentes sobre os salários dos homens e das mulheres. Como você verificaria que não existem diferenças nos efeitos do uso de drogas nos homens e nas mulheres?

(iii) Suponha que você considere ser melhor avaliar o uso de maconha colocando as pessoas em uma de quatro categorias: não usuário, usuário leve (um a cinco vezes por mês), usuário moderado (seis a dez vezes por mês), e usuário inveterado (mais de dez vezes por mês). Agora escreva um modelo que permita estimar os efeitos da maconha sobre os salários.

(iv) Usando o modelo do item (iii), explique em detalhes como testar a hipótese nula de que o uso de maconha não tem efeito sobre o salário. Seja bastante específico e inclua uma relação cuidadosa de graus de liberdade.

(v) Quais são alguns dos problemas potenciais de procurar inferência causal utilizando os dados da pesquisa que você coletou?

9. Que d seja uma variável *dummy* (binária) e que z seja uma variável quantitativa. Considere o modelo

$$y = \beta_0 + \delta_0 d + \beta_1 z + \delta_1 d \cdot z + u;$$

esta é uma versão geral de um modelo com uma interação entre uma variável *dummy* e uma quantitativa. [Um exemplo está na equação (7.17).]

   (i) Como isto não alterará nada importante, defina o erro com valor zero, $u = 0$. Então, quando $d = 0$ podemos escrever o relacionamento entre y e z como a função $f_0(z) = \beta_0 + \beta_1 z$. Escreva a mesma relação quando $d = 1$, em que você deve usar $f_1(z)$ no lado esquerdo para denotar a função linear de z.

   (ii) Considerando $\delta_1 \neq 0$ (o que significa que as duas não são paralelas), demonstre que o valor de z^* de tal forma que $f_0(z^*) = f_1(z^*)$ é $z^* = -\delta_0/\delta_1$. Este é o ponto no qual as duas linhas se cruzam [como na Figura 7.2(b)]. Demonstre que z^* será positivo se, e somente se, δ_0 e δ_1 tiverem sinais opostos.

   (iii) Usando os dados contidos no arquivo TWOYEAR, a seguinte equação poderá ser estimada:

$$\widehat{\log(wage)} = 2{,}289 - 0{,}357 female + 0{,}50 totcoll + 0{,}030 female \cdot totcoll$$
$$\phantom{\widehat{\log(wage)} = 2{,}289}(0{,}011)(0{,}015)(0{,}003)(0{,}005)$$
$$n = 6{,}763, R^2 = 0{,}202$$

em que todos os coeficientes e erros padrão foram arredondados com três casas decimais. Usando esta equação, encontre o valor de *totcoll* de tal forma que os valores previstos de log(*wage*) sejam os mesmos tanto para homens como para mulheres.

   (iv) Com base na equação do item (iii), as mulheres podem, de forma realística, obter educação superior de modo que seus ganhos alcancem os dos homens? Explique.

10. Para uma criança i que mora em determinada região de ensino, defina $voucher_i$ como uma variável *dummy* igual a um se a criança foi selecionada para participar de um programa de bolsas de estudos em uma escola, e defina $score_i$ como a nota da criança em um exame padronizado subsequente. Suponha que a variável de participação, $voucher_i$, seja completamente aleatorizada para que ela seja independente tanto dos fatores observados quanto dos não observados que possam afetar a nota do teste de avaliação.

   (i) Se você executar uma regressão simples de $score_i$ sobre $voucher_i$ usando uma amostra aleatória de tamanho n, o estimador de MQO produzirá um estimador não viesado do efeito do programa de bolsas de estudos?

   (ii) Suponha que você possa coletar informações adicionais de perfis familiares tais como renda familiar, estrutura familiar (por exemplo, se a criança mora com os dois pais) e nível de escolaridade dos pais. Você precisará controlar esses fatores para obter um estimador não viesado dos efeitos do programa de bolsas de estudos? Explique.

   (iii) Por que você precisará incluir as variáveis de perfis familiares na regressão? Existe uma situação em que você não incluiria as variáveis de perfis familiares?

11. As equações a seguir foram estimadas usando os dados do arquivo ECONMATH, com erros padrão registrados abaixo dos coeficientes. A nota média da classe, medida como porcentagem, é de cerca de 72,2; exatamente 50% dos estudantes são do sexo masculino; e a média de *colgpa* (nota média no início do semestre) é de cerca de 2,81.

$$\widehat{score} = 32{,}31 + 14{,}32\, colgpa$$
$$(2{,}00)\quad (0{,}70)$$
$$n = 856,\ R^2 = 0{,}329,\ \overline{R}^2 = 0{,}328$$

$$\widehat{score} = 29{,}66 + 3{,}83\, male + 14{,}57\, colgpa$$
$$(2{,}04)\quad (0{,}74)\qquad (0{,}69)$$
$$n = 856,\ R^2 = 0{,}349,\ \overline{R}^2 = 0{,}348.$$

$$\widehat{score} = 30{,}36 + 2{,}47\, male + 14{,}33\, colgpa + 0{,}479\, male \cdot colgpa$$
$$(2{,}86)\quad (3{,}96)\qquad (0{,}98)\qquad\qquad (1{,}383)$$
$$n = 856,\ R^2 = 0{,}349,\ \overline{R}^2 = 0{,}347.$$

$$\widehat{score} = 30{,}36 + 3{,}82\, male + 14{,}33\, colgpa + 0{,}479\, male \cdot (colgpa - 2{,}81)$$
$$(2{,}86)\quad (0{,}74)\qquad (0{,}98)\qquad\qquad (1{,}383)$$
$$n = 856,\ R^2 = 0{,}349,\ \overline{R}^2 = 0{,}347.$$

(i) Interprete o coeficiente sobre *male* na segunda equação e construa um intervalo de confiança de 95% para β_{male}. Este intervalo de confiança exclui zero?

(ii) Na segunda equação, por que a estimativa de *male* é tão imprecisa? Devemos agora concluir que não existem diferenças de gênero em nota depois de controlar *colgpa*? [Dica: Você pode querer calcular a estatística *F* da hipótese nula de que não há diferença de gênero no modelo com a interação.]

(iii) Comparado com a terceira equação, como pode o coeficiente de *male* na última equação ser tão mais próximo daquele da segunda equação e tão precisamente estimado?

Exercícios em computador

C1 Use os dados do arquivo GPA1 neste exercício.

(i) Adicione as variáveis *mothcoll* e *fathcoll* à equação estimada em (7.6) e registre os resultados na forma usual. O que acontece com o efeito estimado da posse de computadores? A variável *PC* ainda é estatisticamente significativa?

(ii) Teste se há significância conjunta de *mothcoll* e *fathcoll* na equação do item (i) e certifique-se de registrar o *p*-valor.

(iii) Adicione *ACT* ao modelo do item (i) e decida se essa generalização é necessária.

C2 Use os dados do arquivo WAGE2 para este exercício.

(i) Estime o modelo

$$\log(wage) = \beta_0 + \beta_1 educ + \beta_2 exper + \beta_3 tenure + \beta_4 married$$
$$+ \beta_5 black + \beta_6 south + \beta_7 urban + u$$

e registre os resultados na forma usual. Mantendo os outros fatores fixos, qual é a diferença aproximada no salário mensal entre negros (*black*) e não negros? Essa diferença é estatisticamente significativa?

(ii) Adicione as variáveis $exper^2$ e $tenure^2$ à equação e mostre que eles são conjuntamente insignificantes mesmo no nível de 20%.

(iii) Amplie o modelo original para permitir que o retorno à educação dependa da raça e teste se o retorno à educação realmente depende da raça.

(iv) Novamente, comece com o modelo original, mas permita que os salários sejam diferentes entre quatro grupos de pessoas: casados e negros, casados e não negros, solteiros e negros e solteiros e não negros. Qual é o diferencial de salário estimado entre casados negros e casados não negros?

C3 Um modelo que permite que o salário de um jogador da liga principal de beisebol varie por posição é

$$\log(salary) = \beta_0 + \beta_1 years + \beta_2 gamesyr + \beta_3 bavg + \beta_4 hrunsyr$$
$$+ \beta_5 rbisyr + \beta_6 runsyr + \beta_7 fldperc + \beta_8 allstar$$
$$+ \beta_9 frstbase + \beta_{10} scndbase + \beta_{11} thrdbase + \beta_{12} shrtstop$$
$$+ \beta_{13} catcher + u,$$

onde os defensores (*outfield*) são o grupo-base.

(i) Declare a hipótese nula de que, controlados os outros fatores, receptores e defensores ganham, em média, a mesma quantia. Teste essa hipótese usando os dados do arquivo MLB1 e comente sobre a dimensão do diferencial estimado no salário.

(ii) Declare e teste a hipótese nula de que não existe diferença no salário médio entre as posições uma vez que outros fatores tenham sido controlados.

(iii) Os resultados dos itens (i) e (ii) são coerentes? Se não, explique o que está acontecendo.

C4 Use os dados do arquivo GPA2 para resolver este exercício.

(i) Considere a equação

$$colgpa = \beta_0 + \beta_1 hsize + \beta_2 hsize^2 + \beta_3 hsperc + \beta_4 sat$$
$$+ \beta_5 female + \beta_6 athlete + u,$$

onde *colgpa* é a nota média cumulativa na faculdade; *hsize* é o tamanho da classe de graduação no ensino médio, em centenas; *hsperc* é o percentual acadêmico na classe de graduação; *sat* é a pontuação SAT combinada; *female* é uma variável binária de gênero; e *athlete* é uma variável binária, que vale um para estudantes atletas. Quais são suas expectativas para os coeficientes dessa equação? Sobre quais deles você está inseguro?

(ii) Estime a equação do item (i) e registre os resultados na forma usual. Qual é o diferencial de *colgpa* estimado entre atletas e não atletas? Ele é estatisticamente significativo?

(iii) Retire *sat* do modelo e reestime a equação. Agora, qual é o efeito estimado de ser um atleta? Discuta por que a estimativa é diferente daquela obtida no item (ii).

(iv) No modelo do item (i), permita que o efeito de ser um atleta varie por gênero e teste a hipótese nula de que não há diferença *ceteris paribus* entre mulheres atletas e mulheres não atletas.

(iv) O efeito de *sat* sobre *colgpa* varia por gênero? Justifique sua resposta.

C5 No problema 2 do Capítulo 4, adicionamos o retorno sobre o capital das empresas, *ros*, a um modelo que explicava o salário dos CEOs; *ros* acabou sendo insignificante.

Agora, defina uma variável *dummy*, *rosneg*, que é igual a um se *ros* < 0 e igual a zero se *ros* ≥ 0. Use o arquivo CEOSAL1 para estimar o modelo

$$\log(wage) = \beta_0 + \beta_1 \log(sales) + \beta_2 roe + \beta_3 rosneg + u$$

Discuta a interpretação e a significância estatística de $\hat{\beta}_3$.

C6 Use os dados do arquivo SLEEP75 para este exercício. A equação de interesse é

$$sleep = \beta_0 + \beta_1 totwrk + \beta_2 educ + \beta_3 age + \beta_4 age^2 + \beta_5 yngkid + u.$$

(i) Estime essa equação separadamente para homens e mulheres e registre os resultados na forma usual. Existem diferenças notáveis nas duas equações estimadas?

(ii) Calcule o teste de Chow para igualdade dos parâmetros na equação do sono para homens e mulheres. Use a forma do teste que adiciona *male* e os termos de interação *male·totwrk*, ..., *male·yngkid* e use o conjunto total de observações. Quais são os *gl* relevantes para o teste? Você deveria rejeitar a hipótese nula a um nível de 5%?

(iii) Agora permita um intercepto diferente para homens e mulheres e determine se os termos da interação envolvendo *male* são conjuntamente significativos.

(iv) Dados os resultados dos itens (ii) e (iii), qual seria seu modelo final?

C7 Use os dados do arquivo WAGE1 neste exercício.

(i) Use a equação (7.18) para estimar o diferencial de gênero quando *educ* = 12,5. Compare isso com o diferencial estimado quando *educ* = 0.

(ii) Faça a regressão usada para obter a equação (7.19), mas com *female·(educ - 12,5)* substituindo *female·educ*. Como você interpreta o coeficiente sobre *female* agora?

(iii) O coeficiente sobre *female* do item (ii) é estatisticamente significativo? Compare isso com a equação (7.18) e comente.

C8 Use os dados do arquivo LOANAPP para este exercício. A variável binária a ser explicada é *approve*, que é igual a um se um empréstimo hipotecário para um indivíduo for aprovado. A principal variável explicativa é *white*, uma variável dummy igual a um se o solicitante for branco. Os outros solicitantes do conjunto de dados são negros e hispânicos.

Para testar se há discriminação no mercado de empréstimos hipotecários, um modelo de probabilidade linear pode ser usado:

$$approve = \beta_0 + \beta_1 white + outros\ fatores.$$

(i) Se existe discriminação de minorias e os fatores adequados foram controlados, qual é o sinal de β_1?

(ii) Faça a regressão de *approve* sobre branco e registre os resultados na forma usual. Interprete o coeficiente sobre *white*. Ele é estatisticamente significativo? Ele é grande do ponto de vista prático?

(iii) Como controles, adicione as variáveis *hrat*, *obrat*, *loanprc*, *unem*, *male*, *married*, *dep*, *sch*, *cosign*, *chist*, *pubrec*, *mortlat1*, *mortlat2* e *vr*. O que acontece com o coeficiente de branco (*white*)? Ainda existem evidências de discriminação contra não brancos?

(iv) Agora, permita que o efeito de raça interaja com a variável que mede outras obrigações como uma porcentagem da renda (*obrat*). O termo de interação é significativo?

(v) Usando o modelo do item(iv), qual é o efeito de ser branco sobre a probabilidade de aprovação quando *obrat* = 32, que é praticamente o valor médio da amostra? Obtenha um intervalo de confiança de 95% para esse efeito.

C9 A questão da existência dos planos de pensão 401(k), disponíveis a muitos trabalhadores norte-americanos, de aumentar ou não as poupanças líquidas tem despertado muito interesse. O conjunto de dados 401KSUB contém informações sobre ativos financeiros líquidos (*nettfa*), renda familiar (*inc*), uma variável binária para elegibilidade em um plano 401(k) (*e401k*) e várias outras variáveis.

(i) Que proporção das famílias da amostra é elegível para participação em um plano 401(k)?

(ii) Estime um modelo de probabilidade linear explicando a elegibilidade ao 401(k) em termos de renda, idade e gênero. Inclua renda e idade em forma quadrática e registre os resultados na forma usual.

(iii) Você diria que a elegibilidade em um plano 401(k) é independente de renda e idade? E de gênero? Explique.

(iv) Obtenha os valores ajustados do modelo de probabilidade linear estimado no item (ii). Alguns dos valores ajustados são negativos ou maiores do que um?

(v) Usando os valores ajustados de $\widehat{e401k}_i$ do item (iv), defina $\widetilde{e401k}_i = 1$ se $\widehat{e401k}_i \geq 0{,}5$, e $\widetilde{e401k}_i = 0$ se $\widehat{e401k}_i < 0{,}5$. Das 9.275 famílias, quantas podemos prever como elegíveis para um plano 401(k)?

(vi) Das 5.638 famílias não elegíveis para um plano 401(k), qual porcentagem podemos prever que não terá um 401(k), usando o previsor $\widetilde{e401k}_i$? Das 3.637 famílias elegíveis, qual é a porcentagem prevista que obterá um plano? (Se o seu programa econométrico tiver um comando "tabular" pode ser útil.)

(vii) A porcentagem geral corretamente prevista é de cerca de 64,9%. Você acha que é uma descrição completa de quão bem o modelo funciona, dadas as suas respostas do item (vi)?

(viii) Adicione a variável *pira* como uma variável explicativa ao modelo de probabilidade linear. Mantendo outros fatores iguais, se uma família tiver alguém com uma conta individual de aposentadoria, quão alta é a probabilidade estimada de essa família ser elegível para um plano 401(k)? O valor é estatisticamente diferente de zero a um nível de 10%?

C10 Use os dados do arquivo NBASAL neste exercício.

(i) Estime um modelo de regressão linear relacionando pontos por jogo com experiência na liga e posição (*guard*, *forward* ou *center*). Inclua a experiência em forma quadrática e use os centrais como grupo de base. Registre os resultados na forma usual.

(ii) Por que você não incluiu todas as três variáveis *dummy* de posição no item (i)?

(iii) Mantendo experiência fixa, um defensor pontua mais do que um central? Quanto a mais? A diferença é estatisticamente significativa?

(iv) Agora, adicione o estado civil à equação. Mantendo posição e experiência fixas, os jogadores casados são mais produtivos (com base nos pontos por jogo)?

(v) Adicione interações do estado civil com ambas as variáveis de experiência. Neste modelo expandido, existem evidências fortes de que o estado civil afeta os pontos por jogo?

(vi) Estime o modelo do item (iv), mas use assistências por jogo como variável dependente. Surgiram diferenças notáveis em relação ao item (iv)? Discuta.

C11 Use os dados do arquivo 401KSUBS para este exercício.

(i) Calcule a média, o desvio padrão, os valores mínimo e máximo de *nettfa* na amostra.

(ii) Teste a hipótese de que *nettfa* médio não difere por status de elegibilidade em planos 401(k); use uma alternativa bilateral. Qual é o montante em dólar da diferença estimada?

(iii) No item (ii) do Exercício em computador C9 fica claro que *e401k* não é exógena em um modelo de regressão simples; no mínimo, ela varia por renda e idade. Estime um modelo de regressão linear múltiplo para *nettfa* que inclua renda, idade e *e401k* como variáveis explicativas. As variáveis de renda e idade devem aparecer como quadráticas. Agora, qual é o efeito estimado em dólares da elegibilidade nos planos 401(k)?

(iv) Ao modelo estimado no item (iii), adicione as interações $e401k \cdot (age - 41)$ e $e401k \cdot (age - 41)^2$. Note que a idade média na amostra é cerca de 41, assim, no novo modelo, o coeficiente sobre *e401k* é o efeito estimado da elegibilidade na idade média. Qual termo de interação é significativo?

(v) Comparando as estimativas dos itens (iii) e (iv), os efeitos estimados da elegibilidade aos planos 401(k) na idade de 41 anos diferem muito? Explique.

(vi) Agora, retire os termos de interação do modelo, mas defina cinco variáveis dummy para o tamanho das famílias: *fsize1*, *fsize2*, *fsize3*, *fsize4* e *fsize5*. A variável *fsize5* é única para famílias com cinco ou mais membros. Inclua as *dummies* de tamanho de família no modelo estimado no item (iii); certifique-se de escolher um grupo-base. As variáveis *dummy* familiares são significativas a um nível de 1%?

(vii) Agora, faça um teste de Chow para o modelo

$$nettfa = \beta_0 + \beta_1 inc + \beta_2 inc^2 + \beta_3 age + \beta_4 age^2 + \beta_5 e401k + u$$

nas cinco categorias de tamanho de família, permitindo diferenças de intercepto. A soma dos quadrados dos resíduos restrita, SQR_r, é obtida pelo item (vi) porque aquela regressão supõe que todas as inclinações sejam as mesmas. A soma dos quadrados dos resíduos irrestrita é $SQR_{ir} = SQR_1 + SQR_2 + ... + SQR_5$, onde SQR_f é a soma dos quadrados dos resíduos da equação estimada usando somente o tamanho de família *f*. Você deve se convencer de que existem 30 parâmetros no modelo irrestrito (5 interceptos e 25 inclinações) e 10 parâmetros no modelo restrito (5 interceptos e 5 inclinações). Assim, o número de restrições testadas é $q = 20$, e o *gl* para o modelo irrestrito é $9.275 - 30 = 9.245$.

C12 Use os dados do arquivo BEAUTY, que contém um subconjunto de variáveis (mas mais observações aproveitáveis do que nas regressões) registrado por Hamermesh e Biddle (1994).

(i) Encontre as frações separadas de homens e mulheres que são classificadas com aparência acima da média. Existem mais pessoas classificadas com aparência acima ou abaixo da média?

(ii) Teste a hipótese nula de que as frações de população de mulheres e homens com aparência acima da média são as mesmas. Registre o *p*-valor unilateral de que a fração é maior para mulheres. (Dica: Estimar um modelo de probabilidade linear simples é mais fácil.)

(iii) Agora estime o modelo

$$\log(wage)\ \beta_0 + \beta_1 belavg + \beta_2 abvavg + u$$

separadamente para homens e mulheres e registre os resultados na forma usual. Em ambos os casos, interprete o coeficiente sobre *belavg*. Explique em palavras o que a hipótese $H_0: \beta_1 = 0$ contra $H_1: \beta_1 < 0$ quer dizer, e encontre os *p*-valores para homens e mulheres.

(iv) Existe alguma evidência convincente de que mulheres com aparência acima da média ganham mais do que mulheres com aparência média? Explique.

(v) Para homens e mulheres, adicione as variáveis explicativas *educ*, *exper*, *exper²*, *union*, *goodhlth*, *black*, *married*, *south*, *bigcity*, *smllcity* e *service*. Os efeitos das variáveis de "aparência" mudam de forma importante?

(vi) Use a forma de SQR da estatística *F* de Chow para testar se as inclinações das funções de regressão do item (v) diferem entre homens e mulheres. Certifique-se de permitir um deslocamento de intercepto sob a hipótese nula.

C13 Use os dados do arquivo APPLE para responder a essa questão.

(i) Defina uma variável binária como *ecobuy* = 1, se *ecolbs* > 0, e *ecobuy* = 0, se *ecolbs* = 0. Em outras palavras, *ecobuy* indica se, a determinados preços, uma família compraria maçãs ecológicas. Que fração de famílias afirma que compraria maçãs com selos ecológicos?

(ii) Estime o modelo de probabilidade linear

$$ecobuy = \beta_0 + \beta_1 ecoprc + \beta_2 regprc + \beta_3 faminc$$
$$+ \beta_4 hhsize + \beta_5 educ + \beta_6 age + u,$$

e registre os resultados na forma usual. Interprete cuidadosamente os coeficientes sobre as variáveis de preço.

(iii) As variáveis que não são de preço são conjuntamente significativas no MPL? (Use a estatística *F* comum, mesmo que não seja válida quando há heteroscedasticidade.) Qual variável explicativa, além das variáveis de preço, parece ter o efeito mais importante sobre a decisão de comprar maçãs ecológicas? Isso faz sentido para você?

(iv) No modelo do item (ii), substitua *faminc* por log(*faminc*). Qual modelo adapta melhor esses dados, o que usa *faminc* ou log(*faminc*)? Interprete o coeficiente de log(*faminc*).

(v) Na estimação do item (iv), quantas probabilidades estimadas são negativas? Quantas são maiores do que um? Você deveria se preocupar?

(vi) Na estimação do item (iv), calcule o percentual corretamente previsto para cada resultado, *ecobuy* = 0 e *ecobuy* = 1. Qual resultado é mais bem previsto pelo modelo?

C14 Use os dados do arquivo CHARITY para responder a essa questão. A variável *respond* é uma variável *dummy* igual a um se a pessoa respondeu com uma contribuição à correspondência mais recente enviada por uma organização de caridade. A variável *resplast* é uma variável *dummy* igual a um se a pessoa respondeu ao envio anterior, *avggift* é a média de doações passadas (em florins holandeses), e *propresp* é a proporção de vezes que a pessoa respondeu às correspondências anteriores.

(i) Estime um modelo de probabilidade linear relacionando *respond* a *resplast* e *avggift*. Registre os resultados na forma usual e interprete o coeficiente sobre *resplast*.

(ii) O valor médio de doações passadas parece afetar a probabilidade de resposta?

(iii) Adicione a variável *propresp* ao modelo e interprete seu coeficiente. (Tenha cuidado aqui: o aumento de um em *propresp* é a maior mudança possível.)

(iv) O que aconteceu com o coeficiente de *resplast* quando *propresp* foi adicionada à regressão? Isso faz sentido?

(v) Adicione *mailsyear*, o número de correspondências enviadas por ano, ao modelo. Quão grande é seu efeito estimado? Por que essa pode não ser uma boa estimativa do efeito causal dos envios sobre as respostas?

C15 Use os dados do arquivo FERTIL2 para responder a essa questão.

(i) Encontre os menores e os maiores valores de *children* na amostra. Qual é a média de *children*? Alguma mulher tem exatamente o número médio de *children*?

(ii) Qual porcentagem de mulheres tem eletricidade em casa?

(iii) Calcule a média de *children* para aquelas que não têm eletricidade em casa e faça o mesmo com as que têm. Comente sobre seus achados. Teste se as médias da população são as mesmas usando uma regressão simples.

(iv) Usando o item (iii), você pode deduzir que ter eletricidade "faz com que" mulheres tenham menos filhos? Explique.

(v) Estime um modelo de regressão múltipla do tipo registrado na equação (7.37), mas adicione age^2, *urban* e as três *dummies* religiosas. De que forma o efeito estimado de ter eletricidade se compara com o do item (iii)? Ele ainda é estatisticamente significativo?

(vi) À equação do item (v), adicione uma interação entre *electric* e *educ*. Seu coeficiente é estatisticamente significativo? O que acontece com o coeficiente em eletric?

(vii) O valor mediano e a moda para *educ* é 7. Na equação do item (vi), use o termo de interação centrado *electric* · (*educ* − 7) no lugar de *electric*·*educ*. O que acontece com o coeficiente em *electric* comparado com o do item (vi)? Por quê? De que forma o coeficiente sobre *electric* se compara com o do item (v)?

C16 Use os dados do arquivo CATHOLIC para responder a essa questão.

(i) Na amostra total, qual porcentagem de estudantes frequenta uma escola católica no ensino médio? Qual é a média de *math*12 na amostra total?

(ii) Faça uma regressão simples de *math*12 sobre *cathhs* e registre os resultados na forma usual. Interprete suas descobertas.

(iii) Agora, adicione as variáveis *lfaminc*, *motheduc* e *fatheduc* à regressão do item (ii). Quantas observações são usadas na regressão? O que acontece com o coeficiente de *cathhs*, junto com sua significância estatística?

(iv) Retorne à regressão simples de *math*12 sobre *cathhs*, mas restrinja as observações àquelas usadas na regressão múltipla do item (iii). Alguma conclusão importante muda?

(v) À regressão múltipla do item (iii), adicione interações entre *cathhs* e cada uma das outras variáveis explicativas. Os termos de interação são individual ou conjuntamente significativos?

(vi) O que acontece com o coeficiente sobre *cathhs* na regressão do item (v)? Explique por que esse coeficiente não é muito interessante.

(vii) Calcule o efeito parcial médio de *cathhs* no modelo estimado no item (v). Como isso se compara com os coeficientes de *cathhs* dos itens (iii) e (v)?

CAPÍTULO 8

Heteroscedasticidade

A hipótese de homoscedasticidade, apresentada no Capítulo 3 para a regressão múltipla, significa que a variância do erro não observável, u, condicional nas variáveis explicativas, é constante. A homoscedasticidade não se mantém sempre que a variância dos fatores não observáveis muda ao longo de diferentes segmentos da população, nos quais os segmentos são determinados pelos diferentes valores das variáveis explicativas. Por exemplo, em uma equação de poupança, a heteroscedasticidade está presente se a variância dos fatores não observados que afetam a poupança aumenta com a renda.

Nos Capítulos 4 e 5, vimos que a homoscedasticidade é necessária para justificar os habituais testes t e F, bem como os intervalos de confiança da estimação MQO do modelo de regressão linear, mesmo com amostras de tamanhos grandes. Neste capítulo, discutiremos as soluções disponíveis quando ocorre heteroscedasticidade e mostraremos também como verificar sua presença. Iniciamos fazendo uma breve revisão das consequências da heteroscedasticidade para a estimação de mínimos quadrados ordinários.

8.1 Consequências da heteroscedasticidade para o método MQO

Considere novamente o modelo de regressão linear múltipla:

$$y = \beta_0 + \beta_1 x_1 + \beta_2 x_2 + \ldots + \beta_k x_k + u. \tag{8.1}$$

No Capítulo 3, provamos a inexistência de viés dos estimadores de MQO $\hat{\beta}_0, \hat{\beta}_1, \hat{\beta}_2 \ldots, \hat{\beta}_k$ sob as quatro primeiras hipóteses de Gauss-Markov, RLM.1 a RLM.4. No Capítulo 5, mostramos que as mesmas quatro hipóteses implicam consistência dos estimadores de MQO. A hipótese de homoscedasticidade RLM.5, estabelecida em termos da variância do erro como $\text{Var}(u|x_1, x_2, \ldots, x_k) = \sigma^2$, não teve participação para mostrar se os estimadores MQO eram não viesados ou consistentes. É importante lembrar que a heteroscedasticidade não provoca viés ou inconsistência nos estimadores MQO de β_j, ao passo que algo como a omissão de uma variável importante teria esse efeito.

A interpretação de nossas medidas das qualidades de ajuste, R^2 e $\bar{R}^2$, também não é afetada pela presença de heteroscedasticidade. Por quê? Lembre-se de que na Seção 6.3 o R-quadrado usual e o R-quadrado ajustado são modos diferentes de estimar o R--quadrado da população, que é simplesmente $1 - \sigma_u^2/\sigma_y^2$, em que σ_u^2 é a variância do erro da população, e σ_y^2 é a variância populacional de y. A questão crucial é que, como ambas as variâncias no R-quadrado da população são variâncias incondicionais, o R-quadrado da população não é afetado pela presença de heteroscedasticidade em $\text{Var}(u|x_1, ..., x_k)$. Além disso, SQR/$n$ estima consistentemente σ_u^2, e SQT/n estima consistentemente σ_y^2, seja $\text{Var}(u|x_1, ..., x_k)$ constante ou não. O mesmo é verdadeiro quando usamos os ajustes dos graus de liberdade. Portanto, R^2 e $\bar{R}^2$ são ambos estimadores consistentes do R-quadrado da população mantendo-se ou não a hipótese de homoscedasticidade.

Se a heteroscedasticidade não provoca viés ou inconsistência nos estimadores MQO, por que a introduzimos como uma das hipóteses de Gauss-Markov? Lembre-se do Capítulo 3 que os estimadores de *variâncias*, $\text{Var}(\hat{\beta}_j)$, são viesados sem a hipótese de homoscedasticidade. Como os erros padrão dos estimadores MQO são baseados diretamente nessas variâncias, eles não são mais válidos para construirmos intervalos de confiança e estatísticas t. As estatísticas t habituais dos estimadores MQO não têm distribuições t na presença de heteroscedasticidade e o problema não será resolvido com o uso de amostras de tamanho grande. Veremos isso claramente no caso de regressão simples na próxima Seção, na qual derivaremos a variância do estimador MQO da inclinação sob heteroscedasticidade e proporemos um estimador válido na presença de heteroscedasticidade. De maneira semelhante, as estatísticas F não têm distribuição F, e a estatística LM não tem uma distribuição qui-quadrada assimptótica. Em resumo, as estatísticas que usamos para testar hipóteses sob as hipóteses de Gauss-Markov não são válidas na presença de heteroscedasticidade.

Também sabemos que o teorema de Gauss-Markov, que diz que os estimadores MQO são os melhores estimadores lineares não viesados, vale-se de forma crucial da hipótese de homoscedasticidade. Se $\text{Var}(u|\mathbf{x})$ não for constante, os estimadores MQO não mais serão BLUE. Além disso, os estimadores MQO não mais serão assimptoticamente eficientes na classe dos estimadores descritos no Teorema 5.3. Como veremos na Seção 8.4, é possível encontrar estimadores que são mais eficientes que os MQO na presença de heteroscedasticidade (embora seja necessário o conhecimento da forma da heteroscedasticidade). Com amostras de tamanhos relativamente grandes, pode não ser tão importante obter um estimador eficiente. Na próxima Seção, mostraremos como os testes estatísticos usuais dos estimadores MQO podem ser modificados a fim de serem válidos, pelo menos assimptoticamente.

8.2 Inferência robusta em relação à heteroscedasticidade após a estimação MQO

Como os testes de hipóteses são um componente importante de qualquer análise econométrica e a inferência habitual dos estimadores MQO geralmente é imperfeita na presença de heteroscedasticidade, temos que decidir se abandonaremos de vez o método MQO. Felizmente, ele ainda é útil. Nas últimas duas décadas, os econometristas aprenderam como ajustar erros padrão, estatísticas t, F e LM com intuito de torná-las válidas na presença de **heteroscedasticidade de forma desconhecida**. Isso é muito conveniente, pois significa que podemos descrever novas estatísticas que funcionam independentemente do tipo de heteroscedasticidade presente na população. Os métodos desta Seção são conhecidos como procedimentos robustos em relação à heteroscedasticidade, porque são válidos – pelo menos em amostras grandes – tenham ou não os erros variância constante, e não precisamos saber qual é o caso.

Começamos esboçando como as variâncias, $\text{Var}(\hat{\beta}_j)$, podem ser estimadas na presença de heteroscedasticidade. Uma derivação cuidadosa da teoria está bem além do escopo desta obra, mas a aplicação de métodos robustos em relação à heteroscedasticidade é bastante fácil, pois muitos programas estatísticos e econométricos computam essas estatísticas como uma opção.

Primeiro, considere o modelo com uma única variável independente, na qual incluímos um subscrito i por ênfase:

$$y_i = \beta_0 + \beta_1 x_i + u i.$$

Consideramos que as primeiras quatro hipóteses de Gauss-Markov se sustentam. Se os erros contiverem heteroscedasticidade, então

$$\text{Var}(u_i | x_i) = \sigma_i^2,$$

em que colocamos um subscrito i em σ^2 para indicar que a variância do erro depende do valor particular de x_i.

Escreva o estimador MQO como

$$\hat{\beta}_1 = \beta_1 + \frac{\sum_{i=1}^{n}(x_i - \bar{x})u_i}{\sum_{i=1}^{n}(x_i - \bar{x})^2}.$$

Sob as Hipóteses RLM.1 a RLM.4 (isto é, sem a hipótese de homoscedasticidade) e condicionado aos valores de x_i na amostra, podemos usar os mesmos argumentos do Capítulo 2 para mostrar que

$$\text{Var}(\hat{\beta}_1) = \frac{\sum_{i=1}^{n}(x_i - \bar{x})^2 \sigma_i^2}{\text{SQT}_x^2}, \qquad (8.2)$$

em que $\text{SQT}_x = \sum_{i=1}^{n}(x_i - \bar{x})^2$ é a soma dos quadrados total de x_i. Quando $\sigma_i^2 = \sigma^2$ para todo i, essa fórmula se reduz à forma habitual, σ^2/SQT_x. A equação (8.2) mostra explicitamente que, no caso da regressão simples, a fórmula de variância derivada sob homoscedasticidade não mais é válida quando a heteroscedasticidade está presente.

Como o erro padrão de $\hat{\beta}_1$ é baseado diretamente na estimativa de $\text{Var}(\hat{\beta}_1)$, precisamos de um modo de estimar a equação (8.2) quando a heteroscedasticidade está presente. White (1980) mostrou como isso pode ser feito. Façamos $\hat{u}_i$ representar os resíduos MQO da regressão inicial de y sobre x. Então, um estimador válido de $\text{Var}(\hat{\beta}_1)$, para a heteroscedasticidade de *qualquer* forma (inclusive homoscedasticidade), é

$$\frac{\sum_{i=1}^{n}(x_i - \bar{x})^2 \hat{u}_i^2}{\text{SQT}_x^2}, \qquad (8.3)$$

que é facilmente calculado após a regressão MQO.

Em que sentido a expressão (8.3) é um estimador válido de $\text{Var}(\hat{\beta}_1)$? Isso é bastante sutil. Resumidamente, pode ser mostrado que quando a equação (8.3) é multiplicada pelo tamanho da amostra, n, ela converge em probabilidade para $E[(x_i - \mu_x)^2 u_i^2]/(\sigma_x^2)^2$, que é o limite de probabilidade de n vezes (8.2). Em última análise, isso é o necessário para justificar o uso de erros padrão para construir intervalos de confiança e estatísticas t. A lei dos grandes números e o teorema do limite central desempenham papéis importantes no estabelecimento dessas convergências. Você pode consultar o ensaio original de White para detalhes, mas ele é bastante técnico. Veja também Wooldridge (2010, Capítulo 4).

Uma fórmula semelhante funciona no modelo geral de regressão múltipla

$$y = \beta_0 + \beta_1 x_1 + \ldots + \beta_k x_k + u,$$

Pode ser mostrado que um estimador válido de $\text{Var}(\hat{\beta}_j)$, sob as Hipóteses RLM.1 a RLM.4, é

$$\widehat{\text{Var}}(\hat{\beta}_j) = \frac{\sum_{i=1}^{n} \hat{r}_{ij}^2 \hat{u}_i^2}{\text{SQR}_j^2}, \qquad (8.4)$$

em que $\hat{r}_{ij}$ representa o i-ésimo resíduo da regressão de x_j sobre todas as outras variáveis independentes, e SQR_j é a soma dos quadrados dos resíduos dessa regressão (veja Seção 3.2 para a representação parcial das estimativas MQO). A raiz quadrada de (8.4) é chamada de **erro padrão robusto em relação à heteroscedasticidade** de $\hat{\beta}_j$. Em econometria, esses erros padrão robustos são em geral atribuídos a White (1980). Trabalhos anteriores em estatística, notavelmente os de Eicker (1967) e Huber (1967), indicaram a possibilidade de obter esses erros padrão robustos. Em trabalhos aplicados, são algumas vezes chamados de *erros padrão de White-Huber*, ou de *Eicker* (ou alguma combinação hifenizada desses nomes). Faremos referência a eles apenas como *erros padrão robustos em relação à heteroscedasticidade*, ou mesmo apenas como *erros padrão robustos*, quando o contexto for claro.

Algumas vezes, como uma correção de graus de liberdade, a equação (8.4) é multiplicada por $n/(n - k - 1)$ antes de extrairmos a raiz quadrada. O raciocínio para esse ajuste é que, se o quadrado dos resíduos de MQO $\hat{u}_i^2$ fossem os mesmos para todas as observações i – a forma mais forte possível de homoscedasticidade em uma amostra – obteríamos os erros padrão habituais MQO. Outras modificações de (8.4) são estudadas em MacKinnon e White (1985). Como todas as formas têm apenas justificativas assimptóticas e são assimptoticamente equivalentes, nenhuma delas é uniformemente preferida às outras. Em geral, utilizamos qualquer forma que seja calculada pelo programa econométrico em uso.

Uma vez que os erros padrão robustos em relação à heteroscedasticidade tenham sido obtidos, é fácil construir uma **estatística t robusta em relação à heteroscedasticidade**. Lembre-se de que a forma geral da estatística t é

$$t = \frac{\text{estimado } - \text{ valor hipotélico}}{\text{erro padrão}}. \tag{8.5}$$

Como ainda estamos usando as estimativas MQO e escolhemos o valor hipotético antecipadamente, a única diferença entre a estatística t usual de MQO e a estatística t robusta em relação à heteroscedasticidade é como o erro padrão é calculado.

O termo SQR_j na equação (8.4) pode ser substituído por $SQT_j(1 - R_j^2)$, em que SQT_j é a soma dos quadrados total de x_j e R_j^2 é o R-quadrado usual da regressão de x_j sobre todas as outras variáveis explicativas. [Implicitamente usamos essa equivalência para derivar a equação (3.51).] Consequentemente, pouca variação amostral em x_j ou uma forte relação linear entre x_j e outras variáveis explicativas – isto é, multicolinearidade – podem fazer com que os erros padrão robustos em relação à heteroscedasticidade sejam grandes. Discutimos essas questões com erros padrão usuais de MQO na Seção 3.4.

EXEMPLO 8.1 Equação log dos salários com erros padrão robustos em relação à heteroscedasticidade

Estimamos o modelo no Exemplo 7.6, mas escrevemos os erros padrão robustos em relação à heteroscedasticidade juntamente com os erros padrão do MQO. Algumas das estimativas estão registradas com mais dígitos para podermos comparar os erros padrão habituais com os erros padrão robustos em relação à heteroscedasticidade:

$$\begin{aligned}
\widehat{\log(wage)} = & \; 0{,}321 + 0{,}213 \; marrmale \; - 0{,}198 \; marrfem \; - \; 0{,}110 \; singfem \\
& (0{,}100) \; (0{,}055) \qquad\qquad (0{,}058) \qquad\qquad (0{,}056) \\
& [0{,}109] \; [0{,}057] \qquad\qquad [0{,}058] \qquad\qquad [0{,}057] \\
& + \; 0{,}0789 \; educ \; + \; 0{,}0268 \; exper \; - 0{,}00054 \; exper^2 \\
& \quad (0{,}0067) \qquad\quad (0{,}0055) \qquad\quad (0{,}00011) \\
& \quad [0{,}0074] \qquad\quad [0{,}0051] \qquad\quad [0{,}00011] \\
& + \; 0{,}0291 \; tenure \; - 0{,}00053 \; tenure^2 \\
& \quad (0{,}0068) \qquad\quad (0{,}00023) \\
& \quad [0{,}0069] \qquad\quad [0{,}00024] \\
& n = 526, R^2 = 0{,}461.
\end{aligned} \tag{8.6}$$

Os erros padrão usuais de MQO estão entre parênteses ( ), abaixo das estimativas MQO correspondentes, e os erros padrão robustos em relação à heteroscedasticidade estão entre colchetes [ ]. Os números entre colchetes são as únicas novidades, visto que a equação ainda é estimada por MQO.

Diversos fatores são aparentes a partir da equação (8.6). Primeiro, nessa aplicação particular, qualquer variável que era estatisticamente significante com o uso da estatística t habitual, continua estatisticamente significante com o uso da estatística t robusta em relação à heteroscedasticidade. Isso é em razão do fato de os dois conjuntos de erros padrão não serem muito diferentes. (Os p-valores associados serão levemente diferentes em razão do fato de as estatísticas t robustas não serem idênticas às estatísticas t usuais, não robustas.) A maior mudança relativa nos erros padrão está no coeficiente de *educ*: o erro padrão usual é 0,0067, e o erro padrão robusto é 0,0074. Não obstante, o erro padrão robusto implica uma estatística *t* robusta acima de 10.

A equação (8.6) também mostra que os erros padrão robustos podem ser maiores, ou menores, do que os erros padrão usuais. Por exemplo, o erro padrão robusto da variável *exper* é 0,0051, enquanto o erro padrão usual é 0,0055. Não sabemos qual será maior antecipadamente. Como um tópico empírico, os erros padrão robustos são frequentemente maiores do que os erros padrão usuais.

Antes de sairmos deste exemplo, devemos enfatizar que não sabemos, nesse ponto, sequer se a heteroscedasticidade está presente no modelo populacional básico da equação (8.6). Tudo que fizemos foi descrever, juntamente com os erros padrão usuais, aqueles que são válidos (assimptoticamente) haja ou não presença de heteroscedasticidade. Podemos ver que nenhuma conclusão importante é destruída pelo uso dos erros padrão robustos neste exemplo. Isso acontece com frequência em trabalhos aplicados, mas, em outros casos, as diferenças entre os erros padrão usuais e os robustos são muito maiores. Para um exemplo no qual as diferenças são substanciais, veja o Exercício em computador C2.

Neste ponto, você deve estar se perguntando: se os erros padrão robustos em relação à heteroscedasticidade são válidos com maior frequência que os erros padrão usuais MQO, por que nos preocuparmos com os erros padrão usuais, afinal? Está é uma pergunta sensata. Uma das razões para ainda serem usados em trabalhos de corte transversal é que, se a hipótese de homoscedasticidade se mantiver e os erros forem normalmente distribuídos, as estatísticas *t* usuais têm distribuições *t* exatas, independentemente do tamanho da amostra (veja Capítulo 4). Os erros padrão robustos e as estatísticas *t* robustas são justificados somente quando o tamanho da amostra se torna grande, mesmo que as hipóteses do MLC sejam verdadeiras. Com amostras de tamanho pequeno, as estatísticas *t* robustas podem ter distribuições que não sejam muito próximas da distribuição *t*, e isso pode ofuscar nossa inferência.

Em amostras de tamanho grande, podemos tomar a decisão de sempre levar em conta somente os erros padrão robustos em relação à heteroscedasticidade nas aplicações de corte transversal, e essa prática vem sendo seguida cada vez mais em trabalhos aplicados. Também é comum usar ambos os erros padrão, como na equação (8.6), de maneira que um leitor possa determinar se alguma conclusão é sensível ao erro padrão em uso.

Também é possível obter estatísticas *F* e *LM* que sejam robustas em relação à heteroscedasticidade de forma desconhecida, e mesmo arbitrária. A **estatística *F* robusta em relação à heteroscedasticidade** (ou uma transformação simples dela) também é chamada de estatística de Wald robusta em relação à heteroscedasticidade. Uma abordagem geral da estatística de Wald requer álgebra matricial e está esboçada no Apêndice E, veja Wooldridge (2010, Capítulo 4) para um tratamento mais detalhado. No entanto, a utilização de estatísticas robustas em relação à heteroscedasticidade para restrições de exclusões múltiplas é simples, pois muitos programas econométricos calculam essas estatísticas rotineiramente.

EXEMPLO 8.2 Estatística *F* robusta em relação à heteroscedasticidade

Utilizando os dados de primeiro semestre contidos no arquivo GPA3, estimamos a seguinte equação:

$$\widehat{cumgpa} = 1{,}47 + 0{,}00114\,sat - 0{,}00857\,hsperc + 0{,}00250\,tothrs$$
$$\phantom{\widehat{cumgpa} = } (0{,}23)\quad (0{,}00018)\quad\ \ (0{,}00124)\quad\ \ \ (0{,}00073)$$
$$\phantom{\widehat{cumgpa} = } [0{,}22]\ \ [0{,}00019]\quad\ \ [0{,}00140]\quad\ \ \ [0{,}00073]$$
$$\phantom{\widehat{cumgpa} = } + 0{,}303\,female - 0{,}128\,black - 0{,}059\,white \qquad (8.7)$$
$$\phantom{\widehat{cumgpa} = } (0{,}059)\qquad\ \ (0{,}147)\qquad (0{,}141)$$
$$\phantom{\widehat{cumgpa} = } [0{,}059]\qquad\ \ [0{,}118]\qquad [0{,}110]$$
$$n = 366,\ R^2 = 0{,}4006,\ \overline{R}^2 = 0{,}3905.$$

Novamente, as diferenças entre os erros padrão usuais e os erros padrão robustos em relação à heteroscedasticidade não são muito grandes e o uso da estatística *t* robusta não altera a significância estatística de qualquer variável independente. Tampouco os testes de significância conjunta são muito afetados. Suponha que queiramos testar a hipótese nula de que, depois de termos todos os outros fatores controlados, não haja diferenças em *cumgpa* por etnia. Isso é escrito como $H_0: \beta_{black} = 0,\ \beta_{white} = 0$. A estatística *F* habitual é facilmente obtida, uma vez que tenhamos o *R*-quadrado do modelo restrito; o cálculo resulta em 0,3983. A estatística *F* então é $[(0{,}4006 - 0{,}3983)/(1 - 0{,}4006)](359/2) \approx 0{,}69$. Se houver presença de heteroscedasticidade, essa versão do teste não é válida. A versão robusta em relação à heteroscedasticidade não tem uma forma simples, mas pode ser calculada utilizando-se certos programas estatísticos. O valor da estatística *F* robusta em relação à heteroscedasticidade é de 0,75, diferenciando-se apenas levemente do valor da versão não robusta. O *p*-valor do teste robusto é 0,474, que não está próximo dos níveis padrão de significância. Não é possível rejeitar a hipótese nula usando qualquer um dos testes.

Uma vez que a forma usual da soma dos quadrados dos resíduos da estatística *F* não é válida sob heteroscedasticidade, precisamos ser cuidadosos ao calcular um teste de Chow de coeficientes comuns entre dois grupos. A forma da estatística na equação (7.24) não é válida se a heteroscedasticidade estiver presente, incluindo o simples caso em que a variância do erro difere entre os dois grupos. Em vez disso, podemos obter um teste de Chow robusto em relação à heteroscedasticidade ao incluir uma variável *dummy* que diferencie os dois grupos juntamente com interações entre essa variável *dummy* e todas as outras variáveis explicativas. Podemos testar se não há diferença entre as duas funções de regressão – testando como se os coeficientes da variável *dummy* e de todas as interações são zero – ou apenas testar se as inclinações são todas iguais, neste caso, mantemos o coeficiente da variável *dummy* irrestrito. Ver Exercício em computador C14 para um exemplo.

8-2a Calculando testes *LM* robustos em relação à heteroscedasticidade

Nem todos os programas econométricos calculam estatísticas *F* que sejam robustas em relação à heteroscedasticidade. Portanto, algumas vezes é conveniente ter um meio de obter um teste de restrições de exclusões múltiplas que seja robusto em relação à heteroscedasticidade e não exija um tipo especial de programa econométrico. Uma **estatística *LM* robusta em relação à heteroscedasticidade** é facilmente obtida usando qualquer programa econométrico de regressão.

> **QUESTÃO 8.1**
>
> Avalie a seguinte declaração: Os erros padrão robustos em relação à heteroscedasticidade são sempre maiores que os erros padrão comuns.

Para ilustrar o cálculo da estatística *LM* robusta, considere o modelo

$$y = \beta_0 + \beta_1 x_1 + \beta_2 x_2 + \beta_3 x_3 + \beta_4 x_4 + \beta_5 x_5 + u,$$

e suponha que queiramos testar $H_0: \beta_4 = 0, \beta_5 = 0$. Para obter a estatística *LM* usual, primeiro estimamos o modelo restrito (isto é, o modelo sem x_4 e x_5) para obter os resíduos, $\tilde{u}$. Então fazemos a regressão de $\tilde{u}$ sobre todas as variáveis independentes e a estatística $LM = n \cdot R^2_{\tilde{u}}$, em que $R^2_{\tilde{u}}$ é o *R*-quadrado usual dessa regressão.

Obter uma versão que seja robusta em relação à heteroscedasticidade exige mais trabalho. Um método de calcular a estatística requer somente regressões MQO. Precisamos dos resíduos, digamos $\tilde{r}_1$, da regressão de x_4 sobre x_1, x_2, x_3. Também necessitamos dos resíduos, digamos $\tilde{r}_2$, da regressão de x_5 sobre x_1, x_2, x_3. Assim, fazemos a regressão de cada uma das variáveis independentes excluídas, conforme a hipótese nula, sobre todas as variáveis independentes incluídas. A cada vez, guardamos os resíduos. O último passo parece estranho, mas ele é, no final das contas, apenas um artifício de cálculo. Execute a regressão de

$$1 \text{ sobre } \tilde{r}_1 \tilde{u}, \tilde{r}_2 \tilde{u}, \tag{8.8}$$

sem um intercepto. Sim, na verdade definimos uma variável dependente com valor um para todas as observações. Fazemos a regressão dessa constante sobre os produtos $\tilde{r}_1 \tilde{u}$ e $\tilde{r}_2 \tilde{u}$. A estatística *LM* robusta acaba sendo $n - \text{SQR}_1$, em que SQR_1 é exatamente a soma dos quadrados dos resíduos usual da regressão (8.8).

A razão pela qual isso funciona é pouco técnica. Basicamente, isso significa fazer para o teste *LM* o que os erros padrão robustos fazem para o teste *t*. [Veja Wooldridge (1991b) ou Davidson e MacKinnon (1993) para uma discussão mais detalhada.]

Agora resumimos o cálculo da estatística *LM* robusta em relação à heteroscedasticidade no caso geral.

Uma estatística *LM* robusta em relação à heteroscedasticidade:

1. Obtenha os resíduos $\tilde{u}$ do modelo restrito.
2. Faça a regressão de cada uma das variáveis independentes excluídas, conforme a hipótese nula, sobre todas as variáveis independentes incluídas; se houver *q* variáveis excluídas, isso levará a *q* conjuntos de resíduos ($\tilde{r}_1, \tilde{r}_2, ..., \tilde{r}_q$).
3. Encontre os produtos de cada $\tilde{r}_j$ por $\tilde{u}$ (para todas as observações).

4. Faça a regressão de 1 sobre $\tilde{r}_1\tilde{u}, \tilde{r}_2\tilde{u}, ..., \tilde{r}_q\tilde{u}$, sem um intercepto. A estatística *LM* robusta é $n - SQR_1$, em que SQR_1 é exatamente a soma dos quadrados dos resíduos desta última regressão. Sob H_0, a estatística *LM* é distribuída aproximadamente como χ_q^2.

Uma vez que a estatística *LM* robusta tenha sido obtida, a regra de rejeição e o cálculo dos *p*-valores são as mesmas da estatística *LM* usual da Seção 5.2.

EXEMPLO 8.3 Estatística *LM* robusta em relação à heteroscedasticidade

Usamos os dados do arquivo CRIME1 para verificar se a média de tempo das penas cumpridas de condenações passadas afeta o número de prisões no ano atual (1986). O modelo estimado é

$$\widehat{narr86} = 0,561 - 0,136\, pcnv + 0,0178\, avgsen - 0,00052\, avgsen^2$$
$$(0,036)\ (0,040)\qquad (0,0097)\qquad (0,00030)$$
$$[0,040]\ [0,034]\qquad [0,0101]\qquad [0,00021]$$
$$-\ 0,0394\, ptime86 - 0,0505\, qemp86 - 0,00148\, inc86$$
$$(0,0087)\qquad\quad (0,0144)\qquad\quad (0,00034)$$
$$[0,0062]\qquad\quad [0,0142]\qquad\quad [0,00023]$$
$$+\ 0,325\, black + 0,193\, hispan$$
$$(0,045)\qquad\ (0,040)$$
$$[0,058]\qquad\ [0,040]$$
$$n = 2.725,\ R^2 = 0,0728.$$

(8.9)

Neste exemplo existem diferenças mais substanciais entre alguns dos erros padrão usuais e os erros padrão robustos. Por exemplo, a estatística *t* habitual de $avgsen^2$ é aproximadamente −1,73, enquanto a estatística robusta *t* está em torno de −2,48. Assim, $avgsen^2$ é mais significante usando o erro padrão robusto.

O efeito de *avgsen* sobre *narr*86 é um pouco difícil de reconciliar. Como a relação é quadrática, podemos descobrir onde *avgsen* tem um efeito positivo em *narr*86 e onde o efeito se torna negativo. O ponto de reversão é $0,0178/[2(0,00052)] \approx 17,12$; observe que esta é uma medida de meses. Literalmente, isso significa que *narr*86 é positivamente relacionado com *avgsen* quando *avgsen* é menor que 17 meses; então *avgsen* tem o efeito desencorajador esperado após 17 meses.

Para verificar se a média de tempo das penas cumpridas tem um efeito estatisticamente significante sobre *narr*86, devemos testar as hipóteses conjuntas $H_0: \beta_{avgsen} = 0, \beta_{avgsen^2} = 0$. Utilizando a estatística *LM* usual (veja Seção 5.2), obtemos $LM = 3,54$; em uma distribuição qui-quadrada com dois *gl*, isso produz um *p*-valor $= 0,170$. Assim, não podemos rejeitar H_0 mesmo no nível de 15%. A estatística *LM* robusta em relação à heteroscedasticidade é $LM = 4,00$ (arredondada para duas casas decimais), com um *p*-valor $= 0,135$. Isso ainda não é uma evidência muito forte contra H_0; *avgsen* não parece ter um efeito forte sobre *narr*86. [A propósito, quando *avgsen* aparece sozinha em (8.9), isto é, sem o termo quadrático, a estatística *t* usual é 0,658, e a estatística *t* robusta é 0,592.]

8.3 O teste para heteroscedasticidade

Os erros padrão robustos em relação à heteroscedasticidade oferecem um método simples para calcular estatísticas t que sejam assimptoticamente distribuídas como t, haja ou não a presença de heteroscedasticidade. Também já vimos que as estatísticas F e LM robustas em relação à heteroscedasticidade estão disponíveis. A implementação desses testes não exige o conhecimento prévio da presença ou não de heteroscedasticidade. Não obstante, ainda existem boas razões para fazermos alguns testes simples que possam detectar sua presença. Primeiro, como mencionamos na Seção anterior, as estatísticas t habituais têm distribuições t exatas sob as hipóteses do modelo linear clássico. Por essa razão, muitos economistas ainda preferem utilizar os erros padrão MQO usuais e testar as estatísticas informadas, a menos que haja evidência de heteroscedasticidade. Segundo, se houver a presença de heteroscedasticidade, o estimador MQO não mais será o melhor estimador linear não viesado. Como veremos na Seção 8.4, é possível obter um estimador melhor que o MQO quando a forma da heteroscedasticidade é conhecida.

Muitos testes de heteroscedasticidade têm sido sugeridos ao longo dos anos. Alguns deles, embora tenham a capacidade de detectar a heteroscedasticidade, não testam diretamente a hipótese de que a variância dos erros não depende das variáveis independentes. Nós nos restringiremos a testes mais modernos, que detectam os tipos de heteroscedasticidade que invalidam as estatísticas MQO habituais. Isso também traz o benefício de colocar todos os testes na mesma estrutura.

Como sempre, iniciamos com o modelo linear

$$y = \beta_0 + \beta_1 x_1 + \beta_2 x_2 + \ldots + \beta_k x_k + u, \tag{8.10}$$

em que as Hipóteses RLM.1 a RLM.4 são mantidas nesta seção. Particularmente, presumimos que $E(u|x_1, x_2, \ldots, x_k) = 0$, de forma que o MQO seja não viesado e consistente.

Consideramos como hipótese nula que a Hipótese RLM.5 é verdadeira:

$$H_0: \text{Var}(u|x_1, x_2, \ldots, x_k) = \sigma^2. \tag{8.11}$$

Ou seja, presumimos que a hipótese ideal de homoscedasticidade se mantém e precisamos que os dados nos informem se isso é adequado ou não. Se não pudermos rejeitar (8.11) em um nível de significância suficientemente pequeno, normalmente concluímos que a heteroscedasticidade não será um problema. Lembre-se, porém, de que nunca aceitamos H_0; simplesmente não podemos rejeitá-la.

Como estamos supondo que u tem uma esperança condicional zero, $\text{Var}(u|\mathbf{x}) = E(u^2|\mathbf{x})$, e assim a hipótese nula de homoscedasticidade é equivalente a

$$H_0: E(u^2|x_1, x_2, \ldots, x_k) = E(u^2) = \sigma^2.$$

Isso mostra que, para testar a violação da hipótese de homoscedasticidade, queremos verificar se u^2 está relacionado (em valor esperado) a uma ou mais das variáveis explicativas. Se H_0 for falsa, o valor esperado de u^2, dadas as variáveis independentes, pode ser praticamente qualquer função de x_j. Um método simples é considerar uma função linear:

$$u^2 = \delta_0 + \delta_1 x_1 + \delta_2 x_2 + \ldots + \delta_k x_k + v, \tag{8.12}$$

em que v é um termo de erro com média zero, dado x_j. Preste bastante atenção na variável dependente nessa equação: ela é o *quadrado* do erro na equação de regressão original (8.10). A hipótese nula de homoscedasticidade é

$$H_0: \delta_1 = \delta_2 = \ldots = \delta_k = 0. \tag{8.13}$$

Sob a hipótese nula, frequentemente é razoável presumir que o erro em (8.12), v, é independente de $x_1, x_2, \ldots, x_k$. Então, sabemos da Seção 5.2 que a estatística F ou a estatística LM, sobre a significância geral das variáveis independentes na explicação de u^2, podem ser usadas para testar (8.13). Ambas as estatísticas terão justificação assimptótica, mesmo que u^2 não possa ser normalmente distribuído. (Por exemplo, se u for normalmente distribuído, então u^2/σ^2 é distribuído como χ_1^2.) Se pudéssemos observar u^2 na amostra, então poderíamos calcular com facilidade essa estatística, executando a regressão MQO de u^2 sobre $x_1, x_2, \ldots, x_k$, usando todas as n observações.

Como enfatizamos anteriormente, nunca conheceremos os erros efetivos no modelo populacional, mas temos estimativas deles: o resíduo MQO, $\hat{u}_i$, é uma estimativa do erro u_i para a observação i. Assim, podemos estimar a equação

$$\hat{u}^2 = \delta_0 + \delta_1 x_1 + \delta_2 x_2 + \ldots + \delta_k x_k + erro \tag{8.14}$$

e calcular as estatísticas F ou LM da significância conjunta de $x_1, \ldots, x_k$. Constata-se que o uso dos resíduos MQO em lugar dos erros não afeta a distribuição de amostra grande das estatísticas F ou LM, embora mostrar isso seja bastante complicado.

Ambas as estatísticas F e LM dependem do R-quadrado da regressão (8.14); chamemos isso de $R^2_{\hat{u}^2}$ para distingui-lo do R-quadrado na estimação da equação (8.10). Então, a estatística F será

$$F = \frac{R^2_{\hat{u}^2}/k}{(1 - R^2_{\hat{u}^2})/(n - k - 1)}, \tag{8.15}$$

em que k é o número de regressores em (8.14); este é o mesmo número de variáveis independentes em (8.10). Calcular (8.15) de forma manual raramente será necessário, uma vez que a maioria dos programas econométricos calcula automaticamente a estatística F da significância geral de uma regressão. A estatística F tem (aproximadamente) uma distribuição $F_{k, n-k-1}$ sob a hipótese nula de homoscedasticidade.

A estatística LM para a heteroscedasticidade é simplesmente o tamanho da amostra multiplicado pelo R-quadrado de (8.14):

$$LM = n \cdot R^2_{\hat{u}^2}. \tag{8.16}$$

Sob a hipótese nula, a estatística LM é distribuída assimptoticamente como χ_k^2. Isso também é obtido com muita facilidade após executarmos a regressão (8.14).

A versão LM do teste é geralmente chamada **teste de Breusch-Pagan da heteroscedasticidade (teste BP)**. Breusch e Pagan (1979) sugeriram uma forma diferente do teste que considera que os erros são normalmente distribuídos. Koenker (1981) sugeriu a forma da estatística LM em (8.16), que é em geral preferida em razão de sua maior aplicabilidade.

Resumimos os passos para verificar a existência de heteroscedasticidade usando o teste BP.

O teste de Breusch-Pagan da heteroscedasticidade:

1. Avalie o modelo (8.10) por MQO, como usual. Obtenha os quadrados dos resíduos de MQO, $\hat{u}^2$ (um para cada observação).
2. Execute a regressão (8.14). Guarde o R-quadrado dessa regressão $R^2_{\hat{u}^2}$.
3. Construa a estatística F ou a estatística LM e calcule o p-valor (usando a distribuição $F_{k,n-k-1}$ no primeiro caso e a distribuição χ^2_k no caso seguinte). Se o p-valor for suficientemente pequeno, isto é, abaixo do nível de significância selecionado, então rejeitamos a hipótese nula de homoscedasticidade.

Se o teste BP resultar em um p-valor suficientemente pequeno, alguma medida corretiva deve ser tomada. Uma possibilidade é usar os erros padrão robustos em relação à heteroscedasticidade e as estatísticas de testes discutidas na seção anterior. Outra possibilidade será discutida na Seção 8.4.

EXEMPLO 8.4 — Heteroscedasticidade nas equações de preços de imóveis

Utilizamos os dados contidos no arquivo HPRICE1 para verificar a existência de heteroscedasticidade em uma equação simples de preços de imóveis. A equação estimada usando os níveis de todas as variáveis é

$$\widehat{price} = -21{,}77 + 0{,}00207\ lotsize + 0{,}123\ sqrft + 13{,}85\ bdrms$$
$$(29{,}48)\ (0{,}00064)\qquad (0{,}013)\qquad (9{,}01) \tag{8.17}$$
$$n = 88,\ R^2 = 0{,}672.$$

Essa equação não nos diz *nada* sobre se o erro no modelo populacional é heteroscedástico. Necessitamos fazer a regressão dos quadrados dos resíduos de MQO sobre as variáveis independentes. O R-quadrado da regressão de $\hat{u}^2$ sobre *lotsize*, *sqrft* e *bdrms* é $R^2_{\hat{u}^2} = 0{,}1601$. Com $n = 88$ e $k = 3$, isso produzirá uma estatística F para a significância das variáveis independentes de $F = [0{,}1601/(1 - 0{,}1601)](84/3) \approx 5{,}34$. O p-valor associado é 0,002, o que é forte evidência contra a hipótese nula. A estatística LM é $88(0{,}1601) \approx 14{,}09$; isso dá um p-valor $\approx 0{,}0028$ (usando a distribuição χ^2_3), produzindo essencialmente a mesma conclusão da estatística F. Isso significa que os erros padrão usuais informados em (8.17) não são confiáveis.

No Capítulo 6, mencionamos que um dos benefícios de usar a forma funcional logarítmica da variável dependente é que a heteroscedasticidade é muitas vezes reduzida. Neste exemplo, coloquemos *price*, *lotsize* e *sqrft* em forma logarítmica, de forma que as elasticidades do preço em relação a *lotsize* e *sqrft* sejam constantes. A equação estimada é

$$\widehat{\log(price)} = -1{,}30 + 0{,}168\log(lotsize) + 0{,}700\log(sqrft) + 0{,}37\ bdrms$$
$$(0{,}65)\ (0{,}038)\qquad\qquad (0{,}093)\qquad\qquad (0{,}028) \tag{8.18}$$
$$n = 88,\ R^2 = 0{,}643.$$

Fazendo a regressão do quadrado dos resíduos de MQO dessa regressão sobre $\log(lotsize)$, $\log(sqrft)$, e *bdrms* gera $R^2_{\hat{u}^2} = 0{,}0480$. Assim, $F = 1{,}41$ (p-valor = 0,245) e $LM = 4{,}22$ (p-valor = 0,239). Portanto, não podemos rejeitar a hipótese nula de homoscedasticidade no modelo com a forma funcional logarítmica. A ocorrência de menos heteroscedasticidade com a variável dependente em forma logarítmica tem sido observada em muitas aplicações empíricas.

> **QUESTÃO 8.2**
>
> Considere a equação de salários-hora (7.11), na qual você acredita que a variância condicional de log(*wage*) não depende de *educ*, *exper* ou *tenure*. Contudo, você está preocupado porque a variância de log(*wage*) pode diferir ao longo dos quatro grupos demográficos de homens casados, mulheres casadas, homens solteiros e mulheres solteiras. Que regressão você faria para verificar a existência de heteroscedasticidade? Quais são os graus de liberdade no teste *F*?

Se suspeitarmos que a heteroscedasticidade depende somente de certas variáveis independentes, podemos, com facilidade, modificar o teste de Breusch-Pagan: simplesmente fazemos a regressão de $\hat{u}^2$ sobre quaisquer variáveis independentes que escolhamos e aplicamos o teste *F* ou *LM* apropriado. Lembre-se de que os graus de liberdade apropriados dependem do número de variáveis independentes na regressão com $\hat{u}^2$ como variável dependente; o número de variáveis independentes que aparece na equação (8.10) é irrelevante.

Se os resíduos ao quadrado forem regredidos somente sobre uma única variável independente, o teste de heteroscedasticidade será a estatística *t* habitual da variável. Uma estatística *t* significativa sugere que a heteroscedasticidade é um problema.

8-3a O teste de White para a heteroscedasticidade

No Capítulo 5, mostramos que tanto os erros padrão como as estatísticas de testes estimados habitualmente por MQO são assimptoticamente válidos, desde que todas as hipóteses de Gauss-Markov se mantenham. Acontece que a hipótese de homoscedasticidade, $\text{Var}(u_1|x_1, \ldots, x_k) = \sigma^2$, pode ser substituída pela hipótese mais fraca de que o erro ao quadrado, u^2, é *não correlacionado* com todas as variáveis independentes (x_j), com os quadrados das variáveis independentes (x_j^2), e com todos os produtos cruzados ($x_j x_h$ para $j \neq h$). Essa observação motivou White (1980) a propor um teste para a heteroscedasticidade que adiciona quadrados e produtos cruzados de todas as variáveis independentes à equação (8.14). O teste é explicitamente destinado a testar formas de heteroscedasticidade que invalidem os erros padrão e as estatísticas de testes habituais, estimados por MQO.

Quando o modelo contém $k = 3$ variáveis independentes, o teste de White baseia-se na estimativa de

$$\hat{u}^2 = \delta_0 + \delta_1 x_1 + \delta_2 x_2 + \delta_3 x_3 + \delta_4 x_1^2 + \delta_5 x_2^2 + \delta_6 x_3^2 \\ + \delta_7 x_1 x_2 + \delta_8 x_1 x_3 + \delta_9 x_2 x_3 + erro. \tag{8.19}$$

Comparado com o teste de Breusch-Pagan, essa equação tem seis regressores a mais. O **teste de White para a heteroscedasticidade** é a estatística *LM* para testarmos que todos os δ_j na equação (8.19) sejam zero, exceto o intercepto. Assim, nove restrições estão sendo testadas neste caso. Também podemos usar um teste *F* desta hipótese; ambos os testes têm justificativa assimptótica.

Com somente três variáveis independentes no modelo original, a equação (8.19) tem nove variáveis independentes. Com seis variáveis independentes no modelo original, a regressão de White envolveria geralmente 27 regressores (a menos que alguns sejam redundantes). Essa abundância de regressores é uma fraqueza na forma pura do teste de White: ele usa muitos graus de liberdade para modelos com um número moderado de variáveis independentes.

É possível obter um teste que seja mais facilmente implementado que o teste de White e menos prejudicial quanto aos graus de liberdade. Para criar esse teste, observe que a diferença entre os testes de White e de Breusch-Pagan é que o primeiro inclui os quadrados e os produtos cruzados das variáveis independentes. Podemos preservar o espírito do teste de White, mantendo os graus de liberdade, usando os valores estimados MQO com um teste de heteroscedasticidade. Lembre-se de que os valores estimados são definidos para cada observação i por

$$\hat{y}_i = \hat{\beta}_0 + \hat{\beta}_1 x_{i1} + \hat{\beta}_2 x_{i2} + \ldots + \hat{\beta}_k x_{ik}.$$

Os valores estimados são apenas funções lineares das variáveis independentes. Se forem elevados ao quadrado, obteremos uma função particular de todos os quadrados e produtos cruzados das variáveis independentes. Isso sugere testar a heteroscedasticidade avaliando a equação

$$\hat{u}^2 = \delta_0 + \delta_1 \hat{y} + \delta_2 \hat{y}^2 + erro, \qquad (8.20)$$

em que $\hat{y}$ representa os valores ajustados. É importante não confundir $\hat{y}$ com y nessa equação. Usamos os valores estimados porque são funções das variáveis independentes (e dos parâmetros estimados); o uso de y em (8.20) não produz um teste válido para a heteroscedasticidade.

Podemos usar as estatísticas F ou LM para a hipótese nula $H_0: \delta_1 = 0, \delta_2 = 0$ na equação (8.20). Isso resultará em duas restrições ao testar a hipótese nula da homoscedasticidade, a despeito do número de variáveis independentes no modelo original. Preservar os graus de liberdade dessa maneira é quase sempre uma boa ideia, e também faz que o teste seja implementado mais facilmente.

Como $\hat{y}$ é uma estimativa do valor esperado de y, dadas as variáveis x_j, usar (8.20) para testar a heteroscedasticidade é útil nos casos de haver suspeita de que a variância muda com o nível do valor esperado, $E(y|\mathbf{x})$. O teste a partir de (8.20) pode ser visto como um caso especial do teste de White, uma vez que pode ser mostrado que a equação (8.20) impõe restrições sobre os parâmetros da equação (8.19).

Um caso especial do teste de White para a heteroscedasticidade:

1. Analise o modelo (8.10) por MQO, da maneira habitual. Obtenha os resíduos $\hat{u}$ e os valores estimados $\hat{y}$ do MQO. Calcule o quadrado dos resíduos de MQO $\hat{u}^2$ e os valores ajustados $\hat{y}^2$.
2. Execute a regressão da equação (8.20). Guarde o R-quadrado dessa regressão, $R^2_{\hat{u}^2}$.
3. Construa as estatísticas F ou LM e calcule o p-valor (usando a distribuição $F_{2,n-3}$ no primeiro caso e a distribuição χ^2_2 no último).

EXEMPLO 8.5 Forma especial do teste de White na equação log dos preços de imóveis

Aplicamos o caso especial do teste de White na equação (8.18), na qual usamos a estatística LM. O importante a lembrar é que a distribuição qui-quadrado sempre tem dois gl. A regressão de $\hat{u}^2$ sobre $\widehat{lprice}$, $(\widehat{lprice})^2$, em que $\widehat{lprice}$ representa os valores ajustados em (8.18), produz $R^2_{\hat{u}^2} = 0{,}0392$; assim, $LM = 88(0{,}0392) \approx 3{,}45$, e o p-valor $= 0{,}178$. Isso é evidência de heteroscedasticidade mais forte do que a fornecida pelo teste de Breusch-Pagan, mas ainda não podemos rejeitar a homoscedasticidade, mesmo no nível de 15%.

Antes de deixarmos esta seção, devemos comentar uma importante limitação. Temos interpretado uma rejeição usando um dos testes de heteroscedasticidade como evidência de heteroscedasticidade. Isso está correto desde que mantenhamos as Hipóteses RLM.1 a RLM.4. Contudo, se RLM.4 for violada – especialmente se a forma funcional de E($y|\mathbf{x}$) estiver mal-especificada – então um teste de heteroscedasticidade pode rejeitar H$_0$, mesmo se Var($y|\mathbf{x}$) for constante. Por exemplo, se omitirmos um ou mais termos quadráticos em um modelo de regressão ou usarmos o modelo em nível quando deveríamos usar em log, um teste de heteroscedasticidade pode ser significante. Isso tem levado alguns economistas a verem os testes de heteroscedasticidade como testes generalizados de má-especificação. Existem, porém, testes melhores e mais diretos para testar a má-especificação de formas funcionais, e estudaremos alguns deles na Seção 9.1. É melhor usar, primeiro, testes específicos de formas funcionais, visto que a má-especificação da forma funcional é mais importante que a heteroscedasticidade. Em seguida, uma vez que estejamos satisfeitos com a forma funcional, podemos fazer o teste para verificar a existência de heteroscedasticidade.

8.4 Estimação de mínimos quadrados ponderados

Se for detectada heteroscedasticidade com o uso de um dos testes da Seção 8.3, sabemos da Seção 8.2 que uma reação possível é usar estatísticas robustas em relação à heteroscedasticidade após a estimação MQO. Antes do desenvolvimento das estatísticas robustas em relação à heteroscedasticidade, a resposta à descoberta de heteroscedasticidade foi para especificar sua forma usando um método de *mínimos quadrados ponderados*, que desenvolvemos nesta seção. Conforme argumentaremos, se corretamente especificada a forma da variação (em função de variáveis explicativas) como a de mínimos quadrados ponderados (MQP) é mais eficiente que MQO, pois MQP produz novas estatísticas *t* e *F* que têm distribuições *t* e *F*. Também discutiremos as implicações de usar a forma incorreta da variância no procedimento MQP.

8-4a A heteroscedasticidade é percebida como uma constante multiplicativa

Considere que $\mathbf{x}$ representa todas as variáveis explicativas na equação (8.10) e suponha que

$$\text{Var}(u|\mathbf{x}) = \sigma^2 h(\mathbf{x}), \tag{8.21}$$

em que $h(\mathbf{x})$ é alguma função das variáveis explicativas que determina a heteroscedasticidade. Como variâncias devem ser positivas, $h(\mathbf{x}) > 0$ para todos os valores possíveis das variáveis independentes. Supomos nesta subseção que a função $h(\mathbf{x})$ é conhecida. O parâmetro populacional σ^2 é desconhecido, mas teremos condições de estimá-lo a partir de uma amostra de dados.

Para uma extração aleatória da população, podemos escrever $\sigma_i^2 = \text{Var}(u_i|\mathbf{x}_i) = \sigma^2 h(\mathbf{x}_i) = \sigma^2 h_i$, em que novamente usamos a notação $\mathbf{x}_i$ para representar todas as variáveis independentes para as observações *i*, enquanto h_i muda a cada observação porque as variáveis independentes mudam ao longo das observações. Por exemplo, considere a função simples de poupança (*sav*)

$$sav_i = \beta_0 + \beta_1 inc_i + u_i \qquad (8.22)$$
$$\mathrm{Var}(u_i|inc_i) = \sigma^2 inc_i. \qquad (8.23)$$

Aqui, $h(x) = h(inc) = inc$: a variância do erro é proporcional ao nível da renda (inc). Isso significa que, conforme a renda aumenta, a variabilidade da poupança cresce. (Se $\beta_1 > 0$, o valor esperado da poupança também aumenta com a renda.) Como inc é sempre positiva, a variância na equação (8.23) garantidamente será sempre positiva. O desvio padrão de u_i, condicional em inc_i, é $\sigma\sqrt{inc_i}$.

Como podemos usar a informação da equação (8.21) para estimar β_j? Essencialmente, levamos em conta a equação original,

$$y_i = \beta_0 + \beta_1 x_{i1} + \beta_2 x_{i2} + \ldots + \beta_k x_{ik} = u_i, \qquad (8.24)$$

que contém erros heteroscedásticos, e a transformamos em uma equação que não contenha esses erros (e satisfaça as outras hipóteses de Gauss-Markov). Como h_i é apenas uma função de $\mathbf{x}_i$, $u_i/\sqrt{h_i}$ tem zero como valor esperado condicional em $\mathbf{x}_i$. Além disso, como $\mathrm{Var}(u_i|\mathbf{x}_i) = E(u_i^2|\mathbf{x}_i) = \sigma^2 h_i$, a variância de $u_i/\sqrt{h_i}$ (condicional em $\mathbf{x}_i$) é σ^2:

$$E((u_i/\sqrt{h_i})^2) = E(u_i^2)/h_i = (\sigma^2 h_i)/h_i = \sigma^2,$$

em que suprimimos a condicionalidade em $\mathbf{x}_i$, por simplicidade. Podemos dividir a equação (8.24) por $\sqrt{h_i}$ para obter

$$\begin{aligned}y_i/\sqrt{h_i} = {}& \beta_0/\sqrt{h_i} + \beta_1(x_{i1}/\sqrt{h_i}) + \beta_2(x_{i2}/\sqrt{h_i}) + \ldots \\ & + \beta_k(x_{ik}/\sqrt{h_i}) + (u_i/\sqrt{h_i})\end{aligned} \qquad (8.25)$$

ou

$$y_i^* = \beta_0 x_{i0}^* + \beta_1 x_{i1}^* + \ldots + \beta_k x_{ik}^* + u_i^*, \qquad (8.26)$$

em que $x_{i0}^* = 1/\sqrt{h_i}$ e as outras variáveis sobrescritas representam as variáveis originais correspondentes divididas por $\sqrt{h_i}$.

A equação (8.26) parece um pouco peculiar, mas o importante a ser lembrado é que a derivamos para podermos obter os estimadores de β_j que tenham propriedades de eficiência melhores que MQO. O intercepto β_0 na equação original (8.24) agora está multiplicando a variável $x_{i0}^* = 1/\sqrt{h_i}$. Cada parâmetro de inclinação em β_j multiplica uma nova variável que raramente tem interpretação útil. Isso não deve causar problemas se lembrarmos que, na interpretação dos parâmetros e do modelo, sempre queremos retornar à equação original (8.24).

No exemplo precedente da poupança, a equação transformada se assemelha a

$$sav_i/\sqrt{inc_i} = \beta_0(1/\sqrt{inc_i}) + \beta_1\sqrt{inc_i} + u_i^*,$$

em que usamos o fato de que $inc_i/\sqrt{inc_i} = \sqrt{inc_i}$. Contudo, β_1 é a propensão marginal a poupar, uma interpretação que obtemos da equação (8.22).

A equação (8.26) é linear em seus parâmetros (portanto satisfaz RLM.1), e a hipótese de amostragem aleatória não se alterou. Além disso, u_i^* tem uma média zero e uma variância constante (σ^2), condicional em $\mathbf{x}_i^*$. Isso significa que se a equação original satisfizer as quatro primeiras hipóteses de Gauss-Markov, então a equação transformada (8.26) satisfará todas as cinco hipóteses de Gauss-Markov. Além disso, se u_i tiver uma distribuição normal, então u_i^* terá uma distribuição normal com variância σ^2. Portanto, a equação transformada satisfará as hipóteses do modelo linear clássico (RLM.1 a RLM.6), se o modelo original também o fizer, com exceção da hipótese de homoscedasticidade.

Como sabemos que o MQO tem propriedades atraentes (BLUE, por exemplo) sob as hipóteses de Gauss-Markov, a discussão no parágrafo anterior sugere estimarmos os parâmetros da equação (8.26) por mínimos quadrados ordinários. Esses estimadores, $\beta_0^*, \beta_1^*, \ldots, \beta_k^*$, serão diferentes dos estimadores MQO na equação original. Os β_j^* são exemplos de **estimadores de mínimos quadrados generalizados (MQG)**. Nesse caso, os estimadores MQG são usados para explicar a heteroscedasticidade nos erros. Encontraremos outros estimadores MQG no Capítulo 12.

Como a equação (8.26) satisfaz todas as hipóteses ideais, erros padrão, estatísticas t e estatísticas F podem ser obtidas de regressões que usem as variáveis transformadas. A soma dos quadrados dos resíduos em (8.26) dividida pelos graus de liberdade é um estimador não viesado de σ^2. Além disso, os estimadores MQG, por serem os melhores estimadores lineares não viesados de β_j, são necessariamente mais eficientes que os estimadores MQO $\hat{\beta}_j$ obtidos da equação não transformada. Em essência, após termos transformado as variáveis, simplesmente usamos a análise padrão MQO. No entanto, devemos nos lembrar de interpretar as estimativas à luz da equação original.

Os estimadores MQG para a correção da heteroscedasticidade são chamados de **estimadores de mínimos quadrados ponderados (MQP)**. Esse nome advém do fato de que β_j^* minimiza a soma ponderada dos quadrados dos resíduos, em que cada resíduo ao quadrado é ponderado por $1/h_i$. A ideia é colocar menos peso nas observações com uma variância de erro mais alta; o método MQO dá a cada observação o mesmo peso, pois isso é melhor quando a variância do erro é idêntica para todas as partições da população. Matematicamente, os estimadores MQP são os valores de b_j que tornam a expressão

$$\sum_{i=1}^n (y_i - b_0 - b_1 x_{i1} - b_2 x_{i2} - \ldots - b_k x_{ik})^2 / h_i \qquad (8.27)$$

tão pequena quanto possível. Levar a raiz quadrada de $1/h_i$ para dentro do resíduo ao quadrado mostra que a soma ponderada dos quadrados dos resíduos é idêntica à soma dos quadrados dos resíduos nas variáveis transformadas:

$$\sum_{i=1}^n (y_i^* - b_0 x_{i0}^* - b_1 x_{i1}^* - b_2 x_{i2}^* - \ldots - b_k x_{ik}^*)^2.$$

Como MQO minimiza a soma dos quadrados dos resíduos (a despeito das definições das variáveis dependente e independente), concluímos que os estimadores MQP que minimizam (8.27) são simplesmente os estimadores MQO de (8.26). Observe cuidadosamente que os resíduos ao quadrado em (8.27) são ponderados por $1/h_i$, enquanto as variáveis transformadas em (8.26) são ponderadas por $1/\sqrt{h_i}$.

Um estimador de mínimos quadrados ponderados pode ser definido para qualquer conjunto de pesos positivos. O MQO é o caso especial que atribui pesos iguais a todas as observações. O procedimento eficiente, MQG, pondera cada resíduo ao quadrado pelo inverso da variância condicional de u_i, dado $\mathbf{x}_i$.

A obtenção das variáveis transformadas na equação (8.25) com o objetivo de calcular manualmente os mínimos quadrados ponderados pode ser entediante e não se pode desprezar a possibilidade de cometer erros. Felizmente, a maioria dos programas econométricos modernos tem um recurso para computar mínimos quadrados ponderados. Em geral, juntamente com as variáveis dependentes e independentes no modelo original, apenas especificamos a função de ponderação, $1/h_i$, que aparece em (8.27). Isto é, especificamos pesos proporcional ao inverso da variância. Além de haver menor possibilidade de cometermos erros, isso nos força a interpretar as estimativas de mínimos quadrados ponderados no modelo original. Aliás, podemos escrever a equação estimada da maneira habitual. As estimativas e os erros padrão serão diferentes do MQO, mas a maneira como interpretamos essas estimativas, erros padrão e estatísticas de testes é a mesma.

Programas econométricos que têm uma opção de MQP integrada vão registrar um R-quadrado (e um R-quadrado ajustado) ao lado das estimativas de MQP e dos erros padrão. Tipicamente, o R-quadrado dos MQP é conseguido a partir da SQR ponderada, obtida pela equação minimizadora (8.27), e de uma soma dos quadrados total (SQT) ponderada, obtida com o uso dos mesmos pesos, mas definindo todos os coeficientes de inclinação da equação (8.27), $b_1, b_2, ..., b_k$, como zero. Como medida da qualidade de ajuste, esse R-quadrado não é especialmente útil, visto que mede efetivamente a variação explicada em y_i^* em vez de y_i. Apesar disso, os R-quadrados dos MQP calculados conforme descrito são adequados para calcular estatísticas F para restrições de exclusão (uma vez que especificamos devidamente a função de variância). Como no caso dos MQO, os termos da SQT se cancelam, assim, obtemos a estatística F com base na SQR ponderada.

O R-quadrado da regressão dos MQO na equação (8.26) é ainda mais inútil como medida de qualidade de ajuste, visto que o cálculo da SQT faria pouco sentido: alguém necessariamente excluiria um intercepto da regressão, caso em que os programas de regressão geralmente calculam a SQT sem centralizar y_i^* adequadamente. Esta é outra razão para usar uma opção de MQP que está pré-programada em um programa de regressão, porque pelo menos o R-quadrado relatado compara adequadamente o modelo com todas as variáveis independentes a um modelo com apenas um intercepto. Como a SQT se cancela quando testamos restrições de exclusão, o cálculo inadequado da SQT não afeta a forma de R-quadrado da estatística F. No entanto, calcular esse R-quadrado cria a tentativa de se pensar que a equação se ajusta melhor do que na verdade o faz.

EXEMPLO 8.6 Equação de patrimônio financeiro

Agora estimamos as equações que explicam os ativos financeiros líquidos (*nettfa*, indicada em milhares de dólares) em termos da renda (*inc*, também indicada em milhares de dólares) e algumas outras variáveis, inclusive idade, sexo e um indicador para o caso de a pessoa ser qualificada para o plano de pensão 401(k). Usamos os dados de uma única pessoa (*fsize* = 1) no arquivo 401KSUBS. No Exercício em computador C12, do Capítulo 6, foi verificado que uma função quadrática específica na *age*, ou seja $(age - 25)^2$, se ajusta tão bem aos dados como uma quadrática irrestrita. E mais, a forma restrita produz uma interpretação simplificada, pois a idade mínima na amostra é 25: *nettfa* é uma função crescente da idade após *age* = 25.

Os resultados são relatados na Tabela 8.1. Como suspeitamos de heteroscedasticidade, registramos os erros padrão dos MQO de heteroscedasticidade robusta. As estimativas pelos mínimos quadrados ponderados, e seus erros padrão são obtidos sob a hipótese $\text{Var}(u|inc) = \sigma^2 inc$.

Sem controlarmos outros fatores, cada dólar adicional na renda é estimado para aumentar a *nettfa*, em cerca de 82 centavos de dólar quando são usados os MQO; a estimativa pelos MQP é menor, cerca de 79 centavos de dólar. A diferença não é grande; certamente não esperamos que sejam idênticas. O coeficiente MQP realmente tem um erro padrão menor que o do MQO, quase 40% menor, desde que consideremos que o modelo $\text{Var}(nettfa|inc) = \sigma^2 inc$ está correto.

A adição dos outros controles reduziu um pouco o coeficiente *inc*, com a estimativa pelos MQO continuando maior que a estimativa pelos MQP. Novamente, a estimativa pelos MQP de β_{inc} é mais precisa. A idade tem um efeito crescente iniciando em *age* = 25, com a estimativa pelos MQO mostrando um efeito maior. A estimativa pelos MQP de β_{age} é mais precisa nesse caso. O sexo não tem um efeito estatisticamente significante na *nettfa*, mas pode ser qualificada para o plano de pensão 401(k) sim: a estimativa pelos MQO é que as pessoas qualificadas, mantendo renda, idade e sexo fixos, têm um total de bens financeiros líquidos em torno de US$6.890 mais alto. A estimativa pelos MQP é substancialmente abaixo da estimativa pelos MQO e sugere uma má-especificação da forma funcional na equação da média. (Uma possibilidade é interagir *e401k* e *inc*; veja Exercício em computador C11.)

Usando os MQP, a estatística *F* da significância conjunta de $(age - 25)^2$, *male*, e *e401k* será em torno de 30,8 se usarmos os *R*-quadrados informados na Tabela 8.1. Com 3 e 2.012 graus de liberdade, o *p*-valor será zero até mais de 15 casas decimais; é claro, isso não surpreende considerando as enormes estatísticas *t* das variáveis *age* e *401(k)*.

> **QUESTÃO 8.3**
>
> Usando os resíduos MQO obtidos da regressão MQO descrita na coluna (1) da Tabela 8.1, a regressão de $\hat{u}^2$ sobre *inc* produz uma estatística *t* do coeficiente de renda de 2,96. Será que devemos nos preocupar com a heteroscedasticidade na equação da riqueza financeira?

TABELA 8.1 Variável dependente: *nettfa* – ativos financeiros líquidos.

Variáveis dependentes	(1) MQO	(2) MQP	(3) MQO	(4) MQP
inc	0,821 (0,104)	0,787 (0,063)	0,771 (0,100)	0,740 (0,064)
$(age - 25)^2$	—	—	0,0251 (0,0043)	0,0175 (0,0019)
male	—	—	2,48 (2,06)	1,84 (1,56)
e401k	—	—	6,89 (2,29)	5,19 (1,70)
intercepto	−10,57 (2,53)	−9,58 (1,65)	−20,98 (3,50)	−16,70 (1,96)
Observações	2.017	2.017	2.017	2.017
R-quadrado	0,0827	0,0709	0,1279	0,1115

Supor que variância do erro na equação da riqueza financeira tem uma variância proporcional à renda é essencialmente arbitrário. Aliás, na maioria dos casos, nossa escolha de ponderações em MQP tem um grau de arbitrariedade. Existe um caso no qual os pesos necessários para o MQP surgem naturalmente de um modelo econométrico subjacente. Isso acontece quando, em vez de usarmos dados em nível individual, somente temos médias de dados de algum grupo ou região geográfica. Por exemplo, suponha que estejamos interessados em determinar a relação entre o montante que um trabalhador contribui para seu plano de pensão como uma função da generosidade do plano. Suponhamos que i seja uma empresa em particular e que e represente um empregado dessa empresa. Um modelo simples é

$$contrib_{i,e} = \beta_0 + \beta_1 earns_{i,e} + \beta_2 age_{i,e} + \beta_3 mrate_i + u_{i,e}, \qquad (8.28)$$

em que $contrib_{i,e}$ é a contribuição anual por empregado e que trabalha na empresa i, $earns_{i,e}$ é o ganho anual dessa pessoa, e $age_{i,e}$ é a idade dessa pessoa. A variável $mrate_i$ é o montante que a empresa deposita na conta do empregado para cada dólar pago em contribuição pelo empregado.

Se (8.28) satisfizer as hipóteses de Gauss-Markov, então poderemos estimá-la, dada uma amostra de indivíduos entre vários empregadores. Suponha, porém, que somente temos valores *médios* de contribuições, ganhos e idade, por empregador. Em outras palavras, dados em nível individual não estão disponíveis. Assim, façamos com que $\overline{contrib}_i$ represente a contribuição média do pessoal da empresa i e, semelhantemente, $\overline{earns}_i$ e $\overline{age}_i$ também representem médias. Seja m_i o número de empregados da empresa i; supomos que esse é um número conhecido. Então, se computarmos a média da equação (8.28) para todos os empregados da empresa i, obteremos a equação dela

$$contrib_{i,e} = \beta_0 + \beta_1 earns_{i,e} + \beta_2 age_{i,e} + \beta_3 mrate_i + u_{i,e}, \qquad (8.29)$$

em que $\overline{u}_i = m_i^{-1}\sum_{e=1}^{mi} u_{i,e}$ é o erro médio entre todos os empregados da empresa i. Se tivermos n empresas em nossa amostra, então (8.29) será apenas um modelo de regressão linear múltipla que pode ser estimado por MQO. Os estimadores serão não viesados se o modelo original (8.28) satisfizer as hipóteses de Gauss-Markov, e os erros individuais $u_{i,e}$ serão independentes do tamanho da empresa, m_i [porque então o valor esperado de $\overline{u}_i$, dadas as variáveis explicativas em (8.29), será zero].

Se a equação no nível individual (8.28) satisfizer a hipótese de homoscedasticidade e os erros na empresa não são correlacionados entre os funcionários, então a equação da empresa (8.29) deverá ter heteroscedasticidade. Assim, se $Var(u_{i,e}) = \sigma^2$ para todo i e e e $Cov(u_{i,e}, u_{i,g}) = 0$ para cada par de funcionários e $e \neq g$ na empresa i, então $Var(\overline{u}_i) = \sigma^2/m_i$. Essa é exatamente a fórmula habitual da variação de uma média de variáveis aleatórias não correlacionadas com variância comum. Em outras palavras, a variância do termo de erro $\overline{u}_i$ diminui com o tamanho da empresa. Nesse caso, $h_i = 1/m_i$, e, portanto, o procedimento mais eficiente será o dos mínimos quadrados ponderados, com pesos correspondentes ao número de empregados das empresas ($1/h_i = m_i$). Isso garante que empresas grandes recebam maior peso, o que nos oferece um método eficiente de estimação dos parâmetros no modelo em nível individual quando somente temos médias para as empresas.

Uma ponderação semelhante surge quando estamos usando dados per capita no nível de cidade, município, estado ou país. Se a equação no nível individual satisfizer as hipóteses de Gauss-Markov, o erro na equação per capita terá uma variância proporcional a um sobre o tamanho da população. Portanto, mínimos quadrados ponderados com pesos iguais à população serão apropriados. Por exemplo, suponha que temos dados em nível de cidades sobre o consumo per capita de cerveja (em onças), a porcentagem de pessoas com mais de 21 anos na população, níveis médios de educação dos adultos, níveis médios de renda e o preço da cerveja nas cidades. Então, o modelo no nível de cidades

$$beerpc = \beta_0 + \beta_1 perc21 + \beta_2 avgeduc + \beta_3 incpc + \beta_4 price + u$$

pode ser estimado por mínimos quadrados ponderados, com pesos iguais à população das cidades.

A vantagem de fazer a ponderação pelos tamanhos da empresa, população da cidade e assim por diante, depende de a equação individual subjacente ser homoscedástica. Se existir heteroscedasticidade em nível individual, então a ponderação adequada dependerá da forma da heteroscedasticidade. Além disso, se houver correlação entre os erros no interior de um grupo (digamos, empresa), então $\text{Var}(\bar{u}_i) \neq \sigma^2/m_i$; veja o Problema 8.7. Imprecisão sobre a forma de $\text{Var}(\bar{u}_i)$ em equações como a (8.29) é uma razão que explica por que um número cada vez maior de pesquisadores simplesmente calcula erros padrão e estatísticas de teste robustos na estimação de modelos que usam dados per capita. Uma alternativa é ponderar pela população, mas registrar as estatísticas robustas em relação à heteroscedasticidade na estimação MQP. Isso assegura que, embora a estimação seja eficiente se o modelo em nível individual satisfizer as hipóteses de Gauss-Markov, qualquer heteroscedasticidade em nível individual seja representada pela inferência robusta.

8-4b A necessidade de estimar a função de heteroscedasticidade: o MQG factível

Na subseção anterior, vimos alguns exemplos nos quais a heteroscedasticidade é conhecida como uma forma multiplicativa. Na maioria dos casos, a forma exata de heteroscedasticidade não é óbvia. Em outras palavras, é difícil encontrar a função $h(\mathbf{x}_i)$ da seção anterior. Contudo, em muitos casos podemos modelar a função h e utilizar os dados para estimar os parâmetros desconhecidos nesse modelo. Isso resulta em uma estimativa de cada h_i, indicada por $\hat{h}_i$. O uso de $\hat{h}_i$ em lugar de h_i na transformação MQG produz um estimador denominado **estimador MQG factível (MQGF)**. O MQG factível algumas vezes é chamado de *MQG estimado* ou MQGE.

Existem várias maneiras de modelar a heteroscedasticidade, mas estudaremos um método particular razoavelmente flexível. Presuma que

$$\text{Var}(u|\mathbf{x}) = \sigma^2 \exp(\delta_0 + \delta_1 x_1 + \delta_2 x_2 + \ldots + \delta_k x_k), \tag{8.30}$$

em que $x_1, x_2, \ldots, x_k$ são variáveis independentes que aparecem no modelo de regressão [veja equação (8.1)], e δ_j são parâmetros desconhecidos. Outras funções de x_j podem aparecer, mas nos concentraremos principalmente em (8.30). Na notação da subseção anterior, $h(\mathbf{x}) = \exp(\delta_0 + \delta_1 x_1 + \delta_2 x_2 + \ldots + \delta_k x_k)$.

Você pode estar curioso para saber por que usamos a função exponencial em (8.30). Afinal de contas, quando fizemos o teste para verificar a existência de heteroscedasticidade usando o teste de Breusch-Pagan, consideramos que a heteroscedasticidade era uma função linear de x_j. Alternativas lineares como (8.12) são boas quando verificamos a existência de heteroscedasticidade, mas podem ser problemáticas quando fazemos a correção da heteroscedasticidade usando mínimos quadrados ponderados. Já encontramos a razão para esse problema antes: modelos lineares não asseguram que os valores previstos sejam positivos, e nossas variâncias estimadas devem ser positivas para podermos usar o método MQP.

Se os parâmetros δ_j fossem conhecidos, apenas aplicaríamos o MQP, como na subseção anterior. Isso não é muito realista. É melhor usar os dados para estimar esses parâmetros e então utilizar essas estimativas para construir os pesos. Como podemos estimar os δ_j? Basicamente, transformaremos essa equação em uma forma linear que, com pequenas modificações, poderá ser estimada por MQO.

Sob a Hipótese (8.30), podemos escrever

$$u^2 = \sigma^2 \exp(\delta_0 + \delta_1 x_1 + \delta_2 x_2 + \ldots + \delta_k x_k)v,$$

em que v tem uma média igual à unidade, condicional em $\mathbf{x} = (x_1, x_2, \ldots, x_k)$. Se presumirmos que v é realmente independente de $\mathbf{x}$ podemos escrever

$$\log(u^2) = \alpha_0 + \delta_1 x_1 + \delta_2 x_2 + \ldots + \delta_k x_k + e, \tag{8.31}$$

em que e tem média zero e é independente de $\mathbf{x}$; o intercepto nessa equação é diferente de δ_0, mas isso não é importante na implementação dos MQP. A variável dependente é o log do erro quadrático. Como (8.31) satisfaz as hipóteses de Gauss-Markov, podemos obter estimadores não viesados de δ_j utilizando MQO.

Como sempre, devemos substituir o u não observado pelos resíduos MQO. Portanto, computamos a regressão de

$$\log(\hat{u}^2) \text{ sobre } x_1, x_2, \ldots, x_k. \tag{8.32}$$

Na realidade, o que necessitamos dessa regressão são os valores ajustados; vamos chamá-los de $\hat{g}_i$. Então, as estimativas de h_i serão simplesmente

$$\hat{h}_i = \exp(\hat{g}_i). \tag{8.33}$$

Agora usamos o método MQP com pesos $1/\hat{h}_i$ em lugar de $1/h_i$ na equação (8.27). Façamos um resumo dos passos.

Um procedimento MQG factível para corrigir a heteroscedasticidade:

1. Execute a regressão de y sobre $x_1, x_2, \ldots, x_k$ e obtenha os resíduos $\hat{u}$.
2. Crie $\log(\hat{u}^2)$ primeiramente elevando ao quadrado os resíduos MQO e depois calculando seu log natural.
3. Execute a regressão na equação (8.32) e obtenha os valores estimados, $\hat{g}$.
4. Calcule o exponencial dos valores estimados a partir de (8.32): $\hat{h} = \exp(\hat{g})$.
5. Estime a equação

$$y = \beta_0 + \beta_1 x_1 + \ldots + \beta_k x_k + u$$

pelos MQP, usando pesos $1/\hat{h}$. Em outras palavras, substituímos h_i por $\hat{h}_i$ na equação (8.27). Lembre-se de que o resíduo ao *quadrado* da observação é ponderado por $1/\hat{h}_i$. Se, alternativamente transformarmos primeiro todas as variáveis e executarmos os MQO, cada variável será multiplicada por $1/\sqrt{\hat{h}_i}$, inclusive o intercepto.

Se pudéssemos usar h_i em vez de $\hat{h}_i$ no procedimento MQP, saberíamos que nossos estimadores seriam não viesados; de fato, seriam os melhores estimadores lineares não viesados, supondo que tenhamos modelado apropriadamente a heteroscedasticidade. Estimar h_i usando os mesmos dados significa que o estimador MQGF deixa de ser não viesado (portanto, tampouco pode ser BLUE). No entanto, o estimador MQGF é consistente e *assimptoticamente* mais eficiente que o MQO. Isso é difícil de demonstrar em razão da estimação dos parâmetros da variância. Entretanto, se ignorarmos isso – o que, no fim das contas, faremos – a prova é semelhante à demonstração de que o MQO é eficiente na classe de estimadores no Teorema 5.3. De qualquer forma, para amostras de tamanho grande, o MQGF é uma atraente alternativa ao MQO quando existe evidência de heteroscedasticidade que infla os erros padrão das estimativas MQO.

Devemos lembrar que os estimadores MQGF são estimadores dos parâmetros do modelo habitual da população na equação

$$y = \beta_0 + \beta_1 x_1 + \ldots + \beta_k x_k + u.$$

Assim como as estimativas MQO medem o impacto marginal de cada x_j sobre y, as estimativas MQGF também têm essa característica. Usamos as estimativas MQGF em lugar das estimativas MQO porque as MQGF são mais eficientes e possuem estatísticas de testes associadas às distribuições t e F usuais, pelo menos em amostras grandes. Se tivermos alguma dúvida sobre a variância especificada na equação (8.30), poderemos usar os erros padrão e as estatísticas de testes robustos em relação à heteroscedasticidade na equação transformada.

Outra alternativa útil para estimar h_i é substituir as variáveis independentes na regressão (8.32) pelos valores estimados por MQO e seus quadrados. Em outras palavras, obter os $\hat{g}_i$ como os valores estimados da regressão de

$$\log(\hat{u}^2) \text{ sobre } \hat{y}, \hat{y}^2 \tag{8.34}$$

e depois obter os $\hat{h}_i$ exatamente como na equação (8.33). Isso altera apenas o passo (3) do procedimento anterior.

Se usarmos a regressão (8.32) para estimar a função da variância, você vai querer saber se podemos simplesmente fazer o teste para verificar a existência de heteroscedasticidade usando essa mesma regressão (um teste F ou LM pode ser usado). Aliás, Park (1966) fez essa sugestão. Infelizmente, quando comparado com os testes discutidos na Seção 8.3, o teste de Park tem alguns obstáculos. Primeiro, a hipótese nula deve ser algo mais forte que a homoscedasticidade: efetivamente, u e **x** devem ser independentes. Isso não é exigido pelos testes de Breusch-Pagan ou White. Segundo, o uso dos resíduos MQO $\hat{u}$ em lugar de u em (8.32) pode fazer que a estatística F se desvie da distribuição F, mesmo em amostras de tamanho grande. Isso não é um problema nos outros testes que tratamos. Por essas razões, o teste de Park não é recomendado quando estivermos fazendo testes para verificar a existência de heteroscedasticidade. A razão pela qual a regressão (8.32) funciona bem para mínimos quadrados ponderados é que somente precisamos de estimadores consistentes de δ_j, e a regressão (8.32) certamente os produz.

EXEMPLO 8.7 Demanda de cigarros

Utilizamos os dados contidos no arquivo SMOKE para estimar uma função de demanda de consumo diário de cigarros. Como a maioria das pessoas não fuma, a variável dependente *cigs* é zero para a maioria das observações. Um modelo linear não é o ideal, pois pode produzir valores previstos negativos. Mesmo assim, podemos aprender alguma coisa sobre os determinantes do hábito de fumar utilizando um modelo linear.

A equação estimada por mínimos quadrados ponderados, com os erros padrão MQO usuais entre parênteses, é

$$\widehat{cigs} = -3{,}64 + 0{,}880 \log(income) - 0{,}751 \log(cigpric)$$
$$\quad (24{,}08) \quad (0{,}728) \qquad\qquad (5{,}773)$$
$$\quad - 0{,}501\,educ + 0{,}771\,age - 0{,}0090\,age^2 - 2{,}83\,restaurn \quad (8.35)$$
$$\quad (0{,}167) \qquad (0{,}160) \qquad (0{,}0017) \qquad (1{,}11)$$
$$n = 807, R^2 = 0{,}0526,$$

em que *cigs* é o número de cigarros fumados por dia, *inc* é a renda anual, *cigpric* é o preço por maço de cigarros (em centavos de dólar), *educ* representa anos de escolaridade formal, *age* é medida em anos, e *restaurn* é um indicador binário igual a um se a pessoa residir em um estado com restrições de fumar em restaurantes. Como também vamos trabalhar com o método de mínimos quadrados ponderados, não registraremos os erros padrão robustos em relação à heteroscedasticidade do MQO. (A propósito, 13 dos 807 valores ajustados são menores que zero; isso é menos de 2% da amostra e não é motivo importante para preocupação.)

Nem a renda nem o preço dos cigarros são estatisticamente significantes em (8.35), e seus efeitos não são grandes na prática. Por exemplo, se a renda aumenta em 10%, *cigs* aumenta previsivelmente em (0,880/100)(10) = 0,088, ou menos de um décimo de cigarro por dia. A magnitude do efeito do preço é semelhante.

Cada ano de educação formal reduz a média de cigarros fumados por dia à metade, e o efeito é estatisticamente significante. O hábito de fumar também está relacionado com a idade, de um modo quadrático, aumenta com a idade até *age* = 0,771/[2(0,009)] ≈ 42,83, e depois diminui com a idade. Os dois termos relacionados à idade são estatisticamente significantes. A presença de uma restrição quanto a fumar em restaurantes reduz o hábito de fumar em quase três cigarros por dia, em média.

Os erros subjacentes na equação (8.35) contêm heteroscedasticidade? A regressão de Breusch-Pagan dos quadrados dos resíduos de MQO sobre as variáveis independentes em (8.35) [veja equação (8.14)] produz $R^2_{\hat{u}^2} = 0{,}040$. Esse R-quadrado pequeno pode parecer indicar a não existência de heteroscedasticidade, mas devemos nos lembrar de calcular a estatística F ou a LM. Se o tamanho da amostra for grande, um $R^2_{\hat{u}^2}$ aparentemente pequeno pode resultar em uma rejeição muito forte da homoscedasticidade. A estatística LM é $LM = 807(0{,}040) = 32{,}28$, e esse é o resultado de uma variável aleatória χ^2_6. O p-valor é menor que 0,000015, o que é uma evidência muito forte de heteroscedasticidade.

Portanto, estimamos a equação usando o procedimento MQG factível baseado na equação (8.32). A equação estimada é

$$\widehat{cigs} = 5{,}64 + 1{,}30 \log(income) - 2{,}94 \log(cigpric)$$
$$(17{,}80) \quad (0{,}44) \quad\quad\quad (4{,}46)$$
$$- 0{,}463\ educ + 0{,}482\ age - 0{,}0056\ age^2 - 3{,}46\ restaurn \quad\quad (8.36)$$
$$(0{,}120) \quad\quad (0{,}097) \quad\quad (0{,}0009) \quad\quad (0{,}80)$$
$$n = 807,\ R^2 = 0{,}1134.$$

O efeito da renda agora é estatisticamente significante e maior em magnitude. O efeito do preço também é notavelmente maior, mas continua sendo estatisticamente não significante. [Uma razão para isso é que *cigpric* varia somente entre estados na amostra, e assim existe muito menos variação em log(*cigpric*) do que em log(*inc*), *educ* e *age*.]

As estimativas sobre as outras variáveis, naturalmente, mudaram um pouco, mas a história continua a mesma. Fumar está relacionado negativamente com escolaridade, tem uma relação quadrática com a idade, e é negativamente afetado pelas restrições de fumar em restaurantes.

QUESTÃO 8.4

Que $\hat{u}_i$ seja os resíduos dos MQP de (8.36), que não estão ponderados, e que $\widehat{cigs}_i$ sejam os valores ajustados. (Estes são obtidos usando-se as mesmas fórmulas como os MQO; eles diferem em razão das diferentes estimativas de β_j.) Uma maneira de se determinar se a heteroscedasticidade foi eliminada é usar $\hat{u}_i^2/\hat{h}_i = (\hat{u}_i/\sqrt{\hat{h}_i})^2$ em um teste de heteroscedasticidade. [Se $h_i = \text{Var}(u_i|\mathbf{x}_i)$, então os resíduos transformados devem ter pouca evidência de heteroscedasticidade.] Existem muitas possibilidades, mas uma – baseada no teste de White na equação transformada – é fazer a regressão de $\hat{u}_i^2/\hat{h}_i$ sobre $\widehat{cigs}_i/\sqrt{\hat{h}_i}$ e $\widehat{cigs}_i^2/\hat{h}_i$ (incluindo um intercepto). A estatística F conjunta quando usamos SMOKE é 11,15. Isso demonstra que nossa correção da heteroscedasticidade efetivamente eliminou a heteroscedasticidade?

Devemos ter algum cuidado ao calcularmos estatísticas F para testar hipóteses múltiplas após a estimação por MQP. (Isso é válido se a soma dos quadrados dos resíduos ou a forma R-quadrada da estatística F for usada.) É importante que os mesmos pesos sejam usados para estimar os modelos com e sem restrições. Devemos primeiro estimar o modelo sem restrições por MQO. Uma vez que tenhamos obtido os pesos, poderemos usá-los para também estimar o modelo restrito. A estatística F pode ser calculada da maneira habitual. Felizmente, muitos programas econométricos possuem um comando simples para testar restrições conjuntas após a estimação MQP, de modo que não precisamos, nós mesmos, calcular manualmente a regressão restrita.

O Exemplo 8.7 sugere uma questão que às vezes surge em aplicações de mínimos quadrados ponderados: as estimativas MQO e MQP podem ser substancialmente diferentes. Isso não é um grande problema na equação de demanda de cigarros, pois todos os coeficientes mantêm os mesmos sinais, e as maiores mudanças são nas variáveis que eram estatisticamente não significantes quando a equação foi estimada por MQO. As estimativas MQO e MQP sempre serão diferentes em razão do erro amostral. O problema é quando suas diferenças são suficientes para alterar conclusões importantes.

Se os métodos MQO e MQP produzirem estimativas estatisticamente significantes que sejam diferentes nos sinais – por exemplo, a elasticidade-preço estimada por MQO é significante e positiva, enquanto a estimada por MQP é significante e negativa – ou se as diferenças em magnitude das estimativas forem de fato grandes, devemos ficar desconfiados. Em geral, isso indica que uma das outras hipóteses de Gauss-Markov é falsa, particularmente a hipótese de média condicional dos erros nula (RLM.4). Se $E(y|\mathbf{x}) \neq \beta_0 + \beta_1 x_1 + \ldots + \beta_k x_k$, então MQO e MQP têm valores esperados diferentes e limites de probabilidade. Para que os MQP sejam consistentes para a β_j não é suficiente que u seja não correlacionada com cada x_j; necessitamos da hipótese mais forte, RLM.4 no modelo linear RLM.1. Portanto, uma diferença significante entre os MQO e os MQP pode indicar uma má-especificação de formas funcionais na $E(y|\mathbf{x})$. O teste de Hausman [Hausman (1978)] pode ser usado para comparar formalmente as estimativas MQO e MQP e verificar se diferem mais do que é sugerido pelo erro amostral. Esse teste está além do escopo deste livro. Em muitos casos, um exame informal das estimativas é suficiente para detectar o problema.

8-4c E se a função de heteroscedasticidade presumida estiver errada?

Acabamos de observar que se os MQO e os MQP produzirem estimativas bem diferentes, é provável que a média condicional $E(y|\mathbf{x})$ esteja mal-especificada. Quais são as propriedades dos MQP se a função de variância for mal-especificada no sentido de que $\text{Var}(y|\mathbf{x}) \neq \sigma^2 h(\mathbf{x})$ para função que escolhemos $h(\mathbf{x})$? O problema mais importante é se a má-especificação de $h(\mathbf{x})$ causar viés ou inconsistência no estimador de MQP. Felizmente, a resposta é não, pelo menos sob a RLM.4. Recorde que, se $E(u|\mathbf{x}) = 0$, então qualquer função de $\mathbf{x}$ será não correlacionada com u, e assim o erro ponderado, $u/\sqrt{h(\mathbf{x})}$, é não correlacionado com os regressores ponderados, $x_j/\sqrt{h(\mathbf{x})}$, de qualquer função $h(\mathbf{x})$ que é sempre positiva. Esse é o motivo, como já discutimos, pelo qual podemos considerar diferenças grandes entre os estimadores MQO e MQP como indicativo de má-especificação da forma funcional. Se estimarmos os parâmetros na função, digamos, $h(\mathbf{x}, \hat{\delta})$, então não poderemos mais afirmar que os MQP são não viesados, mas, de forma geral, serão consistentes (quer a função de variância seja corretamente especificada ou não).

Se os MQP forem pelo menos consistentes sob as Hipóteses RLM.1 até a RLM.4, quais são as consequências de se usar os MQP com uma função de variância mal-especificada? Existem duas. A primeira, que é muito importante, é que os erros padrão habituais dos MQP e os testes estatísticos, calculados sob a hipótese de que $\text{Var}(y|\mathbf{x}) = \sigma^2 h(\mathbf{x})$, não são mais válidos, mesmo em amostras grandes. Por exemplo, as estimativas MQP e os erros padrão na coluna (4) da Tabela 8.1 supõe que $\text{Var}(nettfa|inc, age, male\ e401k) = \text{Var}(nettfa|inc) = \sigma^2 inc$; assim, estamos presumindo não somente que a variância depende apenas da renda, mas também que é uma função linear da renda. Se essa hipótese for falsa, os erros padrão (e qualquer estatística que obtivermos usando esses erros padrão) não serão válidos. Felizmente, existe um paliativo fácil: da mesma forma que podemos obter erros padrão das estimativas MQO que sejam robustos à heteroscedasticidade arbitrária, podemos obter erros padrão dos MQP que permitam que a função de variância seja arbitrariamente mal-especificada. É fácil ver por que isso funciona. Escreva a equação transformada da seguinte maneira

$$y_i/\sqrt{h_i} = \beta_0(1/\sqrt{h_i}) + \beta_1(x_{i1}/\sqrt{h_i}) + \ldots + \beta_k(x_{ik}/\sqrt{h_i}) + u_i/\sqrt{h_i}.$$

Agora, se $\text{Var}(u_i|\mathbf{x}_i) \neq \sigma^2 h_i$, então o erro ponderado $u_i/\sqrt{h_i}$ será heteroscedástico. De modo que podemos simplesmente aplicar os usuais erros padrão de heteroscedasticidade robusta após estimarmos essa equação pelos MQO – os quais, lembre-se de que são idênticos aos MQP.

Para verificar como isso funciona, a coluna (1) da Tabela 8.2 reproduz a última coluna da Tabela 8.1, e a coluna (2), os erros padrão robustos de $\text{Var}(u_i|\mathbf{x}_i) \neq \sigma^2 inc_i$.

Os erros padrão na coluna (2) permitem que a função de variância seja mal-especificada. Vemos que, para as variáveis renda (*inc*) e idade (*age*) os erros padrão robustos estão um pouco acima dos habituais erros padrão dos MQP – certamente suficiente para alongar os intervalos de confiança. Por outro lado, os erros padrão robustos de *male* e *e401k* são de fato menores que os que consideram uma função de variância correta. Vimos que isso também pode acontecer com os erros padrão da heteroscedasticidade robusta dos MQO.

Mesmo se usarmos formas flexíveis das funções de variância, como as da (8.30), não há garantia de que teremos o modelo correto. Embora a heteroscedasticidade seja atraente e razoavelmente flexível, ela é, afinal de contas, só um modelo. Portanto, é sempre uma boa ideia calcular erros padrão e testes estatísticos plenamente robustos após a estimação pelos MQP.

TABELA 8.2 Estimação MQP da equação *nettfa*.

Variáveis independentes	Com erros padrão não robustos	Com erros padrão robustos
inc	0,740 (0,064)	0,740 (0,075)
$(age - 25)^2$	0,0175 (0,0019)	0,0175 (0,0026)
male	1,84 (1,56)	1,84 (1,31)
e401k	5,19 (1,70)	5,19 (1,57)
intercepto	−16,70 (1,96)	−16,70 (2,24)
Observações	2.017	2.017
R-quadrado	0,1115	0,1115

Uma crítica moderna aos MQP é que se a função de variância for mal-especificada, não há garantia de que serão mais eficientes que os MQO. Aliás, isso é verdade: se $\text{Var}(y|\mathbf{x})$ não for constante nem igual a $\sigma^2 h(\mathbf{x})$, em que $h(\mathbf{x})$ é o modelo proposto de heteroscedasticidade, então não podemos classificar os MQO e os MQP em termos de variâncias (ou variâncias assimptóticas quando os parâmetros da variância tiverem de ser estimados). No entanto, essa crítica teoricamente correta falha num importante tópico prático. Ou seja, em casos de forte heteroscedasticidade, é muitas vezes melhor usar uma forma errada de heteroscedasticidade e aplicar os MQP do que ignorar a heteroscedasticidade completamente na estimação e usar os MQO. Modelos como o (8.30) podem bem aproximar uma variedade de funções de heteroscedasticidade e produzir estimadores com variâncias (assimptóticas) menores. Mesmo no Exemplo 8.6, em que a forma de heteroscedasticidade foi presumida como tendo a forma simples Var($nettfa|\mathbf{x}$) = $\sigma^2 inc$, os erros padrão completamente robustos dos MQP estão bem abaixo dos erros padrão completamente robustos dos MQO. (A comparação dos erros padrão robustos dos dois estimadores coloca-os em pé de igualdade: presumimos que nem a heteroscedasticidade nem a variância tem a forma $\sigma^2 inc$.) Por exemplo, o erro padrão robusto do estimador de MQP de β_{inc} é aproximadamente 0,075, 25% mais baixo do que o erro padrão robusto para MQO (cerca de 0,100). Para o coeficiente de (age − 25)², o erro padrão robusto dos MQP é cerca de 0,0026, quase 40% abaixo do erro padrão robusto para MQP (aproximadamente 0,0043).

8-4d Previsão e intervalos de previsão com heteroscedasticidade

Se começarmos com o modelo linear padrão sob as RLM.1 até RLM.4, mas possibilitarmos a heteroscedasticidade da forma Var($y|\mathbf{x}$) = $\sigma^2 h(\mathbf{x})$ [veja a equação (8.21)], a presença de heteroscedasticidade afeta o ponto de previsão de y somente à medida que afeta a estimação de β_j. É claro, é natural usarmos os MQP em uma amostra de tamanho n para obtermos a $\hat{\beta}_j$. Nossa previsão de um efeito não observado, y^0, em decorrência de valores conhecidos das variáveis explicativas $\mathbf{x}^0$, tem a mesma forma como na Seção 6.4: $\hat{y}^0 = \hat{\beta}_0 + \mathbf{x}^0 \hat{\boldsymbol{\beta}}$. Isso faz sentido: uma vez que conheçamos E($y|\mathbf{x}$), baseamos nossa previsão nela; a estrutura de Var($y|\mathbf{x}$) não tem função direta.

Por outro lado, intervalos de previsão realmente dependem diretamente da natureza de Var($y|\mathbf{x}$). Recorde que na Seção 6.4 construímos um intervalo de previsão sob as hipóteses do modelo linear clássico. Agora suponha que todas as hipóteses do MLC se mantenham exceto que a (8.21) substitui a hipótese de homoscedasticidade, RLM.5. Sabemos que os estimadores MQP são BLUE e, em razão da normalidade, têm distribuições normais (condicionais). Podemos obter ep($\hat{y}^0$) usando o mesmo método da Seção 6.4, exceto que agora usaremos os MQP. [Um método simples é escrever $y_i = \theta_0 + \beta_1(x_{i1} - x_1^0) + \ldots + \beta_k(x_{ik} - x_k^0) + u_i$, em que as x_j^0 são os valores das variáveis explicativas das quais queremos o valor previsto de y. Podemos estimar essa equação pelos MQP e obtermos $\hat{y}^0 = \hat{\theta}_0$ e ep($\hat{y}^0$) = ep($\hat{\theta}_0$).] Também precisamos estimar o desvio padrão de u^0, a parte não observada de y^0. Contudo, Var($u^0|\mathbf{x} = \mathbf{x}^0$) = $\sigma^2 h(\mathbf{x}^0)$, e assim ep(u^0) = $\hat{\sigma}\sqrt{h(\mathbf{x}^0)}$, em que $\hat{\sigma}$ é o erro padrão da regressão da estimação MQP. Portanto, um intervalo de previsão de 95% é

$$\hat{y}^0 \pm t_{0,025} \cdot \text{ep}(\hat{e}^0) \qquad (8.37)$$

em que ep($\hat{e}^0$) = {[ep($\hat{y}^0$)]² + $\hat{\sigma}^2 h(\mathbf{x}^0)$}$^{1/2}$.

Esse intervalo será exato somente se não tivermos que estimar a função de variância. Se estimarmos os parâmetros, como no modelo (8.30), então não poderemos obter um intervalo exato. Na verdade, explicar o erro de estimação na $\hat{\beta}_j$ e na $\hat{\delta}_j$ (os parâmetros de variância) torna-se muito difícil. Vimos dois exemplos na Seção 6.4 em que o erro de estimação nos parâmetros foi sobrecarregado pela variação nas não observáveis, u^0. Portanto, podemos ainda usar a equação (8.37) com $h(\mathbf{x}^0)$ simplesmente substituído por $\hat{h}(\mathbf{x}^0)$. Aliás, se vamos ignorar inteiramente o erro de estimação do parâmetro, podemos eliminar ep($\hat{y}^0$) da ep($\hat{e}^0$). [Lembre-se: ep($\hat{y}^0$) converge para zero na proporção $1/\sqrt{n}$, enquanto ep($\hat{u}^0$) é, em termos gerais, constante.]

Também podemos obter uma previsão de y no modelo

$$\log(y) = \beta_0 + \beta_1 x_1 + \ldots + \beta_k x_k + u \tag{8.38}$$

em que u é heteroscedástico. Admitimos que u tem uma distribuição normal condicional com uma forma específica de heteroscedasticidade. Presumimos a forma exponencial da equação (8.30), mas adicionamos a hipótese de normalidade:

$$u|x_1, x_2, \ldots, x_k \sim \text{Normal}[0, \exp(\delta_0 + \delta_1 x_1 + \ldots + \delta_k x_k)]. \tag{8.39}$$

Como uma forma abreviada notacional, escrevemos a função de variância como $\exp(\delta_0 + \mathbf{x}\boldsymbol{\delta})$. Então, como $\log(y)$ em razão de $\mathbf{x}$ tem uma distribuição normal com média $\beta_0 + \mathbf{x}\boldsymbol{\beta}$ e variância $\exp(\delta_0 + \mathbf{x}\boldsymbol{\delta})$, deduz-se que

$$E(y|\mathbf{x}) = \exp(\beta_0 + \mathbf{x}\boldsymbol{\beta} + \exp(\delta_0 + \mathbf{x}\boldsymbol{\delta})/2). \tag{8.40}$$

Agora estimamos a β_j e a δ_j usando a estimação MQP da (8.38). Isto é, após os MQO para obter os resíduos, executamos a regressão na (8.32) para obter os valores ajustados,

$$\hat{g}_i = \hat{\alpha}_0 + \hat{\delta}_1 x_{i1} + \ldots + \hat{\delta}_k x_{ik}, \tag{8.41}$$

e depois a $\hat{h}_i$ como na (8.33). Usando essa $\hat{h}_i$, obtemos os estimadores de MQP, $\hat{\beta}_j$, e calcule também $\hat{\sigma}^2$ dos quadrados dos resíduos ponderados. Agora, confrontado com o modelo original para $\text{Var}(u|\mathbf{x})$, $\delta_0 = \alpha_0 + \log(\sigma^2)$, assim, $\text{Var}(u|\mathbf{x}) = \sigma^2 \exp(\alpha_0 + \delta_1 x_1 + \ldots + \delta_k x_k)$. Portanto, a variância estimada é $\hat{\sigma}^2 \exp(\hat{g}_i) = \hat{\sigma}^2 \hat{h}_i$, e o valor ajustado para y_i é

$$\hat{y}_i = \exp(\widehat{\log y_i} + \hat{\sigma}^2 \hat{h}_i/2). \tag{8.42}$$

Podemos usar esses valores ajustados para obtermos um indicador de R-quadrado, como descrito na Seção 6.4: use o coeficiente de correlação quadrado entre y_i e $\hat{y}_i$.

Para quaisquer valores das variáveis explicativas $\mathbf{x}^0$, podemos estimar $E(y|\mathbf{x} = \mathbf{x}^0)$ como

$$\hat{E}(y|\mathbf{x} = \mathbf{x}^0) = \exp(\hat{\beta}_0 + \mathbf{x}^0 \hat{\boldsymbol{\beta}} + \hat{\sigma}^2 \exp(\hat{\alpha}_0 + \mathbf{x}^0 \hat{\boldsymbol{\delta}})/2) \tag{8.43}$$

em que

$\hat{\beta}_1 = $ as estimativas MQP.
$\hat{\alpha}_0 = $ o intercepto na (8.41)
$\hat{\delta}_j = $ as inclinações da mesma regressão.
$\hat{\sigma}^2 = $ é obtido a partir da estimação MQP.

A obtenção de um erro padrão apropriado da previsão na (8.42) é, analiticamente, muito complicada, mas, como na Seção 6.4, seria razoavelmente fácil obter um erro padrão usando um método de reamostragem como o descrito no Apêndice 6A.

A obtenção de um intervalo de previsão é mais um desafio quando estimamos um modelo de heteroscedasticidade, e um tratamento completo é complicado. Todavia, vimos na Seção 6.4 dois exemplos em que a variância do erro sobrecarrega o erro de estimação, e teríamos cometido somente um pequeno engano ignorando o erro de estimação em todos os parâmetros. Usando argumentos semelhantes aos da Seção 6.4, um intervalo de previsão de 95% (para amostras de tamanho grande) será

$\exp[-1{,}96 \cdot \hat{\sigma}\sqrt{\hat{h}(\mathbf{x}^0)}]\exp(\hat{\beta}_0 + \mathbf{x}^0\hat{\boldsymbol{\beta}})$ para $\exp[1{,}96 \cdot \hat{\sigma}\sqrt{\hat{h}(\mathbf{x}^0)}]\exp(\hat{\beta}_0 + \mathbf{x}^0\hat{\boldsymbol{\beta}})$, em que $\hat{h}(\mathbf{x}^0)$ é a função de variância estimada avaliada em $\mathbf{x}^0$, $\hat{h}(\mathbf{x}^0) = \exp(\hat{\alpha}_0 + \hat{\delta}_1 x_1^0 + \ldots + \hat{\delta}_k x_k^0)$. Como na Seção 6.4, obtemos esse intervalo aproximado pela exponenciação dos pontos finais.

8.5 O modelo de probabilidade linear revisitado

Como vimos na Seção 7.5, quando a variável dependente y é binária, o modelo deve conter heteroscedasticidade, a menos que todos os parâmetros de inclinação sejam nulos. Estamos agora em condição de lidar com esse problema.

A maneira mais simples de tratar a heteroscedasticidade no modelo de probabilidade linear é continuar a usar a estimação MQO, mas também calcular os erros padrão robustos nas estatísticas de testes. Isso ignora o fato de que efetivamente conhecemos a forma da heteroscedasticidade do MPL. Contudo, as estimativas MQO do MPL são simples e geralmente produzem resultados satisfatórios.

EXEMPLO 8.8 Participação de mulheres casadas na força de trabalho

No exemplo da participação na força de trabalho na Seção 7.5 [veja equação (7.29)], registramos os erros padrão MQO habituais. Agora, também calculamos os erros padrão robustos em relação à heteroscedasticidade. Eles estão registrados entre colchetes abaixo dos erros padrão usuais:

$$\widehat{inlf} = 0{,}586 - 0{,}0034\, nwifeinc + 0{,}038\, educ + 0{,}039\, exper$$
$$\phantom{\widehat{inlf} =\ } (0{,}154)\ \ (0{,}0014)\ \ \ (0{,}007)\ \ \ (0{,}006)$$
$$\phantom{\widehat{inlf} =\ } [0{,}151]\ \ [0{,}0015]\ \ \ [0{,}007]\ \ \ [0{,}006]$$
$$\phantom{\widehat{inlf} =\ } - 0{,}00060\, exper^2 - 0{,}016\, age - 0{,}262\, kidslt6 + 0{,}0130\, kidsge6 \qquad (8.44)$$
$$\phantom{\widehat{inlf} =\ } (0{,}00018)\ (0{,}002)\ (0{,}034)\ (0{,}0132)$$
$$\phantom{\widehat{inlf} =\ } [0{,}00019]\ [0{,}002]\ [0{,}032]\ [0{,}0135]$$
$$n = 753,\ R^2 = 0{,}264.$$

Vários dos erros padrão robustos e MQO são os mesmos para o grau de precisão registrado; em todos os casos, as diferenças são de fato muito pequenas. Portanto, embora a heteroscedasticidade seja um problema na teoria, não é na prática, pelo menos neste exemplo. Muitas vezes constata-se que os erros padrão e as estatísticas de testes usuais MQO são semelhantes aos seus correspondentes robustos em relação à heteroscedasticidade. E mais ainda, o esforço exigido para calcular ambos é mínimo.

Geralmente, os estimadores MQO são ineficientes no MPL. Lembre-se de que a variância condicional de y no MPL é

$$\text{Var}(y|\mathbf{x}) = p(\mathbf{x})[1 - p(\mathbf{x})], \qquad (8.45)$$

em que

$$p(\mathbf{x}) = \beta_0 + \beta_1 x_1 + \ldots + \beta_k x_k \qquad (8.46)$$

é a probabilidade de resposta (probabilidade de sucesso, $y = 1$). Parece natural usar mínimos quadrados ponderados, mas existem alguns obstáculos. A probabilidade $p(\mathbf{x})$ claramente depende de parâmetros desconhecidos da população, β_j. No entanto, realmente temos estimadores não viesados desses parâmetros, ou seja, os estimadores MQO. Quando os estimadores MQO são integrados na equação (8.46), obtemos os valores ajustados por MQO. Assim, para cada observação i, $\text{Var}(y_i|\mathbf{x}_i)$ é estimada por

$$\hat{h}_i = \hat{y}_i (1 - \hat{y}_i), \qquad (8.47)$$

em que $\hat{y}_i$ é o valor ajustado por MQO da observação i. Agora, aplicamos o MQG factível, exatamente como na Seção 8.4.

Infelizmente, ter condição de estimar h_i de cada i não significa que poderemos prosseguir diretamente com a estimação MQP. O problema é o que discutimos brevemente na Seção 7.5: os valores ajustados $\hat{y}_i$ não precisam cair no intervalo unitário. Se $\hat{y}_i < 0$ ou $\hat{y}_i > 1$, a equação (8.47) mostra que $\hat{h}_i$ será negativo. Como o método MQP prossegue multiplicando a observação i por $1/\sqrt{\hat{h}_i}$, o método falhará se $\hat{h}_i$ for negativo (ou zero) em qualquer observação. Em outras palavras, todos os pesos do método MQP devem ser positivos.

Em alguns casos, $0 < \hat{y}_i < 1$ para todos os i, quando o MQP pode ser usado para estimar o MPL. Nos casos com muitas observações e pequenas probabilidades de sucesso ou fracasso, é muito comum encontrarmos alguns valores estimados fora do intervalo unitário. Se isso acontecer, como no exemplo da participação na força de trabalho na equação (8.44), é mais fácil abandonar o método MQP e registrar as estatísticas robustas em relação à heteroscedasticidade. Uma alternativa é ajustar os valores ajustados menores que zero ou maiores que a unidade, e depois aplicar o método MQP. Uma sugestão é definir $\hat{y}_i = 0,01$ se $\hat{y}_i < 0$ e $\hat{y}_i = 0,99$ se $\hat{y}_i > 1$. Infelizmente, isso exigirá uma escolha arbitrária por parte do pesquisador – por exemplo, por que não usar 0,001 e 0,999 como os valores estimados? Se muitos valores estimados estiverem fora do intervalo unitário, o ajuste pode afetar os resultados; nessa situação, provavelmente será melhor usar somente o método MQO.

Estimando o modelo de probabilidade linear por mínimos quadrados ponderados:

1. Estime o modelo por MQO e obtenha os valores estimados $\hat{y}$.
2. Determine se todos os valores estimados estão dentro do intervalo unitário. Se assim for, prossiga para o passo (3). Caso contrário, alguns ajustes serão necessários para trazer todos os valores estimados para dentro do intervalo unitário.
3. Construa as variâncias estimadas na equação (8.47).
4. Estime a equação

$$y = \beta_0 + \beta_1 x_1 + \ldots 1 \beta_k x_k + u$$

por MQP, usando pesos $1/\hat{h}$.

EXEMPLO 8.9 — Determinantes da propriedade de computadores pessoais

Utilizamos os dados contidos no arquivo GPA1 para estimar a probabilidade de possuir um computador. Seja *PC* um indicador binário igual à unidade se o aluno possuir um computador, e zero caso contrário. A variável *hsGPA* é a nota média final do ensino médio, *ACT* é a nota do teste de avaliação de conhecimentos para ingresso em curso superior, e *parcoll* é um indicador binário igual a um se pelo menos um dos genitores tem curso superior. (Indicadores separados para a mãe e para o pai não produzem resultados individualmente significantes, visto que são bastante correlacionados.) A equação estimada por MQO é

$$\widehat{PC} = -0{,}0004 + 0{,}065\,hsGPA + 0{,}0006\,ACT + 0{,}221\,parcoll$$
$$(0{,}4905)\quad (0{,}137)\qquad\quad (0{,}0155)\qquad\quad (0{,}093)$$
$$[0{,}4888]\quad [0{,}139]\qquad\quad [0{,}0158]\qquad\quad [0{,}087]$$
$$n = 141, R^2 = 0{,}0415. \tag{8.48}$$

Como no Exemplo 8.8, não existem diferenças substanciais entre os erros padrão usuais e os robustos. Não obstante, também estimamos o modelo por MQP. Como todos os valores estimados se encontram dentro do intervalo unitário, não são necessários ajustes:

$$\widehat{PC} = 0{,}026 + 0{,}033\,hsGPA + 0{,}0043\,ACT + 0{,}215\,parcoll$$
$$(0{,}477)\quad (0{,}130)\qquad\quad (0{,}0155)\qquad\quad (0{,}086)$$
$$n = 142, R^2 = 0{,}0464. \tag{8.49}$$

Não existem diferenças importantes nas estimativas MQO e MQP. A única variável explicativa significante é *parcoll*, e em ambos os casos estimamos que a probabilidade de se possuir um computador pessoal é cerca de 0,22 maior se pelo menos um dos genitores tem curso superior.

Resumo

Iniciamos revendo as propriedades dos mínimos quadrados ordinários na presença de heteroscedasticidade. Esta não causa viés ou inconsistência nos estimadores MQO, mas os erros padrão e as estatísticas de testes usuais não serão mais válidos. Mostramos como calcular erros padrão e estatísticas *t* robustos em relação à heteroscedasticidade, algo que é feito rotineiramente por muitos programas econométricos. A maioria dos programas também calcula uma estatística *F* robusta em relação à heteroscedasticidade.

Discutimos duas maneiras comuns de verificar a existência de heteroscedasticidade: o teste de Breusch-Pagan e um caso especial do teste de White. Essas duas estatísticas envolvem a regressão dos *quadrados* dos resíduos de MQO sobre as variáveis independentes (BP) ou sobre os valores ajustados e o quadrado destes (White). Um teste *F* simples é assimptoticamente válido; existem também versões do multiplicador de Lagrange dos testes.

O MQO não é mais o melhor estimador linear não viesado na presença de heteroscedasticidade. Quando a forma da heteroscedasticidade é conhecida, a estimação por mínimos quadrados generalizados (MQG) pode ser usada. Isso conduz aos mínimos quadrados ponderados como um meio de obter estimadores BLUE. As estatísticas de testes da estimação MQP são perfeitamente válidas quando o termo de erro é normalmente distribuído ou assimptoticamente válido sob não normalidade. Isso supõe, é claro, que temos o modelo de heteroscedasticidade apropriado.

Mais comumente, devemos estimar um modelo quanto à heteroscedasticidade antes de aplicarmos o MQP. O estimador MQG *factível* resultante não mais será não viesado, mas será consistente e assimptoticamente eficiente. As estatísticas habituais da regressão MQP são assimptoticamente válidas. Discutimos um método para assegurar que as variâncias estimadas sejam estritamente positivas para todas as observações, necessário para aplicar o método MQP.

Como discutimos no Capítulo 7, o modelo de probabilidade linear de uma variável dependente binária terá, necessariamente, um termo de erro heteroscedástico. Uma maneira simples de lidar com esse problema é calcular estatísticas robustas em relação à heteroscedasticidade. Alternativamente, se todos os valores ajustados (isto é, as probabilidades estimadas) estiverem estritamente entre zero e um, os mínimos quadrados ponderados poderão ser usados para a obtenção de estimadores assimptoticamente eficientes.

Termos-chave

Erro padrão robusto em relação à heteroscedasticidade
Estatística F robusta em relação à heteroscedasticidade
Estatística LM robusta em relação à heteroscedasticidade
Estatística t robusta em relação à heteroscedasticidade
Estimador MQG factível (MQGF)
Estimadores de mínimos quadrados generalizados (MQG)
Estimadores de mínimos quadrados ponderados (MQP)
Heteroscedasticidade da forma desconhecida
Teste de Breusch-Pagan da heteroscedasticidade (Teste BP)
Teste de White para heteroscedasticidade

Problemas

1. Quais das seguintes alternativas são consequências da heteroscedasticidade?
   (i) Os estimadores MQO, $\hat{\beta}_j$, são inconsistentes.
   (ii) A estatística F usual não mais tem uma distribuição F.
   (iii) Os estimadores MQO não são mais BLUE.
2. Considere um modelo linear para explicar o consumo mensal de cerveja:
$$beer = \beta_0 + \beta_1 inc + \beta_2 price + \beta_3 educ + \beta_4 female + u$$
$$E(u|inc, price, educ, female) = 0$$
$$Var(u|inc, price, educ, female) = \sigma^2 inc^2.$$

   Escreva a equação transformada que tenha um termo de erro homoscedástico.
3. Verdadeiro ou Falso: O método MQP é preferido ao MQO quando uma variável importante for omitida do modelo.
4. Utilizando os dados contidos no arquivo GPA3, a seguinte equação foi estimada para os alunos de uma universidade:

$$\widehat{trmgpa} = -2{,}12 + 0{,}900\ crsgpa + 0{,}193\ cumgpa + 0{,}0014\ tothrs$$
$$(0{,}55)\quad (0{,}175)\qquad\quad (0{,}064)\qquad\quad (0{,}0012)$$
$$[0{,}55]\quad [0{,}166]\qquad\quad [0{,}074]\qquad\quad [0{,}0012]$$
$$+\ 0{,}0018\ sat - 0{,}0039\ hsperc + 0{,}351\ female - 0{,}157\ season$$
$$(0{,}0002)\qquad (0{,}0018)\qquad\quad (0{,}085)\qquad\quad (0{,}098)$$
$$[0{,}0002]\qquad [0{,}0019]\qquad\quad [0{,}079]\qquad\quad [0{,}080]$$
$$n = 269,\ R^2 = 0{,}465.$$

Aqui, *trmgpa* é a nota obtida pelo aluno no exame final do curso, no semestre corrente; *crsgpa* é uma média ponderada das notas nas diversas disciplinas cursadas no semestre; *cumgpa* é a nota do exame de final de semestre, no semestre anterior; *tothrs* é o total de créditos em horas, acumuladas até o semestre anterior; sat é a nota do aluno no exame de ingresso na Universidade; *hsperc* é o percentil do aluno no curso médio na escola em que o aluno se formou antes de ingressar na Universidade; *female* é uma *dummy* de gênero; e *season* é uma *dummy* igual a um se o esporte praticado pelo aluno for praticado durante o outono. Os erros padrão usuais e os robustos em relação à heteroscedasticidade estão registrados entre parênteses e colchetes, respectivamente.

(i) As variáveis *crsgpa*, *cumgpa* e *tothrs* têm os efeitos estimados esperados? Quais dessas variáveis são estatisticamente significantes ao nível de 5%? Importa quais erros padrão são usados?

(ii) Por que a hipótese H_0: $\beta_{crsgpa} = 1$ faz sentido? Teste essa hipótese contra a alternativa bicaudal no nível de 5%, usando ambos os erros padrão. Descreva suas conclusões.

(iii) Verifique se existe um efeito sazonal sobre a variável *trmgpa*, usando ambos os erros padrão. O nível de significância no qual a hipótese nula pode ser rejeitada depende do erro padrão usado?

5. A variável *smokes* é uma variável binária igual a um se a pessoa fuma, e zero caso contrário. Utilizando os dados contidos no arquivo SMOKE, estimamos um modelo de probabilidade linear de *smokes*:

$$\widehat{smokes} = 0{,}656 - 0{,}069\ \log(cigpric) + 0{,}012\ \log(income) - 0{,}029\ educ$$
$$(0{,}855)\ (0{,}204)\qquad\qquad (0{,}026)\qquad\qquad (0{,}006)$$
$$[0{,}856]\ [0{,}207]\qquad\qquad [0{,}026]\qquad\qquad [0{,}006]$$
$$+\ 0{,}020\ age - 0{,}00026\ age^2 - 0{,}101\ restaurn - 0{,}026\ white$$
$$(0{,}006)\qquad (0{,}00006)\qquad\quad (0{,}039)\qquad\quad (0{,}052)$$
$$[0{,}005]\qquad [0{,}00006]\qquad\quad [0{,}038]\qquad\quad [0{,}050]$$
$$n = 807,\ R^2 = 0{,}062.$$

A variável *white* é igual a um se a pessoa for branca, e zero caso contrário; as outras variáveis independentes foram definidas no Exemplo 8.7. Tanto os erros padrão usuais como os robustos em relação à heteroscedasticidade estão informados.

(i) Existe alguma diferença importante entre os dois conjuntos de erros padrão?

(ii) Mantendo os outros fatores fixos, se a educação aumentar em quatro anos, o que acontece com a probabilidade de fumar estimada?

(iii) Em que ponto mais um ano de idade reduz a probabilidade de fumar?

(iv) Interprete o coeficiente da variável binária *restaurn* (uma variável *dummy* igual a um se a pessoa viver em um estado em que há restrições de fumar em restaurantes).

(v) A pessoa número 206 no conjunto de dados tem as seguintes características: *cigpric* = 67,44, *income* = 6.500, *educ* = 16, *age* = 77, *restaurn* = 0, *white* = 0 e *smokes* = 0. Calcule a probabilidade de fumar dessa pessoa e comente o resultado.

6. Existem diferentes maneiras de se combinar recursos dos testes de Breusch-Pagan e White de heteroscedasticidade. Uma possibilidade não tratada no texto é executar a regressão

$$\hat{u}_i^2 \text{ sobre } x_{i1}, x_{i2}, ..., x_{ik}, \hat{y}_i^2, i = 1, ..., n,$$

em que $\hat{u}_i$ refere-se aos resíduos dos MQO e $\hat{y}_1$ aos valores ajustados dos MQO. Depois, testamos significância conjunta das $x_{i1}, x_{i2}, ..., x_{ik}$, e $\hat{y}_i^2$. (É claro, sempre incluímos um intercepto nessa regressão.)

(i) Quais são os *gl* associados com o teste *F* de heteroscedasticidade proposto?

(ii) Explique por que o *R*-quadrado da regressão anterior sempre será, pelo menos, tão grande quanto os *R*-quadrados da regressão BP e os do caso especial do teste de White.

(iii) O item (ii) conclui que o novo teste sempre produz um *p*-valor menor do que ou a BP ou do caso especial da estatística de White? Explique.

(iv) Suponha que alguém também sugira incluir $\hat{y}_1$ no teste recém-proposto. Qual sua opinião sobre essa ideia?

7. Considere um modelo em nível de empregado,

$$y_{i,e} = \beta_0 + \beta_1 x_{i,e,1} + \beta_2 x_{i,e,2} + ... + \beta_k x_{i,e,k} + f_i + v_{i,e},$$

em que a variável não observada f_i é um "efeito da empresa" em cada empregado em determinada empresa i. O termo de erro $v_{i,e}$ é específico do empregado e da empresa i. O erro de combinação é $u_{i,e} = f_i + v_{i,e}$, como na equação (8.28).

(i) Suponha que $\text{Var}(f_i) = \sigma_f^2$, $\text{Var}(v_{i,e}) = \sigma_v^2$, e f_i e $v_{i,e}$ são não correlacionadas. Demonstre que $\text{Var}(u_{i,e}) = \sigma_f^2 + \sigma_v^2$; chame-a σ^2.

(ii) Agora suponha que para $e \neq g$, $v_{i,e}$ e $v_{i,g}$ são não correlacionadas. Demonstre que $\text{Cov}(u_{i,e}, u_{i,g}) = \sigma_f^2$.

(iii) Que $\bar{u}_i = m_i^{-1} \sum_{e=1}^{m_i} u_{i,e}$ seja a média dos erros de combinação em determinada empresa. Demonstre que $\text{Var}(\bar{u}_i) = \sigma_f^2 + \sigma_v^2/m_i$.

(iv) Detalhe a relevância do item (iii) para a estimação MQP usando dados nivelados pela média no nível da empresa, em que o peso usado para a observação i é o tamanho usual da empresa.

8. As equações a seguir foram estimadas usando os dados do arquivo ECONMATH. A primeira equação é para homens e a segunda trata de mulheres. A terceira e a quarta combinam homens e mulheres.

$$\widehat{score} = 20,52 + 13,60 \, colgpa + 0,670 \, act$$
$$(3,72) \quad (0,94) \quad\quad (0,150)$$
$$n = 406. \, R^2 = 0,4025, \, SQR = 38.781,38$$

$$\widehat{score} = 13,79 + 11,89 \, colgpa + 1,03 \, act$$
$$(4,11) \quad (1,09) \quad\quad (0,18)$$
$$n = 408, \, R^2 = 0,3666, \, SQR = 48.029,82.$$

$$\widehat{score} = 15{,}60 + 3{,}17\,male + 12{,}82\,colgpa + 0{,}838\,act$$
$$(2{,}80)\ (0{,}73)\quad\quad (0{,}72)\quad\quad\quad (0{,}116)$$
$$n = 814,\ R^2 = 0{,}3946,\ SSR = 87.128{,}96.$$

$$\widehat{score} = 13{,}79 + 6{,}73\,male + 11{,}89\,colgpa + 1{,}03\,act + 1{,}72\,male \cdot colgpa - 0{,}364\,male \cdot act$$
$$(3{,}91)\ (5{,}55)\quad\quad (1{,}04)\quad\quad\quad (0{,}17)\quad\ (1{,}44)\quad\quad\quad\quad (0{,}232)$$
$$n = 814,\ R^2 = 0{,}3968,\ SQR = 86.811{,}20.$$

(i) Calcule a estatística de Chow usual para testar a hipótese nula de que as equações de regressão são as mesmas para homens e mulheres. Encontre o p-valor do teste.

(ii) Calcule a estatística de Chow usual para testar a hipótese nula de que os coeficientes de inclinação são os mesmos para homens e mulheres e registre o p-valor.

(iii) Você tem informações suficientes para calcular as versões robustas em relação à heteroscedasticidade dos testes dos itens (i) e (ii)? Explique.

Exercícios em computador

C1 Considere o modelo a seguir para explicar o comportamento do sono:

$$sleep = \beta_0 + \beta_1 totwrk + \beta_2 educ + \beta_3 age + \beta_4 age^2 + \beta_5 yngkid + \beta_6 male + u.$$

(i) Escreva um modelo que permita que a variância de u difira entre homens e mulheres. A variância não deve depender de outros fatores.

(ii) Use os dados do arquivo SLEEP75 para estimar os parâmetros do modelo para heteroscedasticidade. (Você precisa estimar a equação *sleep* por MQO primeiro para obter os resíduos MQO.) A variância estimada de u é maior para homens ou para mulheres?

(iii) A variância de u é estatisticamente diferente para homens e mulheres?

C2 (i) Use os dados do arquivo HPRICE1 para obter erros padrão robustos em relação à heteroscedasticidade para a equação (8.17). Discuta as diferenças importantes em relação aos erros padrão usuais.

(ii) Repita o item (i) para a equação (8.18).

(iii) O que esse exemplo sugere a respeito da heteroscedasticidade e da transformação usada para a variável dependente?

C3 Aplique o teste de White completo para heteroscedasticidade [ver equação (8.19)] na equação (8.18). Usando o qui-quadrado da estatística, obtenha o p-valor. O que você conclui?

C4 Use o arquivo VOTE1 para este exercício.

(i) Estime o modelo com *voteA* como a variável dependente e *prtystrA*, *democA*, log(*expendA*) e log(*expendB*) como variáveis independentes. Obtenha os resíduos de MQO, $\hat{u}_i$, e regrida os valores sobre todas as variáveis independentes. Explique por que você obtém $R^2 = 0$.

(ii) Agora, calcule o teste de Breusch-Pagan para heteroscedasticidade. Use a versão da estatística F e registre o p-valor.

(iii) Calcule o caso especial do teste de White para heteroscedasticidade, novamente usando a forma da estatística F. Quão forte é a evidência de heteroscedasticidade agora?

C5 Use os dados do arquivo PNTSPRD para este exercício.

(i) A variável *sprdcvr* é uma variável binária igual a um se o *point spread* de Las Vegas em um jogo de basquete universitário for coberto. O valor esperado de *sprdcvr*, digamos μ, é a probabilidade de que o *spread* seja coberto em um jogo aleatoriamente selecionado. Teste H_0: $\mu = 0{,}5$ contra H_1: $\mu \neq 0{,}5$ ao nível de 10% de significância e discuta seus achados. (*Dica*: É mais fácil usar um teste *t* regredindo *sprdcvr* sobre apenas um intercepto.)

(ii) Quantas partidas na amostra de 553 foram jogadas em uma quadra neutra?

(iii) Estime o modelo linear de probabilidade

$$sprdcvr = \beta_0 + \beta_1 favhome + \beta_2 neutral + \beta_3 fav25 + \beta_4 und25 + u$$

e registre os resultados na forma usual. (Registre os erros padrão de MQO usuais e os erros padrão robustos em relação à heteroscedasticidade.) Qual variável é mais significante, dos pontos de vista prático e estatístico?

(iv) Explique por que, sob a hipótese nula H_0: $\beta_1 = \beta_2 = \beta_3 = \beta_4 = 0$, não há heteroscedasticidade no modelo.

(v) Use a estatística *F* usual para testar a hipótese do item (iv). O que você conclui?

(vi) Dada a análise anterior, você diria que é possível prever sistematicamente se o *spread* de Las Vegas será coberto usando as informações disponíveis antes da partida?

C6 No Exemplo 7.12, estimamos um modelo linear de probabilidade para saber se um homem jovem foi preso durante 1986:

$$arr86 = \beta_0 + \beta_1 pcnv + \beta_2 avgsen + \beta_3 tottime + \beta_4 ptime86 + \beta_5 qemp86 + u.$$

(i) Usando os dados do arquivo CRIME1, estime o modelo por MQO e verifique se todos os valores ajustados estão exatamente entre zero e um. Quais são os menores e os maiores valores ajustados?

(ii) Estime a equação por mínimos quadrados ponderados, conforme discutido na Seção 8.5.

(iii) Use os estimadores de MQP para determinar se *tottime* e *avgsen* são conjuntamente significantes a um nível de 5%.

C7 Use os dados do arquivo LOANAPP para este exercício.

(i) Estime a equação do item (iii) do Exercício em computador C8, do Capítulo 7, calculando os erros padrão robustos em relação à heteroscedasticidade. Compare o intervalo de confiança de 95% em β_{white} com o intervalo de confiança não robusto.

(ii) Obtenha os valores ajustados da regressão do item (i). Algum deles é menor do que zero? Algum deles é maior do que um? O que isso quer dizer a respeito de aplicar mínimos quadrados ponderados?

C8 Use o conjunto de dados do arquivo GPA1 para este exercício.

(i) Use MQO para estimar um modelo que relacione *colGPA* a *hsGPA*, *ACT*, *skipped* e *PC*. Obtenha os resíduos de MQO.

(ii) Calcule o caso especial do teste de White para heteroscedasticidade. Na regressão de $\hat{u}_i^2$ sobre $\widehat{colGPA_i}$, $\widehat{colGPA_i^2}$, obtenha os valores ajustados, digamos $\hat{h}_i$.

(iii) Verifique se os valores ajustados do item (ii) são todos estritamente positivos. Em seguida, obtenha os estimadores de mínimos quadrados ponderados usando pesos $1/\hat{h}_i$. Compare os estimadores de mínimos quadrados ponderados para o efeito de faltar em aulas e o efeito de possuir PCs com os estimadores de MQO correspondentes. E em relação à sua significância estatística?

(iv) Na estimação de MQP do item (iii), obtenha os erros padrão robustos em relação à heteroscedasticidade. Em outras palavras, permita o fato de que a função da variância estimada no item (ii) possa ser mal-especificada. (Ver Questão 8.4.) Os erros padrão mudam muito no item (iii)?

C9 No Exemplo 8.7, calculamos os MQO e um conjunto de estimadores de MQP em uma equação de demanda por cigarros.

(i) Obtenha os estimadores de MQO na equação (8.35).

(ii) Obtenha o $\hat{h}_i$ usado na estimação dos MQP da equação (8.36) e reproduza essa equação. A partir dela, obtenha os resíduos *não ponderados* e valores ajustados; chame-os de $\hat{u}_i$ e $\hat{y}_i$, respectivamente. (Por exemplo, em Stata, os resíduos não ponderados e os valores ajustados são apresentados por predefinição.)

(iii) Defina $\breve{u}_i = \hat{u}_i/\sqrt{\hat{h}_i}$ e $\breve{y}_i = \hat{y}_i/\sqrt{\hat{h}_i}$ como as quantias ponderadas. Execute o caso especial do teste de White para heteroscedasticidade regredindo $\breve{u}_i^2$ sobre $\breve{y}_i$, $\breve{y}_i^2$, certificando-se de incluir um intercepto, como sempre. Você encontrou heteroscedasticidade nos resíduos ponderados?

(iv) O que os achados do item (iii) indicam sobre a forma proposta da heteroscedasticidade usada para obter a equação (8.36)?

(v) Obtenha os erros padrão válidos para os estimadores de MQP que permitem que a função de variância seja mal-especificada.

C10 Use o conjunto de dados 401KSUBS neste exercício.

(i) Usando MQO, estime um modelo linear de probabilidade para *e401k*, usando como variável explicativa *inc*, inc^2, *age*, age^2 e *male*. Obtenha os erros padrão usuais dos MQO e as versões robustas em relação à heteroscedasticidade. Existem diferenças importantes?

(ii) No caso especial do teste de White para heteroscedasticidade, onde regredimos os resíduos quadrados de MQO sobre uma transformação quadrática nos valores ajustados de MQO, $\hat{u}_i^2$ sobre $\hat{y}_i$, $\hat{y}_i^2$, $i = 1, ..., n$, afirme que o limite de probabilidade do coeficiente de $\hat{y}_i$ deve ser um, o limite da probabilidade do coeficiente de $\hat{y}_i^2$ deve ser -1 e o limite da probabilidade do intercepto deve ser zero. {*Dica*: Lembre-se que $\text{Var}(y|x_1, ..., x_k) = p(\mathbf{x})[1 - p(\mathbf{x})]$, em que $p(\mathbf{x}) = \beta_0 + \beta_1 x_1 + ... + \beta_k x_k$.}

(iii) Do modelo estimado no item (i), obtenha o teste de White e veja se as estimativas de coeficiente correspondem aproximadamente aos valores teóricos descritos no item (ii).

(iv) Depois de verificar que os valores ajustados do item (i) estão todos entre zero e um, obtenha os estimadores de mínimos quadrados ponderados do modelo linear de probabilidade. Eles diferem de forma importante dos estimadores de MQO?

C11 Use os dados do arquivo 401KSUBS para esta questão, restringindo a amostra a *fsize* = 1.

(i) Ao modelo estimado na Tabela 8.1, adicione o termo de interação, *e401k · inc*. Estime a equação por MQO e obtenha os erros padrão usual e robusto. O que você conclui sobre a significância estatística do termo de interação?

(ii) Agora estime o modelo mais geral por MQP usando os mesmos pesos, $1/inc_i$, como na Tabela 8.1. Calcule o erro padrão usual e o robusto para o estimador de MQP. O termo de interação é estatisticamente significante usando o erro padrão robusto?

(iii) Discuta o coeficiente de MQP sobre *e401k* no modelo mais geral. Ele atrai muito interesse por si só? Explique.

(iv) Reestime o modelo por MQP, mas use o termo de interação $e401k \cdot (inc - 30)$; a renda média da amostra é cerca de 29,44. Agora interprete o coeficiente sobre $e401k$.

C12 Use os dados do arquivo MEAP00 para responder esta questão.

(i) Estime o modelo

$$math4 = \beta_0 + \beta_1 lunch + \beta_2 \log(enroll) + \beta_3 \log(exppp) + u$$

por MQO e obtenha os erros padrão usuais e os erros padrão completamente robustos. De que forma eles geralmente se comparam?

(ii) Aplique o caso especial do teste de White para heteroscedasticidade. Qual é o valor do teste F? O que você conclui?

(iii) Obtenha $\hat{g}_i$ como os valores ajustados da regressão $\log(\hat{u}_i^2)$ sobre $\widehat{math4}_i$, $\widehat{math4}_i^2$, em que $\widehat{math4}_i$ são os valores ajustados de MQO e $\hat{u}_i$ são os resíduos de MQO. Defina $\hat{h}_i = \exp(\hat{g}_i)$. Use $\hat{h}_i$ para obter os estimadores de MQP. Existem grandes diferenças entre os coeficientes de MQO?

(iv) Obtenha os erros padrão para MQP que permitem a especificação errada da função de variância. Eles diferem muito dos erros padrão usuais de MQP?

(v) Para estimar o efeito de gastos sobre $math4$, os MQO ou MQP parecem ser mais precisos?

C13 Use os dados do arquivo FERTIL2 para responder esta questão.

(i) Estime o modelo

$$children = \beta_0 + \beta_1 age + \beta_2 age^2 + \beta_3 educ + \beta_4 electric + \beta_5 urban + u$$

e registre os erros padrão usual e robusto em relação à heteroscedasticidade. Os erros padrão robustos são sempre maiores do que os não robustos?

(ii) Adicione três variáveis *dummy* de religião e teste se são conjuntamente significantes. Quais são os p-valores dos testes não robustos e robustos?

(iii) A partir da regressão do item (ii), obtenha os valores ajustados $\hat{y}$ e os resíduos $\hat{u}$. Regrida $\hat{u}^2$ sobre $\hat{y}$, $\hat{y}_2$ e teste a significância conjunta dos dois regressores. Conclua que a heteroscedasticidade está presente na equação para *children*.

(iv) Você diria que a heteroscedasticidade encontrada no item (iii) é importante na prática?

C14 Use os dados do arquivo BEAUTY para esta questão.

(i) Usando os dados coletados para homens e mulheres, estime a equação

$$lwage = \beta_0 + \beta_1 belavg + \beta_2 abvavg + \beta_3 female + \beta_4 educ + \beta_5 exper + \beta_5 exper^2 + u,$$

e registre os resultados usando erros padrão robustos em relação à heteroscedasticidade abaixo dos coeficientes. Alguns dos coeficientes são surpreendentes nos sinais ou nas magnitudes? O coeficiente de *female* é grande na prática e estatisticamente significante?

(ii) Adicione interações de *female* com todas as outras variáveis explicativas na equação do item (i) (cinco interações ao todo). Calcule o teste F usual de significância conjunta das cinco interações e uma versão robusta em relação à heteroscedasticidade. O uso da versão robusta em relação à heteroscedasticidade muda o resultado de forma importante?

(iii) No modelo completo com interações, determine se aquelas que envolvem as variáveis de aparência – *female* · *belavg* e *female* · *abvavg* – são conjuntamente significantes. Seus coeficientes são pequenos na prática?

CAPÍTULO 9

Problemas adicionais de especificação e de dados

No Capítulo 8, estudamos uma violação das hipóteses de Gauss-Markov. Enquanto a heteroscedasticidade nos erros pode ser vista como uma má-especificação de modelo, ela é um problema relativamente de menor importância. A presença de heteroscedasticidade não causa viés ou inconsistência nos estimadores MQO. Além disso, é razoavelmente fácil ajustar intervalos de confiança e estatísticas t e F para obter inferência válida após a estimação MQO, ou mesmo para obter estimadores mais eficientes com o uso de mínimos quadrados ponderados.

Neste Capítulo, retornamos a um problema muito mais sério da correlação entre o erro, u, e uma ou mais das variáveis explicativas. Lembre-se do Capítulo 3 em que, se u for, por qualquer razão, correlacionado com a variável explicativa x_j, então dizemos que x_j é uma **variável explicativa endógena**. Também fazemos uma discussão mais detalhada sobre três razões pelas quais uma variável explicativa pode ser endógena; em alguns casos discutimos possíveis correções.

Já vimos nos Capítulos 3 e 5 que a omissão de uma variável importante pode causar correlação entre o erro e algumas das variáveis explicativas, o que geralmente conduz a viés e inconsistência em *todos* os estimadores MQO. No caso especial em que a variável omitida é uma função de uma variável explicativa no modelo, este sofrerá de **má-especificação da forma funcional**.

Iniciamos a primeira seção discutindo as consequências da má-especificação da forma funcional e como testar sua existência. Na Seção 9.2, mostramos como o uso de variáveis *proxy* pode resolver, ou pelo menos aliviar, o viés de variáveis omitidas. Na Seção 9.3, derivamos e explicamos o viés no método MQO que pode aparecer sob certas formas de **erro de medida**. Problemas adicionais de dados são discutidos na Seção 9.4.

Todos os procedimentos descritos neste Capítulo são baseados na estimação MQO. Como veremos, certos problemas que causam correlação entre o erro e algumas variáveis explicativas não podem ser resolvidos usando

MQO em estudos de corte transversal. Postergamos uma abordagem sobre métodos de estimação alternativos para a Parte 3.

9.1 Má-especificação da forma funcional

Um modelo de regressão múltipla sofre de má-especificação da forma funcional quando não explica de maneira apropriada a relação entre as variáveis explicativas e a dependente observadas. Por exemplo, se o salário por hora é determinado por $\log(wage) = \beta_0 + \beta_1 educ + \beta_2 exper + \beta_3 exper^2 + u$, mas omitimos o termo de experiência elevado ao quadrado, $exper^2$, então estamos cometendo uma má-especificação da forma funcional. Já sabemos, como vimos no Capítulo 3, que isso geralmente conduz a estimadores viesados de β_0, β_1 e β_2. (Não estimamos β_3 porque o termo $exper^2$ foi excluído do modelo). Desse modo, especificando incorretamente como $exper$ afeta $\log(wage)$ geralmente resulta em um estimador viesado do retorno da educação, β_1. A magnitude desse viés depende do tamanho de β_3 e da correlação entre $educ$, $exper$ e $exper^2$.

A situação é pior ao estimar o retorno da experiência: mesmo que pudéssemos conseguir um estimador não viesado de β_2, não seríamos capazes de estimar o retorno da experiência, pois é equivalente a $\beta_2 + 2\beta_3 exper$ (em forma decimal). Usar apenas o estimador viesado de β_2 pode ser enganoso, especialmente nos valores extremos de $exper$.

Como outro exemplo, suponha que a equação $\log(wage)$ seja

$$\log(wage) = \beta_0 + \beta_1 educ + \beta_2 exper + \beta_3 exper^2 \\ + \beta_4 female + \beta_5 female \cdot educ + u, \qquad (9.1)$$

em que $female$ é uma variável binária. Se omitirmos o termo de interação, $female \cdot educ$, estaremos especificando mal a forma funcional. De maneira geral, não obteremos estimadores não viesados de nenhum dos outros parâmetros, e como o retorno da educação depende do gênero, não fica claro que tipo de retorno estaríamos estimando quando omitimos o termo de interação.

A omissão de funções de variáveis independentes não é a única maneira de um modelo sofrer o problema da má-especificação da forma funcional. Por exemplo, se (9.1) for o modelo verdadeiro para satisfazer as primeiras quatro hipóteses de Gauss-Markov, mas utilizarmos $wage$, em lugar de $\log(wage)$, como variável dependente, não obteremos estimadores não viesados ou consistentes dos efeitos parciais. Os testes a seguir têm certa capacidade de detectar esse tipo de problema da forma funcional, mas existem testes melhores que serão mencionados nas subseções de testes contra alternativas não aninhadas.

A má-especificação da forma funcional de um modelo pode, certamente, trazer sérias consequências. No entanto, em um aspecto importante, o problema é secundário: por definição, temos dados de todas as variáveis necessárias para obter uma relação funcional que se ajuste bem aos dados. Isso pode ser contrastado com o problema tratado na próxima seção, na qual uma variável importante será omitida e sobre a qual não poderemos coletar dados.

Já temos uma ferramenta poderosa para detectar uma forma funcional mal-especificada: o teste F para restrições de exclusões conjuntas. Muitas vezes faz sentido adicionar termos quadráticos de quaisquer variáveis significantes a um modelo e executar um teste conjunto de significância. Se os termos quadráticos adicionados forem significantes, podem ser adicionados ao modelo (ao custo de complicar sua interpretação). No entanto, termos quadráticos significantes podem ser sintomáticos de outros problemas de formas funcionais, como, por exemplo, usar uma variável em nível quando o logaritmo é mais apropriado, ou vice-versa. Pode ser difícil localizar a razão exata pela qual uma forma funcional está mal-especificada. Felizmente, em muitos casos, o uso de logaritmos de certas variáveis e a adição de termos quadráticos são suficientes para detectar muitas relações não lineares importantes em economia.

EXEMPLO 9.1 Modelo econômico do crime

A Tabela 9.1 contém estimativas MQO do modelo econômico do crime (veja Exemplo 8.3). Primeiro estimamos o modelo sem nenhum termo quadrático; os resultados estão na coluna (1).

TABELA 9.1 Variável dependente: *narr86*.

Variáveis independentes	(1)	(2)
pcnv	−0,133 (0,040)	0,533 (0,154)
$pcnv^2$	—	−0,730 (0,156)
avgsen	−0,011 (0,012)	−0,017 (0,012)
tottime	0,012 (0,009)	0,012 (0,009)
ptime86	−0,041 (0,009)	0,287 (0,004)
$ptime86^2$	—	−0,0296 (0,0039)
qemp86	−0,051 (0,014)	−0,014 (0,017)
inc86	−0,0015 (0,0003)	−0,0034 (0,0008)
$inc86^2$	—	−0,000007 (0,000003)
black	0,327 (0,045)	0,292 (0,045)
hispan	0,194 (0,040)	0,164 (0,039)
intercepto	0,596 (0,036)	−0,505 (0,037)
Observações	2.725	2.725
R-quadrado	0,0723	0,1035

Na coluna (2) os quadrados de *pcnv*, *ptime86* e *inc86* foram adicionados; decidimos incluir os quadrados dessas variáveis porque cada termo em nível é significante

> **QUESTÃO 9.1**
>
> Por que não incluímos os quadrados de *black* e *hispan* na coluna (2) da Tabela 9.1? Faria sentido adicionar interações de *black* e *hispan* com algumas das outras variáveis registradas na tabela?

na coluna (1). A variável *qemp86* é uma variável discreta, ao presumirmos somente cinco valores, de modo que não incluímos seu quadrado na coluna (2).

Cada um dos termos quadráticos é significante e juntos são simultaneamente muito significantes ($F = 31,37$, com $gl = 3$ e 2.713; o p-valor é basicamente zero). Portanto, parece que o modelo inicial deixou de fora algumas não linearidades potencialmente importantes.

A presença dos termos quadráticos faz que a interpretação do modelo seja um pouco difícil. Por exemplo, *pcnv* não tem mais um efeito estritamente de dissuasão: a relação entre *narr86* e *pcnv* é positiva até *pcnv* = 0,365 e, a partir daí, a relação é negativa. Podemos concluir que existe pouco ou nenhum efeito de dissuasão em valores mais baixos de *pcnv*; o efeito somente aparece com taxas de condenações anteriores mais altas. Teríamos que utilizar formas funcionais mais sofisticadas do que a quadrática para verificar essa conclusão. Pode ser que *pcnv* não seja inteiramente exógena. Por exemplo, pessoas que não tenham sido condenadas no passado (de modo que *pcnv* = 0) são, talvez, criminosos casuais, e, portanto, é menos provável que tenham sido presos em 1986. Isso poderia estar causando um viés nas estimativas.

Similarmente, a relação entre *narr86* e *ptime86* é positiva até *ptime86* = 4,85 (quase cinco meses na prisão), e a partir daí é negativa. A maioria das pessoas na amostra não passou tempo algum na prisão em 1986, de modo que, novamente, devemos ser cuidadosos ao interpretar os resultados.

A renda legal tem um efeito negativo sobre *narr86* até *inc86* = 242,85; como a renda é medida em centenas de dólares, isso representa uma renda anual de US$24.285. Somente 46 das pessoas na amostra têm rendimentos acima desse nível. Portanto, podemos concluir que *narr86* e *inc86* são negativamente relacionadas, com um efeito decrescente.

O exemplo 9.1 é um problema delicado de forma funcional, em razão da natureza da variável dependente. Outros modelos são, teoricamente, mais apropriados para se manipular variáveis dependentes considerando um número pequeno de valores inteiros. Discutiremos resumidamente esses modelos no Capítulo 17.

9-1a O teste RESET como um teste geral da má-especificação da forma funcional

Alguns testes têm sido propostos para detectar a má-especificação da forma funcional. O **teste de erro de especificação da regressão (RESET)** de Ramsey (1969) tem se mostrado útil a esse respeito.

A ideia por trás do teste RESET é bastante simples. Se o modelo original

$$y = \beta_0 + \beta_1 x_1 + \ldots + \beta_k x_k + u \qquad (9.2)$$

satisfizer RLM.4, nenhuma função não linear das variáveis independentes deve ser significante quando adicionada à equação (9.2). No Exemplo 9.1, adicionamos termos quadráticos às variáveis explicativas significantes. Embora isso muitas vezes detecte problemas de forma funcional, tem a desvantagem de gastar muitos graus de liberdade se houver muitas variáveis explicativas no modelo original (tanto quanto a forma direta do teste de White da heteroscedasticidade consome graus de liberdade). Além disso, certos tipos de não linearidades negligenciadas não serão detectadas pela adição de termos quadráticos. O teste RESET adiciona polinômios aos valores estimados MQO na equação (9.2) para detectar tipos gerais de má-especificação de formas funcionais.

Para implementar o teste RESET, temos que decidir quantas funções dos valores estimados devem ser incluídas na regressão expandida. Não existe uma resposta certa para essa questão, mas os termos quadráticos e cúbicos têm demonstrado utilidade na maior parte das aplicações.

Sejam $\hat{y}$ os valores estimados MQO ao estimar (9.2). Considere a equação expandida

$$y = \beta 0 + \beta_1 x_1 + \ldots + \beta_k x_k + \delta_1 \hat{y}^2 + \delta_2 \hat{y}^3 + erro. \qquad (9.3)$$

Essa equação parece um tanto estranha, pois funções dos valores estimados na estimação inicial agora aparecem como variáveis explicativas. Na realidade, não estaremos interessados nos parâmetros estimados em (9.3); apenas usamos essa equação para testar se (9.2) tem não linearidades importantes ausentes. O que devemos lembrar é que $\hat{y}^2$ e $\hat{y}^3$ são apenas funções não lineares de x_j.

A hipótese nula é que (9.2) está corretamente especificada. Portanto, a estatística do teste RESET é a estatística F para testar H_0: $\delta_1 = 0$, $\delta_2 = 0$ no modelo expandido (9.3). Uma estatística F significante sugere algum tipo de problema na forma funcional. A distribuição da estatística F é, aproximadamente, $F_{2,n-k-3}$ em amostras grandes sob a hipótese nula (e sob as hipóteses de Gauss-Markov). Os gl na equação expandida (9.3) são $n - k - 1 - 2 = n - k - 3$. Uma versão LM também está disponível (e a distribuição qui-quadrado terá dois gl). Além disso, o teste pode ser transformado em robusto em relação à heteroscedasticidade utilizando os métodos discutidos na Seção 8.2.

EXEMPLO 9.2 Equação dos preços de imóveis

Estimamos dois modelos para os preços de imóveis. O primeiro tem todas as variáveis em forma de nível:

$$price = \beta_0 + \beta_1 lotsize + \beta_2 sqrft + \beta_3 bdrms + u. \qquad (9.4)$$

O segundo utiliza os logaritmos de todas as variáveis, exceto $bdrms$:

$$lprice = \beta_0 + \beta_1 llotsize + \beta_2 lsqrft + \beta_3 bdrms + u. \qquad (9.5)$$

Usando $n = 88$ imóveis do arquivo HPRIC1, constata-se que a estatística do teste RESET da equação (9.4) é 4,67; esse é o valor de uma variável aleatória $F_{2,82}$ ($n = 88$, $k = 3$), e o p-valor associado é 0,012. Isso é uma evidência de má-especificação da forma funcional em (9.4).

A estatística do teste RESET em (9.5) é 2,56, com p-valor = 0,084. Portanto, não rejeitamos (9.5) no nível de significância de 5% (embora o faríamos ao nível de 10%). Com base no teste RESET, o modelo log-log em (9.5) é preferido.

No exemplo anterior, tentamos dois modelos para explicar os preços de imóveis. Um foi rejeitado pelo teste RESET, ao passo que o outro não o foi (pelo menos ao nível de 5%). Muitas vezes, as coisas não são tão simples. Uma desvantagem do teste RESET é que ele não fornece uma orientação prática de como proceder se o modelo for rejeitado. A rejeição de (9.4), pelo uso do teste RESET, não sugere diretamente que (9.5) seja o passo seguinte. A equação (9.5) foi estimada porque modelos de elasticidade constante são fáceis de serem interpretados e podem apresentar boas propriedades estatísticas. Nesse exemplo, o modelo também passa no teste da forma funcional.

Algumas pessoas argumentaram que o teste RESET é demasiadamente generalizado da má-especificação de modelos, incluindo variáveis omitidas não observadas e heteroscedasticidade. Infelizmente, esse uso do teste é bastante equivocado. Pode ser demonstrado que o teste RESET não tem poder para detectar variáveis omitidas sempre que houver expectativa de que sejam lineares nas variáveis independentes incluídas no modelo [veja Wooldridge (2001) para um enunciado preciso]. Além disso, se a forma funcional for apropriadamente especificada, o teste RESET não tem poder para detectar heteroscedasticidade. O ponto principal é que o teste RESET é um teste da forma funcional, e nada mais que isso.

9-1b Testes contra alternativas não aninhadas

Obter testes para outros tipos de má-especificação da forma funcional – por exemplo, tentar decidir se uma variável independente deveria aparecer em nível ou em forma logarítmica – nos leva para fora do âmbito dos testes de hipótese clássicos. É possível testar o modelo

$$y = \beta_0 + \beta_1 x_1 + \beta_2 x_2 + u \tag{9.6}$$

contra o modelo

$$y = \beta_0 + \beta_1 \log(x_1) + \beta_2 \log(x_2) + u, \tag{9.7}$$

e vice-versa. Esses, porém, são **modelos não aninhados** (veja Capítulo 6), e, portanto, não podemos simplesmente usar um teste F padrão. Dois métodos diferentes podem ser sugeridos. O primeiro é construir um modelo abrangente que contenha cada modelo como um caso especial e, em seguida, testar as restrições que conduziram a cada um dos modelos. No exemplo, o modelo abrangente é

$$y = \gamma_0 + \gamma_1 x_1 + \gamma_2 x_2 + \gamma_3 \log(x_1) + \gamma_4 \log(x_2) + u. \tag{9.8}$$

Podemos primeiro testar $H_0: \gamma_3 = 0, \gamma_4 = 0$, como um teste de (9.6). Podemos também testar $H_0: \gamma_1 = 0, \gamma_2 = 0$ como um teste de (9.7). Essa abordagem foi sugerida por Mizon e Richard (1986).

Outro método foi sugerido por Davidson e MacKinnon (1981). Eles destacam que, se o modelo (9.6) se mantiver com $E(u|x_1, x_2) = 0$, então os valores estimados do modelo (9.7) deveriam ser não significantes em (9.6). Assim, para testar (9.6), primeiro estimamos o modelo (9.7) por MQO para obtermos os valores estimados. Chamemos esses valores de $\check{y}$. Então, o **teste de Davidson-MacKinnon** baseia-se na estatística t sobre $\check{y}$ na equação

$$y = \beta_0 + \beta_1 x_1 + \beta_2 x_2 + \theta_1 \breve{y} + erro.$$

Como os $\breve{y}$ são apenas funções não lineares de x_1 e x_2, devem ser insignificantes se (9.6) for o modelo médio condicional correto. Portanto, uma estatística t significante (contra uma alternativa bicaudal) é uma rejeição de (9.6).

Similarmente, se $\hat{y}$ representar os valores estimados da estimação de (9.6), o teste de (9.7) é a estatística t sobre $\hat{y}$ no modelo

$$y = \beta_0 + \beta_1 \log(x_1) + \beta_2 \log(x_2) + \theta_1 \hat{y} + erro;$$

uma estatística t significante é evidência contra (9.7). Os mesmos dois testes podem ser usados para testar quaisquer dois modelos não aninhados com a mesma variável dependente.

Existem alguns problemas com testes não aninhados. Primeiro, não necessariamente, um dos modelos será claramente o escolhido. Ambos os modelos, ou nenhum deles, podem ser rejeitados. Se nenhum deles for rejeitado, podemos usar o R-quadrado ajustado para selecionar um deles. Se ambos os modelos forem rejeitados, teremos mais trabalho. Contudo, é importante sabermos das consequências práticas ao utilizarmos cada um deles: se os efeitos de importantes variáveis independentes sobre y não forem muito diferentes, então não importa qual dos modelos será usado.

Um segundo problema é que a rejeição de (9.6) pela utilização, digamos, do teste de Davidson-MacKinnon, não significa que (9.7) seja o modelo correto. Esse modelo (9.6) pode ser rejeitado por uma diversidade de más-especificações da forma funcional.

Um problema ainda mais difícil é obter testes não aninhados quando os modelos concorrentes têm variáveis dependentes diferentes. O caso principal é y versus $\log(y)$. Vimos no Capítulo 6 que apenas a obtenção de medidas de qualidades de ajustes que possam ser comparadas necessita de algum cuidado. Alguns testes foram propostos para resolver esse problema, mas estão além do escopo desse texto. [Veja Wooldridge (1994a) para um teste que tem uma interpretação simples e é fácil de ser implementado.]

9.2 Utilizando variáveis *proxy* para variáveis explicativas não observadas

Um problema mais difícil surge quando um modelo exclui uma variável importante, normalmente em razão da não disponibilidade de dados. Considere uma equação de salários que explicitamente reconheça que a aptidão (*obil*) afeta $\log(wage)$:

$$\log(wage) = \beta_0 + \beta_1 educ + \beta_2 exper + \beta_3 abil + u. \tag{9.9}$$

Esse modelo mostra explicitamente que queremos manter fixa a aptidão quando medimos os retornos de *educ* e de *exper*. Se, digamos, *educ* for correlacionada com *abil*, colocar *abil* no termo de erro fará que o estimador MQO de β_1 (e β_2) sejam viesados, um tema que tem aparecido repetidamente.

Nosso interesse primordial na equação (9.9) está nos parâmetros de inclinação β_1 e β_2. Realmente, não nos interessa se obteremos um estimador não viesado ou consistente do intercepto β_0; como veremos em breve, normalmente isso não é possível.

Tampouco podemos esperar estimar β_3, pois *abil* não é observada; na verdade, de qualquer forma, não saberíamos como interpretar β_3, pois a aptidão é, na melhor das hipóteses, um conceito vago.

Como podemos resolver, ou pelo menos aliviar, o problema do viés de variáveis omitidas em uma equação como (9.9)? Uma possibilidade é obter uma **variável *proxy*** da variável omitida. Genericamente falando, uma variável *proxy* é algo que está relacionado com a variável não observada que gostaríamos de controlar em nossa análise. Na equação do salário, uma possibilidade é usar o quociente de inteligência, ou QI, como uma *proxy* da aptidão. Isso *não* exige que QI seja a mesma coisa que aptidão; o que precisamos é que QI seja correlacionado com aptidão, o que esclareceremos na discussão a seguir.

Todas essas ideias podem ser ilustradas em um modelo com três variáveis independentes, duas das quais são observadas:

$$y = \beta_0 + \beta_1 x_1 + \beta_2 x_2 + \beta_3 x_3^* + u. \tag{9.10}$$

Presumimos que os dados estão disponíveis para y, x_1 e x_2 – no exemplo do salário, eles são log(*wage*), *educ* e *exper*, respectivamente. A variável explicativa x_3^* é não observada, mas temos uma variável *proxy* de x_3^*. Chamemos essa variável *proxy* de x_3.

O que necessitamos de x_3? No mínimo, ela deve ter alguma relação com x_3^*. Isso é capturado pela equação de regressão simples

$$x_3^* = \delta_0 + \delta_3 x_3 + v_3, \tag{9.11}$$

em que v_3 é um erro pelo fato de que x_3^* e x_3 não são exatamente relacionadas. O parâmetro δ_3 mede a relação entre x_3^* e x_3; em geral, pensamos em x_3^* e x_3 como positivamente relacionadas, de forma que $\delta_3 > 0$. Se $\delta_3 = 0$, então x_3 não é uma *proxy* adequada de x_3^*. O intercepto δ_0 em (9.11), que pode ser positivo ou negativo, simplesmente permite que x_3^* e x_3 sejam medidas em diferentes escalas. (Por exemplo, é evidente não ser necessário que a aptidão não observada tenha o mesmo valor médio do QI na população dos Estados Unidos.)

Como podemos usar x_3 para obtermos estimadores não viesados (ou pelo menos consistentes) de β_1 e β_2? A proposta é simular que x_3 e x_3^* sejam as mesmas, de forma que possamos calcular a regressão de

$$y \text{ sobre } x_1, x_2, x_3. \tag{9.12}$$

Chamamos a isso de **solução plugada do problema de variáveis omitidas** porque a variável x_3 está "plugada" em x_3^* antes de executarmos o MQO. Se x_3 for verdadeiramente relacionada com x_3^*, isso parece sensato. Contudo, como x_3 e x_3^* não são as mesmas, devemos determinar quando esse procedimento produzirá, de fato, estimadores consistentes de β_1 e β_2.

As hipóteses necessárias para que a solução plugada forneça estimadores consistentes de β_1 e β_2 podem ser decompostas em hipóteses sobre u e v_3:

(1) O erro u é não correlacionado com x_1, x_2 e x_3^*, que justamente é a hipótese padrão no modelo (9.10). Além disso, u é não correlacionado com x_3. Essa última hipótese significa exatamente que x_3 é irrelevante no modelo populacional, uma vez que as variáveis x_1, x_2 e x_3^* foram incluídas. Isso é basicamente verdadeiro por definição, visto que x_3 é uma variável *proxy* de x_3^*: é x_3^* que diretamente afeta y, não x_3. Assim,

CAPÍTULO 9   Problemas adicionais de especificação e de dados   **339**

a hipótese de que u é não correlacionada com x_1, x_2, x_3^* e x_3 não é muito controversa. (Outra maneira de explicar essa hipótese é que o valor esperado de u, dadas todas essas variáveis, é zero.)

(2) O erro v_3 é não correlacionado com x_1, x_2 e x_3. Supor que v_3 é não correlacionado com x_1 e x_2 exige que x_3 seja uma "boa" *proxy* de x_3^*. Pode-se ver isso de maneira mais fácil, escrevendo-se a expressão análoga dessas hipóteses em termos de expectativas condicionais:

$$E(x_3^*|x_1, x_2, x_3) = E(x_3^*|x_3) = \delta_0 + \delta_3 x_3. \quad (9.13)$$

A primeira igualdade, que é a mais importante, diz que, como x_3 é controlada, o valor esperado de x_3^* não depende de x_1 ou de x_2. Alternativamente, x_3^* tem correlação zero com x_1 e com x_2, dado que x_3 é parcializada.

Na equação de salários-hora (9.9), em que IQ é a proxy da aptidão, a condição (9.13) torna-se

$$E(bil|educ, exper, IQ) = E(abil|IQ) = \delta_0 + \delta_3 IQ.$$

Assim, a média de aptidão somente muda com IQ, não com *educ* e *exper*. Isso é razoável? Talvez não seja exatamente verdade, mas está perto de ser. Certamente, vale a pena incluir IQ na equação de salários para vermos o que acontece com o retorno estimado da variável educação.

Podemos facilmente verificar a razão de as hipóteses anteriores serem suficientes para que a solução plugada funcione. Se integrarmos a equação (9.11) na equação (9.10) e aplicarmos álgebra simples teremos

$$y = (\beta_0 + \beta_3\delta_0) + \beta_1 x_1 + \beta_2 x_2 + \beta_3 \delta_3 x_3 + u + \beta_3 v_3.$$

Chamemos o erro composto nessa equação de $e = u + \beta_3 v_3$; ele depende do erro no modelo de interesse (9.10) e do erro na equação da variável *proxy*, v_3. Como tanto u quanto v_3 têm média zero e ambos são não correlacionados com x_1, x_2 e x_3, o erro e também tem média zero e é não correlacionado com x_1, x_2 e x_3. Escreva essa equação como

$$y = \alpha_0 + \beta_1 x_1 + \beta_2 x_2 + \alpha_3 x_3 + e,$$

em que $\alpha_0 = (\beta_0 + \beta_3\delta_0)$ é o novo intercepto e $\alpha_3 = \beta_3\delta_3$ é o parâmetro de inclinação da variável *proxy* x_3. Como mencionamos anteriormente, quando calculamos a regressão em (9.12), não obteremos estimadores não viesados de β_0 e β_3; em vez disso, obteremos estimadores não viesados (ou pelo menos consistentes) de α_0, β_1, β_2 e α_3. O importante é que obtenhamos boas estimativas dos parâmetros β_1 e β_2.

Em muitos casos, a estimativa de α_3 é efetivamente mais interessante do que uma estimativa de β_3. Por exemplo, na equação de salários, α_3 mede o retorno do salário se um ou mais pontos forem atribuídos à pontuação do IQ.

EXEMPLO 9.3   QI como *proxy* de aptidão

O arquivo WAGE2, de Blackburn e Neumark (1992), contém informações sobre renda mensal, educação, diversas variáveis demográficas e pontuação de QI (IQ) para 935 homens, em 1980. Como um método para explicar o viés da variável aptidão omitida, adicionamos IQ a uma equação de log salário padrão. Os resultados estão mostrados na Tabela 9.2.

TABELA 9.2 Variável dependente: log(wage).			
Variáveis independentes	(1)	(2)	(3)
educ	0,065 (0,006)	0,054 (0,007)	0,018 (0,041)
exper	0,014 (0,003)	0,014 (0,003)	0,014 (0,003)
tenure	0,012 (0,002)	0,011 (0,002)	0,011 (0,002)
married	0,0199 (0,039)	0,200 (0, 039)	0,201 (0, 039)
south	−0,091 (0,026)	−0,080 (0, 026)	−0,080 (0, 026)
urban	0,184 (0,027)	0,182 (0, 027)	0,184 (0, 027)
black	−0,188 (0,038)	−0,143 (0,039)	−0,147 (0, 040)
IQ	---	−0,0036 (0,0010)	−0,0009 (0,0052)
educ · IQ	---	---	0,00034 (0,00038)
intercepto	5,395 (0,113)	5,176 (0,128)	5,648 (0,546)
Observações	935	935	935
R-quadrado	0,253	0,263	0,263

Nosso principal interesse está no que acontece com o retorno estimado da educação. A coluna (1) contém as estimativas sem a utilização de IQ como uma variável *proxy*. O retorno estimado da educação é de 6,5%. Se imaginarmos que a aptidão omitida é positivamente correlacionada com *educ*, admitimos que essa estimativa é alta demais. (Mais precisamente, as estimativas médias de todas as amostras aleatórias seriam altas demais.) Quando IQ é adicionada à equação, o retorno da educação cai para 5,4%, o que corresponde a nossa opinião anterior sobre o viés de omitir a variável aptidão.

O efeito do QI (IQ) nos resultados socioeconômicos foi recentemente documentado no controverso livro *The Bell Curve* (A curva normal), de Herrnstein e Murray (1994). A coluna (2) mostra que a variável IQ tem um efeito estatisticamente significante e positivo sobre a renda, após vários outros fatores terem sido controlados. Todos os outros fatores permanecendo inalterados, um aumento de dez pontos no IQ aumenta a renda em 3,6%. O desvio padrão do IQ na população dos Estados Unidos é 15, de modo que um aumento de desvio padrão no IQ está associado a uma elevação na renda de 5,4%. Essa elevação é idêntica ao aumento previsto em salário motivado por um ano a mais de educação. Fica claro, a partir da coluna (2), que a educação ainda tem um papel importante no aumento da renda, embora o efeito não seja tão grande quanto inicialmente se estimava.

Outras observações interessantes surgem do exame das colunas (1) e (2). Adicionar a variável *IQ* à equação somente aumenta o *R*-quadrado de 0,253 para 0,263. A maior parte da variação em log(*wage*) não é explicada pelos fatores da coluna (2). Além disso, a adição de *IQ* à equação não elimina a diferença da renda estimada entre negros e brancos: estima-se que um negro, com o mesmo QI, educação, experiência etc. de um branco ganhe cerca de 14,3% a menos, e essa diferença é estatisticamente bastante significante.

A coluna (3) na Tabela 9.2 inclui o termo de interação *educ· IQ*. Ele possibilita que *educ* e *abil* interajam na determinação de log(*wage*). Podemos pensar que o retorno da educação seja mais alto para pessoas com mais aptidão, mas este acaba não sendo o caso: o termo de interação não é significante e sua adição torna *educ* e *IQ* individualmente não significantes, além de complicar o modelo. Portanto, as estimativas da coluna (2) são preferidas.

> **QUESTÃO 9.2**
>
> O que é possível concluir do pequeno e estatisticamente não significante coeficiente da variável *educ* na coluna (3) da Tabela 9.2? (*Dica*: Quando *educ· IQ* está na equação, qual é a interpretação do coeficiente de *educ*?)

Não existe razão para usarmos somente uma variável *proxy* da aptidão neste exemplo. O conjunto de dados do arquivo WAGE2 também contém registros da pontuação de cada pessoa no teste KWW – *Knowledge of the World of Work* (Conhecimento do Mundo do Trabalho). Essa pontuação produz uma medida diferente da aptidão, que possa ser usada isoladamente ou em conjunto com o QI para estimar o retorno da educação (veja o Exercício em computador C2).

É fácil observar como o uso de uma variável proxy ainda pode conduzir a viés, se ela não satisfizer as hipóteses precedentes. Suponha que, em lugar de (9.11), a variável não observada, x_3^*, seja relacionada com todas as variáveis observadas por

$$x_3^* = \delta_0 + \delta_1 x_1 + \delta_2 x_2 + \delta_3 x_3 + v_3, \tag{9.14}$$

em que v_3 tem média zero e é não correlacionada com x_1, x_2 e x_3. A equação (9.11) presume que δ_1 e δ_2 são ambos zero. Plugando a equação (9.14) à (9.10), obtemos

$$y = (\beta_0 + \beta_3\delta_0) + (\beta_1 + \beta_3\delta_1)x_1 + (\beta_2 + \beta_3\delta_2)x_2 \\ + \beta_3\delta_3 x_3 + u + \beta_3 v_3, \tag{9.15}$$

da qual segue que plim($\hat{\beta}_1$) = $\beta_1 + \beta_3\delta_1$ e plim($\hat{\beta}_2$) = $\beta_2 + \beta_3\delta_2$. [Isso acontece porque o erro em (9.15), $u + \beta_3 v_3$, tem média zero e é não correlacionado com x_1, x_2 e x_3.] No exemplo anterior, em que x_1 = *educ* e x_3^* = *abil*, $\beta_3 > 0$, de modo que existe um viés positivo (inconsistência), se *abil* tiver uma correlação parcial com *educ* ($\delta_1 > 0$). Desse modo, ainda poderíamos continuar obtendo um viés para cima no retorno da educação, utilizando *IQ* como *proxy* de *abil*, se *IQ* não for uma boa *proxy*. Contudo, podemos ter alguma esperança de que esse viés será menor do que se ignorarmos totalmente o problema da aptidão omitida.

Uma reclamação que às vezes é exposta a respeito da inclusão de variáveis como *IQ* em uma regressão que inclui *educ* é que isso exacerba o problema da multicolinearidade, levando, provavelmente, a uma estimação menos precisa de β_{educ}. Contudo, essa reclamação deixa de lado dois pontos importantes. Primeiro, a inclusão de *IQ* reduz a variância de erro porque a parte da habilidade explicada pelo *IQ* foi removida do erro. Geralmente, isso se refletirá em um menor erro padrão da regressão (embora não precise ficar menor por causa de seu ajuste de graus de liberdade). Segundo, e mais importante, a multicolinearidade adicional é um mal necessário se desejarmos obter um estimador de β_{educ} com menos viés: a razão por que *educ* e *IQ* são correlacionadas é que *educ* e *abil* são ditas como correlacionadas, e *IQ* é uma *proxy* de *abil*. Se pudermos observar *abil*, vamos incluí-la na regressão, e, é claro, existirá a inevitável multicolinearidade causada pela correlação entre *educ* e *abil*.

Variáveis *proxy* também podem aparecer na forma de informação binária. No exemplo 7.9 [veja equação (7.15)], discutimos as estimativas de Krueger (1993) do retorno do uso de computador no trabalho. Krueger também incluiu uma variável binária indicando se o trabalhador utiliza um computador em casa (como também um termo de interação entre a utilização de computador no trabalho e em casa). Sua principal razão para incluir a utilização de computador em casa na equação foi a de substituir "aptidão técnica" não observada que pudesse afetar diretamente o salário e estar relacionada com a utilização de computador no trabalho.

9-2a O uso de variáveis dependentes defasadas como variáveis *proxy*

Em algumas aplicações, como no exemplo anterior dos salários-hora, temos pelo menos uma vaga ideia de qual fator não observado gostaríamos de controlar. Isso facilita a escolha das variáveis *proxy*. Em outras aplicações, suspeitamos que uma ou mais variáveis independentes seja correlacionada com variável omitida, mas não temos a menor ideia de como obter uma *proxy* para a variável omitida. Nesses casos, podemos incluir, como um controle, o valor da variável dependente de um período anterior. Isso é especialmente útil para a análise de políticas públicas.

O uso de uma **variável dependente defasada** em equação de corte transversal aumenta os requisitos de dados, mas também fornece uma maneira simples de explicar fatores históricos que causam diferenças *correntes* na variável dependente que são difíceis de explicar de outras maneiras. Por exemplo, algumas cidades apresentaram altas taxas de criminalidade no passado. Muitos dos mesmos fatores não observados contribuem para as taxas de criminalidade tanto atuais como passadas. Da mesma forma, algumas universidades são, de modo tradicional, academicamente melhores que outras. Efeitos inerciais também são capturados trabalhando-se com defasagens de *y*.

Considere uma equação simples para explicar as taxas de criminalidade de uma cidade:

$$crime = \beta_0 + \beta_1 unem + \beta_2 expend + \beta_3 crime_{-1} + u, \tag{9.16}$$

em que *crime* é uma medida do crime *per capita*, *unem* é a taxa de desemprego da cidade, *expend* é o dispêndio *per capita* para a imposição da lei e $crime_{-1}$ indica a taxa de criminalidade medida em algum ano anterior (que poderá ser o ano anterior ou vários anos atrás). Estamos interessados nos efeitos de *unem* sobre *crime*, como também nos efeitos dos dispêndios com a imposição da lei sobre o crime.

Qual o propósito de se incluir $crime_{-1}$ na equação? Certamente, esperamos que $\beta_3 > 0$, visto que crime possui inércia. Entretanto, a principal razão para colocá-la na equação é o fato de que cidades com taxas históricas elevadas de criminalidade devem gastar mais com a prevenção do crime. Assim, fatores não observados para nós (econometristas) que afetem *crime* são propensos a estarem correlacionados com *expend* (e *unem*). Se usarmos uma análise de corte transversal pura é improvável que obtenhamos um estimador não viesado do efeito causal dos dispêndios com a imposição da lei sobre o crime. No entanto, ao incluirmos $crime_{-1}$ na equação, podemos, no mínimo, fazer a seguinte experiência: se duas cidades têm as mesmas taxas, anterior de criminalidade e atual de desemprego, então β_2 mede o efeito do gasto (*expend*) de mais um dólar com a imposição da lei sobre o crime.

EXEMPLO 9.4   Taxas de criminalidade em cidades

Estimamos uma versão de elasticidade constante do modelo do crime na equação (9.16) (*unem*, por ser uma porcentagem, é deixada em forma de nível). Os dados do arquivo CRIME2 são de 46 cidades para o ano de 1987. A taxa de criminalidade também está disponível para 1982 e a utilizamos como variável independente adicional na tentativa de controlar as variáveis não observáveis das cidades que afetem o crime e possam estar correlacionadas com os dispêndios atuais com a imposição da lei. A Tabela 9.3 contém os resultados.

TABELA 9.3 Variável dependente: $\log(crmrte_{87})$.

Variáveis independentes	(1)	(2)
$unem_{87}$	−0,029	0,009
	(0,032)	(0,020)
$\log(lawexpc_{87})$	0,203	−0,140
	(0,173)	(0,109)
$\log(crmrte_{82})$	—	1,194
		(0,132)
intercepto	3,34	0,076
	(1,25)	(0,821)
Observações	46	46
R-quadrado	0,057	0,680

Sem a taxa de criminalidade defasada na equação, os efeitos da taxa de desemprego e dos dispêndios com a imposição da lei não são intuitivos; nenhum dos coeficientes é estatisticamente significante, embora a estatística *t* da variável $\log(lawexpc_{87})$ seja 1,17. É possível que o aumento dos dispêndios com a imposição da lei melhore a burocracia dos registros, e assim mais crimes serão informados. Entretanto, também é provável que cidades com taxas elevadas de criminalidade recentes gastem mais com a imposição da lei.

A adição do log da taxa de criminalidade de cinco anos atrás produz um grande efeito no coeficiente dos dispêndios. A elasticidade da taxa de criminalidade em relação aos dispêndios passa a ser de −0,14 com $t = -1,28$. Isso não é muito significante, mas sugere que um modelo mais sofisticado com mais cidades na amostra poderia produzir resultados melhores.

Não surpreende que as taxas atuais de criminalidade sejam fortemente relacionadas às taxas passadas. A estimativa indica que se a taxa de criminalidade em 1982 fosse 1% mais alta, então a taxa de criminalidade prevista de 1987 seria cerca de 1,19% mais alta. Não podemos rejeitar a hipótese de que a elasticidade da criminalidade corrente em relação à criminalidade passada seja unitária $[t = (1,194 - 1)/0,132 \approx 1,47]$. A adição da taxa de criminalidade passada aumenta o poder explicativo da regressão de maneira marcante, mas isso não surpreende. A razão principal para incluir a taxa de criminalidade defasada é a obtenção de uma melhor estimativa do efeito *ceteris paribus* de $\log(lawexpc_{87})$ sobre $\log(crmrte_{87})$.

A prática de usar uma variável y defasada como um método geral para controlar variáveis não observadas está longe de ser perfeita. Ela, contudo, pode auxiliar na obtenção de uma melhor estimativa dos efeitos das variáveis de políticas de governo em diversos resultados. Quando os dados estão disponíveis, defasagens adicionais também podem ser incluídas.

A adição de um valor defasado de y não é a única maneira de utilizarmos dois anos de dados para controlar fatores omitidos. Quando discutirmos sobre métodos de dados em painel nos Capítulos 13 e 14, abordaremos outras maneiras sobre o uso de dados repetidos nas mesmas unidades de corte transversal em diferentes pontos no tempo.

9-2b Uma inclinação diferente na regressão múltipla

A discussão sobre variáveis Proxy nesta seção sugere uma maneira alternativa de interpretar uma análise de regressão múltipla quando não observamos, necessariamente, todas as variáveis explicativas relevantes. Até agora, temos especificado o modelo populacional de interesse, com um erro suplementar, como na equação (9.9). Nossa discussão daquele exemplo dependia se tínhamos uma variável identificadora adequada (pontuação do QI, nesse caso, outros testes de pontuação de forma mais geral) das variáveis explicativas não observadas, que chamamos de "destreza".

Um método mais geral, menos estruturado, para multiplicar regressão é abrir mão da especificação de modelos com não observáveis. Em vez disso, começamos com a premissa de que temos acesso a um conjunto de variáveis explicativas observáveis – que inclui as variáveis de interesse primordial, como anos de escolaridade, e de controles, como testes de pontuação observáveis. Então, modelamos a média de y condicional nas variáveis explicativas observáveis. Por exemplo, no exemplo salarial com *lwage* denotando $\log(wage)$, podemos estimar $E(lwage|educ, exper, tenure, south, urban, black, IQ)$ – exatamente o que está relatado na Tabela 9.2. A diferença é que agora definimos nossas metas mais modestamente, ou seja, em lugar de introduzirmos o conceito nebuloso de "destreza" na equação (9.9), estabelecemos desde o início que vamos estimar o efeito *ceteris paribus* da educação mantendo fixa o *IQ* (e os outros fatores observados). Não há necessidade de argumentarmos se *IQ* é um indicador adequado da destreza. Consequentemente, embora possamos não estar respondendo à pergunta subjacente da equação (9.9), estaremos respondendo a uma pergunta de interesse: se duas pessoas tiverem os mesmos níveis de *IQ* (e mesmos valores de experiência, permanência e assim por diante), mas diferirem em níveis de escolaridade em um ano, qual é a diferença esperada em seus log salários?

Como outro exemplo, se incluirmos como uma variável explicativa a taxa de pobreza numa regressão de nível de escolaridade para avaliarmos o efeito dos gastos com pontuação do teste padronizado, devemos reconhecer que a taxa de pobreza somente captura de forma grosseira as diferenças relevantes nas crianças e nos pais entre escolas. Contudo, frequentemente é tudo o que temos e é melhor controlarmos a taxa de pobreza do que nada fazermos, pois não podemos encontrar indicadores adequados da "destreza" do estudante, o "envolvimento" dos pais e assim por diante. Quase certamente, o controle da taxa de pobreza nos levará para mais perto dos efeitos *ceteris paribus* dos gastos do que se deixarmos a taxa de pobreza de fora da análise.

Em algumas aplicações de análise de regressão, estamos interessados em predizer o efeito, *y*, em face de um conjunto de variáveis explicativas $(x_1, ..., x_k)$. Nesses casos, não faz muito sentido pensar em termos de "viés" nos coeficientes estimados em razão de variáveis omitidas. Em lugar disso, nos ateríamos na obtenção de um modelo que faça a predição tão bem quanto possível, e nos certificaremos de não incluirmos como regressores variáveis que não possam ser observadas no momento da predição. Por exemplo, um responsável pela admissão numa faculdade ou universidade pode ter interesse em predizer o êxito do aluno na faculdade, avaliado pela nota média de graduação, em termos de variáveis que possam ser avaliadas no momento da matrícula. Entre essas variáveis estariam incluídas o desempenho no ensino médio (talvez somente a nota média de graduação, mas possivelmente o desempenho em tipos específicos de cursos), escores de testes padronizados, a participação em diversas atividades (como debates ou clube de matemática), e até mesmo variáveis sobre os antecedentes familiares. Não incluiríamos uma variável que avalia a frequência a aulas da faculdade porque não observaríamos a frequência no momento da matrícula. Tampouco nos preocuparíamos com potenciais "vieses" causados pela omissão de uma variável de frequência: não temos interesse em, digamos, medir o efeito da nota de conclusão do ensino médio mantendo fixa a frequência na faculdade. Do mesmo modo, não nos preocuparíamos sobre vieses nos coeficientes, pois não podemos observar fatores como motivação. Naturalmente, para propósitos preditivos, seria de grande ajuda se tivéssemos um indicador de motivação, mas na sua ausência nos adaptamos ao melhor modelo que pudermos com variáveis explicativas observadas.

9.3 Modelos com inclinações aleatórias

Em nossa abordagem sobre regressão, até agora, temos presumido que os coeficientes de inclinação são os mesmos em todos os indivíduos na população, ou que, se as inclinações diferem, elas o fazem por características mensuráveis, caso em que somos levados a modelos de regressão que contêm termos de interação. Por exemplo, como vimos na Seção 7.4, podemos permitir que o retorno da educação difira entre homens e mulheres pela interação da educação com uma variável simulada do gênero numa equação log salário.

Aqui estamos interessados numa questão relacionada, mas diferente: e se o efeito parcial de uma variável depender de fatores não observados que variam por unidade populacional? Se tivermos somente uma variável explicativa, x, poderemos escrever um modelo geral (de uma extração aleatória, i, da população, para dar ênfase) como

$$y_i = a_i + b_i x_i, \qquad (9.17)$$

em que a_i é o intercepto da unidade i e b_i é a inclinação. No modelo de regressão simples do Capítulo 2, consideramos $b_i = \beta$ e classificamos a_i como o erro u_i. O modelo em (9.17) é algumas vezes chamado de um **modelo de coeficiente aleatório** ou **modelo de inclinação aleatória** porque o coeficiente de inclinação não observado, b_i é visto como uma extração aleatória da população juntamente com os dados observados (x_i, y_i), e o intercepto não observado, a_i. Como um exemplo, se $y_i = \log(wage_i)$ e $x_i = educ_i$, então (9.17) permite que o retorno da educação, b_i, varie por pessoa. Se, digamos, b_i contiver habilidade não medida (da mesma forma que a_i conteria), o efeito parcial de um ano adicional de educação formal pode depender da habilidade.

Com uma amostra aleatória de tamanho n, nós (implicitamente) extraímos n valores de b_i juntamente com n valores de a_i (e os dados observados em x e em y). Obviamente, não podemos estimar uma inclinação — ou, de fato também, um intercepto – de cada i. Contudo, podemos esperar estimar a média de inclinação (e intercepto médio), em que a média está em toda a população. Portanto, defina $\alpha = E(a_i)$ e $\beta = E(b_i)$. Então β será a média do efeito parcial de x sobre y, e assim chamamos β de **efeito parcial médio (APE)**, ou **efeito marginal médio (AME)**. No contexto de uma equação log salário-hora, β é o retorno médio de um ano adicional de educação formal na população.

Se escrevermos $a_i = \alpha + c_i$ e $b_i = \beta + d_i$, então d_i será o desvio específico do indivíduo da APE. Por construção, $E(c_i) = 0$ e $E(d_i) = 0$. Fazendo a substituição na (9.17) teremos

$$y_i = \alpha + \beta x_i + c_i + d_i x_i \equiv \alpha + \beta x_i + u_i \qquad (9.18)$$

em que $u_i = c_i + d_i x_i$. (Para tornar mais fácil seguir a notação, agora usaremos α, o valor médio de a_i, como o intercepto, e β, a média de b_i, como a inclinação.) Em outras palavras, podemos escrever o coeficiente aleatório como um modelo de coeficiente constante, mas onde o termo de erro contém uma interação entre uma não observável, d_i, e a variável explicativa observada, x_i.

E quando uma regressão simples de y_i sobre x_i produz uma estimativa não viesada de β (e de α)? Podemos aplicar o efeito de não viesamento do Capítulo 2. Se $E(u_i|x_i) = 0$, então os MQO serão de forma geral não viesados. Quando $u_i = c_i + d_i x_i$, será suficiente $E(c_i|x_i) = E(c_i) = 0$ e $E(d_i|x_i) = E(d_i) = 0$. Podemos escrevê-las em termos do intercepto e da inclinação específicos da unidade, desta forma

$$E(a_i|x_i) = E(a_i) \quad \text{e} \quad E(b_i|x_i) = E(b_i); \qquad (9.19)$$

isto é, a_i e b_i são ambas independentes da média de x_i. Esta é uma conclusão útil se permitir inclinações específicas para a unidade, pois MQO estima consistentemente as médias dessas inclinações quando são independentes da média da variável explicativa. (Veja o Problema 9.6 sobre um conjunto mais fraco de condições que implica consistência dos MQO.)

O termo de erro na (9.18) quase com certeza contém heteroscedasticidade. Aliás, se $\text{Var}(c_i|x_i) = \sigma_c^2$, $\text{Var}(d_i|x_i) = \sigma_d^2$, e $\text{Cov}(c_i,d_i|x_i) = 0$, então

$$\text{Var}(u_i|x_i) = \sigma_c^2 + \sigma_d^2 x_i^2, \qquad (9.20)$$

e portanto deve haver heteroscedasticidade em u_i a menos que $\sigma_d^2 = 0$, o que significa $b_1 = \beta$ de todos i. Sabemos como avaliar a heteroscedasticidade desse tipo. Podemos usar os MQO e calcular os erros padrão de heteroscedasticidade robusta e dos testes estatísticos, ou podemos estimar a função de variância na (9.20) e aplicar os mínimos quadrados ponderados. Claro, essa última estratégia impõe homoscedasticidade nos intercepto e na inclinação aleatórios, e assim faríamos uma análise dos MQP plenamente robustos das violações da (9.20).

Em razão da equação (9.20), alguns autores gostam de ver a heteroscedasticidade em modelos de regressão em geral como surgindo dos coeficientes das inclinações aleatórias. Contudo, devemos lembrar que a forma de (9.20) é especial, e ela não permite heteroscedasticidade em a_i ou em b_i. Não podemos, de maneira convincente, fazer a distinção entre um modelo de inclinação aleatória, em que o intercepto e a inclinação são independentes de x_i, e um modelo de inclinação constante com heteroscedasticidade na a_i.

O tratamento da regressão múltipla é semelhante. De forma geral, escrevemos

$$y_i = a_i + b_{i1}x_{i1} + b_{i2}x_{i2} + \ldots + b_{ik}x_{ik}. \tag{9.21}$$

Então, escrevendo $a_i = \alpha + c_i$ e $b_{ij} = \beta_j + d_{ij}$, teremos

$$y_i = \alpha + \beta_1 x_{i1} + \ldots + \beta_k x_{ik} + u_i, \tag{9.22}$$

em que $u_i = c_i + d_{i1}x_{i1} + \ldots + d_{ik}x_{ik}$. Se mantivermos as hipóteses da independência da média $E(a_i|\mathbf{x}_i) = E(a_i)$ e $E(b_{ij}|\mathbf{x}_i) = E(b_{ij})$, $j = 1, \ldots, k$, então $E(y_i|\mathbf{x}_i) = \alpha + \beta_1 x_{i1} + \ldots + \beta_k x_{ik}$, e assim os MQO usando uma amostra aleatória produz estimadores não viesados de α e de β_j. Como no caso da regressão simples, $Var(u_i|\mathbf{x}_i)$ quase certamente será heteroscedástica.

Podemos permitir que b_{ij} dependa das variáveis explicativas observáveis como também outros observáveis. Por exemplo, suponha que, com $k = 2$ o efeito de x_{i2} dependa de x_{i1}, e escrevemos $b_{i2} = \beta_2 + \delta_1(x_{i1} - \mu_1) + d_{i2}$, em que $\mu_1 = E(x_{i1})$. Se considerarmos $E(d_{i2i}|\mathbf{x}_i) = 0$ (e de forma semelhante para c_i e d_{i1}), então $E(y_i|x_{i1}, x_{i2}) = \alpha + \beta_1 x_{i1} + \beta_2 x_{i2} + \delta_1(x_{i1} - \mu_1)x_{i2}$, o que significa que temos uma interação entre x_{i1} e x_{i2}. Como subtraímos a média μ_1 de x_{i1}, β_2 será o efeito parcial médio de x_{i2}.

O ponto principal desta seção é que a permissão de inclinações aleatórias é razoavelmente simples se as inclinações forem independentes, ou pelo menos independentes da média, das variáveis explicativas. Além disso, podemos facilmente modelar as inclinações como funções das variáveis exógenas, o que leva a modelos com quadrados e interações. Claro, no Capítulo 6 discutimos como esses modelos podem ser úteis sem jamais introduzirmos a noção de uma inclinação aleatória. A especificação das inclinações aleatórias fornece uma justificativa em separado desses modelos. A estimação torna-se consideravelmente mais difícil se o intercepto aleatório, como também algumas inclinações são correlacionadas com alguns dos regressores. Tratamos do problema das variáveis explicativas endógenas no Capítulo 15.

9.4 Propriedades do método MQO quando há erros de medida

Algumas vezes, em aplicações econômicas, não podemos coletar dados da variável que verdadeiramente afetam o comportamento econômico. Um bom exemplo é o ganho marginal do imposto de renda com que se defronta uma família que esteja tentando determinar quanto contribuir para instituições de caridade em determinado ano. O ganho marginal pode ser difícil de ser obtido ou resumido como um número único para todos os níveis de renda. Em vez disso, podemos calcular o ganho médio baseado na renda total e no pagamento do imposto.

Quando utilizamos uma medida imprecisa de uma variável econômica em um modelo de regressão, nosso modelo conterá um erro de medida. Nesta seção, derivamos as consequências do erro de medida para a estimação dos mínimos quadrados ordinários. O método MQO será coerente sob certas hipóteses, mas existem outras sob as quais ele será inconsistente. Em alguns desses casos, podemos inferir o tamanho do viés assimptótico.

Como veremos, o problema do erro de medida tem uma estrutura estatística similar ao problema variável – variável *proxy* omitida – discutido na seção anterior, mas são conceitualmente diferentes. No caso da variável *proxy*, estamos procurando uma variável que, de certo modo, é associada à variável não observada. No caso do erro de medida, a variável que não observamos tem um significado quantitativo bem definido (como o ganho marginal do imposto ou a renda anual), mas as medidas sobre elas registradas por nós podem conter erros. Por exemplo, a renda anual registrada é uma medida da renda anual efetiva, ao passo que a pontuação de QI é uma *proxy* da aptidão.

Outra diferença importante entre os problemas da variável *proxy* e do erro de medida é que, no último caso, muitas vezes a variável independente mal medida é a de maior interesse. No caso da variável *proxy*, o efeito parcial da variável omitida raramente é de interesse central: normalmente estamos preocupados com os efeitos das outras variáveis independentes.

Antes de considerarmos os detalhes, devemos nos lembrar de que o erro de medida é um problema somente quando as variáveis, cujos dados o econometrista pode coletar, diferem das variáveis que influenciam as decisões de indivíduos, famílias, firmas etc.

9-4a Erro de medida na variável dependente

Começaremos com o caso no qual somente a variável dependente é medida com erro. Vamos chamar de y^* a variável (na população, como sempre) que queremos explicar. Por exemplo, y^* poderia ser a poupança familiar anual. O modelo de regressão tem a forma usual

$$y^* = \beta_0 + \beta_1 x_1 + \ldots + \beta_k x_k + u, \tag{9.23}$$

e supomos que satisfaz as hipóteses de Gauss-Markov. Seja y a medida observável de y^*. No caso da poupança, y é a poupança anual registrada. Infelizmente, as famílias não declaram com perfeição suas poupanças anuais; é fácil deixar categorias de fora ou superestimar o montante contribuído para determinado fundo. Geralmente, podemos esperar que y e y^* sejam diferentes, pelo menos em alguns subconjuntos de famílias na população.

O **erro de medida** (na população) é definido como a diferença entre o valor observado e o valor real:

$$e_0 = y - y^*. \tag{9.24}$$

Para uma extração aleatória i na população, podemos escrever $e_{i0} = y_i - y_i^*$, mas o importante é como o erro de medida na população está relacionado a outros fatores. Para obter um modelo que pode ser estimado, escrevemos $y^* = y - e_0$, inserimos essa expressão na equação (9.23) e reorganizamos esta última:

$$y = \beta_0 + \beta_1 x_1 + \ldots + \beta_k x_k + u + e_0. \qquad (9.25)$$

O termo de erro na equação (9.25) é $u + e_0$. Como $y, x_1, x_2, \ldots, x_k$ são observados, podemos estimar esse modelo por MQO. Na verdade, simplesmente ignoramos o fato de que y é uma medida imperfeita de y^* e prosseguimos da maneira habitual.

Quando o método MQO com y em lugar de y^* produz estimadores consistentes de β_j? Como o modelo original (9.23) satisfaz as hipóteses de Gauss-Markov, u tem média zero e é não correlacionado com cada x_j. É natural supor que o erro de medida tem média zero; se não for assim, simplesmente obteremos um estimador viesado do intercepto, β_0, o que raramente é motivo de preocupação. Muito mais importante é nossa suposição sobre a relação entre o erro de medida, e_0, e as variáveis explicativas, x_j. A suposição habitual é que o erro de medida em y é estatisticamente independente de cada variável explicativa. Se isso for verdade, então os estimadores MQO de (9.25) são não viesados e consistentes. Além disso, os procedimentos de inferência do método MQO (estatísticas t, F e LM) são válidos.

Se e_0 e u forem não correlacionados, como normalmente se supõe, então $\text{Var}(u + e_0) = \sigma_u^2 + \sigma_0^2 > \sigma_u^2$. Isso significa que o erro de medida na variável dependente resulta em uma variância de erro maior do que quando não ocorre erro algum; isso produz, evidentemente, variâncias maiores dos estimadores MQO. Esses resultados devem ser esperados, e não há nada que possamos fazer (exceto coletar dados melhores). O resultado é que se o erro de medida for não correlacionado com as variáveis independentes, a estimação MQO possuirá boas propriedades.

EXEMPLO 9.5 Função de poupança com erro de medida

Considere uma função de poupança

$$sav^* = \beta_0 + \beta_1 inc + \beta_2 size + \beta_3 educ + \beta_4 age + u,$$

mas na qual a poupança real (sav^*) possa desviar-se da poupança registrada (sav). A questão é saber se o tamanho do erro de medida em sav está ou não sistematicamente relacionado com as outras variáveis. Pode ser razoável presumir que o erro de medida não esteja correlacionado com inc, $size$, $educ$ e age. De outro lado, podemos pensar que famílias com rendas mais elevadas, ou mais educação, declarem suas poupanças com mais precisão. Não podemos ter certeza se o erro de medida está correlacionado com inc ou $educ$, a menos que possamos coletar dados de sav^*; então o erro de medida poderá ser calculado para cada observação como $e_{i0} = sav_i - sav_i^*$.

Quando a variável dependente está na forma logarítmica, para a qual $\log(y^*)$ é a variável dependente, é natural que a equação do erro de medida seja da forma

$$\log(y) = \log(y^*) + e_0. \qquad (9.26)$$

Isso é proveniente de um **erro de medida multiplicativo** de y: $y = y^* a_0$, em que $a_0 > 0$ e $e_0 = \log(a_0)$.

> **EXEMPLO 9.6** **Erro de medida nas taxas de rejeição de produtos industriais**
>
> Na Seção 7.6, discutimos um exemplo no qual queríamos determinar se a concessão de subsídios para treinamento de pessoal reduzia a taxa de rejeição de produtos das indústrias. Podemos certamente imaginar que a taxa de rejeição registrada pela empresa seja medida com erro. (De fato, a maioria das empresas da amostra sequer computa taxas de rejeição de seus produtos.) Em uma estrutura de regressão simples, isso é capturado pela equação
>
> $$\log(scrap^*) = \beta_0 + \beta_1 grant + u,$$
>
> em que $scrap^*$ é a rejeição verdadeira e *grant* é a variável *dummy* indicando se uma empresa recebeu subsídios. A equação do erro de medida é
>
> $$\log(scrap) = \log(scrap^*) + e_0.$$
>
> O erro de medida e_0 é independente de a empresa ter, ou não, recebido subsídios? De um ponto de vista crítico, é possível pensar que uma empresa que tenha recebido subsídios está mais propensa a esconder sua taxa de rejeição para fazer que os subsídios pareçam efetivos. Se isso acontecer, então, na equação estimada
>
> $$\log(scrap) = \beta_0 + \beta_1 grant + u + e_0,$$
>
> o erro $u + e_0$ é negativamente correlacionado com *grant*. Isso produziria um viés para baixo em β_1, o que tenderia a fazer que o programa de treinamento parecesse mais efetivo do que na realidade foi. (Lembre-se: um β_1 mais negativo significa que o programa foi mais efetivo, pois uma melhor produtividade do trabalhador está associada a uma taxa de rejeição mais baixa.)

O fator preponderante desta subseção é que o erro de medida na variável dependente pode causar vieses no método MQO se for sistematicamente relacionado com uma ou mais das variáveis explicativas. Se o erro de medida for apenas um erro de informação aleatório que seja independente das variáveis explicativas, como muitas vezes é presumido, o método MQO é perfeitamente apropriado.

9-4b Erro de medida em uma variável explicativa

Tradicionalmente, o erro de medida em uma variável explicativa tem sido considerado um problema muito mais importante do que o erro de medida em uma variável dependente. Nesta subseção, veremos a razão de isso ser assim.

Comecemos com o modelo de regressão simples

$$y = \beta_0 + \beta_1 x_1^* + u, \tag{9.27}$$

supondo que satisfaz pelo menos as primeiras quatro hipóteses de Gauss-Markov. Isso significa que a estimação de (9.27) por MQO produziria estimadores de β_0 e

β_1 não viesados e consistentes. O problema é que x_1^* não é observado. Em vez disso, temos uma medida de x_1^*, que pode ser chamada de x_1. Por exemplo, x_1^* poderia ser a verdadeira renda e x_1 poderia ser a renda registrada.

O erro de medida na população é simplesmente

$$e_1 = x_1 - x_1^*, \tag{9.28}$$

e pode ser positivo, negativo ou zero. Presumimos que o erro de medida *médio* na população é zero: $E(e_1) = 0$. Isso é natural e, de qualquer forma, não afeta a importante conclusão a seguir. Uma suposição sustentada no que segue é que u é não correlacionado com x_1^* e x_1. Em termos de expectativa condicional, podemos escrevê-la como $E(y|x_1^*, x_1) = E(y|x_1^*)$, que apenas diz que x_1 não afeta y após ter-se controlado x_1^*. Usamos a mesma suposição no caso da variável *proxy* e isso não é controverso; ela mantém-se quase que por definição.

Queremos saber sobre as propriedades de MQO se simplesmente substituímos x_1^* por x_1 e executamos a regressão de y sobre x_1. Elas dependerão crucialmente das suposições que fizermos sobre o erro de medida. Duas hipóteses têm sido enfatizadas na literatura econométrica, e ambas representam extremos opostos. A primeira hipótese é que e_1 é não correlacionado com a medida observada, x_1:

$$\text{Cov}(x_1, e_1) = 0. \tag{9.29}$$

Da relação em (9.28), se a hipótese (9.29) for verdadeira, então e_1 deve ser correlacionado com a variável não observada x_1^*. Para determinar as propriedades de MQO nesse caso, escrevemos $x_1^* = x_1 - e_1$ e inserimos essa expressão na equação (9.27):

$$y = \beta_0 + \beta_1 x_1 + (u - \beta_1 e_1). \tag{9.30}$$

Como presumimos que tanto u quanto e_1 têm média zero e são não correlacionados com x_1, $u - \beta_1 e_1$ tem média zero e é não correlacionado com x_1. Em consequência, a estimação de MQO com x_1 em lugar de x_1^* produz um estimador consistente de β_1 (e também de β_0). Como u é não correlacionado com e_1, a variância do erro em (9.30) é $\text{Var}(u - \beta_1 e_1) = \sigma_u^2 + \beta_1^2 \sigma_{e_1}^2$. Assim, exceto quando $\beta_1 = 0$, o erro de medida aumenta a variância do erro. No entanto, isso não afeta quaisquer das propriedades de MQO (exceto pelo fato de que as variâncias de $\hat{\beta}_j$ serão maiores do que se observarmos x_1^* diretamente).

A hipótese de que e_1 é não correlacionada com x_1 é análoga à hipótese da variável proxy que fizemos na Seção 9.2. Como essa hipótese significa que o método MQO tem todas as suas propriedades perfeitas, não é isso o que os econometristas têm em mente quando se referem ao erro de medida em uma variável explicativa. A suposição de **erro clássico nas variáveis (CEV)** é que o erro de medida é não correlacionado com a variável explicativa *não observada*:

$$\text{Cov}(x_1^*, e_1) = 0. \tag{9.31}$$

Essa hipótese provém de ter-se escrito a medida observada como a soma da variável explicativa verdadeira com o erro de medida,

$$x_1 = x_1^* + e_1,$$

e em seguida presumindo que os dois componentes de x_1 são não correlacionados. (Isso não tem nada a ver com as hipóteses sobre u; sempre supomos que u é não correlacionado com x_1^* e x_1, e, portanto, com e_1.)

Se a hipótese (9.31) for válida, então x_1 e e_1 devem ser correlacionadas:

$$\text{Cov}(x_1, e_1) = \text{E}(x_1 e_1) = \text{E}(x_1^* e_1) + \text{E}(e_1^2) = 0 + \sigma_{e_1}^2 = \sigma_{e_1}^2. \quad (9.32)$$

Assim, a covariância entre x_1 e e_1 é igual à variância do erro de medida sob a hipótese CEV.

Com referência à equação (9.30), podemos ver que a correlação entre x_1 e e_1 causará problemas. Como u e x_1 são não correlacionados, a covariância entre x_1 e o erro composto $u - \beta_1 e_1$ é

$$\text{Cov}(x_1, u - \beta_1 e_1) = -\beta_1 \text{Cov}(x_1, e_1) = -\beta_1 \sigma_{e_1}^2.$$

Assim, no caso CEV, a regressão de MQO de y sobre x_1 produz um estimador viesado e inconsistente.

Utilizando os resultados assimptóticos do Capítulo 5, podemos determinar o montante de inconsistência no método MQO. O limite de probabilidade de $\hat{\beta}_1$ é β_1 mais a razão da covariância entre x_1 e $u - \beta_1 e_1$ e a variância de x_1:

$$\begin{aligned}
\text{plim}(\hat{\beta}_1) &= \beta_1 + \frac{\text{Cov}(x_1, u - \beta_1 e_1)}{\text{Var}(x_1)} \\
&= \beta_1 - \frac{\beta_1 \sigma_{e_1}^2}{\sigma_{x_1^*}^{2} + \sigma_{e_1}^2} \\
&= \beta_1 \left(1 - \frac{\sigma_{e_1}^2}{\sigma_{x_1^*}^{2} + \sigma_{e_1}^2}\right) \\
&= \beta_1 \left(\frac{\sigma_{x_1^*}^{2}}{\sigma_{x_1^*}^{2} + \sigma_{e_1}^2}\right),
\end{aligned} \quad (9.33)$$

em que usamos o fato de que $\text{Var}(x_1) = \text{Var}(x_1^*) + \text{Var}(e_1)$.

A equação (9.33) é bastante interessante. O termo que multiplica β_1, que é a razão $\text{Var}(x_1^*)/\text{Var}(x_1)$, é sempre menor que um [uma implicação da hipótese CEV (9.31)]. Assim, $\text{plim}(\hat{\beta}_1)$ está sempre mais perto de zero que β_1. Isso é chamado de **viés de atenuação** no MQO em razão do erro clássico nas variáveis: em médias (ou grandes) amostras, o efeito estimado de MQO será *atenuado*. Em particular, se β_1 for positivo, $\hat{\beta}_1$ tenderá a subestimar β_1. Esta é uma conclusão importante, porém depende da configuração CEV.

Se a variância de x_1^* for grande, em relação à variância no erro de medida, então a inconsistência no MQO será pequena. Isso é em razão do fato de $\text{Var}(x_1^*)/\text{Var}(x_1)$ ficar próximo da unidade, quando $\sigma_{x_1^*}^{2}/\sigma_{e_1}^2$ for grande. Portanto, dependendo do volume de variação em x_1^*, com relação a e_1, o erro de medida não causará, necessariamente, grandes vieses.

As coisas complicam-se quando adicionamos mais variáveis explicativas. Como ilustração, considere o modelo

$$y = \beta_0 + \beta_1 x_1^* + \beta_2 x_2 + \beta_3 x_3 + u, \quad (9.34)$$

em que a primeira das três variáveis explicativas é medida com erro. Naturalmente, supomos que u é não correlacionado com x_1^*, x_2, x_3 e x_1. Novamente, a hipótese crucial refere-se ao erro de medida e_1. Em quase todos os casos, presume-se que e_1 é não correlacionado com x_2 e x_3 – as variáveis explicativas não medidas com erro. O grande problema é se e_1 é não correlacionado com x_1. Se for, então a regressão MQO de y sobre x_1, x_2 e x_3 produzirá estimadores consistentes. Pode-se ver isso facilmente escrevendo

$$y = \beta_0 + \beta_1 x_1 + \beta_2 x_2 + \beta_3 x_3 + u - \beta_1 e_1, \tag{9.35}$$

em que u e e_1 são ambos não correlacionados com todas as variáveis explicativas.

Sob a hipótese CEV em (9.31), o MQO será viesado e inconsistente, pois e_1 é correlacionado com x_1 na equação (9.35). Lembre-se de que isso significa que, em geral, *todos* os estimadores MQO serão viesados, e não somente $\hat{\beta}_1$. E quanto ao viés de atenuação derivado na equação (9.33)? Ainda existe um viés de atenuação ao se estimar β_1: pode ser demonstrado que

$$\text{plim}(\hat{\beta}_1) = \beta_1 \left(\frac{\sigma_{r_1^*}^{2*}}{\sigma_{r_1^*}^{2*} + \sigma_{e_1}^2} \right), \tag{9.36}$$

em que r_1^* é o erro populacional na equação $x_1^* = \alpha_0 + \alpha_1 x_2 + \alpha_2 x_3 + r_1^*$. A fórmula (9.36) também funciona no caso da variável geral k, quando x_1 for a única variável medida erroneamente.

As coisas são menos nítidas ao se estimar β_j nas variáveis não medidas com erro. No caso especial em que x_1^* é não correlacionado com x_2 e x_3, $\hat{\beta}_2$ e $\hat{\beta}_3$ são consistentes. Entretanto, na prática isso é raro. Geralmente, o erro de medida em uma única variável provoca inconsistência em todos os estimadores. Infelizmente, os tamanhos e até mesmo as direções dos vieses não são facilmente derivados.

EXEMPLO 9.7 — Equação da nota média com erro de medida

Considere o problema de estimar o efeito da renda familiar na nota média da graduação, após ter-se controlado *hsGPA* (nota média do ensino médio) e *SAT* (teste de aptidão acadêmica). Pode ser que, embora a renda familiar seja importante para o desempenho escolar antes da faculdade, ela não tenha efeito direto no desempenho na faculdade. Para testarmos isso, podemos postular o modelo

$$colGPA = \beta_0 + \beta_1 faminc^* + \beta_2 hsGPA + \beta_3 SAT + u,$$

em que *faminc** é a renda anual familiar efetiva. (Ela pode aparecer na forma logarítmica, mas, para fins de ilustração, deixaremos na forma em nível.) Dados precisos sobre *colGPA*, *hsGPA* e *SAT* são relativamente fáceis de ser obtidos. No entanto, a renda familiar, especialmente as informadas pelos estudantes, podem facilmente ser incorretamente medidas. Se *faminc* = *faminc** + e_1, e a hipótese CEV for válida, então o uso da renda familiar informada em lugar da renda familiar efetiva viesará o estimador MQO de β_1 em direção a zero. Uma consequência disso é que um teste de $H_0: \beta_1 = 0$ terá menos possibilidade de detectar $\beta_1 > 0$.

Evidentemente, o erro de medida pode estar presente em mais de uma variável explicativa ou em algumas das variáveis explicativas e na variável dependente. Como discutido anteriormente, qualquer erro de medida na variável dependente é usualmente presumido como não correlacionado com todas as variáveis explicativas, seja ele observado ou não. Derivar o viés nos estimadores MQO sob extensões das hipóteses CEV é complicado e não leva a resultados claros.

Em alguns casos, fica evidente que a hipótese CEV em (9.31) não pode ser verdadeira. Considere uma variante do Exemplo 9.7:

$$colGPA = \beta_0 + \beta_1 smoked^* + \beta_2 hsGPA + \beta_3 SAT + u,$$

em que *smoked** é o número efetivo de vezes que um estudante fumou maconha nos últimos 30 dias. A variável *smoked* é a resposta à questão: em quantas ocasiões distintas um estudante fumou maconha nos últimos 30 dias? Suponha que postulemos o modelo padrão de erro de medida

$$smoked = smoked^* + e_1.$$

Mesmo que admitamos que os estudantes tentem informar a verdade, é pouco provável que a hipótese CEV se mantenha. As pessoas que nunca fumam maconha sobretudo – de forma que *smoked** = 0 – provavelmente responderão *smoked* = 0, de modo que o erro de medida será, provavelmente, zero para os estudantes que nunca fumaram maconha. Quando *smoked** > 0 é muito mais provável que o estudante tenha errado na contagem de quantas vezes fumou maconha nos últimos 30 dias. Isso significa que o erro de medida e_1 e o número *efetivo* de vezes em que fumou, *smoked**, são correlacionados, o que infringe a hipótese CEV em (9.31). Infelizmente, derivar as implicações do erro de medida que não satisfaçam (9.29) ou (9.31) é difícil e está além do escopo deste livro.

Antes de encerrarmos esta seção, enfatizamos que a hipótese CEV (9.31), embora mais verossímil que a hipótese (9.29), ainda é uma hipótese forte. A verdade está, provavelmente, em algum ponto entre as duas, e se e_1 for correlacionado com x_1^* e x_1, MQO é inconsistente. Isso levanta uma questão importante: temos que conviver com estimadores inconsistentes sob o modelo clássico de erro nas variáveis, ou com outros tipos de erros de medida que são correlacionados com x_1? Felizmente, a resposta é não. O Capítulo 15 mostra como, sob certas hipóteses, os parâmetros podem ser consistentemente estimados na presença de erros gerais de medida. Adiamos a discussão para mais tarde, pois exige que abandonemos o âmbito da estimação MQO. (Veja o Problema 9.7, no final deste capítulo sobre como múltiplos indicadores podem ser usados para reduzir o viés de atenuação).

> **QUESTÃO 9.3**
>
> Seja *educ** o grau efetivo de escolaridade, medido em anos (que pode ser um número não inteiro), e seja *educ* o número de anos mais elevado de educação formal. Você acha que educ e *educ** são relacionados pelo modelo clássico de erro nas variáveis?

9.5 Ausência de dados, amostras não aleatórias e observações extremas

O problema do erro de medida discutido na seção anterior pode ser visto como um problema de dados: não podemos obter dados sobre as variáveis de interesse. Além disso, sob o modelo clássico de erro nas variáveis, o termo de erro composto é correlacionado com a variável independente incorretamente medida, violando as hipóteses de Gauss-Markov.

Outro problema de dados que discutimos várias vezes em capítulos anteriores é a multicolinearidade entre as variáveis explicativas. Lembremo-nos de que a correlação entre variáveis explicativas não infringe hipótese alguma. Quando duas variáveis independentes são altamente correlacionadas, pode ser difícil estimar o efeito parcial de cada uma delas. Entretanto, isso é adequadamente refletido nas estatísticas de MQO usuais.

Nesta seção, apresentamos uma introdução aos problemas de dados que podem violar a hipótese de amostragem aleatória, RLM.2. Podemos isolar casos nos quais a amostragem não aleatória não tem efeito prático sobre o método MQO. Em outros casos, a amostragem não aleatória faz que os estimadores MQO sejam viesados e inconsistentes. Um tratamento mais completo que comprova várias das afirmações feitas aqui é apresentado no Capítulo 17.

9-5a Ausência de dados

O problema de **ausência de dados** (*missing data*) surgir de várias formas. Muitas vezes coletamos uma amostra aleatória de pessoas, escolas, cidades etc. e mais tarde descobrimos que estão faltando informações de algumas variáveis importantes para diversas unidades na amostra. Por exemplo, no conjunto de dados do arquivo BWGHT, 196 das 1.388 observações não têm informação alguma sobre a educação do pai. No conjunto de dados sobre salários medianos iniciais dos recém-formados em faculdades de Direito, no arquivo LAWSCH85, seis das 156 faculdades não têm informações sobre as medianas da pontuação LSAT dos alunos, relativas a classes novas; também faltam outras variáveis de algumas faculdades de Direito.

Quando estão faltando dados de uma observação na variável dependente ou em uma das variáveis independentes, a observação não pode ser usada em uma análise de regressão múltipla padrão. Aliás, desde que os dados ausentes tenham sido adequadamente indicados, todos os modernos programas de regressão rastreiam os dados e simplesmente ignoram as observações ao calcularem uma regressão. Vimos isso claramente na situação do peso de nascimento no Exemplo 4.9, quando 197 observações foram eliminadas em razão da não existência de informações sobre o nível de educação dos pais.

Na literatura sobre ausência de dados (*missing data*), um estimador que usa somente observações com um conjunto completo de dados sobre y e $x_1, ..., x_k$ é chamado de **estimador de caso completo**; como mencionado anteriormente, esse estimador é calculado como padrão para MQO (e todos os estimadores abordados adiante). Além da redução do tamanho da amostra, existe alguma consequência *estatística* ao usar o estimador de MQO e ignorar os dados ausentes? Se, na linguagem da literatura dos dados faltantes (ver, por exemplo, Little e Rubin (2002, Capítulo 1)), os dados estão **ausentes de forma completamente aleatória** (às vezes chamados de **MCAR**), então, a ausência de dados não causa problemas estatísticos. A hipótese dos MCAR indica que a razão para os dados estarem ausentes é independente, em um sentido estatístico, dos fatores observados e não observados que afetam y. De fato, ainda podemos supor que os dados foram obtidos por amostragem aleatória da população, assim a Hipótese RLM.2 continua se mantendo.

Quando MCAR se mantém, existem formas de usar informações parciais obtidas a partir de unidades que são eliminadas da estimação de caso completa. Por exemplo, para um modelo de regressão múltipla, os dados estão sempre disponíveis para y e $x_1, x_2, ..., x_{k-1}$, mas existem alguns que faltam para a variável explicativa x_k. Uma "solução" comum é criar duas novas variáveis. Para uma unidade i, a primeira variável, por exemplo, z_{ik}, é definida como x_{ik} quando x_{ik} é observada, e zero quando não. A segunda variável é um "indicador de dados ausentes", digamos, m_{ik}, que é igual a um quando x_{ik} está ausente e igual a zero quando x_{ik} é observada. Definidas essas duas variáveis, todas as unidades são usadas na regressão

$$y_i \text{ sobre } x_{i1}, x_{i2}, ..., x_{i,k-1}, z_{ik}, m_{ik}, i = 1, ..., n.$$

Esse procedimento pode ser demonstrado como algo que produz estimadores não viesados e coerentes para todos os parâmetros, visto que o mecanismo de dados ausentes para x_k é MCAR. Casualmente, é uma ideia muito pobre omitir m_{ik} da regressão, uma vez que é a mesma coisa que assumir que x_{ik} é zero sempre que estiver faltando. A substituição dos valores ausentes por zero sem a inclusão do indicador de dados faltantes pode causar um viés substancial nos estimadores de MQO. Um truque parecido pode ser usado quando houver dados ausentes em mais de uma variável explicativa (mas não em y). O problema 10 apresenta o argumento no modelo de regressão simples.

Um ponto importante é que o estimador que usa todos os dados e adiciona indicadores de dados ausentes é, na verdade, menos robustos do que os estimadores de caso completo. Como veremos na próxima subseção, o estimador de caso completo que se revela como coerente mesmo quando a razão para os dados estarem ausentes for sistematicamente relacionada com $(x_1, ..., x_k)$, é uma função de $(x_1, x_2, ..., x_k)$, visto que não depende do erro não observado, u. Existem esquemas mais complicados para usar informações parciais que são baseadas no preenchimento de dados ausentes, mas estão além do escopo deste texto. O leitor deve recorrer a Little e Rubin (2002).

9-5b Amostras não aleatórias

A hipótese MCAR garante que unidades para as quais observamos um conjunto completo de dados não são sistematicamente diferentes das unidades para as quais algumas variáveis estão ausentes. Infelizmente, MCAR geralmente não é realista. Um exemplo de mecanismo de dados ausentes que não satisfaz MCAR pode ser obtido ao observar o conjunto de dados CARD, em que a medida do QI (*IQ*) de 949 homens está faltando. Se a probabilidade de a pontuação de QI (*IQ*) estar faltando é, digamos, maior para homens com QI (*IQ*) mais baixo, o mecanismo viola MCAR. Por exemplo, no conjunto de dados sobre pesos de nascimento, o que acontecerá se a probabilidade de que estejam faltando informações sobre o nível de educação for mais alta para as pessoas cujo nível de educação seja mais baixo que a média? Ou, na Seção 9.2, tenhamos usado um conjunto de dados sobre salários-hora que tenha incluído pontuações de *IQ*. Esse conjunto de dados foi construído com a omissão de várias pessoas da amostra para as quais não havia informações sobre a pontuação do *IQ*. Se a obtenção de escores de *IQ* é mais fácil para as pessoas com *IQ* mais elevado, a amostra não será representativa da população. A hipótese de amostragem aleatória RLM.2 está sendo violada e devemos nos preocupar com suas consequências durante a estimação MQO.

Felizmente, certos tipos de amostragens não aleatórias *não* causam viés ou inconsistência no MQO. Sob as hipóteses de Gauss-Markov (mas sem a RLM.2), a amostra pode ser escolhida com base nas variáveis *independentes* sem causar nenhum problema estatístico. Isso é chamado de *seleção da amostra com base nas variáveis independentes*, e é um exemplo de **seleção amostral exógena**.

Na literatura de estatística, a seleção amostral exógena em razão de dados ausentes é geralmente chamada de **ausência aleatória** (mas este não é um rótulo particularmente bom porque é permitido que a probabilidade de ausência de dados dependa das variáveis explicativas). Ver Little e Rubin (2002, Capítulo 1).

Para ilustrar ausência de dados exógena, suponha que estejamos estimando uma função de poupança, na qual a poupança anual depende da renda, da idade, do tamanho da família e de alguns fatores não observados, u. Um modelo simples é

$$saving = \beta_0 + \beta_1 income + \beta_2 age + \beta_3 size + u. \quad (9.37)$$

Suponha que nosso conjunto de dados foi montado com base em pesquisa feita com pessoas com mais de 35 anos de idade, com isso deixando-nos com uma amostra não aleatória de todos os adultos. Embora isso não seja o ideal, ainda podemos obter estimadores não viesados e consistentes dos parâmetros no modelo populacional (9.37), utilizando a amostra não aleatória. Não demonstraremos isso formalmente aqui, mas a razão pela qual o MQO na amostra não aleatória é não viesado é o fato de a função de regressão E(*saving*|*income,age,size*) ser a mesma para qualquer subconjunto da população descrito por *income, age* ou *size*. Desde que haja variação suficiente nas variáveis independentes na subpopulação, a seleção com base nas variáveis independentes não será um problema sério, exceto pelo fato de resultar em estimadores ineficientes.

No exemplo mencionado da pontuação do QI, as coisas não são tão nítidas, porque nenhuma regra fixa baseada no QI foi utilizada para incluir algo na amostra. Ao contrário, a *probabilidade* de estar na amostra aumenta com o QI. Se os outros fatores que determinam a seleção na amostra forem independentes do termo de erro na equação de salários, teremos outro caso de seleção amostral exógena, e o MQO usando a amostra selecionada terá todas as propriedades desejáveis sob as outras hipóteses de Gauss-Markov.

A situação é muito diferente quando a seleção é baseada na variável dependente, y, chamada de *seleção de amostra com base na variável dependente* e um exemplo de **seleção amostral endógena**. Se a amostra tiver como base o fato de a variável dependente estar acima ou abaixo de determinado valor, sempre ocorrerá viés no MQO ao estimarmos o modelo populacional. Por exemplo, suponha que queiramos estimar a relação entre a riqueza individual e vários outros fatores na população adulta:

$$wealth = \beta_0 + \beta_1 educ + \beta_2 exper + \beta_3 age + u. \quad (9.38)$$

Suponha que somente pessoas com riqueza (*wealth*) abaixo de US$250.000 sejam incluídas na amostra. Essa é uma amostra não aleatória da população de interesse e baseia-se no valor da variável dependente. A utilização de uma amostra de pessoas com riqueza abaixo de US$250.000 resultará em estimadores viesados e inconsistentes dos parâmetros em (9.32). Resumidamente, a razão é que a regressão populacional E(*wealth*|*educ*, *exper*, *age*) não é a mesma já que o valor esperado condicional da *riqueza* é menor que US$250.000.

Outros esquemas de amostragem levam a **amostras não aleatórias** da população, em geral intencionalmente. Um método comum de coleta de dados é a **amostragem estratificada**, na qual a população é dividida em grupos ou estratos não sobrepostos. Então, alguns grupos aparecem com mais frequência do que a determinada por sua representação populacional, e outros aparecem com menor frequência. Por exemplo, algumas pesquisas propositalmente superdimensionam grupos minoritários ou grupos de baixa renda. Quando forem necessários métodos especiais, isso dependerá outra vez de ser a estratificação exógena (baseada em variáveis explicativas exógenas) ou endógena (baseada na variável dependente). Suponha que uma pesquisa sobre o contingente militar superdimensionou mulheres porque o interesse inicial era estudar os fatores que determinam o pagamento às mulheres no serviço militar. (Superdimensionar um grupo que seja relativamente pequeno na população é comum na coleta de amostras estratificadas.) Desde que os homens também tenham sido representados na amostra, podemos usar o MQO na amostra estratificada para estimar qualquer diferencial de gênero, juntamente com os retornos da educação e da experiência de todo o contingente militar. (Podemos pressupor que retorno da educação e da experiência não sejam específicos quanto ao gênero.) A razão pela qual o MQO é não viesado e consistente está ligado ao fato de a estratificação ser feita com relação a uma variável explicativa, ou seja, o gênero.

Se, em vez disso, a pesquisa superdimensionou o contingente militar de salários mais baixos, então o MQO que utiliza a amostra estratificada não estima consistentemente os parâmetros da equação de salários dos militares, porque a estratificação é endógena. Nesses casos, são necessários métodos econométricos especiais [veja Wooldridge (2010, Capítulo 19)].

A amostragem estratificada é uma forma bastante óbvia de amostragem não aleatória. Outros problemas de seleção de amostras são mais sutis. Por exemplo, em vários dos exemplos anteriores estimamos os efeitos de diversas variáveis, particularmente educação e experiência, sobre os salários por hora. O conjunto de dados do arquivo WAGE1, que utilizamos amplamente, é, essencialmente, uma amostra aleatória de indivíduos *trabalhadores*. Economistas especializados na área trabalhista com frequência estão interessados em estimar os efeitos da, digamos, educação sobre os salários-hora *oferecidos*. A ideia é a seguinte: toda pessoa em idade de trabalhar se defronta com uma oferta de salários por hora e pode trabalhar, ou não, por aquele salário. Para alguém que trabalhe, o salário ofertado é o salário ganho. Para pessoas que não trabalhem não podemos, normalmente, observar o salário-hora oferecido. Agora, como a equação da oferta salarial

$$\log(wage) = \beta_0 + \beta_1 educ + \beta_2 exper + u \qquad (9.39)$$

representa a população de trabalhadores de todas as idades, não podemos estimá-la utilizando uma amostra aleatória dessa população; em vez disso, temos informações sobre a oferta salarial somente para pessoas que trabalham (embora possamos obter dados sobre *educ* e *exper* de pessoas que não trabalham). Se utilizarmos uma amostra aleatória de pessoas que trabalham para estimar (9.39), obteremos estimadores não viesados? Esse caso não é muito claro. Como a amostra é selecionada com base na decisão de alguém de trabalhar (em oposição ao tamanho do salário ofertado), este não é como o caso anterior. Contudo, como a decisão de trabalhar pode estar relacionada com fatores não observados que afetem a oferta salarial, a seleção pode ser endógena, e isso pode resultar em um viés de seleção de amostra nos estimadores MQO. Trataremos os métodos que podem ser usados para testar e corrigir vieses de seleção de amostras no Capítulo 17.

> **QUESTÃO 9.4**
>
> Suponha que estejamos interessados nos efeitos dos gastos com campanha eleitoral feitos por candidatos sobre o apoio dos eleitores. Alguns candidatos decidem não apresentar sua candidatura à reeleição. Se somente pudermos coletar os resultados da votação e dos gastos dos candidatos que efetivamente participaram da eleição, existe a possibilidade de ocorrer uma seleção endógena da amostra?

9-5c Observações extremas (*outliers*) e influentes

Em algumas aplicações, especialmente, mas não apenas nelas, com conjuntos de dados pequenos, as estimativas MQO são sensíveis à inclusão de uma ou várias observações. Uma abordagem completa das **observações extremas** e das **observações influenciadoras** está além do objetivo deste livro, pois um desenvolvimento formal exige álgebra matricial. De maneira vaga, uma observação é uma observação influenciadora se sua eliminação da análise muda as estimativas principais dos MQO em montante praticamente "grande". A noção de uma observação extrema também é um pouco vaga, pois exige que se compare os valores das variáveis de uma observação com aqueles do restante da amostra. Apesar disso, é desejável ficar vigilante quanto a observações "incomuns" porque podem afetar grandemente as estimativas MQO.

O MQO é suscetível a observações extremas porque minimiza a soma dos quadrados dos resíduos: grandes resíduos (positivos ou negativos) recebem muita carga no problema de minimização de mínimos quadrados. Se as estimativas mudarem em quantidade significativa quando modificamos ligeiramente nossa amostra, devemos nos preocupar.

Quando estatísticos e econometristas estudam teoricamente o problema dessas observações extremas, algumas vezes os dados são vistos como provenientes de uma amostra aleatória de determinada população – embora com uma distribuição pouco comum que pode resultar em valores extremos – e às vezes se presume que as observações extremas provêm de uma população diferente. De uma perspectiva prática, essas observações podem ocorrer por duas razões. O caso mais fácil de tratar é quando um engano foi cometido na entrada dos dados. A adição de zeros extras a um número ou a má colocação do ponto decimal podem mascarar as estimativas MQO, especialmente em amostras de pequeno tamanho. É sempre uma boa ideia calcular as estatísticas sumárias, especialmente os mínimos e os máximos, para detectar enganos da entrada dos dados. Infelizmente, entradas incorretas nem sempre são óbvias.

Os valores extremos também podem surgir quando se faz a amostragem de uma pequena população, se um ou vários membros da população forem muito diferentes em alguns aspectos relevantes do resto da população. Pode ser difícil tomar a decisão de manter ou desprezar essas observações em uma análise de regressão, e as propriedades estatísticas dos estimadores resultantes são complicadas. Observações extremas podem fornecer informações importantes aumentando-se a variação das variáveis explicativas (o que reduz os erros padrão). Os resultados de MQO, no entanto, deverão ser descritos com e sem as observações extremas, nos casos em que um ou vários pontos dos dados alteram substancialmente os resultados.

EXEMPLO 9.8 Intensidade de pesquisa e desenvolvimento (P&D) e tamanho das empresas

Suponha que os gastos com pesquisa e desenvolvimento como uma porcentagem das vendas (*rdintens*) sejam relacionados a *vendas* (*sales*), em milhões, e a lucros como uma porcentagem das vendas (*profmarg*):

$$rdintens = \beta_0 + \beta_1 sales + \beta_2 profmarg + u. \quad (9.40)$$

A equação MQO utilizando os dados de 32 indústrias químicas, contidos no arquivo RDCHEM é

$$\widehat{rdintens} = 2{,}625 + 0{,}000053\ sales + 0{,}0446\ profmarg$$
$$(0{,}586)\quad (0{,}000044)\quad\quad (0{,}0462)$$
$$n = 32,\ R^2 = 0{,}0761,\ \bar{R}^2 = 0{,}0124.$$

Nem *sales* nem *profmarg* são estatisticamente significantes, mesmo no nível de 10% nessa regressão.

Das 32 empresas, 31 têm vendas anuais abaixo de US$20 bilhões. Uma empresa tem vendas anuais de quase US$40 bilhões. A Figura 9.1 mostra a distância dessa empresa do resto da amostra. Em termos de vendas, essa empresa é quase duas vezes

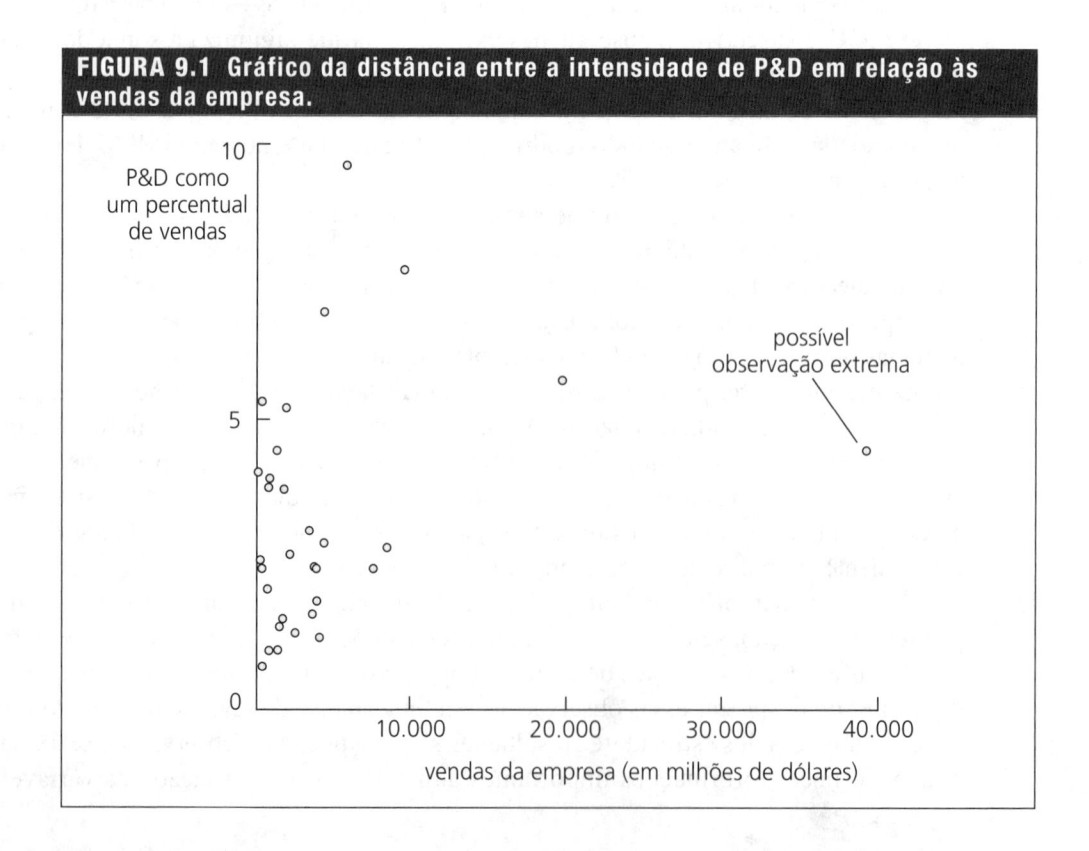

FIGURA 9.1 Gráfico da distância entre a intensidade de P&D em relação às vendas da empresa.

maior do que qualquer outra, de modo que deve ser uma boa ideia estimar o modelo sem ela. Quando fazemos isso, obtemos

$$\widehat{rdintens} = 2{,}297 + 0{,}000186\, sales + 0{,}0478\, profmarg$$
$$(0{,}592)\ (0{,}000084)\ \ \ \ \ \ \ (0{,}0445)$$
$$n = 31, R^2 = 0{,}1728, \overline{R}^2 = 0{,}1137.$$

Se a maior empresa for eliminada da regressão, o coeficiente de vendas mais do que triplica, e agora ela tem uma estatística t acima de dois. Usando a amostra de empresas menores, concluiríamos que existe um efeito positivo estatisticamente significante entre a intensidade de P&D e o tamanho das empresas. A margem de lucro ainda não é significante, e seu coeficiente não mudou muito.

Algumas vezes, as observações extremas são definidas pelo tamanho do resíduo em uma regressão MQO, na qual todas as observações são usadas. Geralmente, essa não é uma boa ideia porque as estimativas MQO se ajustam para tornarem as somas dos quadrados dos resíduos tão pequenas quanto possível. No exemplo anterior, a inclusão da maior firma achatou consideravelmente as linhas de regressão do MQO, o que não tornou especialmente grande o resíduo daquela estimação. Aliás, o resíduo da maior firma é $-1{,}62$ quando todas 32 observações são usadas. Esse valor do resíduo não é nem mesmo um desvio padrão estimado, $\hat{\sigma} = 1{,}82$ da média dos resíduos, que é zero pela construção.

Resíduos estudentizados são obtidos dos resíduos originais dos MQO pela divisão deles por uma estimativa de seus desvios padrão (condicionais às variáveis explicativas na amostra). A fórmula dos resíduos estudentizados vale-se de álgebra matricial, mas acontece de existir um artifício simples para calcular um resíduo estudentizado de qualquer observação. Ou seja, defina uma variável *dummy* igual a um para aquela observação – digamos, observação h – e então a inclua na regressão (usando todas as observações) juntamente com as outras variáveis explicativas. O coeficiente na variável *dummy* tem uma interpretação útil: é o resíduo da observação h calculada da linha de regressão usando somente as *outras* observações. Portanto, o coeficiente *dummy* pode ser usado para verificarmos quão longe a observação está da linha de regressão obtida sem o uso daquela observação. Melhor ainda, a estatística t na variável *dummy* é igual ao resíduo estudentizado da observação h. Sob as hipóteses do modelo linear clássico essa estatística t tem uma distribuição t_{n-k-2}. Portanto, um valor grande da estatística t (em valor absoluto) infere um resíduo grande relativo ao desvio padrão estimado.

Para o Exemplo 9.8, se definirmos uma variável *dummy* para a maior firma (observação 10 no arquivo de dados) e a incluirmos como um regressor adicional, seu coeficiente será $-6{,}57$, verificando que a observação da maior firma está muito longe da linha de regressão obtida usando as outras observações. Entretanto, quando estudentizado, o resíduo é de apenas $-1{,}82$. Embora isso seja uma estatística t marginalmente significante (p-valor bilateral $= 0{,}08$), não está nem perto de ser o maior resíduo estudentizado na amostra. Se usarmos o mesmo método para a observação com o mais alto valor de *rdintens* – a primeira observação, com $rdintens \approx 9{,}42$ – o coeficiente na variável *dummy* será $6{,}72$ com uma estatística t de $4{,}56$. Portanto, por esse indicador, a primeira observação está mais para extremos do que a décima. Todavia a eliminação da primeira observação altera o coeficiente em *sales* em apenas um pequeno montante (para aproximadamente 0,000051 de 0,000053), embora o coeficiente na *profmarg* se torne maior e estatisticamente significante. Então, a primeira observação é "extrema" também? Esses cálculos mostram o enigma em que podemos nos meter quando tentamos determinar observações que deveriam ser excluídas de uma análise de regressão, mesmo quando o conjunto de dados é pequeno. Infelizmente, o tamanho do resíduo estudentizado não necessita corresponder a quão influente uma observação é para as estimativas de inclinação pelos MQO, e certamente não para todas elas simultaneamente.

Um problema geral com o uso do resíduo estudentizado é que, na realidade, todas as outras observações são usadas para estimar a linha de regressão para calcular o resíduo de uma determinada observação. Em outras palavras, quando o resíduo estudentizado é obtido da primeira observação, a décima observação foi usada na estimativa do intercepto e da inclinação. Conhecido quão plana é a linha de regressão com a maior firma (décima observação) incluída, não é tão surpreendente que a primeira observação, com seu alto valor de *rdintens*, esteja tão afastada da linha de regressão.

Claro, podemos adicionar duas variáveis dummy ao mesmo tempo – uma para a primeira observação e outra para a décima – que tem o efeito de usar somente as restantes trinta observações para estimar a linha de regressão. Se estimarmos a equação sem a primeira e a décima observações, os resultados serão

$$\widehat{rdintens} = 1{,}939 + 0{,}000160\, sales + 0{,}0701\, profmarg$$
$$(0{,}459)\quad (0{,}00065) \quad\quad (0{,}0343)$$
$$n = 30,\, R^2 = 0{,}2711,\, \overline{R}^2 = 0{,}2171$$

O coeficiente da *dummy* da primeira observação é 6,47 ($t = 4{,}58$) e da décima observação é $-5{,}41$ ($t = -1{,}95$). Observe que os coeficientes em *sales* e em *profmarg* são ambos estatisticamente significantes, a última quase o nível de 5% contra uma alternativa bilateral (*p*-valor $= 0{,}051$). Mesmo nessa regressão ainda existem duas observações com resíduos estudentizados maiores que dois (correspondendo às duas observações restantes com intensidade de P&D acima de seis).

Algumas formas funcionais são menos sensíveis a observações extremas. Na Seção 6.2, mencionamos que, para a maioria das variáveis econômicas, a transformação logarítmica estreita significativamente a amplitude dos dados e também produz formas funcionais – como os modelos de elasticidade constante – que podem explicar uma gama mais ampla de dados.

EXEMPLO 9.9   Intensidade de P&D

Podemos testar se a intensidade de P&D (*R&D*) aumenta com o tamanho das empresas, começando com o modelo

$$rd = sales^{\beta_1} \exp(\beta_0 + \beta_2 profmarg + u). \tag{9.41}$$

Assim, mantendo fixos os outros fatores, a intensidade de P&D aumenta com vendas se, e somente se, $\beta_1 > 1$. Considerando o log de (9.41) teremos

$$\log(rd) = \beta_0 + \beta_1 \log(sales) + \beta_2 profmarg + u. \tag{9.42}$$

Quando usamos todas as 32 empresas, a equação de regressão é

$$\widehat{\log(rd)} = -4{,}378 + 1{,}084 \log(sales) + 0{,}0217\, profmarg,$$
$$\phantom{\widehat{\log(rd)} = }(0{,}468)\ (0{,}062)(0{,}0128)$$
$$n = 32,\ R^2 = 0{,}9180,\ \bar{R}^2 = 0{,}9123,$$

ao passo que ao se retirar a maior empresa resulta na equação

$$\widehat{\log(rd)} = -4{,}404 + 1{,}088 \log(sales) + 0{,}0218\, profmarg,$$
$$\phantom{\widehat{\log(rd)} = }(0{,}511)\ (0{,}067)(0{,}0130)$$
$$n = 31,\ R^2 = 0{,}9037,\ \bar{R}^2 = 0{,}8968.$$

Esses resultados são praticamente os mesmos. Em nenhum dos casos rejeitamos a hipótese nula $H_0: \beta_1 = 1$ contra $H_1: \beta_1 > 1$ (Por quê?).

Em alguns casos, certas observações são, desde o princípio, suspeitas de serem fundamentalmente diferentes do restante da amostra. Isso acontece com frequência quando utilizamos dados em níveis muito agregados, como os níveis de cidades, municípios ou estados. O que segue é um exemplo disso.

EXEMPLO 9.10 **Taxas estaduais de mortalidade infantil**

Informações sobre mortalidade infantil, renda per capita e saúde podem ser obtidas, em nível de estados, no *Statistical Abstracts of the United States* (Resumo Estatístico dos Estados Unidos). Faremos aqui uma análise simples apenas para ilustrar o efeito das observações extremas. Os dados são para o ano de 1990, e temos todos os 50 estados dos Estados Unidos, mais a capital, o Distrito de Colúmbia (D.C.). A variável *infmort* é o número de mortes no primeiro ano de vida por 1.000 nascimentos, *pcinc* é a renda per capita, *physic* representa médicos por 100.000 habitantes, e *popul* é a população (em milhares). Os dados estão contidos no arquivo INFMRT. Incluímos todas as variáveis independentes na forma logarítmica:

$$\widehat{infmort} = 33{,}86 - 4{,}68 \log(pcinc) + 4{,}15 \log(physic)$$
$$\phantom{\widehat{infmort} = }(20{,}43)\ (2{,}60)(1{,}51)$$
$$\phantom{\widehat{infmort} = } - 0{,}088 \log(popul) \qquad (9.43)$$
$$\phantom{\widehat{infmort} = }(0{,}287)$$
$$n = 51,\ R^2 = 0{,}139,\ \bar{R}^2 = 0{,}084.$$

A renda per capita mais alta tem uma relação estimada inversa em relação à mortalidade infantil, um resultado esperado. No entanto, a variável *physic per capita* está associada com taxas maiores de mortalidade infantil, o que é contrário à intuição. As taxas de mortalidade infantil parecem não estar relacionadas ao tamanho da população.

O Distrito de Colúmbia é incomum por ter bolsões de extrema pobreza e de grande riqueza em uma área tão pequena. Aliás, a taxa de mortalidade infantil do D.C. em 1990 foi de 20,7, comparado com 12,4 do estado seguinte com maior taxa. Ele também tem 615 médicos por 100.000 habitantes, comparados com 337 do segundo estado. A grande quantidade de médicos complementada pela elevada taxa de mortalidade infantil no D.C. poderia certamente influenciar os resultados. Se retirarmos o D.C. da regressão, teremos

$$\widehat{infmort} = 23{,}95 - 0{,}57 \log(pcinc) - 2{,}74 \log(physic)$$
$$(12{,}42)\ (1{,}64) \qquad\qquad (1{,}19)$$
$$+ 0{,}629 \log(popul) \qquad\qquad\qquad (9.44)$$
$$(0{,}191)$$
$$n = 50,\ R^2 = 0{,}273,\ \bar{R}^2 = 0{,}226.$$

Agora verificamos que o número maior de médicos *per capita* reduz a mortalidade infantil, e a estimativa é estatisticamente diferente de zero no nível de 5%. O efeito da renda *per capita* caiu drasticamente e não mais é estatisticamente significante. Na equação (9.44), as taxas de mortalidade infantil são mais elevadas nos estados mais populosos, e a relação é estatisticamente bastante significante. Além disso, muito mais variação em *infmort* é explicada quando o D.C. é retirado da regressão. Claramente, o D.C. tem uma influência considerável nas estimativas iniciais, e provavelmente o deixaríamos de fora de qualquer análise futura.

Como o Exemplo 9.8 demonstra, inspecionar as observações na tentativa de determinar quais são extremas, e até quais têm influência substancial nas estimativas MQO, é um empreendimento difícil. Tratamentos mais avançados permitem abordagens mais formais para se determinar quais observações são mais prováveis de serem observações influenciadoras. Usando álgebra matricial, Belsley, Kuh, e Welsh (1980) definiram a *alavancagem* de uma observação, que formaliza a noção de que uma observação tem uma grande ou pequena influência nas estimativas MQO. Esses autores também fornecem uma discussão mais minuciosa dos resíduos padronizados e estudentizados.

9.6 Estimação dos mínimos desvios absolutos

Em vez de tentar determinar quais observações, se alguma, têm influência indevida nas estimativas MQO, um método diferente para se defender contra observações extremas é usar um método de estimação que seja menos sensível às observações extremas que os MQO. Um método desse tipo, que se tornou popular entre os econometricistas dedicados é chamado **mínimos desvios absolutos (MDA)**. Os estimadores MDA de β_j num modelo linear minimiza a soma dos valores absolutos dos resíduos,

$$\min_{b_0, b_1, \ldots, b_k} \sum_{i=1}^{n} |y_i - b_0 - b_1 x_{i1} - \ldots - b_k x_{ik}|. \qquad (9.45)$$

Diferente dos MQO, que minimizam a soma dos quadrados dos resíduos, as estimativas MDA não estão disponíveis em forma fechada – isto é, não podemos escrever as fórmulas para elas. Aliás, historicamente, a solução do problema na equação (9.45) foi computacionalmente difícil, especialmente com amostras de tamanhos grandes e muitas variáveis explicativas. No entanto, com as grandes melhorias na velocidade de computação nas últimas duas décadas, as estimativas MDA são razoavelmente fáceis de serem obtidas mesmo de grandes conjuntos de dados.

A Figura 9.2 mostra as funções objetivas de MQO e MDA. A função objetiva de MDA é linear sobre cada lado de zero, assim, se, por exemplo, um resíduo positivo aumentar em uma unidade, a função objetiva de MDA aumentará em uma unidade. Em contraste, a função objetiva de MQO dá uma crescente importância aos grandes resíduos, e isso torna os MQO mais sensíveis a observações extremas.

Como os MDA não produzem ponderação crescente de resíduos maiores, eles são muito menos sensíveis a mudanças nos valores extremos dos dados que os MQO. Aliás, é sabido que os MDA são projetados para estimar os parâmetros da **mediana condicional** de y dado $x_1, x_2, ..., x_k$ em vez da média condicional. Como a mediana não é afetada por grandes mudanças nas observações extremas, deduz-se que as estimativas do parâmetro MDA são mais resistentes às observações extremas. (Veja a Seção A.1 para uma breve discussão sobre a mediana da amostra). Ao escolher as estimativas, os MQO elevam ao quadrado cada resíduo, e, assim, as estimativas MQO podem ser bastante sensíveis a observações atípicas, como vimos nos Exemplos 9.8 e 9.10.

Além de os MDA serem mais exigentes computacionalmente do que os MQO, uma segunda desvantagem dos MDA é que toda inferência estatística que envolve os estimadores MDA será justificável somente na medida em que o tamanho da amostra cresça. [As fórmulas são complicadas e exigem álgebra matricial, e nós não precisamos delas aqui. Koenker (2005) fornece um tratamento abrangente.] Lembre-se de que, no âmbito do modelo clássico de hipóteses lineares, as estatísticas t dos MQO têm exatas t distribuições, e as estatísticas F têm exatas F distribuições. Enquanto as versões assimptóticas dessas estatísticas estão disponíveis para MDA – e relatadas rotineiramente por pacotes de *softwares* que calculam as estimativas MDA – esses só se justificam em grandes amostras. Assim como o ônus adicional envolvido no cálculo das

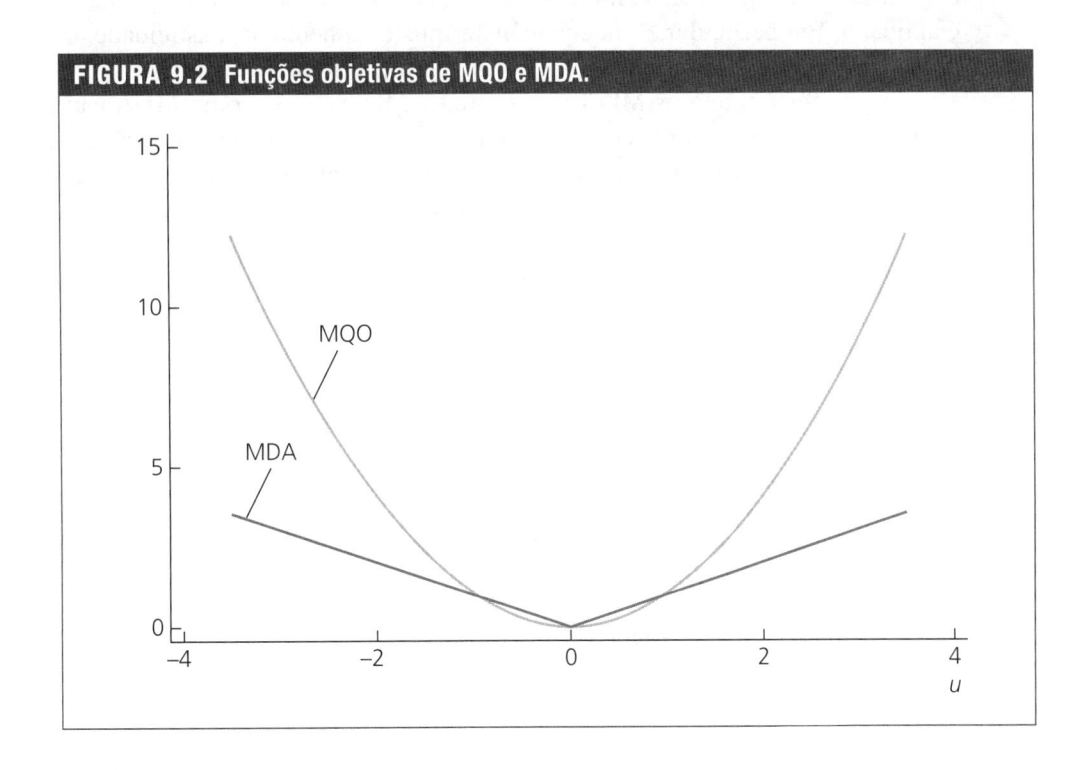

FIGURA 9.2 Funções objetivas de MQO e MDA.

estimativas MDA, a falta de inferência exata dos MDA é uma preocupação marginal, pois a maioria das aplicações dos MDA envolve várias centenas, se não vários milhares, de observações. Claro, podemos estar abusando se aplicarmos aproximações de amostra grande em um exemplo como o Exemplo 9.8, com $n = 32$. De certa forma, isso não é muito diferente dos MQO porque, na maioria dos casos, precisamos recorrer a aproximações de amostra grande para justificar a inferência MQO sempre que qualquer uma das hipóteses do MLC falha.

Outra inconveniência sutil, mas importante, do MDA é o fato de que nem sempre ele estima consistentemente os parâmetros que aparecem na função de média condicional, $E(y|x_1, ..., x_k)$. Como mencionado anteriormente, o MDA foi construído para estimar os efeitos sobre a mediana condicional. Geralmente, a média e a mediana são as mesmas somente quando a distribuição de y, dadas as covariadas $x_1, ..., x_k$, é simétrica em relação a $\beta_0 + \beta_1 x_1 + ... + \beta_k x_k$. (Equivalentemente, o termo de erro da população, u, é simétrico em relação a zero.) Lembre-se de que o MQO produz estimadores não viesados e consistentes dos parâmetros na média condicional, seja ou não simétrica a distribuição do erro; a simetria não aparece entre as hipóteses de Gauss-Markov. Quando MDA e MQO são aplicados em casos com distribuições assimétricas, o efeito parcial estimado de, digamos, x_1, obtido com o MDA pode ser muito diferente do efeito parcial obtido com o MQO. Essa diferença, porém, pode apenas refletir a diferença entre a mediana e a média e pode não ter nada a ver com as observações extremas. Ver Exercício em computador C9 para um exemplo.

Se presumirmos que o erro populacional u no modelo (9.2) é *independente* de $(x_1, ..., x_k)$, as estimativas de inclinação MQO e MDA devem diferir apenas por erro de amostragem, seja ou não simétrica a distribuição de u. As estimativas dos interceptos geralmente serão diferentes, refletindo o fato de que, se a média de u for zero, sua mediana é diferente de zero sob assimetria. Infelizmente, a independência entre o erro e as variáveis explicativas é, muitas vezes, inacreditavelmente forte quando o MDA é aplicado. Em particular, a independência impede a heteroscedasticidade, um problema que muitas vezes surge em aplicações com distribuições assimétricas.

Uma vantagem que os MDA têm sobre os MQO é que, como MDA estimam a média, é fácil obter os efeitos parciais – e previsões – usando transformações monotônicas. Aqui consideramos a transformação mais comum, usando o log natural. Suponha que $\log(y)$ siga um modelo linear em que o erro tem uma média condicional zero:

$$\log(y) = \beta_0 + \mathbf{x}\boldsymbol{\beta} + u \tag{9.46}$$

$$\text{Med}(u|\mathbf{x}) = 0, \tag{9.47}$$

Que implica que

$$\text{Med}[\log(y)|\mathbf{x}] = \beta_0 + \mathbf{x}\boldsymbol{\beta}.$$

Um recurso bem conhecido da média condicional – ver, por exemplo, Wooldridge (2010, Capítulo 12) – é que ela é submetida a funções crescentes. Portanto,

$$\text{Med}(y|\mathbf{x}) = \exp(\beta_0 + \mathbf{x}\boldsymbol{\beta}). \tag{9.48}$$

O resultado é que β_j é a semielasticidade de Med($y|\mathbf{x}$) em relação a x_j. Em outras palavras, o efeito parcial de x_j na equação linear (9.46) pode ser usado para descobrir o efeito parcial do modelo não linear (9.48). É importante entender que isso se mantém para qualquer distribuição de u que (9.47) se mantenha, e não precisamos assumir que u e $\mathbf{x}$ são independentes. Em contraste, se especificarmos um modelo linear para E[log(y)|$\mathbf{x}$], então, em geral, não há formas de descobrir E($y|\mathbf{x}$). Se fizermos uma hipótese totalmente distributiva para u, dado $\mathbf{x}$, então, em princípio, podemos reconhecer E($y|\mathbf{x}$). Cobrimos o caso especial na equação (6.40) sob a hipótese de que log(y) segue um modelo linear clássico. No entanto, em geral não há como encontrar E($y|\mathbf{x}$) a partir de um modelo para E[log(y)|$\mathbf{x}$], embora possamos sempre obter Med($y|\mathbf{x}$) a partir de Med[log(y)|$\mathbf{x}$]. O Problema 9 investiga como a heteroscedasticidade em um modelo linear para log(y) confunde nossa capacidade de encontrar E($y|\mathbf{x}$).

Mínimos desvios absolutos são um caso especial do que muitas vezes é chamado de *regressão robusta*. Infelizmente, a maneira como "robusta" está sendo usada aqui pode criar confusão. Na literatura estatística, um estimador de regressão robusta é relativamente insensível a observações extremas. Efetivamente, observações com grandes resíduos recebem menos peso do que nos mínimos quadrados. [Berk (1990) contém um tratamento introdutório de estimadores que são robustos em relação a observações extremas.] Com base em nossa discussão anterior, em linguagem econométrica, o MDA não é um estimador robusto da média condicional, pois exige hipóteses extras para estimar consistentemente os parâmetros da média condicional. Na equação (9.2), a distribuição de u dado (x_1, ..., x_k) tem que ser simétrica em relação a zero, ou u deve ser independente de (x_1, ..., x_k). Nada disso é exigido pelo MQO.

MDA também é um caso especial de *regressão quantílica*, usada para estimar o efeito do x_j sobre diferentes partes da distribuição – não só a mediana (ou média). Por exemplo, em um estudo para ver como ter acesso a um plano de pensão particular afeta a riqueza, pode ser que o acesso afete pessoas mais ricas diferentemente de pessoas mais pobres, e esses dois efeitos difiram do que há sobre as pessoas da média. Wooldridge (2010, Capítulo 12) contém uma abordagem e exemplos da regressão quantílica.

Resumo

Investigamos mais detalhadamente alguns problemas importantes de especificação e de dados que muitas vezes surgem na análise de corte transversal empírica. Formas funcionais mal-especificadas fazem que a equação estimada seja difícil de ser interpretada. No entanto, a forma funcional incorreta pode ser detectada pela adição de termos quadráticos, pelo cálculo do teste RESET, ou fazendo-se o teste contra um modelo alternativo não aninhado, utilizando o teste de Davidson-MacKinnon. Não é necessária nenhuma coleta adicional de dados.

Resolver o problema das variáveis omitidas é mais difícil. Na Seção 9.2, discutimos uma possível solução com base no uso de uma variável proxy substituindo a variável omitida. Sob hipóteses razoáveis, a inclusão da variável proxy em uma regressão MQO elimina ou pelo menos reduz o viés. A dificuldade em aplicar esse método é que variáveis proxy podem ser difíceis de encontrar. Uma possibilidade geral é usar dados de uma variável dependente de um ano anterior.

Os economistas que trabalham em áreas aplicadas estão frequentemente preocupados com os erros de medida. Sob as hipóteses do erro clássico nas variáveis (CEV), o erro de medida na variável dependente não tem efeito nas propriedades estatísticas do MQO. Por outro lado, sob as hipóteses CEV para uma variável independente, o estimador MQO do coeficiente na variável incorretamente medida é viesado em direção a zero. O viés nos coeficientes das outras variáveis pode ser para qualquer lado e é difícil de ser determinado.

Amostras não aleatórias de uma população subjacente podem levar a vieses no MQO. Quando a seleção da amostra está correlacionada com o termo de erro u, o MQO é geralmente viesado e inconsistente. Por outro lado, a seleção amostral exógena – que se baseia nas variáveis explicativas ou, ao contrário, é independente de u – não causa problemas para o MQO. Observações extremas em conjuntos de dados podem produzir grandes impactos nas estimativas MQO, especialmente em amostras pequenas. É importante, pelo menos informalmente, identificar as observações extremas e reestimar os modelos com as observações extremas suspeitas excluídas.

A estimação dos mínimos desvios absolutos é uma alternativa aos MQO que é menos sensível às observações extremas e que produz estimativas consistentes dos parâmetros das medianas condicionais. Nos últimos 20 anos, com avanços computacionais e um melhor entendimento dos prós e contras dos MDA e MQO, MDA são usados cada vez mais em pesquisas empíricas – geralmente como suplemento aos MQO.

Termos-chave

Amostragem estratificada
Amostras não aleatórias
Ausência aleatória
Ausência de dados
Ausência de forma completamente aleatória (MCAR)
Efeito marginal médio (AME)
Efeito parcial médio (APE)
Erro clássico nas variáveis (CEV)
Erro de medida

Erro de medida multiplicativo
Estimador de caso completo
Má-especificação da forma funcional
Mediana condicional
Mínimos desvios absolutos (MDA)
Modelo de coeficiente (inclinação) aleatório
Modelos não aninhados
Observações extremas (*Outliers*)
Observações influenciadoras

Resíduos estudentizados
Seleção amostral exógena
Seleção amostral endógena
Solução plugada do problema de variáveis omitidas
Teste de Davidson-MacKinnon
Teste de erro de especificação da regressão (RESET)
Variável dependente defasada
Variável explicativa endógena
Variável *proxy*
Viés de atenuação

Problemas

1. No Exercício 4.11, o R-quadrado da estimativa do modelo

$$\log(wage) = \beta_0 + \beta_1 \log(sales) + \beta_2 \log(mktval) + \beta_3 profmarg + \beta_4 ceoten + \beta_5 comten + u,$$

usando os dados contidos no arquivo CEOSAL2, era $R^2 = 0{,}353$ ($n = 177$). Quando $ceoten^2$ e $comten^2$ são adicionados, $R^2 = 0{,}375$. Existe evidência de má-especificação da forma funcional nesse modelo?

2. Modifiquemos o Exercício em computador C4, do Capítulo 8, utilizando os resultados das eleições de 1990 dos candidatos que foram eleitos em 1988. O candidato A foi eleito em 1988 e buscava a reeleição em 1990; *voteA90* é a porcentagem de votos do Candidato A na eleição de 1990. A porcentagem de votos do Candidato A na eleição de 1988 é usada como uma variável *proxy* da qualidade do candidato. Todas as demais variáveis são das eleições de 1990. As seguintes equações foram estimadas, utilizando os dados contidos no arquivo VOTE2:

$$\widehat{voteA90} = 75{,}71 + 0{,}312\, prtystrA + 4{,}93\, democA$$
$$\phantom{\widehat{voteA90} =\ }(9{,}25)\ \ (0{,}046)\ \ \ \ \ \ \ \ \ \ (1{,}01)$$
$$\phantom{\widehat{voteA90} =\ } - 0{,}929\, \log(expendA) - 1{,}950\, \log(expendB)$$
$$\phantom{\widehat{voteA90} =\ \ \ \ } (0{,}684)\ \ \ \ \ \ \ \ \ \ \ \ \ \ \ \ \ (0{,}281)$$
$$n = 186,\ R^2 = 0{,}495,\ \bar{R}^2 = 0{,}483,$$

e

$$\widehat{voteA90} = 70{,}81 + 0{,}282\, prtystrA + 4{,}52\, democA$$
$$\phantom{\widehat{voteA90} =\ }(10{,}01)\ \ (0{,}052)\ \ \ \ \ \ \ \ \ \ (1{,}06)$$
$$\phantom{\widehat{voteA90} =\ } - 0{,}839\, \log(expendA) - 1{,}846\, \log(expendB) + 0{,}067\, voteA88$$
$$\phantom{\widehat{voteA90} =\ \ \ \ } (0{,}687)\ \ \ \ \ \ \ \ \ \ \ \ \ \ \ \ \ (0{,}292)\ \ \ \ \ \ \ \ \ \ \ \ \ \ \ \ \ \ (0{,}053)$$
$$n = 186,\ R^2 = 0{,}499,\ \bar{R}^2 = 0{,}485.$$

(i) Interprete o coeficiente de *voteA88* e comente sobre sua significância estatística.

(ii) A adição de *voteA88* tem muito efeito sobre os outros coeficientes?

3. Seja *math10* a porcentagem de aprovação em um teste padrão de matemática de estudantes de uma escola secundária de Michigan (veja também o Exemplo 4.2). Estamos interessados em estimar o efeito do gasto por estudante no desempenho em matemática. Um modelo simples é

$$math10 = \beta_0 + \beta_1 \log(expend) + \beta_2 \log(enroll) + \beta_3 poverty + u,$$

em que *poverty* é a porcentagem de estudantes vivendo em condições de pobreza.

(i) A variável *lnchprg* é a porcentagem de estudantes qualificados para o programa de merenda escolar financiado pelo governo federal. Por que ela é uma variável *proxy* razoável de *pobreza*?

(ii) A tabela seguinte contém estimativas MQO, com e sem *lnchprg* como uma variável explicativa.

Variáveis independentes	Variável dependente: *Math10*	
	(1)	(2)
log(*expend*)	11,13 (3,30)	7,75 (3,04)
log(*enroll*)	0,022 (0,615)	−1,26 (0,58)
lnchprg	−	−0,324 (0,036)
intercepto	−69,24 (26,72)	−23,14 (24,99)
Observações	428	428
R-quadrado	0,0297	0,1893

Explique por que o efeito dos gastos (*expend*) sobre *math10* é menor na coluna (2) do que na coluna (1). O efeito na coluna (2) ainda é estatisticamente maior que zero?

(iii) Parece que as taxas de aprovação são menores em escolas maiores, com os outros fatores sendo iguais? Explique.

(iv) Interprete o coeficiente de *lnchprg* na coluna (2).

(v) O que você deduz do substancial aumento de R^2 da coluna (1) para a coluna (2)?

4. A equação seguinte explica o número de horas por semana que uma criança passa assistindo televisão, em termos da idade da criança, educação da mãe, educação do pai e número de irmãos:

$$tvhours^* = \beta_0 + \beta_1 age + \beta_2 age^2 + \beta_3 motheduc + \beta_4 fatheduc + \beta_5 sibs + u.$$

Estamos preocupados com a possibilidade de que $tvhours^*$ tenha sido medida com erro em nossa pesquisa. Seja *tvhours* o número de horas por semana que se gasta assistindo televisão.

(i) O que as hipóteses do erro clássico nas variáveis (CEV) requerem nessa aplicação?

(ii) Você acha que as hipóteses CEV têm possibilidades de se manter? Explique.

5. No Exemplo 4.4, estimamos um modelo relacionando número de crimes no *campus* às matrículas de estudantes em um grupo de faculdades. A amostra que usamos não era uma amostra aleatória de faculdades nos Estados Unidos, pois muitas escolas em 1992 não registraram crimes no *campus*. Você acha que a falha das faculdades em informar os crimes pode ser vista como uma seleção amostral exógena? Explique.

6. No modelo (9.17), prove que os MQO estimam consistentemente α e β se a_i for não correlacionada com x_i e b_i for não correlacionada com x_i e x_i^2, que são hipóteses mais fracas que em (9.19). [*Dica:* escreva a equação como em (9.18) e recorde do Capítulo 5 que a suficiência para a consistência dos MQO do intercepto e da inclinação são $E(u_i) = 0$ e $Cov(x_i, u_i) = 0$.]

7. Considere o modelo de regressão simples com erro de medição clássico, $y = \beta_0 + \beta_1 x^* + u$, em que temos m medidas na x^*. Escreva como $z_h = x^* + e_h$, $h = 1, \ldots, m$. Suponha que x^* é não correlacionada com $u, e_1, \ldots, e_m$, que os erros de medição são não correlacionados em pares, e têm a mesma variância, σ_e^2. Que $w = (z_1 + \ldots + z_m)/m$ seja a média das medidas na x^*, de forma que, de cada observação i, $w_i = (z_{i1} + \ldots + z_{im})/m$ será a média das medidas m. Que $\overline{\beta}_1$ seja o estimador MQO da regressão simples y_i sobre 1, w_i, $i = 1$, usando uma amostra aleatória de dados.

(i) Prove que

$$\text{plim}(\overline{\beta}_1) = \beta_1 \left\{ \frac{\sigma_{x^*}^2}{[\sigma_{x^*}^2 + (\sigma_e^2/m)]} \right\}.$$

[*Dica:* o plim de $\overline{\beta}_1$ é $\text{Cov}(w, y)/\text{Var}(w)$.]

(ii) Como a inconsistência na $\overline{\beta}_1$ se compara com isso quando somente um único indicador está disponível (isto é, $m = 1$)? O que acontece à medida que m cresce? Comente.

8. A questão deste exercício é mostrar que testes da forma funcional não podem contar como teste geral para variáveis omitidas. Suponha que, condicionado às variáveis explicativas x_1 e x_2, um modelo linear relacionando y a x_1 e x_2 satisfaça as hipóteses de Gauss-Markov:

$$y = \beta_0 + \beta_1 x_1 + \beta_2 x_2 + u$$
$$E(u|x_1, x_2) = 0$$
$$\text{Var}(u|x_1, x_2) = \sigma^2.$$

Para tornar a questão interessante, suponha que $\beta_2 \neq 0$.

Suponha também que x_2 tem uma relação linear simples com x_1:

$$x_2 = \delta_0 + \delta_1 x_1 + r$$
$$E(r|x_1) = 0$$
$$\text{Var}(r|x_1) = \tau^2.$$

(i) Mostre que

$$E(y|x_1) = (\beta_0 + \beta_2 \delta_0) + (\beta_1 + \beta_2 \delta_1) x_1.$$

Sob amostragem aleatória, qual é o limite de probabilidade do estimador MQO a partir da regressão simples de y sobre x_1? O estimador de regressão simples é geralmente coerente para β_1?

(ii) Se você rodar a regressão de y sobre x_1, x_1^2, qual será a probabilidade limite do estimador de MQO do coeficiente de x_1^2? Explique.

(iii) Usando substituição, mostre que podemos escrever

$$y = (\beta_0 + \beta_2 \delta_0) + (\beta_1 + \beta_2 \delta_1)x_1 + u + \beta_2 r.$$

Pode ser mostrado que, se definirmos $v = u + \beta_2 r$, então $E(v|x_1) = 0$, $\text{Var}(v|x_1) = \sigma^2 + \beta_2^2 \tau^2$. Que consequências isso tem sobre a estatística t de x_1^2 da regressão do item (ii)?

(iv) O que você conclui sobre a adição de uma função não linear de x_1 – em particular, x_1^2 – em uma tentativa de detectar a omissão de x_2?

9. Suponha que $\log(y)$ siga um modelo linear com uma forma linear de heteroscedasticidade. Podemos escrever isso como

$$\log(y) = \beta_0 + \mathbf{x}\boldsymbol{\beta} + u$$
$$u|\mathbf{x} \sim \text{Normal}(0, h(\mathbf{x})),$$

assim, condicionado em $\mathbf{x}$, u tem uma distribuição normal com média (e mediana) zero, mas com variância $h(\mathbf{x})$ que depende de $\mathbf{x}$. Como $\text{Med}(u|\mathbf{x}) = 0$, a equação (9.48) se mantém: $\text{Med}(y|\mathbf{x}) = \exp(\beta_0 + \mathbf{x}\boldsymbol{\beta})$. Além disso, usando uma extensão do resultado do Capítulo 6, pode ser demonstrado que

$$E(y|\mathbf{x}) = \exp[\beta_0 + \mathbf{x}\boldsymbol{\beta} + h(\mathbf{x})/2].$$

(i) Visto que $h(\mathbf{x})$ pode ser qualquer função positiva, é possível concluir que $\partial E(y|\mathbf{x})/\partial x_j$ tem o mesmo sinal que β_j?

(ii) Suponha que $h(\mathbf{x}) = \delta_0 + \mathbf{x}\boldsymbol{\delta}$ (e ignore o problema de que as funções lineares não são necessariamente sempre positivas). Mostre que uma determinada variável, por exemplo, x_1, pode ter um efeito negativo sobre $\text{Med}(y|\mathbf{x})$, mas um efeito positivo sobre $E(y|\mathbf{x})$.

(iii) Considere o caso abordado na Seção 6.4, em que $h(\mathbf{x}) = \sigma^2$. De que forma você poderia prever y usando uma estimativa de $E(y|\mathbf{x})$? Como você poderia prever y usando uma estimativa de $\text{Med}(y|\mathbf{x})$? Qual previsão é sempre maior?

10. Este exercício mostra que, em um modelo de regressão simples, a adição de uma variável *dummy* para dados ausentes em uma variável explicativa produz um estimador coerente do coeficiente de inclinação se a "ausência" não for relacionada com fatores observáveis e não observáveis que afetam y. Defina m como uma variável de forma que $m = 1$ se não observarmos x e $m = 0$ se observarmos x. Supomos que y seja sempre observado. O modelo populacional é

$$y = \beta_0 + \beta_1 x + u$$
$$E(u|x) = 0.$$

(i) Dê uma interpretação da hipótese mais forte

$$E(u|x,m) = 0.$$

Em particular, que tipo de esquema de dados ausentes poderia fazer com que a hipótese fracassasse?

(ii) Mostre que podemos sempre escrever

$$y = \beta_0 + \beta_1(1 - m)x + \beta_1 mx + u.$$

(iii) Defina $\{(x_i, y_i, m_i): i = 1, ..., n\}$ como extrações aleatórias da população, em que x_i está ausente quando $m_i = 1$. Explique a natureza da variável $z_i = (1 - m_i)x_i$. Em especial, a que essa variável se iguala quando x_i está ausente?

(iv) Defina $\rho = P(m = 1)$ e suponha que m e x são independentes. Mostre que

$$\text{Cov}[(1 - m)x, mx] = -\rho(1 - \rho)\mu_x,$$

Em que $\mu_x = E(x)$. o que isso indica em relação à estimação de β_1 a partir da regressão de y_i sobre z_i, $i = 1, ..., n$?

(v) Se m e x são independentes, pode ser mostrado que

$$mx = \delta_0 + \delta_1 m + v,$$

em que v não é correlacionado com m e $z = (1 - m)x$. Explique por que isso torna m uma variável *proxy* adequada para mx. O que isso quer dizer a respeito do coeficiente de z_i na regressão

$$y_i \text{ sobre } z_i, m_i, i = 1, ..., n?$$

(vi) Suponha que, para uma população de crianças, y é uma nota padronizada de um teste, obtida nos registros escolares, e x é a renda familiar, relatada voluntariamente pelas famílias (e, portanto, algumas famílias não declararam sua renda). É realista assumir que m e x são independentes? Explique.

Exercícios em computador

C1 (i) Aplique RESET da equação (9.3) ao modelo estimado no Exercício em computador C5, do Capítulo 7. Existe alguma evidência de má-especificação da forma funcional na equação?

(ii) Calcule a heteroscedasticidade robusta do teste RESET. Sua conclusão do item (i) muda?

C2 Use o conjunto de dados WAGE2 para este exercício.

(i) Use a variável *KWW* (a pontuação no teste de "conhecimento do mundo do trabalho") como uma variável *proxy* para habilidade no lugar de *IQ* no Exemplo 9.3. Qual é o retorno estimado para a educação nesse caso?

(ii) Agora, use *IQ* e *KWW* juntas como variáveis *proxy*. O que acontece com o retorno estimado para a educação?

(iii) No item (ii), *IQ* e *KWW* são individualmente significantes? Elas são conjuntamente significantes?

C3 Use os dados do arquivo JTRAIN para este exercício.

(i) Considere o modelo de regressão simples

$$\log(scrap) = \beta_0 + \beta_1 grant + u,$$

Em que *scrap* é a taxa de refugo da empresa *e grant* é uma variável *dummy* que indica se uma empresa recebeu um subsídio de treinamento profissional. Você pode pensar em algumas razões para os fatores não observados em *u* serem correlacionados com *grant*?

(ii) Estime o modelo de regressão simples usando os dados de 1988. (Você deve ter 54 observações.) O fato de receber um subsídio de treinamento diminui significativamente a taxa de refugo de uma empresa?

(iii) Agora, adicione como variável explicativa $\log(scrap_{87})$. De que forma isso muda o efeito estimado de *grant*? Interprete o coeficiente de *grant*. Ele é estatisticamente significante a um nível de 5% contra a alternativa unilateral $H_1: \beta_{grant} < 0$?

(iv) Teste a hipótese nula de que o parâmetro sobre $\log(scrap_{87})$ é um contra a alternativa bilateral. Registre o *p*-valor para o teste.

(v) Repita os itens (iii) e (iv), usando erros padrão robustos em relação à heteroscedasticidade, e discuta brevemente quaisquer diferenças notáveis.

C4 Use os dados do ano de 1990 do arquivo INFMRT para este exercício.

(i) Reestime a equação (9.43), mas agora inclua uma variável *dummy* para a observação do Distrito de Columbia (chamado de *DC*). Interprete o coeficiente de *DC* e comente sobre seu tamanho e significância.

(ii) Compare as estimativas e os erros padrão do item (i) com aquelas obtidas na equação (9.44). O que você conclui sobre a inclusão de uma variável *dummy* para apenas uma observação?

C5 Use os dados do arquivo RDCHEM para examinar de forma aprofundada os efeitos de observações extremas sobre estimativas MQO e para ver como MDA é menos sensível às observações extremas. O modelo é

$$rdintens = \beta_0 + \beta_1 sales + \beta_2 sales^2 + \beta_3 profmarg + u,$$

em que você deve primeiro mudar *sales* para bilhões de dólares para tornar as estimativas mais fáceis de se interpretar.

(i) Estime a equação acima por MQO, com e sem a empresa que tem vendas anuais de quase US$40 bilhões. Discuta quaisquer diferenças notáveis nos coeficientes estimados.

(ii) Estime a mesma equação por MDA, novamente com e sem a maior empresa. Discuta quaisquer diferenças importantes nos coeficientes estimados.

(iii) Com base nos seus achados nos itens (i) e (ii), você diria que MQO ou MDA é mais flexível a observações extremas?

C6 Refaça o Exemplo 4.10 eliminando escolas em que os benefícios para os professores sejam menores do que 1% do salário.
  (i) Quantas observações são perdidas?
  (ii) A eliminação dessas observações tem algum efeito compensatório importante para a estimativa?

C7 Use os dados do arquivo LOANAPP para este exercício.
  (i) Quantas observações têm *obrat* > 40, isto é, outras obrigações de dívida maiores do que 40% da renda total?
  (ii) Reestime o modelo do item (iii) do Exercício em computador C8, excluindo observações com *obrat* > 40. O que acontece com a estimativa e a estatística *t* sobre *white*?
  (iii) Parece que a estimativa de β_{white} é excessivamente sensível à amostra usada?

C8 Use os dados do arquivo TWOYEAR para este exercício.
  (i) A variável *stotal* é uma variável de teste padronizada, que pode atuar como variável *proxy* para uma habilidade não observada. Encontre a média amostral e o desvio padrão de *stotal*.
  (ii) Faça regressões simples de *jc* e *univ* sobre *stotal*. As duas variáveis de educação superior são estatisticamente relacionadas com *stotal*? Explique.
  (iii) Adicione *stotal* à equação (4.17) e teste a hipótese em que o retorno para faculdade de dois e quatro anos são os mesmos contra a alternativa em que o retorno para quatro anos de faculdade é maior. De que forma suas descobertas se comparam com aquelas da Seção 4.4?
  (iv) Adicione $stotal^2$ à equação estimada no item (iii). Uma transformação quadrática nessa variável de pontuação do teste parece necessária?
  (v) Adicione os termos de interação *stotal·jc* e *stotal·univ* à equação do item (iii). Esses termos são conjuntamente significantes?
  (vi) Qual seria seu modelo final que controla a habilidade através do uso de *stotal*? Justifique sua resposta.

C9 Neste exercício, você deve comparar os estimadores de MQO e MDA dos efeitos da elegibilidade em planos 401(k) em ativos financeiros líquidos. O modelo é

$$nettfa = \beta_0 + \beta_1 inc + \beta_2 inc^2 + \beta_3 age + \beta_4 age^2 + \beta_5 male + \beta_6 e401k + u.$$

  (i) Use os dados do arquivo 401KSUBS para estimar a equação por MQO e registrar os resultados na forma usual. Interprete o coeficiente sobre *e401k*.
  (ii) Use os resíduos de MQO para testar a heteroscedasticidade usando o teste de Breusch-Pagan. Seria *u* independente das variáveis explicativas?
  (iii) Estime a equação por MDA e registre os resultados na mesma forma que para os MQO. Interprete a estimativa MDA de β_6.
  (iv) Compare suas descobertas dos itens (i) e (iii).

C10 Você precisará usar dois conjuntos de dados para este exercício, JTRAIN2 e JTRAIN3. O primeiro é o resultado de um experimento de treinamento profissional. O arquivo JTRAIN3 contém dados observacionais, em que os indivíduos determinam fortemente se participam do treinamento profissional. Os conjuntos de dados tratam do mesmo período de tempo.

(i) No conjunto de dados JTRAIN2, que proporção dos homens recebeu treinamento profissional? Qual é a proporção em JTRAIN3? Por que você acha que há uma diferença tão grande?

(ii) Usando JTRAIN2, faça uma regressão simples de *re78* sobre *train*. Qual é o efeito estimado da participação no treinamento sobre os ganhos reais?

(iii) Agora adicione como controle à regressão do item (ii) as variáveis *re74, re75, educ, age, black* e *hisp*. O efeito estimado do treinamento sobre *re78* muda muito? Por quê? (*Dica:* Lembre-se de que estes são dados experimentais.)

(iv) Execute as regressões dos itens (ii) e (iii) usando os dados do arquivo JTRAIN3, registrando somente os coeficientes estimados em *train*, além de suas estatísticas *t*. Qual é o efeito de se controlar fatores extra e por quê?

(v) Defina *avgre* = (*re74* + *re75*)/2. Encontre as médias amostrais, os desvios padrão e os valores mínimos e máximos dos dois conjuntos de dados. Eles são representativos das mesmas populações em 1978?

(vi) Quase 96% dos homens do conjunto de dados JTRAIN2 tem *avgre* menor do que US$10.000. Usando somente estes homens, faça a regressão de

re78 sobre *train, re74, re75, educ, age, black, hisp*

e registre a estimativa de treinamento e sua estatística *t*. Faça a mesma regressão em JTRAIN3, usando somente homens com *avgre* ≤ 10. Para a subamostra de homens com baixa renda, de que forma os efeitos do treinamento se comparam ao longo dos conjuntos de dados experimentais e não experimentais?

(vii) Agora use cada um dos conjuntos de dados para fazer a regressão simples de *re78* sobre *train*, mas apenas para homens que estavam desempregados em 1974 e 1975. Como as estimativas de treinamento se comparam agora?

(viii) Usando suas descobertas das regressões anteriores, discuta a potencial importância de ter populações comparáveis com base em comparações de estimativas experimentais e não experimentais.

C11 Use os dados do arquivo MURDER apenas para o ano de 1993 nesta questão, embora você tenha de obter primeiro a taxa de homicídios defasada, digamos $mrdrte_{-1}$.

(i) Faça a regressão de *mrdrte* sobre *exec, unem*. Quais são o coeficiente e a estatística *t* sobre *exec*? Essa regressão apresenta alguma evidência de um efeito dissuasor da pena de morte?

(ii) Quantas execuções foram registradas no Texas durante 1993? (Na verdade, essa é a soma de execuções do ano atual e dos dois últimos anos.) Como isso se compara com os outros estados? Adicione uma variável *dummy* para o Texas à regressão do item (i). A estatística *t* é incomumente grande? A partir disso, parece que o Texas é uma "observação extrema"?

(iii) À regressão do item (i), adicione a taxa de homicídios defasada. O que acontece com $\hat{\beta}_{exec}$ e sua significância estatística?

(iv) Na regressão do item (iii), parece que o Texas é uma observação extrema? Qual é o efeito de eliminar o Texas da regressão sobre $\hat{\beta}_{exec}$?

C12 Use os dados do arquivo ELEM94_95 para responder a esta questão. Ver também Exercício em computador C10, do Capítulo 4.

(i) Usando todos os dados, faça a regressão *lavgsal sobre bs, lenrol, lstaff e lunch*. Registre o coeficiente sobre *bs* ao lado de seus erros padrão comum e robusto em relação à heteroscedasticidade. O que você conclui a respeito da significância econômica e estatística de $\hat{\beta}_{bs}$?

(ii) Agora retire as quatro observações com $bs > 0,5$, isto é, em que os benefícios médios são (supostamente) maiores do que 50% do salário médio. Qual é o coeficiente sobre bs? Ele é estatisticamente significante usando o erro padrão robusto em relação à heteroscedasticidade?

(iii) Verifique que as quatro observações com $bs > 0,5$ são 68, 1.127, 1.508 e 1.670. Defina quatro variáveis *dummy* para cada uma das observações. (Você pode chamá-las de $d68$, $d1127$, $d1508$ e $d1670$.) Adicione-as à regressão do item (i) e verifique se os coeficientes de MQO e os erros padrão de outras variáveis são iguais aos do item (ii). Qual das quatro *dummies* tem uma estatística t estatisticamente diferente de zero a um nível de 5%?

(iv) Verifique se, nesse conjunto de dados, o ponto de dados com o maior resíduo estudentizado (maior estatística t na variável *dummy*) do item (iii) tem uma grande influência sobre os estimadores de MQO. (Isto é, execute MQO usando todas as observações, exceto aquela com o maior resíduo estudentizado.) A eliminação, em troca de cada uma das observações com $bs > 0,5$, tem efeitos importantes?

(v) O que você conclui a respeito da sensibilidade dos MQO a uma única observação, mesmo com um tamanho de amostra grande?

(vi) Verifique que o estimador de MDA não é sensível à inclusão da observação identificada no item (iii).

C13 Use os dados do arquivo CEOSAL2 para responder a esta questão.

(i) Estime o modelo

$$lsalary = \beta_0 + \beta_1 lsales + \beta_2 lmktval + \beta_3 ceoten + \beta_4 ceoten^2 + u$$

por MQO usando todas as observações, em que *lsalary*, *lsales* e *lmktval* são todos logaritmos naturais. Registre os resultados na forma usual com os erros padrão usuais de MQO. (Você pode verificar que os erros padrão robustos em relação à heteroscedasticidade são parecidos.)

(ii) Na forma de regressão do item (i), obtenha os resíduos estudentizados; chame-os de str_i. Quantos resíduos estudentizados estão acima de 1,96 em valor absoluto? Se os resíduos estudentizados forem extrações independentes de uma distribuição normal padrão, quantos você espera estar acima de dois em valor absoluto com 177 extrações?

(iii) Reestime a equação do item (i) por MQO usando apenas as observações com $|str_i| \leq 1{,}96$. Como os coeficientes se comparam com aqueles do item (i)?

(iv) Estime a equação do item (i) por MDA, usando todos os dados. A estimativa de β_1 está próxima da estimativa de MQO usando a amostra total ou a amostra restrita? E em relação a β_3?

(v) Avalie a seguinte afirmação: "Eliminar observações extremas com base em valores extremos de resíduos estudentizados torna os estimadores de MQO resultantes mais próximos dos estimadores de MDA da amostra total".

C14 Use os dados do arquivo ECONMATH para responder a esta questão. O modelo populacional é

$$score = \beta_0 + \beta_1 act + u.$$

(i) A nota do ACT está ausente para quantos estudantes? Qual é a fração da amostra? Defina uma nova variável, *actmiss*, que é igual a um quando *act* estiver ausente e zero quando não.

(ii) Crie uma nova variável, digamos *act0*, que é a nota do *act* quando ela é relatada e zero quando *act* estiver ausente. Encontre a média de *act0* e compare-a com a média de *act*.

(iii) Faça a regressão simples de *score* sobre *act* usando somente os casos completos. O que você obtém para o coeficiente de inclinação e seu erro padrão robusto em relação à heteroscedasticidade?

(iv) Faça a regressão simples de *score* sobre *act0* usando todos os casos. Compare o coeficiente de inclinação com o obtido no item (iii) e comente.

(v) Agora use todos os casos e faça a regressão

$$score_i \text{ sobre } act0_i, actmiss_i.$$

Qual é a estimativa de inclinação sobre $act0_i$? De que forma isso se compara com suas respostas dos itens (iii) e (iv)?

(vi) Comparando as regressões (iii) e (v), o uso de todos os casos e a adição de um estimador de dados ausentes melhora a estimação de β_1?

(vii) Se você adicionar a variável *colgpa* às regressões dos itens (iii) e (v), sua resposta ao item (vi) mudará?

PARTE 2

Análise de regressão básica com dados de séries temporais

Agora que temos uma sólida compreensão de como usar o modelo de regressão múltipla em aplicações de corte transversal, podemos passar para a análise econométrica de dados de séries temporais. Como vamos nos apoiar muito no método dos mínimos quadrados ordinários, a maior parte do trabalho relativo à mecânica e à inferência já foi feita. Entretanto, como vimos no Capítulo 1, os dados de séries temporais têm certas características não presentes em dados de corte transversal, que podem exigir atenção especial no momento da aplicação do MQO.

O Capítulo 10 aborda o básico da análise de regressão e dá atenção especial a problemas específicos de dados de séries temporais. Apresentamos um conjunto de hipóteses de Gauss-Markov e do modelo linear clássico para aplicações de séries temporais. São discutidos também os problemas da forma funcional, variáveis dummy, tendência e sazonalidade.

Como certos modelos de séries temporais necessariamente violam as hipóteses de Gauss-Markov, o Capítulo 11 descreve a natureza dessas violações e apresenta as propriedades de amostras grandes do método de mínimos quadrados ordinários. Como não podemos mais presumir amostragens aleatórias, devemos considerar condições que restrinjam a correlação temporal em uma série temporal, a fim de garantir que a análise assimptótica usual seja válida.

O Capítulo 12 enfoca um novo e importante problema: a correlação serial nos erros em regressões de séries temporais. Discutimos as consequências, as maneiras de testar e os métodos para trabalhar com a presença de correlação serial. O Capítulo 12 também contém uma explicação de como a heteroscedasticidade pode surgir em modelos de séries temporais.

CAPÍTULO **10**

Análise de regressão básica com dados de séries temporais

Neste capítulo começamos a estudar as propriedades de MQO para estimar modelos de regressão linear usando dados de séries temporais. Na Seção 10.1 discutiremos algumas diferenças conceituais entre séries temporais e dados de corte transversal. A Seção 10.2 apresentará alguns exemplos de regressões de séries temporais que geralmente são estimadas nas ciências sociais empíricas. Depois voltaremos nossa atenção para as propriedades da amostra finita dos estimadores de MQO e definiremos as hipóteses de Gauss-Markov e as hipóteses do modelo linear clássico para a regressão de séries temporais. Embora essas hipóteses tenham aspectos comuns em relação às do caso de corte transversal, elas também têm algumas diferenças importantes que precisarão ser destacadas.

Além disso, voltaremos a algumas questões que tratamos na regressão com dados de corte transversal, como, por exemplo, de que maneira usar e interpretar a forma funcional logarítmica e as variáveis *dummy*. Os tópicos importantes sobre como incorporar tendência e explicar a sazonalidade em regressão múltipla serão discutidos na Seção 10.5.

10.1 A natureza dos dados das séries temporais

Uma característica óbvia dos dados de séries temporais que os distingue dos dados de corte transversal é que um conjunto de dados de séries temporais tem uma ordenação temporal. Por exemplo, no Capítulo 1 falamos resumidamente de um conjunto de dados de séries temporais relativos ao emprego, salário-mínimo e outras variáveis econômicas em Porto Rico. Nesse conjunto de dados, devemos saber que os dados de 1970 precedem imediatamente os dados de 1971. Para analisar dados de séries temporais nas ciências sociais devemos reconhecer que o passado pode afetar o futuro, mas o contrário não acontece (diferentemente do universo de *Jornada nas Estrelas*). Para enfatizar a ordenação apropriada dos dados de séries temporais, a Tabela 10.1 apresenta uma lista parcial de dados sobre taxas de inflação e desemprego nos Estados Unidos contidas em várias edições do *Economic Report of the President* (Relatório Econômico do Presidente), incluindo o de 2004 (Tabelas B-42 e B-64).

Outra diferença entre dados de corte transversal e dados de séries temporais é mais sutil. Nos Capítulos 3 e 4 estudamos as propriedades estatísticas dos estimadores de MQO baseados na noção de que as amostras foram colhidas aleatoriamente de determinada população. É muito fácil entender por que os dados de corte transversal devem ser vistos como resultados aleatórios: uma amostra diferente colhida da população em geral vai produzir valores diferentes das variáveis dependentes e independentes (como educação, experiência, salário etc.). Portanto, as estimativas de MQO calculadas a partir de diferentes amostras aleatórias geralmente serão diferentes, e é por isso que consideramos os estimadores de MQO como variáveis aleatórias.

Como devemos entender a aleatoriedade em dados de séries temporais? Certamente, as séries temporais econômicas satisfazem aos requisitos intuitivos de serem resultados de variáveis aleatórias. Por exemplo, hoje não sabemos qual será a média do Índice Dow Jones Industrial no fechamento do próximo pregão. Não sabemos qual será a taxa de crescimento anual da produção do Canadá no ano que vem. Como os resultados dessas variáveis não são conhecidos previamente, elas devem ser claramente vistas como variáveis aleatórias.

Formalmente, uma sequência de variáveis aleatórias indexadas pelo tempo é chamada de **processo estocástico** ou **processo de série temporal**. ("Estocástico" é sinônimo de aleatório.) Quando coletamos um conjunto de dados de séries temporais, obtemos um resultado possível, ou *realização*, do processo estocástico. Só podemos ver uma única realização porque não podemos retornar no tempo e iniciar o processo novamente. (Isso é análogo a uma análise de corte transversal em que podemos coletar apenas uma amostra aleatória.) Entretanto, se determinadas condições históricas tivessem sido diferentes, em geral conseguiríamos uma realização diferente para o

TABELA 10.1 Lista parcial de dados sobre taxas de inflação e desemprego nos Estados Unidos, de 1948 a 2003.

Ano	Inflação	Desemprego
1948	8,1	3,8
1949	−1,2	5,9
1950	1,3	5,3
1951	7,9	3,3
.	.	.
.	.	.
.	.	.
1998	1,6	4,5
1999	2,2	4,2
2000	3,4	4,0
2001	2,8	4,7
2002	1,6	5,8
2003	2,3	6,0

processo estocástico, e por isso consideramos os dados de séries temporais como o resultado de variáveis aleatórias. O conjunto de todas as realizações possíveis de um processo de séries temporais faz o papel da população na análise de corte transversal. O tamanho da amostra de um conjunto de dados de séries temporais é o número de períodos de tempo nos quais observamos as variáveis de interesse.

10.2 Exemplos de modelos de regressão de séries temporais

Nesta seção discutiremos dois exemplos de modelos de séries temporais que têm sido úteis na análise empírica e que são facilmente estimados por mínimos quadrados ordinários. No Capítulo 11 estudaremos mais modelos.

10-2a Modelos estáticos

Suponha que temos dados de séries temporais disponíveis para duas variáveis, digamos y e z, em que y_t e z_t são datadas contemporaneamente. Um **modelo estático** que relaciona y a z é:

$$y_t = \beta_0 + \beta_1 z_t + u_t, \quad t = 1, 2, \ldots, n. \tag{10.1}$$

O nome "modelo estático" deriva do fato de estarmos modelando uma relação contemporânea entre y e z. Em geral, um modelo estático é postulado quando se acredita que uma mudança em z no período t terá um efeito imediato em y: $\Delta y_t = \beta_1 \Delta z_t$, quando $\Delta u_t = 0$. Os modelos de regressão estáticos também são usados quando temos interesse em conhecer a relação de trocas entre y e z.

Um exemplo de modelo estático é a *curva de Phillips estática*, representada por:

$$inf_t = \beta_0 + \beta_1 unem_t + u_t, \tag{10.2}$$

em que inf_t é a taxa de inflação anual e $unem_t$ é a taxa de desemprego. Essa forma da curva de Phillips pressupõe uma *taxa natural de desemprego* e expectativas inflacionárias constantes, e ela pode ser usada para estudar a relação contemporânea entre inflação e desemprego. [Veja, por exemplo, Mankiw (1994, Seção 11.2)].

Naturalmente, podemos ter diversas variáveis explicativas em um modelo estático de regressão. Sejam $mrdrte_t$ o número de homicídios por 10.000 habitantes em determinada cidade durante o ano t, $convrte_t$ a taxa de condenações em homicídios, $unem_t$ a taxa de desemprego local e $yngmle_t$ a proporção da população masculina na faixa de 18 a 25 anos de idade. Portanto, um modelo estático de regressão múltipla que explica as taxas de homicídios é

$$mrdrte_t = \beta_0 + \beta_1 convrte_t + \beta_2 unem_t + \beta_3 yngmle_t + u_t. \tag{10.3}$$

Usando um modelo como este, poderemos estimar, por exemplo, o efeito *ceteris paribus* de um aumento na taxa de condenações sobre a atividade criminosa.

10-2b Modelos de defasagem distribuída finita

Em um **modelo de defasagem distribuída finita (DDF)**, permitimos que uma ou mais variáveis afetem y com defasagens. Por exemplo, para observações anuais, considere o seguinte modelo:

$$gfr_t = \alpha_0 + \delta_0 pe_t + \delta_1 pe_{t-1} + \delta_2 pe_{t-2} + u_t, \tag{10.4}$$

em que gfr_t é a taxa geral de fertilidade (número de crianças nascidas por 1.000 mulheres em idade fértil) e pe_t é o valor real em dólares da dedução de impostos pessoais. A ideia é ver se, em termos agregados, a decisão de ter filhos está relacionada ao valor da dedução de impostos de ter uma criança. A equação (10.4) reconhece que, tanto por motivos biológicos como comportamentais, a decisão de ter filhos não resulta imediatamente de mudanças na isenção de impostos.

A equação (10.4) é um exemplo do modelo

$$y_t = \alpha_0 + \delta_0 z_t + \delta_1 z_{t-1} + \delta_2 z_{t-2} + u_t, \tag{10.5}$$

que é um modelo DDF de *ordem dois*. Para interpretar os coeficientes em (10.5), suponha que z seja uma constante igual a c, em todos os períodos de tempo antes de t. Em t, z aumenta em uma unidade para $c + 1$ e, em seguida, retorna ao seu nível anterior em $t + 1$. (Isto é, o aumento em z é temporário.) Mais precisamente,

$$..., z_{t-2} = c, z_{t-1} = c, z_t = c + 1, z_{t+1} = c, z_{t+2} = c, ...$$

Para enfatizar o efeito *ceteris paribus* de z sobre y, fazemos com que o termo de erro em cada período seja zero. Então,

$$y_{t-1} = \alpha_0 + \delta_0 c + \delta_1 c + \delta_2 c,$$
$$y_t = \alpha_0 + \delta_0(c + 1) + \delta_1 c + \delta_2 c,$$
$$y_{t+1} = \alpha_0 + \delta_0 c + \delta_1(c + 1) + \delta_2 c,$$
$$y_{t+2} = \alpha_0 + \delta_0 c + \delta_1 c + \delta_2(c + 1),$$
$$y_{t+3} = \alpha_0 + \delta_0 c + \delta_1 c + \delta_2 c,$$

e assim por diante. Das duas primeiras equações, $y_t - y_{t-1} = \delta_0$, mostra como δ_0 é a mudança imediata em y em razão do aumento de uma unidade em z no tempo t. δ_0 usualmente é chamada de **propensão de impacto** ou **multiplicador de impacto**.

Da mesma forma, $\delta_1 = y_{t+1} - y_{t-1}$ é a mudança em y um período após a mudança temporária, e $\delta_2 = y_{t+2} - y_{t-1}$ é a mudança em y dois períodos após a mudança. Em $t + 3$, y retornou ao seu nível inicial: $y_{t+3} = y_{t-1}$. Isso ocorre porque presumimos que apenas duas defasagens de z aparecem em (10.5). Quando traçamos um gráfico de δ_j como uma função de j, obtemos a **distribuição de defasagem**, que resume o efeito dinâmico que um aumento temporário em z tem em y. Uma possível distribuição de defasagem para o modelo DDF de ordem dois é apresentada na Figura 10.1. (Naturalmente, nunca conheceremos os parâmetros δ_j; em vez disso, estimaremos o valor de δ_j e, em seguida, traçaremos a distribuição de defasagens estimada.)

A distribuição de defasagens na Figura 10.1 implica o efeito maior na primeira defasagem. A distribuição de defasagens tem uma interpretação útil. Se padronizarmos o valor inicial de y em $y_{t-1} = 0$, a distribuição de defasagens define todos os valores subsequentes de y por causa de um aumento temporário, de uma unidade, em z.

Estamos também interessados na mudança em y em virtude de um aumento *permanente* em z. Antes do tempo t, z é igual à constante c. Em t, z aumenta permanentemente para $c + 1$: $z_s = c$, $s < t$ e $z_s = c + 1$, $s \geq t$. Novamente, fazendo os erros serem iguais a zero, temos

$$y_{t-1} = \alpha_0 + \delta_0 c + \delta_1 c + \delta_2 c,$$
$$y_t = \alpha_0 + \delta_0(c+1) + \delta_1 c + \delta_2 c,$$
$$y_{t+1} = \alpha_0 + \delta_0(c+1) + \delta_1(c+1) + \delta_2 c,$$
$$y_{t+2} = \alpha_0 + \delta_0(c+1) + \delta_1(c+1) + \delta_2(c+1),$$

e assim por diante. Com o aumento permanente em z, depois de um período, y aumentou $\delta_0 + \delta_1$, e depois de dois períodos, y aumentou para $\delta_0 + \delta_1 + \delta_2$. Não há outras mudanças em y depois de dois períodos. Isso demonstra que a soma dos coeficientes das z atual e defasada, $\delta_0 + \delta_1 + \delta_2$, é a mudança de *longo prazo* em y quando há um aumento permanente em z e é chamada de **propensão de longo prazo (PLP)** ou **multiplicador de longo prazo**. A PLP é geralmente um indicador de grande interesse em modelos de defasagens distribuídas.

Como exemplo, na equação (10.4), δ_0 mede a mudança imediata na fertilidade em virtude de um aumento de um dólar em *pe*. Como dissemos anteriormente, há razões para acreditar que δ_0 é pequeno, ou mesmo igual a zero. Porém, δ_1 ou δ_2, ou ambos, podem ser positivos. Se *pe* aumentar *permanentemente* em um dólar, então, depois de dois anos, *gfr* terá mudado em $\delta_0 + \delta_1 + \delta_2$. Este modelo presume que não há mais mudanças depois de dois anos. Saber se esse realmente é o caso, ou não, é uma questão empírica.

Um modelo de defasagem distribuída finita de ordem q é apresentado como:

$$y_t = \alpha_0 + \delta_0 z_t + \delta_1 z_{t-1} + \ldots + \delta_q z_{t-q} + u_t. \tag{10.6}$$

Ele contém o modelo estático como um caso especial fazendo $\delta_1, \delta_2, \ldots, \delta_q$, igual a 0. Às vezes, a principal finalidade de estimar um modelo de defasagens distribuídas é testar se z tem um efeito defasado sobre y. A propensão de impacto é sempre o coeficiente de z contemporâneo, δ_0. Ocasionalmente, omitimos z_t, de (10.6), e nesse

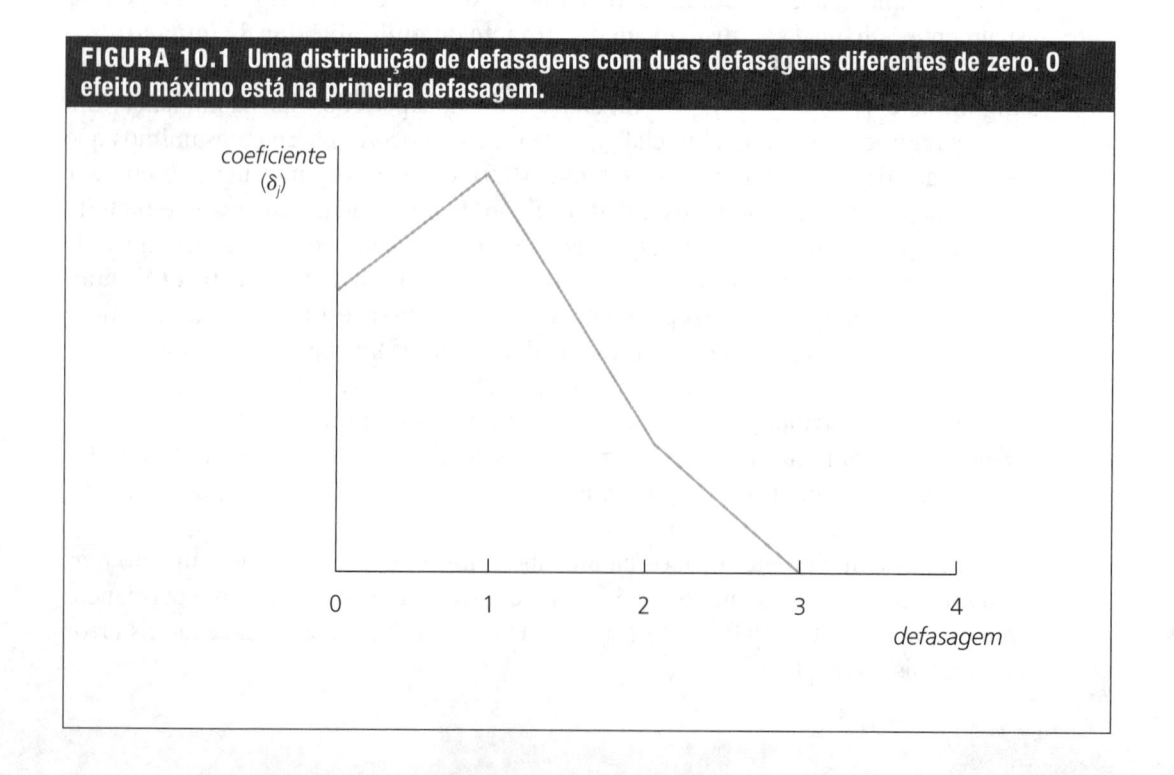

FIGURA 10.1 Uma distribuição de defasagens com duas defasagens diferentes de zero. O efeito máximo está na primeira defasagem.

caso a propensão de impacto é zero. Em geral, a distribuição de defasagens pode ser organizada através de gráficos do δ_j (estimado) como uma função de j. Para qualquer horizonte h, podemos definir o **efeito cumulativo** como $\delta_0 + \delta_1 + ... + \delta_h$, que é interpretado como a alteração no resultado esperado de h períodos depois de um aumento permanente e de uma unidade em x. Uma vez que δ_j tenha sido estimado, pode-se organizar os efeitos cumulativos estimados como uma função de h. A PLP é o efeito cumulativo depois de ocorrerem todas as alterações; ela é simplesmente a soma de todos os coeficientes sobre z_{t-j}:

$$\text{PLP} = \delta_0 + \delta_1 + ... + \delta_q. \tag{10.7}$$

> **QUESTÃO 10.1**
>
> Em uma equação de dados anuais, supondo que
>
> $int_t = 1{,}6 + 0{,}48\, inf_t - 0{,}15\, inf_{t-1} + 0{,}32\, inf_{t-2} + u_t,$
>
> em que int é uma taxa de juros e inf é a taxa de inflação, quais são as tendências de impacto e de longo prazo?

Em razão da correlação frequentemente substancial em z em diferentes defasagens – ou seja, em virtude da multicolinearidade em (10.6) – pode ser difícil conseguir estimativas individuais precisas de δ_j. É interessante o fato de que, mesmo quando os δ_j não podem ser estimados com precisão, geralmente podemos ter boas estimativas da PLP. Mais adiante veremos um exemplo.

Podemos ter mais de uma variável explicativa com defasagens ou podemos acrescentar variáveis contemporâneas a um modelo de DDF. Por exemplo, o nível de educação média de mulheres na idade fértil poderia ser adicionado à equação (10.4), o que nos permitiria considerar as mudanças nos níveis de educação das mulheres.

10-2c Convenção sobre o índice temporal

Quando os modelos têm variáveis explicativas defasadas (e, veremos no próximo capítulo, modelos com y defasado), pode surgir alguma confusão relativa ao tratamento das observações iniciais. Por exemplo, se em (10.5), considerarmos que a equação se mantém, iniciando em $t = 1$, então as variáveis explicativas para o primeiro período de tempo são z_1, z_0 e z_{-1}. Convencionaremos esses valores iniciais de nossa amostra de forma que sempre poderemos iniciar o índice temporal em $t = 1$. Na prática, isso não é muito importante, pois os programas de regressões acompanham automaticamente as observações disponíveis para estimar modelos com defasagens. No entanto, para este e para os próximos dois capítulos, precisamos de alguma convenção relativa ao primeiro período de tempo que está representado pela equação de regressão.

10.3 Propriedades de amostra finita do MQO sob as hipóteses clássicas

nesta seção apresentamos uma relação completa das propriedades de amostra finita, ou de pequena amostra, do MQO sob as hipóteses padrão. Prestaremos atenção especial em como as hipóteses devem ser alteradas com base em nossas análises de corte transversal para cobrir regressões de séries temporais.

10-3a Inexistência de viés do MQO

A primeira hipótese simplesmente estabelece que o processo da série temporal segue um modelo linear em seus parâmetros.

Hipótese ST.1 — Linear nos parâmetros

O processo estocástico $\{(x_{t1}, x_{t2}, ..., x_{tk}, y_t): t = 1, 2, ..., n\}$ segue o modelo linear

$$y_t = \beta_0 + \beta_1 x_{t1} + ... + \beta_k x_{tk} + u_t, \qquad (10.8)$$

em que $\{u_t: t = 1, 2, ..., n\}$ é a sequência de erros ou perturbações. Aqui, n é o número de observações (períodos de tempo).

Na notação x_{tj}, t representa o período de tempo e j é, como sempre, um indicador de uma das k variáveis explicativas. A terminologia usada em regressões de corte transversal se aplica neste caso: y_t é a variável dependente, variável explicada ou regressando; as x_{tj} são as variáveis independentes, variáveis explicativas ou regressores.

Devemos considerar a Hipótese ST.1 como essencialmente igual à hipótese RLM.1 (a primeira hipótese da análise de corte transversal), porém agora estamos especificando um modelo linear para dados de séries temporais. Os exemplos da Seção 10.2 podem ser descritos na forma de (10.8) definindo x_{tj} apropriadamente. Por exemplo, a equação (10.5) é obtida definindo-se $x_{t1} = z_t$, $x_{t2} = z_{t-1}$ e $x_{t3} = z_{t-2}$.

Para estabelecer e discutir muitas das hipóteses restantes, presumimos que $\mathbf{x}_t = (x_{t1}, x_{t2}, ..., x_{tk})$ representa o conjunto de todas as variáveis independentes da equação em t. Além disso, $\mathbf{X}$ representa o conjunto de todas as variáveis independentes de todos os períodos de tempo. É útil entender que $\mathbf{X}$ é um arranjo de n linhas e k colunas. Isso mostra como os dados de séries temporais são armazenados em programas de econometria: a t-ésima linha de $\mathbf{X}$ é $\mathbf{x}_t$, formada por todas as variáveis independentes do período de tempo t. Portanto, a primeira linha de $\mathbf{X}$ corresponde a $t = 1$, a segunda a $t = 2$ e a última a $t = n$. Um exemplo é dado na Tabela 10.2 com $n = 8$ e as variáveis explicativas na equação (10.3).

Naturalmente, como na regressão de seção transversal, precisamos eliminar a colinearidade perfeita entre os regressores.

TABELA 10.2 Exemplo de X para as variáveis explicativas na equação (10.3).

t	convrte	unem	yngmle
1	0,46	0,074	0,12
2	0,42	0,071	0,12
3	0,42	0,063	0,11
4	0,47	0,062	0,09
5	0,48	0,060	0,10
6	0,50	0,059	0,11
7	0,55	0,058	0,12
8	0,56	0,059	0,13

Hipótese ST.2 — Inexistência de colinearidade perfeita

Na amostra (e portanto no processo subjacente da série temporal), nenhuma variável independente é constante ou é uma combinação linear perfeita das outras.

Discutimos esta hipótese detalhadamente no contexto de dados de corte transversal no Capítulo 3. As questões são essencialmente as mesmas quando trabalhamos com séries temporais. Lembre-se, a Hipótese ST.2 permite que as variáveis explicativas sejam correlacionadas, mas exclui a correlação *perfeita* na amostra.

A hipótese final da inexistência de viés dos MQO é a análoga, nas séries temporais, da Hipótese RLM.4, e ela também evidencia a necessidade de amostragem aleatória na Hipótese RLM.2.

Hipótese ST.3 — Média condicional zero

Para cada t, o valor esperado do erro u_t, dadas as variáveis explicativas de todos os períodos de tempo, é zero. Matematicamente,

$$E(u_t|\mathbf{X}) = 0, \ t = 1, 2, \ldots, n. \tag{10.9}$$

Essa é uma hipótese crucial e precisamos ter uma compreensão intuitiva de seu significado. Como no caso do corte transversal, é bem mais fácil ver a hipótese em termos de não correlação: a Hipótese ST.3 implica o erro no tempo t, u_t, não correlacionado com cada variável explicativa em *todos* os períodos de tempo. O fato de isso ser colocado em termos de expectativa condicional significa que devemos também especificar corretamente a relação funcional entre y_t e as variáveis explicativas. Se u_t for independente de $\mathbf{X}$ e $E(u_t) = 0$, a Hipótese ST.3 se mantém automaticamente.

Dada a análise de corte transversal do Capítulo 3, não é surpresa que exijamos que u_t seja não correlacionado com as variáveis explicativas também datadas no tempo t: em termos de média condicional,

$$E(u_t|x_{t1}, \ldots, x_{tk}) = E(u_t|\mathbf{x}_t) = 0. \tag{10.10}$$

Quando (10.10) se mantém, dizemos que os x_{tj} são **contemporaneamente exógenos**. A equação (10.10) significa que u_t e as variáveis explicativas são contemporaneamente não correlacionadas: $\text{Corr}(x_{tj}, u_t) = 0$, para todo j.

A Hipótese ST.3 exige mais que exogeneidade contemporânea: u_t deve ser não correlacionado com x_{sj}, mesmo quando $s \neq t$. Esse é o sentido de como as variáveis explicativas devem ser exógenas, e quando ST.3 se mantém, dizemos que as variáveis explicativas são **estritamente exógenas**. No Capítulo 11 demonstraremos que (10.10) é suficiente para provar a consistência do estimador de MQO. Entretanto, para mostrar que o MQO é não viesado, precisamos da hipótese de exogeneidade estrita.

No caso do corte transversal, não declaramos explicitamente como o termo de erro da, digamos, pessoa i, u_i, está relacionado com as variáveis explicativas de *outras* pessoas na amostra. O motivo de isso ser desnecessário é que, com amostragem aleatória (Hipótese RLM.2), u_i é *automaticamente* independente das variáveis explicativas para outras observações além de i. Em um contexto de séries temporais, a amostragem aleatória quase nunca é apropriada, de modo que devemos considerar explicitamente que o valor esperado de u_t não é relacionado com as variáveis explicativas em qualquer período de tempo.

É importante ver que a Hipótese ST.3 não restringe a correlação nas variáveis independentes ou em u_t ao longo do tempo. A Hipótese ST.3 apenas diz que o valor médio de u_t é não relacionado com as variáveis independentes em qualquer período de tempo.

Qualquer elemento que leve os fatores não observáveis no tempo t a serem correlacionados com qualquer das variáveis explicativas, em qualquer período de tempo, fará com que a Hipótese ST.3 seja violada. Dois importantes candidatos para essa violação são variáveis omitidas e erros de medida em alguns dos regressores. Contudo, a hipótese de exogeneidade estrita também pode ser violada, em virtude de outras razões menos óbvias. No modelo estático de regressão simples

$$y_t = \beta_0 + \beta_1 z_t + u_t,$$

a Hipótese ST.3 exige não apenas que u_t e z_t sejam não correlacionados, mas que u_t também seja não correlacionado com valores passados e futuros de z. Isso tem duas implicações. A primeira é que z pode não ter nenhum efeito defasado sobre y. Se z tiver um efeito defasado sobre y, devemos, então, estimar um modelo de defasagens distribuídas. Um aspecto mais sutil é que a exogeneidade estrita exclui a possibilidade de que mudanças no termo de erro, no momento, possam provocar alterações futuras em z. Isso efetivamente impede uma realimentação de y para futuros valores de z. Por exemplo, considere um modelo estático simples para explicar uma taxa de homicídios em uma cidade em termos de número de policiais *per capita*:

$$mrdrte_t = \beta_0 + \beta_1 polpc_t + u_t.$$

Pode ser razoável presumirmos que u_t seja não correlacionado com $polpc_t$ e mesmo com valores passados de $polpc_t$; para fins de argumentação, consideremos que esse seja o caso. Suponhamos, porém, que a cidade ajuste o tamanho de sua força policial baseada em valores passados da taxa de homicídios. Isso significa, digamos, que $polpc_{t+1}$ poderia estar correlacionado com u_t (já que um u_t maior resulta em $mrdrte_t$ mais alto). Se este for o caso, a Hipótese ST.3 geralmente é violada.

Existem considerações semelhantes nos modelos de defasagens distribuídas. Geralmente, não nos preocupamos que u_t possa ser correlacionado com z passados porque estamos controlando z passados no modelo. Contudo, a realimentação de u para z futuros é sempre um problema.

As variáveis explicativas que são estritamente exógenas não podem reagir ao que aconteceu com y no passado. Um fator como o volume de chuva em uma função de produção agrícola satisfaz este requisito: a chuva em qualquer ano futuro não será influenciada pelo ocorrido neste ano ou em anos passados. Entretanto, algo como a quantidade da força de trabalho pode não ser estritamente exógeno, já que é escolhida pelo fazendeiro, e este pode ajustar a força de trabalho com base na produção dos anos anteriores. Variáveis de políticas governamentais, como o crescimento na oferta de moeda, gastos com assistência social e limites de velocidade nas rodovias são, muitas vezes, influenciadas pelo que tenha acontecido com a variável no passado. Nas ciências sociais, muitas variáveis explicativas podem muito bem violar a hipótese de exogeneidade estrita.

Embora a Hipótese ST.3 possa não ser realista, iniciamos com ela o propósito de concluir que os estimadores MQO são não viesados. A maioria dos tratamentos de modelos estáticos e de defasagem distribuída finita admite ST.3 elaborando a hipótese mais forte de que as variáveis explicativas são não aleatórias, ou fixas, em amostras repetidas. A hipótese de não aleatoriedade é obviamente falsa para observações de séries temporais; a Hipótese ST.3 tem a vantagem de ser mais realista a respeito da natureza aleatória de x_{tj}, ao mesmo tempo que isola a hipótese necessária sobre como u_t e as variáveis explicativas são relacionadas de maneira que os MQO sejam não viesados.

TEOREMA 10.1 — INEXISTÊNCIA DE VIÉS DO MQO

Sob as Hipóteses ST.1, ST.2 e ST.3 os estimadores de MQO são não viesados condicionados em **X** e, portanto, também incondicionalmente: $E(\hat{\beta}_j) = \beta_j, j = 0, 1, \ldots, k$.

QUESTÃO 10.2

No modelo DDF $y_t = \alpha_0 + \delta_0 z_t + \delta_1 z_{t-1} + u_t$, o que precisamos presumir sobre a sequência $\{z_0, z_1, \ldots, z_n\}$ para que a Hipótese ST.3 seja válida?

A prova deste teorema é essencialmente a mesma do Teorema 3.1 no Capítulo 3, de modo que a omitimos. Ao compararmos o Teorema 10.1 ao Teorema 3.1 tivemos condições de eliminar a hipótese de amostragem aleatória ao presumirmos que, para cada t, u_t tem média zero, dadas as variáveis explicativas em todos os períodos de tempo. Se esta hipótese não se sustentar, os estimadores MQO não poderão ser não viesados.

A análise de viés de variáveis omitidas, de que tratamos na Seção 3.3, é essencialmente a mesma no caso de séries temporais. Particularmente, a Tabela 3.2 e a discussão em torno dela podem ser usadas para determinar as direções do viés em razão das variáveis omitidas.

10-3b As variâncias dos estimadores MQO e o teorema de Gauss-Markov

Necessitamos adicionar duas hipóteses para completar as hipóteses de Gauss-Markov para regressões de séries temporais. A primeira é familiar da análise de corte transversal.

Hipótese ST.4 — Homoscedasticidade

Condicional em **X**, a variância de u_t é a mesma para todo t: $\text{Var}(u_t|\mathbf{X}) = \text{Var}(u_t) = \sigma^2$, $t = 1, 2, \ldots, n$.

Esta hipótese significa que $\text{Var}(u_t|\mathbf{X})$ não pode depender de **X** – é suficiente que u_t e **X** sejam independentes – e que $\text{Var}(u_t)$ seja constante ao longo do tempo. Quando ST.4 não se mantém, dizemos que os erros são *heteroscedásticos*, exatamente como no caso da análise de corte transversal. Por exemplo, considere uma equação para determinar as taxas de bônus do Tesouro norte-americano (T-Bill) de três meses ($i3_t$), com base na taxa de inflação (inf_t) e no déficit federal como uma porcentagem do produto interno bruto (def_t):

$$i3_t = \beta_0 + \beta_1 inf_t + \beta_2 def_t + u_t. \tag{10.11}$$

Entre outras coisas, a Hipótese ST.4 exige dos fatores não observáveis que estejam afetando a taxa de juros uma variância constante ao longo do tempo. Como sabemos que as alterações da política econômica afetam a variação das taxas de juros, essa hipótese pode muito bem ser falsa. Além disso, a variação nas taxas de juros talvez dependa do nível de inflação ou do tamanho relativo do déficit. Isso também violaria a hipótese de homoscedasticidade.

Quando Var($u_t|\mathbf{X}$) depende de $\mathbf{X}$, ela frequentemente depende das variáveis explicativas no tempo t, $\mathbf{x}_t$. No Capítulo 12 veremos que os testes para verificar a existência de heteroscedasticidade do Capítulo 8 também podem ser usados nas regressões de séries temporais, pelo menos sob certas hipóteses.

A última hipótese de Gauss-Markov de análise de séries temporais é nova.

Hipótese ST.5 — Inexistência de Correlação Serial

Condicional em **X**, os erros em dois períodos de tempo diferentes são não correlacionados: Corr($u_t, u_s|\mathbf{X}$) = 0, para todo $t \neq s$.

A maneira mais fácil de entender essa hipótese é ignorar a condicionalidade em $\mathbf{X}$. Então, a Hipótese ST.5 passa a ser simplesmente

$$\text{Corr}(u_t, u_s) = 0, \text{ para todo } t \neq s. \tag{10.12}$$

(Essa é a forma como a hipótese de inexistência de correlação serial é definida quando $\mathbf{X}$ é tratada como não aleatória.) Quando consideramos se a Hipótese ST.5 tem possibilidades de se sustentar, nós nos concentramos na equação (10.12) em razão da sua interpretação simples.

Quando (10.12) for falsa, dizemos que os erros em (10.8) sofrem de **correlação serial**, ou **autocorrelação**, porque são correlacionados ao longo do tempo. Considere o caso de erros dos períodos de tempo adjacentes. Suponha que, quando $u_{t-1} > 0$, na média, o erro no próximo período de tempo, u_t, também seja positivo. Então, Corr(u_t, u_{t-1}) > 0, e os erros sofrem de correlação serial. Na equação (10.11), isso significa que, se as taxas de juros forem inesperadamente altas para esse período, elas estarão propensas a ficar acima da média (dos níveis dados de inflação e déficit) do próximo período. Isso acaba sendo uma razoável caracterização dos termos de erro em muitas aplicações de séries temporais, que veremos no Capítulo 12. Por enquanto, consideraremos a Hipótese ST.5.

É importante observar que a Hipótese ST.5 não presume nada sobre correlação temporal nas variáveis *independentes*. Por exemplo, na equação (10.11), inf_t é, quase com certeza, correlacionada ao longo do tempo. Porém, isso não tem nada a ver com o fato de a Hipótese ST.5 se manter ou não.

Uma questão natural que surge é: nos Capítulos 3 e 4, por que não presumimos que os erros para diferentes observações de corte transversal eram não correlacionados? A resposta vem da hipótese da amostragem aleatória: sob amostragem aleatória, u_i e u_h são independentes para quaisquer duas observações i e h. Também pode ser mostrado que, sob amostragem aleatória, os erros para observações diferentes são independentes, condicionais às variáveis explicativas na amostra. Assim, para nosso propósito, consideramos que a correlação serial somente será um problema potencial nas regressões com dados de séries temporais. (Nos Capítulos 13 e 14, o problema da correlação serial surgirá novamente, em conexão com a análise de dados de painel.)

As Hipóteses ST.1 a ST.5 são as hipóteses de Gauss-Markov apropriadas para aplicações de séries temporais, contudo elas também podem ser usadas para outras finalidades. Algumas vezes as Hipóteses ST.1 a ST.5 são satisfeitas em aplicações de corte transversal, mesmo quando a amostragem aleatória não é uma hipótese razoável, como quando as unidades de corte transversal são grandes em relação à população. Suponha que tenhamos um conjunto de dados de corte transversal ao nível de cidades. Pode ser que exista correlação entre cidades do mesmo estado, para algumas das variáveis explicativas, como um imposto ou despesas de assistência social *per capita*. A correlação das variáveis explicativas ao longo das observações não causa problema para verificarmos as hipóteses de Gauss-Markov, desde que os termos de erro sejam não correlacionados entre as cidades. Neste capítulo, porém, estamos, antes de mais nada, interessados em aplicar as hipóteses de Gauss-Markov nos problemas de regressão de séries temporais.

TEOREMA 10.2 — VARIÂNCIAS AMOSTRAIS DO MQO

Sob as hipóteses de séries temporais ST.1 a ST.5 de Gauss-Markov, a variância de $\hat{\beta}_j$, condicional em **X**, é

$$Var(\hat{\beta}_j|\mathbf{X}) = \sigma^2/[SQT_j(1 - R_j^2)], \, j = 1, \ldots, k, \quad (10.13)$$

em que SQT_j é a soma dos quadrados total de x_{tj} e R_j^2 é o R-quadrado da regressão de x_j sobre as outras variáveis independentes.

A equação (10.13) é exatamente a mesma variância que derivamos no Capítulo 3 sob as hipóteses de Gauss-Markov de corte transversal. Como sua prova é muito semelhante à do Teorema 3.2, ela será omitida. A discussão do Capítulo 3 sobre os fatores causadores de grandes variâncias, incluindo a multicolinearidade entre as variáveis explicativas, aplica-se diretamente ao caso de séries temporais.

O estimador usual da variância do erro também é não viesado sob as Hipóteses ST.1 a ST.5, e o teorema de Gauss-Markov se mantém.

TEOREMA 10.3 — ESTIMAÇÃO NÃO VIESADA DE σ^2

Sob as Hipóteses ST.1 a ST.5, o estimador $\hat{\sigma}^2 = SQR/gl$ é um estimador não viesado de σ^2, em que $gl = n - k - 1$.

TEOREMA 10.4 — TEOREMA DE GAUSS-MARKOV

Sob as Hipóteses ST.1 a ST.5, os estimadores MQO são os melhores estimadores lineares não viesados condicionais em **X**.

O ponto principal é que o MQO tem as mesmas propriedades de amostra finita desejáveis sob as Hipóteses ST.1 a ST.5 que ele tem sob RLM.1 a RLM.5.

QUESTÃO 10.3

No modelo DDF $y_t = \alpha_0 + \delta_0 z_t + \delta_1 z_{t-1} + u_t$, explique a natureza de qualquer multicolinearidade nas variáveis explicativas.

10-3c Inferência sob as hipóteses do modelo linear clássico

Para podermos empregar os usuais erros padrão, estatísticas t e estatísticas F do método MQO, precisamos adicionar uma última hipótese que é análoga à hipótese de normalidade usada para a análise de corte transversal.

Hipótese ST.6 Normalidade

Os erros u_t são independentes de **X** e são idêntica e independentemente distribuídos como Normal$(0, \sigma^2)$.

A Hipótese ST.6 implica ST.3, ST.4 e ST.5, mas é mais forte em razão das hipóteses de independência e normalidade.

TEOREMA 10.5 DISTRIBUIÇÕES AMOSTRAIS NORMAIS

Sob as Hipóteses ST.1 a ST.6, as hipóteses MLC para as séries temporais, os estimadores MQO são normalmente distribuídos, condicionais em **X**. Além disso, sob a hipótese nula, cada estatística t tem uma distribuição t, e cada estatística F tem uma distribuição F. A construção habitual de intervalos de confiança também é válida.

As implicações do Teorema 10.5 são da maior importância. Quando as Hipóteses ST.1 a ST.6 se sustentam, tudo o que aprendemos sobre estimadores e inferência das regressões de corte transversal aplica-se diretamente às regressões de séries temporais. Assim, estatísticas t podem ser usadas para testar a significância estatística de variáveis explicativas individuais, e estatísticas F podem ser usadas para testar a significância conjunta.

Da mesma forma que no caso da análise de corte transversal, os procedimentos normais de inferência serão, apenas, tão bons quanto os das hipóteses subjacentes. As hipóteses do modelo linear clássico para dados de séries temporais são muito mais restritivas que para dados de corte transversal – particularmente, as hipóteses de exogeneidade estrita e de inexistência de correlação serial podem ser irreais. Todavia, a estrutura MLC é um bom ponto de partida para muitas aplicações.

EXEMPLO 10.1 A curva de Phillips estática

Para determinar se existe uma relação, em média, entre desemprego e inflação, podemos testar $H_0: \beta_1 = 0$ contra $H_1: \beta_1 < 0$ na equação (10.2). Se as hipóteses do modelo linear clássico se mantiverem, podemos usar a estatística t usual do MQO.

Usamos o arquivo PHILLIPS para estimar a equação (10.2), nos restringindo a usar os dados de até 1996. (Em exercícios posteriores, por exemplo, Exercício em computador C12 e C10, do Capítulo 11, será solicitado usar todos os anos até 2003. No Capítulo 18 usamos os anos de 1997 até 2003 em vários exercícios de previsões). As estimativas da regressão simples são

$$\widehat{inf}_t = 1{,}42 + 0{,}468\, unem_t$$
$$(1{,}72)\ \ (0{,}289) \tag{10.14}$$
$$n = 49, R^2 = 0{,}053, \overline{R}^2 = 0{,}033.$$

Esta equação não sugere uma relação de substituição entre *unem* e *inf*, pois $\hat{\beta}_1 > 0$. A estatística t de $\hat{\beta}_1$ está em torno de 1,62, o que dá um *p*-valor contra a alternativa bilateral de cerca de 0,11. Portanto, na verdade, existe um relacionamento positivo entre inflação e desemprego.

Existem alguns problemas com esta análise que não podemos avaliar em detalhes agora. No Capítulo 12 veremos que as hipóteses MLC não permanecem. Além disso, a curva de Phillips estática talvez não seja o melhor modelo para determinar se existe uma relação de substituição de curto prazo entre inflação e desemprego. Os macroeconomistas geralmente preferem a curva de Phillips de expectativas aumentadas, da qual será dado um exemplo simples no Capítulo 11.

Como um segundo exemplo, estimamos a equação (10.11) utilizando os dados anuais da economia dos Estados Unidos.

EXEMPLO 10.2 Efeitos da inflação e dos déficits sobre as taxas de juros

Os dados do arquivo INTDEF provêm do *Relatório Econômico da Presidência* (ERP) (Tabelas B-73 e B-79) e abrange os anos de 1948 a 2003. A variável *i3* é a taxa de juros de títulos do Tesouro norte-americano de três meses, *inf* é a taxa anual de inflação baseada no índice de preços ao consumidor (IPC), e *def* é o déficit orçamentário federal como uma porcentagem do PIB. A equação estimada é

$$\widehat{i3}_t = 1,73 + 0,606\ inf_t + 0,513\ def_t$$
$$(0,43)\ (0,082)\qquad (0,118) \qquad\qquad (10.15)$$
$$n = 56, R^2 = 0,602, \overline{R}^2 = 0,587.$$

Essas estimativas mostram que aumentos na inflação e o tamanho relativo do déficit trabalham juntos para aumentar as taxas de juros de curto prazo, o que é esperado com base nos fundamentos da teoria econômica. Por exemplo, um aumento de um ponto percentual *ceteris paribus* na taxa de inflação aumenta *i3* em 0,606 pontos. Tanto *inf* como *def* são estatisticamente bastante significantes, supondo, é claro, que as hipóteses MLC se mantenham.

10.4 Forma funcional, variáveis *dummy* e números-índices

Todas as formas funcionais que aprendemos nos capítulos anteriores podem ser usadas nas regressões de séries temporais. A mais importante delas é o logaritmo natural: regressões de séries temporais com efeitos percentuais constantes aparecem com frequência no trabalho aplicado.

EXEMPLO 10.3 Emprego e salário-mínimo em Porto Rico

Dados anuais sobre a taxa de emprego, salário-mínimo e outras variáveis são usados por Castillo-Freeman & Freeman (1992) para estudar os efeitos do salário-mínimo norte-americano sobre o emprego em Porto Rico. Uma versão simplificada do modelo deles é

$$\log(prepop)_t = \beta_0 + \beta_1 \log(mincov_t) + \beta_2 \log(usgnp_t) + u_t, \quad (10.16)$$

em que $prepop_t$ é a taxa de emprego em Porto Rico durante o ano t (razão entre as pessoas com trabalho e a população total), $usgnp_t$ é o produto nacional bruto real dos Estados Unidos (em bilhões de dólares), e $mincov$ mede a importância do salário-mínimo em relação aos salários médios. Especificamente, $mincov = (avgmin/avgwage) \cdot avgcov$, em que $avgmin$ é o salário-mínimo médio, $avgwage$ é o salário-hora médio total e $avgcov$ é a taxa média de cobertura (a proporção dos trabalhadores efetivamente cobertos pela lei do salário-mínimo).

Utilizando dados em PRMINWGE dos anos de 1950 a 1987 obtemos

$$\widehat{\log(prepop_t)} = -1{,}05 - 0{,}154 \log(mincov_t) - 0{,}012 \log(usgnp_t)$$
$$(0{,}77) \quad (0{,}065) \qquad\qquad (0{,}089) \qquad\qquad (10.17)$$
$$n = 38, R^2 = 0{,}661, \overline{R}^2 = 0{,}641.$$

A elasticidade estimada de *prepop* em relação a *mincov* é $-0{,}154$, e é estatisticamente significante com $t = -2{,}37$. Portanto, um salário-mínimo maior reduz a taxa de emprego, algo que é previsto pela teoria econômica clássica. A variável do PNB não é estatisticamente significante, mas isso mudará quando levarmos em conta uma tendência temporal na próxima seção.

Podemos também usar formas funcionais logarítmicas em modelos de defasagens distribuídas. Por exemplo, para dados trimestrais, suponha que a demanda por moeda (M_t) e o produto interno bruto (GDP_t) sejam relacionados por

$$\log(M_t) = \alpha_0 + \delta_0 \log(GDP_t) + \delta_1 \log(GDP_{t-1}) + \delta_2 \log(GDP_{t-2})$$
$$+ \delta_3 \log(GDP_{t-3}) + \delta_4 \log(GDP_{t-4}) + u_t.$$

A propensão de impacto na equação, δ_0, também é chamada de **elasticidade de curto prazo**: ela mede a mudança percentual imediata na demanda por moeda, dado um aumento de 1% no *GDP*. A propensão de longo prazo, $\delta_0 + \delta_1 + \ldots + \delta_4$, é, algumas vezes, chamada de **elasticidade de longo prazo**: ela mede o aumento percentual na demanda por moeda após quatro trimestres, dado um aumento permanente de 1% no *GDP*.

Variáveis independentes binárias ou *dummy* também são bastante úteis em aplicações de séries temporais. Como a unidade de observação é o tempo, uma variável *dummy* mostra, em cada período de tempo, se ocorreu determinado evento. Por exemplo, para dados anuais, podemos indicar em cada ano se um democrata ou um republicano é o presidente dos Estados Unidos definindo a variável $democ_t$, que será um se o presidente for um democrata e zero, caso contrário. Ou, examinando os efeitos da pena de morte sobre as taxas de homicídios no estado norte-americano do Texas, podemos definir uma variável *dummy* para cada ano, igual a um se o Texas tiver pena de morte durante determinado ano e zero, caso contrário.

Muitas vezes, variáveis *dummy* são usadas para isolar certos períodos que possam ser sistematicamente diferentes de outros períodos cobertos pelo conjunto de dados.

EXEMPLO 10.4 — Efeitos da dedução de impostos nas taxas de fertilidade

A taxa geral de fertilidade (*gfr*) é o número de crianças nascidas para cada 1.000 mulheres em idade fértil. Para os anos de 1913 a 1984, a equação

$$gfr_t = \beta_0 + \beta_1 pe_t + \beta_2 ww2_t + \beta_3 pill_t + u_t,$$

explica *gfr* em termos do valor médio real em dólares da taxa de dedução de impostos (*pe*) e duas variáveis binárias. A variável *ww2* recebe o valor um durante os anos de 1941 a 1945, quando os Estados Unidos estavam envolvidos na Segunda Guerra Mundial. A variável *pill* terá valor um de 1963 em diante, quando a pílula anticoncepcional foi disponibilizada para o controle da natalidade.

Utilizando os dados contidos no arquivo FERTIL3, que foram retirados do artigo escrito por Whittington, Alm & Peters (1990), temos

$$\widehat{gfr_t} = 98{,}68 + 0{,}083\, pe_t - 24{,}24\, ww2_t - 31{,}59\, pill_t$$
$$\quad (3{,}21)\ (0{,}030)\quad\ (7{,}46)\quad\ \ (4{,}08) \quad\quad (10.18)$$
$$n = 72,\ R^2 = 0{,}473,\ \overline{R}^2 = 0{,}450.$$

Cada variável é estatisticamente significante no nível de 1%, contra uma alternativa bilateral. Vemos que a taxa de fertilidade era baixa durante a Segunda Guerra Mundial: dado *pe*, houve cerca de 24 nascimentos a menos para cada 1.000 mulheres em idade fértil, o que é uma grande redução. (De 1913 a 1984, a *gfr* oscilou entre 65 e 127.) De maneira semelhante, a taxa de fertilidade tem sido substancialmente mais baixa desde o lançamento da pílula anticoncepcional.

A variável de interesse econômico é *pe*. A *pe* média nesse período de tempo é US$ 100,40, variando de zero a US$ 243,83. O coeficiente de *pe* sugere que um aumento de US$ 12 em *pe* aumenta *gfr* em cerca de um nascimento para cada 1.000 mulheres em idade fértil. Este efeito não é nada comum.

Na Seção 10.2, observamos que a taxa de fertilidade pode reagir a mudanças em *pe* com uma defasagem. Estimando um modelo de defasagens distribuídas com duas defasagens, obtemos

$$\widehat{gfr_t} = 95{,}87 + 0{,}073\, pe_t - 0{,}0058\, pe_{t-1} + 0{,}034\, pe_{t-2} - 22{,}12\, ww2_t - 31{,}30\, pill_t$$
$$\quad (3{,}28)\ (0{,}126)\quad (0{,}1557)\quad\ (0{,}126)\quad\ (10{,}73)\quad\ (3{,}98)\quad (10.19)$$
$$n = 70,\ R^2 = 0{,}499,\ \overline{R}^2 = 0{,}459.$$

Nesta regressão, temos somente 70 observações porque perdemos duas quando fizemos a defasagem de *pe* duas vezes. Os coeficientes das variáveis *pe* são estimados de forma bastante imprecisa, e cada um deles é individualmente não significante. Constata-se que existe substancial correlação entre pe_t, pe_{t-1} e pe_{t-2}, e essa multicolinearidade torna difícil estimar o efeito em cada defasagem. Contudo, pe_t, pe_{t-1} e pe_{t-2} são conjuntamente significantes: a estatística F tem um *p*-valor = 0,012. Assim, *pe* tem um efeito em *gfr* [como já vimos na equação (10.18)], mas não temos estimativas suficientemente boas para determinar se ela é contemporânea ou tem uma ou duas defasagens (ou um pouco de cada uma). Efetivamente, pe_{t-1} e pe_{t-2}, são conjuntamente não significantes nesta equação (*p*-valor = 0,95), de forma que, neste ponto, seria justificável usarmos o modelo estático. Entretanto, para fins ilustrativos, vamos obter um intervalo de confiança da propensão de longo prazo neste modelo.

A PLP estimada em (10.19) é 0,073 − 0,0058 + 0,034 ≈ 0,101. Entretanto, não temos informação suficiente em (10.19) para obter o erro padrão desta estimativa. Para obter o erro padrão da PLP estimada, usamos o truque sugerido na Seção 4.4. Suponha que $\theta_0 = \delta_0 + \delta_1 + \delta_2$ é a PLP e escreva δ_0 em termos de θ_0, δ_1 e δ_2 como $\delta_0 = \theta_0 - \delta_1 - \delta_2$. A seguir, substitua δ_0 no modelo

$$gfr_t = \alpha_0 + \delta_0 pe_t + \delta_1 pe_{t-1} + \delta_2 pe_{t-2} + \ldots$$

para obter

$$gfr_t = \alpha_0 + (\theta_0 - \delta_1 - \delta_2)pe_t + \delta_1 pe_{t-1} + \delta_2 pe_{t-2} + \ldots$$
$$= \alpha_0 + \theta_0 pe_t + \delta_1(pe_{t-1} - pe_t) + \delta_2(pe_{t-2} - pe_t) + \ldots$$

Desta última equação, podemos obter $\hat{\theta}_0$ e seu erro padrão fazendo a regressão de gfr_t sobre pe_t, $(pe_{t-1} - pe_t)$, $(pe_{t-2} - pe_t)$, $ww2_t$ e $pill_t$. O coeficiente e o erro padrão associado de pe_t são os elementos de que precisamos. Computando esta regressão obtemos $\hat{\theta}_0 = 0,101$ como o coeficiente de pe_t (como já sabíamos) e ep($\hat{\theta}_0$) = 0,030 [que não podíamos calcular de (10.19)]. Portanto, a estatística t de $\hat{\theta}_0$ está em torno de 3,37, de forma que $\hat{\theta}_0$ é estatisticamente diferente de zero em níveis reduzidos de significância. Embora nenhum dos $\hat{\delta}_j$ seja individualmente significante, a PLP é muito significante. O intervalo de confiança de 95% da PLP está entre 0,041 e 0,160.

Whittington, Alm e Peters (1990) permitem defasagens adicionais, mas restringem os coeficientes para ajudar a aliviar o problema de multicolinearidade que dificulta a estimação dos δ_j individuais. (Veja o Problema 10.6 para um exemplo de como fazer isso.) Para estimar a PLP, que pareceria ser de principal interesse neste caso, essas restrições são desnecessárias. Whittington, Alm e Peters também mantêm controle das variáveis adicionais, como o salário médio das mulheres e a taxa de desemprego.

As variáveis explicativas binárias são as principais componentes do que é chamado de **estudo de evento**. Em um estudo de evento, o objetivo é ver se determinado evento influencia algum resultado. Economistas que estudam a organização industrial têm analisado os efeitos de certos eventos sobre os preços das ações das empresas. Por exemplo, Rose (1985) estudou os efeitos da nova regulamentação do transporte rodoviário sobre os preços das ações das transportadoras.

Uma versão simplificada de uma equação usada para tais estudos de evento é

$$R_t^f = \beta_0 + \beta_1 R_t^m + \beta_2 d_t + u_t,$$

em que R_t^f é o retorno das ações da empresa f durante o período t (normalmente uma semana ou um mês), R_t^m é o retorno de mercado (normalmente computado como um índice amplo do mercado de ações), e d_t é uma variável *dummy* que indica quando ocorreu o evento. Por exemplo, se a empresa for de transporte aéreo, d_t pode mostrar se ela passou pela experiência de algum acidente, ou quase acidente, ter sido divulgado na semana t. A inclusão de R_t^m na equação controla a possibilidade de que movimentos grandes no mercado de ações possam coincidir com os acidentes da empresa. Algumas vezes são usadas variáveis *dummy* múltiplas. Por exemplo, se o evento for a imposição de uma nova regulamentação que possa afetar determinada empresa, podemos incluir uma variável *dummy* que presuma o valor um algumas semanas antes de a regulamentação ter sido publicada e uma segunda variável simulada para algumas semanas após a publicação da regulamentação. A primeira variável *dummy* pode detectar a presença de informações privilegiadas.

Antes de exemplificarmos um estudo de evento, precisamos discutir a noção de **número-índice** e a diferença entre variáveis econômicas nominais e reais. Um número-índice tipicamente agrega um vasto grau de informações em uma única quantidade. Números-índices são usados regularmente em análise de séries temporais, especialmente em aplicações macroeconômicas. Um exemplo de número-índice é o índice de produção industrial (IPI), calculado mensalmente pelo Banco Central dos Estados Unidos. O IPI é uma medida da produção pesquisada perante ampla gama de indústrias e, como tal, sua magnitude em um ano particular não tem significado quantitativo. Para interpretar a magnitude do IPI, precisamos conhecer o **período-base** e o **valor-base**. No *Relatório Econômico do Presidente* (*ERP*) dos Estados Unidos de 1997, o ano-base é 1987, e o valor-base é 100. (Fazer IPI igual a 100 no período-base é apenas uma convenção; teria o mesmo sentido fazer IPI = 1 em 1987, e alguns índices são definidos tendo um como valor-base.) Como o IPI foi 107,7 em 1992, podemos dizer que a produção industrial foi, em 1992, 7,7% mais alta que em 1987. Podemos usar o IPI em quaisquer dois anos para calcular a diferença percentual na produção industrial durante esses dois anos. Por exemplo, como IPI = 61,4 em 1970 e IPI = 85,7 em 1979, a produção industrial cresceu cerca de 39,6% durante os anos 1970.

É fácil alterar o período-base de qualquer número-índice, e algumas vezes temos de fazer isso para definir uma base comum para números-índices descritos com anos-base diferentes. Por exemplo, se quisermos alterar o ano-base do IPI de 1987 para 1982, simplesmente dividimos o IPI de cada ano pelo valor de 1982 e multiplicamos por 100, para fazer com que o valor do período-base seja 100. De modo geral, a fórmula é

$$newindex_t = 100(oldindex_t/oldindex_{newbase}), \qquad (10.20)$$

em que $oldindex_{newbase}$ é o valor original do índice no novo ano-base. Por exemplo, fazendo 1987 o ano-base, o IPI em 1992 é 107,7; se mudarmos o ano-base para 1982, o IPI em 1992 passa a ser 100(107,7/81,9) = 131,5 (pois o IPI em 1982 era 81,9).

Outro exemplo importante de um número-índice é um *índice de preços*, como o índice de preços ao consumidor (IPC). Já utilizamos o IPC para calcular taxas inflacionárias anuais no Exemplo 10.1. Como no caso do índice de produção industrial, o IPC somente tem significado quando o comparamos com outros anos (ou meses, se estivermos usando dados mensais). No *ERP* de 1997, IPC = 38,8 em 1970 e IPC = 130,7 em 1990. Assim, o nível geral de preços cresceu quase 237% nesse período de 20 anos. (Em 1997, o IPC é definido de tal maneira que sua média em 1982, 1983 e 1984 é igual a 100; assim, o período-base é apresentado como 1982-1984).

Além de serem usados para calcular taxas de inflação, os índices de preços são necessários para transformar uma série temporal medida em *valores nominais* (ou *valores correntes*), em *valores reais* (ou *valores constantes*). A maior parte do comportamento econômico é considerada influenciada por variáveis reais, e não por nominais. Por exemplo, a economia do trabalho clássica presume que a oferta de mão de obra está baseada no salário por hora real, e não no salário nominal. Obter o salário real a partir do salário nominal é fácil se tivermos um índice de preços como o IPC. Devemos ter algum cuidado e primeiro dividir o IPC por 100, de forma que o valor no ano-base seja 1. Então, se w for o salário médio por hora em valores nominais e p = IPC/100, o *salário-hora real* será simplesmente w/p. Esse salário é medido em dólares do período-base do IPC. Por exemplo, na Tabela B-45 do *ERP* de 1997, os salários médios por hora são informados em termos nominais e em dólares de 1982 (o que significa que o IPC usado para calcular o salário-hora real tinha 1982 como ano--base). Essa tabela informa que o salário nominal por hora em 1960 era de US$ 2,09, mas, medido em dólares de 1982, o salário era de US$ 6,79. O salário por hora real atingiu um pico em 1973, de US$ 8,55 em dólares de 1982, e caiu para US$ 7,40 em 1995. Assim, houve um declínio bastante significativo nos salários reais nos últimos 22 anos. (Se compararmos os salários-hora nominais de 1973 e 1995, teremos um quadro enganoso: US$ 3,94 em 1973 e US$ 11,44 em 1995. Como o salário-hora real efetivamente caiu, o aumento no salário nominal é devido inteiramente à inflação.)

Medidas padrão de resultados econômicos são feitas em termos reais. A mais importante delas é o *produto interno bruto*, ou *PIB*. Quando é divulgado pela imprensa, um crescimento no PIB é sempre um crescimento real. No ERP de 2012, na Tabela B-2, o PIB está registrado em bilhões de dólares de 2005. Utilizamos uma medida de resultados semelhante, produto nacional bruto real, no Exemplo 10.3.

Fatos interessantes acontecem quando variáveis de valores reais são usadas em combinação com logaritmos naturais. Suponha, por exemplo, que a média de horas trabalhadas por semana esteja relacionada com o salário-hora real como

$$\log(hours) = \beta_0 + \beta_1 \log(w/p) + u.$$

Usando o fato de que $\log(w/p) = \log(w) - \log(p)$, podemos escrever isso como

$$\log(hours) = \beta_0 + \beta_1 \log(w) + \beta_2 \log(p) + u, \qquad (10.21)$$

mas com a restrição de que $\beta_2 = -\beta_1$. Portanto, a hipótese de que somente o salário--hora real influencia a oferta de mão de obra impõe uma restrição nos parâmetros do modelo (10.21). Se $\beta_2 \neq -\beta_1$, o nível de preços não tem efeito sobre a oferta de mão de obra, o que pode acontecer se os trabalhadores não entenderem totalmente a distinção entre os salários-hora real e nominal.

Existem muitos aspectos práticos quanto ao cálculo de números-índices, mas discuti-los aqui nos desviaria muito de nosso objetivo. Argumentações detalhadas sobre índices de preços podem ser encontradas na maioria dos textos de nível intermediário sobre macroeconomia, como Mankiw (1994, Capítulo 2). Para nós, o importante é que sejamos capazes de usar números-índices em análise de regressão. Como mencionado anteriormente, já que as magnitudes dos números-índices não são especialmente informativas, elas frequentemente aparecem em forma logarítmica, de modo que os coeficientes de regressão têm interpretações de mudanças percentuais.

Exemplificaremos agora um estudo de evento que também utiliza números-índices.

EXEMPLO 10.5 Ações *antidumping* e importações de produtos químicos

Krupp e Pollard (1996) analisaram os efeitos das ações *antidumping* impetradas pela indústria química dos Estados Unidos contra a importação de vários produtos químicos. Enfatizaremos aqui apenas um produto químico, o cloreto de bário, um agente de limpeza utilizado em vários processos químicos e na produção de gasolina. Os dados estão contidos no arquivo BARIUM. No início dos anos 1980, os produtores norte-americanos de cloreto de bário acreditavam que a China estava oferecendo seu produto aos Estados Unidos a um preço deslealmente baixo (procedimento conhecido como *dumping*), e a indústria de cloreto de bário moveu uma ação na Comissão de Comércio Internacional (USITC) em outubro de 1983. A USITC decidiu a favor da indústria norte-americana de cloreto de bário em outubro de 1984. Existem várias questões de interesse neste caso, mas abordaremos apenas algumas delas. Primeiro, as importações são anormalmente elevadas no período que imediatamente precede o início de uma representação? Segundo, as importações mudam de forma considerável após a impetração de uma ação *antidumping*? Finalmente, qual é a redução nas importações após uma decisão favorável à indústria dos Estados Unidos?

Para responder a essas questões, seguimos Krupp e Pollard definindo três variáveis *dummy*: *befile6* é igual a 1 durante os seis meses que antecedem a impetração da ação, *affile6* indica os seis meses após a impetração da ação e *afdec6* representa os seis meses após a decisão positiva. A variável dependente é o volume das importações de cloreto de bário da China, *chnimp*, que usamos na forma logarítmica. Incluímos como variáveis explicativas, todas em forma logarítmica, um índice da produção química, *chempi* (para controlar a demanda total de cloreto de bário), o volume da produção de gasolina, *gas* (outra variável de demanda), e um índice da taxa cambial, *rtwex*, que mede a força do dólar diante de várias outras moedas. O índice de produção química foi definido como 100 em junho de 1977. A análise aqui difere um pouco da de Krupp e Pollard pelo fato de usarmos logaritmos naturais de todas as variáveis (exceto das variáveis *dummy*, é claro), e incluirmos todas as três variáveis na mesma regressão.

Utilizando dados mensais de fevereiro de 1978 a dezembro de 1988 obtemos o seguinte resultado:

$$\widehat{\log(chnimp)} = -17{,}80 + 3{,}12 \log(chempi) + 0{,}196 \log(gas)$$
$$(21{,}05) \quad (0{,}48) \qquad\qquad (0{,}907)$$
$$+ 0{,}983 \log(rtwex) + 0{,}060\ befile6 - 0{,}032\ affile6 - 0{,}565\ afdec6$$
$$(0{,}400) \qquad\qquad (0{,}261) \qquad\quad (0{,}264) \qquad\quad (0{,}286)$$
$$n = 131,\ R^2 = 0{,}305,\ \overline{R}^2 = 0{,}271. \tag{10.22}$$

A equação mostra que *befile6* é estatisticamente não significante, de modo que não há evidência de que as importações chinesas fossem singularmente altas durante os seis meses que antecederam a impetração da ação. Além disso, embora a estimativa de *affile6* seja negativa, o coeficiente é pequeno (indicando uma queda de aproximadamente 3,2% nas importações chinesas), e é estatisticamente bastante não significante. O coeficiente de *afdec6* mostra uma queda substancial nas importações chinesas de cloreto de bário após a decisão a favor da indústria dos Estados Unidos, o que não surpreende. Como o efeito é tão grande, calculamos a porcentagem exata de mudança: $100[\exp(-0{,}565) - 1] \approx -43{,}2\%$. O coeficiente é estatisticamente significante no nível de 5% contra uma alternativa bilateral.

Os sinais dos coeficientes nas variáveis de controle são os que esperávamos: um aumento na produção geral de produtos químicos aumenta a demanda por agentes de limpeza. A produção de gasolina não afeta de maneira significante as importações chinesas. O coeficiente de log(*rtwex*) mostra que um aumento no valor do dólar em relação a outras moedas aumenta a demanda por importações da China, conforme previsto pela teoria econômica. (Aliás, a elasticidade não é, estatisticamente, diferente de 1. Por quê?)

Interações entre variáveis qualitativas e quantitativas também são usadas na análise de séries temporais. Segue-se um exemplo com importância prática.

EXEMPLO 10.6 Resultados de eleições e desempenho econômico

Fair (1996) resume seu trabalho explicando os resultados das eleições presidenciais em termos de desempenho econômico. Ele explica a proporção dos votos dos dois principais partidos favoráveis ao candidato democrata utilizando os dados dos anos de 1916 a 1992 (de quatro em quatro anos), em um total de 20 observações. Estimamos uma versão simplificada do modelo de Fair (usando nomes de variáveis que são mais descritivas do que os dele):

$$demvote = \beta_0 + \beta_1 partyWH + \beta_2 incum + \beta_3 partyWH \cdot gnews + \beta_4 partyWH \cdot inf + u,$$

em que *demvote* é a proporção da votação dos dois partidos favoráveis ao candidato democrata. A variável explicativa *partyWH* é semelhante a uma variável *dummy*, mas presume o valor 1 se um democrata estiver na Casa Branca e -1 se for um republicano. Fair usa essa variável para impor a restrição de que o efeito de um republicano estar na Casa Branca tem a mesma magnitude, mas com sinal oposto ao de um democrata estar na Casa Branca. Esta é uma restrição natural, já que a participação dos partidos deve totalizar um, por definição. Ela também poupa dois graus de liberdade, o que é importante, com tão poucas observações. De forma semelhante, a variável *incum* é definida como 1 se um candidato democrata estiver concorrendo, -1 se um candidato republicano estiver concorrendo, e zero, se nenhuma das duas. A variável *gnews* é o número de trimestres, durante os 15 primeiros trimestres da administração da época, em que o crescimento trimestral da produção real *per capita* foi superior a 2,9% (taxa anual), e *inf* é a taxa média anual de inflação nos primeiros 15 trimestres da administração. Veja Fair (1996) para definições precisas.

Os economistas estão mais interessados nos termos de interação *partyWH · gnews* e *partyWH · inf*. Como *partyWH* é igual a 1 quando um democrata está na Casa Branca, β_3 mede o efeito de boas notícias econômicas sobre o partido no poder; esperamos $\beta_3 > 0$. De forma análoga, β_4 mede o efeito que a inflação tem sobre o partido no poder. Como a inflação durante uma administração é considerada má notícia, esperamos $\beta_4 < 0$.

A equação estimada utilizando os dados de FAIR é

$$\widehat{demvote} = 0{,}481 - 0{,}0435\, partyWH + 0{,}0544\, incum$$
$$\phantom{\widehat{demvote} = } (0{,}012)\ \ (0{,}0405) \ \ (0{,}0234)$$
$$+ 0{,}0108\, partyWH \cdot gnews - 0{,}0077\, partyWH \cdot inf \quad (10.23)$$
$$ (0{,}0041) (0{,}0033)$$
$$n = 20,\ R^2 = 0{,}663,\ \bar{R}^2 = 0{,}573.$$

Todos os coeficientes, exceto o de *partyWH*, são estatisticamente significantes no nível de 5%. A candidatura vale cerca de 5,4 pontos percentuais na participação nos votos. (Lembre-se, *demvote* é medida como uma proporção.) Além disso, a variável sobre as notícias econômicas tem um efeito positivo: um trimestre a mais com boas notícias vale cerca de 1,1 pontos percentuais. A inflação, como esperado, tem um efeito negativo: se a média anual de inflação for, digamos, dois pontos percentuais mais alta, o partido no poder perde cerca de 1,5 pontos percentuais dos votos dos dois partidos.

Poderíamos ter usado essa equação para prever os resultados das eleições presidenciais de 1996 entre Bill Clinton, o democrata, e Bob Dole, o republicano. (O candidato independente, Ross Perot, é excluído porque a equação de Fair é para uma eleição de somente dois partidos.) Como Clinton concorreu como candidato do partido que estava no poder, *partyWH* = 1 e *incum* = 1. Para prever os resultados da eleição, precisamos das variáveis *gnews* e *inf*. Durante os primeiros 15 trimestres da administração Clinton, o PIB real *per capita* ultrapassou 2,9% por três vezes, portanto *gnews* = 3. Além disso, usando o deflator de preços do PIB registrado na Tabela B-4 do ERP de 1997, a taxa média anual de inflação (calculada usando a fórmula de Fair) do quarto trimestre de 1991 ao terceiro trimestre de 1996, foi de 3,019. Integrando tudo isso em (10.23) temos

$$\widehat{demvote} = 0{,}481 - 0{,}0435 + 0{,}0544 + 0{,}0108(3) - 0{,}0077(3{,}019) \approx 0{,}5011.$$

Portanto, com base nas informações conhecidas antes das eleições de novembro, seria possível prever que Clinton teria uma pequena maioria nos votos: cerca de 50,1%. Na verdade, Clinton venceu com uma folga maior: sua participação nos votos naquela eleição foi de 54,65%.

10.5 Tendência e sazonalidade

10-5a Caracterização de séries temporais com tendência

Muitas séries temporais econômicas têm uma tendência comum de crescer ao longo do tempo. Temos de saber reconhecer que algumas séries contêm uma **tendência temporal**, com o propósito de obter inferência causal usando dados de séries temporais. Ignorar o fato de que duas sequências estejam apresentando tendência na mesma direção ou em direções opostas pode nos induzir à conclusão errônea de que alterações em uma variável são de fato causadas por alterações ocorridas em outra variável. Em muitos casos, dois processos de séries temporais parecem ser correlacionados somente porque ambos estão apresentando a mesma tendência ao longo do tempo, por causa de razões relacionadas com outros fatores não observados.

A Figura 10.2 contém um gráfico da produtividade da força de trabalho (produção por hora trabalhada) nos Estados Unidos para os anos de 1947 a 1987. Esta série exibe clara tendência ascendente, que reflete o fato de que os trabalhadores se tornaram mais produtivos ao longo do tempo.

Outras séries, pelo menos ao longo de certos períodos, têm clara tendência descendente. Como tendências positivas são mais comuns, elas serão enfatizadas em nossas discussões.

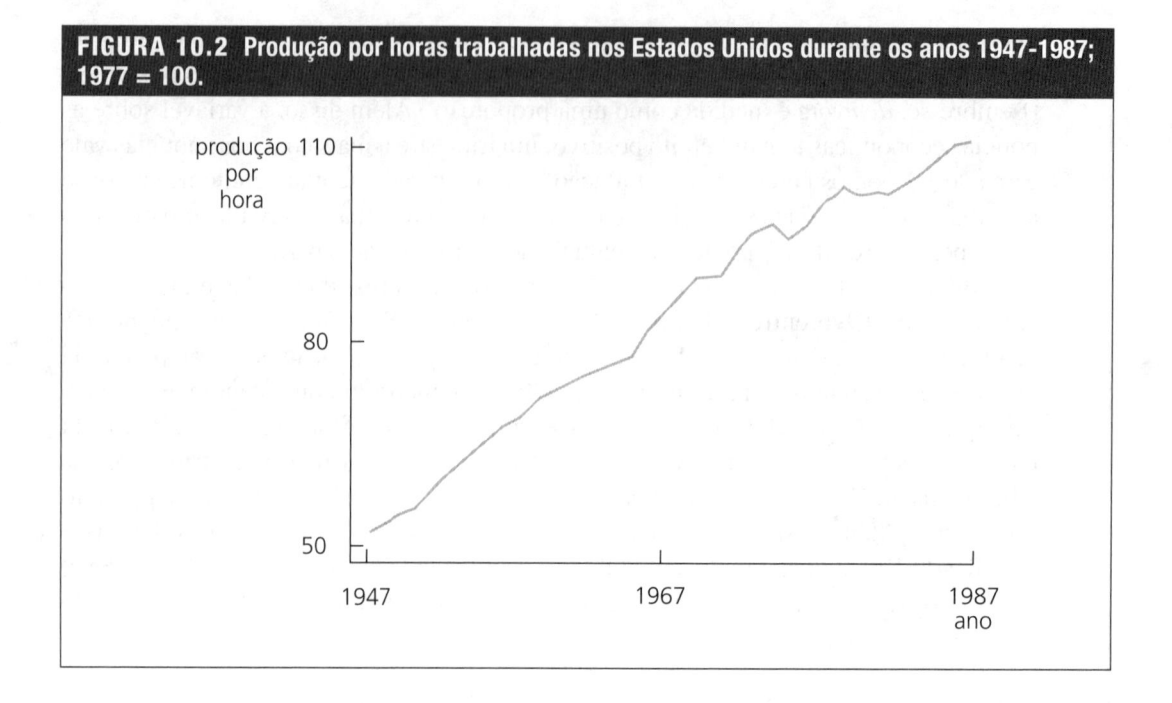

FIGURA 10.2 Produção por horas trabalhadas nos Estados Unidos durante os anos 1947-1987; 1977 = 100.

Que tipos de modelo estatístico capturam adequadamente o comportamento de uma tendência? Uma formulação muito conhecida é escrever as séries $\{y_t\}$ como

$$y_t = \alpha_0 + \alpha_1 t + e_t, \quad t = 1, 2, \ldots, \tag{10.24}$$

em que, no caso mais simples $\{e_t\}$ é uma sequência independente e identicamente distribuída (i.i.d.) com $E(e_t) = 0$ e $Var(e_t) = \sigma_e^2$. Observe como o parâmetro α_1 multiplica o tempo, t, resultando em uma **tendência temporal linear**. Interpretar α_1 em (10.24) é fácil: mantendo todos os outros fatores fixos (aqueles em e_t), α_1 mede a mudança em y_t, de um período para o próximo, motivada pela passagem do tempo. Podemos escrever isso matematicamente definindo a mudança em e_t do período $t-1$ para t como $\Delta e_t = e_t - e_{t-1}$. A equação (10.24) indica que se $\Delta e_t = 0$, então

$$\Delta y_t = y_t - y_{t-1} = \alpha_1.$$

Outra maneira de pensar em uma sequência com uma tendência temporal linear é que seu valor médio é uma função linear do tempo:

$$E(y_t) = \alpha_0 + \alpha_1 t. \tag{10.25}$$

Se $\alpha_1 > 0$, então, em média, y_t está crescendo ao longo do tempo e, portanto, tem uma tendência ascendente. Se $\alpha_1 < 0$, então y_t tem uma tendência decrescente. Os valores de y_t não caem exatamente na linha de (10.25) em razão da aleatoriedade, mas os valores esperados estão sobre a linha. Diferentemente da média, a variância de y_t é constante ao longo do tempo: $Var(y_t) = Var(e_t) = \sigma_e^2$.

Se $\{e_t\}$ for uma sequência i.i.d., então $\{y_t\}$ é uma sequência independente, embora não identicamente, distribuída. Uma caracterização mais realista de séries temporais com tendência permite que $\{e_t\}$ seja correlacionada ao longo do tempo, mas isso não altera a forma de uma tendência temporal linear. Aliás, o que é importante para a análise de regressão sob as hipóteses do modelo linear clássico é que E$\{y_t\}$ seja linear em t. Quando discutirmos as propriedades de amostras grandes do MQO no Capítulo 11 teremos de discutir quanta correlação temporal em $\{e_t\}$ é permitida.

Muitas séries temporais econômicas são mais bem aproximadas por uma **tendência exponencial**, que aparece quando uma série tem a mesma taxa média de crescimento de período a período. A Figura 10.3 reproduz graficamente as importações anuais nominais dos Estados Unidos durante os anos 1948 a 1995 (*ERP* de 1997, Tabela B-101).

> **QUESTÃO 10.4**
>
> No Exemplo 10.4, utilizamos a taxa geral de fertilidade como a variável dependente em um modelo de defasagem distribuída finita. De 1950 até meados dos anos 1980, a *gfr* tem uma clara tendência decrescente. É possível uma tendência linear com $\alpha_1 < 0$ ser realista para todos os períodos de tempo futuros? Explique.

Nos primeiros anos vemos que as mudanças nas importações em cada ano são relativamente pequenas, mas vão crescendo conforme o tempo passa. Isso é coerente com uma *taxa média constante de crescimento*: a mudança percentual é, praticamente, a mesma em cada período.

Na prática, uma tendência exponencial em uma série temporal é captada pela modelagem do logaritmo natural da série como uma tendência linear (presumindo que $y_t > 0$):

$$\log(y_t) = \beta_0 + \beta_1 t + e_t, \ t = 1, 2, \ldots. \qquad (10.26)$$

A exponenciação mostra que y_t tem uma tendência exponencial: $y_t = \exp(\beta_0 + \beta_1 t + e_t)$. Como queremos usar séries temporais com tendência exponencial em modelos de regressão linear, a equação (10.26) acaba sendo o modo mais conveniente de representar essas séries.

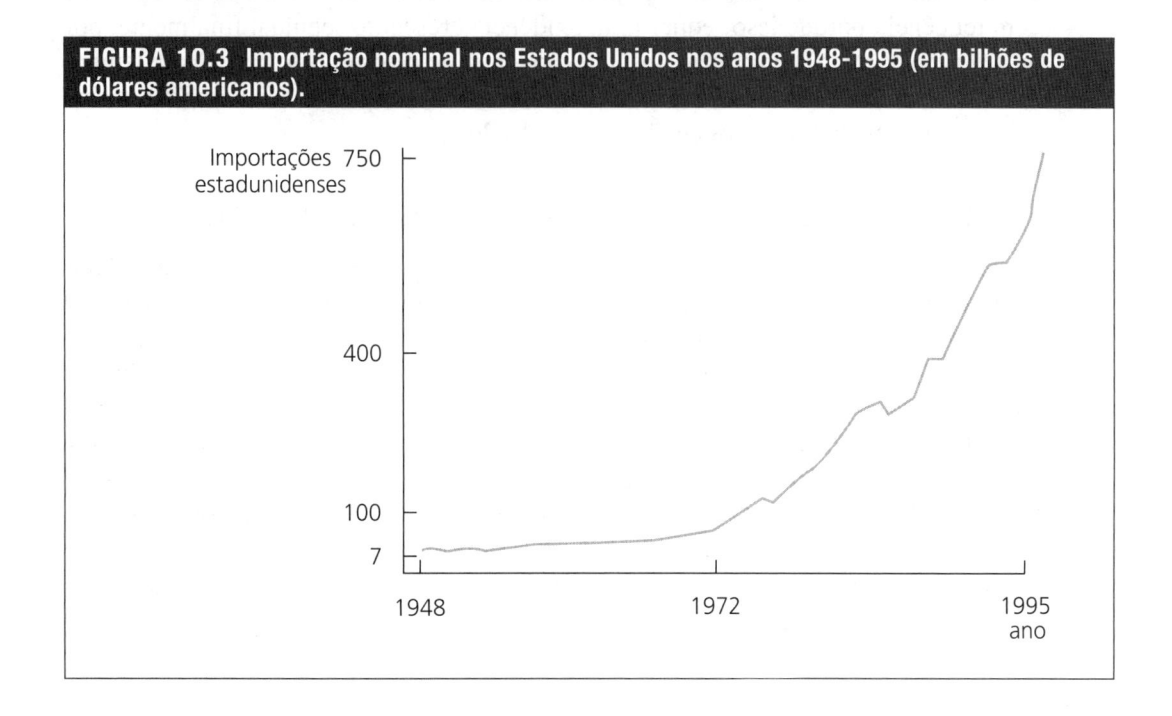

FIGURA 10.3 Importação nominal nos Estados Unidos nos anos 1948-1995 (em bilhões de dólares americanos).

Como interpretamos β_1 em (10.26)? Lembre-se de que, para pequenas mudanças, $\Delta\log(y_t) = \log(y_t) - \log(y_{t-1})$ é aproximadamente a mudança proporcional em y_t:

$$\Delta\log(y_t) \approx (y_t - y_{t-1})/y_{t-1}. \tag{10.27}$$

O lado direito de (10.27) também é chamado de **taxa de crescimento** em y do período $t-1$ ao período t. Para transformar a taxa de crescimento em porcentagem, simplesmente multiplicamos o resultado por 100. Se y_t seguir (10.26), então, levando em conta as mudanças e definindo $\Delta e_t = 0$,

$$\Delta\log(y_t) = \beta_1, \text{ para todos os } t. \tag{10.28}$$

Em outras palavras, β_1 é aproximadamente a taxa média de crescimento por período em y_t. Por exemplo, se t representa ano e $\beta_1 = 0{,}027$, então y_t cresce cerca de 2,7% por ano, em média.

Embora tendências lineares e exponenciais sejam as mais comuns, as tendências temporais podem ser mais complicadas. Por exemplo, em vez do modelo de tendência linear em (10.24), poderíamos ter uma tendência temporal quadrática:

$$y_t = \alpha_0 + \alpha_1 t + \alpha_2 t^2 + e_t. \tag{10.29}$$

Se α_1 e α_2 são positivos, a inclinação da tendência é crescente, como é facilmente visto calculando-se a inclinação aproximada (mantendo e_t fixo):

$$\frac{\Delta y_t}{\Delta t} \approx \alpha_1 + 2\alpha_2 t. \tag{10.30}$$

[Se você estiver familiarizado com cálculos, reconhecerá o lado direito de (10.30) como a derivada de $\alpha_0 + \alpha_1 t + \alpha_2 t^2$ em relação a t.] Se $\alpha_1 > 0$, mas $\alpha_2 < 0$, a tendência tem um formato em curva. Essa pode não ser uma boa descrição de certas séries com tendência porque isso requer uma tendência crescente seguida, finalmente, por uma tendência decrescente. Não obstante, ao longo de determinado período de tempo, esta pode ser uma maneira flexível de modelar séries temporais que tenham tendências mais complicadas que as de (10.24) ou (10.26).

10-5b Usando variáveis de tendência na análise de regressão

Levar em conta as variáveis explicada ou explicativa que apresentam tendência é um assunto bastante objetivo na análise de regressão. Primeiro, não há nada nas variáveis de tendência que necessariamente viole as hipóteses de modelo linear clássico, ST.1 a ST.6. Devemos, porém, ser cuidadosos, levando em conta o fato de que fatores que apresentam tendência, não observados, que afetem y_t, podem também ser correlacionados com as variáveis explicativas. Se ignorarmos essa possibilidade, podemos encontrar uma relação espúria entre y_t e uma ou mais das variáveis explicativas. O fenômeno de descobrir uma relação entre duas ou mais variáveis explicativas com tendência, simplesmente em razão do fato de cada uma delas estar crescendo ao longo do tempo, é um exemplo de um **problema de regressão espúria**. Felizmente, a adição de uma tendência temporal elimina esse problema.

CAPÍTULO 10 — Análise de regressão básica com dados de séries temporais

Concretamente, considere um modelo em que dois fatores observados, x_{t1} e x_{t2}, afetem y_t. Além disso, existem fatores não observados que estão sistematicamente crescendo ou decrescendo ao longo do tempo. Um modelo que captura isso é

$$y_t = \beta_0 + \beta_1 x_{t1} + \beta_2 x_{t2} + \beta_3 t + u_t. \quad (10.31)$$

O modelo se encaixa na estrutura da regressão linear múltipla com $x_{t3} = t$. A permissão para a tendência nessa equação é reconhecer explicitamente que y_t pode estar crescendo ($\beta_3 > 0$) ou decrescendo ($\beta_3 < 0$) ao longo do tempo, por razões essencialmente não relacionadas com x_{t1} e x_{t2}. Se (10.31) satisfizer as Hipóteses ST.1, ST.2 e ST.3, então, omitindo t da regressão e regressando y_t sobre x_{t1} e x_{t2} geralmente obteremos estimadores viesados de β_1 e β_2: efetivamente, omitimos uma variável importante, t, da regressão. Isso é verdade, especialmente se x_{t1} e x_{t2} apresentarem tendência, pois elas podem ser altamente correlacionadas com t. O próximo exemplo mostra como a omissão de uma tendência temporal pode resultar em regressão espúria.

EXEMPLO 10.7 — Investimento imobiliário e preços de imóveis

Os dados contidos no arquivo HSEINV são observações anuais sobre investimento imobiliário e um índice de preços de imóveis nos Estados Unidos de 1947 a 1988. Sejam *invpc* o investimento imobiliário real *per capita* (em milhares de dólares) e *preço* (*price*) um índice de preço de imóveis (igual a 1 em 1982). Uma regressão simples na forma de elasticidade constante, que pode ser vista como uma equação de oferta do estoque de imóveis, fornece o seguinte resultado:

$$\widehat{\log(invpc)} = -0{,}550 + 1{,}241 \log(price)$$
$$(0{,}043) \quad (0{,}382) \quad (10.32)$$
$$n = 42,\ R^2 = 0{,}208,\ \overline{R}^2 = 0{,}189.$$

A elasticidade do investimento *per capita* em relação ao preço é muito grande e estatisticamente significante; porém, ela não é estatisticamente diferente de um. Devemos ter cuidado com isso. Tanto *invpc* como *price* apresentam tendência crescente. Particularmente, se fizermos a regressão de log(*invpc*) sobre t, obteremos um coeficiente da tendência igual a 0,0081 (erro padrão = 0,0018); a regressão de log(*price*) sobre t gera um coeficiente de t igual a 0,0044 (desvio padrão = 0,0004). Embora os erros padrão dos coeficientes não sejam necessariamente confiáveis – essas regressões tendem a conter correlação serial substancial – as estimativas dos coeficientes revelam tendência crescente.

Para explicar o comportamento de tendência das variáveis, adicionamos uma tendência temporal ao modelo:

$$\widehat{\log(invpc)} = -0{,}913 - 0{,}381 \log(price) + 0{,}0098\, t$$
$$(1{,}36) \quad (0{,}679) \quad (0{,}0035) \quad (10.33)$$
$$n = 42,\ R^2 = 0{,}341,\ \overline{R}^2 = 0{,}307.$$

A história agora é muito diferente: a elasticidade estimada do preço é negativa e não é estatisticamente diferente de zero. A tendência temporal é estatisticamente significante, e seu coeficiente indica um crescimento de aproximadamente 1% em *invpc* ao ano, em média. Desta análise, não podemos concluir que o investimento imobiliário real *per capita* não seja influenciado pelo preço. Existem outros fatores, captados na tendência temporal, que afetam *invpc* e *price*, mas nós não os modelamos. Os resultados em (10.32) mostram uma relação espúria entre *invpc* e *price* em razão do fato de que o preço também tem tendência crescente ao longo do tempo.

Em alguns casos, a adição de uma tendência temporal pode tornar uma variável explicativa importante *mais* significante. Isso pode acontecer se as variáveis dependente e independente tiverem diferentes tipos de tendência (digamos, uma crescente e uma decrescente), mas movimento na variável independente *sobre* sua linha de tendência levam a movimento da variável dependente distantes de sua linha de tendência.

EXEMPLO 10.8   Equação da fertilidade

Se adicionarmos uma tendência temporal linear na equação da fertilidade (10.18), obtemos

$$\widehat{gfr_t} = 111{,}77 + 0{,}279\,pe_t - 35{,}59\,ww2_t + 0{,}997\,pill_t - 1{,}15\,t$$
$$(3{,}36)\quad (0{,}040)\quad\quad (6{,}30)\quad\quad (6{,}626)\quad\quad (0{,}19) \quad\quad (10.34)$$
$$n = 72,\ R^2 = 0{,}662,\ \overline{R}^2 = 0{,}642.$$

O coeficiente de *pe* é mais do que o triplo da estimativa em (10.18), e é muito mais significante estatisticamente. De maneira curiosa, *pill* não é significante quando é levada em conta uma tendência linear. Como pode ser visto pela estimação, *gfr* está diminuindo, em média, ao longo desse período, outros fatores permanecem iguais.

Como a taxa geral de fertilidade exibiu tendência tanto crescente como decrescente durante o período de 1913 a 1984, podemos ver quão robusto é o efeito estimado de *pe* quando usamos uma tendência quadrática:

$$\widehat{gfr_t} = 124{,}09 + 0{,}348\,pe_t - 35{,}88\,ww2_t - 10{,}12\,pill_t - 2{,}53\,t + 0{,}0196\,t^2$$
$$(4{,}36)\ (0{,}040)\quad\ (5{,}71)\quad\quad (6{,}34)\quad\quad (0{,}39)\ (0{,}0050) \quad (10.35)$$
$$n = 72,\ R^2 = 0{,}727,\ \overline{R}^2 = 0{,}706.$$

O coeficiente de *pe* é ainda maior e mais estatisticamente significante. Agora, *pill* tem o efeito negativo esperado e é marginalmente significante, e ambos os termos de tendência são estatisticamente significantes. A tendência quadrática é um método flexível para explicar o comportamento incomum da tendência de *gfr*.

Você deve estar se perguntando no Exemplo 10.8: por que parar na tendência quadrática? Nada nos impede de adicionar, digamos, t^3 como uma variável independente, e, de fato, isso pode ser justificado (veja o Exercício em computador C6). Entretanto, temos de ter cuidado para não nos afastarmos da questão quando incluímos um termo de tendência em um modelo. Queremos tendências relativamente simples que capturem amplos movimentos na variável dependente que não sejam explicados pelas variáveis independentes no modelo. Se incluirmos diversos termos polinomiais em t, poderemos rastrear muito bem qualquer série. Contudo, isso será de pouca ajuda para descobrir que variáveis explicativas afetam y_t.

10-5c Interpretação sobre a retirada da tendência de regressões com a inclusão de uma tendência temporal

A inclusão de uma tendência temporal em um modelo de regressão cria uma interpretação interessante em termos da **retirada da tendência** da série de dados originais antes de usá-los na análise de regressão. Concretamente, enfatizamos o modelo (10.31), mas nossas conclusões são de caráter mais geral.

Quando regredimos y_t sobre x_{t1}, x_{t2} e t, obtemos a equação estimada

$$\hat{y}_t = \hat{\beta}_0 + \hat{\beta}_1 x_{t1} + \hat{\beta}_2 x_{t2} + \hat{\beta}_3 t. \tag{10.36}$$

Podemos expandir os resultados do teorema de Frisch-Waugh sobre a interpretação parcial do MQO que abordamos na Seção 3.2 do Capítulo 3 para mostrar que $\hat{\beta}_1$ e $\hat{\beta}_2$ podem ser obtidos conforme segue.

(i) Compute a regressão de y_t, x_{t1} e x_{t2} sobre uma constante e a tendência temporal t, e guarde os resíduos, digamos $\ddot{y}_t$, $\ddot{x}_{t1}$, $\ddot{x}_{t2}$, $t = 1, 2, \ldots, n$. Por exemplo,

$$\ddot{y}_t = y_t - \hat{\alpha}_0 - \hat{\alpha}_1 t.$$

Assim, podemos pensar em $\ddot{y}_t$ como uma variável cuja *tendência foi excluída linearmente*. Ao retirarmos a tendência de y_t, estimamos o modelo

$$y_t = \alpha_0 + \alpha_1 t + e_t$$

pelo método MQO: os resíduos dessa regressão, $\hat{e}_t = \ddot{y}_t$, tiveram removida a tendência temporal (pelo menos na amostra). Uma interpretação semelhante é possível para $\ddot{x}_{t1}$ e $\ddot{x}_{t2}$.

(ii) Calcule a regressão de

$$\ddot{y}_t \text{ sobre } \ddot{x}_{t1} \text{ e } \ddot{x}_{t2}. \tag{10.37}$$

(Não é necessário um intercepto, mas sua inclusão não afeta o resultado: o intercepto será estimado como igual a zero.) Esta regressão produzirá com exatidão $\hat{\beta}_1$ e $\hat{\beta}_2$ a partir de (10.36).

Isso significa que as estimativas de interesse principal, $\hat{\beta}_1$ e $\hat{\beta}_2$, podem ser interpretadas como provenientes de uma regressão *sem* tendência temporal, mas em que primeiro removemos a tendência da variável dependente e de todas as outras variáveis independentes. A mesma conclusão permanece com qualquer número de variáveis independentes e mesmo se a tendência for quadrática ou de algum outro grau polinomial.

Se t for omitida de (10.36), não ocorrerá remoção da tendência, e y_t poderá parecer relacionada com uma ou mais das variáveis x_{tj} simplesmente porque cada uma contém uma tendência; vimos isso no Exemplo 10.7. Se o termo tendência for estatisticamente significativo e os resultados mudarem de maneira importante quando uma tendência temporal for adicionada a uma regressão, os resultados iniciais sem uma tendência devem ser tratados com desconfiança.

A interpretação de $\hat{\beta}_1$ e de $\hat{\beta}_2$ mostra que é uma boa ideia incluir uma tendência na regressão se qualquer variável independente tiver uma tendência, mesmo se a variável y_t não tiver. Se y_t não tem tendência observável, mas, digamos, x_{t1} está crescendo ao longo do tempo, então a exclusão de uma tendência da regressão pode fazer parecer que x_{t1} não tem efeito em y_t, mesmo que movimentos em x_{t1} em torno de sua tendência possa afetar y_t. Isso será captado se t for incluído na regressão.

EXEMPLO 10.9 Emprego em Porto Rico

Quando adicionamos uma tendência linear à equação (10.17), as estimativas são:

$$\widehat{\log(prepop_t)} = -8{,}70 - 0{,}169 \log(mincov_t) + 1{,}06 \log(usgnp_t)$$
$$(1{,}30)\quad (0{,}044) \qquad\qquad (0{,}18)$$
$$- 0{,}032\, t \qquad\qquad\qquad\qquad (10.38)$$
$$(0{,}005)$$
$$n = 38,\ R^2 = 0{,}847,\ \overline{R}^2 = 0{,}834.$$

O coeficiente de log($usgnp$) mudou dramaticamente: de $-0{,}012$ e não significante para 1,06 e bastante significante. O coeficiente do salário-mínimo mudou apenas levemente, embora o erro padrão seja consideravelmente menor, tornando log($mincov$) mais significante que antes.

A variável $prepop_t$ não exibe nenhuma tendência clara crescente ou decrescente, mas log($usgnp$) tem uma tendência crescente, linear. [Uma regressão de log($usgnp$) sobre t produz uma estimativa de cerca de 0,03, de modo que $usgnp$ está crescendo em torno de 3% por ano ao longo do período.] Podemos pensar na estimativa de 1,06 como segue: quando $usgnp$ aumenta em 1% acima de sua tendência de longo prazo, $prepop$ aumenta em cerca de 1,06%.

10-5d Cálculo do R-Quadrado quando a variável dependente apresenta tendência

Os R-quadrados em regressões de séries temporais normalmente são muito altos, especialmente quando comparados com R-quadrados típicos de dados de corte transversal. Será que isso significa que sabemos mais sobre os fatores que afetam y a partir dos dados de séries temporais? Não necessariamente. Por um lado, dados de séries temporais aparecem frequentemente em forma agregada (como o salário médio por hora na economia dos Estados Unidos), e dados agregados muitas vezes são mais fáceis de explicar do que dados sobre indivíduos, famílias ou empresas, que em geral são característicos de dados de corte transversal. Entretanto, os R-quadrados usuais e ajustados de regressões de séries temporais podem ser artificialmente elevados quando a variável dependente apresentar uma tendência. Lembre-se de que R^2 é uma medida de quão grande é a variância do erro em relação à variância de y. A fórmula para o R--quadrado ajustado mostra isso de forma direta:

$$\bar{R}^2 = 1 - (\hat{\sigma}_u^2/\hat{\sigma}_y^2),$$

em que $\hat{\sigma}_u^2$ é o estimador não viesado da variância do erro $\hat{\sigma}_y^2 = \text{SQT}/(n-1)$, e $\text{SQT} = \sum_{t=1}^{n}(y_t - \bar{y})^2$. Agora, estimar a variância do erro quando y_t apresenta uma tendência não é problema, desde que uma tendência temporal seja incluída na regressão. Contudo, quando $E(y_t)$ segue, digamos, uma tendência temporal linear [veja (10.24)], $\text{SQT}/(n-1)$ não mais será um estimador não viesado ou consistente de $\text{Var}(y_t)$. Aliás, $\text{SQT}/(n-1)$ pode superestimar de forma considerável a variância em y_t, pois ela não explica a tendência em y_t.

Quando a variável dependente satisfaz as tendências linear, quadrática ou qualquer outro polinomial, é fácil calcular uma medida de qualidade de ajuste que primeiro remova o efeito de qualquer tendência temporal em y_t. O método mais simples é calcular o R-quadrado usual em uma regressão em que a variável dependente já esteja expurgada de sua tendência. Por exemplo, se o modelo for (10.31), primeiro regredimos y_t sobre t e obtemos os resíduos $\ddot{y}_t$. Depois, regredimos

$$\ddot{y}_t \text{ sobre } x_{t1}, x_{t2} \text{ e } t. \tag{10.39}$$

O R-quadrado dessa regressão é

$$1 - \frac{\text{SQR}}{\sum_{t=1}^{n}\ddot{y}_t^2}, \tag{10.40}$$

em que SQR é idêntico à soma dos quadrados dos resíduos de (10.36). Como $\sum_{t=1}^{n}\ddot{y}_t^2 \leq \sum_{t=1}^{n}(y_t - \bar{y})^2$ (e em geral a desigualdade é estrita), o R-quadrado de (10.40) não será maior, e normalmente será menor, que o R-quadrado de (10.36). (A soma dos quadrados dos resíduos será idêntica em ambas as regressões.) Quando y_t contiver uma forte tendência temporal linear (10.40) pode ser muito menor que o R-quadrado usual.

O R-quadrado em (10.40) reflete melhor o quanto x_{t1} e x_{t2} explicam y_t, porque ele remove o efeito da tendência temporal. Afinal de contas, podemos sempre explicar uma variável que esteja crescendo ou decrescendo com algum tipo de tendência, mas isso não significa que tenhamos descoberto quaisquer fatores que causem movimentos em y_t. Um R-quadrado ajustado também pode ser calculado com base em (10.40): divida SQR por $(n-4)$, pois esse é o total de gl em (10.36) e divida $\sum_{t=1}^{n}\ddot{y}_t^2$ por $(n-2)$, já que existem dois parâmetros de tendência estimados na remoção da tendência de y_t. Em geral, SQR é dividido por gl na regressão usual (que inclui qualquer tendência temporal), e $\sum_{t=1}^{n}\ddot{y}_t^2$ é dividido por $(n-p)$, em que p é o número de parâmetros de tendência estimados na remoção da tendência de y_t. Wooldridge (1991a) apresenta sugestões detalhadas para correções de graus de liberdade, mas uma abordagem computacionalmente é uma boa aproximação simples: use o R-quadrado ajustado da regressão de $\ddot{y}_t$ sobre t, $t^2, \ldots, t^p, x_{t1}, \ldots, x_{tk}$. Isso exige somente que removamos a tendência de y_t para obter $\ddot{y}_t$, então poderemos usar $\ddot{y}_t$ para calcular os tipos usuais de medidas de qualidade de ajuste.

EXEMPLO 10.10 Investimento imobiliário

No Exemplo 10.7, vimos que a inclusão de uma tendência temporal linear juntamente com log(*price*) na equação de investimento imobiliário tinha um efeito substancial na elasticidade-preço. Mas o R-quadrado da regressão (10.33), tomado literalmente, diz que estamos "explicando" 34,1% da variação em log(*invpc*). Isso é enganoso. Se primeiro removermos a tendência em log(*invpc*) e fizermos a regressão da variável modificada sobre log(*price*) e t, o R-quadrado passa a ser de 0,008, e o R-quadrado ajustado é, na verdade, negativo. Assim, movimentos em log(*price*) em torno de sua tendência não têm praticamente nenhum poder explicativo dos movimentos em log(*invpc*) em torno de sua tendência. Isso é consistente com o fato de que a estatística t de log(*price*) na equação (10.33) é muito pequena.

Antes de deixarmos esta subseção, devemos fazer uma última observação. No cálculo de uma forma R-quadrado de uma estatística F para testar múltiplas hipóteses, apenas usamos os R-quadrados usuais, sem nenhuma remoção de tendência. Lembre-se, a forma R-quadrado da estatística F é apenas um artifício computacional e, portanto, a fórmula habitual é sempre apropriada.

10-5e Sazonalidade

Se uma série temporal é observada em intervalos mensais ou trimestrais (ou mesmo semanais ou diários), ela pode exibir **sazonalidade**. Por exemplo, a construção de novas casas no centro-oeste norte-americano é fortemente influenciada pelo clima. Embora as características do clima sejam aleatórias, podemos ter certeza de que o clima durante o mês de janeiro será mais inclemente que em junho e, portanto, o início das construções de novas casas é geralmente maior em junho que em janeiro. Uma maneira de modelar esse fenômeno é permitir que o valor esperado da série, y_t, seja diferente em cada mês. Como outro exemplo, as vendas do varejo no quarto trimestre são tipicamente mais elevadas do que nos três trimestres anteriores em razão das festividades natalinas. Novamente, isso pode ser captado permitindo que as vendas médias do varejo difiram no transcorrer do ano. Isso é uma adição à possibilidade de se permitir uma média da tendência. Por exemplo, as vendas do varejo nos primeiros trimestres recentes foram mais elevadas do que as do quarto trimestre de 30 anos atrás, porque elas vêm crescendo regularmente. Mesmo assim, se compararmos as vendas médias em um ano típico, o fator sazonal das festas natalinas tende a fazer as vendas maiores no quarto trimestre.

Embora muitas séries de dados mensais e trimestrais exibam padrões sazonais, nem todas o fazem. Por exemplo, não existe padrão sazonal observável nas taxas mensais de juros ou de inflação. Além disso, séries que exibem padrões sazonais são frequentemente **ajustadas sazonalmente** antes de serem informadas para uso público. Uma série sazonalmente ajustada é aquela que, em princípio, teve removidos seus fatores sazonais. Ajustes sazonais podem ser feitos de diversas maneiras, e uma discussão mais cuidadosa sobre esse assunto está além do escopo desta obra. [Veja Harvey (1990) e Hylleberg (1992) para tratamentos detalhados.]

Ajustes sazonais tornaram-se tão comuns que, em muitos casos, não é possível obter dados não ajustados. O PIB trimestral dos Estados Unidos é um exemplo de destaque. No *Economic Report of the President* (Relatório Econômico do Presidente – ERP) anual, muitos dos conjuntos de dados macroeconômicos descritos em frequência mensal (pelo menos para os anos mais recentes) e, daqueles que exibem padrões sazonais, todos são sazonalmente ajustados. As principais fontes de séries temporais macroeconômicas, inclusive a *Citibase*, ajustam as séries quanto à sazonalidade. Portanto, o escopo para usarmos nossos próprios procedimentos de ajuste sazonal é muitas vezes limitado.

Algumas vezes trabalhamos com dados não ajustados, e é bom sabermos que existem métodos simples para tratar a sazonalidade em modelos de regressão. Geralmente, podemos incluir um conjunto de **variáveis *dummy* sazonais** para explicar a sazonalidade na variável dependente, nas variáveis independentes, ou em ambas.

A abordagem é simples. Suponha que temos dados mensais e que entendemos padrões sazonais dentro de um ano como, razoavelmente, constantes ao longo do tempo. Por exemplo, já que o Natal ocorre sempre na mesma época do ano, podemos esperar que as vendas do varejo sejam, em média, mais altas nos meses de final do ano do que de início do ano. Ou, como os padrões climáticos são amplamente similares ao longo dos anos, o início da construção de novas casas no centro-oeste norte-americano será maior, em média, durante os meses de verão do que nos meses de inverno. Um modelo geral de dados mensais que capta esse fenômeno é

$$y_t = \beta_0 + \delta_1 fev_t + \delta_2 mar_t + \delta_3 abr_t + \ldots + \delta_{11} dez_t$$
$$+ \beta_1 x_{t1} + \ldots + \beta_k x_{tk} + u_t, \tag{10.41}$$

em que fev_t, mar_t, ..., dez_t são variáveis *dummy* indicando se o período de tempo t corresponde ao mês apropriado. Nesta formulação, janeiro é o mês-base, e β_0 é o intercepto de janeiro. Se não houver sazonalidade em y_t, uma vez que x_{tj} tenha sido controlada, δ_1 a δ_{11} serão todas zero. Isso é facilmente verificado por meio de um teste F.

QUESTÃO 10.5

Na equação (10.41), qual é o intercepto de março? Explique por que as variáveis *dummy* sazonais satisfazem a hipótese de exogeneidade estrita.

EXEMPLO 10.11 Efeitos das ações *antidumping*

No Exemplo 10.5 utilizamos dados mensais (no arquivo BARIUM) que não haviam sido sazonalmente ajustados. Portanto, deveríamos ter incluído variáveis *dummy* sazonais para termos certeza de que nenhuma das conclusões importantes mudariam. É possível que os meses imediatamente anteriores à impetração de ações fossem meses em que as importações tenham sido maiores, ou menores, em média, do que nos outros meses. Quando adicionamos as 11 variáveis *dummy* mensais como em (10.41) e testamos sua significância conjunta, obtemos *p-valor* = 0,59 e, portanto, as *dummies* sazonais são conjuntamente não significantes. Além disso, nada importante muda nas estimativas, uma vez que a significância estatística seja considerada. Krupp e Pollard (1996) de fato usaram três variáveis *dummy* para as estações do ano (outono, primavera e verão, considerando o inverno a estação-base), em vez de um conjunto total de *dummies* mensais; o resultado é essencialmente o mesmo.

Se os dados forem trimestrais, então incluiremos variáveis *dummy* para três dos quatro trimestres, com o trimestre omitido sendo o trimestre-base. Algumas vezes é útil interagir *dummies* sazonais com algumas das variáveis x_{tj} para permitir que o efeito de x_{tj} sobre y_t difira ao longo do ano.

Assim como a inclusão de tendência temporal em uma regressão tem a interpretação de inicialmente remover a tendência dos dados, a inclusão de variáveis *dummy* sazonais em uma regressão pode ser interpretada como **dessazonalização** dos dados. Concretamente, considere a equação (10.41) com $k = 2$. Os coeficientes de inclinação MQO $\hat{\beta}_1$ e $\hat{\beta}_2$ de x_1 e x_2 podem ser obtidos como segue:

(i) Regrida cada uma das variáveis y_t, x_{t1} e x_{t2} sobre uma constante e sobre as *dummies* mensais, fev_t, mar_t, ..., dez_t, e guarde os resíduos, digamos $\ddot{y}_t$, $\ddot{x}_{t1}$ e $\ddot{x}_{t2}$, para todos os $t = 1, 2, ..., n$. Por exemplo,

$$\ddot{y}_t = y_t - \hat{\alpha}_0 - \hat{\alpha}_1 fev_t - \hat{\alpha}_2 mar_t - ... - \hat{\alpha}_{11} dez_t.$$

Este é um método para dessazonalizar uma série temporal mensal. Uma interpretação semelhante se mantém para $\ddot{x}_{t1}$ e $\ddot{x}_{t2}$.

(ii) Execute a regressão, sem as *dummies* mensais, de $\ddot{y}_t$ sobre $\ddot{x}_{t1}$ e $\ddot{x}_{t2}$ [como em (10.37)]. Isso produz $\hat{\beta}_1$ e $\hat{\beta}_2$.

Em alguns casos, se y_t tiver sazonalidade pronunciada, uma medida melhor da qualidade de ajuste é um R-quadrado baseado na variável y_t dessazonalizada. Isso remove quaisquer efeitos sazonais que não sejam explicados por x_{tj}. Wooldridge (1991a) sugere ajustes específicos de graus de liberdade, ou pode-se simplesmente usar o R-quadrado ajustado onde a variável dependente foi dessazonalizada.

Séries temporais que exibem padrões sazonais também podem ter tendências, em cujo caso, devemos estimar um modelo de regressão com uma tendência temporal e variáveis *dummy* sazonais. As regressões podem, então, ser interpretadas como regressões cujas séries tiveram tanto a tendência como a sazonalidade removidas. Estatísticas da qualidade de ajuste são discutidas em Wooldridge (1991a): essencialmente, removemos a tendência de y_t e dessazonalizamos y_t ao regredir tanto sobre uma tendência temporal como sobre *dummies* sazonais antes de calcularmos o R-quadrado ou o o R-quadrado ajustado.

Resumo

Neste capítulo tratamos da análise de regressão básica com dados de séries temporais. Sob hipóteses paralelas às da análise de corte transversal, o MQO é não viesado (sob ST.1 a ST.3), o MQO é BLUE (sob ST.1 a ST.5) e os habituais erros padrão, estatísticas t e estatísticas F do MQO podem ser usados para inferência estatística (sob ST.1 a ST.6). Em virtude da correlação temporal na maioria dos dados de séries temporais, devemos fazer hipóteses explícitas sobre como os erros estão relacionados com as variáveis explicativas em todos os períodos de tempo e sobre a correlação temporal nos erros propriamente ditos. As hipóteses do modelo linear clássico podem ser bastante restritivas em aplicações de séries temporais, mas são um ponto de partida natural. Nós as aplicamos tanto no modelo de regressão estática como no modelo de defasagem distribuída finita.

Logaritmos e variáveis *dummy* são usados regularmente em aplicações de séries temporais e nos estudos de evento. Também discutimos números-índices e séries temporais medidas em termos de valores nominais e reais.

Tendência e sazonalidade podem facilmente ser tratadas em uma estrutura de regressão múltipla com a inclusão de variáveis *dummy* de tempo e de sazonalidade em nossas equações de regressão. Apresentamos problemas com o *R*-quadrado habitual como uma medida da qualidade de ajuste e sugerimos algumas alternativas simples baseadas em remoção de tendência e dessazonalização.

HIPÓTESES DO MODELO LINEAR CLÁSSICO PARA A REGRESSÃO DE SÉRIES TEMPORAIS

A seguir apresentamos um resumo das seis hipóteses do modelo linear clássico (MLC) para aplicações de séries temporais. As hipóteses ST.1 até a ST.5 são as versões das hipóteses de Gauss-Markov (isso implica que o MQO é BLUE e tem as variâncias amostrais de sempre). Somente necessitamos das ST.1, ST.2 e ST.3 para estabelecermos a inexistência de viés do MQO. Como no caso da regressão de seção transversal, a hipótese de normalidade, ST.6 foi usada para que pudéssemos apresentar a exata inferência estatística para qualquer tamanho de amostra.

Hipótese ST.1 (Linear nos parâmetros)

O processo estocástico $\{(x_{t1}, x_{t2}, ..., x_{tk}, y_t): t = 1, 2, ..., n\}$ segue o modelo linear

$$y_t = \beta_0 + \beta_1 x_{t1} + \beta_2 x_{t2} + ... + \beta_k x_{tk} + u_t,$$

em que $\{u_t: t = 1, 2, ..., n\}$ é a sequência de erros ou perturbações. Aqui, n é o número de observações (períodos de tempo).

Hipótese ST.2 (Inexistência de colinearidade perfeita)

Na amostra (e portanto no processo subjacente da série temporal), nenhuma variável independente é constante ou é uma combinação linear perfeita das outras.

Hipótese ST.3 (Média condicional zero)

Para cada t, o valor esperado do erro u_t, dadas as variáveis explicativas de *todos* os períodos de tempo, é zero. Matematicamente, $E(u_t|\mathbf{X}) = 0, t = 1,2, ..., n$.

A hipótese ST.3 substitui a RLM.4 para regressão de seção transversal, e também significa que não precisamos fazer a hipótese de amostragem aleatória RLM.2. Lembre-se, a hipótese ST.3 pressupõe que o erro em cada período de tempo t é não correlacionado com todas as variáveis explicativas em todos os períodos de tempo (inclusive, é claro, o período de tempo t).

Hipótese ST.4 (Homoscedasticidade)

Condicional em $\mathbf{X}$, a variância de u_t é a mesma para todo t: $\text{Var}(u_t|\mathbf{X}) = \text{Var}(u_t) = \sigma^2$, $t = 1, 2, ..., n$.

Hipótese ST.5 (Inexistência de correlação serial)

Condicional em $\mathbf{X}$, os erros em dois períodos de tempo diferentes são não correlacionados: $\text{Corr}(u_t, u_s|\mathbf{X}) = 0$, para todo $t \neq s$.

Lembre-se que adicionamos a correlação não serial, juntamente com a hipótese de homoscedasticidade, para obtermos as mesmas fórmulas de variância que derivamos da regressão de seção transversal sob amostragem aleatória. Como veremos no Capítulo 12, a Hipótese ST.5 é frequentemente infringida de forma que tornam a inferência estatística habitual bastante duvidosa.

Hipótese ST.6 (Normalidade)

Os erros u_t são independentes de $\mathbf{X}$ e são idêntica e independentemente distribuídos como Normal$(0, \sigma^2)$.

Termos-chave

Ajustadas sazonalmente
Autocorrelação
Contemporaneamente exógenos
Correlação serial
Dessazonalização
Distribuição de defasagem
Efeito cumulativo
Elasticidade de curto prazo
Elasticidade de longo prazo
Estritamente exógenas
Estudo de evento

Modelo de defasagem distribuída finita (DDF)
Modelo estático
Multiplicador de impacto
Multiplicador de longo prazo
Número-índice
Período-base
Problema de regressão espúria
Processo de série temporal
Processo estocástico
Propensão de impacto

Propensão de longo prazo (PLP)
Retirada da tendência
Sazonalidade
Taxa de crescimento
Tendência exponencial
Tendência temporal
Tendência temporal linear
Valor-base
Variáveis *dummy* sazonais

Problemas

1. Decida se você concorda ou não com qualquer uma das seguintes declarações e dê uma breve explicação sobre sua decisão:
   (i) Como nas observações de corte transversal podemos presumir que a maioria das observações de séries temporais são independentemente distribuídas.
   (ii) O estimador MQO numa regressão de série temporal é não viesado sob as três primeiras hipóteses de Gauss-Markov.
   (iii) Uma variável com tendência não pode ser usada como a variável dependente na análise de regressão múltipla.
   (iv) Sazonalidade não é um problema quando usamos observações de séries temporais anuais.

2. Sejam $gGDP_t$ a porcentagem anual de mudança no produto interno bruto e int_t uma taxa de juros de curto prazo. Suponha que $gPIB_t$ está relacionado com as taxas de juros por

$$gGDP_t = \alpha_0 + \delta_0 int_t + \delta_1 int_{t-1} + u_t,$$

em que u_t é não correlacionado com int_t, int_{t-1} e todos os outros valores anteriores das taxas de juros. Suponha que o Banco Central norte-americano (FED) siga a seguinte regra de política monetária:

$$int_t = \gamma_0 + \gamma_1(gGDP_{t-1} - 3) + v_t,$$

em que $\gamma_1 > 0$. (Quando o crescimento do PIB do ano anterior estiver acima de 3%, o FED aumenta as taxas de juros para evitar uma economia "superaquecida".) Se v_t for não correlacionado com os valores passados de int_t e u_t, demonstre que int_t deve ser correlacionado com u_{t-1}. (*Dica*: Faça a defasagem da primeira equação em um período de tempo, substituindo-a em $gGDP_{t-1}$ na segunda equação.) Que hipóteses de Gauss-Markov esse procedimento infringe?

3. Suponha que y_t siga um modelo DDF de segunda ordem:

$$y_t = \alpha_0 + \delta_0 z_t + \delta_1 z_{t-1} + \delta_2 z_{t-2} + u_t.$$

Sejam z^* o *valor de equilíbrio* de z_t e y^* o valor de equilíbrio de y_t, de modo que

$$y^* = \alpha_0 + \delta_0 z^* + \delta_1 z^* + \delta_2 z^*.$$

Mostre que a mudança em y^*, em razão de uma mudança em z^*, é igual à propensão de longo prazo multiplicada pela mudança em z^*:

$$\Delta y^* = PLP \cdot \Delta z^*.$$

Isso oferece uma maneira alternativa de interpretar a PLP.

4. Quando os três indicadores de eventos *befile6*, *affile6* e *afdec6* são eliminados da equação (10.22), obtemos $R^2 = 0{,}281$ e $\bar{R}^2 = 0{,}264$. Os indicadores de evento são conjuntamente significantes ao nível de 10%?

5. Suponha que você tenha dados trimestrais sobre o início de construção de novas casas, taxas de juros e renda real *per capita*. Especifique um modelo do início de construção de novas casas que explique possíveis tendências e sazonalidade nas variáveis.

6. No Exemplo 10.4, vimos que nossas estimativas dos coeficientes individuais defasados em um modelo de defasagens distribuídas eram muito imprecisas. Uma maneira de aliviar o problema da multicolinearidade é considerar que δ_j segue um padrão relativamente simples. De maneira concreta, considere um modelo com quatro defasagens:

$$y_t = \alpha_0 + \delta_0 z_t + \delta_1 z_{t-1} + \delta_2 z_{t-2} + \delta_3 z_{t-3} + \delta_4 z_{t-4} + u_t.$$

Agora, suponhamos que δ_j segue uma tendência quadrática na defasagem j:

$$\delta_j = \gamma_0 + \gamma_1 j + \gamma_2 j^2,$$

para os parâmetros γ_0, γ_1 e γ_2. Isto é um exemplo de um modelo de *defasagem distribuída polinomial (MDDP)*.

(i) Insira a fórmula de cada δ_j no modelo de defasagens distribuídas e escreva o modelo em termos dos parâmetros γ_h, para $h = 0,1,2$.

(ii) Explique a regressão que você computaria para estimar γ_h.

(iii) O modelo de defasagens distribuídas polinomial é uma versão restrita do modelo geral. Quantas restrições foram impostas? Como você testaria isso? (*Dica*: Pense no teste F.)

7. No exemplo (10.4), escrevemos o modelo que explicitamente contém a propensão de longo prazo θ_0, como

$$gfr_t = \alpha_0 + \theta_0 pe_t + \delta_1(pe_{t-1} - pe_t) + \delta_2(pe_{t-2} - pe_t) + u_t$$

em que, por simplicidade, omitimos as outras variáveis explicativas. Como sempre, com análise de regressão múltipla, θ_0 deve ter uma interpretação *ceteris paribus*, ou seja, se ip_t é aumentado em um dólar mantendo $(pe_{t-1} - pe_t)$ e $(pe_{t-2} - pe_t)$ fixas, a gfr_t deve aumentar em θ_0.

(i) Se $(pe_{t-1} - pe_t)$ e $(pe_{t-2} - pe_t)$ forem mantidas fixas, mas pe_t estiver aumentando, o que deve ser verdadeiro sobre as alterações na pe_{t-1} e na pe_{t-2}?

(ii) Como sua resposta no item (i) ajuda a interpretar θ_0 na equação acima como a PLP?

8. No modelo linear especificado na equação (10.8), as variáveis explicativas $\mathbf{x}_t = (x_{t1}, \ldots x_{tk})$ são ditas como sendo *sequencialmente exógenas* (às vezes chamadas *fracamente exógenas*) se

$$E(u_t | \mathbf{x}_t, \mathbf{x}_{t-1}, \ldots, \mathbf{x}_1) = 0, t = 1, 2, \ldots,$$

de forma que os erros são imprevisíveis dados os valores atuais e todos os valores passados das variáveis explicativas.

(i) Explique o motivo pelo qual a exogeneidade sequencial é decorrente da exogeneidade estrita.

(ii) Explique o motivo pelo qual a exogeneidade contemporânea é decorrente da exogeneidade sequencial.

(iii) Os estimadores MQO são geralmente não viesados sob a hipótese da exogeneidade sequencial. Explique.

(iv) Considere um modelo para explicar a taxa anual de infecções pelo vírus HIV (*HIVrate*) como uma defasagem distribuída de uso *per capita* de camisinha (*pccon*) de um estado, região ou província:

$$E(HIVrate_t | pccon_t, pccon_{t-1}, \ldots,) = \alpha_0 + \delta_0 pccon_t + \delta_1 pccon_{t-1} + \delta_2 pccon_{t-2} + \delta_3 pccon_{t-3}.$$

Explique por que este modelo satisfaz a hipótese da exogeneidade sequencial. Parece ser provável que a exogeneidade estrita também se mantenha?

Exercícios em computador

C1 Em outubro de 1979, a Federal Reserve dos Estados Unidos mudou sua política de implementação de ajustes finos da taxa de juros e, em vez disso, começou a focar a oferta monetária. Usando os dados do arquivo INTDEF, defina uma variável *dummy* igual a 1 para anos depois de 1979. Inclua essa *dummy* na equação (10.15) para ver se há um deslocamento da equação da taxa de juros depois de 1979. O que você conclui?

C2 Use os dados do arquivo BARIUM para este exercício.

(i) Adicione uma tendência temporal linear à equação (10.22). Alguma das variáveis, além da tendência, são estatisticamente significantes?

(ii) Na equação estimada no item (i), teste a significância conjunta de todas as variáveis, exceto da tendência temporal. O que você conclui?

(iii) Adicione variáveis *dummy* mensais a essa equação e teste a sazonalidade. A inclusão de *dummies* mensais altera outras estimativas ou seus erros padrão de formas importantes?

C3 Adicione a variável log(*prgnp*) à equação do salário-mínimo em (10.38). Essa variável é significante? Interprete seu coeficiente. De que forma a adição de log(*prgnp*) afeta o efeito estimado do salário-mínimo?

C4 Use os dados do arquivo FERTIL3 para verificar se o erro padrão da PLP na equação (10.19) é de cerca de 0,030.

C5 Use os dados do arquivo EZANDERS para este exercício. Os dados tratam de declarações mensais de desemprego na cidade de Anderson, Indiana, de janeiro de 1980 a novembro de 1988. Em 1984, foi criada uma zona empresarial (ZE) em Anderson (bem como em outras cidades de Indiana). [Ver Papke (1994) para detalhes.]

(i) Faça a regressão de log(*uclms*) sobre uma tendência linear temporal e 11 variáveis *dummy* mensais. Qual é a tendência geral de declarações de desemprego durante este período? (Interprete o coeficiente da tendência temporal.) Existe evidência de sazonalidade nas declarações de desemprego?

(ii) Adicione *ez*, uma variável *dummy* igual a um nos meses em que Anderson tinha uma ZE, à regressão do item (i). O fato de estar em uma zona empresarial parece diminuir as declarações de desemprego? Quanto? [Você pode usar a fórmula (7.10) do Capítulo 7.]

(iii) Quais suposições você precisa fazer para atribuir o efeito do item (ii) à criação da ZE?

C6 Use os dados do arquivo FERTIL3 para este exercício.

(i) Faça a regressão de gfr_t sobre t e t^2 e guarde os resíduos. Isso produz um gfr_t destendenciado, chamado de $g\ddot{f}_t$.

(ii) Faça a regressão de $g\ddot{f}_t$ sobre todas as variáveis da equação (10.35), incluindo t e t^2. Compare o R-quadrado com aquele obtido na equação (10.35). O que você conclui?

(iii) Reestime a equação (10.35) mas adicione t^3 a ela. O termo adicional é estatisticamente significante?

C7 Use o conjunto de dados COMSUMP para este exercício.

(i) Estime um modelo de regressão simples relacionando o crescimento no consumo real per capita (de bens não duráveis e serviços) ao crescimento real *per capita* da renda disponível. Use as alterações logarítmicas em ambos os casos. Registre os resultados na forma usual. Interprete a equação e discuta a significância estatística.

(ii) Adicione uma defasagem do crescimento da renda *per capita* real disponível à equação do item (i). O que você conclui a respeito das defasagens de ajuste no crescimento do consumo?

(iii) Adicione uma taxa real de juros à equação da parte (i). Ela afeta o crescimento no consumo?

C8 Use os dados do arquivo FERTIL3 para este exercício.

(i) Adicione pe_{t-3} e p_{t-4} à equação (10.19). Teste se há significância conjunta dessas defasagens.

(ii) Encontre a propensão de longo prazo estimada e seu erro padrão no modelo do item (i). Compare os resultados com aqueles obtidos na equação (10.19).

(iii) Estime o modelo de defasagem distribuída polinomial do Problema 6. Encontre a PLP estimada e compare seu resultado com o obtido a partir do modelo irrestrito.

C9 Use os dados do arquivo VOLAT para este exercício. A variável *rsp500* é o retorno mensal sobre o índice do mercado de ações Standard & Poor's 500, uma taxa anual. (Isso inclui mudanças de preço além de dividendos.) A variável *i3* é o retorno trimestral sobre os títulos do Tesouro Americano, e *pcip* é a mudança percentual da produção industrial; essas também são taxas anuais.

(i) Considere a equação

$$rsp500_t = \beta_0 + \beta_1 pcip_t + \beta_2 i3_t + u_t.$$

Quais sinais você acha que β_1 e β_2 devem ter?

(ii) Estime a equação anterior por MQO, registrando os resultados na forma padrão. Interprete os sinais e as magnitudes dos coeficientes.

(iii) Qual das variáveis é estatisticamente significante?

(iv) Seus achados do item (iii) indicam que o retorno sobre o S&P 500 é previsível? Explique.

C10 Considere o modelo estimado na equação (10.15); use os dados do arquivo INTDEF.

   (i) Encontre a correlação entre *inf* e *def* durante o período amostral e comente.

   (ii) Adicione uma defasagem única de *inf* e *def* à equação e registre os resultados na forma usual.

   (iii) Compare a PLP estimada para o efeito da inflação com aquela obtida na equação (10.15). Elas são muito diferentes?

   (iv) As duas defasagens do modelo são conjuntamente significantes a um nível de 5%?

C11 O arquivo TRAFFIC2 contém 108 observações mensais sobre acidentes automotivos, leis de trânsito e outras variáveis para a Califórnia de janeiro de 1981 até dezembro de 1989. Use esse conjunto de dados para responder às questões a seguir.

   (i) Em que mês e ano a lei do cinto de segurança entrou em vigor na Califórnia? Quando o limite de velocidade nas rodovias aumentou para 65 milhas por hora?

   (ii) Faça a regressão da variável log(*totacc*) sobre uma tendência linear temporal e 11 variáveis *dummy* mensais, usando janeiro como o mês-base. Interprete o coeficiente estimado na tendência temporal. Você diria que há sazonalidade no total de acidentes?

   (iii) Adicione à regressão do item (ii) as variáveis *wkends, unem, spdlaw* e *beltlaw*. Discuta o coeficiente sobre a variável de desemprego. Seu sinal e magnitude fazem sentido para você?

   (iv) Na regressão do item (iii), interprete os coeficientes de *spdlaw* e *beltlaw*. Os efeitos estimados são os que você esperava? Explique.

   (v) A variável *prcfat* é a porcentagem de acidentes que resultam em pelo menos uma morte. Note que essa variável é uma porcentagem, não uma proporção. Qual é a média de *prcfat* neste período? A magnitude parece correta?

   (vi) Faça a regressão do item (iii), mas use *prcfat* como a variável dependente no lugar de log(*totacc*). Discuta os efeitos estimados e a significância das variáveis de lei de velocidade e de cinto de segurança.

C12 (i) Estime a equação (10.2) usando todos os dados do arquivo PHILLIPS e registre os resultados na forma usual. Quantas observações você tem agora?

   (ii) Compare as estimativas do item (i) com as da equação (10.14). Em particular, a adição de anos extra ajuda a obter um equilíbrio entre inflação e desemprego? Explique.

   (iii) Agora faça a regressão usando somente os anos de 1997 a 2003. De que forma essas estimativas diferem daquelas da equação (10.14)? As estimativas que usam os sete últimos anos são precisas o suficiente para extrair alguma conclusão sólida? Explique.

   (iv) Considere uma estrutura de regressão simples na qual começamos com n observações de séries temporais e as dividimos em período inicial e final. No primeiro período de tempo, temos n_1 observações, e no segundo temos n_2. Conte com as partes anteriores deste exercício para avaliar a seguinte afirmação: "Em geral, podemos esperar que a estimativa de inclinação usando todas as n observações seja aproximadamente igual à média ponderada das estimativas de inclinação das subamostras inicial e final, em que os pesos são n_1/n e n_2/n, respectivamente".

C13 Use os dados do arquivo MINWAGE para este exercício. Em especial, use as séries de emprego e salário para o setor 232 (Mobiliário para homens e garotos). A variável *gwage232* é o crescimento mensal (mudança em logs) do salário médio no setor 232, *gemp232* é o crescimento dos empregos no setor 232, *gmwage* é o crescimento do salário-mínimo federal e *gcpi* é o crescimento do Índice de Preços para o Consumidor (urbano).

   (i) Faça a regressão de *gwage232* sobre *gmwage, gcpi*. O sinal e a magnitude de $\hat{\beta}_{gmwage}$ fazem sentido para você? Explique. A variável *gmwage* é estatisticamente significante?

   (ii) Adicione defasagens de 1 a 12 de *gmwage* à equação do item (i). Você acha que é necessário incluir essas defasagens para estimar o efeito em longo prazo do crescimento do salário-mínimo sobre o aumento salarial do setor 232? Explique.

   (iii) Faça a regressão de *gemp232* sobre *gmwage, gcpi*. O aumento do salário-mínimo parece ter um efeito contemporâneo sobre *gemp232*?

   (iv) Adicione defasagens de 1 a 12 à equação do crescimento do emprego. O crescimento do salário-mínimo tem um efeito estatisticamente significante sobre o aumento nos empregos, em curto ou longo prazo? Explique.

C14 Use os dados do arquivo APPROVAL para responder às questões a seguir. O conjunto de dados consiste em 78 meses de informações durante o governo de George W. Bush. (Os dados acabam em julho de 2007, antes de Bush deixar o cargo.) Além de variáveis econômicas e indicadores binários de vários eventos, ele inclui uma taxa de aprovação, *approve*, coletada por Gallup. (Atenção: você também deve tentar fazer o Exercício em computador C14, do Capítulo 11, para obter um entendimento mais completo das questões econométricas envolvidas na análise destes dados.)

   (i) Qual é a amplitude da variável *approve*? Qual é o valor médio?

   (ii) Estime o modelo

$$approve_t = \beta_0 + \beta_1 lcpifood_t + \beta_2 lrgasprice_t + \beta_3 unemploy_t + u_t,$$

em que as duas primeiras variáveis estão em forma logarítmica, e registre as estimativas na forma usual.

   (iii) Interprete os coeficientes das estimativas do item (ii). Comente sobre os sinais e os tamanhos dos efeitos, bem como sobre a significância estatística.

   (iv) Adicione as variáveis binárias *sep11* e *iraqinvade* à equação do item (ii). Interprete os coeficientes sobre as variáveis *dummy*. Elas são estatisticamente significantes?

   (v) A adição de variáveis *dummy* do item (iv) muda muito as outras estimativas? Existe algum coeficiente difícil de interpretar no item (iv)?

   (vi) Adicione *lsp500* à regressão do item (iv). Controlando outros fatores, o mercado de ações tem um efeito importante sobre a taxa de aprovação presidencial?

CAPÍTULO 11

Questões adicionais quanto ao uso do MQO com dados de séries temporais

No Capítulo 10, discutimos as propriedades de amostras finitas do MQO para dados de séries temporais sob conjuntos de hipóteses crescentemente mais fortes. Sob o conjunto total de hipóteses do modelo linear clássico de séries temporais, ST.1 a ST.6, o MQO tem *exatamente* as mesmas propriedades desejáveis que derivamos para os dados de corte transversal. Da mesma forma, a inferência estatística é conduzida da mesma maneira, como se fosse para uma análise de corte transversal.

De nossa análise do corte transversal no Capítulo 5, sabemos que há boas razões para estudar as propriedades de amostras grandes do MQO. Por exemplo, se os termos de erro não forem extraídos de uma distribuição normal, teremos de nos valer do teorema do limite central para justificar as habituais estatísticas de testes e intervalos de confiança do MQO.

A análise de amostras grandes é ainda mais importante no contexto de séries temporais. (O que é de, certa forma, irônico, dado que amostras grandes de séries temporais podem ser difíceis de se obter; mas, com frequência, não temos outra escolha senão recorrer às aproximações de amostras grandes.) Na Seção 10.3 explicamos como a Hipótese de exogeneidade estrita (ST.3) pode ser violada em modelos estáticos e de defasagens distribuídas. Como mostraremos na Seção 11.2, modelos com variáveis dependentes defasadas devem infringir a Hipótese ST.3.

Infelizmente, a análise de amostras grandes para problemas de séries temporais é repleta de mais dificuldades do que a análise de corte transversal. No Capítulo 5, obtivemos as propriedades de MQO de amostras grandes no contexto de amostragem aleatória. O assunto é mais complicado quando permitimos que as observações sejam correlacionadas ao longo do tempo. Contudo, os principais teoremas de limites se sustentam em alguns, embora não em todos, processos de séries temporais. O ponto principal é saber se a correlação entre as variáveis em diferentes períodos de tempo tende a zero com rapidez suficiente. Séries temporais que tenham correlação temporal substancial exigem atenção especial à análise de regressão. Este capítulo abordará certos problemas relacionados com esses tipos de séries na análise de regressão.

11.1 Séries temporais estacionárias e fracamente dependentes

Nesta seção, apresentaremos os principais conceitos necessários para aplicar as aproximações comuns de amostras grandes na análise de regressão com dados de séries temporais. Os detalhes não são tão importantes quanto o entendimento geral dos problemas.

11-1a Séries temporais estacionárias e não estacionárias

Historicamente, a ideia de **processo estacionário** tem desempenhado papel importante na análise de séries temporais. Um processo estacionário de série temporal é aquele em que as distribuições de probabilidades são estáveis no decorrer do tempo no seguinte sentido: se pegarmos qualquer coleção de variáveis aleatórias na sequência e depois deslocarmos essa sequência para diante em h períodos de tempo, a distribuição de probabilidade conjunta deve permanecer inalterada. Segue-se definição formal de estacionariedade.

Processo estocástico estacionário: O processo estocástico $\{x_t: t = 1, 2, ...\}$ é *estacionário* se, para todas as coleções de índices temporais $1 \leq t_1 < t_2 < ... < t_m$, a distribuição conjunta de $(x_{t_1}, x_{t_2}, ..., x_{t_m})$ for a mesma que a distribuição conjunta de $(x_{t_1+h}, x_{t_2+h}, ..., x_{t_m+h})$ para todos os inteiros $h \geq 1$.

Essa definição é um pouco abstrata, mas seu significado é bastante objetivo. Uma implicação (selecionando $m = 1$ e $t_1 = 1$) é que x_t tenha a mesma distribuição de x_1 para todo $t = 2, 3, ...$. Em outras palavras, a sequência $\{x_t: t = 1, 2, ...\}$ é *identicamente distribuída*. A estacionariedade exige ainda mais. Por exemplo, a distribuição conjunta de (x_1, x_2) (os primeiros dois termos da sequência) deve ser a mesma que a da distribuição conjunta de (x_t, x_{t+1}) para qualquer $t \geq 1$. Mais uma vez, isso não coloca nenhuma restrição sobre como x_t e x_{t+1} estão relacionados entre si; aliás, eles podem ser altamente correlacionados. A estacionariedade não exige que a natureza de qualquer correlação entre termos adjacentes seja a mesma para todos os períodos de tempo.

Um processo estocástico que não seja estacionário é chamado de **processo não estacionário**. Como a estacionariedade é um aspecto do processo estocástico subjacente e não da única realização disponível, pode ser muito difícil determinar se os dados que coletamos foram gerados por um processo estacionário. Contudo, é fácil identificar certas sequências que não sejam estacionárias. Um processo com uma tendência temporal do tipo discutido na Seção 10.5 é claramente não estacionário: no mínimo, sua média muda no tempo.

Algumas vezes, uma forma mais fraca de estacionariedade é suficiente. Se $\{x_t: t = 1, 2, ...\}$ tiver um segundo momento finito, isto é, $E(x_t^2), < \infty$ para todo t, então, a seguinte definição se aplica.

Processo de covariância estacionária: Um processo estocástico $\{x_t: t = 1, 2, ...\}$ com segundo momento finito $[E(x_t^2) < \infty]$ tem **covariância estacionária** se (i) $E(x_t)$ for

> **QUESTÃO 11.1**
>
> Suponha que $\{y_t: t = 1, 2, \ldots\}$ seja gerado por $y_t = \delta_0 + \delta_1 t + e_t$, em que $\delta_1 \neq 0$ e $\{e_t: t = 1, 2, \ldots\}$ é uma sequência i.d.d. com média zero e variância σ_e^2. (i) $\{y_t\}$ tem covariância estacionária? (ii) $y_t - E(y_t)$ tem covariância estacionária?

constante; (ii) Var(x_t) for constante; e (iii) para qualquer t, $h \geq 1$, Cov(x_t, x_{t+h}) depender somente de h e não de t.

A estacionariedade da covariância enfatiza somente os primeiros dois momentos de um processo estocástico: a média e a variância do processo são constantes no decorrer do tempo e a covariância entre x_t e x_{t+h} depende somente da distância entre os dois termos, h, e não da localização do período de tempo inicial, t. Conclui-se imediatamente que a correlação entre x_t e x_{t+h} também depende somente de h.

Se um processo estacionário tem um segundo momento finito, então, ele deve ter covariância estacionária, mas o inverso, com certeza, não é verdadeiro. Algumas vezes, para enfatizar que a estacionariedade é um requisito mais forte do que a estacionariedade da covariância, a primeira é referida como *estacionariedade estrita*. Como a estacionariedade estrita simplifica o enunciado de algumas de nossas hipóteses subsequentes, "estacionariedade" para nós sempre significará a forma estrita.

Como é utilizada a estacionariedade de séries temporais na econometria? Em nível técnico, a estacionariedade simplifica os enunciados da lei dos grandes números e do teorema do limite central, embora não estejamos preocupados com enunciados formais neste capítulo. Em nível prático, se quisermos entender a relação entre duas ou mais variáveis usando a análise de regressão, teremos de pressupor algum tipo de estabilidade ao longo do tempo. Se permitirmos que a relação entre duas variáveis (digamos, y_t e x_t) mude arbitrariamente em cada período de tempo, não podemos esperar descobrir muito sobre como a mudança em uma variável afeta a outra variável, se somente tivermos acesso a uma única realização da série temporal.

Ao estabelecer um modelo de regressão múltipla para dados de séries temporais, estamos presumindo certa forma de estacionariedade, no sentido de que β_j não muda ao longo do tempo. Além disso, as Hipóteses ST.4 e ST.5 implicam a variância do processo de erro constante ao longo do tempo e que a correlação entre os erros em dois períodos adjacentes seja igual a zero, o que claramente é constante ao longo do tempo.

11-1b Séries temporais fracamente dependentes

A estacionariedade tem a ver com as distribuições conjuntas de um processo, conforme ele se move ao longo do tempo. Um conceito bastante diferente é o da dependência fraca, que coloca restrições sobre o quanto podem estar fortemente relacionadas as variáveis aleatórias x_t e x_{t+h}, à medida que a distância temporal entre elas, h, fique maior. A noção de dependência fraca é mais facilmente discutida em uma série temporal estacionária: em linhas gerais, um processo estacionário de série temporal $\{x_t: t = 1, 2,\ldots\}$ é chamado de **fracamente dependente** se x_t e x_{t+h} forem "quase independentes", enquanto h aumenta sem limites. Um enunciado semelhante se mantém verdadeiro se a sequência for não estacionária, mas, neste caso, temos de supor que o conceito de quase independência não depende do ponto de partida, t.

A descrição de dependência fraca dada no parágrafo anterior é forçosamente vaga. Não podemos definir formalmente a dependência fraca por não existir definição que englobe todos os casos de interesse. Existem muitas formas específicas de dependência fraca que são formalmente definidas, mas estão muito além do escopo deste texto. [Veja White (1984), Hamilton (1994) e Wooldridge (1994b) para abordagens avançadas desses conceitos.]

Para nosso propósito, uma noção intuitiva do significado de dependência fraca é suficiente. Sequências com covariância estacionária podem ser caracterizadas em termos de correlações: uma série temporal com covariância estacionária é fracamente dependente se a correlação entre x_t e x_{t+h} se aproxima de zero "com rapidez suficiente" quando $h \to \infty$. (Em razão da estacionariedade da covariância, a correlação não depende do ponto de partida, t.) Em outras palavras, à medida que as variáveis se afastam no tempo, a correlação entre elas se torna cada vez menor. Sequências com covariância estacionária em que $\text{Corr}(x_t, x_{t+h}) \to 0$ conforme $h \to \infty$ são chamadas de **assimptoticamente não correlacionadas**. Intuitivamente, é dessa maneira que em geral caracterizaremos a dependência fraca. De maneira técnica, temos de supor que a correlação converge para zero de forma suficientemente rápida, mas esqueçamos isso.

Por que a dependência fraca é importante para a análise de regressão? Essencialmente, ela substitui a hipótese de amostragem aleatória indicando que a lei dos grandes números (LGN) e o teorema do limite central (TLC) são válidos. O teorema do limite central mais conhecido para dados de séries temporais requer estacionariedade e alguma forma de dependência fraca: assim, séries temporais estacionárias e fracamente dependentes são ideais para serem usadas na análise de regressão múltipla. Na Seção 11.2, argumentaremos que o MQO pode ser justificado de maneira bastante geral, recorrendo-se aos enunciados LGN e TLC. Séries temporais que não sejam fracamente dependentes – cujos exemplos veremos na Seção 11.3 – geralmente não satisfazem o TLC, razão pela qual seu uso na análise de regressão múltipla pode ser delicado.

O exemplo mais simples de uma série temporal fracamente dependente é uma sequência independente, identicamente distribuída: uma sequência que seja independente é fracamente dependente. Um exemplo mais interessante de uma sequência fracamente dependente é

$$x_t = e_t + \alpha_1 e_{t-1}, t = 1, 2, \ldots, \tag{11.1}$$

em que $\{e_t: t = 0, 1, \ldots\}$ é uma sequência i.i.d. com média zero e variância σ_e^2. O processo $\{x_t\}$ é chamado de **processo de média móvel de ordem um [MA(1)]**: x_t é uma média ponderada de e_t e e_{t-1}; no período seguinte, eliminamos e_{t-1} e, então, x_{t+1} dependerá de e_{t+1} e e_t. O ajuste do coeficiente de e_t para 1 em (11.1) não produzirá perda de generalidade. [Na equação (11.1), usamos x_t e e_t como marcações genéricas de processos de séries temporais. Elas não precisam ter nada a ver com as variáveis explicativas ou com os erros em um modelo de regressão de série temporal, embora ambas as variáveis explicativas e os erros possam ser processos MA(1).]

Por que um processo MA(1) é fracamente dependente? Os termos adjacentes na sequência são correlacionados: como $x_{t+1} = e_{t+1} + \alpha_1 e_t$, $\text{Cov}(x_t, x_{t+1}) = \alpha_1 \text{Var}(e_t) = \alpha_1 \sigma_e^2$. Dado que $\text{Var}(x_t) = (1 + \alpha_1^2) \sigma_e^2$, $\text{Corr}(x_t, x_{t+1}) = \alpha_1/(1 + \alpha_1^2)$. Por exemplo, se $\alpha_1 = 0{,}5$, $\text{Corr}(x_t, x_{t+1}) = 0{,}4$. [A correlação máxima positiva ocorre quando $\alpha_1 = 1$, caso em que $\text{Corr}(x_t, x_{t+1}) = 0{,}5$.] Todavia, quando verificamos as variáveis na sequência que estejam separadas por dois ou mais períodos de tempo, elas são não correlacionadas porque são independentes. Por exemplo, $x_{t+2} = e_{t+2} + \alpha_1 e_{t+1}$ é independente de x_t porque $\{e_t\}$ é independente ao longo de t. Em razão da hipótese de distribuição idêntica sobre e_t, $\{x_t\}$ em (11.1) é efetivamente estacionário. Assim, uma sequência MA(1) é estacionária e fracamente dependente, e a lei dos grandes números e o teorema do limite central podem ser aplicados a $\{x_t\}$.

Um exemplo mais conhecido é o processo

$$y_t = \rho_1 y_{t-1} + e_t, t = 1, 2, \ldots. \tag{11.2}$$

O ponto de partida na sequência é y_0 (em $t = 0$), e $\{e_t: t = 1, 2, \ldots\}$ é uma sequência i.i.d. com média zero e variância σ_e^2. Também presumimos que os e_t são independentes de y_0 e que $E(y_0) = 0$. Esse processo é chamado de **processo autorregressivo de ordem um [AR(1)]**.

A hipótese crucial para a fraca dependência de um processo AR(1) é a *condição de estabilidade* $|\rho_1| < 1$. Então, dizemos que $\{y_t\}$ é um **processo AR(1) estável**.

Para verificar se um processo AR(1) estável é assimptoticamente não correlacionado, é útil supor que o processo tenha covariância estacionária. (De fato, é possível mostrar que em geral $\{y_t\}$ é estritamente estacionário, mas a prova disso é um tanto técnica.) Então, sabemos que $E(y_t) = E(y_{t-1})$, e de (11.2) com $\rho_1 \neq 1$, isso pode acontecer somente se $E(y_t) = 0$. Tomando a variância de (11.2) e usando o fato de que e_t e y_{t-1} são independentes (e, portanto, não correlacionados), $Var(y_t) = \rho_1^2 Var(y_{t-1}) + Var(e_t)$, e assim, sob a estacionariedade da covariância, devemos ter $\sigma_y^2 = \rho_1^2 \sigma_y^2 + \sigma_e^2$. Como $\rho_1^2 < 1$ pela condição de estabilidade, podemos encontrar facilmente σ_y^2:

$$\sigma_y^2 = \sigma_e^2/(1 - \rho_1^2). \tag{11.3}$$

Agora, podemos encontrar a covariância entre y_t e y_{t+h} para $h \geq 1$. Usando substituições repetidas,

$$y_{t+h} = \rho_1 y_{t+h-1} + e_{t+h} = \rho_1(\rho_1 y_{t+h-2} + e_{t+h-1}) + e_{t+h}$$
$$= \rho_1^2 y_{t+h-2} + \rho_1 e_{t+h-1} + e_{t+h} = \ldots$$
$$= \rho_1^h y_t + \rho_1^{h-1} e_{t+1} + \ldots + \rho_1 e_{t+h-1} + e_{t+h}.$$

Como $E(y_t) = 0$ para todos os t, podemos multiplicar esta última equação por y_t e aplicar o valor esperado para obter $Cov(y_t, y_{t+h})$. Usando o fato de que e_{t+j} é não correlacionado com y_t, para todo $j \geq 1$, temos

$$Cov(y_t, y_{t+h}) = E(y_t y_{t+h}) = \rho_1^h E(y_t^2) + \rho_1^{h-1} E(y_t e_{t+1}) + \ldots + E(y_t e_{t+h})$$
$$= \rho_1^h E(y_t^2) = \rho_1^h \sigma_y^2.$$

Como σ_y é o desvio padrão de y_t e de y_{t+h}, podemos facilmente encontrar as correlações entre y_t e y_{t+h} para qualquer $h \geq 1$:

$$Corr(y_t, y_{t+h}) = Cov(y_t, y_{t+h})/(\sigma_y \sigma_y) = \rho_1^h. \tag{11.4}$$

Especialmente, $Corr(y_t, y_{t+1}) = \rho_1$, de modo que ρ_1 é o coeficiente de correlação entre dois termos quaisquer adjacentes na sequência.

A equação (11.4) é importante porque mostra que, embora y_t e y_{t+h} sejam correlacionados para qualquer $h \geq 1$, a correlação se torna muito pequena para h grande: como $|\rho_1| < 1$, $\rho_1^h \to 0$ à medida que $h \to \infty$. Mesmo quando ρ_1 é grande – digamos, 0,9, o que implica uma correlação positiva muito grande entre os termos adjacentes – a correlação entre y_t e y_{t+h} tende para zero com bastante rapidez. Por exemplo, $Corr(y_t, y_{t+5})$

= 0,591, Corr(y_t, y_{t+10}) = 0,349 e Corr(y_t, y_{t+20}) = 0,122. Se t indexar anos, significa que a correlação entre o resultado de dois y que estejam separados em 20 anos é cerca de 0,122. Quando ρ_1 é menor, a correlação extingue-se muito mais rapidamente. (Você pode tentar com $\rho_1 = 0,5$ para verificar isso.)

Essa análise mostra, heuristicamente, que um processo AR(1) estável é fracamente dependente. O modelo AR(1) é especialmente importante na análise de regressão múltipla com dados de séries temporais. Discutiremos aplicações adicionais no Capítulo 12 e seu uso em previsões no Capítulo 18.

Existem muitos outros tipos de séries temporais fracamente dependentes, inclusive híbridos de processos autorregressivos e de média móvel. Entretanto, os exemplos anteriores servem bem para nosso propósito.

Antes de encerrarmos esta seção, devemos enfatizar um ponto que muitas vezes causa confusão em econometria de séries temporais. Uma série de tendência, embora, com certeza, seja não estacionária, *pode* ser fracamente dependente. Aliás, no modelo de tendência temporal linear simples, no Capítulo 10 [veja a equação (10.24)], a série $\{y_t\}$ era, efetivamente, independente. Uma série que seja estacionária sobre sua tendência temporal, como também fracamente dependente, é, com frequência, chamada de **processo de tendência estacionária**. (Observe que o nome não é completamente descritivo porque consideramos dependência fraca com estacionariedade.) Esses processos podem ser usados em análise de regressão como fizemos no Capítulo 10, *desde que* tendências temporais apropriadas sejam incluídas no modelo.

11.2 Propriedades assimptóticas do MQO

No Capítulo 10, vimos alguns casos nos quais as hipóteses do modelo linear clássico não são satisfeitas em certos problemas de séries temporais. Nesses casos, temos de recorrer às propriedades de amostras grandes do MQO, da mesma forma que na análise de corte transversal. Nesta seção, estabelecemos as hipóteses e os principais resultados que legitimam o MQO de forma mais genérica. As provas dos teoremas neste capítulo, por serem um pouco mais difíceis, são omitidas. Veja Wooldridge (1994b).

Hipótese ST.1' | **Linearidade e dependência fraca**

Nós presumimos que o modelo seja exatamente como na Hipótese ST.1, mas agora adicionamos a hipótese de que $\{(\mathbf{x}_t, y_t): t = 1, 2, ...\}$ é estacionária e fracamente dependente. Em particular, a lei dos grandes números e o teorema do limite central podem ser aplicados às médias amostrais.

O requisito da linearidade nos parâmetros mais uma vez significa podermos escrever o modelo como

$$y_t = \beta_0 + \beta_1 x_{t1} + ... + \beta_k x_{tk} + u_t, \tag{11.5}$$

em que os β_j são os parâmetros a serem estimados. Diferentemente do Capítulo 10, os x_{tj} podem incluir defasagens da variável dependente. Como sempre, defasagens de variáveis explicativas também são permitidas.

Incluímos a estacionariedade na Hipótese ST.1' por conveniência, ao definirmos e interpretarmos as hipóteses. Se estivéssemos trabalhando meticulosamente com as propriedades assimptóticas do MQO, como fazemos no Apêndice E, a estacionariedade também simplificaria aquelas derivações. Contudo, a estacionariedade não é de maneira alguma fundamental para que o MQO tenha propriedades assimptóticas padrão. (Como mencionado na Seção 11.1, presumindo que os β_j sejam constantes ao longo do tempo, já estamos considerando alguma forma de estabilidade nas distribuições ao longo do tempo.) A restrição adicional importante na Hipótese ST.1', quando comparada com a Hipótese ST.1, é a hipótese de dependência fraca. Na Seção 11.1, dedicamos uma boa parte dela discutindo a dependência fraca porque ela não é de forma alguma uma hipótese inócua. Tecnicamente, a Hipótese ST.1' requer uma dependência fraca de séries temporais múltiplas (y_t e elementos de $\mathbf{x}_t$), e isso envolve a criação de restrições na distribuição conjunta ao longo do tempo. Os detalhes não são particularmente importantes e estão, de qualquer forma, além do escopo deste texto; ver Wooldridge (1994). É mais importante entender os tipos de processos de séries temporais persistentes que violam a exigência de dependência fraca, e nós voltaremos a este assunto na próxima seção. Lá também discutimos o uso de processos persistentes em modelos de regressão múltipla. Naturalmente, nós também descartamos a colinearidade perfeita.

Hipótese ST.2' Colinearidade imperfeita

Igual à Hipótese ST.2.

Hipótese ST.3' Média condicional zero

As variáveis explicativas $\mathbf{x}_t = (x_{t1}, x_{t2}, ..., x_{tk})$ são **contemporaneamente exógenas** como na equação (10.10): $E(u_t|\mathbf{x}_t) = 0$.

Esta é a hipótese mais natural com referência à relação entre u_t e as variáveis explicativas. Ela é muito mais fraca que a Hipótese ST.3, porque não coloca restrições sobre como u_t está relacionada com as variáveis explicativas em outros períodos de tempo. Veremos brevemente exemplos que satisfazem ST.3'. Pela estacionariedade, se a exogeneidade contemporânea for válida para um período de tempo, será válida para todos os demais. O relaxamento da estacionariedade simplesmente exigirá que se considere uma condição válida para todo $t = 1, 2, ...$.

Para determinados propósitos, é útil saber que o resultado de consistência seguinte apenas exige que u_t tenha média incondicional zero e que seja não correlacionado com cada x_{tj}:

$$E(u_t) = 0, \text{Cov}(x_{tj}, u_t) = 0, j = 1, ..., k. \tag{11.6}$$

Trabalharemos principalmente com a hipótese de média condicional zero, pois ela conduz à mais objetiva análise assimptótica.

TEOREMA 11.1 CONSISTÊNCIA DO MQO

Sob ST.1', ST.2' e ST.3', os estimadores de MQO são consistentes: plim $\hat{\beta}_j = \beta_j, j = 0, 1, ..., k$.

Existem algumas importantes diferenças práticas entre os Teoremas 10.1 e 11.1. Primeira, no Teorema 11.1 concluímos que os estimadores de MQO são consistentes, mas não necessariamente não viesados. Segunda, no Teorema 11.1, enfraquecemos a noção de que as variáveis explicativas devem ser exógenas, mas a dependência fraca é exigida nas séries temporais subjacentes. A dependência fraca também é crucial na obtenção de resultados distribucionais aproximados, sobre os quais falaremos mais adiante.

EXEMPLO 11.1 O modelo estático

Considere um modelo estático com duas variáveis explicativas:

$$y_t = \beta_0 + \beta_1 z_{t1} + \beta_2 z_{t2} + u_t. \tag{11.7}$$

Sob dependência fraca, a condição suficiente para a consistência do MQO é

$$E(u_t | z_{t1}, z_{t2}) = 0. \tag{11.8}$$

Isso exclui as variáveis omitidas que estejam em u_t e sejam correlacionadas com z_{t1} ou z_{t2}. Tampouco qualquer função de z_{t1} ou z_{t2} pode ser correlacionada com u_t, e assim a Hipótese ST.3' exclui formas funcionais mal-especificadas, exatamente como no caso do corte transversal. Outros problemas, como o erro de medida nas variáveis z_{t1} ou z_{t2}, podem fazer com que (11.8) não se sustente.

Fundamentalmente, a Hipótese ST.3' *não* exclui a possibilidade de correlação entre, digamos, u_{t-1} e z_{t1}. Esse tipo de correlação pode surgir se z_{t1} for relacionado com y_{t-1} passado, como, por exemplo

$$z_{t1} = \delta_0 + \delta_{+} y_{t-1} + v_t. \tag{11.9}$$

Por exemplo, z_{t1} pode ser uma variável de política econômica, como, por exemplo, a mudança percentual mensal da oferta monetária, e essa mudança depende das taxas de inflação do último mês (y_{t-1}). Esse mecanismo geralmente faz com que z_{t1} e u_{t-1} sejam correlacionados (como pode ser verificado em y_{t-1}). Esse tipo de retroalimentação é permitido sob a Hipótese ST.3'.

EXEMPLO 11.2 O modelo de defasagens distribuídas finitas

No modelo de defasagens distribuídas finitas,

$$y_t = \alpha_0 + \delta_0 z_t + \delta_1 z_{t-1} + \delta_2 z_{t-2} + u_t, \tag{11.10}$$

uma hipótese bastante natural é a de que o valor esperado de u_t seja zero, dados os valores correntes e *todos os valores passados* de z:

$$E(u_t | z_t, z_{t-1}, z_{t-2}, z_{t-3}, \ldots) = 0. \tag{11.11}$$

E o significado é que, estando incluídos z_t, z_{t-1} e z_{t-2}, nenhuma outra defasagem de z afeta $E(y_t | z_t, z_{t-1}, z_{t-2}, z_{t-3}, \ldots)$; se isso não fosse verdadeiro, colocaríamos defasagens adicionais na equação. Por exemplo, y_t poderia ser a mudança percentual anual nos investimentos e z_t uma medida das taxas de juros durante o ano t. Quando definimos $\mathbf{x}_t = (z_t, z_{t-1}, z_{t-2})$, a Hipótese ST.3' é satisfeita: o MQO será consistente. Como no exemplo anterior, ST.3' não elimina a retroalimentação de y para valores futuros de z.

Os dois exemplos anteriores não exigem, necessariamente, teoria assimptótica, pois as variáveis explicativas *poderiam* ser estritamente exógenas. O próximo exemplo viola claramente a hipótese de exogeneidade estrita; portanto, somente podemos recorrer às propriedades de amostras grandes do MQO.

EXEMPLO 11.3 O modelo AR(1)

Considere o modelo AR(1)

$$y_t = \beta_0 + \beta_1 y_{t-1} + u_t, \tag{11.12}$$

em que o erro u_t tem um valor esperado de zero, dados todos os valores passados de y:

$$E(u_t|y_{t-1}, y_{t-2}, \ldots) = 0 \tag{11.13}$$

Combinadas, essas duas equações implicam

$$E(y_t|y_{t-1}, y_{t-2}, \ldots) = E(y_t|y_{t-1}) = \beta_0 + \beta_1 y_{t-1}. \tag{11.14}$$

Esse resultado é muito importante. Primeiro, ele quer dizer que, uma vez que y defasado em um período seja controlado, nenhuma outra defasagem de y afetará o valor esperado de y_t. (É daí que se origina o termo "primeira ordem".) Segundo, a relação é considerada linear.

Como $\mathbf{x}_t$ contém somente y_{t-1}, a equação (11.13) indica que a Hipótese ST.3' é válida. De outro lado, a hipótese de exogeneidade estrita necessária para a inexistência de viés, Hipótese ST.3, não se sustenta. Como o conjunto de variáveis explicativas para todos os períodos de tempo inclui todos os valores de y exceto o último, (y_0, $y_1, \ldots, y_{n-1}$), a Hipótese ST.3 exige que, para todos os t, u_t seja não correlacionado com cada um dos $y_0, y_1, \ldots, y_{n-1}$. Isso não pode ser verdadeiro. De fato, como u_t é não correlacionado com y_{t-1} sob (11.13), u_t e y_t devem ser correlacionados. Aliás, pode-se ver facilmente que $\text{Cov}(y_t, u_t) = \text{Var}(u_t) > 0$. Portanto, um modelo com uma variável dependente defasada não pode satisfazer a Hipótese ST.3 de exogeneidade estrita.

Para que a condição de dependência fraca seja válida, temos de considerar $|\beta_1| < 1$, como discutimos na Seção 11.1. Se esta condição se mantiver, então, o Teorema 11.1 indica que o estimador MQO da regressão de y_t sobre y_{t-1} produzirá estimadores consistentes de β_0 e de β_1. Infelizmente, $\hat{\beta}_1$ é viesado, e esse viés pode ser grande se o tamanho da amostra for pequeno ou se β_1 for próximo de 1. (Para β_1 próximo de 1, $\hat{\beta}_1$ pode ter um severo viés para baixo.) Em amostras de moderadas para grandes, $\hat{\beta}_1$ será um bom estimador de β_1.

Quando usamos os procedimentos padrão de inferência, temos de impor versões das hipóteses de homoscedasticidade e de inexistência de correlação serial. Elas são menos restritivas do que suas correspondentes do modelo linear clássico do Capítulo 10.

Hipótese ST.4' Homoscedasticidade

Os erros são **contemporaneamente homoscedásticos**, isto é, $\text{Var}(u_t|\mathbf{x}_t) = \sigma^2$.

CAPÍTULO 11 Questões adicionais quanto ao uso do MQO com dados de séries temporais

Hipótese ST.5' — Inexistência de correlação serial

Para todo $t \neq s$, $E(u_t u_s | \mathbf{x}_t, \mathbf{x}_s) = 0$.

Observe como, em ST.4', a condicionalidade ocorre apenas nas variáveis explicativas no tempo t (compare com ST.4). Na Hipótese ST.5', a condicionalidade foi feita apenas nas variáveis explicativas nos períodos de tempo que coincidem com u_t e u_s. Como mencionado, essa hipótese é um pouco difícil de ser interpretada, mas é a condição correta para estudar as propriedades de amostras grandes do MQO em uma diversidade de regressões de séries temporais. Quando consideramos ST.5', muitas vezes ignoramos o condicionamento em $\mathbf{x}_t$ e $\mathbf{x}_s$, e somente pensamos se u_t e u_s são não correlacionadas, para todo $t \neq s$.

A correlação serial frequentemente é um problema nos modelos de regressão estáticos e de defasagens distribuídas finitas: nada garante que os u_t não observáveis sejam não correlacionados ao longo do tempo. Fundamentalmente, a Hipótese ST.5' *é válida* no modelo AR(1) especificado nas equações (11.12) e (11.13). Como a variável explicativa no tempo t é y_{t-1}, temos de mostrar que $E(u_t u_s | y_{t-1}, y_{s-1}) = 0$ para todo $t \neq s$. Para verificar isso, suponha que $s < t$. (O outro caso resulta por simetria.) Então, como $u_s = y_s - \beta_0 - \beta_1 y_{s-1}$, u_s é uma função de y datada antes do tempo t. Contudo, por (11.13), $E(u_t | u_s, y_{t-1}, y_{s-1}) = 0$, e, portanto, $E(u_t u_s | u_s, y_{t-1}, y_{s-1}) = u_s E(u_t | y_{t-1}, y_{s-1}) = 0$. Pela lei das expectativas repetidas (veja Apêndice B), $E(u_t u_s | y_{t-1}, y_{s-1}) = 0$. Isso é muito importante: desde que somente uma defasagem pertença a (11.12), os erros devem ser serialmente não correlacionados. Discutiremos essa característica dos modelos dinâmicos de forma mais geral na Seção 11.4.

Agora obtemos um resultado assintótico praticamente idêntico ao do caso do corte transversal.

TEOREMA 11.2 — NORMALIDADE ASSINTÓTICA DO MQO

Sob as Hipóteses ST.1' a ST.5', os estimadores MQO são assimptóticos e normalmente distribuídos. Além disso, os usuais erros padrão, estatísticas t, estatísticas F e estatísticas *LM* [Lagrange] são assimptoticamente válidos.

Este teorema fornece justificativa adicional para pelo menos alguns dos exemplos estimados no Capítulo 10: mesmo que as hipóteses do modelo linear clássico não se sustentem, o MQO ainda assim é consistente e os procedimentos habituais de inferência são válidos. Evidentemente, isso depende de que ST.1' a ST.5' sejam verdadeiras. Na próxima seção, discorreremos sobre os modos como a hipótese de dependência fraca pode falhar. Os problemas de correlação serial e heteroscedasticidade são tratados no Capítulo 12.

EXEMPLO 11.4 — A hipótese de mercados eficientes

Podemos utilizar a análise assintótica para testar uma versão da *hipótese de mercados eficientes* (HME). Seja y_t o retorno percentual semanal (de uma quarta-feira a outra, no encerramento) do índice composto da Bolsa de Valores de Nova York. Uma forma estrita da hipótese de mercados eficientes estabelece que as informações observáveis do mercado anteriores à semana t não devem ajudar a prever o retorno durante a semana t. Se utilizarmos somente informações passadas de y, a HME é especificada como

$$E(y_t|y_{t-1}, y_{t-2}, \ldots) = E(y_t). \tag{11.15}$$

Se (11.15) for falsa, poderíamos usar as informações sobre os retornos semanais passados para prever o retorno corrente. A HME presume que essas oportunidades de investimento serão notadas e desaparecerão quase instantaneamente.

Uma maneira simples de testar (11.15) é especificar o modelo AR(1) em (11.12) como o modelo alternativo. Então, a hipótese nula é facilmente estabelecida como H_0: $\beta_1 = 0$. Sob a hipótese nula, a Hipótese ST.3' é verdadeira por (11.15) e, como discutimos anteriormente, a correlação serial não é um problema. A hipótese de homoscedasticidade é $Var(y_t|y_{t-1}) = Var(y_t) = \sigma^2$, a qual consideramos ser verdadeira, por ora. Sob a hipótese nula, os retornos das ações são serialmente não correlacionados, de modo que podemos presumir com segurança que eles são fracamente dependentes. Então, o Teorema 11.2 diz que podemos usar as estatísticas t usuais de MQO de $\hat{\beta}_1$ para testar H_0: $\beta_1 = 0$ contra H_1: $\beta_1 \neq 0$.

Os retornos semanais (*return*) registrados no arquivo NYSE são computados utilizando dados de janeiro de 1976 até março de 1989. Nos raros casos em que quarta-feira foi feriado, o fechamento do próximo dia útil foi utilizado. O retorno semanal médio para esse período foi de 0,196, na forma percentual, com o maior retorno semanal tendo sido de 8,45% e o menor de -15,32% (durante a crise do mercado de ações de outubro de 1987). A estimação do modelo AR(1) produz

$$\widehat{return}_t = 0,180 + 0,059\, return_{t-1}$$
$$(0,081) \quad (0,038) \tag{11.16}$$
$$n = 689, R^2 = 0,0035, \overline{R}^2 = 0,0020.$$

A estatística t do coeficiente de $retorno_{t-1}$ é de cerca de 1,55 e assim H_0: $\beta_1 = 0$ não pode ser rejeitada contra a alternativa bilateral, mesmo no nível de significância de 10%. A estimativa sugere uma leve correlação positiva no retorno da NYSE (Bolsa de Valores de Nova York) entre uma semana e a seguinte, mas não é suficientemente forte para garantir a rejeição da hipótese de mercados eficientes.

No exemplo anterior, a utilização do modelo AR(1) para testar a HME pode não detectar correlação entre retornos semanais que estejam separados por mais de uma semana. É fácil estimar modelos com mais de uma defasagem. Por exemplo, um *modelo autorregressivo de ordem dois*, ou AR(2), é

$$y_t = \beta_0 + \beta_1 y_{t-1} + \beta_2 y_{t-2} + u_t$$
$$E(u_t|y_{t-1}, y_{t-2}, \ldots) = 0. \tag{11.17}$$

Existem condições de estabilidade para β_1 e β_2 que são necessárias para assegurar que o processo AR(2) seja fracamente dependente, mas aqui isso não chega a ser um problema, porque a hipótese nula estabelece que a HME é válida:

$$H_0: \beta_1 = \beta_2 = 0. \tag{11.18}$$

Se adicionarmos a hipótese de homoscedasticidade $\text{Var}(u_t|y_{t-1}, y_{t-2}) = \sigma^2$, podemos usar uma estatística F padrão para testar (11.18). Se estimarmos um modelo AR(2) para $retorno_t$, obteremos

$$\widehat{return_t} = 0{,}186 + 0{,}060\ return_{t-1} - 0{,}038\ return_{t-2}$$
$$(0{,}081)\quad (0{,}038)\qquad\qquad (0{,}038)$$
$$n = 688,\ R^2 = 0{,}0048,\ \bar{R}^2 = 0{,}0019$$

(em que perdemos uma observação a mais em razão da defasagem adicional na equação). As duas defasagens são individualmente não significantes no nível de 10%. Elas também são conjuntamente não significantes: usando $R^2 = 0{,}0048$, a estatística F é, aproximadamente, $F = 1{,}65$; o p-valor para esta estatística F (com 2 e 685 graus de liberdade) é cerca de 0,193. Assim, não rejeitamos (11.18), mesmo no nível de significância de 15%.

EXEMPLO 11.5 A curva das expectativas aumentadas de Phillips

Uma versão linear da *curva das expectativas aumentadas de Phillips* pode ser escrita como

$$inf_t - inf_t^e = \beta_1(unem_t - \mu_0) + e_t,$$

em que μ_0 é a *taxa natural de desemprego* e inf_t^e é a taxa de inflação *esperada* formada no ano $t - 1$. Este modelo supõe que a taxa natural é constante, o que é questionado pelos macroeconomistas. A diferença entre o desemprego efetivo (*unem*) e a taxa natural é chamada de *desemprego cíclico*, ao passo que a diferença entre a inflação efetiva e a esperada é chamada de *inflação não antecipada*. O termo de erro, e_t, é chamado de *choque de oferta* pelos macroeconomistas. Se houver uma relação de substituição entre a inflação não antecipada e o desemprego cíclico, então, $\beta_1 < 0$. [Para uma discussão detalhada sobre a curva das expectativas aumentadas de Phillips, veja Mankiw (1994, Seção 11.2).]

Para completar esse modelo, temos de fazer uma suposição sobre as expectativas inflacionárias. Sob *expectativas adaptativas*, o valor esperado da inflação corrente depende da inflação recentemente observada. Uma formulação particularmente simples é a de que a inflação esperada para este ano seja a mesma do ano anterior: $inf_t^e = inf_{t-1}$. (Veja a Seção 18.1 para uma formulação alternativa das expectativas adaptativas.) Sob essa hipótese podemos escrever

$$inf_t - inf_{t-1} = \beta_0 + \beta_1 unem_t + e_t$$

ou

$$\Delta inf_t = \beta_0 + \beta_1 unem_t + e_t,$$

em que $\Delta inf_t = inf_t - inf_{t-1}$ e $\beta_0 = -\beta_1\mu_0$ (espera-se que β_0 seja positivo, já que $\beta_1 < 0$ e $\mu_0 > 0$). Portanto, sob expectativas adaptativas, a curva das expectativas aumentadas de Phillips relaciona a *mudança* na inflação ao nível de desemprego e a um choque de oferta, e_t. Se e_t for não correlacionado com $unem_t$, como em geral é assumido, então, poderemos estimar consistentemente β_0 e β_1 por MQO. (Não precisamos assumir que, digamos, as taxas de desemprego futuras não serão afetadas pelo choque de oferta corrente.) Presumimos que ST.1' a ST.5' se sustentem. Usando os dados de 1996 em PHILLIPS estimamos

$$\widehat{\Delta inf_t} = 3{,}03 - 0{,}543\, unem_t$$
$$(1{,}38)\ \ (0{,}230) \tag{11.19}$$
$$n = 48, R^2 = 0{,}108, \bar{R}^2 = 0{,}088.$$

A relação de substituição entre o desemprego cíclico e a inflação não antecipada é nítida na equação (11.19): um aumento de um ponto percentual em *unem* reduz a inflação não antecipada em mais de meio ponto percentual. O efeito é estatisticamente significante (*p*-valor bilateral ≈ 0,023). Podemos contrapor isso à curva de Phillips estática no Exemplo 10.1, no qual encontramos uma relação levemente positiva entre a inflação e o desemprego.

Como podemos escrever a taxa natural como $\mu_0 = \beta_0/(-\beta_1)$, podemos usar (11.19) para obter nossa própria estimativa da taxa natural: $\hat{\mu}_0 = \hat{\beta}_0/(-\hat{\beta}_1) = 3{,}03/0{,}543 \approx 5{,}58$. Assim, estimamos a taxa natural por volta de 5,6, o que está dentro da faixa sugerida pelos macroeconomistas: historicamente, de 5% a 6% é a faixa em geral mencionada da taxa natural de desemprego. É difícil obter um erro padrão dessa estimativa, porque temos uma função não linear dos estimadores MQO. Wooldridge (2010, Capítulo 3) apresenta a teoria das funções não lineares. Na presente aplicação, o erro padrão é 0,657, o que leva a um intervalo de confiança assimptótico de 95% (baseado na distribuição normal padrão) de cerca de 4,29 a 6,87 para a taxa natural.

QUESTÃO 11.2

Suponha que as expectativas sejam formadas como $inf_t^e = (1/2)inf_{t-1} + (1/2)inf_{t-2}$. Que regressão você deve executar para estimar a curva das expectativas aumentadas de Phillips?

Sob as Hipóteses ST.1' a ST.5', podemos mostrar que os estimadores MQO são assimptoticamente eficientes na classe de estimadores descrita no Teorema 5.3, mas substituímos o índice *i* da observação de corte transversal pelo índice *t* das séries temporais. Por fim, modelos com variáveis explicativas que apresentam tendência podem, efetivamente, satisfazer as Hipóteses ST.1' a ST.5', desde que sejam estacionários em torno de sua tendência. Desde que as tendências temporais sejam incluídas nas equações quando necessárias, os procedimentos usuais de inferência são assimptoticamente válidos.

11.3 O uso de séries temporais altamente persistentes na análise de regressão

A seção anterior mostrou que, desde que a série temporal que usamos seja fracamente dependente, os procedimentos habituais de inferência do MQO são válidos sob hipóteses mais fracas do que aquelas do modelo linear clássico. Infelizmente, muitas das séries temporais econômicas não podem ser caracterizadas pela dependência fraca. O uso de séries temporais com forte dependência em análise de regressão não representa um problema, *se* as hipóteses MLC do Capítulo 10 se sustentarem. Entretanto, os procedimentos usuais de inferência são muito suscetíveis à violação dessas hipóteses quando os dados não são fracamente dependentes porque, então, não podemos recorrer à lei dos grandes números e ao teorema do limite central. Nesta seção, apresentamos alguns exemplos de séries temporais **altamente persistentes** (ou **fortemente dependentes**) e mostramos como podem ser transformadas para o uso em análise de regressão.

11-3a Séries temporais altamente persistentes

No modelo AR(1) simples (11.2), a hipótese $|\rho_1| < 1$ é crucial para que a série seja fracamente dependente. Constata-se que muitas séries temporais econômicas são mais bem caracterizadas pelo modelo AR(1) com $\rho_1 = 1$. Neste caso, podemos escrever

$$y_t = y_{t-1} + e_t, t = 1, 2, \ldots, \quad (11.20)$$

em que novamente presumimos que $\{e_t: t = 1, 2, \ldots\}$ é independente e identicamente distribuída com média zero e variância σ_e^2. Consideramos o valor inicial, y_0, independente de e_t para todo $t \geq 1$.

O processo em (11.20) é chamado de **passeio aleatório**. O nome vem do fato de que y no tempo t é obtido a partir de seu valor anterior, y_{t-1}, adicionando uma variável aleatória de média zero que é independente de y_{t-1}. Algumas vezes, um passeio aleatório é definido de maneira diferente, presumindo propriedades diferentes das inovações, e_t, (como a falta de correlação em lugar da independência), mas a definição corrente é suficiente para nosso propósito.

Primeiro, encontramos o valor esperado de y_t. Isso é feito com muita facilidade utilizando-se substituições repetidas, para obter

$$y_t = e_t + e_{t-1} + \ldots + e_1 + y_0.$$

Tomando os valores esperados de ambos os lados, obtém-se

$$E(y_t) = E(e_t) + E(e_{t-1}) + \ldots + E(e_1) + E(y_0)$$
$$= E(y_0), \text{ para todo } t \geq 1.$$

Portanto, o valor esperado de um passeio aleatório *não* depende de t. Uma hipótese popular é que $y_0 = 0$ – o processo começa com zero no tempo zero – e, no caso, $E(y_t) = 0$ para todos os t.

Em contrapartida, a variância de um passeio aleatório muda com t. Para calcular a variância de um passeio aleatório, para simplificar presumimos que y_0 é não aleatório, de forma que $Var(y_0) = 0$; isso não afeta nenhuma conclusão importante. Então, pela hipótese i.i.d. de $\{e_t\}$,

$$Var(y_t) = Var(e_t) + Var(e_{t-1}) + \ldots + Var(e_1) = \sigma_e^2 t. \quad (11.21)$$

Em outras palavras, a variância de um passeio aleatório aumenta como uma função linear do tempo. Isso mostra que o processo não pode ser estacionário.

Mais importante ainda, um passeio aleatório exibe um comportamento altamente persistente no sentido de que o valor de y hoje é significante para determinar o valor de y em um futuro bem distante. Par ver isso, escreva para h períodos

$$y_{t+h} = e_{t+h} + e_{t+h-1} + \ldots + e_{t+1} + y_t.$$

Agora, suponha que queiramos calcular o valor esperado de y_{t+h} no tempo t, dado o valor corrente de y_t. Como o valor esperado de e_{t+j}, dado y_t, é zero para todo $j \geq 1$, teremos

$$E(y_{t+h}|y_t) = y_t, \text{ para todo } h \geq 1. \tag{11.22}$$

Isso significa, não importa o quanto esteja distante o futuro que focamos, que nossa melhor previsão de y_{t+h} será o valor de hoje, y_t. Podemos contrapor isso com o caso do AR(1) estável, no qual um argumento semelhante pode ser usado para mostrar que

$$E(y_{t+h}|y_t) = \rho_1^h y_t, \text{ para todo } h \geq 1.$$

Sob estabilidade, $|\rho_1| < 1$, e, portanto, $E(y_{t+h}|y_t)$ se aproxima de zero à medida que $h \to \infty$: o valor de y_t se torna cada vez menos importante, e $E(y_{t+h}|y_t)$ se aproxima mais e mais do valor esperado incondicional, $E(y_t) = 0$.

Quando $h = 1$, a equação (11.22) é remanescente da hipótese de expectativas adaptativas que utilizamos para a taxa de inflação no Exemplo 11.5: se a inflação seguir um passeio aleatório, o valor esperado de inf_t, dados os valores passados da inflação, será, simplesmente, inf_{t-1}. Assim, um modelo de passeio aleatório da inflação justifica o uso de expectativas adaptativas.

Também podemos verificar que a correlação entre y_t e y_{t+h} fica próxima de 1 para t grande quando $\{y_t\}$ segue um passeio aleatório. Se $Var(y_0) = 0$, pode ser mostrado que

$$Corr(y_t, y_{t+h}) = \sqrt{t/(t+h)}.$$

Portanto, a correlação depende do ponto de partida, t (de forma que $\{y_t\}$ não tem covariância estacionária). Além disso, embora para t fixo a correlação tenda para zero à medida que $h \to \infty$, isso não acontece com muita rapidez. De fato, quanto maior for t, mais lentamente a correlação tenderá para zero à medida que h fique maior. Se selecionarmos h grande – digamos, $h = 100$ –, poderemos sempre selecionar um t suficientemente grande, de tal forma que a correlação entre y_t e y_{t+h} seja arbitrariamente próxima de 1. (Se $h = 100$ e queremos que a correlação seja maior que 0,95, então, $t > 1.000$ resolverá o problema.) Portanto, um passeio aleatório não satisfaz os requisitos de uma sequência assimptoticamente não correlacionada.

A Figura 11.1 mostra duas realizações de um passeio aleatório com valor inicial $y_0 = 0$ e $e_t \sim Normal(0,1)$. Geralmente, não é fácil olhar um gráfico de série temporal e determinar se ela é ou não um passeio aleatório. Em seguida, discutiremos um método informal para fazer a distinção entre sequências fracamente e altamente dependentes; estudaremos testes estatísticos formais no Capítulo 18.

Uma série que geralmente é considerada bem caracterizada como um passeio aleatório é a da taxa de juros das letras do Tesouro norte-americano de três meses. Os dados anuais estão traçados na Figura 11.2 para os anos de 1948 até 1996.

Um passeio aleatório é um caso especial do que é conhecido como **processo de raiz unitária**. O nome vem do fato de que $\rho_1 = 1$ no modelo AR(1). Uma classe mais geral de processos de raiz unitária é gerada como em (11.20), mas agora é permitido que $\{e_t\}$ seja uma série geral, fracamente dependente. [Por exemplo, $\{e_t\}$ poderia seguir um processo MA(1) ou AR(1) estável.] Quando $\{e_t\}$ não é uma sequência i.i.d, as propriedades do passeio aleatório que derivamos anteriormente não se sustentam mais. Mas a parte essencial de $\{y_t\}$ é preservada: o valor de y hoje é altamente correlacionado com y, mesmo em um futuro distante.

FIGURA 11.1 Duas execuções do passeio aleatório $y_t = y_{t-1} + e_t$ com $y_0 = 0$, $e_t \sim$ Normal (0,1) e $n = 50$.

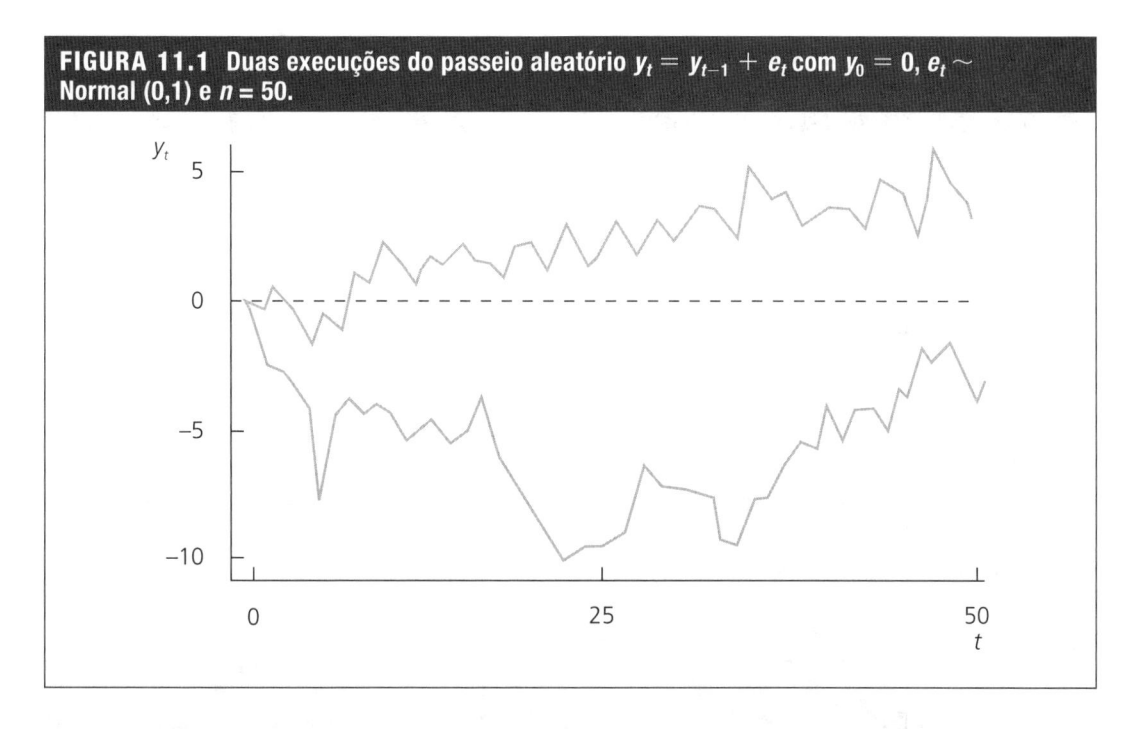

FIGURA 11.2 Taxas de juros das letras do Tesouro dos Estados Unidos de três meses para os anos 1948-1996.

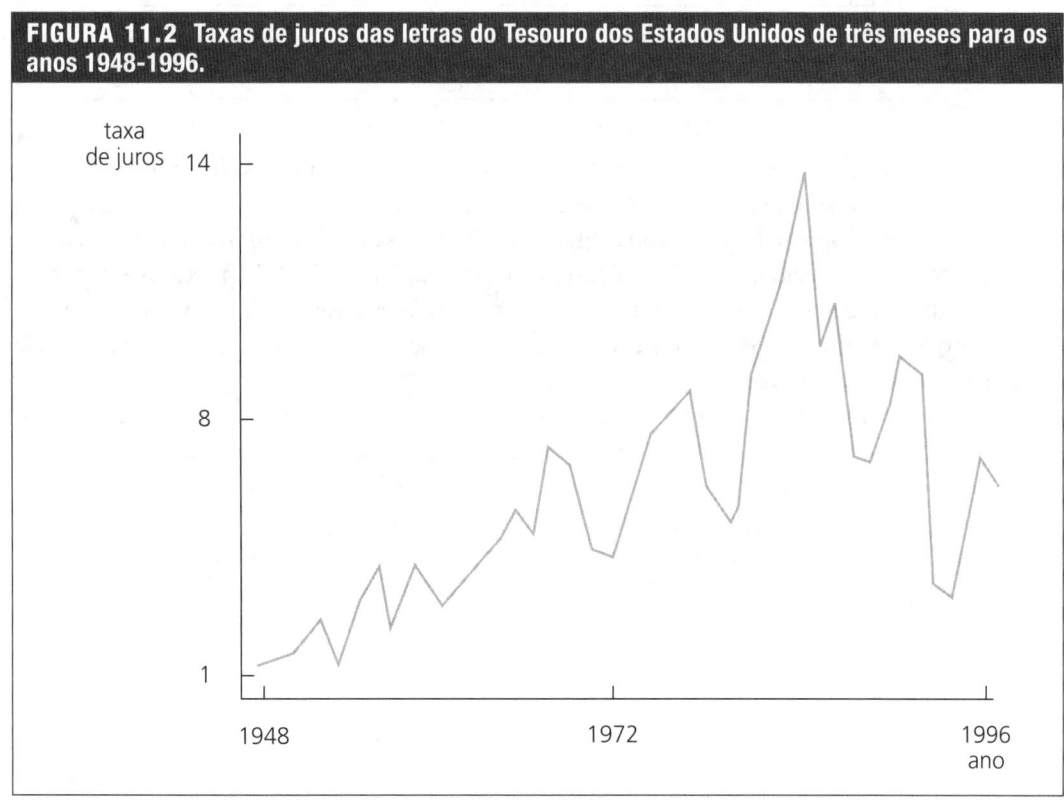

De uma perspectiva de política econômica, muitas vezes é importante saber se uma série temporal econômica é, ou não, altamente persistente. Considere o caso do produto interno bruto dos Estados Unidos. Se o PIB for assimptoticamente não correlacionado,

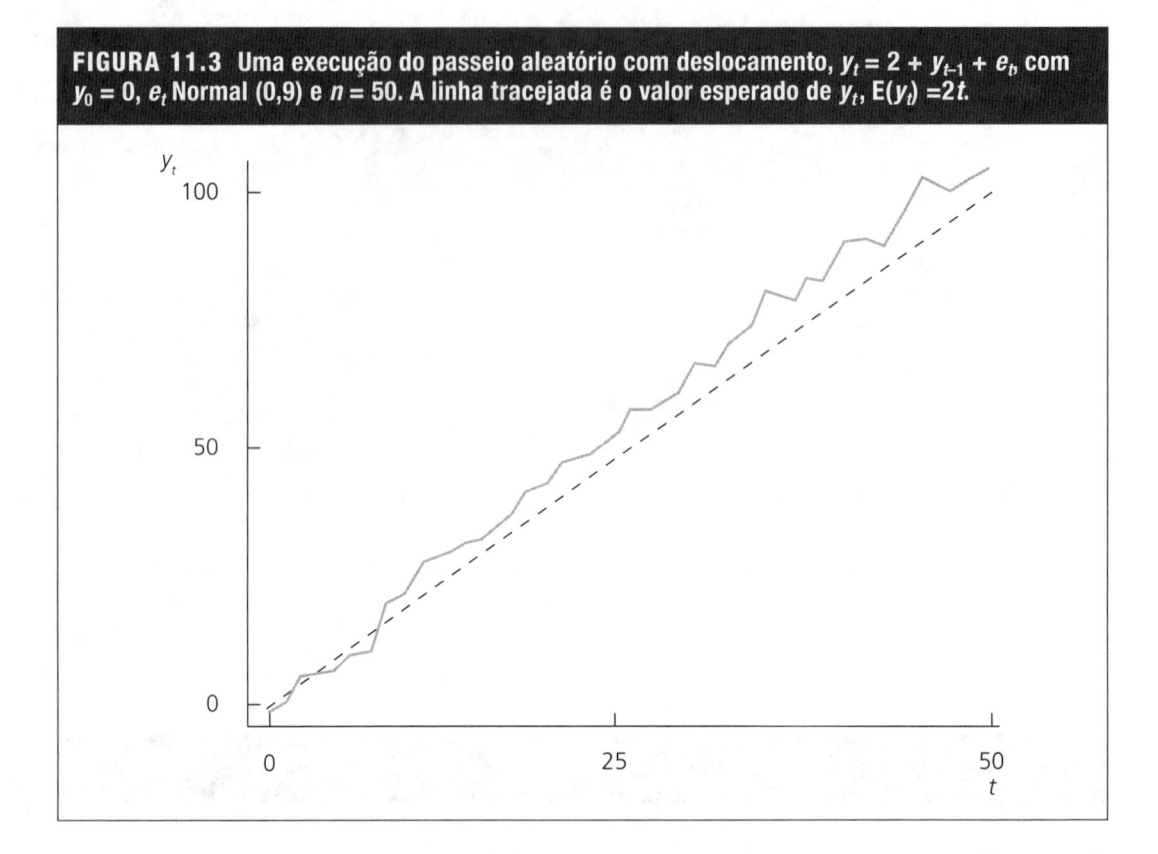

FIGURA 11.3 Uma execução do passeio aleatório com deslocamento, $y_t = 2 + y_{t-1} + e_t$, com $y_0 = 0$, e_t Normal (0,9) e $n = 50$. A linha tracejada é o valor esperado de y_t, $E(y_t) = 2t$.

então, o nível do PIB no ano seguinte será, na melhor das hipóteses, fracamente relacionado com o que tenha sido o PIB, digamos, 30 anos atrás. Isso significa que uma decisão de política econômica que afetou o PIB há muito tempo produz um impacto pouco duradouro. Por outro lado, se o PIB for fortemente dependente, o PIB do próximo ano poderá ser altamente correlacionado com o PIB de muitos anos atrás. Então, devemos reconhecer que uma decisão de política econômica que cause uma discreta alteração no PIB pode ter efeitos duradouros.

É extremamente importante não confundir comportamento de tendência com comportamento altamente persistente. Uma série pode apresentar tendência, mas não ser altamente persistente, como vimos no Capítulo 10. Além disso, fatores como taxas de juros, taxas de inflação e taxas de desemprego são tidos por muitos como altamente persistentes, mas não mostram tendência óbvia de alta ou de baixa. Todavia, muitas vezes acontece de uma série altamente persistente também conter uma clara tendência. Um modelo que leva a esse comportamento é o **passeio aleatório com deslocamento**:

$$y_t = \alpha_0 + y_{t-1} + e_t, \; t = 1, 2, \ldots, \tag{11.23}$$

em que $\{e_t: t = 1, 2, \ldots\}$ e y_0 satisfazem as mesmas propriedades do modelo de passeio aleatório. A novidade é o parâmetro α_0, que é chamado de *termo de deslocamento*. Basicamente, para gerar y_t, a constante α_0 é adicionada com o ruído aleatório e_t ao valor anterior y_{t-1}. Podemos mostrar que o valor esperado de y_t segue uma tendência temporal linear usando substituições repetidas:

$$y_t = \alpha_0 t + e_t + e_{t-1} + \ldots + e_1 + y_0.$$

Portanto, se $y_0 = 0$, $E(y_t) = \alpha_0 t$: o valor esperado de y_t será crescente ao longo do tempo se $\alpha_0 > 0$ e decrescente ao longo do tempo se $\alpha_0 < 0$. Raciocinando da mesma forma que no caso puro do passeio aleatório, podemos mostrar que $E(y_{t+h}|y_t) = \alpha_0 h + y_t$, e, assim, a melhor previsão de y_{t+h} no tempo t será y_t mais o deslocamento $\alpha_0 h$. A variância de y_t é a mesma do caso puro de passeio aleatório.

A Figura 11.3 contém uma realização do passeio aleatório com deslocamento, em que $n = 50$, $y_0 = 0$, $\alpha_0 = 2$, e os e_t são variáveis aleatórias com distribuição Normal(0,9). Como pode ser visto nesse gráfico, y_t tende a crescer ao longo do tempo, mas a série não retorna de forma regular à linha de tendência.

Um passeio aleatório com deslocamento é outro exemplo de processo de raiz unitária, pois trata-se do caso especial $\rho_1 = 1$ em um modelo AR(1) com um intercepto:

$$y_t = \alpha_0 + \rho_1 y_{t-1} + e_t.$$

Quando $\rho_1 = 1$ e $\{e_t\}$ é qualquer processo fracamente dependente, obtemos uma classe inteira de processos de séries temporais altamente persistentes que também podem ter médias com tendência linear.

11-3b Transformações de séries temporais altamente persistentes

A utilização de séries temporais com forte persistência do tipo exibido por um processo de raiz unitária em uma equação de regressão pode levar a resultados enganosos se as hipóteses do MLC forem violadas. Estudaremos o problema da regressão espúria mais detalhadamente no Capítulo 18, mas, por ora, devemos estar atentos a seus problemas potenciais. Felizmente, existem transformações simples que produzem um processo de raiz unitária fracamente dependente.

Processos fracamente dependentes são chamados de **integrados de ordem zero** ou **I(0)**. Na prática, significa que nada precisa ser feito nessas séries antes de utilizá-las na análise de regressão: as médias dessas sequências já satisfazem os teoremas de limite padrão. Processos de raiz unitária, tais como o de passeio aleatório (com ou sem deslocamento), são chamados de **integrados de ordem um** ou **I(1)**, significando que a **primeira diferença** do processo é fracamente dependente (e em geral estacionária). Uma série temporal que seja I(1) é frequentemente dita como um **processo de diferença estacionária**, embora o nome seja um tanto enganoso com sua ênfase na estacionariedade depois do diferenciamento em vez da fraca dependência nas diferenças.

O conceito de um processo I(1) é mais fácil de ser visto em um passeio aleatório. Com $\{y_t\}$ gerado como em (11.20) para $t = 1, 2, \ldots,$

$$\Delta y_t = y_t - y_{t-1} = e_t, t = 2, 3, \ldots; \quad (11.24)$$

e, portanto, a série em primeiras diferenças $\{\Delta y_t: t = 2, 3, \ldots\}$ é, efetivamente, uma sequência i.i.d. De maneira mais geral, se $\{y_t\}$ for gerada por (11.24), em que $\{e_t\}$ é qualquer processo fracamente dependente, então $\{\Delta y_t\}$ será fracamente dependente. Assim, quando suspeitamos que os processos sejam integrados de ordem um, frequentemente trabalhamos com suas primeiras diferenças para poder usá-los em análise de regressão; veremos alguns exemplos mais tarde. (Casualmente, o símbolo "Δ" pode significar "variação", bem como "diferença". Em conjuntos de dados reais, se uma variável original é chamada de *y*, então sua variação ou diferença geralmente será marcada como *cy* ou *dy*. Por exemplo, a alteração de *preço* pode ser chamada de *cprice*.)

Muitas séries temporais y_t são tão estritamente positivas que $\log(y_t)$ é integrado de ordem um. Nesse caso, podemos usar a primeira diferença nos logs, $\Delta\log(y_t) = \log(y_t) - \log(y_{t-1})$, na análise de regressão. Alternativamente, como

$$\Delta\log(y_t) \approx (y_t - y_{t-1})/y_{t-1}, \tag{11.25}$$

podemos usar diretamente a mudança proporcional ou percentual em y_t; foi o que fizemos no Exemplo 11.4, no qual, em vez de especificarmos a hipótese de mercados eficientes em termos do preço das ações, p_t, utilizamos a mudança percentual semanal em que o retorno (*return*) é dado por $return_t = 100[(p_t - p_{t-1})/p_{t-1}]$. O número resultante na equação (11.25) geralmente é chamada de **taxa de crescimento**, medida como variação proporcional. Ao usar determinado conjunto de dados, é importante saber como as taxas de crescimento são medidas – se como variação proporcional ou percentual. Às vezes, se uma variável original é y, sua taxa de crescimento é chamada de gy, assim, para cada t, $gy_t = \log(y_t) - \log(y_{t-1})$ ou $gy_t = (y_t - y_{t-1})/y_{t-1}$. Geralmente esses valores são multiplicados por 100 para transformar uma variação proporcional em uma variação percentual.

Diferenciar séries de tempo antes de usá-las na análise de regressão tem outro benefício: remove qualquer tendência temporal linear. Isso pode facilmente ser visto escrevendo-se uma variável que apresenta tendência linear como

$$y_t = \gamma_0 + \gamma_1 t + v_t,$$

em que v_t tem média zero. Então, $\Delta y_t = \gamma_1 + \Delta v_t$, e assim $E(\Delta y_t) = \gamma_1 + E(\Delta v_t) = \gamma_1$. Em outras palavras, $E(\Delta y_t)$ é constante. O mesmo argumento funciona para $\Delta\log(y_t)$ quando $\log(y_t)$ segue uma tendência temporal linear. Portanto, em lugar de incluir uma tendência temporal em uma regressão, podemos diferenciar as variáveis que exibem tendências óbvias.

11-3c A decisão sobre uma série temporal ser I (1)

Determinar se a realização de uma série temporal específica é o resultado de um processo I(1) ou de um processo I(0) pode ser muito difícil. Testes estatísticos podem ser usados para esse propósito, mas trata-se de um assunto mais avançado; apresentaremos um tratamento introdutório no Capítulo 18.

Existem métodos informais que fornecem orientações úteis sobre se um processo de série temporal é, em termos gerais, caracterizado por fraca dependência. Uma ferramenta bastante simples é induzida pelo modelo AR(1): se $|\rho_1| < 1$, então, o processo será I(0), mas será I(1) se $\rho_1 = 1$. Mostramos previamente que, quando o processo AR(1) é estável, $\rho_1 = \text{Corr}(y_t, y_{t-1})$. Portanto, podemos estimar ρ_1 da correlação amostral entre y_t e y_{t-1}. Este coeficiente de correlação amostral é chamado de **autocorrelação de primeira ordem** de $\{y_t\}$; ele é representado por $\hat{\rho}_1$. Aplicando-se a lei dos grandes números, é possível mostrar que $\hat{\rho}_1$ é um estimador consistente de ρ_1, *desde que* $|\rho_1| < 1$. (Todavia, $\hat{\rho}_1$ não é um estimador não viesado de ρ_1.)

Podemos usar o valor de $\hat{\rho}_1$ para nos ajudar a decidir se o processo é I(1) ou I(0). Infelizmente, como $\hat{\rho}_1$ é uma estimativa, nunca saberemos com certeza se $\rho_1 < 1$. Em condições ideais, podemos calcular um intervalo de confiança de ρ_1 para verificar se ele exclui o valor $\rho_1 = 1$, mas isso acaba sendo muito difícil de se fazer: as distribuições amostrais do estimador de $\hat{\rho}_1$ são extremamente diferentes quando ρ_1 é próximo de um e quando ρ_1 é muito menor que um. (De fato, quando ρ_1 é próximo de um, $\hat{\rho}_1$ pode ter um severo viés para baixo.)

No Capítulo 18, mostraremos como testar $H_0: \rho_1 = 1$ contra $H_1: \rho_1 < 1$. Por ora, somente podemos usar $\hat{\rho}_1$ como uma orientação em termos gerais para determinar se uma série necessita ser diferenciada. Não existe uma regra rígida e imediata para fazer essa escolha. A maioria dos economistas acredita que a diferenciação é garantida se $\hat{\rho}_1 > 0,9$; alguns fazem a diferenciação quando $\hat{\rho}_1 > 0,8$.

EXEMPLO 11.6 Equação da fertilidade

No Exemplo 10.4, explicamos a taxa geral de fertilidade, *gfr*, em termos do valor da dedução pessoal de impostos, *pe*. As autocorrelações de primeira ordem dessas séries são bastante grandes: $\hat{\rho}_1 = 0,977$ para *gfr* e $\hat{\rho}_1 = 0,964$ para *pe*. Essas autocorrelações são altamente sugestivas de comportamento de raiz unitária e levantam sérias dúvidas sobre nossa utilização das estatísticas normais de MQO neste exemplo do Capítulo 10. Lembre-se, as estatísticas *t* somente têm distribuições *t* exatas sob o conjunto total das hipóteses do modelo linear clássico. Para relaxarmos essas hipóteses em qualquer forma e aplicarmos propriedades assimptóticas, necessitaremos em geral que as séries básicas sejam processos I(0).

Agora estimaremos a equação utilizando primeiras diferenças (e eliminamos a variável *dummy*, para simplificar):

$$\widehat{\Delta gfr} = -0,785 - 0,043\, \Delta pe$$
$$(0,502)\ \ (0,028) \tag{11.26}$$
$$n = 71, R^2 = 0,032, \overline{R}^2 = 0,018.$$

Agora, estima-se que um aumento em *pe* reduza *gfr* contemporaneamente, embora a estimativa não seja estatisticamente diferente de zero no nível de 5%. Isso produz resultados bastante diferentes do que quando estimamos o modelo em níveis, bem como lança dúvidas sobre nossa análise anterior.

Se adicionarmos duas defasagens de Δpe, as coisas melhoram:

$$\widehat{\Delta gfr} = -0,964 - 0,036\, \Delta pe - 0,014\, \Delta pe_{-1} + 0,110\, \Delta pe_{-2}$$
$$(0,468)\ \ (0,027)\ \ \ \ \ (0,028)\ \ \ \ \ \ (0,027) \tag{11.27}$$
$$n = 69, R^2 = 0,233, \overline{R}^2 = 0,197.$$

Embora Δpe e Δpe_{-1} tenham coeficientes negativos, seus coeficientes são pequenos e conjuntamente não significantes (*p*-valor = 0,28). A segunda defasagem é bastante significante e indica uma relação positiva entre as mudanças em *pe* e as mudanças subsequentes em *gfr* a partir de dois anos. Isso faz mais sentido do que ter um efeito contemporâneo. Veja o Exercício em computador C5, para análise adicional da equação em primeiras diferenças.

Quando as séries em questão têm uma tendência óbvia crescente ou decrescente, faz mais sentido obter a autocorrelação de primeira ordem após a retirada da tendência. Se não forem removidas as tendências dos dados, a correlação autorregressiva tende a ser superestimada, o que viesará o processo para o encontro de uma raiz unitária, nesse processo com tendência.

EXEMPLO 11.7 Salários-hora e produtividade

A variável *hrwage* é a média de salário por hora na economia dos Estados Unidos, e *outphr* é a produção por hora. Uma maneira de estimar a elasticidade do salário por hora em relação à produção por hora é estimar a equação,

$$\log(hrwage_t) = \beta_0 + \beta_1 \log(outphr_t) + \beta_2 t + u_t,$$

em que a tendência temporal é incluída porque tanto $\log(hrwage_t)$ quanto $\log(outphr_t)$ mostram tendências lineares claras e crescentes. Utilizando os dados contidos no arquivo EARNS para os anos de 1947 até 1987, obtemos

$$\widehat{\log(hrwage_t)} = -5{,}33 + 1{,}64 \log(outphr_t) - 0{,}018\,t \qquad (11.28)$$
$$\qquad\qquad (0{,}37)\ \ (0{,}09) \qquad\qquad\quad (0{,}002)$$
$$n = 41, R^2 = 0{,}971, \overline{R}^2 = 0{,}970.$$

(Neste caso, descrevemos as medidas da qualidade de ajuste; seria melhor apresentar essas informações com base na variável dependente sem a tendência, como na Seção 10.5.) A elasticidade estimada parece ser grande demais: 1% de aumento na produtividade aumenta o salário-hora real em cerca de 1,64%. Como o erro padrão é muito pequeno, o intervalo de confiança de 95% exclui facilmente uma elasticidade unitária. Os trabalhadores norte-americanos provavelmente teriam problemas em acreditar que seus salários-hora subiriam em mais de 1,5% para cada 1% de aumento na produtividade.

Os resultados da regressão em (11.28) devem ser vistos com cautela. Mesmo depois de retirar linearmente a tendência de $\log(hrwage)$, a autocorrelação de primeira ordem é 0,967, e para $\log(outphr)$, depois da retirada de tendência, $\hat{\rho}_1 = 0{,}945$. Esses dados sugerem que ambas as séries possuem raízes unitárias, de modo que recalculamos a equação em primeiras diferenças (e não mais necessitamos de uma tendência temporal):

$$\widehat{\Delta\log(hrwage_t)} = -0{,}0036 + 0{,}809\,\Delta\log(outphr) \qquad (11.29)$$
$$\qquad\qquad (0{,}0042)\ \ (0{,}173)$$
$$n = 40, R^2 = 0{,}364, \overline{R}^2 = 0{,}348.$$

Agora, estima-se que um aumento de 1% na produtividade aumenta os salários reais em cerca de 0,81%, e a estimativa não é, estatisticamente, diferente de um. O R-quadrado ajustado mostra que o crescimento na produtividade explica cerca de 35% do crescimento nos salários reais. Veja o Exercício em computador C2, para uma versão simples de defasagens distribuídas do modelo em primeiras diferenças.

Nos dois exemplos anteriores, tanto as variáveis dependentes quanto as independentes parecem ter raízes unitárias. Em outros casos, podemos ter uma mistura de processos que contêm raízes unitárias com outros que são fracamente dependentes (embora talvez apresente tendência). Um exemplo disso é dado no Exercício em computador C1.

11.4 Modelos dinamicamente completos e a ausência de correlação serial

No modelo AR(1) em (11.12), mostramos que, sob a suposição (11.13), os erros $\{u_t\}$ **devem** ser **serialmente não correlacionados**, para que a Hipótese ST.5' seja satisfeita: supor que não exista correlação serial é praticamente a mesma coisa que supor apenas o aparecimento de uma defasagem de y em $E(y_t|y_{t-1}, y_{t-2}, \ldots)$.

Podemos fazer uma afirmação semelhante para outros modelos de regressão? A resposta é sim, embora as hipóteses exigidas para os erros serialmente não correlacionados possam ser implausíveis. Considere, por exemplo, o modelo de regressão simples estática

$$y_t = \beta_0 + \beta_1 z_t + u_t, \tag{11.30}$$

em que y_t e z_t são contemporaneamente datados. Para a consistência de MQO, apenas necessitamos de $E(u_t|z_t) = 0$. Geralmente $\{u_t\}$ será serialmente correlacionado. Contudo, se *presumirmos* que

$$E(u_t|z_t, y_{t-1}, z_{t-1}, \ldots) = 0, \tag{11.31}$$

então (como veremos mais tarde de forma generalizada), a Hipótese ST.5' se sustenta. Em particular, os $\{u_t\}$ são serialmente não correlacionados. Naturalmente, a equação (11.31) implica z_t contemporaneamente exógeno, ou seja, $E(u_t|z_t) = 0$.

Para obter uma ideia do significado de (11.31), podemos escrever (11.30) e (11.31) equivalentemente como

$$E(y_t|z_t, y_{t-1}, z_{t-1}, \ldots) = E(y_t|z_t) = \beta_0 + \beta_1 z_t, \tag{11.32}$$

em que a primeira igualdade é aquela de interesse corrente. Ela diz que, uma vez que z_t esteja sob controle, nenhuma defasagem de y ou de z ajuda a explicar y corrente. Esse é um requisito forte e não é plausível quando uma variável dependente defasada tem poder preditivo, o que ocorre frequentemente, se ele for falso, então, podemos esperar que os erros sejam serialmente correlacionados.

A seguir, considere um modelo de defasagens distribuídas finitas com duas defasagens:

$$y_t = \beta_0 + \beta_1 z_t + \beta_2 z_{t-1} + \beta_3 z_{t-2} + u_t. \tag{11.33}$$

Como esperamos captar os efeitos defasados que z tem sobre y, presumimos naturalmente que (11.33) captura a *dinâmica das defasagens distribuídas*:

$$E(y_t|z_t, z_{t-1}, z_{t-2}, z_{t-3}, \ldots) = E(y_t|z_t, z_{t-1}, z_{t-2}); \tag{11.34}$$

ou seja, no máximo duas defasagens de z importam. Se (11.31) se mantiver, podemos fazer outras afirmações: uma vez que tenhamos o controle de z e de suas duas defasagens, nenhuma defasagem de y ou defasagens adicionais de z afetarão y corrente:

$$E(y_t|z_t, y_{t-1}, z_{t-1}, \ldots) = E(y_t|z_t, z_{t-1}, z_{t-2}). \tag{11.35}$$

A equação (11.35) é mais plausível que (11.32), mas ainda exclui y defasado afetando y corrente.

A seguir, considere um modelo com uma defasagem tanto em y quanto em z:

$$y_t = \beta_0 + \beta_1 z_t + \beta_2 y_{t-1} + \beta_3 z_{t-1} + u_t.$$

Como esse modelo inclui uma variável dependente defasada, (11.31) é uma hipótese natural, já que ela implica

$$E(y_t|z_t, y_{t-1}, z_{t-1}, y_{t-2}, \ldots) = E(y_t|z_t, y_{t-1}, z_{t-1});$$

em outras palavras, uma vez que z_t, y_{t-1} e z_{t-1} tenham sido controladas, nenhuma outra defasagem de y ou de z afetará y corrente.

No modelo geral

$$y_t = \beta_0 + \beta_+ x_{t1} + \ldots + \beta_k x_{tk} + u_t, \quad (11.36)$$

em que as variáveis explicativas $\mathbf{x}_t = (x_{t1}, \ldots, x_{tk})$ podem ou não conter defasagens de y ou z, (11.31) torna-se

$$E(u_t|\mathbf{x}_t, y_{t-1}, \mathbf{x}_{t-1}, \ldots) = 0. \quad (11.37)$$

Escrita em termos de y_t,

$$E(y_t|\mathbf{x}_t, y_{t-1}, \mathbf{x}_{t-1}, \ldots) = E(y_t|\mathbf{x}_t). \quad (11.38)$$

Em outras palavras, seja o que for que esteja em $\mathbf{x}_t$, defasagens suficientes foram incluídas, de forma que defasagens adicionais de y e das variáveis explicativas não são importantes para explicar y_t. Quando essa condição se mantém, temos um **modelo dinamicamente completo**. Como já vimos, a plenitude dinâmica pode ser uma hipótese muito forte para os modelos estáticos e os de defasagens distribuídas finitas.

Uma vez que começamos a colocar defasagens de y como variáveis explicativas, em geral pensamos que o modelo deva ser dinamicamente completo. Mencionaremos algumas exceções a essa alegação no Capítulo 18.

Como (11.37) é equivalente a

$$E(u_t|\mathbf{x}_t, u_{t-1}, \mathbf{x}_{t-1}, u_{t-2}, \ldots) = 0, \quad (11.39)$$

podemos mostrar que um modelo dinamicamente completo *tem* que satisfazer a Hipótese ST.5'. (Esta derivação não é crucial e pode ser ignorada sem provocar perda de continuidade). Especificamente, considere $s < t$. Então, pela lei das expectativas repetidas (veja Apêndice B),

$$E(u_t u_s|\mathbf{x}_t, \mathbf{x}_s) = E[E(u_t u_s|\mathbf{x}_t, \mathbf{x}_s, u_s)|\mathbf{x}_t, \mathbf{x}_s]$$
$$= E[u_s E(u_t|\mathbf{x}_t, \mathbf{x}_s, u_s)|\mathbf{x}_t, \mathbf{x}_s],$$

em que a segunda igualdade resulta de $E(u_t u_s|\mathbf{x}_t, \mathbf{x}_s, u_s) = u_s E(u_t|\mathbf{x}_t, \mathbf{x}_s, u_s)$. Agora, como $s < t$, $(\mathbf{x}_t, \mathbf{x}_s, u_s)$ é um subconjunto do conjunto condicional em (11.39). Portanto, (11.39) implica que $E(u_t|\mathbf{x}_t, \mathbf{x}_s, u_s) = 0$, e assim

$$E(u_t u_s|\mathbf{x}_t, \mathbf{x}_s) = E(u_s \cdot 0|\mathbf{x}_t, \mathbf{x}_s) = 0,$$

o que diz que a Hipótese ST.5' é válida.

Uma vez que especificar um modelo dinamicamente completo significa que não há correlação serial, subentende-se que todos os modelos deveriam ser dinamicamente completos? Como veremos no Capítulo 18, para o propósito de previsão, a resposta é sim. Alguns acham que todos os modelos deveriam ser dinamicamente completos e que a correlação serial nos erros de um modelo é um sinal de má especificação. Esse posicionamento é rígido demais. Algumas vezes, estamos realmente interessados em um modelo estático (como o da curva de Phillips) ou em um modelo de defasagens distribuídas finitas (como no caso de querermos medir a alteração percentual nos salários-hora a longo prazo, dado um aumento de 1% na produtividade). No próximo capítulo, mostraremos como detectar e corrigir a correlação serial nesses modelos.

> **QUESTÃO 11.3**
>
> Se (11.33) se mantiver, em que $u_t = e_t + \alpha_1 e_{t-1}$ e $\{e_t\}$ é uma sequência i.i.d. com média zero e variâncias σ_e^2, pode a equação (11.33) ser dinamicamente completa?

EXEMPLO 11.8 Equação da fertilidade

Na equação (11.27), estimamos um modelo de defasagens distribuídas de Δgfr sobre Δpe, permitindo duas defasagens de Δpe. Para que esse modelo seja dinamicamente completo, no sentido de (11.38), nem defasagens de Δgfr nem defasagens adicionais de Δpe devem aparecer na equação. Podemos facilmente ver que isso é falso se adicionarmos Δgf_{r-1}: o coeficiente estimado é 0,300, e sua estatística t é 2,84. Assim, o modelo não é dinamicamente completo no sentido de (11.38).

O que devemos concluir disso? Deixaremos a interpretação de modelos gerais com variáveis dependentes defasadas para o Capítulo 18. Mas o fato de que (11.27) não é dinamicamente completo sugere que pode haver correlação serial nos erros. Veremos como testar e corrigir isso no Capítulo 12.

A noção de integridade dinâmica não deve ser confundida com hipótese mais fraca concernente à inclusão de defasagens apropriadas num modelo. No modelo (11.36), as variáveis explicativas $\mathbf{x}_t$ são ditas como **sequencialmente exógenas** se

$$E(u_t|\mathbf{x}_t, \mathbf{x}_{t-1}, \ldots) = E(u_t) = 0, t = 1, 2, \ldots \qquad (11.40)$$

Como discutido no Problema 10.8, a exogeneidade sequencial é decorrente da exogeneidade estrita e implica exogeneidade contemporânea. Além disso, como $(\mathbf{x}_t, \mathbf{x}_{t-1}, \ldots)$ é um subconjunto de $(\mathbf{x}_t, y_{t-1}, \mathbf{x}_{t-1}, \ldots)$, a exogeneidade sequencial é decorrente da integridade dinâmica. Se $\mathbf{x}_t$ contiver y_{t-1}, a integridade dinâmica e a exogeneidade sequencial terão as mesmas condições. O ponto-chave é que, quando $\mathbf{x}_t$ não contém y_{t-1}, a exogeneidade sequencial permite a possibilidade de as dinâmicas não serem íntegras para capturar o relacionamento entre y_t e todos os valores passados de y e de outras variáveis explicativas. Todavia, em modelos de defasagem distribuída finita – como a estimada na equação (11.27) – podemos não nos importar se a y passada tem poder preditivo da y atual. Estamos principalmente interessados em saber se incluímos defasagens suficientes das variáveis explicativas para capturar as dinâmicas de defasagem distribuída. Por exemplo, se considerarmos $E(y_t|z_t, z_{t-1}, z_{t-2}, z_{t-3}, \ldots) = E(y_t|z_t, z_{t-1}, z_{t-2}) = \alpha_0 + \delta_0 z_t + \delta_1 z_{t-1} + \delta_2 z_{t-2}$, então os regressores $\mathbf{x}_t = (z_t, z_{t-1}, z_{t-2})$ serão sequencialmente exógenos, pois presumimos que duas defasagens bastam para as dinâmicas de defasagem distribuída. Entretanto, o modelo não seria dinamicamente completo no sentido de que $E(y_t|z_t, y_{t-1}, z_{t-1}, y_{t-2}, z_{t-2}, \ldots) = E(y_t|z_t, z_{t-1}, z_{t-2})$, e podemos não nos importar com isso. Além disso, as variáveis explicativas em um modelo de DDF podem, ou não, ser estritamente exógenas.

11.5 A hipótese de homoscedasticidade para modelos de séries temporais

A hipótese de homoscedasticidade para regressões de séries temporais, particularmente ST.4', parece muito semelhante à das regressões de corte transversal. Contudo, como $\mathbf{x}_t$ pode conter defasagens de y, como também das variáveis explicativas, discutiremos brevemente o significado da hipótese de homoscedasticidade em diferentes regressões de séries temporais.

No modelo estático simples, digamos

$$y_t = \beta_0 + \beta_1 z_t + u_t, \qquad (11.41)$$

a Hipótese ST.4' exige que

$$\mathrm{Var}(u_t|z_t) = \sigma^2.$$

Portanto, embora $\mathrm{E}(y_t|z_t)$ seja uma função linear de z_t, $\mathrm{Var}(y_t|z_t)$ deve ser constante. Isso é bastante simples.

No Exemplo 11.4, vimos que, no modelo AR(1) em (11.2), a hipótese de homoscedasticidade era

$$\mathrm{Var}(u_t|y_{t-1}) = \mathrm{Var}(y_t|y_{t-1}) = \sigma^2;$$

embora $\mathrm{E}(y_t|y_{t-1})$ dependa de y_{t-1}, $\mathrm{Var}(y_t|y_{t-1})$ não depende. Assim, a dispersão na distribuição de y_t não pode depender de y_{t-1}.

Esperamos que o padrão esteja claro agora. Se tivermos o modelo

$$y_t = \beta_0 + \beta_1 z_t + \beta_2 y_{t-1} + \beta_3 z_{t-1} + u_t,$$

a hipótese de homoscedasticidade será

$$\mathrm{Var}(u_t|z_t, y_{t-1}, z_{t-1}) = \mathrm{Var}(y_t|z_t, y_{t-1}, z_{t-1}) = \sigma^2,$$

de forma que a variância de u_t não pode depender de z_t, y_{t-1} ou de z_{t-1} (ou de qualquer outra função do tempo). De forma geral, quaisquer que sejam as variáveis explicativas que apareçam no modelo, devemos presumir que a variância de y_t, dadas essas variáveis explicativas, seja constante. Se o modelo contiver defasagens de y ou das variáveis explicativas, estaremos explicitamente excluindo formas dinâmicas de heteroscedasticidade (assunto que estudaremos no Capítulo 12). Contudo, em um modelo estático, estamos apenas preocupados com $\mathrm{Var}(y_t|z_t)$. Na equação (11.41), nenhuma restrição direta foi colocada sobre, digamos, $\mathrm{Var}(y_t|y_{t-1})$.

Resumo

Neste capítulo, argumentamos que o estimador MQO pode ser justificado usando análise assimptótica, desde que certas condições sejam atendidas. De maneira ideal, os processos de séries temporais são estacionários e fracamente dependentes, embora a estacionariedade não seja crucial. A dependência fraca é necessária para aplicar os resultados padrão de amostras grandes, particularmente o teorema do limite central.

Processos com tendências deterministas que sejam fracamente dependentes podem ser usados diretamente na análise de regressão, desde que tendências temporais sejam incluídas no modelo (como na Seção 10.5). Uma afirmação semelhante é válida para processos com sazonalidade.

Quando as séries temporais são altamente persistentes (elas possuem raízes unitárias), devemos ter extrema cautela ao usá-las diretamente em modelos de regressão (a menos que estejamos convencidos de que as hipóteses do MLC do Capítulo 10 sejam válidas). Uma alternativa em relação a utilizarmos os níveis são as primeiras diferenças das variáveis. Para a maioria das séries temporais econômicas, a primeira diferença é fracamente dependente. O uso de primeiras diferenças altera a natureza do modelo, mas esse método é, muitas vezes, tão informativo quanto um modelo em níveis. Quando os dados forem altamente persistentes, normalmente teremos mais confiança nos resultados das primeiras diferenças. No Capítulo 18, desenvolveremos alguns métodos mais recentes e avançados para empregarmos variáveis I(1) na análise de regressão múltipla.

Quando os modelos têm dinâmicas completas e nenhuma defasagem adicional de qualquer variável é necessária na equação, vimos que os erros são serialmente não correlacionados. Isso é proveitoso porque certos modelos, como os modelos autorregressivos, são presumidos como tendo dinâmicas completas. Em modelos estáticos e com defasagens distribuídas, a hipótese de eles serem dinamicamente completos quase sempre é falsa, o que em geral significa que os erros serão serialmente correlacionados. Veremos como avaliar esse problema no Capítulo 12.

AS HIPÓTESES "ASSIMPTÓTICAS" DE GAUSS-MARKOV PARA REGRESSÃO DE SÉRIES TEMPORAIS

Apresentamos um resumo das cinco hipóteses que usamos neste capítulo para executar a inferência de amostra grande da regressão de séries temporais. Lembre-se de que introduzimos este novo conjunto de hipóteses porque as versões de séries temporais das hipóteses do modelo linear clássico são frequentemente infringidas, especialmente as hipóteses de exogeneidade estrita, de correlação não serial e a de normalidade. Um ponto importante neste capítulo é que algum tipo de dependência fraca é necessário para garantir que o teorema do limite central seja aplicável. Somente são usadas as hipóteses ST.1' a ST.3' por consistência (inexistência de viés) do MQO. Quando se adiciona ST.4' a ST.5', é possível usar os intervalos de confiança habituais, as estatísticas t e as estatísticas F como aproximadamente válidas em amostras grandes. Diferentemente das hipóteses de Gauss-Markov e do modelo linear clássico, não existe nome historicamente significante atribuído às hipóteses ST.1' a ST.5'. No entanto, as hipóteses são as equivalentes às hipóteses de Gauss-Markov que nos permitem usar inferência padrão. Como sempre, na análise de amostra grande, prescindimos totalmente da hipótese de normalidade.

Hipótese ST.1' (linearidade e dependência fraca)
O processo estocástico $\{x_{t1}, x_{t2}, ..., x_{tk}, y_t\}: t = 1, 2, ..., n\}$ é estacionário, fracamente dependente e obedece ao modelo linear

$$y_t = \beta_0 + \beta_1 x_{t1} + \beta_2 x_{t2} + ... + \beta_k x_{tk} + u_t$$

em que $\{u_t: t = 1, 2, ..., n\}$ é a sequência de erros ou distúrbios. Aqui, n é o número de observações (períodos temporais).

Hipótese ST.2' (inexistência de colinearidade perfeita)
Na amostra (e, portanto no processo subjacente de séries temporais) nenhuma variável independente é constante ou uma combinação linear perfeita das outras.

Hipótese ST.3' (média condicional zero)
As variáveis explicativas são *contemporaneamente exógenas*, isto é, $E(u_t|x_{t1}, ..., x_{tk}) = 0$. Lembre-se, a ST.3' é notavelmente mais fraca que a hipótese de exogeneidade estrita ST.3'.

Hipótese ST.4' (homoscedasticidade)
Os erros são *contemporaneamente homoscedásticos*, isto é, $Var(u_t|\mathbf{x}_t) = \sigma^2$, em que $\mathbf{x}_t$ é a forma abreviada de $(x_{t1}, x_{t2}, ..., x_{tk})$.

Hipótese ST.5' (inexistência de correlação serial)
Para todo $t \neq s$, $E(u_t, u_s|\mathbf{x}_t, \mathbf{x}_s) = 0$.

Termos-chave

Altamente persistente
Assimptoticamente não correlacionada
Autocorrelação de primeira ordem
Contemporaneamente exógenas
Contemporaneamente homoscedástico
Covariância estacionária
Fortemente dependente
Fracamente dependente
Integrado de ordem um [I(1)]
Integrado de ordem zero [I(0)]
Modelo dinamicamente completo
Passeio aleatório
Passeio aleatório com deslocamento
Primeira diferença
Processo AR(1) estável
Processo autorregressivo de ordem um [AR(1)]
Processo de diferença estacionária
Processo de média móvel de ordem um [MA(1)]
Processo de raiz unitária
Processo de tendência estacionária
Processo estacionário
Processo não estacionário
Sequencialmente exógenas
Serialmente não correlacionados
Taxa de crescimento

Problemas

1. Seja $\{x_t: t = 1, 2, ...\}$ um processo de covariância estacionária e defina $\gamma_h = Cov(x_t, x_{t+h})$ para $h \geq 0$. [Portanto, $\gamma_0 = Var(x_t)$]. Mostre que $Corr(x_t, x_{t+h}) = \gamma_h/\gamma_0$.

2. Seja $\{e_t: t = -1, 0, 1, ...\}$ uma sequência de variáveis aleatórias independentes identicamente distribuídas, com média zero e variância um. Defina um processo estocástico por
$$x_t = e_t - (1/2)e_{t-1} + (1/2)e_{t-2}, t = 1, 2, ...$$
   (i) Encontre $E(x_t)$ e $Var(x_t)$. Algum deles depende de t?
   (ii) Mostre que $Corr(x_t, x_{t+1}) = -1/2$ e que $Corr(x_t, x_{t+2}) = 1/3$. (*Dica*: a maneira mais fácil é usar a fórmula do Problema 11.1.)
   (iii) Qual será a $Corr(x_t, x_{t+h})$ para $h > 2$?
   (iv) $\{x_t\}$ é um processo assimptoticamente não correlacionado?

3. Suponha que um processo de série temporal $\{y_t\}$ seja gerado por $y_t = z + e_t$, para todo $t = 1, 2,...$, em que $\{e_t\}$ é uma sequência i.i.d. com média zero e variância σ_e^2. A variável aleatória z não muda ao longo do tempo; ela tem média zero e variância σ_z^2. Presuma que cada e_t seja não correlacionado com z.
   (i) Encontre o valor esperado e a variância de y_t. Suas respostas dependem de t?
   (ii) Encontre $Cov(y_t, y_{t+h})$ para quaisquer t e h. O processo $\{y_t\}$ tem covariância estacionária?
   (iii) Utilize os itens (i) e (ii) para mostrar que $Corr(y_t, y_{t+h}) = \sigma_z^2/(\sigma_z^2 + \sigma_e^2)$ para todo t e h.
   (iv) y_t satisfaz o requisito intuitivo de ser assimptoticamente não correlacionada? Explique.

4. Suponha que $\{y_t: t = 1, 2, \ldots\}$ siga um passeio aleatório, como em (11.20), com $y_0 = 0$. Mostre que $\text{Corr}(y_t, y_{t+h}) = \sqrt{t/(t+h)}$ para $t \geq 1$, $h > 0$.

5. Seja *gprice* o crescimento mensal no nível geral de preços e *gwage* o crescimento mensal nos salários por hora para a economia dos Estados Unidos. [Ambos são obtidos como diferenças de logaritmos: *gprice* = $\Delta\log(price)$ e *gwage* = $\Delta\log(wage)$.] Utilizando os dados mensais contidos no arquivo WAGEPRC, estimamos o seguinte modelo de defasagens distribuídas:

$$gprice = -0{,}00093 + 0{,}119\, gwage + 0{,}097\, gwage + 0{,}040\, gwage_{-2}$$
$$(0{,}00057)\quad (0{,}052)\qquad (0{,}039)\qquad\quad (0{,}039)$$
$$+\, 0{,}038\, gwage_{-3} + 0{,}081\, gwage_{-4} + 0{,}107\, gwage_{-5} + 0{,}095\, gwage_{-6}$$
$$(0{,}039)\qquad\quad (0{,}039)\qquad\quad (0{,}039)\qquad\quad (0{,}039)$$
$$+\, 0{,}104\, gwage_{-7} + 0{,}103\, gwage_{-8} + 0{,}159\, gwage_{-9} + 0{,}110\, gwage_{-10}$$
$$(0{,}039)\qquad\quad (0{,}039)\qquad\quad (0{,}039)\qquad\quad (0{,}039)$$
$$+\, 0{,}103\, gwage_{-11} + 0{,}016\, gwage_{-12}$$
$$(0{,}039)\qquad\quad (0{,}052)$$

$n = 273$, $R^2 = 0{,}317$, $\bar{R}^2 = 0{,}283$.

(i) Esboce a distribuição de defasagens estimadas. Em qual defasagem está o maior efeito de *gwage* sobre *gprice*? Qual defasagem tem o menor coeficiente?

(ii) Para quais defasagens as estatísticas t são menores que dois?

(iii) Qual é a propensão de longo prazo estimada? Ela é muito diferente de um? Explique o que a PLP nos diz nesse exemplo.

(iv) Que regressão você executaria para obter diretamente o erro padrão da PLP?

(v) Como você testaria a significância conjunta de mais seis defasagens de *gwage*? Quais seriam os graus de liberdade (*gls*) na distribuição F? (Cuidado: você perdeu mais seis observações.)

6. Seja $hy6_t$ o rendimento da empresa em três meses (em porcentagem) por ter comprado letras do Tesouro dos Estados Unidos de seis meses no tempo $(t - 1)$ e vendido no tempo t (três meses depois) como letras de três meses. Seja $hy3_{t-1}$ o rendimento da empresa em três meses por ter comprado letras do Tesouro de três meses no tempo $(t - 1)$. No tempo $(t - 1)$, $hy3_{t-1}$ é conhecido, enquanto $hy6_t$ é desconhecido, porque $p3_t$ (o preço das letras do Tesouro de três meses) é desconhecido no tempo $(t - 1)$. A *hipótese das expectativas* (HE) diz que esses dois diferentes investimentos de três meses deveriam ser os mesmos, em média. Matematicamente, podemos escrever isso como uma expectativa condicional:

$$\text{E}(hy6_t | I_{t-1}) = hy3_{t-1},$$

em que I_{t-1} representa todas as informações observáveis até o tempo $t - 1$. Isso sugere que se estime o modelo

$$hy6_t = \beta_0 + \beta_1 hy3_{t-1} + u_t,$$

e que se teste H_0: $\beta_1 = 1$. (Também podemos testar H_0: $\beta_0 = 0$, mas em geral levamos em conta um *prêmio a termo* pela compra de ativos com diferentes datas de vencimento, de forma que $\beta_0 \neq 0$.)

(i) Estimando a equação anterior por MQO, utilizando os dados contidos no arquivo INTQRT (espaçado de três em três meses), obtemos

$$\widehat{hy6}_t = -0{,}058 + 1{,}104\, hy3_{t-1}$$
$$(0{,}070)\ \ (0{,}039)$$
$$n = 123,\ R^2 = 0{,}866.$$

Você rejeita $H_0: \beta_1 = 1$ contra $H_0: \beta_1 \neq 1$ ao nível de significância de 1%? A estimativa parece ser, na prática, diferente de um?

(ii) Outra implicação da HE é que nenhuma outra variável datada como $t - 1$, ou com data anterior a esta, ajuda a explicar $hy6_t$, uma vez que $hy3_{t-1}$ tenha sido controlada. A inclusão de uma defasagem de *spread* entre as taxas das letras do Tesouro de seis e de três meses produz

$$\widehat{hy6}_t = -0{,}123 + 1{,}053\, hy3_{t-1} + 0{,}480\, (r6_{t-1} - r3_{t-1})$$
$$(0{,}067)\ \ (0{,}039)\ \ \ \ \ \ \ \ (0{,}109)$$
$$n = 123,\ R^2 = 0{,}885.$$

Agora, o coeficiente de $hy3_{t-1}$ é estatisticamente diferente de um? O termo defasado de *spread* é significante? De acordo com essa equação, se, no tempo $t - 1$, $r6$ estiver acima de $r3$, você deveria investir nas letras do Tesouro de seis meses ou de três meses?

(iii) A correlação amostral entre $hy3_t$ e $hy3_{t-1}$ é 0,914. Por que isso deve causar algumas preocupações em relação à análise anterior?

(iv) Como você faria um teste de sazonalidade na equação estimada no item (ii)?

7. Um *modelo de ajustamento parcial* é

$$y_t^* = \gamma_0 + \gamma_1 x_t + e_t$$
$$y_t - y_{t-1} = \lambda(y_t^* - y_{t-1}) + a_t,$$

em que y_t^* é o nível desejável ou ótimo de y, e y_t é o nível efetivo (observado). Por exemplo, y_t^* é o crescimento desejável nos estoques de uma firma, e x_t é o crescimento das vendas da firma. O parâmetro γ_1 mede o efeito de x_t sobre y_t^*. A segunda equação descreve como y observado se ajusta, dependendo da relação entre y desejado no tempo t e y observado no tempo $t - 1$. O parâmetro λ mede a velocidade de ajustamento e satisfaz $0 < \lambda < 1$.

(i) Insira a primeira equação para y_t^* na segunda equação e mostre que podemos escrever

$$y_t = \beta_0 + \beta_1 y_{t-1} + \beta_2 x_t + u_t.$$

Em particular, encontre β_j em termos de γ_j e λ e encontre u_t em termos de e_t e a_t. Portanto, o modelo de ajustamento parcial leva a um modelo com uma variável dependente defasada e um x contemporâneo.

(ii) Se $E(e_t | x_t, y_{t-1}, x_{t-1}, \ldots) = E(a_t | x_t, y_{t-1}, x_{t-1}, \ldots) = 0$ e todas as séries são fracamente dependentes, como você estimaria β_j?

(iii) Se $\hat{\beta}_1 = 0{,}7$ e $\hat{\beta}_2 = 0{,}2$, quais são as estimativas de γ_t e λ?

8. Suponha que a equação

$$y_t = \alpha + \delta t + \beta_1 x_{t1} + \ldots + \beta_k x_{tk} + u_t$$

satisfaça a hipótese de exogeneidade sequencial na equação (11.40).

(i) Suponha que você faça o diferenciamento da equação para obter

$$\Delta y_t = \delta + \beta_1 \Delta x_{t1} + \ldots + \beta_\kappa \Delta x_{tk} + \Delta u_t$$

Por que a aplicação dos MQO na equação diferenciada não resulta, de forma geral, em estimadores consistentes da β_j?

(ii) Qual hipótese nas variáveis explicativas na equação original garantiria que os MQO nas diferenças estimarão consistentemente a β_j?

(iii) Que $z_{t1}, \ldots z_{tk}$ seja um conjunto de variáveis explicativas datadas contemporaneamente com y_t. Se especificarmos o modelo de regressão estática $y_t = \beta_0 + \beta_1 z_{t1} + \ldots + \beta_k z_{tk} + u_t$, descreva o que precisamos para presumirmos que $\mathbf{x}_t = \mathbf{z}_t$ seja sequencialmente exógena. Você acha que as hipóteses são propensas a se sustentarem em aplicações econômicas?

Exercícios em computador

C1 Use os dados do arquivo HSEINV para este exercício.

(i) Encontre a autocorrelação de primeira ordem em log($invpc$). Agora, encontre a autocorrelação *depois* de destendenciar linearmente log($invpc$). Faça o mesmo para log($price$). Qual das duas séries pode ter uma raiz unitária?

(ii) Com base em suas descobertas do item (i), estime a equação

$$\log(invpc_t) = \beta_0 + \beta_1 \Delta\log(price_t) + \beta_2 t + u_t$$

e registre os resultados na forma padrão. Interprete o coeficiente de $\hat{\beta}_1$ e determine se ele é estatisticamente significante.

(iii) Retire linearmente a tendência de log($invpc_t$) e use a versão sem tendência como variável dependente na regressão do item (ii) (ver Seção 10.5). O que acontece com o R^2?

(iv) Agora use $\Delta\log(invpc_t)$ como variável dependente. De que forma seus resultados mudam em relação ao item (ii)? A tendência temporal ainda é significante? Por que ou por que não?

C2 No Exemplo 11.7, defina o crescimento no salário e os resultados por hora como a mudança no log natural: $ghrwage = \Delta\log(hrwage)$ e $goutphr = \Delta\log(outphr)$. Considere uma extensão simples do modelo estimado na equação (11.29):

$$ghrwage_t = \beta_0 + \beta_1 goutphr_t + \beta_2 goutphr_{t-1} + u_t.$$

Isso permite que um aumento na produtividade tenha um efeito atual e defasado sobre o crescimento salarial.

(i) Estime a equação usando os dados do arquivo EARNS e registre os resultados na forma padrão. O valor defasado de $goutphr$ é estatisticamente significante?

(ii) Se $\beta_1 + \beta_2 = 1$, um aumento permanente da produtividade é totalmente transferido para maior aumento dos salários depois de um ano. Teste $H_0: \beta_1 + \beta_2 = 1$ contra a alternativa bilateral. Lembre-se, uma forma de fazer isso é escrever a equação para que $\theta = \beta_1 + \beta_2$ apareça diretamente no modelo, como no Exemplo 10.4 do Capítulo 10.

(iii) A variável $goutphr_{t-2}$ precisa estar no modelo? Explique.

C3 (i) No Exemplo 11.4, pode ser que o valor esperado para o retorno no tempo t (*return*), dados os retornos passados (*return*$_{t-1}$), seja uma função quadrática de *return*$_{t-1}$. Para checar essa possibilidade, use os dados do arquivo NYSE para estimar

$$return_t = \beta_0 + \beta_1 return_{t-1} + \beta_2 return_{t-1}^2 + u_t;$$

registre os resultados na forma usual.

(ii) Afirme e teste a hipótese nula de que $E(return_t|return_{t-1})$ não depende de *return*$_{t-1}$. (*Dica*: Existem duas restrições para testar aqui.) O que você conclui?

(iii) Elimine $return_{t-1}^2$ do modelo, mas adicione o termo de interação $return_{t-1} \cdot return_{t-2}$. Agora teste a hipótese dos mercados eficientes.

(iv) O que você conclui a respeito da previsão de retornos de ações semanais com base em retornos passados das ações?

C4 Use os dados do arquivo PHILLIPS para este exercício, mas somente ao longo de 1996.

(i) No Exemplo 11.5, assumimos que a taxa natural de desemprego é constante. Uma forma alternativa da curva das expectativas aumentadas de Phillips permite que a taxa natural de desemprego dependa de níveis passados de desemprego. No caso mais simples, a taxa natural no tempo t é igual a $unem_{t-1}$. Se assumirmos expectativas adaptativas, obteremos uma curva de Phillips em que a inflação e o desemprego estão nas primeiras diferenças:

$$\Delta inf = \beta_0 + \beta_1 \Delta unem + u.$$

(ii) Estime o modelo, registre os resultados na forma usual e discuta o sinal, o tamanho e a significância estatística de $\hat{\beta}_1$.

(iii) Qual modelo acomoda melhor os dados, a equação (11.19) ou o modelo do item (i)? Explique.

C5 (i) Adicione uma tendência temporal linear à equação (11.27). Uma tendência temporal é necessária na equação de primeira diferença?

(ii) Retire a tendência temporal e adicione as variáveis *ww2* e *pill* à equação (11.27) (não diferencie essas variáveis *dummy*). Essas variáveis são conjuntamente significantes a um nível de 5%?

(iii) Adicione a tendência linear temporal, *ww2* e *pill* à equação (11.27). O que acontece com a magnitude e a significância estatística da tendência temporal em comparação com aquelas do item (i)? E em relação ao coeficiente de *pill* comparado com o do item (ii)?

(iv) Usando o modelo do item (iii), estime a PLP e obtenha seu erro padrão. Compare-o à equação (10.19), em que *gfr* e *pe* aparecem como níveis em vez de primeiras diferenças. Você diria que a ligação entre fertilidade e o valor da isenção pessoal é um achado especialmente robusto?

C6 Defina $inven_t$ como o valor real dos estoques dos Estados Unidos durante o ano t, PIB_t como o produto interno bruto real e $r3_t$ como a taxa real de juros (*ex post*) em letras do Tesouro Americano de três meses. A taxa real de juros *ex post* é (aproximadamente) $r3_t = i3_t - inf_t$, em que $i3_t$ é a taxa sobre as letras do Tesouro americano de três meses e o inf_t é a taxa anual de inflação [ver Mankiw (1994, Seção 6-4)]. A alteração nos estoques, $cinven_t$, é o *investimento em estoque* para o ano. O *modelo acelerador* de investimentos em estoque relaciona *cinven* a *cGDP*, a alteração no PIB:

$$cinven_t = \beta_0 + \beta_1 cGDP_t + u_t,$$

em que $\beta_1 > 0$. [Ver, por exemplo, Mankiw (1994), Capítulo 17.]

(i) Use os dados do arquivo INVEN para estimar o modelo do acelerador. Registre os resultados na forma usual e interprete a equação. $\hat{\beta}_1$ é estatisticamente maior do que zero?

(ii) Se a taxa real de juros aumentar, o custo de oportunidade de manter estoques aumenta, assim, um aumento na taxa real de juros diminui os estoques. Adicione a taxa real de juros ao modelo do acelerador e discuta os resultados.

(iii) O nível da taxa real de juros funciona melhor do que a primeira diferença, $cr3_t$?

C7 Use o arquivo CONSUMP para este exercício. Uma versão da *hipótese da renda permanente* (HRP) do consumo é que o *crescimento* do consumo é imprevisível. [Outra versão é que a alteração do consumo por si só é imprevisível; ver Mankiw (1994, Capítulo 15) para uma discussão sobre a HRP.] Defina $gc_t = \log(c_t) - \log(c_{t-1})$ como o crescimento do consumo real *per capita* (de itens não duráveis e serviços). Assim, a HRP indica que $E(gc_t|I_{t-1}) = E(gc_t)$, em que I_{t-1} marca as informações conhecidas no momento $(t-1)$; neste caso, t indica um ano.

(i) Teste a HRP estimando $gc_t = \beta_0 + \beta_1 gc_{t-1} + u_t$. Expresse claramente as hipóteses nula e alternativa. O que você conclui?

(ii) Adicione à regressão do item (i) as variáveis gy_{t-1}, $i3_{t-1}$ e inf_{t-1}. Essas novas variáveis são individual ou conjuntamente significantes a um nível de 5%? (Certifique-se de registrar os *p*-valores adequados.)

(iii) Na regressão do item (ii), o que acontece com o *p*-valor da estatística t de gc_{t-1}? Isso quer dizer que agora a hipótese HRP é suportada pelos dados?

(iv) Na regressão do item (ii), qual é a estatística F e seu *p*-valor associado para a significância conjunta das quatro variáveis explicativas? Sua conclusão a respeito da HRP agora está de acordo com o que você descobriu no item (i)?

C8 Use os dados do arquivo PHILLIPS para este exercício.

(i) Estime um modelo AR(1) para a taxa de desemprego. Use esta equação para prever a taxa de desemprego para 2004. Compare-a com a taxa real de desemprego em 2004. (Você pode encontrar essas informações em um *Economic Report of the President* recente.)

(ii) Adicione uma defasagem da inflação ao modelo AR(1) do item (i). A variável inf_{t-1} é estatisticamente significante?

(iii) Use a equação do item (ii) para prever a taxa de desemprego de 2004. O resultado é melhor ou pior do que o obtido pelo modelo do item (i)?

(iv) Use o método da Seção 6.4 para construir um intervalo de previsão de 95% para a taxa de desemprego de 2004. A taxa de desemprego de 2004 está no intervalo?

C9 Use os dados do arquivo TRAFFIC2 para este exercício. O Exercício em computador C11, do Capítulo 10, solicitou anteriormente a análise destes dados.

(i) Calcule o coeficiente de correlação de primeira ordem para a variável *prcfat*. Você está preocupado que *prcfat* contenha uma raiz unitária? Faça o mesmo com a taxa de desemprego.

(ii) Estime um modelo de regressão múltipla relacionando a primeira diferença de *prcfat*, $\Delta prcfat$, às mesmas variáveis do item (vi) do Exercício em computador C11 do Capítulo 10, com exceção do fato de que você também deve diferenciar primeiro a taxa de desemprego. Então, inclua uma tendência temporal linear, variáveis *dummy* mensais, a variável do fim de semana e as duas variáveis de política; não as diferencie. Você achou algum resultado interessante?

(iii) Comente a seguinte afirmação: "Devemos sempre fazer a primeira diferenciação de qualquer série temporal que suspeitarmos ter uma raiz unitária antes de fazer a regressão múltipla porque esta é a estratégia segura e deve dar resultados similares ao uso de níveis". [Para responder a isso, você pode desejar fazer a regressão do item (vi) do Exercício em computador C11, do Capítulo 10, se ainda não a fez.]

C10 Use todos os dados do arquivo PHILLIPS para responder a essa questão. Agora você deve usar dados de 56 anos.

(i) Reestime a equação (11.19) e registre os resultados na forma usual. As estimativas de intercepto e inclinação mudam notavelmente quando você adiciona dados de anos recentes?

(ii) Obtenha uma nova estimação da taxa natural de desemprego. Compare essa nova estimação com aquela registrada no Exemplo 11.5.

(iii) Calcule a autocorrelação de primeira ordem para *unem*. Na sua opinião, a raiz está perto de um?

(iv) Use *cunem* como variável explicativa em vez de *unem*. Qual variável explicativa dá um *R*-quadrado mais alto?

C11 A Lei de Okun – ver, por exemplo, Mankiw (1994, Capítulo 2) – indica a seguinte relação entre o percentual de alteração anual real do PIB, *pcrgdp*, e a alteração na taxa anual de desemprego, *cunem*:

$$pcrgdp = 3 - 2 \cdot cunem.$$

Se a taxa de desemprego for estável, o PIB real cresce 3% ao ano. Para cada ponto percentual de aumento na taxa de desemprego, o PIB real cresce dois pontos percentuais a menos. (Isso não deve ser interpretado em um sentido causal; é mais como uma descrição estatística.)

Para ver se os dados da economia norte-americana suportam a Lei de Okun, especificamos um modelo que permite desvios por meio de um termo de erro, $pcrgdp_t = \beta_0 + \beta_1 cunem_t + u_t$.

(i) Use os dados do arquivo OKUN para estimar a equação. Você obtere exatamente 3 para o intercepto e -2 para a inclinação? Você esperava por isso?

(ii) Encontre a estatística *t* do teste $H_0: \beta_1 = -2$. Você rejeitaria H_0 contra a alternativa bilateral em qualquer nível de significância razoável?

(iii) Encontre a estatística *t* do teste $H_0: \beta_0 = 3$. Você rejeitaria H_0 a um nível de 5% contra a alternativa bilateral? É uma rejeição "forte"?

(iv) Encontre a estatística *F* e o *p*-valor do teste de $H_0: \beta_0 = 3, \beta_1 = -2$ contra a alternativa de que H_0 é falsa. O teste rejeita a um nível de 10%? Em geral, você diria que os dados rejeitam ou tendem a suportar a Lei de Okun?

C12 Use os dados do arquivo MINWAGE para este exercício, focando nas séries de salário e emprego do setor 232 (mobiliário para homens e garotos). A variável *gwage232* é o crescimento mensal (alteração em logs) do salário médio no setor 232; *gemp232* é o crescimento do emprego no setor 232; *gmwage* é o crescimento do salário-mínimo e *gcpi* é o crescimento do Índice de Preços ao Consumidor (urbano).

(i) Encontre a autocorrelação de primeira ordem em *gwage232*. A série parece ser fracamente dependente?

(ii) Estime o modelo dinâmico

$$gwage232_t = \beta_0 + \beta_1 gwage232_{t-1} + \beta_2 gmwage_t + \beta_3 gcpi_t + u_t$$

por MQO. Mantendo fixos o crescimento salarial do último mês e o crescimento do IPC, um aumento no salário-mínimo federal resulta em um aumento contemporâneo em $gwage232_t$? Explique.

CAPÍTULO 11 Questões adicionais quanto ao uso do MQO com dados de séries temporais

(iii) Agora adicione o crescimento defasado no emprego, $gemp232_{t-1}$, à equação do item (ii). Ele é estatisticamente significante?

(iv) Em comparação ao modelo sem $gwage232_{t-1}$ e $gemp232_{t-1}$, a adição de duas variáveis defasadas tem um efeito grande sobre o coeficiente de $gmwage$?

(v) Faça a regressão de $gmwage_t$ sobre $gwage232_{t-1}$ e $gemp232_{t-1}$ e registre o R-quadrado. Comente como o valor do R-quadrado ajuda a explicar sua resposta do item (iv).

C13 Use os dados do arquivo BEVERIDGE para responder a essa questão. O conjunto de dados inclui observações mensais sobre taxas de disponibilidade e de desemprego nos Estados Unidos de dezembro de 2000 a fevereiro de 2012.

(i) Encontre a correlação entre $urate$ e $urate\_1$. Você diria que a correlação aponta mais em direção a um processo de raiz unitária ou a um processo fracamente dependente?

(ii) Repita o item (i) com a taxa de disponibilidade, $vrate$.

(iii) A Curva de Beveridge relaciona a taxa de desemprego com a taxa de disponibilidade, com a simples relação linear:

$$urate_t = \beta_0 + \beta_1 vrate_t + u_t,$$

que é esperado $\beta_1 < 0$. Estime β_0 e β_1 por MQO e registre os resultados na forma usual. Você achou uma relação negativa?

(iv) Explique por que você não pode confiar no intervalo de confiança registrado para β_1 pelo resultado dos MQO do item (iii). [As ferramentas necessárias para estudar regressões deste tipo são apresentadas no Capítulo 18.]

(v) Se você diferenciar $urate$ e $vrate$ antes de executar a regressão, de que forma o coeficiente de inclinação estimado se compara ao item (iii)? Ele é estatisticamente diferente de zero? [Este exemplo mostra que a diferenciação antes de uma regressão por MQO nem sempre é uma estratégia sensível. Entretanto, não podemos dar mais detalhes até o Capítulo 18.]

C14 Use os dados do arquivo APPROVAL para responder às questões a seguir. Ver também Exercício em computador C14, no Capítulo 10.

(i) Calcule as autocorrelações de primeira ordem das variáveis $approve$ e $lrgasprice$. Elas parecem próximas demais da unidade para se preocupar com raízes unitárias?

(ii) Considere o modelo

$$approve_t = \beta_0 + \beta_1 lcpifood_t + \beta_2 lrgasprice_t + \beta_3 unemploy_t + \beta_4 sep11_t + \beta_5 iraquinvade_t + u_t,$$

em que as duas primeiras variáveis estão em forma logarítmica. Dados seus achados do item (i), por que você deveria hesitar ao estimar este modelo por MQO?

(iii) Estime a equação do item (ii) diferenciando todas as variáveis (incluindo as variáveis $dummy$). Como você interpreta sua estimação de β_2? Ela é estatisticamente significante? (Registre o p-valor.)

(iv) Interprete sua estimação de β_4 e discuta sua significância estatística.

(v) Adicione $lsp500$ ao modelo do item (ii) e estime a equação usando a primeira diferenciação. Discuta o que você descobriu para a variável do mercado de ações.

CAPÍTULO **12**

Correlação serial e heteroscedasticidade em regressões de séries temporais

Neste capítulo, discutiremos o problema crítico da correlação serial no termo de erro de um modelo de regressão múltipla. Vimos no Capítulo 11 que, quando, em sentido apropriado, a dinâmica de um modelo tiver sido completamente especificada, os erros não serão serialmente correlacionados. Assim, o teste para verificar correlação serial pode ser usado para detectar a má-especificação dinâmica. Além disso, modelos estáticos e de defasagens distribuídas finitas muitas vezes possuem erros serialmente correlacionados, mesmo se não houver má-especificação básica do modelo. Portanto, é importante conhecer as consequências e as soluções da correlação serial dessas úteis classes de modelos.

Na Seção 12.1, apresentaremos as propriedades do MQO quando os erros contêm correlação serial. Na Seção 12.2, demonstraremos como fazer o teste para verificar a correlação serial. Discutimos testes que se aplicam a modelos com regressores estritamente exógenos e testes que são assimptoticamente válidos com regressores gerais, inclusive com variáveis dependentes defasadas. A Seção 12.3 explicará como corrigir a correlação serial sob a hipótese de variáveis explicativas estritamente exógenas, ao passo que a Seção 12.4 mostrará como o uso de dados diferenciados muitas vezes elimina a correlação serial nos erros. A Seção 12.5 traz os avanços mais recentes sobre como ajustar os habituais erros padrão do MQO e testar estatísticas na presença de correlação serial bastante genérica.

No Capítulo 8, discutimos como testar e corrigir a heteroscedasticidade em aplicações de corte transversal. Na Seção 12.6, mostraremos como métodos utilizados nos casos de corte transversal podem ser ampliados para os casos de séries temporais. As mecânicas são essencialmente as mesmas, mas existem algumas sutilezas associadas com a correlação temporal nas observações de séries temporais, que devem ser consideradas. Adicionalmente, trataremos de forma resumida as consequências de formas dinâmicas de heteroscedasticidade.

CAPÍTULO 12 — Correlação serial e heteroscedasticidade em regressões de séries temporais

12.1 As propriedades do MQO com erros serialmente correlacionados

12-1a Inexistência de viés e consistência

No Capítulo 10, provamos a inexistência de viés do estimador do MQO sob as três primeiras hipóteses de Gauss-Markov para regressões de séries temporais (ST.1 a ST.3). Particularmente, o Teorema 10.1 nada considerava sobre a correlação serial nos erros. Por conseguinte, desde que as variáveis explicativas sejam estritamente exógenas, os $\hat{\beta}_j$ serão não viesados, a despeito do grau de correlação nos erros. Isso é análogo à observação de que a heteroscedasticidade nos erros não causa viés em $\hat{\beta}_j$.

No Capítulo 11, relaxamos a hipótese de exogeneidade estrita para $E(u_t|\mathbf{x}_t) = 0$ e mostramos que, quando os dados são fracamente dependentes, os $\hat{\beta}_j$ ainda são consistentes (embora não necessariamente não viesados). Esse resultado não dependia de nenhuma hipótese sobre correlação serial nos erros.

12-1b Eficiência e inferência

Como o teorema de Gauss-Markov (Teorema 10.4) exige tanto a homoscedasticidade como os erros sem correlação serial, o MQO não é mais BLUE na presença de correlação serial. Mais importante ainda, os habituais erros padrão do MQO e testes estatísticos não são válidos, mesmo assimptoticamente. Podemos verificar isso calculando a variância do estimador do MQO sob as quatro primeiras hipóteses de Gauss-Markov e o modelo de **correlação serial AR(1)** para o termo de erro. Mais precisamente, presumimos que

$$u_t = \rho u_{t-1} + e_t, \; t = 1, 2, \ldots, n \quad (12.1)$$

$$|\rho| < 1, \quad (12.2)$$

em que os e_t são variáveis aleatórias não correlacionadas com média zero e variância σ_e^2; lembre-se de que, como vimos no Capítulo 11, a hipótese (12.2) é a condição de estabilidade.

Consideramos a variância do estimador de inclinação do MQO no modelo simples de regressão

$$y_t = \beta_0 + \beta_1 x_t + u_t,$$

e, apenas para simplificar a fórmula, presumimos que a média amostral de x_t é zero ($\bar{x} = 0$). Então, o estimador de MQO $\hat{\beta}_1$ de β_1 pode ser escrito como

$$\hat{\beta}_1 = \beta_1 + \text{SQT}_x^{-1} \sum_{t=1}^{n} x_t u_t, \quad (12.3)$$

em que $\text{SQT}_x = \sum_{t=1}^{n} x_t^2$. Agora, ao calcular a variância de $\hat{\beta}_1$ (condicional em $\mathbf{X}$), devemos levar em conta a correlação serial em u_t:

$$\text{Var}(\hat{\beta}_1) = \text{SQT}_x^{-2}\text{Var}\left(\sum_{t=1}^{n} x_t u_t\right)$$

$$= \text{SQT}_x^{-2}\left(\sum_{t=1}^{n} x_t^2 \text{Var}(u_t) + 2\sum_{t=1}^{n-1}\sum_{j=1}^{n-t} x_t x_{t+j}\, \text{E}(u_t u_{t+j})\right) \quad (12.4)$$

$$= \sigma^2/\text{SQT}_x + 2(\sigma^2/\text{SQT}_x^2)\sum_{t=1}^{n-1}\sum_{j=1}^{n-t} \rho^j x_t x_{t+j},$$

em que $\sigma^2 = \text{Var}(u_t)$ e utilizamos o fato de que $\text{E}(u_t u_{t+j}) = \text{Cov}(u_t, u_{t+j}) = \rho^j \sigma^2$ [veja equação (11.4)]. O primeiro termo na equação (12.4), σ^2/SQT_x, é a variância de $\hat{\beta}_1$ quando $\rho = 0$, que é a variância familiar do MQO sob as hipóteses de Gauss-Markov. Se ignorarmos a correlação serial e estimarmos a variância de maneira habitual, o estimador da variância será usualmente viesado quando $\rho \neq 0$, pois ele ignora o segundo termo em (12.4). Como veremos mais tarde, em outros exemplos, $\rho > 0$ é mais comum, caso em que $\rho^j > 0$ para todos os j. Além disso, as variáveis independentes em modelos de regressão, em geral são positivamente correlacionadas ao longo do tempo, de forma que $x_t x_{t+j}$ é positivo para a maioria dos pares t e $t+j$. Portanto, na maioria das aplicações econômicas, o termo $\sum_{t=1}^{n-1}\sum_{j=1}^{n-t} \rho^j x_t x_{t+j}$ é positivo e, assim, a fórmula usual da variância do MQO, σ^2/SQT_x, *subestima* a verdadeira variância do estimador MQO. Se ρ for grande ou x_t tiver um alto grau de correlação serial positiva – caso comum –, o viés no estimador de variância usual do MQO pode ser substancial. Tenderemos a pensar que o estimador de inclinação do MQO seja mais preciso do que na realidade é.

Quando $\rho < 0$, ρ^j é negativo quando j é ímpar, e positivo quando j é par e, portanto, é difícil determinar o sinal de $\sum_{t=1}^{n-1}\sum_{j=1}^{n-t} \rho^j x_t x_{t+j}$. De fato, é possível que a fórmula usual da variância do MQO efetivamente *exagere* a verdadeira variância de $\hat{\beta}_1$. Em qualquer caso, o estimador usual da variância será viesado para $\text{Var}(\hat{\beta}_1)$ na presença de correlação serial.

Como o erro padrão de $\hat{\beta}_1$ é uma estimativa do desvio padrão de $\hat{\beta}_1$, o uso do erro padrão habitual do MQO na presença de correlação serial não é válido. Portanto, as estatísticas t não são mais válidas para testar hipóteses únicas. Como um erro padrão menor significa uma estatística t maior, as estatísticas t normais muitas vezes serão grandes demais quando $\rho > 0$. As estatísticas usuais F e LM para testar hipóteses múltiplas também não são válidas.

QUESTÃO 12.1

Suponha que, em vez do modelo AR(1), u_t siga o modelo MA(1) $u_t = e_t + \alpha e_{t-1}$. Encontre $\text{Var}(\hat{\beta}_1)$ e demonstre que ela é diferente da fórmula habitual se $\alpha \neq 0$.

12-1c A qualidade de ajuste

Algumas vezes, afirma-se que a correlação serial nos erros de um modelo de regressão de séries temporais invalida as medidas habituais da qualidade de ajuste, R-quadrado e R-quadrado ajustado. Felizmente, esse não é o caso, desde que os dados sejam estacionários e fracamente dependentes. Para verificar por que essas medidas ainda são válidas, lembre-se de que definimos o R-quadrado da população em um contexto de corte transversal como $1 - \sigma_u^2/\sigma_y^2$ (veja a Seção 6.3 do Capítulo 6). Essa definição ainda é apropriada no contexto de regressões de séries temporais com dados estacionários e fracamente dependentes: a variância de ambos, erros e variável dependente, não se altera ao longo do tempo. De acordo com a lei dos grandes números, R^2 e $\bar{R}^2$ estimam o R-quadrado da população de maneira consistente. O argumento é essencialmente o mesmo do caso do corte transversal, haja ou não heteroscedasticidade (veja Seção 8.1). Como nunca existe um estimador não viesado do R-quadrado da população, não faz sentido falar em viés no R^2 causado por correlação serial. Tudo o que realmente podemos dizer é que nossas medidas da qualidade de ajuste ainda são estimadores consistentes do parâmetro da população. Esse argumento não se mantém se $\{y_t\}$ for um processo I(1), pois $\text{Var}(y_t)$ cresce com t; a qualidade de ajuste não faz muito sentido nesse caso. Como discutimos na Seção 10.5, tendências ao redor da média de y_t, ou sazonalidade, podem e devem ser levadas em conta no cálculo do R-quadrado. Outros desvios da estacionariedade não causam dificuldade na interpretação de R^2 e $\bar{R}^2$ das maneiras habituais.

12-1d A correlação serial na presença da variável dependente defasada

Iniciantes em econometria são com frequência alertados sobre os perigos de erros serialmente correlacionados na presença da variável dependente defasada. Quase todos os manuais de econometria contêm alguma forma da afirmação "o MQO é inconsistente na presença da variável dependente defasada e de erros serialmente correlacionados". Infelizmente, como declaração generalizada essa afirmação é falsa. Existe uma versão da afirmação que é correta, mas é importante que seja bem precisa.

Para ilustrar, suponha que o valor esperado de y_t, dado y_{t-1}, seja linear:

$$E(y_t|y_{t-1}) = \beta_0 + \beta_1 y_{t-1}, \tag{12.5}$$

em que presumimos estabilidade, $|\beta_1| < 1$. Sabemos que sempre podemos escrever essa equação com um termo de erro como

$$y_t = \beta_0 + \beta_1 y_{t-1} + u_t, \tag{12.6}$$

$$E(u_t|y_{t-1}) = 0. \tag{12.7}$$

Por construção, este modelo satisfaz a hipótese crucial ST.3' da consistência do MQO; portanto, os estimadores de MQO, $\hat{\beta}_0$ e $\hat{\beta}_1$, são consistentes. É importante verificar que, sem hipóteses adicionais, os erros $\{u_t\}$ *podem* ser serialmente correlacionados. A condição (12.7) garante que u_t é não correlacionado com y_{t-1}, mas u_t e y_{t-2} podem ser correlacionados. Portanto, como $u_{t-1} = y_{t-1} - \beta_0 - \beta_1 y_{t-2}$, a covariância entre u_t e u_{t-1} é $-\beta_1 \text{Cov}(u_t, y_{t-2})$, que não é necessariamente zero. Assim, os erros exibem correlação serial e o modelo contém uma variável dependente defasada, mas o MQO estima consistentemente β_0 e β_1 porque esses são os parâmetros na expectativa condicional (12.5). A correlação serial nos erros fará com que as estatísticas usuais de MQO não sejam válidas para a finalidade de testes, mas não afetará a consistência.

Então, quando o MQO será inconsistente se os erros forem serialmente correlacionados e a regressão contiver uma variável dependente defasada? Isso acontece quando escrevemos o modelo em forma de erro, exatamente como em (12.6), mas *presumimos* que $\{u_t\}$ segue um modelo AR(1) estável, como em (12.1) e (12.2), em que

$$E(e_t|u_{t-1}, u_{t-2}, \ldots) = E(e_t|y_{t-1}, y_{t-2}, \ldots) = 0. \tag{12.8}$$

Como e_t é não correlacionado com y_{t-1} por hipótese, $\text{Cov}(y_{t-1}, u_t) = \rho\text{Cov}(y_{t-1}, u_{t-1})$, que não é zero, a menos que $\rho = 0$. Isso faz com que os estimadores MQO de β_0 e β_1 da regressão de y_t sobre y_{t-1} sejam inconsistentes.

Agora vemos que a estimação MQO de (12.6), quando os erros u_t também seguem um modelo AR(1), leva a estimadores inconsistentes. Todavia, a exatidão dessa afirmação não a torna menos equivocada. Temos de perguntar: qual seria a vantagem de estimar os parâmetros em (12.6) quando os erros seguem um modelo AR(1)? É difícil pensar em casos nos quais isso seria interessante. Pelo menos em (12.5) os parâmetros nos informam o valor esperado de y_t dado y_{t-1}. Quando combinamos (12.6) com (12.1), vemos que y_t de fato segue um modelo autorregressivo de segunda ordem, ou modelo AR(2). Para verificar isso, escreva $u_{t-1} = y_{t-1} - \beta_0 - \beta_1 y_{t-2}$, inserindo essa expressão em $u_t = \rho u_{t-1} + e_t$. Então (12.6) pode ser reescrita como

$$\begin{aligned} y_t &= \beta_0 + \beta_1 y_{t-1} + \rho(y_{t-1} - \beta_0 - \beta_1 y_{t-2}) + e_t \\ &= \beta_0(1 - \rho) + (\beta_1 + \rho)y_{t-1} - \rho\beta_1 y_{t-2} + e_t \\ &= \alpha_0 + \alpha_1 y_{t-1} + \alpha_2 y_{t-2} + e_t, \end{aligned}$$

em que $\alpha_0 = \beta_0(1 - \rho)$, $\alpha_1 = \beta_1 + \rho$ e $\alpha_2 = -\rho\beta_1$. Dada (12.8), segue que

$$E(y_t|y_{t-1}, y_{t-2}, \ldots) = E(y_t|y_{t-1}, y_{t-2}) = \alpha_0 + \alpha_1 y_{t-1} + \alpha_2 y_{t-2}. \tag{12.9}$$

Significando que o valor esperado de y_t, dados todos os y passados, depende de *duas* defasagens de y. É a equação (12.9) que estaríamos interessados em usar para qualquer propósito prático, inclusive para fazer previsões, como veremos no Capítulo 18. Estamos especialmente interessados nos parâmetros α_j. Sob as condições apropriadas de estabilidade de um modelo AR(2) – que veremos na Seção 12.3 –, a estimação MQO de (12.9) produz estimadores consistentes e assimptoticamente normais de α_j.

O ponto principal é que você precisa ter uma boa razão para ter tanto uma variável dependente defasada em um modelo como um modelo particular de correlação serial nos erros. Muitas vezes, a correlação serial nos erros de um modelo dinâmico simplesmente indica que a função de regressão dinâmica não foi completamente especificada: no exemplo anterior deveríamos ter adicionado y_{t-2} à equação.

No Capítulo 18, veremos exemplos de modelos com a variável dependente defasada em que os erros são serialmente correlacionados e também correlacionados com y_{t-1}. Entretanto, mesmo nesses casos, os erros não seguem um processo autorregressivo.

12.2 O teste da correlação serial

Nesta seção, discutimos vários métodos de testar a correlação serial nos erros, no modelo de regressão linear múltipla

$$y_t = \beta_0 + \beta_1 x_{t1} + \ldots + \beta_k x_{tk} + u_t.$$

Primeiro, consideramos o caso em que os regressores são estritamente exógenos. Lembre-se de que isso requer que o erro, u_t, seja não correlacionado com os regressores em todos os períodos de tempo (veja a Seção 10.3), e, assim, entre outras coisas, ele exclui modelos com a variável dependente defasada.

12-2a O teste t de correlação serial AR (1) com regressores estritamente exógenos

Embora haja numerosas maneiras de os termos de erros em um modelo de regressão múltipla poderem ser serialmente correlacionados, o modelo mais popular – e o mais simples de trabalhar – é o modelo AR(1) nas equações (12.1) e (12.2). Na seção anterior, explicamos as implicações de executar o MQO quando os erros são, de forma geral, serialmente correlacionados, e derivamos a variância do estimador de inclinação MQO em um modelo simples de regressão com erros AR(1). Agora mostramos como fazer o teste para verificar a presença de correlação serial AR(1). A hipótese nula é a de que *não* há correlação serial. Portanto, assim como nos testes da heteroscedasticidade, presumimos o melhor e exigimos que os dados forneçam evidência razoavelmente forte de que a hipótese ideal de não existir correlação serial seja violada.

Primeiro, derivamos um teste de amostra grande, sob a hipótese de que as variáveis explicativas são estritamente exógenas: o valor esperado de u_t, dado o histórico completo das variáveis independentes, é zero. Além disso, em (12.1) devemos considerar

$$E(e_t|u_{t-1}, u_{t-2}, \ldots) = 0 \tag{12.10}$$

e

$$\text{Var}(e_t|u_{t-1}) = \text{Var}(e_t) = \sigma_e^2. \tag{12.11}$$

Essas são hipóteses padrão no modelo AR(1) (que decorrem quando $\{e_t\}$ é uma sequência i.i.d.) e nos permitem aplicar os resultados de amostras grandes do Capítulo 11 para a regressão dinâmica.

Assim como no teste de heteroscedasticidade, a hipótese nula é a de que a hipótese apropriada de Gauss-Markov é verdadeira. No modelo AR(1), a hipótese nula de que os erros são serialmente correlacionados é

$$H_0: \rho = 0. \tag{12.12}$$

Como podemos testar essa hipótese? Se os u_t fossem observados, sob (12.10) e (12.11), poderíamos imediatamente aplicar os resultados de normalidade assimptótica do Teorema 11.2 ao modelo de regressão dinâmica.

$$u_t = \rho u_{t-1} + e_t, t = 2, \ldots, n. \tag{12.13}$$

(Sob a hipótese nula $\rho = 0$, $\{u_t\}$ é, sem dúvida, fracamente dependente.) Em outras palavras, poderíamos estimar ρ da regressão de u_t sobre u_{t-1}, para todos os $t = 2, \ldots, n$, sem um intercepto, e usar a estatística t usual para $\hat{\rho}$. Isso não funciona porque os erros u_t não são observados. Mesmo assim, como no caso do teste de heteroscedasticidade, podemos substituir u_t pelo correspondente resíduo de MQO, $\hat{u}_t$. Como $\hat{u}_t$ depende dos estimadores MQO, $\hat{\beta}_0, \hat{\beta}_1, \ldots, \hat{\beta}_k$, não é óbvio que o uso de $\hat{u}_t$ em lugar de u_t na regressão não tenha efeito na distribuição da estatística t. Felizmente, constata-se que, em razão da hipótese de exogeneidade estrita, a distribuição de amostra grande da estatística t não é afetada pelo uso dos resíduos de MQO em lugar dos erros. Uma prova disso está muito além do escopo deste texto, mas deriva do trabalho de Wooldridge (1991b).

Podemos resumir o teste assimptótico de AR(1) em correlação serial de maneira muito simples:

O teste AR(1) da correlação serial com regressores estritamente exógenos:

(i) Execute a regressão MQO de y_t sobre x_{t1}, ..., x_{tk} e obtenha os resíduos do MQO, $\hat{u}_t$, para todo $t = 1, 2, ..., n$.

(ii) Execute a regressão de

$$\hat{u}_t \text{ sobre } \hat{u}_{t-1}, \text{ para todo } t = 2, ..., n, \qquad (12.14)$$

obtendo o coeficiente $\hat{\rho}$ de $\hat{u}_{t-1}$ e sua estatística t, $t_{\hat{\rho}}$. (Essa regressão pode ou não conter um intercepto; a estatística t de $\hat{\rho}$ será levemente afetada, mas ela é assimptoticamente válida de qualquer maneira.)

(iii) Use $t_{\hat{\rho}}$ para testar H_0: $\rho = 0$ contra H_1: $\rho \neq 0$, de maneira habitual. Na realidade, como $\rho > 0$ é frequentemente esperado *a priori*, a alternativa pode ser H_1: $\rho > 0$). Geralmente, concluímos que a correlação serial é um problema a ser tratado somente se H_0 for rejeitada no nível de 5%. Como sempre, é melhor descrever o p-valor do teste.

Ao decidir se a correlação serial precisa ser solucionada, devemos nos lembrar da diferença entre significância prática e significância estatística. Com uma amostra de tamanho grande, é possível encontrar correlação serial mesmo que $\hat{\rho}$ seja praticamente pequeno; quando $\hat{\rho}$ é próximo de zero, os procedimentos comuns de inferência de MQO não estarão distantes [veja equação (12.4)]. Esses resultados são relativamente raros em aplicações de séries temporais, porque os conjuntos de dados de séries temporais são, em geral, pequenos.

EXEMPLO 12.1 O teste da AR(1) em correlação serial no Capítulo 10 na curva de Phillips

No Capítulo 10, estimamos uma curva de Phillips estática que explicava a relação entre inflação e desemprego nos Estados Unidos (veja Exemplo 10.1). No Capítulo 11, estudamos determinada curva das expectativas aumentadas, de Phillips, na qual presumimos expectativas adaptativas (veja Exemplo 11.5). Agora, testamos o termo de erro em cada equação para verificar a existência de correlação serial. Como a curva das expectativas aumentadas utiliza $\Delta inf_t = inf_t - inf_{t-1}$ como variável dependente, temos algumas observações a fazer.

Para a curva de Phillips estática, a regressão em (12.14) produz $\hat{\rho} = 0{,}573$, $t = 4{,}93$ e p-valor $= 0{,}000$ (com 48 observações durante o ano de 1996). Isso é uma evidência muito forte de correlação serial positiva, de primeira ordem. Uma consequência disso é que os erros padrão e as estatísticas t do Capítulo 10 não são válidos. Em contraposição, o teste para verificar correlação serial em AR(1) na curva de expectativas aumentadas produz $\hat{\rho} = -0{,}036$, $t = -0{,}287$ e p-valor $= 0{,}775$ (com 47 observações): não existe evidência de correlação serial em AR(1) na curva das expectativas aumentadas de Phillips.

Embora o teste de (12.14) seja derivado do modelo AR(1), ele pode detectar outros tipos de correlação serial. Lembre-se, $\hat{\rho}$ é um estimador consistente da correlação entre u_t e u_{t-1}. Qualquer correlação serial que faça com que erros adjacentes sejam correlacionados pode ser captada por esse teste. Por outro lado, ele não detecta a correlação serial em que os erros adjacentes sejam não correlacionados, Corr(u_t, u_{t-1}) = 0. (Por exemplo, u_t e u_{t-2} poderiam ser correlacionados.)

Ao usar a estatística t usual de (12.14), temos de presumir que os erros em (12.13) satisfazem a hipótese de heteroscedasticidade apropriada (12.11). De fato, é fácil fazer o teste robusto em relação à heteroscedasticidade de e_t: simplesmente usamos o teste habitual da estatística t robusta em relação à heteroscedasticidade do Capítulo 8. Para a curva de Phillips estática do Exemplo 12.1, a estatística t robusta em relação à heteroscedasticidade é 4,03, menor que a estatística t não robusta, mas ainda muito significante. Na Seção 12.7, discorreremos mais sobre a heteroscedasticidade em regressões de séries temporais, inclusive suas formas dinâmicas.

> **QUESTÃO 12.2**
>
> Como você usaria a regressão (12.14) para construir um intervalo de confiança aproximado de 95% para ρ?

12-2b O teste de Durbin-Watson sob as hipóteses clássicas

Outro teste para verificar a correlação serial em AR(1) é o teste de Durbin-Watson. A **estatística de Durbin-Watson (*DW*)** também é baseada nos resíduos do MQO:

$$DW = \frac{\sum_{t=2}^{n}(\hat{u}_t - \hat{u}_{t-1})^2}{\sum_{t=1}^{n}\hat{u}_t^2}. \quad (12.15)$$

Um pouco de álgebra mostra que *DW* e $\hat{\rho}$ de (12.14) estão estreitamente ligados:

$$DW \approx 2(1 - \hat{\rho}). \quad (12.16)$$

Uma razão para essa relação não ser exata é que $\hat{\rho}$ tem $\sum_{t=2}^{n}\hat{u}_{t-1}^2$ em seu denominador, enquanto a estatística *DW* tem, em seu denominador, a soma dos quadrados de todos os resíduos de MQO. Mesmo com amostras de tamanhos moderados, a aproximação em (12.16) é frequentemente muito próxima. Portanto, testes com base na estatística *DW* e o teste t com base em $\hat{\rho}$ são conceitualmente os mesmos.

Durbin e Watson (1950) derivam a distribuição de *DW* (condicional em **X**), algo que requer o conjunto total das hipóteses do modelo linear clássico, inclusive a normalidade dos termos de erro. Infelizmente, essa distribuição depende dos valores das variáveis independentes. (Ela também depende do tamanho da amostra, do número de regressores e de se a regressão contém um intercepto.) Embora alguns programas econométricos computem valores críticos e *p*-valores para *DW*, muitos não o fazem. De qualquer forma, eles dependem do conjunto total das hipóteses do MLC.

Vários textos econométricos descrevem limites superiores e limites inferiores dos valores críticos que dependem do nível de significância desejável (da hipótese alternativa), do número de observações e do número de regressores. (Presumimos que um intercepto está incluído no modelo.) Em geral, o teste *DW* é calculado para a hipótese alternativa

$$H_1: \rho > 0. \tag{12.17}$$

A partir da aproximação em (12.16), $\hat{\rho} \approx 0$ implica $DW \approx 2$, e $\hat{\rho} = 0$ implica $DW < 2$. Assim, para rejeitar a hipótese nula (12.12) em favor de (12.17), estamos procurando um valor de *DW* que seja significantemente menor que dois. Infelizmente, em razão dos problemas para a obtenção da distribuição nula de *DW*, devemos comparar *DW* com dois conjuntos de valores críticos. Habitualmente, eles são denominados d_U (para limite *superior*) e d_L (para limite *inferior*). Se $DW < d_L$, então, rejeitamos H_0 em favor de (12.17); se $DW > d_U$, não permite rejeitar H_0. Se $d_L \leq DW \leq d_U$, o teste não é conclusivo.

Como um exemplo, se selecionarmos um nível de significância de 5% com $n = 45$ e $k = 4$, $d_U = 1,720$ e $d_L = 1,336$ [veja Savin e White (1997)]. Se *DW* $< 1,336$, rejeitamos a hipótese nula de inexistência de correlação serial no nível de 5%; se *DW* $> 1,72$, não é possível rejeitar H_0; se $1,336 \leq DW \leq 1,72$, o teste não é conclusivo.

No Exemplo 12.1, da curva de Phillips estática, *DW* é calculada como $DW = 0,80$. Podemos obter o valor crítico mais baixo de 1% de Savin e White (1997) para $k = 1$ e $n = 50$: $d_L = 1,32$. Portanto, rejeitamos a hipótese nula de inexistência de correlação serial, contra a alternativa de correlação serial positiva no nível de 1%. (Utilizando o teste *t* anterior, podemos concluir que o *p*-valor é igual a zero até três casas decimais.) Para a curva das expectativas aumentadas de Phillips, $DW = 1,77$, que está dentro da região de impossibilidade de rejeição até mesmo no nível de 5% ($d_U = 1,59$).

O fato de que uma distribuição amostral exata de *DW* pode ser tabulada é a única vantagem que *DW* tem sobre o teste *t* de (12.14). Dado que os valores críticos tabulados são válidos somente sob o conjunto total das hipóteses do MLC e que eles podem levar a uma ampla região inconclusiva, as desvantagens práticas da estatística *DW* são substanciais. A estatística *t* de (12.14) é fácil de ser calculada e assimptoticamente válida sem erros normalmente distribuídos. A estatística *t* também é válida na presença de heteroscedasticidade que dependa de x_{tj}; é fácil torná-la robusta para qualquer forma de heteroscedasticidade.

12-2c O teste da AR (1) em correlação serial sem regressores estritamente exógenos

Quando as variáveis explicativas não são estritamente exógenas, de forma que uma ou mais x_{tj} são correlacionadas com u_{t-1}, nem o teste *t* da regressão (12.14) nem a estatística de Durbin-Watson são válidos, mesmo em amostras grandes. O principal caso de regressores não estritamente exógenos ocorre quando o modelo contém uma variável dependente defasada: y_{t-1} e u_{t-1} são obviamente correlacionados. Durbin (1970) sugeriu duas alternativas para a estatística *DW* quando o modelo contém uma variável dependente defasada e os outros regressores são não aleatórios (ou, de forma mais geral, estritamente exógenos). A primeira é chamada *estatística* h *de Durbin*. Essa estatística tem uma desvantagem prática pelo fato de que nem sempre pode ser calculada, e assim não vamos discuti-la aqui.

A estatística alternativa de Durbin é fácil de ser calculada e é válida quando existe qualquer número de variáveis explicativas não estritamente exógenas. O teste também funciona se as variáveis explicativas forem estritamente exógenas.

O teste da correlação serial com regressores gerais:

(i) Execute a regressão MQO de y_t sobre $x_{t1}, \ldots, x_{tk}$ e obtenha os resíduos MQO, $\hat{u}_t$, para todo $t = 1, 2, \ldots, n$.

(ii) Execute a regressão de

$$\hat{u}_t \text{ sobre } x_{t1}, x_{t2}, \ldots, x_{tk}, \hat{u}_{t-1}, \text{ para todo } t = 2, \ldots, n \qquad (12.18)$$

para obter o coeficiente $\hat{\rho}$ de $\hat{u}_{t-1}$ e sua estatística, $t_{\hat{\rho}}$.

(iii) Utilize $t_{\hat{\rho}}$ para testar $H_0: \rho = 0$ contra $H_1: \rho \neq 0$, de maneira habitual (ou use uma alternativa unilateral).

Na equação (12.18), regredimos os resíduos MQO sobre *todas* as variáveis independentes, inclusive um intercepto, e sobre os resíduos defasados. A estatística t dos resíduos defasados é um teste válido de (12.12) no modelo AR(1) (12.13) [quando adicionamos $\text{Var}(u_t|\mathbf{x}_t, u_{t-1}) = \sigma^2$ sob H_0]. Qualquer número de variáveis dependentes defasadas pode aparecer entre x_{tj}, e outras variáveis explicativas não estritamente exógenas também são permitidas.

A inclusão de $x_{t1}, \ldots, x_{tk}$ permite explicitamente que cada x_{tj} seja correlacionado com u_{t-1}, e isso assegura que $t_{\hat{\rho}}$ tenha uma distribuição t aproximada em amostras grandes. A estatística t de (12.14) ignora possível correlação entre x_{tj} e u_{t-1}, de modo que ela não é válida sem regressores estritamente exógenos. Em decorrência, como $\hat{u}_t = y_t - \hat{\beta}_0 - \hat{\beta}_1 x_{t1} - \ldots - \hat{\beta}_k x_{tk}$, é possível mostrar que a estatística t de $\hat{u}_{t-1}$ é a mesma se y_t for usada em lugar de $\hat{u}_t$ como variável dependente em (12.18).

A estatística t de (12.18) pode facilmente ser transformada em robusta em relação à heteroscedasticidade de forma desconhecida [em particular quando $\text{Var}(u_t|\mathbf{x}_t, u_{t-1})$ não for constante]: basta usar a estatística t robusta em relação à heteroscedasticidade de $\hat{u}_{t-1}$.

EXEMPLO 12.2 **O teste de AR(1) em correlação serial na equação de salário-mínimo**

No Capítulo 10 (veja Exemplo 10.9), estimamos o efeito do salário-mínimo por hora sobre a taxa de emprego porto-riquenho. Agora verificamos se os erros parecem conter correlação serial, utilizando o teste que não considera exogeneidade estrita nas variáveis do salário-mínimo ou do PNB. [Adicionamos o log do PNB real porto-riquenho à equação (10.38), como no Exercício em computador C3, do Capítulo 10.] Estamos presumindo que os processos estocásticos subjacentes sejam fracamente dependentes, mas permitimos que eles contenham uma tendência temporal linear (ao incluirmos t na regressão).

Fazendo $\hat{u}_t$ representar os resíduos MQO, operamos a regressão de

$$\hat{u}_t \text{ sobre } \log(mincov_t), \log(prgnp_t), \log(uspnb_t), t \text{ e } \hat{u}_{t-1},$$

utilizando as 37 observações disponíveis. O coeficiente estimado de $\hat{u}_{t-1}$ é $\hat{\rho} = 0{,}481$ com $t = 2{,}89$ (p-valor bilateral $= 0{,}007$). Portanto, existe forte evidência de correlação serial AR(1) nos erros, o que significa que as estatísticas t de $\hat{\beta}_j$ que obtivemos anteriormente não são válidas para inferência. Lembre-se, no entanto, de que os $\hat{\beta}_j$ ainda serão consistentes se u_t for contemporaneamente não correlacionado com cada variável explicativa. Se por acaso usarmos a regressão (12.14), obteremos $\hat{\rho} = 0{,}417$ e $t = 2{,}63$, de modo que o resultado do teste é semelhante nesse caso.

12-2d O teste da correlação serial de ordem mais elevada

O teste a partir de (12.18) é facilmente estendido para ordens mais elevadas de correlação serial. Por exemplo, suponha que queiramos testar

$$H_0: \rho_1 = 0, \rho_2 = 0 \tag{12.19}$$

no modelo AR(2)

$$u_t = \rho_1 u_{t-1} + \rho_2 u_{t-2} + e_t.$$

O modelo alternativo de correlação serial permite testar *correlação serial de segunda ordem*. Como sempre, estimamos o modelo por MQO e obtemos os resíduos do MQO, $\hat{u}_t$. Então, podemos executar a regressão de

$$\hat{u}_t \text{ sobre } x_{t1}, x_{t2}, \ldots, x_{tk}, \hat{u}_{t-1} \text{ e } \hat{u}_{t-2}, \text{ para todo } t = 3, \ldots, n,$$

para obter o teste F da significância conjunta de $\hat{u}_{t-1}$ e $\hat{u}_{t-2}$. Se essas duas defasagens forem conjuntamente significantes em nível suficientemente pequeno, digamos 5%, então, rejeitamos (12.19) e concluímos que os erros são serialmente correlacionados.

De maneira mais geral, podemos testar a correlação serial no modelo autorregressivo de ordem q:

$$u_t = \rho_1 u_{t-1} + \rho_2 u_{t-2} + \ldots + \rho_q u_{t-q} + e_t. \tag{12.20}$$

A hipótese nula é

$$H_0: \rho_1 = 0, \rho_2 = 0, \ldots, \rho_q = 0. \tag{12.21}$$

O teste da correlação serial AR(q):

(i) Execute a regressão MQO de y_t sobre $x_{t1}, \ldots, x_{tk}$ e obtenha os resíduos do MQO, $\hat{u}_t$, para todo $t = 1, 2, \ldots, n$.

(ii) Execute a regressão de

$$\hat{u}_t \text{ sobre } x_{t1}, x_{t2}, \ldots, x_{tk}, \hat{u}_{t-1}, \hat{u}_{t-2}, \ldots, \hat{u}_{t-q}, \text{ para todo } t = (q+1), \ldots, n. \tag{12.22}$$

(iii) Calcule o teste F da significância conjunta de $\hat{u}_{t-1}, \hat{u}_{t-2}, \ldots, \hat{u}_{t-q}$ em (12.22). [A estatística F com y_t como variável dependente em (12.22) também pode ser usada, já que ela fornece uma resposta idêntica.]

Se presumirmos que os x_{tj} são estritamente exógenos, de forma que cada x_{tj} seja não correlacionado com $u_{t-1}, u_{t-2}, \ldots, u_{t-q}$, então, os x_{tj} podem ser omitidos de (12.22). A inclusão de x_{tj} na regressão faz com que o teste seja válido com ou sem a hipótese de exogeneidade estrita. O teste exige a hipótese de homoscedasticidade

$$\text{Var}(u_t|\mathbf{x}_t, u_{t-1}, \ldots, u_{t-q}) = \sigma^2. \tag{12.23}$$

Uma versão robusta em relação à heteroscedasticidade pode ser calculada, como descrito no Capítulo 8.

Uma alternativa para calcular o teste F é usar a forma da estatística do multiplicador de Lagrange (LM). (Tratamos da estatística LM no teste de restrições de exclusões no Capítulo 5, para a análise de corte transversal.) A estatística LM para testar (12.21) é simplesmente

$$LM = (n - q)R_{\hat{u}}^2, \tag{12.24}$$

em que $R_{\hat{u}}^2$ é o habitual R-quadrado da regressão (12.22). Sob a hipótese nula, $LM \overset{a}{\sim} \chi_q^2$. Isso é habitualmente chamado de **teste de Breusch-Godfrey** da correlação serial de AR(q). A estatística LM também requer (12.23), mas ela pode ser tornada robusta em relação à heteroscedasticidade. [Para detalhes, veja Wooldridge (1991b).]

EXEMPLO 12.3 O teste da AR(3) em correlação serial

No estudo de evento da indústria de cloreto de bário (veja Exemplo 10.5 no capítulo 10), utilizamos dados mensais, de modo que podemos testar a existência de correlação serial de ordens mais altas. Como ilustração, faremos o teste da correlação serial AR(3) dos erros subjacentes da equação (10.22). Utilizando a regressão (12.22), a estatística F para significância conjunta de $\hat{u}_{t-1}, \hat{u}_{t-2}$ e $\hat{u}_{t-3}$ é $F = 5,12$. Originalmente, tínhamos $n = 131$ e perdemos três observações na regressão auxiliar (12.22). Como estimamos dez parâmetros em (12.22) para este exemplo, os gl na estatística F são três e 118. O p-valor da estatística F é 0,0023, e, portanto, existe forte evidência de existência de correlação serial AR(3).

Usando dados trimestrais ou mensais que não tenham sido ajustados sazonalmente, algumas vezes desejamos verificar se existem formas sazonais de correlação serial. Por exemplo, com dados trimestrais, podemos postular o modelo autorregressivo

$$u_t = \rho_4 u_{t-4} + e_t. \tag{12.25}$$

A partir dos testes da correlação serial AR(1), fica bastante claro como prosseguir. Quando os regressores são estritamente exógenos, podemos usar o teste t de $\hat{u}_{t-4}$ na regressão de

$$\hat{u}_t \text{ sobre } \hat{u}_{t-4}, \text{ para todo } t = 5, \ldots, n.$$

Também existe uma modificação da estatística de Durbin-Watson [veja Wallis (1972)]. Quando os x_{tj} não forem estritamente exógenos, podemos usar a regressão em (12.18), com $\hat{u}_{t-4}$ substituindo $\hat{u}_{t-1}$.

No Exemplo 12.3, os dados são mensais e não são sazonalmente ajustados. Portanto, faz sentido testar a correlação

QUESTÃO 12.3

Suponha que você tenha dados trimestrais e queira verificar a presença de correlação serial de primeira ou de quarta ordem. Usando regressores estritamente exógenos, como você procederia?

entre u_t e u_{t-12}. Uma regressão de $\hat{u}_t$ sobre $\hat{u}_{t-12}$ produz $\hat{\rho}_{12} = -0{,}187$ e p-valor = $0{,}028$, assim existe evidência de autocorrelação sazonal *negativa*. (A inclusão dos regressores altera as coisas apenas modestamente: $\hat{\rho}_{12} = -0{,}170$ e p-valor = $0{,}052$.) Isso é um pouco incomum e não tem uma explicação óbvia.

12.3 A correção da correlação serial com regressores estritamente exógenos

Se detectarmos correlação serial após aplicarmos um dos testes da Seção 12.2, teremos de fazer algo a respeito. Se nossa meta for estimar um modelo com dinâmica completa, precisaremos reespecificar o modelo. Em aplicações nas quais nossa meta não seja estimar um modelo totalmente dinâmico, teremos de encontrar um meio de realizar inferência estatística: como vimos na Seção 12.1, as estatísticas habituais de testes do MQO não mais são válidas. Nesta Seção, começamos com o importante caso de correlação serial AR(1). A abordagem tradicional para esse problema considera regressores fixos. O que na realidade é necessário é usar regressores estritamente exógenos. Portanto, no mínimo, não devemos usar essas correções quando as variáveis explicativas incluírem variáveis dependentes defasadas.

12-3a A obtenção do melhor estimador linear não viesado no modelo AR (1)

Consideramos as Hipóteses ST.1 a ST.4 de Gauss-Markov, mas relaxamos a Hipótese ST.5. Em particular, presumimos que os erros seguem o modelo AR(1)

$$u_t = \rho u_{t-1} + e_t, \text{ para todo } t = 1, 2, \ldots. \qquad (12.26)$$

Lembre-se de que a Hipótese ST.3 implica u_t tendo média condicional zero sobre $\mathbf{X}$. Na análise seguinte, permitimos que a condicionalidade sobre $\mathbf{X}$ esteja implícita, para simplificar a notação. Assim, escrevemos a variância de u_t como

$$\text{Var}(u_t) = \sigma_e^2/(1 - \rho^2). \qquad (12.27)$$

Para simplificar, considere o caso com uma única variável explicativa:

$$y_t = \beta_0 + \beta_1 x_t + u_t, \text{ para todo } t = 1, 2, \ldots, n.$$

Como o problema nessa equação é a correlação serial em u_t, faz sentido transformar a equação para eliminar a correlação serial. Para $t \geq 2$, escrevemos

$$y_{t-1} = \beta_0 + \beta_1 x_{t-1} + u_{t-1}$$
$$y_t = \beta_0 + \beta_1 x_t + u_t.$$

Agora, se multiplicarmos a primeira equação por ρ, subtraindo o resultado da segunda equação, teremos

$$y_t - \rho y_{t-1} = (1 - \rho)\beta_0 + \beta_1(x_t - \rho x_{t-1}) + e_t, t \geq 2,$$

em que usamos o fato de que $e_t = u_t - \rho u_{t-1}$. Podemos escrever isso como

$$\tilde{y}_t = (1 - \rho)\beta_0 + \beta_1 \tilde{x}_t + e_t, t \geq 2, \qquad (12.28)$$

em que

$$\tilde{y}_t = y_t - \rho y_{t-1}, \tilde{x}_t = x_t - \rho x_{t-1} \qquad (12.29)$$

são chamados de **dados quase diferenciados**. (Se $\rho = 1$, eles serão dados diferenciados, mas lembre-se de que estamos considerando $|\rho| < 1$.) Os termos de erro em (12.28) são serialmente não correlacionados; de fato, essa equação satisfaz todas as hipóteses de Gauss-Markov. Isso significa que, se conhecêssemos ρ, poderíamos estimar β_0 e β_1 regredindo $\tilde{y}_t$ sobre $\tilde{x}_t$, desde que tivéssemos dividido o intercepto estimado por $(1 - \rho)$.

Os estimadores MQO de (12.28) não são exatamente BLUE porque eles não usam o primeiro período de tempo. Isso pode ser facilmente corrigido escrevendo-se a equação para $t = 1$, como

$$y_1 = \beta_0 + \beta_1 x_1 + u_1. \qquad (12.30)$$

Como cada e_t é não correlacionado com u_1, podemos adicionar (12.30) em (12.28) e ainda assim ter erros serialmente não correlacionados. Contudo, usando (12.27), $\text{Var}(u_1) = \sigma_e^2/(1 - \rho^2) > \sigma_e^2 = \text{Var}(e_t)$. [A equação (12.27) claramente não se sustenta quando $|\rho| \geq 1$, razão pela qual consideramos a condição de estabilidade.] Assim, temos de multiplicar (12.30) por $(1 - \rho^2)^{1/2}$ para obter erros com a mesma variância:

$$(1 - \rho^2)^{1/2} y_1 = (1 - \rho^2)^{1/2} \beta_0 + \beta_1 (1 - \rho^2)^{1/2} x_1 + (1 - \rho^2)^{1/2} u_1$$

ou

$$\tilde{y}_1 = (1 - \rho^2)^{1/2} \beta_0 + \beta_1 \tilde{x}_1 + \tilde{u}_1, \qquad (12.31)$$

em que $\tilde{u}_1 = (1 - \rho^2)^{1/2} u_1$, $\tilde{y}_1 = (1 - \rho^2)^{1/2} y_1$, e assim por diante. O erro em (12.31) tem variância $\text{Var}(\tilde{u}_1) = (1 - \rho^2)\text{Var}(u_1) = \sigma_e^2$, e assim podemos usar (12.31) com (12.28) em uma regressão MQO. Isso fornece estimadores BLUE de β_0 e β_1 sob as Hipóteses ST.1 a ST.4 e o modelo AR(1) de u_t. Esse é outro exemplo de um estimador de *mínimos quadrados generalizados* (ou MQG). Vimos outros estimadores MQG no contexto da heteroscedasticidade, no Capítulo 8.

A adição de mais regressores muda pouca coisa. Para $t \geq 2$, usamos a equação

$$\tilde{y}_t = (1 - \rho)\beta_0 + \beta_1 \tilde{x}_{t1} + \ldots + \beta_k \tilde{x}_{tk} + e_t, \qquad (12.32)$$

em que $\tilde{x}_{tj} = x_{tj} - \rho x_{t-1,j}$. Para $t = 1$, temos $\tilde{y}_1 = (1 - \rho^2)^{1/2} y_1$, $\tilde{x}_{1j} = (1 - \rho^2)^{1/2} x_{1j}$ e o intercepto é $(1 - \rho^2)^{1/2} \beta_0$. Para um determinado ρ, é muito fácil transformar os dados e executar o MQO. A menos que $\rho = 0$, o estimador MQG, isto é, MQO sobre os dados transformados, será, em geral, diferente do estimador MQO original. O estimador MQG acaba sendo BLUE, e, como os erros na equação transformada são serialmente não correlacionados e homoscedásticos, as estatísticas t e F da equação transformada são válidas (pelo menos assimptoticamente e, de maneira exata, se os erros e_t forem normalmente distribuídos).

12-3b A estimação MQG factível com erros AR (1)

O problema com o estimador MQG é que ρ, raramente, é conhecido na prática. Contudo, já sabemos como obter um estimador consistente de ρ: apenas regredimos os resíduos de MQO sobre seus equivalentes defasados, exatamente como na equação (12.14). Em seguida, usamos essa estimativa, $\hat{\rho}$, no lugar de ρ para obter as variáveis quase diferenciadas. Usamos, então, MQO na equação

$$\tilde{y}_t = \beta_0 \tilde{x}_{t0} + \beta_1 \tilde{x}_{t1} + \ldots + \beta_k \tilde{x}_{tk} + erro_t, \qquad (12.33)$$

em que $\tilde{x}_{t0} = (1 - \hat{\rho})$ para $t \geq 2$ e $\tilde{x}_{10} = (1 - \hat{\rho}^2)^{1/2}$. Isso resulta no **estimador MQG factível (MQGF)** de β_j. O termo de erro em (12.33) contém e_t e também os termos que envolvem o erro de estimação em $\hat{\rho}$. Felizmente, o erro de estimação em $\hat{\rho}$ não afeta a distribuição assimptótica dos estimadores MQGF.

A estimação do MQG factível no modelo AR(1):

(i) Execute a regressão MQO de y_t sobre $x_{t1}, \ldots, x_{tk}$ e obtenha os resíduos do MQO, $\hat{u}_t$, $t = 1, 2, \ldots, n$.
(ii) Execute a regressão na equação (12.14) e obtenha $\hat{\rho}$.
(iii) Aplique o MQO à equação (12.33) para estimar $\beta_0, \beta_1, \ldots, \beta_k$. Os erros padrão, estatísticas t e estatísticas F usuais são assimptoticamente válidas.

O custo de usar $\hat{\rho}$ em lugar de ρ é que o estimador MQGF factível não tem propriedades de amostra finita passíveis de tratamento. Em particular, ele não é não viesado, embora seja consistente quando os dados são fracamente dependentes. Além disso, mesmo se e_t em (12.32) for normalmente distribuído, as estatísticas t e F serão apenas aproximadamente distribuídas como t e F, em razão do erro de estimação em $\hat{\rho}$. Isso é bom para a maioria dos propósitos, embora devamos ser cuidadosos com amostras de tamanhos pequenos.

Como o estimador MQGF não é não viesado, certamente não podemos dizer que ele seja BLUE. No entanto, ele será assimptoticamente mais eficiente que o estimador MQO quando o modelo AR(1) para correlação serial for válido (e as variáveis explicativas forem estritamente exógenas). Mais uma vez, essa afirmação presume que as séries temporais sejam fracamente dependentes.

Existem vários nomes para a estimação MQGF do modelo AR(1) proveniente dos diferentes métodos de estimar ρ e dos diferentes tratamentos da primeira observação. A **estimação de Cochrane-Orcutt (CO)** omite a primeira observação e usa $\hat{\rho}$ de (12.14), enquanto a **estimação de Prais-Winsten (PW)** usa a primeira observação da maneira anteriormente sugerida. Assimptoticamente, não faz diferença se a primeira observação é usada ou não, mas muitas amostras de séries temporais são pequenas, e assim as diferenças podem ser consideráveis em aplicações.

Na prática, tanto o método de Cochrane-Orcutt como o de Prais-Winsten são usados em um esquema iterativo. Uma vez que o estimador MQGF seja encontrado usando $\hat{\rho}$ de (12.14), podemos calcular um novo conjunto de resíduos, obter um novo estimador de ρ de (12.14), transformar os dados usando a nova estimativa de ρ e estimar (12.33) por MQO. Podemos repetir o processo inteiro muitas vezes, até que a estimativa de ρ mude muito pouco em relação à iteração anterior. Muitos programas de regressão implementam um procedimento iterativo automaticamente e, portanto, não há trabalho adicional para nós. É difícil dizer se mais de uma iteração ajuda. Parece ajudar em alguns casos, mas, teoricamente, as propriedades de amostras grandes do estimador iterado são as mesmas do estimador que usa somente a primeira iteração. Para detalhes sobre esses e outros métodos, veja Davidson e MacKinnon (1993, Capítulo 10).

EXEMPLO 12.4 Estimação de PraisWinsten em estudo de evento

Novamente usando os dados em BARIUM, estimamos a equação no Exemplo 10.5 usando a estimação iterada de PraisWinsten. A título de comparação, também apresentamos os resultados na Tabela 12.1.

Os coeficientes que são estatisticamente significantes na estimação de PraisWinsten não diferem muito das estimativas MQO [em particular, os coeficientes de log(*chempi*), log(*rtwex*) e *afdec6*]. Não é surpreendente que coeficientes estatisticamente não significantes mudem, talvez de maneira destacada, entre os diferentes métodos.

Observe como os erros padrão na segunda coluna são uniformemente mais altos que os da coluna (1). Isso é comum. Os erros padrão de PraisWinsten levam em conta a correlação serial; os erros do MQO, não. Como vimos na Seção 12.1, os erros padrão do MQO habitualmente subestimam a variação efetiva da amostragem nas estimativas MQO, e não devemos confiar neles quando a correlação serial significante estiver presente. Portanto, o efeito nas importações chinesas após a decisão da International Trade Commissions é agora menos significante estatisticamente do que pensávamos ($t_{afdec6} = -1{,}69$).

Finalmente, um R-quadrado é informado na estimação PW, que é bem menor que o R-quadrado da estimação MQO neste caso. Contudo, esses R-quadrados não devem ser comparados. No MQO, o R-quadrado, como sempre, é baseado na regressão com as variáveis dependentes e independentes sem transformação. No PW, o R-quadrado provém da regressão final da variável dependente transformada sobre as variáveis independentes transformadas. Não fica claro o que este R^2 está de fato medindo; mesmo assim, ele é tradicionalmente informado.

TABELA 12.1 Variável dependente: log(chnimp).

Coeficiente	MQO	Prais-Winsten
log(*chempi*)	3,12 (0,48)	2,94 (0,63)
log(*gas*)	0,196 (0,907)	1,05 (0,98)
log(*rtwex*)	0,983 (0,400)	1,13 (0,51)
befile6	0,060 (0,261)	−0,016 (0,322)
affile6	−0,032 (0,264)	−0,033 (0,322)
afdec6	−0,565 (0,286)	−0,577 (0,342)
intercepto	−17,80 (21,05)	−37,08 (22,78)
$\hat{\rho}$	—	0,293
Observações	131	131
R-quadrado	0,305	0,202

12-3c Comparação entre MQO e MQGF

Em algumas aplicações dos métodos de Cochrane-Orcutt ou de Prais-Winsten, as estimativas MQGF diferem, em termos práticos, de maneira importante das estimativas

MQO. (Esse não foi o caso do Exemplo 12.4.) Em geral, isso tem sido interpretado como uma verificação da superioridade do MQG factível sobre o MQO. Infelizmente, as coisas não são tão simples. Para entender o motivo, considere o modelo de regressão

$$y_t = \beta_0 + \beta_1 x_t + u_t,$$

em que os processos das séries temporais são estacionários. Agora, supondo que a lei dos grandes números se sustente, a consistência do MQO para β_1 se mantém se

$$\text{Cov}(x_t, u_t) = 0. \tag{12.34}$$

Anteriormente, afirmamos que o MQGF era consistente sob a hipótese de exogeneidade estrita, que é mais restritiva que (12.34). De fato, pode ser mostrado que a hipótese mais fraca que deve ser válida para que o MQGF seja consistente, *em adição a* (12.34), é que a soma de x_{t-1} com x_{t+1} seja não correlacionada com u_t:

$$\text{Cov}[(x_{t-1} + x_{t+1}), u_t] = 0. \tag{12.35}$$

Em termos práticos, a consistência do MQGF exige que u_t seja não correlacionado com x_{t-1}, x_t e x_{t+1}.

Como podemos mostrar que a condição (12.35) é necessária juntamente com (12.34)? O argumento será simples se presumirmos que ρ é conhecido e elimina o primeiro período, como no método Cochrane-Orcutt. O argumento quando usamos $\hat{\rho}$ é tecnicamente mais difícil e não produz nenhuma ideia adicional. Como uma observação não pode afetar as propriedades assimptóticas de um estimador, sua eliminação não afetará o argumento. Agora, com ρ conhecido, o estimador MQG usa $x_t - \rho x_{t-1}$ como regressor em uma equação, em que $u_t - \rho u_{t-1}$ é o erro. Do Teorema 11.1, sabemos que a condição crucial para a consistência do MQO é que o erro e o regressor sejam não correlacionados. Nesse caso, necessitamos que $E[(x_t - \rho x_{t-1})(u_t - \rho u_{t-1})] = 0$. Se expandirmos o valor esperado, obtemos

$$E[(x_t - \rho x_{t-1})(u_t - \rho u_{t-1})] = E(x_t u_t) - \rho E(x_{t-1} u_t) - \rho E(x_t u_{t-1}) + \rho^2 E(x_{t-1} u_{t-1})$$
$$= -\rho[E(x_{t-1} u_t) + E(x_t u_{t-1})]$$

porque $E(x_t u_t) = E(x_{t-1} u_{t-1}) = 0$ pela equação (12.34). Agora, sob estacionariedade, $E(x_t u_{t-1}) = E(x_{t+1} u_t)$, pois estamos apenas movendo o índice temporal um período à frente. Portanto,

$$E(x_{t-1} u_t) + E(x_t u_{t-1}) = E[(x_{t-1} + x_{t+1}) u_t],$$

e o último valor esperado é a covariância na equação (12.35), pois $E(u_t) = 0$. Mostramos que (12.35) é necessária com (12.34), para que o MQG seja consistente para β_1. [Naturalmente, se $\rho = 0$, não necessitaremos de (12.35), pois estaremos retornando ao MQO.]

Nossa derivação mostra que o MQO e o MQGF podem produzir estimativas significativamente diferentes, porque (12.35) não se sustenta. Nesse caso, o MQO – que ainda é consistente sob (12.34) – é preferível ao MQGF (que é inconsistente). Se x tiver um efeito defasado sobre y, ou se x_{t+1} reagir a mudanças em u_t, o MQGF pode produzir resultados equivocados.

Como o MQO e o MQGF são procedimentos diferentes de estimação, nunca esperamos que eles forneçam as mesmas estimativas. Se eles produzirem estimativas semelhantes de β_j, então, o MQGF será o preferido se houver evidência de correlação serial, pois o estimador é mais eficiente e as estatísticas de testes MQGF são pelo menos assimptoticamente válidas. Um problema mais difícil surge quando existem diferenças práticas nas estimativas MQO e MQGF: é difícil determinar se essas diferenças são estatisticamente significantes. O método geral proposto por Hausman (1978) pode ser usado, mas está além do escopo desta obra.

O próximo exemplo dá um caso em que os MQO e os MQGF são diferentes de maneira importante na prática.

EXEMPLO 12.5 A curva de Phillips estática

A Tabela 12.2 apresenta estimativas de MQO e de Prais-Winsten repetidas da curva de Phillips estática do Exemplo 10.1, usando observações de 1996.

TABELA 12.2 Variável dependente: inf.

Coeficiente	MQO	Prais-Winsten
unem	0,468	−0,716
	(0,289)	(0,313)
intercepto	1,424	8,296
	(1,719)	(2,231)
$\hat{\rho}$	—	0,781
Observações	49	49
R-quadrado	0,053	0,136

O coeficiente de interesse é o de *unem*, e difere acentuadamente entre PW e MQO. Como a estimativa PW é consistente com a relação de substituição inflação-desemprego, nossa tendência é focar nas estimativas PW. De fato, essas estimativas estão muito próximas das que são obtidas com a primeira diferença tanto de *inf* como de *unem* (veja Exercício em computador C4, do Capítulo 11), o que faz sentido, pois a quase diferenciação usada em PW com $\hat{\rho} = 0,781$ é semelhante à primeira diferença. Pode apenas ser que *inf* e *unem* não sejam relacionadas em níveis, mas elas têm uma relação negativa nas primeiras diferenças.

Exemplos como a curva estática de Phillips podem apresentar problemas difíceis para os pesquisadores empíricos. Por outro lado, se estivermos realmente interessados em relacionamento estático e se desemprego e inflação forem processos I(0), então os MQO produzirão estimadores consistentes sem métodos adicionais. Entretanto, pode ser que desemprego, inflação, ou ambos, tenham raiz unitária e nesse caso os MQO não precisam ter suas propriedades habitualmente desejáveis; discutiremos isso com mais detalhes no Capítulo 18. No Exemplo 12.5, os MQGF produzem estimativas mais sensíveis, economicamente; como eles são semelhantes à primeira diferença, os MQGF têm a vantagem de (aproximadamente) eliminar as raízes unitárias.

12-3d A correção da correlação serial para ordens mais elevadas

Também é possível corrigir a correlação serial de ordens mais elevadas. Um tratamento geral é dado por Harvey (1990). Aqui ilustramos a abordagem da correlação serial AR(2):

$$u_t = \rho_1 u_{t-1} + \rho_2 u_{t-2} + e_t,$$

em que $\{e_t\}$ satisfaz as hipóteses estabelecidas para o modelo AR(1). As condições de estabilidade agora são mais complicadas. É possível mostrar que elas são [veja Harvey (1990)]

$$\rho_2 > -1, \rho_2 - \rho_1 < 1 \text{ e } \rho_1 + \rho_2 < 1.$$

Por exemplo, o modelo será estável se $\rho_1 = 0{,}8$ e $\rho_2 = -0{,}3$; o modelo será instável se $\rho_1 = 0{,}7$ e $\rho_2 = 0{,}4$.

Presumindo que as condições de estabilidade se sustentem, podemos obter a transformação que elimina a correlação serial. No modelo de regressão simples, isso é fácil quando $t > 2$:

$$y_t - \rho_1 y_{t-1} - \rho_2 y_{t-2} = \beta_0(1 - \rho_1 - \rho_2) + \beta_1(x_t - \rho_1 x_{t-1} - \rho_2 x_{t-2}) + e_t$$

ou

$$\tilde{y}_t = \beta_0(1 - \rho_1 - \rho_2) + \beta_1 \tilde{x}_t + e_t, t = 3, 4, \ldots, n. \quad (12.36)$$

Se conhecemos ρ_1 e ρ_2, podemos facilmente estimar essa equação por MQO após obtermos as variáveis transformadas. Como raramente conhecemos ρ_1 e ρ_2, temos que estimá-los. Como sempre, podemos usar os resíduos do MQO, $\hat{u}_t$: obtemos $\hat{\rho}_1$ e $\hat{\rho}_2$ da regressão de

$$\hat{u}_t \text{ sobre } \hat{u}_{t-1}, \hat{u}_{t-2}, t = 3, \ldots, n.$$

[Esta é a mesma regressão usada para testar a correlação serial AR(2) com regressores estritamente exógenos.] Portanto, usamos $\hat{\rho}_1$ e $\hat{\rho}_2$ em lugar de ρ_1 e ρ_2 para obter as variáveis transformadas. Isso fornece uma versão do estimador MQG factível. Se tivermos múltiplas variáveis explicativas, cada uma será transformada como $\tilde{x}_{tj} = x_{tj} - \hat{\rho}_1 x_{t-1,j} - \hat{\rho}_2 x_{t-2,j}$, quando $t > 2$.

O tratamento das primeiras duas observações é um pouco delicado. É possível mostrar que a variável dependente e cada variável independente (inclusive o intercepto) devem ser transformadas em

$$\tilde{z}_1 = \{(1 + \rho_2)[(1 - \rho_2)^2 - \rho_1^2]/(1 - \rho_2)\}^{1/2} z_1$$
$$\tilde{z}_2 = (1 - \rho_2^2)^{1/2} z_2 - [\rho_1(1 - \rho_1^2)^{1/2}/(1 - \rho_2)] z_1,$$

em que z_1 e z_2 representam ou a variável dependente ou uma variável independente em $t = 1$ e $t = 2$, respectivamente. Não deduziremos essas transformações. Resumidamente, elas eliminam a correlação serial entre as duas primeiras observações e fazem suas variâncias de erros serem iguais a σ_e^2.

Felizmente, os programas econométricos destinados à análise de séries temporais estimam com facilidde modelos com erros AR(q) gerais; raras vezes necessitamos, nós mesmos, calcular diretamente as variáveis transformadas.

12.4 Diferenciação e correlação serial

No Capítulo 11, apresentamos a diferenciação como uma transformação para tornar um processo integrado fracamente dependente. Existe outra maneira de ver os méritos da diferenciação quando trabalhamos com dados altamente persistentes. Suponha que iniciemos com um modelo de regressão simples:

$$y_t = \beta_0 = \beta_1 x_t + u_t, t = 1, 2, \ldots, \qquad (12.37)$$

em que u_t segue o processo AR(1) em (12.26). Como mencionamos na Seção 11.3, e como discutiremos mais completamente no Capítulo 18, os procedimentos de inferência usuais do MQO podem ser muito enganosos quando as variáveis y_t e x_t forem integradas de ordem um, ou I(1). No caso extremo, no qual os erros $\{u_t\}$ em (12.37) seguem um passeio aleatório, a equação não faz sentido porque, entre outras coisas, a variância de u_t cresce com t. É mais lógico diferenciar a equação:

$$\Delta y_t = \beta_1 \Delta x_t + \Delta u_t, t = 2, \ldots, n. \qquad (12.38)$$

Se u_t seguir um passeio aleatório, então, $e_t \equiv \Delta u_t$ tem média zero e variância constante, e é serialmente não correlacionado. Assim, supondo que e_t e Δx_t sejam não correlacionados, podemos estimar (12.38) por MQO, em que perdemos a primeira observação.

Mesmo se u_t não seguir um passeio aleatório, mas ρ for positivo e grande, fazer a primeira diferença é uma boa ideia: ela eliminará a maior parte da correlação serial. É claro, a equação (12.38) é diferente de (12.37), mas pelo menos podemos ter mais confiança nos erros padrão e nas estatísticas t do MQO em (12.38). A permissão de múltiplas variáveis explicativas não muda nada.

EXEMPLO 12.6 A diferenciação da equação da taxa de juros

No Exemplo 10.2, estimamos uma equação que relaciona a taxa de juros das letras do Tesouro norte-americano de três meses com a inflação e com o déficit federal [veja equação (10.15)]. Se conseguirmos os resíduos obtidos com a estimação da (10.15) e regredi-los em um único defasado, obteremos $\hat{\rho} = 0{,}623(0{,}110)$, que é grande e bastante significativa, estatisticamente. Portanto, no mínimo, a correlação serial é um problema nesta equação.

Se diferenciarmos os dados e fizermos a regressão, obteremos

$$\Delta i3_t = 0{,}042 + 0{,}149\ \Delta inf_t - 0{,}181\ \Delta def_t + \hat{e}_t$$
$$\qquad (0{,}171)\quad (0{,}092)\qquad (0{,}148) \qquad (12.39)$$
$$n = 55, R^2 = 0{,}176, \overline{R}^2 = 0{,}145.$$

Os coeficientes desta regressão são muito diferentes dos da equação em níveis, sugerindo que ou as variáveis explicativas não são estritamente exógenas ou uma ou várias das variáveis têm uma raiz unitária. Na realidade, a correlação entre $i3_t$ e $i3_{t-1}$ está perto de 0,885, o que pode indicar um problema na interpretação da (10.15) como uma regressão significativa. Mais, a regressão nas diferenças não tem, em essência, correlação serial: uma regressão de $\hat{e}_t$ sobre $\hat{e}_{t-1}$ dará $\hat{\rho} = 0{,}072(0{,}134)$. Como fazer as primeiras diferenças elimina possíveis raízes unitárias como também a correlação serial, provavelmente teremos mais confiança nas estimativas e erros padrões da (12.39) que nas da (10.15). A equação nas diferenças mostra que alterações anuais nas taxas de juros são apenas fracas e positivamente relacionadas com alterações anuais na inflação, e o coeficiente na Δdef_t é de fato negativo (embora não estatisticamente significante mesmo em nível de significância de 20% contra uma alternativa bilateral).

> **QUESTÃO 12.4**
>
> Suponha que, depois de ter estimado um modelo por MQO, você estime ρ da regressão (12.14) e obtenha $\hat{\rho} = 0{,}92$. O que você faria?

Como explicamos no Capítulo 11, a decisão de diferenciar ou não é difícil de ser tomada. Contudo, essa discussão salienta outro benefício da diferenciação, que é o fato de ela remover a correlação serial. Voltaremos a esse assunto no Capítulo 18.

12.5 Inferência robusta em relação à correlação serial após o MQO

Nos últimos anos, tornou-se muito comum estimar modelos por MQO, porém corrigindo os erros padrão em relação a formas bastante arbitrárias de correlação serial (e heteroscedasticidade). Embora saibamos que o MQO será ineficiente, existem algumas boas razões para utilizar essa abordagem. Primeiro, as variáveis explicativas podem não ser estritamente exógenas. Nesse caso, o MQGF não será sequer consistente, sem falar em eficiência. Segundo, na maioria das aplicações do MQGF, presume-se que os erros sigam um modelo AR(1). Pode ser melhor calcular erros padrão das estimativas MQO que sejam robustos em relação a formas mais gerais de correlação serial.

Para entender a ideia, considere a equação (12.4), que é a variância do estimador de inclinação do MQO em um modelo de regressão simples com erros AR(1). Podemos estimar essa variância de maneira bastante simples, inserindo nossos estimadores padrão de ρ e σ^2. O único problema com isso é que ele considera o modelo AR(1) e também a homoscedasticidade. É possível relaxar ambas as hipóteses.

Um tratamento geral de erros padrão que sejam robustos tanto em relação à heteroscedasticidade quanto em relação à correlação serial é fornecido por Davidson e MacKinnon (1993). Aqui fornecemos um método simples para calcular o erro padrão robusto de qualquer coeficiente MQO.

Nosso tratamento aqui segue Wooldridge (1989). Considere o modelo padrão de regressão linear múltipla

$$y_t = \beta_0 + \beta_1 x_{t1} + \ldots + \beta_k x_{tk} + u_t, \, t = 1, 2, \ldots, n, \qquad (12.40)$$

que estimamos por MQO. Concretamente, estamos interessados em obter um erro padrão robusto de $\hat{\beta}_1$, em relação à correlação serial. Isso é feito muito facilmente. Escreva x_{t1} como uma função linear das demais variáveis independentes remanescentes e um termo de erro,

$$x_{t1} = \delta_0 + \delta_2 x_{t2} + \ldots + \delta_k x_{tk} + r_t,$$

em que o erro r_t tenha média zero e seja não correlacionado com $x_{t2}, x_{t3}, \ldots, x_{tk}$.

Então, pode ser demonstrado que a variância assimptótica do estimador MQO $\hat{\beta}_1$ é

$$\mathrm{AVar}(\hat{\beta}_1) = \left(\sum_{t=1}^{n} \mathrm{E}(r_t^2)\right)^{-2} \mathrm{Var}\left(\sum_{t=1}^{n} r_t u_t\right).$$

Sob a hipótese de não correlação serial ST.5′, $\{a_t \equiv r_t u_t\}$ é serialmente não correlacionado, e assim, ou os erros padrão habituais do MQO (sob homoscedasticidade) ou os erros padrão robustos em relação à heteroscedasticidade serão válidos. Todavia, se ST.5' não se mantiver, nossa expressão para Avar($\hat{\beta}_1$) deve levar em conta a correlação entre a_t e a_s, quando $t \neq s$. Na prática, é comum supor que, uma vez estando os termos mais afastados, salvo alguns poucos períodos, a correlação será essencialmente zero. Lembre-se de que sob fraca dependência, a correlação deve ser próxima de zero, de modo que esta é uma abordagem razoável.

Seguindo a estrutura geral de Newey e West (1987), Wooldridge (1989) mostra que Avar($\hat{\beta}_1$) pode ser estimado da seguinte maneira. Seja "ep($\hat{\beta}_1$)" o erro padrão usual (mas incorreto) do MQO e seja $\hat{\sigma}$ o erro padrão habitual da regressão (ou a raiz quadrada do erro quadrático médio) da estimativa de (12.40) por MQO. Sejam $\hat{r}_t$ os resíduos da regressão auxiliar de

$$x_{t1} \text{ sobre } x_{t2}, x_{t3}, \ldots, x_{tk} \tag{12.41}$$

(incluindo uma constante, como habitualmente). Para dado número inteiro $g > 0$, defina

$$\hat{v} = \sum_{t=1}^{n} \hat{a}_t^2 + 2 \sum_{h=1}^{g} [1 - h/(g+1)] \left(\sum_{t=h+1}^{n} \hat{a}_t \hat{a}_{t-h} \right), \tag{12.42}$$

em que

$$\hat{a}_t = \hat{r}_t \hat{u}_t, t = 1, 2, \ldots, n.$$

Isso parece um pouco complicado, mas na prática é fácil de ser obtido. O número inteiro g em (12.42) controla o quanto de correlação serial estamos permitindo no cálculo do erro padrão. Uma vez que tenhamos $\hat{v}$, o **erro padrão robusto em relação à correlação serial** de $\hat{\beta}_1$ será simplesmente

$$\text{ep}(\hat{\beta}_1) = [\text{"ep}(\hat{\beta}_1)\text{"}/\hat{\sigma}]^2 \sqrt{\hat{v}}. \tag{12.43}$$

Em outras palavras, consideramos o erro padrão usual do MQO de $\hat{\beta}_1$, fazemos sua divisão por $\hat{\sigma}$, elevamos esse quociente ao quadrado e multiplicamos o resultado pela raiz quadrada de $\hat{v}$. Isso pode ser usado para construir intervalos de confiança e estatísticas t de $\hat{\beta}_1$.

É útil verificar o aspecto de $\hat{v}$ em alguns casos simples. Quando $g = 1$,

$$\hat{v} = \sum_{t=1}^{n} \hat{a}_t^2 + \sum_{t=2}^{n} \hat{a}_t \hat{a}_{t-1}, \tag{12.44}$$

e quando $g = 2$,

$$\hat{v} = \sum_{t=1}^{n} \hat{a}_t^2 + (4/3) \left(\sum_{t=2}^{n} \hat{a}_t \hat{a}_{t-1} \right) + (2/3) \left(\sum_{t=3}^{n} \hat{a}_t \hat{a}_{t-2} \right). \tag{12.45}$$

Quanto maior for g, maior será o número de termos incluídos para corrigir a correlação serial. O propósito do fator $[1 - h/(g+1)]$ em (12.42) é assegurar que $\hat{v}$ seja de fato não negativo. [Newey e West (1987) verificam isso.] Claramente, necessitamos de $\hat{v} \geq 0$, pois $\hat{v}$ está estimando uma variância, e a raiz quadrada de $\hat{v}$ aparece em (12.43).

O erro padrão em (12.43) também acaba sendo robusto em relação à heteroscedasticidade. (Na literatura de séries temporais robustas com relação aos erros padrão são chamados de *heteroscedasticidade e autocorrelação consistentes*, ou HAC, erros padrão.) Aliás, se eliminarmos o segundo termo em (12.42), então (12.43), torna-se o erro padrão robusto usual em relação à heteroscedasticidade que discutimos no Capítulo 8 (sem o ajuste dos graus de liberdade).

A teoria que fundamenta o erro padrão em (12.43) é técnica e um pouco sutil. Lembre-se de que começamos afirmando não conhecer a forma da correlação serial. Nesse caso, como poderemos selecionar o número inteiro g? A teoria afirma que (12.43) funciona para formas bastante arbitrárias de correlação serial, desde que g cresça com o tamanho n da amostra. A ideia é que, com tamanhos maiores de amostras, podemos ser mais flexíveis sobre o aumento de correlação em (12.42). Há muitos trabalhos recentes sobre a relação entre g e n, mas não vamos discutir esse assunto aqui. Para dados anuais, a escolha de um g pequeno, como $g = 1$ ou $g = 2$, muito provavelmente levará em conta a maior parte da correlação serial. Para dados trimestrais ou mensais, g provavelmente terá que ser maior (como $g = 4$ ou 8 para dados trimestrais e $g = 12$ ou 24 para dados mensais), supondo que tenhamos dados suficientes. Newey e West (1987) recomendam considerar g como a parte inteira de $4(n/100)^{2/9}$; outros sugerem que g seja a parte inteira de $n^{1/4}$. A sugestão de Newey-West está implementada pelo programa de econometria Eviews®. Para, digamos, $n = 50$ (que é razoável para dados anuais pós-Segunda Guerra Mundial), $g = 3$. (A parte inteira de $n^{1/4}$ é $g = 2$.)

Façamos um resumo de como obter um erro padrão de $\hat{\beta}_1$ robusto em relação à correlação serial. Naturalmente, como podemos primeiro listar qualquer variável independente, o procedimento seguinte funciona para calcular um erro padrão de qualquer coeficiente de inclinação.

Erro padrão robusto de $\hat{\beta}_1$ em relação à correlação serial:

(i) Estime (12.40) pelo MQO, que produzirá "ep($\hat{\beta}_1$)", $\hat{\sigma}$ e os resíduos MQO $\{\hat{u}_t: t = 1, ..., n\}$.
(ii) Calcule os resíduos $\{\hat{r}_t: t = 1, ..., n\}$ da regressão auxiliar (12.41). Em seguida, forme $\hat{a}_t = \hat{r}_t\hat{u}_t$ (para cada t).
(iii) Para sua escolha de g, calcule $\hat{v}$ como em (12.42).
(iv) Calcule ep($\hat{\beta}_1$) de (12.43).

Empiricamente, os erros padrão robustos em relação à correlação serial são em geral maiores que os erros padrão usuais do MQO quando existe correlação serial. Isso é em razão, na maioria dos casos, do fato de os erros serem serialmente correlacionados. Contudo, é possível ter correlação serial substancial em $\{u_t\}$, mas também ter similaridades entre os erros padrão habituais e os robustos em relação à correlação serial (CS-robustos) de alguns coeficientes: são as autocorrelações amostrais de $\hat{a}_t = \hat{r}_t\hat{u}_t$ que determinam o erro padrão robusto de $\hat{\beta}_1$.

O uso de erros padrão CS-robustos fica defasado relativamente ao uso de erros padrão robustos somente em relação à heteroscedasticidade, por várias razões. Primeira, cortes transversais grandes, em que os erros padrão robustos em relação à heteroscedasticidade têm boas propriedades, são mais comuns que séries temporais grandes. Os erros padrão CS-robustos podem se comportar de maneira ineficiente quando houver correlação serial substancial e o tamanho da amostra for pequeno (em que até mesmo, digamos, 100 pode ser um número pequeno). Segundo, como temos de escolher o inteiro g na equação (12.42), o cálculo dos erros padrão CS-robustos não é automático.

Como já mencionado, alguns programas econométricos fazem a seleção automaticamente, mas você terá de aceitar a escolha.

Outra razão importante pela qual os erros padrão CS-robustos ainda não são calculados rotineiramente é que, na presença de correlação serial severa, o MQO pode ser muito ineficiente, em especial nas amostras de tamanho pequeno. Após executarmos o MQO e corrigirmos os erros padrão em relação à correlação serial, os coeficientes, com frequência, são não significantes ou, no mínimo, menos significantes do que eram com os erros padrão habituais do MQO.

Se estivermos confiantes de que as variáveis explicativas são estritamente exógenas, mas ainda céticos quanto aos erros seguirem um processo AR(1), ainda assim podemos obter estimadores mais eficientes que os dos MQO pelo uso de um estimador MQG viável padrão, como os de Prais-Winsten ou de Cochrane-Orcutt. Com correlação serial substancial, a transformação de quase diferença usada por PW e CO provavelmente será melhor do que não fazermos nada e apenas usarmos os MQO. Se, porém, os erros não seguirem um modelo AR(1), então os erros padrão relatados pelas estimações de PW ou de CO estarão incorretos. No entanto, poderemos tirar, manualmente, a quase diferença dos dados após estimarmos ρ, usamos os MQO agrupados nos dados transformados, depois usamos os erros padrão CS-robustos na equação transformada. Calcular um erro padrão CS-robusto após tirar a quase diferença garantirá que qualquer correlação serial extra será avaliada na inferência estatística. Aliás, os erros padrão CS-robustos provavelmente funcionarão melhor após muita correlação serial ter sido eliminada pelo uso da quase diferença [ou outra transformação, tal como a usada para a correlação serial AR(2)]. Esse método é análogo ao uso dos mínimos quadrados ponderados na presença de heteroscedasticidade, mas depois calculando os erros padrão que são robustos por terem a função de variância incorretamente especificada; veja a Seção 8.4.

Os erros padrão CS-robustos após a estimação MQO são muito úteis quando temos dúvidas em saber se algumas das variáveis explicativas são estritamente exógenas, de forma que métodos como os de Prais-Winsten e Cochrane-Orcutt não são sequer consistentes. Também é válido usar os erros padrão CS-robustos em modelos com a variável dependente defasada, supondo, é claro, que existam boas razões para permitir a correlação serial nesses modelos.

EXEMPLO 12.7 O salário-mínimo porto-riquenho

Obtemos um erro padrão CS-robusto para efeito do salário-mínimo na equação de desemprego porto-riquenho. No Exemplo 12.2, encontramos evidência bastante forte de correlação serial AR(1). Como naquele exemplo, usamos como controles adicionais log($usgnp$), log($prgnp$) e uma tendência temporal linear.

A estimativa MQO da elasticidade da taxa de emprego em relação ao salário-mínimo é $\hat{\beta}_1 = -0{,}2123$, e o erro padrão MQO usual é "ep($\hat{\beta}_1$)" $= 0{,}0402$. O erro padrão da regressão é $\hat{\sigma} = 0{,}0328$. Além disso, utilizando o procedimento anterior com $g = 2$ [veja (12.45)], obtemos $\hat{v} = 0{,}000805$. Isso produz o erro padrão robusto em relação à correlação serial e à heteroscedasticidade ep($\hat{\beta}_1$) $= [(0{,}0402/\,0{,}0328)^2]\sqrt{0{,}000805} \approx 0{,}0426$. Curiosamente, o erro padrão robusto é somente pouca coisa maior que o erro padrão usual do MQO. A estatística t robusta está em torno de $-4{,}98$, de modo que a elasticidade estimada ainda é, estatisticamente, bastante significante.

A título de comparação, a estimativa PW iterada de β_1 é $-0,1477$, com um erro padrão de 0,0458. Portanto, a estimativa MQGF está muito mais perto de zero do que a estimativa MQO, e podemos suspeitar de violação da hipótese de exogeneidade estrita. Ou, então, a diferença entre as estimativas MQO e MQGF poderia ser explicada por erro de amostragem. É muito difícil dizer.

Kiefer e Vogelsang (2005) oferecem uma maneira diferente de obter inferência válida na presença de correlação serial arbitrária. Em vez de se preocuparem com a taxa na qual se permite que g cresça (como uma função de n) para que as estatísticas t tenham distribuições normais padrão assimptóticas, Kiefer e Vogelsang derivam a distribuição de amostra grande da estatística t quando $b = (g + 1)/n$ está permitida a estabilizar-se em uma fração diferente de zero. [Na configuração Newey-West, $(g + 1)/n$ sempre converge para zero.] Por exemplo, quando $b = 1$, $g = n - 1$, significando que incluímos *todo e qualquer* termo de covariância na equação (12.42). A estatística t resultante não possui uma distribuição normal padrão de amostra grande, mas Kiefer e Vogelsang mostraram que ela não tem uma distribuição assimptótica, e eles classificam os valores críticos apropriados. Em um teste bilateral no nível de 5%, o valor crítico é 4,771 e em um teste bilateral no nível de 10%, o valor crítico é 3,764. Comparados com os valores críticos da distribuição normal padrão, precisamos de uma estatística t substancialmente maior. Contudo, não precisamos nos preocupar em escolher o número de covariâncias na (12.42).

Antes de encerrarmos esta seção, observamos que é possível construir estatísticas do tipo F robustas em relação à correlação serial para testar hipóteses múltiplas, mas esse é um assunto por demais avançado para ser discutido aqui. [Veja abordagens desse assunto em Wooldridge (1991b, 1995) e Davidson e MacKinnon (1993)].

12.6 Heteroscedasticidade em regressões de séries temporais

Discutimos sobre como testar e corrigir a heteroscedasticidade em aplicações de corte transversal no Capítulo 8. A heteroscedasticidade também pode ocorrer em modelos de regressão de séries temporais, e a presença de heteroscedasticidade, embora não cause viés ou inconsistência em $\hat{\beta}_j$, invalida os erros padrão, as estatísticas t e as estatísticas F usuais. O problema é o mesmo do caso do corte transversal.

Nas aplicações de regressões de séries temporais, a heteroscedasticidade recebe pouca atenção, quando recebe: o problema dos erros serialmente correlacionados em geral é mais premente. Apesar disso, vale a pena falarmos sucintamente sobre alguns dos problemas que surgem na aplicação de testes e de correções de heteroscedasticidade em regressões de séries temporais.

Como as estatísticas habituais de MQO são assimptoticamente válidas sob as Hipóteses ST.1' a ST.5', estamos interessados no que acontece quando a hipótese de homoscedasticidade, ST.4', não se sustenta. A Hipótese ST.3' elimina más-especificações, como a de omissão de variáveis e certos tipos de erros de medida, enquanto a Hipótese ST.5' elimina a correlação serial nos erros. É importante lembrar que erros serialmente correlacionados causam problemas que ajustes em relação à heteroscedasticidade não são capazes de resolver.

12-6a Estatísticas robustas em relação à heteroscedasticidade

Ao estudarmos a heteroscedasticidade das regressões de corte transversal, observamos como ela não tem influência na inexistência de viés ou na consistência dos estimadores MQO. Exatamente as mesmas conclusões são válidas no caso de séries temporais, como podemos verificar revendo a hipótese necessária para a inexistência de viés (Teorema 10.1) e para a consistência (Teorema 11.1).

Na Seção 8.2, discutimos como os erros padrão, assim como as estatísticas t e F habituais do MQO, podem ser ajustados para permitir a existência de heteroscedasticidade de forma desconhecida. Esses mesmos ajustes funcionam nas regressões de séries temporais sob as Hipóteses ST.1', ST.2', ST.3' e ST.5'. Portanto, desde que a única hipótese violada seja a de homoscedasticidade, a inferência válida é facilmente obtida na maioria dos programas econométricos.

12-6b O teste da heteroscedasticidade

Algumas vezes, desejaremos testar a presença de heteroscedasticidade nas regressões de séries temporais, especialmente se estivermos preocupados com o desempenho das estatísticas robustas em relação à heteroscedasticidade, em amostras de tamanhos relativamente pequenos. Os testes que vimos no Capítulo 8 podem ser aplicados diretamente, porém com algumas limitações. Primeiro, os erros u_t *não* devem ser serialmente correlacionados; qualquer correlação serial invalidará, de forma geral, um teste da heteroscedasticidade. Assim, faz sentido primeiro testar a presença de correlação serial, usando um teste robusto em relação à heteroscedasticidade, se houver suspeita desta. Em seguida, depois de ter feito alguma coisa para corrigir a correlação serial, podemos fazer o teste da heteroscedasticidade.

Segundo, considere a equação utilizada para motivar o teste de Breusch-Pagan da heteroscedasticidade:

$$u_t^2 = \delta_0 + \delta_1 x_{t1} + \ldots + \delta_k x_{tk} + v_t, \tag{12.46}$$

em que a hipótese nula é $H_0: \delta_1 = \delta_2 = \ldots = \delta_k = 0$. Para que a estatística F – com $\hat{u}_t^2$ substituindo u_t^2 como a variável dependente – seja válida, temos de presumir que os erros $\{v_t\}$ sejam, eles próprios, homoscedásticos (como no caso do corte transversal) *e* serialmente não correlacionados. Isso é implicitamente considerado no cálculo de todos os testes padrão de heteroscedasticidade, inclusive na versão do teste de White discutido na Seção 8.3. Presumir que $\{v_t\}$ seja serialmente não correlacionado exclui certas formas de heteroscedasticidade dinâmica, assunto que trataremos na próxima subseção.

Se for encontrada heteroscedasticidade em u_t (e os u_t forem serialmente não correlacionados), poderão ser usadas as estatísticas de testes robustos em relação à heteroscedasticidade. Uma alternativa é usar **mínimos quadrados ponderados (MGP)**, como na Seção 8.4. A mecânica dos mínimos quadrados ponderados para o caso das séries temporais é idêntica à do caso do corte transversal.

> **QUESTÃO 12.5**
>
> Como você calcularia o teste de White da heteroscedasticidade na equação (12.47)?

> **EXEMPLO 12.8** A heteroscedasticidade e a hipótese de mercados eficientes
>
> No Exemplo 11.4, estimamos o modelo simples
>
> $$return_t = \beta_0 + \beta_1 return_{t-1} + u_t. \quad (12.47)$$
>
> A HME afirma que $\beta_1 = 0$. Quando testamos essa hipótese utilizando os dados contidos no arquivo NYSE, obtivemos $t_{\beta_1} = 1{,}55$ com $n = 689$. Com uma amostra tão grande, isso não é muita evidência contra a HME. Embora a HME declare que o retorno esperado, dadas as informações anteriores observáveis, deve ser constante, ela nada diz sobre a variância condicional. De fato, o teste de Breusch-Pagan da heteroscedasticidade requer a regressão do quadrado dos resíduos de MQO $\hat{u}_t^2$ sobre $return_{t-1}$:
>
> $$\hat{u}_t^2 = 4{,}66 - 1{,}104\, return_{t-1} + res\acute{i}duo_t$$
> $$\quad\;\; (0{,}43)\;\; (0{,}201) \quad\quad\quad\quad\quad\quad (12.48)$$
> $$n = 689,\, R^2 = 0{,}042.$$
>
> A estatística t de $return_{t-1}$ está em torno de $-5{,}5$, indicando forte evidência de heteroscedasticidade. Como o coeficiente de $return_{t-1}$ é negativo, temos a interessante descoberta de que a volatilidade dos retornos das ações é menor quando o retorno anterior é alto, e vice-versa. Portanto, encontramos o que é comum em muitos estudos financeiros: o valor esperado dos retornos das ações não depende de retornos passados, mas a variância dos retornos sim.

12-6c A heteroscedasticidade condicional autorregressiva

Nos últimos anos, os economistas vêm demonstrando interesse em formas dinâmicas de heteroscedasticidade. Naturalmente, se $\mathbf{x}_t$ contiver uma variável dependente defasada, a heteroscedasticidade, como em (12.46), é dinâmica. Entretanto, formas dinâmicas de heteroscedasticidade podem aparecer até mesmo em modelos sem dinâmica na equação de regressão.

Para verificar isso, considere um modelo estático de regressão simples:

$$y_t = \beta_0 + \beta_1 z_t + u_t,$$

e suponha que as hipóteses de Gauss-Markov sejam válidas. Isso significa que os estimadores MQO são BLUE. A hipótese de homoscedasticidade diz que $\mathrm{Var}(u_t|\mathbf{Z})$ é constante, em que $\mathbf{Z}$ representa todos os n resultados de z_t. Mesmo se a variância de u_t, dado $\mathbf{Z}$, for constante, existem outras possibilidades de surgir heteroscedasticidade. Engle (1982) sugeriu verificar a variância condicional de u_t, dados os erros passados (nos quais o condicionamento em $\mathbf{Z}$ é deixado implícito). Engle sugeriu o que é conhecido como modelo de **heteroscedasticidade condicional autorregressiva (ARCH)**. O modelo ARCH de primeira ordem é

$$\mathrm{E}(u_t^2|u_{t-1}, u_{t-2}, \ldots) = \mathrm{E}(u_t^2|u_{t-1}) = \alpha_0 + \alpha_1 u_{t-1}^2, \quad (12.49)$$

em que deixamos implícito o condicionamento em $\mathbf{Z}$. Essa equação representa a variância condicional de u_t, dados u_t passados, somente se $\mathrm{E}(u_t|u_{t-1}, u_{t-2}, \ldots) = 0$, e significa que os erros são serialmente não correlacionados. Como variâncias condicionais devem ser positivas, esse modelo somente faz sentido se $\alpha_0 > 0$ e $\alpha_1 \geq 0$; se $\alpha_1 = 0$, não há dinâmica na equação de variância.

É elucidativo escrever (12.49) como

$$u_t^2 = \alpha_0 + \alpha_1 u_{t-1}^2 + v_t, \qquad (12.50)$$

em que o valor esperado de v_t (dados u_{t-1}, u_{t-2}, ...) é zero por definição. (Os v_t não são independentes de u_t passadas, em razão da restrição $v_t \geq -\alpha_0 - \alpha_1 u_{t-1}^2$.) A equação (12.50) parece um modelo autorregressivo em u_t^2 (daí o nome ARCH). A condição de estabilidade dessa equação é $\alpha_1 < 1$, assim como no modelo AR(1) usual. Quando $\alpha_1 > 0$, os erros quadrados contêm correlação serial (positiva), mesmo que os próprios u_t não a contenham.

Que implicações (12.50) tem para o MQO? Como começamos presumindo que as Hipóteses de Gauss-Markov são válidas, o MQO é BLUE. Além disso, mesmo se u_t não for normalmente distribuído, sabemos que as estatísticas de teste MQO habituais são assimptoticamente válidas sob as Hipóteses ST.1' a ST.5', que são satisfeitas por modelos estáticos e de defasagens distribuídas com erros ARCH.

Se o MQO ainda tiver propriedades desejáveis sob ARCH, por que devemos nos importar com formas ARCH de heteroscedasticidade em modelos estáticos e de defasagens distribuídas? Devemos nos preocupar por dois motivos. Primeiro, é possível obter estimadores consistentes (mas não não viesados) de β_j que sejam *assimptoticamente* mais eficientes do que os estimadores MQO. Um procedimento de mínimos quadrados ponderados, com base no cálculo de (12.50), resolverá o problema. Um procedimento de máxima verossimilhança também funciona sob a hipótese de que os erros u_t tenham uma distribuição normal condicional. Segundo, economistas de vários campos vêm demonstrando interesse na dinâmica da variância condicional. A aplicação original de Engle enfatizou a variância da inflação do Reino Unido, na qual ele descobriu que uma magnitude maior dos erros no período de tempo anterior (maior u_{t-1}^2) estava associada a uma variância de erro maior no período corrente. Como a variância é frequentemente usada para medir a volatilidade, e a volatilidade é um elemento crucial nas teorias de determinação de preços de ativos, os modelos ARCH têm se tornado importantes em estudos empíricos da área de finanças.

Os modelos ARCH também se aplicam quando há dinâmica na média condicional. Suponha que tenhamos a variável dependente, y_t, uma variável contemporânea exógena, z_t, e

$$E(y_t|z_t, y_{t-1}, z_{t-1}, y_{t-2}, ...) = \beta_0 + \beta_1 z_t + \beta_2 y_{t-1} + \beta_3 z_{t-1},$$

de forma que no máximo uma defasagem de y e de z aparece na regressão dinâmica. A abordagem característica é presumir que Var($y_t|z_t, y_{t-1}, z_{t-1}, y_{t-2}$, ...) é constante, como discutimos no Capítulo 11. Contudo, essa variância poderia seguir um modelo ARCH:

$$\begin{aligned}\text{Var}(y_t|z_t, y_{t-1}, z_{t-1}, y_{t-2}, ...) &= \text{Var}(u_t|z_t, y_{t-1}, z_{t-1}, y_{t-2}, ...) \\ &= \alpha_0 + \alpha_1 u_{t-1}^2,\end{aligned}$$

em que $u_t = y_t - E(y_t|z_t, y_{t-1}, z_{t-1}, y_{t-2}, ...)$. Como sabemos do Capítulo 11, a presença do ARCH não afeta a consistência do MQO, e os usuais erros padrão e as estatísticas de testes robustos em relação à heteroscedasticidade são válidos. (Lembre-se, eles são válidos para qualquer forma de heteroscedasticidade, e o ARCH é apenas uma forma peculiar de heteroscedasticidade.)

Se você estiver interessado no modelo ARCH e suas extensões, veja Bollerslev, Chou & Kroner (1992) e Bollerslev, Engle & Nelson (1994) para análises recentes.

EXEMPLO 12.9 O ARCH em retornos de ações

No Exemplo 12.8, vimos que havia heteroscedasticidade nos retornos de ações semanais. Essa heteroscedasticidade de fato é mais bem caracterizada pelo modelo ARCH em (12.50). Se calcularmos os resíduos do MQO de (12.47), elevarmos ao quadrado e regredirmos o resultado sobre os quadrados dos resíduos defasados, obteremos

$$\hat{u}_t^2 = 2{,}95 + 0{,}337\,\hat{u}_{t-1}^2 + resíduo_t$$
$$(0{,}44)\quad(0{,}036)$$
$$n = 688,\ R^2 = 0{,}114.$$

(12.51)

A estatística t de $\hat{u}_{t-1}^2$ é maior que nove, indicando forte ARCH. Como discutimos anteriormente, um erro maior no tempo $t-1$ implica maior variância nos retornos correntes das ações.

É importante verificar que, embora os quadrados dos resíduos de MQO sejam autocorrelacionados, os resíduos do MQO não o são (consistente com a HME). A regressão de $\hat{u}_t$ sobre $\hat{u}_{t-1}$ produz $\hat{\rho} = 0{,}0014$ com $t_{\hat{\rho}} = 0{,}038$.

12-6d Heteroscedasticidade e correlação serial em modelos de regressão

Nada impede a possibilidade de que tanto a heteroscedasticidade como a correlação serial estejam presentes em um modelo de regressão. Se estivermos inseguros, podemos sempre utilizar o MQO e calcular erros padrão totalmente robustos, como descrito na Seção 12.5.

Muito da correlação serial no tempo é visto como o problema mais importante, pois em geral ela tem impacto maior nos erros padrão e na eficiência dos estimadores do que a heteroscedasticidade. Como concluímos na Seção 12.2, a obtenção de testes de correlação serial que sejam robustos em relação à heteroscedasticidade arbitrária é bastante direta. Se detectarmos correlação serial usando esse tipo de teste, poderemos empregar a transformação de Cochrane-Orcutt (ou de Prais-Winsten) [veja equação (12.32)] e, na equação transformada, usar erros padrão e estatísticas de testes robustos em relação à heteroscedasticidade. Ou poderemos até mesmo verificar a existência de heteroscedasticidade em (12.32) utilizando os testes de Breusch-Pagan ou de White.

De maneira alternativa, podemos modelar a heteroscedasticidade e a correlação serial e corrigir os dois problemas por meio de um procedimento combinado de AR(1) e mínimos quadrados ponderados. Especificamente, considere o modelo

$$y_t = \beta_0 + \beta_1 x_{t1} + \ldots + \beta_k x_{tk} + u_t$$
$$u_t = \sqrt{h_t}\,v_t$$
$$v_t = \rho v_{t-1} + e_t,\ |\rho| < 1,$$

(12.52)

em que as variáveis explicativas **X** são independentes de e_t para todo t, e h_t é uma função de x_{tj}. O processo $\{e_t\}$ tem média zero e variância constante σ_e^2 e é serialmente não correlacionado. Portanto, $\{v_t\}$ satisfaz um processo AR(1) estável. O erro u_t é heteroscedástico, além de conter correlação serial:

$$\text{Var}(u_t|\mathbf{x}_t) = \sigma_v^2 h_t,$$

em que $\sigma_v^2 = \sigma_e^2/(1 - \rho^2)$. Contudo, $v_t = u_t/\sqrt{h_t}$ é homoscedástico e segue um modelo AR(1) estável. Portanto, a equação transformada

$$y_t/\sqrt{h_t} = \beta_0(1/\sqrt{h_t}) + \beta_1(x_{t1}/\sqrt{h_t}) + \ldots + \beta_k(x_{tk}/\sqrt{h_t}) + v_t \quad (12.53)$$

tem erros AR(1). Agora, se tivermos em mente um tipo particular de heteroscedasticidade – isto é, conhecermos h_t – podemos estimar (12.53) usando os métodos padrão CO ou PW.

Na maioria dos casos, teremos que primeiro estimar h_t. O método seguinte combina o método dos mínimos quadrados ponderados da Seção 8.4 com a correção da correlação serial AR(1) da Seção 12.3.

O MQG factível com heteroscedasticidade e correlação serial AR(1):

(i) Estime (12.52) por MQO e guarde os resíduos $\hat{u}_t$.
(ii) Regrida $\log(\hat{u}_t^2)$ sobre $x_{t1}, \ldots, x_{tk}$ (ou sobre $\hat{y}_t, \hat{y}_t^2$) e obtenha os valores estimados, digamos $\hat{g}_t$.
(iii) Obtenha as estimativas de h_t: $\hat{h}_t = \exp(\hat{g}_t)$.
(iv) Estime a equação transformada

$$\hat{h}_t^{-1/2} y_t = \hat{h}_t^{-1/2}\beta_0 + \beta_1\hat{h}_t^{-1/2}x_{t1} + \ldots + \beta_k\hat{h}_t^{-1/2}x_{tk} + erro_t \quad (12.54)$$

pelos métodos padrão de Cochrane-Orcutt ou de Prais-Winsten.

Os estimadores MQG factíveis obtidos do procedimento são assimptoticamente eficientes, desde que as hipóteses no modelo (12.52) se sustentem. Mais importante, todos os erros padrão e estatísticas de testes das estimações CO e PW são assimptoticamente válidas. Se permitirmos que a função de variância seja mal-especificada, ou permitirmos a possibilidade de que qualquer correlação serial não obedeça a um modelo AR(1), então podemos aplicar quase diferenciamento na (12.54), estimando a equação resultante pelos MQO, e então obtermos os erros padrão de Newey-West. Ao fazermos isso, estaríamos usando um procedimento que poderia ser assimptoticamente eficiente e ao mesmo tempo asseguramos que nossa inferência é válida (assimptoticamente) se tivermos mal-especificado nosso modelo quanto à heteroscedasticidade ou à correlação serial.

Resumo

Apresentamos o importante problema da correlação serial nos erros de modelos de regressão múltipla. A correlação positiva entre erros adjacentes é comum, especialmente nos modelos estáticos e nos modelos com defasagens distribuídas finitas. Isso faz com que os usuais erros padrão e as estatísticas MQO sejam enganosos (embora os $\hat{\beta}_j$ possam ainda ser não viesados, ou pelo menos consistentes). Em geral, os erros padrão MQO subestimam a verdadeira incerteza nas estimativas dos parâmetros.

O modelo mais aceito de correlação serial é o AR(1). Usando-o como ponto de partida, é fácil testar a existência de correlação serial AR(1) utilizando os resíduos do MQO. Uma estatística t assimptoticamente válida é obtida regredindo os resíduos do MQO sobre os resíduos defasados, presumindo que os regressores sejam estritamente exógenos e que a hipótese de homoscedasticidade se sustente. Tornar o teste robusto quanto à heteroscedasticidade é simples. A estatística de Durbin-Watson está disponível sob as hipóteses do modelo linear clássico, mas ela pode levar a um resultado não conclusivo e tem pouco a oferecer sobre o teste t.

Para modelos com uma variável dependente defasada ou outros regressores não estritamente exógenos, o teste t padrão de $\hat{u}_{t-1}$ continua válido, desde que todas as variáveis independentes sejam incluídas como regressoras com $\hat{u}_{t-1}$. Podemos usar uma estatística F ou LM para verificar a existência de correlação serial de ordem mais alta.

Em modelos com regressores estritamente exógenos, podemos usar um procedimento MQG factível – Cochrane-Orcutt ou Prais-Winsten – para corrigir a correlação serial AR(1). Isso produz estimativas que são diferentes daquelas do MQO: as estimativas MQGF são obtidas a partir do MQO sobre variáveis *quase diferenciadas*. Todas as estatísticas de testes habituais da equação transformada são assimptoticamente válidas. Quase todos os programas de regressão possuem recursos embutidos para estimar modelos com erros AR(1).

Outra maneira de trabalhar com a correlação serial, especialmente quando a hipótese de exogeneidade estrita possa não se sustentar, é usar o MQO, mas calcular erros padrão robustos em relação à correlação serial (que também são robustos quanto à heteroscedasticidade). Muitos programas de regressão seguem um método sugerido por Newey e West (1987); também é possível usar programas de regressão padrão para obter um erro padrão por vez.

Finalmente, discutimos algumas características especiais da heteroscedasticidade em modelos de séries temporais. Como no caso do corte transversal, o tipo mais importante de heteroscedasticidade é o que depende das variáveis explicativas; isso é o que determina se as estatísticas MQO usuais são válidas. Os testes de Breusch-Pagan e de White, discutidos no Capítulo 8, podem ser aplicados diretamente, com a advertência de que os erros não devem ser serialmente correlacionados. Nos últimos anos, os economistas – especialmente os que estudam o mercado financeiro – vêm demonstrando interesse em formas dinâmicas de heteroscedasticidade. O modelo ARCH é o principal exemplo nesse sentido.

Termos-chave

Correlação serial AR(1)
Dados quase diferenciados
Erro padrão robusto em relação à correlação serial
Estatística de Durbin-Watson (DW)
Estimação de Cochrane-Orcutt (CO)
Estimação de Prais-Winsten (PW)
Estimador MQG factível (MQGF)
Heteroscedasticidade condicional autorregressiva (ARCH)
Mínimos quadrados ponderados (MGP)
Teste de Breusch-Godfrey

Problemas

1. Quando os erros em um modelo de regressão têm correlação serial AR(1), por que os erros padrão de MQO tendem a subestimar a variação amostral em $\hat{\beta}_j$? É sempre verdade que os erros padrão do MQO são muito pequenos?

2. Explique o que está errado na seguinte afirmação: "Os métodos de Cochrane-Orcutt e de Prais-Winsten são ambos usados para a obtenção de erros padrão válidos das estimativas MQO quando há uma correlação serial".

3. No Exemplo 10.6, estimamos uma variante do modelo de Fair para prever os resultados das eleições presidenciais nos Estados Unidos.
   (i) Que comentários podemos fazer sobre o fato de o termo de erro dessa equação ser serialmente não correlacionado? (*Dica*: Com que frequência são realizadas eleições presidenciais?)
   (ii) Quando regredimos os resíduos do MQO de (10.23) sobre os resíduos defasados, obtemos $\hat{\rho} = -0{,}068$ e $ep(\hat{\rho}) = 0{,}240$. O que você conclui sobre a correlação serial em u_t?
   (iii) O pequeno tamanho da amostra nesta questão é motivo de preocupação quanto a fazer o teste de correlação serial?
4. Verdadeiro ou falso: "Se os erros em um modelo de regressão contiverem ARCH, eles devem ser serialmente correlacionados".
5. Leia os itens abaixo e responda às questões.
   (i) No estudo de evento das zonas industriais no Exercício em computador 10.5, uma regressão dos resíduos MQO sobre os resíduos defasados produz $\hat{\rho} = 0{,}841$ e $ep(\hat{\rho}) = 0{,}053$. Que implicações isso traz para o MQO?
   (ii) Se você quiser usar o MQO, mas também quiser obter um erro padrão válido para o coeficiente de ZI, o que você fará?
6. No Exemplo 12.8, encontramos evidência de heteroscedasticidade em u_t na equação (12.47). Portanto, calculamos os erros padrão robustos em relação à heteroscedasticidade (em [·]) com os erros padrão habituais:

$$\widehat{return}_t = 0{,}180 + 0{,}059\, return_{t-1}$$
$$(0{,}081)\quad (0{,}038)$$
$$[0{,}085]\quad [0{,}069]$$
$$n = 689,\ R^2 = 0{,}0035,\ \bar{R}^2 = 0{,}0020.$$

O que o uso da estatística t robusta em relação à heteroscedasticidade faz com a significância de $return_{t-1}$?

7. Considere um modelo de regressão linear múltiplo padrão com dados de séries temporais:

$$y_t = \beta_0 + \beta_1 x_{t1} + \ldots + \beta_k x_{tk} + u_t.$$

Suponha que as hipóteses ST.1, ST.2, ST.3 e ST.4 se mantenham.
   (i) Suponha que achemos que os erros $\{u_t\}$ seguem um modelo AR(1) com parâmetro ρ, assim, aplicamos o método Prais-Winsten. Se os erros não seguirem um modelo AR(1) – por exemplo, suponha que sigam um modelo AR(2) ou um modelo MA(1) –, por que os erros padrão usuais de Prais-Winsten estariam incorretos?
   (ii) Você consegue pensar em uma forma de usar o procedimento de Newey-West, em conjunto com a estimação de Prais-Winsten, para obter erros padrão válidos? Seja muito específico em relação às etapas que vai seguir. [*Dica*: Pode ajudar se você estudar a equação (12.32) e notar que, se $\{u_t\}$ não seguir um processo AR(1), e_t geralmente pode ser substituído por $u_t - \rho u_{t-1}$, em que ρu é o limite de probabilidade do estimador $\hat{\rho}$. Agora, o erro $\{u_t - \rho u_{t-1}\}$ está seriamente não correlacionado em geral? O que você pode fazer se não estiver?]
   (iii) Explique por que sua resposta do item (ii) não deve mudar se eliminarmos a Hipótese ST.4.

Exercícios em computador

C1 No Exemplo 11.6, estimamos um modelo de DD finita em primeiras diferenças (alterações):

$$cgfr_t = \gamma_0 + \delta_0 cpe_t + \delta_1 cpe_{t-1} + \delta_2 cpe_{t-2} + u_t.$$

Use os dados do arquivo FERTIL3 para testar se há uma correlação serial AR(1) nos erros.

C2 (i) Usando os dados do arquivo WAGEPRC, estime o modelo de defasagem distribuída do Problema 5, do Capítulo 11. Use a regressão (12.14) para testar se há correlação serial AR(1).

(ii) Reestime o modelo usando a estimação iterada de Cochrane-Orcutt. Qual é sua nova estimativa de propensão de longo prazo?

(iii) Usando o CO iterado, encontre o erro padrão da PLP. (Isso requer que você estime uma equação modificada.) Determine se a PLP estimada é estatisticamente diferente daquela a um nível de 5%.

C3 (i) No item (i) do Exercício em computador C6 do Capítulo 11, solicitamos que você estimasse o modelo de acelerador do investimento em inventários. Teste essa equação para correlação serial AR(1).

(ii) Se você encontrar evidências de correlação serial, reestime a equação por Cochrane-Orcutt e compare os resultados.

C4 (i) Use o arquivo NYSE para estimar a equação (12.48). Defina $\hat{h}_t$ como os valores ajustados dessa equação (as estimações de variância condicional). Quantos $\hat{h}_t$ são negativos?

(ii) Adicione $return_{t-1}^2$ à equação (12.48) e calcule novamente os valores ajustados, $\hat{h}_t$. Algum $\hat{h}_t$ é negativo?

(iii) Use o $\hat{h}_t$ do item (ii) para estimar (12.47) por mínimos quadrados ponderados (como na Seção 8.4). Compare sua estimativa de β_1 com a da equação (11.16). Teste $H_0: \beta_1 = 0$ e compare com os resultados quando MQO são usados.

(iv) Agora estime (12.47) por MQP, usando o modelo estimado ARCH de (12.51) para obter $\hat{h}_t$. Isso muda suas descobertas do item (iii)?

C5 Considere a versão do modelo de Fair do Exemplo 10.6. Agora, em vez de prever a proporção de votos dos dois partidos recebidos pelo Democrata, estime um modelo linear de probabilidade para uma vitória ou não do Democrata.

(i) Use a variável binária *demwins* no lugar de *demvote* em (10.23) e registre os resultados na forma padrão. Quais fatores afetam a probabilidade de vitória? Use apenas os dados até 1992.

(ii) Quantos valores ajustados são menores do que zero? Quantos são maiores do que um?

(iii) Use a seguinte regra de previsão: se $\widehat{demwins} > 0,5$, você prevê que o Democrata vença; caso contrário, o Republicano vence. Usando essa regra, determine quantas das 20 eleições são corretamente previstas pelo modelo.

(iv) Adicione os valores das variáveis explicativas de 1996. Qual é a probabilidade prevista de que Clinton vença a eleição? Clinton venceu; você obtém a previsão correta?

(v) Use um teste t robusto em relação à heteroscedasticidade para correlação serial AR(1) nos erros. O que você descobriu?

(vi) Obtenha os erros padrão robustos em relação à heteroscedasticidade das estimativas do item (i). Houve alteração notável em alguma estatística t?

C6 (i) No Exercício em computador C7, do Capítulo 10, você estimou uma relação simples entre o crescimento do consumo e o crescimento da renda disponível. Teste a equação para correlação serial AR(1) (usando o arquivo CONSUMP).

(ii) No Exercício em computador C7, do Capítulo 11, você testou a hipótese da renda permanente regredindo o crescimento do consumo sobre uma defasagem. Depois de realizar essa regressão, teste para heteroscedasticidade regredindo os quadrados dos resíduos sobre gc_{t-1} e gc^2_{t-1}. O que você conclui?

C7 (i) Para o Exemplo 12.4, usando os dados do arquivo BARIUM, obtenha as estimações iterativas de Cochrane-Orcutt.

(ii) As estimações de Prais-Winsten e Cochrane-Orcutt são similares? Você espera que elas sejam?

C8 Use os dados do arquivo TRAFFIC2 para este exercício.

(i) Faça uma regressão por MQO de *prfact* sobre uma tendência temporal linear, variáveis *dummy* mensais e as variáveis *wkends, unem, spdlaw e beltlaw*. Teste os erros para correlação serial AR(1) usando a regressão da equação (12.14). Faz sentido usar o teste que supõe uma exogeneidade estrita dos regressores?

(ii) Obtenha os erros padrão robustos em relação à correlação serial e em relação à heteroscedasticidade dos coeficientes sobre *spdlaw* e *beltlaw*, usando quatro defasagens no estimador de Newey-West. De que forma isso afeta a significância estatística das duas variáveis políticas?

(iii) Agora, estime o modelo usando o método iterativo de Prais-Winsten e compare as estimações com as de MQO. Houve alguma alteração importante nos coeficientes das variáveis políticas ou em sua significância estatística?

C9 O arquivo FISH contém 97 observações diárias de preço e quantidade de peixes no Fulton Fish Market em Nova York. Use a variável log(*avgprc*) como variável dependente.

(i) Faça a regressão de log(*avgprc*) sobre quatro variáveis *dummy* diárias, com sexta-feira como a base. Inclua uma tendência temporal linear. Há alguma evidência de que o preço varie sistematicamente dentro de uma semana?

(ii) Agora, adicione as variáveis *wave2* e *wave3*, que são medidas da altura das ondas nos últimos dias. Essas variáveis são individualmente significantes? Descreva um mecanismo pelo qual mares agitados podem aumentar o preço dos peixes.

(iii) O que aconteceu com a tendência temporal quando *wave2* e *wave3* foram adicionadas à regressão? O que deve estar ocorrendo?

(iv) Explique por que todas as variáveis explicativas da regressão são seguramente supostas como estritamente exógenas.

(v) Teste os erros para correlação serial AR(1).

(vi) Obtenha os erros padrão de Newey-West usando quatro defasagens. O que acontece com a estatística t de *wave2* e *wave3*? Você espera uma alteração maior ou menor em comparação às estatísticas t de MQO usuais?

(vii) Agora, obtenha as estimações de Prais-Winsten para o modelo estimado no item (ii). As variáveis *wave2* e *wave3* são estatisticamente significantes de maneira conjunta?

C10 Use os dados do arquivo PHILLIPS para responder a essas questões.

(i) Usando todo o conjunto de dados, estime a equação da curva estática de Phillips $inf_t = \beta_0 + \beta_1 unem_t + u_t$ por MQO e registre os resultados na forma usual.

(ii) Obtenha os resíduos de MQO do item (i), $\hat{u}_t$, e obtenha ρ a partir da regressão de $\hat{u}_t$ sobre $\hat{u}_{-1}$. (Tudo bem se incluir um intercepto nessa regressão.) Existem fortes evidências de correlação serial?

(iii) Agora estime o modelo da curva estática de Phillips pelo método iterativo de Prais-Winsten. Compare a estimação de β_1 com a obtida na Tabela 12.2. Há muita diferença na estimação quando os últimos anos são adicionados?

(iv) Em vez de usar Prais-Winsten, use o método iterativo de Cochrane-Orcutt. Quão similares são as estimações finais de ρ? Quão similares são as estimações de PW e CO de β_1?

C11 Use os dados do arquivo NYSE para responder a essas questões.

(i) Estime o modelo da equação (12.47) e obtenha os resíduos dos MQO quadrados. Encontre os valores médios, mínimos e máximos de $\hat{u}^2_t$ da amostra.

(ii) Use os resíduos dos MQO quadrados para estimar o seguinte modelo de heteroscedasticidade:

$$\text{Var}(u_t|return_{t-1}, return_{t-2}, \ldots) = \text{Var}(u_t|return_{t-1}) = \delta_0 + \delta_1 return_{t-1} + \delta_2 return^2_{t-1}.$$

Informe os coeficientes estimados, os erros padrão, o R-quadrado e o R-quadrado ajustado registrados.

(iii) Esboce a variância condicional como uma função de $return_{-1}$ defasada. Para qual valor de $return_{-1}$ a variância é menor, e qual é essa variância?

(iv) Para prever a variância dinâmica, o modelo do item (ii) produz alguma estimação negativa de variância?

(v) O modelo do item (ii) parece se adequar melhor ou pior do que o modelo ARCH(1) do Exemplo 12.9? Explique.

(vi) Adicione à regressão ARCH(1) da equação (12.51) a segunda defasagem, $\hat{u}^2_{t-1}$. Essa defasagem parece importante? O modelo ARCH(2) se ajusta melhor do que o modelo do item (ii)?

C12 Use os dados do arquivo INVEN para este exercício; ver também Exercício em computador C6, no Capítulo 11.

(i) Obtenha os resíduos de MQO a partir do modelo de acelerador $\Delta inven_t = \beta_0 + \beta_1 \Delta GDP_t + u_t$ e use a regressão $\hat{u}_t$ sobre $\hat{u}_{t-1}$ para testar se há correlação serial. Qual é a estimação de ρ? Quão grande é o problema que a correlação serial parece ser?

(ii) Estime o modelo acelerador por PW e compare a estimação de β_1 com a estimação de MQO. Por que você espera que elas sejam similares?

C13 Use os dados do arquivo OKUN para responder a essa questão; ver também Exercício em computador C11 no Capítulo 11.

(i) Estime a equação $pcrgdp_t = \beta_0 + \beta_1 cunem_t + u_t$ e teste os erros para correlação serial AR(1), sem supor que $\{cunem_t: t = 1, 2, \ldots\}$ seja estritamente exógeno. O que você conclui?

(ii) Faça a regressão dos resíduos ao quadrado, $\hat{u}^2_t$, sobre $cunem_t$ (esse é o teste de Breusch-Pagan para heteroscedasticidade no caso de regressão simples). O que você conclui?

(iii) Obtenha o erro padrão robusto em relação à heteroscedasticidade para a estimação MQO de $\hat{\beta}_1$. Ele é substancialmente diferente do erro padrão usual de MQO?

C14 Use os dados do arquivo MINWAGE para este exercício, focando no setor 232.

(i) Estime a equação

$$gwage232_t = \beta_0 + \beta_1 gmwage_t + \beta_2 gcpi_t + u_t,$$

E teste os erros para correlação serial AR(1). Faz diferença se você supor que $gmwage_t$ e $gcpi_t$ sejam estritamente exógenas? O que você conclui?

(ii) Obtenha o erro padrão de Newey-West para as estimações de MQO do item (i), usando uma defasagem de 12. De que forma os erros padrão de Newey-West se comparam com os erros padrão usuais de MQO?

(iii) Agora obtenha os erros padrão robustos em relação à heteroscedasticidade para MQO e compare-os com os erros padrão usuais e os de Newey-West. Parece que a correlação serial ou heteroscedasticidade é mais um problema nessa aplicação?

(iv) Use o teste de Breush-Pagan na equação original para verificar se os erros exibem forte heteroscedasticidade.

(v) Adicione defasagens de 1 a 12 de *gmwage* à equação do item (i). Obtenha o *p*-valor do teste *F* conjunto para defasagens de 1 a 12 e compare-o com o *p*-valor para o teste robusto em relação à heteroscedasticidade. De que forma o ajuste para heteroscedasticidade afeta a significância das defasagens?

(vi) Obtenha o *p*-valor para o teste de significância conjunta do item (v) usando a abordagem de Newey-West. O que você conclui agora?

(vii) Se você tirar as defasagens de *gmwage*, a estimação da propensão de longo prazo será muito diferente?

C15 Use os dados do arquivo BARIUM para responder a essa questão.

(i) Na Tabela 12.1, os erros padrão registrados para MQO estão uniformemente abaixo dos erros padrão para MQG (Prais-Winsten). Explique por que comparar os erros padrão de MQO e MQG é inadequado.

(ii) Reestime a equação representada pela coluna "MQO" na Tabela 12.1 por MQO, mas agora encontre os erros padrão de Newey-West usando uma janela $g = 4$ (quatro meses). De que forma o erro padrão de Newey-West sobre *lchempi* se compara com o erro padrão usual de MQO? Como ele se compara com o erro padrão de PW? Faça as mesmas comparações com a variável *afdec6*.

(iii) Agora refaça o item (ii) usando uma janela $g = 12$. O que acontece com os erros padrão de *lchempi* e *afdec6* quando a janela aumenta de 4 para 12?

C16 Use os dados do arquivo APPROVAL para responder às questões a seguir. Ver também Exercício em computador C14 do Capítulo 11.

(i) Estime a equação

$$approve_t = \beta_0 + \beta_1 lcpifood_t + \beta_2 lrgasprice_t + \beta_3 unemploy + \beta_4 sep11_t + \beta_5 iraqinvade_t + u_t$$

Use a primeira diferença e teste os erros da equação de primeira diferença (PD) para correlação serial AR(1). Em especial, defina $\hat{e}_t$ como os resíduos de MQO na estimação de PD e faça a regressão de $\hat{e}_t$ sobre $\hat{e}_{t-1}$; registre o *p*-valor do teste. Qual é a estimação de ρ?

(ii) Estime a equação de primeira diferença usando Prais-Winsten. De que forma a estimação de β_2 se compara com a estimação de MQO da equação PD? E em relação à significância estatística?

(iii) Retorne para estimar a equação PD por MQO. Agora, obtenha os erros padrão de Newey-West usando defasagens de um, quatro e oito. Discuta a significância estatística da estimação de β_2 usando cada um dos três erros padrão.

PARTE 3

Tópicos avançados

Nesta parte nos dedicaremos a alguns tópicos mais especializados que usualmente não são desenvolvidos em cursos introdutórios. Alguns desses tópicos exigem um pouco mais de habilidade matemática que a análise de regressão múltipla das Partes 1 e 2. No Capítulo 13, mostraremos como aplicar a regressão múltipla a agrupamentos independentes de cortes transversais. As questões apresentadas são muito similares à análise padrão do corte transversal, exceto pelo fato de que podemos estudar como as relações mudam ao longo do tempo ao incluirmos variáveis dummy. Também ilustramos como dados em painel podem ser analisados com o instrumental da regressão. O Capítulo 14 apresenta métodos de dados em painel mais avançados, utilizados rotineiramente no trabalho em que são requisitados.

Os Capítulos 15 e 16 investigam o problema das variáveis explicativas endógenas. No Capítulo 15, introduzimos o método das variáveis instrumentais como uma maneira de resolver tanto o problema de variáveis omitidas como o de erros de medida. O método de mínimos quadrados em dois estágios é usado frequentemente na economia empírica e é indispensável para estimar modelos de equações simultâneas, tópico que abordaremos no Capítulo 16.

No Capítulo 17, discutem-se alguns tópicos bastante avançados, que são usados na análise de corte transversal, incluindo modelos de variáveis dependentes limitadas e métodos de correção do viés de seleção amostral. O Capítulo 18 volta-se para uma direção diferente, cobrindo alguns avanços recentes da econometria de séries temporais que se vêm mostrando úteis para estimar relações dinâmicas.

O Capítulo 19 tem o objetivo de auxiliar estudantes que devem desenvolver um trabalho de final de curso ou algum artigo no campo das ciências sociais aplicadas. Ao longo do texto serão apresentadas sugestões de como selecionar um tópico, coletar e analisar dados e escrever a versão final do trabalho.

CAPÍTULO 13

Agrupamento de cortes transversais ao longo do tempo: métodos simples de dados em painel

Até agora, estudamos a análise de regressão múltipla usando dados puros de corte transversal ou de séries temporais. Embora esses dois casos surjam com frequência no trabalho aplicado, conjuntos de dados que possuem as duas dimensões, corte transversal e séries temporais, estão sendo usados cada vez mais na pesquisa empírica. Métodos de regressão múltipla podem ainda ser usados nesses conjuntos de dados. Aliás, dados com aspectos de corte transversal e de séries temporais podem, muitas vezes, esclarecer questões importantes de política econômica. Usaremos vários exemplos neste capítulo.

Analisaremos, ainda, dois tipos de conjuntos de dados. Um **agrupamento independente de cortes transversais** é obtido fazendo-se uma amostragem aleatória de dados de uma população grande, em diferentes períodos de tempo (em geral, mas não necessariamente em anos diferentes). Por exemplo, de cada ano, podemos extrair uma amostra aleatória de salários por hora, educação, experiência etc., da população de trabalhadores nos Estados Unidos. Ou, de cada ano, podemos extrair uma amostra aleatória de preços de venda, área construída, número de banheiros etc., das casas vendidas em determinada área metropolitana. Do ponto de vista estatístico, esses conjuntos de dados possuem uma importante característica: consistem de observações amostrais coletadas *independentemente*. Esse também foi um aspecto fundamental em nossas análises de dados de corte transversal: entre outras coisas, ele elimina a correlação nos erros entre as diferentes observações.

Um agrupamento independente de cortes transversais difere de uma amostra aleatória única pelo fato de que fazer amostragem de uma população em períodos de tempo diferentes provavelmente levará a observações que não são distribuídas de maneira idêntica. Por exemplo, distribuições de salários e educação vêm mudando ao longo do tempo, na maioria dos países. Como veremos, é fácil de lidar com isso na prática, permitindo que em um modelo de regressão múltipla o intercepto e, em alguns casos, a inclinação mudem ao longo do tempo. Tratamos desses modelos na Seção 13.1. Na Seção 13.1, discutiremos como o agrupamento de cortes transversais ao longo do tempo pode ser usado para avaliar alterações de política econômica.

Um conjunto de **dados em painel**, embora tenha dimensões tanto de corte transversal como de série temporal, difere em alguns aspectos importantes de um agrupamento independente de cortes transversais. Para coletar dados em painel – algumas vezes chamados de **dados longitudinais** –, nós acompanhamos (ou tentamos acompanhar) os *mesmos* indivíduos, famílias, empresas, cidades, estados, ou o que seja, ao longo do tempo. Por exemplo, um conjunto de dados em painel sobre salários individuais, horas, educação e outros fatores é coletado fazendo-se uma seleção aleatória de pessoas de uma população em determinado momento. Depois, essas *mesmas* pessoas são entrevistadas em vários períodos de tempo subsequentes. Isso nos fornecerá dados sobre salários, horas, educação etc. do mesmo grupo de pessoas em anos diferentes.

Conjuntos de dados em painel relativos a distritos escolares, cidades, municípios, estados e países são muito fáceis de ser coletados, e a análise da política governamental é muito mais aprimorada com o uso de conjuntos de dados em painel; veremos alguns exemplos nas discussões a seguir. Na análise econométrica de dados em painel, não podemos supor que as observações sejam independentemente distribuídas ao longo do tempo. Por exemplo, fatores não observados (como a aptidão) que afetaram o salário-hora de um indivíduo em 1990 também afetarão seu salário em 1991; fatores não observados que afetaram a taxa de criminalidade de uma cidade em 1985 também afetarão sua taxa de criminalidade em 1990. Por essa razão, modelos e métodos especiais foram desenvolvidos para analisar dados em painel. Nas Seções 13.3, 13.4 e 13.5, descreveremos o método objetivo da diferenciação para remover atributos constantes no tempo não observados das unidades de estudo. Como os métodos de dados em painel são de certa forma mais avançados, vamos nos valer muito da intuição na descrição das propriedades estatísticas dos procedimentos de estimação, deixando o detalhamento das hipóteses para o apêndice do capítulo. Seguiremos a mesma estratégia no Capítulo 14, que tratará de métodos de dados em painel mais complexos.

13.1 Agrupamento independente de cortes transversais ao longo do tempo

Pesquisas sobre pessoas, famílias e empresas são repetidas a intervalos regulares, muitas vezes a cada ano. Um exemplo é o *Current Population Survey* (Contagem da População Atual) – ou CPS –, que de forma aleatória faz pesquisa domiciliar a cada ano. (Veja, por exemplo, o CPS78_85, que abarca dados de CPS de 1978 a 1985). Se uma amostra aleatória for extraída a cada período de tempo, o agrupamento das amostras aleatórias resultantes produz um agrupamento independente de cortes transversais.

Uma razão para usar agrupamentos independentes de cortes transversais é aumentar o tamanho da amostra. Ao agrupar amostras aleatórias extraídas da mesma população, mas em períodos de tempo diferentes, podemos obter estimadores mais precisos e estatísticas de testes mais poderosas. O agrupamento é útil nesse caso somente se a relação entre a variável dependente e pelo menos uma das variáveis independentes permanecer constante ao longo do tempo.

Como mencionado na introdução, o uso de cortes transversais agrupados provoca apenas pequenas complicações estatísticas. Em geral, para refletir o fato de que a população pode ter distribuições diferentes em períodos de tempo diferentes, permitimos que o intercepto difira ao longo dos períodos, normalmente anos. Isso é facilmente conseguido com a inclusão de variáveis *dummy* para todos os anos menos um, em que o primeiro ano da amostra é habitualmente escolhido como o ano-base. Também é possível que a variância do erro mude ao longo do tempo, assunto que discutiremos mais tarde.

Algumas vezes, o padrão dos coeficientes das variáveis *dummy* anuais é de interesse particular. Por exemplo, um demógrafo pode estar interessado na seguinte questão: *depois* de ter controlado a variável educação, o padrão de fertilidade entre mulheres com mais de 35 anos mudou entre 1972 e 1984? O seguinte exemplo ilustra como essa questão pode ser respondida de maneira simples, com o uso da análise de regressão múltipla com **variáveis *dummy* anuais**.

EXEMPLO 13.1 Fertilidade feminina ao longo do tempo

O conjunto de dados do arquivo FERTIL1, que é semelhante ao usado por Sander (1992), provém do *General Social Survey* (Pesquisa Social Geral) do National Opinion Research Center (Centro de Pesquisa de Opinião Nacional) para os anos de 1972 a 1984, inclusive. Usamos esses dados para estimar um modelo que explique o número total de nascimentos por mulheres (*kids*).

Uma questão de interesse é a seguinte: após termos controlado todos os outros fatores observáveis, o que aconteceu com as taxas de fertilidade ao longo do tempo? Os fatores que controlamos são anos de educação, idade, raça, região do país onde as mulheres residiam quando tinham 16 anos e ambiente em que viviam quando tinham essa mesma idade. As estimativas estão na Tabela 13.1.

O ano-base é 1972. Os coeficientes das variáveis *dummy* anuais mostram uma nítida queda da fertilidade no início dos anos 1980. Por exemplo, o coeficiente de *y82* indica que mantendo fixos educação (*educ*), idade (*age*) e outros fatores, uma mulher teve, em média, 0,52 menos filhos em 1982 do que em 1972. Isso é uma queda bastante grande: mantendo fixos *educ*, *age* e os outros fatores, prevê-se que 100 mulheres em 1982 teriam 52 crianças a menos se comparadas com 100 mulheres em 1972. Como estamos controlando a variável educação, essa queda é separada do declínio da fertilidade em razão do aumento nos níveis de educação. (A média de anos de escolaridade é 12,2 em 1972 e 13,3 em 1984.) Os coeficientes de *y82* e *y84* representam queda na fertilidade por razões que não estão captadas nas variáveis explicativas.

Considerando que as variáveis *dummy* anuais de 1982 e 1984 são individualmente bastante significantes, não é surpreendente que, como grupo, as variáveis simuladas anuais sejam, conjuntamente, bastante significantes: o *R*-quadrado da regressão sem as *dummies* anuais é 0,1019, e isso leva a $F_{6,1111} = 5,87$ e *p*-valor ≈ 0.

Mulheres com mais anos de escolaridade têm menor número de filhos, e a estimativa é, estatisticamente, bastante significante. Com todos os outros fatores permanecendo iguais, 100 mulheres com curso superior terão, em média, 51 filhos a menos do que 100 mulheres com apenas ensino médio: 0,128(4) = 0,512. A idade tem efeito redutor sobre a fertilidade. (O ponto de inflexão do termo quadrático está próximo da *age* = 46, quando a maior parte das mulheres parou de ter filhos.)

TABELA 13.1 Determinantes da fertilidade feminina.

Variável dependente: *kids*

Variáveis independentes	Coeficientes	Erros padrão
educ	−0,128	0,018
age	0,532	0,138
age^2	−0,0058	0,0016
black	1,076	0,174
east	0,217	0,133
northcen	0,363	0,121
west	0,198	0,167
farm	−0,053	0,147
othrural	−0,163	0,175
town	0,084	0,124
smcity	0,212	0,160
y74	0,268	0,173
y76	−0,097	0,179
y78	−0,069	0,182
y80	−0,071	0,183
y82	−0,522	0,172
y84	−0,545	0,175
constante	−7,742	3,052

$n = 1.129$
$R^2 = 0,1295$
$\overline{R}^2 = 0,1162$

O modelo estimado na Tabela 13.1 presume que o efeito de cada variável explicativa, particularmente a da educação, permaneceu constante. Isso pode ou não ser verdade; solicitaremos que você explore esse assunto em Exercício em computador C1.

Finalmente, pode haver heteroscedasticidade no termo de erro adjacente da equação estimada. Podemos tratar desse assunto usando os métodos do Capítulo 8. Existe, aqui, uma diferença interessante: agora, a variância do erro pode mudar ao longo do tempo mesmo que ela não mude com os valores de *educ*, *age*, *black* etc. Os erros padrão e as estatísticas de testes robustos em relação à heteroscedasticidade, contudo, serão válidos. O teste de Breusch-Pagan será obtido fazendo-se a regressão do quadrado dos resíduos de MQO sobre *todas* as variáveis independentes da Tabela 13.1, inclusive as *dummies* anuais. (No caso especial da estatística de White, os valores estimados $\widehat{kids}$ e os quadrados dos valores estimados são usados como variáveis independentes, como sempre). Um procedimento de mínimos quadrados ponderados deve explicar as variâncias que possivelmente mudem ao longo do tempo. No procedimento discutido na Seção 8.4, *dummies* anuais seriam incluídas na equação (8.32).

> **QUESTÃO 13.1**
>
> Tendo em vista a Tabela 13.1, alega-se que, se todos os demais fatores permanecerem iguais, espera-se que uma mulher negra tenha um filho a mais que uma mulher não negra. Você concorda com essa alegação?

Podemos também interagir uma variável *dummy* anual com variáveis explicativas básicas para verificar se o efeito dessa variável mudou ao longo de certo período de tempo. O próximo exemplo examina como o retorno da educação e a diferença salarial por gênero mudaram de 1978 a 1985.

EXEMPLO 13.2 Mudanças no retorno da educação e a diferença salarial por gênero

Uma equação log(*wage*) (na qual *wage* representa o salário por hora) agrupada ao longo dos anos de 1978 (o ano-base) e 1985 é

$$\log(wage) = \beta_0 + \delta_0 y85 + \beta_1 educ + \delta_1 y85 \cdot educ + \beta_2 exper \\ + \beta_3 exper^2 + \beta_4 union + \beta_5 female + \delta_5 y85 \cdot female + u, \quad (13.1)$$

em que já devemos estar familiarizados com a maioria das variáveis explicativas. A variável *union* é uma variável *dummy* igual a um se a pessoa for sindicalizada e igual a zero, caso contrário. A variável *y85* é uma variável *dummy* igual a um se a observação corresponde ao ano de 1985 e zero se for de 1978. Existem 550 pessoas na amostra em 1978 e um conjunto diferente de 534 pessoas em 1985.

O intercepto de 1978 é β_0, e o intercepto de 1985 é $\beta_0 + \delta_0$. O retorno da educação em 1978 é β_1, e o retorno da educação em 1985 é $\beta_1 + \delta_1$. Portanto, δ_1 mede como o retorno de mais um ano de estudo mudou ao longo do período de sete anos. Finalmente, em 1978 o diferencial log(*wage*) entre homens e mulheres é β_5; o diferencial em 1985 é $\beta_5 + \delta_5$. Assim, podemos testar a hipótese nula de que nada aconteceu com o diferencial por gênero ao longo desse período de sete anos, fazendo o teste H_0: $\delta_5 = 0$. A hipótese alternativa de que o diferencial por gênero tenha sido reduzido é H_1: $\delta_5 > 0$. Para simplificar, presumimos que a experiência e a filiação sindical têm o mesmo efeito sobre os salários em ambos os períodos de tempo.

Antes de apresentarmos as estimativas, existe outro problema do qual precisamos tratar, ou seja, o salário por hora, aqui, está expresso em dólares nominais (correntes). Como salários nominais aumentam em razão da inflação, nosso verdadeiro interesse está no efeito de cada variável explicativa sobre os salários reais. Suponha que nos concentremos em medir os salários em dólares de 1978. Isso exigirá que deflacionemos os salários de 1985 para valores em dólares de 1978. [Usando o índice de preços ao consumidor do *Economic Report of the President* (Relatório Econômico do Presidente) de 1997, o fator de deflação é 107,6/65,2 ≈ 1,65.] Embora possamos, com facilidade, dividir cada salário-hora de 1985 por 1,65, isso acaba não sendo necessário, *dado que* uma *dummy* anual de 1985 foi incluída na regressão *e* log(*wage*) (no lugar de *wage*) foi usado como variável dependente. O uso do salário real ou nominal em uma forma funcional logarítmica somente afeta o coeficiente da *dummy* anual, *y85*. Para verificar isso, seja *P85* o fator de deflação para os salários-hora de 1985 (1,65, se usarmos o IPC). Então, o log do salário por hora real de cada pessoa *i* na amostra de 1985 é

$$\log(wage_i/P85) = \log(wage_i) - \log(P85).$$

Agora, embora $wage_i$ difira entre as pessoas, $P85$ não difere. Portanto, $\log(P85)$ será absorvido pelo intercepto de 1985. (Essa conclusão seria modificada se, por exemplo, usássemos índices de preços diferentes para pessoas de diferentes regiões do país.) O ponto principal é que, para examinarmos como o retorno da educação ou o diferencial por gênero mudaram, não precisamos converter salários nominais em salários reais na equação (13.1). O Exercício em computador C2, solicitará que você verifique isso neste exemplo.

Se nos esquecermos de admitir diferentes interceptos em 1978 e 1985, o uso de salários nominais pode produzir resultados seriamente equivocados. Se usarmos *wage* em lugar de log(*wage*) como variável dependente, é importante usar o salário real e incluir uma *dummy* anual.

A discussão anterior geralmente é válida quando usamos valores monetários na variável dependente ou nas variáveis independentes. Desde que os valores monetários apareçam na forma logarítmica e que sejam usadas variáveis *dummy* para todos os períodos de tempo (exceto, é claro, para o período-base), o uso de deflatores de preços agregados afetará somente os interceptos; nenhuma das estimativas de inclinação será alterada.

Agora, utilizamos os dados contidos no arquivo CPS78_85 para estimar a equação:

$$\log(wage) = 0{,}459 + 0{,}118\,y85 + 0{,}0747\,educ + 0{,}0185\,y85 \cdot educ$$
$$(0{,}093)\ \ (0{,}124)\ \ \ \ \ \ \ (0{,}0067)\ \ \ \ \ \ \ \ (0{,}0094)$$
$$+\ 0{,}0296\,exper - 0{,}00040\,exper^2 + 0{,}202\,union$$
$$(0{,}0036)\ \ \ \ \ \ \ \ \ \ (0{,}00008)\ \ \ \ \ \ \ \ \ \ (0{,}030) \qquad (13.2)$$
$$-\ 0{,}317\,female + 0{,}085\,y85 \cdot female$$
$$(0{,}037)\ \ \ \ \ \ \ \ \ \ \ \ (0{,}051)$$
$$n = 1{,}084,\ R^2 = 0{,}426,\ \overline{R}^2 = 0{,}422.$$

O retorno da educação em 1978 é estimado em torno de 7,5%; o retorno da educação em 1985 é cerca de 1,85 pontos percentuais *mais alto*, ou cerca de 9,35%. Como a estatística *t* no termo de interação é $0{,}0185/0{,}0094 \approx 1{,}97$, a diferença no retorno da educação é estatisticamente significante no nível de 5% contra uma alternativa bilateral.

E a diferença salarial por gênero? Em 1978, com outros fatores permanecendo iguais, uma mulher ganhava cerca de 31,7% menos que um homem (27,2% é uma estimativa mais precisa). Em 1985, a diferença em log(*wage*) é $-0{,}317 + 0{,}085 = -0{,}232$. Portanto, a diferença salarial por gênero parece ter caído de 1978 para 1985 em cerca de 8,5 pontos percentuais. A estatística *t* do termo de interação é de cerca de 1,67, o que significa que ela é significante no nível de 5% contra a alternativa unilateral positiva.

O que acontece se fizermos a interação de *todas* as variáveis independentes com *y85* na equação (13.2)? Seria o mesmo que estimarmos duas equações separadas, uma para 1978 e outra para 1985. Algumas vezes, isso é preferível. Por exemplo, no Capítulo 7, discutimos um estudo feito por Krueger (1993), no qual ele estimou o retorno do uso de computador no trabalho. Krueger estima duas equações separadas, uma usando o CPS de 1984 e a outra usando o de 1989. Comparando como o retorno da educação muda ao longo do tempo e se o uso de computadores está, ou não, controlado, ele estima que de um terço à metade do aumento observado no retorno da educação ao longo desse período de cinco anos pode ser atribuído ao aumento do uso de computadores. [Veja Tabelas VIII e IX em Krueger (1993).]

13-1a Teste de Chow de mudança estrutural ao longo do tempo

No Capítulo 7, discutimos como o teste de Chow — que é, simplesmente, um teste F — pode ser usado para determinar se uma função de regressão múltipla difere entre dois grupos. Também podemos aplicar esse teste em dois períodos de tempo diferentes. Uma forma do teste obtém a soma dos quadrados dos resíduos da estimação agrupada como a SQR restrita. A SQR sem restrições é a soma das SQR dos dois períodos de tempo estimados separadamente. A mecânica do cálculo da estatística é exatamente a mesma da Seção 7.4. Também há uma versão da estatística robusta em relação à heteroscedasticidade (veja Seção 8.2).

O Exemplo 13.2 sugere outra maneira de calcular o teste de Chow para dois períodos de tempo, fazendo a interação de cada variável com uma *dummy* anual de um dos dois anos e testando a significância conjunta da *dummy* anual e todos os termos de interação. Como o intercepto em uma modelo de regressão muitas vezes muda ao longo do tempo (em razão da inflação, digamos, no exemplo dos preços dos imóveis), esse teste de Chow completo pode verificar essas mudanças. Em geral, é mais interessante considerar uma diferença de interceptos e depois testar se determinados coeficientes de inclinação mudam ao longo do tempo (como fizemos no Exemplo 13.2).

Um teste de Chow também pode ser calculado para mais de dois períodos de tempo. Assim como no caso de dois períodos, em geral é mais interessante permitir que os interceptos mudem ao longo do tempo e depois testar se os coeficientes de inclinação mudaram também ao longo do tempo. Podemos testar a constância dos coeficientes de inclinação fazendo, geralmente, a interação de todas as *dummies* anuais (exceto da que define o grupo-base) com uma, várias ou todas as variáveis explicativas, e verificar a significância conjunta dos termos de interação. Os Exercícios em computador C1 e C2 são exemplos. Quando temos muitos períodos de tempo e muitas variáveis explicativas, construir um conjunto completo de interações pode ser cansativo. Como alternativa, pode-se adaptar o método descrito no item (vi) do Exercício em computador C11 do Capítulo 7. Primeiro, estime o modelo restrito fazendo uma regressão agrupada com diferentes interceptos de tempo; isso produz SQR_r. Depois, execute uma regressão para cada um dos, digamos, T períodos de tempo e obtenha a soma dos quadrados dos resíduos para cada período de tempo. A soma dos quadrados dos resíduos sem restrições é obtida como $SQR_{ur} = SQR_1 + SQR_2 + \ldots + SQR_T$. Se houver k variáveis explicativas (sem incluir os interceptos das *dummies* temporais) com T períodos de tempo, estaremos, então, testando $(T - 1)k$ restrições, e haverá $T + Tk$ parâmetros estimados no modelo sem restrições. Assim, se $n = n_1 + n_2 + \ldots + n_T$ for o número total de observações, então, os gl do teste F serão $(T - 1)k$ e $n - T - Tk$. Calculamos a estatística F da maneira habitual: $[(SQR_r - SQR_{ur})/SQR_{ur}][(n - T - Tk)/(T - 1)k]$. Infelizmente, como em qualquer teste F baseado nas somas dos quadrados dos resíduos ou em R-quadrados, esse teste não é robusto quanto à heteroscedasticidade (inclusive quanto às mudanças nas variâncias ao longo do tempo). Para obter um teste robusto em relação à heteroscedasticidade, devemos construir os termos de interações e fazer uma regressão agrupada.

13.2 Análise de decisão de políticas com agrupamentos de cortes transversais

Cortes transversais agrupados podem ser muito úteis para a avaliação do impacto de determinado evento ou decisão política. O exemplo seguinte de um estudo de evento mostra como dois conjuntos de dados de cortes transversais, coletados antes e depois da ocorrência de um evento, podem ser usados para determinar seu efeito sobre resultados econômicos.

EXEMPLO 13.3 Efeito da localização de um incinerador de lixo sobre os preços de imóveis

Kiel e McClain (1995) estudaram o efeito que um novo incinerador de lixo teve sobre os valores dos imóveis em North Andover, Massachusetts. Eles utilizaram dados de muitos anos e uma análise econométrica um tanto complicada. Utilizaremos dados de dois anos e alguns modelos simplificados, mas nossa análise é semelhante à deles.

O rumor de que um novo incinerador seria construído em North Andover começou após 1978 e a construção começou em 1981. Esperava-se que o incinerador entrasse em operação em pouco tempo com o início das obras; na realidade, ele entrou em operação em 1985. Utilizaremos dados de preços dos imóveis vendidos em 1978 e outra amostra dos vendidos em 1981. A hipótese é que os preços dos imóveis localizados próximos do incinerador cairiam em relação aos preços dos imóveis mais distantes.

Como ilustração, estabelecemos que uma casa está próxima do incinerador se estiver localizada a menos de três milhas (4,8 km). [No Exercício em computador C3, você terá de utilizar as distâncias reais das casas ao incinerador, como em Kiel e McClain (1995).] Começaremos verificando o efeito monetário sobre os preços dos imóveis. Isso requer que façamos a mensuração dos preços em moeda constante. Medimos todos os imóveis aos preços de 1978, utilizando o índice de preços de imóveis de Boston. Suponhamos que *rprice* represente o preço dos imóveis em termos reais.

Um analista ingênuo usaria somente os dados de 1981 e estimaria um modelo muito simples:

$$rprice = \gamma_0 + \gamma_1 nearinc + u, \tag{13.3}$$

em que *nearinc* é uma variável binária igual a um se o imóvel estiver localizado próximo ao incinerador e zero, caso contrário. Estimando a equação utilizando os dados contidos no arquivo KIELMC, resulta

$$\widehat{rprice} = 101.307,5 - 30.688,27\, nearinc$$
$$(3.093,0) \quad (5.827,71) \tag{13.4}$$
$$n = 142, R^2 = 0,165.$$

Como essa é uma regressão simples sobre uma única variável *dummy*, o intercepto é a média dos preços de venda dos imóveis afastados do incinerador, enquanto o coeficiente de *nearinc* é a diferença no preço médio de venda entre os imóveis situados próximos ao incinerador e os distantes dele. A estimativa mostra que o preço médio de venda dos imóveis para o primeiro grupo era de 30.688,27 dólares a menos que o do segundo grupo. A estatística *t* é maior que cinco, em valor absoluto, de modo que podemos rejeitar com certeza a hipótese de que os preços médios de venda dos imóveis situados próximos do incinerador e daqueles distantes dele sejam os mesmos.

Infelizmente, a equação (13.4) *não* implica a localização do incinerador como a causa dos menores valores dos imóveis. Aliás, se computarmos a mesma regressão para o ano de 1978 (antes de sequer haver rumores sobre o incinerador), obteremos

$$\widehat{rprice} = 82.517,23 - 18.824,37 \, nearinc$$
$$(2.653,79) \quad (4.744,59) \tag{13.5}$$
$$n = 179, R^2 = 0,082.$$

Portanto, mesmo *antes* de haver qualquer comentário sobre o incinerador, o valor médio de um imóvel próximo do local era $18.824,37 dólares menor que o de outro distante do local ($82.517,23 dólares); a diferença também é estatisticamente significante. Isso é coerente com a percepção de que o incinerador foi construído em uma área de imóveis de menor valor.

Como, então, podemos dizer se a construção de um novo incinerador reduz os valores dos imóveis? O segredo está em verificar como o coeficiente de *nearinc* mudou entre 1978 e 1981. A diferença na média dos valores dos imóveis era muito maior em 1981 do que em 1978 ($30.688,27 dólares contra $18.824,37 dólares), mesmo como uma porcentagem do valor médio dos imóveis distantes do local do incinerador. A diferença nos dois coeficientes de *nearinc* é

$$\hat{\delta}_1 = -30.688,27 - (-18.824,37) = -11.863,9.$$

Essa é nossa estimativa do efeito do incinerador sobre os valores dos imóveis próximos de sua localização. Em economia empírica, $\hat{\delta}_1$ tornou-se conhecido como **estimador de diferença em diferenças** porque ele pode ser expresso como

$$\hat{\delta}_1 = (\overline{rprice}_{81,pr} - \overline{rprice}_{81,fr}) - (\overline{rprice}_{78,pr} - \overline{rprice}_{78,nr}), \tag{13.6}$$

em que *nr* significa "próximo ao local do incinerador" e *fr* significa "afastado do local do incinerador". Em outras palavras, $\hat{\delta}_1$ é a diferença, ao longo do tempo, das diferenças das médias dos preços dos imóveis nas duas localizações.

Para testar se $\hat{\delta}_1$ é estatisticamente diferente de zero, precisamos encontrar seu erro padrão utilizando uma análise de regressão. De fato, $\hat{\delta}_1$ pode ser obtido ao estimarmos

$$rprice = \beta_0 + \delta_0 y81 + \beta_1 nearinc + \delta_1 y81 \cdot nearinc + u, \tag{13.7}$$

utilizando os dados agrupados de ambos os anos. O intercepto, β_0, é o preço médio de um imóvel distante do incinerador em 1978. O parâmetro δ_0 indica as alterações em *todos* os valores dos imóveis em North Andover de 1978 a 1981. [Uma comparação das equações (13.4) e (13.5) mostra que os valores dos imóveis em North Andover, com relação ao índice de preços de imóveis de Boston, aumentou nitidamente ao longo desse período.] O coeficiente de *nearinc*, β_1, mede o e feito da localização, que *não* é em razão da presença do incinerador: como vimos na equação (13.5), mesmo em 1978, os imóveis próximos do local onde seria construído o incinerador eram vendidos por preços mais baixos do que os de outras áreas afastadas do local.

O parâmetro de interesse está no termo de interação *y81·nearinc*: δ_1 mede o declínio nos valores dos imóveis em razão do novo incinerador, desde que presumamos que tanto os imóveis próximos quanto os distantes do local do incinerador não tenham sido, por outras razões, valorizados a taxas diferentes.

As estimativas das equações (13.7) são apresentadas na coluna (1) da Tabela 13.2. O único número que não conseguimos obter das equações (13.4) e (13.5) é o erro padrão de $\hat{\delta}_1$. A estatística *t* de $\hat{\delta}_1$ está em torno de $-1,59$, que é marginalmente significante contra uma alternativa unilateral (*p*-valor $\approx 0,057$).

Kiel e McClain (1995) incluíram várias características dos imóveis em suas análises da localização do incinerador. Existem duas boas razões para fazer isso. A primeira é que os tipos de imóveis à venda em 1981 podem ter sido sistematicamente diferentes dos vendidos em 1978; e assim, é importante controlar as características que possam ter sido diferentes. Em segundo lugar, mesmo que as características relevantes dos imóveis não mudem, sua inclusão pode reduzir bastante a variância do erro, que, por sua vez, pode diminuir o erro padrão de $\hat{\delta}_1$. (Veja Seção 6.3 do Capítulo 6 para discussão desse assunto.) Na coluna (2), controlamos as idades dos imóveis, utilizando um termo quadrático. Isso aumenta substancialmente o *R*-quadrado (ao reduzir a variância do resíduo). O coeficiente de *y81·nearinc* é agora muito maior em magnitude, e seu erro padrão é menor.

Além das variáveis de idade na coluna (2), a coluna (3) controla a distância até a rodovia interestadual (*intst*), a área do terreno (*land*), a área construída (*area*), o número de quartos (*rooms*) e o número de banheiros (*baths*). Isso produz uma estimativa de *y81·nearinc* mais próxima daquela sem nenhum controle, mas produz um erro padrão muito menor: a estatística *t* de $\hat{\delta}_1$ é de cerca de $-2,84$. Portanto, encontramos um efeito muito mais significativo na coluna (3) do que na coluna (1). As estimativas da coluna (3) são preferidas, pois controlam a maioria dos fatores e possuem os menores erros padrão (exceto na constante, que, nesse caso, não é importante). O fato de que *nearinc* tem um coeficiente muito menor e é não significante na coluna (3) mostra que as características incluídas na coluna (3) indicam em grande parte as características dos imóveis mais importantes para a determinação dos preços dos imóveis.

TABELA 13.2 Efeito da localização de incinerador sobre os preços de imóveis.

Variável dependente: *rprice*

Variável independente	(1)	(2)	(3)
constante	82.517,23	89.116,54	13.807,67
	(2.726,91)	(2.406,05)	(11.166,59)
y81	18.790,29	21.321,04	13.928,48
	(4.050,07)	(3.443,63)	(2.798,75)
nearinc	−18.824,37	9.397,94	3.780,34
	(4.875,32)	(4.812,22)	(4.453,42)
y81·nearinc	−11.863,90	−21.920,27	−14.177,93
	(7.456,65)	(6.359,75)	(4.987,27)
Outros controles	Não	age, age^2	Conjunto total
Observação	321	321	321
R-squared	0,174	0,414	0,660

Com o propósito de introdução do método, usamos o nível de preços reais na Tabela 13.2. Faz mais sentido usar log(*price*) [ou log(*rprice*)] na análise, para obter um efeito percentual aproximado. O modelo básico torna-se

$$\log(price) = \beta_0 + \delta_0 y81 + \beta_1 nearinc + \delta_1 y81 \cdot nearinc + u. \quad (13.8)$$

Agora, $100 \cdot \delta_1$ é a redução percentual aproximada nos valores dos imóveis em razão do incinerador. [Assim como no Exemplo 13.2, o uso de log(*price*) *versus* log(*rprice*) apenas afeta o coeficiente de *y81*.] O uso das mesmas 321 observações agrupadas produz

$$\widehat{\log(price)} = 11{,}29 + 0{,}457\,y81 - 0{,}340\,nearinc - 0{,}63\,y81 \cdot nearinc$$
$$(0{,}31)\ \ (0{,}045)\qquad (0{,}055)\qquad\quad (0{,}083) \quad (13.9)$$
$$n = 321,\ R^2 = 0{,}409.$$

O coeficiente do termo de interação implica que, em razão do novo incinerador, os imóveis próximos dele perderam cerca de 6,3% em valor. Porém, essa estimativa não é estatisticamente diferente de zero. Entretanto, quando usamos um conjunto completo de controles, como na coluna (3) da Tabela 13.2 (mas com *intst*, *land* e *area* aparecendo na forma logarítmica), o coeficiente de *y81·nearinc* passa a ser $-0{,}132$, com uma estatística *t* em torno de $-2{,}53$. Novamente, o controle dos demais fatores passam a ter grande importância. Usando a forma logarítmica, estimamos que os imóveis próximos do incinerador desvalorizaram-se em cerca de 13,2%.

A metodologia utilizada no exemplo anterior tem inúmeras aplicações, especialmente quando os dados são provenientes de um **experimento natural** (ou **quase experimento**). Um experimento natural ocorre quando algum evento exógeno — frequentemente uma mudança na política governamental — altera o ambiente no qual indivíduos, famílias, empresas ou cidades operam. Um experimento natural sempre tem um grupo de controle, que não é afetado pela mudança na política, e um grupo de tratamento, que é afetado pela mudança na política. Diferentemente de um experimento verdadeiro, no qual os grupos de tratamento e de controle são escolhidos aleatória e explicitamente, esses grupos, nos experimentos naturais, surgem da mudança específica na política governamental. Para controlar diferenças sistemáticas entre os grupos de controle e de tratamento, necessitamos de dois anos de dados, um anterior à mudança na política e outro após a mudança. Assim, nossa amostra será convenientemente dividida em quatro grupos: o grupo de controle antes da mudança, o grupo de controle após a mudança, o grupo de tratamento antes da mudança e o grupo de tratamento após a mudança.

Chamemos *A* o grupo de controle e *B* o grupo de tratamento, definindo *dB* igual à unidade para os do grupo *B* de tratamento e zero, para o outro. Então, definindo *d2* como uma variável *dummy* para o segundo período de tempo (após a mudança na política), a equação de interesse é

$$y = \beta_0 + \delta_0 d2 + \beta_1 dB + \delta_1 d2 \cdot dB + \text{outros fatores}, \quad (13.10)$$

em que *y* é a variável de interesse resultante. Como no Exemplo 13.3, δ_1 mede o efeito da decisão da política do governo. Sem outros fatores na regressão, $\hat{\delta}_1$ será o estimador de diferenciamento:

$$\hat{\delta}_1 = (\bar{y}_{2,B} - \bar{y}_{2,A}) - (\bar{y}_{1,B} - \bar{y}_{1,A}), \tag{13.11}$$

em que a barra significa a média, o primeiro subscrito representa o ano e o segundo subscrito representa o grupo.

A configuração geral do estimador de diferença em diferenças é mostrada na Tabela 13.3. A Tabela 13.3 sugere que o parâmetro δ_1, algumas vezes chamado de **efeito médio de tratamento** (pois ele mede o efeito do "tratamento" ou critério no resultado médio de y), pode ser estimado de duas maneiras: (1) calculando as diferenças nas médias entre os grupos de tratamento e de controle em cada período de tempo e depois tirando a primeira diferença dos resultados ao longo do tempo; da mesma forma que na equação (13.11); (2) calculando a alteração nas médias ao longo do tempo de cada um dos grupos de tratamento e controle, e então tirando a primeira diferença dessas alterações, o que significa que simplesmente escrevemos $\hat{\delta}_1 = (\bar{y}_{2,B} - \bar{y}_{1,B}) - (\bar{y}_{2,A} - \bar{y}_{1,A})$. Naturalmente, a $\hat{\delta}_1$ estimada não depende da maneira como tiramos a primeira diferença, como pode ser visto pela simples reorganização.

TABELA 13.3 Ilustração do estimador de diferença em diferenças.

	Antes	Após	Após – Antes
Controle	β_0	$\beta_0 + \delta_0$	δ_0
Tratamento	$\beta_0 + \beta_1$	$\beta_0 + \delta_0 + \beta_1 + \delta_1$	$\delta_0 + \delta_1$
Tratamento — Controle	β_1	$\beta_1 + \delta_1$	δ_1

Quando são adicionadas variáveis explicativas na equação (13.10) (para controlar o fato de que as populações das quais foram extraídas as amostras podem diferir sistematicamente ao longo dos dois períodos), a estimativa MQO de δ_1 não mais tem a forma simples de (13.11), mas sua interpretação é semelhante.

EXEMPLO 13.4 Efeitos das leis de indenizações trabalhistas sobre os prazos de afastamento dos trabalhadores

Meyer, Viscusi & Durbin (1995) (a partir daqui, MVD) estudaram a extensão do tempo (em semanas) em que um trabalhador acidentado recebe remuneração por conta de indenização trabalhista. Em 15 de julho de 1980, o estado norte-americano de Kentucky aumentou o limite dos ganhos semanais que eram cobertos por essa remuneração. Um aumento no limite não tem efeito sobre os benefícios para os trabalhadores de baixa renda, mas torna menos oneroso para um trabalhador de alta renda permanecer afastado recebendo indenização trabalhista. Portanto, o grupo de controle é o dos trabalhadores de baixa renda, e o grupo de tratamento é o dos trabalhadores de alta renda; trabalhadores de alta renda são definidos como os que estavam posicionados no teto antes da mudança na política do governo. Usando amostras aleatórias, tanto do período anterior como do período posterior à mudança, os MVD puderam testar se uma remuneração mais generosa faria com que os trabalhadores ficassem mais tempo sem trabalhar (tudo mais mantido inalterado). Eles iniciaram com uma análise de diferença em diferenças, usando log(*durat*) como a variável dependente. Façamos *afchnge* representar uma variável *dummy* das observações após a mudança da política e *highearn*, a variável dos trabalhadores de altos rendimentos.

Utilizando os dados contidos no arquivo INJURY, a equação estimada, com os erros padrão entre parênteses, é

$$\widehat{\log(durat)} = 1{,}126 + 0{,}0077 \, afchnge + 0{,}256 \, highearn$$
$$\phantom{\widehat{\log(durat)} =} (0{,}031) \;\; (0{,}0447) \;\; (0{,}047)$$
$$\phantom{\widehat{\log(durat)} =} + 0{,}191 \, afchnge \cdot highearn \qquad\qquad (13.12)$$
$$\phantom{\widehat{\log(durat)} =} (0{,}069)$$
$$n = 5{,}626, \, R^2 = 0{,}021.$$

Portanto, $\hat{\delta}_1 = 0{,}191$ ($t = 2{,}77$), o que implica aumento no tempo médio em que os trabalhadores de alta renda permaneceram sem trabalhar recebendo indenização trabalhista em cerca de 19% em razão do aumento do limite dos ganhos. O coeficiente de *afchnge* é pequeno e estatisticamente não significante: como esperado, o aumento do limite dos ganhos não tem efeito sobre a duração do período de afastamento dos trabalhadores de baixa renda.

Esse é um bom exemplo de como podemos obter uma estimativa razoavelmente precisa do efeito de uma mudança na política governamental, mesmo que não possamos explicar muito bem a variação na variável dependente. As variáveis *dummy* em (13.12) explicam somente 2,1% da variação em log(*durat*). Isso faz sentido: existem claramente muitos fatores, inclusive a gravidade da lesão, que afetam a duração do tempo em que um trabalhador receberá indenização. Felizmente, temos uma amostra bastante grande e isso nos possibilita obter uma estatística *t* significante.

MVD também adicionaram uma variedade de controles para gênero, estado civil, tipo de atividade e tipo do ferimento. Isso leva em conta o fato de que as características das pessoas e os tipos de ferimentos podem diferir sistematicamente nos dois anos. O controle desses fatores acaba tendo pouco efeito sobre a estimativa de δ_1. (Veja o Exercício em computador C4.)

QUESTÃO 13.2

O que você conclui do coeficiente e da estatística *t* de *highearn* na equação (13.12)?

Algumas vezes, os dois grupos são constituídos por pessoas que moram em dois estados norte-americanos vizinhos. Por exemplo, para avaliar o impacto da mudança nos impostos sobre o consumo dos cigarros, podemos obter amostras aleatórias dos dois estados para dois anos. No Estado A, o grupo de controle não sofreu alterações nos impostos. No Estado B, o imposto aumentou (ou foi reduzido) entre os dois anos. A variável resultante seria uma medição do consumo de cigarros, e a equação (13.10) pode ser estimada para determinar o efeito dos impostos sobre o consumo de cigarros.

Para um interessante levantamento da metodologia sobre experimentos naturais e vários exemplos adicionais, veja Meyer (1995).

13.3 Análise de dados em painel de dois períodos

Retornamos agora à análise do tipo mais simples de dados em painel: para um corte transversal de indivíduos, escolas, empresas, cidades, ou o que seja, temos dados de dois anos; vamos chamá-los de $t = 1$ e $t = 2$. Esses anos não precisam ser adjacentes, mas $t = 1$ corresponde ao ano mais antigo. Por exemplo, o arquivo CRIME2 contém dados sobre (entre outras coisas) taxas de criminalidade e de desemprego de 46 cidades em 1982 e 1987. Portanto, $t = 1$ corresponde a 1982 e $t = 2$, a 1987.

O que acontece se usarmos o corte transversal de 1987 e executarmos uma regressão simples de *crmrte* sobre *unem*? Obteremos

$$\widehat{crmrte} = 128{,}38 - 4{,}16\,unem$$
$$(20{,}76)\quad(3{,}42)$$
$$n = 46,\, R^2 = 0{,}033.$$

Se interpretarmos de forma causal, a equação estimada implica aumento na taxa de desemprego que *reduz* a taxa de criminalidade. Com certeza, isso não é o que esperávamos. O coeficiente de *unem* não é estatisticamente significante aos níveis padrão de significância: na melhor das hipóteses, não encontramos ligação entre as taxas de criminalidade e desemprego.

Como temos enfatizado ao longo deste texto, essa equação de regressão simples possivelmente sofre do problema de variáveis omitidas. Uma possível solução é tentar controlar mais fatores, como a distribuição por idade, a distribuição por sexo, níveis de educação, esforços para a imposição da lei etc., em uma análise de regressão múltipla. Contudo, pode ser difícil controlar muitos desses fatores. No Capítulo 9, mostramos como a inclusão de *crmrte* de um ano anterior — neste caso, 1982 — pode auxiliar a controlar o fato de que cidades distintas têm taxas de criminalidade historicamente diferentes. Essa é uma maneira de usar dados de dois anos na estimativa de um efeito causal.

Um modo alternativo de usar dados em painel é separar os fatores não observados que afetam a variável dependente em dois tipos: os que são constantes e os que variam ao longo do tempo. Fazendo i representar a unidade de corte transversal e t o período de tempo, podemos escrever um modelo com uma única variável explicativa observada como

$$y_{it} = \beta_0 + \delta_0 d2_t + \beta_1 x_{it} + a_i + u_{it},\, t = 1,2. \tag{13.13}$$

Na notação y_{it}, i é a pessoa, empresa, cidade etc., e t é o período de tempo. A variável $d2_t$ é uma variável *dummy* igual a zero quando $t = 1$ e igual a um quando $t = 2$; ela não muda ao longo de i, razão pela qual não tem o subscrito i. Portanto, o intercepto de $t = 1$ é β_0, e o intercepto de $t = 2$ é $\beta_0 + \delta_0$. Da mesma forma, quando usamos agrupamentos independentes de cortes transversais, permitir que o intercepto mude ao longo do tempo é importante na maioria das aplicações. No exemplo sobre criminalidade, tendências seculares nos Estados Unidos farão com que as taxas de criminalidade em todas as cidades do país mudem, talvez de forma considerável, ao longo de um período de cinco anos.

A variável a_i capta todos os fatores não observados, constantes no tempo, que afetam y_{it}. (O fato de a_i não ter um subscrito t nos diz que ele não muda ao longo do tempo.) De forma genérica, a_i é chamado de **efeito não observado**. Também é comum no trabalho aplicado encontrar a_i referido como **efeito fixo**, o que nos ajuda a lembrar que a_i é fixo ao longo do tempo. O modelo em (13.13) é chamado de **modelo de efeitos não observados** ou **modelo de efeitos fixos**. Em aplicações, pode-se encontrar também a_i referido como **heterogeneidade não observada** (ou *heterogeneidade do indivíduo, heterogeneidade da empresa, heterogeneidade da cidade* etc.).

O erro u_{it} muitas vezes é chamado de **erro idiossincrático** ou erro de variação temporal, porque ele representa fatores não observados que mudam ao longo do tempo e afetam y_{it}. Eles são muito parecidos com os erros em uma equação de regressão de série temporal.

Um modelo simples de efeitos não observados da taxa de criminalidade de uma cidade em 1982 e 1987 é

$$crmrte_{it} = \beta_0 + \delta_0 d87_t + \beta_1 unem_{it} + a_i + u_{it}, \qquad (13.14)$$

em que *d87* é uma variável *dummy* para 1987. Como *i* representa cidades diferentes, chamamos a_i de *efeito não observado da cidade* ou *efeito fixo da cidade*: ele representa todos os fatores que afetam a taxa de criminalidade da cidade que não mudam ao longo do tempo. Detalhes geográficos, como a localização da cidade, estão incluídos em a_i. Muitos outros fatores podem não ser exatamente constantes, mas podem ser aproximadamente constantes ao longo de um período de cinco anos. Entre eles é possível encontrar características demográficas da população (idade, raça e educação). Cada cidade pode ter seus próprios métodos de registrar a criminalidade, e os habitantes dessas cidades podem ter atitudes diferentes ante a criminalidade; em geral, a mudança desses aspectos é lenta. Por razões históricas, as cidades podem ter taxas de criminalidade bastante diferentes, e os fatores históricos são efetivamente capturados pelo efeito não observado a_i.

Como devemos estimar o parâmetro de interesse, β_1, a partir de dois anos de dados em painel? Uma possibilidade é agrupar os dois anos e usar o MQO, essencialmente como na Seção 13.1. Esse método tem duas inconveniências. A mais importante delas é que, para o MQO agrupado produzir um estimador consistente de β_1, teremos de presumir o efeito não observado, a_i, como não correlacionado com x_{it}. Podemos ver isso facilmente escrevendo (13.13) como

$$y_{it} = \beta_0 + \delta_0 d2_t + \beta_1 x_{it} + v_{it}, t = 1,2, \qquad (13.15)$$

em que $v_{it} = a_i + u_{it}$ é muitas vezes chamado de **erro composto**. Pelo que conhecemos do MQO, temos de considerar ser v_{it} não correlacionado com x_{it}, em que $t = 1$ ou 2, para que o MQO estime β_1 (e os outros parâmetros) consistentemente. Isso é verdade independentemente de usarmos um único corte transversal ou agruparmos os dois cortes transversais. Portanto, mesmo presumindo que o erro idiossincrático u_{it} seja não correlacionado com x_{it}, o MQO agrupado será viesado e inconsistente se a_i e x_{it} forem correlacionados. O viés resultante no MQO agrupado algumas vezes é chamado de **viés de**

> **QUESTÃO 13.3**
>
> Suponha que a_i, u_{i1} e u_{i2} tenham média zero e que sejam não correlacionados dois a dois. Mostre que $Cov(v_{i1}, v_{i2}) = Var(a_i)$, de forma que os erros compostos sejam positiva e serialmente correlacionados ao longo do tempo, a menos que $a_i = 0$. O que isso sugere sobre os erros padrão MQO habituais da estimação MQO agrupada?

heterogeneidade, mas na realidade é apenas um viés causado pela omissão de uma variável constante no tempo.

Para ilustrar o que acontece, utilizamos os dados contidos no arquivo CRIME2 para estimar (13.14) pelo MQO agrupado. Como existem 46 cidades e dois anos para cada cidade, há um total de 92 observações:

$$\widehat{crmrte} = 93{,}42 + 7{,}94\, d87 + 0{,}427\, unem$$
$$(12{,}74)\ \ (7{,}98)\ \ \ \ \ \ (1{,}188) \tag{13.16}$$
$$n = 92, R^2 = 0{,}012.$$

(Quando descrevemos a equação estimada, normalmente abandonamos os subscritos i e t). O coeficiente de *unem*, embora positivo em (13.16), tem uma estatística t muito pequena. Assim, o uso do MQO agrupado dos dois anos não mudou nada, substancialmente, em relação ao uso de um único corte transversal. Isso não surpreende, já que o uso do MQO agrupado não resolve o problema de variáveis omitidas. (Os erros padrão nessa equação estão incorretos em razão da correlação serial descrita na Questão 13.3, mas vamos ignorar isso, já que nosso foco aqui não é o MQO agrupado.)

Na maioria das aplicações, a principal razão para coletar dados em painel é considerar que o efeito não observado, a_i, é correlacionado com as variáveis explicativas. Por exemplo, na equação sobre a criminalidade, queremos que os fatores da cidade não mensurados em a_i que afetam a taxa de criminalidade também sejam correlacionados com a taxa de desemprego. Isso acaba sendo fácil de fazer: como a_i é constante ao longo do tempo, podemos diferenciar os dados no decorrer dos dois anos. Mais precisamente, para uma observação i de corte transversal, escreva os dois anos como

$$y_{i2} = (\beta_0 + \delta_0) + \beta_1 x_{i2} + a_i + u_{i2}\ (t = 2)$$
$$y_{i1} = \beta_0 + \beta_1 x_{i1} + a_i + u_{i1}\ (t = 1).$$

Se subtrairmos a *segunda* equação da *primeira*, obtemos

$$(y_{i2} - y_{i1}) = \delta_0 + \beta_1(x_{i2} - x_{i1}) + (u_{i2} - u_{i1}),$$

ou

$$\Delta y_i = \delta_0 + \beta_1 \Delta x_i + \Delta u_i, \tag{13.17}$$

em que Δ representa a mudança de $t = 1$ para $t = 2$. O efeito não observado, a_i, não aparece em (13.17): ele foi "descartado pela diferenciação". Além disso, o intercepto em (13.17) é, na realidade, a *mudança* no intercepto de $t = 1$ para $t = 2$.

A equação (13.17), que chamamos de **equação de primeiras diferenças**, é muito simples. Ela é apenas uma equação única de corte transversal, mas cada variável é diferenciada ao longo do tempo. Podemos analisar (13.17) utilizando os métodos que desenvolvemos na Parte 1, desde que as hipóteses fundamentais sejam satisfeitas. A mais importante delas é que Δu_i seja não correlacionado com Δx_i. Essa hipótese será mantida se o erro idiossincrático em cada tempo t, u_{it}, for não correlacionado com a variável explicativa em *ambos* os períodos de tempo. Essa é outra versão da hipótese de **exogeneidade estrita** que encontramos no Capítulo 10 sobre modelos de séries temporais. Especificamente, essa hipótese exclui o caso em que x_{it} é a variável dependente defasada, $y_{i,t-1}$. Diferentemente do Capítulo 10, permitimos que x_{it} seja correlacionado com fatores não observáveis constantes ao longo do tempo. Quando obtemos o estimador MQO de β_1 de (13.17), chamamos o estimador resultante de **estimador de primeiras diferenças**.

No exemplo da criminalidade, presumir que Δu_i e $\Delta unem_i$ sejam não correlacionados pode ser razoável, mas também pode não ser possível. Por exemplo, suponha que o empenho na imposição da lei (que está no erro idiossincrático) aumente mais nas cidades onde a taxa de desemprego diminui. Isso pode causar correlação negativa entre Δu_i e $\Delta unem_i$, o que levaria a um viés no estimador MQO. Naturalmente, esse problema pode, até certo ponto, ser contornado pela inclusão de mais fatores na equação, assunto que veremos mais tarde. Em geral, é sempre possível que não tenhamos levado em conta suficientes fatores variáveis ao longo do tempo.

Outra condição crucial é que Δx_i deve ter alguma variação ao longo de i. Essa qualificação não se sustenta se a variável explicativa não mudar ao longo do tempo, para qualquer observação do corte transversal, ou se ela mudar pela mesma magnitude, em cada observação. Isso não é um problema no exemplo da taxa de criminalidade, pois a taxa de desemprego muda ao longo do tempo em quase todas as cidades. Contudo, se i representar um indivíduo e x_{it} for uma variável *dummy* de gênero, $\Delta x_i = 0$ para todo i; claramente, não podemos estimar (13.17) por MQO nesse caso. Isso, na verdade, faz muito sentido: como permitimos que a_i seja correlacionado com x_{it}, não podemos ter esperança de separar o efeito de a_i sobre y_{it} do efeito de qualquer variável que não mude ao longo do tempo.

A única outra hipótese que necessitamos aplicar às estatísticas habituais do MQO é que (13.17) satisfaça a hipótese de homoscedasticidade. Isso é razoável em muitos casos e, se ela não se sustentar, sabemos como testar e corrigir a heteroscedasticidade utilizando os métodos do Capítulo 8. Algumas vezes é sensato presumir que (13.17) satisfaz todas as hipóteses do modelo linear clássico. Os estimadores MQO são não viesados e todas as inferências estatísticas são exatas nesses casos.

Quando estimamos a (13.17) para o exemplo da taxa de criminalidade, obtemos

$$\widehat{\Delta crmrte} = 15{,}40 + 2{,}22\ \Delta unem$$
$$(4{,}70)\quad (0{,}88) \tag{13.18}$$
$$n = 46,\ R^2 = 0{,}127,$$

que agora fornece uma relação entre as taxas de criminalidade e desemprego positiva e estatisticamente significante. Assim, a diferenciação para eliminar os efeitos constantes no tempo faz uma grande diferença nesse exemplo. O intercepto em (13.18) também revela algo interessante. Mesmo com $\Delta unem = 0$, espera-se um aumento na taxa de criminalidade (crimes por 1.000 pessoas) de 15,40. Isso reflete um aumento duradouro das taxas de criminalidade, por todos os Estados Unidos, de 1982 a 1987.

Mesmo que não iniciemos com o modelo de efeitos não observados (13.13), o uso da diferenciação ao longo do tempo é, intuitivamente, lógico. Em vez de estimar uma relação padrão de corte transversal — que pode sofrer o problema de variáveis omitidas, consequentemente tornando difíceis as conclusões *ceteris paribus* — a equação (13.17) considera de modo explícito como as alterações na variável explicativa ao longo do tempo afetam a alteração em y ao longo do mesmo período de tempo. Mesmo assim, ainda é muito útil ter (13.13) em mente: ela mostra explicitamente que podemos estimar o efeito de x_{it} sobre y_{it}, mantendo a_i fixo.

Embora a diferenciação de dados em painel de dois anos seja um meio poderoso de controlar efeitos não observados, isso tem um custo. Primeiro, os conjuntos de dados em painel são mais difíceis de coletar do que um corte transversal, especialmente de indivíduos. Precisamos usar uma pesquisa e acompanhar o indivíduo para uma pesquisa complementar. Muitas vezes é difícil localizar o mesmo indivíduo para uma segunda pesquisa. Em unidades como empresas, algumas delas podem falir ou passar por uma fusão com outras empresas. Dados em painel são mais fáceis de ser obtidos de escolas, cidades, municípios, estados e países.

Mesmo que tenhamos coletado um conjunto de dados em painel, a diferenciação utilizada para eliminar a_i pode reduzir bastante a variação nas variáveis explicativas. Embora x_{it} frequentemente tenha variação substancial no corte transversal para cada t, Δx_i pode não ter muita variação. Sabemos, do Capítulo 3, que pequenas variações em Δx_i podem levar a grandes erros padrão de $\hat{\beta}_1$ quando estimamos por (13.17) MQO. Podemos combater esse fato usando um corte transversal grande, mas isso nem sempre é possível. Além disso, o uso de diferenciações maiores ao longo do tempo, algumas vezes, é melhor que o uso de mudanças ano a ano.

Como exemplo, considere o problema de estimar o retorno da educação, desta vez usando dados em painel de indivíduos, de dois anos. O modelo por pessoa i é

$$\log(wage_{it}) = \beta_0 + \delta_0 d2_t + \beta_1 educ_{it} + a_i + u_{it}, t = 1, 2,$$

em que a_i contém aptidão não observada — que provavelmente é correlacionada com $educ_{it}$. Novamente, consideramos interceptos diferentes ao longo do tempo, para levar em conta ganhos de produtividade agregados (e inflação, se $wage_{it}$ estiver em termos nominais). Como, por definição, a aptidão inata não muda ao longo do tempo, os métodos de dados em painel parecem idealmente apropriados para estimar o retorno da educação. A equação de primeiras diferenças é

$$\Delta \log(wage_i) = \delta_0 + \beta_1 \Delta educ_i + \Delta u_i, \qquad (13.19)$$

e podemos fazer essa estimativa por MQO. O problema é que estamos interessados nos adultos que trabalham, e para a maioria dos indivíduos empregados, a educação não muda ao longo do tempo. Se apenas uma pequena fração de nossa amostra tiver $\Delta educ_i$ diferente de zero, será difícil obter um estimador preciso de β_1 de (13.19), a menos que tenhamos uma amostra de tamanho bastante grande. Em teoria, o uso de uma equação de primeira diferença para estimar o retorno da educação é uma boa ideia, mas ela não funciona muito bem com a maioria dos dados em painel atualmente disponíveis.

A adição de muitas variáveis explicativas não causa dificuldades. Iniciamos com o modelo de efeitos não observados

$$y_{it} = \beta_0 + \delta_0 d2_t + \beta_1 x_{it1} + \beta_2 x_{it2} + \ldots + \beta_k x_{itk} + a_i + u_{it}, \qquad (13.20)$$

para $t = 1$ e 2. Essa equação parece mais complicada do que é, pois cada variável explicativa tem três subscritos. O primeiro representa o número da observação do corte transversal, o segundo refere-se ao período de tempo e o terceiro é apenas um rótulo de variável.

EXEMPLO 13.5 Dormir *versus* trabalhar

Utilizamos os dados em painel de dois anos do arquivo SLP75_81, de Biddle e Hamermesh (1990), para estimar a relação de substituição entre o tempo gasto dormindo e trabalhando. No Problema 3.3, localizado no final do Capítulo 3, usamos apenas o corte transversal de 1975. O conjunto de dados em painel de 1975 e 1981 tem 239 pessoas, muito menor que o corte transversal de 1975, que inclui mais de 700 pessoas. Um modelo de efeitos não observados do total de minutos dormidos por semana é

$$slpnap_{it} = \beta_0 + \delta_0 d81_t + \beta_1 totwrk_{it} + \beta_2 educ_{it} + \beta_3 marr_{it}$$
$$+ \beta_4 yngkid_{it} + \beta_5 gdhlth_{it} + a_i + u_{it}, \quad t = 1, 2.$$

O efeito não observado, a_i, será chamado de *efeito individual não observado* ou efeito fixo individual. Ele é potencialmente importante para possibilitar que a_i seja correlacionada com $totwrk_{it}$: os mesmos fatores (alguns biológicos) que fazem com que as pessoas durmam mais ou menos (capturados em a_i) possivelmente são correlacionados com o tempo gasto trabalhando. Algumas pessoas têm mais energia e isso faz com que elas durmam menos e trabalhem mais. A variável *educ* representa anos de escolaridade, *marr* é uma variável *dummy* que indica o estado civil, *yngkid* é uma variável *dummy* que indica a presença de criança pequena e *gdhlth* é uma variável *dummy* que indica se a pessoa goza de boa saúde. Observe que não incluímos gênero ou raça (como fizemos na análise do corte transversal), já que esses fatores não mudam ao longo do tempo; eles fazem parte de a_i. Nosso principal interesse está em β_1.

A diferenciação ao longo dos dois anos produz a equação estimável

$$\Delta slpnap_i = \delta_0 + \beta_1 \Delta totwrk_i + \beta_2 \Delta educ_i + \beta_3 \Delta marr_i$$
$$+ \beta_4 \Delta yngkid_i + \beta_5 \Delta gdhlth_i + \Delta u_i.$$

Presumindo que a mudança no erro idiossincrático, Δu_i, seja não correlacionada com as mudanças em todas as variáveis explicativas, podemos obter estimadores consistentes de MQO. Isso produz

$$\widehat{\Delta slpnap} = -92{,}63 - 0{,}227 \Delta totwrk - 0{,}024 \Delta educ$$
$$(45{,}87) \quad (0{,}036) \quad\quad (48{,}759)$$
$$+ 104{,}21 \Delta marr + 94{,}67 \Delta yngkid + 87{,}58 \Delta gdhlth \quad\quad (13.21)$$
$$(92{,}86) \quad\quad (87{,}65) \quad\quad (76{,}60)$$
$$n = 239, R^2 = 0{,}150.$$

O coeficiente de $\Delta totwrk$ indica uma relação de substituição entre dormir e trabalhar: mantendo os outros fatores fixos, uma hora a mais de trabalho está associada com $0{,}227(60) = 13{,}62$ minutos a menos dormindo. A estatística t ($-6{,}31$) é bastante significante. Nenhuma outra estimativa, exceto o intercepto, é estatisticamente diferente de zero. O teste F de significância conjunta de todas as variáveis, exceto $\Delta totwrk$, fornece p-valor $= 0{,}49$ e significa que elas são conjuntamente não significantes a qualquer nível razoável de significância e poderiam ser eliminadas da equação.

O erro padrão de $\Delta educ$ é especialmente grande em relação à estimativa. Esse é o fenômeno descrito anteriormente para a equação do salário-hora. Na amostra de 239 pessoas, 183 (76,6%) não apresentam mudança na educação ao longo do período de seis anos; 90% das pessoas apresentam alteração no grau de escolaridade de, no máximo, um ano. Como está refletido pelo extremamente grande erro padrão de $\hat{\beta}_2$, quase não existe variação suficiente na educação para estimar $\hat{\beta}_2$ com precisão. De qualquer forma, $\hat{\beta}_2$ é concretamente muito pequeno.

Dados em painel também podem ser usados para estimar modelos de defasagens distribuídas finitas. Mesmo que especifiquemos a equação para somente dois anos, precisamos coletar dados de maior número de anos para obter as variáveis explicativas defasadas. O que segue é um exemplo simples.

EXEMPLO 13.6 Defasagens distribuídas da taxa de criminalidade sobre a taxa de esclarecimento de crimes

Eide (1994) utiliza dados em painel de distritos policiais da Noruega para estimar um modelo de defasagens distribuídas de taxas de criminalidade. A única variável explicativa é o "percentual de esclarecimento" de crimes (*clrprc*) — a porcentagem de crimes que levaram a uma condenação. Os dados sobre a taxa de criminalidade são dos anos de 1972 e 1978. Seguindo os passos de Eide, defasamos *clrprc* para um e dois anos: é possível que as taxas de esclarecimento de crimes do passado tenham efeito dissuasor sobre a criminalidade atual. Isso leva ao seguinte modelo de efeitos não observados dos dois anos:

$$\log(crime_{it}) = \beta_0 + \delta_0 d78_t + \beta_1 clrprc_{i,t-1} + \beta_2 clrprc_{i,t-2} + a_i + u_{it}.$$

Quando fazemos a diferenciação da equação e a estimamos utilizando os dados de CRIME3, obtemos

$$\widehat{\Delta \log(crime)} = 0{,}086 - 0{,}0040\,\Delta clrprc_{-1} - 0{,}0132\,\Delta clrprc_{-2}$$
$$(0{,}064)\quad (0{,}0047)\qquad\qquad (0{,}0052) \quad (13.22)$$
$$n = 53, R^2 = 0{,}193, \bar{R}^2 = 0{,}161.$$

A segunda defasagem é negativa e estatisticamente significante, o que sugere que uma taxa de esclarecimento de crimes mais alta dois anos atrás desencorajaria a criminalidade neste ano. Especificamente, um aumento de 10 pontos percentuais em *clrprc* dois anos atrás levaria a uma estimativa de redução na taxa de criminalidade deste ano de 13,2%. Isso sugere que o uso de mais recursos na solução de crimes e na obtenção de condenações dos criminosos pode reduzir a criminalidade no futuro.

13-3a Organização dos dados em painel

Quando se usam dados em painel em estudos econométricos, é importante saber como os dados devem ser armazenados. Devemos ser cuidadosos ao arrumar os dados, de forma que os diferentes períodos de tempo da mesma unidade de corte transversal (pessoa, firma, cidade etc.) sejam facilmente encadeados. Concretamente, suponha que o conjunto de dados seja de cidades, de dois anos. Para a maioria dos propósitos, a melhor maneira de armazenar os dados é ter *dois* registros para cada cidade, um para cada ano: o primeiro registro de cada cidade corresponde ao ano mais antigo, e o segundo ao ano mais recente. Esses dois registros devem ser adjacentes. Portanto, o conjunto de dados de 100 cidades e dois anos conterá 200 registros. Os dois primeiros registros são da primeira cidade na amostra, os próximos dois são da segunda cidade, e assim sucessivamente. (Para um exemplo, veja Tabela 1.5 no Capítulo 1.) Isso facilitará a construção das diferenças para armazená-las no segundo registro de cada cidade e fazer uma análise de agrupamento de cortes transversais, que pode ser comparada com a estimação por diferenciação.

A maioria dos conjuntos de dados em painel de dois períodos citados neste texto foram armazenados dessa maneira (por exemplo, CRIME2, CRIME3, GPA3, LOWBRTH e RENTAL). Usamos uma extensão direta desse esquema para conjuntos de dados em painel com mais de dois períodos de tempo.

Uma segunda maneira de organizar dois períodos de dados em painel é ter apenas um registro por unidade de corte transversal. Isso exige duas entradas para cada variável, uma para cada período de tempo. Os dados em painel do arquivo SLP75_81 estão organizados dessa maneira. Cada indivíduo tem dados das variáveis *slpnap75*, *slpnap81*, *totwrk75*, *totwrk81*, e assim por diante. Criar as diferenças de 1975 a 1981 é fácil. Outros conjuntos de dados em painel com essa estrutura são TRAFFIC1 e VOTE2. A inconveniência de colocar os dados em um registro é que isso impossibilita uma análise agrupada de MQO que utilize os dois períodos de tempo dos dados originais. Além disso, esse método organizacional não funciona para conjuntos de dados em painel com mais de dois períodos de tempo, caso que consideraremos na Seção 13.5.

13.4 Análise de decisões de políticas com dados em painel de dois períodos

Conjuntos de dados em painel são muito úteis para a análise de decisões de políticas, particularmente na avaliação de programas. Na estrutura mais simples de avaliação de programas, uma amostra de indivíduos, firmas, cidades etc. é obtida no primeiro período de tempo. Algumas dessas unidades, as pertencentes ao grupo de tratamento, farão parte de um programa específico em um período de tempo posterior; as que não farão parte estão no grupo de controle. Isso é semelhante à literatura sobre experimentos naturais discutida anteriormente, com uma importante diferença: as *mesmas* unidades do corte transversal aparecem em cada período de tempo.

Como exemplo, suponha que queiramos avaliar o efeito de um programa de treinamento de pessoal de Michigan sobre a produtividade dos trabalhadores de firmas manufatureiras (veja também o Exercício em computador C3 do Capítulo 9). Façamos $scrap_{it}$ representar a taxa de refugo dos produtos da firma i durante o ano t (o número de itens, em cada 100, que devem ser rejeitados por causa dos defeitos). Seja $grant_{it}$ um indicador binário igual a um se a firma i no ano t recebeu subsídio de treinamento de pessoal. Para os anos de 1987 e 1988, o modelo é

$$scrap_{it} = \beta_0 + \delta_0 y88_t + \beta_1 grant_{it} + a_i + u_{it}, \quad t = 1, 2, \tag{13.23}$$

em que $y88_t$ é uma variável *dummy* para 1988 e a_i é o *efeito não observado da firma* ou o *efeito fixo da firma*. O efeito não observado contém elementos como a aptidão média dos empregados, capital e capacidade gerencial; esses fatores são, em linhas gerais, constantes ao longo de um período de dois anos. Estamos preocupados em saber se a_i está sistematicamente relacionado ao fato de uma firma receber subsídio. Por exemplo, os administradores do programa poderiam dar prioridade às firmas cujos trabalhadores tenham menos especialização. Ou o problema oposto poderia ocorrer: para que o treinamento de pessoal pareça eficiente, os administradores do programa poderiam conceder subsídios a empregadores com trabalhadores mais produtivos. Na realidade, neste programa específico, os subsídios foram conferidos na ordem de entrada das solicitações. E se, no entanto, o fato de uma firma entrar com a solicitação na frente estiver relacionado com a produtividade do trabalhador? Nesse caso, uma análise que use um único corte transversal ou somente agrupe os cortes transversais produzirá estimadores viesados e não consistentes.

Fazendo a diferenciação para remover a_i, obtemos

$$\Delta scrap_i = \delta_0 + \beta_1 \Delta grant_i + \Delta u_i. \tag{13.24}$$

Portanto, simplesmente regredimos as mudanças na taxa de refugo sobre as mudanças do indicador de subsídio. Como nenhuma firma recebeu subsídio em 1987, $grant_{i1} = 0$ para todo i, e assim $\Delta grant_i = grant_{i2} - grant_{i1} = grant_{i2}$, que simplesmente indica se a firma recebeu algum subsídio em 1988. Contudo, em geral é importante diferenciar todas as variáveis (inclusive as variáveis *dummy*), pois isso é necessário para remover a_i no modelo de efeitos não observados (13.23).

A estimação da equação de primeiras diferenças utilizando os dados contidos no arquivo JTRAIN produz

$$\widehat{\Delta scrap} = -0{,}564 - 0{,}739\, \Delta grant$$
$$(0{,}405)\ \ (0{,}683)$$
$$n = 54,\, R^2 = 0{,}022.$$

Portanto, estimamos que o fato de haver um subsídio de treinamento reduziu a taxa de refugo, na média, em $-0{,}739$. A estimativa, porém, não é estatisticamente diferente de zero.

Obteremos resultados mais consistentes se usarmos $\log(scrap)$ e estimarmos o efeito percentual:

$$\widehat{\Delta \log(scrap)} = -0{,}057 - 0{,}317\, \Delta grant$$
$$(0{,}097)\ \ (0{,}164)$$
$$n = 54,\, R^2 = 0{,}067.$$

A taxa de refugo estimada foi reduzida em cerca de 27,2% devido ao subsídio de treinamento de pessoal. [Obtivemos essa estimativa da equação (7.10): $\exp(-0{,}317) - 1 \approx -0{,}272$.] A estatística t é de cerca de $-1{,}93$, que é marginalmente significante. Em contraposição, usando o MQO agrupado de $\log(scrap)$ sobre $y88$ e *grant* produz $\hat{\beta}_1 = 0{,}057$ (erro padrão = 0,431). Assim, não encontramos nenhuma relação significante entre a taxa de refugo e o subsídio de treinamento de pessoal. Como essa conclusão difere muito da estimativa de primeiras diferenças, ela sugere que as firmas com empregados menos especializados estão mais propensas a receber subsídio de treinamento.

É útil estudar o modelo de avaliação do programa de forma mais generalizada. Façamos y_{it} representar uma variável de resultado e $prog_{it}$ uma variável *dummy* de participação no programa. O modelo mais simples de efeitos não observados é

$$y_{it} = \beta_0 + \delta_0 d2_t + \beta_1 prog_{it} + a_i + u_{it}. \tag{13.25}$$

Se a participação no programa somente ocorreu no segundo período, então, o estimador MQO de β_1 na equação diferenciada terá uma representação muito simples:

$$\hat{\beta}_1 = \overline{\Delta y}_{treat} - \overline{\Delta y}_{control}. \tag{13.26}$$

Ou seja, calculamos a média da mudança em y ao longo dos dois períodos de tempo para os grupos de tratamento e de controle. Então, $\hat{\beta}_1$ será a diferença entre eles. Essa é a versão de dados em painel do estimador de diferença em diferenças na equação (13.11) de dois cortes transversais agrupados. Com dados em painel, temos uma vantagem potencialmente importante: podemos diferenciar y ao longo do tempo para as *mesmas* unidades de corte transversal. Isso nos possibilita controlar efeitos específicos de pessoas, firmas ou cidades, como deixa claro o modelo em (13.25).

Se a participação no programa ocorrer nos dois períodos, $\hat{\beta}_1$ não pode ser escrito como em (13.26), mas o interpretamos da mesma maneira: ele é a mudança no valor médio de y em razão da participação no programa.

O controle de fatores que variam ao longo do tempo não altera nada que tenha importância. Simplesmente diferenciamos essas variáveis e as incluímos com $\Delta prog$. Isso nos possibilita controlar as variáveis com variação temporal que possam estar correlacionadas com a especificação do programa.

O mesmo método de diferenciação funciona na análise dos efeitos de qualquer política que varie entre cidades ou estados. O que segue é um exemplo simples.

EXEMPLO 13.7 Efeitos da legislação a respeito da condução de veículos sob embriaguez sobre as fatalidades no trânsito

Muitos estados norte-americanos vêm adotando diferentes políticas na tentativa de coibir a condução de veículos sob embriaguez. Dois tipos de leis que estudaremos aqui são as *leis de recipientes abertos* — que consideram ilegal os passageiros de um veículo ter em seu poder recipientes abertos de bebidas alcoólicas — e as *leis administrativas propriamente ditas* — que autorizam a Justiça a suspender a carteira de habilitação do motorista preso por dirigir embriagado, mesmo antes de sua condenação. Uma análise possível é usar um único corte transversal de estados para regredir fatalidades no trânsito (relacionadas com o ato de dirigir embriagado) sobre variáveis *dummy* indicadoras da presença de cada lei. Há pouca possibilidade de isso funcionar de forma satisfatória, pois os estados decidem, por meio de processos legislativos, se eles precisam dessas leis. Portanto, a presença de leis possivelmente estará relacionada com a média das fatalidades no trânsito ocorridas nos anos recentes. Uma análise mais convincente utiliza dados em painel de um período de tempo em que alguns estados tenham adotado novas leis (e alguns estados que tenham revogado as leis até então existentes). O arquivo TRAFFIC1 contém dados de 1985 e 1990 de todos os 50 estados norte-americanos e do Distrito de Colúmbia. A variável dependente é o número de mortes no trânsito por 100 milhões de milhas (*dthrte*). Em 1985, 19 estados tinham leis de recipientes abertos, enquanto 22 estados tinham essas leis em 1990. Em 1985, 21 estados tinham leis administrativas propriamente ditas; esse número subiu para 29 em 1990.

O uso de MQO após a primeira diferença produz

$$\widehat{\Delta dthrte} = -0{,}497 - 0{,}420\,\Delta open - 0{,}151\Delta admn$$
$$(0{,}052)\ \ (0{,}206) \hspace{2.2cm} (0{,}117) \hspace{2cm} (13.27)$$
$$n = 51,\ R^2 = 0{,}119.$$

As estimativas sugerem que a adoção de uma lei de recipientes abertos reduziu a taxa de fatalidades no trânsito em 0,42, efeito nada desprezível considerando que a taxa média de mortalidade em 1985 era de 2,7 com um desvio padrão de cerca de 0,6. A estimativa é estatisticamente significante ao nível de 5% contra uma alternativa bilateral. A lei administrativa propriamente dita tem efeito menor, e sua estatística t é de somente $-1{,}29$; mas as estimativas dão os sinais que esperávamos. O intercepto nessa equação mostra que as fatalidades no trânsito caíram substancialmente em todos os estados ao longo do período de cinco anos, tenha ou não havido mudanças de leis. Os estados que adotaram uma lei de recipientes abertos durante esse período observaram uma redução adicional, em média, das taxas de mortalidade.

> **QUESTÃO 13.4**
>
> No exemplo 13.7, $\Delta admn = -1$ para o estado de Washington. Explique o que isso significa.

Outras leis podem também afetar as fatalidades no trânsito, como as leis sobre o uso de cinto de segurança, leis sobre o uso de capacetes por motociclistas e sobre limites máximos de velocidade. Além disso, podemos controlar as distribuições por idade e gênero, como também avaliar a influência que organizações como a Mothers Against Drunk Driving (Mães contra a Condução de Veículos sob Embriaguez) têm em cada estado.

13.5 A diferenciação com mais de dois períodos de tempo

Também podemos usar a diferenciação com mais de dois períodos de tempo. Como ilustração, suponha que tenhamos N indivíduos e $T = 3$ períodos de tempo para cada indivíduo. Um modelo genérico de efeitos fixos é

$$y_{it} = \delta_1 + \delta_2 d2_t + \delta_3 d3_t + \beta_1 x_{it1} + \ldots + \beta_k x_{itk} + a_i + u_{it}, \hspace{1cm} (13.28)$$

para $t = 1, 2$ e 3. (O número total de observações é, portanto, $3N$.) Observe que agora incluímos duas *dummies* de período de tempo em adição ao intercepto. É uma boa ideia deixar um intercepto separado para cada período de tempo, especialmente quando temos um pequeno número deles. O período-base, como sempre, é $t = 1$. O intercepto do segundo período é $\delta_1 + \delta_2$, e assim por diante. Nosso primeiro interesse está em $\beta_1, \beta_2, \ldots, \beta_k$. Se o efeito não observado a_i for correlacionado com qualquer das variáveis explicativas, o uso do MQO agrupado nos três anos de dados resultará em estimativas viesadas e inconsistentes.

A hipótese crucial é a de que os erros idiossincráticos são não correlacionados com as variáveis explicativas em cada período de tempo:

$$\text{Cov}(x_{itj}, u_{is}) = 0, \text{ para todo } t, s \text{ e } j. \tag{13.29}$$

Ou seja, as variáveis explicativas são *estritamente exógenas* após retirarmos o efeito não observado a_i. (A hipótese de exogeneidade estrita, especificada em termos de uma expectativa condicional zero, é explicada no apêndice deste capítulo.) A Hipótese (13.29) impede casos em que variáveis explicativas futuras reagem às mudanças correntes nos erros idiossincráticos, como deve ser o caso se x_{itj} for uma variável dependente defasada. Se omitirmos uma variável com variação temporal importante, então, (13.29) geralmente será violada. Erros de medida em uma ou mais das variáveis explicativas podem fazer com que (13.29) seja falsa, como no Capítulo 9. Nos Capítulos 15 e 16, discutiremos o que pode ser feito nesses casos.

Se a_i for correlacionado com x_{itj}, então, x_{itj} será correlacionado com o erro *composto*, $v_{it} = a_i + u_{it}$, sob (13.29). Podemos eliminar a_i fazendo a diferenciação dos períodos adjacentes. No caso de $T = 3$, subtraímos o período de tempo um do período de tempo dois e o período de tempo dois do período de tempo três. Isso produz

$$\Delta y_{it} = \delta_2 \Delta d2_t + \delta_3 \Delta d3_t + \beta_1 \Delta x_{it1} + \ldots + \beta_k \Delta x_{itk} + \Delta u_{it}, \tag{13.30}$$

para $t = 2$ e 3. Não temos uma equação diferenciada para $t = 1$ por não haver nada a ser subtraído da equação $t = 1$. Agora, (13.30) representa *dois* períodos de tempo para cada indivíduo da amostra. Se essa equação satisfizer as hipóteses do modelo linear clássico, o MQO agrupado produzirá estimadores não viesados e as estatísticas t e F usuais serão válidas para a hipótese. Podemos também recorrer a resultados assimptóticos. O requisito importante para que o MQO seja consistente é Δu_{it} ser não correlacionado com Δx_{itj} para todo j e $t = 2$ e 3. Essa é a extensão natural do caso com dois períodos de tempo.

Observe como (13.30) contém as diferenças das *dummies* anuais, $d2_t$ e $d3_t$. Para $t = 2$, $\Delta d2_t = 1$ e $\Delta d3_t = 0$; para $t = 3$, $\Delta d2_t = -1$ e $\Delta d3_t = 1$. Portanto, (13.30) não contém um intercepto. Isso é inconveniente para certos propósitos, inclusive no cálculo do R-quadrado. A menos que os interceptos de tempo no modelo original (13.28) sejam de interesse direto — raramente eles são —, é melhor estimar a equação de primeiras diferenças com um intercepto e um único período *dummy* de tempo, normalmente para o terceiro período. Em outras palavras, a equação passa a ser

$$\Delta y_{it} = \alpha_0 + \alpha_3 d3_t + \beta_1 \Delta x_{it1} + \ldots + \beta_k \Delta x_{itk} + \Delta u_{it}, \text{ para } t = 2 \text{ e } 3.$$

As estimativas de β_j são idênticas em qualquer das formulações.

Com mais de três períodos de tempo, a ideia é semelhante. Se tivermos os mesmos T períodos de tempo para cada N unidades de corte transversal, dizemos que esse conjunto de dados é um **painel equilibrado**: temos os mesmos períodos de tempo para todos os indivíduos, firmas, cidades etc. Quando T for pequeno em relação a N, devemos incluir uma variável *dummy* para cada período de tempo e levar em conta as mudanças duradouras que não estejam sendo modeladas. Portanto, após fazermos a primeira diferença, a equação parecerá com

$$\begin{aligned}\Delta y_{it} = \alpha_0 &+ \alpha_3 d3_t + \alpha_4 d4_t + \ldots + \alpha_T dT_t + \beta_1 \Delta x_{it1} + \ldots \\ &+ \beta_k \Delta x_{itk} + \Delta u_{it}, \quad t = 2, 3, \ldots, T,\end{aligned} \tag{13.31}$$

em que temos $T - 1$ períodos de tempo em cada unidade i para a equação de primeiras diferenças. O número total de observações é $N(T - 1)$.

É simples estimar (13.31) pelo MQO agrupado, desde que as observações tenham sido adequadamente organizadas e a diferenciação tenha sido feita cuidadosamente. Para facilitar a primeira diferença, o arquivo de dados deve consistir de NT registros. Os primeiros registros T são das observações do primeiro corte transversal, ordenados cronologicamente; os segundos registros T são das observações do segundo corte transversal, ordenados cronologicamente, e assim por diante. Depois, calculamos as diferenças, armazenando a mudança de $t - 1$ para t no registro de tempo t. Portanto, as diferenças de $t = 1$ devem ser os valores ausentes de todas as N observações do corte transversal. Se não fizermos isso, corremos o risco de obter observações fictícias na análise de regressão. Uma observação inválida é criada quando a última observação, digamos, da pessoa $i - 1$ é subtraída da primeira observação da pessoa i. Se fizermos a regressão sobre os dados diferenciados, e NT ou $NT - 1$ observações forem registradas, é porque esquecemos de definir como ausentes as observações $t = 1$.

Quando usamos mais de dois períodos de tempo, devemos supor que Δu_{it} seja não correlacionado ao longo do tempo, para que os habituais erros padrão e estatísticas de testes sejam válidos. Essa hipótese é razoável algumas vezes, mas ela não se sustenta se presumirmos que os erros idiossincráticos originais, u_{it}, sejam não correlacionados ao longo do tempo (uma hipótese que usaremos no Capítulo 14). De fato, se presumirmos que os u_{it} sejam serialmente não correlacionados com variância constante, é possível mostrar que a correlação entre Δu_{it} e $\Delta u_{i,t+1}$ é igual a $-0,5$. Se u_{it} seguir um modelo AR(1) estável, Δu_{it} será serialmente correlacionado. Somente quando u_{it} seguir um passeio aleatório Δu_{it} será serialmente não correlacionado.

É fácil testar a existência de correlação serial na equação de primeiras diferenças. Seja $r_{it} = \Delta u_{it}$ a primeira diferença do erro original. Se r_{it} seguir o modelo AR(1) $r_{it} = \rho r_{i,t-1} + e_{it}$, podemos testar com facilidade $H_0: \rho = 0$. Primeiro, estimamos (13.31) pelo MQO agrupado e obtemos os resíduos $\hat{r}_{it}$.

Depois, executamos uma regressão simples por MQO agrupado de $\hat{r}_{it}$ sobre $\hat{r}_{i,t-1}$, $t = 3, ..., T$, $i = 1, ..., N$ e calculamos o teste t padrão do coeficiente de $\hat{r}_{i,t-1}$. (Ou podemos tornar a estatística t robusta quanto à heteroscedasticidade.) O coeficiente $\hat{\rho}$ de $\hat{r}_{i,t-1}$ é um estimador consistente de ρ. Como estamos usando o resíduo defasado, perdemos outro período de tempo. Por exemplo, se iniciamos com $T = 3$, a equação diferenciada tem dois períodos de tempo, e o teste para verificar a existência de correlação serial é simplesmente uma regressão de corte transversal dos resíduos do terceiro período de tempo sobre os resíduos do segundo período de tempo. Daremos exemplo mais tarde.

Podemos corrigir a presença da correlação serial AR(1) em r_{it} com o uso do MQG factível. Fundamentalmente, em cada observação do corte transversal, utilizamos a transformação de Prais-Winsten com base em $\hat{\rho}$ descrita no parágrafo anterior. (Sem dúvida, preferimos, nesse caso, o método de Prais-Winsten ao de Cochrane-Orcutt, pois a eliminação do primeiro período de tempo agora significará perder N observações do corte transversal.) Infelizmente, programas padrão que efetuam correções AR(1) em regressões de séries temporais não funcionam nesse caso. Os métodos padrão de Prais-Winsten tratarão as observações como se elas tivessem seguido um processo AR(1) ao longo de i e t; isso não faz sentido, pois estamos presumindo que as observações sejam independentes ao longo de i. Correções nos erros padrão de MQO

> **QUESTÃO 13.5**
>
> A correlação serial em Δu_{it} faz com que o estimador de primeiras diferenças seja viesado e inconsistente? Por que a correlação serial é uma preocupação?

que permitam formas arbitrárias de correlação serial (e heteroscedasticidade) podem ser calculadas quando N é grande (e N deve ser consideravelmente maior que T). Um tratamento detalhado desses tópicos está além do escopo deste texto; veja, por exemplo, Wooldridge (2010, Capítulo 10). Contudo, essas estatísticas são fáceis de ser computadas em vários programas econométricos, e o apêndice contém uma discussão intuitiva a respeito disso.

Se não há correlação serial nos erros, os métodos habituais de tratar a heteroscedasticidade são válidos. Podemos usar os testes de heteroscedasticidade de Breusch-Pagan e de White do Capítulo 8, e também podemos calcular erros padrão robustos.

Diferenciar mais de dois anos de dados em painel é muito útil para a análise de decisão de políticas, como mostrado no exemplo seguinte.

EXEMPLO 13.8 Efeitos das zonas industriais sobre os pedidos de seguro-desemprego

Papke (1994) estudou o efeito do programa de instalação de zonas industriais (ZI) no estado norte-americano de Indiana sobre os pedidos de seguro-desemprego. Ela analisou 22 cidades de Indiana ao longo do período de 1980 a 1988. Seis zonas industriais foram criadas em 1984 e mais quatro em 1985. Doze das cidades da amostra não criaram zonas industriais nesse período; elas serviram como grupo de controle.

Um modelo simples de avaliação de política

$$\log(uclms_{it}) = \theta_t + \beta_1 zi_{it} + a_i + u_{it},$$

em que $uclms_{it}$ é o número de pedidos de seguro-desemprego registrados durante o ano t na cidade i. O parâmetro θ_t apenas representa um intercepto diferente para cada período de tempo. De forma geral, os pedidos de seguro-desemprego estavam caindo em âmbito estadual ao longo desse período, e isso deveria estar refletido nos interceptos dos diferentes anos. A variável binária zi_{it} era igual a um se a cidade i no tempo t possuía uma zona industrial; estamos interessados em β_1. O efeito não observado a_i representa fatores fixos que afetam o meio ambiente econômico na cidade i. Como o estabelecimento de zonas industriais não foi feito de maneira aleatória — zonas industriais normalmente são estabelecidas em áreas economicamente debilitadas — é provável que zi_{it} e a_i sejam positivamente correlacionados (a_i elevado significa maior número de pedidos de seguro-desemprego, o que leva a maior probabilidade de ser criada uma ZI). Assim, devemos diferenciar a equação para eliminar a_i:

$$\Delta \log(uclms_{it}) = \alpha_0 + \alpha_1 d82_t + \ldots + \alpha_7 d88_t + \beta_1 \Delta zi_{it} + \Delta u_{it}. \tag{13.32}$$

A variável dependente nessa equação, a mudança em $\log(uclms_{it})$, é a taxa aproximada de crescimento anual nos pedidos de seguro-desemprego do ano $t-1$ para t. Podemos estimar essa equação para os anos de 1981 a 1988, utilizando os dados contidos no arquivo EZUNEM; o tamanho total da amostra é $22 \cdot 8 = 176$. A estimativa de β_1 é $\hat{\beta}_1 = -0,182$ (erro padrão = 0,078). Portanto, parece que a presença de uma ZI provoca uma queda aproximada de 16,6% [$\exp(-0,182) - 1 \approx -0,166$] nos pedidos de seguro-desemprego. Esse é um efeito economicamente grande e estatisticamente significante.

Não há comprovação de heteroscedasticidade na equação: o teste F de Breusch-Pagan produz $F = 0,85$, p-valor $= 0,557$. Contudo, quando adicionamos os resíduos defasados do MQO à equação diferenciada (e perdemos o ano de 1981), obtemos $\hat{\rho} = -0,197$ ($t = -2,44$), de modo que há evidência de uma mínima correlação serial negativa nos erros em primeiras diferenças. Ao contrário da correlação serial positiva, os erros padrão usuais do MQO podem não subestimar muito os erros padrão corretos quando os erros são negativamente correlacionados (veja Seção 12.1). Assim, a significância da variável *dummy* da zona industrial provavelmente não será afetada.

EXEMPLO 13.9 — Taxas de criminalidade municipais na Carolina do Norte

Cornwell e Trumbull (1994) usaram dados de 90 municípios da Carolina do Norte, dos anos de 1981 a 1987, para estimar um modelo de efeitos não observados da criminalidade; os dados estão contidos no arquivo CRIME4. Aqui, estimamos uma versão mais simples do modelo deles, e fazemos a diferenciação da equação ao longo do tempo para eliminar a_i, o efeito não observado. (Cornwell e Trumbull utilizam uma transformação diferente, sobre a qual discorreremos no Capítulo 14.) Vários fatores, inclusive localização geográfica, atitudes diante da criminalidade, registros históricos e convenções sobre os registros, podem estar contidos em a_i. A taxa de criminalidade é o número de crimes por pessoa, *prbarr* é a probabilidade estimada de prisão, *prbconv* é a probabilidade de condenação (tendo havido uma prisão), *prbpris* é a probabilidade de cumprir pena prisional (tendo havido uma condenação), *avgsen* é a duração média da sentença cumprida e *polpc* é o número de policiais *per capita*. Como é padrão em estudos criminométricos, usamos os logs de todas as variáveis para estimar a elasticidade. Também incluímos um conjunto completo de *dummies* anuais para controlar as tendências estaduais das taxas de criminalidade. Podemos usar os anos de 1982 a 1987 para estimar a equação diferenciada. As quantidades entre parênteses são os erros padrão habituais do MQO; as quantidades entre colchetes são erros padrão robustos tanto quanto à correlação serial como quanto à heteroscedasticidade:

$$\widehat{\Delta \log(crmrte)} = 0,008 - 0,100\, d83 - 0,048\, d84 - 0,005\, d85$$
$$(0,017)\ \ (0,024)\quad\ \ (0,024)\quad\ \ (0,023)$$
$$[0,014]\ \ [0,022]\quad\ \ [0,020]\quad\ \ [0,025]$$
$$+\ 0,028\, d86 + 0,041\, d87 - 0,327\, \Delta\log(prbarr)$$
$$(0,024)\quad\ \ (0,024)\quad\ \ (0,030)$$
$$[0,021]\quad\ \ [0,024]\quad\ \ [0,056]$$
$$-\ 0,238\, \Delta\log(prbconv) - 0,165\, \Delta\log(prbpris) \quad (13.33)$$
$$(0,018)\quad\quad\quad\quad\ \ (0,026)$$
$$[0,040]\quad\quad\quad\quad\ \ [0,046]$$
$$-\ 0,022\, \Delta\log(avgsen) + 0,398\, \Delta\log(polpc)$$
$$(0,022)\quad\quad\quad\quad\ \ (0,027)$$
$$[0,026]\quad\quad\quad\quad\ \ [0,103]$$
$$n = 540,\ R^2 = 0,433,\ \overline{R}^2 = 0,422.$$

As três variáveis de probabilidade — de prisão, de condenação e de cumprir pena prisional — têm o indício esperado, e todas são estatisticamente significantes. Por exemplo, estima-se que um aumento de 1% na probabilidade de prisão reduza a taxa de criminalidade em torno de 0,33%. A variável de duração média da sentença mostra um modesto efeito dissuasor, mas não estatisticamente significante.

O coeficiente da variável número de policiais *per capita* é algo surpreendente e é uma característica da maioria dos estudos que buscam explicar a taxa de criminalidade. Interpretado de maneira causal, ele diz que o aumento de 1% no número de policiais *per capita aumenta* a taxa de criminalidade em cerca de 0,4%. (A estatística t habitual é muito grande, quase 15.) É difícil acreditar que um número maior de policiais fará com que ocorra maior número de crimes. O que estará acontecendo aqui? Existem pelo menos duas possibilidades. Primeiro, a variável da taxa de criminalidade é calculada com base nos crimes denunciados. Pode ser que, quando há mais policiais, mais crimes são registrados. Segundo, a variável do número de policiais pode ser endógena na equação por outras razões: os municípios podem aumentar a força policial quando preveem aumento da criminalidade. Nesse caso, (13.33) não pode ser interpretada de forma causal. Nos Capítulos 15 e 16, discorreremos sobre modelos e métodos de estimação que podem levar em conta essa forma adicional de endogeneidade.

O caso especial do teste de White quanto à heteroscedasticidade apresentado na Seção 8.3, produz $F = 75,48$ e p-valor $= 0,0000$, de modo que há forte evidência de heteroscedasticidade. (Tecnicamente, esse teste não será válido se também houver correlação serial, mas ele é bastante sugestivo.) O teste da existência de correlação serial AR(1) produz $\hat{\rho} = -0,233$, $t = -4,77$, o que significa que existe correlação serial negativa. Os erros padrão entre colchetes fazem os ajustes da correlação serial e heteroscedasticidade. [Não daremos os detalhes disso; os cálculos são semelhantes aos descritos na Seção 12.5 e são executados por muitos dos programas econométricos. Veja Wooldridge (2010, Capítulo 10) para mais detalhes.] Nenhuma variável perdeu significância estatística, mas as estatísticas t nas variáveis dissuasórias significantes foram notavelmente menores. Por exemplo, a estatística t da variável de probabilidade de condenação vai de $-13,22$ com o uso do erro padrão usual do MQO para $-6,10$ com o uso do erro padrão totalmente robusto. De forma equivalente, os intervalos de confiança construídos com o uso dos erros padrão robustos serão, de forma apropriada, muito mais amplos do que os baseados nos erros padrão habituais do MQO.

Naturalmente, podemos aplicar o teste de Chow em modelos de dados em painel estimados pela primeira diferença. Como no caso das seções transversais agrupadas, raramente queremos testar se os interceptos são constantes ao longo do tempo; por razões diversas, esperamos que os interceptos sejam diferentes. Muito mais interessante é testar se os coeficientes de inclinação mudaram ao longo do tempo, e podemos facilmente realizar esses testes pela interação das variáveis explicativas de interesse com as variáveis *dummy* de período de tempo. Curiosamente, embora não possamos estimar as inclinações de variáveis que não mudam ao longo do tempo, podemos testar se os efeitos parciais das variáveis constantes no tempo sofreram alterações ao longo do tempo. Como ilustração, suponha que observemos três anos de dados numa amostra aleatória de pessoas que estavam trabalhando nos anos de 2000, 2002 e 2004 e especifiquemos o modelo (para o log de *wage*, *lwage*),

$$lwage_{it} = \beta_0 + \delta_1 d02_t + \delta_2 d04_t + \beta_1 female_i + \gamma_1 d02_t female_i$$
$$+ \gamma_2 d04_t female_i + \mathbf{z}_{it}\boldsymbol{\lambda} + a_i + u_{it},$$

em que $\mathbf{z}_{it}\boldsymbol{\lambda}$ é uma forma abreviada das outras variáveis explicativas incluídas no modelo e seus coeficientes. Quando fazemos a primeira diferença, eliminamos o intercepto do ano 2000, β_0, e também a diferença salarial entre os sexos de 2000, β_1. Contudo, a alteração na $d01_t female_i$ é $(\Delta d01_t) female_i$, que não é eliminada. Consequentemente podemos estimar como a diferença salarial se alterou em 2002 e 2004 em relação a 2000, e podemos testar se $\gamma_1 = 0$, ou $\gamma_2 = 0$, ou ambos. Também devemos perguntar se o prêmio nos salários dos sindicalizados mudou ao longo do tempo, caso em que incluiríamos no modelo $union_{it}$, $d02_t union_{it}$, e $d04_t union_{it}$. Os coeficientes de todas estas variáveis explicativas podem ser estimados, pois a $union_{it}$ presumivelmente teria alguma variação de tempo.

Se alguém tentar estimar um modelo que contenha interações por diferenciamento feitas manualmente, poderá ser um pouco complicado. Por exemplo, na equação anterior com o *status* de sindicato (*union*), devemos simplesmente diferenciar os termos de interação $d02_t union_{it}$ e $d04_t union_{it}$. *Não podemos* calcular as diferenças exatas, digamos, $d02_t \Delta union_{it}$ e $d04_t \Delta union_{it}$, ou mesmo substituir $d02_t$ e $d04_t$ por suas primeiras diferenças.

Como observação de caráter geral, é importante retornarmos ao modelo original e lembrarmos que o diferenciamento é usado para eliminarmos a_i. É mais fácil usar um comando embutido que possibilite primeira diferença como uma opção na análise de dados em painel. (Veremos algumas das outras opções no Capítulo 14.)

13-5a Armadilhas potenciais na primeira diferença de dados em painel

Nesta e nas seções anteriores, temos argumentado que tirar a diferença de dados em painel ao longo do tempo, para eliminar um efeito não observado constante no tempo, é um método valioso para obter-se efeito causal. Não obstante, a diferença não é isenta de dificuldades. Já discutimos problemas potenciais com o método quando as principais variáveis explicativas não têm grandes variações ao longo do tempo (e o método é inútil com variáveis explicativas que nunca variam ao longo do tempo). Infelizmente, mesmo quando temos suficiente variação temporal na x_{itj} a estimação pelas primeiras diferenças (PD) pode estar sujeita a sérios vieses. Já mencionamos que a exogeneidade estrita dos regressores é uma hipótese crítica. Infelizmente (como discutido em Wooldridge (2010, Seção 11.1), ter mais períodos temporais em geral não reduz a inconsistência no estimador PD, quando os regressores não são estritamente exógenos (digamos, se $y_{i,t-1}$ estiver incluída entre as x_{itj}).

Outra importante inconveniência do estimador PD é que ele pode ser pior que o MQO agrupado se uma ou mais das variáveis explicativas estiverem sujeitas a erro de medição, especialmente o modelo de erros clássicos nas variáveis discutido na Seção 9.3. Tirar a diferença de um regressor deficientemente medido reduz sua variação em relação a sua correlação com o erro diferenciado causado pelo erro de medição clássico, resultando num viés potencialmente considerável. Resolver esses problemas pode ser muito difícil. Veja a Seção 15.8 e Wooldridge (2010, Capítulo 11).

Resumo

Estudamos métodos para analisar conjuntos de cortes transversais agrupados independentemente de dados em painel. Cortes transversais independentes surgem quando diferentes amostras aleatórias são obtidas em diferentes períodos de tempo (geralmente anos). O MQO com dados agrupados é o principal método de estimação, e os procedimentos habituais de inferência são eficazes, inclusive a correção da heteroscedasticidade. (A correlação serial não é um problema, pois as amostras são independentes ao longo do tempo.) Em razão da dimensão das séries temporais, frequentemente admitimos diferentes interceptos temporais. Podemos também interagir *dummies* temporais com determinadas variáveis cruciais para verificar como elas mudaram ao longo do tempo. Isso é especialmente importante na literatura de avaliação das políticas em experimentos naturais.

Os conjuntos de dados em painel estão sendo cada vez mais usados no trabalho aplicado, especialmente na análise de políticas. Eles são conjuntos de dados nos quais as mesmas unidades de corte transversal são acompanhadas ao longo do tempo. Os conjuntos de dados em painel são muito úteis quando se quer controlar características não observadas constantes no tempo — de pessoas, firmas, cidades etc. — que pensamos poderem estar correlacionadas com as variáveis explicativas de nosso modelo. Uma maneira de remover o efeito não observado é diferenciar os dados nos períodos de tempo adjacentes. Assim, uma análise padrão MQO das diferenças pode ser usada. O uso de dados de dois períodos resulta em uma regressão de corte transversal dos dados diferenciados. Os procedimentos habituais de inferência são assimptoticamente válidos sob homoscedasticidade; a inferência exata é acessível em condições de normalidade.

Para mais de dois períodos de tempo, podemos usar o MQO agrupado sobre os dados diferenciados: perdemos o primeiro período de tempo em razão da diferenciação. Além da homoscedasticidade, devemos presumir que os erros *diferenciados* são serialmente não correlacionados, para podermos aplicar as estatísticas t e F usuais. (O apêndice deste capítulo contém uma lista meticulosa das hipóteses.) Naturalmente, qualquer variável que seja constante ao longo do tempo é eliminada da análise.

Termos-chave

Agrupamento
Agrupamento independente de cortes transversais
Dados em painel
Dados longitudinais
Efeito fixo
Efeito médio de tratamento
Efeito não observado
Equação de primeiras diferenças
Erro composto
Erro idiossincrático
Estimador de diferença em diferenças
Estimador de primeiras diferenças
Exogeneidade estrita
Experimento natural
Heterogeneidade não observada
Modelo de efeitos fixos
Modelo de efeitos não observados
Painel equilibrado
Quase experimento
Variáveis *dummy* anuais
Viés de heterogeneidade

Problemas

1. No exemplo 13.1, suponha que as médias de todos os fatores, exceto *educ*, tenham permanecido constantes ao longo do tempo e que o nível médio de educação seja 12,2 na amostra de 1972 e 13,3 na amostra de 1984. Utilizando as estimativas da

Tabela 13.1, encontre a mudança estimada na média da fertilidade entre 1972 e 1984. (Certifique-se de levar em conta a mudança no intercepto e a mudança na média da escolaridade.)

2. Utilizando os dados contidos no arquivo KIELMC, as seguintes equações foram estimadas usando os anos de 1978 e 1981:

$$\widehat{\log(price)} = 11{,}49 - 0{,}547\ nearinc + 0{,}394\ y81 \cdot nearinc$$
$$(0{,}26)\quad (0{,}058)\qquad\qquad (0{,}080)$$
$$n = 321, R^2 = 0{,}220$$

e

$$\widehat{\log(price)} = 11{,}18 - 0{,}563\ y81 - 0{,}403\ y81 \cdot nearinc$$
$$(0{,}27)\quad (0{,}044)\quad\quad (0{,}067)$$
$$n = 321, R^2 = 0{,}337.$$

Compare as estimativas do termo de interação $y81 \cdot nearinc$ com as da equação (13.9). Por que as estimativas são diferentes?

3. Por que não podemos usar as primeiras diferenças quando temos cortes transversais independentes em dois anos (ao contrário dos dados em painel)?

4. Se pensarmos que β_1 é positivo em (13.14) e que Δu_i e $\Delta unem_i$ são negativamente correlacionados, qual será o viés no estimador MQO de β_1 na equação de primeiras diferenças? (*Dica*: Reveja a equação (5.4).

5. Suponha que queiramos estimar o efeito de diversas variáveis sobre a poupança anual e que temos um conjunto de dados em painel sobre indivíduos coletado em 31 de janeiro de 1990 e 31 de janeiro de 1992. Se incluirmos uma *dummy* anual para o ano de 1992 e usarmos a primeira diferença, poderemos também incluir a idade no modelo original? Explique.

6. Em 1985, nem a Flórida nem a Geórgia tinham leis que proibiam recipientes abertos de bebidas alcoólicas em veículos de passageiros. Em 1990, a Flórida sancionou essa lei, mas a Geórgia não.

 (i) Suponha que você colete amostras aleatórias da população com idade para dirigir de ambos os estados, de 1985 e 1990. Defina *arrest* como uma variável binária igual à unidade se uma pessoa foi presa por dirigir embriagada durante o ano. Sem controlar quaisquer outros fatores, escreva um modelo de probabilidade linear que possibilite verificar se a lei de recipientes abertos reduziu a probabilidade de alguém ser preso por dirigir embriagado. Que coeficiente em seu modelo mede o efeito da lei?

 (ii) Por que você pode querer controlar outros fatores nesse modelo? Quais poderiam ser esses fatores?

 (iii) Agora, suponha que somente seja possível coletar dados de 1985 e 1990 em municípios dos dois estados. A variável dependente seria a fração dos motoristas habilitados presos por dirigirem embriagados durante o ano. Como essa estrutura de dados difere da estrutura de dados em nível individual descritos no item (i)? Que método econométrico você usaria?

7. Leia os itens abaixo e responda às questões.

 (i) Utilizando os dados contidos no arquivo INJURY para Kentucky, a equação estimada quando *afchnge* é retirada da (13.12) é

$$\widehat{\log(durat)} = 1{,}129 + 0{,}253 highearn + 0{,}198\, afchnge \cdot highearn$$
$$(0{,}022)\ \ (0{,}042)\qquad\quad (0{,}052)$$
$$n = 5.626,\ R^2 = 0{,}021.$$

É surpreendente que a estimativa na interação seja razoavelmente próxima da obtida na (13.12)? Explique.

(ii) Quando *afchnge* é incluída, mas *highearn* é excluída, o resultado é

$$\widehat{\log(durat)} = 1{,}233 - 0{,}100 afchnge + 0{,}447 afchnge \cdot highearn$$
$$(0{,}023)\ \ (0{,}040)\qquad\quad (0{,}050)$$
$$n = 5.626,\ R^2 = 0{,}016.$$

Por que o coeficiente no termo de interação agora é tão maior do que aquele da (13.12)? [*Dica*: Na equação (13.10), qual é a hipótese que se está fazendo sobre os grupos de tratamento e controle se $\beta_1 = 0$?]

Exercícios em computador

C1 Utilize os dados em FERTIL1 neste exercício.
  (i) Na equação estimada do Exemplo 13.1, verifique se o ambiente de vida de uma pessoa de 16 anos tem um impacto na fertilidade (o grupo de base é uma grande cidade). Apresente o valor da estatística *F* e o *p*-valor
  (ii) Verifique se a região do país em que mora uma pessoa de 16 anos (a região sul é o grupo de base) tem um impacto em sua fertilidade.
  (iii) Considere que *u* é o termo de erro na equação populacional. Suponha que você acredite que a variação de *u* muda com o tempo (mas não com *educ*, *age*, e assim por diante). Um modelo que captura isso é

$$u^2 = \gamma_0 + \gamma_1 y74 + \gamma_2 y76 + \ldots + \gamma_6 y84 + v.$$

  Usando este modelo, verifique a heteroscedasticidade de *u* (*Dica*: seu teste *F* deve possuir 6 e 1.122 graus de liberdade).
  (iv) Adicione os termos de interação *y74·educ*, *y76·educ*,..., *y84·educ* à estimativa do modelo na Tabela 13.1. Explique o que esses termos representam. Quando combinados, eles são relevantes?

C2 Utilize os dados em CPS78_85 neste exercício.
  (i) Como você interpreta o coeficiente de *y85* na equação 13.2? Ele possui uma interpretação interessante? (preste atenção; aqui é necessário levar em conta os termos de interação *y85·educ* e *y85·female*.)
  (ii) Mantendo outros fatores fixos, qual é o aumento percentual estimado do salário nominal de um homem com 12 anos de escolaridade? Proponha uma regressão para obter um intervalo de confiança para essa estimativa [*Dica*: para alcançar o intervalo de confiança, substitua *y85·educ* por *y85·(educ −12)*; com referência ao Exemplo 6.3].
  (iii) Faça uma nova estimativa da equação 13.2, mas com todos os salários medidos em dólares, no ano de 1978. Em particular, defina o salário real como *rwage = wage* de 1978 e como *rwage = wage/1,65* para 1985. Depois, coloque log (*rwage*) no

lugar de log (*wage*) para estimar 13.2. Quais coeficientes são diferentes dos observados na equação 13.2?

(iv) Explique porque o *R*-quadrado da sua regressão do item (iii) não é o mesmo da equação 13.2 (*Dica*: os resíduos e, logo, a soma dos resíduos dos quadrados, *são* idênticos aos das duas regressões).

(v) Descreva como a participação em sindicatos mudou de 1978 a 1985.

(vi) Começando com a equação 13.2, verifique se o diferencial de salário do sindicato mudou com o tempo (transcreva como um simples teste *t*).

(vii) Os resultados que você observou nos itens (v) e (vi) são conflitantes entre si? Explique.

C3 Use os dados de KIELMC neste exercício.

(i) A variável *dist* é a distância de cada casa até o local onde fica o incinerador, em metros. Considere o modelo

$$\log(price) = \beta_0 + \delta_0 y81 + \beta_1 \log(dist) + \delta_1 y81 \cdot \log(dist) + u.$$

Se a construção do incinerador reduz o valor das casas perto do local, qual é o sinal de δ_1? O que ele significa, se $\beta_1 > 0$?

(ii) Estime o modelo do item (i) e reporte os resultados em sua forma usual. Interprete o coeficiente em $y81 \cdot \log(dist)$. O que você conclui com isso?

(iii) Adicione *age*, age^2, *rooms*, *baths*, $\log(intst)$, $\log(land)$ e $\log(area)$ à equação. Após fazer isso, o que você conclui sobre o efeito do incinerador nos valores imobiliários?

(iv) Qual é o coeficiente positivo em $\log(dist)$ estatisticamente significativo no item (ii), mas não no item (iii)? O que isso diz sobre os controles utilizados na parte (iii)?

C4 Use os dados em INJURY para este exercício.

(i) Utilizando os dados para Kentucky, faça uma nova estimativa da equação (13.12), adicionando como variáveis explicativas *male*, *married* e todo um conjunto de variáveis de indústria e prejuízo do tipo *dummy*. Como a estimativa em *afchnge ·highearn* muda quando esses outros fatores estão controlados? A estimativa ainda é estatisticamente significativa?

(ii) O que você faz com o pequeno *R*-quadrado do item (i)? Isso significa que a equação é inútil?

(iii) Estime a equação 13.12 usando os dados de Michigan. Compare as estimativas com o termo de interação para Michigan e Kentucky. A estimativa para Michigan é estaticamente significativa? Como você pode utilizar essa informação?

C5 Use os dados em RENTAL para este exercício. Os dados para os anos 1980 e 1990 incluem preço de aluguel e outras variáveis para cidades universitárias. A ideia é verificar se uma presença mais forte de estudantes afeta as tarifas de aluguel. O modelo de efeitos não observados é

$$\log(rent_{it}) = \beta_0 + \delta_0 y90_t + \beta_1 \log(pop_{it}) + \beta_2 \log(avginc_{it}) + \beta_3 pctstu_{it} + a_i + u_{it},$$

em que *pop* representa a população da cidade, *avginc* é a renda média e *pctstu* é a população de estudantes como percentual da população da cidade (durante o ano letivo).

(i) Estime a equação por meio de MQO agrupado e reporte os resultados no formato padrão. O que você pode fazer com a estimativa na variável *dummy* de 1990? O que se depreende com $\hat{\beta}_{pctstu}$?

(ii) Os erros padrão reportados no item (i) são válidos? Explique.

(iii) Agora, diferencie a equação e a estimativa por meio do MQO. Compare sua estimativa de β_{pctstu} com a do item (ii). O tamanho relativo da população de alunos parece afetar o preço do aluguel?

(iv) Obtenha os erros padrão robustos em relação à heteroscedasticidade para a equação de primeira diferença do item (iii). Isso muda suas conclusões?

C6 Utilize CRIME3 para este exercício.

(i) No modelo do exemplo 13.6, teste a hipótese H_0: $\beta_1 = \beta_2$. (*Dica*: defina $\theta_1 = \beta_1 - \beta_2$ e escreva β_1 em termos de θ_1 e β_2. Coloque essa informação na equação e então a reescreva. Faça um teste t em θ_1.

(ii) Se $\beta_1 = \beta_2$, mostre que a equação diferenciada pode ser escrita como

$$\Delta\log(crime_i) = \delta_0 + \delta_1 \Delta avgclr_i + \Delta u_i,$$

em que $\delta_1 = 2\beta_1$ e $avgclri = (clrprc_{i,-1} + clrprci_{,-2})/2$ é o percentual médio de esclarecimento sobre os dois anos anteriores.

(iii) Estime a equação do item (iii). Compare o R-quadrado ajustado com o observado em 13.22. Por fim, qual modelo você usaria?

C7 Use GPA3 para fazer este exercício. O conjunto de dados representa 366 alunos-atletas de uma grande universidade nos semestres de outono e primavera. [Uma análise semelhante pode ser observada em Maloney e McCormick (1993), contudo, aqui usamos um conjunto de dados em painel real.] Como você possui dois termos de dados para cada aluno, é apropriado utilizar um modelo de efeitos não observados. A principal questão de interesse é: os atletas têm pior desempenho durante o semestre que jogam na temporada?

(i) Use MQO agrupado para estimar um modelo com termo GPA (*trmgpa*) como a variável dependente. As variáveis explicativas são *spring, sat, hsperc, female, black, white, frstsem, tothrs, crsgpa* e *season*. Interprete o coeficiente em *season*. Ele é estatisticamente significativo?

(ii) A maioria dos atletas que jogam apenas no outono é de jogadores de futebol americano. Suponha que os níveis de habilidade de jogadores de futebol americano difiram sistematicamente dos de outros atletas. Se a habilidade não for capturada adequadamente pelo teste SAT e pelo percentual do ensino médio, explique por que as estimativas por MQO agrupado serão viesadas.

(iii) Agora, use os dados diferenciados nos dois termos. Quais variáveis caem fora? Depois, faça um teste para verificar um efeito de temporada.

(iv) Você consegue identificar uma ou mais variáveis temporais potencialmente importantes que tenham sido omitidas na análise?

C8 VOTE2 inclui dados em painel das eleições para a Câmara dos Deputados em 1988 e 1990. Somente vencedores das eleições de 1988 que também concorreram em 1990 aparecem na amostra; estes são os incumbentes. Um modelo de efeitos não observados que explique a participação do voto dos incumbentes em termos dos gastos de ambos os candidatos é

$$vote_{it} = \beta_0 + \delta_0 d90_t + \beta_1 \log(inexp_{it}) + \beta_2 \log(chexp_{it}) + \beta_3 incshr_{it} + a_i + u_{it},$$

em que $incshr_{it}$ é a participação dos incumbentes no gasto total de campanha (em percentual). O efeito não observado a_i contém características do incumbente — tais como "qualidade" — assim como informações constantes sobre o distrito. O gênero e o partido do incumbente são constantes com o passar do tempo, dessa forma, classificam-se em a_i. Estamos interessados no efeito dos gastos da campanha nos resultados eleitorais.

(i) Diferencie a equação dada para os dois anos e estime a equação diferenciada por MQO. Quais variáveis são significativas individualmente no nível de 5%, em comparação com uma alternativa bilateral?

(ii) Na equação do item (i), verifique o significado conjunto de $\Delta\log(inexp)$ e $\Delta\log(chexp)$. Reporte o p-valor.

(iii) Faça uma nova estimativa da equação do item (i) usando $\Delta incshr$ como a única independente variável. Interprete o coeficiente em $\Delta incshr$. Por exemplo, se a participação do incumbente no gasto aumenta em 10 pontos percentuais, prevê-se que isso afete de que maneira a participação do incumbente no voto?

(iv) Refaça o item (iii), mas utilize agora apenas pares que possuam competidores recorrentes. [Isso nos permite controlar também as características dos concorrentes, que estariam em a_i. Levitt (1994) conduz uma análise muito mais extensa a respeito desse assunto.]

C9 Utilize CRIME4 neste exercício.

(i) Adicione os logaritmos de cada variável salarial no conjunto de dados e estime o modelo de primeira diferença. Como incluir essas variáveis afeta os coeficientes de variáveis de justiça criminal no exemplo 13.9?

(ii) Todas as variáveis salariais em (i) têm o sinal esperado? Elas são significativas juntas? Explique.

C10 Para este exercício, usamos JTRAIN para determinar o efeito de treinamento profissional concedido em horas de formação por funcionário. O modelo básico para os três anos é

$$hrsemp_{it} = \beta_0 + \delta_1 d88_t + \delta_2 d89_t + \beta_1 grant_{it} + \beta_2 grant_{i,t-1} + \beta_3 \log(employ_{it}) + a_i + u_{it}.$$

(i) Estime a equação usando primeira diferença. Quantas empresas são utilizadas na estimativa? Quantas observações seriam usadas se cada empresa tivesse dados em todas as variáveis (em especial, $hrsemp$) para os três períodos de tempo?

(ii) Interprete o coeficiente concedido e comente sua significância.

(iii) O fato de $grant_{-1}$ ser não significante é surpreendente? Explique.

(iv) Na média, as empresas maiores treinam mais ou menos seus funcionários? Quão grandes são as diferenças de treinamento?

C11 O arquivo MATHPNL contém dados em painel sobre as escolas dos distritos de Michigan nos anos de 1992 a 1998. É o nível de distrito análogo ao nível escolar usado por Papke (2005). A variável de resposta de interesse para essa questão é $math4$, percentual de alunos do ensino fundamental que recebem nota mínima em uma prova de matemática padrão. A variável explicativa chave é $rexpp$, que significa gastos reais por aluno no distrito. A quantia está determinada no valor do dólar de 1997. A variável de gasto aparecerá em forma de logaritmo.

(i) Considere o modelo estático de efeitos não observados:

$$math4_{it} = \delta_1 y93_t + \ldots + \delta_6 y98_t + \beta_1 \log(rexpp_{it}) + \beta_2 \log(enrol_{it}) + \beta_3 lunch_{it} + a_i + u_{it},$$

em que *enrol*$_{it}$ é o total de matrícula e *lunch*$_{it}$ é o percentual de alunos do distrito elegível para o programa de merendas da escola (logo, *luch*$_{it}$ é uma ótima medida da ampla taxa de pobreza do distrito). Argumente que $\beta_1/10$ é o ponto percentual de mudança em *math4*, quando os gastos reais por aluno aumentam em aproximadamente 10%.

(ii) Use primeira diferença para estimar o modelo do item (i). A abordagem mais simples é permitir um intercepto na equação de primeira diferença e incluir variáveis *dummy* para os anos de 1994 a 1998. Interprete o coeficiente na variável de despesas.

(iii) Agora, adicione uma defasagem da variável de despesa ao modelo e faça uma nova estimativa usando primeira diferença. Note que se perde outro ano dos dados, logo, são utilizadas apenas alterações iniciadas em 1994. Discuta os coeficientes e a significância das variáveis de despesa atuais e defasadas.

(iv) Obtenha os erros padrão robustos em relação à heteroscedasticidade na regressão de primeira diferença do item (iii). Como esses erros padrão se comparam com os do item (iii) para as variáveis de despesa?

(v) Agora, obtenha erros padrão robustos em relação à heteroscedasticidade e também à correlação serial. O que isso faz com a significância da variável de despesa defasada?

(vi) Verifique se os erros de diferença $r_{it} = \Delta u_{it}$ têm correlação serial negativa, ao conduzir um teste de correlação serial AR(1).

(vii) Com base em um teste conjunto inteiramente robusto, parece necessário incluir as variáveis de matrículas e merenda no modelo?

C12 Use os dados em MURDER nesse exercício.

(i) Utilizando os anos 1990 e 1993, estime a equação:

$$mrdrte_{it} = \delta_0 + \delta_1 d93_t + \beta_1 exec_{it} + \beta_2 unem_{it} + a_i + u_{it}, t = 1.2$$

por meio de MQO agrupado e reporte os resultados da forma usual. Não se preocupe com a inadequação dos erros padrão MQO, pela presença de a_i. Estima-se um efeito dissuasivo da pena de morte?

(ii) Compute as estimativas PD (use somente as diferenças de 1990 a 1993; deve-se ter 51 observações na regressão de PD). Depois disso, o que se pode concluir sobre um efeito dissuasivo?

(iii) Na regressão de PD do item (ii), obtêm-se os resíduos, digamos, $\hat{e}_i$. Mantenha a regressão Breusch-Pagan $\hat{e}_i^2$ em $\Delta exec_i$, $\Delta unem_i$ e compute o teste F para heteroscedasticidade. Faça a mesma coisa na situação específica do teste White [ou seja, regredir $\hat{e}_i^2$ a $\hat{y}_i, \hat{y}_i^2$, em que os valores ajustados são do item (ii)]. O que se conclui sobre heteroscedasticidade na equação PD?

(iv) Conduza a mesma regressão do item (ii), mas obtenha a estatística T robusta em relação à heteroscedasticidade. O que ocorre?

(v) Você acha melhor confiar em qual estatística T em $\Delta exec_i$, a costumeira ou a robusta em relação à heteroscedasticidade? Por quê?

C13 Use os dados de WAGEPAN para esse exercício.

(i) Considere o modelo de efeitos não observados:

$$lwage_{it} = \beta_0 + \delta_1 d81_t + \ldots + \delta_7 d87_t + \beta_1 educ_i$$
$$+ \gamma_1 d81_t educ_i + \ldots + \delta_7 d87_t educ_i + \beta_2 union_{it} + a_i + u_{it},$$

em que é permitido que a_i seja correlacionado com $educ_i$ e $union_{it}$. Que parâmetros você pode estimar usando primeira diferença?

(ii) Estime a equação do item (i) por meio de PD e teste a hipótese nula de que o retorno à educação não alterou com o tempo.

(iii) Teste a hipótese do item (ii) usando um teste inteiramente robusto, ou seja, um que permita heteroscedasticidade arbitrária e correlação serial nos erros PD, Δu_{it}. Sua conclusão muda?

(iv) Agora, permita o diferencial de união de mudança com o tempo (juntamente com educação) e estime a equação por meio de PD. Qual é o diferencial de união estimado em 1980? E em 1987? Essa diferença é estatisticamente significativa?

(v) Teste a hipótese nula de que o diferencial de união não mudou ao longo do tempo e discuta seus resultados de acordo com sua resposta ao item (iv).

C14 Use os dados em JTRAIN3 nesta questão.

(i) Estime o modelo de simples regressão $re78 = \beta_0 + \beta_1 train + u$ e reporte os resultados na forma habitual. Com base nessa regressão, é possível que o treinamento profissional (*train*), que ocorre em 1976 e 1977, tenha efeito positivo sobre os ganhos reais de trabalho de 1978?

(ii) Agora, utilize a mudança em ganhos reais de trabalho, $cre = re78 - re75$, como variável dependente (não precisamos diferenciar *train* porque presumimos que não existia treinamento profissional anterior a 1975. Ou seja, se definirmos *ctrain* = *train78* − *train75*, logo, *ctrain* = *train78*,pois, *train75* = 0). Qual é, agora, o efeito estimado do treinamento? Discuta como isso é comparável à estimativa do item (i).

(iii) Encontre o intervalo de confiança de 95% para efeito de treinamento utilizando o habitual erro padrão MQO e o erro padrão robusto em relação à heteroscedasticidade, descrevendo seus achados.

C15 O conjunto de dados em HAPPINESS contém cortes transversais independentemente agrupados para os anos pares de 1994 a 2006, obtidos na General Social Survey. A variável dependente para esse problema é uma medida de "felicidade", *vhappy*, que é uma variável binária igual a um, caso a pessoa reportada seja "muito feliz" (ao contrário de apenas "bem feliz" ou "não muito feliz").

(i) Qual ano tem o maior número de observações? E qual tem o menor? Na amostra, qual percentual de pessoas reporta ser "muito feliz"?

(ii) Faça uma regressão em *vhappy* sobre todas as *dummies* anuais, excluindo *y94*, de forma que 1994 seja o ano-base. Compute uma estatística robusta em relação à heteroscedasticidade da hipótese nula de que a proporção de pessoas muito felizes não mudou com o tempo. Qual é o *p*-valor do teste?

(iii) À regressão do item (ii) adicione a variável *dummy occattend* e *regattend*. Interprete seus coeficientes (lembre-se, os coeficientes são interpretados com relação a um grupo de base). Como você resumiria os efeitos da assistência da igreja na felicidade?

(iv) Defina uma variável, digamos, *highinc*, como igual a um caso a renda familiar estiver acima de $ 25.000 (infelizmente, o mesmo limite é usado para cada ano, dessa forma, a inflação não é levada em conta). Além disso, o valor de $ 25.000 raramente seria considerado por alguém como "alta renda"). Inclua *highinc*, *unem10*, *educ* e *teens* na regressão do item (iii). O coeficiente em *regattend* tem grande influência? E sua significância estatística?

(v) Discuta os sinais, as magnitudes e a significância estatística das quatro novas variáveis do item (iv). Essa estimativa faz sentido?

(vi) Ao controlar os fatores no item (iv), parece haver diferenças no quesito "felicidade", segundo gênero e raça? Justifique sua reposta.

C16 Use os dados em COUNTYMURDERS para responder a essa questão. O conjunto de dados cobre assassinatos e execuções (pena de morte) para 2.197 municípios dos Estados Unidos.

(i) Encontre o valor médio de *murdrate* para todos os municípios e anos. Qual é a divergência padrão? Para qual percentual da amostra a *murdrate* é igual a zero?

(ii) Quantas observações têm *execs* iguais a zero? Qual é o valor máximo de *execs*? Por que a média de *execs* é tão pequena?

(iii) Considere o modelo:

$$murdrate_{it} = \theta_t + \beta_1 execs_{it} + \beta_2 execs_{i,t-1} + \beta_3 percblack_{it} + \beta_4 percmale_i + \beta_5 perc1019 + \beta_6 perc2029 + a_i + u_{it},$$

em que θ_t representa um intercepto de diferença para cada período de tempo, a_i é o efeito fixo do município e u_{it} é o erro idiossincrático. O que é necessário para presumir a_i e as variáveis de execução, a fim de que o MQO agrupado estime consistentemente os parâmetros, em especial β_1 e β_2?

(iv) Aplique MQO à equação do item (ii) e reporte as estimativas de β_1 e β_2 juntamente com os habituais erros padrão de MQO agrupados. Você estima que as execuções tenham efeito dissuasivo nos assassinatos? O que você acha que ocorre nessa situação?

(v) Mesmo que as estimativas de MQO agrupados sejam consistentes, você confia nos erros padrão obtidos do item (iv)? Explique.

(vi) Agora, faça uma estimativa da equação do item (iii) usando primeira diferença para remover a_i. Quais são as novas estimativas de β_1 e β_2? Elas são muito diferentes das estimativas do item (iv)?

(vii) Usando as estimativas do item (vi), é possível dizer que há evidências de um efeito dissuasivo estatisticamente significativo de pena de morte sobre a taxa de assassinato? Se possível, juntando os habituais erros padrão de MQO, utilize os erros robustos para qualquer tipo de correlação serial ou heteroscedasticidade nos erros PD.

APÊNDICE 13A

13A.1 Hipóteses do MQO agrupado usando primeiras diferenças

Neste apêndice apresentamos observações cuidadosas sobre as hipóteses do estimador de primeiras diferenças (PD). Um pouco da verificação dessas afirmações aparece aqui, mas elas podem ser encontradas de forma mais completa em Wooldridge (2010, Capítulo 10).

Hipótese PD. 1
Para cada i, o modelo é

$$y_{it} = \beta_1 x_{it1} + \ldots + \beta_k x_{itk} + a_i + u_{it}, t = 1, \ldots, T,$$

em que os β_j são os parâmetros a estimar e a_i é o efeito não observado.

Hipótese PD.2
Temos uma amostra aleatória do corte transversal.

Hipótese PD.3
Cada variável explicativa muda ao longo do tempo (para pelo menos algum i), e não existem relações lineares perfeitas entre as variáveis explicativas.

Na próxima hipótese é conveniente que $\mathbf{X}_i$ represente as variáveis explicativas de todos os períodos da observação i do corte transversal; assim, $\mathbf{X}_i$ conterá x_{itj}, $t = 1, \ldots, T, j = 1, \ldots, k$.

Hipótese PD.4
Para cada t, o valor esperado do erro idiossincrático, dadas as variáveis explicativas em *todos* os períodos de tempo e os efeitos não observados, é zero: $E(u_{it}|\mathbf{X}_i, a_i) = 0$.

Quando a Hipótese PD.4 se mantém, algumas vezes dizemos que os x_{itj} são *estritamente exógenos condicionais ao efeito não observado*. A ideia é que, assim que tenhamos o controle de a_i, não haverá correlação entre x_{isj} e o erro idiossincrático remanescente, u_{it}, para todo s e t.

Como declarado, a Hipótese PD.4 é mais forte que o necessário. Usamos esta forma de hipótese porque ela enfatiza que estamos interessados na equação

$$E(y_{it} \mid \mathbf{X}_i, a_i) = E(y_{it} \mid \mathbf{x}_{it}, a_i) = \beta_1 x_{it1} + \ldots + \beta_k x_{itk} + a_i,$$

de modo que β_j indique os efeitos parciais das variáveis explicativas observadas mantendo-se fixo, ou "controlando-se," o efeito não observado, a_i. No entanto, uma implicação importante da PD.4, e que é suficiente para a ausência de viés no estimador PD, é $E(\Delta u_{it}|\mathbf{X}_i) = 0$, $t = 2, \ldots, T$. De fato, por consistência podemos simplesmente presumir que Δx_{itj} é não correlacionado com Δu_{it} para todos $t = 2, \ldots T$ e $j = 1, \ldots, k$. Veja Wooldridge (2010, Capítulo 10) para obter mais informação.

Sob essas quatro primeiras hipóteses, os estimadores de primeiras diferenças são não viesados. A hipótese crucial é PD.4, que é a exogeneidade estrita das variáveis explicativas. Sob essas mesmas hipóteses, também podemos mostrar que o estimador PD é consistente com um T fixo e quando $N \to \infty$ (e talvez de forma mais genérica).

As próximas duas hipóteses asseguram que os erros padrão e os testes estatísticos resultantes do MQO agrupado em primeiras diferenças são (assimptoticamente) válidos.

Hipótese PD.5

A variância dos erros diferenciados, condicional a todas as variáveis explicativas, é constante: $\text{Var}(\Delta u_{it}|\mathbf{X}_i) = \sigma^2$, $t = 2, ..., T$.

Hipótese PD.6

Para todo $t \neq s$, as diferenças nos erros idiossincráticos são não correlacionadas (condicionais a todas as variáveis explicativas): $\text{Cov}(\Delta u_{it}, \Delta u_{is}|\mathbf{X}_i) = 0$, $t \neq s$.

A Hipótese PD.5 garante que os erros diferenciados, Δu_{it}, são homoscedásticos. A Hipótese PD.6 estabelece que os erros diferenciados são serialmente não correlacionados, o que significa que u_{it} segue um passeio aleatório ao longo do tempo (veja Capítulo 11). Sob as Hipóteses PD.1 a PD.6, o estimador PD de β_j é o melhor estimador linear não viesado (condicional às variáveis explicativas).

Hipótese PD.7

Condicional a $\mathbf{X}_i$, os Δu_{it} são variáveis aleatórias normais independentes e identicamente distribuídas.

Quando adicionamos a Hipótese PD.7, os estimadores PD são normalmente distribuídos, e as estatísticas t e F do MQO agrupado das diferenças têm distribuições t e F exatas. Sem a Hipótese PD.7, podemos recorrer às aproximações assimptóticas habituais.

13A.2 Calculando erros padrão robustos com relação à correlação serial e à heteroscedasticidade de formas desconhecidas

Já que o estimador PD é coerente como $N \to \infty$ sob as Hipóteses PD.1 a PD.4, seria muito útil possuir um método simples para obter erros padrão adequados e estatísticas de teste que permitam qualquer tipo de correlação serial ou heteroscedasticidade nos erros PD, $e_{it} = \Delta u_{it}$. Felizmente, visto que N é moderadamente grande e T não é "muito grande", erros padrão totalmente robustos e estatísticas de teste estão prontamente disponíveis. Como mencionado no texto, não se pretende aqui fornecer um tratamento detalhado. Os argumentos técnicos combinam os *insights* descritos nos Capítulos 8 e 12, no qual são discutidas estatísticas robustas com relação à heteroscedasticidade e à correlação serial. Na verdade, há uma vantagem importante nos dados em painel: como temos um (grande) corte transversal, podemos permitir correlação serial irrestrita nos erros $\{e_{it}\}$, contanto que T não seja muito grande. Podemos contrastar essa situação com a abordagem Newey-West da Seção 12.5, segundo a qual as covariâncias estimadas devem ser ponderadas para baixo, conforme as observações se distanciem com o tempo.

A abordagem geral para obter erros padrão totalmente robustos e estatísticas de teste no contexto de dados em painel é conhecida como **agrupamento**, e tomamos emprestadas algumas ideias da literatura de amostragem de grupos. A ideia é que cada unidade de corte transversal é definida como um agrupamento de observações com o passar do tempo, correlação arbitrária — correlação serial — e a alteração de variações é algo permitido dentro de cada agrupamento. Por causa da relação de amostragem de agrupamento, muitos pacotes de *software* econométricos têm opções para erros padrão de agrupamento e estatísticas de teste. A maioria dos comandos aparece como algo assim

regress cy cx1 cx2 ... cxk, cluster(id),

em que "id" é uma variável com identificadores únicos para as unidades de corte transversal (o "c" antes de cada variável denota "mudança"). A opção "agrupamento (id)" no final do comando "regress" diz ao *software* para reportar todos os erros padrão e estatísticas de teste — incluindo estatísticas t e estatísticas do tipo F —, de forma que sejam válidos, em grandes cortes transversais, para qualquer tipo de correlação serial ou heteroscedasticidade. Reportar essas estatísticas é muito comum em análises empíricas modernas com dados em painel. É frequente que os erros padrão corretos sejam substancialmente maiores do que os erros padrão usuais ou os corretos somente para heteroscedasticidade. Os erros padrão maiores refletem melhor o erro de amostragem nos coeficientes de MQO agrupados.

CAPÍTULO 14

Métodos avançados de dados em painel

Neste capítulo, tratamos de dois métodos para estimar modelos de efeitos não observados de dados em painel que são, pelo menos, comuns quanto à primeira diferença. Embora esses métodos sejam um pouco mais difíceis de ser descritos e implementados, vários programas econométricos os suportam.

Na Seção 14.1, discutiremos o estimador de efeitos fixos que, assim como a primeira diferença, usa transformação para remover o efeito não observado a_i antes da estimação. Quaisquer variáveis explicativas constantes no tempo são removidas com a_i.

O estimador de efeitos aleatórios na Seção 14.2 é atraente quando pensamos que o efeito não observado é não correlacionado com todas as variáveis explicativas. Se tivermos bons controles em nossa equação, podemos crer que qualquer resto de heterogeneidade que tenha sido negligenciado induz correlação serial somente no termo de erro composto, mas não causa correlação entre os erros compostos e as variáveis explicativas. A estimação de modelos de efeitos aleatórios por mínimos quadrados generalizados é bastante fácil e normalmente feita por muitos programas econométricos.

A Seção 14.3 introduz a relativamente nova abordagem de efeitos aleatórios correlacionados, que fornece uma síntese de efeitos fixos e métodos de efeitos aleatórios, e que tem se mostrado muito útil na prática.

Na Seção 14.4, mostraremos como os métodos de dados em painel podem ser aplicados em outras estruturas de dados, inclusive em amostras pareadas e por agrupamentos.

14.1 Estimação de efeitos fixos

A primeira diferença é apenas uma das muitas maneiras de eliminar o efeito fixo, a_i. Um método alternativo que funciona melhor sob certas hipóteses é chamado de **transformação de efeitos fixos**. Para verificar o que esse método envolve, considere um modelo com uma única variável explicativa: para cada i,

$$y_{it} = \beta_1 x_{it} + a_i + u_{it}, \quad t = 1, 2, \ldots, T. \tag{14.1}$$

Agora, para cada i, calculamos a média dessa equação ao longo do tempo. Obtemos

$$\bar{y}_i = \beta_1 \bar{x}_i + a_i + \bar{u}_i, \tag{14.2}$$

em que $\bar{y}_i = T^{-1} \sum_{t=1}^{T} y_{it}$, e assim por diante. Como a_i é fixo ao longo do tempo, ele aparece tanto em (14.1) como em (14.2). Se subtrairmos (14.2) de (14.1), para cada t, ficamos com

$$y_{it} - \bar{y}_i = \beta_1(x_{it} - \bar{x}_i) + u_{it} - \bar{u}_i, \quad t = 1, 2, ..., T,$$

ou

$$\ddot{y}_{it} = \beta_1 \ddot{x}_{it} + \ddot{u}_{it}, \quad t = 1, 2, ..., T, \tag{14.3}$$

em que $\ddot{y}_{it} = y_{it} - \bar{y}_i$ são os **dados centrados na média** de y e, de maneira análoga, $\ddot{x}_{it}$ e $\ddot{u}_{it}$. A transformação de efeitos fixos também é chamada de **transformação intragrupo**. O importante sobre a equação (14.3) é que o efeito não observado, a_i, desapareceu. Isso sugere que deveríamos estimar (14.3) pelo MQO agrupado. Um estimador MQO agrupado baseado em variáveis temporais reduzidas é chamado de **estimador de efeitos fixos** ou **estimador intragrupo**. Esse último nome vem do fato de que o MQO em (14.3) usa a variação temporal em y e x *dentro* de cada observação do corte transversal.

O *estimador* que usa a variação temporal *entre* as observações do corte transversal é obtido da mesma forma que o estimador MQO na equação de corte transversal (14.2) (na qual incluímos um intercepto, β_0): utilizamos as médias de tempo tanto de y como de x e depois executamos uma regressão de corte transversal. Não estudaremos em detalhes o estimador porque ele é viesado quando a_i é correlacionado com $\bar{x}_i$ (veja o Problema 14.2 no final deste capítulo). Se entendermos que a_i é não correlacionado com x_{it}, é melhor usarmos o estimador de efeitos aleatórios, que estudamos na Seção 14.2. O estimador que usa a variação entre as observações ignora informações importantes sobre como as variáveis mudam ao longo do tempo.

A adição de mais variáveis explicativas à equação provoca poucas alterações. O **modelo de efeitos não observados** original é

$$y_{it} = \beta_1 x_{it1} + \beta_2 x_{it2} + ... + \beta_k x_{itk} + a_i + u_{it}, \quad t = 1, 2, ..., T. \tag{14.4}$$

Simplesmente usamos a centralização na média de cada variável explicativa – inclusive *dummies* de períodos de tempo – e, em seguida, fazemos uma regressão pelo MQO agrupado utilizando todas as variáveis que sofreram centralização na média. A equação de centralização na média geral para cada i é

$$\ddot{y}_{it} = \beta_1 \ddot{x}_{it1} + \beta_2 \ddot{x}_{it2} + ... + \beta_k \ddot{x}_{itk} + \ddot{u}_{it}, \quad t = 1, 2, ..., T, \tag{14.5}$$

que estimamos pelo MQO agrupado.

Sob uma hipótese de exogeneidade estrita das variáveis explicativas, o estimador de efeitos fixos é não viesado: de certa forma, o erro idiossincrático u_{it} deve ser não correlacionado com cada variável explicativa ao longo de *todos* os períodos de tempo. (Veja o apêndice deste capítulo para definições precisas das hipóteses.) O estimador de efeitos fixos leva em conta uma correlação arbitrária entre a_i e as variáveis explicativas em qualquer período de tempo, como na primeira diferença. Por esse motivo, qualquer variável explicativa que seja constante ao longo do tempo para todo i é removida pela transformação de efeitos fixos: $\ddot{x}_{it} = 0$ para todo i e t, se x_{it} for constante ao longo de t. Portanto, não podemos incluir variáveis tais como sexo ou distância de uma cidade até um rio.

As outras hipóteses para que uma análise direta do MQO seja válida são as de que os erros u_{it} sejam homoscedásticos e que sejam serialmente não correlacionados (ao longo de t); veja o apêndice deste capítulo.

Existe um ponto sutil na determinação dos graus de liberdade do estimador de efeitos fixos. Quando estimamos a equação de centralização na média (14.5) por MQO agrupado, temos um total de NT observações e k variáveis independentes. [Observe que não há intercepto em (14.5); ele é eliminado pela transformação de efeitos fixos.] Portanto, deveremos aparentemente ter $NT - k$ graus de liberdade. Esse cálculo é incorreto. Para cada observação i do corte transversal, perdemos um gl em razão da centralização na média. Em outras palavras, para cada i, os erros centrados $\ddot{u}_{it}$ resultam em zero quando somados ao longo de t, de modo que perdemos um grau de liberdade. (Não existe essa restrição nos erros idiossincráticos u_{it} originais.) Portanto, os graus de liberdade apropriados são $gl = NT - N - k = N(T - 1) - k$. Felizmente, os programas de regressão modernos que possuem recursos de estimação de efeitos fixos calculam corretamente os gl. Entretanto, se tivermos de fazer, por nós mesmos, a centralização na média e a estimação pelo MQO agrupado, precisaremos corrigir os erros padrão e as estatísticas de testes.

QUESTÃO 14.1

Suponha que em uma equação de poupança familiar, dos anos de 1990, 1991 e 1992, definamos $kids_{it}$ como o número de crianças na família i no ano t. Se o número de crianças for constante ao longo desse período de três anos na maioria das famílias da amostra, que problemas isso pode causar na estimativa do efeito que o número de crianças tem sobre a poupança?

EXEMPLO 14.1 Efeito do treinamento de pessoal sobre as taxas de refugos de produtos das empresas

Utilizamos os dados de três anos, 1987, 1988 e 1989, de 54 empresas que informaram suas taxas de refugos em cada ano. Nenhuma das empresas havia recebido subsídio de treinamento antes de 1988; em 1988, 19 empresas receberam subsídios; em 1989, outras 10 empresas receberam subsídios. Portanto, também devemos considerar a possibilidade de que o treinamento adicional de pessoal em 1988 tenha tornado os trabalhadores mais produtivos em 1989. Isso é feito com facilidade com a inclusão de um valor defasado do indicador de subsídios. Também incluímos *dummies* anuais para 1988 e 1989. Os resultados são apresentados na Tabela 14.1.

Descrevemos os resultados de uma maneira que enfatiza a necessidade de interpretar as estimativas à luz do modelo de efeitos não observados (14.4). Estamos controlando explicitamente os efeitos não observados, constantes no tempo, em a_i. A centralização na média nos possibilita estimar β_j, mas (14.5) não é a melhor equação para interpretar as estimativas.

O efeito defasado estimado do subsídio de treinamento é substancialmente maior do que o efeito contemporâneo: o treinamento de pessoal produz efeito pelo menos um ano mais tarde. Como a variável dependente está na forma logarítmica, prevê-se que a obtenção de um subsídio em 1988 reduz a taxa de refugo da empresa em 1989 em cerca de 34,4% [exp(−0,422) − 1 ≈ −0,344]; o coeficiente de $grant_{-1}$ é significante no nível de 5% contra uma alternativa bilateral. O coeficiente de $grant$ é significante no nível de 10%, e o tamanho do coeficiente não é nada desprezível. Observe que os gl são obtidos como $N(T - 1) - k = 54(3 - 1) - 4 = 104$.

TABELA 14.1 Estimação de efeitos fixos da equação da taxa de refugo.

Variável dependente: log(*scrap*)

Variáveis independentes	Coeficiente (erro padrão)
d88	−0,080
	(0,109)
d89	−0,247
	(0,133)
grants	−0,252
	(0,151)
grants$_{-1}$	−0,422
	(0,210)
Observações	162
Graus de liberdade	104
R-quadrado	0,201

O coeficiente de *d89* indica que a taxa de refugo foi substancialmente menor em 1989 do que no ano-base, 1987, mesmo na ausência de subsídios de treinamento de pessoal. Assim, é importante considerarmos esses efeitos agregados. Se tivéssemos omitido as *dummies* anuais, o aumento duradouro da produtividade do trabalhador seria atribuído aos subsídios de treinamento de pessoal. A Tabela 14.1 mostra que, mesmo depois de termos controlado as tendências agregadas na produtividade, os subsídios de treinamento de pessoal tiveram grande efeito estimado.

> **QUESTÃO 14.2**
>
> De acordo com o programa do estado norte-americano de Michigan, se uma empresa recebeu subsídio em determinado ano, ela não se qualificará para um subsídio no ano seguinte. O que isso sugere sobre a correlação entre *grants* e *grants*$_{-1}$?

Finalmente, é fundamental considerar o efeito defasado no modelo. Se omitirmos $grants_{-1}$, estaremos presumindo que o efeito do treinamento de pessoal não durará até o próximo ano. A estimativa de *grants*, quando eliminamos $grants_{-1}$ é −0,082 ($t = -0,65$); esse número é muito menor e estatisticamente não significante.

Ao estimarmos um modelo de efeitos não observados por efeitos fixos, não é claro como devemos calcular um indicador de qualidade de ajuste. O R-quadrado dado na Tabela 14.1 é baseado na transformação intragrupo: ele é o R-quadrado obtido da estimativa de (14.5). Assim, ele é interpretado como o montante da variação temporal em y_{it}, que é explicada pela variação temporal nas variáveis explicativas. São possíveis outras maneiras de calcular o *R*-quadrado, uma das quais discutiremos mais tarde.

Embora variáveis constantes no tempo não possam ser incluídas por si mesmas em um modelo de efeitos fixos, elas *podem* interagir com variáveis que mudam ao longo do tempo e, particularmente, com variáveis *dummy* anuais. Por exemplo, em uma equação de salários na qual a educação é constante ao longo do tempo para cada indivíduo em nossa amostra, podemos interagir a educação com cada *dummy* anual para verificar como o retorno da educação mudou ao longo do tempo. Contudo, não podemos usar efeitos fixos para estimar o retorno da educação no período-base – o que significa que não podemos estimar o retorno da educação em qualquer período –, somente podemos ver como o retorno da educação em cada ano difere do contido no período-base. A seção 14.3 descreve uma abordagem que permite que coeficientes sobre variáveis constantes no tempo sejam estimadas, ao mesmo tempo que preservam a natureza dos efeitos fixos da análise.

Ao incluir um conjunto total de *dummies* anuais – isto é, *dummies* anuais para todos os anos, incluindo o primeiro –, não podemos estimar o efeito de nenhuma variável cuja *mudança* ao longo do tempo seja constante. Um exemplo são os anos de experiência em um conjunto de dados em painel, no qual cada pessoa trabalha em todos os anos, de forma que a experiência sempre aumenta em uma unidade, a cada ano, para cada pessoa na amostra. A presença de a_i explica as diferenças entre as pessoas em seus anos de experiência no período de tempo inicial. Entretanto, aí não pode o efeito do aumento de um ano de experiência ser distinguido dos efeitos temporais agregados (porque a experiência aumenta na mesma quantidade para todos). Isso também seria verdade se, em lugar de *dummies* anuais separadas, usássemos uma tendência temporal linear: para cada pessoa, a experiência não pode ser distinguida de uma tendência linear.

EXEMPLO 14.2 O retorno da educação mudou no transcorrer do tempo?

Os dados contidos no arquivo WAGEPAN são de Vella e Verbeek (1998). Cada um dos 545 homens na amostra trabalhou em todos os anos de 1980 a 1987. Algumas variáveis no conjunto de dados mudam ao longo do tempo: experiência, estado civil e filiação sindical são as três mais importantes. Outras variáveis não mudam: raça e educação são os principais exemplos. Se usarmos efeitos fixos (ou primeira diferença), não poderemos incluir raça, educação ou experiência na equação. Todavia, podemos incluir interações de *educ* com *dummies* anuais para 1981 a 1987, para testar se o retorno da educação foi constante ao longo desse período de tempo. Usamos log(*salário*) como variável dependente, variáveis *dummy* para estado civil e filiação sindical, um conjunto completo de *dummies* anuais e os termos de interação *d81·educ*, *d82·educ*, ..., *d87·educ*.

As estimativas desses termos de interação são todas positivas e geralmente ficam maiores para os anos mais recentes. O maior coeficiente (0,030) é o de *d87·educ*, com $t = 2,48$. Em outras palavras, estima-se que o retorno da educação seja cerca de três pontos percentuais maior em 1987 do que no ano-base, 1980. (Não temos uma estimativa do retorno da educação no ano-base pelos motivos apresentados anteriormente.) O outro termo de interação significativo é *d86·educ* (coeficiente = 0,027, $t = 2,23$).

As estimativas dos primeiros anos são menores e não significantes no nível de 5% contra uma alternativa bilateral. Se fizermos um teste F conjunto, da significância de todos os sete termos de interação, obteremos p-valor = 0,28: isso dá um exemplo de como um conjunto de variáveis é conjuntamente não significante, embora algumas variáveis sejam, individualmente, significantes. [Os gl do teste F são 7 e 3.799; o segundo número vem de $N(T - 1) - k = 545(8 - 1) - 16 = 3.799$.] Geralmente, os resultados são consistentes com um aumento no retorno da educação ao longo do período.

14.1a Regressão das variáveis *Dummy*

Uma maneira tradicional de ver o método de efeitos ajustados é presumir que o efeito não observado, a_i, é o parâmetro a ser estimado para cada i. Assim, na equação (14.4), a_i é o intercepto para a pessoa i (ou empresa i, cidade i etc.) que tem de ser estimado com β_j. (É claro que não podemos fazer isso com um único corte transversal: haveria $N + k$ parâmetros a serem estimados com somente N observações. Precisamos, no mínimo, de dois períodos de tempo.) A maneira de estimar um intercepto para cada i é introduzir uma variável *dummy* para cada observação do corte transversal, juntamente com as variáveis explicativas (e talvez variáveis *dummy* para cada período de tempo). Esse método é em geral chamado de **regressão de variáveis *dummy***. Mesmo quando N não é muito grande (digamos, $N = 54$, como no Exemplo 14.1), isso resultará em muitas variáveis explicativas – na maioria dos casos em quantidade excessiva para explicitamente levar a cabo a regressão. Dessa forma, o método das variáveis *dummy* não é muito prático para conjuntos de dados em painel com muitas observações de corte transversal.

No entanto, a regressão das variáveis *dummy* tem algumas características interessantes. A mais importante é que ela nos fornece *exatamente* as mesmas estimativas de β_j que obteríamos da regressão dos dados centrados na média, e os erros padrão, bem como outras estatísticas importantes, são idênticos. Portanto, o estimador de efeitos fixos pode ser obtido com a regressão das variáveis *dummy*. Uma das vantagens da regressão dessas variáveis *dummy* é que ela calcula diretamente, e de maneira apropriada, os graus de liberdade. Hoje em dia, essa é uma vantagem menor, já que muitos programas econométricos possuem opções programadas de efeitos fixos.

O R-quadrado da regressão das variáveis *dummy* geralmente é bastante elevado. Isso ocorre pelo fato de estarmos incluindo uma variável *dummy* para cada unidade de corte transversal, o que explica bem a variação nos dados. Por exemplo, se estimarmos o modelo de efeitos não observados no Exemplo 13.8 por efeitos fixos usando a regressão das variáveis *dummy* (o que é possível com $N = 22$), então, $R^2 = 0,933$. Não devemos nos empolgar com esse grande R-quadrado: não surpreende que possamos explicar muito da variação nos pedidos de seguro-desemprego usando *dummies* tanto para ano como para cidade. Como no Exemplo 13.8, a estimativa da variável *dummy* ZI é mais importante que o R^2.

O R-quadrado da regressão das variáveis *dummy* pode ser utilizado para calcular os testes F da maneira habitual, presumindo, é claro, que as hipóteses do modelo linear clássico se mantenham (veja o apêndice deste capítulo). Particularmente, podemos testar a significância conjunta de todas as *dummies* do corte transversal ($N - 1$, já que uma unidade é selecionada como grupo-base). O R-quadrado irrestrito é obtido da regressão com todas as *dummies* do corte transversal; o *R*-quadrado restrito omite essas variáveis. Na maioria das aplicações, as variáveis *dummy* serão conjuntamente significantes.

Ocasionalmente, os interceptos estimados, digamos $\hat{a}_i$, são de interesse. Esse é o caso, se quisermos estudar a distribuição de $\hat{a}_i$ ao longo de i, ou se quisermos selecionar uma empresa ou cidade em particular para verificar se $\hat{a}_i$ está acima ou abaixo do valor médio na amostra. Essas estimativas são disponibilizadas diretamente pela regressão das variáveis *dummy*, mas raramente são descritas pelos programas que possuem rotinas de efeitos fixos (pela razão prática de existirem muitos $\hat{a}_i$). Após a estimação dos efeitos fixos com N de qualquer tamanho, os $\hat{a}_i$ serão calculados com facilidade:

$$\hat{a}_i = \bar{y}_i - \hat{\beta}_1 \bar{x}_{i1} - \ldots - \hat{\beta}_k \bar{x}_{ik}, \ i = 1, \ldots, N, \tag{14.6}$$

em que a barra superior refere-se às médias temporais e os $\hat{\beta}_j$ são as estimativas dos efeitos fixos. Por exemplo, se estimarmos um modelo da criminalidade controlando vários fatores de variação temporal, poderemos obter $\hat{a}_i$ para uma cidade, para verificar se os efeitos fixos não observados que contribuem para a criminalidade estão acima ou abaixo da média.

Alguns programas econométricos que suportam a estimação de efeitos fixos registram um "intercepto" que pode causar confusão diante de nossa afirmação anterior de que a centralização na média elimina todas as variáveis constantes no tempo, inclusive um intercepto global. [Veja a equação (14.5).] A descrição de um intercepto global na estimação de efeitos fixos (EF) surge de vermos a_i como um parâmetro a ser estimado. Em geral, o intercepto informado é a média, ao longo de i, de $\hat{a}_i$. Em outras palavras, o intercepto global é, na realidade, a média dos interceptos individuais específicos, que é um estimador não viesado e consistente de $\alpha = E(a_i)$.

Na maioria dos estudos, os $\hat{\beta}_j$ são de interesse, e assim as equações de dados centrados na média são usadas para obter essas estimativas. Além disso, usualmente é melhor ver os a_i como variáveis omitidas que controlamos por meio da transformação interna. A acepção na qual a_i pode ser estimado geralmente é fraca. De fato, embora $\hat{a}_i$ seja não viesado (sob as Hipóteses EF.1 a EF.4 do apêndice deste capítulo), ele não é consistente com um T fixo e $N \to \infty$. A razão é que, a cada observação de corte transversal que adicionamos, adicionamos também um novo a_i. Nenhuma informação se acumula em cada a_i quando T é fixo. Com T maior, podemos obter melhores estimativas de a_i, mas a maioria dos conjuntos de dados em painel é da espécie N grande e T pequeno.

14.1b Efeitos fixos ou primeira diferença?

Até agora, sem considerar o MQO agrupado, vimos dois métodos para estimar modelos de efeitos não observados. Um deles envolve a diferenciação dos dados e o outro a centralização na média. Como saber qual deles usar?

Podemos eliminar um caso imediatamente: quando $T = 2$, as estimativas EF e PD, como também todos os testes estatísticos são *idênticos*, e portanto não importa qual usamos. É claro, a equivalência entre as estimativas EF e PD exige que estimemos o mesmo modelo em cada caso. Em particular, como discutimos no Capítulo 13, é natural incluir um intercepto na equação PD: este intercepto será, na verdade, o intercepto do segundo período de tempo no modelo original escrito para dois períodos temporais. Portanto, a estimação EF deve incluir uma variável *dummy* para o segundo período de tempo com o propósito de ser idêntica às estimativas PD que incluem um intercepto.

Com $T = 2$, as PD têm a vantagem de ser implementadas com facilidade em qualquer pacote de programa econométrico ou estatístico que suporte manipulação básica de dados, e é fácil calcular a estatística de heteroscedasticidade robusta após a estimação PD (pois quando $T = 2$, a estimação PD é apenas uma regressão do corte transversal).

Quando $T \geq 3$, os estimadores EF e PD não são os mesmos. Como ambos são não viesados sob as Hipóteses EF.1 a EF.4, não podemos usar a inexistência de viés como um critério. Além disso, ambos são consistentes (com T fixo e $N \to \infty$) sob EF.1 a EF.4. Para N grande e T pequeno, a escolha entre EF e PD dependerá da eficiência relativa dos estimadores, e isso é determinado pela correlação serial nos erros idiossincráticos, u_{it}. (Consideraremos a homoscedasticidade de u_{it}, visto que comparações de eficiência exigem erros homoscedásticos.)

Quando os u_{it} são serialmente não correlacionados, os efeitos fixos são mais eficientes que a primeira diferença (e os erros padrão informados pelos efeitos fixos são válidos). Como o modelo de efeitos não observados é em geral definido (algumas vezes somente de maneira implícita) com erros idiossincráticos serialmente não correlacionados, o estimador EF é mais usado que o estimador PD. Entretanto, devemos nos lembrar de que essa hipótese pode ser falsa. Em muitas aplicações, podemos esperar que os fatores não observados que se alteram ao longo do tempo sejam serialmente correlacionados. Se u_{it} seguir um passeio aleatório – há uma correlação serial bastante substancial e positiva –, então a diferença Δu_{it} será serialmente não correlacionada, e a primeira diferença será melhor. Em muitos casos, os u_{it} exibem alguma correlação serial positiva, mas talvez não tanto quanto um passeio aleatório. Assim, não podemos comparar facilmente a eficiência dos estimadores EF e PD.

É difícil testar se os u_{it} são serialmente não correlacionados após a estimação EF: podemos estimar os erros centrados na média, $\ddot{u}_{it}$, mas não os u_{it}. Contudo, na Seção 13.3, mostramos como verificar se os erros diferenciados, Δu_{it}, são serialmente não correlacionados. Se esse for o caso, é possível usar PD. Se houver correlação serial negativa substancial em Δu_{it}, EF provavelmente será melhor. Sempre é bom tentar ambos: pouco importa se os resultados não forem confiáveis.

Quando T é grande, e especialmente quando N não é muito grande (por exemplo, $N = 20$ e $T = 30$), devemos ter cuidado ao usar o estimador de efeitos fixos. Embora resultados distribucionais exatos permaneçam para qualquer N e T sob as hipóteses clássicas de efeitos fixos, a inferência pode ser bastante sensível a violações das hipóteses quando N é pequeno e T é grande. Particularmente, se estivermos usando processos de raiz unitária – veja o Capítulo 11 – o problema da regressão espúria poderá surgir. A primeira diferença tem a vantagem de transformar um processo integrado de séries temporais em um processo fracamente dependente. Portanto, se aplicarmos a primeira diferença, poderemos recorrer ao teorema do limite central, mesmo nos casos em que T é maior que N. Não é necessária a normalidade nos erros idiossincráticos, e a heteroscedasticidade e a correlação serial podem ser tratadas da forma que mencionamos no Capítulo 13. A inferência com o estimador de efeitos fixos é potencialmente mais sensível à não normalidade, à heteroscedasticidade e à correlação serial nos erros idiossincráticos.

Do mesmo modo que o estimador de primeiras diferenças, o estimador de efeitos ajustados pode ser bastante sensível ao erro de medição clássico em uma ou mais variáveis explicativas. Todavia, se cada x_{itj} for não correlacionada com u_{it}, mas a hipótese de exogeneidade estrita for de alguma forma infringida – por exemplo, uma variável dependente defasada é incluída entre os regressores ou existe retroalimentação entre as u_{it} e os futuros resultados da variável explicativa – então é provável que o estimador EF tenha substancialmente menos viés do que o estimador PD (a menos que $T = 2$). O fato teórico importante é que o viés no estimador PD não depende de T, enquanto o estimador EF tende a zero na razão de $1/T$. Para detalhes, veja Wooldridge (2010, Seção 10.7).

Em geral, é difícil escolher entre EF e PD quando eles produzem resultados substancialmente diferentes. Faz sentido descrever ambos os conjuntos de resultados e tentar determinar por que eles diferem.

14.1c Efeitos fixos com painéis não equilibrados

Em alguns conjuntos de dados em painel, especialmente de pessoas ou empresas, estão ausentes certos anos em pelo menos algumas unidades do corte transversal na amostra. Nesse caso, chamamos o conjunto de dados em **painel não equilibrado**. A mecânica de estimação dos efeitos fixos com um painel não equilibrado não é muito mais difícil que com um painel equilibrado. Se T_i for o número de períodos de tempo da unidade i do corte transversal, simplesmente usamos essas T_i observações para fazer a centralização na média. O número total de observações será, então, $T_1 + T_2 + \ldots + T_N$. Como no caso equilibrado, um grau de liberdade será perdido em cada observação de corte transversal em razão da centralização na média. Qualquer programa de regressão que faça efeitos fixos leva os ajustes apropriados a essa perda. A regressão das variáveis *dummy* também é feita exatamente da mesma maneira que a do painel equilibrado, e os *gl* são obtidos de forma apropriada.

É fácil notar que as unidades que possuem somente um único período de tempo não têm participação em uma análise de efeitos fixos. A centralização na média dessas observações resulta em zeros, que não são usados na estimação. (Se T_1 for dois, no máximo, para todo i, poderemos usar a primeira diferença; se $T_i = 1$ para qualquer i, não teremos dois períodos para diferenciar.)

O problema mais difícil com um painel não equilibrado é determinar a razão de ele não ser equilibrado. Com cidades e estados, por exemplo, algumas vezes os dados de variáveis importantes faltam para certos anos. Desde que a razão da falta de dados de algum i não seja correlacionada com os erros idiossincráticos, u_{it}, o painel não equilibrado não causará problemas. Quando temos dados sobre pessoas, famílias ou empresas, torna-se mais complicado. Imagine, por exemplo, que obtenhamos uma amostra aleatória de indústrias em 1990 e que estejamos interessados em verificar como a sindicalização afeta a lucratividade das empresas. Idealmente, podemos usar uma análise de dados em painel para controlar as características não observadas dos trabalhadores e da administração que afetam a lucratividade e que possam também estar correlacionadas com a fração da força de trabalho da empresa que seja sindicalizada. Se coletarmos os dados em anos subsequentes, algumas empresas podem ser perdidas por terem encerrado suas atividades ou porque foram incorporadas por outras empresas. Se assim for, provavelmente teremos uma amostra não aleatória nos períodos de tempo subsequentes. A questão é: se aplicarmos efeitos fixos ao painel não equilibrado, quando os estimadores serão não viesados (ou pelo menos consistentes)?

Se a razão pela qual uma empresa deixa a amostra (conhecido como *atrito*) for correlacionada com o erro idiossincrático – aqueles fatores não observados que mudam ao longo do tempo e afetam os lucros –, então, o problema resultante dessa redução da amostra (veja o Capítulo 9) pode levar a estimadores viesados. Essa é uma consideração bastante séria nesse exemplo. No entanto, uma característica de grande importância sobre a análise de efeitos fixos é que ela *permite* que o atrito da amostra seja correlacionado com a_i, o efeito não observado. A ideia é que, com a amostragem inicial, algumas unidades terão maior probabilidade de ser eliminadas da pesquisa, e isso é capturado por a_i.

EXEMPLO 14.3 Efeito do treinamento de pessoal sobre as taxas de refugo das empresas

Adicionamos duas variáveis à análise da Tabela 14.1: $\log(sales_{it})$ e $\log(empreg_{it})$, em que *sales* representa as vendas anuais da empresa e *employ* é o número de empregados. Três das 54 firmas são inteiramente eliminadas da análise por não possuírem dados sobre vendas ou emprego. Cinco observações adicionais são perdidas em razão da falta de dados em uma ou em ambas dessas variáveis para alguns anos, deixando-nos com $n = 148$. O uso de efeitos fixos no painel não equilibrado não altera a situação básica, embora o efeito estimado dos subsídios fique maior: $\hat{\beta}_{grant} = -0{,}297$, $t_{grant} = -1{,}89$; $\hat{\beta}_{grant-1} = -0{,}536$, $t_{grant-1} = -2{,}389$.

A solução de problemas gerais do atrito da amostra de dados em painel é complicada e está além do escopo deste texto. [Veja, por exemplo, Wooldridge (2010, Capítulo 19).]

14.2 Modelos de efeitos aleatórios

Começamos com o mesmo modelo de efeitos não observados, como anteriormente,

$$y_{it} = \beta_0 + \beta_1 x_{it1} + \ldots + \beta_k x_{itk} + a_i + u_{it}, \qquad (14.7)$$

em que explicitamente incluímos um intercepto de maneira que possamos presumir que o efeito não observado, a_i, tem média zero (sem perda de generalidade). Normalmente, consideraremos também *dummies* temporais entre as variáveis explicativas. Ao usar efeitos fixos ou primeira diferença, a meta é eliminar a_i, porque ele supostamente estará correlacionado com um ou mais dos x_{itj}. Suponha, porém, que entendamos a_i como *não correlacionado* com cada variável explicativa em todos os períodos de tempo. Nesse caso, o uso de uma transformação para eliminar a_i resultará em estimadores ineficientes.

A equação (14.7) torna-se um **modelo de efeitos aleatórios** quando presumimos que o efeito não observado a_i é não correlacionado com cada variável explicativa:

$$\text{Cov}(x_{itj}, a_i) = 0, \quad t = 1, 2, \ldots, T; j = 1, 2, \ldots, k. \qquad (14.8)$$

Aliás, as hipóteses ideais de efeitos aleatórios incluem todas as hipóteses de efeitos fixos mais o requisito adicional de que a_i seja independente de todas as variáveis explicativas, em todos os períodos de tempo. (Veja o apêndice deste Capítulo sobre as Hipóteses efetivamente usadas.) Se entendermos que o efeito não observado a_i seja correlacionado com nenhuma das variáveis explicativas, deveremos usar a primeira diferença ou os efeitos fixos.

Sob (14.8) e juntamente com as hipóteses dos efeitos aleatórios, como devemos estimar os β_j? É importante ver que, se acreditarmos que a_i seja não correlacionado com as variáveis explicativas, os β_j podem ser consistentemente estimados com o uso de um único corte transversal: não precisamos dos dados em painel. Entretanto, o uso de um único corte transversal desconsidera muitas informações importantes de outros períodos de tempo. Também podemos usar os dados em um procedimento de MQO agrupado: execute o MQO de y_{it} sobre as variáveis explicativas e provavelmente sobre as *dummies* temporais. Isso também produz estimadores consistentes dos β_j sob a hipótese de efeitos aleatórios. Todavia, isso ignora uma característica fundamental do modelo. Se definirmos o **termo de erro composto** como $v_{it} = a_i + u_{it}$, (14.7) pode ser escrita como

$$y_{it} = \beta_0 + \beta_1 x_{it1} + \ldots + \beta_k x_{itk} + v_{it}. \tag{14.9}$$

Como a_i é o erro composto em cada período de tempo, os v_{it} são serialmente correlacionados ao longo do tempo. De fato, sob as hipóteses de efeitos aleatórios,

$$\text{Corr}(v_{it}, v_{is}) = \sigma_a^2 / (\sigma_a^2 + \sigma_u^2), \quad t \neq s,$$

em que $\sigma_a^2 = \text{Var}(a_i)$ e $\sigma_u^2 = \text{Var}(u_{it})$. Essa correlação serial (necessariamente) positiva no termo de erro pode ser substancial: como os habituais erros padrão do MQO agrupado ignoram essa correlação, eles serão incorretos, como também serão incorretas as habituais estatísticas de testes. No Capítulo 12, mostramos como os mínimos quadrados generalizados podem ser usados para estimar modelos com correlação serial autorregressiva. Também podemos usar os MQG para resolver o problema de correlação serial nesse caso. Para que o procedimento tenha boas propriedades, N deve ser grande e T relativamente pequeno. Presumimos que temos um painel equilibrado, embora o método possa ser estendido para painéis não equilibrados.

A derivação da transformação MQG que elimina a correlação serial nos erros exige álgebra matricial sofisticada [veja, por exemplo, Wooldridge (2010, Capítulo 10)]. Contudo, a transformação em si é simples. Defina

$$\theta = 1 - [\sigma_u^2/(\sigma_u^2 + T\sigma_a^2)]^{1/2}, \tag{14.10}$$

que está entre zero e um. Em seguida, a equação transformada resultará em

$$y_{it} - \theta \bar{y}_i = \beta_0(1 - \theta) + \beta_1(x_{it1} - \theta \bar{x}_{i1}) + \ldots \\ + \beta_k(x_{itk} - \theta \bar{x}_{ik}) + (v_{it} - \theta \bar{v}_i), \tag{14.11}$$

em que a barra superior novamente representa as médias temporais. Essa é uma equação bastante interessante, por envolver **dados quase centrados na média** em cada variável. O estimador de efeitos fixos subtrai as médias temporais da variável correspondente. A transformação de efeitos aleatórios subtrai uma fração daquela média temporal, na qual a fração dependerá de σ_u^2, σ_a^2 e do número de períodos de tempo, T. O estimador MQG é simplesmente o estimador MQO agrupado da equação (14.11).

Não é tão óbvio que os erros em (14.11) são serialmente não correlacionados, mas eles são. (Veja o Problema 3 no final deste Capítulo.)

A transformação em (14.11) considera variáveis explicativas que sejam constantes ao longo do tempo, e essa é uma vantagem dos efeitos aleatórios (EA) sobre os efeitos fixos ou sobre a primeira diferença. Isso é possível porque EA presume que o efeito não observado seja não correlacionado com todas as variáveis explicativas, quer sejam elas fixas ao longo do tempo, quer não. Assim, em uma equação de salários, podemos incluir uma variável como a educação, mesmo que ela não se altere ao longo do tempo. Entretanto, presumimos que educação não se correlaciona com a_i, que contém aptidão e antecedentes familiares. Em muitas aplicações, a principal razão do uso de dados em painel é possibilitar que o efeito não observado seja correlacionado com as variáveis explicativas.

Na prática, o parâmetro θ nunca é conhecido, mas sempre pode ser estimado. Existem maneiras diferentes de fazer isso, que podem se basear no MQO agrupado ou em efeitos fixos, por exemplo. Em geral, $\hat{\theta}$ toma a forma $\hat{\theta} = 1 - \{1/[1 + T(\hat{\sigma}_a^2/\hat{\sigma}_u^2)]\}^{1/2}$, em que $\hat{\sigma}_a^2$ é um estimador consistente de σ_a^2, e $\hat{\sigma}_u^2$ é um estimador consistente de σ_u^2. Esses estimadores podem estar baseados nos resíduos do MQO agrupado ou dos efeitos fixos. Uma possibilidade é que $\hat{\sigma}_a^2 = [NT(T-1)/2 - (k+1)]^{-1}\sum_{i=1}^{N}\sum_{t=1}^{T-1}\sum_{s=t+1}^{T}\hat{v}_{it}\hat{v}_{is}$, em que os $\hat{v}_{it}$ são os resíduos de estimar (14.9) pelo MQO agrupado. Em seguida, podemos estimar σ_u^2 usando $\hat{\sigma}_u^2 = \hat{\sigma}_v^2 - \hat{\sigma}_a^2$, em que $\hat{\sigma}_v^2$ é o quadrado do erro padrão habitual da regressão pelo MQO agrupado. [Veja Wooldridge (2010, Capítulo 10) para uma discussão adicional sobre esses estimadores.]

Muitos programas econométricos suportam a estimação de modelos de efeitos aleatórios e automaticamente computam alguma versão de $\hat{\theta}$. O estimador MQG factível que utiliza $\hat{\theta}$ em lugar de θ é chamado de **estimador de efeitos aleatórios**. Sob as hipóteses dos efeitos aleatórios do apêndice deste capítulo, o estimador é consistente (não viesado) e distribuído normalmente e assimptoticamente conforme N fica maior com T fixo. As propriedades do estimador EA com N pequeno e T grande são ignoradas, embora certamente sejam usadas nessas situações.

A equação (14.11) permite-nos relacionar o estimador EA tanto ao MQO agrupado como aos efeitos fixos. O MQO agrupado é obtido quando $\theta = 0$, e o EF quando $\theta = 1$. Na prática, a estimativa $\hat{\theta}$ nunca será zero ou um. Contudo, se $\hat{\theta}$ estiver próximo de zero, as estimativas EA estarão próximas das estimativas do MQO agrupado. Esse é o caso quando o efeito não observado, a_i, é relativamente sem importância (por ter variância pequena em relação a σ_u^2). É mais comum ser σ_a^2 grande em relação a σ_u^2, caso em que $\hat{\theta}$ estará mais próximo da unidade. Conforme T fica maior, $\hat{\theta}$ tende a um, e isso faz com que as estimativas EA e EF sejam muito semelhantes.

Podemos ter uma ideia melhor sobre os méritos relativos dos efeitos aleatórios *versus* efeitos fixos ao escrever o erro quase-reduzido na equação (14.11) como $v_{it} - \theta \bar{v}_i = (1-\theta)a_i + u_{it} - \theta \bar{u}_i$. Essa expressão simples torna claro que os erros na equação transformada utilizados na estimação dos efeitos aleatórios ponderam o efeito não observado em $(1-\theta)$. Embora a correlação entre a_i e um ou mais dos x_{itj} cause inconsistência na estimação de efeitos aleatórios, vemos que a correlação é atenuada pelo fator $(1-\theta)$. Quando $\theta \to 1$, o termo de viés se aproxima de zero, como devido, porque o estimador EA tende ao estimador EF. Se θ estiver próximo de zero, deixaremos uma grande fração do efeito não observado no termo de erro e, como consequência, o viés assimptótico do estimador EA será maior.

Nas aplicações de EF e EA, é geralmente instrutivo também calcular as estimativas agrupadas de MQO. A comparação desses três conjuntos de estimativas pode nos auxiliar a determinar a natureza dos vieses causados por termos deixado o efeito não observado, a_i, inteiramente no termo de erro (como faz os MQO agrupados) ou parcialmente no termo de erro (como faz a transformação EA). Contudo, devemos nos lembrar de que, mesmo se a_i for não correlacionada com todas as variáveis explicativas em todos os períodos de tempo, os erros padrão dos MQO agrupados e dos testes estatísticos serão, geralmente, inválidos: eles ignoram a frequente e substancial correlação serial nos erros compostos, $v_{it} = a_i + u_{it}$. Como mencionamos do Capítulo 13 (veja o Exemplo 13.9), é possível calcular os erros padrão e testes estatísticos que sejam robustos quanto à correlação serial arbitrária (e heteroscedasticidade) na v_{it}, e pacotes de programas estatísticos populares muitas vezes permitem essa opção. [Veja, por exemplo, Wooldridge (2010, Capítulo 10).]

EXEMPLO 14.4 Uma equação de salários com dados em painel

Utilizamos novamente os dados contidos no arquivo WAGEPAN para estimar uma equação dos salários dos homens. Usamos três métodos: MQO agrupado, efeitos aleatórios e efeitos fixos. Nos primeiros dois métodos, podemos incluir *educ* e as *dummies* de raça (*black* e *hispan*), mas elas se afastam da análise dos efeitos fixos. As variáveis de variação temporal são *exper*, *exper*^{2}, *union* e *married*. Como detalhado na Seção 14.1, a variável *exper* é abandonada na análise EF (mas *exper*^{2} permanece). Cada regressão também contém um conjunto completo de *dummies* anuais. Os resultados da estimação estão na Tabela 14.2.

TABELA 14.2 Três estimadores diferentes de uma equação de salários.

Variável dependente: log(*wage*)

Variáveis independentes	MQO agrupado	Efeitos aleatórios	Efeitos fixos
educ	0,091	0,092	
	(0,005)	(0,011)	
black	−0,139	−0,139	
	(0,024)	(0,048)	
hispan	0,016	0,022	
	(0,021)	(0,043)	
exper	0,067	0,106	
	(0,014)	(0,015)	
exper^2	−0,0024	−0,0047	−0,0052
	(0,0008)	(0,0007)	(0,0007)
married	0,108	0,064	0,047
	(0,016)	(0,017)	(0,018)
union	0,182	0,106	0,080
	(0,017)	(0,018)	(0,019)

Os coeficientes em *educ*, *black* e *hispan* são semelhantes nas estimações por MQO agrupado e por efeitos aleatórios. Os erros padrão do MQO agrupado são os habituais, mas eles subestimam os verdadeiros erros padrão porque ignoram a correlação serial positiva; referimo-nos a eles apenas a título de comparação. O perfil da experiência é algo diferente, e os coeficientes tanto de *married* como de *union* caem de forma considerável na estimação pelos efeitos aleatórios. Quando eliminamos totalmente o efeito não observado usando efeitos fixos, o ágio de *casado* cai para cerca de 4,7%, embora ainda seja estatisticamente significante. A queda do o prêmio para *married* é consistente com a ideia de que os homens mais capazes – como capturado por um efeito não observado mais alto, a_i, – são, com maior probabilidade, casados.

Portanto, na estimação por MQO agrupado, uma grande parte da magnitude do ágio de casado reflete o fato de que homens casados ganhariam mais, mesmo que não fossem casados. Para os 4,7% restantes existem, pelo menos, duas possíveis explicações: (1) o casamento realmente torna o homem mais produtivo ou (2) os empregadores pagam mais aos homens casados porque o casamento é um sinal de estabilidade. Não temos condições de fazer a distinção entre essas duas hipóteses.

A estimativa de θ para a estimação pelos efeitos aleatórios é $\hat{\theta} = 0{,}643$, que ajuda a explicar a razão pela qual, nas variáveis de variação temporal, as estimativas por EA ficam mais próximas das estimativas por EF do que das estimativas por MQO agrupado.

> **QUESTÃO 14.3**
>
> O prêmio por sindicalizado estimado por efeitos fixos é cerca de dez pontos percentuais mais baixo do que o estimado por MQO. O que isso enfaticamente sugere sobre a correlação entre *union* e o efeito não observado?

14.2a Efeitos aleatórios ou efeitos ajustados?

Como os efeitos ajustados permitem correlação arbitrária entre as a_i e as x_{itj}, enquanto os efeitos aleatórios não permitem, os EF são largamente considerados uma ferramenta mais convincente para estimar efeitos *ceteris paribus*. Mesmo assim, os efeitos aleatórios são aplicados em certas situações. Mais evidentemente, se a principal variável explicativa for constante ao longo do tempo, não poderemos usar os EF para estimar seus efeitos na *y*. Por exemplo, na Tabela 14.2, temos de nos valer das estimativas dos EA (ou dos MQO agrupados) do retorno da educação. É claro, somente podemos usar os efeitos aleatórios, pois estamos querendo presumir que o efeito não observado é não correlacionado com as variáveis explicativas. Caracteristicamente, se usarmos efeitos aleatórios, tantos controles constantes no tempo quantos forem possíveis serão incluídos entre as variáveis explicativas. (Com uma análise EF não será necessário incluir esses controles). Os EA são preferidos aos MQO agrupados, pois os EA geralmente são mais eficientes.

Se nosso interesse estiver numa variável explicativa com variação temporal, haverá algum caso em que será preferível usar os EA em vez dos EF? Sim, mas situações nas quais $\text{Cov}(x_{itj}, a_i) = 0$ devem ser consideradas exceção, e não a regra. Se a variável política principal for definida de modo experimental – digamos, cada ano as crianças são aleatoriamente designadas a salas de aula de diferentes tamanhos –, então os efeitos aleatórios seriam apropriados para estimar o efeito do tamanho da sala de aula no desempenho escolar. Infelizmente, na maioria dos casos os regressores são, eles próprios, resultados de processos selecionados e propensos a ser correlacionados com preferências individuais e talentos como capturados pelas a_i.

Ainda é bastante comum ver pesquisadores aplicarem tanto os efeitos aleatórios como os efeitos ajustados e depois fazerem testes formais das diferenças estatisticamente significantes nos coeficientes das variáveis explicativas com variação temporal. (Assim, na Tabela 14.2, seriam os coeficientes nas *exper*^{2}, *married* e *union*). Hausman (1978) foi quem primeiro propôs esse teste, e alguns pacotes econométricos calculam rotineiramente o teste de Hausman sob o conjunto total das hipóteses de efeitos aleatórios listadas no apêndice deste Capítulo. A ideia é que se usem as estimativas de efeitos aleatórios a menos que o teste de Hausman as rejeite (14.8). Na prática, uma falha em rejeitar significa que ou as estimativas EA e as EF são suficientemente próximas que não importa qual será usada, ou a variação amostral é tão grande nas estimativas EF que não se pode concluir se diferenças praticamente significantes são estatisticamente significantes. No último caso, imagina-se se há informação suficiente nos dados para produzir estimativas precisas dos coeficientes. Uma rejeição com o uso do teste de Hausman é vista como significativa de que a principal hipótese EA (14.8) é falsa e as estimativas EF são usadas. (Naturalmente, em todas as aplicações de inferência estatística deve-se distinguir entre uma diferença praticamente significante e uma diferença estatisticamente significante.) [Para mais detalhes, veja Wooldridge (2010, Capítulo 10).] Na próxima seção discutiremos uma alternativa, uma abordagem computacionalmente mais simples de escolher entre as abordagens EA e EF.

Uma palavra final de alerta: ao ler trabalho empírico você poderá verificar que alguns autores decidem-se entre EF e EA com base em se as a_i são propriamente vistas como parâmetros das estimativas ou como variáveis aleatórias. Essas considerações geralmente são errôneas. Neste capítulo, temos tratado as a_i como variáveis aleatórias no modelo de efeitos não observáveis (14.17), independentemente de como decidimos estimar os β_j. Como enfatizamos, o item principal que determina se usaremos EF ou EA é se podemos plausivelmente presumir que as a_i são não correlacionadas com todas as x_{itj}. No entanto, em algumas aplicações de métodos de dados em painel, não podemos tratar nossa amostra como uma amostra aleatória de uma grande população, especialmente quando a unidade de observação for uma unidade geográfica grande (digamos estados ou municípios). Então, com frequência, faz sentido pensarmos em cada a_i como um intercepto separado para estimar cada unidade de seção transversal. Nesse caso, usamos os efeitos ajustados: lembre-se, usar os EF é, mecanicamente, o mesmo que permitir um intercepto diferente para cada unidade de seção transversal. Felizmente, quer nos envolvamos no debate filosófico da natureza das a_i, quer não, os EF são, quase sempre, muito mais convincentes que os EA na análise de política com dados agregados.

14.3 Abordagem de efeitos aleatórios correlacionados

Em aplicações em que faz sentido ver a_i (efeitos não observados) como variáveis aleatórias, juntamente com as variáveis observadas que extraímos, há uma alternativa para efeitos fixos que ainda permite que a_i seja correlacionada com as variáveis explicativas observadas. Para descrever a abordagem, considere novamente o modelo simples da equação (14.1), com uma única variável explicativa temporal, x_{it}. Em vez de presumir que a_i não seja correlacionada com $\{x_{it}: t = 1, 2, ..., T\}$ – abordagem de efeitos aleatórios – ou de tirar médias temporais para remover a_i – abordagem de efeitos fixos –, podemos, pelo contrário, modelar a correlação entre a_i e $\{x_{it}: t = 1, 2, ..., T\}$. Como a_i é, por definição, constante ao longo do tempo, permitir que ela se correlacione com o nível médio de x_{it} oferece certo atrativo. Mais especificamente, faça com que $\bar{x}_i = T^{-1}\sum_{t=1}^{T} x_{it}$ seja a média temporal, como antes. Suponha que adotemos uma relação linear simples

$$a_i = \alpha + \gamma\bar{x}_i + r_i, \quad (14.12)$$

em que presumimos que r_i seja não correlacionado com cada x_{it}. Como $\bar{x}_i$ é uma função linear de x_{it},

$$Cov(\bar{x}_i, r_i) = 0. \quad (14.13)$$

As equações (14.12) e (14.13) indicam que a_i e $\bar{x}_i$ são correlacionadas sempre que $\gamma \neq 0$.

A abordagem de **efeitos aleatórios correlacionados (EAC)** utiliza (14.12) em conjunção com (14.1): ao substituir-se o primeiro pelo segundo, obtêm-se:

$$y_{it} = \beta x_{it} + \alpha + \gamma\bar{x}_i + r_i + u_{it} = \alpha + \beta x_{it} + \gamma\bar{x}_i + r_i + u_{it}. \quad (14.14)$$

A equação (14.14) é interessante porque ainda possui um termo de erro composto, $r_i + u_{it}$, que consiste em uma constante no tempo inobservável r_i e em um choque idiossincrático, u_{it}. Consideravelmente, a hipótese (14.8) se mantém quando substituímos a_i por r_i. Além disso, já que se presume que u_{it} seja não correlacionado com x_{is}, os s e t, u_{it} também não se correlacionam com $\bar{x}_i$. Todas essas hipóteses contribuem para a estimação dos efeitos aleatórios da equação

$$y_{it} = \alpha + \beta x_{it} + \gamma\bar{x}_i + r_i + u_{it}, \quad (14.15)$$

que é como a equação usual subjacente à estimação EA, com o importante acréscimo da variável de média temporal $\bar{x}_i$. É o acréscimo de $\bar{x}_i$ que controla a correlação entre a_i e a sequência $\{x_{it}: t = 1, 2, ..., T\}$. O que sobra, r_i, não se correlaciona com x_{it}.

Na maioria dos pacotes econométricos, é fácil computar as médias de unidades específicas de tempo, $\bar{x}_i$. Presumindo-se que tenhamos feito isso para cada unidade i de corte transversal, o que podemos esperar que aconteça se aplicarmos EA à equação (14.15)? Note que a estimação de (14.15) rende $\hat{\alpha}_{EAC}$, $\hat{\beta}_{EAC}$ e $\hat{\gamma}_{EAC}$ – os estimadores de EAC.

Na medida em que $\hat{\beta}_{EAC}$ se desenvolve, a resposta se mostra um pouco decepcionante. Podemos ver – em, por exemplo, Wooldridge (2010, Capítulo 10) – que

$$\hat{\beta}_{EAC} = \hat{\beta}_{EF}, \quad (14.16)$$

em que $\hat{\beta}_{EF}$ denota o estimador EF da equação (14.3). Em outras palavras, adicionar a média temporal $\bar{x}_i$ e usar efeitos aleatórios é a mesma coisa que subtrair as médias temporais e utilizar MQO agrupados.

Mesmo que não seja necessário usar (14.15) para obter $\hat{\beta}_{EF}$, a equivalência de EAC e as estimativas EF de β fornecem uma boa interpretação de EF: ela controla o nível médio, $\bar{x}_i$, quando se mede o efeito parcial de x_{it} em y_{it}. Como um exemplo, suponha que x_{it} seja a alíquota de impostos sobre os lucros da empresa no município i e no ano t, e que y_{it} é alguma medida da produção econômica do município. Ao incluir $\bar{x}_i$, a alíquota de impostos média do município com o passar de T anos, permitimos diferenças sistemáticas entre taxas historicamente altas e municípios com baixas taxas – diferenças que podem também afetar a produção econômica.

Podemos também usar a equação (14.15) para verificar porque os estimadores de EF são em geral muito menos precisos do que os estimadores de EA. Se estabelecermos que $\gamma = 0$ na equação (14.15), obteremos, então, o usual estimador de EA de β, $\hat{\beta}_{EA}$. Isso significa que a correlação entre x_{it} e $\bar{x}_i$ não tem relevância na variância dos estimadores EA. Em contraste, sabemos pelas múltiplas análises de regressão do Capítulo 3 que a correlação entre x_{it} e $\bar{x}_i$ – ou seja, a multicolinearidade – pode resultar em uma variância mais alta para $\hat{\beta}_{EF}$. Às vezes, a variância é muito superior, particularmente quando há pouca variação em x_{it} através de t, caso este em que x_{it} e $\bar{x}_i$ tendem a ser extremamente (de forma positiva) correlacionados. No caso limite, quando não há nenhuma variação temporal para qualquer i, a correlação é perfeita – e EF falha em fornecer uma estimativa de β.

Além de fornecer uma síntese das abordagens EF e EA, existem outros motivos para considerar a abordagem EAC, mesmo se ela simplesmente fornecer a habitual estimativa de EF de β? Sim, pelo menos dois. Primeiro, a abordagem EAC fornece um modo simples e formal de escolher entre as abordagens EF e EA. Como discutimos, a abordagem EA estabelece $\gamma = 0$, enquanto EF estima γ. Como temos $\hat{\gamma}_{EAC}$ e seu erro padrão {obtido da estimação EA de (14.15)], podemos construir um teste t de $H_0: \gamma = 0$, contra $H_1: \gamma \neq 0$. [O apêndice discute como tornar esse teste robusto em relação à heteroscedasticidade e em relação à correlação serial em $\{u_{it}\}$.]. Se rejeitarmos H_0 a um nível de significância suficientemente pequeno, rejeitamos EA em favor de EF. Como usual, especialmente em um grande corte transversal, é importante distinguir entre uma rejeição estatística e diferenças economicamente importantes.

Um segundo motivo para estudar a abordagem EAC é que ela fornece uma maneira de incluir variáveis explicativas constantes no tempo no que, efetivamente, é uma análise de efeitos fixos. Por exemplo, se z_i for uma variável que não muda com o tempo – pode ser gênero, digamos, ou um teste de QI determinado na infância. Podemos facilmente aumentar (14.15) para incluir z_i:

$$y_{it} = \alpha + \beta x_{it} + \gamma \bar{x}_i + \delta z_i + r_i + u_{it}, \quad (14.17)$$

em que não mudamos a notação para o termo de erro (que não mais inclui z_i). Se estimarmos essa equação expandida por EA, ainda pode ser mostrado que a estimação de β é a estimação de EF de (14.1). De fato, uma vez que incluirmos $\bar{x}_i$, podemos incluir quaisquer outras variáveis constantes no tempo na equação, estimá-las por EA e obter $\hat{\beta}_{FE}$ como o coeficiente em x_{it}. Além disso, obtemos uma estimativa de δ, embora a estimativa deva ser interpretada com cautela, já que não necessariamente estima um efeito causal de z_i em y_{it}.

A mesma estratégia EAC pode ser aplicada em modelos com muitas variáveis explicativas que variam no tempo (e muitas variáveis constantes no tempo). Quando a equação aumentada com as médias temporais é estimada por EA, os coeficientes das variáveis temporais são idênticos às estimativas EF. Como aspecto prático, quando o painel está equilibrado, não há necessidade de incluir as médias temporais de variáveis que mudam com o tempo – o precedente são as variáveis *dummy* temporais.

(Com T períodos de tempo, a média temporal de um período de tempo é apenas $1/T$, uma constante para todos os i e t; claramente, não faz sentido adicionar várias constantes a uma equação que já possui um intercepto). Se o conjunto de dados em painel estiver desequilibrado, então a média de variáveis como *dummies* temporais pode mudar com i – vai depender de quantos períodos temos para unidades i de corte transversal. Nesses casos, as médias temporais de qualquer variável que muda com o tempo devem ser incluídas.

O Exercício em Computador 14 deste capítulo ilustra como a abordagem EAC pode ser aplicada ao conjunto de dados em painel equilibrado em AIRFARE e como se pode testar EA *versus* EF na estrutura de EAC.

14.3a Painéis desequilibrados

A abordagem de efeitos aleatórios correlacionados também pode ser aplicada a painéis desequilibrados, mas isso exige certo cuidado. Para obter um estimador que reproduza as estimativas de efeitos fixos nas variáveis explicativas temporais, é preciso ser cuidadoso ao construir as médias temporais. Em particular, para y ou qualquer x_j, um período de tempo contribui para a média temporal, $\bar{y}_i$ ou $\bar{x}_{ij}$, apenas se são observados os dados de todos os $(y_{it}, x_{it1}, ..., x_{itk})$. Uma forma de descrever a situação é definindo uma variável *dummy*, s_{it}, que é igual a um quando se observa um conjunto completo de dados em $(y_{it}, x_{it1}, ..., x_{itk})$. Se estiver faltando qualquer elemento (mesmo se, é claro, o período inteiro de tempo estiver faltando), logo, $s_{it} = 0$. (A noção de um indicador de seleção é discutida detalhadamente no Capítulo 17). Com essa definição, a média temporal adequada de $\{y_{it}\}$ pode ser descrita como:

$$\bar{y}_i = T_i^{-1} \sum_{t=1}^{T} s_{it} y_{it},$$

em que T_i é o número total de períodos de tempo completos para a observação i de corte transversal. Em outras palavras, apenas tiramos a média sobre os períodos de tempo que têm um conjunto completo de dados.

Outro ponto sutil é que, se as *dummies* de período de tempo são incluídas no modelo, ou quaisquer outras variáveis que mudam apenas por t e não i, devemos então incluir suas médias temporais (ao contrário do caso equilibrado, no qual as médias temporais são apenas constantes). Por exemplo, se $\{w_t: t = 1, ..., T\}$ for uma variável de tempo agregado, tal como uma *dummy* temporal ou uma tendência de tempo linear, então

$$\bar{w}_i = T_i^{-1} \sum_{t=1}^{T} s_{it} w_t.$$

Por causa da natureza desequilibrada do painel, $\bar{w}_i$ quase sempre varia ligeiramente através de i (a menos que exatamente os mesmos períodos de tempo estejam faltando para todas as unidades de corte transversal). Assim como as variáveis que realmente mudam através de i e t, as médias temporais de efeitos temporais agregados são fáceis de ser obtidas em muitos pacotes de *software*.

A mecânica do estimador de efeitos aleatórios também muda um pouco quando temos um painel desequilibrado, e isso ocorre mesmo quando usamos o tradicional estimador de efeitos aleatórios da versão EAC. Em especial, o parâmetro θ da equação

(14.10), usado na equação (14.11) para obter os dados quase diferenciados, depende de i através do número de períodos de tempo observados para a unidade i. De forma mais específica, simplesmente substitua T na equação (14.10) por T_i. Pacotes econométricos que suportam a estimação de efeitos aleatórios reconhecem essa diferença quando painéis equilibrados estão sendo usados, dessa forma, nada de especial precisa ser feito pelo usuário.

O resultado é que, uma vez que as médias temporais tenham sido obtidas adequadamente, usar uma equação como a (14.17) produz o mesmo que o caso equilibrado. Podemos ainda usar um teste de significância estatística no conjunto de médias temporais para escolher entre efeitos fixos e efeitos aleatórios puros, e a abordagem EAC ainda nos permite incluir variáveis constantes no tempo.

Assim como a estimação de efeitos fixos, uma questão-chave é entender por que o conjunto de dados em painel está desequilibrado. No caso dos efeitos aleatórios puros, o indicador de seleção, s_{it}, não pode ser correlacionado com o erro composto da equação (14.7), $a_i + u_{it}$, em qualquer período de tempo. Caso contrário, como discutido em Wooldridge (2010, Capítulo 19), o estimador EA fica inconsistente. Conforme discutimos na Seção 14.1, o estimador EF permite a correlação arbitrária entre o indicador de seleção, s_{it}, e o efeito fixo, a_i. Portanto, o estimador EF é mais robusto no contexto de painéis desequilibrados. E, como já sabemos, EF permite a correlação arbitrária entre variáveis de tempo explicativas e a_i.

14.4 Aplicação de métodos de dados em painel a outras estruturas de dados

Os vários métodos de dados em painel podem ser aplicados a certas estruturas de dados que não envolvam tempo. Por exemplo, é comum na demografia usar irmãos (algumas vezes gêmeos) para explicar as características familiares e culturais não observadas. Geralmente queremos permitir que o "efeito familiar", comum a todos os irmãos em uma família, seja correlacionado com as variáveis explicativas observadas. Se essas variáveis explicativas variam entre os irmãos em uma família, o diferenciamento entre pares de irmãos – ou, de forma mais geral, usar a transformação interna dentro de uma família – é preferido como um método de estimação. Removendo o efeito não observado, eliminamos o viés potencial causado pela confusão das características do perfil familiar. A implementação dos efeitos fixos nessas estruturas de dados é bastante simples em programas de regressão que suportam estimação EF.

Como exemplo, Geronimus e Korenman (1992) usaram pares de irmãs para estudar os efeitos da gravidez na adolescência sobre as consequências econômicas futuras. Quando o resultado é renda em relação às necessidades – algo que depende do número de filhos –, o modelo é

$$\log(incneeds_{fs}) = \beta_0 + \delta_0 sister2_s + \beta_1 teenbrth_{fs} \\ + \beta_2 age_{fs} + other\ factors + a_f + u_{fs}, \quad (14.18)$$

em que f indexa as famílias e s indexa uma irmã dentro da família. O intercepto da primeira irmã é β_0, e o intercepto da segunda irmã é $\beta_0 + \delta_0$. A variável de interesse é $teenbrth_{fs}$, que é uma variável binária igual a um se a irmã s na família f teve um filho na adolescência. A variável age_{fs} é a idade atual da irmã s

na família f; Geronimus e Korenman usaram também outros controles. A variável não observada a_f, que muda apenas na família, é um *efeito familiar não observado* ou um *efeito familiar fixo*. A principal preocupação na análise é o fato de *teenbrth* estar correlacionado com o efeito familiar. Se for assim, uma análise MQO que faça agrupamentos das famílias e irmãs produz um estimador viesado do efeito da maternidade na adolescência sobre as consequências econômicas. A solução desse problema é simples: dentro de cada família, aplicamos a diferença de (14.18) entre as irmãs para obter

$$\Delta\log(rendanec) = \delta_0 + \beta_1 \Delta teenbrth + \beta_2 \Delta age + \ldots + \Delta u, \qquad (14.19)$$

o que remove o efeito familiar, a_f, e a equação resultante poderá ser estimada por MQO. Observe que não há nenhum elemento temporal neste caso: a diferença é feita entre irmãs dentro de uma família. Também consideramos diferen-

> **QUESTÃO 14.4**
>
> Ao usar o método da diferença, faz sentido a inclusão de variáveis *dummy* para a etnia da mãe e do pai em (14.18)? Explique.

ças nos interceptos para as irmãs em (14.18), o que leva a um intercepto diferente de zero na equação diferenciada (14.19). Se, ao entrar com os dados, a ordem das irmãs dentro de cada família for essencialmente aleatória, o intercepto estimado deverá estar próximo de zero. Contudo, mesmo nesses casos, nunca é demais incluir um intercepto em (14.19) e fazer com que o intercepto considere o fato de que, digamos, a primeira irmã listada possa sempre ser a mais necessitada.

Utilizando 129 pares de irmãs do *National Longitudinal Survey of Young Women* (Estudo Longitudinal Nacional de Mulheres Jovens) de 1982, Geronimus e Korenman primeiro estimaram β_1 por MQO agrupado para obter $-0{,}33$ ou $-0{,}26$, em que a segunda estimativa foi obtida controlando as variáveis de antecedentes familiares (como a educação dos pais); ambas as estimativas são bastante significantes estatisticamente [veja Geronimus e Korenman (1992, Tabela 3)]. Portanto, a maternidade na adolescência produz grande impacto sobre a renda familiar futura. Entretanto, quando a equação diferenciada é estimada, o coeficiente de *teenbrth* é $-0{,}08$, que é pequeno e estatisticamente não significante. Isso sugere que em grande parte são os antecedentes familiares que afetam a renda familiar futura, mais do que a gravidez e o parto na adolescência.

Geronimus e Korenman também examinaram outros resultados e dois conjuntos de dados; em alguns casos, as estimativas dentro das famílias eram grandes, econômica e estatisticamente significantes. Eles também mostraram como os efeitos desaparecem por completo quando os níveis de educação das irmãs são controlados.

Ashenfelter e Krueger (1994) usaram a metodologia da diferença para estimar o retorno da educação. Eles obtiveram uma amostra de 149 gêmeos idênticos e coletaram informações sobre ganhos, educação e outras variáveis. A razão de terem usado gêmeos idênticos foi a crença de que eles deveriam ter as mesmas aptidões básicas. Isso pode ser diferenciado fazendo a diferença entre os gêmeos, em lugar de usar o MQO nos dados agrupados. Como gêmeos idênticos têm a mesma idade, sexo e raça, todos esses fatores foram eliminados na equação diferenciada. Portanto, Ashenfelter e Krueger regrediram a diferença em log(*earnings*) sobre a diferença em educação e estimaram que o retorno da educação estava em torno de 9,2% ($t = 3{,}83$). Curiosamente, essa estimativa apresenta-se maior que a estimada por MQO agrupado, de 8,4% (que controla sexo, idade e etnia). Ashenfelter e Krueger também estimaram a equação por efeitos aleatórios e obtiveram um retorno da educação de 8,7% (ver a Tabela 5 em seu artigo). A análise de efeitos aleatórios é, mecanicamente, a mesma que aquela do caso de dados em painel com dois períodos de tempo.

As amostras usadas por Geronimus e Korenman (1992) e Ashenfelter e Krueger (1994) são exemplos de **amostras pareadas**. De forma geral, os métodos de efeitos fixos e aleatórios podem ser aplicados a uma **amostra por agrupamento**. Uma amostra por agrupamento tem a mesma aparência de um conjunto de dados de corte transversal, mas existe uma diferença importante: agrupamentos de unidade são escolhidos de uma população de agrupamentos, em vez de extrair amostras de indivíduos de uma população de indivíduos. Nos exemplos anteriores, cada família de uma amostra é de uma população de famílias, e, então, obtêm-se os dados de, pelo menos, dois membros da família. Logo, cada família é um agrupamento.

Suponha agora que estamos interessados em modelar as decisões de participação de planos de previdência individuais. É possível obter uma amostra aleatória de trabalhadores como indivíduos – digamos, dos Estados Unidos –, contudo, também é comum extrair amostras de empresas de uma população de empresas. Uma vez que as empresas sejam extraídas em uma amostra, é possível coletar informações de todos os trabalhadores ou de um subconjunto de trabalhadores dentro de cada empresa. Em ambos os casos, o conjunto de dados resultante é uma amostra por agrupamento, já que a amostragem foi a primeira no nível da empresa. É possível que características não observadas da empresa (juntamente com características observadas de empresas) estejam presentes nas decisões de participação, e essa correlação intraempresa deve ser levada em conta. A estimação de efeitos fixos é preferível quando pensamos no **efeito de agrupamento** não observado – um exemplo disso é a_i em (14.12) –, que se correlaciona com uma ou mais variáveis explicativas. Então, podemos apenas incluir variáveis explicativas que variam, pelo menos ligeiramente, dentro de agrupamentos. O tamanho dos agrupamentos raras vezes são os mesmos, dessa forma, usamos efetivamente métodos de efeitos fixos para painéis desequilibrados.

Dados educacionais relativos aos rendimentos dos alunos podem também vir na forma de uma amostra por agrupamento, na qual uma amostragem de escolas é obtida de uma população de escolas, e então a informação sobre os alunos de cada escola é obtida. Cada escola age como um agrupamento, e é importante permitir que um efeito da escola seja correlacionado com variáveis explicativas essenciais – digamos, por exemplo, um aluno que participa de um programa patrocinado e tutelado pelo governo. Como a proporção de alunos tutelados varia por escola, provavelmente é uma boa ideia usar uma estimação de efeitos fixos. É frequente ver autores utilizar, como atalho: "Incluí efeitos fixos de escola na análise".

A abordagem de efeitos aleatórios correlacionados pode ser aplicada imediatamente às amostras por agrupamento porque, para fins de estimação, uma amostra por agrupamento equivale a um painel desequilibrado. Agora, as médias adicionadas à equação são médias intragrupos – por exemplo, médias dentro de escolas. A única diferença com dados em painel é que a noção de correlação serial entre erros idiossincráticos não é relevante. Contudo, como discutido em Wooldridge (2010, Capítulo 20), ainda existem bons motivos para utilizar erros padrão robustos em relação a agrupamento, caso alguém use efeitos fixos ou efeitos aleatórios correlacionados.

Em alguns casos as variáveis explicativas cruciais – frequentemente variáveis políticas – mudam somente ao nível do grupo, e não no interior de grupo. Nesses casos o método de efeitos ajustados não é aplicável. Por exemplo, podemos estar interessados nos efeitos da qualidade medida do professor no desempenho estudantil, em que cada agrupamento é uma sala de aula do curso primário. Como todos os alunos dentro de um agrupamento têm o mesmo professor, a eliminação de um "efeito classe" também elimina qualquer medida da qualidade do professor observada. Se tivermos bons controles na equação, pode ser justificável a aplicação de efeitos aleatórios no grupo desequilibrado. Como acontece com dados em painel, o requerimento principal para que o EA produza estimativas convincentes é que as variáveis explicativas sejam não correlacionadas com o efeito de agrupamento não observado. A maioria dos programas econométricos possibilita a estimação de efeitos aleatórios em agrupamentos desequilibrados sem muito esforço.

MQO agrupados também são comumente aplicados em amostras por agrupamentos quando a eliminação de um efeito de agrupamento por meio de efeitos ajustados é irrealizável ou indesejável. Contudo, como acontece com os dados em painel, os erros padrão dos MQO habituais serão incorretos, a menos que não haja efeito de agrupamento, e assim erros padrão robustos que permitam "correlação de agrupamento" (e heteroscedasticidade) devem ser usados. Alguns programas de regressão possuem comandos simples para corrigir os habituais erros padrão e estatísticas de testes da correlação geral dentro dos agrupamentos (como também a heteroscedasticidade). Essas correções são as mesmas que as utilizadas para o MQO agrupado em conjuntos de dados em painel que descrevemos no Exemplo 13.9. Como exemplo, Papke (1999) estima modelos de probabilidade linear para a continuação de planos de pensão de benefícios definidos, com base no fato de as firmas terem adotado planos de contribuições definidas. Como é provável a existência de um efeito da firma que induz à correlação entre diferentes planos dentro da mesma firma, Papke corrige os habituais erros padrão do MQO para a amostragem por agrupamento, como também a heteroscedasticidade, no modelo de probabilidade linear.

Antes de terminar esta seção, temos alguns comentários finais. Dadas as ferramentas disponíveis de efeitos fixos, efeitos aleatórios e inferência robusta com relação a agrupamento padrão, é tentador encontrar motivos para usar métodos de agrupamento onde podem não existir. Por exemplo, se um conjunto de dados é obtido de uma amostra aleatória da população, então geralmente não há motivos para explicar efeitos de agrupamento na computação de erros padrão depois da estimativa por MQO. O fato de que as unidades podem ser postas em grupos *ex post* – ou seja, depois que a amostra aleatória foi obtida – não é motivo para fazer uma inferência robusta à correlação de agrupamento.

Para ilustrar esse ponto, suponha que, exceto a população de alunos do quarto ano dos Estados Unidos, uma amostra aleatória de 50.000 é obtida, e que esses dados são estudados adequadamente por meio de métodos padrão para regressão de corte transversal. Pode ser tentador agrupar os alunos por, digamos, os 50 estados mais o distrito de Colúmbia – presumindo que um identificador do estado esteja incluso – e então tratar os dados como uma amostra de agrupamento. Contudo, isso seria errado, e agrupar os erros padrão do estado pode produzir erros padrão sistematicamente grandes demais. Ou eles podem ser pequenos demais, já que a teoria assintótica subjacente à amostragem de agrupamento presume que temos muitos agrupamentos e que o tamanho de cada agrupamento é relativamente pequeno.

Em qualquer caso, um simples exercício intelectual mostra que o agrupamento pode não ser correto. Por exemplo, se soubermos o município de residência de cada aluno, por que não agrupá-los por município? Ou, de modo mais grosseiro, podemos dividir os Estados Unidos em quatro regiões de censo e tratá-las como os agrupamentos – e isso daria um conjunto diferente de erros padrão (que não possui nenhuma justificativa teórica). Levando esse argumento ao extremo, seria possível argumentar que temos um agrupamento: todos os Estados Unidos, nesse caso, os erros padrão agrupados não seriam definidos e uma inferência seria impossível. A confusão surge porque os agrupamentos são definidos *ex post* – ou seja, depois que a amostra aleatória é obtida. Em uma amostra verdadeiramente por agrupamento, os agrupamentos primeiro são tirados de uma população de agrupamentos, e depois os indivíduos são extraídos dos agrupamentos.

É possível usar métodos de agrupamento se, digamos, uma variável referente ao distrito for criada depois que uma amostra aleatória for coletada e então usada na equação de aluno. Isso pode criar uma correlação de agrupamento não observada dentro de cada distrito. Lembre-se de que o estimador de efeitos fixos (nesse caso, de distrito) é o mesmo que colocar as médias por distrito. Logo, é possível levar em conta a correlação de agrupamento por distrito, além de usar efeitos fixos. Conforme mostrado por Stock and Watson (2008), no contexto de dados em painel, com agrupamentos de tamanho grande, a correlação de agrupamento resultante geralmente não tem importância, contudo, com agrupamentos de tamanho pequeno, é possível usar os erros padrão robustos em relação a agrupamento.

Resumo

Neste capítulo, continuamos nossa discussão sobre métodos de dados em painel, estudando os efeitos fixos e estimadores de efeitos aleatórios e também descrevendo a abordagem de efeitos aleatórios correlacionados como uma estrutura unificadora. Comparado com a primeira diferença, o estimador de efeitos fixos é eficiente quando os erros idiossincráticos são serialmente não correlacionados (como também homoscedásticos), e não elaboramos nenhuma hipótese sobre a correlação entre o efeito não observado a_i e as variáveis explicativas. Assim como na primeira diferença, qualquer variável explicativa constante no tempo é eliminada da análise. Os métodos de efeitos fixos são diretamente aplicados a painéis não equilibrados, mas temos de presumir que os motivos pelos quais alguns períodos de tempo estão faltando não são sistematicamente relacionados aos erros idiossincráticos.

O estimador de efeitos aleatórios é adequado quando se acredita que o efeito não observado é não correlacionado com todas as variáveis explicativas. Nesse caso, a_i pode ser deixado no termo de erro, e a correlação serial ao longo do tempo pode ser resolvida pela estimação por mínimos quadrados generalizados. Convenientemente, o MQG factível pode ser obtido por uma regressão agrupada sobre dados quase centrados na média. O valor do parâmetro de transformação estimado, $\hat{\theta}$, indica se as estimativas estão propensas a se aproximar da estimativa por MQO agrupado ou por efeitos fixos. Se o conjunto completo das hipóteses dos efeitos aleatórios se sustentar, o estimador de efeitos aleatórios é assimptoticamente – conforme N fica maior com T fixo – mais eficiente que aquele do MQO agrupado, da primeira diferença ou dos efeitos fixos (que são todos não viesados, consistentes e assimptoticamente normais).

A abordagem de efeitos aleatórios correlacionados para modelos de dados em painel tornou-se mais popular nos últimos anos, principalmente porque permite um teste simples de escolha entre EF e EA, e permite incorporar variáveis temporais constantes em uma equação que fornece as estimativas EF sobre as variáveis que variam com o tempo. Finalmente, os métodos de dados em painel estudados nos Capítulos 13 e 14 podem ser usados quando trabalhamos com amostras pareadas ou por agrupamentos. A diferença ou a transformação intragrupo eliminam o efeito de agrupamento. Se o efeito de agrupamento for não correlacionado com as variáveis explicativas, o MQO agrupado poderá ser usado, mas os erros padrão e as estatísticas de testes devem ser ajustados quanto à correlação do agrupamento. A estimação dos efeitos aleatórios também é uma possibilidade.

Termos-chave

Agrupamento
Amostra por agrupamento
Amostras pareadas
Dados centrados na média
Dados quase centrados
  na média
Efeito de agrupamento

Efeitos aleatórios
  correlacionados (EAC)
Estimador de efeitos aleatórios
Estimador de efeitos fixos
Estimador intragrupo
Modelo de efeitos aleatórios

Modelo de efeitos não
  observados
Painel não equilibrado
Regressão de variáveis *dummy*
Termo de erro composto
Transformação de efeitos fixos
Transformação intragrupo

Problemas

1 Suponha que os erros idiossincráticos em (14.4), $\{u_{it}: t = 1, 2, \ldots, T\}$ sejam serialmente não correlacionados com variância constante, σ_u^2. Mostre que a correlação entre as diferenças adjacentes Δu_{it} e $\Delta u_{i,t+1}$ é $-0,5$. Portanto, sob as Hipóteses EF ideais, a primeira diferença induz uma correlação serial negativa de valor conhecido.

2 Com uma única variável explicativa, a equação usada para obter o estimador intragrupo é

$$\bar{y}_i = \beta_0 + \beta_1 \bar{x}_i + a_i + \bar{u}_i,$$

em que a barra superior representa a média ao longo do tempo. Podemos presumir que $E(a_i) = 0$ por termos incluído um intercepto na equação. Suponha que $\bar{u}_i$ seja não correlacionado com $\bar{x}_i$, mas que $\text{Cov}(x_{it}, a_i) = \sigma_{xa}$ para todo t (e i, em razão da amostragem aleatória no corte transversal).

 (i) Definindo $\widetilde{\beta}_1$ como o estimador entre as observações, isto é, o estimador MQO que usa as médias temporais, mostre que

$$\text{plim } \widetilde{\beta}_1 = \beta_1 + \sigma_{xa}/\text{Var}(\bar{x}_i),$$

em que o limite de probabilidade é definido como $N \to \infty$. [*Dica*: Veja as equações (5.5) e (5.6).]

 (ii) Suponha também que x_{it}, para todo $t = 1, 2, \ldots, T$, seja não correlacionado com a variância constante σ_x^2. Mostre que plim $\widetilde{\beta}_1 = \beta_1 + T(\sigma_{xa}/\sigma_x^2)$.

 (iii) Se as variáveis explicativas não forem altamente correlacionadas ao longo do tempo, o que o item (ii) sugere quanto à possibilidade de a inconsistência no estimador entre as observações ser menor quando existem mais períodos de tempo?

3 Em um modelo de efeitos aleatórios, defina o erro composto $v_{it} = a_i + u_{it}$, em que a_i é não correlacionado com u_{it} e os u_{it} têm variância constante σ_u^2 e são serialmente não correlacionados. Defina $e_{it} = v_{it} - \theta \bar{v}_i$, em que θ é dado em (14.10).

(i) Mostre que $E(e_{it}) = 0$.

(ii) Mostre que $Var(e_{it}) = \sigma_u^2, t = 1, ..., T$.

(iii) Mostre que para $t \neq s$, $Cov(e_{it}, e_{is}) = 0$.

4 Para determinar os efeitos do desempenho atlético universitário dos candidatos, você coleta dados das inscrições dos candidatos de uma amostra das faculdades da Divisão I dos anos de 1985, 1990 e 1995.

(i) Que indicadores de êxito atlético você incluiria em uma equação? Quais seriam alguns dos problemas de cronometragem?

(ii) Que outros fatores você controlaria na equação?

(iii) Escreva uma equação que possibilite estimar os efeitos do êxito atlético sobre a mudança percentual nas inscrições. Como você estimaria essa equação? Por que você escolheria esse método?

5 Suponha que, para um semestre, você possa coletar os seguintes dados em uma amostra aleatória de calouros e veteranos universitários de cada disciplina: nota padronizada de um exame final, porcentagem de frequência às aulas, uma variável *dummy* que indica se a matéria se enquadra na especialidade do aluno, nota média acumulada antes do início do semestre e nota do exame de ingresso (SAT) no curso superior.

(i) Por que você classificaria esse conjunto de dados como uma amostra por agrupamento? Quantas observações, aproximadamente, você esperaria para um aluno típico?

(ii) Escreva um modelo, semelhante à equação (14.18), que explique o desempenho no exame final em termos de frequência e outras características. Como subscritos, use s para aluno e c para disciplina. Quais variáveis não se alteram para um aluno?

(iii) Se você agrupar todos os dados e usar MQO, o que você estará presumindo sobre as características não observadas dos alunos que afetam as taxas de desempenho e de frequência? Que papel, com relação a isso, desempenham a nota de ingresso no curso superior (SAT) e a nota média acumulada antes do início do semestre (GPA)?

(iv) Se você julga que a nota de ingresso no curso superior (SAT) e a nota média acumulada antes do início do semestre (GPA) não indicam adequadamente a capacidade dos alunos, como você estimaria o efeito da frequência sobre o desempenho no exame final?

6 Usando a opção "agrupamento" no pacote de econometria Stata® 11, os erros padrão totalmente robustos da estimação por MQO agrupado da Tabela 14.2, isto é, robustos quanto à correlação serial e quanto à heteroscedasticidade nos erros de combinação $\{v_{it} : t = 1, ..., T\}$, são obtidos como $ep(\hat{\beta}_{educ}) = 0,011$, $ep(\hat{\beta}_{black}) = 0,051$, $ep(\hat{\beta}_{hispan}) = 0,039$, $ep(\hat{\beta}_{exper}) = 0,020$, $ep(\hat{\beta}_{exper2}) = 0,0010$, $ep(\hat{\beta}_{married}) = 0,026$, e $ep(\hat{\beta}_{union}) = 0,027$

(i) Como esses erros padrão se comparam, de forma geral, com os não robustos e por quê?

(ii) Como os erros padrão robustos dos MQO agrupados se comparam com os erros padrão dos EA? Parece ter importância se a variável explicativa for constante no tempo ou de variação temporal?

(iii) Quando são computados os erros padrão completamente robustos para as estimativas EA, Stata® 11 reporta o seguinte (na qual observamos apenas os coeficientes das variáveis temporais): $ep(\hat{\beta}_{exper}) = 0,16$, $ep(\hat{\beta}_{expersq}) = 0,0008$, $ep(\hat{\beta}_{married}) = 0,19$, e $ep(\hat{\beta}_{union}) = 0,21$ [Estas são robustas em relação a qualquer tipo de correlação serial ou heteroscedasticidade nos erros idiossincráticos $\{u_{it} : t = 1, ..., T\}$, assim como a heteroscedasticidade em a_i]. Como os erros padrão robustos geralmente se comparam aos habituais erros padrão EA reportados na Tabela 14.2? A que conclusão você consegue chegar?

(iv) Comparando os quatro erros padrão da parte (iii) com seus correspondentes MQO agrupados, o que você faz com o fato de que os erros padrão de EA robustos estão todos abaixo dos erros padrão MQO robustos e agrupados?

7 Os dados em CENSUS2000 representam uma amostra aleatória de indivíduos dos Estados Unidos. Aqui estamos interessados em estimar um modelo de regressão relativo ao logaritmo de renda semanal, *lweekinc*, e de escolaridade, *educ*. Existem 29.501 observações. Associados a cada indivíduo há um identificador do estado (*state*) para os 50 estados mais o distrito de Colúmbia. Um identificador geográfico menos grosseiro é *puma*, que leva em conta 610 valores diferentes, indicando regiões geográficas menores do que um estado. Rodando uma regressão simples de *lweekinc* sobre *educ* nos dá um coeficiente de inclinação igual a 0,1083 (com quatro casas decimais). O erro padrão robusto com relação à heteroscedasticidade fica em torno de 0,0024. O erro padrão agrupado relativo a *puma* é em torno de 0,0027 e o erro padrão agrupado referente a estado fica em torno de 0,0033. Para computar um intervalo de confiança, quais desses erros padrão são mais confiáveis? Explique.

Exercícios em computador

C1 Use os dados em RENTAL neste exercício. Os dados sobre os preços de aluguel e outras variáveis para cidades universitárias são referentes aos anos de 1980 e 1990. A ideia é ver se uma presença mais forte de alunos afeta os preços do aluguel. O modelo de efeitos não observados é

$$\log(rent_{it}) = \beta_0 + \delta_0 y90_t + \beta_1 \log(pop_{it}) + \beta_2 \log(avginc_{it}) + \beta_3 pctstu_{it} + a_i + u_{it},$$

em que *pop* é a população da cidade, *avginc* é a renda média e *pctstu* é a população de alunos como um percentual da população da cidade (durante o ano letivo).
  (i) Estime a equação por MQO agrupado e reporte os resultados na forma padrão. O que você faria com a estimativa da variável *dummy* para 1990? O que você obtém em relação a $\hat{\beta}_{pctstu}$?
  (ii) Os erros padrão que você reporta no item (i) são válidos? Explique.
  (iii) Agora, diferencie a equação e faça uma estimativa dela por MQO. Compare sua estimativa de β_{pctstu} com a do item (i). O tamanho relativo da população de alunos aparenta afetar os preços do aluguel?
  (iv) Estime o modelo por efeitos fixos para confirmar que você obtém estimativas e erros padrão idênticos aos do item (iii).

C2 Use CRIME4 neste exercício.
  (i) Reestime o modelo de efeitos não observados para crime do Exemplo 13.9, mas use efeitos fixos, em vez da diferenciação. Existe algum sinal notável ou mudanças importantes nos coeficientes? E significância estatística?
  (ii) Adicione os logaritmos de cada variável salarial no conjunto de dados e estime o modelo por efeitos fixos. Como a inclusão dessas variáveis afeta os coeficientes nas variáveis criminais de justiça do item (i)?
  (iii) Todas as variáveis salariais do item (ii) possuem o sinal esperado? Explique. Elas são conjuntamente significativas?

C3 Neste exercício, use JTRAIN para determinar o efeito do subsídio de treinamento profissional em horas de treinamento profissional (*hrsemp*) por empregado. O modelo básico para três anos é

$$hrsemp_{it} = \beta_0 + \delta_1 d88_t + \delta_2 d89_t + \beta_1 grant_{it} + \beta_2 grant_{i,t-1} + \beta_3 \log(employ_{it}) + a_i + u_{it}.$$

(i) Faça uma estimativa da equação usando efeitos fixos. Quantas empresas são utilizadas na estimação EF? Quantas observações totais seriam usadas se cada empresa possuísse dados sobre todas as variáveis (em especial, *hrsemp*) para os três anos?

(ii) Interprete o coeficiente de *grant* e comente sua significância.

(iii) É de estranhar que $grant_{-1}$ seja insignificante? Explique.

(iv) Na média, empresas maiores fornecem a seus empregados mais ou menos treinamento? Quão grandes são as diferenças? (Por exemplo, se uma empresa tem 10% mais empregados, qual é a mudança em horas médias de treinamento?)

C4 No Exemplo 13.8, usamos dados e informações sobre desemprego obtidos por Papke (1994) para estimar o efeito de áreas de empreendimento nas informações sobre desemprego. Papke também usa um modelo que permite que cada cidade tenha sua própria tendência temporal:

$$\log(uclms_{it}) = a_i + c_i t + \beta_1 ez_{it} + u_{it},$$

em que a_i e c_i são ambos efeitos não observados. Isso permite mais heterogeneidade entre as cidades.

(i) Mostre que, quando a equação anterior for de primeira diferença, obteremos:

$$\Delta \log(uclms_{it}) = c_i + \beta_1 \Delta ez_{it} + \Delta u_{it}, t = 2, ..., T.$$

Repare que a equação diferenciada contém um efeito fixo, c_i.

(ii) Estime a equação diferenciada por efeitos fixos. Qual é a estimativa de β_1? É muito diferente da estimativa obtida no Exemplo 13.8? O efeito das áreas de empreendimento ainda é estatisticamente significante?

(iii) Adicione um conjunto completo de *dummies* anuais à estimação da parte (ii). O que acontece com a estimativa de β_1?

C5 (i) Na equação de salário do Exemplo 14.4, explique por que as variáveis *dummy* de ocupação podem ser variáveis omitidas importantes para estimar o prêmio salarial para sindicalizados.

(ii) Se cada homem na amostra permanecesse na mesma ocupação de 1981 a 1987, você precisaria incluir *dummies* de ocupação em uma estimativa de efeitos fixos? Explique.

(iii) Utilizar os dados em WAGEPAN inclui oito das variáveis *dummy* de ocupação na equação e faz uma estimativa da equação por meio de efeitos fixos. Qual o nível de mudança do coeficiente em *union*? E qual sua significância estatística?

C6 Adicione o termo de interação $union_{it} \cdot t$ à equação estimada da Tabela 14.2 para ver se *crescimento* salarial depende do estado do sindicato. Estime a equação por efeitos aleatórios e fixos e compare os resultados.

C7 Use os dados relativos a estado sobre taxas de assassinato e execuções em MURDER para o seguinte exercício.

(i) Considere o modelo de efeitos não observados:

$$mrdrte_{it} = \eta_t + \beta_1 exec_{it} + \beta_2 unem_{it} + a_i + u_{it},$$

em que η_t simplesmente denota interceptos anuais diferentes e a_i é o efeito de estado não observado. Se execuções antigas de assassinos condenados possuem um efeito de impedimento, qual seria o sinal de β_1? Que sinal você acha que β_2 deveria ter? Explique.

(ii) Usando apenas os anos 1990 e 1993, estime a equação do item (i) por MQO agrupado. Ignore o problema de correlação serial nos erros compostos. Você encontra alguma evidência de um efeito dissuasivo?

(iii) Agora, usando 1990 e 1993, estime a equação por efeitos fixos. Você pode usar primeira diferenciação, visto que utiliza apenas dois anos de dados. Há evidência de um efeito dissuasivo? Quão forte é ela?

(iv) Compute o erro padrão robusto em relação à heteroscedasticidade para a estimação da parte (ii).

(v) Encontre o estado que possui o maior número para a variável de execução de 1993. (A variável *exec* é o total de execuções em 1991, 1992 e 1993). Quão maior é esse valor em relação ao próximo valor maior?

(vi) Estime a equação usando primeira diferença, excluindo o Texas da análise. Compute os erros padrão habituais e robustos em relação à heteroscedasticidade. O que você encontra? O que está acontecendo?

(vii) Use os três anos de dados e estime o modelo por efeitos fixos. Inclua o Texas na análise. Discuta o tamanho e a significância estatística do efeito dissuasivo, comparando-os apenas com os dos anos 1990 e 1993.

C8 Use os dados em MATHPNL para este exercício. Você fará uma versão de efeitos fixos da primeira diferença, apresentada no Exercício em Computador 11 do Capítulo 13. O modelo de interesse é:

$$math4_{it} = \delta_1 y94_t + \ldots + \delta_5 y98_t + \gamma_1 \log(rexpp_{it}) + \gamma_2 \log(rexpp_{i,t-1}) + \psi_1 \log(enrol_{it}) + \psi_2 lunch_{it} + a_i + u_{it},$$

em que o primeiro ano disponível (o ano-base) é 1993, por causa da variável de gasto defasada.

(i) Estime o modelo por MQO agrupado e reporte os erros padrão habituais. Você deve incluir um intercepto juntamente com as *dummies* anuais para permitir que a_i tenha um valor esperado diferente de zero. Quais são os efeitos estimados das variáveis de gasto? Obtenha os resíduos de MQO, $\hat{v}_{it}$.

(ii) O que você espera quanto ao sinal do coeficiente $lunch_{it}$? Interprete a magnitude do coeficiente. Você diria que a taxa de pobreza do distrito tem grande efeito na taxa de aprovação do teste?

(iii) Compute um teste para a correlação serial AR(1), usando a regressão $\hat{v}_{it}$ em $\hat{v}_{i,t-1}$. Você deve usar os anos de 1994 a 1998 na regressão. Verifique se lá existe uma correlação serial forte e positiva e discuta por quê.

(iv) Agora, estime a equação por efeitos fixos. A variável de gasto defasada ainda é significante?

(v) Por que você acha, na estimação de efeitos fixos, que as inscrições e as variáveis de programa de refeições são conjuntamente significantes?

(vi) Defina o efeito total ou a longo prazo de gastar $\theta_1 = \gamma_1 + \gamma_2$. Use a substituição $\gamma_1 = \theta_1 - \gamma_2$ para obter um erro padrão para $\hat{\theta}_1$. (*Dica*: A estimação de efeitos fixos padrão por meio de log($rexpp_{it}$) e $z_{it} = \log(rexpp_{i,\,t-1}) - \log(rexpp_{it})$ como variáveis explicativas deve ajudar).

C9 O arquivo PENSION contém informações sobre os planos de pensão direcionados a trabalhadores dos Estados Unidos. Algumas das observações são para casais dentro da mesma família, ou seja, esse conjunto de dados constitui uma pequena amostra de agrupamento (sendo dois o tamanho do agrupamento).

(i) Ignorando o agrupamento por família, use MQO para estimar o modelo:

$$pctstck = \beta_0 + \beta_1 choice + \beta_2 prftshr + \beta_3 female + \beta_4 age$$
$$+ \beta_5 educ + \beta_6 finc25 + \beta_7 finc35 + \beta_8 finc50 + \beta_9 finc75$$
$$+ \beta_{10} finc100 + \beta_{11} finc101 + \beta_{12} wealth89 + \beta_{13} stckin89$$
$$+ \beta_{14} irain89 + u,$$

em que as variáveis são definidas no conjunto de dados. A variável de maior interesse é *escolha* (*choice*), variável *dummy* igual a um se o trabalhador tiver escolha sobre como alocar os fundos do seu plano de pensão em diferentes investimentos. Qual é o efeito estimado de (*choice*)? Ele é estatisticamente significante?

(ii) As variáveis de controle renda, patrimônio, stockholding e IRA são variáveis importantes? Explique.

(iii) Determine quantas famílias diferentes existem no conjunto de dados.

(iv) Agora, obtenha erros padrão para MQO que sejam robustos em correlação ao agrupamento dentro de uma família. Eles diferem muito dos usuais erros padrão MQO? Você se surpreendeu com isso?

(v) Estime a equação por meio da diferenciação apenas entre cônjuges dentro de uma família. Por que as variáveis explicativas investigadas no item (ii) foram abandonadas na estimação de primeira diferença?

(vi) Algumas das variáveis explicativas restantes no item (v) são significantes? Você se surpreendeu com isso?

C10 Use os dados em AIRFARE neste exercício. Estamos interessados em estimar o modelo

$$\log(fare_{it}) = \eta_t + \beta_1 concen_{it} + \beta_2 \log(dist_i) + \beta_3 [\log(dist_i)]^2$$
$$+ a_i + u_{it}, t = 1, ..., 4,$$

em que η_t significa que permitimos diferentes interceptos anuais.

(i) Estime a equação acima por meio de MQO agrupado, certificando-se de incluir *dummies* anuais. Se ($\Delta concen = 0{,}10$), qual o aumento percentual estimado em *fare*?

(ii) Qual é o intervalo de confiança usual a 95% para β_1 estimado por MQO? Por que provavelmente esse número não é confiável? Se você tiver acesso a um pacote estatístico que compute erros padrão completamente robustos, encontre o IC de 95% completamente robusto para β_1. Compare-o com o IC habitual e comente.

(iii) Descreva o que ocorre com o termo quadrático em log(*dist*). Em particular, para qual valor de *dist* a relação entre log(*fare*) e *dist* se torna positiva? [*Dica*: Primeiro imagine o valor do momento decisivo para log(*dist*) e então faça uma exponenciação]. O momento decisivo está fora da extensão dos dados?

(iv) Agora estime equação usando efeitos aleatórios. Como a estimativa de β_1 muda?

(v) Estime a equação usando efeitos fixos. Qual é a estimativa EF de β_1? Por que ela é muito similar à estimativa EA? (*Dica*: O que é $\hat{\theta}$ para a estimativa EA?)

(vi) Nomeie duas características de uma rota (fora a distância entre paradas) que sejam capturadas por a_i. Elas devem ser correlacionadas com $concen_{it}$?

(vii) Você está convencido de que uma concentração mais alta em apenas uma rota aumenta o valor das passagens aéreas? Qual é sua melhor estimativa?

C11 Esta questão presume que você tenha acesso a um pacote estatístico que compute erros padrão robustos em relação à correlação serial e em relação à heteroscedasticidade para métodos de dados em painel.

(i) Para as estimativas de MQO agrupado da Tabela 14.1, obtenha os erros padrão que permitem correlação serial arbitrária (nos erros compostos, $v_{it} = a_i + u_{it}$) e heteroscedasticidade. Como os erros padrão robustos para *educ*, *married* e *union* se comparam aos não robustos?

(ii) Agora obtenha os erros padrão robustos para estimativas de efeitos fixos que permitem correlação serial arbitrária e heteroscedasticidade nos erros idiossincráticos, u_{it}. Como eles se comparam com os erros padrão EF não robustos?

(iii) Por meio de qual método, MQO agrupado ou EF, é mais importante ajustar os erros padrão para correlação serial? Por quê?

C12 Use os dados em ELEM94_95 para responder a esta questão. Os dados são sobre escolas do ensino fundamental de Michigan. Neste exercício, consideramos os dados como uma amostra por agrupamento, na qual cada escola faz parte de um agrupamento do distrito.

(i) Qual é o menor e o maior número de escolas em um distrito? Qual é a média numérica de escolas por distrito?

(ii) Usando MQO agrupado (ou seja, agrupando entre 1.848 escolas), estime um modelo relacionando *lavgsal* a *bs*, *lenrol*, *lstaff* e *lunch*; veja também o Exercício em Computador do Capítulo 9. Qual é o coeficiente e o erro padrão em *bs*?

(iii) Obtenha os erros padrão robustos para correlação de agrupamento dentro do distrito (e também heteroscedasticidade). O que acontece com a estatística t para *bs*?

(iv) Ainda utilizando MQO agrupado, exclua as quatro observações com $bs > ,5$ e obtenha $\hat{\beta}_{bs}$ e seu erro padrão robusto em relação a agrupamento. Existe muita evidência de uma compensação entre salários e benefícios?

(v) Estime a equação por efeitos fixos, permitindo um efeito de distrito comum para escolas dentro de um distrito. Novamente, exclua as observações com $bs > 0,5$. O que você conclui sobre compensação entre salários e benefícios?

(vi) Levando em conta suas estimativas nos itens (iv) e (v), discuta a importância de permitir uma compensação do professor para variar sistematicamente entre distritos, via um efeito fixo de distrito.

C13 O conjunto de dados DRIVING inclui dados em painel no âmbito dos estados (para os 48 estados continentais dos Estados Unidos), de 1980 a 2004, para um total de 25 anos. Várias leis de trânsito são indicadas no conjunto de dados, incluindo o nível de álcool com o qual se considera motoristas legalmente embriagados. Também há indicadores para leis *per se* – com as quais licenças podem ser revogadas sem julgamento – e leis sobre cinto de segurança. Algumas variáveis econômicas e demográficas também estão inclusas.

(i) Como se define a variável *totfatrte*? Qual é a média dessa variável nos anos 1980, 1992 e 2004? Mantenha uma regressão de *totfatrte* em variáveis *dummy* para os anos de 1981 a 2004 e descreva seus achados. Dirigir se tornou mais seguro depois desse período? Explique.

(ii) Adicione as variáveis *bac08*, *bac10*, *perse*, *sbprim*, *sbsecon*, *sl70plus*, *gdl*, *perc14_24*, *unem* e *vehicmilespc* à regressão do item (i). Interprete os coeficientes em *bac08* e *bac10*. As leis per se têm um efeito negativo sobre a taxa de fatalidade? E possuir uma lei principal sobre o cinto de segurança? (Repare que, se uma lei foi promulgada em algum momento dentro de um ano, a fração do ano é registrada no lugar do indicador zero-um).

(iii) Reestime o modelo do item (ii) usando efeitos fixos (do estado). Como os coeficientes em *bac08*, *bac10*, *perse* e *sbprim* comparam-se com as estimativas de MQO agrupadas? Que conjunto de estimativas você considera mais confiável?

(iv) Suponha que *vehicmilespc*, o número de quilômetros dirigidos *per capita*, aumente em 1.000. Usando as estimativas EF, qual é o efeito estimado em *totfatrte*? Certifique-se de interpretar a estimativa como se estivesse explicando a um leigo.

(v) Se houver correlação serial ou heteroscedasticidade nos erros idiossincráticos do modelo, então os erros padrão do item (iii) não serão válidos. Se possível, use erros padrão robustos em relação a "agrupamento" para estimativas de efeitos fixos. O que ocorre com a significância estatística das variáveis políticas do item (iii)?

C14 Use os dados em AIRFARE para responder a esta questão. As estimativas podem ser comparadas com as do Exercício em Computador 10, neste capítulo.

(i) Compute as médias temporais da variável *concen*; chame-as de *concenbar*. Quantas médias temporais diferentes podem existir? Reporte a menor e a maior.

(ii) Estime a equação $lfare_{it} = \beta_0 + \delta_1 y98_t + \delta_2 y99_t + \delta_3 y00_t + \beta_1 conce_{it} + \beta_2 ldist_i + \beta_3 ldistsq_i + \gamma_1 concenbar_i + a_i + u_{it}$ por efeitos aleatórios. Prove que $\hat{\beta}_1$ é idêntico à estimativa EF computada em C10.

(iii) Se você excluir *ldist* e *ldistsq* da estimação do item (i), mas ainda assim incluir *concenbar_i*, o que acontece com a estimativa de $\hat{\beta}_1$? E o que acontece com a estimativa de γ_1?

(iv) Utilizando a equação do item (ii) e o erro padrão EA usual, teste $H_0: \gamma_1 = 0$ versus a alternativa bilateral. Reporte o *p*-valor. O que você conclui sobre a EA versus EF para a estimação de β_1 nessa aplicação?

(v) Se possível, para o teste do item (iv), obtenha uma estatística *t* (e, portanto, o *p*-valor) que seja robusta em relação à correlação serial arbitrária e em relação à heteroscedasticidade. Isso muda a conclusão alcançada do item (iv)?

C15 Use os dados em COUNTYMURDERS para responder a esta questão. O conjunto de dados cobre assassinatos e execuções (pena de morte) para 2.197 municípios dos Estados Unidos. Veja também o Exercício em computador C16 do Capítulo 13.

(i) Considere o modelo

$$murdrate_{it} = \theta_t + \delta_0 execs_{it} + \delta_1 execs_{i,t-1} + \delta_2 execs_{i,t-2} + \delta_3 execs_{i,t-3} +$$
$$\beta_5 percblack_{it} + \beta_6 percmale_{it} + \beta_7 perc1019_{it} + \beta_8 perc2029_{it} + a_i + u_{it},$$

em que θ_t representa um intercepto diferente para cada período de tempo, a_i é o efeito fixo de município e u_{it} é o erro idiossincrático. Por que faz sentido incluir defasagens da variável-chave, *execs*, na equação?

(ii) Aplique MQO à equação do item (i) e reporte as estimativas de $\delta_0, \delta_1, \delta_2$ e δ_3, juntamente com os usuais erros padrão de MQO agrupados. Você estima que execuções tenham um efeito dissuasivo sobre os assassinatos? Forneça uma explicação que envolva a_i.

(iii) Agora estime a equação do item (i) usando efeitos fixos para remover a_i. Quais são as novas estimativas de δ_j? Elas são muito diferentes das estimativas do item (ii)?

(iv) Obtenha a propensão de longo prazo de estimativas do item (iii). Usando os usuais erros padrão EF, a PLP é estatisticamente diferente de zero?

(v) Se possível, obtenha erros padrão para as estimativas EF que sejam robustos para heteroscedasticidade arbitrária e correlação serial em $\{u_{it}\}$. O que ocorre com a significância estatística de $\hat{\delta}_j$? E com a PLP estimada?

APÊNDICE 14 A

14A.1 Hipóteses dos efeitos fixos e aleatórios

Neste apêndice, apresentamos definições das hipóteses da estimação por efeitos fixos e aleatórios. Também apresentamos uma discussão sobre as propriedades dos estimadores sob diferentes conjuntos de hipóteses. A verificação dessas afirmações não é muito simples, mas pode ser considerada em Wooldridge (2010, Capítulo 10).

Hipótese EF.1
Para cada i, o modelo é

$$y_{it} = \beta_1 x_{it1} + \ldots + \beta_k x_{itk} + a_i + u_{it}, \quad t = 1, \ldots, T,$$

em que os β_j são os parâmetros a serem estimados e a_i os efeitos não observados.

Hipótese EF.2
Temos uma amostra aleatória na dimensão do corte transversal.

Hipótese EF.3
Cada variável explicativa muda ao longo do tempo (para ao menos algum i), e não há relações lineares perfeitas entre as variáveis explicativas.

Hipótese EF.4
Para cada t, o valor esperado do erro idiossincrático, dadas as variáveis explicativas em *todos* os períodos de tempo e o efeito não observado, é zero: $E(u_{it}|\mathbf{X}_i, a_i) = 0$.

Sob essas quatro primeiras Hipóteses – que são idênticas às hipóteses do estimador de primeiras diferenças –, o estimador de efeitos fixos é não viesado. Novamente, a principal é a hipótese da exogeneidade estrita, EF.4. Sob essas mesmas hipóteses, o estimador EF é consistente com um T fixo conforme $N \to \infty$.

Hipótese EF.5
$\text{Var}(u_{it}|\mathbf{X}_i, a_i) = \text{Var}(u_{it}) = \sigma_u^2$, para todo $t = 1, \ldots, T$.

Hipótese EF.6
Para todo $t \neq s$, os erros idiossincráticos são não correlacionados (condicionais a todas as variáveis explicativas e a_i): $\text{Cov}(u_{it}, u_{is}|\mathbf{X}_i, a_i) = 0$.

Sob as Hipóteses EF.1 a EF.6, o estimador de efeitos fixos dos β_j é o melhor estimador linear não viesado. Como o estimador da PD é linear e não viesado, ele é, necessariamente, pior que o estimador de EF. A hipótese que torna EF melhor que PD é EF.6, implicando erros idiossincráticos serialmente não correlacionados.

Hipótese EF.7
Condicional em $\mathbf{X}_i$ e a_i, os u_{it} são independentes e identicamente distribuídos como Normal$(0, \sigma_u^2)$.

A Hipótese EF.7 implica EF.4, EF.5 e EF.6, mas é mais forte, pois presume uma distribuição normal dos erros idiossincráticos. Se adicionarmos EF.7, o estimador de EF é normalmente distribuído, e as estatísticas t e F têm distribuições t e F exatas. Sem EF.7, podemos recorrer a aproximações assimptóticas. Entretanto, sem fazer hipóteses especiais, essas aproximações exigem N grande e T pequeno.

As hipóteses ideais dos efeitos aleatórios são EF.1, EF.2, EF.4, EF.5 e EF.6. (O EF.7 poderia ser adicionado, mas nos trará pouco ganho na prática pois teremos que estimar θ.) Como estaremos subtraindo somente uma fração das médias temporais, agora podemos permitir variáveis explicativas constantes no tempo. Portanto, o EF.3 é substituído pela seguinte hipótese:

Hipótese EA.1
Não existem relacionamentos lineares perfeitos entre as variáveis explicativas.

O custo de se permitir regressores constantes no tempo é que devemos adicionar hipóteses sobre como o efeito não observado, a_i, está relacionado com as variáveis explicativas.

Hipótese EA.2
Adicionalmente ao EF.4, o valor esperado da a_i, dadas todas as variáveis explicativas, é constante: $E(a_i | \mathbf{X}_i) = \beta_0$.

Essa é a hipótese que elimina a correlação entre o efeito não observado e as variáveis explicativas, e é a principal distinção entre os efeitos fixos e os efeitos aleatórios. Como presumimos que a_i não é correlacionado com todos os elementos de x_{it}, podemos incluir variáveis explicativas constantes no tempo. (Tecnicamente, a quase centralização na média remove somente uma fração da média temporal, e não a sua totalidade.) Consideramos uma expectativa diferente de zero de a_i na definição da Hipótese EA.4, de forma que o modelo sob as hipóteses dos efeitos aleatórios contenha um intercepto, β_0, como na equação (14.7). Lembre-se, em geral incluiríamos também um conjunto de interceptos de períodos de tempo, com o primeiro ano sendo o ano-base.

Também necessitamos impor homoscedasticidade em a_i, como segue:

Hipótese EA.3
Adicionalmente ao EF.5, a variância de a_i, dadas todas as variáveis explicativas, é constante: $\text{Var}(a_i|\mathbf{X}_i) = \sigma_a^2$.

Sob as seis hipóteses de efeitos aleatórios (EF.1, EF.2, EA.3, EA.4, EA.5 e EA.6), o estimador EA é consistente e assimptótico e normalmente distribuído na medida em que N se torna maior para T fixo. Na verdade, consistência e normalidade assimptótico são derivadas sob as primeiras quatro hipóteses, mas sem as últimas duas hipóteses os erros padrão habituais do EA e testes estatísticos não serão válidos. Além disso, sob as seis hipóteses EA, os estimadores de EA são assimptoticamente eficientes. Isso significa que, em amostras grandes, os estimadores de EA terão erros padrão menores que os correspondentes estimadores de MQO agrupados (quando os erros padrão robustos apropriados forem usados para os MQO agrupados). Para os coeficientes nas variáveis explicativas com variação temporal (as únicas estimáveis pelo EF), o estimador de EA é mais eficiente que o estimador de EF – frequentemente muito mais eficiente. Contudo, o propósito do EF não é ser eficiente sob as hipóteses EA, mas sim ser robusto quanto à correlação entre as a_j e as x_{itj}. Como frequentemente acontece na econometria, existe uma relação de trocas entre robustez e eficiência. Para verificação das afirmações feitas aqui, veja Wooldridge (2010, Capítulo 10).

14A.2 Inferência robusta em relação à correlação serial e à heteroscedasticidade para efeitos fixos e efeitos aleatórios

Uma das hipóteses-chave para realizar inferência usando EF, EA e mesmo a abordagem EAC para modelos de dados em painel é a de nenhuma correlação serial nos erros idiossincráticos, $\{u_{it}: t = 1, \ldots, T\}$ – ver Hipótese EF.6. É claro, heteroscedasticidade também pode ser um problema, mas isso também exclui inferência padrão (ver Hipótese EF.5). Como discutido no apêndice do Capítulo 13, os mesmos problemas podem surgir com a estimação de primeira diferença, quando temos $T \geq 3$ períodos de tempo.

Felizmente, assim como acontece com a estimação PD, existem agora soluções simples para uma inferência completamente robusta – inferência robusta para violações arbitrárias das Hipóteses EF.5 e EF.6 e, quando aplicadas as abordagens EA ou EAC, para a Hipótese EA.5. Como a estimação PD, a abordagem geral para obter erros padrão completamente robustos e estatísticas de teste é conhecida como **agrupamento**. Agora, contudo, o agrupamento é aplicado a uma equação diferente. Por exemplo, para estimação EF, o agrupamento se aplica à equação na forma reduzida (14.5). Para estimação EA, o agrupamento é aplicado à equação na forma quase reduzida (14.11) [e um comentário similar serve para EAC, contudo, lá as médias temporais são incluídas como variáveis explicativas separadas]. Os detalhes, que podem ser encontrados em Wooldridge (2010, Capítulo 10), são muito avançados para este texto. No entanto, compreender o propósito do agrupamento não o é: se possível, devemos computar erros padrão, intervalos de confiança e estatísticas teste que sejam válidos em grandes cortes transversais sob o mais fraco conjunto de hipóteses. O estimador EF exige apenas as Hipóteses de EF.1 a EF.4 para imparcialidade e consistência ($N \to \infty$ como T fixo). Logo, um pesquisador cuidadoso deve ao menos checar se a inferência robusta em relação à correlação serial e à heteroscedasticidade nos erros afeta a inferência. A experiência mostra que isso geralmente acontece.

Aplicar uma inferência robusta de agrupamento para explicar correlação serial dentro de um contexto de dados em painel é facilmente justificável quando N é substancialmente maior do que T. Sob certas restrições na dependência de séries temporais, do tipo discutido no Capítulo 11, inferência por agrupamento robusta para um estimador de efeitos fixos pode ser justificada quando T for de uma magnitude similar a N, desde que ambos não sejam pequenos. Essa hipótese surgiu do trabalho de Hansen (2007). Em geral, o agrupamento não é teoricamente justificável quando N for pequeno e T for grande.

Computar estatísticas robustas em relação a agrupamento depois da estimação EF ou EA é simples em muitos pacotes econométricos, geralmente exigindo apenas uma opção da forma "agrupamento(id)", anexada no final dos comandos de estimação EF e EA. Assim como no caso PD, "id" refere-se a um identificador de corte transversal. Comentários similares sustentam-se quando se aplica EF ou EA a amostras de agrupamento, como o identificador do agrupamento.

CAPÍTULO **15**

Estimação de variáveis instrumentais e mínimos quadrados em dois estágios

Neste capítulo, estudaremos com mais profundidade o problema das **variáveis explicativas endógenas** em modelos de regressão múltipla. No Capítulo 3, derivamos o viés nos estimadores MQO quando uma variável importante era omitida; no Capítulo 5, mostramos que os estimadores MQO são, em geral, inconsistentes sob **variáveis omitidas**. O Capítulo 9 demonstrou que o viés de variáveis omitidas pode ser eliminado (ou pelo menos suavizado) quando uma variável *proxy* adequada é escolhida para representar uma variável explicativa não observada. Infelizmente, variáveis *proxy* adequadas nem sempre estão disponíveis.

Nos dois capítulos anteriores, explicamos como a estimação por efeitos fixos ou por primeira diferença pode ser usada com dados em painel para estimar os efeitos de variáveis independentes que variam no tempo, na presença de variáveis omitidas *constantes no tempo*. Embora esses métodos sejam bastante úteis, nem sempre temos acesso aos dados em painel. Mesmo que possamos obter dados em painel, eles serão de pouca utilidade se estivermos interessados no efeito de uma variável que não se altera ao longo do tempo: a estimação por primeira diferença ou por efeitos fixos elimina as variáveis explicativas constantes no tempo. Além disso, os métodos de dados em painel que estudamos até agora não solucionam o problema de as variáveis omitidas que variam no tempo serem correlacionadas com as variáveis explicativas.

Neste capítulo, consideramos uma abordagem diferente do problema da endogeneidade. Você verá como o método das variáveis instrumentais (VI) pode ser usado para solucionar o problema da endogeneidade de uma ou de mais variáveis explicativas. O método de mínimos quadrados em dois estágios (MQ2E ou MQDE) só é superado em popularidade pelo método de mínimos quadrados ordinários usado para estimar equações lineares em econometria aplicada.

Começaremos mostrando como os métodos VI podem ser usados para obter estimadores consistentes na presença de variáveis omitidas. Os métodos VI também podem ser usados para solucionar o problema de **erros nas variáveis**, pelo

CAPÍTULO 15 Estimação de variáveis instrumentais e mínimos quadrados em dois estágios

menos sob certas hipóteses. O próximo capítulo demonstrará como estimar modelos de equações simultâneas usando os métodos VI.

Nossa abordagem da estimação de variáveis instrumentais acompanha de perto nosso desenvolvimento dos mínimos quadrados ordinários na Parte 1, na qual presumimos que tínhamos uma amostra aleatória de uma população básica. Esse é um ponto de partida desejável, pois, além de simplificar a notação, enfatiza que as hipóteses importantes da estimação por VI são definidas em termos da população básica (como acontece com o MQO). Conforme mostramos na Parte 2, o MQO pode ser aplicado a dados de séries temporais, e o mesmo é verdadeiro para os métodos de variáveis instrumentais. A Seção 15.7 discute alguns problemas especiais que surgem quando os métodos VI são aplicados a dados de séries temporais. Na Seção 15.8, tratamos de aplicações a cortes transversais agrupados e dados em painel.

15.1 Motivação: variáveis omitidas em um modelo de regressão simples

Na possibilidade de viés de variáveis omitidas (ou heterogeneidade não observada), até agora examinamos três opções: (1) podemos ignorar o problema e sofrer as consequências de estimadores viesados e inconsistentes; (2) podemos tentar encontrar e usar uma variável *proxy* adequada da variável não observada; ou (3) podemos presumir que a variável omitida não se altera ao longo do tempo e utilizar os métodos de efeitos fixos ou de primeira diferença vistos nos Capítulos 13 e 14. A primeira opção poderá ser satisfatória se as estimativas estiverem acopladas com a direção dos vieses dos parâmetros importantes. Por exemplo, se pudermos dizer que o estimador de um parâmetro positivo, digamos, o efeito do treinamento de pessoal sobre os salários subsequentes, é viesado para zero e constatar uma estimativa positiva estatisticamente significante, ainda teremos descoberto alguma coisa: o treinamento de pessoal tem efeito positivo sobre os salários, e é provável que tenhamos subestimado o efeito. Infelizmente, o caso oposto, no qual nossas estimativas podem ter magnitude grande demais, ocorre com frequência, o que nos torna muito difícil esboçar qualquer conclusão útil.

A solução da variável *proxy* discutida na Seção 9.2 também pode produzir resultados satisfatórios, mas nem sempre é possível encontrar uma boa *proxy*. Essa abordagem tenta resolver o problema da variável omitida substituindo a variável não observada por uma ou mais variáveis proxy.

Outra abordagem deixa a variável não observada no termo de erro, mas, em vez de estimar o modelo por MQO, usa um método de estimação que reconhece a presença da variável omitida. É isso que o método das variáveis instrumentais faz.

A título ilustrativo considere o problema da aptidão não observada em uma equação de salários-hora (*wage*) de trabalhadores adultos. Um modelo simples é

$$\log(wage) = \beta_0 + \beta_1 educ + \beta_2 aptid + e,$$

em que e é o termo de erro. No Capítulo 9, mostramos como, sob certas hipóteses, uma variável *proxy* como *IQ* pode substituir a aptidão, e assim um estimador consistente de β_1 será obtido a partir da regressão de

$$\log(wage) \text{ sobre } educ, IQ.$$

Suponha, porém, que uma variável *proxy* não esteja disponível (ou não tenha as propriedades necessárias para produzir um estimador consistente de β_1). Então, colocamos *aptid* no termo de erro e ficamos com o modelo de regressão simples

$$\log(wage) = \beta_0 + \beta_1 educ + u, \qquad (15.1)$$

em que u contém *aptid*. Naturalmente, se a equação (15.1) for estimada por MQO, o resultado será um estimador viesado e inconsistente de β_1, se *educ* e *aptid* forem correlacionados.

Constata-se ainda que podemos usar a equação (15.1) como a base da estimação, desde que possamos encontrar uma variável instrumental de *educ*. Para descrever essa abordagem, o modelo de regressão simples é escrito como

$$y = \beta_0 + \beta_1 x + u, \qquad (15.2)$$

em que acreditamos que x e u são correlacionados (têm covariância diferente de zero):

$$\text{Cov}(x,u) \neq 0. \qquad (15.3)$$

O método das variáveis instrumentais funciona sejam x e u correlacionados ou não, mas, por razões que veremos mais tarde, o MQO deverá ser usado se x for não correlacionado com u.

Para obter estimadores consistentes de β_0 e β_1 quando x e u forem correlacionados, necessitaremos de alguma informação adicional. A informação virá por meio de uma nova variável que satisfaça certas propriedades. Suponha que tenhamos uma variável observável z que satisfaça as seguintes duas hipóteses: (1) z é não correlacionado com u, isto é,

$$\text{Cov}(z,u) = 0; \qquad (15.4)$$

(2) z é correlacionado com x, isto é,

$$\text{Cov}(z,x) \neq 0. \qquad (15.5)$$

Então, dizemos que z é uma **variável instrumental** de x, ou algumas vezes simplesmente um **instrumento** para x.

A exigência que o instrumento z satisfaça a (15.4) é resumida dizendo-se "z é exógena na equação (15.2)", e assim frequentemente nos referimos a (15.4) como **exogeneidade dos instrumentos**. No contexto de variáveis omitidas, exogeneidade instrumental significa que z não deve ter efeito parcial em y (após x e as variáveis omitidas terem sido controladas), e z deve ser não correlacionada com as variáveis omitidas. A equação (15.5) significa que z deve ser relacionado, positiva ou negativamente, com a variável explicativa endógena x. Esta condição algumas vezes é referida como **relevância dos instrumentos** (como "z é relevante para explicar a variação em x").

Existe uma diferença bastante importante entre os dois requisitos de uma variável instrumental. Como (15.4) envolve a covariância entre z e o erro não observado u, em geral não podemos ter esperança de testar essa hipótese: na maioria dos casos, temos que manter $\text{Cov}(z,u) = 0$, recorrendo ao comportamento ou à introspecção econômica. (Em situações menos usuais, é possível que tenhamos uma variável *proxy* observável de algum fator contido em u, caso em que poderemos verificar se z e a variável *proxy* são mais ou menos não correlacionadas. É evidente que, se tivermos uma boa *proxy* de um elemento importante de *u*, poderemos simplesmente adicionar a *proxy* como uma variável explicativa e estimar a equação expandida por mínimos quadrados ordinários. Veja a Seção 9.2.)

Em contraposição, a condição de que *z* seja correlacionado com *x* (na população) pode ser testada, dada uma amostra aleatória da população. A maneira mais fácil de fazer isso é estimar uma regressão simples entre *x* e *z*. Na população, temos

$$x = \pi_0 + \pi_1 z + v. \tag{15.6}$$

Então, como $\pi_1 = \text{Cov}(z,x)/\text{Var}(z)$, a Hipótese (15.5) será válida se, e somente se, $\pi_1 \neq 0$. Assim, deveremos ser capazes de rejeitar a hipótese nula

$$H_0: \pi_1 = 0 \tag{15.7}$$

contra a alternativa bilateral $H_0: \pi_1 \neq 0$, em um nível de significância suficientemente pequeno (digamos, 5% ou 1%). Se esse for o caso, podemos ter uma razoável confiança de que (15.5) se mantém.

Para a equação log(*wage*) em (15.1), uma variável instrumental *z* de *educ* deve ser (1) não correlacionada com aptidão (e com quaisquer outros fatores não observáveis que afetem o salário) e (2) correlacionada com educação. Algo como o último dígito do número da previdência social (*Social Security Number – SSN*) de um indivíduo provavelmente satisfará o primeiro requisito: ele será não correlacionado com a aptidão, por ser determinado de forma aleatória. Contudo, é precisamente por causa da aleatoriedade do último dígito do SSN que também ele não se correlaciona com educação; logo, representa uma variável instrumental fraca para *educ*, pois viola o requisito de relevância do instrumento na equação (15.5).

O que chamamos de *variável proxy* da variável omitida transforma-se em uma VI pobre pelo motivo oposto. No exemplo de log(*wage*) com a aptidão omitida, uma variável *proxy* de *aptid* deverá ser tão altamente correlacionada quanto possível com *aptid*, por exemplo. Uma variável instrumental deverá ser *não correlacionada* com *aptid*. Portanto, embora a variável *IQ* seja uma boa candidata para ser uma variável *proxy* de *aptid*, não será uma boa variável instrumental de *educ*, porque viola o requisito de exogeneidade do instrumento na equação (15.4).

Se outras possíveis candidatas a variável instrumental satisfazem as exigências de exogeneidade em (15.4), isso é menos claro. Em equações de salários, os economistas trabalhistas usam variáveis do perfil familiar como VIs da educação. Por exemplo, a escolaridade da mãe (*motheduc*) é positivamente correlacionada com a educação dos filhos, como poderá ser verificado coletando uma amostra de dados sobre trabalhadores e computando uma regressão simples de *educ* sobre *motheduc*. Portanto, *motheduc* satisfará a equação (15.5). O problema é que a escolaridade da mãe também poderá estar correlacionada com a aptidão dos filhos (por meio da aptidão da mãe e talvez da qualidade da nutrição em tenra idade). Nesse caso, (15.4) falha.

Outra possível escolha de VI para *educ* em (15.1) é o número de irmãos durante o crescimento (*sibs*). Geralmente, ter mais irmãos está associado a níveis médios mais baixos de educação. Assim, se o número de irmãos for não correlacionado com a aptidão, ele pode agir como uma variável instrumental de *educ*.

Como segundo exemplo, considere o problema de estimar o efeito causal de faltar às aulas sobre as notas do exame final. Em uma estrutura de regressão simples, temos

$$score = \beta_0 + \beta_1 skipped + u, \tag{15.8}$$

em que *score* é a nota no exame final e *skipped* é o número total de faltas às aulas durante o semestre. Com certeza, devemos estar preocupados se *skipped* está correlacionado com outros fatores em *u*: alunos mais aptos, altamente motivados, devem ter menor número de faltas. Assim, uma regressão simples de *score* sobre *skipped* pode não produzir uma boa estimativa do efeito causal de faltas às aulas.

Qual poderia ser uma boa VI de *skipped*? Necessitamos de algo que não tenha efeito direto sobre *score* e que não seja correlacionado com a aptidão e a motivação do aluno. Ao mesmo tempo, a VI deve ser correlacionada com *skipped*. Uma opção é usar a distância entre os alojamentos e o campus. Alguns alunos em grandes universidades deslocam-se constantemente para o campus, o que pode aumentar a possibilidade de faltarem às aulas (em razão do mau tempo, por terem dormido demais etc.). Assim, *skipped* pode estar positivamente correlacionado com *distância*; isso pode ser verificado regredindo *skipped* sobre *distância* e fazendo-se um teste *t*, como já descrito.

Será *distância* correlacionado com *u*? No modelo de regressão simples (15.8), alguns fatores em *u* poderão ser correlacionados com *distância*. Por exemplo, alunos de família de baixa renda provavelmente residem fora do *campus*; se a renda afetar o desempenho dos alunos, isso pode fazer com que *distância* seja correlacionado com *u*. A Seção 15.2 mostra como usar VI no contexto de regressão múltipla, de forma que outros fatores que afetem *score* possam ser diretamente incluídos no modelo. Assim, *distância* pode ser uma boa VI de faltas (*skipped*). Uma abordagem VI pode não ser necessária se houver uma boa *proxy* da aptidão do aluno, como a nota média acumulada anterior ao semestre corrente (GPA).

Há um ponto final que vale a pena enfatizar antes de tratarmos dos mecanismos da estimação VI: especificamente, ao usar regressão simples na equação (15.6) para testar (15.7), é importante notar o sinal (e mesmo magnitude) de $\hat{\pi}_1$, e não apenas de sua significância estatística. Argumentos sobre por que uma variável *z* é uma boa candidata VI para uma variável explicativa endógena *x* devem incluir uma discussão sobre a natureza da relação entre *x* e *z*. Por exemplo, devido à genética e a um histórico de influências, faz sentido que a educação da criança (*x*) e de sua mãe (*z*) seja positivamente correlacionada. Se em sua amostra de dados você descobrir que, na verdade, eles estão negativamente correlacionados – ou seja, $\hat{\pi}_1 < 0$, então é possível que seu uso da educação da mãe como VI para a educação do filho não seja convincente [e isso não tem nada a ver com a possibilidade de que a condição (15.4) seja mantida]. No exemplo em que medimos se faltar às aulas tem impacto no desempenho nas provas, é possível encontrar uma relação positiva, estatisticamente significante entre faltar e distância, a fim de justificar a utilização de distância como um VI para faltar às aulas: uma relação negativa seria difícil de justificar [e sugeriria que existem importantes variáveis omitidas direcionando uma correlação negativa – variáveis que teriam de ser incluídas no modelo (15.8)].

Agora demonstramos que a disponibilidade de uma variável instrumental pode ser usada para estimar com consistência os parâmetros na equação (15.2). Particularmente, mostramos que as hipóteses (15.4) e (15.5) servem para *identificar* o parâmetro β_1. **Identificação** de um parâmetro nesse contexto significa poder escrever β_1 em termos de momentos populacionais que possam ser estimados usando uma amostra de dados. Para escrever β_1 em termos de covariâncias populacionais, usamos a equação (15.2): a covariância entre z e y é

$$\text{Cov}(z,y) = \beta_1 \text{Cov}(z,x) + \text{Cov}(z,u).$$

Visto que, sob a hipótese (15.4), $\text{Cov}(z,u) = 0$, e sob a hipótese (15.5), $\text{Cov}(z,x) \neq 0$, podemos resolver β_1 como

$$\beta_1 = \frac{\text{Cov}(z,y)}{\text{Cov}(z,x)}. \tag{15.9}$$

[Observe como essa álgebra simples falhará se z e x forem não correlacionados, isto é, se $\text{Cov}(z,x) = 0$.] A equação (15.9) mostra que β_1 é a covariância populacional entre z e y, dividida pela covariância populacional entre z e x, o que mostra que β_1 é identificada. Dada uma amostra aleatória, estimamos as quantidades populacionais pelos análogos da amostra. Após cancelar os tamanhos das amostras no numerador e no denominador, obtemos o **estimador de variáveis instrumentais (VI)** de β_1:

$$\hat{\beta}_1 = \frac{\sum_{i=1}^{n}(z_i - \bar{z})(y_i - \bar{y})}{\sum_{i=1}^{n}(z_i - \bar{z})(x_i - \bar{x})}. \tag{15.10}$$

Dada uma amostra de dados de x, y e z, é simples obter o estimador de VI em (15.10). O estimador de VI de β_0 é simplesmente $\hat{\beta}_0 = \bar{y} - \hat{\beta}_1 \bar{x}$, que é bastante parecido com o estimador MQO do intercepto, exceto pelo fato de que o estimador de inclinação, $\hat{\beta}_1$, agora é o estimador de VI.

Não é por acaso que, quando $z = x$, obtemos o estimador MQO de β_1. Em outras palavras, quando x é exógeno, ele pode ser usado como seu próprio VI, e o estimador de VI será, então, idêntico ao estimador MQO.

Uma aplicação simples da lei dos grandes números mostra que o estimador VI é consistente para β_1: $\text{plim}(\hat{\beta}_1) = \beta_1$, desde que as hipóteses (15.4) e (15.5) sejam satisfeitas. Se qualquer uma dessas hipóteses falhar, os estimadores VI não serão consistentes (veremos mais sobre isso adiante). Uma das características do estimador VI é que, quando x e u forem de fato correlacionados – de forma que a estimação por variáveis instrumentais será de fato necessária –, essencialmente ele sempre será viesado. Isso significa que, em amostras pequenas, o estimador VI pode ter um viés substancial, que é uma das razões pela qual amostras grandes são preferidas.

Quando discutimos a aplicação de variáveis instrumentais, é importante ter cuidado com a linguagem. Assim como MQO, VI é um método de *estimativa*. Não faz muito sentido referir-se a ele como "um modelo de variáveis instrumentais" – da mesma forma como a frase "modelo MQO" não faz muito sentido. Sabemos que um modelo é uma equação tal como a (15.8), um caso especial de modelo genérico na equação (15.2). Quando temos um modelo como a (15.2), podemos escolher estimar os parâmetros desse modelo de muitas formas diferentes. Antes desse capítulo, focamos principalmente em MQO, mas, por exemplo, também sabemos pelo Capítulo 8 que é possível usar mínimos quadrados ponderados como um método de estimação alternativo (e existem inúmeras possibilidades para os pesos). Se temos um candidato a variável instrumental z para x, então podemos, ao contrário, aplicar a estimação de variáveis instrumentais. Certamente é válido que o método de estimação que aplicamos seja motivado pelo modelo e pelas hipóteses feitas sobre eles. Contudo, os estimadores são bem definidos e existem à parte de qualquer modelo subjacente ou hipóteses: lembre-se de que um estimador é uma regra de combinação de dados. O resultado é que, enquanto provavelmente soubermos o que um pesquisador quer dizer ao usar uma frase como "Estimo um modelo VI", essa linguagem trará uma falta de entendimento sobre a diferença entre um modelo e um método de estimação.

15.1a Inferência estatística com o estimador de VI

Dadas as estruturas similares dos estimadores de VI e MQO, não surpreende que o estimador de VI tenha uma distribuição aproximadamente normal em amostras de tamanhos grandes. Para fazer inferência sobre β_1, precisamos de um erro padrão que possa ser usado para calcular estatísticas t e intervalos de confiança. A abordagem habitual é impor uma hipótese de homoscedasticidade, exatamente como no caso de MQO. Agora, a hipótese de homoscedasticidade é declarada condicional à variável instrumental, z, e não à variável explicativa endógena, x. Com as hipóteses anteriores sobre u, x e z, adicionamos

$$E(u^2|z) = \sigma^2 = \text{Var}(u). \tag{15.11}$$

Pode ser mostrado que, sob (15.4), (15.5) e (15.11), a variância assintótica de $\hat{\beta}_1$ é

$$\frac{\sigma^2}{n\sigma_x^2\rho_{x,z}^2}, \tag{15.12}$$

em que σ_x^2 é a variância populacional de x, σ^2 é a variância populacional de u, e $\rho_{x,z}^2$ é o quadrado da correlação populacional entre x e z. Isso nos informa o quanto x e z são altamente correlacionados na população. Do mesmo modo como o estimador de MQO, a variância assintótica do estimador de VI decresce para zero à taxa de $1/n$, em que n é o tamanho da amostra.

A equação (15.12) é interessante por duas razões. A primeira fornece uma maneira de obter um erro padrão do estimador de VI. Todas as quantidades em (15.12) podem ser consistentemente estimadas, dada uma amostra aleatória. Para estimar σ_x^2, simplesmente calculamos a variância amostral de x_i; para estimar $\rho_{x,z}^2$, podemos executar a regressão de x_i sobre z_i para obter o R-quadrado, digamos, $R_{x,z}^2$. Finalmente, para estimar σ^2, podemos usar os resíduos de VI,

$$\hat{u}_i = y_i - \hat{\beta}_0 - \hat{\beta}_1 x_i, \quad i = 1, 2, \ldots, n,$$

em que $\hat{\beta}_0$ e $\hat{\beta}_1$ são as estimativas de VI. Um estimador consistente de σ^2 parece exatamente igual ao estimador de σ^2 de uma regressão simples de MQO.

$$\hat{\sigma}^2 = \frac{1}{n-2} \sum_{i=1}^{n} \hat{u}_i^2,$$

em que é padrão usar a correção dos graus de liberdade (embora isso tenha pouco efeito conforme o tamanho da amostra cresce).

O erro padrão (assintótico) de $\hat{\beta}_1$ é a raiz quadrada da variância assintótica estimada, e esta última é dada por

$$\frac{\hat{\sigma}^2}{\text{SQT}_x \cdot R_{x,z}^2}, \tag{15.13}$$

em que SQT$_x$ é a soma total dos quadrados de x_i. [Lembre-se de que a variância amostral de x_i é SQT$_x/n$, e assim os tamanhos das amostras são cancelados para nos dar (15.13).] O erro padrão resultante pode ser usado para construir estatísticas t de hipóteses que envolvam β_1 ou intervalos de confiança de β_1. $\hat{\beta}_0$ também tem um erro padrão que não apresentamos aqui. Qualquer programa moderno de econometria calcula o erro padrão após qualquer estimação por VI; raramente há algum motivo para fazer os cálculos à mão.

A segunda razão (15.12) é interessante porque nos permite comparar as variâncias assimptóticas dos estimadores de VI e MQO (quando x e u são não correlacionados). Sob as hipóteses de Gauss-Markov, a variância do estimador MQO é σ^2/SQT_x, enquanto a fórmula comparável do estimador de VI é $\sigma^2/(\text{SQT}_x \cdot R_{x,z}^2)$; elas diferem apenas no fato de $R_{x,z}^2$ aparecer no denominador da variância da VI. Como o R-quadrado é sempre menor que um, a variância de VI é sempre maior que a variância de MQO (quando MQO é válido). Se $R_{x,z}^2$ for pequeno, então, a variância da VI poderá ser muito maior do que a variância do MQO. Lembre-se, $R_{x,z}^2$ mede a intensidade da relação linear entre x e z na amostra. Se x e z forem apenas levemente correlacionados, é possível que $R_{x,z}^2$ seja pequeno, e isso poderá ser traduzido em uma variância amostral muito grande do estimador de VI. Quanto mais altamente correlacionado for z com x, mais próximo de um será $R_{x,z}^2$, e menor será a variância do estimador de VI. No caso em que $z = x$, $R_{x,z}^2 = 1$, e obtemos a variância de MQO, como esperado.

A discussão anterior destaca um importante preço a pagar ao executar uma estimação de VI quando x e u são não correlacionados: a variância assimptótica do estimador de VI é sempre maior, e algumas vezes muito maior, que a variância assimptótica do estimador de MQO.

EXEMPLO 15.1 Estimação do retorno da educação para mulheres casadas

Utilizamos os dados sobre mulheres casadas que trabalham, contidos no arquivo MROZ, para estimar o retorno da educação no modelo de regressão simples

$$\log(wage) = \beta_0 + \beta_1 educ + u. \tag{15.14}$$

Para comparação, primeiro obtemos as estimativas por MQO:

$$\widehat{\log(wage)} = -0{,}185 + 0{,}109\,educ$$
$$(0{,}185)\ \ (0{,}014) \tag{15.15}$$
$$n = 428, R^2 = 0{,}118.$$

A estimativa de β_1 implica um retorno de quase 11% para um ano a mais de educação.

Em seguida, usamos a educação do pai (*fatheduc*) como uma variável instrumental de *educ*. Temos de sustentar que *fatheduc* é não correlacionado com u. O segundo requisito é que *educ* e *fatheduc* sejam correlacionados. Podemos verificar isso facilmente, usando uma regressão simples de *educ* sobre *fatheduc* (utilizando somente as mulheres que trabalham da amostra):

$$\widehat{educ} = 10{,}24 + 0{,}269\,fatheduc$$
$$(0{,}28)\ \ (0{,}029) \tag{15.16}$$
$$n = 428, R^2 = 0{,}173.$$

A estatística *t* de *fatheduc* é 9,28, e indica que *educ* e *fatheduc* têm uma correlação positiva estatisticamente significante. (Aliás, *fatheduc* explica cerca de 17% da variação em *educ* na amostra.) A utilização de *fatheduc* como uma VI de *educ* produz

$$\widehat{\log(wage)} = 0{,}441 + 0{,}059\,educ$$
$$(0{,}446)\ \ (0{,}035) \tag{15.17}$$
$$n = 428, R^2 = 0{,}093.$$

A estimativa de VI do retorno da educação é 5,9%, o que é um pouco mais que a metade da estimativa pelos MQO. Isso *sugere* que a estimativa de MQO é alta demais e é consistente com o viés de aptidão omitida. Entretanto, devemos lembrar que essas estimativas são de apenas uma amostra: nunca poderemos saber se 0,109 está acima do verdadeiro retorno da educação, ou se 0,059 está mais próximo do verdadeiro retorno da educação. Além disso, o erro padrão da estimativa de VI é duas vezes e meia maior que o erro padrão de MQO (isso era esperado, pelas razões dadas anteriormente). O intervalo de confiança de 95% de β_1, utilizando MQO, é muito mais apertado do que utilizando VI; de fato, o intervalo de confiança da VI, na realidade, contém a estimativa de MQO. Portanto, embora as diferenças entre (15.15) e (15.17) sejam grandes na prática, não podemos dizer se a diferença é *estatisticamente* significante. Mostraremos como testar isso na Seção 15.5.

No exemplo anterior, o retorno estimado da educação, usando VI, foi menor do que se usássemos MQO, o que corresponde às nossas expectativas. Contudo, esse poderia não ter sido o caso, como demonstra o exemplo a seguir.

EXEMPLO 15.2 **Estimação do retorno da educação para homens**

Agora usamos o arquivo WAGE2 para estimar o retorno da educação para homens. Utilizamos a variável *sibs* (número de irmãos) como uma instrumental de *educ*. Elas são negativamente correlacionadas, como podemos verificar com uma regressão simples:

$$\widehat{educ} = 14{,}14 - 0{,}228\,sibs$$
$$(0{,}11)\ \ (0{,}030)$$
$$n = 935, R^2 = 0{,}057.$$

Essa equação implica que cada irmão está associado, na média, com cerca de menos 0,23 ano de educação. Se presumirmos que *sibs* é não correlacionado com o termo de erro em (15.14), o estimador de VI será consistente. A estimação da equação (15.14) usando *sibs* como uma VI de *educ* produz

$$\widehat{\log(wage)} = 5{,}13 + 0{,}122\,educ$$
$$(0{,}36)\ \ (0{,}026)$$
$$n = 935.$$

O *R*-quadrado foi calculado como negativo, de modo que não o descrevemos. Apresentamos a seguir uma discussão sobre o *R*-quadrado no contexto da estimação de

VI.) A título de comparação, a estimativa por MQO de β_1 é 0,059 com um erro padrão de 0,006. Diferentemente do exemplo anterior, a estimativa de VI agora é muito mais alta que a do MQO. Embora não saibamos se a diferença é estatisticamente significante, isso não interage com o viés da aptidão omitida do MQO. Pode ser que *sibs* também seja correlacionado com a aptidão: mais irmãos significa, em média, menos atenção dos pais, o que pode resultar em menor aptidão. Outra interpretação seria que o estimador MQO é viesado para zero em razão de um erro de medida em *educ*. Isso não é inteiramente convincente, pois, como discutimos na Seção 9.3, não é provável que *educ* satisfaça o modelo clássico de erros nas variáveis.

Nos exemplos anteriores, a variável explicativa endógena (*educ*) e as variáveis instrumentais (*fatheduc* e *sibs*) tinham significados quantitativos. Entretanto, nada impede que a variável explicativa ou a VI sejam variáveis binárias. Angrist e Krueger (1991), em sua análise mais simples, propuseram uma engenhosa variável instrumental binária de *educ*, utilizando dados do censo relativos a homens dos Estados Unidos. Os autores definiram *frstqrt* igual a um se o homem nasceu no primeiro trimestre do ano, e zero, caso contrário. Parece que o termo de erro em (15.14) – e, particularmente, a aptidão – deveriam não ser relacionados com o trimestre de nascimento. Contudo, *frstqrt* também precisa ser correlacionado com *educ*. Acontece que os anos de estudo realmente diferem de maneira sistemática na população, com base em trimestres de nascimento. Angrist e Krueger argumentaram de forma persuasiva que isso é em razão das leis de estudo obrigatório em vigor em todos os estados. Em resumo, os alunos nascidos no início do ano, em geral, começam a estudar com idade maior. Portanto, eles atingem o tempo de estudo obrigatório (16 anos, na maioria dos estados) com um pouco menos de educação do que os alunos que começaram a estudar com idade menor. Sobre os alunos que completaram o ensino médio, Angrist e Krueger verificaram não existir relação entre os anos de estudo e o trimestre de nascimento.

Como o aspecto anos de estudo varia apenas levemente entre os trimestres de nascimento – o que significa que $R^2_{x,z}$ em (15.13) é muito pequeno –, Angrist e Krueger precisaram de uma amostra de tamanho muito grande para obter uma estimativa VI razoavelmente precisa. Utilizando 247.199 homens nascidos entre 1920 e 1929, a estimativa por MQO do retorno da educação foi 0,0801 (erro padrão de 0,0004), e a estimativa VI foi 0,0715 (0,0219); esses resultados estão registrados na Tabela III do trabalho de Angrist e Krueger. Observe como é elevada a estatística *t* da estimativa por MQO (próxima de 200), enquanto a estatística *t* da estimativa VI é somente 3,26. Assim, a estimativa VI é estatisticamente diferente de zero, mas seu intervalo de confiança é muito mais amplo do que aquele com base na estimativa por MQO.

Uma constatação interessante feita por Angrist e Krueger é que a estimativa VI não difere muito daquela feita por MQO. De fato, usando os homens nascidos na década seguinte, a estimativa VI é um pouco mais alta que a feita por MQO. Seria possível interpretar isso como uma demonstração de que não existe viés de aptidão omitida quando equações de salários são estimadas por MQO. O trabalho de Angrist e Krueger, porém, foi criticado em seus fundamentos econométricos. Como discutido por Bound, Jaeger & Baker (1995), não é óbvio que a época de nascimento não seja relacionada com fatores não observados que afetem o salário. Como explicaremos na próxima subseção, mesmo uma pequena correlação entre *z* e *u* pode causar sérios problemas para o estimador de VI.

Para análises de decisões de políticas, a variável explicativa endógena frequentemente é binária. Por exemplo, Angrist (1990) estudou o efeito que o fato de ser um veterano da Guerra do Vietnã tinha sobre os ganhos de aposentadoria. Um modelo simples é o seguinte

$$\log(earns) = \beta_0 + \beta_1 veteran + u, \quad (15.18)$$

em que *veterano* é uma variável binária. A questão de estimar essa equação por MQO é que pode haver um problema de autosseleção, como mencionamos no Capítulo 7: talvez aqueles que procurem oportunidades na carreira militar decidam se alistar, ou a decisão de se alistar esteja correlacionada com outras características que afetam os ganhos. Isso fará com que *veteran* e *u* sejam correlacionados.

Angrist salientou que o sorteio militar do Vietnã fornecia um **experimento natural** (veja também o Capítulo 13) que criava uma variável instrumental de *veteran*. Foram entregues a jovens números para sorteio que determinavam se eles seriam chamados para servir no Vietnã. Como os números fornecidos eram aleatoriamente atribuídos, parece possível que os números do sorteio militar fossem não correlacionados com o termo de erro *u*. Entretanto, aqueles que possuíam números baixos teriam que servir no Vietnã, de forma que a probabilidade de ser um veterano estaria correlacionada com os números do sorteio. Se essas duas premissas forem verdadeiras, o número do sorteio militar seria um bom candidato a VI de *veteran*.

> **QUESTÃO 15.1**
>
> Se alguns dos homens que receberam números baixos no sorteio militar obtivessem maior escolaridade para reduzir a probabilidade de ser selecionados, o número do sorteio seria uma boa variável instrumental de *veteran* em (15.18)?

Também é possível ter uma variável explicativa endógena binária e uma variável instrumental binária. Veja o Problema 15.1 como exemplo.

15.1b Propriedades da VI com variável instrumental fraca

Já vimos que, embora a VI seja consistente quando *z* e *u* são não correlacionados e *z* e *x* têm qualquer correlação, positiva ou negativa, as estimativas de VI podem ter grandes erros padrão, especialmente se *z* e *x* forem apenas fracamente correlacionados. A fraca correlação entre *z* e *x* pode ter consequências ainda mais sérias: o estimador VI pode ter um grande viés assimptótico mesmo se *z* e *u* forem só moderadamente correlacionados.

Podemos verificar isso estudando o limite de probabilidade do estimador VI quando *z* e *u* forem possivelmente correlacionados. Permitindo que $\hat{\beta}_{1, \text{VI}}$ denote o estimador de VI, podemos escrever

$$\text{plim } \hat{\beta}_{1, \text{IV}} = \beta_1 + \frac{\text{Corr}(z,u)}{\text{Corr}(z,x)} \cdot \frac{\sigma_u}{\sigma_x}, \quad (15.19)$$

em que σ_u e σ_x são, respectivamente, os desvios padrão de *u* e *x* na população. A parte interessante dessa equação envolve os termos de correlação. Ela mostra que, mesmo se Corr(*z*,*u*) for pequena, a inconsistência no estimador VI pode ser muito grande se Corr(*z*,*x*) também for pequena. Assim, mesmo se nos concentrarmos apenas na consistência, não será necessariamente melhor usar VI em lugar de MQO se a correlação entre z e u for menor que aquela entre x e u. Utilizando o fato de que $\text{Corr}(x,u) = \text{Cov}(x,u)/(\sigma_x \sigma_u)$ com a equação (5.3) do Capítulo 5, podemos escrever o plim do estimador MQO – chamando-o de $\hat{\beta}_{1,MQO}$ – como

$$\text{plim } \hat{\beta}_{1,\text{OLS}} = \beta_1 + \text{Corr}(x,u) \cdot \frac{\sigma_u}{\sigma_x}. \tag{15.20}$$

A comparação dessas fórmulas mostra que é possível que a direção dos vieses assimptóticos seja diferente em VI e MQO. Por exemplo, suponha $\text{Corr}(x,u) > 0$, $\text{Corr}(z,x) > 0$, e $\text{Corr}(z,u) < 0$. Então o estimador de VI tem um viés de baixa, enquanto o estimador de MQO tem um viés de alta (assimptoticamente). Na prática, esta situação provavelmente será rara. Mais problemático é quando a direção do viés é a mesma e a correlação entre z e x é pequena. Para melhor clareza, suponha que x e z sejam ambas positivamente correlacionadas com u e $\text{Corr}(z,x) > 0$. Então o viés assimptótico no estimador de VI será menor que o dos MQO somente se $\text{Corr}(z,u)/\text{Corr}(z,x) < \text{Corr}(x,u)$. Se $\text{Corr}(z,x)$ for pequena, então uma correlação aparentemente pequena entre z e u pode ser magnificada e tornar as VI piores que os MQO, mesmo se restringirmos a atenção no viés. Por exemplo, se $\text{Corr}(z,x) = 0,2$, $\text{Corr}(z,u)$ deverá ser menor que um quinto de $\text{Corr}(z,u)$ antes que as VI tenham menos viés assimptótico que os MQO. Em muitas aplicações, a correlação entre o instrumento e x é menor que 0,2. Infelizmente, como raras vezes temos uma ideia sobre as magnitudes relativas de $\text{Corr}(z,u)$ e $\text{Corr}(x,u)$, nunca podemos saber com certeza qual estimador tem o maior viés assimptótico [a menos, claro, que presumamos $\text{Corr}(z,u) = 0$].

No exemplo de Angrist e Krueger (1991) mencionado anteriormente, no qual x representa anos de escolaridade e z é uma variável binária que indica o trimestre de nascimento, a correlação entre z e x é bastante pequena. Bound, Jaeger & Baker (1995) examinaram as razões de o trimestre de nascimento e u terem alguma correlação. Pela equação (15.19), vemos que isso pode levar a um viés substancial no estimador VI.

Quando z e x não têm nenhuma correlação, as coisas ficam particularmente ruins, seja z correlacionado ou não com u. O exemplo seguinte ilustra porque devemos sempre verificar se a variável explicativa endógena é correlacionada com a candidata a VI.

EXEMPLO 15.3 Estimação do efeito do hábito de fumar sobre o peso de nascimento

No Capítulo 6, estimamos o efeito do hábito de fumar sobre o peso dos recém-nascidos. Sem outras variáveis explicativas, o modelo é

$$\log(bwght) = \beta_0 + \beta_1 packs + u, \tag{15.21}$$

em que *packs* é a quantidade de maços de cigarros fumados pela mãe por dia. Poderíamos suspeitar que *packs* estivesse correlacionado com outros fatores relativos à saúde ou à existência de um bom procedimento pré-natal, de forma que maços e u pudessem ser correlacionados. Uma possível variável instrumental de maços seria o preço médio dos cigarros no estado de residência, *cigprice*. Consideraremos que *cigprice* e u não são correlacionados (embora o sistema de saúde estadual possa ser correlacionado com os impostos sobre cigarros).

Se cigarros são um produto típico de consumo, a teoria econômica básica sugere que *packs* e *cigprice* sejam negativamente correlacionados, de forma que *cigprice* pode ser *usado* como uma VI de maços. Para verificar isso, regredimos maços sobre *cigprice*, usando os dados contidos no arquivo BWGHT:

$$\widehat{packs} = 0,067 + 0,0003 \, precig$$
$$(0,103) \quad (0,0008)$$
$$n = 1.388, R^2 = 0,0000, \bar{R}^2 = -20,0006.$$

Isso não indica nenhuma relação entre o hábito de fumar durante a gravidez e o preço dos cigarros, o que talvez não seja tão surpreendente devido à natureza dependente do hábito de fumar.

Como *packs* e *cigprice* não são correlacionados, não devemos usar *cigprice* como uma VI de *packs* em (15.21). Mas o que acontece se o fizermos? Os resultados da VI seriam

$$\widehat{\log(bwght)} = 4,45 + 2,99 \, packs$$
$$(0,91) \quad (8,70)$$
$$n = 1,388$$

(o *R*-quadrado obtido é negativo). O coeficiente de *packs* é enorme e tem um sinal inesperado. O erro padrão também é muito grande, de modo que maços não é significante. Entretanto, as estimativas não têm significado, pois *cigprice* não atende o único requisito de uma VI que sempre podemos testar: a Hipótese (15.5).

O exemplo anterior mostra que a estimação de VI pode produzir resultados estranhos quando a condição de relevância instrumental, Corr(z,x) ≠ 0, falha. De maior interesse prático é o assim chamado problema de **instrumento fraco**, que é livremente definido como o problema de "baixa" (mas não zero) correlação entre z e x. Numa aplicação particular, é difícil definir quão baixa será baixa demais, mas pesquisas teóricas recentes, suplementadas por estudos de simulação, têm esclarecido consideravelmente esse problema. Staiger e Stock (1997) formalizaram o problema dos instrumentos fracos modelando a correlação entre z e x como uma função do tamanho da amostra; em particular, considera-se que a correlação encolhe para zero à razão $1/\sqrt{n}$. Sem surpresa, a distribuição assimptótica do estimador de variáveis instrumentais será diferente quando comparada com os assimptóticos habituais, em que a correlação é presumida como fixa, e não zero. Uma das implicações do trabalho de Stock-Staiger é que a inferência estatística habitual, baseada em estatísticas t e na distribuição normal padrão, pode ser seriamente enganosa. Discutiremos essa questão mais atentamente na Seção 15.3.

15.1c Cálculo do *R*-quadrado após a estimação de VI

A maioria dos programas de regressão calcula o *R*-quadrado após a estimação de VI, utilizando a fórmula padrão: $R^2 = 1 - \text{SQR}/\text{SQT}$, em que SQR é a soma dos quadrados dos resíduos da VI e SQT é a soma dos quadrados total de y. Diferentemente do caso MQO, o R-quadrado da estimação de VI pode ser negativo, pois a SQR da VI pode, na realidade, ser maior que a SQT. Embora não faça mal algum descrever o R-quadrado da estimação de VI, ele não é muito útil. Quando x e u são correlacionados, não podemos decompor a variância de y em $\beta_1^2 \text{Var}(x) + \text{Var}(u)$ e, assim, o R-quadrado não possui interpretação natural. Além disso, como veremos na Seção 15.3, esses R-quadrados *não podem* ser usados da maneira habitual para calcular testes F de restrições conjuntas.

Se nossa meta for produzir o maior R-quadrado, sempre usaremos MQO. Os métodos das VI são destinados a produzir melhores estimativas do efeito *ceteris paribus* de x sobre y quando x e u forem correlacionados; a qualidade de ajuste não é um fator importante. Um alto R-quadrado resultante do MQO é de pouca ajuda se não pudermos estimar consistentemente β_1.

15.2 Estimação de VI do modelo de regressão múltipla

O estimador de VI para o modelo de regressão simples é facilmente estendido para o caso da regressão múltipla. Começamos com o caso no qual somente uma das variáveis explicativas é correlacionada com o erro. Considere um modelo linear padrão com duas variáveis explicativas:

$$y_1 = \beta_0 + \beta_1 y_2 + \beta_2 z_1 + u_1. \tag{15.22}$$

Chamamos essa equação de **equação estrutural**, para enfatizar que estamos interessados em β_j, o que simplesmente significa que a equação supostamente mede uma relação causal. Nesse caso, usamos uma nova notação para distinguir as variáveis endógenas das **variáveis exógenas**. A variável dependente y_1 é claramente endógena, já que é correlacionada com u_1. As variáveis y_2 e z_1 são as variáveis explicativas, e u_1 é o erro. Como sempre, presumimos que o valor esperado de u_1 é zero: $E(u_1) = 0$. Usamos z_1 para indicar que essa variável é exógena em (15.22) (z_1 é não correlacionado com u_1). Usamos y_2 para indicar que esta variável é suspeita de ser correlacionada com u_1. Não especificamos porque y_2 e u_1 são correlacionados, mas por enquanto é melhor pensar em u_1 com uma variável omitida correlacionada com y_2. A notação na equação (15.22) tem origem em modelos de equações simultâneas (que trataremos no Capítulo 16), mas a usamos de forma mais genérica para facilmente distinguir variáveis explicativas exógenas de endógenas, em um modelo de regressão múltipla.

Um exemplo de (15.22) é

$$\log(wage) = \beta_0 + \beta_1 educ + \beta_2 exper + u_1, \tag{15.23}$$

em que $y_1 = \log(wage)$, $y_2 = educ$ e $z_1 = exper$. Em outras palavras, presumimos que *exper* é exógeno em (15.23), mas permitimos que *educ* – pelas razões habituais – seja correlacionado com u_1.

Sabemos que, se (15.22) for estimada por MQO, *todos* os estimadores serão viesados e inconsistentes. Assim, seguimos a estratégia sugerida na seção anterior e procuramos uma variável instrumental de y_2. Como consideramos z_1 não correlacionado com u_1, podemos usar z_1 como instrumento de y_2, presumindo que y_2 e z_1 sejam correlacionados? A resposta é não. Como a própria z_1 aparece como uma variável explicativa em (15.22), ela não pode servir de variável instrumental de y_2.

Precisamos de outra variável exógena – vamos chamá-la de z_2 – que *não* apareça em (15.22). Portanto, as hipóteses fundamentais são: z_1 e z_2 são não correlacionados com u_1; também presumimos que u_1 tenha zero como valor esperado, o que não provoca perda de generalidade quando a equação contém um intercepto:

$$E(u_1) = 0, \text{Cov}(z_1, u_1) = 0, \text{ e } \text{Cov}(z_2, u_1) = 0. \tag{15.24}$$

Em razão da hipótese de média zero, as últimas duas hipóteses são equivalentes a $E(z_1 u_1) = E(z_2 u_1) = 0$, e assim a abordagem do método dos momentos sugere a obtenção dos estimadores $\hat{\beta}_0, \hat{\beta}_1$ e $\hat{\beta}_2$, resolvendo os correspondentes amostrais de (15.24):

$$\sum_{i=1}^{n}(y_{i1} - \hat{\beta}_0 - \hat{\beta}_1 y_{i2} - \hat{\beta}_2 z_{i1}) = 0$$

$$\sum_{i=1}^{n} z_{i1}(y_{i1} - \hat{\beta}_0 - \hat{\beta}_1 y_{i2} - \hat{\beta}_2 z_{i1}) = 0 \tag{15.25}$$

$$\sum_{i=1}^{n} z_{i2}(y_{i1} - \hat{\beta}_0 - \hat{\beta}_1 y_{i2} - \hat{\beta}_2 z_{i1}) = 0.$$

Esse é um conjunto de três equações lineares com três incógnitas $\hat{\beta}_0, \hat{\beta}_1$ e $\hat{\beta}_2$, e é facilmente resolvido considerando os dados de y_1, y_2, z_1 e z_2. Os estimadores são chamados de *estimadores de variáveis instrumentais*. Se entendermos que y_2 é exógeno e escolhermos $z_2 = y_2$, as equações em (15.25) serão exatamente as condições de primeira ordem dos estimadores MQO; veja as equações em (3.13).

Ainda necessitamos que a variável instrumental z_2 seja correlacionada com y_2, mas o sentido como essas duas variáveis devem ser correlacionadas é complicado pela presença de z_1 na equação (15.22). Agora precisamos estabelecer a hipótese em termos de correlação *parcial*. A maneira mais fácil de definir a condição é escrever a variável explicativa endógena como uma função linear das variáveis exógenas e um termo de erro:

$$y_2 = \pi_0 + \pi_1 z_1 + \pi_2 z_2 + v_2, \tag{15.26}$$

em que, por definição, $E(v_2) = 0$, $\text{Cov}(z_1, v_2) = 0$ e $\text{Cov}(z_2, v_2) = 0$, e os π_j são parâmetros desconhecidos. A condição de identificação fundamental [com (15.24)] é que

$$\pi_2 \neq 0 \tag{15.27}$$

> **QUESTÃO 15.2**
>
> Suponha que queiramos estimar o efeito do uso de maconha na nota média de graduação. Em uma população de alunos veteranos de uma universidade, defina *daysused* como o número de dias no mês anterior em que um aluno fumou maconha e considere a equação estrutural
>
> *colGPA* = $\beta_0 + \beta_1$*daysused* + β_2*SAT* + *u*.
>
> (i) Defina *percHS* como a porcentagem de uma sala do ensino médio que informou uso regular de maconha. Se ela for uma candidata a VI de *daysused*, escreva a forma reduzida de *daysused*. Você acha que é possível (15.27) ser verdadeira?
> (ii) Você acha que *percHS* é verdadeiramente exógena na equação estrutural? Que problemas podem surgir nesse caso?

Em outras palavras, após considerar os efeitos parciais, z_1, y_2 e z_2 ainda são correlacionados. Essa correlação pode ser positiva ou negativa, mas não pode ser zero. Testar (15.27) é fácil: estimamos (15.26) por MQO e usamos um teste *t* (possivelmente tornando-o robusto quanto à heteroscedasticidade). Devemos sempre testar essa hipótese.

Infelizmente, não podemos testar se z_1 e z_2 são não correlacionados com u_1; mas, com certeza, podemos realizar o processo com base no raciocínio econômico ou na intuição.

A equação (15.26) é um exemplo de uma **equação na forma reduzida**, significando que escrevemos uma variável endógena em termos de variáveis exógenas. Esse nome deriva de modelos de equações simultâneas – que estudaremos no próximo capítulo –, e é um conceito útil sempre que tivermos uma variável explicativa endógena. O nome ajuda a distingui-la da equação estrutural (15.22).

A adição de mais **variáveis explicativas exógenas** ao modelo é direta. Escreva o modelo estrutural como

$$y_1 = \beta_0 + \beta_1 y_2 + \beta_2 z_1 + \ldots + \beta_k z_{k-1} + u_1, \tag{15.28}$$

em que y_2 é pensado para ser correlacionado com u_1. Defina z_k como uma variável não pertencente a (15.28) que também seja exógena. Portanto, presumimos que

$$E(u_1) = 0, \text{Cov}(z_j, u_1) = 0, \; j = 1, \ldots, k. \tag{15.29}$$

Sob a (15.29), $z_1, \ldots, z_{k-1}$ são variáveis exógenas que aparecem na (15.28). Na verdade, elas agem como suas próprias variáveis instrumentais na estimativa da β_j na (15.28). O caso especial de $k = 2$ é dado na equação (15.25); juntamente com z_2, z_1 aparece no conjunto de condições de momento usado para obter as estimativas das VI. De forma mais geral, $z_1, \ldots, z_{k-1}$ são usadas nas condições de momento juntamente com a variável instrumental da y_2, z_k.

A forma reduzida de y_2 é

$$y_2 = \pi_0 + \pi_1 z_1 + \ldots + \pi_{k-1} z_{k-1} + \pi_k z_k + v_2, \tag{15.30}$$

e necessitamos de alguma correlação parcial entre z_k e y_2:

$$\pi_k \neq 0. \tag{15.31}$$

Sob (15.29) e (15.31), z_k é uma VI válida de y_2. [Não nos importamos com os restantes π_j em (15.30); alguns ou todos eles podem ser zero.] Uma hipótese secundária adicional é que não há relações lineares perfeitas entre as variáveis exógenas; isso é análogo à hipótese da não existência de colinearidade perfeita no contexto de MQO.

Para a inferência estatística padrão, precisamos presumir a homoscedasticidade de u_1. Faremos uma descrição mais cuidadosa dessas hipóteses, em um cenário mais geral, na Seção 15.3.

EXEMPLO 15.4 Utilizando a proximidade da faculdade como uma VI da educação

Card (1995) usou dados sobre salários e educação de uma amostra de homens em 1976 para estimar o retorno da educação. Ele usou uma variável dummy para o caso de alguém crescido perto de uma faculdade com cursos de graduação de quatro anos (*nearc4*) ser uma variável instrumental da educação. Em uma equação log(*wage*), ele incluiu outros controles padrão: experiência, uma variável dummy para negro, variáveis dummy para o caso de a pessoa residir em área metropolitana (EPRM) e residir no sul, e um conjunto completo de variáveis dummy regionais e uma dummy para o fato de residir em área metropolitana em 1966. Para *nearc4* ser uma variável instrumental válida, deve ser não correlacionada com o termo de erro na equação de salários-hora – o que presumimos – e ser parcialmente correlacionada com *educ*.

Para verificar o último requisito, regredimos educ sobre *nearc4* e todas as variáveis exógenas que aparecem na equação. (Isto é, estimamos a forma reduzida de *educ*.) Utilizando os dados contidos no arquivo CARD, obtemos, de forma condensada,

$$educ = 16{,}64 + 0{,}320\, nearc4 - 0{,}413\, exper + \ldots$$
$$(0{,}24)\ \ (0{,}088)\ \ \ \ \ \ \ \ \ \ (0{,}034)$$
$$n = 3.010,\ R^2 = 0{,}477.$$

Estamos interessados no coeficiente e na estatística *t* de *nearc4*. O coeficiente implica, em 1976, com os outros fatores fixos (experiência, etnia, região etc.), que as pessoas que residiam próximas de uma faculdade em 1966 tinham, em média, quatro meses a mais de estudo do que as que cresceram em áreas distantes de faculdades. A estatística *t* de *nearc4* é 3,64, o que produz um *p*-valor que é zero nas primeiras três casas decimais. Portanto, se *nearc4* for não correlacionado com fatores não observados no termo de erro, poderemos usar *nearc4* como uma VI de *educ*.

As estimativas de MQO e VI são dadas na Tabela 15.1. Assim como os erros padrão de MQO, os erros padrão de VI reportados utilizam um ajuste dos graus de liberdade na estimação da variância de erro. Em alguns pacotes estatísticos, o ajuste dos graus de liberdade é padrão; em outros isso não ocorre.

Curiosamente, a estimativa de VI do retorno da educação é duas vezes maior que a do MQO, mas o erro padrão da estimativa de VI é 18 vezes maior que do MQO. O intervalo de confiança de 95% da estimativa de VI é de 0,024 e 0,239, o que é uma faixa muito ampla. Intervalos de confiança maiores representam um preço que temos de pagar para obter um estimador consistente do retorno da educação quando acreditamos que *educ* é uma variável endógena.

TABELA 15.1 Variável dependente: log(*wage*).

Variáveis explicativas	MQO	VI
educ	0,075	0,132
	(0,003)	(0,055)
exper	0,085	0,108
	(0,007)	(0,024)
*exper*²	−0,0023	−0,0023
	(0,0003)	(0,0003)
black	−0,199	−0,147
	(0,018)	(0,054)
smsa	0,136	0,112
	(0,020)	(0,032)
south	−0,148	−0,145
	(0,026)	(0,027)
Observações	3.010	3.010
R-quadrado	0,300	0,238
Outros controles: *smsa6, reg662, ...reg669*		

Como discutido anteriormente, não devemos noss importar com o *R*-quadrado menor na estimação de VI: por definição, o *R*-quadrado do MQO será sempre maior, pois o MQO minimiza a soma dos quadrados dos resíduos.

Vale a pena notar, especialmente ao estudar os efeitos de intervenções políticas, que uma equação de forma reduzida existe também para y_1. No contexto da equação (15.28), com z_k sendo uma VI para y_2, a forma reduzida para y_1 tem sempre o seguinte formato:

$$y_1 = \gamma_0 + \gamma_1 z_1 + \ldots + \gamma_k z_k + e_1, \tag{15.32}$$

em que $\gamma_j = \beta_j + \beta_1 \pi_j$ para $j < k$, $\gamma_k = \beta_1 \pi_k$ e $e_1 = u_1 + \beta_1 v_2$ – como podemos verificar conectando (15.30) a (15.28) e rearranjando as equações. Já que z_j é exógena em (15.32), o γ_j pode ser consistentemente estimado por meio de MQO. Em outras palavras, podemos regredir y_1 sobre todas as variáveis exógenas, incluindo z_k, a VI para y_2. Apenas se quisermos estimar β_1 em (15.28) precisaremos aplicar VI.

Quando y_2 é uma variável zero-um que denota participação e z_k é uma variável zero-um que representa *elegibilidade* para participação no programa – que é, felizmente, também selecionado aleatoriamente entre indivíduos ou, no máximo, uma função de outras variáveis exógenas $z_1, \ldots, z_{k-1}$ (como renda) –, o coeficiente γ_k possui uma interessante interpretação. Em vez de uma estimativa do efeito do próprio programa, é uma estimativa do efeito da *oferta* do programa. Ao contrário de β_1, em (15.28) – que mede o efeito do próprio programa – γ_k responde pela possibilidade de que algumas unidades tornadas elegíveis escolherão não participar. Na literatura de avaliação do programa, γ_k é um exemplo de parâmetro com *intenção de tratamento*: ele mede o efeito de ter sido elegível e não o efeito da participação real. O coeficiente de *intenção de tratamento*, $\gamma_k = \beta_1 \pi_k$, depende do efeito de participação, β_1, e da mudança (geralmente aumentada) da probabilidade de participação decorrente da elegibilidade, π_k. [Quando y_2 é binária, a equação (15.30) é um modelo de probabilidade linear, e, logo, π_k mede a mudança *ceteris paribus* na probabilidade de que $y_2 = 1$, conforme z_k mude de zero para um].

15.3 Mínimos quadrados em dois estágios

Na seção anterior, presumimos que tínhamos uma única variável explicativa endógena (y_2), juntamente com uma variável instrumental de y_2. Acontece com frequência termos mais de uma variável exógena, que podem ser correlacionadas com y_2, excluídas do modelo estrutural, e isso significa que são VI válidas de y_2. Nesta seção, discutiremos como usar variáveis instrumentais múltiplas.

15.3a Uma única variável explicativa endógena

Considere novamente o modelo estrutural (15.22), que tem uma variável explicativa endógena e uma exógena. Suponha agora que tenhamos *duas* variáveis exógenas excluídas de (15.22): z_2 e z_3. Nossas hipóteses de z_2 e z_3 por não aparecerem em (15.22) e serem não correlacionadas com o erro u_1 são conhecidas como **restrições de exclusão**.

Se z_2 e z_3 forem ambas correlacionadas com y_2, poderemos simplesmente usar cada uma delas como uma VI, como na seção anterior. Entretanto, nesse caso, teríamos dois estimadores de VI, e nenhum deles seria, de forma geral, eficiente. Como z_1, z_2 e z_3 são não correlacionadas com u_1, qualquer combinação linear também será não correlacionada com u_1, e, portanto, qualquer combinação linear das variáveis exógenas será uma VI válida. Para encontrar a melhor VI, escolhemos a combinação linear que seja mais altamente correlacionada com y_2. Isso acaba sendo fornecido pela equação na forma reduzida de y_2. Escreva

$$y_2 = \pi_0 + \pi_1 z_1 + \pi_2 z_2 + \pi_3 z_3 + v_2, \qquad (15.33)$$

em que

$$E(v_2) = 0, \text{Cov}(z_1, v_2) = 0, \text{Cov}(z_2, v_2) = 0, \text{ e Cov}(z_3, v_2) = 0.$$

Portanto, a melhor VI de y_2 (sob as hipóteses dadas no apêndice deste capítulo) é a combinação linear dos z_j em (15.33), que chamamos de y_2^*:

$$y_2^* = \pi_0 + \pi_1 z_1 + \pi_2 z_2 + \pi_3 z_3. \qquad (15.34)$$

Para que esta VI não seja perfeitamente correlacionada com z_1, precisamos que pelo menos um π_2 ou π_3 seja diferente de zero:

$$\pi_2 \neq 0 \text{ ou } \pi_3 \neq 0. \qquad (15.35)$$

Essa é a hipótese fundamental de identificação, tão logo se presuma que todos os z_j sejam exógenos. (O valor de π_1 é irrelevante.) A equação estrutural (15.22) não será identificada se $\pi_2 = 0$ e $\pi_3 = 0$. Podemos testar H_0: $\pi_2 = 0$ e $\pi_3 = 0$ contra (15.35), usando uma estatística F.

Uma maneira útil de pensar em (15.33) é que ela divide y_2 em duas partes. A primeira é y_2^*; esta é a parte de y_2 que é não correlacionada com o termo de erro u_1. A segunda é v_2, e esta parte é possivelmente correlacionada com u_1, – razão pela qual y_2 é possivelmente endógeno.

Graças aos dados de z_j, podemos calcular y_2^* para cada observação, desde que os parâmetros populacionais π_j sejam conhecidos. Na prática, isso nunca é real. No entanto, como vimos na seção anterior, sempre podemos estimar a forma reduzida por MQO. Assim, usando a amostra, regredimos y_2 sobre z_1, z_2 e z_3 e obtemos os valores estimados:

$$\hat{y}_2 = \hat{\pi}_0 + \hat{\pi}_1 z_1 + \hat{\pi}_2 z_2 + \hat{\pi}_3 z_3 \qquad (15.36)$$

(isto é, temos $\hat{y}_{i2}$ para cada i). Neste ponto, devemos verificar se z_2 e z_3 são conjuntamente significantes em (15.33) a um nível de significância razoavelmente pequeno (não mais que 5%). Se z_2 e z_3 não forem conjuntamente significantes em (15.33), estaremos perdendo nosso tempo com a estimação de VI.

Uma vez obtido $\hat{y}_2$, podemos usá-lo como VI de y_2. As três equações para estimar β_0, β_1 e β_2 são as duas primeiras de (15.25) e a terceira substituída por

$$\sum_{i=1}^{n} \hat{y}_{i2}(y_{i1} - \hat{\beta}_0 - \hat{\beta}_1 y_{i2} - \hat{\beta}_2 z_{i1}) = 0. \qquad (15.37)$$

A solução das três equações com três incógnitas nos fornece os estimadores de VI.

Com instrumentos múltiplos, o estimador de VI que usa $\hat{y}_{i2}$ como instrumento também é chamado de **estimador em mínimos quadrados em dois estágios (MQ2E)**. A razão é simples. Usando a álgebra do MQO, pode ser demonstrado que, quando usamos $\hat{y}_2$ como VI de y_2, as estimativas VI de $\hat{\beta}_0$, $\hat{\beta}_1$ e $\hat{\beta}_2$ são *idênticas* às estimadas por MQO da regressão de

$$\hat{y}_1 \text{ sobre } \hat{y}_2 \text{ e } z_1. \qquad (15.38)$$

Em outras palavras, podemos obter o estimador MQ2E em dois estágios. O primeiro estágio é executar a regressão em (15.36), no qual obteremos os valores estimados $\hat{y}_2$.

O segundo estágio é a regressão MQO (15.38). Como usamos $\hat{y}_2$ em lugar de y_2, as estimativas MQ2E podem diferir substancialmente das estimativas MQO.

Alguns economistas gostam de interpretar a regressão em (15.38) da seguinte maneira: o valor estimado, $\hat{y}_2$, é a versão estimada de y_2^*, e y_2^* é não correlacionado com u_1. Portanto, o MQ2E "expurga" y_2 de sua correlação com u_1 antes de fazer a regressão MQO em (15.38). Podemos mostrar isso inserindo $y_2 = y_2^* + v_2$ em (15.22):

$$y_1 = \beta_0 + \beta_1 y_2^* + \beta_2 z_1 + u_1 + \beta_1 v_2. \qquad (15.39)$$

Agora o erro composto $u_1 + \beta_1 v_2$ tem média zero e é não correlacionado com y_2^* e z_1, motivo pelo qual a regressão MQO em (15.38) funciona corretamente.

A maioria dos programas econométricos possui comandos especiais de MQ2E, de modo que não há necessidade de fazer explicitamente as duas etapas. Aliás, na maioria dos casos, devemos evitar fazer o segundo estágio manualmente, já que os erros padrão e as estatísticas de testes obtidos dessa maneira *não* são válidos. [A razão é que o termo de erro em (15.39) inclui v_2, mas o erro padrão envolve somente a variância de u_1.] Qualquer programa de regressão que suporte MQ2E solicita a variável dependente, a relação das variáveis explicativas (tanto exógenas como endógenas) e a relação total das variáveis instrumentais (isto é, todas as variáveis exógenas). A descrição dos resultados em geral é bastante semelhante à do MQO.

No modelo (15.28) com uma única VI de y_2, o estimador de VI da Seção 15.2 é idêntico ao estimador MQ2E. Portanto, quando temos uma VI de cada variável explicativa endógena, podemos chamar o método de estimação de VI ou MQ2E.

A adição de mais variáveis exógenas altera muito pouco o processo. Por exemplo, suponha que a equação de salários seja

$$\log(wage) = \beta_0 + \beta_1 educ + \beta_2 exper + \beta_3 exper^2 + u_1, \qquad (15.40)$$

em que u_1 é não correlacionado tanto com *exper* como com $exper^2$. Suponha que também entendamos que a escolaridade tanto da mãe como do pai seja não correlacionada com u_1. Então, podemos usar as duas variáveis como VIs de *educ*. A forma reduzida da equação de *educ* é

$$educ = \pi_0 + \pi_1 exper + \pi_2 exper^2 + \pi_3 motheduc + \pi_4 fatheduc + v_2, \qquad (15.41)$$

e a identificação exige que $\pi_3 \neq 0$ ou $\pi_4 \neq 0$ (naturalmente, ou ambas).

EXEMPLO 15.5 Retorno da educação para mulheres que trabalham

Estimamos a equação (15.40) utilizando os dados contidos no arquivo MROZ. Primeiro, testamos $H_0: \pi_3 = 0$, $\pi_4 = 0$ em (15.41) usando um teste F. O resultado é $F = 124,76$ e p-valor $= 0,0000$. Como esperado, *educ* é (parcialmente) correlacionado com a educação dos pais.

Quando estimamos (15.40) por MQ2E, obtemos, na forma de equação:

$$\widehat{\log(wage)} = 0{,}048 + 0{,}061\ educ + 0{,}044\ exper\ 2\ 0{,}0009\ exper^2$$
$$(0{,}400)\ \ (0{,}031)\ \ \ \ \ \ \ \ \ (0{,}013)\ \ \ \ \ \ \ \ (0{,}0004)$$
$$n = 428, R^2 = 0{,}136.$$

O retorno da educação estimado está em torno de 6,1%, comparado com uma estimativa por MQO de cerca de 10,8%. Em razão de seu erro padrão relativamente grande, a estimativa MQ2E é pouco significante no nível de 5% contra uma alternativa bilateral.

As hipóteses necessárias para que o MQ2E tenha as propriedades desejadas de amostras grandes são fornecidas no apêndice deste capítulo, mas é útil fazer aqui um breve resumo delas. Se escrevermos a equação estrutural como em (15.28),

$$y_1 = \beta_0 + \beta_1 y_2 + \beta_2 z_1 + \ldots + \beta_k z_{k-1} + u_1, \tag{15.42}$$

então, presumimos que cada z_j é não correlacionado com u_1. Além disso, precisamos de pelo menos uma variável exógena *fora de* (15.42) que seja parcialmente correlacionada com y_2. Isso garantirá a consistência. Para que os habituais erros padrão e estatísticas t do MQ2E sejam assimptoticamente válidos, também necessitamos de uma hipótese de homoscedasticidade: a variância do erro estrutural, u_1, não pode depender de qualquer das variáveis exógenas. Para aplicações de séries temporais, precisaremos de mais hipóteses, como veremos na Seção 15.7.

15.3b Multicolinearidade e MQ2E

No Capítulo 3, apresentamos o problema da multicolinearidade e mostramos como a correlação entre os regressores pode levar a erros padrão grandes das estimativas MQO. A multicolinearidade pode ser ainda mais grave com o MQ2E. Para verificar a razão disso, a variância (assimptótica) do estimador MQ2E de β_1 pode ser aproximada como

$$\sigma^2 / [\widehat{SQT_2}(1 - \hat{R}_2^2)], \tag{15.43}$$

em que $\sigma^2 = \text{Var}(u_1)$, $\widehat{SQT_2}$ é a variação total em $\hat{y}_2$ e $\hat{R}_2^2$ é o R-quadrado de uma regressão de $\hat{y}_2$ sobre todas as outras variáveis exógenas que aparecem na equação estrutural. Há duas razões para a variância do estimador MQ2E ser maior do que a do MQO. Primeiro, $\hat{y}_2$, por construção, tem menos variação que y_2. (Lembre-se: soma dos quadrados total = soma dos quadrados explicada + soma dos quadrados dos resíduos; a variação em y_2 é a soma dos quadrados total, enquanto a variação em $\hat{y}_2$ é a soma dos quadrados explicada da primeira etapa da regressão.) Segundo, a correlação entre $\hat{y}_2$ e as variáveis exógenas em (15.42) frequentemente é muito mais elevada que a correlação entre y_2 e aquelas variáveis. Esse fato define essencialmente o problema da multicolinearidade no MQ2E.

A título de ilustração, considere o Exemplo 15.4. Quando *educ* é regredido sobre as variáveis exógenas na Tabela 15.1 (sem a inclusão de *nearc4*), R-quadrado = 0,475; isso reflete um grau moderado de multicolinearidade, mas o importante é que o erro padrão MQO em $\hat{\beta}_{educ}$ é bem pequeno. Quando obtemos os valores estimados do primeiro estágio, $\widehat{educ}$, e regredimos esses valores sobre as variáveis exógenas na Tabela 15.1, R-quadrado = 0,995, o que indica um grau bastante alto de multicolinearidade entre $\widehat{educ}$ e as demais variáveis exógenas na tabela. (Esse elevado R-quadrado não surpreende, pois $\widehat{educ}$ é uma função de todas as variáveis exógenas da Tabela 15.1, mais *nearc4*.) A equação (15.43) mostra que um $\hat{R}_2^2$ próximo de um pode resultar num erro padrão bastante grande do estimador MQ2E. Entretanto, como no caso do MQO, uma amostra de tamanho grande pode ajudar a compensar um grande $\hat{R}_2^2$.

15.3c Detecção de instrumentos fracos

Na Seção 15.1, discutimos brevemente o problema dos instrumentos fracos. Focamos na equação (15.19), que demonstra como uma pequena correlação entre o instrumento e o erro pode levar a uma enorme inconsistência (e, logo, a parcialidades), caso o instrumento, z, também tenha pequena correlação com a variável explicativa, x. O mesmo problema pode surgir no contexto do modelo de equação múltpla presente na equação (15.42), caso tenhamos um instrumento para y_2 ou mais instrumentos do que necessitamos.

Também mencionamos as descobertas de Staiger e Stock (1997), e agora discutiremos as implicações práticas dessa pesquisa com um pouco mais de profundidade. Staiger e Stock estudam substancialmente o caso em que todas as variáveis instrumentais são exógenas. Com o requisito de exogeneidade satisfeito pelos instrumentos, eles focam no caso em que os instrumentos estão fracamente correlacionados com y_2 e estudam a validade de erros padrão, intervalos de confiança e estatísticas t que envolvem o coeficiente β_1 em y_2. O mecanismo que usaram para modelar uma correlação fraca levou a uma importante descoberta: mesmo com tamanhos de amostras muito grandes, o estimador MQ2E pode ser tendencioso e ter uma distribuição muito diferente da normal padrão.

Com base em Staiger e Stock (1997), Stock e Yogo (2005) (SY para abreviar) propuseram métodos para detectar situações em que instrumentos fracos levarão a vieses substanciais e a uma inferência estatística distorcida. Convenientemente, Stock e Yogo obtiveram regras sobre o tamanho das estatísticas t (com um instrumento) ou da estatística F (com mais de um instrumento) extraídas da regressão de primeiro estágio. A teoria é muito complexa para ser tratada aqui. Em vez disso, descrevemos algumas regras gerais simples e fáceis de implementar propostas por Stock e Yogo.

A implicação-chave do trabalho de SY é que é necessário mais do que apenas uma rejeição estatística da hipótese nula na regressão de primeiro estágio nos níveis habituais de significância. Por exemplo, na Equação (15.6), não é o suficiente rejeitar a hipótese nula formulada em (15.7) a um nível de significância de 5%. Usando estimadores viesados para o estimador de variáveis instrumentais, SY recomendam que seria melhor proceder com a inferência VI usual, caso a estatística t de primeiro estágio tenha valor absoluto maior que $\sqrt{10} \approx 3.2$. Leitores reconhecerão esse valor como bem acima dos 95% da distribuição normal padrão, 1,96, que usamos para um nível de significância padrão de 5%. A mesma regra geral se aplica ao modelo de regressão múltipla com uma única variável explicativa endógena, y_2, e uma única variável instrumental, z_k. Em particular, a estatística t no teste de hipóteses (15.31) deve ser pelo menos 3,2, em valor absoluto.

SY também abrangem o caso de MQ2E. Nesse caso, devemos focar na estatística F de primeiro estágio para exclusão das variáveis instrumentais para y_2; e a regra de SY é $F > 10$ (perceba que é a mesma regra baseada na estatística t quando há apenas um instrumento, conforme $t^2 = F$). Por exemplo, considere a equação (15.34), em que temos dois instrumentos para y_2, z_2 e z_3. Então, a estatística F para a hipótese nula

$$H_0: \pi_2 = 0, \pi_3 = 0$$

deve ter $F > 10$. Lembre-se, essa não é a estatística F geral para todas as variáveis exógenas em (15.34). Testamos apenas os coeficientes nas VI propostas para y_2, ou seja, as variáveis exógenas que não aparecem em (15.22). No Exemplo 15.5, a estatística

F relevante é 124,76, que está bem acima de 10, sugerindo que não precisamos nos preocupar com instrumentos fracos (É claro que as variáveis de exogeneidade da educação dos pais são duvidosas).

A regra geral para exigir que a estatística F seja maior do que 10 funciona bem na maioria dos modelos e é fácil de lembrar. Contudo, assim como em todas as regras gerais que envolvem inferência estatística, não faz sentido usar 10 como um atalho "fio de navalha". Por exemplo, provavelmente é possível continuar se $F = 9,94$, já que está bem próximo de 10. A regra geral deve ser usada como diretriz. SY têm mais sugestões detalhadas para casos em que há muitos instrumentos para y_2, digamos, cinco ou mais. O leitor interessado deve consultar o ao artigo de SY. Os pesquisadores mais empíricos adotam 10 como valor-alvo.

15.3d Variáveis explicativas endógenas múltiplas

O método de mínimos quadrados em dois estágios também pode ser usado em modelos com mais de uma variável explicativa endógena. Por exemplo, considere o modelo

$$y_1 = \beta_0 + \beta_1 y_2 + \beta_2 y_3 + \beta_3 z_1 + \beta_4 z_2 + \beta_5 z_3 + u_1, \quad (15.44)$$

em que $E(u_1) = 0$ e u_1 é não correlacionado com z_1, z_2 e z_3. As variáveis y_2 e y_3 são variáveis explicativas endógenas: cada uma delas pode ser correlacionada com u_1.

Para estimar (15.44) por MQ2E, precisamos de *pelo menos duas* variáveis exógenas que não apareçam em (15.44), mas que sejam correlacionadas com y_2 e y_3. Suponha que tenhamos duas variáveis exógenas excluídas, digamos z_4 e z_5. Então, a partir de nossa análise de uma única variável explicativa endógena, precisaremos que z_4 ou z_5 apareça em cada uma das formas reduzidas de y_2 e y_3. (Como antes, podemos usar estatísticas F para fazer o teste.) Embora isso seja necessário para a identificação, infelizmente não é suficiente. Suponha que z_4 apareça em cada uma das formas reduzidas, mas que z_5 não apareça em nenhuma. Então, na realidade, não teremos duas variáveis exógenas parcialmente correlacionadas com y_2 e y_3. O estimador de mínimos quadrados em dois estágios não produzirá estimadores consistentes dos β_j.

De forma geral, quando temos mais de uma variável explicativa endógena em um modelo de regressão, a identificação pode falhar de várias e complicadas maneiras. Contudo, podemos facilmente estabelecer uma condição necessária para a identificação, que é chamada de **condição de ordem**.

Condição de ordem para identificação de uma equação. Necessitamos ao menos de tantas variáveis exógenas excluídas quantas forem as variáveis explicativas endógenas incluídas na equação estrutural. A condição de ordem é fácil de ser

---

QUESTÃO 15.3

O modelo seguinte explica a taxa de crimes violentos, nas cidades, em termos de uma variável binária que indica se existem leis de controle de armas e outros controles:

violent = β_0 + β_1*guncontrol*
+ β_2*unem*
+ β_3*popul* + β_4*percblck*
+ β_5*age18_21* + ...

Alguns pesquisadores estimaram equações semelhantes usando variáveis como o número de membros da *National Rifle Association* (Associação Nacional do Rifle) na cidade e o número de assinantes de revistas sobre armas como variáveis instrumentais de *controledearmas* [veja, por exemplo, Kleck e Patterson (1993)]. Essas variáveis instrumentais são convincentes?

verificada, já que somente consiste em contar as variáveis endógenas e exógenas. A condição suficiente para a identificação é chamada de **condição de classificação**. Já vimos casos especiais da condição de classificação, por exemplo, na discussão em torno da equação (15.35). Uma expressão geral da condição de classificação exige álgebra matricial e está além do escopo deste texto. [Veja Wooldridge (2010, Capítulo 5).] É ainda mais difícil obter diagnósticos para instrumentos fracos.

15.3e Teste de hipóteses múltiplas após a estimação por MQ2E

Devemos ser cuidadosos ao testar hipóteses múltiplas em um modelo estimado por MQ2E. É tentador usar a soma dos quadrados dos resíduos ou a forma R-quadrado da estatística F, como aprendemos ao estudar o MQO no Capítulo 4. O fato de o R--quadrado do MQ2E poder ser negativo sugere que a maneira habitual de calcular estatísticas F pode não ser apropriada; esse é precisamente o caso. De fato, se usarmos os resíduos do MQ2E para calcular os SQRs de ambos os modelos, o restrito e o sem restrições, não haverá garantia de que $SQR_r \geq SQR_{ur}$; se o inverso for verdadeiro, a estatística F será negativa.

É possível combinar a soma dos quadrados dos resíduos da regressão do segundo estágio [tal como (15.38)] com SQR_{ur} para obter uma estatística com uma distribuição aproximadamente F em amostras grandes. Como muitos programas econométricos incorporam comandos de testes de uso fácil, que podem ser empregados para testar hipóteses múltiplas após a estimação por MQ2E, omitimos os detalhes. Davidson e MacKinnon (1993) e Wooldridge (2010, Capítulo 5) oferecem discussões sobre como calcular estatísticas do tipo F do MQ2E.

15.4 Soluções de VI para problemas de erros nas variáveis

Nas seções anteriores, apresentamos o uso de variáveis instrumentais como um meio de solucionar o problema de variáveis omitidas, mas elas também podem ser usadas para tratar o problema de erro de medida. A título de ilustração, considere o modelo

$$y = \beta_0 + \beta_1 x_1^* + \beta_2 x_2 + u, \tag{15.45}$$

em que y e x_2 são observados, mas x_1^*, não. Seja x_1 uma medida observada de x_1^*: $x_1 = x_1^* + e_1$, sendo e_1 o erro de medida. No Capítulo 9, mostramos que a correlação entre x_1 e e_1 faz com que o MQO, onde x_1 é usado em lugar de x_1^*, seja viesado e inconsistente. Podemos verificar isso escrevendo

$$y = \beta_0 + \beta_1 x_1 + \beta_2 x_2 + (u - \beta_1 e_1). \tag{15.46}$$

Se as hipóteses dos erros clássicos nas variáveis (ECV) se mantiverem, o viés no estimador MQO de β_1 tenderá a zero. Sem hipóteses adicionais, não podemos fazer nada a esse respeito.

Em alguns casos, é possível usar um procedimento de VI para solucionar o problema de erro de medida. Em (15.45), presumimos que u é não correlacionado com x_1^*, x_1 e x_2; no caso de ECV, presumimos que e_1 é não correlacionado com x_1^* e x_2. Isso sugere que x_2 é exógeno em (15.46), mas x_1 é correlacionado com e_1. O que precisamos é de uma VI de x_1. Essa VI deve ser correlacionada com x_1, não correlacionada com u – de forma que possa ser excluída de (15.45) – e não correlacionada com o erro de estimação, e_1.

Uma possibilidade é obter uma segunda estimação de x_1^*, digamos z_1. Como é x_1^* que afeta y, é natural pressupor que z_1 é não correlacionado com u. Se escrevermos $z_1 = x_1^* + a_1$, em que a_1 é o erro de medida em z_1, devemos presumir que a_1 e e_1 são não correlacionados. Em outras palavras, tanto x_1 como z_1 medem incorretamente x_1^*, mas seus erros de medida são não correlacionados. Certamente, x_1 e z_1 são correlacionados por suas dependências de x_1^*, de modo que podemos usar z_1 como uma VI de x_1.

Onde podemos obter duas medidas de uma variável? Algumas vezes, quando um grupo de trabalhadores questiona seu salário anual, seus empregadores poderão fazer uma contraoferta. No caso de pessoas casadas, cada cônjuge pode informar independentemente o nível de poupança ou renda familiar. No estudo de Ashenfelter e Krueger (1994) citado na Seção 14.3, foi solicitado a cada gêmeo o número de anos de educação formal de seu(ua) irmão(ã); isso fornece uma segunda medida que pode ser usada como uma VI da educação formal autorrelatada em equação de salários. (Ashenfelter e Krueger combinaram diferença e VI para explicar também o problema da aptidão omitida; veja mais sobre esse assunto na Seção 15.8.) Geralmente, no entanto, é raro ter duas medidas de uma variável explicativa.

Uma alternativa é usar outras variáveis exógenas como VIs de uma variável potencialmente mal medida. Por exemplo, nosso uso de *motheduc* e *fatheduc* como VIs de *educ* no Exemplo 15.5 pode servir a esse propósito. Se pensarmos que *educ* = *educ** + e_1, as estimativas de VI no Exemplo 15.5 não sofrerão do erro de medida se *motheduc* e *fatheduc* forem não correlacionados com o erro de medida, e_1. Isso provavelmente é mais razoável do que presumir serem *motheduc* e *fatheduc* não correlacionados com a aptidão, o que está contido em u, em (15.45).

Os métodos VI também podem ser adotados quando usamos fatores como notas de testes para controlar características não observadas. Na Seção 9.2, mostramos que, sob certas hipóteses, variáveis *proxy* podem ser usadas para solucionar o problema de variáveis omitidas. No Exemplo 9.3, usamos o QI como uma variável *proxy* da aptidão não observada. Isso simplesmente envolve a adição do QI ao modelo e a execução de uma regressão MQO. Entretanto, existe uma alternativa que funciona quando o QI não satisfaz plenamente as hipóteses da variável *proxy*. Como ilustração, escreva uma equação de salários como

$$\log(wage) = \beta_0 + \beta_1 educ + \beta_2 exper + \beta_3 exper^2 + abil + u, \quad (15.47)$$

em que novamente temos o problema da aptidão omitida. Contudo, temos duas notas de testes que são indicadores da aptidão. Presumimos que as notas possam ser escritas como

$$test_1 = \gamma_1 abil + e_1$$

e

$$test_2 = \delta_1 abil + e_2,$$

em que $\gamma_1 > 0$, $\delta_1 > 0$. Como a aptidão é que afeta o salário, podemos supor que $test_1$ e $test_2$ são não correlacionados com u. Se escrevermos *aptid* em termos da nota do primeiro teste e inserirmos o resultado em (15.47), obteremos

$$\log(wage) = \beta_0 + \beta_1 educ + \beta_2 exper + \beta_3 exper^2 + \alpha_1 test_1 + (u - \alpha_1 e_1), \quad (15.48)$$

em que $\alpha_1 = 1/\gamma_1$. Agora, se presumirmos que e_1 é não correlacionado com todas as variáveis explicativas em (15.47), incluindo *aptid*, e_1 e $teste_1$ devem ser correlacionados. [Observe que *educ não é* endógeno em (15.48); porém, $teste_1$ o é.] Isso significa que estimar (15.48) por MQO produzirá estimadores inconsistentes dos β_j (e α_1). Sob as hipóteses que levantamos, $teste_1$ não satisfaz as hipóteses da variável *proxy*.

Se presumirmos que e_2 também é não correlacionado com todas as variáveis explicativas em (15.47) e que e_1 e e_2 são não correlacionados, e_1 será não correlacionado com a segunda nota de testes, $teste_2$. Portanto, $teste_2$ pode ser usado como uma VI de $teste_1$.

EXEMPLO 15.6 Uso de duas notas de testes como indicadores de aptidão

Usamos os dados contidos no arquivo WAGE2 para implementar o procedimento precedente, no qual *QI* desempenha o papel de primeira nota de teste e *KWW* (conhecimento do mundo do trabalho) é a segunda nota de teste. As variáveis explicativas são as mesmas do Exemplo 9.3: *educ, exper, tenure, married, south, urban* e *black*. Em vez de adicionar *QI* e fazer o MQO, como na coluna (2) da Tabela 9.2, adicionamos *QI* e usamos *KWW* como sua variável instrumental. O coeficiente de *educ* é 0,025 (ep = 0,017). Essa é uma estimativa baixa, e não é estatisticamente diferente de zero. É um resultado problemático, sugerindo que uma de nossas hipóteses não se sustenta; talvez e_1 e e_2 sejam correlacionados.

15.5 Teste de endogeneidade e teste de restrições sobreidentificadoras

Nesta seção, descreveremos dois importantes testes no contexto de estimação de variáveis instrumentais.

15.5a Teste de endogeneidade

O estimador MQ2E é menos eficiente que o MQO quando as variáveis explicativas são exógenas; como vimos, as estimativas MQ2E podem ter erros padrão elevados. Portanto, é útil fazer um teste de endogeneidade de uma variável explicativa que mostre se o MQ2E é ainda necessário. Obter esse teste é bastante simples.

Para ilustrar, suponha que tenhamos uma única variável suspeita de ser endógena,

$$y_1 = \beta_0 + \beta_1 y_2 + \beta_2 z_1 + \beta_3 z_2 + u_1, \quad (15.49)$$

em que z_1 e z_2 são exógenos. Temos duas outras variáveis exógenas, z_3 e z_4, que não aparecem em (15.49). Se y_2 for não correlacionado com u_1, devemos estimar (15.49) por MQO. Como podemos testar isso? Hausman (1978) sugeriu fazer uma comparação direta das estimativas MQO e MQ2E e determinar se as diferenças são estatisticamente significantes. Afinal de contas, tanto MQO como MQ2E serão consistentes se todas as variáveis forem exógenas. Se MQ2E e MQO diferirem de forma significante, concluímos que y_2 deve ser endógeno (supondo que os z_j são exógenos).

É uma boa ideia calcular MQO e MQ2E para verificar se as estimativas são diferentes na prática. Para determinar se as diferenças são estatisticamente significantes, é mais fácil usar um teste de regressão. Isso é feito com base na estimação da forma reduzida de y_2, que nesse caso é

$$y_2 = \pi_0 + \pi_1 z_1 + \pi_2 z_2 + \pi_3 z_3 + \pi_4 z_4 + v_2. \qquad (15.50)$$

Agora, como cada z_j é não correlacionado com u_1, y_2 será não correlacionado com u_1 se, e somente se, v_2 for não correlacionado com u_1; isso é o que queremos testar. Escreva $u_1 = \delta_1 v_2 + e_1$, em que e_1 é não correlacionado com v_2 e tem média zero. Então, u_1 e v_2 serão não correlacionados se, e somente se, $\delta_1 = 0$. A maneira mais fácil de verificar esse valor é incluir v_2 como um regressor adicional em (15.49) e fazer um teste t. Só existe um problema com a implementação desse procedimento: v_2 não é observado, porque ele é o termo de erro em (15.50). Como podemos estimar a forma reduzida de y_2 por MQO, podemos obter os resíduos da forma reduzida, $\hat{v}_2$. Portanto, estimamos

$$y_1 = \beta_0 + \beta_1 y_2 + \beta_2 z_1 + \beta_3 z_2 + \delta_1 \hat{v}_2 + erro \qquad (15.51)$$

por MQO e testamos H_0: $\delta_1 = 0$, usando uma estatística t. Se rejeitarmos H_0 a um nível pequeno de significância, concluímos que y_2 é endógeno porque v_2 e u_1 são correlacionados.

Teste de endogeneidade de uma única variável explicativa:

(i) Estime a forma reduzida de y_2, regredindo y_2 sobre *todas* as variáveis exógenas (inclusive aquelas da equação estrutural e as VIs adicionais). Obtenha os resíduos, $\hat{v}_2$.

(ii) Adicione $\hat{v}_2$ à equação estrutural (que inclui y_2) e verifique a significância de $\hat{v}_2$, usando uma regressão MQO. Se o coeficiente de $\hat{v}_2$ for estatisticamente diferente de zero, concluiremos que y_2 é endógeno. Podemos usar um teste t robusto em relação à heteroscedasticidade.

EXEMPLO 15.7   Retorno da educação para mulheres que trabalham

Podemos testar a endogeneidade de *educ* em (15.40), obtendo os resíduos $\hat{v}_2$ da estimação da forma reduzida (15.41) – usando somente mulheres que trabalham – e incluindo-os em (15.40). Quando fazemos isso, o coeficiente de $\hat{v}_2$ é $\hat{\delta}_1 = 0{,}058$ e $t = 1{,}67$. Essa é uma evidência moderada de correlação positiva entre u_1 e v_2. Talvez seja uma boa ideia descrever ambas as estimativas porque a estimativa MQ2E do retorno da educação (6,1%) está bem abaixo da estimativa MQO (10,8%).

Uma característica interessante da regressão do item (ii) do teste de endogeneidade é que as estimativas de coeficiente de todas as variáveis explicativas (exceto, é claro, $\hat{v}_2$) são idênticas às estimativas MQ2E. Por exemplo, estimar (15.51) por MQO produz os mesmos $\hat{\beta}_j$ do que estimar (15.49) por MQ2E. Um benefício dessa equivalência é que ela propicia uma fácil verificação sobre se você fez a regressão apropriada no teste de endogeneidade. Mas ela também fornece uma interpretação dos MQ2E diferente e proveitosa: adicionar $\hat{v}_2$ à equação original como uma variável explicativa e aplicar os MQO resolve a endogeneidade de y_2. Assim, quando começamos por estimar a (15.49) por MQO, podemos quantificar a importância de permitir que a y_2 seja endógena, pela observação de quanto a $\hat{\beta}_1$ se altera quando $\hat{v}_2$ é adicionada à equação. Independentemente do resultado dos testes estatísticos, podemos verificar se a alteração na $\hat{\beta}_1$ é esperada e praticamente significante.

Também podemos testar a endogeneidade de múltiplas variáveis explicativas. Para cada variável suspeita de ser endógena, obtemos os resíduos da forma reduzida, como no item (i). Depois, verificamos a significância conjunta desses resíduos na equação estrutural, usando um teste F. A significância conjunta indica que pelo menos uma variável explicativa suspeita é endógena. O número de restrições de exclusão testadas é o número de variáveis explicativas suspeitas de serem endógenas.

15.5b Teste de restrições sobreidentificadoras

Quando apresentamos o estimador simples de variáveis instrumentais na Seção 15.1, enfatizamos que o instrumento deve satisfazer duas condições: ele deve ser não correlacionado com o erro (exogeneidade) e correlacionado com a variável explicativa endógena (relevância). Vimos agora que, mesmo em modelos com variáveis explicativas adicionais, a segunda condição pode ser testada usando um teste t (com só um instrumento) ou um teste F (quando existem múltiplos instrumentos). No contexto do estimador simples de VI, notamos que a exigência de exogeneidade não pode ser testada. Porém, se tivermos mais instrumentos do que necessitamos, poderemos efetivamente testar se algumas delas são não correlacionadas com o erro estrutural.

Como um exemplo específico, novamente considere a equação (15.49) com duas variáveis instrumentais para y_2, z_3 e z_4. Lembre-se, z_1 e z_2 agem basicamente como seus próprios instrumentos. Como temos dois instrumentos para y_2, podemos estimar (15.49) usando, digamos, somente a z_3 como uma VI da y_2; que $\check{\beta}_1$ designe o estimador de VI resultante de β_1. Então poderemos estimar a (15.49) usando somente a z_4 como uma VI da y_2; chame este estimador VI de $\tilde{\beta}_1$. Se todas as z_j forem exógenas, e se z_3 e z_4 forem cada uma delas parcialmente correlacionadas com y_2, então $\check{\beta}_1$ e $\tilde{\beta}_1$ serão ambas consistentes com β_1. Portanto, se nossa lógica na escolha de instrumentos for correta, $\check{\beta}_1$ e $\tilde{\beta}_1$ deverão diferir somente no erro de amostragem. Hausman (1978) propôs basear um teste para avaliar se z_3 e z_4 são ambas exógenas em diferença, $\check{\beta}_1 - \tilde{\beta}_1$. Em breve, forneceremos uma maneira mais simples de obter um teste válido, mas, antes de fazermos isso, devemos entender como interpretar o resultado do teste.

Se concluirmos que $\check{\beta}_1$ e $\tilde{\beta}_1$ são estatisticamente diferentes um do outro, então não temos opção senão concluirmos que ou a z_3 ou a z_4 ou ambas falharam quanto ao requisito de exogeneidade. Infelizmente, não temos como saber qual foi a causa (a menos que declaremos desde o início que, digamos, z_3 é exógena). Por exemplo, se y_2 denotar anos de educação formal numa equação log de salário, z_3 for a escolaridade da mãe e z_4 for a escolaridade do pai, uma diferença estatisticamente significante nos dois estimadores de VI indicará que a variável educacional de um ou ambos os pais é correlacionada com u_1 (15.54).

Certamente a rejeição de instrumentos como sendo exógenos é coisa séria e exige uma nova abordagem. Mas o problema mais sério e sutil, na comparação de estimativas

VI, é que elas podem ser semelhantes embora ambos os instrumentos falhem quanto ao requisito de exogeneidade. No exemplo anterior, parece ser provável que, se a escolaridade da mãe for positivamente correlacionada com a u_1, então também será a escolaridade do pai. Portanto, as duas estimativas VI podem ser semelhantes embora cada uma delas seja inconsistente. Na realidade, como VIs neste exemplo são escolhidas com o uso de raciocínio semelhante, o uso separado delas em procedimentos VI pode muito bem levar a estimativas similares que serão mesmo assim, tanto uma como a outra, inconsistentes. A questão é que não devemos nos sentir particularmente confortáveis se nossos procedimentos VI passarem no teste de Hausman.

Outro problema com a comparação de duas estimativas VI é que muitas vezes elas podem parecer de fato diferentes, embora, estatisticamente, não possamos rejeitar a hipótese nula de que são consistentes no mesmo parâmetro populacional. Por exemplo, ao estimarmos (15.40) pelas VI usando *motheduc* como o único instrumento, o coeficiente na *educ* será 0,049 (0,037). Se usarmos somente *fatheduc* como VI de *educ*, o coeficiente na *educ* será 0,070 (0,034). [Talvez não seja surpresa que a estimativa que usa o nível de escolaridade de ambos os pais como VI esteja entre essas duas, 0,061 (0,031).] Taticamente, a diferença entre 5% e 7% no retorno de um ano de educação formal estimado é substancial. Porém, como mostrado no Exemplo 15.8, a diferença não é estatisticamente significante.

O procedimento de comparar diferentes estimativas de VI do mesmo parâmetro é um exemplo para testar as **restrições sobreidentificadoras**. A ideia geral é que temos mais instrumentos do que precisamos para estimar consistentemente os parâmetros. No exemplo anterior, tínhamos um instrumento a mais do que precisávamos, e isto resultou em uma restrição sobreidentificadora que pode ser testada. No caso geral, suponha que tenhamos q instrumentos a mais do que necessitamos. Por exemplo, com uma variável explicativa endógena, y_2, e três instrumentos propostos para y_2, teremos $q = 3 - 1 = 2$ restrições sobreidentificadoras. Quando q é dois ou mais, comparar várias estimativas VI é complicado. Em vez disso, podemos facilmente calcular um teste estatístico baseado nos resíduos dos MQ2E. A ideia é que, se todos os instrumentos forem exógenos, os resíduos dos MQ2E deverão ser não correlacionados com os instrumentos, até o erro amostral. Mas, se houver $k + 1$ parâmetros e $k + 1 + q$ instrumentos, os resíduos dos MQ2E terão uma média zero e serão identicamente não correlacionados com k combinações lineares dos instrumentos. (Este fato algébrico contém, como causa especial, o dado de que os resíduos dos MQO têm média zero e são não correlacionados com k variáveis explicativas.) Portanto, o teste verifica se os resíduos dos MQ2E são correlacionados com q funções lineares dos instrumentos, e não precisamos decidir sobre qual função; o teste faz isso automaticamente.

O teste baseado em regressão a seguir será válido quando a hipótese de homoscedasticidade, listada como Hipótese MQ2E.5 no apêndice deste capítulo, for válida.

Teste de restrições sobreidentificadoras:

(i) Estime a equação estrutural por MQ2E e obtenha os resíduos MQ2E, $\hat{u}_1$.

(ii) Regrida $\hat{u}_1$ sobre todas as variáveis *exógenas*. Obtenha o R-quadrado, digamos R_1^2.

(iii) Sob a hipótese nula de que todas as VIs são não correlacionadas com u_1, $nR_1^2 \stackrel{a}{\sim} \chi_q^2$, em que q é o número de variáveis instrumentais fora do modelo menos o número total de variáveis explicativas endógenas. Se nR_1^2 exceder (digamos) o valor crítico de 5% na distribuição χ_q^2, rejeitamos H_0 e concluímos que pelo menos algumas das VIs não são exógenas.

> **EXEMPLO 15.8** Retorno da educação para mulheres que trabalham
>
> Quando usamos *motheduc* e *fatheduc* como VI de *educ* em (15.40), temos uma única restrição sobreidentificadora. A regressão dos resíduos do MQ2E $\hat{u}_1$ sobre *exper*, *exper*^{2}, *educm* e *educp* produz $R_1^2 = 0{,}0009$. Portanto, $nR_1^2 = 428(0{,}0009) = 0{,}3852$, que é um valor muito pequeno em uma distribuição χ_1^2 (*p*-valor = 0,535). Portanto, as variáveis da educação dos pais passam no teste de sobreidentificação. Quando adicionamos a educação do marido à lista de VI, obtemos duas restrições sobreidentificadoras, e $nR_1^2 = 1{,}11$ (*p*-valor = 0,574). Sujeito às precauções anteriores, parece razoável adicionarmos *huseduc* à lista de VI, pois isso reduz o erro padrão da estimativa MQ2E: a estimativa MQ2E de *educ* usando as três variáveis instrumentais é 0,080 (*ep* = 0,022), de modo que isso torna *educ* muito mais significante do que quando *huseduc* não é usada como uma VI ($\hat{\beta}_{educ} = 0{,}061$, ep = 0,031).

Quando $q = 1$, uma pergunta natural é: como o teste obtido do procedimento baseado em regressão se compara com um teste-base sobre comparar diretamente as estimativas? Na realidade, os dois procedimentos são assimptoticamente o mesmo. Como um tópico prático, faz sentido calcular as duas estimativas VI para verificar como diferem entre si. De forma mais geral, quando $q \geq 2$, pode-se comparar as estimativas MQ2E com todas as VIs da estimativa VI usando instrumentos únicos. Fazendo isso, pode-se verificar se as várias estimativas VI são, na prática, diferentes, independentemente de o teste de sobreidentificação rejeitar ou falhar em rejeitar.

No exemplo anterior, aludimos a um fato geral sobre o MQ2E: sob as hipóteses padrão do MQ2E, a adição de variáveis instrumentais à lista melhora a eficiência assimptótica do MQ2E. Entretanto, isso requer que quaisquer novas variáveis instrumentais sejam de fato exógenas – caso contrário, o MQ2E não será sequer consistente –, e isso será apenas um resultado assimptótico. Dados os tamanhos típicos das amostras disponíveis, a adição de variáveis instrumentais em demasia – isto é, o aumento do número de restrições sobreidentificadoras – pode causar vieses severos no MQ2E. Uma discussão detalhada nos desviaria muito do assunto. Uma boa ilustração é dada por Bound, Jaeger & Baker (1995), que argumentam que as estimativas MQ2E do retorno da educação obtidas por Angrist e Krueger (1991), usando muitas variáveis instrumentais, são propensas a ser seriamente viesadas (mesmo com centenas de milhares de observações!).

O teste de sobreidentificação pode ser usado sempre que tivermos mais variáveis instrumentais do que necessitamos. Se tivermos quantidade exata de variáveis instrumentais, o modelo é considerado *exatamente identificado*, e o *R*-quadrado na parte (ii) será zero, de modo idêntico. Como já mencionamos, não podemos testar a exogeneidade dos instrumentos no caso do modelo exatamente identificado.

O teste pode se tornar robusto quanto à heteroscedasticidade de forma arbitrária; para detalhes, veja Wooldridge (2010, Capítulo 5).

15.6 O MQ2E com heteroscedasticidade

A heteroscedasticidade no contexto do MQ2E suscita essencialmente os mesmos problemas do MQO. O mais importante é a possibilidade de obter erros padrão e estatísticas de testes que são (assimptoticamente) robustos quanto à heteroscedasticidade de forma arbitrária e desconhecida. Na verdade, a equação (8.4) do Capítulo 8 continua a ser válida se os $\hat{r}_{ij}$ forem obtidos como os resíduos da regressão de $\hat{x}_{ij}$ sobre os outros $\hat{x}_{ih}$, onde o símbolo "^" representa valores estimados das regressões do primeiro estágio (das variáveis explicativas endógenas). Wooldridge (2010, Capítulo 5) apresenta mais detalhes. Alguns programas econométricos fazem isso rotineiramente.

Também podemos testar a heteroscedasticidade, usando um teste análogo ao de Breusch-Pagan que apresentamos no Capítulo 8. Sejam $\hat{u}$ os resíduos MQ2E e $z_1, z_2, \ldots, z_m$ todas as variáveis exógenas (inclusive as usadas como VI das variáveis explicativas endógenas). Assim, sob hipóteses razoáveis [explicadas, por exemplo, em Wooldridge (2010, Capítulo 5)], uma estatística assimptoticamente válida será a habitual estatística F da significância conjunta em uma regressão de $\hat{u}^2$ sobre $z_1, z_2, \ldots, z_m$. A hipótese nula de homoscedasticidade será rejeitada se os z_j forem conjuntamente significantes.

Se aplicarmos esse teste no Exemplo 15.8, usando *motheduc*, *fatheduc* e *huseduc* como instrumentos de *educ*, obteremos $F_{5,422} = 2{,}53$ e p-valor $= 0{,}029$. Isso é evidência de heteroscedasticidade no nível de 5%. Podemos calcular erros padrão robustos em relação à heteroscedasticidade para explicar isso.

Se soubermos como a variância do erro depende das variáveis exógenas, poderemos usar um procedimento de MQ2E ponderado, essencialmente o mesmo da Seção 8.4. Após estimar um modelo para $\text{Var}(u|z_1, z_2, \ldots, z_m)$, dividimos a variável dependente, as variáveis explicativas e todas as variáveis instrumentais da observação i por $\sqrt{\hat{h}_i}$, em que $\hat{h}_i$ representa a variância estimada. (A constante, que é tanto uma variável explicativa como uma VI, é dividida por $\sqrt{\hat{h}_i}$; veja a Seção 8.4.) Em seguida, aplicamos o MQ2E na equação transformada usando as variáveis instrumentais transformadas.

15.7 A aplicação do MQ2E a equações de séries temporais

Quando aplicamos o MQ2E a dados de séries temporais, muitas das considerações que surgiram sobre o MQO nos Capítulos 10, 11 e 12 são pertinentes. Escreva a equação estrutural de cada período de tempo como

$$y_t = \beta_0 + \beta_1 x_{t1} + \ldots + \beta_k x_{tk} + u_t, \qquad (15.52)$$

em que uma ou mais das variáveis explicativas x_{tj} possam ser correlacionadas com u_t. Seja o conjunto de variáveis exógenas representado por $z_{t1}, \ldots, z_{tm}$:

$$E(u_t) = 0, \, \text{Cov}(z_{tj}, u_t) = 0, \, j = 1, \ldots, m.$$

Qualquer variável explicativa exógena também é uma z_{tj}. Para a identificação, é necessário que $m \geq k$ (temos tantas variáveis exógenas quanto variáveis explicativas).

A mecânica do MQ2E é idêntica para dados de séries temporais ou de corte transversal, mas para dados de séries temporais as propriedades estatísticas do MQ2E dependem das propriedades de tendência e de correlação das sequências básicas. Em particular, devemos ser cuidadosos ao decidir incluir uma variável de tendência se tivermos a variável dependente ou variáveis explicativas com tendência. Como uma tendência temporal é exógena, ela pode sempre servir como sua própria variável instrumental. O mesmo ocorre com relação a variáveis *dummy* sazonais, se forem usados dados mensais ou trimestrais.

Séries que possuem forte persistência (têm raízes unitárias) devem ser usadas com cuidado, assim como no MQO. Frequentemente, diferenciar a equação é necessário

> ### QUESTÃO 15.4
>
> Um modelo para testar o efeito do crescimento dos gastos governamentais sobre o crescimento da produção é
>
> $gGDP_t = \beta_0 + \beta_1 gGOV_t + \beta_2 INVRAT_t + \beta_3 gLAB_t + u_t,$
>
> em que c indica crescimento, GPD é o produto interno bruto real, GOV é o gasto governamental real, $INVRAT$ é a razão do investimento interno sobre o PIB e LAB é o tamanho da força de trabalho. [Veja equação (6) em Ram (1986).] Sob quais hipóteses uma variável *dummy* indicando se o presidente no ano $t - 1$ era um Republicano seria uma VI adequada de $gGOV$?

antes da estimação, e isso se aplica também às variáveis instrumentais.

Sob hipóteses análogas às do Capítulo 11 para as propriedades assimptóticas do MQO, o MQ2E usando dados de séries temporais é consistente e distribuído normal e assimptoticamente. Na verdade, se substituirmos as variáveis explicativas pelas variáveis instrumentais ao estabelecer as hipóteses, somente precisaremos adicionar as hipóteses de identificação do MQ2E. Por exemplo, a hipótese de homoscedasticidade é definida como

$$E(u^2_t | z_{t1}, \ldots, z_{tm}) = \sigma^2, \qquad (15.53)$$

e a hipótese de ausência de correlação serial é estabelecida como

$$E(u_t u_s | \mathbf{z}_t, \mathbf{z}_s) = 0, \text{ para todo } t \neq s, \qquad (15.54)$$

em que $\mathbf{z}_t$ representa todas as variáveis exógenas no tempo t. Uma lista completa das hipóteses é apresentada no apêndice deste capítulo. Forneceremos exemplos do MQ2E para problemas de séries temporais no Capítulo 16; veja também o Exercício em Computador C4.

Como no caso do MQO, a hipótese de ausência de correlação serial pode com frequência ser violada com dados de séries temporais. Felizmente, é bastante fácil testar a existência de correlação serial AR(1). Se escrevermos $u_t = \rho u_{t-1} + e_t$ e inserirmos essa expressão na equação (15.52), obteremos

$$y_t = \beta_0 + \beta_1 x_{t1} + \ldots + \beta_k x_{tk} + \rho u_{t-1} + e_t, t \geq 2. \qquad (15.55)$$

Para testar $H_0: \rho_1 = 0$, devemos substituir u_{t-1} pelos resíduos do MQ2E, $\hat{u}_{t-1}$. Além disso, se os x_{tj} forem endógenos em (15.52), eles serão endógenos em (15.55), de modo que ainda necessitaremos usar uma VI. Como e_t é não correlacionado com todos os valores passados de u_t, $\hat{u}_{t-1}$ pode ser usado como seu próprio instrumento.

Teste da correlação serial AR(1) após MQ2E:
 (i) Estime (15.52) por MQ2E e obtenha os resíduos do MQ2E, $\hat{u}_t$.
 (ii) Estime

$$y_t = \beta_0 + \beta_1 x_{t1} + \ldots + \beta_k x_{tk} + \rho \hat{u}_{t-1} + erro_t, t = 2, \ldots, n$$

por MQ2E, usando os mesmos instrumentos da parte (i), em adição a $\hat{u}_{t-1}$. Use a estatística t de $\hat{\rho}$ para testar $H_0: \rho = 0$.

Assim como na versão MQO desse teste do Capítulo 12, a estatística t somente tem justificação assimptótica, mas na prática ela tende a funcionar bem. Uma versão do teste robusto em relação à heteroscedasticidade pode ser usada para proteção contra a heteroscedasticidade. Além disso, resíduos defasados poderão ser adicionados à equação para testar a existência de formas mais altas de correlação serial, usando um teste F conjunto.

O que acontece se detectarmos correlação serial? Alguns programas econométricos calculam erros padrão robustos em relação a formas razoavelmente gerais de correlação serial e heteroscedasticidade. Esse é um bom e simples caminho a seguir se seu programa de econometria fizer isso. Os cálculos são muito semelhantes aos da Seção 12.5 do MQO. [Veja Wooldridge (1995) para fórmulas e outros métodos computacionais.]

Uma alternativa é usar o modelo AR(1) e corrigir a correlação serial. O procedimento é semelhante ao do MQO e coloca restrições adicionais sobre as variáveis instrumentais. A equação quase diferenciada é a mesma que a equação (12.32):

$$\tilde{y}_t = \beta_0(1 - \rho) + \beta_1 \tilde{x}_{t1} + \ldots + \beta_k \tilde{x}_{tk} + e_t, t \geq 2, \qquad (15.56)$$

em que $\tilde{x}_{tj} = x_{tj} - \rho x_{t-1,j}$. (Podemos usar a observação $t = 1$ como fizemos na Seção 12.3, mas, para facilitar, omitimos isso aqui.) A questão é: o que podemos usar como variáveis instrumentais? Parece natural usar instrumentos quase diferenciados, $\tilde{z}_{tj} = z_{tj} - \rho z_{t-1,j}$. Isso somente funcionará, porém, se em (15.52) o erro u_t original for não correlacionado com as instrumentos nos tempos t, $t - 1$ e $t + 1$. Isto é, as variáveis instrumentais devem ser estritamente exógenas em (15.52). Isso exclui variáveis dependentes defasadas como VI, por exemplo. Também elimina casos em que movimentos futuros em VI reajam a alterações correntes e passadas no erro, u_t.

MQ2E com erros AR(1):

(i) Estime (15.52) por MQ2E e obtenha os resíduos MQ2E, $\hat{u}_t$, $t = 1, 2, \ldots, n$.

(ii) Obtenha $\hat{\rho}$ da regressão de $\hat{u}_t$ sobre $\hat{u}_{t-1}$ $t = 2, \ldots, n$ e construa as variáveis quase diferenciadas $\tilde{y}_t = y_t - \hat{\rho} y_{t-1}$, $\tilde{x}_{tj} = x_{tj} - \hat{\rho} x_{t-1}$ e $\tilde{z}_{tj} = z_{tj} - \hat{\rho} z_{t-1,j}$ para $t \geq 2$. (Lembre-se de que, na maioria dos casos, algumas das VIs também serão variáveis explicativas.)

(iii) Estime (15.56) (onde ρ é substituído por $\hat{\rho}$) por MQ2E, usando as $\tilde{z}_{tj}$ como variáveis instrumentais. Ao supor que (15.56) satisfaz as hipóteses do MQ2E do apêndice deste capítulo, as estatísticas de testes habituais do MQ2E serão assimptoticamente válidas.

Podemos também usar o primeiro período de tempo como na estimação de Prais-Winsten do modelo com variáveis explicativas exógenas. As variáveis transformadas no primeiro período de tempo – a variável dependente, as variáveis explicativas e as variáveis instrumentais – são obtidas simplesmente pela multiplicação de todos os valores do primeiro período por $(1 - \hat{\rho})^{1/2}$. (Veja também a Seção 12.3.)

15.8 A aplicação do MQ2E em cortes transversais agrupados e em dados em painel

A aplicação dos métodos de variáveis instrumentais em cortes transversais independentemente agrupados não apresenta novas dificuldades. Assim como acontece com os modelos estimados por MQO, devemos frequentemente incluir variáveis *dummy* temporais para levar em conta os efeitos temporais agregados. Essas variáveis *dummy* são exógenas –, pois a passagem do tempo é exógena – e assim elas agem como suas próprias variáveis instrumentais.

EXEMPLO 15.9 Efeito da educação sobre a fertilidade

No Exemplo 13.1, usamos o corte transversal agrupado contido no arquivo FERTIL1 para estimar o efeito de educação sobre a fertilidade das mulheres, controlando vários outros fatores. Como em Sander (1992), consideramos a possibilidade de que *educ* seja endógeno na equação. Como variáveis instrumentais de *educ*, usamos os níveis de educação da mãe e do pai (*meduc*, *feduc*). A estimativa de MQ2E de β_{educ} é $-0,153$ (ep = 0,039), comparada com a estimativa do MQO de $-,128$ (ep = 0,018). A estimativa por MQ2E mostra um efeito de certa forma maior da educação sobre a fertilidade, mas o erropadrão do MQ2E é mais de duas vezes maior que o do MQO. (Na verdade, o intervalo de confiança de 95% baseado no MQ2E facilmente contém a estimativa MQO.) As estimativas MQO e MQ2E de β_{educ} não são estatisticamente diferentes, o que pode ser visto testando a endogeneidade de *educ*, como na Seção 15.5: quando a forma reduzida residual, $\hat{v}_2$, é incluída com os outros regressores da Tabela 13.1 (inclusive *educ*), sua estatística t é 0,702, não significante em qualquer nível razoável. Portanto, nesse caso, concluímos que a diferença entre o MQ2E e o MQO é em razão do erro de amostragem.

A estimação de variáveis instrumentais pode ser combinada com métodos de dados em painel, particularmente a primeira diferença, para estimar consistentemente parâmetros na presença de efeitos não observados e de endogeneidade em uma ou mais variáveis explicativas com variação temporal. O exemplo a seguir ilustra essa combinação de métodos.

EXEMPLO 15.10 Treinamento de pessoal e produtividade de trabalhadores

Suponha que queiramos estimar o efeito de uma hora adicional de treinamento sobre a produtividade dos trabalhadores. Para os anos de 1987 e 1988, considere o modelo simples de dados em painel

$$\log(scrap_{it}) = \beta_0 + \delta_0 d88_t + \beta_1 hrsemp_{it} + a_i + u_{it}, t = 1, 2,$$

em que $scrap_{it}$ é a taxa de refugo dos produtos da firma i no ano t, e $hrsemp_{it}$ representa horas de treinamento por empregado. Como sempre, permitimos interceptos diferentes para os anos e um efeito constante não observado da firma, a_i.

Pelas razões discutidas na Seção 13.2, podemos estar preocupados com a possibilidade de que $hrsemp_{it}$ seja correlacionado com a_i, que contém a aptidão não medida do trabalhador. Como antes, fazemos a diferenciação para remover a_i:

$$\Delta\log(scrap_i) = \delta_0 + \beta_1 \Delta hrsemp_i 1 \Delta u_i. \qquad (15.57)$$

Geralmente, estimaríamos essa equação por MQO. Mas e se Δu_i for correlacionado com $\Delta hrsemp_i$? Por exemplo, uma empresa pode empregar trabalhadores mais habilidosos e, simultaneamente, reduzir o nível de treinamento. Nesse caso, necessitamos de uma variável instrumental de $\Delta hrsemp_i$. Geralmente, seria difícil encontrar tal VI, mas podemos explorar o fato de que algumas empresas receberam subsídio de treinamento de pessoal em 1988. Se presumirmos que a destinação de subsídios é não correlacionada com Δu_i – possibilidade razoável, pois os subsídios foram concedidos no início de 1988 –, $\Delta grant$ será uma VI válida, desde que $\Delta hrsemp$ e $\Delta grant$ sejam correlacionados. Utilizando os dados contidos no arquivo JTRAIN, diferenciados entre 1987 e 1988, a regressão do primeiro estágio será

$$\widehat{\Delta hrsemp} = 0{,}51 + 27{,}88\,\Delta grant$$
$$(1{,}56)\quad(3{,}13)$$
$$n = 45,\ R^2 = 0{,}392.$$

Isso confirma que a alteração nas horas de treinamento por trabalhador é forte e positivamente relacionada com o recebimento de um subsídio de treinamento de pessoal em 1988. Na verdade, o recebimento de um subsídio de treinamento de pessoal aumenta o treinamento por empregado em quase 28 horas, e a destinação do subsídio foi responsável por quase 40% da variação em $\Delta hrsemp$. A estimação por mínimos quadrados de dois estágios de (15.57) produz

$$\Delta \log(scrap) = -0{,}033 - 0{,}014\,\Delta grant$$
$$(0{,}127)\quad(0{,}008)$$
$$n = 45,\ R^2 = 0{,}016.$$

E significa que dez horas a mais de treinamento por trabalhador reduziria a taxa de refugo em cerca de 14%. Nas empresas da amostra, a média de horas de treinamento em 1988 foi cerca de 17 horas por trabalhador, com um mínimo de zero e um máximo de 88.

A título de comparação, a estimação por MQO de (15.57) produz $\hat{\beta}_1 = -0{,}0076$ (ep = 0,0045), de modo que a estimativa de β_1 por MQ2E é quase duas vezes maior em magnitude e é levemente mais significante, estatisticamente.

Quando $T \geq 3$, a equação diferenciada pode conter correlação serial. O mesmo teste e a mesma correção da correlação serial AR(1) da Seção 15.7 podem ser usados, onde todas as regressões serão agrupadas ao longo de i e também de t. Como não queremos perder um período de tempo completo, a transformação de Prais-Winsten deverá ser usada para o período de tempo inicial.

Modelos de efeitos não observados que contenham variáveis dependentes defasadas também exigem métodos de VI para uma estimação consistente. A razão é que, após fazermos a diferenciação, $\Delta y_{i,t-1}$ será correlacionado com Δu_{it}, pois $y_{i,t-1}$ e $u_{i,t-1}$ são correlacionados. Podemos usar duas ou mais defasagens de y como VIs de $\Delta y_{i,t-1}$. [Veja Wooldridge (2010, Capítulo 11) para detalhes.]

As variáveis instrumentais após a diferenciação também podem ser usadas em amostras pareadas. Ashenfelter e Krueger (1994) diferenciaram a equação de salários-hora entre gêmeos para eliminar a aptidão não observada:

$$\log(wage_2) - \log(wage_1) = \delta_0 + \beta_1(educ_{2,2} - educ_{1,1}) + (u_2 - u_1),$$

em que $educ_{1,1}$ são os anos de escolaridade do primeiro gêmeo como por ele relatados, e $educ_{2,2}$ são os anos de escolaridade do segundo gêmeo, relatado por ele próprio. Para considerar a possibilidade de erro de medida nas indicações autoinformadas de escolaridade, Ashenfelter e Krueger usaram ($educ_{2,1} - educ_{1,2}$) como uma VI de ($educ_{2,2} - educ_{1,1}$), em que $educ_{2,1}$ representa os anos de escolaridade do segundo gêmeo como relatado pelo primeiro e $educ_{1,2}$ representa os anos de escolaridade do primeiro gêmeo como relatado pelo segundo gêmeo. A estimativa de VI de β_1 foi 0,167 ($t = 3,88$), comparada com a estimativa de MQO sobre as primeiras diferenças de 0,092 ($t = 3,83$) [veja Ashenfelter e Krueger (1994, Tabela 3)].

Resumo

No Capítulo 15, apresentamos o método de variáveis instrumentais como uma maneira de estimar consistentemente os parâmetros em um modelo linear quando uma ou mais variáveis explicativas são endógenas. Uma variável instrumental deve ter duas propriedades: (1) ela deve ser exógena, isto é, não correlacionada com o termo de erro da equação estrutural; (2) ela deve ser parcialmente correlacionada com a variável explicativa endógena. Encontrar uma variável com essas duas propriedades é, geralmente, desafiador.

O método dos mínimos quadrados em dois estágios, que possibilita o uso de maior número de variáveis instrumentais que o de variáveis explicativas que temos, é usado rotineiramente em ciências sociais empíricas. Quando usado de modo adequado, ele pode nos permitir estimar efeitos *ceteris paribus* na presença de variáveis explicativas endógenas. Isso é verdadeiro em aplicações de corte transversal, séries temporais e dados em painel. Mas, quando as variáveis instrumentais são fracas – o que significa que elas são correlacionadas com o termo de erro, ou somente fracamente correlacionadas com a variável explicativa endógena, ou as duas coisas ao mesmo tempo –, então o MQ2E pode ser pior que o MQO.

Quando temos variáveis instrumentais válidas, podemos testar se uma variável explicativa é endógena usando o teste da Seção 15.5. Além disso, embora nunca possamos verificar se todas as VIs são exógenas, podemos verificar se pelo menos algumas delas são – presumindo que temos mais variáveis instrumentais do que necessitamos para uma estimação consistente (isto é, o modelo é sobre-especificado). A heteroscedasticidade e a correlação serial podem ser testadas e tratadas usando métodos semelhantes ao caso de modelos com variáveis explicativas exógenas.

Neste capítulo, usamos variáveis omitidas e erro de medida para ilustrar o método das variáveis instrumentais. Métodos de VI também são indispensáveis nos modelos de equações simultâneas, os quais veremos no Capítulo 16.

Termos-chave

Condição de classificação
Condição de ordem
Equação estrutural
Equação na forma reduzida
Erros nas variáveis
Estimador em mínimos quadrados em dois estágios (MQ2E)
Estimador de variáveis instrumentais (VI)
Exogeneidade dos instrumentos
Experimento natural
Identificação
Instrumento
Instrumento fraco
Relevância dos instrumentos
Restrições de exclusão
Restrições sobreidentificadoras
Variáveis exógenas
Variáveis explicativas endógenas
Variáveis explicativas exógenas
Variáveis omitidas
Variável instrumental

Problemas

1 Considere um modelo simples para estimar o efeito da propriedade de um computador pessoal (PC) na nota média de graduação de formandos de uma grande universidade pública:

$$GPA = \beta_0 + \beta_1 PC + u,$$

em que *PC* é uma variável binária que indica a propriedade de um PC.

(i) Por que a propriedade de um *PC* pode estar correlacionada com u?

(ii) Explique por que *PC* possivelmente está relacionado à renda anual dos pais. Isso significa que a renda dos pais será uma boa VI de *PC*? Por quê?

(iii) Suponha que, quatro anos atrás, a universidade tenha concedido subsídios para a compra de computadores a aproximadamente metade dos alunos novos e que os alunos que receberam esses subsídios tenham sido escolhidos aleatoriamente. Explique cuidadosamente como você usaria essa informação para construir uma variável instrumental de *PC*.

2 Suponha que você queira estimar o efeito da frequência às aulas sobre o desempenho dos alunos, como no Exemplo 6.3. Um modelo básico é

$$stndfnl = \beta_0 + \beta_1 atndrte + \beta_2 priGPA + \beta_3 ACT + u,$$

em que as variáveis foram definidas no Capítulo 6.

(i) Defina *dist* como a distância da residência do aluno até o local de estudos. Você considera que *dist* é não correlacionado com u?

(ii) Supondo que *dist* e u sejam não correlacionados, que outra hipótese *dist* terá que satisfazer para ser uma VI válida de *atndrte*?

(iii) Suponha, como na equação (6.18), que adicionemos o termo de interação *priGPA·atndrte*:

$$stndfnl = \beta_0 + \beta_1 atndrte + \beta_2 priGPA + \beta_3 ACT + \beta_4 priGPA \cdot atndrte + u.$$

Se *atndrte* for correlacionado com u, então, em geral, *prsGPA·taxafreq* também será. O que poderia ser uma boa VI de *priGPA·atndrte*? [Dica: Se $E(u|priGPA, ACT, dist) = 0$, como acontece quando *priGPA*, *ACT* e *dist* são todas variáveis exógenas, então, qualquer função de *priGPA* e *dist* será não correlacionada com u.]

3 Considere o modelo de regressão simples

$$y = \beta_0 + \beta_1 x + u$$

e defina z como uma variável instrumental binária de x. Use (15.10) para mostrar que o estimador de VI $\hat{\beta}_1$ pode ser escrito como

$$\hat{\beta}_1 = (\bar{y}_1 - \bar{y}_0)/(\bar{x}_1 - \bar{x}_0),$$

em que $\bar{y}_0$ e $\bar{x}_0$ são as médias amostrais de y_i e x_i da parte da amostra com $z_i = 0$, e onde $\bar{y}_1$ e $\bar{x}_1$ são as médias amostrais de y_i e x_i da parte da amostra com $z_i = 1$. Esse estimador, conhecido como estimador agrupado, foi sugerido pela primeira vez por Wald (1940).

4. Suponha que você queira usar dados de séries temporais de determinado estado dos Estados Unidos para estimar o efeito do salário-mínimo em nível estadual sobre o emprego de pessoas entre 18 e 25 anos de idade (*EMP*). Um modelo simples é

$$gEMP_t = \beta_0 + \beta_1 gMIN_t + \beta_2 gPOP_t + \beta_3 gGSP_t + \beta_4 gGDP_t + u_t,$$

em que MIN_t é o salário-mínimo, em dólares reais, POP_t é a população com idade entre 18 e 25 anos, GSP_t é o produto estadual bruto e GDP_t é o produto interno bruto norte-americano. O prefixo *c* indica a taxa de crescimento do ano $t - 1$ ao ano t, que em geral será aproximada pela diferença dos logs.

(i) Se estivermos preocupados com o fato de o estado escolher seu salário-mínimo parcialmente baseado em fatores não observados (por nós) que afetem o emprego dos jovens, qual será o problema da estimação por MQO?

(ii) Defina $USMIN_t$ como o salário-mínimo dos Estados Unidos, que também é indicado em termos de dólares reais. Você acha que $cSMAm_t$ é não correlacionado com u_t?

(iii) Por lei, qualquer salário mínimo-estadual deve ser pelo menos igual ao salário-mínimo nacional. Explique por que isso torna $gUSMIN_t$ um candidato em potencial para ser uma VI de $gMIN_t$.

5 Retorne às equações (15.19) e (15.20). Suponha que $\sigma_u = \sigma_x$, de forma que a variação populacional no termo de erro seja a mesma contida em *x*. Suponha que a variável instrumental, *z*, seja levemente correlacionada com *u*: Corr(*z*,*u*) = 0,1. Suponha também que *z* e *x* tenham uma correlação um pouco maior: Corr(*z*,*x*) = 0,2.

(i) Qual será o viés assimptótico no estimador de VI?

(ii) Quanta correlação deverá existir entre *x* e *u* antes que o MQO tenha mais viés assimptótico que o MQ2E?

6 (i) No modelo com uma variável explicativa endógena, uma variável explicativa exógena e uma variável exógena extra, considere a forma reduzida de y_2, (15.26), inserindo-a na equação estrutural (15.22). Isso produzirá a forma reduzida de y_1:

$$y_1 = \alpha_0 + \alpha_1 z_1 + \alpha_2 z_2 + v_1.$$

Encontre os α_j em termos de β_j e π_j.

(ii) Encontre a forma reduzida do erro, v_1, em termos de u_1, v_2 e os parâmetros.

(iii) Como você estimaria consistentemente os a_j?

7 O que segue é um modelo simples para medir o efeito de um programa de escolha de escola sobre o desempenho em um teste padronizado [veja Rouse (1998), para entender a motivação do problema e o Exercício em computador C11 para uma análise do subconjunto dos dados de Rouse]:

$$score = \beta_0 + \beta_1 choice + \beta_2 faminc + u_1,$$

em que *score* é a nota em um teste de âmbito estadual, *choice* é uma variável binária que indica se o aluno frequentou uma escola de sua escolha no último ano e *faminc* é a renda familiar. A VI de *choice* é *grant*, montante em dólares concedido aos alunos para ser usado como pagamento da anuidade da escola particular de sua escolha. O montante da concessão difere conforme o nível da renda familiar, razão pela qual controlamos *faminc* na equação.

(i) Mesmo com *faminc* na equação, por que *choice* pode ser correlacionada com u_1?

(ii) Se no interior de cada classe de rendimento os montantes de concessão fossem atribuídos aleatoriamente, *grant* seria não correlacionado com u_1?

(iii) Escreva a forma reduzida da equação de *choice*. O que é necessário para *grant* ser parcialmente correlacionado com *choice*?

(iv) Escreva a equação na forma reduzida de *score*. Explique por que isso é importante. (*Dica*: Como você interpreta o coeficiente de *grant*?)

8 Suponha que você queira testar se meninas que frequentam uma escola de ensino médio exclusiva para meninas se saem melhor em matemática do que as que frequentam escolas mistas. Você tem uma amostra aleatória de meninas veteranas de escolas de ensino médio de um estado dos Estados Unidos, e *score* é a nota de um teste padronizado de matemática. Defina *girlhs* como uma variável *dummy* que indica que uma aluna frequenta uma escola de ensino médio exclusiva para meninas.

(i) Que outros fatores você controlaria na equação? (Você deve ter condições razoáveis de coletar dados sobre esses fatores.)

(ii) Escreva uma equação que relaciona *score* com *girlhs* e os outros fatores que você listou no item (i).

(iii) Suponha que o suporte e o incentivo dos pais sejam fatores não indicados no termo de erro do item (ii). É possível que eles sejam correlacionados com *girlhs*? Explique.

(iv) Discuta as hipóteses necessárias para que o número de escolas do ensino médio exclusiva para meninas, situadas a um raio de 20 milhas (aproximadamente 32 km) da residência de uma menina, seja uma VI válida de *girlhs*.

(v) Suponha que, quando se estima a forma reduzida para *girlhs*, descobre-se que o coeficiente em *girlhs* (número de meninas no ensino médio em um raio de 20 milhas) é negativo e estatisticamente significante. Você se sentiria confortável prosseguindo com a estimação de VI, em que *girlhs* é usado como VI para *girlhs*? Explique.

9 Suponha que na equação (15.8) você não tenha uma boa candidata a variável instrumental de *skipped*. Entretanto, você tem duas outras informações sobre os alunos: nota média ponderada de matemática e habilidade verbal do estudante para ingresso em curso superior (*SAT*) e nota média acumulada anterior ao semestre (*GPA*). O que você faria em vez da estimação de VI?

10 Em um artigo recente, Evans e Schwab (1995) estudaram os efeitos que frequentar uma escola católica do ensino médio teria sobre a probabilidade de cursar uma faculdade. Concretamente, defina *faculdade* como uma variável binária igual a um se o aluno estiver na faculdade, e zero caso contrário. Defina *CathHS* como uma variável binária igual a um se o aluno frequenta uma escola católica do ensino médio. Um modelo de probabilidade linear é

$$college = \beta_0 + \beta_1 CathHS + outros\,fatores + u,$$

em que, entre os outros fatores, estão sexo, raça, renda familiar e instrução dos pais.

(i) Por que *CathHS* pode ser correlacionado com *u*?

(ii) Evans e Schwab tinham dados sobre a nota de um teste padronizado feito quando cada estudante era aluno do 2º ano. O que pode ser feito com essa variável para melhorar a estimativa *ceteris paribus* de frequentar uma escola católica do ensino médio?

(iii) Defina *CathHS* como uma variável binária igual a um se o estudante for católico. Detalhe os dois requisitos necessários para que essa seja uma VI válida de *EMCat* na equação precedente. Qual deles pode ser testado?

(iv) Não surpreendentemente, o fato de ser católico tem um efeito significante sobre frequentar uma escola católica do ensino médio. Você julga que *CathHS* é uma variável instrumental convincente de *CathHS*?

11 Considere um modelo simples de séries temporais no qual a variável explicativa tem erro clássico de medida:

$$y_t = \beta_0 + \beta_1 x_t^* + u_t$$
$$x_t = x_t^* + e_t,$$
(15.58)

em que u_t tem média zero e é não correlacionado com x_t^* e e_t. Observamos somente y_t e x_t. Suponha que e_t tenha média zero e é não correlacionado com x_t^* e que x_t^* também tenha uma média zero (esta última hipótese é só para simplificar a álgebra).

(i) Escreva $x_t^* = x_t - e_t$ e insira essa expressão em (15.58). Mostre que o termo de erro na nova equação, digamos, v_t, é negativamente correlacionado com x_t se $\beta_1 > 0$. O que isso sugere sobre o estimador MQO de β_1 da regressão de y_t sobre x_t?

(ii) Além das hipóteses anteriores, presuma que u_t e e_t sejam não correlacionados com todos os valores passados de x_t^* e e_t, em particular com $x_t^* - 1$ e e_{t-1}. Mostre que $E(x_{t-1} v_t) = 0$, em que v_t é o termo de erro no modelo do item (i).

(iii) É possível que x_t e x_{t-1} sejam correlacionados? Explique.

(iv) O que os itens (ii) e (iii) sugerem como estratégia vantajosa para estimar consistentemente β_0 e β_1?

Exercícios em computador

C1 Use os dados de WAGE2 neste exercício.

(i) No Exemplo 15.2, se *sibs* é usado como instrumento para *educ*, a estimativa VI do retorno da educação é 0,122. Para se convencer de que usar *irms* como VI para *educ* não é o mesmo que apenas conectar *sibs* a *educ* e fazer uma regressão MQO, mantenha a regressão de log(*salário*) em *sibs* e explique seus conhecimentos.

(ii) A variável *brthord* significa ordem de nascimento (a *brthord* é um para a criança primogênita, dois para o segundo filho, e assim por diante). Explique porque *educ* e *brthord* podem ser negativamente correlacionados. Faça uma regressão de *educ* sobre *brthord* para determinar se existe correlação negativa estatisticamente significativa.

(iii) Use *brthord* como VI para *educ* na equação (15.1). Reporte e interprete os resultados.

(iv) Agora, suponha que incluamos o número de irmãos como uma variável explicativa na equação de salário; isso, em parte, controla a origem familiar:

$$\log(wage) = \beta_0 + \beta_1 educ + \beta_2 sibs + u.$$

Suponha que queiramos usar *brthord* como VI para *educ*, presumindo que *sibs* é exógeno. A forma reduzida para *educ* é:

$$educ = \pi_0 + \pi_1 sibs + \pi_2 brthord + v.$$

Declare e teste a hipótese de identificação.

(v) Estime a equação no item (iv) usando *brthord* como VI para *educ* (e *sibs* como sua própria VI). Teça comentários sobre os erros padrão para $\hat{\beta}_{educ}$ e $\hat{\beta}_{sibs}$.

(vi) Usando os valores indicados no item(iv), $\widehat{educ}$, compute a correlação entre $\widehat{educ}$ e *sibs*. Use esse resultado para explicar suas descobertas sobre o item (v).

C2 Os dados em FERTIL2 incluem informações sobre o número de filhos, anos de escolaridade, idade, e variáveis de religião e status econômico de mulheres de Botsuana durante 1988.

(i) Estime o modelo

$$children = \beta_0 + \beta_1 educ + \beta_2 age + \beta_3 age^2 + u$$

por MQO e interprete as estimativas. Em particular, mantendo *age* fixo, qual é o efeito estimado de mais um ano de escolaridade em fertilidade? Se 100 mulheres completassem mais um ano de escolaridade, haveria uma diminuição na quantidade de filhos (representados pela variável *children*)?

(ii) A variável *frsthalf* é uma variável *dummy* igual a um, caso a mulher tenha nascido durante os primeiros seis meses do ano. Presumindo que *frsthalf* não seja correlacionada com o termo de erro do item (i), mostre que *frsthalf* é um candidato VI razoável a *educ* (Dica: é preciso fazer uma regressão).

(iii) Estime o modelo do item (i) usando *frsthalf* como VI para *educ*. Compare o efeito estimado de educação com a estimativa MQO do item (i).

(iv) Adicione as variáveis binárias eletricidade (*eletric*), *tv* e bicicleta ao modelo e presuma que elas sejam exógenas. Estime a equação por MQO e MQ2E e compare os coeficientes estimados em *educ*. Interprete o coeficiente em *tv* e explique por que a posse de televisão tem efeito negativo sobre a fertilidade.

C3 Use os dados de CARD neste exercício.

(i) A equação que estimamos no Exemplo 15.4 pode ser escrita como:

$$\log(wage) = \beta_0 + \beta_1 educ + \beta_2 exper + \ldots + u,$$

em que outras variáveis explicativas são listadas na Tabela 15.1. Para que VI seja consistente, a VI de *educ*, *nearc4*, deve ser correlacionada com u. Poderia *nearc4* ser correlacionada com aspectos do termo de erro, como capacidade não observada? Explique.

(ii) Uma pontuação de QI (*IQ*) está disponível para um subconjunto de homens na série de dados. Faça uma regressão de *IQ* em *nearc4* para checar se a pontuação média de QI varia caso o homem cresça perto de uma universidade que ofereça cursos de duração de quatro anos. O que você conclui?

(iii) Agora, faça uma regressão de *QI* em *nearc4*, *smsa66* e das variáveis *dummy* regionais de 1966, *reg662*, …, *reg669*. QI e *nearc4* são relacionadas depois que as variáveis *dummy* geográficas foram parcialmente excluídas? Reconcilie essa informação com seus achados do item (ii).

(iv) Analisando os itens (ii) e (iii), o que se conclui sobre a importância de controlar *smsa66* e as dummies regionais de 1966 na equação log(*wage*)?

C4 Use os dados em INTDEF neste exercício. Uma equação simples relacionando a taxa do título do tesouro americano de três meses à taxa de inflação (construída segundo o Índice de Preços do Consumidor) é

$$i3_t = \beta_0 + \beta_1 inf_t + u_t.$$

(i) Estime essa equação por MQO, omitindo o primeiro período de tempo para comparações posteriores. Reporte os resultados na forma habitual.

(ii) Alguns economistas acreditam que o Índice de Preços do Consumidor estima de forma errônea a verdadeira taxa de inflação, fazendo com que o MQO do item (i) sofra com viés de erro de medida. Reestime a equação do item (i) usando inf_{t-1} como VI para inf_t. Como a estimativa VI de β_1 se compara com a estimativa MQO?

(iii) Agora, primeiro diferencie a equação:

$$\Delta mrdrte = \delta_0 + \beta_1 \Delta exec + \beta_2 \Delta unem + \Delta u$$

Depois a estime por meio de MQO e compare a estimativa de β_1 com as estimativas anteriores.

(iv) Você pode usar Δinf_{t-1} como VI para Δinf_t na equação diferenciada do item (iii)? Explique. (Dica: Δinf_t e Δinf_{t-1} são suficientemente correlacionados?)

C5 Use os dados em CARD neste exercício.

(i) Na Tabela 15.1, a diferença entre as estimativas VI e MQO do retorno da educação é economicamente importante. Obtenha os resíduos de forma reduzida, $\hat{v}$, da regressão de forma reduzida *educ* em *nearc4*, *exper*, $exper^2$, *black*, *smsa*, *south*, *smsa66*, *reg662*, ..., *reg669* – veja a Tabela 15.1. Use esses dados para testar se *educ* é exógeno; ou seja, determine se a diferença entre MQO e VI é estatisticamente significativa.

(ii) Estime a equação por MQ2E, adicionando *nearc2* como instrumento. O coeficiente em *educ* muda muito?

(iii) Teste a única restrição sobreidentificadora do item (ii).

C6 Use os dados em MURDER neste exercício. A variável *mrdrte* é a taxa de assassinato, ou seja, o número de assassinatos a cada 100.000 pessoas. A variável *exec* é o total de prisioneiros executados atualmente e nos últimos dois anos; *unem* é a taxa de desemprego estadual.

(i) Quantos estados executaram pelo menos um prisioneiro em 1991, 1992 e 1993? Qual estado apresentou o maior número de execuções?

(ii) Usando os anos de 1990 e 1993, faça uma regressão agrupada de *mrdrte* em *d93*, *exec* e *unem*. O que você faz a respeito do coeficiente de *exec*?

(iii) Utilizando somente as mudanças de 1990 a 1993 (de um total de 51 observações), estime a equação

$$\Delta mrdrte = \delta_0 + \beta_1 \Delta exec + \beta_2 \Delta unem + \Delta u$$

por MQO e reporte os resultados na forma habitual. A pena capital parece ter um efeito dissuasivo?

(iv) A alteração em execuções pode ser pelo menos parcialmente relacionada com as mudanças na taxa de assassinato esperada, de maneira que $\Delta exec$ seja correlacionado com Δu no item (iii). É razoável presumir que $\Delta exec_{-1}$ seja não correlacionado com Δu (afinal, $\Delta exec_{-1}$ depende de execuções ocorridas três ou mais anos atrás). Regrida $\Delta exec$ em $\Delta exec_{-1}$ para ver se são suficientemente correlacionados; interprete o coeficiente em $\Delta exec_{-1}$.

(v) Reestime a equação do item (iii) usando $\Delta exec_{-1}$ como VI para $\Delta exec$. Presuma que $\Delta unem$ é exógeno. Suas conclusões mudaram em relação ao item (iii)? Como?

C7 Use os dados em PHILLIPS neste exercício.

(i) No Exemplo 11.5, estimamos expectativas aumentadas da curva Phillips da forma:

$$\Delta inf_t = \beta_0 + \beta_1 unem_t + e_t,$$

em que $\Delta inf_t = inf_t - inf_{t-1}$. Ao estimar essa equação por MQO, presumimos que o impacto do fornecimento, e_t, não seja correlacionado com $unem_t$. Se essa afirmativa for falsa, o que pode ser dito sobre o estimador MQO de β_1?

(ii) Suponha que e_t seja imprevisível, dadas todas as informações recentes: $E(e_t|inf_{t-1}, unem_{t-1},\ldots) = 0$. Explique por que isso torna $unem_{t-1}$ um bom candidato VI para $unem_t$.

(iii) Faça uma regressão de $unem_t$ em $unem_{t-1}$. $unem_t$ e $unem_{t-1}$ são significativamente correlacionados?

(iv) Estime por VI as expectativas aumentadas da curva Phillips. Reporte os resultados na forma usual e os compare com as estimativas MQO do Exemplo 11.5.

C8 Use os dados em 401KSUBS neste exercício. A equação de interesse é um modelo de probabilidade linear:

$$pira = \beta_0 + \beta_1 p401k + \beta_2 inc + \beta_3 inc^2 + \beta_4 age + \beta_5 age^2 + u.$$

O objetivo é testar se há uma troca entre participar de um plano 401(k) e ter uma conta de aposentadoria individual (IRA, em inglês). Logo, queremos estimar β_1.

(i) Estime a equação por MQO e discuta o efeito estimado de *p401k*.

(ii) No objetivo de estimar a troca *ceteris paribus* de participar de dois tipos diferentes de planos de aposentadoria, qual seria o problema com mínimos quadrados ordinários?

(iii) A variável *e401k* é uma variável binária igual a um, caso o trabalhador seja elegível de participar de um plano de 401(k). Explique o que se exige para que *e401k* seja uma VI válida para *p401k*. Essas hipóteses parecem razoáveis?

(iv) Estime a forma reduzida de *p401k* e verifique se *e401k* possui correlação parcial com *p401k*. Já que a forma reduzida também é um modelo de probabilidade linear, utilize um erro robusto em relação à heteroscedasticidade.

(v) Agora, estime a equação estrutural por VI e compare a estimativa de β_1 com a estimativa MQO. Novamente, é necessário obter erros padrão robustos em relação à heteroscedasticidade.

(vi) Teste a hipótese nula de que *p401k* é, na verdade, exógeno, usando um teste robusto com relação à heteroscedasticidade.

C9 O propósito deste exercício é comparar as estimativas e erros padrão obtidos usando corretamente MQ2E com os obtidos por meio de procedimentos inapropriados. Use o arquivo de dados WAGE2.

(i) Use uma rotina MQ2E para estimar a equação

$$\log(wage) = \beta_0 + \beta_1 educ + \beta_2 exper + \beta_3 tenure + \beta_4 black + u,$$

em que *sibs* é a VI para *educ*. Reporte os resultados na forma usual.

(ii) Agora, realize manualmente MQ2E. Ou seja, primeiro regrida $educ_i$ em $sibs_i$, $exper_i$, $tenure_i$ e $black_i$, e obtenha os valores ajustados, $\widehat{educ_i}$, $i = 1, \ldots, n$. Então, mantenha a regressão de segundo estágio $\log(wage_i)$ em $\widehat{educ_i}$, $exper_i$, $tenure_i$ e $black_i$, $i = 1, \ldots, n$. Verifique que $\hat{\beta}_j$ é idêntico aos obtidos no item (i), mas que os erros padrão são, de certa forma, diferentes. Os erros padrão obtidos da regressão de segundo estágio são geralmente inapropriados quando se executa manualmente MQ2E.

(iii) Agora, use o procedimento seguinte, de duas etapas, que geralmente rende estimativas de parâmetro inconsistentes de β_j, e não apenas erros padrão inconsistentes. Na etapa um, regrida $educ_i$ apenas em $sibs_i$ e obtenha os valores ajustados, digamos, $\widetilde{educ}_i$. (Note que essa é uma regressão de primeiro estágio incorreta). Depois, na segunda etapa, mantenha a regressão de log($wage_i$) em $\widetilde{educ}_i$, $exper_i$, $tenure_i$ e $black_i$, $i = 1, ..., n$. Como a estimativa desse procedimento incorreto de duas etapas se compara com a estimativa correta MQ2E do retorno da educação?

C10 Use os dados em HTV neste exercício.

(i) Faça uma regressão simples MQO de log($wage$) em $educ$. Sem controlar os outros fatores, qual é o intervalo de confiança de 95% para o retorno de outro ano da educação?

(ii) A variável $ctuit$, em milhares de dólares, é a mudança na mensalidade da universidade, experimentada por alunos de 17 a 18 anos. Mostre que $educ$ e $ctuit$ são essencialmente não correlacionados. Isso quer dizer que mmen pode ser uma possível VI para $educ$ em uma análise de regressão simples?

(iii) Agora, adicione ao modelo de regressão simples do item (i) um termo quadrático em experiência e um conjunto completo de variáveis dummy regionais para residência atual e residência com a idade de 18 anos. Inclua também os indicadores urbanos para residência atual e residência com 18 anos. Qual é o retorno estimado de um ano de educação?

(iv) Novamente, usando $ctuit$ como potencial VI para $educ$, estime a forma reduzida para $educ$. [Naturalmente, a forma reduzida para $educ$ inclui agora as variáveis explicativas do item (iii)]. Mostre que mmen é agora estatisticamente significativa na forma reduzida para $educ$.

(v) Estime o modelo do item (iii) por meio de VI, usando $ctuit$ como uma VI para educ. Como o intervalo de confiança para o retorno da educação se compara com o CI MQO do item (iii)?

(vi) Você acredita que o procedimento VI do item (v) é convincente?

C11 O conjunto de dados em VOUCHER, subconjunto de dados usados em Rouse (1998), pode ser utilizado para estimar o efeito da escolha da instituição escolar no resultado acadêmico. A assiduidade na escola preferida é confirmada por uma vaga, concedida por um sorteio entre os candidatos. O subconjunto de dados foi escolhido com alunos da amostragem que tenham um teste de matemática de 1994 válido (o último ano disponível na amostra de Rouse). Infelizmente, conforme apontado por Rouse, muitos alunos têm perdido pontuação nos testes, talvez devido à rotatividade (ou seja, quando deixam a escola pública do distrito de Milwaukee). Esses dados incluem estudantes que se candidataram ao programa de vaga e foram aceitos, alunos que se candidataram e não foram aceitos e alunos que não se candidataram. Portanto, mesmo que as vagas tenham sido distribuídas por sorteio entre os candidatos, não necessariamente temos uma amostra aleatória da população que está sendo selecionada para um sorteio determinado aleatoriamente (uma consideração importante é que alunos que nunca se candidataram ao programa podem ser sistematicamente diferentes daqueles que se candidataram – não é possível saber de modo exato com base nos dados).

Rouse (1998) usa métodos de dados em painel do tipo discutido no Capítulo 14, a fim de permitir efeitos fixos de alunos; ela também utiliza métodos de variáveis instrumentais. Este exercício pede que você faça uma análise de corte transversal em que vencer o sorteio e ganhar uma vaga age como variável instrumental para assiduidade na instituição escolar escolhida. Na verdade, como temos múltiplos anos de dados sobre cada aluno, construímos duas variáveis. A primeira, *choiceyrs*, é o número de anos, de 1991 a 1994, em que um aluno frequentou a escola de sua opção; essa variável alterna de zero a quatro. A variável *selectyrs* indica o número de anos em que o aluno foi selecionado para a vaga. Se o aluno é escolhido para o programa em 1990 e recebe uma vaga, então *selectyrs* = 4; se ele se candidatou em 1991 e recebeu uma vaga, então *selectyrs* = 3; e assim por diante. O resultado de interesse é *mnce*, o percentual de pontuação de estudantes em uma prova de matemática administrada em 1994.

(i) Dos 990 alunos da amostra, quantos de fato obtiveram uma vaga? Quantos tiveram uma vaga disponível por quatro anos? Quantos alunos realmente frequentaram a escola de sua preferência por quatro anos?

(ii) Faça uma simples regressão de *choiceyrs* em *selectyrs*. Essas variáveis se relacionam na direção esperada? Quão forte é essa relação? Verificar se *selectyrs* é um candidato VI adequado para *choiceyrs*.

(iii) Faça uma regressão simples de *mnce* em *choiceyrs*. O que você descobriu? Foi o que você esperava? O que acontece se adicionar as variáveis negro, hispânico e mulher (representados pelas variáveis: *black*, *hispanic* e *female*, respectivamente)?

(iv) Por que *choiceyrs* poderia ser endógeno em uma equação como:

$$mnce = \beta_0 + \beta_1 choiceyrs + \beta_2 black + \beta_3 hispanic + \beta_4 female + u_1?$$

(v) Estime a equação do item (iv) por variáveis instrumentais, usando *selectyrs* como VI para *choiceyrs*. Usar VI produz o efeito positivo em relação a frequentar a escola de sua preferência? O que se pode fazer com os coeficientes das outras variáveis explicativas?

(vi) Para controlar a possibilidade de que uma conquista anterior afete a participação no sorteio (assim como a rotatividade prevista), adicione *mnce90* – a pontuação de matemática em 1990 – à equação do item (iv).

Estime a equação por MQO e VI e compare os resultados para β_1. Para a estimativa VI, quanto vale cada ano na escola de preferência sobre o percentual da pontuação do teste de matemática? De modo prático, é um efeito grande?

(vii) Por que a análise do item (vi) não é inteiramente convincente? [Dica: em comparação com o item (v), o que acontece com o número de observações e por quê?].

(viii) As variáveis *choiceyrs1*, *choiceyrs2*, e assim por diante, são variáveis *dummy* que indicam o número de anos em que um aluno pode ter passado na escola de sua preferência (de 1991 a 1994). As variáveis *dummy selectyrs1*, *selectyrs2* e assim por diante têm uma definição similar, contudo, isso é oriundo da seleção pelo sorteio. Estime a equação

$$mnce = \beta_0 + \beta_1 choiceyrs1 + \beta_2 choiceyrs2 + \beta_3 choiceyrs3 + \beta_4 choiceyrs4$$
$$+ \beta_5 black + \beta_6 hispanic + \beta_7 female + \beta_8 mnce90 + u_1$$

por VI, usando como instrumentos as quatro variáveis *dummy selectyrs* (como feito anteriormente, as variáveis *black*, *hispanic* e *famale* agem como suas próprias VI). Descreva seus achados. Eles fazem sentido?

C12 Use os dados em CATHOLIC para responder a esta questão. O modelo de interesse é:

$$math12 = \beta_0 + \beta_1 cathhs + \beta_2 lfaminc + \beta_3 motheduc + \beta_4 fatheduc + u,$$

em que *cathhs* é um indicador binário para verificar se um aluno frequenta o ensino médio em uma escola católica.

(i) Quantos alunos estão na amostra? Que percentual desses alunos frequenta um ensino médio de modelo católico?

(ii) Estime a equação acima por meio de MQO. Qual é a estimativa de β_1? Qual é o intervalo de confiança de 95%?

(iii) Usando *parcath* como um instrumento para *cathhs*, estime a forma reduzida para *cathhs*. Qual é a estatística t para *parcath*? Há evidências de um problema de instrumento fraco?

(iv) Estime a equação acima por VI, usando *parcath* como VI para *cathhs*. Como a estimativa e o IC de 95% se compara com os valores obtidos por MQO?

(v) Teste a hipótese nula de que *cathhs* é exógeno. Qual é o p-valor do teste?

(vi) Suponha que se adicione a interação entre *cathhs* · *motheduc* ao modelo acima. Por que ela é geralmente endógena? Por que *pareduc* · *motheduc* são bons candidatos VI para *cathhs* · *motheduc*?

(vii) Antes de criar as interações do item (vi), primeiro encontre a média amostral de *motheduc* e crie *cathhs* · (*motheduc* − $\overline{motheduc}$) e *parcath* · (*motheduc* − $\overline{motheduc}$). Adicione a primeira interação ao modelo e use a segunda como VI. É claro, *cathhs* é também instrumentado. O termo de interação é estatisticamente sgnificativo?

(viii) Compare o coeficiente em *cathhs* no item (vii) com o do item (iv). É importante incluir a interação para estimar o efeito parcial médio?

APÊNDICE 15A

15A.1 Hipóteses do método de mínimos quadrados em dois estágios

Este apêndice abrange as hipóteses sob as quais o MQ2E tem propriedades desejáveis de amostra grande. Primeiro, declaramos as hipóteses para as aplicações de corte transversal sob amostragem aleatória. Depois, discutimos o que precisa ser adicionado para que elas se apliquem a séries temporais e dados em painel.

15A.2 Hipótese MQ2E.1 (linearidade nos parâmetros)

O modelo na população pode ser escrito como

$$y = \beta_0 + \beta_1 x_1 + \beta_2 x_2 + \ldots + \beta_k x_k + u,$$

em que $\beta_0, \beta_1, \ldots, \beta_k$ são os parâmetros desconhecidos (constantes) de interesse, e u é um erro aleatório não observável ou termo de perturbação aleatório. As variáveis instrumentais são representadas como z_j.

Vale a pena enfatizar que a Hipótese MQ2E.1 é praticamente idêntica à RLM.1 (com a pequena exceção que a MQ2E.1 menciona a notação das variáveis instrumentais, z_j).

Em outras palavras, o modelo pelo qual estamos interessados é o mesmo que o da estimação pelos MQO de β_j. Algumas vezes é fácil ignorarmos o fato de podermos aplicar métodos diferentes de estimação no mesmo modelo. Infelizmente, não é incomum ouvir pesquisadores dizendo "eu estimei um modelo MQO" ou "eu usei um modelo MQ2E". Essas declarações não têm sentido. MQO e MQ2E são métodos diferentes de estimação que são aplicados no mesmo modelo. É verdade que eles têm propriedades estatísticas desejáveis, sob diferentes conjuntos de hipóteses no modelo, mas o relacionamento que eles estão estimando é dado pela equação na MQ2E.1 (ou RLM.1). A questão é semelhante à feita para o modelo de efeitos não observáveis em dados em painel discutidos nos Capítulos 13 e 14: MQO agrupados, primeira diferença, efeitos ajustados e efeitos aleatórios são métodos diferentes de estimação para o mesmo modelo.

15A.3 Hipótese MQ2E.2 (Amostragem aleatória)

Temos uma amostra aleatória de y, x_j e z_j.

15A.4 Hipótese MQ2E.3 (Condição de classificação)

(i) Não há relações lineares perfeitas entre as variáveis instrumentais. (ii) A condição de classificação da identificação se mantém.

Com uma única variável explicativa endógena, como na equação (15.42), a condição de classificação é facilmente descrita. Sejam $z_1, ..., z_m$ as variáveis exógenas, em que $z_k, ..., z_m$ não aparecem no modelo estrutural (15.42). A forma reduzida de y_2 é

$$y_2 = \pi_0 + \pi_1 z_1 + \pi_2 z_2 + ... + \pi_{k-1} z_{k-1} + \pi_k z_k + ... + \pi_m z_m + v_2.$$

Então, necessitamos de que pelo menos um dos $\pi_k, ..., \pi_m$ seja diferente de zero. Isso exige pelo menos uma variável exógena que não aparece em (15.42) (a condição de ordem). Declarar a condição de classificação com duas ou mais variáveis explicativas endógenas exige álgebra matricial. [Veja Wooldridge (2010, Capítulo 5).]

15A.5 Hipótese MQ2E.4 (Variáveis instrumentais exógenas)

O termo de erro u tem média zero, e cada VI é não correlacionada com u.

Lembre-se de que qualquer x_j que seja não correlacionado com u também age como uma VI.

15A.6 Teorema 15A.1

Sob as hipóteses MQ2E.1 a MQ2E.4, o estimador MQ2E é consistente.

15A.7 Hipótese MQ2E.5 (Homoscedasticidade)

Seja $\mathbf{z}$ a coleção de todas as variáveis instrumentais. Então, $E(u^2|\mathbf{z}) = \sigma^2$.

15A.8 Teorema 15A.2

Sob as Hipóteses MQ2E.1 a MQ2E.5, os estimadores MQ2E são assimptoticamente normalmente distribuídos. Estimadores consistentes da variância assimptótica são dados como na equação (15.43), em que σ^2 é substituída por $\hat{\sigma}^2 = (n - k - 1)\sum_{i=1}^{n}\hat{u}_i^2$ e os $\hat{u}_i$ são os resíduos MQ2E.

O estimador MQ2E também é o melhor estimador de VI sob as cinco hipóteses dadas. Definimos o resultado aqui. Uma prova pode ser encontrada em Wooldridge (2010, Capítulo 5).

15A.9 Teorema 15A.3

Sob as Hipóteses MQ2E.1 a MQ2E.5, o estimador MQ2E é assimptoticamente eficiente na classe de estimadores de VI que usa combinações lineares das variáveis exógenas como variáveis instrumentais.

Se a hipótese de homoscedasticidade não se sustentar, os estimadores MQ2E ainda assim serão assimptoticamente normais, mas os erros padrão (e as estatísticas t e F) precisarão ser ajustados; muitos programas econométricos fazem isso rotineiramente. Além disso, em geral, o estimador MQ2E não mais será o estimador de VI assimptoticamente eficiente. Não estudaremos aqui estimadores mais eficientes. [Veja Wooldridge (2010, Capítulo 8).]

Em aplicações de séries temporais, devemos adicionar algumas hipóteses. Primeiro, como no MQO, devemos presumir que todas as séries (inclusive as VIs) são fracamente dependentes: isso garante que a lei dos grandes números e o teorema do limite central sejam válidos. Para que os habituais erros padrão e as estatísticas de testes sejam válidos e também para a eficiência assimptótica, devemos adicionar uma hipótese de ausência de correlação serial.

15A.10 Hipótese MQ2E.6 (Ausência de correlação serial)

A equação (15.54) se mantém.

Uma hipótese semelhante de ausência de correlação serial é necessária em aplicações de dados em painel. Testes e correções de correlação serial foram examinados na Seção 15.7.

CAPÍTULO **16**

Modelos de equações simultâneas

No capítulo anterior, mostramos como o método das variáveis instrumentais pode solucionar dois tipos de problemas de endogeneidade: variáveis omitidas e erro de medida. Conceitualmente, esses problemas são claros. No caso de variáveis omitidas, existe uma variável (ou mais de uma) que gostaríamos de manter fixa quando estimamos o efeito *ceteris paribus* de uma ou mais das variáveis explicativas observadas. No caso do erro de medida, gostaríamos de estimar o efeito de certas variáveis explicativas sobre y, mas medimos incorretamente uma ou mais variáveis. Em ambos os casos, poderíamos estimar os parâmetros de interesse por MQO se pudéssemos coletar dados melhores.

Outra forma importante de endogeneidade de variáveis explicativas é a **simultaneidade**. Ela surge quando uma ou mais das variáveis explicativas são *determinadas conjuntamente* com a variável dependente, em geral por meio de um mecanismo de equilíbrio (como veremos mais tarde). Neste capítulo, estudamos métodos de estimar modelos de equações simultâneas (SEM) simples. Embora um tratamento completo de SEM esteja além do escopo desta obra, temos condições de abordar modelos que são amplamente usados.

O principal método para estimar modelos de equações simultâneas é o das variáveis instrumentais. Portanto, a solução dos problemas de simultaneidade é basicamente a mesma que a solução de VIs para os problemas de variáveis omitidas e erro de medida. Porém, elaborar e interpretar SEM é um trabalho desafiador. Dessa forma, iniciamos examinando a natureza e o escopo de modelos de equações simultâneas na Seção 16.1. Na Seção 16.2, confirmamos que o MQO aplicado a uma equação em um sistema simultâneo é geralmente viesado e inconsistente.

A Seção 16.3 fornece uma descrição geral sobre identificação e estimação em um sistema de duas equações, enquanto a Seção 16.4 trata resumidamente de modelos com mais de duas equações. Modelos de equações simultâneas são usados para modelar séries temporais agregadas, e na Seção 16.5 incluímos uma discussão sobre alguns problemas especiais que surgem nesses modelos. A Seção 16.6 refere-se a modelos de equações simultâneas com dados em painel.

16.1 A natureza dos modelos de equações simultâneas

O ponto mais importante a lembrar no uso de modelos de equações simultâneas é que cada equação no sistema deve ter uma interpretação causal, *ceteris paribus*. Como somente observamos os resultados em equilíbrio, precisamos usar raciocínio contrafactual na construção de equações de um modelo de equações simultâneas. Devemos pensar em termos de resultados potenciais assim como de resultados efetivos.

O exemplo clássico de SEM é uma equação de oferta e demanda de alguma mercadoria ou de algum insumo na produção (como a mão de obra). Concretamente, sejam h_s o total anual de horas cumpridas por trabalhadores na agricultura, medidas em nível municipal e w a média do salário por hora oferecida a esses trabalhadores. Uma função simples da oferta de mão de obra é

$$h_s = \alpha_1 w + \beta_1 z_1 + u_1, \tag{16.1}$$

em que z_1 é alguma variável observada que afeta a oferta de mão de obra – digamos, a média dos salários da indústria no município. O termo de erro, u_1, contém outros fatores que afetam a oferta de mão de obra. [Muitos desses fatores são observados e poderiam ser incluídos na equação (16.1); para ilustrar os conceitos básicos, incluímos somente um desses fatores, z_1.] A equação (16.1) é um exemplo de uma **equação estrutural**. Esse nome tem origem no fato de ser a função de oferta de mão de obra derivável da teoria econômica e tem interpretação causal. O coeficiente α_1 indica como a oferta de mão de obra muda quando o salário muda; se h_s e w estiverem na forma logarítmica, α_1 será a elasticidade da oferta de mão de obra. Em geral, esperamos que α_1 seja positiva (embora a teoria econômica não impeça $\alpha_1 \leq 0$). As elasticidades da oferta de mão de obra são importantes na determinação de como os trabalhadores alterarão o número de horas que desejam trabalhar quando os impostos sobre os salários se alteram. Se z_1 for o salário industrial, esperamos $\beta_1 \leq 0$: com outros fatores permanecendo iguais, se o salário industrial aumenta, mais trabalhadores irão para a indústria do que para a agricultura.

Quando fazemos o gráfico da oferta de mão de obra, descrevemos horas como uma função do salário, com z_1 e u_1 mantidos fixos. Uma alteração em z_1, assim como uma mudança em u_1, desloca a função de oferta de mão de obra. A diferença é que z_1 é observado, enquanto u_1 não é. Algumas vezes, z_1 é chamado de *deslocador observado da oferta*, e u_1 é chamado de *deslocador não observado da oferta*.

Como a equação (16.1) difere das que estudamos anteriormente? A diferença é sutil. Embora a equação (16.1) pretensamente deva ser válida para todos os valores possíveis de salários, não podemos, de forma geral, ver os salários variando exogenamente em um corte transversal de municípios. Se pudéssemos calcular um experimento no qual variássemos os níveis salariais industrial e agrícola por meio de amostra de municípios e pesquisar os trabalhadores para obter a oferta de mão de obra h_s, então, poderíamos estimar (16.1) por MQO. Infelizmente, esse não é um experimento exequível. Em vez disso, temos de coletar dados sobre salários médios nesses dois setores com informações sobre quantas horas-homem foram empregadas na produção agrícola. Ao decidir como analisar esses dados, devemos entender que eles são mais bem descritos pela interação entre a oferta *e* a demanda de mão de obra. Sob a hipótese de que os mercados de mão de obra compensam-se mutuamente, de fato, observamos valores de *equilíbrio* de salários e horas trabalhadas.

Para descrever como os salários e as horas de equilíbrio são determinados, necessitamos introduzir a demanda por mão de obra, que supomos ser dada por

$$h_d = \alpha_2 w + \beta_2 z_2 + u_2, \tag{16.2}$$

em que h_d representa horas demandadas. Como ocorre na função de oferta, escrevemos horas demandadas como uma função dos salários, w, mantendo z_2 e u_2 fixos. A variável z_2 – digamos área agrícola – é um *deslocador observável da demanda*, enquanto u_2 é um *deslocador não observável da demanda*.

Da mesma forma que na equação da oferta de mão de obra, a equação da demanda por mão de obra é uma equação estrutural: ela pode ser obtida a partir de considerações sobre a maximização de lucros dos fazendeiros. Se h_d e w estiverem em forma logarítmica, α_2 será a elasticidade da demanda por mão de obra. A teoria econômica nos diz que $\alpha_2 < 0$. Como mão de obra e terra são complementares na produção, esperamos $\beta_2 > 0$.

Observe como as equações (16.1) e (16.2) descrevem relações totalmente diferentes. A oferta de mão de obra é uma equação comportamental dos trabalhadores, e a demanda por mão de obra é uma relação comportamental dos fazendeiros. Cada equação tem uma interpretação *ceteris paribus* e é autossuficiente. Elas se tornam interligadas em uma análise econométrica somente porque salários e horas *observados* são determinados pela interseção da oferta e da demanda. Em outras palavras, em cada município i, as horas observadas h_i e os salários observados w_i são determinados pela condição de equilíbrio

$$h_{is} = h_{id}. \tag{16.3}$$

Como somente observamos horas de equilíbrio de cada município i, representamos horas observadas por h_i.

Quando combinamos a condição de equilíbrio em (16.3) com as equações de oferta e de demanda de mão de obra, obtemos

$$h_i = \alpha_1 w_i + \beta_1 z_{i1} + u_{i1} \tag{16.4}$$

e

$$h_i = \alpha_2 w_i + \beta_2 z_{i2} + u_{i2}, \tag{16.5}$$

em que explicitamente incluímos o subscrito i para enfatizar que h_i e w_i são os valores de equilíbrio observados de cada município i. Essas duas equações constituem um **modelo de equações simultâneas (SEM)**, que tem várias características importantes. Primeiro, dadas z_{i1}, z_{i2}, u_{i1} e u_{i2}, essas duas equações determinam h_i e w_i. (Na realidade, devemos presumir que $\alpha_1 \neq \alpha_2$, e significa que as inclinações das funções da oferta e da demanda diferem; veja o Problema 1.) Por essa razão, h_i e w_i são as **variáveis endógenas** nesse SEM. O que dizer de z_{i1} e de z_{i2}? Como essas variáveis são determinadas fora do modelo, nós as vemos como **variáveis exógenas**. Do ponto de vista estatístico, a hipótese fundamental concernente a z_{i1} e z_{i2} é que ambas são não correlacionadas com os erros da oferta e da demanda, u_{i1} e u_{i2}, respectivamente. Esses são exemplos de **erros estruturais** porque eles aparecem nas equações estruturais.

Um segundo ponto importante é que, sem a inclusão de z_1 e z_2 no modelo, não existe maneira de dizer qual das equações é a função de oferta e qual é a função de demanda. Quando z_1 representa salários industriais, o raciocínio econômico nos diz que ele é um fator da oferta de mão de obra agrícola, pois ele é uma indicação do custo da oportunidade de trabalhar na agricultura; quando z_2 representa a área agrícola, a teoria da produção sugere que ele apareça na função de demanda de mão de obra. Portanto, sabemos que (16.4) representa a oferta de mão de obra e (16.5) representa a demanda de mão de obra. Se z_1 e z_2 forem os mesmos – por exemplo, nível médio de educação dos adultos no município, que pode afetar tanto a oferta como a demanda –, as equações parecerão idênticas, e não há possibilidade de estimar nenhuma delas. Resumidamente, isso ilustra o problema de identificação em modelos de equações simultâneas, que examinaremos de forma mais geral na Seção 16.3.

Os exemplos mais convincentes de SEM têm as mesmas formas dos exemplos de oferta e demanda. Cada equação deve ter uma interpretação comportamental própria, *ceteris paribus*. Como somente observamos resultados de equilíbrio, a especificação de um SEM exige que façamos perguntas contrafactuais como: quanta mão de obra os trabalhadores *ofereceriam* se os salários fossem diferentes de seus valores de equilíbrio? O Exemplo 16.1 oferece outra ilustração de um SEM, em que cada equação tem uma interpretação *ceteris paribus*.

EXEMPLO 16.1 Taxa de assassinatos e tamanho da força policial

Os municípios frequentemente querem determinar em que proporção a imposição da lei diminuirá suas taxas de assassinatos. Um modelo simples de corte transversal para tratar dessa questão é

$$murdpc = \alpha_1 polpc + \beta_{10} + \beta_{11} incpc + u_1, \tag{16.6}$$

em que *murdpc* representa assassinatos *per capita*, *polpc* significa policiais *per capita* e *incpc* é a renda *per capita*. (Deste ponto em diante, não incluiremos um subscrito i.) Consideramos a renda *per capita* como exógena nessa equação. Na prática, incluiríamos outros fatores, como as distribuições de idade e sexo, níveis de educação, talvez variáveis geográficas e variáveis que indicassem a severidade da punição. Para organizar o raciocínio, consideramos a equação (16.6).

A questão que esperamos responder é: se uma cidade aumentar exogenamente sua força policial, esse aumento, em média, reduzirá a taxa de assassinatos? Se pudermos escolher exogenamente os tamanhos das forças policiais para uma amostra aleatória de cidades, poderíamos estimar (16.6) por MQO. Certamente, não podemos fazer esse experimento. Entretanto, podemos, de qualquer maneira, imaginar o tamanho da força policial como exogenamente determinado? Provavelmente, não. O gasto de uma cidade com a imposição da lei é pelo menos parcialmente determinado pela taxa esperada de assassinatos. Para refletir isso, postulamos uma segunda relação:

$$polpc = \alpha_2 murdpc + \beta_{20} + outros\,fatores. \tag{16.7}$$

Esperamos que $\alpha_2 > 0$: outros fatores sendo iguais, as cidades com taxas (esperadas) de homicídios mais elevadas terão mais policiais *per capita*. Assim que especificarmos os outros fatores em (16.7), teremos um modelo de equações simultâneas com duas equações. Na verdade, estamos interessados somente na equação (16.6), mas, como veremos na Seção 16.3, precisamos saber com certeza como a segunda equação é especificada para estimarmos a primeira.

Um ponto importante é que (16.7) descreve o comportamento dos policiais da cidade, enquanto (16.6) descreve as ações dos assassinos em potencial. Isso dá a cada equação uma clara interpretação *ceteris paribus*, o que faz das equações (16.6) e (16.7) um modelo de equações simultâneas apropriado.

A seguir damos um exemplo de uso inapropriado de SEM.

EXEMPLO 16.2 Despesas e poupança familiares

Suponha que, para uma família escolhida aleatoriamente na população, presumamos que os gastos e poupança familiares anuais sejam conjuntamente determinados por

$$housing = \alpha_1 saving + \beta_{10} + \beta_{11} inc + \beta_{12} educ + \beta_{13} age + u_1 \qquad (16.8)$$

e

$$saving = \alpha_2 housing + \beta_{20} + \beta_{21} inc + \beta_{22} educ + \beta_{23} age + u_2, \qquad (16.9)$$

em que *inc* é a renda anual e *educ* e *age* são indicados em anos. Inicialmente, pode parecer que essas duas equações sejam uma maneira sensata de verificar como os gastos com habitação e poupança são determinados. Contudo, temos de perguntar: que valor teria uma dessas equações sem a outra? Nenhuma delas tem uma interpretação *ceteris paribus*, pois *housing* e *saving* são escolhidas pela mesma família. Por exemplo, não faz sentido fazer essa pergunta: se a renda anual crescer em US$ 10.000, como seriam alterados os gastos domésticos, *mantendo a poupança fixa*? Se a renda familiar aumentar, uma família em geral alterará a composição ótima de gastos domésticos e poupança. Entretanto, a equação (16.8) faz parecer que queremos saber o efeito da alteração de *inc*, *educ* ou *age*, mantendo *saving* fixa. Um experimento com esse enfoque não é interessante. Qualquer modelo baseado em princípios econômicos, particularmente a maximização da utilidade, teriam as escolhas otimizadas da família *housing* e *saving* como funções de *inc* e dos preços relativos dos gastos domésticos e da poupança. As variáveis *educ* e *age* afetarão preferências de consumo, poupança e risco. Portanto, *housing* e *saving* serão, cada uma, função de renda, educação, idade e outras variáveis que afetem o problema da maximização da utilidade (tais como as diferentes taxas de retorno sobre gastos domiciliares e outras poupanças).

Mesmo que decidamos que os SEMs em (16.8) e (16.9) tenham lógica, não há maneira de estimar os parâmetros. (Discutiremos esse problema de forma mais geral na Seção 16.3.) As duas equações são indistintas, a menos que presumamos que renda, educação ou idade apareçam em uma equação, mas não na outra, o que não faria sentido.

Embora esse seja um exemplo pobre de SEM, podemos ter interesse em verificar se, com os outros fatores mantidos fixos, existe uma relação de substituição entre os gastos domésticos e a poupança. Contudo, nesse caso, estimaríamos somente, digamos (16.8) por MQO, a menos que haja um problema de variável omitida ou de erro de medida.

O Exemplo 16.2 tem as características de um grande número de aplicações de SEM. O problema é que duas variáveis endógenas são selecionadas pelo mesmo agente econômico. Portanto, nenhuma das equações é autossuficiente. Outro exemplo de uso não apropriado de SEM seria modelar horas semanais gastas estudando e horas semanais gastas trabalhando. Cada aluno selecionará essas variáveis de maneira simultânea – presumivelmente como uma função dos rendimentos que podem ser obtidos com o trabalho, talento como aluno, entusiasmo pela faculdade, e assim por diante. Da mesma forma que no Exemplo 16.2, não faz sentido especificar duas equações em que cada uma seja uma função da outra. A lição importante aqui: apenas o fato de duas variáveis serem determinadas simultaneamente *não* significa que um modelo de equações simultâneas seja adequado. Para que um SEM faça sentido, cada equação deve ter uma interpretação *ceteris paribus* em separado da outra equação. Como discutido anteriormente, exemplos de demanda e oferta e o Exemplo 16.1 têm este componente. O raciocínio econômico básico, apoiado em alguns casos por modelos econômicos simples, pode nos ajudar a usar o SEM de forma inteligente (e saber quando não usar o SEM).

> **QUESTÃO 16.1**
>
> Pindyck e Rubinfeld (1992, Seção 11.6) descrevem um modelo de publicidade no qual firmas monopolistas escolhem níveis de preços e gastos com propaganda que maximizam lucros. Isso significa que deveríamos usar um SEM para modelar essas variáveis no nível da firma?

16.2 Viés de simultaneidade no MQO

É proveitoso ver, em um modelo simples, que uma variável explicativa que é determinada simultaneamente com a variável dependente é correlacionada em geral com o termo de erro, o que conduz a viés e inconsistência no MQO. Consideremos o modelo estrutural de duas equações

$$y_1 = \alpha_1 y_2 + \beta_1 z_1 + u_1 \tag{16.10}$$

$$y_2 = \alpha_2 y_1 + \beta_2 z_2 + u_2 \tag{16.11}$$

e nos concentremos em estimar a primeira equação. As variáveis z_1 e z_2 são exógenas, de forma que cada uma é não correlacionada com u_1 e u_2. Para simplificar, suprimimos o intercepto em cada equação.

Para mostrar que y_2 geralmente é correlacionada com u_1, solucionamos as duas equações para y_2 em termos das variáveis exógenas e do termo de erro. Se inserirmos o lado direito de (16.10) em y_1 para (16.11), obteremos

$$y_2 = \alpha_2(\alpha_1 y_2 + \beta_1 z_1 + u_1) + \beta_2 z_2 + u_2$$

ou

$$(1 - \alpha_2 \alpha_1) y_2 = \alpha_2 \beta_1 z_1 + \beta_2 z_2 + \alpha_2 u_1 + u_2. \tag{16.12}$$

Agora, devemos fazer uma hipótese sobre os parâmetros para solucionar a equação para y_2:

$$\alpha_2 \alpha_1 \neq 1. \tag{16.13}$$

Essa hipótese será restritiva, dependendo da aplicação. No Exemplo 16.1, entendemos que $\alpha_1 \leq 0$ e $\alpha_2 \geq 0$, o que implica $\alpha_1\alpha_2 \leq 0$; portanto (16.13) é bastante razoável para o Exemplo 16.1.

Desde que a condição (16.13) se mantenha, podemos dividir (16.12) por $(1 - \alpha_2\alpha_1)$ e escrever y_2 como

$$y_2 = \pi_{21}z_1 + \pi_{22}z_2 + v_2, \tag{16.14}$$

em que $\pi_{21} = \alpha_2\beta_1/(1 - \alpha_2\alpha_1)$, $\pi_{22} = \beta_2/(1 - \alpha_2\alpha_1)$ e $v_2 = (\alpha_2 u_1 + u_2)/(1 - \alpha_2\alpha_1)$. A equação (16.14), que expressa y_2 em termos das variáveis exógenas e dos termos de erro, é a **equação da forma reduzida** de y_2, conceito apresentado no Capítulo 15 no contexto da estimação de variáveis instrumentais. Os parâmetros π_{21} e π_{22} são chamados de **parâmetros da forma reduzida**; observe como eles são funções não lineares dos **parâmetros estruturais**, que aparecem nas equações estruturais (16.10) e (16.11).

O **erro na forma reduzida**, v_2, é uma função linear dos termos de erro estruturais, u_1 e u_2. Como u_1 e u_2 são, individualmente, não correlacionados com z_1 e z_2, v_2 também é não correlacionado com z_1 e z_2. Portanto, podemos consistentemente estimar π_{21} e π_{22} por MQO, algo que é usado para a estimação por mínimos quadrados em dois estágios (ao qual retornaremos na próxima seção). Além disso, os parâmetros da forma reduzida são algumas vezes de interesse direto, embora estejamos, aqui, nos concentrando em estimar a equação (16.10).

Também existe uma forma reduzida de y_1 sob a hipótese (16.13); a álgebra é semelhante à usada para obter (16.14). Ela tem as mesmas propriedades da forma reduzida da equação de y_2.

Podemos usar a equação (16.14) para mostrar que, exceto sob hipóteses especiais, a estimação por MQO da equação (16.10) produzirá estimadores de α_1 e β_1 viesados e inconsistentes na equação (16.10). Como z_1 e u_1, pressupõe-se, são não correlacionados, o problema está em saber se y_2 e u_1 são não correlacionados. A partir da forma reduzida em (16.14), vemos que y_2 e u_1 serão correlacionados se, e somente se, v_2 e u_1 forem correlacionados (pois z_1 e z_2 são considerados exógenos). Porém, v_2 é uma função linear de u_1 e u_2, de modo que em geral ele é correlacionado com u_1. Na verdade, se considerarmos u_1 e u_2 não correlacionados, v_2 e u_1 *devem* ser correlacionados sempre que $\alpha_2 \neq 0$. Mesmo que α_2 seja igual a zero – significando que y_1 não aparece na equação (16.11) –, v_2 e u_1 serão correlacionados se u_1 e u_2 forem correlacionados.

Quando $\alpha_2 = 0$ e u_1 e u_2 forem não correlacionados, y_2 e u_1 também serão não correlacionados. Esses são requisitos bastante fortes: se $\alpha_2 = 0$, y_2 não será simultaneamente determinado com y_1. Se adicionarmos correlação zero entre u_1 e u_2, isso eliminará variáveis omitidas ou erro de medida em u_1 que sejam correlacionados com y_2. Não devemos nos surpreender com o fato de que a estimação por MQO da equação (16.10) funciona nesse caso.

Quando y_2 for correlacionado com u_1 em razão da simultaneidade, dizemos que o MQO sofre de **viés de simultaneidade**. A obtenção da direção do viés nos coeficientes é geralmente complicada, como vimos com o viés de variáveis omitidas nos Capítulos 3 e 5. Contudo, em modelos sem complexidade, podemos determinar a direção do viés. Por exemplo, suponha que simplifiquemos a equação (16.10) retirando z_1 da equação e presumindo que u_1 e u_2 sejam não correlacionados. Então, a covariância entre y_2 e u_1 será

$$\begin{aligned}\text{Cov}(y_2,u_1) &= \text{Cov}(v_2,u_1) = [\alpha_2/(1 - \alpha_2\alpha_1)]E(u_1^2) \\ &= [\alpha_2/(1 - \alpha_2\alpha_1)]\sigma_1^2,\end{aligned}$$

em que $\sigma_1^2 = \text{Var}(u_1) > 0$. Portanto, o viés assimptótico (ou a inconsistência) no estimador MQO de α_1 terá o mesmo sinal de $\alpha_2/(1 - \alpha_2\alpha_1)$. Se $\alpha_2 > 0$ e $\alpha_2\alpha_1 < 1$, o viés assimptótico será positivo. (Infelizmente, como no caso de nosso cálculo do viés de variáveis omitidas da Seção 3.3, as conclusões não são transportadas para modelos mais gerais. Porém, elas servem como um guia útil.) Veja-se, no Exemplo 16.1, pensamos que $\alpha_2 > 0$ e $\alpha_2\alpha_1 \leq 0$, o que significa que o estimador MQO de α_1 teria um viés positivo. Se $\alpha_1 = 0$, o MQO estimará, em média, um impacto *positivo* de mais policiais sobre a taxa de assassinatos; geralmente, o estimador de α_1 é viesado para cima. Como esperamos um aumento no tamanho da força policial para reduzir as taxas de criminalidade (*ceteris paribus*), o viés para cima significa que o MQO subestimará a efetividade de uma força policial maior.

16.3 A identificação e a estimação de uma equação estrutural

Como vimos na Seção anterior, o MQO é viesado e inconsistente quando aplicado a uma equação estrutural em um sistema de equações simultâneas. No Capítulo 15, aprendemos que o método dos mínimos quadrados em dois estágios pode ser usado para solucionar o problema de variáveis explicativas endógenas. Agora mostramos como o MQ2E pode ser aplicado a SEM.

A mecânica do MQ2E é semelhante à do Capítulo 15. A diferença é que, como especificamos uma equação estrutural para cada variável endógena, podemos imediatamente verificar se existem VIs suficientes para estimar qualquer equação. Iniciamos discutindo o problema da identificação.

16.3a Identificação em um sistema de duas equações

Mencionamos a noção de identificação no Capítulo 15. Quando estimamos um modelo por MQO, a condição crucial de identificação é que cada variável explicativa seja não correlacionada com o termo de erro. Como demonstramos na Seção 16.2, de forma geral, essa condição fundamental não se mantém para o SEM. Porém, se tivermos algumas variáveis instrumentais, poderemos ainda identificar (ou estimar consistentemente) os parâmetros em uma equação SEM, da mesma forma que fizemos com variáveis omitidas ou erro de medida.

Antes de considerar um SEM geral de duas equações, é útil adquirir conhecimento intuitivo com um exemplo simples de oferta e demanda. Escreva o sistema na forma de equilíbrio (isto é, impondo $q_s = q_d = q$) como

$$q = \alpha_1 p + \beta_1 z_1 + u_1 \tag{16.15}$$

e

$$q = \alpha_2 p + u_2. \tag{16.16}$$

Concretamente, sejam q o consumo *per capita* de leite em nível municipal, p o preço médio por litro de leite no município e z_1 o preço da alimentação do gado, que consideremos ser exógeno nas equações de oferta e demanda de leite. Isso significa que (16.15) deve ser a função de oferta, já que o preço da alimentação do gado deslocará a oferta ($\beta_1 < 0$), mas não a demanda. A função de demanda não contém deslocadores observados da demanda.

Dada uma amostra aleatória de (q, p, z_1), qual dessas equações será estimada? Isto é, qual delas será uma **equação identificada**? É possível constatar que a equação de *demanda* (16.16) é identificada, mas a equação da oferta não. Isso é fácil de verificar usando as regras de estimação de VI do Capítulo 15: podemos usar z_1 como uma VI do preço na equação (16.16). Porém, como z_1 aparece na equação (16.15), não temos uma VI do preço na equação de oferta.

Intuitivamente, o fato de a equação de demanda ser identificada é uma consequência de ter uma variável observada, z_1, que desloca a equação de oferta sem afetar a equação de demanda. Dada uma variação em z_1 e nenhum erro, podemos desenhar a curva de demanda, como mostrado na Figura 16.1. A presença do deslocador não observado da demanda u_2 faz com que estimemos a equação de demanda com erro, mas os estimadores serão consistentes, desde que z_1 seja não correlacionado com u_2.

A equação da oferta não pode ser desenhada porque não existem fatores exógenos não observados deslocando a curva de demanda. Não ajuda o fato de haver fatores não observados deslocando a função de demanda; necessitamos de algo observado. Se, como na função de demanda da mão de obra (16.2), tivéssemos um deslocador observado da demanda exógeno – como a renda na função de demanda do leite –, a função de oferta também poderia ser identificada.

Resumindo: *no sistema de (16.15) e (16.16), a presença de uma variável exógena na equação da oferta é que nos possibilita estimar a equação de demanda.*

Estender a discussão sobre a identificação a um modelo geral de duas equações não apresenta dificuldades. Escreva as duas equações como

$$y_1 = \beta_{10} + \alpha_1 y_2 + \mathbf{z}_1 \boldsymbol{\beta}_1 + u_1 \tag{16.17}$$

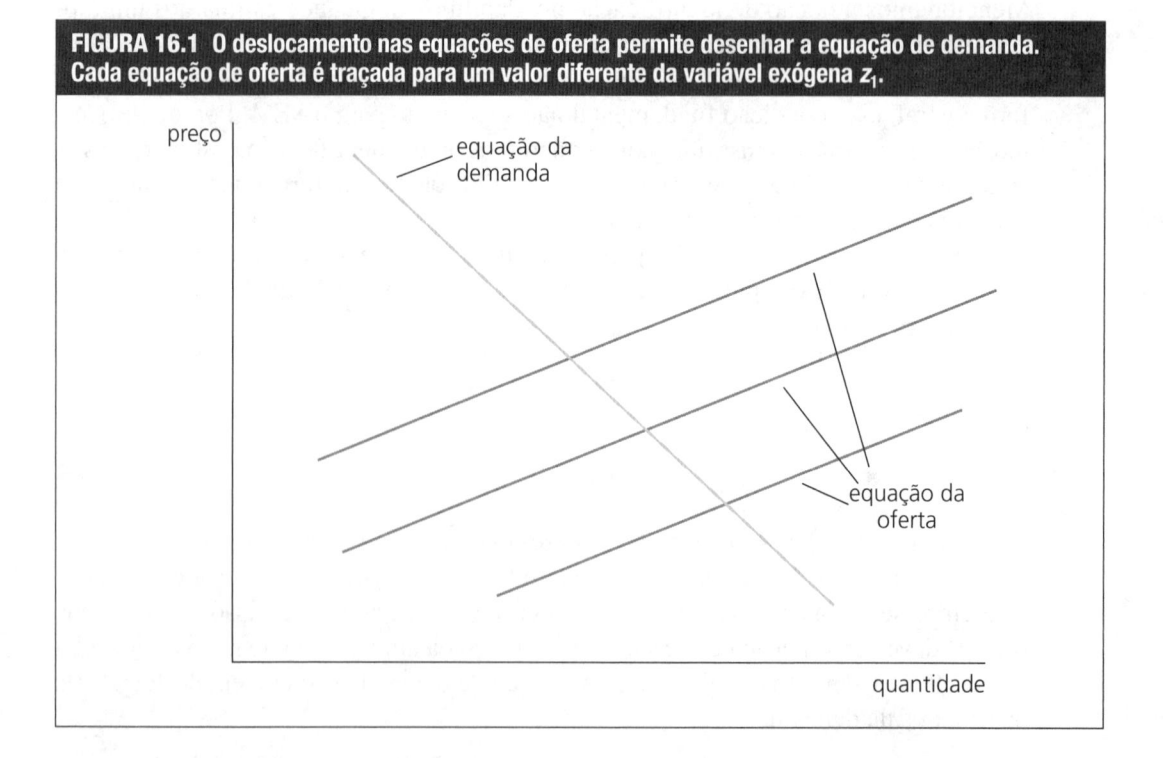

FIGURA 16.1 O deslocamento nas equações de oferta permite desenhar a equação de demanda. Cada equação de oferta é traçada para um valor diferente da variável exógena z_1.

e

$$y_2 = \beta_{20} + \alpha_2 y_1 + \mathbf{z}_2 \boldsymbol{\beta}_2 + u_2, \qquad (16.18)$$

em que y_1 e y_2 são as variáveis endógenas e u_1 e u_2 são os termos de erro estruturais. O intercepto na primeira equação é β_{10}, e o intercepto na segunda equação é β_{20}. A variável $\mathbf{z}_1$ representa um conjunto de k_1 variáveis exógenas na primeira equação: $\mathbf{z}_1 = (z_{11}, z_{12}, ..., z_{1k_1})$. De forma semelhante, $\mathbf{z}_2$ é o conjunto de k_2 variáveis exógenas na segunda equação: $\mathbf{z}_2 = (z_{21}, z_{22}, ..., z_{2k_2})$. Em muitos casos, $\mathbf{z}_1$ e $\mathbf{z}_2$ se sobreporão. De forma abreviada, usamos a notação

$$\mathbf{z}_1 \boldsymbol{\beta}_1 = \beta_{11} z_{11} + \beta_{12} z_{12} + ... + \beta_{1k_1} z_{1k_1}$$

ou

$$\mathbf{z}_2 \boldsymbol{\beta}_2 = \beta_{21} z_{21} + \beta_{22} z_{22} + ... + \beta_{2k_2} z_{2k_2};$$

isto é, $\mathbf{z}_1 \boldsymbol{\beta}_1$ representa todas as variáveis exógenas na primeira equação, cada uma multiplicada por um coeficiente, e semelhantemente $\mathbf{z}_2 \boldsymbol{\beta}_2$. (Alguns autores usam a notação $\mathbf{z}_1' \boldsymbol{\beta}_1$ e $\mathbf{z}_2' \boldsymbol{\beta}_2$. Se você tiver interesse na abordagem de álgebra matricial em econometria, veja o Apêndice E.)

O fato de $\mathbf{z}_1$ e $\mathbf{z}_2$ geralmente conterem variáveis exógenas diferentes significa que impusemos **restrições de exclusão** no modelo. Em outras palavras, *presumimos* que certas variáveis exógenas não aparecem na primeira equação e outras estão ausentes da segunda equação. Como vimos nos exemplos anteriores de oferta e demanda, isso nos possibilita distinguir entre duas equações estruturais.

Quando podemos solucionar as equações (16.17) e (16.18) para y_1 e y_2 (como funções lineares de todas as variáveis exógenas e dos erros estruturais u_1 e u_2)? A condição é a mesma que em (16.13), ou seja, $\alpha_2 \alpha_1 \neq 1$. A prova é praticamente idêntica à do modelo simples da Seção 16.2. Sob essa hipótese, existirão formas reduzidas para y_1 e y_2.

A pergunta principal é: sob quais hipóteses podemos estimar os parâmetros em, digamos, (16.17)? Esse é o problema da identificação. A **condição de classificação** para a identificação da equação (16.17) é fácil de estabelecer.

Condição de classificação para a identificação de uma equação estrutural A primeira equação em um modelo de equações simultâneas com duas equações será identificada se, e somente se, a *segunda* equação contiver ao menos uma variável exógena (com um coeficiente diferente de zero) que seja excluída da primeira equação.

Essa é a condição necessária e suficiente para que a equação (16.17) seja identificada. A **condição de ordem**, que discutimos no Capítulo 15, é necessária para a condição de classificação. A condição de ordem para a identificação da primeira equação estabelece que pelo menos uma variável exógena seja excluída dessa equação. A condição de ordem é fácil de ser verificada, uma vez que ambas as equações tenham sido especificadas. A condição de classificação exige mais: pelo menos uma das variáveis exógenas excluídas da primeira equação deve ter um coeficiente populacional diferente de zero na segunda equação. Isso garante que pelo menos uma das variáveis exógenas omitidas da primeira equação efetivamente apareça na forma reduzida de y_2, de maneira que possamos usar essas variáveis como instrumentais de y_2. Podemos verificar isso usando um teste t ou F, como no Capítulo 15; seguem-se alguns exemplos.

A identificação da segunda equação é, naturalmente, apenas a imagem espelhada da declaração para a primeira equação. Além disso, se escrevermos as equações como no exemplo da oferta e da demanda de mão de obra da Seção 16.1 – de forma que y_1 apareça no lado esquerdo em *ambas* as equações, com y_2 no lado direito –, as condições de identificação serão idênticas.

EXEMPLO 16.3 Oferta de mão de obra de mulheres casadas que trabalham

Para ilustrar o problema da identificação, considere a oferta de mão de obra de mulheres casadas que já estejam na força de trabalho. Em lugar da função de demanda, escrevemos a oferta de salários como uma função de horas e das variáveis de produtividade habituais. Com a condição de equilíbrio imposta, as duas equações estruturais serão

$$hours = \alpha_1 \log(wage) + \beta_{10} + \beta_{11}educ + \beta_{12}age + \beta_{13}kidslt6 \\ + \beta_{14}nwifeinc + u_1 \quad (16.19)$$

e

$$\log(wage) = \alpha_2 hours + \beta_{20} + \beta_{21}educ + \beta_{22}exper \\ + \beta_{23}exper^2 + u_2. \quad (16.20)$$

A variável *age* é a idade da mulher, em anos, *kidslt6* é o número de filhos menores de seis anos de idade, *nwifeinc* é a renda de outra pessoa da família que não a mulher (que inclui os ganhos do marido), e *educ* e *exper* são anos de educação e de experiência anterior, respectivamente. Todas as variáveis, com exceção de *hours* e $\log(wage)$, são consideradas exógenas. (Essa é uma hipótese fraca, já que *educ* pode ser correlacionado com a aptidão omitida em cada uma das equações. Mas com o propósito de ilustração, ignoramos o problema da aptidão omitida.) A forma funcional nesse sistema – no qual *hours* aparece na forma de nível, mas *wage* está na forma logarítmica – é comum em economia do trabalho. Podemos escrever esse sistema como nas equações (16.17) e (16.18), definindo $y_1 = hours$ e $y_2 = \log(wage)$.

A primeira equação é a função de oferta. Ela satisfaz a condição de ordem porque duas variáveis exógenas, *exper* e *exper*^{2}, são omitidas na equação de oferta de mão de obra. Essas restrições de exclusão são hipóteses cruciais: presumimos que, uma vez que salário, educação, idade, número de filhos pequenos e outras rendas sejam controlados, a experiência passada não tem efeito na oferta corrente de mão de obra. Certamente poderia se questionar essa hipótese, mas nós a usamos a título de ilustração.

Dadas as equações (16.19) e (16.20), a condição de classificação para identificar a primeira equação é que pelo menos uma das variáveis *exper* ou *exper*^{2} tenha um coeficiente diferente de zero na equação (16.20). Se $\beta_{22} = 0$ e $\beta_{23} = 0$, não haverá variáveis exógenas na segunda equação que também não apareçam na primeira equação (*educ* aparece em ambas). Podemos estabelecer a condição de classificação para a identificação de (16.19) em equivalência com os termos da forma reduzida de $\log(wage)$, que é

$$\log(wage) = \pi_{20} + \pi_{21}educ + \pi_{22}age + \pi_{23}kidslt6 \\ + \pi_{24}nwifeinc + \pi_{25}exper + \pi_{26}exper^2 + v_2. \quad (16.21)$$

Para a identificação, necessitamos que $\pi_{25} \neq 0$ ou $\pi_{26} \neq 0$, o que podemos testar usando uma estatística F padrão, como discutimos no Capítulo 15.

A equação de oferta de salário (16.20) será identificada se pelo menos uma das variáveis *age*, *kidslt6* ou *nwifeinc* tiver um coeficiente diferente de zero na equação (16.19). Isso é o mesmo que supor que a forma reduzida de horas – que tem a mesma forma do lado direito de (16.21) – dependa de pelo menos uma das variáveis *age*, *kidslt6* ou *nwifeinc*. Na especificação da equação de oferta de salário, estamos *presumindo* que *age*, *kidslt6* ou *nwifeinc* não tenham efeito sobre a oferta de salário, uma vez que horas, educação e experiência sejam levadas em conta. Essas serão hipóteses pobres se essas variáveis de alguma maneira tiverem efeitos diretos sobre a produtividade, ou se as mulheres forem discriminadas com base em sua idade ou número de filhos pequenos.

No Exemplo 16.3, consideramos a população de interesse como a de mulheres casadas que estejam na força de trabalho (de forma que horas em equilíbrio são positivas). Isso exclui o grupo de mulheres casadas que escolheram não trabalhar fora de casa. A inclusão dessas mulheres no modelo provocaria alguns problemas intrincados. Circunstancialmente, se uma mulher não trabalha, não poderemos observar sua oferta de salário. Abordaremos brevemente esses problemas no Capítulo 17; mas, por enquanto, temos de pensar nas equações (16.19) e (16.20) como válidas somente para mulheres que tenham *horas* > 0.

EXEMPLO 16.4 Inflação e abertura da economia

Romer (1993) propõe modelos teóricos de inflação que sugerem que países mais "abertos" devem ter taxas de inflação mais baixas. Sua análise empírica interpreta taxas médias anuais de inflação (desde 1973) em termos da participação média das importações no produto interno (ou nacional) bruto (PNB) desde 1973 – que é sua medida de abertura da economia. Além de estimar a equação-chave por MQO, ele usa variáveis instrumentais. Embora Romer não especifique ambas as equações em um sistema simultâneo, ele tem em mente um sistema de duas equações:

$$inf = \beta_{10} + \alpha_1 open + \beta_{11}\log(pcinc) + u_1 \qquad (16.22)$$

$$open = \beta_{20} + \alpha_2 inf + \beta_{21}\log(pcinc) + \beta_{22}\log(land) + u_2, \qquad (16.23)$$

em que *pcinc* é a renda *per capita* de 1980, em dólares dos Estados Unidos (presumida como exógena), e *land* é a área do país, em milhas quadradas (também presumida como exógena). A equação (16.22) é a de interesse, com a hipótese de que $\alpha_1 < 0$. (Economias mais abertas têm menores taxas de inflação.) A segunda equação reflete o fato de que o grau da abertura pode depender da taxa de inflação, como também de outros fatores. A variável log(*pcinc*) aparece em ambas as equações, mas log(*land*) aparece *supostamente* somente na segunda equação. A ideia é que, *ceteris paribus*, um país menor provavelmente será mais aberto (portanto, $\beta_{22} < 0$).

Usando a regra de identificação que foi declarada anteriormente, a equação (16.22) será identificada, desde que $\beta_{22} \neq 0$. A equação (16.23) *não* é identificada porque contém ambas as variáveis exógenas. Mas estamos interessados em (16.22).

QUESTÃO 16.2

Se tivermos o crescimento da oferta de moeda desde 1973 de cada país, que presumimos ser exógeno, isso auxiliará a identificar a equação (16.23)?

16.3b Estimação por MQ2E

Uma vez que tenhamos uma equação identificada, podemos estimá-la por mínimos quadrados em dois estágios. As variáveis instrumentais consistirão nas variáveis exógenas que aparecem em cada equação.

EXEMPLO 16.5 Oferta de mão de obra de mulheres casadas que trabalham

Utilizamos os dados sobre mulheres casadas que trabalham contidos no arquivo MROZ para estimar a equação da oferta de mão de obra (16.19) por MQ2E. No conjunto total de variáveis instrumentais estão incluídos *educ*, *age*, *kidslt6*, *nwifeinc*, *exper* e *exper*^{2}. A curva da oferta de mão de obra é

$$\widehat{hours} = 2.225{,}66 + 1.639{,}56 \log(wage) - 183{,}75\, educ$$
$$\qquad\quad (574{,}56)\quad (470{,}58)\qquad\qquad (59{,}10)$$
$$\qquad - 7{,}81\, age - 198{,}15\, kidslt6 - 10{,}17\, nwifeinc \qquad (16.24)$$
$$\qquad (9{,}38)\qquad (182{,}93)\qquad\qquad (6{,}61)$$
$$n = 428,$$

em que os erros padrão reportados são computados por meio de um ajuste nos graus de liberdade. Essa equação mostra que a curva da oferta de mão de obra tem inclinação para cima. O coeficiente estimado de log(*wage*) tem a seguinte interpretação: mantendo fixos os outros fatores, $\widehat{\Delta hours} \approx 16{,}4(\%\Delta wage)$. Podemos calcular as elasticidades da oferta de mão de obra multiplicando ambos os lados dessa equação por 100/*hours*:

$$100 \cdot (\widehat{\Delta hours}/hours) \approx (1.640/hours)(\%\Delta wage)$$

ou

$$\%\widehat{\Delta hours} \approx (1.640/hours)(\%\Delta wage),$$

que implica que a elasticidade da oferta de mão de obra (com relação a salário) é simplesmente 1.640/*hours*. [A elasticidade não é constante nesse modelo porque *hours*, e não log(*hours*), é a variável dependente em (16.24).] Na média de horas trabalhadas, 1.303, a elasticidade estimada é 1.640/1.303 ≈ 1,26, que implica um aumento maior que 1% nas horas trabalhadas, dado um aumento de 1% no salário. Essa é uma grande elasticidade estimada. Com maior número de horas, a elasticidade será menor; com menor número de horas, como *hours* = 800, a elasticidade será maior que dois.

Comparativamente, quando (16.19) é estimada por MQO, o coeficiente de log(*wage*) é −2,05 (ep = 54,88), o que implica não haver nenhum efeito do salário sobre as horas trabalhadas. Para confirmar que log(*wage*) é de fato endógeno em (16.19), podemos aplicar o teste da Seção 15.5. Quando adicionamos os resíduos da forma reduzida $\hat{v}_2$ na equação e a estimamos por MQO, a estatística *t* de $\hat{v}_2$ é −6,61, que é muito significativa e, portanto, log(*wage*) parece ser endógeno.

A equação da oferta de salário (16.20) também pode ser estimada por MQ2E. O resultado será

$$\widehat{\log(wage)} = -0{,}656 + 0{,}00013\ hours + 0{,}110\ educ$$
$$\phantom{\widehat{\log(wage)} =\ } (0{,}338)\ \ (0{,}00025)\ \ \ \ \ \ \ \ \ \ (0{,}016)$$
$$\phantom{\widehat{\log(wage)} =\ } + 0{,}035\ exper - 0{,}00071\ exper^2 \quad\quad (16.25)$$
$$\phantom{\widehat{\log(wage)} =\ } (0{,}019)\ \ \ \ \ \ \ \ \ \ (0{,}00045)$$
$$n = 428.$$

Essa equação difere das equações de salários anteriores pelo fato de que horas é incluída como uma variável explicativa e o MQ2E é usado para levar em conta a endogeneidade de *hours* (e presumimos que *educ* e *exper* sejam exógenos). O coeficiente de *hours* é estatisticamente não significante, e significa que não existe evidência de que a oferta de salário cresce com as horas trabalhadas. Os outros coeficientes são semelhantes aos que obteremos se eliminarmos *hours* e estimarmos a equação por MQO.

A estimativa do efeito da abertura sobre a inflação por variáveis instrumentais também é feita de forma direta.

EXEMPLO 16.6 Inflação e abertura da economia

Antes de estimar (16.22) usando os dados contidos no arquivo OPENNESS, fazemos uma verificação para ver se *open* tem correlação parcial suficiente com a VI proposta, log(*land*). A regressão da forma reduzida é

$$\widehat{open} = 117{,}08 + 0{,}546\ \log(pcinc) - 7{,}57\ \log(land)$$
$$\phantom{\widehat{open} =\ } (15{,}85)\ \ (1{,}493)\ \ \ \ \ \ \ \ \ \ \ \ \ \ \ (0{,}81)$$
$$n = 114,\ R^2 = 0{,}449.$$

A estatística *t* de log(*land*) é maior que nove, em valor absoluto, o que ratifica a assertiva de Romer de que países menores são mais abertos economicamente. O fato de que log(*pcinc*) não é tão significativo nessa regressão é irrelevante.

A estimação de (16.22) usando log(*land*) como uma VI de *open* produz

$$\widehat{inf} = 26{,}90 - 0{,}337\ open + 0{,}376\ \log(pcinc)$$
$$\phantom{\widehat{inf} =\ } (15{,}40)\ \ (0{,}144)\ \ \ \ \ \ \ \ (2{,}015) \quad\quad (16.26)$$
$$n = 114.$$

O coeficiente de *open* é estatisticamente significante no nível de quase 1% contra uma alternativa bilateral ($\alpha_1 < 0$). O efeito também é economicamente importante: para cada ponto percentual de aumento na participação das importações no PIB, a inflação anual será de um terço de ponto percentual mais baixa. A título de comparação, a estimativa por MQO é $-0{,}215$ (ep = 0,095).

> **QUESTÃO 16.3**
>
> Como é possível testar se a diferença entre as estimativas por MQO e por VI de *open* é estatisticamente diferente?

16.4 Sistemas com mais de duas equações

Modelos de equações simultâneas podem consistir em mais de duas equações. O estudo da identificação geral desses modelos é difícil e requer álgebra matricial. Uma vez que uma equação em um sistema geral tenha sido identificada, ela poderá ser estimada por MQ2E.

16.4a Identificação em sistemas com três ou mais equações

Usaremos um sistema de três equações para ilustrar os problemas que surgem na identificação de SEM complicados. Com interceptos suprimidos, escreva o modelo como

$$y_1 = \alpha_{12}y_2 + \alpha_{13}y_3 + \beta_{11}z_1 + u_1 \tag{16.27}$$

$$y_2 = \alpha_{21}y_1 + \beta_{21}z_1 + \beta_{22}z_2 + \beta_{23}z_3 + u_2 \tag{16.28}$$

$$y_3 = \alpha_{32}y_2 + \beta_{31}z_1 + \beta_{32}z_2 + \beta_{33}z_3 + \beta_{34}z_4 + u_3, \tag{16.29}$$

em que os y_g são as variáveis endógenas, e os z_j são as exógenas. O primeiro subscrito nos parâmetros indica o número da equação, e o segundo, o número da variável; usamos α para os parâmetros das variáveis endógenas e β para os parâmetros das variáveis exógenas.

Quais dessas equações podem ser estimadas? Mostrar que uma equação é identificada em um SEM com mais de duas equações geralmente é difícil, mas é fácil verificar quando certas equações *não* são identificadas. No sistema (16.27) a (16.29), podemos verificar facilmente que (16.29) cai nessa categoria. Como cada variável exógena aparece nessa equação, não temos qualquer VI de y_2. Portanto, não podemos consistentemente estimar os parâmetros dessa equação. Pelas razões discutidas na Seção 16.2, a estimação por MQO normalmente não será consistente.

E quanto à equação (16.27)? Aqui o assunto parece promissor, pois as variáveis z_2, z_3 e z_4 foram todas excluídas da equação – esse é outro exemplo de *restrições de exclusão*. Embora haja duas variáveis endógenas nessa equação, temos três VIs em potencial para y_2 e y_3. Portanto, a equação (16.27) passa na condição de ordem. Para finalizar, declaramos a condição de ordem geral dos SEMs.

Condição de ordem para a identificação Uma equação em qualquer SEM satisfaz a condição de ordem para a identificação se o número de variáveis exógenas *excluídas* da equação for pelo menos tão grande quanto o número de variáveis endógenas existentes no lado direito da equação.

A segunda equação, (16.28), também passa na condição de ordem porque existe uma variável exógena excluída, z_4, e uma variável endógena, y_1, no lado direito.

Como discutimos no Capítulo 15 e na seção anterior, a condição de ordem é somente necessária, não suficiente, para a identificação. Por exemplo, se $\beta_{34} = 0$, z_4 não aparecerá em nenhum lugar no sistema, o que significa que ela não é correlacionada com y_1, y_2 ou y_3. Se $\beta_{34} = 0$, então, a segunda equação não será identificada, porque z_4 será inútil como uma VI de y_1. Isso novamente ilustra que a identificação de uma equação depende dos valores dos parâmetros (que nunca conhecemos com certeza) nas outras equações.

Existem muitas maneiras sutis de a identificação falhar em SEMs complicados. Para obter condições suficientes, necessitaremos estender a condição de classificação para a identificação em sistemas de duas equações. Isso é possível, mas requer álgebra matricial [veja, por exemplo, Wooldridge (2010, Capítulo 9)]. Em muitas aplicações, é possível presumir que, a menos que haja falha óbvia de identificação, uma equação que satisfaça a condição de ordem seja identificada.

A nomenclatura sobre equações sobreidentificadas e exatamente identificadas do Capítulo 15 tem origem nos SEMs. Em termos da condição de ordem, (16.27) é uma **equação sobreidentificada** porque precisamos somente de duas VIs (para y_2 e y_3), mas temos três disponíveis (z_2, z_3 e z_4); existe uma restrição sobreidentificadora nessa equação. Em geral, o número de restrições sobreidentificadoras iguala o número total de variáveis exógenas no sistema, menos o número total de variáveis explicativas na equação. Isso pode ser verificado usando o teste de sobreidentificação da Seção 15.5. A equação (16.28) é uma **equação exatamente identificada**, e a terceira equação é uma **equação não identificada**.

16.4b Estimação

A despeito do número de equações em um SEM, cada equação identificada poderá ser estimada por MQ2E. Instrumentos de uma equação particular consistirão nas variáveis exógenas que aparecerem em qualquer lugar no sistema. Poderão ser obtidos testes de endogeneidade, heteroscedasticidade, correlação serial e de restrições sobreidentificadoras, da mesma forma como demonstrado no Capítulo 15.

Quando qualquer sistema com duas ou mais equações é corretamente especificado e certas hipóteses adicionais são válidas, os *métodos de estimação de sistemas* são geralmente mais eficientes do que estimar cada equação por MQ2E. O método de estimação de sistemas mais comum no contexto dos SEMs é o dos *mínimos quadrados em três estágios*. Esses métodos, com ou sem variáveis explicativas endógenas, estão além do escopo deste texto. [Veja, por exemplo, Wooldridge (2010, Capítulos 7 e 8).]

16.5 Modelos de equações simultâneas com séries temporais

Entre as aplicações mais antigas dos SEMs estavam as estimações de grandes sistemas de equações simultâneas, que eram usados para descrever a economia de um país. Um modelo simples keynesiano de demanda agregada (que ignora exportações e importações) é

$$C_t = \beta_0 + \beta_1(Y_t - T_t) + \beta_2 r_t + u_{t1} \tag{16.30}$$

$$I_t = \gamma_0 + \gamma_1 r_t + u_{t2} \tag{16.31}$$

$$Y_t \equiv C_t + I_t + G_t, \tag{16.32}$$

em que C_t é o consumo, Y_t é a renda, T_t é a receita de impostos, r_t é a taxa de juros, I_t são os investimentos e G_t são os gastos governamentais. [Veja, por exemplo, Mankiw (1994, Capítulo 9).] Especificamente, presuma que t represente ano.

A primeira equação é uma função consumo agregado, na qual o consumo depende da renda disponível, da taxa de juros e do erro estrutural não observado u_{t1}. A segunda equação é uma função de investimento bastante simples. A equação (16.32) é uma *identidade*, que é um resultado da contabilidade da renda nacional: ela se mantém, por definição, sem erro. Assim, não faz sentido estimar (16.32), mas precisamos dessa equação para completar o modelo.

Como existem três equações no sistema, também deve haver três variáveis endógenas. Dadas as primeiras duas equações, é claro que pretendemos que C_t e I_t sejam endógenas. Além disso, em razão da identidade contábil, Y_t é endógena. Presumiremos, pelo menos nesse modelo, que T_t, r_t e G_t sejam exógenas, de forma que elas são não correlacionadas com u_{t1} e u_{t2}. (Discutiremos sobre problemas com esse tipo de hipótese mais tarde.)

Se r_t for exógena, então, a estimação da equação (16.31) por MQO será natural. A função consumo, porém, depende da renda disponível, que é endógena porque Y_t é endógena. Temos duas variáveis instrumentais disponíveis sob as hipóteses de exogeneidade: T_t e G_t. Portanto, se seguirmos nossa receita de estimação de equações de corte transversal, estimaremos (16.30) por MQ2E usando as variáveis instrumentais (T_t, G_t, r_t).

Modelos como (16.30) a (16.32) hoje em dia são raramente estimados, por várias e boas razões. Primeiro, é muito difícil justificar, em um nível agregado, a hipótese de que impostos, taxas de juros e gastos governamentais sejam exógenos. Impostos dependem clara e diretamente da renda; por exemplo, com uma única alíquota de imposto de renda τ_t no ano t, $T_t = \tau_t Y_t$. Podemos com facilidade permitir isso substituindo $(Y_t - T_t)$ por $(1 - \tau_t)Y_t$ em (16.30) e ainda poderemos estimar a equação por MQ2E se presumirmos que o gasto governamental seja exógeno. Poderemos também adicionar a alíquota do imposto na lista das variáveis instrumentais, se ela for exógena. Entretanto, serão os gastos governamentais e as alíquotas de impostos realmente exógenos? Certamente, em princípio, eles poderiam ser, se o governo definisse os gastos e as alíquotas de impostos independentemente do que estivesse acontecendo com a economia. Mas esse é um caso difícil de acontecer na realidade: gastos governamentais geralmente dependem do nível da renda, e com altos níveis de renda, a mesma receita de impostos é arrecadada com alíquotas de impostos menores. Além disso, presumir que as taxas de juros sejam exógenas é extremamente questionável. Poderíamos especificar um modelo mais realista que incluísse a demanda e a oferta de moeda e, então, as taxas de juros poderiam ser determinadas com C_t, I_t e Y_t. Contudo, nesse caso, encontrar suficientes variáveis exógenas para identificar as equações se torna bastante difícil (e os problemas seguintes com esses modelos ainda são pertinentes).

Algumas pessoas têm argumentado que certos componentes dos gastos governamentais, como os gastos com a defesa – veja, por exemplo, Hall (1988) e Ramey (1991) –, são exógenos em uma variedade de aplicações de equações simultâneas. Porém, não há unanimidade sobre isso e, de qualquer forma, os gastos com a defesa nem sempre são apropriadamente correlacionados com as variáveis explicativas endógenas [veja Shea (1993) para uma discussão sobre o assunto e o Exercício em computador C6 para um exemplo].

Um segundo problema com modelos como (16.30) a (16.32) é que se apresentam completamente estáticos. Especialmente com dados mensais ou trimestrais, mas até mesmo com dados anuais, frequentemente esperamos ajustes de defasagens. (Um argumento a favor dos modelos estáticos do tipo keynesiano é que eles pretendem descrever a dinâmica de longo prazo sem se preocupar com a dinâmica de curto prazo.) Permitir a dinâmica não é muito difícil. Por exemplo, poderíamos adicionar renda defasada à equação (16.31):

$$I_t = \gamma_0 + \gamma_1 r_t + \gamma_2 Y_{t-1} + u_{t2}. \tag{16.33}$$

Em outras palavras, adicionamos uma **variável endógena defasada** (mas não I_{t-1}) à equação de investimentos. Podemos tratar Y_{t-1} como exógena nessa equação? Sob certas hipóteses sobre u_{t2}, a resposta é sim. Entretanto, em geral, chamamos uma variável endógena defasada em um SEM de **variável predeterminada**. Defasagens de variáveis exógenas também são predeterminadas. Se presumirmos que u_{t2} seja não correlacionado com as variáveis exógenas correntes (o que é padrão) e com todas as variáveis endógenas e exógenas *passadas*, então, Y_{t-1} será não correlacionada com u_{t2}. Dada a exogeneidade de r_t, podemos estimar (16.33) por MQO.

Se adicionarmos consumo defasado à equação (16.30), poderemos tratar C_{t-1} como exógeno nessa equação sob as mesmas hipóteses em u_{t1} que fizemos para u_{t2} no parágrafo anterior. A renda disponível corrente ainda será endógena em

$$C_t = \beta_0 + \beta_1(Y_t - T_t) + \beta_2 r_t + \beta_3 C_{t-1} + u_{t1}, \tag{16.34}$$

de modo que poderemos estimar essa equação por MQ2E usando as variáveis instrumentais (T_t, G_t, r_t, C_{t-1}); se o investimento for determinado por (16.33), Y_{t-1} deve ser incluída na lista de instrumentais. [Para verificar o motivo, use (16.32), (16.33) e (16.34) para encontrar a forma reduzida de Y_t em termos das variáveis exógenas e predeterminadas: T_t, r_t, G_t, C_{t-1} e Y_{t-1}. Como Y_{t-1} aparece nessa forma reduzida, ela deve ser usada como uma VI.]

A presença de dinâmica em SEMs agregados é, pelo menos para o propósito de previsões, uma clara melhoria sobre os SEMs estáticos. Contudo, ainda existem alguns problemas importantes na estimação de SEM usando dados agregados de séries temporais, alguns dos quais discutimos nos Capítulos 11 e 15. Lembre-se de que a validade dos procedimentos de inferência dos habituais MQO ou MQ2E em aplicações de séries temporais depende da noção de *dependência fraca*. Infelizmente, séries como as de consumo agregado, renda, investimentos e até mesmo de taxas de juros parecem violar os requisitos de dependência fraca. (Na terminologia do Capítulo 11, elas têm *raízes unitárias*.) Essas séries também estão propensas a ter tendências exponenciais, embora isso possa ser parcialmente compensado pelo uso da transformação logarítmica quando presumiu diferentes formas funcionais. Geralmente, mesmo as propriedades de amostras grandes, sem falar das propriedades pequenas, do MQO e do MQ2E são complicadas e dependentes de várias hipóteses, quando aplicadas a equações com variáveis I(1). Abordaremos levemente esses problemas no Capítulo 18. Uma abordagem geral avançada é dada por Hamilton (1994).

A discussão anterior significa que os SEMs não são úteis quando aplicados a dados de séries temporais? Muito ao contrário. Os problemas com tendências e alta persistência podem ser evitados especificando-se sistemas em primeiras diferenças ou em taxas de crescimento. Contudo, devemos reconhecer que esse é um SEM diferente de outro especificado em nível. [Por exemplo, se especificarmos o crescimento do consumo como uma função do crescimento da renda disponível e das alterações das taxas de juros, isso será diferente de (16.30).] Além disso, como discutimos anteriormente, a incorporação de dinâmica não é especialmente difícil. Finalmente, o problema de encontrar variáveis verdadeiramente exógenas para serem incluídas nos SEMs geralmente é mais fácil com dados desagregados. Por exemplo, para indústrias transformadoras, Shea (1993) descreve como a produção (ou, mais precisamente, o crescimento da produção) em outros setores pode ser usada como uma variável instrumental na estimação de funções de oferta. Ramey (1991) também apresenta uma análise convincente da estimação de funções de custos industriais por variáveis instrumentais utilizando dados de séries temporais.

O próximo exemplo mostra como dados agregados podem ser usados para testar uma importante teoria econômica, a teoria do consumo da renda permanente, habitualmente chamada de *hipótese da renda permanente* (HRP). A abordagem usada nesse exemplo não é, a rigor, baseada em um modelo de equações simultâneas, mas podemos pensar no consumo e no crescimento da renda (como também nas taxas de juros) como determinados conjuntamente.

EXEMPLO 16.7 Teste da hipótese da renda permanente

Campbell e Mankiw (1990) usaram métodos de variáveis instrumentais para testar várias versões da hipótese da renda permanente. Usaremos os dados anuais de 1959 a 1995 do arquivo CONSUMP para reproduzir uma de suas análises. Campbell e Mankiw usaram dados trimestrais até 1985.

Uma equação estimada por Campbell e Mankiw (usando nossa notação) foi

$$gc_t = \beta_0 + \beta_1 gy_t + \beta_2 r3_t + u_t, \qquad (16.35)$$

em que $gc_t = \Delta \log(c_t)$ é o crescimento anual do consumo *per capita* real (excluindo bens duráveis), gy_t é o crescimento da renda disponível real, e $r3_t$ é a (*ex post*) taxa de juros real, medida pelo rendimento da taxa das letras do Tesouro norte-americano de três meses: $r3_t = i3_t - inf_t$, em que a taxa de inflação é baseada no índice de preços ao consumidor.

As taxas de crescimento do consumo e da renda disponível não apresentam tendência e são fracamente dependentes; presumiremos também ser esse o caso da $r3_t$ para podermos aplicar a teoria assimptótica padrão.

A principal característica da equação (16.35) é que a HRP indica que o termo de erro u_t tem uma média zero condicional em todas as informações observadas no momento $t-1$ ou anterior: $E(u_t|I_{t-1}) = 0$. Porém, u_t não é necessariamente não correlacionado com gy_t ou com $r3_t$; uma maneira tradicional de pensar sobre isso é que essas variáveis são conjuntamente determinadas, mas não estamos escrevendo um sistema completo de três equações.

Como u_t é não correlacionado com todas as variáveis datadas em $t-1$ ou antes, as variáveis instrumentais válidas para estimar (16.35) são valores defasados de *gc*, *gy* e *r3* (e defasagens de outras variáveis observáveis, mas não as usaremos aqui). Quais são as hipóteses de interesse? A forma pura da HRP tem $\beta_1 = \beta_2 = 0$. Campbell e Mankiw argumentam que β_1 será positivo se alguma fração da população consumir renda corrente, em vez de renda permanente. A HRP com uma taxa de juros real não constante implica que $\beta_2 > 0$.

Quando estimamos (16.35) por MQ2E, usando as instrumentais gc_{-1}, gy_{-1} e $r3_{-1}$, obtemos

$$\widehat{gc_t} = 0{,}0081 + 0{,}586\, gy_t - 0{,}00027 r3_t$$
$$\phantom{\widehat{gc_t} =\ } (0{,}0032)\ \ (0{,}135)\ \ \ \ \ (0{,}00076) \tag{16.36}$$
$$n = 35,\ R^2 = 0{,}678.$$

Portanto, a forma pura da HRP é fortemente rejeitada porque o coeficiente de gy é economicamente grande (um aumento de 1% na renda disponível aumenta em mais de 0,5% o consumo) e estatisticamente significante ($t = 4{,}34$). De outro lado, o coeficiente da taxa de juros real é bastante pequeno e estatisticamente não significante. Essas constatações são qualitativamente as mesmas de Campbell e Mankiw.

A HRP também implica que os erros $\{u_t\}$ são serialmente não correlacionados. Após a estimação por MQ2E, obtemos os resíduos $\hat{u}_t$ e incluímos $\hat{u}_{t-1}$ como uma variável explicativa adicional em (16.36); ainda usamos os instrumentos gc_{t-1}, gy_{t-1}, $r3_{t-1}$, e $\hat{u}_{t-1}$ age como sua própria variável instrumental (veja a Seção 15.7). O coeficiente de $\hat{u}_{t-1}$ é $\hat{\rho} = 0{,}187$ (ep = 0,133), de modo que existe alguma evidência de correlação serial positiva, embora não no nível de significância de 5%. Campbell e Mankiw discutem o motivo pelo qual, com os dados trimestrais disponíveis, pode ser encontrada correlação serial nos erros mesmo se a HRP se sustentar; algumas dessas preocupações se estendem aos dados anuais.

O uso de taxas de variáveis de crescimento de tendências ou variáveis I(1) em SEM é bastante comum em aplicações de séries temporais. Por exemplo, Shea (1993) estima as curvas de ofertas industriais em termos de taxas de crescimento.

Se um modelo estrutural contiver uma tendência temporal – que pode capturar fatores exógenos de tendência que não sejam diretamente modelados –, então, a tendência agirá como sua própria VI.

> **QUESTÃO 16.4**
>
> Suponha que para uma cidade específica você tenha dados mensais sobre o consumo *per capita* de peixe, renda *per capita*, preços de peixe e preços de frango e carne bovina; a renda e os preços de frango e carne são exógenos. Presuma que não haja sazonalidade na função de demanda de peixe, mas que ela existe na função de oferta de peixe. Como você pode usar essa informação para estimar uma equação de demanda de peixe com elasticidade constante? Especifique uma equação e detalhe a identificação. (*Dica*: Você deve ter onze variáveis instrumentais do preço de peixe.)

16.6 Modelos de equações simultâneas com dados em painel

Modelos de equações simultâneas também surgem no contexto de dados em painel. Por exemplo, podemos imaginar a estimação de equações de oferta de mão de obra e de oferta de salários, como no Exemplo 16.3, de um grupo de pessoas que tenha trabalhado por certo período de tempo. Além de permitirmos a determinação simultânea das variáveis dentro de cada período de tempo, podemos admitir efeitos não observados em cada equação. Em uma função de oferta de mão de obra, seria útil possibilitar a preferência por lazer não observado que não se altere ao longo do tempo.

A abordagem básica para estimar SEM com dados em painel compreende duas etapas: (1) eliminar os efeitos não observados das equações de interesse usando a transformação de efeitos fixos ou a primeira diferença e (2) encontrar variáveis instrumentais das variáveis endógenas na equação transformada. Isso pode ser bastante desafiador, pois, para uma análise convincente, precisaremos encontrar variáveis instrumentais que mudem ao longo do tempo. Para ver o motivo disso, escreva um SEM de dados em painel como

$$y_{it1} = \alpha_1 y_{it2} + \mathbf{z}_{it1}\boldsymbol{\beta}_1 + a_{i1} + u_{it1} \tag{16.37}$$

$$y_{it2} = \alpha_2 y_{it1} + \mathbf{z}_{it2}\boldsymbol{\beta}_2 + a_{i2} + u_{it2}, \tag{16.38}$$

em que i representa o corte transversal, t é o período de tempo, e $\mathbf{z}_{it1}\boldsymbol{\beta}_1$ ou $\mathbf{z}_{it2}\boldsymbol{\beta}_2$ são funções lineares de um conjunto de variáveis explicativas exógenas em cada equação. A análise mais geral permite que os efeitos não observados, a_{i1} e a_{i2}, sejam correlacionados com *todas* as variáveis explicativas, mesmo os elementos em $\mathbf{z}$. Porém, presumimos que os erros estruturais idiossincráticos, u_{it1} e u_{it2}, sejam não correlacionados com $\mathbf{z}$ em ambas as equações e ao longo de todos os períodos de tempo; é nesse sentido que $\mathbf{z}$ é exógeno. Exceto sob circunstâncias especiais, y_{it2} será correlacionado com u_{it1}, e y_{it1} será correlacionado com u_{it2}.

Suponha que estejamos interessados na equação (16.37). Não podemos estimá-la por MQO, já que o erro composto $a_{i1} + u_{it1}$ é potencialmente correlacionado com todas as variáveis explicativas. Suponha que tiremos a diferença ao longo do tempo para remover o efeito não observado, a_{i1}:

$$\Delta y_{it1} = \alpha_1 \Delta y_{it2} + \Delta \mathbf{z}_{it1}\boldsymbol{\beta}_1 + \Delta u_{it1}. \tag{16.39}$$

(Como é usual na diferença ou na centralização na média, podemos estimar somente os efeitos de variáveis que se alteram ao longo do tempo de pelo menos algumas unidades de corte transversal.) Agora, o termo de erro nessa equação é não correlacionado com $\Delta \mathbf{z}_{it1}$ por hipótese. Mas Δy_{it2} e Δu_{it1} possivelmente serão correlacionados. Portanto, precisamos de uma VI para Δy_{it2}.

Como no caso de dados de corte transversal puro ou de séries temporais puras, as VIs possíveis virão da *outra* equação: elementos de $\mathbf{z}_{it2}$ que não estejam também em $\mathbf{z}_{it1}$. Na prática, precisamos de elementos com *variação temporal* em $\mathbf{z}_{it2}$ que não estejam também em $\mathbf{z}_{it1}$. Isso porque necessitamos de uma variável instrumental de Δy_{it2}, e é pouco provável que uma mudança em variável de um período para o próximo seja altamente correlacionada com o *nível* das variáveis exógenas. Na verdade, se diferenciarmos (16.38), veremos que as VIs naturais de Δy_{it2} são os elementos $\Delta \mathbf{z}_{it2}$ que não estão também em $\Delta \mathbf{z}_{it1}$.

Como exemplo dos problemas que podem surgir, considere uma versão de dados em painel da função de oferta de mão de obra do Exemplo 16.3. Após fazer a diferenciação, suponha que tenhamos a equação

$$\Delta hours_{it} = \beta_0 + \alpha_1 \Delta \log(wage_{it}) + \Delta(outros\ fatores_{it}),$$

e que queiramos usar $\Delta exper_{it}$ como uma variável instrumental de $\Delta \log(wage_{it})$. O problema é que, como estamos examinando pessoas que trabalham em todos os períodos de tempo, $\Delta exper_{it} = 1$ para todos os i e t. (Todas as pessoas adquirem mais um ano de experiência após a passagem de um ano.) Não podemos usar uma VI que tenha o mesmo valor para todos os *i* e *t* e, portanto, temos de continuar a procura.

Frequentemente, a participação em um programa experimental pode ser usada para obter VIs em contextos de dados em painel. No Exemplo 15.10, usamos o recebimento de subsídios de treinamento de pessoal como uma VI da mudança nas horas de treinamento na determinação dos efeitos do treinamento de pessoal sobre a produtividade do trabalhador. De fato, poderíamos ver que, em um contexto de SEM, o treinamento de pessoal e a produtividade do trabalhador seriam determinados conjuntamente, mas o recebimento de um subsídio de treinamento de pessoal seria exógeno na equação (15.57).

Podemos algumas vezes propor variáveis instrumentais engenhosas e convincentes em aplicações de dados em painel, como ilustra o exemplo seguinte.

EXEMPLO 16.8 Efeito da população prisional sobre as taxas de crimes violentos

Para estimar o efeito causal do aumento da população prisional sobre as taxas de criminalidade em nível estadual, Levitt (1996) usou exemplos de processos judiciais sobre superlotação prisional como variáveis instrumentais do crescimento da população prisional. A equação que Levitt estimou estava em primeiras diferenças; podemos escrever um modelo de efeitos fixos subjacentes como

$$\log(crime_{it}) = \theta_t + \alpha_1 \log(prision_{it}) + \mathbf{z}_{it1}\boldsymbol{\beta}_1 + a_{i1} + u_{it1}, \qquad (16.40)$$

em que θ_t representa diferentes interceptos temporais, e crime e prisão (que correspondem às variáveis *crime e prison*) são medidos por 100.000 habitantes. (A variável da população prisional é avaliada no último dia do ano anterior.) O vetor $\mathbf{z}_{it1}$ contém log de policiais *per capita*, log de renda *per capita*, taxa de desemprego, etnia e as proporções de distribuições metropolitanas e por idade.

Tirando-se a diferença de (16.40), produz-se a equação estimada por Levitt:

$$\Delta\log(crime_{it}) = \xi_t + \alpha_1\Delta\log(prision_{it}) + \Delta\mathbf{z}_{it1}\boldsymbol{\beta}_1 + \Delta u_{it1}. \qquad (16.41)$$

A simultaneidade entre taxas criminais e população prisional, ou mais precisamente nas taxas de crescimento, faz com que a estimação por MQO de (16.41) seja geralmente inconsistente. Usando a taxa de crimes violentos e um subconjunto dos dados de Levitt (no arquivo PRISON, para os anos de 1980 a 1993, com um total de 51·14 = 714 observações), obtemos a estimativa por MQO agrupado de α_1, que é $-0{,}181$ (ep = 0,048). Também estimamos (16.41) por MQ2E agrupado, onde as variáveis instrumentais de $\Delta\log(prision)$ são duas variáveis binárias, uma registrando se uma decisão final sobre o processo judicial da superlotação foi tomada no ano corrente e outra se nos dois anos anteriores. A estimativa por MQ2E agrupado de α_1 é $-1{,}032$ (ep = 0,370). Portanto, o efeito estimado por MQ2E é muito maior; não surpreende que ele seja também muito menos preciso. Levitt encontrou resultados semelhantes quando usou períodos de tempo mais longos (mas sem observações de períodos mais anteriores para alguns estados) e mais variáveis instrumentais.

O teste da existência de correlação serial AR(1) em $r_{it1} = \Delta u_{it1}$ é fácil. Após a estimação por MQ2E agrupado, obtenha os resíduos, $\hat{r}_{it1}$. Depois, inclua uma defasagem desses resíduos na equação original e estime-a por MQ2E, em que $\hat{r}_{it1}$ age como sua própria variável instrumental. O primeiro ano será perdido em razão da defasagem. Então, a habitual estatística t do MQ2E do resíduo defasado será um teste válido para verificar a existência de correlação serial. No Exemplo 16.8, o coeficiente de $\hat{r}_{it1}$ está em torno de somente 0,076 com $t = 1,67$. Com um coeficiente tão pequeno e tão modesta estatística t, podemos, com segurança, presumir independência serial.

Uma abordagem alternativa de estimar SEMs com dados em painel é usar a transformação de efeitos fixos e depois aplicar uma técnica de VI como o MQ2E agrupado. Um procedimento simples é estimar a equação com centralização na média por MQ2E, que se pareceria com

$$\ddot{y}_{it1} = \alpha_1 \ddot{y}_{t2} + \ddot{\mathbf{z}}_{it1} \boldsymbol{\beta}_1 + \ddot{u}_{it1}, t = 1, 2, ..., T, \qquad (16.42)$$

em que $\ddot{\mathbf{z}}_{it1}$ e $\ddot{\mathbf{z}}_{it2}$ são VIs. Isso é equivalente a usar o MQ2E na formulação de variáveis *dummy*, em que as variáveis *dummy* específicas-unitárias agem como suas próprias variáveis instrumentais. Ayres e Levitt (1998) aplicaram MQ2E em uma equação com centralização na média para estimar o efeito dos dispositivos eletrônicos Lojack contra roubos de automóveis nas cidades. Se (16.42) for estimada diretamente, então, os *gl* precisarão ser corrigidos para $N(T - 1) - k_1$, em que k_1 será o número total de elementos em α_1 e $\boldsymbol{\beta}_1$. A inclusão de variáveis *dummy* específicas-unitárias e a aplicação do MQ2E agrupado aos dados originais produzirão os *gl* corretos. Um tratamento detalhado de MQ2E com dados em painel é dado em Wooldridge (2010, Capítulo 11).

Resumo

Modelos de equações simultâneas são apropriados quando cada equação no sistema tem uma interpretação *ceteris paribus*. Bons exemplos são quando equações separadas descrevem diferentes ângulos de um mercado ou as relações comportamentais de diferentes agentes econômicos. Exemplos de oferta e demanda são os principais casos, mas existem muitas outras aplicações dos SEMs em economia e nas ciências sociais.

Uma característica importante dos SEMs é que, pela completa especificação do sistema, ficam claras quais variáveis são presumidas como exógenas e quais delas aparecem em cada equação. Dado um sistema completo, temos condições de determinar quais equações podem ser identificadas (isto é, podem ser estimadas). No importante caso de um sistema com duas equações, a identificação da (chamada) primeira equação é fácil de especificar: pelo menos uma variável exógena deve ser excluída da primeira a surgir com um coeficiente diferente de zero na segunda equação.

Como vimos nos capítulos anteriores, a estimação por MQO de uma equação que contém uma variável explicativa endógena geralmente produz estimadores viesados e inconsistentes. Diferentemente, o MQ2E pode ser usado para estimar qualquer equação identificada em um sistema. Há métodos de sistemas mais avançados disponíveis, mas estão além do escopo deste livro.

A distinção entre variáveis omitidas e simultaneidade nas aplicações nem sempre é nítida. Ambos os problemas, sem falar no erro de medida, podem aparecer na mesma equação. Um bom exemplo é a oferta de mão de obra de mulheres casadas. Anos de escolaridade (*educ*) aparece tanto na função de oferta de mão de obra como na de oferta de salário [veja as equações (16.19) e (16.20)]. Se a aptidão omitida estiver no termo de erro da função de oferta de mão de obra, então, salário e educação serão ambos endógenos. O fator importante i é que uma equação estimada por MQ2E pode basear-se em si própria.

Os SEMs também podem ser aplicados a dados de séries temporais. Assim como na estimação por MQO, devemos estar atentos aos processos com tendências e integrados na aplicação do MQ2E. Problemas como a correlação serial podem ser tratados na Seção 15.7. Também apresentamos um exemplo de como estimar um SEM usando dados em painel, onde tiramos a primeira diferença da equação para remover o efeito não observado. Depois, podemos estimar a equação diferenciada por MQ2E agrupado, como no Capítulo 15. Alternativamente, em alguns casos, podemos usar a centralização na média de todas as variáveis, inclusive as VIs e, então, aplicar o MQ2E agrupado; isso é o mesmo que incluir *dummies* de cada observação de corte transversal e usar o MQ2E, onde as *dummies* agem como suas próprias variáveis instrumentais. Aplicações de SEM com dados em painel são muito poderosas, já que nos possibilitam controlar a heterogeneidade não observada, ao mesmo tempo em que estamos lidando com a simultaneidade. Elas estão se tornando cada vez mais comuns e não são especialmente difíceis de ser estimadas.

Termos-chave

Condição de classificação
Condição de ordem
Equação da forma reduzida
Equação estrutural
Equação identificada
Equação exatamente
  identificada
Equação não identificada

Equação sobreidentificada
Erro na forma reduzida
Erros estruturais
Modelo de equações
  simultâneas (SEM)
Parâmetros da forma reduzida
Parâmetros estruturais
Restrições de exclusão

Simultaneidade
Variáveis endógenas
Variáveis exógenas
Variável endógena defasada
Variável predeterminada
Viés de simultaneidade

Problemas

1 Escreva um sistema de duas equações na forma de "oferta e demanda", isto é, com a mesma variável y_1 (em geral, "quantidade") aparecendo do lado esquerdo:

$$y_1 = \alpha_1 y_2 + \beta_1 z_1 + u_1$$
$$y_1 = \alpha_2 y_2 + \beta_2 z_2 + u_2.$$

(i) Se $\alpha_1 = 0$ ou $\alpha_2 = 0$, explique por que existe uma forma reduzida de y_1. (Lembre-se, a forma reduzida expressa y_1 como uma função linear das variáveis exógenas e dos erros estruturais.) Se $\alpha_1 \neq 0$ e $\alpha_2 = 0$, encontre a forma reduzida de y_2.

(ii) Se $\alpha_1 \neq 0$, $\alpha_2 \neq 0$ e $\alpha_1 \neq \alpha_2$, encontre a forma reduzida de y_1. A variável y_2 tem uma forma reduzida nesse caso?

(iii) A condição $\alpha_1 \neq \alpha_2$ é possível de ser encontrada em exemplos de demanda? Explique.

2 Defina *corn* como o consumo *per capita* de milho em toneladas de grãos, no município, *price* como o preço por tonelada do milho, *income* como a renda *per capita* do município, e defina *rainfall* como a precipitação pluviométrica em milímetros durante a última safra de plantio de milho. O seguinte modelo de equações simultâneas impõe a condição de equilíbrio em que a oferta se iguala à demanda:

$$corn = \alpha_1 price + \beta_1 income + u_1$$
$$corn = \alpha_2 price + \beta_2 rainfall + \gamma_2 rainfall^2 + u_2.$$

Qual é a equação de oferta e qual é a de demanda? Explique.

3 No Problema 3.3, estimamos uma equação para testar uma relação de substituição entre minutos por semana gastos dormindo (*sleep*) e minutos por semana gastos trabalhando (*totwrk*) de uma amostra aleatória de indivíduos. Também incluímos educação e idade na equação. Como *sleep* e *totwrk* são escolhidos conjuntamente por indivíduo, a relação de substituição entre dormir e trabalhar estimada está sujeita a uma crítica de "viés de simultaneidade"? Explique.

4 Suponha que os ganhos e o consumo de bebidas alcoólicas anuais sejam determinados pelo SEM

$$\log(earnings) = \beta_0 + \beta_1 alcohol + \beta_2 educ + u_1$$
$$alcohol = \gamma_0 + \gamma_1 \log(earnings) + \gamma_2 educ + \gamma_3 \log(price) + u_2,$$

em que *price* é o índice local de preços do álcool, que inclui impostos locais e estaduais. Suponha que *educ* e *price* sejam exógenos. Se β_1, β_2, γ_1, γ_2 e γ_3 forem todas diferentes de zero, qual equação será identificada? Como você estimaria essa equação?

5 Um modelo simples para determinar a eficácia do uso da camisinha na redução das doenças sexualmente transmissíveis entre alunos do ensino médio sexualmente ativos é

$$infrate = \beta_0 + \beta_1 conuse + \beta_2 percmale + \beta_3 avginc + \beta_4 city + u_1,$$

em que *infrate* é a porcentagem de alunos sexualmente ativos que tenham contraído doença venérea, *conuse* é a porcentagem de rapazes que afirmam usar camisinha regularmente, *avginc* é a renda familiar média e *city* é uma variável *dummy* que indica se a escola está em uma cidade; o modelo é construído no âmbito escolar.

(i) Interpretando a equação precedente de maneira causal, *ceteris paribus*, qual deverá ser o sinal de β_1?

(ii) Por que *infrate* e *conuse* podem ser conjuntamente determinadas?

(iii) Se o uso de camisinha aumentar com a taxa de doenças venéreas, de forma que $\gamma_1 > 0$ na equação

$$conuse = \gamma_0 + \gamma_1 infrate + other\ factors,$$

qual será o provável viés na estimativa de β_1 por MQO?

(iv) Defina *condis* como uma variável binária igual a um, se a escola tiver um programa de distribuição de camisinhas. Explique como isso pode ser usado para estimar β_1 (e os outros betas) por VIs. O que teremos de presumir sobre *condis* em cada equação?

6 Considere um modelo de probabilidade linear que explique se os empregadores oferecem um plano de pensão com base na porcentagem de trabalhadores que pertençam a um sindicato, bem como outros fatores:

$$pension = \beta_0 + \beta_1 percunion + \beta_2 avgage + \beta_3 avgeduc$$
$$+ \beta_4 percmale + \beta_5 percmarr + u_1.$$

(i) Por que *percunion* pode ser determinado conjuntamente com *pension*?

(ii) Suponha que você possa pesquisar os trabalhadores nas firmas e colher informações sobre suas famílias. Você consegue pensar em uma informação que poderia ser usada para construir uma VI de *percunion*?

(iii) Como você verificaria se sua variável é pelo menos uma candidata razoável a VI de *percunion*?

7 Suponha que você seja solicitado a estimar a demanda por ingressos de jogos de basquete feminino de uma grande universidade. Você pode coletar dados de séries temporais de mais de dez temporadas, com um total de cerca de 150 observações. Um modelo possível seria

$$lATTEND_t = \beta_0 + \beta_1 lPRICE_t + \beta_2 WINPERC_t + \beta_3 RIVAL_t + \beta_4 WEEKEND_t + \beta_5 t + u_t,$$

em que $PRICE_t$ é o preço do ingresso, provavelmente indicado em termos reais – digamos, deflacionado por um índice local de preços ao consumidor x; $WINPERC_t$ é a porcentagem de atuais vitórias da equipe x; $RIVAL_t$ é uma variável *dummy* que indica um jogo contra um rival x; e $WEEKEND_t$ é uma variável *dummy* que indica se o jogo é realizado durante o fim de semana.

O *l* representa o logaritmo natural, de forma que a função de demanda tem uma elasticidade-preço constante.

(i) Por que é uma boa ideia ter uma tendência temporal na equação?

(ii) A oferta de ingressos é fixada pela capacidade do estádio; suponha que ela não tenha mudado nos últimos dez anos. Isso significa que a quantidade oferecida não varia com o preço. Significa que o preço será necessariamente exógeno na equação de demanda? (*Dica*: A resposta é não.)

(iii) Suponha que o preço nominal do ingresso se altere lentamente – digamos, no início de cada temporada. O departamento esportivo determina os preços baseando-se parcialmente no público da temporada anterior, como também no sucesso obtido pela equipe na temporada anterior. Sob que hipóteses a porcentagem de vitórias na temporada anterior ($SEASPERC_{t-1}$) será uma variável instrumental válida de $lPRICE_t$?

(iv) Parece razoável incluir o (log do) preço real dos ingressos dos jogos de basquetebol masculino na equação? Explique. Que indício a teoria econômica prevê para seu coeficiente? Você consegue pensar em outra variável relacionada ao basquetebol masculino que possa pertencer à equação do público nos jogos femininos?

(v) Se você estiver preocupado com o fato de que algumas das séries, particularmente $lATTEND$ e $lPRICE$, tenham raízes unitárias, como poderia alterar a equação estimada?

(vi) Se alguns jogos tiverem suas lotações esgotadas, que problemas isso causará para a estimativa da função de demanda? (*Dica*: Se um jogo tiver sua lotação esgotada, você necessariamente observará a demanda real?)

8 O quanto é grande o efeito dos gastos escolares por aluno sobre os preços de habitação local? Defina $HPRICE$ como a mediana dos preços de habitação em um distrito escolar e defina $EXPEND$ como os gastos por aluno. Usando dados em painel dos anos de 1992, 1994 e 1996, postulamos o modelo

$$lHPRICE_{it} = \theta_t + \beta_1 lEXPEND_{it} + \beta_2 lPOLICE_{it} + \beta_3 lMEDINC_{it} + \beta_4 PROPTAX_{it} + a_{i1} + u_{it1},$$

em que $POLICE_{it}$ são os gastos policiais *per capita*, $MEDINC_{it}$ é a mediana da renda e $PROPTAX_{it}$ é a alíquota do imposto sobre a propriedade; *l* denota logaritmo natural.

Gastos e preços de habitação são determinados simultaneamente porque o valor dos imóveis afeta diretamente as receitas disponíveis para financiar as escolas.

Suponha que, em 1994, a maneira pela qual as escolas eram financiadas tenha mudado drasticamente: em vez de serem financiadas pelos impostos locais sobre a propriedade, as escolas tenham os financiamentos determinados basicamente em nível estadual. Defina $lSTATEALL_{it}$ como o log da alocação da verba estadual ao distrito i no ano t, que é exógeno na equação precedente, uma vez que controlemos gastos e o efeito fixo de um distrito. Como você estimaria os β_j?

Exercícios em computador

C1 Use SMOKE neste exercício.

(i) Um modelo para estimar os efeitos do cigarro sobre a renda anual (talvez levando em conta dias de trabalho perdidos devido a doenças ou efeitos sobre a produtividade) é

$$\log(income) = \beta_0 + \beta_1 cigs + \beta_2 educ + \beta_3 age + \beta_4 age^2 + u_1,$$

em que *cigs* é o número de cigarros fumados por dia, na média. Como você interpreta β_1?

(ii) Para refletir o fato de que o consumo de cigarros pode ser determinado conjuntamente com renda, uma equação para a demanda por cigarros é

$$cigs = \gamma_0 + \gamma_1 \log(income) + \gamma_2 educ + \gamma_3 age + \gamma_4 age^2 + \gamma_5 \log(cigpric) + \gamma_6 restaurn + u_2,$$

em que *cigpric* é o preço de um maço de cigarros (em centavos de dólar) e *restaurn* é uma variável binária igual a um, se a pessoa vive em um estado que possua restaurantes com restrições a cigarros. Presumindo que estes sejam exógenos para o indivíduo, que sinais você esperaria para γ_5 e γ_6?

(iii) Sob qual hipótese a equação de renda do item (i) é identificada?

(iv) Estime a equação de renda por MQO e discuta a estimativa de β_1.

(v) Estime a forma reduzida para *cigs* (Lembre-se de que isso envolve regredir *cigs* em todas as variáveis endógenas). Na forma reduzida, log(*cigpric*) e *restaurn* são significativas?

(vi) Agora, estime a equação de renda por MQ2E. Discuta como a estimativa de β_1 se compara com a de MQO.

(vii) Você acha que o preço de cigarros e as restrições a cigarro em restaurantes são exógenas na equação da renda?

C2 Use MROZ neste exercício.

(i) Reestime a função de oferta de mão de obra no Exemplo 16.5 usando log(*hours*) como a dependente variável. Compare a elasticidade estimada (que agora é constante) com a estimativa obtida da equação (16.24) sobre a média de horas trabalhada.

(ii) Na equação de oferta de mão de obra do item (i), permita que *educ* seja endógena devido à habilidade omitida. Use *motheduc* e *fatheduc* como VIs para *educ*. Lembre-se, você tem agora duas variáveis endógenas na equação.

(iii) Teste as restrições sobreidentificadoras na estimação MQ2E do item (ii). As VIs passam no teste?

C3 Use os dados em OPENNESS neste exercício.

(i) Já que log(*pcinc*) é não significante em (16.22) e na forma reduzida para *open*, exclua-o da análise. Estime (16.22) por MQO e VI sem log(*pcinc*). Conclusões importantes foram alteradas?

(ii) Ainda com log(*pcinc*) fora da análise, você diria que *land* ou log(*land*) é um instrumento melhor para *open*? (*Dica*: regrida *aberto* separadamente e conjuntamente para cada um deles).

(iii) Agora, volte a (16.22). Adicione a variável *dummy oil* à equação e considere-a exógena. Estime a equação por VI. Ser um produtor de petróleo tem efeito *ceteris paribus* sobre a inflação?

C4 Use os dados em CONSUMP neste exercício.

(i) No exemplo 16.7, use o método da Seção 15.5 para testar a única restrição sobreidentificadora ao estimar (16.35). O que você conclui?

(ii) Campbell e Mankiw (1990) usam defasagens *secundárias* de todas as variáveis como VIs devido a problemas potenciais de medição de dados e defasagens informativas. Reestime (16.35) usando apenas gct_{t-2}, gy_{t-2} e $r3_{t-2}$. Como as estimativas se comparam às de (16.36)?

(iii) Regrida gy_t sobre as VIs do item (ii) e teste se gy_t é suficientemente correlacionado a eles. Por que isso é importante?

C5 Use o *Economic Report of the President* (de 2005 ou posterior) para atualizar os dados em CONSUMP, ao menos de 2003. Reestime a equação (16.35). Importantes conclusões são alteradas?

C6 Use os dados em CEMENT neste exercício.

(i) Uma função de oferta estática (inversa) para o crescimento mensal do preço do cimento (*gprc*) como uma função de crescimento em quantidade (*gcem*) é:

$$gprc_t = \alpha_1 gcem_t + \beta_0 + \beta_1 gprcpet + \beta_2 feb_t + \ldots + \beta_{12} dec_t + u_t^s,$$

em que se presume que *gprcpet* (aumento no preço do petróleo) seja exógeno e que *feb*, . . ., *dec* sejam variáveis *dummy* mensais. Que sinais você espera para α_1 e β_1? Estime a equação por MQO. A função de oferta é ascendente?

(ii) A variável *gdefs* é o aumento mensal do gasto real com segurança nos Estados Unidos. O que é preciso para supor que *gdefs* seja uma boa VI para *gcem*? Faça um teste para ver se *gcem* é parcialmente correlacionado com *gdefs* (não se preocupe com possíveis correlações seriais na forma reduzida). É possível utilizar *gdefs* como uma VI na estimação da função de oferta?

(iii) Shea (1993) argumenta que o crescimento na produção de construções residenciais (*gres*) e não residenciais (*gnon*) são instrumentos válidos para *gcem*. A ideia é que sejam alavancadores de demanda, que devem ser mais ou menos correlacionados com o erro de oferta u_t^s. Faça um teste para ver se *gcem* é parcialmente correlacionado com *gres* e *gnon*; novamente, não se preocupe com correlação serial na forma reduzida.

(iv) Estime a função de oferta usando *gres* e *gnon* como VIs para *gcem*. O que se conclui sobre a função de oferta estática para cimento? [a função de oferta dinâmica é, aparentemente, ascendente; veja Shea (1993)].

C7 Com referência ao Exemplo 13.9 e aos dados de CRIME4:

(i) Suponha que, depois de diferenciar para remover o efeito não observado, $\Delta\log(polpc)$ seja simultaneamente determinado com $\Delta\log(crmrte)$; em particular, o aumento em crimes está associado com o aumento de policiais. Como isso nos ajuda a explicar o coeficiente positivo em $\Delta\log(polpc)$ na equação (13.33)?

(ii) A variável *taxpc* representa os impostos coletados por pessoa no município. Parece sensato excluí-la da equação de crime?

(iii) Estime a forma reduzida para $\Delta\log(polpc)$ usando MQO agrupado, incluindo a potencial VI, $\Delta\log(taxpc)$. Aparentemente, $\Delta\log(taxpc)$ é um bom candidato a VI? Explique.

(iv) Suponha que, por muitos anos, o estado da Carolina do Norte tenha concedido subsídios para que alguns municípios aumentem o contingente de sua força policial. Como seria possível usar essa informação para estimar o efeito de policiais adicionais na taxa de criminalidade?

C8 Use os dados de FISH, extraídos de Graddy (1995), neste exercício. O conjunto de dados também é usado no Exercício em computador C9 do Capítulo 12. Usaremos esses dados para estimar uma função de demanda para peixe.

(i) Presumindo que a equação de demanda possa ser escrita em equilíbrio para cada período de tempo como

$$\log(totqty_t) = \alpha_1\log(avgprc_t) + \beta_{10} + \beta_{11}mon_t + \beta_{12}tues_t + \beta_{13}wed_t + \beta_{14}thurs_t + u_{t1},$$

de forma que seja permitido a essa demanda diferir entre os dias da semana. Tratando a variável de preço como endógena, de que informação adicional precisamos para estimar consistentemente os parâmetros de demanda da equação?

(ii) As variáveis $wave2_t$ e $wave3_t$ são medidas da altura de ondas do oceano dos últimos dias. Quais são as duas hipóteses que precisamos fazer para usar $wave2_t$ e $wave3_t$ como VIs para $\log(avgprc_t)$ na estimação da equação de demanda?

(iii) Regrida $\log(avgprc_t)$ sobre *dummies* de dias da semana e nas duas medidas de ondas. As variáveis $wave2_t$ e $wave3_t$ são conjuntamente significativas? Qual é o *p*-valor do teste?

(iv) Agora, estime a equação de demanda por MQ2E. Qual é o intervalo de confiança de 95% para a elasticidade-preço da demanda? A elasticidade estimada é razoável?

(v) Obtenha os resíduos MQ2E, $\hat{u}_{t1}$. Adicione uma defasagem simples, $\hat{u}_{t-1,1}$, na estimação da equação da demanda por MQ2E. Lembre-se, use $\hat{u}_{t-1,1}$ como seu próprio instrumento. Existe evidência de correlação serial de AR(1) nos erros da equação da demanda?

(vi) Visto que a equação de oferta evidentemente depende das variáveis de onda, que duas hipóteses precisaríamos criar para estimar a elasticidade-preço da oferta?

(vii) As *dummies* de dias de semana são conjuntamente significativas na equação de forma reduzida para $\log(avgprc_t)$? O que se conclui sobre ser possível estimar a elasticidade da oferta?

C9 Neste exercício, use os dados de AIRFARE, mas apenas para o ano de 1997.

(i) Uma simples função de demanda para assentos de avião em rotas dos Estados Unidos é

$$\log(passen) = \beta_{10} + \alpha_1\log(fare) + \beta_{11}\log(dist) + \beta_{12}[\log(dist)]^2 + u_1,$$

em que

passen = média de passageiros por dia

fare = tarifa média

dist = distância da rota (em quilômetros)

Se isso for de fato uma função de demanda, qual deve ser o sinal de α_1?

(ii) Estime a equação do item (i) por MQO. Qual é a elasticidade-preço da demanda?

(iii) Considere a variável *concen* uma medida de concentração de mercado. (Especificamente, é a participação de mercado registrada pela maior operadora). Explique o que devemos presumir para tratar *concen* como exógena na equação da demanda.

(iv) Agora, presuma que *concen* seja exógena em relação à equação de demanda. Estime a forma reduzida para log(*fare*) e sustente que *concen* tem efeito positivo (parcial) em log(*fare*).

(v) Estime a função de demanda usando VI. Agora, qual é a elasticidade-preço da demanda? Como se compara com a estimativa MQO?

(vi) Usando a estimativa VI, descreva como a demanda por assentos depende da distância da rota.

C10 Use todos os dados em painel de AIRFARE neste exercício. A equação de demanda em um modelo de equações simultâneas não observadas é

$$\log(passen_{it}) = \theta_{t1} + \alpha_1 \log(fare_{it}) + a_{i1} + u_{it1},$$

em que absorvemos as variáveis de distância em a_{i1}.

(i) Estime a função de demanda usando efeitos fixos, certificando-se de incluir *dummies* anuais para representar os diferentes interceptos. Qual é a elasticidade estimada?

(ii) Use efeitos fixos para estimar a forma reduzida

$$\log(fare_{it}) = \theta_{t2} + \pi_{21} concen_{it} + a_{i2} + v_{it2}.$$

Execute o teste apropriado para garantir que $concen_{it}$ possa ser usado como VI para $\log(fare_{it})$.

(iii) Agora estime a função da demanda usando a transformação de efeitos fixos juntamente com VI, como na equação (16.42). Qual é a elasticidade estimada? Ela é estatisticamente significante?

C11 Um método comum para estimar as *curvas Engel* é modelar a proporção de despesas como uma função de despesa total e, possivelmente, de variáveis demográficas. Uma especificação comum vem na forma

$$sgood = \beta_0 + \beta_1 ltotexpend + demographics + u,$$

em que *sgood* é a fração de gastos de um bem em particular fora do gasto total e *ltotexpend* é o log do gasto total. O sinal e magnitude de β_1 interessa a várias categorias de despesas.

Para representar a potencial endogeneidade de *ltotexpend* – que pode ser visto como variáveis omitidas ou problema de equações simultâneas, ou ambos – o log de renda familiar é geralmente usado como uma variável instrumental. Considere *income* o log da renda familiar. Para o resto dessa questão, use os dados de EXPENDSHARES, extraídos de Blundell, Duncan e Pendakur (1998).

(i) Use *sfood*, a proporção de gasto com comida como variável dependente. Qual é a gama de valores de *sfood*? Você está surpreso de não encontrar zeros?

(ii) Estime a equação

$$sfood = \beta_0 + \beta_1 ltotexpend + \beta_2 age + \beta_3 kids + u \qquad (16.43)$$

por MQO e reporte o coeficiente em *ltotexpend*, $\hat{\beta}_{MQO,1}$, juntamente com seu erro robusto com relação à heterocedasticidade. Interprete o resultado.

(iii) Usando *lincome* como VI para *ltotexpend*, estime a equação de forma reduzida para *ltotexpend*; certifique-se de incluir *age* e *kids*. Presumindo que *ltotexpend* seja exógena em (16.43), *lincome* é uma VI válida para *ltotexpend*?

(iv) Agora, estime (16.43) como variável instrumental. Como $\hat{\beta}_{VI,1}$ se compara com $\hat{\beta}_{MQO,1}$? E os intervalos de confiança de 95%?

(v) Use o teste da Seção 15.5 para testar a hipótese nula de que *ltotexpend* é exógena em (16.43). Certifique-se de reportar e interpretar o *p*-valor. Existem restrições sobreidentificadoras para testar?

(vi) Substitua *salcohol* por *sfood* em (16.43) e estime a equação por MQO e MQ2E. Agora, o que você encontra para o coeficiente em *ltotexpend*?

CAPÍTULO **17**

Modelos com variáveis dependentes limitadas e correções da seleção amostral

No Capítulo 7, estudamos o modelo de probabilidade linear, que simplesmente é uma aplicação do modelo de regressão múltipla a uma variável dependente binária. Uma variável dependente binária é um exemplo de uma **variável dependente limitada (VDL)**. Uma VDL é definida, de modo geral, como uma variável dependente cujo intervalo de valores é substancialmente restrito. Uma variável binária assume somente dois valores, zero e um. Na Seção 7-7 discutimos a interpretação de estimativas da regressão múltipla para variáveis de resposta geralmente discretas, focando no caso em que y assume um pequeno número de valores inteiros – por exemplo, o número de vezes que um jovem é preso por ano ou o número de filhos que uma mulher tem. Em outros lugares, encontramos muitas outras variáveis dependentes limitadas, incluindo o percentual de pessoas que participam de um plano de previdência (que deve ser entre zero e 100) e nota média universitária (que, na maioria das universidades fica entre zero e 4.0).

A maioria das variáveis econômicas que gostaríamos de explicar é de alguma forma limitada, muitas vezes porque ela deve ser positiva. Por exemplo, o salário por hora, os preços de imóveis e as taxas nominais de juros devem ser maiores que zero. Mas nem todas as variáveis desse tipo precisam de tratamento especial. Se uma variável estritamente positiva assumir vários valores diferentes, raramente será necessário um modelo econométrico especial. Quando y for discreta e assumir um pequeno número de valores, não fará sentido tratá-la como uma variável aproximadamente contínua. A descontinuidade de y não significa, por si só, que os modelos lineares sejam inadequados. Porém, como vimos no Capítulo 7 sobre a resposta binária, o modelo de probabilidade linear tem certas desvantagens. Na Seção 17.1, discutiremos os modelos logit e probit, que compensam as desvantagens do MPL; a desvantagem é que eles são mais difíceis de ser interpretados.

Outros tipos de variáveis dependentes limitadas surgem na análise econométrica, especialmente quando estamos modelando o comportamento de indivíduos, famílias ou firmas. A otimização de comportamentos frequentemente leva a uma **resposta de solução de canto** para alguma fração relevante da população. Ou seja, uma quantidade ou valor em dólar zero, por exemplo, é uma escolha ótima. Durante qualquer determinado ano, um número significativo de famílias fará zero contribuições de caridade. Portanto, as contribuições de caridade familiares anuais têm uma distribuição populacional espalhada em uma ampla gama de valores positivos, mas com um acúmulo no valor zero. Embora um modelo linear possa ser apropriado para capturar os valores esperados de contribuições de caridade, muito provavelmente levará a previsões negativas para algumas famílias. Não será possível usar o log natural, pois muitas observações serão zero. O modelo tobit, que abordaremos na Seção 17.2, é especificamente projetado para modelar variáveis dependentes que tenham soluções de canto.

Outro importante tipo de VDL é uma variável de contagem, que assume valores inteiros não negativos. A Seção 17.3 ilustra como os modelos de regressão de Poisson são bem apropriados para modelar variáveis de contagem.

Em alguns casos, observamos variáveis dependentes limitadas em razão da censura dos dados, um tópico que trataremos na Seção 17.4. O problema geral da seleção amostral, no qual observamos uma amostra não aleatória da população subjacente, é tratado na Seção 17.5.

Modelos de variáveis dependentes limitadas podem ser usados para séries temporais e dados em painel, mas são aplicados com mais frequência a dados em corte transversal. Problemas de seleção amostral geralmente estão restritos a dados em corte transversal ou em painel. Neste capítulo, concentramo-nos em aplicações de corte transversal. Wooldridge (2010) apresenta esses problemas no contexto de modelos de dados em painel e fornece muitos outros detalhes sobre aplicações de corte transversal e dados em painel.

17.1 Modelos logit e probit de resposta binária

O modelo de probabilidade linear é fácil de ser estimado e usado, mas tem algumas desvantagens que discutimos na Seção 7.5 do Capítulo 7. As duas desvantagens mais relevantes são que as probabilidades ajustadas podem ser menores que zero ou maiores que um e o efeito parcial de qualquer variável explicativa (aparecendo na forma de nível) é constante. Essas limitações do MPL podem ser compensadas pelo uso de **modelos de resposta binária** mais sofisticados.

Em um modelo de resposta binária, o interesse reside, principalmente, na **probabilidade de resposta**

$$P(y = 1|\mathbf{x}) = P(y = 1|x_1, x_2, ..., x_k), \tag{17.1}$$

em que usamos **x** para representar o conjunto completo de variáveis explicativas. Por exemplo, quando y for um indicador de emprego, **x** poderá conter várias características individuais, como educação, idade, estado civil e outros fatores que afetem a situação de emprego, inclusive uma variável binária indicadora da participação em um recente programa de treinamento de pessoal.

17.1a A especificação de modelos logit e probit

No MPL, assumimos que a probabilidade de resposta é linear em um conjunto de parâmetros, β_j; [veja a equação (7.27)]. Para evitar as limitações do MPL, considere uma classe de modelos de resposta binária da forma

$$P(y = 1|\mathbf{x}) = G(\beta_0 + \beta_1 x_1 + \ldots + \beta_k x_k) = G(\beta_0 + \mathbf{x}\boldsymbol{\beta}), \tag{17.2}$$

em que G é uma função assumindo valores estritamente entre zero e um: $0 < G(z) < 1$, para todos os números z reais. Isso garante que as probabilidades estimadas de resposta estejam estritamente entre zero e um. Como nos capítulos anteriores, escrevemos $\mathbf{x}\boldsymbol{\beta} = \beta_1 x_1 + \ldots + \beta_k x_k$.

Várias funções não lineares têm sido sugeridas para a função G para garantir que as probabilidades estejam entre zero e um. As duas que trataremos aqui são usadas na grande maioria das aplicações (juntamente com o MPL). No **modelo logit**, G é a função logística:

$$G(z) = \exp(z)/[1 + \exp(z)] = \Lambda(z), \tag{17.3}$$

que está entre zero e um para todos os números z reais. Essa é a função de distribuição cumulativa de uma variável aleatória logística padrão. No **modelo probit**, G é a função de distribuição cumulativa (fdc) normal padrão, que é expressa como uma integral:

$$G(z) = \Phi(z) \equiv \int_{-\infty}^{z} \phi(v) dv, \tag{17.4}$$

em que $\phi(z)$ é a densidade normal padrão

$$\phi(z) = (2\pi)^{-1/2} \exp(-z^2/2). \tag{17.5}$$

A escolha de G mais uma vez assegura que (17.2) esteja estritamente entre zero e um para todos os valores dos parâmetros e para x_j.

As funções G em (17.3) e (17.4) são ambas funções crescentes. Cada uma delas cresce mais rapidamente com $z = 0$, $G(z) \to 0$ quando $z \to -\infty$ e $G(z) \to 1$ quando $z \to \infty$. A função logística está representada na Figura 17.1. A fdc normal padrão tem uma forma muito semelhante à da fdc logística.

Os modelos logit e probit podem ser derivados de um **modelo de variável latente** subjacente. Seja y^* uma variável não observada, ou *latente*, determinada por

$$y^* = \beta_0 + \mathbf{x}\boldsymbol{\beta} + e, y = 1[y^* > 0], \tag{17.6}$$

em que introduzimos a notação $1[\cdot]$ para definir um resultado binário. A função $1[\cdot]$ é chamada de *função indicadora*, que assume o valor um se o evento entre colchetes for verdadeiro e zero, caso contrário. Portanto, y será um se $y^* > 0$, e zero se $y^* \leq 0$. Assumimos que e é independente de $\mathbf{x}$ e que e tem a distribuição logística padrão ou a distribuição normal padrão. Em qualquer caso, e será simetricamente distribuída ao redor de zero, o que significa que $1 - G(-z) = G(z)$ para todos os números z reais. Os economistas tendem a preferir a hipótese de normalidade de e, razão pela qual o modelo probit é mais popular que o logit em econometria. Além disso, vários problemas de especificação, sobre os quais comentaremos mais tarde, são muito mais facilmente analisados com o uso do probit em razão das propriedades da distribuição normal.

Com base em (17.6) e nas hipóteses dadas, podemos derivar a probabilidade de resposta de y:

FIGURA 17.1 Gráfico da função logística $G(z) = \exp(z)/[1 + \exp(z)]$.

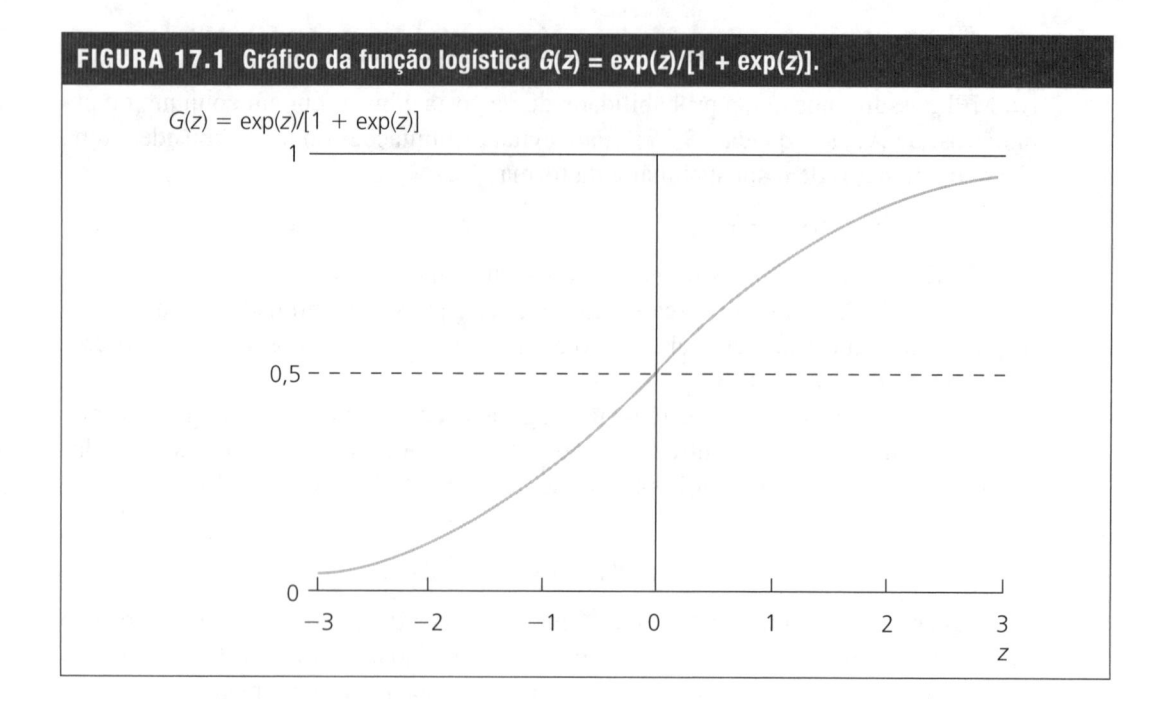

$$P(y = 1|\mathbf{x}) = P(y^* > 0|\mathbf{x}) = P[e > -(\beta_0 + \mathbf{x}\boldsymbol{\beta})|\mathbf{x}]$$
$$= 1 - G[-(\beta_0 + \mathbf{x}\boldsymbol{\beta})] = G(\beta_0 + \mathbf{x}\boldsymbol{\beta}),$$

que é exatamente igual a (17.2).

Na maioria das aplicações de modelos de resposta binária, a meta principal é explicar os efeitos de x_j sobre a probabilidade de resposta $P(y = 1|\mathbf{x})$. A formulação da variável latente tende a dar a impressão de que estamos interessados primeiramente nos efeitos de cada x_j sobre y^*. Como veremos, no logit e no probit, a *direção* do efeito de x_j sobre $E(y^*|\mathbf{x}) = \beta_0 + \mathbf{x}\boldsymbol{\beta}$ e $E(y|\mathbf{x}) = P(y = 1|\mathbf{x}) = G(\beta_0 + \mathbf{x}\boldsymbol{\beta})$ é sempre a mesma. Contudo, a variável latente y^* raramente tem uma unidade de medida bem definida. (Por exemplo, y^* pode ser a diferença, em níveis de utilidade, de duas ações diferentes.) Assim, as magnitudes de cada β_j não são, em si mesmas, de grande valia (ao contrário do que ocorre no modelo de probabilidade linear). Para muitos propósitos, queremos estimar o efeito de x_j sobre a probabilidade de êxito $P(y = 1|\mathbf{x})$, mas isso é complicado em razão da natureza não linear de $G(\cdot)$.

Para encontrar o efeito parcial de variáveis, aproximadamente contínuas, temos de confiar no cálculo. Se x_j for uma variável aproximadamente contínua, seu efeito parcial sobre $p(\mathbf{x}) = P(y = 1|\mathbf{x})$ será obtido da derivada parcial:

$$\frac{\partial p(\mathbf{x})}{\partial x_j} = g(\beta_0 + \mathbf{x}\boldsymbol{\beta})\beta_j, \quad \text{onde} \quad g(z) \equiv \frac{dG}{dz}(z). \tag{17.7}$$

Como G é a fdc de uma variável aleatória contínua, g é uma função de densidade de probabilidade. Nos casos logit e probit, $G(\cdot)$ será uma fdc estritamente crescente, e assim $g(z) > 0$ para todo z. Portanto, o efeito parcial de x_j sobre $p(\mathbf{x})$ depende de $\mathbf{x}$ em razão da quantidade positiva $g(\beta_0 + \mathbf{x}\boldsymbol{\beta})$, e significa que o efeito parcial sempre terá o mesmo sinal de β_j.

A equação (17.7) mostra que os efeitos *relativos* de duas variáveis explicativas contínuas quaisquer não dependem de **x**: a razão dos efeitos parciais de x_j e x_h é β_j/β_h. No caso típico em que g é uma densidade simétrica ao redor de zero, com uma única moda em zero, o maior efeito ocorre quando $\beta_0 + \mathbf{x}\boldsymbol{\beta} = 0$. Por exemplo, no caso probit com $g(z) = \phi(z)$, $g(0) = \phi(0) = 1/\sqrt{2\pi} \approx 0{,}40$. No caso logit, $g(z) = \exp(z)/[1 + \exp(z)]^2$ e, portanto, $g(0) = 0{,}25$.

Se, digamos, x_1 for uma variável explicativa binária, o efeito parcial de alterar x_1 de zero para um, mantendo-se todas as outras variáveis fixas, será simplesmente

$$G(\beta_0 + \beta_1 + \beta_2 x_2 + \ldots + \beta_k x_k) - G(\beta_0 + \beta_2 x_2 + \ldots + \beta_k x_k). \tag{17.8}$$

Mais uma vez, isso depende de todos os valores dos outros x_j. Por exemplo, se y for um indicador de emprego e x_1 for uma variável *dummy* indicando a participação em um programa de treinamento de pessoal, então (17.8) será a mudança na probabilidade do emprego em razão do programa de treinamento de pessoal; isso dependerá de outras características que afetem a empregabilidade, tais como a educação e a experiência. Observe que o conhecimento do sinal de β_1 será suficiente para determinar se o programa teve um efeito positivo ou negativo. Entretanto, para encontrar a *magnitude* do efeito, teremos que estimar a quantidade em (17.8).

Também podemos usar a diferença em (17.8) para outros tipos de variáveis discretas (como o número de filhos). Se x_k representar essa variável, o efeito sobre a probabilidade de x_k ir de c_k para $c_k + 1$ será simplesmente

$$G[\beta_0 + \beta_1 x_1 + \beta_2 x_2 + \ldots + \beta_k(c_k + 1)] - G(\beta_0 + \beta_1 x_1 + \beta_2 x_2 + \ldots + \beta_k c_k). \tag{17.9}$$

A inclusão de formas funcionais padrão entre as variáveis explicativas é feita de forma direta. Por exemplo, no modelo

$$P(y = 1|\mathbf{z}) = G(\beta_0 + \beta_1 z_1 + \beta_2 z_1^2 + \beta_3 \log(z_2) + \beta_4 z_3),$$

o efeito parcial de z_1 sobre $P(y = 1|\mathbf{z})$ será $\partial P(y = 1|\mathbf{z})/\partial z_1 = g(\beta_0 + \mathbf{x}\boldsymbol{\beta})(\beta_1 + 2\beta_2 z_1)$, e o efeito parcial de z_2 sobre a probabilidade de resposta será $\partial P(y = 1|\mathbf{z})/\partial z_2 = g(\beta_0 + \mathbf{x}\boldsymbol{\beta})(\beta_3/z_2)$, em que $\mathbf{x}\boldsymbol{\beta} = \beta_1 z_1 + \beta_2 z_1^2 + \beta_3 \log(z_2) + \beta_4 z_3$. Portanto, $g(\beta_0 + \mathbf{x}\boldsymbol{\beta})(\beta_3/100)$ será a mudança aproximada na probabilidade de resposta quando z_2 é aumentado em 1%.

Algumas vezes queremos calcular a elasticidade da probabilidade de resposta em relação a uma variável explicativa, embora devamos ser cuidadosos na interpretação das mudanças percentuais nas probabilidades. Por exemplo, uma alteração em uma probabilidade de 0,04 para 0,06 representa um aumento de 2 *pontos* percentuais na probabilidade, mas um aumento de 50% em relação ao valor inicial. Usando o cálculo infinitesimal, no modelo anterior a elasticidade de $P(y = 1|\mathbf{z})$ em relação à z_2 pode ser demonstrado como sendo $\beta_3 [g(\beta_0 + \mathbf{x}\boldsymbol{\beta})/G(\beta_0 + \mathbf{x}\boldsymbol{\beta})]$. A elasticidade em relação à z_3 é $(\beta_4 z_3)[g(\beta_0 + \mathbf{x}\boldsymbol{\beta})/G(\beta_0 + \mathbf{x}\boldsymbol{\beta})]$. No primeiro caso, a elasticidade terá sempre o mesmo sinal da β_2, mas ela geralmente depende de todos os parâmetros e de todos os valores das variáveis explicativas. Se $z_3 > 0$, a segunda elasticidade sempre terá o mesmo sinal do parâmetro β_4.

Modelos com interações entre as variáveis explicativas podem ser um pouco ardilosos, mas deve-se calcular as derivadas parciais e então avaliar os efeitos parciais resultantes e valores de interesse. Quando estivermos medindo os efeitos de variáveis discretas – independentemente de quão complicado seja o modelo – devemos usar a (17.9). Discutiremos isto com mais detalhes mais adiante na subseção 17-1d, sobre interpretação de estimativas.

17.1b Estimação de máxima verossimilhança de modelos logit e probit

Como devemos estimar modelos de resposta binária não linear? Para estimar o MPL, podemos usar mínimos quadrados ordinários (veja a Seção 7.5) ou, em alguns casos, mínimos quadrados ponderados (veja a Seção 8.5). Em razão da natureza não linear de $E(y|x)$, MQO e MQP não são aplicáveis. Poderíamos usar versões não lineares desses métodos, mas o uso da **estimação de máxima verossimilhança (EMV)** não é mais complicada (veja uma discussão resumida no Apêndice 17A no final deste Capítulo). Até agora, precisamos muito pouco da EMV, embora tenhamos notado que, sob as hipóteses do modelo linear clássico, o estimador MQO é o estimador de máxima verossimilhança (condicional nas variáveis explicativas). Para estimar modelos de variáveis dependentes limitadas, os métodos de máxima verossimilhança são indispensáveis. Como a estimação de máxima verossimilhança é baseada na distribuição de y dado $\mathbf{x}$, a heteroscedasticidade em $\text{Var}(y|\mathbf{x})$ é automaticamente considerada.

Assuma que temos uma amostra aleatória de tamanho n. Para obter o estimador de máxima verossimilhança, condicional nas variáveis explicativas, precisamos da densidade y_i dado $\mathbf{x}_i$. Podemos escrever isso como

$$f(y|\mathbf{x}_i;\boldsymbol{\beta}) = [G(\mathbf{x}_i\boldsymbol{\beta})]^y[1 - G(\mathbf{x}_i\boldsymbol{\beta})]^{1-y}, y = 0, 1, \qquad (17.10)$$

em que, para simplificar, absorvemos o intercepto no vetor $\mathbf{x}_i$. Podemos facilmente ver que quando $y = 1$, obtemos $G(\mathbf{x}_i\boldsymbol{\beta})$ e quando $y = 0$, obtemos $1 - G(\mathbf{x}_i\boldsymbol{\beta})$. A **função log-verossimilhança** da observação i é uma função dos parâmetros e dos dados $(\mathbf{x}_i, y_i)$ e é obtida tomando o log de (17.10):

$$\ell_i(\boldsymbol{\beta}) = y_i \log[G(\mathbf{x}_i\boldsymbol{\beta})] + (1 - y_i)\log[1 - G(\mathbf{x}_i\boldsymbol{\beta})]. \qquad (17.11)$$

Como $G(\cdot)$ está estritamente entre zero e um no logit e no probit, $\ell_i(\boldsymbol{\beta})$ será bem definido para todos os valores de $\boldsymbol{\beta}$.

A log-verossimilhança de uma amostra de tamanho n é obtida pela soma de (17.11) para todas as observações: $\mathcal{L}(\boldsymbol{\beta}) = \sum_{i=1}^{n}\ell_i(\boldsymbol{\beta})$. A EMV de $\boldsymbol{\beta}$, representada por $\hat{\boldsymbol{\beta}}$, maximiza essa log-verossimilhança. Se $G(\cdot)$ for a fdc logit padrão, $\hat{\boldsymbol{\beta}}$ será o *estimador logit*; se $G(\cdot)$ for a fdc normal padrão, então, $\hat{\boldsymbol{\beta}}$ será o *estimador probit*.

Devido à natureza não linear do problema de maximização, não podemos escrever fórmulas para as estimativas de máxima verossimilhança logit ou probit. Além de levantar questões computacionais, isso torna a teoria estatística do logit e do probit muito mais difícil do que o MQO ou mesmo o MQ2E. No entanto, a teoria geral da EMV de amostras aleatórias implica, sob condições bastante gerais, a EMV consistente, assimptoticamente normal e assimptoticamente eficiente. [Veja uma discussão geral sobre este tópico em Wooldridge (2010, Capítulo 13).] Aqui, usaremos apenas os resultados: a aplicação de modelos logit e probit é razoavelmente fácil, desde que entendamos o significado das estatísticas.

Cada $\hat{\beta}_j$ vem com um erro padrão (assimptótico), cuja fórmula é complicada e é apresentada no apêndice deste capítulo. Uma vez que tenhamos os erros padrão – e eles são descritos com as estimativas dos coeficientes por qualquer programa econométrico que suporte probit e logit –, poderemos construir testes t e intervalos de confiança (assimptóticos), exatamente como nos métodos MQO e MQ2E, e como para os outros estimadores que tenhamos encontrado. Particularmente, para testar $H_0: \beta_j = 0$, formamos a estatística $t = \hat{\beta}_j/\text{ep}(\hat{\beta}_j)$ e conduzimos o teste da maneira habitual, logo que tenhamos decidido sobre uma alternativa unilateral ou bilateral.

17.1c Testes de hipóteses múltiplas

Também podemos testar restrições múltiplas em modelos logit e probit. Na maioria dos casos, esses serão testes de múltiplas restrições de exclusões, como na Seção 4.5. Aqui nos concentraremos nas restrições de exclusão.

Existem três maneiras de testarmos restrições de exclusão nos modelos logit e probit. O teste do multiplicador de Lagrange ou de estatística escore exige que apenas se estime o modelo sob a hipótese nula, da mesma forma como no caso linear na Seção 5.2; não trataremos aqui da estatística escore, já que raramente é necessário testar as restrições de exclusão. [Veja Wooldridge (2010, Capítulo 15) sobre outros usos da estatística escore em modelos de resposta binária.]

O teste de Wald exige a estimação somente do modelo irrestrito. No caso do modelo linear, a **estatística de Wald**, após uma transformação simples, é essencialmente a estatística F, de modo que não há a necessidade de estudar a estatística de Wald separadamente. A fórmula da estatística de Wald é dada em Wooldridge (2010, Capítulo 15). Essa estatística é calculada por programas econométricos que permitem testar as restrições de exclusão após o modelo irrestrito ter sido estimado. Ela tem uma distribuição qui-quadrada assimptótica, com gl iguais ao número de restrições sendo testadas.

Se tanto o modelo restrito como o irrestrito forem fáceis de se estimar – como normalmente é o caso com restrições de exclusão –, então, o *teste da razão de verossimilhança* (*RV*) se torna bastante atraente. O teste *RV* baseia-se no mesmo conceito de o teste *F* em um modelo linear. O teste *F* mede o acréscimo na soma dos quadrados dos resíduos quando variáveis são retiradas do modelo. O teste *RV* baseia-se na diferença das funções log-verossimilhança dos modelos irrestrito e restrito. A ideia é a seguinte: como a EMV maximiza a função log-verossimilhança, a eliminação de variáveis geralmente conduz a uma log-verossimilhança *menor* – ou, pelo menos, não maior.

QUESTÃO 17.1

Um modelo probit para explicar se uma firma será adquirida por outra durante determinado ano é

$P(\text{takeover} = 1|\mathbf{x}) = \Phi(\beta_0 + \beta_1 \text{avgprof}$
$+ \beta_2 \text{mktval}$
$+ \beta_3 \text{debtearn}$
$+ \beta_4 \text{ceoten}$
$+ \beta_5 \text{ceosal}$
$+ \beta_6 \text{ceoage})$,

em que *takeover* é uma variável de resposta binária, *avgprof* é a média da margem de lucro da firma de vários anos anteriores, *mktval* é o valor de mercado da firma, *debtearn* é a razão dívida/receitas, e *ceoten*, *ceosal* e *ceoage* são permanência, salário anual e idade do diretor-executivo (CEO), respectivamente. Estabeleça a hipótese nula de que, outros fatores permanecendo iguais, as variáveis relacionadas com o CEO não têm efeito sobre a probabilidade de a firma ser adquirida por terceiros. Quantos *gl* existem na distribuição qui-quadrada do teste *RV* ou de Wald?

(Isso é semelhante ao fato de o R-quadrado nunca aumentar quando variáveis são eliminadas de uma regressão.) A questão é se a queda na log-verossimilhança será suficientemente grande para concluirmos que as variáveis eliminadas são importantes. Poderemos tomar essa decisão logo que tenhamos uma estatística de teste e um conjunto de valores críticos.

A **estatística da razão de verossimilhança** é o *dobro* da diferença nas log-verossimilhanças:

$$RV = 2(\mathscr{L}_{ur} - \mathscr{L}_r), \tag{17.12}$$

em que $\mathscr{L}_{ur}$ é o valor de log-verossimilhança do modelo irrestrito e $\mathscr{L}_r$ é o valor de log-verossimilhança do modelo restrito. Como $\mathscr{L}_{ur} \geq \mathscr{L}_r$, RV será não negativa e usualmente estritamente positiva. Ao calcular a estatística RV de modelos de resposta binária, é importante saber que a função log-verossimilhança será sempre um número negativo. Esse fato advém da equação (17.11), porque y_i é ou zero ou um, e ambas as variáveis no interior da função log estão estritamente entre zero e um, o que significa que seus logs naturais são negativos. O fato de as funções log-verossimilhança serem ambas negativas não altera a maneira de calcularmos a estatística RV; simplesmente preservamos os sinais negativos na equação (17.12).

A multiplicação por dois em (17.12) é necessária para que a RV tenha uma distribuição qui-quadrada aproximada sob H_0. Se estivermos testando q restrições de exclusão, $RV \stackrel{a}{\sim} \chi_q^2$. Isso significa que, para testar H_0 ao nível de 5%, usamos como nosso valor crítico o 95º percentil na distribuição χ_q^2. Calcular os p-valores é fácil na maioria dos programas econométricos.

17.1d A interpretação das estimativas logit e probit

Considerando os modernos computadores, de uma perspectiva prática o aspecto mais difícil dos modelos logit e probit é apresentar e interpretar os resultados. As estimativas dos coeficientes, seus erros padrão e o valor da função log-verossimilhança são descritos por todos os programas que executam logit e probit, e essas informações devem ser descritas em qualquer aplicação. Os coeficientes dão os sinais dos efeitos parciais de cada x_j sobre a probabilidade de resposta, e a significância estatística de x_j é determinada pela condição de podermos rejeitar H_0: $\beta_j = 0$ a um nível de significância suficientemente pequeno.

Como discutimos brevemente na Seção 7.5, para o modelo de probabilidade linear podemos calcular um indicador de qualidade de ajuste chamado **porcentagem corretamente prevista**. Como antes, definimos um preditor binário das y_i para ser um, se a probabilidade prevista for pelo menos 0,5, e zero caso contrário. Matematicamente, $\tilde{y}_i = 1$ se $G(\hat{\beta}_0 + \mathbf{x}_i\hat{\boldsymbol{\beta}}) \geq 0,5$ e $\tilde{y}_i = 0$ se $G(\hat{\beta}_0 + \mathbf{x}_i\hat{\boldsymbol{\beta}})) < 0,5$. Dado $\{\tilde{y}_i: i = 1, 2, ..., n\}$, podemos ver o grau de perfeição com que $\tilde{y}_i$ prediz y_i ao longo de todas as observações. Existem quatro resultados possíveis em cada par $(y_i, \tilde{y}_i)$; quando ambas são zero ou ambas são um, fazemos a predição correta. Nos dois casos em que um dos pares é zero e o outro é um, fazemos a predição incorreta. A porcentagem corretamente prevista é a porcentagem de vezes em que $\tilde{y}_i = y_i$.

Embora a porcentagem corretamente prevista seja útil como um indicador de qualidade de ajuste, ela pode ser enganosa. Em particular, será possível obter porcentagens corretamente previstas bastante altas mesmo quando o resultado menos provável é muito pobremente predito. Por exemplo, suponha que $n = 200$, 160 observações têm $y_i = 0$, e, dessas 160 observações, 140 das $\tilde{y}_i$ também sejam zero (assim, predizemos corretamente 87,5% dos resultados zero). Mesmo se *nenhuma* das predições for correta quando $y_i = 1$, ainda assim prediremos corretamente 70% de todos os resultados (140/200 = 0,70). Muitas vezes esperamos ter alguma habilidade para predizer o resultado menos provável (como, por exemplo, se alguma pessoa é presa por cometer um crime) e assim devemos ser sinceros quanto à eficiência para predizer cada resultado. Portanto, faz sentido também calcular a porcentagem corretamente prevista de cada um dos resultados. O Problema 17.1 pede que você demonstre que a porcentagem corretamente prevista global é uma média ponderada de $\hat{q}_0$ (a porcentagem corretamente prevista de $y_i = 0$) e $\hat{q}_1$ (a porcentagem corretamente prevista de $y_i = 1$) em que os pesos são as frações de zeros e uns na amostra, respectivamente.

Algumas pessoas têm criticado a regra de predição que acabamos de descrever, pelo uso de um limite de 0,5, especialmente quando um dos resultados é improvável. Por exemplo, se $\bar{y}_i = 0,08$ (somente 8% de "êxitos" na amostra), pode ser que *nunca* seja predito $y_i = 1$, pois a probabilidade de êxito estimada nunca será maior que 0,5. Uma alternativa é usar a fração de êxitos na amostra como o limite – 0,08 no exemplo anterior. Em outras palavras, definimos $\tilde{y}_i = 1$ quando $G(\hat{\beta}_0 + \mathbf{x}_i\hat{\boldsymbol{\beta}}) \geq 0,08$ e zero, caso contrário. O uso dessa regra certamente aumentará o número de êxitos preditos, mas não sem um custo: cometeremos necessariamente mais enganos – talvez muitos mais – na predição de zeros ("fracassos"). Em termos da porcentagem corretamente prevista global, poderemos ter um pior resultado do que se usarmos o limite de 0,5.

Uma terceira possibilidade é selecionar o limite de tal modo que a fração de $\tilde{y}_i = 1$ na amostra seja a mesma (ou muito próxima de) $\bar{y}$. Em outras palavras, procuramos por valores de limites τ, $0 < \tau < 1$, de tal forma que se definirmos $\tilde{y}_i = 1$ quando $G(\hat{\beta}_0 + \mathbf{x}_i\hat{\boldsymbol{\beta}}) \geq \tau$, então $\sum_{i=1}^{n} \tilde{y}_i \approx \sum_{i=1}^{n} y_i$. (O processo de tentativa e erro necessário para encontrarmos o valor desejado de τ pode ser enfadonho, mas é viável. Em alguns casos, não será possível fazer que o número de êxitos preditos seja exatamente o mesmo que o número de êxitos na amostra). Agora, dado este conjunto de $\tilde{y}_i$, poderemos calcular a porcentagem corretamente prevista de cada um dos dois resultados como também a porcentagem corretamente prevista global.

Existem também vários indicadores de **pseudos R-quadrados** de resposta binária. McFadden (1974) sugere o indicador $1 - \mathcal{L}_{ur}/\mathcal{L}_o$, em que $\mathcal{L}_{ur}$ é a função log-verossimilhança do modelo estimado e $\mathcal{L}_o$ é a função log-verossimilhança no modelo com somente um intercepto. Por que esse indicador faz sentido? Lembre-se de que as funções log-verossimilhança são negativas e, portanto, $\mathcal{L}_{ur}/\mathcal{L}_o = |\mathcal{L}_{ur}|/|\mathcal{L}_o|$. Além disso, $|\mathcal{L}_{ur}| \leq |\mathcal{L}_o|$. Se as covariadas não tiverem poder explicativo, então, $\mathcal{L}_{ur}/\mathcal{L}_o = 1$, e o pseudo R-quadrado será zero, da mesma forma que o R-quadrado normal é zero em uma regressão linear quando as covariadas não têm poder explicativo. Em geral, $|\mathcal{L}_{ur}| < |\mathcal{L}_o|$, caso em que $1 - \mathcal{L}_{ur}/\mathcal{L}_o > 0$. Se $\mathcal{L}_{ur}$ fosse zero, o pseudo R-quadrado seria igual à unidade. Aliás, $\mathcal{L}_{ur}$ não pode atingir zero em um modelo probit ou logit, já que isso exigiria que as probabilidades estimadas quando $y_i = 1$ fossem todas a unidade e as probabilidades estimadas quando $y_i = 0$ fossem todas zero.

Pseudos R-quadrados alternativos do probit e logit estão mais diretamente relacionados com o R-quadrado habitual da estimação por MQO de um modelo de probabilidade linear. Para o probit ou para o logit, defina $\hat{y}_i = G(\hat{\beta}_0 + \mathbf{x}_i\hat{\boldsymbol{\beta}})$ serem as probabilidades estimadas. Como essas probabilidades são, também, estimativas de

$E(y_i|\mathbf{x}_i)$, podemos basear um R-quadrado na proximidade de $\hat{y}_i$ com y_i. Uma possibilidade que é sugerida por uma análise padrão de regressão é calcular a correlação quadrada entre y_i e $\hat{y}_i$. Lembre-se de que, em uma estrutura de regressão linear, essa é uma maneira algebricamente equivalente de obter o R-quadrado habitual; veja a equação (3.29) do Capítulo 3. Portanto, podemos calcular um pseudo R-quadrado do probit e logit que seja diretamente comparável ao habitual R-quadrado da estimação de um modelo de probabilidade linear. Em qualquer caso, a qualidade de ajuste é menos importante que tentar obter estimativas convincentes dos efeitos *ceteris paribus* das variáveis explicativas.

Frequentemente, queremos estimar os efeitos das x_j sobre as probabilidades de resposta, $P(y = 1|\mathbf{x})$. Se x_j for (em linhas gerais) contínuo, então,

$$\Delta \hat{P}(y \approx 1|\mathbf{x}) \ [g\ (\hat{\beta}_0 + \mathbf{x}\ \hat{\boldsymbol{\beta}})\hat{\beta}_j]\Delta x_j, \tag{17.13}$$

para "pequenas" alterações nas x_j. Assim, para $\Delta x_j = 1$, a alteração na probabilidade de êxito estimada será, aproximadamente, $g(\hat{\beta}_0 + \mathbf{x}\hat{\boldsymbol{\beta}})\hat{\beta}_j$. Comparado com o modelo de probabilidade linear, o custo por se usar modelos probit e logit é que os efeitos parciais na equação (17.13) serão mais difíceis de resumir devido ao fato de que o fator de escala, $g(\hat{\beta}_0 + \mathbf{x}\hat{\boldsymbol{\beta}})$ é dependente da $\mathbf{x}$ (isto é, de todas as variáveis explicativas). Uma possibilidade é integrar valores interessantes para as x_j – tais como médias, medianas, mínimos, máximos e quartis inferiores e superiores – e depois vermos como $g(\hat{\beta}_0 + \mathbf{x}\hat{\boldsymbol{\beta}})$ se altera. Embora seja atraente, isto pode ser entediante e resultar em demasiada informação, mesmo se o número de variáveis explicativas for moderado.

Como um breve resumo para obter as magnitudes dos efeitos parciais, é conveniente ter-se um único fator de escala que possa ser usado para multiplicar cada $\hat{\beta}_j$ (ou pelo menos os coeficientes nas variáveis mais ou menos contínuas). Um método, usado comumente em pacotes econométricos que rotineiramente estima modelos probit e logit é substituir cada variável explicativa por suas médias amostrais. Em outras palavras, o fator de ajuste será

$$g(\hat{\beta}_0 + \overline{\mathbf{x}}\hat{\boldsymbol{\beta}}) = g(\hat{\beta}_0 + \hat{\beta}_1\overline{x}_1 + \hat{\beta}_2\overline{x}_2 + \ldots \hat{\beta}_k\overline{x}_k), \tag{17.14}$$

em que $g(\cdot)$ é a densidade normal padrão no caso probit e $g(z) = \exp(z)/[1 + \exp(z)]^2$ no caso logit. A ideia por trás de (17.14) é que, quando a multiplicamos por $\hat{\beta}_j$, obtemos o efeito parcial das x_j da pessoa "média" na amostra. Assim, se multiplicarmos um coeficiente por (17.14), geralmente obtemos o **efeito parcial na média (PEA)**.

Existem pelo menos dois problemas potenciais com o uso dos PEAs para sintetizarmos os efeitos parciais das variáveis explicativas. Primeiro, se algumas das variáveis explicativas forem discretas, suas médias não representarão ninguém na amostra (ou população, por sinal). Por exemplo, se $x_1 = female$ e 47,5% da amostra for do sexo feminino, que sentido fará agregarmos na $\overline{x}_1 = 0{,}475$ para representar a pessoa "média"? Segundo, se uma variável explicativa contínua aparecer como uma função não linear – digamos, como um log natural ou em um quadrático – não ficará claro se queremos calcular a média da função não linear ou agregarmos a média na função não linear. Por exemplo, devemos usar $\overline{\log(vendas)}$ ou $\overline{(vendas)}$ para representar o tamanho médio da empresa? Pacotes econométricos que calculam o fator de escala na (17.14) como padrão usam a primeira: o programa foi escrito para computar as médias dos regressores incluídos na estimação probit ou tobit.

Um método diferente de calcular um fator de escala contorna o problema sobre quais valores agregar para as variáveis explicativas. Em vez disso, o segundo fator de escala resulta do cálculo da média dos efeitos parciais individuais ao longo da amostra, levando ao que algumas vezes é chamado de **efeito parcial médio [(APE)**, em inglês] ou de **efeito marginal médio [(AME**, em inglês). Para uma variável explicativa contínua x_j, o efeito parcial médio será $n^{-1} \sum_{i=1}^{n} [g(\hat{\beta}_0 + \mathbf{x}_i\hat{\boldsymbol{\beta}})\hat{\beta}_j] = [n^{-1} \sum_{i=1}^{n} g(\hat{\beta}_0 + \mathbf{x}_i\hat{\boldsymbol{\beta}})]\hat{\beta}_j$. O termo multiplicador $\hat{\beta}_j$ age como um fator de escala:

$$n^{-1} \sum_{i=1}^{n} g(\hat{\beta}_0 + \mathbf{x}_i\hat{\boldsymbol{\beta}}). \tag{17.15}$$

A equação (17.15) é facilmente calculada após as estimações probit e logit, em que $g(\hat{\beta}_0 + \mathbf{x}_i\hat{\boldsymbol{\beta}}) = \phi(\hat{\beta}_0 + \mathbf{x}_i\hat{\boldsymbol{\beta}})$ no caso probit e $g(\hat{\beta}_0 + \mathbf{x}_i\hat{\boldsymbol{\beta}}) = \exp(\hat{\beta}_0 + \mathbf{x}_i\hat{\boldsymbol{\beta}})/[1 + \exp(\hat{\beta}_0 + \mathbf{x}_i\hat{\boldsymbol{\beta}})]^2$ no caso logit. Os dois fatores de escala são diferentes – e possivelmente muito diferentes – pois na (17.15) estamos usando a média da função não linear em lugar da função não linear da média [como em (17.14)].

Como ambos os fatores de escala que acabamos de descrever dependem da aproximação do cálculo integral na (17.13), nenhum deles faz sentido para variáveis explicativas discretas. Em vez disso é melhor usarmos a equação (17.9) para estimarmos diretamente a alteração na probabilidade. Para uma alteração na x_k de c_k para $c_k + 1$, o equivalente discreto do efeito parcial baseado em (17.14) será

$$G[\hat{\beta}_0 + \hat{\beta}_1\bar{x}_1 + \ldots + \hat{\beta}_{k-1}\bar{x}_{k-1} + \hat{\beta}_k(c_k + 1)] \\ - G(\hat{\beta}_0 + \hat{\beta}_1\bar{x}_1 + \ldots + \hat{\beta}_{k-1}\bar{x}_{k-1} + \hat{\beta}_k c_k), \tag{17.16}$$

em que G é a fdc normal padrão no caso probit e $G(z) = \exp(z)/[1 + \exp(z)]$ no caso logit. O efeito parcial médio, que normalmente é mais comparável com as estimativas do MPL, é

$$n^{-1} \sum_{i=1}^{n} \{G[\hat{\beta}_0 + \hat{\beta}_1 x_{i1} + \ldots + \hat{\beta}_{k-1} x_{ik-1} + \hat{\beta}_k(c_k + 1)] \\ - G(\hat{\beta}_0 + \hat{\beta}_1 x_{i1} + \ldots + \hat{\beta}_{k-1} x_{ik-1} + \hat{\beta}_k c_k)\}. \tag{17.17}$$

A quantidade na equação (17.17) é um efeito "parcial", já que todas as variáveis explicativas, com exceção de x_k estão sendo mantidas fixas em seus valores observados. Não é necessariamente um efeito "marginal", afinal, a alteração em x_k de c_k para $c_k + 1$ pode não ser um aumento "marginal" (ou "pequeno"); caso dependa da definição de x_k. A obtenção da expressão (17.17) tanto para o probit quanto para o logit é na realidade bastante simples. Primeiro, de cada observação estimamos a probabilidade de êxito dos dois valores selecionados da x_k, integrando os resultados reais das variáveis explicativas. (Assim, teremos n diferenças estimadas.) Depois, calculamos a média das diferenças nas probabilidades estimadas em todas as observações. Para o x_k binário, ambas (17.16) e (17.17) são facilmente computadas usando certos pacotes econométricos, por exemplo o Stata®.

A expressão em (17.17) tem interpretação particularmente útil quando x_k é uma variável binária. A cada unidade i, estimamos a diferença prevista na probabilidade que $y_i = 1$ quando $x_k = 1$ e $x_k = 0$, ou seja,

$$G(\hat{\beta}_0 + \hat{\beta}_1 x_{i1} + \ldots + \hat{\beta}_{k-1} x_{i,k-1} + \hat{\beta}_k) - G(\hat{\beta}_0 + \hat{\beta}_1 x_{i1} + \ldots + \hat{\beta}_{k-1} x_{i,k-1}).$$

A cada i, esta diferença é o efeito estimado da mudança na x_k de zero para um, quer a unidade i tivesse $x_{ik} = 1$ ou $x_{ik} = 0$. Por exemplo, se y for um indicador de desemprego (igual a um se a pessoa estiver empregada) após a participação em um programa de treinamento de pessoal, indicado por x_k então podemos estimar a diferença nas probabilidades de emprego de cada pessoa em ambos os estados do universo. Este *raciocínio contrafactual* é semelhante ao do Capítulo 16, que usamos para induzir modelos de equações simultâneas. O efeito estimado do programa de treinamento de pessoal na probabilidade de emprego é a média das diferenças em probabilidades estimadas. Como outro exemplo, suponha que y indica se uma família foi aprovada para fazer uma hipoteca, e x_k é um indicador binário de etnia (digamos, igual a um para os não brancos). Então, para cada família podemos estimar a diferença prevista de ter aprovação para fazer uma hipoteca como uma função da renda, bens, risco de crédito, e assim por diante – que seriam elementos de $(x_{i1}, x_{i2}, \ldots, x_{i,k-1})$ – sob os dois cenários de que o chefe da família seja não branco *versus* branco. Esperançosamente, controlamos fatores suficientes de forma que fazer o nivelamento pela média das diferenças em probabilidades resulte numa estimativa convincente do efeito da etnia.

Em aplicações em que são empregados probit, logit e o MPL, faz sentido calcular os fatores de escala descritos acima para os probit e logit quando fazemos comparações dos efeitos parciais. Ainda assim, busca-se uma maneira mais rápida para se comparar as magnitudes das diferentes estimativas. Como mencionado anteriormente, para o probit $g(0) \approx 0{,}4$ e para o logit $g(0) = 0{,}25$. Assim, para tornarmos as magnitudes do probit e do logit mais ou menos comparáveis podemos multiplicar os coeficientes probit por $0{,}4/0{,}25 = 1{,}6$, ou podemos multiplicar as estimativas logit por $0{,}625$. No MPL, $g(0)$ é efetivamente um, portanto as estimativas de inclinação logit podem ser divididas por 4 para torná-las comparáveis às estimativas MPL; as estimativas de inclinação probit podem ser divididas por 2,5 para torná-las comparáveis às estimativas MPL. Ainda assim, na maioria dos casos, queremos as comparações mais exatas obtidas com o uso dos fatores de escala na (17.15) do logit e probit.

EXEMPLO 17.1 Participação das mulheres casadas na força de trabalho

Agora usamos os dados de 753 mulheres casadas em MROZ para estimar o modelo de participação na força de trabalho do Exemplo 8.8 – veja também a Seção 7.5 – por logit e probit. Também descrevemos as estimativas do modelo de probabilidade linear do Exemplo 8.8, usando os erros padrão robustos em relação à heteroscedasticidade. Os resultados, com os erros padrão entre parênteses, são apresentados na Tabela 17.1.

As estimativas dos três modelos contam uma história consistente. Os sinais dos coeficientes são os mesmos em todos os modelos, e as mesmas variáveis são estatisticamente significantes em cada modelo. O pseudo R-quadrado do MPL é o mesmo R-quadrado usual descrito pelo MQO; no logit e probit, o pseudo R-quadrado é o indicador baseado nas log-verossimilhanças descritas anteriormente.

Como já enfatizamos anteriormente, as *magnitudes* das estimativas de coeficiente entre modelos não são diretamente comparáveis. Em vez disso, calculamos os fatores de escala nas equações (17.14) e (17.15). Se avaliarmos a função de densidade de probabilidade normal padrão $\theta(\hat{\beta}_0 + \hat{\beta}_1 x_1 + \hat{\beta}_2 x_2 \ldots + \hat{\beta}_k x_k)$ nas médias amostrais das variáveis

TABELA 17.1 Estimativas MPL, logit e probit da participação na força de trabalho.

	Variável dependente: inlf		
Variáveis independentes	MPL (MQO)	Logit (EMV)	Probit (EMV)
nwifeinc	−0,0034	−0,021	−0,012
	(0,0015)	(0,008)	(0,005)
educ	0,038	0,221	0,131
	(0,007)	(0,043)	(0,025)
exper	0,039	0,206	0,123
	(0,006)	(0,032)	(0,019)
$exper^2$	−0,00060	−0,0032	−0,0019
	(0,00019)	(0,0010)	(0,0006)
age	−0,016	−0,088	−0,053
	(0,002)	(0,015)	(0,008)
kidslt6	−0,262	−1,443	−0,868
	(0,032)	(0,204)	(0,119)
kidsge6	−0,013	0,060	0,036
	(0,014)	(0,075)	(0,043)
constante	0,586	0,425	0,270
	(0,152)	(0,860)	(0,509)
Porcentagem corretamente prevista	73,4	73,6	73,4
Valor de log-verossimilhança	---	−401,77	−401,30
Pseudo R-quadrado	0,264	0,220	0,221

explicativas (incluindo a média de $exper^2$, kidslt6 e kidsge6), o resultado será, aproximadamente, 0,391. Quando calculamos a (17.14) para o caso logit, obtemos, aproximadamente, 0,243. A razão destas, 0,391/0,243 ≈ 1,61, é muito próxima da simples regra prática para escalonar as estimativas probit para torná-las comparáveis às estimativas logit: multiplique as estimativas probit por 1,6. Todavia, para comparar probit e logit com as estimativas MPL, é melhor usarmos a (17.15). Esses fatores de escala são em torno de 0,301 (probit) e 0,179 (logit). Por exemplo, o coeficiente do logit escalonado na *educ* está em torno de 0,179 (0,221) ≈ 0,040, e o coeficiente do probit escalonado na *educ* está em torno de 0,301(0,131) ≈ 0,039; ambos são notadamente próximos da estimativa MPL de 0,038. Mesmo na discreta variável *kidslt6*, os coeficientes probit e logit escalonados são semelhantes ao coeficiente MPL de −0,262. Eles são 0,179 (−1,443) ≈ −0,258 (logit) e 0,301(−0,868) ≈ −0,261 (probit).

A Tabela 17.2 reporta os efeitos parciais médios para todas as variáveis explicativas e para cada um dos três modelos estimados. Obtivemos as estimativas e erros padrão por meio dos pacotes estatísticos de Stata® 13. Esses APEs consideram todas as variáveis explicativas como contínuas, mesmo as variáveis relativas a números de filhos. Obter o APE para *exper* exige algum cuidado, e isso deve explicar a forma funcional quadrática em *exper*. Mesmo para o modelo linear, é preciso

> **QUESTÃO 17.2**
>
> Usando as estimativas probit e a aproximação por cálculo infinitesimal, qual será a alteração aproximada na probabilidade de resposta quando *exper* aumenta de 10 para 11?

computar a derivada e então encontrar a média. Na coluna de MPL, o APE de *exper* é a média da derivada com relação a *exper*, ou seja, 0,39 − 0,0012 $exper_i$ calculada entre todo *i* (As entradas APE restantes para a coluna MPL são simplesmente os coeficientes MQO da Tabela 17.1). Os APEs de *exper* para os modelos logit e probit também levam em conta o termo quadrático para *exper*. Como é claramente visto na tabela, os APEs e sua significância estatística são muitos similares para todas as variáveis explicativas entre os três modelos.

TABELA 17.2 Efeitos parciais médios para modelos de participação na força de trabalho.			
Variáveis independentes	MPL	Logit	Probit
nwifeinc	−0,0034 (0,0015)	−0,0038 (0,0015)	−0,0036 (0,0014)
educ	0,038 (0,007)	0,039 (0,007)	0,039 (0,007)
exper	0,027 (0,002)	0,025 (0,002)	0,026 (0,002)
age	−0,016 (0,002)	−0,016 (0,002)	−0,016 (0,002)
kidslt6	−0,262 (0,032)	−0,258 (0,032)	−0,261 (0,032)
kidsge6	−0,013 (0,014)	−0,011 (0,013)	−0,011 (0,013)

A maior diferença entre o MPL e os modelos logit e probit é que o MPL assume efeitos marginais constantes para *educ*, *kidslt6*, e assim por diante, enquanto os modelos logit e probit implicam magnitudes decrescentes dos efeitos parciais. No MPL, estima-se que uma criança a mais reduz a probabilidade de participação na força de trabalho em aproximadamente 0,262, independentemente de quantos filhos pequenos a mulher já tenha (e independentemente dos níveis das outras variáveis explicativas). Podemos contrastar isso com o efeito marginal estimado pelo probit. Em termos concretos, consideremos uma mulher com *nwifeinc* = 20,13, *educ* = 12,3, *exper* = 10,6 e *age* = 42,5 – que são, aproximadamente, as médias da amostra – e *kidsge6* = 1. Qual será a redução estimada na probabilidade de trabalhar quando o número de crianças pequenas aumenta de zero para um? Avaliamos a fdc normal padrão, $\Phi(\hat{\beta}_0 + \hat{\beta}_1 x_1 + \ldots + \hat{\beta}_k x_k)$, com *kidslt6* = 1 e *kidslt6* = 0, e com as outras variáveis independentes definidas com os valores precedentes. Obtemos aproximadamente 0,373 − 0,707 = −0,334, o que significa que a probabilidade de participação na força de trabalho será cerca de 0,334 menor quando uma mulher tem um filho pequeno. Se uma mulher passa de uma para duas crianças pequenas, a probabilidade cai ainda mais, mas o efeito marginal não é tão grande: 0,117 − 0,373 = −0,256. Curiosamente, a estimativa do modelo de probabilidade linear, que pretensamente estima o efeito próximo da média, está, na realidade, entre essas duas estimativas. (Note que os cálculos fornecidos aqui, que utilizam coeficientes geralmente arredondados até a terceira casa decimal, vão diferir um tanto dos cálculos obtidos com o uso de um pacote estatístico – que estariam sujeitos a menos erros de arredondamento.)

CAPÍTULO 17 Modelos com variáveis dependentes limitadas e correções da seleção amostral

A Figura 17.2 ilustra como as probabilidades de resposta estimadas a partir de modelos não lineares de respostas binárias podem diferir daquelas do modelo de probabilidade linear. A probabilidade estimada da participação na força de trabalho é traçada em relação aos anos de educação para o modelo de probabilidade linear e o modelo probit. (O gráfico do modelo logit é muito semelhante ao do modelo probit.) Em ambos os casos, as variáveis explicativas, outras que não *educ*, são definidas com o valor de suas médias amostrais. Especificamente, as duas equações traçadas são $\widehat{inlf} = 0{,}102 + 0{,}038\ educ$ para o modelo linear e $\widehat{inlf} = \Phi(-1{,}403 + 0{,}131\ educ)$. Em níveis mais baixos de educação, o modelo de probabilidade linear estima probabilidades de participação na força de trabalho mais altas do que o modelo probit. Por exemplo, com oito anos de educação, o modelo de probabilidade linear estima uma probabilidade de participação na força de trabalho de 0,406, enquanto a estimativa do modelo probit é de aproximadamente 0,361. As estimativas são as mesmas ao redor de 11⅓ anos de educação. Em níveis mais altos de educação, o modelo probit prevê probabilidades de participação na força de trabalho mais altas. Na amostra, o menor nível de educação é de cinco anos e o maior é de 17 anos, de modo que não devemos fazer comparações fora dessa faixa.

Os mesmos problemas relativos às variáveis explicativas endógenas em modelos lineares também aparecem nos modelos logit e probit. Não temos espaço para tratar deles, mas é possível testar e corrigir variáveis explicativas endógenas com o uso de métodos relacionados aos mínimos quadrados em dois estágios. Evans e Schwab (1995) estimaram um modelo probit analisando quando um aluno fazia curso superior, onde a variável explicativa principal era uma variável *dummy* que indicava se o

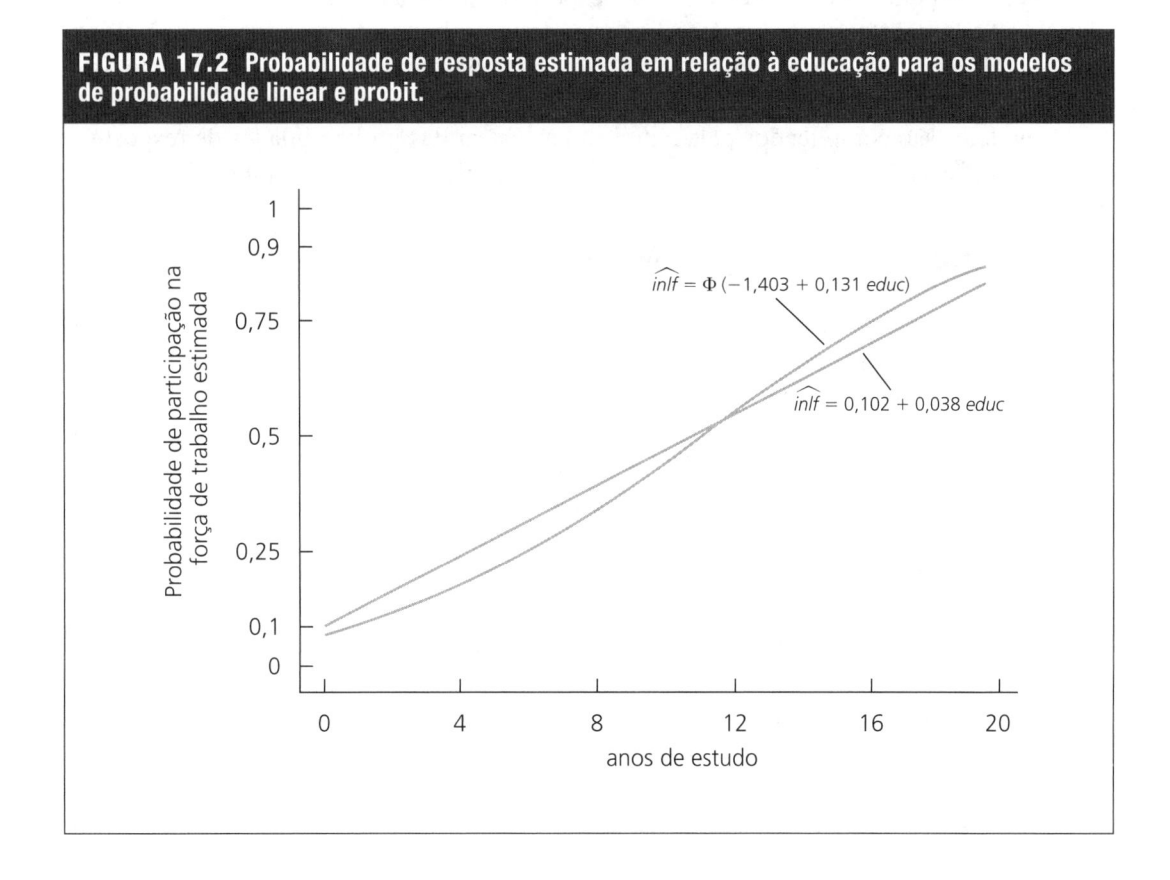

FIGURA 17.2 Probabilidade de resposta estimada em relação à educação para os modelos de probabilidade linear e probit.

aluno frequentava uma escola católica. Evans e Schwab estimaram um modelo por máxima verossimilhança que permitia que o fato de o aluno frequentar uma escola católica fosse considerado endógeno. [Veja Wooldridge (2010, Capítulo 15) para uma explicação desses métodos.]

Dois outros problemas receberam atenção no contexto dos modelos probit. O primeiro é a não normalidade de e no modelo de variável latente (17.6). Naturalmente, se e não tiver uma distribuição normal padrão, a probabilidade de resposta não terá a forma probit. Alguns autores tendem a enfatizar a inconsistência de estimar β_j, mas esse é o foco errado, a menos que estejamos interessados somente na direção dos efeitos. Como a probabilidade de resposta é desconhecida, não podemos estimar a magnitude dos efeitos parciais mesmo que tenhamos estimativas consistentes de β_j.

Um segundo problema de especificação, também definido em termos do modelo de variável latente, é a heteroscedasticidade em e. Se Var($e|\mathbf{x}$) depender de $\mathbf{x}$, a probabilidade de resposta não mais terá a forma $G(\beta_0 + \mathbf{x}\boldsymbol{\beta})$; ao contrário, ela dependerá da forma da variância e exigirá estimação mais genérica. Tais modelos, na prática, não são usados com muita frequência, já que o logit e o probit com formas funcionais flexíveis nas variáveis independentes tendem a funcionar bem.

Modelos de resposta binária aplicam-se com pequenas modificações a cortes transversais agrupados independentemente ou a outros conjuntos de dados nos quais as observações são independentes, mas não necessariamente distribuídas de forma idêntica. Muitas vezes, variáveis *dummy* anuais ou de outro período de tempo são incluídas para avaliar efeitos temporais agregados. Da mesma forma que com os modelos lineares, o logit e o probit podem ser usados para avaliar o impacto de certas decisões políticas no contexto de uma experimentação natural.

O modelo de probabilidade linear pode ser aplicado com dados em painel; em geral, ele será estimado por efeitos fixos (veja o Capítulo 14). Recentemente, modelos logit e probit com efeitos não observados estão se tornando populares. Esses modelos são complicados pela natureza não linear das probabilidades de resposta, e são difíceis de estimar e interpretar. [Veja Wooldridge (2010, Capítulo 15).]

17.2 O modelo tobit para resposta de solução de canto

Conforme mencionado no capítulo introdutório, outro tipo importante de variável dependente limitada é uma resposta de solução de canto. Esse tipo de variável é zero para uma fração não desprezível da população, mas é aproximadamente distribuída de forma contínua ao longo de valores positivos. Um exemplo é o valor gasto por um indivíduo com bebida alcoólica em determinado mês. Na população de pessoas com mais de 21 anos dos Estados Unidos, essa variável assume uma ampla gama de valores. Para certa fração significante, o montante gasto com álcool é zero. A seguinte abordagem omite a verificação de alguns detalhes relacionados ao modelo tobit. [Eles são dados em Wooldridge (2010, Capítulo 17).]

Seja y uma variável essencialmente contínua ao longo de valores estritamente positivos, mas que assuma zero com probabilidade positiva. Nada nos impede de usar um modelo linear para y. Na verdade, um modelo linear pode ser uma boa aproximação de E($y|x_1, x_2, ..., x_k$), especialmente para x_j próximos dos valores médios. Mas provavelmente obteremos valores estimados negativos, o que conduz a previsões negativas de y; isso é parecido com os problemas do MPL de resultados binários. Além

CAPÍTULO 17 Modelos com variáveis dependentes limitadas e correções da seleção amostral

disso, a hipótese de que uma variável explicativa que apareça em forma de nível tenha um efeito parcial constante sobre E($y|\mathbf{x}$) pode ser enganosa. Provavelmente, Var($y|\mathbf{x}$) será heteroscedástica, embora possamos facilmente lidar com a heteroscedasticidade generalizada calculando erros padrão e estatísticas de testes robustos. Como a distribuição de y se acumula em zero, claramente y não pode ter uma distribuição normal condicional. Portanto, toda a inferência terá somente justificativa assimptótica, como acontece com o modelo de probabilidade linear.

Em alguns casos, é importante ter um modelo que implique valores previstos não negativos de y, e que tenha efeitos parciais sensíveis sobre uma ampla faixa das variáveis explicativas. Mais ainda, algumas vezes queremos estimar características da distribuição de y, dados outros $x_1, \ldots, x_k$ além do valor esperado condicional. O **modelo tobit** é bastante conveniente para esses propósitos. Em geral, o modelo tobit expressa a resposta observada, y, em termos de uma variável latente subjacente:

$$y^* = \beta_0 + \mathbf{x}\boldsymbol{\beta} + u, \; u|\mathbf{x} \sim \text{Normal}(0, \sigma^2) \tag{17.18}$$

$$y = \max(0, y^*). \tag{17.19}$$

A variável latente y^* satisfaz as hipóteses do modelo linear clássico; em particular, ela tem uma distribuição normal, homoscedástica, com uma média condicional linear. A equação (17.19) indica que a variável observada, y, será igual a y^* quando $y^* \geq 0$, mas $y = 0$ quando $y^* < 0$. Como y^* é normalmente distribuída, y terá uma distribuição contínua sobre valores estritamente positivos. Em particular, a densidade de y, dado $\mathbf{x}$ será igual à densidade de y^* dado $\mathbf{x}$ para valores positivos. Além disso,

$$P(y = 0|\mathbf{x}) = P(y^* < 0|\mathbf{x}) = P(u < -\mathbf{x}\boldsymbol{\beta}|\mathbf{x})$$
$$= P(u/\sigma < -\mathbf{x}\boldsymbol{\beta}/\sigma|\mathbf{x}) = \Phi(-\mathbf{x}\boldsymbol{\beta}/\sigma) = 1 - \Phi(\mathbf{x}\boldsymbol{\beta}/\sigma),$$

em razão do fato de u/σ ter distribuição normal padrão e ser independente de $\mathbf{x}$; absorvemos o intercepto em $\mathbf{x}$ por simplicidade de notação. Portanto, se ($\mathbf{x}_i, y_i$) for retirada aleatoriamente da população, a densidade de y_i, dado $\mathbf{x}_i$ será

$$(2\pi\sigma^2)^{-1/2}\exp[-(y - \mathbf{x}_i\boldsymbol{\beta})^2/(2\sigma^2)] = (1/\sigma)\phi[(y - \mathbf{x}_i\boldsymbol{\beta})/\sigma], \; y > 0 \tag{17.20}$$

$$P(y_i = 0|\mathbf{x}_i) = 1 - \Phi(\mathbf{x}_i\boldsymbol{\beta}/\sigma), \tag{17.21}$$

em que ϕ é a função densidade normal padrão.

De (17.20) e (17.21), podemos obter a função log-verossimilhança de cada observação i:

$$\ell_i(\boldsymbol{\beta},\sigma) = 1(y_i = 0)\log[1 - \Phi(\mathbf{x}_i\boldsymbol{\beta}/\sigma)]$$
$$+ 1(y_i > 0)\log\{(1/\sigma)\phi[(y_i - \mathbf{x}_i\boldsymbol{\beta})/\sigma]\}; \tag{17.22}$$

observe como essa função depende de σ, o desvio padrão de u, como também de β_j. A log-verossimilhança de uma amostra aleatória de tamanho n é obtida somando (17.22) ao longo de todas as observações i. As estimativas de máxima verossimilhança de $\boldsymbol{\beta}$ e σ são obtidas pela maximização da log-verossimilhança; exigirá métodos numéricos, embora na maioria dos casos isso seja facilmente feito usando rotina de um programa econométrico.

> **QUESTÃO 17.3**
>
> Seja y o número de casos extraconjugais de uma mulher casada da população dos Estados Unidos; gostaríamos de explicar essa variável em termos de outras características da mulher — em especial se ela trabalha fora de casa — assim como de seu marido e sua família. Esse exemplo seria um bom candidato para um modelo tobit?

Como nos casos logit e probit, cada estimativa tobit é acompanhada de um erro padrão, e isso pode ser usado para construir estatísticas t de cada $\hat{\beta}_j$; a forma matricial usada para encontrar os erros padrão é complicada e não será apresentada aqui. [Veja, por exemplo, Wooldridge (2010, Capítulo 17).]

O teste de múltiplas restrições de exclusão é feito facilmente com o uso do teste de Wald ou do teste da razão de verossimilhança. O teste de Wald tem uma forma semelhante às dos casos logit e probit; o teste RV é constante em (17.12), no qual, é claro, usamos as funções log-verossimilhança tobit dos modelos com e sem restrições.

17.2a Interpretação das estimativas tobit

Com o uso de computadores modernos, as estimativas de máxima verossimilhança dos modelos tobit usualmente não são muito mais difíceis de serem obtidas do que as estimativas MQO de um modelo linear. Além disso, os resultados do tobit e do MQO são, muitas vezes, semelhantes. Isso torna tentador interpretar os $\hat{\beta}_j$ do tobit como se fossem estimativas de uma regressão linear. Infelizmente, as coisas não são tão fáceis.

A partir da equação (17.18), vemos que os $\hat{\beta}_j$ medem os efeitos parciais dos x_j sobre $E(y^*|\mathbf{x})$, em que y^* é a variável latente. Algumas vezes, y^* tem um significado econômico interessante, mas, na maioria das vezes, não. A variável que queremos explicar é y, já que ela é o resultado observado (tal como horas trabalhadas ou montante de contribuições de caridade). Por exemplo, em uma questão de critério de decisão, estamos interessados na sensibilidade das horas trabalhadas quanto a mudanças na alíquota de um imposto.

Podemos estimar $P(y = 0|\mathbf{x})$ a partir de (17.21), a qual, naturalmente, permite estimar $P(y > 0|\mathbf{x})$. O que acontecerá se quisermos estimar o valor esperado de y como uma função de $\mathbf{x}$? Em modelos tobit, dois valores esperados são de especial interesse: $E(y|y > 0,\mathbf{x})$, que algumas vezes é chamada de "esperança condicional" por ser condicional a $y > 0$, e $E(y|\mathbf{x})$, que, infelizmente, é chamado de "esperança incondicional". (Ambos os valores esperados são condicionais às variáveis explicativas.) A expectativa $E(y|y > 0,\mathbf{x})$ nos informa, para determinados valores de $\mathbf{x}$, o valor esperado de y da subpopulação em que y é positivo. Dado $E(y|y > 0,\mathbf{x})$, podemos facilmente encontrar $E(y|\mathbf{x})$:

$$E(y|\mathbf{x}) = P(y > 0|\mathbf{x}) \cdot E(y|y > 0,\mathbf{x}) = \Phi(\mathbf{x}\boldsymbol{\beta}/\sigma) \cdot E(y|y > 0,\mathbf{x}). \qquad (17.23)$$

Para obter $E(y|y > 0,\mathbf{x})$, usamos um resultado das variáveis aleatórias normalmente distribuídas: se $z \sim \text{Normal}(0,1)$, então, $E(z|z > c) = \phi(c)/[1 - \Phi(c)]$ para qualquer constante c. Mas $E(y|y > 0,\mathbf{x}) = \mathbf{x}\boldsymbol{\beta} + E(u|u > -\mathbf{x}\boldsymbol{\beta}) = \mathbf{x}\boldsymbol{\beta} + \sigma E[(u/\sigma)|(u/\sigma) > -\mathbf{x}\boldsymbol{\beta}/\sigma] = \mathbf{x}\boldsymbol{\beta} + \sigma \phi(\mathbf{x}\boldsymbol{\beta}/\sigma)/\Phi(\mathbf{x}\boldsymbol{\beta}/\sigma)$, porque $\phi(-c) = \phi(c)$, $1 - \Phi(-c) = \Phi(c)$ e u/σ tem uma distribuição normal padrão independente de $\mathbf{x}$.

Podemos resumir isso como

$$E(y|y > 0,\mathbf{x}) = \mathbf{x}\boldsymbol{\beta} + \sigma\lambda(\mathbf{x}\boldsymbol{\beta}/\sigma), \qquad (17.24)$$

em que $\lambda(c) = \phi(c)/\Phi(c)$ é chamado de **razão inversa de Mills**; essa é a razão entre a fdp normal padrão e a fdc normal padrão, cada uma avaliada em c.

A equação (17.24) é importante. Ela mostra que o valor esperado de y condicional a $y > 0$ é igual a $\mathbf{x}\boldsymbol{\beta}$, mais um termo estritamente positivo, que é σ vezes a razão de Mills inversa avaliada em $\mathbf{x}\boldsymbol{\beta}/\sigma$. Essa equação também mostra por que o uso do MQO somente para observações nas quais $y_i > 0$ nem sempre estimará $\boldsymbol{\beta}$ consistentemente; essencialmente, a razão de Mills inversa é uma variável omitida, e geralmente ela é correlacionada com os elementos de $\mathbf{x}$.

A combinação de (17.23) com (17.24) produz

$$\mathrm{E}(y|\mathbf{x}) = \Phi(\mathbf{x}\boldsymbol{\beta}/\sigma)[\mathbf{x}\boldsymbol{\beta} + \sigma\lambda(\mathbf{x}\boldsymbol{\beta}/\sigma)] = \Phi(\mathbf{x}\boldsymbol{\beta}/\sigma)\mathbf{x}\boldsymbol{\beta} + \sigma\phi(\mathbf{x}\boldsymbol{\beta}/\sigma), \qquad (17.25)$$

em que a segunda igualdade decorre porque $\Phi(\mathbf{x}\boldsymbol{\beta}/\sigma)\lambda(\mathbf{x}\boldsymbol{\beta}/\sigma) = \phi(\mathbf{x}\boldsymbol{\beta}/\sigma)$. Essa equação mostra que, quando y segue um modelo tobit, $\mathrm{E}(y|\mathbf{x})$ será uma função não linear de $\mathbf{x}$ e $\boldsymbol{\beta}$. Embora não seja óbvio, pode ser mostrado que o lado direito da equação (17.25) será positivo para quaisquer valores de $\mathbf{x}$ e de $\boldsymbol{\beta}$. Portanto, logo que tivermos as estimativas de $\boldsymbol{\beta}$, podemos ter certeza de que os valores previstos de y – isto é, estimativas de $\mathrm{E}(y|\mathbf{x})$ – são positivos. O custo de garantir previsões positivas de y é que a equação (17.25) é mais complicada que um modelo linear de $\mathrm{E}(y|\mathbf{x})$. Mais importante ainda, os efeitos parciais de (17.25) são mais complicados do que os de um modelo linear. Como veremos, os efeitos parciais de x_j sobre $\mathrm{E}(y|y > 0,\mathbf{x})$ e sobre $\mathrm{E}(y|\mathbf{x})$ têm o mesmo sinal do coeficiente, β_j, mas a magnitude dos efeitos depende de *todos* os valores das variáveis explicativas e dos parâmetros. Como σ aparece em (17.25), não é de surpreender que os efeitos parciais também dependam de σ.

Se x_j for uma variável contínua, poderemos encontrar os efeitos parciais usando cálculo. Primeiro,

$$\partial\mathrm{E}(y|y > 0,\mathbf{x})/\partial x_j = \beta_j + \beta_j \cdot \frac{d\lambda}{dc}(\mathbf{x}\boldsymbol{\beta}/\sigma),$$

assumindo que x_j não seja funcionalmente relacionado a outros regressores. Tirando a diferença de $\lambda(c) = \phi(c)/\Phi(c)$ e usando $d\Phi/dc = \phi(c)$ e $d\phi/dc = -c\phi(c)$, pode ser demonstrado que $d\lambda/dc = -\lambda(c)[c + \lambda(c)]$. Portanto,

$$\partial\mathrm{E}(y|y > 0,\mathbf{x})/\partial x_j = \beta_j\{1 - \lambda(\mathbf{x}\boldsymbol{\beta}/\sigma)[\mathbf{x}\boldsymbol{\beta}/\sigma + \lambda(\mathbf{x}\boldsymbol{\beta}/\sigma)]\}. \qquad (17.26)$$

Isso mostra que o efeito parcial de x_j sobre $\mathrm{E}(y|y > 0,\mathbf{x})$ não é determinado apenas por β_j. O fator de ajuste é dado pelo termo entre chaves $\{\cdot\}$, e depende de uma função linear de $\mathbf{x}$, $\mathbf{x}\boldsymbol{\beta}/\sigma = (\beta_0 + \beta_1 x_1 + \ldots + \beta_k x_k)/\sigma$. Pode ser mostrado que o fator de ajuste está estritamente entre zero e um. Na prática, podemos estimar (17.26) inserindo as EMVs de β_j e σ. Como com os modelos logit e probit, devemos inserir valores de x_j, usualmente os valores médios ou outros valores interessantes.

A equação (17.26) revela um ponto sutil que algumas vezes é perdido na aplicação do modelo tobit em respostas de solução de canto: o parâmetro σ aparece diretamente nos efeitos parciais, e assim ter uma estimativa de σ é crucial para estimar os efeitos parciais. Algumas vezes, σ é chamado de um parâmetro "ancilar" (e significa que ele é auxiliar, ou sem importância). Embora seja verdade que o valor de σ não afeta o sinal dos efeitos parciais, ele afeta as magnitudes, e frequentemente estamos interessados na importância econômica das variáveis explicativas. Portanto, caracterizar σ como ancilar é equivocado e advém de uma confusão entre o modelo tobit de aplicações de solução de canto e aplicações de censura de dados. (Para este último, veja a Seção 17.4.)

Todas as quantidades econômicas habituais, como as elasticidades, podem ser calculadas. Por exemplo, a elasticidade de y em relação a x_1, condicional a $y > 0$, é

$$\frac{\partial E(y|y > 0, \mathbf{x})}{\partial x_1} \cdot \frac{x_1}{E(y|y > 0, \mathbf{x})}. \tag{17.27}$$

Essa equação pode ser calculada quando x_1 aparece em várias formas funcionais, inclusive nas formas em nível, logarítmica e quadrática.

Se x_1 for uma variável binária, o efeito de interesse é obtido como a diferença entre $E(y|y > 0, \mathbf{x})$, com $x_1 = 1$ e $x_1 = 0$. Efeitos parciais que envolvam outras variáveis discretas (como o número de filhos) podem ser tratados de maneira semelhante.

Podemos usar (17.25) para encontrar a derivada parcial de $E(y|\mathbf{x})$ em relação a x_j contínua. Essa derivada leva em conta o fato de que as pessoas que iniciam em $y = 0$ podem escolher $y > 0$ quando x_j muda:

$$\frac{\partial E(y|\mathbf{x})}{\partial x_j} = \frac{\partial P(y > 0|\mathbf{x})}{\partial x_j} \cdot E(y|y > 0, \mathbf{x}) + P(y > 0|\mathbf{x}) \cdot \frac{\partial E(y|y > 0, \mathbf{x})}{\partial x_j}. \tag{17.28}$$

Como $P(y > 0|x) = \Phi(x\boldsymbol{\beta}/\sigma)$,

$$\frac{\partial P(y > 0|\mathbf{x})}{\partial x_j} = (\beta_j/\sigma)\phi(\mathbf{x}\boldsymbol{\beta}/\sigma), \tag{17.29}$$

e, dessa forma, podemos estimar cada termo em (17.28), assim que inserirmos as EMVs de β_j e σ e valores particulares de x_j.

É importante observar que ao inserir (17.26) e (17.29) em (17.28) e usar o fato de que $\Phi(c)\lambda(c) = \phi(c)$ para qualquer c, obtém-se

$$\frac{\partial E(y|\mathbf{x})}{\partial x_j} = \beta_j \Phi(\mathbf{x}\boldsymbol{\beta}/\sigma). \tag{17.30}$$

A equação (17.30) permite fazer comparações aproximadas entre as estimativas MQO e tobit. [A equação (17.30) também pode ser derivada diretamente da equação (17.25) usando o fato de que $d\phi(z)/dz = -z\phi(z)$.] Os coeficientes de inclinação MQO, digamos $\hat{\gamma}_j$, da regressão de y_i sobre $x_{i1}, x_{i2}, ..., x_{ik}$, $i = 1, ..., n$ – isto é, usando todos os dados – são estimativas diretas de $\partial E(y|\mathbf{x})/\partial x_j$. Para tornar o coeficiente tobit, $\hat{\beta}_j$, comparável com $\hat{\gamma}_j$, devemos multiplicar $\hat{\beta}_j$ por um fator de ajuste.

Como nos casos probit e logit, existem dois métodos para calcular-se um fator de ajuste para a obtenção de efeitos parciais – pelo menos de variáveis explicativas contínuas. Ambos são baseados na equação (17.30). Primeiro, PEA é obtido pela avaliação de $\Phi(\mathbf{x}\hat{\boldsymbol{\beta}}/\hat{\sigma})$, que denotamos $\Phi(\overline{\mathbf{x}}\hat{\boldsymbol{\beta}}/\hat{\sigma})$. Podemos usar este único fator para multiplicarmos os coeficientes nas variáveis explicativas contínuas. O PEA tem as mesmas inconveniências neste caso como nos casos logit e probit: não podemos ter interesse no efeito parcial da "média", pois a média ou é desinteressante ou é insignificante. E mais, temos de decidir se usaremos médias de funções não lineares ou se agregaremos as médias às funções não lineares.

O APE é preferido na maioria dos casos. Aqui, calculamos o fator de escalonamento como $n^{-1} \sum_{i=1}^{n} \Phi(\mathbf{x}_i \hat{\boldsymbol{\beta}}/\hat{\sigma})$. Diferentemente do PAE, o APE não exige que agreguemos uma unidade fictícia ou inexistente da população, e não há decisões a serem feitas sobre a agregação de médias nas funções não lineares. Como no PAE, o fator de escalonamento do APE estará sempre entre zero e um, pois $0 < \Phi(\mathbf{x}\hat{\boldsymbol{\beta}}/\hat{\sigma}) < 1$, para quaisquer valores das variáveis explicativas. Na verdade, $\hat{P}(y_i > 0|\mathbf{x}_i) = \Phi(\mathbf{x}_i\hat{\boldsymbol{\beta}}/\hat{\sigma})$, e assim o fator de escalonamento do APE e o do PAE tendem a ser mais próximos de um quando existem poucas observações com $y_i = 0$. No caso em que $y_i > 0$ de todas as i, as estimativas dos parâmetros pelo tobit e pelos MQO são idênticas. [É claro, se $y_i > 0$ de todas as i, não podemos, de qualquer forma, justificar o uso de um modelo tobit. O uso de $\log(y_i)$ num modelo de regressão linear faz muito mais sentido.]

Infelizmente, para variáveis explicativas discretas, comparar as estimativas tobit e MQO não é tão fácil (embora o uso do fator de escalonamento de variáveis explicativas contínuas seja sempre uma aproximação útil.). Do tobit, o efeito parcial das variáveis explicativas contínuas, por exemplo, uma variável binária, deve realmente ser obtido estimando-se $E(y|\mathbf{x})$ da equação (17.25). Por exemplo, se x_1 for uma variável binária, devemos primeiro agregar $x_1 = 1$ e depois, $x_1 = 0$. Se especificarmos as outras variáveis explicativas em suas médias amostrais, obteremos um indicador análogo ao da (17.16) para os casos probit e logit. Se calcularmos a diferença nos valores esperados de cada indivíduo, e depois nivelarmos a diferença, teremos um APE análogo ao da (17.17). Felizmente, muitos pacotes estatísticos modernos calculam sistematicamente os APEs para modelos bem complicados, inclusive o modelo tobit, e permitem variáveis explicativas discretas e contínuas.

EXEMPLO 17.2 Oferta de mão de obra anual de mulheres casadas

O arquivo MROZ inclui dados sobre horas trabalhadas de 753 mulheres casadas, 428 das quais trabalharam fora de casa por um salário durante o ano; 325 mulheres trabalharam zero horas. Para as mulheres que trabalharam horas positivas, a faixa é bastante ampla, de 12 a 4.950. Assim, horas anuais trabalhadas é uma boa candidata ao modelo tobit. Também estimamos um modelo linear (usando todas as 753 observações) por MQO e calculamos os erros padrão robustos em relação à heterocedasticidade. Os resultados estão na Tabela 17.3.

Essa tabela tem várias características às quais devemos atentar. Primeiro, as estimativas dos coeficientes tobit têm o mesmo sinal das correspondentes estimativas MQO, e a significância estatística das estimativas é semelhante. (Possíveis exceções são os coeficientes de *nwifeinc* e *kidsge6*, mas as estatísticas t têm magnitudes semelhantes.) Segundo, embora seja tentador comparar as magnitudes das estimativas MQO e tobit, isso não será muito esclarecedor. Devemos ter cuidado para não pensar que, como o coeficiente tobit de *kidslt6* é aproximadamente o dobro do coeficiente MQO, o modelo tobit indica uma resposta muito maior de horas trabalhadas em relação a crianças pequenas.

Podemos multiplicar as estimativas tobit por fatores de ajuste apropriados para torná-las, grosso modo, comparáveis com as estimativas MQO. O fator de escalonamento APE $n^{-1}\sum_{i=1}^{n}\Phi(\mathbf{x}_i\hat{\boldsymbol{\beta}}/\hat{\sigma})$ acaba sendo em torno de 0,589, que podemos usar para obter os efeitos parciais médios da estimação tobit. Se, por exemplo, multiplicarmos o coeficiente da *educ* por 0,589, obteremos 0,589(80,65) ≈ 47,50 (isto é 47,5 horas a mais), que é bem maior que o efeito parcial do MQO, cerca de 28,8 horas. A Tabela 17.4 contém os APEs para todas as variáveis, quando APEs para o modelo linear são simplesmente os coeficientes MQO, exceto para a variável *exper*, que surge como um termo quadrático. Os APEs e seus erros padrão, obtidos pelo Stata® 13, são arredondados para duas casas decimais e, por causa do arredondamento, podem diferir levemente daqueles que obtemos ao multiplicar 0,589 pelo coeficiente tobit reportado. Os APEs tobit para *nwifeinc*, *educ* e *kidsge6* são todos substancialmente maiores em magnitude do que os coeficientes MQO correspondentes. Os APEs para *exper* e *age* são similares; e para *kidsge6*, que não está longe de ser estatisticamente significativo, o APE Tobit é menor em magnitude.

TABELA 17.3 Estimação MQO e tobit de horas anuais trabalhadas.		
Variável dependente: *hours*		
Variáveis independentes	Linear (MQO)	Tobit (EMV)
nwifeinc	−3,45 (2,24)	−8,81 (4,46)
educ	28,76 (13,04)	80,85 (21,58)
exper	65,67 (10,79)	131,56 (17,28)
exper^2	−0,700 (0,372)	−1,86 (0,54)
age	−30,51 (4,24)	−54,41 (7,42)
kidslt6	−442,09 (57,46)	−894,02 (111,88)
kidsge6	−32,78 (22,80)	−16,22 (38,64)
constante	1.330,48 (274,88)	965,31 (446,44)
Valor de log-verossimilhança	−	−3.819,09
R-quadrado	0,266	0,274
$\hat{\sigma}$	750,18	1.122,02

Se, ao contrário, quisermos estimar o efeito de mais um ano de escolaridade, começando nos valores médios de todas as variáveis explicativas, então calculamos o fator de escalonamento PEA $\Phi(\bar{\mathbf{x}}\hat{\boldsymbol{\beta}}/\hat{\sigma})$. Isto acaba sendo em torno de 0,645 [quando usamos a média quadrada de experiência, $\overline{(exper)^2}$, em lugar da média de *exper*^{2}]. Este efeito parcial, que está em torno de 52 horas, é quase duas vezes maior que a estimativa MQO.

Descrevemos um *R*-quadrado tanto para o modelo de regressão linear como para o modelo tobit. O *R*-quadrado do MQO é o habitual. Para o tobit, o *R*-quadrado é o quadrado do coeficiente de correlação entre y_i e $\hat{y}_i$, no qual $\hat{y}_i = \Phi(\mathbf{x}_i\hat{\boldsymbol{\beta}}/\hat{\sigma})\,\mathbf{x}_i\,\hat{\boldsymbol{\beta}} + \hat{\sigma}\,\phi(\mathbf{x}_i\hat{\boldsymbol{\beta}}/\hat{\sigma})$ é a estimativa de $E(y|\mathbf{x} = \mathbf{x}_i)$. Isso é motivado pelo fato de o *R*-quadrado habitual do MQO ser igual à correlação elevada ao quadrado entre y_i e os valores estimados [veja a equação (3.29)]. Em modelos não lineares como o modelo tobit, o coeficiente de correlação elevado ao quadrado não é idêntico a um R-quadrado baseado na soma dos quadrados dos resíduos como em (3.28). Isso ocorre porque os valores estimados, como definidos anteriormente, e os resíduos $y_i - \hat{y}_i$ não são não correlacionados na amostra. Um R-quadrado definido como o coeficiente de correlação elevado ao quadrado entre y_i e $\hat{y}_i$ tem a vantagem de sempre estar entre zero e um; um R-quadrado baseado na soma dos quadrados dos resíduos não precisa ter essa característica.

TABELA 17.4 Efeitos parciais médios para os modelos de horas trabalhadas.

Variáveis independentes	Linear	Tobit
nwifeinc	−3,45 (2,24)	−5,19 (2,62)
educ	28,76 (13,04)	47,47 (12,62)
exper	50,78 (4,45)	48,79 (3,59)
age	−30,51 (4,24)	−32,03 (4,29)
kidslt6	−442,09 (57,46)	−526,28 (64,71)
kidsge6	−32,78 (22,80)	−9,55 (22,75)

Podemos ver que, com base nas medidas do R-quadrado, a função tobit da média condicional ajusta um pouco os dados sobre horas, mas não é substancialmente melhor. Porém, devemos nos lembrar que as estimativas tobit não são escolhidas para maximizar um R-quadrado – elas maximizam a função log-verossimilhança –, enquanto as estimativas MQO são os valores que efetivamente produzem o mais alto R-quadrado, dada a forma funcional linear.

Por construção, todos os valores estimados tobit de *hours* são positivos. Em contraposição, 39 dos valores estimados MQO são negativos. Embora previsões negativas gerem alguma preocupação, 39 em 753 representam apenas um pouco mais de cinco por cento das observações. Não fica totalmente claro como valores estimados negativos do MQO se traduzem em diferenças nos efeitos parciais estimados. A Figura 17.3 traça estimativas de E(*hours*|**x**) como uma função da educação; no modelo tobit, as outras variáveis explicativas são definidas em seus valores médios. No modelo linear, a equação traçada é $\widehat{hours} = 387{,}19 + 28{,}76\,educ$. No modelo tobit, a equação traçada é $\widehat{hours} = \Phi[(-694{,}12 + 80{,}65\,educ)/1.122{,}02] \cdot (-694{,}12 + 80{,}65\,educ) + 1.122{,}02 \cdot \phi[(-694{,}12 + 80{,}65\,educ)/1.122{,}02]$. Como pode ser visto na figura, o modelo linear produz estimativas notavelmente mais altas das horas trabalhadas esperadas mesmo com altos níveis de educação. Por exemplo, com oito anos de educação, o valor previsto de horas pelo MQO é de aproximadamente 617,5, enquanto a estimativa tobit está em torno de 423,9. Com 12 anos de educação, o valor previsto de *hours* é em torno de

732,7 e 598,3, respectivamente. As duas linhas de previsão se cruzam após 17 anos de educação, mas nenhuma mulher na amostra tem mais de 17 anos de educação. A inclinação crescente da linha tobit indica claramente o efeito marginal crescente da educação sobre as horas trabalhadas esperadas.

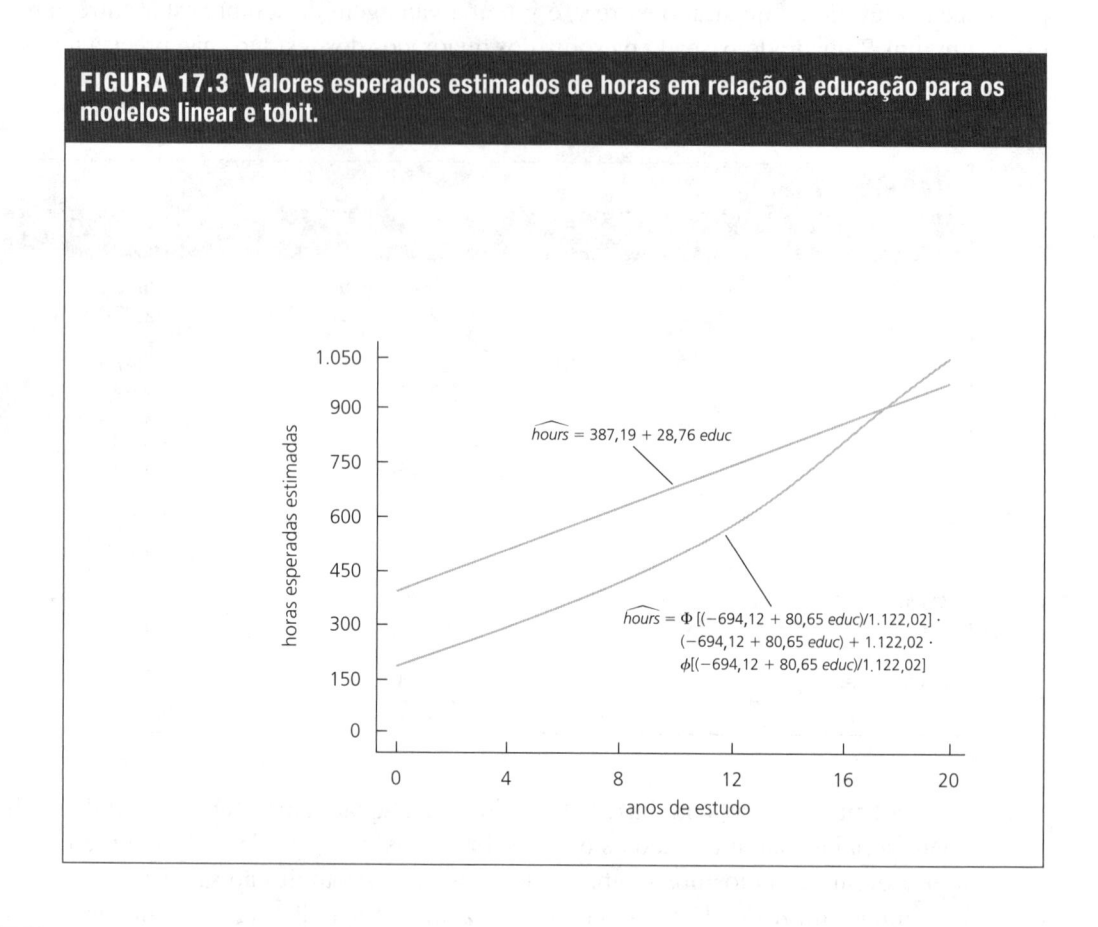

FIGURA 17.3 Valores esperados estimados de horas em relação à educação para os modelos linear e tobit.

$\widehat{hours} = 387{,}19 + 28{,}76\ educ$

$\widehat{hours} = \Phi[(-694{,}12 + 80{,}65\ educ)/1.122{,}02] \cdot (-694{,}12 + 80{,}65\ educ) + 1.122{,}02 \cdot \phi[(-694{,}12 + 80{,}65\ educ)/1.122{,}02]$

17.2b Problemas de especificação nos modelos tobit

O modelo tobit e, em particular, as fórmulas dos valores esperados em (17.24) e (17.25) dependem essencialmente da normalidade e da homoscedasticidade no modelo subjacente da variável latente. Quando $E(y|\mathbf{x}) = \beta_0 + \beta_1 x_1 + \ldots + \beta_k x_k$, sabemos, do Capítulo 5, que a normalidade condicional de y não desempenha nenhum papel na inexistência de viés, na consistência ou na inferência de amostras grandes. A heteroscedasticidade não afeta a inexistência de viés ou a consistência do MQO, embora devamos calcular erros padrão e estatísticas de testes robustos para efetuar inferência aproximada. Em um modelo tobit, se qualquer das hipóteses em (17.18) falhar, será difícil saber o que a EMV tobit estará estimando. No entanto, para desvios moderados das hipóteses, o modelo tobit pode produzir boas estimativas dos efeitos parciais sobre as médias condicionais. É possível levar em conta mais hipóteses gerais em (17.18), mas esses modelos são muito mais complicados de estimar e interpretar.

Uma limitação potencialmente importante do modelo tobit, pelo menos em certas aplicações, é que o valor esperado condicional em $y > 0$ está muito estreitamente ligado com a probabilidade de que $y > 0$. Isso está claro nas equações (17.26) e (17.29). Em particular, o efeito de x_j sobre $P(y > 0|\mathbf{x})$ é proporcional a β_j, como também o é o efeito sobre $E(y|y > 0,\mathbf{x})$, no qual ambas as funções que multiplicam β_j são positivas e dependem de $\mathbf{x}$ somente por meio de $\mathbf{x}\boldsymbol{\beta}/\sigma$. Isso elimina algumas possibilidades interessantes. Por exemplo, considere a relação entre o valor de cobertura de um seguro de vida e a idade da pessoa. Pessoas jovens podem ser menos propensas a fazer seguro de vida, de modo que a probabilidade de $y > 0$ cresce com a idade (pelo menos até determinado ponto). Condicional a ter um seguro de vida, o valor das apólices pode decrescer com a idade, já que seguros de vida se tornam menos importantes à medida que as pessoas se aproximam do fim de suas vidas. Essa possibilidade não é considerada no modelo tobit.

Uma maneira de avaliar informalmente se o modelo tobit é apropriado é estimar um modelo probit no qual o resultado binário, digamos w, será igual a um se $y > 0$, e $w = 0$ se $y = 0$. Assim, de (17.21), w segue um modelo probit, em que o coeficiente de x_j será $\gamma_j = \beta_j/\sigma$. E significa que podemos estimar a razão de β_j com σ pelo probit, para cada j. Se o modelo tobit for válido, a estimativa probit, $\hat{\gamma}_j$, deve ficar "próxima" de $\hat{\beta}_j/\hat{\sigma}$, em que $\hat{\beta}_j$ e $\hat{\sigma}$ são as estimativas tobit. Elas nunca serão idênticas devido ao erro de amostragem. Mas podemos procurar por certos sinais problemáticos. Por exemplo, se $\hat{\gamma}_j$ for significante e negativo, mas $\hat{\beta}_j$ for positivo, o modelo tobit poderá não ser apropriado. Ou, se $\hat{\gamma}_j$ e $\hat{\beta}_j$ tiverem o mesmo sinal, mas $|\hat{\beta}_j/\hat{\sigma}|$ for muito maior, ou menor que $|\hat{\gamma}_j|$, isso também pode indicar problemas. Não devemos nos preocupar muito com as mudanças de sinais ou diferenças em magnitudes nas variáveis explicativas que sejam não significantes em ambos os modelos.

No exemplo de horas anuais trabalhadas, $\hat{\sigma} = 1.122,02$. Quando dividimos o coeficiente tobit de *nwifeinc* por $\hat{\sigma}$, obtemos $-8,81/1.122,02 \approx -0,0079$; o coeficiente probit de *nwifeinc* está em torno de $-0,012$, que é diferente, mas não de forma substancial. Para *kidslt6*, a estimativa do coeficiente de $\hat{\sigma}$ está em torno de $-0,797$, comparada com a estimativa probit de $-0,868$. Novamente, essa não é uma diferença muito grande, mas indica que o fato de ter filhos pequenos tem efeito maior sobre a decisão inicial de participar da força de trabalho do que uma mulher decidir quantas horas trabalhar, uma vez que ela faça parte da força de trabalho. (O tobit efetivamente leva em conta a média desses dois efeitos simultaneamente.) Não sabemos se os efeitos são estatisticamente diferentes, mas eles são da mesma ordem de magnitude.

O que acontecerá se concluirmos que o modelo tobit não é apropriado? Existem modelos, normalmente chamados de modelos de *saltos* ou de *duas partes*, que podem ser usados quando o tobit parecer inadequado. Todos eles têm a propriedade de que $P(y > 0|\mathbf{x})$ e $E(y|y > 0,\mathbf{x})$ dependem de parâmetros diferentes, de modo que x_j pode ter efeitos diferentes sobre essas duas funções. [Veja Wooldridge (2010, Capítulo 17) para uma descrição desses modelos.]

17.3 O modelo de regressão de Poisson

Outro tipo de variável dependente não negativa é uma **variável de contagem**, que pode assumir valores inteiros não negativos: $\{0, 1, 2,\ldots\}$. Estamos especialmente interessados em casos nos quais y assume um número relativamente pequeno de valores, inclusive zero. Os exemplos incluem o número de filhos de uma mulher, o número de vezes em que alguém foi preso durante o ano ou o número de patentes solicitadas por uma firma durante um ano. Pelas mesmas razões discutidas quanto às respostas binárias e tobit, um modelo linear para $E(y|x_1, ..., x_k)$ pode não fornecer o melhor ajuste para todas as variáveis explicativas. (Mesmo assim, sempre é interessante iniciar com um modelo linear, como fizemos no Exemplo 3.5).

Assim como um resultado tobit, não podemos considerar o logaritmo de uma variável de contagem, porque ela assume o valor zero. Um método eficaz é modelar o valor esperado como uma função exponencial:

$$E(y|x_1, x_2, ..., x_k) = \exp(\beta_0 + \beta_1 x_1 + ... + \beta_k x_k). \tag{17.31}$$

Como $\exp(\cdot)$ é sempre positivo, (17.31) garante que os valores previstos de y também serão positivos. A função exponencial está traçada na Figura A.5 do Apêndice A.

Embora (17.31) seja mais complicada que um modelo linear, basicamente já sabemos como interpretar os coeficientes. Tomando o log da equação (17.31):

$$\log[E(y|x_1, x_2, ..., x_k)] = \beta_0 + \beta_1 x_1 + ... + \beta_k x_k, \tag{17.32}$$

de forma que o log do valor esperado é linear. Portanto, usando as propriedades de aproximação da função log que temos usado nos capítulos anteriores,

$$\%\Delta E(y|\mathbf{x}) \approx (100\beta_j)\Delta x_j.$$

Em outras palavras, $100\beta_j$ é aproximadamente a porcentagem de mudança em $E(y|\mathbf{x})$, dado um aumento de uma unidade em x_j. Algumas vezes, necessitamos de uma estimativa mais precisa, e podemos encontrar uma, facilmente, verificando as mudanças discretas no valor esperado. Mantenha fixas todas as variáveis explicativas, exceto x_k, e defina x_k^0 como o valor inicial e x_k^1 como o valor subsequente. Então, a mudança proporcional no valor esperado será

$$[\exp(\beta_0 + \mathbf{x}_{k-1}\boldsymbol{\beta}_{k-1} + \beta_k x_k^1)/\exp(\beta_0 + \mathbf{x}_{k-1}\boldsymbol{\beta}_{k-1} + \beta_k x_k^0)] - 1 = \exp(\beta_k \Delta x_k) - 1,$$

em que $\mathbf{x}_{k-1}\boldsymbol{\beta}_{k-1}$ é a forma abreviada de $\beta_1 x_1 + ... + \beta_{k-1} x_{k-1}$, e $\Delta x_k = x_k^1 - x_k^0$. Quando $\Delta x_k = 1$ – por exemplo, se x_k for uma variável *dummy* que alteramos de zero para um –, então, a mudança será $\exp(\beta_k) - 1$. Dado $\hat{\beta}_k$, obtemos $\exp(\hat{\beta}_k) - 1$ e o multiplicamos por 100 para transformar a mudança proporcional em uma mudança percentual.

Se, digamos, $x_j = \log(z_j)$ de algumas variáveis $z_j > 0$, então seu coeficiente, β_j, é interpretado como uma elasticidade com relação a z_j. Tecnicamente, é uma elasticidade do *valor esperado* de y com relação a z_j, pois não podemos calcular a porcentagem de alteração em casos onde $y = 0$. Isso, para nossa finalidade, não é importante. O ponto principal é que, para propósitos práticos, podemos interpretar os coeficientes na equação (17.31) como se tivéssemos um modelo linear, com $\log(y)$ como a variável dependente. Existem algumas diferenças sutis que não precisamos estudar aqui.

Como (17.31) é não linear em seus parâmetros – lembre-se, $\exp(\cdot)$ é uma função não linear –, não podemos usar métodos de regressão linear. Poderíamos usar *mínimos quadrados não lineares*, os quais, como acontece com o MQO, minimizam a soma dos quadrados dos resíduos. Acontece, porém, que todas as distribuições de dados de contagem padrão exibem heteroscedasticidade, e os mínimos quadrados não lineares não exploram isso [veja Wooldridge (2010, Capítulo 12)]. Em vez disso, vamos nos valer da máxima verossimilhança e do importante método relacionado da *estimação de quase máxima verossimilhança*.

No Capítulo 4, introduzimos a normalidade como a hipótese de distribuição padrão da regressão linear. A hipótese de normalidade é razoável para (em linhas gerais) variáveis dependentes contínuas que podem assumir um grande intervalo de valores. Uma variável de contagem não pode ter uma distribuição normal (pois a distribuição normal é de variáveis contínuas que podem assumir todos os valores), e se ela assumir poucos valores, a distribuição pode ser muito diferente da normal. Em vez disso, a distribuição normal de dados de contagem é a **distribuição de Poisson**.

Como estamos interessados no efeito das variáveis explicativas sobre y, devemos olhar a distribuição de Poisson condicional em $\mathbf{x}$. A distribuição de Poisson é inteiramente determinada por sua média, de modo que só precisamos especificar $E(y|\mathbf{x})$. Assumimos que ela tem a mesma forma de (17.31), que escrevemos de forma abreviada como $\exp(\mathbf{x}\boldsymbol{\beta})$. Assim, a probabilidade de que y seja igual ao valor h, condicional em $\mathbf{x}$, será

$$P(y = h|\mathbf{x}) = \exp[-\exp(\mathbf{x}\boldsymbol{\beta})][\exp(\mathbf{x}\boldsymbol{\beta})]^h/h!, \ h = 0, 1, \ldots,$$

em que $h!$ significa o fatorial (veja o Apêndice B). Essa distribuição, que é a base do **modelo de regressão de Poisson**, permite encontrar as probabilidades condicionais de qualquer valor das variáveis explicativas. Por exemplo, $P(y = 0|\mathbf{x}) = \exp[-\exp(\mathbf{x}\boldsymbol{\beta})]$. Logo que tenhamos as estimativas dos β_j, poderemos inseri-las nas probabilidades de vários valores de $\mathbf{x}$.

Dada uma amostra aleatória $\{(\mathbf{x}_i, y_i): i = 1, 2, \ldots, n\}$, podemos construir a função log-verossimilhança:

$$\mathcal{L}(\boldsymbol{\beta}) = \sum_{i=1}^{n} \ell_i(\boldsymbol{\beta}) = \sum_{i=1}^{n} \{y_i\mathbf{x}_i\boldsymbol{\beta} - \exp(\mathbf{x}_i\boldsymbol{\beta})\}, \tag{17.33}$$

onde eliminamos o termo $-\log(y_i!)$ porque ele não depende de $\boldsymbol{\beta}$. Essa função log-verossimilhança é simples de maximizar, embora as EMVs de Poisson não sejam obtidas em forma fechada.

Os erros padrão das estimativas de Poisson $\hat{\beta}_j$ são fáceis de ser obtidos depois de a função log-verossimilhança ter sido maximizada; a fórmula se encontra no apêndice deste capítulo. Elas são descritas com os $\hat{\beta}_j$ por qualquer programa econométrico.

Assim como nos modelos probit, logit e tobit, não podemos comparar diretamente as magnitudes das estimativas de Poisson de uma função exponencial com as estimativas MQO de uma função linear. No entanto, é possível fazer uma comparação aproximada, pelo menos para as variáveis explicativas contínuas. Se (17.31) for válida, o efeito parcial de x_j em relação a $E(y|x_1, x_2, \ldots, x_k)$ será $\partial E(y|x_1, x_2, \ldots, x_k)/\partial x_j = \exp(\beta_0 + \beta_1 x_1 + \ldots + \beta_k x_k) \cdot \beta_j$. Esta expressão é derivada da regra da cadeia em cálculo, pois a derivada da função exponencial é simplesmente a função exponencial. Se especificarmos que $\hat{\gamma}_j$ denote um coeficiente de inclinação dos MQO da regressão de y sobre $x_1, x_2, \ldots, x_k$, então poderemos, em termos gerais, comparar a magnitude de $\hat{\gamma}_j$ e o efeito parcial médio de uma função de regressão exponencial. Curiosamente, o fator de escalonamento do APE, neste caso, $n^{-1}\sum_{i=1}^{n}\exp(\hat{\beta}_0 + \hat{\beta}_1 x_{i1} + \ldots + \hat{\beta}_k x_{ik}) = n^{-1}\sum_{i=1}^{n}\hat{y}_i$, é simplesmente a média amostral $\bar{y}$ da y_i, em que definimos os valores ajustados $\hat{y}_j = \exp(\hat{\beta}_0 + \mathbf{x}_i\hat{\boldsymbol{\beta}})$. Em outras palavras, para uma regressão de Poisson com uma função de média exponencial, a média dos valores ajustados é a mesma que a dos resultados originais na y_i – exatamente como no caso de regressão linear. Isso torna simples escalonar as estimativas de Poisson, $\hat{\beta}_j$, para torná-las comparáveis com as estimativas pelos MQO correspondentes, $\hat{\gamma}_j$: de uma variável explicativa contínua, podemos comparar $\hat{\gamma}_j$ com $\bar{y} \cdot \hat{\beta}_j$.

Embora a análise da EMV de Poisson seja o primeiro passo natural para dados de contagem, ela, com frequência, é restritiva demais. Todas as probabilidades e os momentos de ordem mais alta da distribuição de Poisson são inteiramente determinados pela média. Em particular, a variância é igual à média:

$$\text{Var}(y|\mathbf{x}) = \text{E}(y|\mathbf{x}). \tag{17.34}$$

Isso é restritivo e já foi mostrado que é violado em muitas aplicações. Felizmente, a distribuição de Poisson tem uma propriedade de robustez bastante precisa: independentemente de a distribuição de Poisson ser válida, ainda assim obtemos estimadores dos β_j consistentes e assimptoticamente normais. [Veja Wooldridge (2010, Capítulo 18), para detalhes.] Isso é análogo ao estimador MQO, que é consistente e assimptoticamente normal, independentemente de a hipótese de normalidade ser válida; contudo, o MQO é a EMV sob normalidade.

Quando usamos a EMV de Poisson, mas não assumimos que a distribuição de Poisson seja inteiramente correta, chamamos a análise de **estimação de quase máxima verossimilhança (EQMV)**. A EQMV de Poisson é bastante prática e está incluída em vários programas econométricos. Porém, a menos que a hipótese de variância de Poisson (17.34) se mantenha, os erros padrão terão de ser ajustados.

Um ajuste simples dos erros padrão está disponível quando assumimos que a variância é proporcional à média:

$$\text{Var}(y|\mathbf{x}) = \sigma^2\, \text{E}(y|\mathbf{x}), \tag{17.35}$$

em que $\sigma^2 > 0$ é um parâmetro desconhecido. Quando $\sigma^2 = 1$, obtemos a hipótese de variância de Poisson. Quando $\sigma^2 > 1$, a variância será maior que a média para todos os $\mathbf{x}$; isso é chamado de **superdispersão**, porque a variância é maior do que no caso Poisson, e é observado em muitas aplicações de regressões de contagem. O caso $\sigma^2 < 1$, chamado de *subdispersão*, é menos comum, mas é permitido em (17.35).

Sob (17.35), é fácil ajustar os erros padrão habituais da EMV de Poisson. Seja $\hat{\beta}_j$ a EQMV de Poisson e defina os residuais como $\hat{u}_i = y_i - \hat{y}_i$, em que $\hat{y}_i = \exp(\hat{\beta}_0 + \hat{\beta}_1 x_{i1} + \ldots + \hat{\beta}_k x_{ik})$ é o valor ajustado. Como sempre, o resíduo da observação i é a diferença entre y_i e seu valor ajustado. Um estimador consistente de σ^2 é $(n - k - 1)^{-1} \sum_{i=1}^{n} \hat{u}_i^2/\hat{y}_i$, em que a divisão por $\hat{y}_i$ é o ajuste adequado da heteroscedasticidade, e $n - k - 1$ representa os *gl*, dadas n observações e $k + 1$ estimativas $\hat{\beta}_0, \hat{\beta}_1, \ldots, \hat{\beta}_k$. Definindo $\hat{\sigma}$ como a raiz quadrada positiva de $\hat{\sigma}^2$, multiplicamos os erros padrão habituais de Poisson por $\hat{\sigma}$. Se $\hat{\sigma}$ for notavelmente maior que 1, os erros padrão corrigidos podem ser muito maiores que os erros padrão nominais da EMV de Poisson, geralmente incorretos.

Mesmo (17.35) não é inteiramente geral. Como no modelo linear, podemos também obter erros padrão da EQMV de Poisson que não restrinjam de modo algum a variância. [Veja Wooldridge (2010, Capítulo 18), para explicações adicionais.]

QUESTÃO 17.4

Suponha que obtenhamos $\hat{\sigma}^2 = 2$. Como os erros padrão ajustados podem ser comparados com os erros padrão habituais da EMV de Poisson? Como a estatística quase *RV* pode ser comparada com a estatística *RV* habitual?

Sob a hipótese de distribuição de Poisson, podemos usar a estatística razão de verossimilhança para testar restrições de exclusão, as quais, como sempre, têm a forma de (17.12). Se tivermos q restrições de exclusão, a estatística será aproximadamente distribuída como χ_q^2 sob a hipótese nula. Sob a hipótese menos restritiva (17.35), há um ajuste simples (e então chamamos a estatística de **estatística quase razão de verossimilhança**): dividimos (17.12) por $\hat{\sigma}^2$, na qual $\hat{\sigma}^2$ é obtida do modelo sem restrições.

EXEMPLO 17.3 Regressão de Poisson do número de prisões

Agora aplicamos o modelo de regressão de Poisson aos dados de prisões em CRIME1 usados, entre outros locais, no Exemplo 9.1. A variável dependente, *narr86*, é o número de vezes que um homem foi preso em 1986. Essa variável é zero para 1.970 de 2.725 homens na amostra, e somente oito valores de *narr86* são maiores que cinco. Assim, um modelo de regressão de Poisson é mais apropriado que um modelo de regressão linear. A Tabela 17.5 também apresenta os resultados da estimação por MQO de um modelo de regressão linear.

Os erros padrão do MQO são os habituais; com certeza, poderíamos tê-los tornado robustos quanto à heteroscedasticidade. Os erros padrão da regressão de Poisson são os erros padrão usuais de máxima verossimilhança. Como $\hat{\sigma} = 1,232$, os erros padrão da regressão de Poisson devem ser corrigidos por esse fator (de forma que cada erro padrão retificado seja aproximadamente 23% maior.) Por exemplo, um erro padrão mais confiável de *tottime* seria 1,23(0,015) ≈ 0,0185, o que produz uma estatística t de aproximadamente 1,3. O ajustamento dos erros padrão reduz a significância de todas as variáveis, mas várias delas ainda serão estatisticamente bastante significativas.

Os coeficientes do MQO e de Poisson não são diretamente comparáveis e possuem significados bastante diferentes. Por exemplo, o coeficiente de *pcnv* indica que, se $\Delta pcnv = 0,10$, o número esperado de prisões cai em 0,013 (*pcnv* é a proporção de prisões anteriores que levaram a uma condenação). O coeficiente de Poisson indica que $\Delta pcnv = 0,10$ reduz as prisões esperadas em cerca de 4% [0,402(0,10) = 0,0402, e multiplicamos esse resultado por 100 para obter a porcentagem do efeito]. Como regra, isso sugere que podemos reduzir o número total de prisões em cerca de 4% se pudermos aumentar a probabilidade de condenação em 0,1.

O coeficiente de Poisson de *black* indica que, outros fatores mantidos iguais, o número esperado de prisões de homens negros é estimado em cerca de 100 · [exp(0,661) − 1] ≈ 93,7% mais alto que o de um homem branco com os mesmos valores das outras variáveis explicativas.

Como na aplicação tobit da Tabela 17.3, apresentamos um *R*-quadrado da regressão de Poisson. Esse é o quadrado do coeficiente de correlação entre y_i e $\hat{y}_i = \exp(\hat{\beta}_0 + \hat{\beta}_1 x_{i1} + \ldots + \hat{\beta}_k x_{ik})$. A motivação para essa medida da qualidade de ajuste é a mesma do modelo tobit. Observamos que o modelo de regressão exponencial, estimado pela EQMV de Poisson, ajusta-se um pouco melhor. Lembre-se de que as estimativas MQO são escolhidas para maximizar o *R*-quadrado, mas as estimativas de Poisson não têm essa finalidade. (Elas são escolhidas para maximizar a função log-verossimilhança.)

TABELA 17.5 Determinantes do número de prisões de homens jovens.		
Variável dependente: narr86		
Variáveis independentes	Linear (MQO)	Exponencial (EQMV de Poisson)
pcnv	−0,132 (0,040)	−0,402 (0,085)
avgsen	−0,011 (0,012)	−0,024 (0,020)
tottime	0,012 (0,009)	0,024 (0,015)
ptime86	−0,041 (0,009)	−0,099 (0,021)
qemp86	−0,051 (0,014)	−0,038 (0,029)
inc86	−0,0015 (0,0003)	−0,0081 (0,0010)
black	0,327 (0,045)	0,661 (0,074)
hispan	0,194 (0,040)	0,500 (0,074)
born60	−0,022 (0,033)	−0,051 (0,064)
constante	0,577 (0,038)	−0,600 (0,067)
Valor de log-verossimilhança	–	−2.248,76
R-quadrado	0,073	0,077
$\hat{\sigma}$	0,829	1,232

Outros modelos de regressão de dados de contagem têm sido propostos e usados em aplicações que generalizam a distribuição de Poisson de várias maneiras. Se estivermos interessados nos efeitos dos x_j sobre a resposta média, há poucas razões para ir além da regressão de Poisson: ela é simples, frequentemente produz bons resultados e tem a propriedade de robustez discutida anteriormente. Na verdade, podemos aplicar a regressão de Poisson a uma variável y que é um resultado do tipo tobit, desde que (17.31) se mantenha. Isso pode produzir boas estimativas dos efeitos médios. Extensões da regressão de Poisson são mais úteis quando estamos interessados em estimar probabilidades, tal como em $P(y > 1|\mathbf{x})$. [Veja, por exemplo, Cameron e Trivedi (1998).]

17.4 Modelos de regressão censurada e truncada

Os modelos das Seções 17.1, 17.2 e 17.3 aplicam-se a vários tipos de variáveis dependentes limitadas que frequentemente surgem em trabalhos de econometria. Ao empregar esses métodos, é importante lembrar que a razão de usar um modelo probit ou logit para uma resposta binária, um modelo tobit para um resultado de solução de canto ou um modelo de regressão de Poisson para uma resposta de contagem é porque queremos modelos que avaliem características importantes da distribuição de y. Não há nenhuma questão de observação dos dados. Por exemplo, na aplicação tobit da participação de mulheres na força de trabalho, do Exemplo 17.2, não existe nenhum problema para observar as horas trabalhadas: é simplesmente o fato de que uma fração não desprezível das mulheres casadas na população escolhem não trabalhar em troca de uma remuneração. Na aplicação da regressão de Poisson nas prisões anuais, observamos a variável dependente para cada homem jovem em uma amostra aleatória da população, mas a variável dependente pode ter valor zero, como também outros valores inteiros pequenos.

Infelizmente, a distinção entre aglomeração numa variável resultante (tal como assumir o valor zero de uma fração não desprezível da população) e problemas de censura de dados pode ser confusa. Isto é especialmente verdadeiro quando se aplica o modelo tobit. Neste livro, o modelo tobit padrão descrito na Seção 17.2 é somente para resultados de solução de canto. Mas a literatura sobre modelos tobit trata outra situação dentro da mesma estrutura: a variável de resposta foi censurada acima ou abaixo de algum limite. Tipicamente, a censura é devida a uma concepção de pesquisa e, em alguns casos, a restrições institucionais. Em vez de tratar censura de dados juntamente com resultados de solução de canto, resolvemos o problema da censura de dados aplicando o **modelo de regressão censurada**. Essencialmente, o problema resolvido por um modelo de regressão censurada é o de falta de dados na variável de resposta y. Embora tenhamos condições de extrair unidades da população e obter informações nas variáveis explicativas de todas as unidades, o resultado na y_i está faltando para algum i. Mesmo assim, saberemos se os valores faltantes estão acima ou abaixo de determinado limite, e este conhecimento fornece informação útil para estimar os parâmetros.

Um **modelo de regressão truncada** surge quando excluímos, na base de y, um subconjunto da população em nosso esquema de amostragem. Em outras palavras, não temos uma amostra aleatória da população subjacente, mas conhecemos a regra que foi usada para incluir unidades na amostra. Essa regra é determinada pelo critério de y estar acima ou abaixo de certo valor limite. Mais adiante, explicaremos, de maneira mais completa, a diferença entre modelos de regressão censurada e truncada.

17.4a Modelos de regressão censurada

Embora os modelos de regressão censurada possam ser definidos sem hipóteses sobre distribuições, nesta subseção estudaremos o **modelo de regressão normal censurada**. A variável que gostaríamos de explicar, y, segue o modelo linear clássico. Para enfatizar, colocamos um subscrito i em uma extração aleatória da população:

$$y_i = \beta_0 + \mathbf{x}_i\boldsymbol{\beta} + u_i, \; u_i|\mathbf{x}_i, c_i \sim \text{Normal}(0, \sigma^2) \tag{17.36}$$

$$w_i = \min(y_i, c_i). \tag{17.37}$$

Em vez de observar y_i, somente a observaremos se ela for inferior a um valor de censura, c_i. Observe que (17.36) inclui a hipótese de ser u_i independente de c_i. (Concretamente, consideramos de maneira explícita a censura acima, ou *censura à direita*; o problema de fazer a censura abaixo, ou *censura à esquerda*, é tratado de forma semelhante.)

> **QUESTÃO 17.5**
>
> Defina mvp_i como o valor do produto marginal do trabalhador i; esse é o preço do produto de uma firma multiplicado pelo produto marginal do trabalhador. Assuma que mvp_i é uma função linear de variáveis exógenas, tais como educação, experiência e assim por diante, e um erro não observável. Sob concorrência perfeita e sem restrições institucionais, cada trabalhador recebe seu valor do produto marginal. Defina $minwage_i$ como o salário-mínimo do trabalhador i, que varia por estado. Observamos $wage_i$, que é o maior dos mvp_i, e $minwage_i$. Escreva o modelo apropriado para o salário observado.

Um exemplo da censura à direita de dados é a **codificação superior**. Quando uma variável tem codificação superior, conhecemos seu valor somente até certo limite. Para respostas maiores que o limite, somente sabemos que a variável é pelo menos tão grande quanto o limite. Por exemplo, em algumas pesquisas, a riqueza familiar tem codificação superior. Suponha que os entrevistados sejam questionados sobre sua riqueza, mas as pessoas poderão responder "mais de 500.000 dólares". Assim, observamos a verdadeira riqueza dos entrevistados cujo valor dos bens seja inferior a 500.000 dólares, mas não daqueles cujo valor dos bens seja superior a 500.000 dólares. Nesse caso, o limite da censura, c_i, é o mesmo para todo i. Em muitas situações, o limite da censura muda com as características individuais ou familiares.

Se observarmos uma amostra aleatória de (**x**, y), simplesmente estimaremos $\boldsymbol{\beta}$ por MQO, e a inferência estatística será padrão. (Novamente absorvemos o intercepto em **x** para simplificar.) A censura causa problemas. Usando argumentos semelhantes aos de um modelo tobit, uma regressão MQO que use somente observações não censuradas – isto é, aquelas com $y_i < c_i$ – produz estimadores inconsistentes dos β_j. Uma regressão MQO de w_i sobre $\mathbf{x}_i$, usando todas as observações, não estima consistentemente os β_j, a menos que não haja censura. Isso é semelhante ao caso tobit, mas o problema é muito diferente. No modelo tobit, estamos modelando comportamento econômico, que muitas vezes produz resultados iguais a zero; supõe-se que o modelo tobit reflita isso. Com a regressão censurada, temos um problema de coleta de dados, porque, por alguma razão, os dados são censurados.

Sob as hipóteses em (17.36) e (17.37), podemos estimar $\boldsymbol{\beta}$ (e σ^2) por máxima verossimilhança, dada uma amostra aleatória de ($\mathbf{x}_i$, w_i). Para isso, precisamos da densidade de w_i, dado ($\mathbf{x}_i$, c_i). Para observações não censuradas, $w_i = y_i$, e a densidade de w_i será a mesma da y_i: Normal($\mathbf{x}_i\boldsymbol{\beta},\sigma^2$). Para observações censuradas, precisamos da probabilidade de que w_i seja igual ao valor de censura, c_i, dado $\mathbf{x}_i$:

$$P(w_i = c_i|\mathbf{x}_i) = P(y_i \geq c_i|\mathbf{x}_i) = P(u_i \geq c_i - \mathbf{x}_i\boldsymbol{\beta}) = 1 - \Phi[(c_i - \mathbf{x}_i\boldsymbol{\beta})/\sigma].$$

Podemos combinar essas duas partes para obter a densidade de w_i, dados $\mathbf{x}_i$ e c_i:

$$f(w|\mathbf{x}_i,c_i) = 1 - \Phi[(c_i - \mathbf{x}_i\boldsymbol{\beta})/\sigma], \; w = c_i, \quad (17.38)$$

$$= (1/\sigma)\phi\,[(w - \mathbf{x}_i\boldsymbol{\beta})/\sigma], \; w < c_i. \quad (17.39)$$

O log-verossimilhança da observação i é obtido tomando o log natural da densidade de cada i. Podemos maximizar a soma deles ao longo de i, com relação a β_j e σ para obtermos as EMVs.

É bom saber que podemos interpretar os β_j do mesmo jeito que em um modelo de regressão linear sob amostragem aleatória. Isso é muito diferente das aplicações tobit nas respostas de solução de canto, nas quais os valores esperados de interesse são funções não lineares dos β_j.

CAPÍTULO 17 Modelos com variáveis dependentes limitadas e correções da seleção amostral

Uma aplicação importante dos modelos de regressão censurada é a **análise de duração**. Uma *duração* é uma variável que registra o tempo antes da ocorrência de certo evento. Por exemplo, podemos explicar o número de dias antes de um criminoso solto da prisão ser preso novamente. Para alguns criminosos, isso pode nunca acontecer, ou talvez aconteça após um período tão longo que precisaremos censurar a duração para podermos analisar os dados.

Em aplicações de duração de regressão normal censurada, como também na codificação superior, usamos com frequência o log natural como a variável dependente, significando que também tomamos o log do valor de limite censura em (17.37). Como temos visto ao longo de todo este texto, o uso da transformação logarítmica da variável dependente faz com que os parâmetros sejam interpretados como mudanças percentuais. Além disso, como acontece com muitas variáveis positivas, o log de uma duração em geral tem uma distribuição mais próxima da (condicional) normal do que a própria duração.

EXEMPLO 17.4 Intervalo de reincidência

O arquivo RECID contém dados sobre o tempo em meses até que um ex-recluso de uma prisão da Carolina do Norte seja preso depois de ter sido solto; vamos chamar de *durat*. Alguns dos presidiários participaram de um programa de trabalho durante o tempo em que estiveram na prisão. Também controlamos diversas variáveis demográficas, bem como medidas de prisões e históricos criminais.

De 1.445 reclusos, 893 não foram presos durante o tempo em que foram vigiados; portanto, essas observações foram censuradas. O tempo censurado diferiu entre os reclusos, variando de 70 a 81 meses.

A Tabela 17.6 mostra os resultados da regressão normal censurada de log(*durat*). Cada um dos coeficientes, quando multiplicado por 100, informa a mudança percentual estimada na duração esperada, dado um aumento *ceteris paribus* de uma unidade na variável explicativa correspondente.

Vários dos coeficientes da Tabela 17.6 são interessantes. As variáveis *priors* (número de condenações anteriores) e *tserved* (total de meses passados na prisão) têm efeitos negativos sobre o tempo até que ocorra a nova prisão. Isso sugere que essas variáveis medem a tendência da atividade criminal, em vez de representar um efeito dissuasor. Por exemplo, um recluso com uma condenação anterior a mais tem um intervalo até a próxima prisão que é quase 14% menor. Um ano de reclusão reduz o intervalo em cerca de 100·12(0,019) = 22,8%. Uma constatação surpreendente é que um homem que esteja cumprindo pena por delito grave tem uma duração esperada estimada de quase 56% [exp(0,444) − 1 ≈ 0,56] mais longa que alguém que esteja cumprindo pena por um crime menos grave.

Os que têm um histórico de abuso de drogas ou álcool (variáveis *alcohol* e *drugs*) têm intervalo esperado substancialmente mais curto até a próxima prisão. (As variáveis *alcohol* e *drugs* são binárias.) Estima-se que para homens mais velhos e homens que eram casados quando do encarceramento os intervalos sejam significativamente mais longos até suas próximas prisões. Os negros têm intervalos substancialmente mais curtos, da ordem de 42% [exp(−0,543) − 1 ≈ −0,42].

A variável de decisão crucial, *workprg*, não tem o efeito desejado. A estimativa por ponto é que, outros fatores permanecendo inalterados, homens que tenham participado do programa de trabalho têm intervalos de reincidência estimados cerca de 6,3%

mais curtos, se comparados com os que não participaram do programa. O coeficiente tem uma estatística *t* pequena, de modo que provavelmente concluiríamos que o programa de trabalho não tem efeito nenhum. Isso pode ser motivado por um problema de autosseleção, ou pode ser produto da maneira pela qual os homens são alocados para o programa. Naturalmente, é possível que o programa tenha sido ineficiente.

TABELA 17.6 Estimação da regressão censurada de reincidência criminal.

Variável dependente: log(*durat*)	
Variáveis independentes	Coeficientes (erro padrão)
workprg	−0,063 (0,120)
priors	−0,137 (0,021)
tserved	−0,019 (0,003)
felon	0,444 (0,145)
alcohol	−0,635 (0,144)
drugs	−0,298 (0,133)
black	−0,543 (0,117)
married	0,341 (0,140)
educ	0,023 (0,025)
age	0,0039 (0,0006)
constante	4,099 (0,348)
Valor de log-verossimilhança	−1.597,06
$\hat{\sigma}$	1,810

Nesse exemplo, é essencial explicar a censura, especialmente porque quase 62% das durações são censuradas. Se aplicarmos o MQO puro à totalidade da amostra e tratarmos as durações censuradas como se não fossem censuradas, as estimativas dos coeficientes serão notavelmente diferentes. Na verdade, todas elas se reduzem em direção a zero. Por exemplo, o coeficiente em *priors* se tornará −0,059 (ep = 0,009), e o de *alcohol* se tornará −0,262 (ep = 0,060). Embora as direções dos efeitos sejam as mesmas, a importância dessas variáveis é bastante reduzida. As estimativas da regressão censurada são muito mais confiáveis.

Existem outras maneiras de medir os efeitos de cada uma das variáveis explicativas da Tabela 17.6 sobre a duração, em vez de nos concentrarmos apenas na duração esperada. Uma abordagem sobre a análise de duração moderna está além do escopo deste livro. [Para uma introdução ao tema, veja Wooldridge (2010, Capítulo 22).]

Se qualquer das hipóteses da regressão normal censurada for violada – particularmente se houver heteroscedasticidade ou não normalidade em u_i – , as EMVs em geral serão inconsistentes. Isso mostra que a censura é potencialmente muito onerosa, visto que o MQO que usa uma amostra não censurada não exige normalidade ou heteroscedasticidade para a consistência. Há métodos que não exigem que assumamos uma distribuição, mas eles são mais avançados. [Veja Wooldridge (2010, Capítulo 19).]

17.4b Modelos de regressão truncada

O modelo de regressão truncada difere num aspecto importante do modelo de regressão censurada. No caso de censura de dados nós extraímos, aleatoriamente, unidades amostrais da população. O problema de censurar é que, embora sempre observemos as variáveis explicativas de cada unidade aleatoriamente extraída, observamos o resultado na y somente quando ela for não censurada acima ou abaixo de determinado limite. Com o truncamento de dados, restringimos a atenção em um subconjunto da população antes da amostragem; assim, há uma parte da população da qual não observamos nenhuma informação. Particularmente, não teremos nenhuma informação das variáveis explicativas. O cenário da amostragem truncada caracteristicamente surge quando uma pesquisa objetiva um subconjunto particular da população e, talvez devido a considerações de custo, ignora totalmente a outra parte da população. Posteriormente, os pesquisadores podem usar a amostra truncada para responder a questões sobre a população inteira, mas deve-se reconhecer que o esquema de amostragem não gerou uma amostra aleatória de toda a população.

Por exemplo, Hausman e Wise (1977) utilizaram dados de um experimento de imposto de renda negativo para estudar vários determinantes de receitas. Para ser incluída no estudo, uma família tinha que ter renda inferior a 1,5 vezes a linha de pobreza de 1967, em que a linha de pobreza dependia do tamanho da família. Hausman e Wise queriam usar os dados para estimar uma equação de ganhos da totalidade da população.

O **modelo de regressão truncada normal** começa com um modelo de população básica que satisfaz as hipóteses do modelo linear clássico:

$$y = \beta_0 + \mathbf{x}\boldsymbol{\beta} + u, \ u|\mathbf{x} \sim \text{Normal}(0,\sigma^2). \tag{17.40}$$

Lembre-se de que esse é um forte conjunto de hipóteses, pois u deve não só ser independente de $\mathbf{x}$, mas também normalmente distribuído. Vamos nos concentrar nesse modelo, pois é difícil relaxar as hipóteses.

Sob (17.40) sabemos que, dada uma amostra aleatória da população, o MQO é o procedimento mais eficiente de estimação. O problema surge porque não observamos uma amostra aleatória da população: a Hipótese RLM.2 é violada. Em particular, uma extração aleatória $(\mathbf{x}_i, y_i)$ é observada somente se $y_i \leq c_i$, em que c_i é o valor limite do truncamento que pode depender de variáveis exógenas – particularmente de $\mathbf{x}_i$. (No exemplo de Hausman e Wise, c_i depende do tamanho da família). Isso significa que, se $\{(\mathbf{x}_i, y_i): i = 1, \ldots, n\}$ for nossa amostra *observada*, y_i será necessariamente menor ou igual a c_i. Isso difere do modelo de regressão censurada; em um modelo de regressão censurada, observamos $\mathbf{x}_i$ para qualquer observação extraída aleatoriamente da população; no modelo truncado, somente observamos $\mathbf{x}_i$ se $y_i \leq c_i$.

Para estimar os β_j (com σ), necessitamos da distribuição de y_i, dados $y_i \leq c_i$ e $\mathbf{x}_i$. Isso é escrito da seguinte maneira

$$g(y|\mathbf{x}_i,c_i) = \frac{f(y|\mathbf{x}_i\boldsymbol{\beta},\sigma^2)}{F(c_i|\mathbf{x}_i\boldsymbol{\beta},\sigma^2)}, \quad y \leq c_i, \tag{17.41}$$

em que $f(y|\mathbf{x}_i\boldsymbol{\beta},\sigma^2)$ representa a densidade normal com média $\beta_0 + \mathbf{x}_i\boldsymbol{\beta}$ e variância σ^2, e $F(c_i|\mathbf{x}_i\boldsymbol{\beta},\sigma^2)$ é a fdc normal com a mesma média e a mesma variância avaliadas em c_i. Essa expressão para a densidade, condicional a $y_i \leq c_i$, tem sentido intuitivo: é a densidade da população para y, dado $\mathbf{x}$, dividida pela probabilidade de que y_i seja menor ou igual a c_i (dado $\mathbf{x}_i$), $P(y_i \leq c_i|\mathbf{x}_i)$. Na realidade, normalizamos outra vez a densidade dividindo-a pela área sob $f(\cdot|\mathbf{x}_i\boldsymbol{\beta},\sigma^2)$ que está à esquerda de c_i.

Se tomarmos o log de (17.41), somarmos ao longo de todos os i e maximizarmos o resultado em relação a β_j e σ^2, obteremos os estimadores de máxima verossimilhança. Isso conduz a estimadores consistentes e aproximadamente normais. A inferência, inclusive os erros padrão e estatísticas de log-verossimilhança, é padrão e abordada em Wooldridge (2010, Capítulo 19).

Poderíamos analisar os dados do Exemplo 17.4 como uma amostra truncada, se eliminássemos todos os dados de uma observação sempre que ela tivesse sido censurada. Isso nos daria 552 observações de uma distribuição normal truncada, na qual o ponto de truncamento difere ao longo das observações i. Porém, nunca analisaríamos dados de duração (ou de codificação superior) dessa maneira, pois ela elimina informações úteis. O fato de conhecermos um limite inferior de 893 durações, com as variáveis explicativas, é informação útil; a regressão censurada usa essas informações, o que a regressão truncada não faz.

Um exemplo melhor é dado por Hausman e Wise (1977), no qual eles enfatizam que o MQO aplicado a uma amostra truncada acima geralmente produz estimadores viesados para zero. Intuitivamente, isso faz sentido. Suponha que a relação de interesse seja entre os níveis de renda e educação. Se apenas observarmos pessoas cuja renda esteja abaixo de certo valor, estaremos eliminando a parte superior. Isso tende a nivelar a linha estimada, em relação à verdadeira linha da regressão, na totalidade da população. A Figura 17.4 ilustra o problema quando a renda é truncada acima de 50.000 dólares. Embora observemos os pontos dos dados representados pelos círculos abertos, não observamos os conjuntos de dados representados pelos círculos escuros. Uma análise de regressão que usa amostra truncada não conduz a estimadores consistentes. A propósito, se a amostra da Figura 17.4 tivesse sido censurada em vez de truncada – isto é, tivéssemos dados com codificação superior –, observaríamos níveis de educação para todos os pontos da Figura 17.4, mas para indivíduos com renda acima de 50.000 dólares não saberíamos o montante exato da renda. Apenas saberíamos que a renda seria de pelo menos 50.000 dólares. Na verdade, todas as observações representadas pelos círculos escuros seriam levadas para baixo na linha horizontal de $income = 50$.

Assim como na regressão censurada, se a hipótese normal homoscedástica subjacente em (17.40) for violada, a EMV normal truncada será viesada e inconsistente. Há métodos que não necessitam dessas hipóteses; veja Wooldridge (2010, Capítulo 19), para discussão e referências.

FIGURA 17.4 Uma linha de regressão verdadeira, ou populacional, e a linha de regressão incorreta da população truncada com renda abaixo de US$ 50.000.

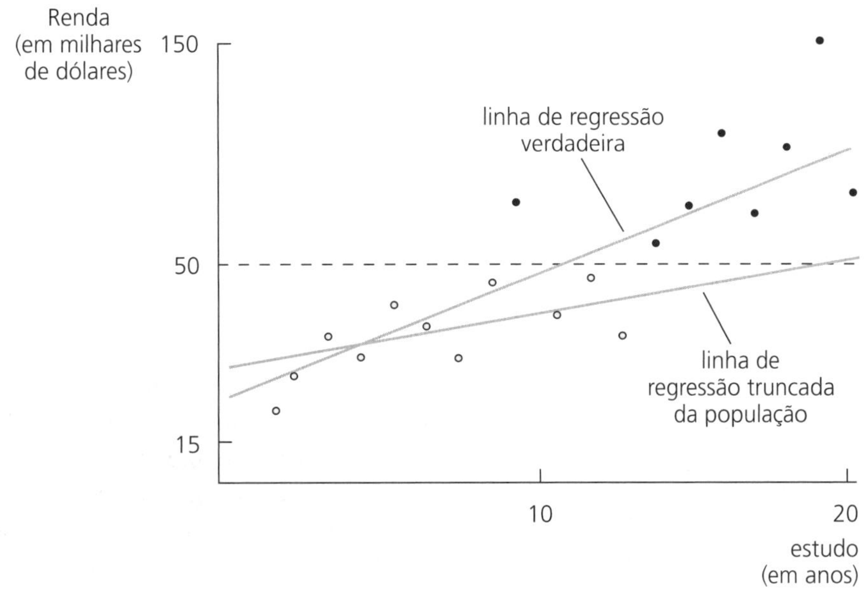

17.5 Correções da seleção amostral

A regressão truncada é um caso especial de um problema genérico conhecido como **seleção de amostra não aleatória**. Entretanto, o projeto da pesquisa não é a única causa da seleção de amostra não aleatória. Com frequência, entrevistados não respondem a certas perguntas, o que leva a dados ausentes das variáveis dependentes ou independentes. Como não podemos usar essas observações em nossa estimação, devemos imaginar se suas eliminações conduzirão a viés em nossos estimadores.

Outro exemplo genérico é habitualmente chamado de **truncamento ocasional**. Nesse caso, não observamos y em razão do resultado de outra variável. O principal exemplo é estimar a chamada *função de oferta de salário* na área da economia do trabalho. O interesse reside em como vários fatores, tais como a educação, afetam o salário que um indivíduo poderia ganhar na força de trabalho. Para as pessoas que estão na força de trabalho, observamos a oferta de salário como o salário corrente. Contudo, para aqueles que estejam desempregados, não observamos a oferta de salário. Como trabalhar pode estar sistematicamente correlacionado a fatores não observáveis que afetam a oferta de salário, usar somente pessoas que estejam trabalhando – o que temos feito em todos os exemplos de salários até agora – pode produzir estimadores viesados dos parâmetros na equação de oferta de salário.

A seleção de amostra não aleatória também pode surgir quando temos dados em painel. No caso mais simples, teremos dois anos de dados, mas, em razão das demissões, algumas pessoas saem da amostra. Isso é particularmente um problema na análise de políticas empresariais, nas quais as demissões podem estar relacionadas à eficácia de um programa administrativo.

17.5a Quando o MQO é consistente na amostra selecionada?

Na Seção 9.4, apresentamos uma breve explicação dos tipos de seleções amostrais que podem ser ignorados. A distinção crucial é entre seleções amostrais *exógenas* e *endógenas*. No caso tobit truncado, claramente temos seleção amostral endógena e o MQO é viesado e não consistente. Por outro lado, se nossa amostra for determinada somente por uma variável explicativa exógena, teremos seleção amostral exógena. Casos entre esses dois extremos são menos claros, e agora apresentamos cuidadosas definições e hipóteses para eles. O modelo populacional é

$$y = \beta_0 + \beta_1 x_1 + \ldots + \beta_k x_k + u, \ \mathrm{E}(u|x_1, x_2, \ldots, x_k) = 0. \tag{17.42}$$

É útil escrever o modelo populacional de uma extração *aleatória* como

$$y_i = \mathbf{x}_i \boldsymbol{\beta} + u_i, \tag{17.43}$$

em que usamos $\mathbf{x}_i \boldsymbol{\beta}$ como uma forma abreviada de $\beta_0 + \beta_1 x_{i1} + \beta_2 x_{i2} + \ldots + \beta_k x_{ik}$. Agora, seja n o tamanho de uma *amostra aleatória* da população. Se pudéssemos observar y_i e cada x_{ij} de todas as observações i, simplesmente usaríamos o MQO. Assuma que, por alguma razão, y_i ou algumas das variáveis independentes não sejam observadas para determinado i. Para ao menos algumas observações, encontramos o conjunto completo de variáveis. Defina um *indicador de seleção* s_i de cada i como $s_i = 1$ se observarmos todos os $(y_i, \mathbf{x}_i)$, e $s_i = 0$ caso contrário. Assim, $s_i = 1$ indica que usaremos a observação em nossa análise; $s_i = 0$ significa que a observação não será usada. Estamos interessados nas propriedades estatísticas dos estimadores MQO que usam a **amostra selecionada**, isto é, usando as observações de cada $s_i = 1$. Portanto, aproveitamos menos que n observações, digamos n_1.

Ocorre que é fácil obter condições sob as quais o MQO será consistente (e mesmo não viesado). Efetivamente, em vez de estimar (17.43), podemos somente estimar a equação

$$s_i y_i = s_i \mathbf{x}_i \boldsymbol{\beta} + s_i u_i. \tag{17.44}$$

Quando $s_i = 1$, teremos (17.43); quando $s_i = 0$, teremos $0 = 0 + 0$, o que obviamente não nos diz nada a respeito de $\boldsymbol{\beta}$. Fazer a regressão de $s_i y_i$ sobre $s_i \mathbf{x}_i$ com $i = 1, 2, \ldots, n$ é o mesmo que fazer a regressão de y_i sobre $\mathbf{x}_i$ usando as observações para as quais $s_i = 1$. Assim, podemos verificar a consistência de $\hat{\beta}_j$ estudando (17.44) em uma amostra aleatória.

Conforme nossa análise no Capítulo 5, os estimadores MQO de (17.44) serão consistentes se o termo de erro tiver média zero e for não correlacionado com cada variável explicativa. Na população, a hipótese de média zero é $\mathrm{E}(su) = 0$, e a hipótese de correlação zero pode ser estabelecida como

$$\mathrm{E}[(sx_j)(su)] = \mathrm{E}(sx_j u) = 0, \tag{17.45}$$

em que s, x_j e u são variáveis aleatórias que representam a população; usamos o fato de $s^2 = s$ porque s é uma variável binária. A condição (17.45) é diferente da que necessitamos, se observarmos todas as variáveis de uma amostra aleatória: $\mathrm{E}(x_j u) = 0$. Portanto, na população, precisamos que u seja não correlacionado com sx_j.

A condição mais importante para a inexistência de viés é $\mathrm{E}(su|sx_1, \ldots, sx_k) = 0$. Como sempre, essa é uma hipótese mais forte do que a necessária para consistência.

Se s for uma função somente das variáveis explicativas, então, sx_j será apenas uma função de $x_1, x_2, \ldots, x_k$; pela hipótese da média condicional em (17.42), sx_j

também será não correlacionada com u. Na verdade, $E(su|sx_1, ..., sx_k) = sE(u|sx_1, ..., sx_k) = 0$, pois $E(u|x_1, ..., x_k) = 0$. Esse é o caso da **seleção amostral exógena**, na qual $s_i = 1$ é determinado inteiramente por $x_{i1}, ..., x_{ik}$. Como um exemplo, ao estimarmos uma equação de salários em que as variáveis explicativas sejam educação, experiência, permanência, gênero, estado civil, e assim por diante – que são assumidas como exógenas –, poderemos selecionar a amostra com base em qualquer ou todas as variáveis explicativas.

Se a seleção da amostra for inteiramente aleatória no sentido de que s_i é *independente* de $(\mathbf{x}_i, u_i)$, então $E(sx_ju) = E(s)E(x_ju) = 0$, pois $E(x_ju) = 0$ sob (17.42). Portanto, se começarmos com uma amostra aleatória e aleatoriamente eliminarmos observações, o MQO ainda será consistente. De fato, o MQO novamente será não viesado nesse caso, desde que não haja multicolinearidade perfeita na amostra selecionada.

Se s depender das variáveis explicativas e de termos aleatórios adicionais que sejam independentes de $\mathbf{x}$ e u, o MQO também será consistente e não viesado. Por exemplo, suponha que a pontuação do QI seja uma variável explicativa em uma equação de salários, mas que não esteja presente para algumas pessoas. Suponha que pensemos poder ser a seleção descrita por $s = 1$ se $QI \geq v$, e $s = 0$ se $QI < v$, em que v é uma variável aleatória não observada independente de QI, de u e das outras variáveis explicativas. Isso significa que é mais provável observarmos um QI alto, mas sempre existe alguma probabilidade de não observarmos nenhum QI. Condicional às variáveis explicativas, s será independente de u, o que significa que $E(u|x_1, ..., x_k, s) = E(u|x_1, ..., x_k)$, e o último valor esperado será zero por hipótese no modelo populacional. Se adicionarmos a hipótese de homoscedasticidade $E(u^2|\mathbf{x},s) = E(u^2) = \sigma^2$, os habituais erros padrão e as estatísticas de testes do MQO serão válidos.

Até agora, mostramos várias situações nas quais o MQO na amostra selecionada é não viesado, ou pelo menos consistente. Quando o MQO na amostra selecionada será inconsistente? Já vimos um exemplo: a regressão de uma amostra truncada. Quando o truncamento é acima, $s_i = 1$ se $y_i \leq c_i$, no qual c_i é o valor limite do truncamento. De forma equivalente, $s_i = 1$ se $u_i \leq c_i - \mathbf{x}_i\boldsymbol{\beta}$. Como s_i depende diretamente de u_i, s_i e u_i não serão não correlacionados, mesmo condicionais a $\mathbf{x}_i$. Essa é a razão pela qual o MQO na amostra selecionada não estima com consistência os β_j. Existem meios menos óbvios de s e u serem correlacionados; consideraremos isso na próxima subseção.

Os resultados sobre a consistência do MQO se estendem para a estimação de variáveis instrumentais. Se as VIs forem chamadas de z_h na população, a condição crucial para a consistência do MQ2E será $E(sz_hu) = 0$, que será válido se $E(u|\mathbf{z},s) = 0$. Portanto, se a seleção for determinada inteiramente pelas variáveis exógenas $\mathbf{z}$, ou se s depender de outros fatores que sejam independentes de u e de $\mathbf{z}$, então, o MQ2E na amostra selecionada será em geral consistente. Temos de assumir que as variáveis explicativas e instrumentais são apropriadamente correlacionadas na parte selecionada da população. Wooldridge (2010, Capítulo 19) contém definições precisas dessas hipóteses.

Também pode ser mostrado que, quando a seleção é inteiramente uma função das variáveis exógenas, a estimação de máxima verossimilhança de um modelo não linear – tal como um modelo logit ou probit – produz estimadores consistentes e assimptoticamente normais, e os habituais erros padrão e estatísticas de testes são válidos. [Novamente, veja Wooldridge (2010, Capítulo 19)].

17.5b Truncamento ocasional

Como já mencionamos, uma forma comum de seleção amostral é chamada de truncamento ocasional. Começamos novamente com o modelo populacional em (17.42). Porém, assumimos que sempre observaremos as variáveis explicativas x_j. O problema é que somente observamos y para um subconjunto da população. A regra que determina se observamos y *não* depende diretamente do resultado de y. Um exemplo importante é quando $y = \log(wage°)$, no qual $wage°$ é a *oferta de salário*, ou a remuneração por hora que um indivíduo poderia receber no mercado de trabalho. Se a pessoa estiver trabalhando no momento da pesquisa, observaremos a oferta de salário, porque assumimos que ela é o salário observado. No entanto, para as pessoas fora da força de trabalho, não podemos observar o $wage°$. Portanto, o truncamento da oferta salarial é *ocasional*, pois ele depende de outra variável, ou seja, da participação na força de trabalho. É importante mencionar que geralmente observaremos todas as outras informações sobre um indivíduo, tais como educação, experiência anterior, gênero, estado civil etc.

A abordagem habitual para o truncamento ocasional é adicionar uma equação de seleção explícita ao modelo populacional de interesse:

$$y = \mathbf{x}\boldsymbol{\beta} + u, \, \mathrm{E}(u|\mathbf{x}) = 0 \qquad (17.46)$$

$$s = 1\,[\mathbf{z}\boldsymbol{\gamma} + v \geq 0], \qquad (17.47)$$

em que $s = 1$ se observarmos y, e zero, caso contrário. Assumimos que elementos de $\mathbf{x}$ e $\mathbf{z}$ são sempre observados, e escrevemos $\mathbf{x}\boldsymbol{\beta} = \beta_0 + \beta_1 x_1 + \ldots + \beta_k x_k$ e $\mathbf{z}\boldsymbol{\gamma} = \gamma_0 + \gamma_1 z_1 + \ldots + \gamma_m z_m$.

A equação de maior interesse é (17.46), e é possível estimar $\boldsymbol{\beta}$ por MQO, dada uma amostra aleatória. A equação de seleção (17.47) depende das variáveis observadas, z_h, e de um erro não observado, v. Uma hipótese padrão que faremos é que $\mathbf{z}$ é exógeno em (17.46):

$$\mathrm{E}(u|\mathbf{x},\mathbf{z}) = 0$$

Na verdade, para que os métodos seguintes propostos funcionem bem, necessitaremos que $\mathbf{x}$ seja um subconjunto estrito de $\mathbf{z}$: qualquer x_j também é um elemento de $\mathbf{z}$, e temos alguns elementos de $\mathbf{z}$ que não estão, também, em $\mathbf{x}$. Veremos mais tarde por que isso é essencial.

Assume-se que o termo de erro v na equação de seleção amostral é independente de $\mathbf{z}$ (e, portanto, de $\mathbf{x}$). Também assumimos que v tem uma distribuição normal padrão. Podemos facilmente ver que a correlação entre u e v em geral causa um problema de seleção amostral. Para ver o motivo, assuma que (u, v) seja independente de $\mathbf{z}$. Então, considerando o valor esperado de (17.46), condicional a $\mathbf{z}$ e v, e usando o fato de que $\mathbf{x}$ é um subconjunto de $\mathbf{z}$, produz-se

$$\mathrm{E}(y|\mathbf{z},v) = \mathbf{x}\boldsymbol{\beta} + \mathrm{E}(u|\mathbf{z},v) = \mathbf{x}\boldsymbol{\beta} + \mathrm{E}(u|v),$$

em que $\mathrm{E}(u|\mathbf{z},v) = \mathrm{E}(u|v)$ porque (u, v) é independente de $\mathbf{z}$. Agora, se u e v forem conjuntamente normais (com média zero), $\mathrm{E}(u|v) = \rho v$ para algum parâmetro ρ. Portanto,

$$\mathrm{E}(y|\mathbf{z},v) = \mathbf{x}\boldsymbol{\beta} + \rho v.$$

Não observamos v, mas podemos usar essa equação para computar $E(y|\mathbf{z},s)$ e depois limitá-la em $s = 1$. Agora temos:

$$E(y|\mathbf{z},s) = \mathbf{x}\boldsymbol{\beta} + \rho E(v|\mathbf{z},s).$$

Como s e v são relacionados por (17.47) e v tem uma distribuição normal padrão, podemos mostrar que $E(v|\mathbf{z},s)$ é simplesmente o inverso da razão de Mills, $\lambda(\mathbf{z}\boldsymbol{\gamma})$, quando $s = 1$. Isso leva à importante equação

$$E(y|\mathbf{z},s = 1) = \mathbf{x}\boldsymbol{\beta} + \rho\lambda(\mathbf{z}\boldsymbol{\gamma}). \tag{17.48}$$

A equação (17.48) mostra que o valor esperado de y, dados $\mathbf{z}$ e a observabilidade de y, é igual a $\mathbf{x}\boldsymbol{\beta}$, mais um termo adicional que depende do inverso da razão de Mills avaliado em $\mathbf{x}\boldsymbol{\gamma}$. Lembre-se de que esperamos estimar $\boldsymbol{\beta}$. Essa equação mostra que isso é possível usando somente a amostra selecionada, desde que incluamos o termo $\lambda(\mathbf{z}\boldsymbol{\gamma})$ como um regressor adicional.

Se $\rho = 0$, $\lambda(\mathbf{z}\boldsymbol{\gamma})$ não aparecerá, e o MQO de y sobre $\mathbf{x}$ usando a amostra selecionada estima consistentemente $\boldsymbol{\beta}$. Fora isso, omitimos efetivamente uma variável, $\lambda(\mathbf{z}\boldsymbol{\gamma})$, que em geral está correlacionada com $\mathbf{x}$. Em que situação $\rho = 0$? A resposta é: quando u e v forem não correlacionados.

Como $\boldsymbol{\gamma}$ é desconhecido, não podemos avaliar $\lambda(\mathbf{z}_i\boldsymbol{\gamma})$ para cada i. Porém, com base nas hipóteses que fizemos, s dado $\mathbf{z}$ segue um modelo probit:

$$P(s = 1|\mathbf{z}) = \Phi(\mathbf{z}\boldsymbol{\gamma}). \tag{17.49}$$

Portanto, podemos estimar $\boldsymbol{\gamma}$ pelo probit de s_i sobre $\mathbf{z}_i$, usando a amostra *inteira*. Em uma segunda etapa, poderemos estimar $\boldsymbol{\beta}$. Resumimos o procedimento, que recentemente foi batizado de **método Heckit** na literatura econométrica depois do trabalho de Heckman (1976).

Correção da seleção amostral

(i) Usando todas as n observações, estime um modelo probit de s_i sobre $\mathbf{z}_i$ e obtenha as estimativas $\hat{\gamma}_h$. Calcule o inverso da razão de Mills, $\hat{\lambda}_i = \lambda(\mathbf{z}_i\hat{\boldsymbol{\gamma}})$ para cada i. (Na realidade, somente necessitaremos desse cálculo para a observação i com $s_i = 1$).

(ii) Usando a amostra selecionada, ou seja, as observações nas quais $s_i = 1$ (digamos, n_1 delas), calcule a regressão de

$$y_i \text{ sobre } \mathbf{x}_i, \hat{\lambda}_i. \tag{17.50}$$

Os $\hat{\beta}_j$ são consistentes e aproximadamente normalmente distribuídos.

Um teste simples do viés de seleção está disponível a partir da regressão (17.50). Em outras palavras, podemos usar a estatística t habitual de $\hat{\lambda}_i$ como um teste de H_0: $\rho = 0$. Sob H_0, não há problema de seleção de amostra.

Quando $\rho \neq 0$, os erros padrão habituais do MQO descritos em (17.50) não serão exatamente corretos. Isso porque eles não explicam a estimação de $\boldsymbol{\gamma}$, que utiliza as mesmas observações da regressão (17.50), e por outros motivos mais. Alguns programas econométricos calculam corretamente os erros padrão. [Infelizmente, isso não é tão simples quanto um ajuste de heteroscedasticidade. Veja Wooldridge (2010, Capítulo 6), para discussões adicionais.] Em muitos casos, os ajustes não levam a diferenças importantes, mas é difícil saber isso antecipadamente (a menos que $\hat{\rho}$ seja pequeno e não significante).

Há pouco mencionamos que **x** deveria ser um subconjunto estrito de **z**. Isso traz duas implicações. Primeira, qualquer elemento que apareça como uma variável explicativa em (17.46) também deve ser uma variável explicativa na equação de seleção. Embora em raras ocasiões faça sentido excluir elementos da equação de seleção, não custa muito incluir todos os elementos de **x** em **z**; a exclusão deles pode levar a inconsistências, se forem excluídos incorretamente.

Uma segunda implicação importante é que temos pelo menos um elemento de **z** que não está também em **x**, o que significa que necessitamos de uma variável que afete a seleção, mas que *não* tenha um efeito parcial sobre *y*. Isso não é necessário para aplicar o procedimento – de fato, podemos conduzir mecanicamente as duas etapas quando **z** = **x** –, mas os resultados em geral serão menos que convincentes, a não ser que tenhamos uma *restrição de exclusão* em (17.46). A razão para isso é que, embora o inverso da razão de Mills seja uma função não linear de **z**, ele frequentemente é bem aproximado por uma função linear. Se **z** = **x**, $\hat{\lambda}_i$ pode ser altamente correlacionado com os elementos de $\mathbf{x}_i$. Como sabemos, essa multicolinearidade pode conduzir a erros padrão muito altos dos $\hat{\beta}_j$. De maneira intuitiva, se não tivermos uma variável que afete a seleção, exceto *y*, será extremamente difícil, se não impossível, distinguir seleção amostral de uma forma funcional mal-especificada em (17.46).

EXEMPLO 17.5 Equação da oferta de salário para mulheres casadas

Aplicamos a correção da seleção amostral aos dados sobre mulheres casadas contidos no arquivo MROZ. Lembre-se de que das 753 mulheres na amostra, 428 trabalharam por salário durante o ano. A equação da oferta de salário é padrão, com log(*wage*) como a variável dependente e *educ*, *exper* e *exper*² como as variáveis explicativas. Para testar e corrigir o viés da seleção amostral – em razão da impossibilidade de observar a oferta de salário para as mulheres que não trabalham –, precisamos estimar um modelo probit da participação na força de trabalho. Adicionalmente às variáveis educação e experiência, incluímos os fatores descritos na Tabela 17.1: outra renda, idade, número de filhos pequenos e número de filhos mais velhos. O fato de essas quatro variáveis serem excluídas da equação de oferta de salário é uma *hipótese*: assumimos que, dados os fatores de produtividade, *nwifeinc, age, kidslt6* e *kidsge6* não têm efeito sobre a oferta de salário. É evidente, pelos resultados probit na Tabela 17.1, que pelo menos *age* e *kidslt6* têm um forte efeito sobre a participação na força de trabalho.

A Tabela 17.7 contém os resultados do MQO e de Heckit. [Os erros padrão dos resultados de Heckit são os mesmos erros padrão habituais do MQO da regressão (17.50).] Não existe evidência de um problema de seleção amostral na estimativa da equação de oferta de salário. O coeficiente de $\hat{\lambda}$ tem uma estatística *t* bastante pequena (0,239), e assim não podemos rejeitar $H_0: \rho = 0$. De mesma importância é o fato de não haver grandes diferenças práticas nos coeficientes de inclinação estimados na Tabela 17.7. Os retornos da educação estimados diferem somente em um décimo de ponto percentual.

TABELA 17.7 Equação da oferta de salário para mulheres casadas.

Variáveis independentes	Variável dependente: log(wage)	
	MQO	Heckit
educ	0,108 (0,014)	0,109 (0,016)
exper	0,042 (0,012)	0,044 (0,016)
exper^2	−0,00081 (0,00039)	−0,00086 (0,00044)
constante	−0,522 (0,199)	−0,578 (0,307)
$\hat{\lambda}$	—	0,032 (0,134)
Tamanho da amostra R-quadrado	428 0,157	428 0,157

Uma alternativa ao método precedente de estimação em duas etapas é a estimação de máxima verossimilhança completa. Ela é mais complicada, já que requer que obtenhamos a distribuição conjunta de y e s. Muitas vezes, faz sentido testar a seleção amostral usando o procedimento anterior; se não houver evidência de seleção amostral, não haverá razão para continuar. Se detectarmos viés de seleção amostral, poderemos tanto usar a estimativa em duas etapas como estimarmos conjuntamente as equações de regressão e seleção por EMV. [Veja Wooldridge (2010, Capítulo 19).]

No Exemplo 17.5, conhecemos mais do que apenas se uma mulher trabalhou durante o ano: sabemos quantas horas cada mulher trabalhou. Acontece que podemos usar essa informação em um procedimento alternativo de seleção amostral. Em lugar do inverso da razão de Mills $\hat{\lambda}_i$, usamos os resíduos tobit, digamos, $\hat{v}_i$, que é calculado como $\hat{v}_i = y_i - \mathbf{x}_i \hat{\boldsymbol{\beta}}$ sempre que $y_i > 0$. Pode ser mostrado que a regressão em (17.50) com $\hat{v}_i$ no lugar de $\hat{\lambda}_i$ também produz estimativas consistentes dos β_j, e que a estatística t padrão de $\hat{v}_i$ é um teste válido para o viés de seleção amostral. Essa abordagem tem a vantagem de usar mais informações, mas é menos aplicada. [Veja Wooldridge (2010, Capítulo 19).]

Há mais tópicos que envolvem a questão da seleção amostral. Um digno de ser mencionado é o de modelos com variáveis explicativas endógenas, *em adição ao* possível viés de seleção amostral. Escreva um modelo com uma única variável explicativa endógena como

$$y_1 = \alpha_1 y_2 + \mathbf{z}_1 \boldsymbol{\beta}_1 + u_1, \qquad (17.51)$$

em que y_1 somente será observado quando $s = 1$, e y_2 poderá ser observado com y_1. Um exemplo é quando y_1 é a porcentagem de votos recebidos por um candidato, e y_2 é a porcentagem do total de gastos de campanha registrado pelo candidato. Para os candidatos que não concorrem, não poderemos observar y_1 ou y_2. Se tivermos fatores exógenos que afetem a decisão de concorrer e que estejam correlacionados com os gastos de campanha, poderemos estimar consistentemente α_1 e os elementos de $\boldsymbol{\beta}_1$ por variáveis instrumentais. Para ser convincente, precisamos de *duas* variáveis exógenas que não apareçam em (17.51). Efetivamente, uma deve afetar a decisão de seleção, e outra deve ser correlacionada com y_2 [a exigência normal para estimar (17.51) por MQ2E]. Resumidamente, o método é estimar a equação de seleção por probit, no qual *todas* as variáveis exógenas aparecem na equação probit. Depois, adicionamos o inverso da razão de Mills a (17.51) e estimamos a equação por MQ2E. O inverso da razão de Mills age como sua própria instrumental, já que depende somente de variáveis exógenas. Usamos todas as variáveis exógenas do mesmo modo que as outras instrumentais. Como antes, podemos usar a estatística t de $\hat{\lambda}_i$ na configuração de teste para o viés de seleção. [Veja Wooldridge (2010, Capítulo 19), para informações adicionais.]

Resumo

Neste capítulo, estudamos vários métodos avançados que são com frequência usados em aplicações, especialmente em microeconomia. Os modelos logit e probit são usados para variáveis de resposta binária. Esses modelos oferecem algumas vantagens sobre o modelo de probabilidade linear: as probabilidades estimadas estão entre zero e um, e os efeitos parciais decrescem. O principal custo do logit e do probit é que eles são mais difíceis de interpretar.

O modelo tobit é aplicável a resultados não negativos que se acumulam em zero, mas que também assumem uma ampla gama de valores positivos. Muitas variáveis de escolha individual, tais como a oferta de mão de obra, o valor do seguro de vida, e o montante do fundo de pensão investido em ações, possuem essa característica. Assim como no logit e no probit, os valores esperados de y dado $\mathbf{x}$ – sejam condicionais a $y > 0$ ou incondicionais – dependem de $\mathbf{x}$ e de $\boldsymbol{\beta}$ de maneiras não lineares. Fornecemos as expressões desses valores esperados, como também as fórmulas dos efeitos parciais de cada x_j sobre as expectativas. Elas poderão ser estimadas depois de o modelo tobit ter sido estimado por máxima verossimilhança.

Quando a variável dependente é uma variável de contagem – isto é, ela assume valores inteiros não negativos –, um modelo de regressão de Poisson será apropriado. O valor esperado de y, dados os x_j, tem uma forma exponencial. Isso dá aos parâmetros interpretações como semielasticidades ou elasticidades, dependendo se os x_j estão em nível ou na forma logarítmica. Em resumo, podemos interpretar os parâmetros *como se* eles estivessem em um modelo linear com $\log(y)$ como a variável dependente. Os parâmetros podem ser estimados por EMV. Porém, como a distribuição de Poisson impõe igualdade entre a variância e a média, frequentemente é necessário calcular erros padrão e estatísticas de testes que admitam superdispersão ou subdispersão. Trata-se de simples ajustes dos habituais erros padrão e estatísticas da EMV.

Modelos de regressões censurada e truncada resolvem tipos específicos de problemas de ausência de dados. Na regressão censurada, a variável dependente é censurada acima ou abaixo de um valor limite. Podemos usar as informações sobre os resultados censurados porque sempre observamos as variáveis explicativas, como em aplicações de duração ou codificação superior de observações. Um modelo de regressão truncada surge quando uma parte da população é inteiramente excluída: não observamos nenhuma informação em unidades que não estejam cobertas pelo esquema de amostragem. Este é um caso especial de problema de seleção amostral.

A Seção 17.5 oferece um tratamento sistemático da seleção amostral não aleatória. Mostramos que a seleção amostral exógena não afeta a consistência do MQO quando aplicada na subamostra, mas a seleção amostral endógena afeta. Mostramos como testar e

CAPÍTULO 17 Modelos com variáveis dependentes limitadas e correções da seleção amostral

corrigir o viés de seleção amostral para o problema geral do truncamento ocasional, no qual observações estão faltando em y em razão do resultado de outra variável (como a participação na força de trabalho). O método de Heckman é relativamente fácil de ser implementado nessas situações.

Termos-chave

Amostra selecionada
Análise de duração
Codificação superior
Distribuição de Poisson
Efeito marginal médio (AME)
Efeito parcial médio (APE)
Efeito parcial na média (PEA)
Estatística da razão de verossimilhança
Estatística de Wald
Estatística quase razão de verossimilhança
Estimação de máxima verossimilhança (EMV)
Estimação de quase máxima verossimilhança (EQMV)

Função log-verossimilhança
Método Heckit
Modelo de regressão censurada
Modelo de regressão de Poisson
Modelo de regressão normal censurada
Modelo de regressão truncada normal
Modelo de regressão truncada
Modelo de variável latente
Modelo logit
Modelo probit
Modelo tobit
Modelos de resposta binária

Porcentagem corretamente prevista
Probabilidade de resposta
Pseudo R-quadrado
Razão inversa de Mills
Resposta de solução de canto
Seleção amostral exógena
Seleção de amostra não aleatória
Superdispersão
Truncamento ocasional
Variável de contagem
Variável dependente limitada (VDL)

Problemas

1. (i) Para uma resposta binária y, seja $\bar{y}$ a proporção de uns na amostra (que é igual à média amostral de y_i). Sejam $\hat{q}_0$ a porcentagem corretamente prevista do resultado $y = 0$ e $\hat{q}_1$ a porcentagem corretamente prevista do resultado $y = 1$. Se $\hat{p}$ é a porcentagem global corretamente prevista, mostre que $\hat{p}$ é uma média ponderada de $\hat{q}_0$ e $\hat{q}_1$:

$$\hat{p} = (1 - \bar{y})\hat{q}_0 + \bar{y}\hat{q}_1.$$

   (ii) Em uma amostra de 300 observações, suponha que $\bar{y} = 0{,}70$, de modo que existem 210 resultados com $y_i = 1$ e 90 com $y_i = 0$. Suponha que a porcentagem corretamente prevista quando $y = 0$ seja 80, e quando $y = 1$ seja 40. Encontre a porcentagem global corretamente prevista.

2. Defina *grad* como uma variável *dummy* que informa se um estudante-atleta de uma grande universidade se formará em cinco anos. Sejam *hsGPA* e *SAT* a nota média do ensino médio e a nota do exame SAT, respectivamente. Defina *study* como o número de horas gastas por semana em uma sala de estudo organizada. Suponha que, usando os dados de 420 estudantes-atletas, obtenha-se o seguinte modelo logit:

$$\hat{P}(grad = 1|hsGPA, SAT, study) = \Lambda(-1{,}17 + 0{,}24\ hsGPA + 0{,}00058\ SAT + 0{,}073\ study),$$

em que $\Lambda(z) = \exp(z)/[1 + \exp(z)]$ é a função logit. Mantendo fixos *hsGPA* em 3,0 e *SAT* em 1.200, calcule a diferença estimada na probabilidade de formatura de alguém que tenha passado dez horas por semana em uma sala de estudo e de alguém que tenha passado cinco horas por semana.

3 (Exige cálculo.)

(i) Suponha no modelo tobit que $x_1 = \log(z_1)$ e que esse é o único lugar em que z_1 aparece em **x**. Mostre que

$$\frac{\partial E(y|y > 0, \mathbf{x})}{\partial z_1} = (\beta_1/z_1)\{1 - \lambda(\mathbf{x}\boldsymbol{\beta}/\sigma)[\mathbf{x}\boldsymbol{\beta}/\sigma + \lambda(\mathbf{x}\boldsymbol{\beta}/\sigma)]\}, \qquad (17.52)$$

em que β_1 é o coeficiente de $\log(z_1)$.

(ii) Se $x_1 = z_1$ e $x_2 = z_1^2$, mostre que

$$\frac{\partial E(y|y > 0, \mathbf{x})}{\partial z_1} = (\beta_1 + 2\beta_2 z_1)\{1 - \lambda(\mathbf{x}\boldsymbol{\beta}/\sigma)[\mathbf{x}\boldsymbol{\beta}/\sigma + \lambda(\mathbf{x}\boldsymbol{\beta}/\sigma)]\},$$

em que β_1 é o coeficiente de z_1 e β_2 é o coeficiente de z_1^2.

4 Defina mvp_i como o valor do produto marginal do trabalhador i, que é o preço do bem de uma firma multiplicado pelo produto marginal do trabalhador. Assuma que

$$\log(mvp_i) = \beta_0 + \beta_1 x_{i1} + \ldots + \beta_k x_{ik} + u_i$$
$$wage_i = \max(mvp_i, minwage_i),$$

em que estão incluídas como variáveis explicativas educação, experiência etc., e $minwage_i$ é o salário-mínimo relevante para o indivíduo i. Escreva $\log(wage_i)$ em termos de $\log(mvp_i)$ e $\log(minwage_i)$.

5 (Exige cálculo.)

Defina *patents* como o número de patentes requeridas por uma firma durante determinado ano. Assuma que o valor esperado condicional de *patents*, dados e *RD* é

$$E(patents|sales, PD) = \exp[\beta_0 + \beta_1 \log(sales) + \beta_2 RD + \beta_3 RD^2],$$

em que *vendas* representa as vendas anuais da firma e *PD* é o total de gastos com pesquisa e desenvolvimento nos últimos 10 anos.

(i) Como você estimaria os β_j? Justifique sua resposta detalhando a natureza de *patents*.

(ii) Como você interpreta β_1?

(iii) Encontre o efeito parcial de *RD* sobre $E(patents|sales, PD)$.

6 Considere uma função de poupança familiar para a população de todas as famílias dos Estados Unidos:

$$sav = \beta_0 + \beta_1 inc + \beta_2 hhsize + \beta_3 educ + \beta_4 age + u,$$

em que *hhsize* é o tamanho da família, *educ* são anos de escolaridade do chefe da família e *age* é a idade do chefe da família. Assuma que $E(u|inc, hhsize, educ, age) = 0$.

(i) Suponha que a amostra inclua apenas famílias cuja idade de seu chefe seja superior a 25 anos. Se usarmos o MQO nessa amostra, obteremos estimadores não viesados dos β_j? Explique.

(ii) Agora, suponha que nossa amostra inclua somente casais sem filhos. Podemos estimar todos os parâmetros na equação de poupança? Quais podemos estimar?

(iii) Suponha que excluamos de nossa amostra as famílias que poupam mais de 25.000 dólares por ano. O MQO produzirá estimadores consistentes dos β_j?

7   Suponha que você seja contratado por uma universidade para estudar os fatores que determinam se os alunos admitidos na universidade matricularam-se efetivamente na universidade. Você recebe uma grande amostra aleatória dos alunos que foram admitidos no ano anterior. Também são disponibilizadas informações sobre se cada aluno decidiu matricular-se, o desempenho no ensino médio, a renda familiar, o auxílio financeiro oferecido, etnia e variáveis geográficas. Alguém lhe diz: "Qualquer análise desses dados conduzirá a resultados viesados, pois não se trata de uma amostra aleatória de todos os candidatos às universidades, mas somente daqueles que se candidataram nesta universidade". Qual sua opinião sobre essa crítica?

Exercícios em computador

C1 Use os dados em PNTSPRD neste exercício.
  (i) A variável *favwin* é uma variável binária para time favorito nas apostas esportivas com margem de vitória de Las Vegas. Um modelo de probabilidade linear para estimar a probabilidade de o time favorito vencer é:

  $$P(favwin = 1|spread) = \beta_0 + \beta_1 spread.$$

  Explique por que, caso a aposta incorpore todas as informações relevantes, esperamos que $\beta_0 = 0,5$.
  (ii) Estime o modelo do item (i) por MQO. Teste H_0: $\beta_0 = 0,5$ em relação a uma alternativa bilateral. Use erros padrão usuais e robustos em relação à heterocedasticidade.
  (iii) *Spread* é estatisticamente significante? Qual é a probabilidade estimada de o time preferido vencer quando *spread* = 10?
  (iv) Agora, estime um modelo Probit para P(*favwin* = 1|*spread*). Interprete e teste a hipótese nula de que o intercepto é zero [*Dica*: Lembre-se de que $\Phi(0) = 0,5$.
  (v) Use o modelo Probit para estimar a probabilidade de que o time favorito vença, caso *spread* = 10. Compare esse resultado com a estimativa MPL do item (iii).
  (vi) Adicione as variáveis *favhome*, *fav25* e *und25* ao modelo probit e teste a significância conjunta dessas variáveis usando o teste de razão de verossimilhança (quantos *gl* estão na distribuição qui-quadrado?). Interprete esse resultado, focando na possibilidade de que o *spread* incorpore todas as informações observáveis antes de um jogo.

C2 Use os dados em LOANAPP neste exercício; ver também o Exercício em computador C8 do Capítulo 7.
  (i) Estime um modelo probit de aprovar sobrebranco (variáveis : *aprove* e *white* respectivamente). Encontre a probabilidade estimada de aprovação de empréstimos para brancos e não brancos. Como esse resultado se compara com as estimativas de probabilidade linear?
  (ii) Agora, adicione as variáveis *hrat*, *obrat*, *loanprc*, *unem*, *male*, *married*, *dep*, *sch*, *cosign*, *chist*, *pubrec*, *mortlat1*, *mortlat2* e *vr* ao modelo probit. Existe evidência estatisticamente significante de discriminação contra não brancos?
  (iii) Estime o modelo do item (ii) por logit. Compare o coeficiente de *white* com a estimativa probit.
  (iv) Use a Equação (17.17) para estimar a amplitude dos efeitos de discriminação para probit e logit.

C3 Use os dados em FRINGE neste exercício.

(i) Para que percentual de trabalhadores da amostra de pensão (variável: *pension*) é igual a zero? Qual é a gama de pensão para trabalhadores com benefícios de pensão diferentes de zero? Por que um modelo tobit é apropriado para apresentar *pension*?

(ii) Estime um modelo tobit explicando pensão em termos de *exper*, *age*, *tenure*, *educ*, *depends*, *married*, *white*, e *male*. Brancos (variável: *white*) e homens (variável: *male*) têm benefícios de pensão significativa e estatisticamente maiores?

(iii) Use os resultados do item (ii) para estimar a diferença em benefícios de pensão esperados para um homem branco e uma mulher não branca, ambos de 35 anos, solteiros e sem dependentes, com 16 anos de escolaridade e 10 anos de experiência profissional.

(iv) Adicione *union* ao modelo tobit e comente sua importância.

(v) Aplique o modelo tobit do item (iv), mas com *peratio*, a razão de vencimentos de aposentadoria como variável dependente. (Note que é uma fração entre zero e um, mas, considerando que geralmente assume o valor zero, nunca chega perto de se tornar uma unidade. Logo, um modelo tobit é adequado como uma aproximação). Gênero ou raça têm efeito sobre a razão de vencimentos de aposentadoria?

C4 No Exemplo 9.1, adicionamos os termos quadráticos $pcnv^2$, $ptime86^2$ e $inc86^2$ a um modelo linear para *narr86*.

(i) Use os dados em CRIME1 para adicionar esses mesmos termos à regressão de Poisson do Exemplo 17.3.

(ii) Calcule a estimativa de σ^2 dada por $\hat{\sigma}^2 = (n - k - 1)^{-1}\sum_{i=1}^{n}\hat{u}_i^2/\hat{y}_i$. Existe evidência de superdispersão? Como os erros padrão EMV de Poisson devem ser ajustados?

(iii) Use os resultados dos itens (i) e (ii) e a Tabela 17.5 para calcular a estatística da razão de quase verossimilhança para a significância conjunta dos três termos quadráticos. O que se conclui com isso?

C5 Refere-se à Tabela 13.1 do Capítulo 13. Lá usamos os dados de FERTIL1 para estimar um modelo linear para *kids*, o número de filhos gerados por uma mulher.

(i) Estime um modelo de regressão de Poisson para *kids*, usando as mesmas variáveis da Tabela 13.1. Interprete o coeficiente em *y82*.

(ii) Qual é a diferença percentual estimada em fertilidade entre uma mulher negra e uma mulher não negra, mantendo outros fatores fixos?

(iii) Obtenha $\hat{\sigma}$. Existe alguma evidência de super ou subdispersão?

(iv) Calcule os valores ajustados da regressão de Poisson e obtenha o R-quadrado como a correlação quadrada entre $kids_i$ e $\widehat{kids_i}$. Compare esse resultado com o R-quadrado para o modelo de regressão linear.

C6 Use os dados em RECID para estimar o modelo do Exemplo 17.4 por MQO, usando *apenas* as 552 durações não censuradas. Comente de maneira geral como essas estimativas se comparam com as da Tabela 17.6.

C7 Use os dados em MROZ neste exercício.

(i) Utilizando as 428 mulheres que participavam da força de trabalho, estime o retorno da educação por MQO, incluindo *exper*, $exper^2$, *nwifeinc*, *age*, *kidslt6* e *kidsge6* como variáveis explicativas. Reporte sua estimativa em *educ* e seu erro padrão.

(ii) Agora, estime o retorno da educação por Heckit, em que variáveis exógenas aparecem na regressão de dois estágios. Em outras palavras, a regressão é log(*salário*) em log(*wage*) em *educ*, *exper*, $exper^2$, *nwifeinc*, *age*, *kidslt6*, *kidsge6* e $\hat{\lambda}$. Compare o retorno estimado e seu erro padrão com o que se observa no item (i).

(iii) Usando apenas as 428 observações para funcionárias, regrida $\hat{\lambda}$ em *educ*, *exper*, *exper*^{2}, *nwifeinc*, *age*, *kidslt6* e *kidsge6*. Quão grande é o *R*-quadrado? Como isso ajuda a explicar seus achados do item (ii)? (*Dica*: pense em multicolinearidade).

C8 O arquivo JTRAIN2 contém dados sobre um experimento de treinamento profissional para um grupo de homens. O programa começaria em janeiro de 1976 e se estenderia até meados de 1977. O programa acabou em dezembro de 1977. A ideia é testar se a participação no programa de treinamento profissional teve um efeito nas probabilidades de desemprego e rendimentos de 1978.

(i) A variável *train* é o indicador de treinamento profissional. Quantos homens na amostra participaram do programa de treinamento profissional? Qual foi o maior número de meses acumulado por um participante do programa?

(ii) Estabeleça uma regressão linear de treino em muitas variáveis demográficas e pré--treino: *unem74*, *unem75*, *age*, *educ*, *black*, *hisp* e *married*. Essas variáveis são significativas conjuntamente ao nível de 5%?

(iii) Estime uma versão probit do modelo linear do item (ii). Calcule o teste de razão de verossimilhança para a significância conjunta de todas as variáveis. O que você conclui?

(iv) Com base em suas respostas aos itens (ii) e (iii), parece-lhe que a participação em treinamento profissional possa ser tratada como exógena como forma de explicar o *status* de desemprego de 1978? Explique.

(v) Estabeleça uma regressão simples de *unem78* em *train* e reporte os resultados em forma de equação. Qual é o efeito estimado de participar do programa de treinamento na probabilidade de estar desempregado em 1978? Isso é estatisticamente significante?

(vi) Estabeleça um probit de *unem78* em *train*. Faz sentido comparar o coeficiente probit em *train* com o coeficiente obtido do modelo linear do item (v)?

(vii) Encontre as probabilidades apropriadas dos itens (v) e (vi). Explique por que elas são idênticas. Qual abordagem você usaria para medir o efeito e a significância estatística do programa de treinamento profissional?

(viii) Adicione todas as variáveis do item (ii) como controles adicionais aos modelos dos itens (v) e (vi). As probabilidades apropriadas agora são idênticas? Qual é a correlação entre elas?

(ix) Usando o modelo do item (viii) estime o efeito parcial médio de *train* na probabilidade de desemprego de 1978. Use (17.17) com $c_k = 0$. Como a estimativa se compara com a estimativa MQO do item (viii)?

C9 Use os dados em APPLE neste exercício. Existem levantamentos de dados por telefone que tentam obter a demanda por uma maçã (ficcional) "ecologicamente amigável". Cada família foi (aleatoriamente) exposta a um conjunto de preços de maçãs comuns e maçãs rotuladas como orgânicas. Foi perguntado a cada família quantos quilos de cada tipo de maçã elas comprariam.

(i) Das 660 famílias da amostra, quantas reportaram não desejar as maçãs orgânicas ao preço estabelecido?

(ii) A variável *ecolbs* parece ter uma distribuição contínua sobre valores estritamente positivos? Que implicações sua resposta tem para a adequação de um modelo tobit para *ecolbs*?

(iii) Estime um modelo Tobit para *ecolbs* com *ecoprc*, *regprc*, *faminc* e *hhsize* como variáveis explicativas. Quais variáveis são significativas ao nível de 1%?

(iv) São conjuntamente significativas *faminc* e *hhsize*?

(v) Os sinais dos coeficientes sobre as variáveis de preço do item (iii) estão de acordo com o que você esperava? Explique.

(vi) Suponha que β_1 seja o coeficiente em *ecoprc* e β_2 o coeficiente em *regprc*. Teste a hipótese H_0: $\beta_1 = \beta_2$ contra a alternativa bilateral. Reporte o *p*-valor do teste (é possível que você queira consultar a Seção 4.4 se o seu pacote de regressão não calcular facilmente esses testes).

(vii) Obtenha as estimativas de E(*ecolbs*|**x**) para todas as observações na amostra [ver Equação (17.25)]. Chame-as de $\widetilde{ecolbs}_i$. Quais são os menores e os maiores valores ajustados?

(viii) Calcule a correlação quadrada entre $ecolbs_i$ e $\widetilde{ecolbs}_i$.

(ix) Agora, estime um modelo linear para *ecolbs* usando as mesmas variáveis explicativas do item (iii). Por que as estimativas MQO são bem menores do que as estimativas tobit? Em termos de aderência, o modelo tobit é melhor do que o modelo linear?

(x) Avalie a seguinte declaração: "Já que o *R*-quadrado do modelo tobit é tão pequeno, os efeitos de preço estimados são provavelmente inconsistentes".

C10 Use os dados em SMOKE neste exercício.

(i) A variável *cigs* é o número de cigarros fumados por dia. Quantas pessoas da amostra não fumam de maneira alguma? Que parcela dessas pessoas alega fumar 20 cigarros por dia? Por que existe um acúmulo de pessoas que fumam pelo menos 20 cigarros?

(ii) Dadas suas respostas no item (i), *cigs* parece um bom candidato a uma distribuição de Poisson condicional?

(iii) Estime um modelo de regressão de Poisson para *cigs*, incluindo log(*cigpric*), log(*income*), *white, educ, age* e age^2 como variáveis explicativas. Quais são as elasticidades de preço e de renda estimadas?

(iv) Usando os erros padrão de máxima verossimilhança, conclui-se que as variáveis de preço e renda são estatisticamente significantes ao nível de 5%?

(v) Obtenha a estimativa de σ^2 descrita após a equação (17.35). O que é $\hat{\sigma}$? Como você ajustaria os erros padrão do item (iv)?

(vi) Usando os erros padrão ajustados do item (v), o quão estaticamente diferentes de zero são o preço e as elasticidades de renda? Explique.

(vii) As variáveis relativas a educação e idade são significativas usando erros padrão mais robustos? Como você interpreta o coeficiente em *educ*?

(viii) Obtenha os valores ajustados, $\hat{y}_i$, do modelo de regressão de Poisson. Encontre os valores mínimos e máximos e discuta o quão bem o modelo exponencial prevê o hábito de fumar muitos cigarros.

(ix) Usando os valores ajustados do item (viii), obtenha o coeficiente de correlação quadrada entre $\hat{y}_i$ e y_i.

(x) Estime um modelo linear para *cigs* por meio de MQO, usando variáveis explicativas (e as mesmas formas funcionais) como as do item (iii). O modelo linear ou exponencial fornece melhor ajuste? *R*-quadrado é muito amplo?

C11 Use os dados em CPS91 neste exercício. Esses dados referem-se a mulheres casadas, mas também temos informações sobre renda e dados demográficos de seus maridos.

(i) Que parcela das mulheres alega participar da força de trabalho?

(ii) Usando apenas dados de mulheres que trabalham – e somente delas – estime que a equação salarial

$$\log(wage) = \beta_0 + \beta_1 educ + \beta_2 exper + \beta_3 exper^2 + \beta_4 black + \beta_5 hispanic + u$$

seja de mínimos quadrados ordinários. Reporte os resultados na forma usual. Parece haver diferenças salariais significativas com relação a raça e etnia?

(iii) Estime um modelo probit para *inlf* que inclua variáveis explicativas na equação salarial do item (ii), assim como em *nwifeinc* e *kidslt6*. Essas últimas duas variáveis têm coeficientes com sinal esperado? Elas são estatisticamente significantes?

(iv) Explique por que, para propósitos de teste e, possivelmente, de correção da equação salarial para seleção da força de trabalho, é importante para *nwifeinc* e *kidslt6* ajudar a explicar *inlf*. O que se deve presumir a respeito de *nwifeinc* e *kidslt6* na equação salarial?

(v) Calcule a razão inversa de Mills (para cada observação) e adicione o resultado a um regressor adicional para a equação salarial do item (ii). Qual é seu *p*-valor bilateral? Você acha que ele é particularmente pequeno com 3.286 observações?

(vi) O fato de adicionar a razão inversa de Mills altera os coeficientes na regressão salarial de forma importante? Explique.

C12 Use os dados em CHARITY para responder a estas questões.

(i) A variável *respond* é uma variável binária igual a um se um indivíduo respondeu com uma doação ao pedido mais recente. O banco de dados consiste em pessoas que já responderam pelo menos uma vez no passado. Que parcela das pessoas respondeu apenas recentemente?

(ii) Estime um modelo probit para *respond*, usando *resplast*, *weekslast*, *propresp*, *mailsyear* e *avggift* como variáveis explicativas. Qual dessas variáveis explicativas é estatisticamente significante?

(iii) Encontre o efeito parcial médio para *mailsyear* e o compare com o coeficiente de um modelo de probabilidade linear.

(iv) Usando as mesmas variáveis explicativas, estime um modelo tobit para *gift*, a quantidade mais recente de donativos concedidos (em florins holandeses). Agora, que variável explicativa é estatisticamente significante?

(v) Compare o APE tobit para *mailsyear* com o da regressão linear. Eles são similares?

(vi) As estimativas dos itens (ii) e (iv) são inteiramente compatíveis com o modelo tobit? Explique.

C13 Use os dados em HTV para responder a esta questão.

(i) Usando MQO em toda a amostra, estime um modelo para log(*wage*) com as variáveis explicativas *educ*, *abil*, *exper*, *nc*, *west*, *south* e *urban*. Reporte o retorno estimado da educação e seu erro padrão.

(ii) Agora, estime a equação do item (i) usando somente pessoas com *educ* < 16. Que percentual da amostra se perde? E qual o retorno estimado de um ano de escolaridade? Como isso se compara com o item (i)?

(iii) Agora, exclua todas as observações com *wage* ≥ 20, de forma que todos os que restarem na amostra recebam menos de $ 20 por hora. Rode a regressão do item (i) e comente sobre o coeficiente em *educ*. (Já que o modelo de regressão truncada normal presume que *y* seja contínuo, não importa, na teoria, se abandonamos observações com *wage* ≥ 20 or *wage* > 20. Na prática, incluir isto nessa aplicação pode causar um leve impacto, já que há algumas pessoas que recebem exatamente $ 20 por hora.)

(iv) Usando a amostra do item (iii), aplique regressão truncada [com o ponto superior de truncamento sendo log(20)]. A regressão truncada parece recuperar o retorno da educação em toda a população, presumindo que a estimativa de (i) é consistente? Explique.

C14 Use os dados em HAPPINESS nesta questão. Veja também o Exercício em computador C15 do Capítulo 13.

(i) Estime um modelo de probabilidade que relaciona *vhappy* a *occattend* e *regattend*, e inclua um conjunto completo de *dummies* anuais. Encontre o efeito médio parcial para *occattend* e *regattend*. Como eles se comparam com uma estimativa de modelo de probabilidade linear?

(ii) Defina uma variável, *highinc*, igual a um se a renda familiar estiver acima de $ 25.000. Inclua *highinc*, *unem10*, *educ* e *teen* à estimação probit do item (ii). O APE de *regattend* foi muito afetado? E sua significância estatística?

(iii) Discuta os APEs e a significância estatística das quatro novas variáveis do item (ii). As estimativas fazem sentido?

(iv) Ao controlar os fatores do item (ii), parece haver diferenças em felicidade por gênero ou raça? Justifique sua resposta.

C15 Use os dados em ALCOHOL, obtidos de Terza (2002), para responder a esta questão. Os dados, retirados de 9.822 homens, incluem informações sobre mercado de trabalho, se o homem bebe álcool em excesso, dados demográficos e variáveis de experiência. Nessa questão, você estudará os efeitos do excesso de álcool em *employ*, uma variável binária igual a um, caso o homem possua um emprego. Se *employ* = 0, significa que o homem na amostra está desempregado ou não pertence à força de trabalho.

(i) Que parcela da amostra está empregada no momento da entrevista? Que parcela da amostra tem informações sobre abuso de álcool?

(ii) Estabeleça a regressão simples de *employ on abuse* e reporte os resultados na forma usual, obtendo os erros padrão robustos com relação à heterocedasticidade. Interprete a equação estimada. A relação é a que você esperava? Ela pode ser considerada estatisticamente significativa?

(iii) Estabeleça um probit de *employ on abuse*. Você vê o mesmo sinal e a significância estatística do item (ii)? Como o efeito parcial médio para probit se compara com o modelo de probabilidade linear?

(iv) Obtenha os valores ajustados para o MPL estimado no item (ii) e reporte o que eles são quando *abuse* = 0 e *abuse* = 1. Como isso se compara com os valores probit ajustados e por quê?

(v) Ao MPL do item (ii) adicione as variáveis *age,agesq, educ, educsq, married, famsize, white, northeast, midwest, south, centcity, outercity, qrt*1, *qrt*2 e *qrt*3. O que acontece com o coeficiente em *abuse* e qual a sua significância estatística?

(vi) Estime um modelo probit usando as variáveis do item (v). Encontre o APE de *abuse* e sua estatística *t*. O efeito estimado é agora idêntico ao do modelo linear? Chega "perto" dele?

(vii) Variáveis que indicam a saúde geral de cada homem também estão inclusas no conjunto de dados. Fica evidente que essas variáveis devam ser incluídas como controles? Explique.

(viii) Por que *abuse* deveria ser pensado como endógeno na equação de *employ*? Você acha que as variáveis *mothalc* e *fathalc*, que indicam se a mãe ou pai de um homem foram alcoólatras, são variáveis instrumentais sensíveis para *abuse*?

(ix) Estime o MPL subjacente ao item (v) por MQ2E, com *mothalc* e *fathalc* agindo como VIs para *abuse*. A diferença entre os coeficientes MQ2E e MQO é, de forma prática, grande?

(x) Use o teste descrito na Seção 15.5 para testar se *abuse* é endógeno em MPL.

C16 Use os dados em CRIME1 para responder a esta questão.

(i) Para as estimativas MQO reportadas na Tabela 17.5, encontre os erros padrão robustos em relação à heteroscedasticidade. Em termos de significância estatística dos coeficientes, é possível ver alterações notáveis?

(ii) Encontre os erros padrão totalmente robustos – ou seja, que não exigem hipótese (17.35) – para as estimativas de regressão de Poisson da segunda coluna (isso exige que você tenha um pacote econométrico que calcule os erros padrão totalmente robustos). Compare o intervalo de confiança de 95% totalmente robusto para β_{pcnv} com o obtido por meio do erro padrão da tabela 17.5.

(iii) Calcule os efeitos parciais médios para cada variável no modelo de regressão de Poisson. Use a fórmula de variáveis explicativas binárias para *black*, *hispan* e *born60*. Compare os APEs para *qemp86* e *inc86* com os coeficientes MQO correspondentes.

(iv) Caso seu pacote econométrico reporte os erros padrão robustos para os APEs do item (iii), compare a estatística *t* robusta para estimativa MQO de β_{pcnv} com a estatística *t* robusta para APE de *pcnv* na regressão de Poisson.

APÊNDICE 17A

17A.1 Estimação de máxima verossimilhança com variáveis explicativas

O Apêndice C fornece uma análise crítica da estimação da máxima verossimilhança (EMV) no caso mais simples de estimação dos parâmetros de uma distribuição incondicional. Mas a maioria dos modelos em econometria possui variáveis explicativas, quer estimemos esses modelos pelo MQO, quer pela EMV. A última é indispensável para modelos não lineares, e vamos fornecer aqui uma descrição muito breve da abordagem geral.

Todos os modelos cobertos neste capítulo podem ser postos na seguinte forma. Considere que $f(y|\mathbf{x},\boldsymbol{\beta})$ denote a função de densidade de uma extração aleatória y_i da população, condicional em $\mathbf{x}_i = \mathbf{x}$. O estimador da máxima verossimilhança (EMV) de $\boldsymbol{\beta}$ maximiza a função log-verossimilhança,

$$\max_{\mathbf{b}} \sum_{i=1}^{n} \log f(y_i|\mathbf{x}_i, \mathbf{b}), \qquad (17.53)$$

em que o vetor $\mathbf{b}$ é o argumento simulado no problema de maximização. Na maioria dos casos, a EMV, que escrevemos como $\hat{\boldsymbol{\beta}}$, é consistente e tem uma distribuição normal aproximada em amostras grandes. Isso é verdadeiro embora não possamos escrever uma fórmula para $\hat{\boldsymbol{\beta}}$ exceto em circunstâncias muito especiais.

Em relação ao caso de resposta binária (logit e probit), a densidade condicional é determinada por dois valores, $f(1|\mathbf{x},\boldsymbol{\beta}) = P(y_i = 1|\mathbf{x}_i) = G(\mathbf{x}_j\boldsymbol{\beta})$ e $f(0|\mathbf{x},\boldsymbol{\beta}) = P(y_i = 0|\mathbf{x}_i) = 1 - G(\mathbf{x}_i\boldsymbol{\beta})$. Aliás, uma maneira sucinta de escrever a densidade é $f(y|\mathbf{x},\boldsymbol{\beta}) = [1 - G(\mathbf{x}\boldsymbol{\beta})]^{(1-y)}[G(\mathbf{x}\boldsymbol{\beta})]^y$ para $y = 0, 1$. Assim, podemos escrever a (17.53) da seguinte maneira

$$\max_{\mathbf{b}} \sum_{i=1}^{n} \{(1 - y_i)\log[1 - G(\mathbf{x}_i\mathbf{b})] + y_i\log[G(\mathbf{x}_i\mathbf{b})]\}. \qquad (17.54)$$

De modo geral, as soluções para (17.54) são rapidamente encontradas por computadores modernos, utilizando-se métodos iterativos para maximizar uma função. O tempo total de computação mesmo para conjuntos de dados razoavelmente grandes é bastante rápido.

A função log-verossimilhança do modelo tobit e de regressões censuradas e truncadas é apenas um pouco mais complicada, dependendo de um parâmetro de variação adicional em adição a $\boldsymbol{\beta}$. Ela é facilmente derivada das densidades obtidas no texto. Para detalhes, veja Wooldridge (2010).

APÊNDICE 17B

17B.1 Erros padrão assimptóticos em modelos de variável dependente limitada

As derivações dos erros padrão assimptóticos dos modelos e dos métodos apresentados neste capítulo estão bem além do escopo deste texto. Não apenas exigem álgebra matricial como também teoria assimptótica avançada de estimação não linear. Os fundamentos necessários para uma análise cuidadosa desses métodos e das várias derivações são fornecidos em Wooldridge (2010).

É instrutivo ver as fórmulas de obtenção de erros padrão assimptóticos de pelo menos alguns dos métodos. Dado um modelo de resposta binária $P(y = 1|\mathbf{x}) = G(\mathbf{x}\boldsymbol{\beta})$, em que $G(\cdot)$ é a função logit ou probit, e $\boldsymbol{\beta}$ é o vetor de parâmetros $k \times 1$, a matriz de variância assimptótica de $\hat{\boldsymbol{\beta}}$ é estimada como

$$\widehat{\text{Avar}}(\hat{\boldsymbol{\beta}}) \equiv \left(\sum_{i=1}^{n} \frac{[g(\mathbf{x}_i\hat{\boldsymbol{\beta}})]^2 \mathbf{x}_i'\mathbf{x}_i}{G(\mathbf{x}_i\hat{\boldsymbol{\beta}})[1 - G(\mathbf{x}_i\hat{\boldsymbol{\beta}})]} \right)^{-1}, \qquad (17.55)$$

que é uma matriz $k \times k$. (Veja o Apêndice D para um resumo de álgebra matricial.) Sem os termos que envolvem $g(\cdot)$ e $G(\cdot)$, essa fórmula se parece muito com a matriz de variância estimada do estimador MQO, exceto pelo termo $\hat{\sigma}^2$. A expressão em (17.55) leva em consideração a natureza não linear da probabilidade de resposta – isto é, a natureza não linear de $G(\cdot)$ – como também a forma particular de heteroscedasticidade em um modelo de resposta binária: $\text{Var}(y|\mathbf{x}) = G(\mathbf{x}\boldsymbol{\beta})[1 - G(\mathbf{x}\boldsymbol{\beta})]$.

As raízes quadradas dos elementos diagonais de (17.55) são os erros padrão assimptóticos dos $\hat{\beta}_j$, e eles são rotineiramente descritos por programas econométricos que suportam análises logit e probit. Dadas essas informações, estatísticas t (assimptóticas) e intervalos de confiança serão obtidos das maneiras habituais.

A matriz em (17.55) também é a base para os testes de Wald de restrições múltiplas de $\boldsymbol{\beta}$. [Veja Wooldridge (2010, Capítulo 15).]

A matriz de variância assimptótica do tobit é mais complicada, mas tem uma estrutura semelhante. Observe que também podemos obter um erro padrão para $\hat{\sigma}$. A variância assimptótica da regressão de Poisson, considerando $\sigma^2 \neq 1$ em (17.35), tem uma forma muito parecida com (17.55):

CAPÍTULO 17 Modelos com variáveis dependentes limitadas e correções da seleção amostral

$$\widehat{\text{Avar}}(\hat{\boldsymbol{\beta}}) = \hat{\sigma}^2 \left(\sum_{i=1}^{n} \exp(\mathbf{x}_i\hat{\boldsymbol{\beta}}) \mathbf{x}_i'\mathbf{x}_i \right)^{-1}. \tag{17.56}$$

As raízes quadradas dos elementos diagonais dessa matriz são os erros padrão assimptóticos. Se a hipótese de Poisson se mantiver, podemos eliminar $\hat{\sigma}^2$ da fórmula (pois $\sigma^2 = 1$).

A fórmula para o estimador de matriz de variância totalmente robusto é obtida em Wooldridge (2010, Capítulo 18):

$$\widehat{\text{Avar}}(\hat{\boldsymbol{\beta}}) = \left[\sum_{i=1}^{n} \exp(\mathbf{x}_i\hat{\boldsymbol{\beta}}) \mathbf{x}_i'\mathbf{x}_i \right]^{-1} \left(\sum_{i=1}^{n} \hat{u}_i^2 \mathbf{x}_i'\mathbf{x}_i \right) \left[\sum_{i=1}^{n} \exp(\mathbf{x}_i\hat{\boldsymbol{\beta}}) \mathbf{x}_i'\mathbf{x}_i \right]^{-1},$$

em que $\hat{u}_i = y_i - \exp(\mathbf{x}_i\hat{\boldsymbol{\beta}})$ são os resíduos da regressão de Poisson. Essa expressão tem uma estrutura similar ao estimador de matriz de variância padrão robusta em relação à heteroscedasticidade para MQO, e que é calculado rotineiramente por muitos pacotes econométricos que obtêm os erros padrão totalmente robustos.

Os erros padrão assimptóticos das regressões censurada e truncada e da correção da seleção amostral de Heckit são mais complicados, embora compartilhem partes essenciais com as fórmulas anteriores. [Veja Wooldridge (2010) para mais detalhes.]

CAPÍTULO 18

Tópicos avançados sobre séries temporais

Neste capítulo, tratamos de alguns tópicos mais avançados sobre econometria de séries temporais. Nos Capítulos 10, 11 e 12, enfatizamos em várias passagens que o uso de dados de séries temporais na análise de regressão exige alguns cuidados em razão da natureza tendencial e persistente de muitas séries temporais econômicas. Além de estudarmos tópicos como modelos de defasagem distribuída infinita e previsões, também discutimos sobre alguns avanços recentes na análise de processos de séries temporais com raízes unitárias.

Na Seção 18.1, descreveremos os modelos de defasagem distribuída infinita, que permitem uma alteração em uma variável explicativa para afetar todos os valores futuros da variável dependente. Conceitualmente, esses modelos são extensões diretas dos modelos de defasagem distribuída finita estudados no Capítulo 10, mas estimar esses modelos representa alguns desafios interessantes.

Na Seção 18.2, mostraremos como testar formalmente a existência de raízes unitárias em um processo de série temporal. Lembre-se de que no Capítulo 11 excluímos os processos de raiz unitária para aplicarmos a teoria assimptótica habitual. Como a presença de uma raiz unitária implica que um choque de hoje terá impacto de longa duração, determinar se um processo tem uma raiz unitária é interessante por sua própria natureza.

Trataremos, na Seção 18.3, da noção de regressão espúria entre dois processos de séries temporais em que cada um tem uma raiz unitária. O resultado principal é que, mesmo se séries com duas raízes unitárias forem *independentes*, é bem provável que a regressão de uma sobre a outra produzirá uma estatística t estatisticamente significante. Isso enfatiza as consequências potencialmente sérias do uso de inferência padrão quando as variáveis dependente e independente são processos integrados.

A noção de cointegração aplica-se quando duas séries são I(1), mas uma combinação linear delas é I(0); nesse caso, a regressão de uma sobre a outra não será espúria, mas, ao contrário, nos informará alguma coisa sobre a relação de longo prazo entre elas. A cointegração entre duas séries também implica um tipo particular de modelo, chamado de modelo de correção de erro, para a dinâmica de curto prazo. Tratamos desses modelos na Seção 18.4.

Na Seção 18.5, damos uma visão geral da previsão e reunimos todas as ferramentas deste capítulo e dos anteriores para mostrar como os métodos de regressão podem ser usados para prever resultados futuros de uma série temporal. A literatura sobre previsões é vasta, de modo que nos concentramos nos métodos baseados em regressão mais comuns. Também nos referimos ao tópico relacionado da causalidade de Granger.

18.1 Modelos de defasagem distribuída infinita

Seja $\{(y_t, z_t): t = \ldots, -2, -1, 0, 1, 2, \ldots\}$ um processo de série temporal bivariado (que somente é observado parcialmente). Um **modelo de defasagem distribuída infinita (MDDI)** relacionando y_t com o valor atual e todos os valores passados de z é

$$y_t = \alpha + \delta_0 z_t + \delta_1 z_{t-1} + \delta_2 z_{t-2} + \ldots + u_t, \tag{18.1}$$

em que a soma dos z defasados estende-se até o passado indefinido. Esse modelo é apenas uma aproximação da realidade, uma vez que nenhum processo econômico começou em um passado infinito. Comparado a um modelo de defasagem distribuída finita, um modelo DDI não requer que trunquemos a defasagem em um valor particular.

Para que o modelo (18.1) tenha sentido, os coeficientes da defasagem, δ_j, devem tender a zero quando $j \to \infty$. Isso não quer dizer que δ_2 seja menor em magnitude que δ_1; isso somente significa que o impacto de z_{t-j} sobre y_t deve finalmente se tornar pequeno conforme j se torna grande. Na maioria das aplicações, isso também tem lógica econômica: o passado distante de z deve ser menos importante para explicar y do que seu passado recente.

Mesmo que decidamos que (18.1) é um modelo útil, não poderemos estimá-la sem algumas restrições. Além disso, somente observamos uma história finita dos dados. A equação (18.1) envolve um número infinito de parâmetros, $\delta_0, \delta_1, \delta_2, \ldots$, que não podem ser estimados sem restrições. Mais tarde, colocaremos restrições sobre δ_j que permitirão estimar (18.1).

Como nos modelos de defasagem distribuída finita (MDDF), a propensão de impacto em (18.1) é simplesmente δ_0 (veja o Capítulo 10). De forma geral, os δ_h têm a mesma interpretação que em uma DDF. Suponha que $z_s = 0$ para todo $s < 0$ e que $z_0 = 1$ e $z_s = 0$ para todo $s \geq 1$; em outras palavras, no momento $t = 0$, z aumenta temporariamente em uma unidade e depois reverte-se ao seu nível inicial de zero. Para qualquer $h \geq 0$, teremos $y_h = \alpha + \delta_h + u_h$ de todas $h \geq 0$ e, portanto,

$$E(y_h) = \alpha + \delta_h, \tag{18.2}$$

em que usamos a hipótese padrão que u_h tem média zero. Isso implica que δ_h é a alteração em $E(y_h)$, dada uma mudança temporária de uma unidade em z no momento zero. Acabamos de dizer que δ_h deve tender a zero quando h se torna grande para que a DDI faça sentido. Significa que uma alteração temporária em z *não terá efeito de longo prazo* sobre o y esperado: $E(y_h) = \alpha + \delta_h \to \alpha$ quando $h \to \infty$.

Assumimos que o processo z começa em $z_s = 0$ e que o aumento de uma unidade ocorreu em $t = 0$. Isso foi feito apenas com fim ilustrativo. Ainda mais geralmente, se z aumentar temporariamente em uma unidade (a partir de qualquer nível inicial) no momento t, então, δ_h medirá a alteração no valor esperado de y após h períodos. A distribuição defasada, que é δ_h traçada como uma função de h, mostra a trajetória esperada que o futuro y seguirá, dado o aumento temporário de uma unidade em z.

A propensão de longo prazo no modelo (18.1) é a soma de todos os coeficientes de defasagens:

$$PLP = \delta_0 + \delta_1 + \delta_2 + \delta_3 + \ldots, \tag{18.3}$$

em que assumimos que a soma infinita está bem definida. Como os δ_j devem convergir para zero, a PLP pode frequentemente ser bem aproximada por uma soma finita da forma $\delta_0 + \delta_1 + \ldots + \delta_p$ para p suficientemente grande. Ao interpretar a PLP, suponha que o processo z_t seja estável em $z_s = 0$ para $s < 0$. Em $t = 0$, o processo aumenta permanentemente em uma unidade. Por exemplo, se z_t for a mudança percentual na oferta monetária e y_t for a taxa de inflação, então, estaremos interessados nos efeitos de um aumento permanente de um ponto percentual no crescimento da oferta monetária. Então, substituindo $z_s = 0$ por $s < 0$ e $z_t = 1$ por $t \geq 0$, teremos

$$y_h = \alpha + \delta_0 + \delta_1 + \ldots + \delta_h + u_h,$$

em que $h \geq 0$ é qualquer horizonte. Como u_t tem média zero para todo t, temos

$$E(y_h) = \alpha + \delta_0 + \delta_1 + \ldots + \delta_h. \tag{18.4}$$

[É interessante comparar (18.4) e (18.2).] Quando o horizonte aumenta, isto é, quando $h \to \infty$, o lado direito de (18.4) será, por definição, a propensão de longo prazo, mais α. Assim, a PLP indica a alteração de longo prazo no valor esperado de y, dado um aumento *permanente* de uma unidade em z.

QUESTÃO 18.1

Suponha que $z_s = 0$ para $s < 0$ e que $z_0 = 1, z_1 = 1$ e $z_s = 0$ para $s > 1$. Encontre $E(y_{-1})$, $E(y_0)$ e $E(y_h)$ para $h \geq 1$. O que acontece quando $h \to \infty$?

A derivação anterior da PLP e a interpretação dos δ_j usaram o fato de que os erros têm média zero; como usual, isso não é muito mais que uma hipótese, desde que um intercepto seja incluído no modelo. Um exame mais rigoroso de nosso raciocínio mostra termos assumido que a alteração de z durante qualquer período de tempo não teve efeito sobre o valor esperado de u_t. Essa é a versão de defasagem distribuída infinita da hipótese de *exogeneidade estrita* que apresentamos no Capítulo 10 (em particular, a Hipótese ST.3). Formalmente,

$$E(u_t | \ldots, z_{t-2}, z_{t-1}, z_t, z_{t+1}, \ldots) = 0, \tag{18.5}$$

de maneira que o valor esperado de u_t não depende de z em *qualquer* período de tempo. Embora (18.5) seja natural para algumas aplicações, ela elimina outras possibilidades importantes. Na verdade, (18.5) não permite a realimentação de y_t para o z futuro porque z_{t+h} deve ser não correlacionado com u_t para $h > 0$. No exemplo inflação/crescimento da oferta monetária, em que y_t é a inflação e z_t é o crescimento da base monetária, (18.5) elimina as alterações futuras no crescimento da oferta monetária que estão vinculadas às taxas de inflação presente. Considerando que a política monetária frequentemente tenta manter as taxas de juros e de inflação em certos níveis, isso pode não ser realista.

Uma abordagem para estimar os δ_j, que trataremos na próxima subseção, requer uma hipótese de exogeneidade estrita para produzir estimadores consistentes dos δ_j. Uma hipótese mais fraca é

$$E(u_t|z_t, z_{t-1}, \ldots) = 0. \tag{18.6}$$

Sob (18.6), o erro é não correlacionado com os z atual e *passados*, mas pode estar correlacionado com o z futuro; isso possibilita que z_t seja uma variável que segue as regras de decisão que dependam do y passado. Algumas vezes (18.6) é suficiente para estimar os δ_j; explicaremos isso na próxima subseção.

Algo a lembrar é que nem (18.5) nem (18.6) informam sobre as propriedades de correlação serial de $\{u_t\}$. (Isso é o mesmo que ocorre nos modelos de defasagem distribuída finita.) No mínimo, podemos esperar que $\{u_t\}$ seja serialmente correlacionado, pois (18.1) geralmente não o é dinamicamente completa no sentido discutido na Seção 11.4 do Capítulo 4. Estudaremos o problema da correlação serial mais adiante.

Como interpretamos os coeficientes da defasagem e da PLP se (18.6) for válida, mas (18.5) não? A resposta é: da mesma maneira que antes. Ainda podemos fazer a experimentação anteriormente imaginada (ou contrafactual), mesmo que os dados observados sejam gerados por alguma retroalimentação entre y_t e futuros z. Por exemplo, podemos com certeza perguntar sobre o efeito de longo prazo de um aumento permanente no crescimento da oferta monetária sobre a inflação, mesmo que os dados sobre o crescimento da oferta monetária não possam ser caracterizados como estritamente exógenos.

18.1a Defasagem distribuída geométrica (ou de Koyck)

Como geralmente há um número infinito de δ_j, não podemos estimá-lo consistentemente sem algumas restrições. A versão mais simples de (18.1), que ainda faz que o modelo seja dependente de um número infinito de defasagens, é a **defasagem distribuída geométrica (ou de Koyck)**. Nesse modelo, os δ_j dependem somente de dois parâmetros:

$$\delta_j = \gamma \rho^j, |\rho| < 1, j = 0, 1, 2, \ldots . \tag{18.7}$$

Os parâmetros γ e ρ podem ser positivos ou negativos, mas ρ deve ser menor que um em valor absoluto. Isso garante que $\delta_j \to 0$ quando $j \to \infty$. De fato, essa convergência acontece a uma velocidade muito rápida. (Por exemplo, com $\rho = 0{,}5$ e $j = 10$, $\rho^j = 1/1.024 < 0{,}001$.)

A propensão de impacto (PI) na DDG é simplesmente $\delta_0 = \gamma$ e, assim, o sinal da PI é determinado pelo sinal de γ. Se $\gamma > 0$, digamos, e $\rho > 0$, então, os coeficientes de todas as defasagens serão positivos. Se $\rho < 0$, os coeficientes das defasagens terão sinais alternados (ρ^j será negativa quando j for ímpar). A propensão de longo prazo é mais difícil de ser obtida, mas podemos usar um resultado padrão da soma de uma série geométrica: para $|\rho| < 1$, $1 + \rho + \rho^2 + \ldots + \rho^j + \ldots = 1/(1 - \rho)$ e, portanto

$$PLP = \gamma/(1 - \rho).$$

A PLP tem o mesmo sinal de γ.

Se inserirmos (18.7) em (18.1), ainda teremos um modelo que depende de z retroativa ao passado indefinido. No entanto, uma simples subtração produz um modelo estimável. Escreva a DDI nos momentos t e $t-1$ como:

$$y_t = \alpha + \gamma z_t + \gamma \rho z_{t-1} + \gamma \rho^2 z_{t-2} + \ldots + u_t \qquad (18.8)$$

e

$$y_{t-1} = \alpha + \gamma z_{t-1} + \gamma \rho z_{t-2} + \gamma \rho^2 z_{t-3} + \ldots + u_{t-1}. \qquad (18.9)$$

Se multiplicarmos a segunda equação por ρ e a subtrairmos da primeira, todos os termos, com exceção de uns poucos, serão cancelados:

$$y_t - \rho y_{t-1} = (1-\rho)\alpha + \gamma z_t + u_t - \rho u_{t-1},$$

e podemos escrever a seguinte equação:

$$y_t = \alpha_0 + \gamma z_t + \rho y_{t-1} + u_t - \rho u_{t-1}, \qquad (18.10)$$

em que $\alpha_0 = (1-\rho)\alpha$. Essa equação se parece com um modelo padrão com uma variável dependente defasada, em que z_t aparece contemporaneamente. Como γ é o coeficiente de z_t e ρ é o coeficiente de y_{t-1}, parece que podemos estimar esses parâmetros. [Se, por alguma razão, estivermos interessados em α, poderemos sempre obter $\hat{\alpha} = \hat{\alpha}_0/(1-\hat{\rho})$ após termos estimado ρ e α_0.]

A simplicidade de (18.10) é um pouco enganosa. O termo de erro nessa equação, $u_t - \rho u_{t-1}$, geralmente é correlacionado com y_{t-1}. De (18.9), fica bastante claro que u_{t-1} e y_{t-1} são correlacionados. Portanto, se escrevermos (18.10) como

$$y_t = \alpha_0 + \gamma z_t + \rho y_{t-1} + v_t, \qquad (18.11)$$

em que $v_t \equiv u_t - \rho u_{t-1}$, então, geralmente teremos correlação entre v_t e y_{t-1}. Sem hipóteses adicionais, a estimação MQO de (18.11) produzirá estimativas inconsistentes de γ e ρ.

Um caso em que v_t *deve* ser correlacionado com y_{t-1} ocorre quando u_t for independente de z_t e de *todos* os valores passados de z e y. Nesse caso, (18.8) será dinamicamente completa e, assim, u_t será não correlacionado com y_{t-1}. De (18.9), a covariância entre v_t e y_{t-1} é $-\rho \text{Var}(u_{t-1}) = -\rho \sigma_u^2$, que será zero somente se $\rho = 0$. Podemos facilmente verificar que v_t é serialmente correlacionado, pois $\{u_t\}$ é serialmente não correlacionado, $E(v_t v_{t-1}) = E(u_t u_{t-1}) - \rho E(u_{t-1}^2) - \rho E(u_t u_{t-2}) + \rho^2 E(u_{t-1} u_{t-2}) = -\rho \sigma_u^2$. Para $j > 1$, $E(v_t v_{t-j}) = 0$. Assim, $\{v_t\}$ é um processo de média móvel de ordem um (veja a Seção 11.1). Isso e a equação (18.11) dão exemplo de um modelo – derivado do modelo de interesse original – e têm uma variável dependente defasada *e* um tipo particular de correlação serial.

Se fizermos a hipótese de exogeneidade estrita (18.5), z_t será não correlacionado com u_t e u_{t-1}, e portanto, com v_t. Assim, se pudermos encontrar uma variável instrumental adequada para y_{t-1}, então, estaremos aptos a estimar (18.11) por VI. Qual será uma boa candidata a variável instrumental de y_{t-1}? Por hipótese, u_t e u_{t-1} são ambos não correlacionados com z_{t-1} e, portanto v_t é não correlacionado com z_{t-1}. Se $\gamma \neq 0$, z_{t-1} e y_{t-1} serão correlacionados, mesmo após os efeitos parciais de z_t. Portanto, podemos usar as instrumentais (z_t, z_{t-1}) para estimar (18.11). Geralmente, os erros padrão precisarão ser ajustados quanto à correlação serial em $\{v_t\}$, como discutimos na Seção 15.7.

Uma alternativa à estimação VI explora o fato de que $\{u_t\}$ pode conter um tipo específico de correlação serial. Particularmente, em adição a (18.6), suponha que $\{u_t\}$ obedeça ao modelo AR(1)

$$u_t = \rho u_{t-1} + e_t \tag{18.12}$$

$$E(e_t|z_t, y_{t-1}, z_{t-1}, \ldots) = 0. \tag{18.13}$$

É importante observar que o ρ que aparece em (18.12) é o mesmo parâmetro que multiplica y_{t-1} em (18.11). Se (18.12) e (18.13) se sustentarem, podemos escrever a equação (18.10) como

$$y_t = \alpha_0 + \gamma z_t + \rho y_{t-1} + e_t, \tag{18.14}$$

que é um modelo dinamicamente completo sob (18.13). Conforme visto no Capítulo 11, podemos obter estimadores consistentes e assimptoticamente normais dos parâmetros MQO. Isso é bastante conveniente, visto que não há a necessidade de lidarmos com correlação serial nos erros. Se e_t satisfizer a hipótese de homoscedasticidade $\text{Var}(e_t|z_t, y_{t-1}) = \sigma_e^2$, a inferência habitual se aplicará. Assim que tenhamos estimado γ e ρ, poderemos estimar PLP: $\widehat{LRP} = \hat{\gamma}/(1 - \hat{\rho})$. Muitos pacotes econométricos têm comandos simples que permitem que se obtenha um erro padrão para o PLP estimado.

A simplicidade desse procedimento vale-se da hipótese potencialmente forte de que $\{u_t\}$ segue um processo AR(1) com o *mesmo* ρ que aparece em (18.7). Normalmente, isso não é pior do que assumir os $\{u_t\}$ serem serialmente não correlacionados. Contudo, como a consistência dos estimadores depende fortemente dessa hipótese, uma boa ideia é testá-la. Um teste simples começa pela especificação de $\{u_t\}$ como um processo AR(1) com um parâmetro *diferente*, digamos $u_t = \lambda u_{t-1} + e_t$. McClain e Wooldridge (1995) desenvolveram um teste simples do multiplicador de Lagrange de $H_0: \lambda = \rho$ que pode ser calculado após a estimação MQO de (18.14).

O modelo de defasagem distribuída geométrica estende-se para múltiplas variáveis explicativas – a fim de ter uma DD infinita para cada variável explicativa –, mas devemos ser capazes de escrever o coeficiente de $z_{t-j,h}$ como $\gamma_h \rho^j$. Em outras palavras, embora γ_h seja diferente para cada variável explicativa, ρ é o mesmo. Assim, podemos escrever

$$y_t = \alpha_0 + \gamma_1 z_{t1} + \ldots + \gamma_k z_{tk} + \rho y_{t-1} + v_t. \tag{18.15}$$

Os mesmos problemas que surgiram no caso com um z surgem no caso com muitos z. Sob a extensão natural de (18.12) e (18.13) – apenas substitua z_t por $z_t = (z_{t1}, \ldots, z_{tk})$ –, os estimadores MQO serão consistente e assimptoticamente normais. Ou pode ser usado um método VI.

18.1b Modelos de defasagem distribuída racional

A DD geométrica implica uma distribuição de defasagem razoavelmente restritiva. Quando $\gamma > 0$ e $\rho > 0$, os δ_j são positivos e monotonicamente declinantes para zero. É possível ter modelos de defasagem distribuída infinita mais gerais. A DDG é um caso especial do que é costumeiramente chamado de **modelo de defasagem distribuída racional (MDDR)**. Uma abordagem geral está além de nosso escopo – Harvey (1990) é uma boa referência –, mas podemos tratar de uma extensão simples e eficiente.

Um modelo tipo DDR é mais facilmente descrito se incluirmos uma defasagem de z na equação (18.11):

$$y_t = \alpha_0 + \gamma_0 z_t + \rho y_{t-1} + \gamma_1 z_{t-1} + v_t, \qquad (18.16)$$

em que $v_t = u_t - \rho u_{t-1}$, como antes. Por substituições repetidas, pode ser mostrado que (18.16) é equivalente ao modelo de defasagem distribuída infinita

$$\begin{aligned} y_t &= \alpha + \gamma_0(z_t + \rho z_{t-1} + \rho^2 z_{t-2} + \ldots) \\ &\quad + \gamma_1(z_{t-1} + \rho z_{t-2} + \rho^2 z_{t-3} + \ldots) + u_t \\ &= \alpha + \gamma_0 z_t + (\rho\gamma_0 + \gamma_1)z_{t-1} + \rho(\rho\gamma_0 + \gamma_1)z_{t-2} \\ &\quad + \rho^2(\rho\gamma_0 + \gamma_1)z_{t-3} + \ldots + u_t, \end{aligned}$$

em que novamente necessitamos da hipótese $|\rho| < 1$. Dessa última equação, podemos compreender a distribuição da defasagem. Em particular, a propensão de impacto é γ_0, enquanto o coeficiente de z_{t-h} é $\rho^{h-1}(\rho\gamma_0 + \gamma_1)$ para $h \geq 1$. Portanto, esse modelo permite que a propensão de impacto tenha sinal diferente dos coeficientes das outras defasagens, mesmo se $\rho > 0$. No entanto, se $\rho > 0$, δ_h terá o mesmo sinal de $(\rho\gamma_0 + \gamma_1)$ para todo $h \geq 1$. A distribuição da defasagem está traçada na Figura 18.1 para $\rho = 0{,}5$, $\gamma_0 = -1$ e $\gamma_1 = 1$.

A maneira mais fácil de calcular a propensão de longo prazo é definir y e z em seus valores de longo prazo para todos t, digamos y^* e z^*, e depois encontrar as alterações em y^* em relação a z^* (veja também o Problema 3 no Capítulo 10). Temos $y^* = \alpha_0 + \gamma_0 z^* + \rho y^* + \gamma_1 z^*$, cuja solução produz $y^* = \alpha_0/(1 - \rho) + (\gamma_0 + \gamma_1)/(1 - \rho)z^*$. Agora, usamos o fato de que PLP $= \Delta y^*/\Delta z^*$:

$$\text{PLP} = (\gamma_0 + \gamma_1)/(1 - \rho).$$

Como $|\rho| < 1$, a PLP terá o mesmo sinal de $\gamma_0 + \gamma_1$, e a PLP será zero se, e somente se, $\gamma_0 + \gamma_1 = 0$, como na Figura 18.1.

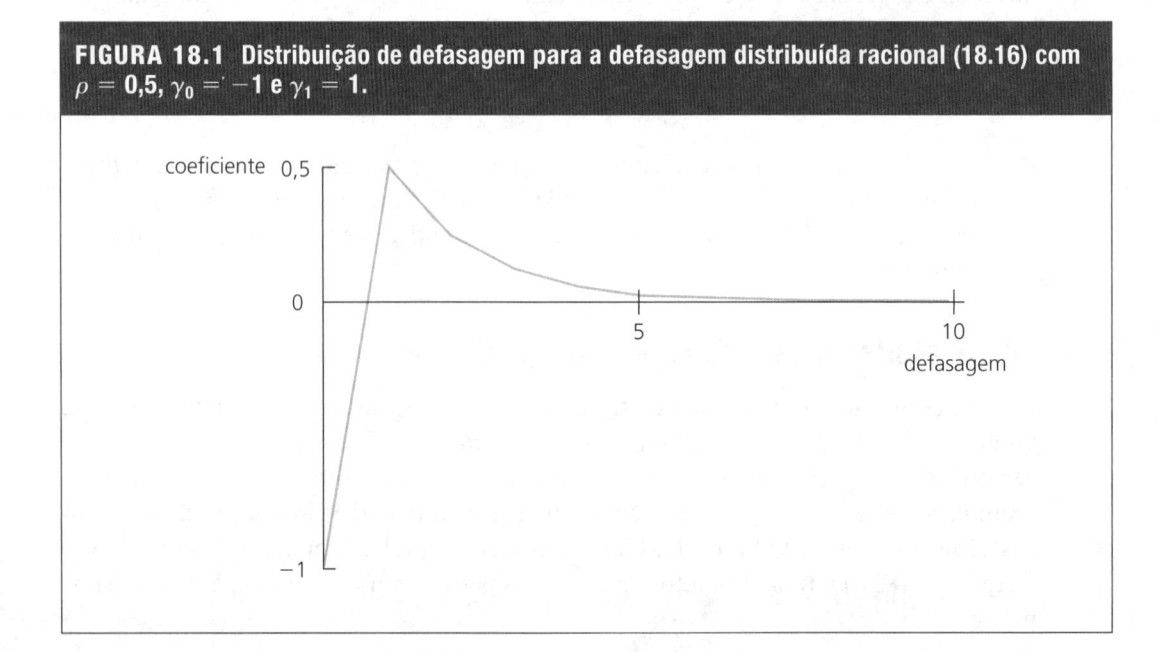

FIGURA 18.1 Distribuição de defasagem para a defasagem distribuída racional (18.16) com $\rho = 0{,}5$, $\gamma_0 = -1$ e $\gamma_1 = 1$.

> **EXEMPLO 18.1** Investimento imobiliário e inflação nos preços da habitação
>
> Estimamos ambos os modelos de defasagem distribuída, o geométrico básico e o racional, pela aplicação do MQO em (18.14) e (18.16), respectivamente. A variável dependente é log(*invpc*) após ter sido removida uma tendência temporal linear [isto é, retiramos linearmente a tendência de log(*invpc*)]. Para z_t, usamos o crescimento no índice de preços. Isso nos possibilita estimar de que maneira a inflação nos preços residenciais afeta os movimentos do investimento imobiliário em torno de sua tendência. Os resultados da estimação, utilizando os dados contidos no arquivo HSEINV, são fornecidos na Tabela 18.1.
>
> **TABELA 18.1** Modelos de defasagem distribuída para o investimento imobiliário.
>
> Variável dependente log(*invpc*), sem tendência
>
> | Variáveis independentes | DD geométrica | DD racional |
> |---|---|---|
> | *gprice* | 3,095 | 3,256 |
> | | (0,933) | (0,970) |
> | y_{-1} | 0,340 | 0,547 |
> | | (0,132) | (0,152) |
> | *gprice*$_{-1}$ | -- | -2,936 |
> | | | (0,973) |
> | constante | -0,010 | 0,006 |
> | | (0,018) | (0,017) |
> | Propensão de longo prazo | 4,689 | 0,706 |
> | Tamanho da amostra | 41 | 40 |
> | *R*-quadrado ajustado | 0,375 | 0,504 |
>
> O modelo de defasagem distribuída geométrica é claramente rejeitado pelos dados, uma vez que *gprice*$_{-1}$ é muito significante. Os *R*-quadrados ajustados também mostram que o modelo DDR se ajusta muito melhor.
>
> Os dois modelos produzem estimativas bastante diferentes da propensão de longo prazo. Se usarmos incorretamente a DDG, a PLP estimada será quase cinco: um aumento permanente de um ponto percentual na inflação do preço residencial aumenta o investimento imobiliário de longo prazo em 4,7% (acima de seu valor de tendência). Economicamente, isso parece implausível. A PLP estimada pelo modelo de defasagem distribuída racional é menor que um. De fato, não podemos rejeitar a hipótese nula $H_0: \gamma_0 + \gamma_1 = 0$ em qualquer nível razoável de significância (p-valor = 0,83), de modo que não existe qualquer evidência de que a PLP seja diferente de zero. Esse é um bom exemplo de como a má-especificação da dinâmica de um modelo omitindo defasagens relevantes pode levar a conclusões errôneas.

18.2 Teste de raízes unitárias

Agora vamos ao importante problema que é testar se uma série temporal segue um processo com **raízes unitárias**. No Capítulo 11, demos algumas orientações vagas e necessariamente informais para concluirmos se uma série era I(1) ou não. Em muitos casos, é interessante fazer um teste formal para verificar a existência de raiz unitária. Como veremos, esses testes devem ser aplicados com cautela.

O método mais simples para testar a existência de raiz unitária começa com um modelo AR(1):

$$y_t = \alpha + \rho y_{t-1} + e_t, t = 1, 2, ..., \quad (18.17)$$

em que y_0 é o valor inicial observado. Em toda esta seção, definimos que $\{e_t\}$ representa um processo que tem média zero, dados os y passados observados:

$$E(e_t|y_{t-1}, y_{t-2}, ..., y_0) = 0. \quad (18.18)$$

[Sob (18.18), $\{e_t\}$ é chamado de **sequência diferença Martingale** em relação a $\{y_{t-1}, y_{t-2}, ...\}$. Se assumirmos que $\{e_t\}$ é i.i.d. com média zero e é independente de y_0, então, ele também satisfará (18.18).]

Se $\{y_t\}$ seguir (18.17), ele terá uma raiz unitária se, e somente se, $\rho = 1$. Se $\alpha = 0$ e $\rho = 1$, $\{y_t\}$ seguirá um passeio aleatório sem derivar [com as inovações e_t satisfazendo (18.18)]. Se $\alpha \neq 0$ e $\rho = 1$, $\{y_t\}$ será um passeio aleatório com deriva, e significa que $E(y_t)$ é uma função linear de t. Um processo de raiz unitária com derivação comporta-se de maneira bastante diferente de outro sem derivação. Contudo, é comum deixar α sem especificação sob a hipótese nula, e essa é a abordagem que usamos. Portanto, a hipótese nula é que $\{y_t\}$ tem uma raiz unitária:

$$H_0: \rho = 1. \quad (18.19)$$

Em quase todos os casos, estamos interessados na alternativa unilateral

$$H_1: \rho < 1. \quad (18.20)$$

(Na prática, isso significa que $0 < \rho < 1$, pois será muito raro ter $\rho < 0$ para uma série que suspeitamos ter uma raiz unitária). A alternativa $H_1: \rho > 1$ não é considerada usualmente, pois implica y_t explosivo. De fato, se $\alpha > 0$, y_t terá uma tendência exponencial em sua média quando $\rho > 1$.

Quando $|\rho| < 1$, $\{y_t\}$ é um processo AR(1) estável, o que significa que é fracamente dependente ou assimptoticamente não correlacionado. Lembre-se do Capítulo 11 que $Corr(y_t, y_{t+h}) = \rho^h \to 0$ quando $|\rho| < 1$. Portanto, testar (18.19) no modelo (18.17), com a hipótese alternativa dada por (18.20), é, na realidade, um teste para verificar se $\{y_t\}$ é I(1) contra a hipótese alternativa de que $\{y_t\}$ é I(0). [A razão pela qual não consideramos a hipótese nula ser I(0) nessa estrutura é que $\{y_t\}$ é I(0) para qualquer valor de ρ estritamente entre -1 e 1, algo que os testes de hipóteses clássicos não resolvem com facilidade. Existem testes nos quais a hipótese nula é I(0) contra a hipótese alternativa I(1), mas utilizam abordagens diferentes. Veja, por exemplo, Kwiatkowski, Phillips, Schmidt & Shin (1992).]

Uma equação conveniente para realizar o teste de raiz unitária é subtrair y_{t-1} de ambos os lados de (18.17) e definir $\theta = \rho - 1$:

$$\Delta y_t = \alpha + \theta y_{t-1} + e_t. \quad (18.21)$$

Sob (18.18), esse será um modelo dinamicamente completo, e assim parece ser adequado para testar $H_0: \theta = 0$ contra $H_1: \theta < 0$. O problema é que sob H_0, y_{t-1} é I(1) e, assim, o teorema do limite central usual que fundamenta a distribuição normal padrão assimptótica para a estatística t não é aplicável: a estatística t não possui uma distribuição normal padrão aproximada mesmo em amostras de tamanhos grandes. A distribuição assimptótica da estatística *t* sob H₀ tornou-se conhecida como a **distribuição de Dickey-Fuller**, nome advindo de Dickey-Fuller (1979).

Embora não possamos usar os valores críticos habituais, *podemos* usar a estatística *t* usual de $\hat{\theta}$ em (18.21), pelo menos logo que os valores críticos apropriados tenham sido tabulados. O teste resultante é conhecido como **teste de Dickey-Fuller (DF)** de uma raiz unitária. A teoria usada para obter os valores críticos assimptóticos é bastante complicada e é tratada em textos avançados de econometria de séries temporais. [Veja, por exemplo, Banerjee, Dolado, Galbraith & Hendry (1993), ou BDGH, para encurtar.] Em contraposição, a utilização desses resultados é bastante fácil. Os valores críticos da estatística *t* foram tabulados por vários autores, iniciando com o trabalho original de Dickey e Fuller (1979). A Tabela 18.2 contém os valores críticos de amostras grandes de vários níveis de significância, extraídas de BDGH (1993, Tabela 4.2). (Valores críticos ajustados para amostras de tamanhos pequenos estão disponíveis no trabalho de BDGH.)

TABELA 18.2 Valores críticos assimptóticos do teste *t* de raiz unitária: sem tendência temporal.

Nível de significância	1%	2,5%	5%	10%
Valor crítico	-3,43	-3,12	-2,86	-2,57

EXEMPLO 18.2 Teste de raiz unitária para taxas das letras do tesouro de três meses

Usamos os dados trimestrais do arquivo INTQRT para testar a existência de uma raiz unitária nas taxas das letras do Tesouro norte-americano de três meses. Quando estimamos (18.20), obtemos

$$\widehat{\Delta r3}_t = 0{,}625 - 0{,}091 \, r3_{t-1}$$
$$(0{,}261) \quad (0{,}037) \tag{18.22}$$
$$n = 123, R^2 = 0{,}048,$$

em que mantemos a convenção de descrever os erros padrão entre parênteses abaixo das estimativas. Devemos nos lembrar de que esses erros padrão não podem ser usados para a construção dos intervalos de confiança habituais ou para a realização dos testes *t* tradicionais, pois não se comportam das maneiras habituais quando existe uma raiz unitária. O coeficiente de $r3_{t-1}$ mostra que a estimativa de ρ é $\hat{\rho} = 1 + \hat{\theta} = 0{,}909$. Embora isso seja menor que a unidade, não sabemos se é estatisticamente menor que um. A estatística t de $r3_{t-1}$ é $-0{,}091/0{,}037 = -2{,}46$. Pela Tabela 18.2, o valor crítico a 10% é $-2{,}57$; portanto, não é possível rejeitar H₀: $\rho = 1$ contra H₁: $\rho < 1$ ao nível de 10%.

Rejeitamos a hipótese nula H₀: $\theta = 0$ contra H₁: $\theta < 0$ se $t_{\hat{\theta}} < c$, em que *c* é um dos valores negativos da Tabela 18.2. Por exemplo, para realizar o teste no nível de significância de 5%, rejeitaremos H₀ se $t_{\hat{\theta}} < -2{,}86$. Isso requer uma estatística *t* com magnitude muito maior do que se usássemos o valor crítico normal padrão, que seria $-1{,}65$. Se usarmos o valor crítico normal padrão para testar a existência de uma raiz unitária, rejeitaremos H₀ com mais frequência que 5% das vezes quando H₀ for verdadeira.

Como acontece com outros testes de hipóteses, quando não é possível rejeitar H_0, isso *não* quer dizer que aceitamos H_0. Por quê? Suponha que testemos H_0: $\rho = 0,9$ no exemplo anterior usando um teste t padrão – que é assimptoticamente válido, pois y_t é I(0) sob H_0. Então, obteremos $t = 0,001/0,037$, que é muito pequeno e não oferece qualquer evidência contra $\rho = 0,9$. Contudo, não faz sentido aceitarmos $\rho = 1$ e $\rho = 0,9$.

Quando não é possível rejeitar uma raiz unitária, como no exemplo anterior, devemos apenas concluir que os dados não fornecem forte evidência contra H_0. No exemplo, o teste fornece *certa* evidência contra H_0, pois a estatística t está próxima do valor crítico a 10%. (Idealmente, calcularíamos um p-valor, mas isso exige um programa especial em razão da distribuição não normal.) Além disso, embora $\hat{\rho} \approx 0,91$ implique uma quantidade razoável de persistência em $\{r3_t\}$, a correlação entre observações que estejam separadas por dez períodos de tempo em um modelo AR(1) com $\rho = 0,9$ é de aproximadamente 0,35, em vez de quase um se $\rho = 1$.

O que acontece se agora quisermos usar $r3_t$ como uma variável explicativa em análise de regressão? O resultado do teste de raiz unitária implica que devemos ser extremamente cautelosos: se $r3_t$ tiver uma raiz unitária, as aproximações assimptóticas não terão que ser válidas (como discutimos no Capítulo 11). Uma solução é usar a primeira diferença de $r3_t$ em qualquer análise. Como veremos na Seção 18.4, essa não é a única possibilidade.

Também precisamos testar a existência de raízes unitárias em modelos com dinâmicas mais complicadas. Se $\{y_t\}$ seguir (18.17) com $\rho = 1$, então, Δy_t será serialmente não correlacionado. Podemos facilmente permitir que $\{\Delta y_t\}$ siga um modelo AR, aumentando a equação (18.21) com defasagens adicionais. Por exemplo,

$$\Delta y_t = \alpha + \theta y_{t-1} + \gamma_1 \Delta y_{t-1} + e_t, \qquad (18.23)$$

em que $|\gamma_1| < 1$. Isso garante que, sob H_0: $\theta = 0$, $\{\Delta y_t\}$ siga um modelo AR(1) estável. Sob a hipótese alternativa H_1: $\theta < 0$, pode ser mostrado que $\{y_t\}$ segue um modelo AR(2) estável.

Mais genericamente, podemos adicionar p defasagens de Δy_t na equação para levar em conta a dinâmica no processo. A maneira como testamos a hipótese nula de uma raiz unitária é bastante semelhante: executamos a regressão de

$$\Delta y_t \text{ sobre } y_{t-1}, \Delta y_{t-1}, \ldots, \Delta y_{t-p} \qquad (18.24)$$

e realizamos o teste t de $\hat{\theta}$, o coeficiente de y_{t-1}, exatamente como antes. Essa versão estendida do teste de Dickey-Fuller é normalmente chamada de **teste de Dickey--Fuller aumentado**, pois a regressão foi aumentada com as alterações defasadas Δy_{t-h}. Os valores críticos e a regra de rejeição são os mesmos de antes. A inclusão das variações defasadas em (18.24) tem por objetivo retirar qualquer correlação serial em Δy_t. Quanto mais defasagens incluirmos em (18.24), mais observações iniciais perderemos. Se incluirmos defasagens em demasia, o poder de amostra pequena do teste sofrerá. Contudo, se incluirmos muito poucas defasagens, o tamanho do teste será incorreto, mesmo assimptoticamente, pois a validade dos valores críticos na Tabela 18.2 depende de a dinâmica ter sido completamente modelada. Normalmente, a extensão da defasagem é ditada pela frequência dos dados (como também pelo tamanho da amostra). Para dados anuais, uma ou duas defasagens em geral são suficientes. Para dados mensais, devemos incluir 12 defasagens. Não existem, contudo, regras rígidas a serem seguidas em qualquer caso.

Curiosamente, as estatísticas t das variações defasadas têm distribuições t aproximadas. As estatísticas F da significância conjunta de qualquer grupo de termos Δy_{t-h} são também assimptoticamente válidas. (Elas mantêm a hipótese de homoscedasticidade discutida na Seção 11.5 do Capítulo 11.) Portanto, podemos usar testes padrão para determinar se temos suficientes variações defasadas em (18.24).

EXEMPLO 18.3 Teste de raiz unitária da inflação norte-americana anual

Utilizamos os dados anuais da inflação norte-americana, com base no IPC, para testar uma raiz unitária na inflação (veja o arquivo PHILLIPS), nos restringindo aos anos de 1948 a 1996. A permissão de uma defasagem de Δinf_t na regressão de Dickey-Fuller produz

$$\widehat{\Delta inf_t} = 1{,}36 - 0{,}310\, inf_{t-1} + 0{,}138\, \Delta inf_{t-1}$$
$$(0{,}517)\,(0{,}103) \qquad (0{,}126)$$
$$n = 47, R^2 = 0{,}172.$$

A estatística t do teste de raiz unitária é $-0{,}310/0{,}103 = -3{,}01$. Como o valor crítico a 5% é $-2{,}86$, rejeitamos a hipótese de raiz unitária ao nível de 5%. A estimativa de ρ está em torno de 0,690. Juntas, são uma evidência razoavelmente forte contra a existência de uma raiz unitária na inflação. A defasagem Δinf_{t-1} tem uma estatística t aproximada de 1,10, de modo que não precisamos incluí-la, mas não tínhamos como saber disso antecipadamente. Se eliminarmos Δinf_{t-1}, a evidência contra uma raiz unitária é um pouco mais forte: $\hat{\theta} = -0{,}335$ ($\hat{\rho} = 0{,}665$) e $t_{\hat{\theta}} = -3{,}13$.

Para séries que claramente possuem tendências temporais, precisamos modificar o teste de raízes unitárias. Um processo estacionário na tendência – que possui uma tendência linear em sua média, mas é I(0) em relação à sua tendência – pode ser confundido com um processo de raiz unitária se não controlarmos uma tendência temporal na regressão de Dickey-Fuller. Em outras palavras, se conduzirmos o teste DF habitual ou o teste DF aumentado em uma série com tendência, mas que é I(0), provavelmente teremos pouco poder para rejeitar uma raiz unitária.

Para permitir séries com tendência temporal, alteramos a equação básica para

$$\Delta y_t = \alpha + \delta t + \theta y_{t-1} + e_t, \qquad (18.25)$$

em que novamente a hipótese nula é H_0: $\theta = 0$, e a alternativa é H_1: $\theta < 0$. De acordo com a hipótese alternativa, $\{y_t\}$ é um processo estacionário em torno de sua tendência. Se y_t tiver uma raiz unitária, então, $\Delta y_t = \alpha + \delta t + e_t$ e, assim, a *mudança* em y_t terá uma média linear em t a menos que $\delta = 0$. [Pode ser mostrado que $E(y_t)$ é na realidade um valor *quadrático* em t.] É pouco comum a primeira diferença de uma série econômica ter uma tendência linear e, assim, uma hipótese nula mais apropriada seria H_0: $\theta = 0$, $\delta = 0$. Embora seja possível testar essa hipótese conjunta usando um teste F – mas com valores críticos modificados – é comum testar-se apenas H_0: $\theta = 0$ usando um teste t. Aqui seguimos esse método. [Veja BDGH (1993, Seção 4.4), para mais detalhes sobre o teste conjunto.]

Quando incluímos uma tendência temporal na regressão, os valores críticos do teste mudam. Intuitivamente, isso acontece porque a retirada da tendência de um processo de raiz unitária tende a fazer que se pareça mais com um processo I(0). Portanto, requeremos uma magnitude maior da estatística t para rejeitar H_0. Os valores críticos de Dickey-Fuller para o teste t que incluem uma tendência temporal são apresentados na Tabela 18.3; eles foram tirados de BDGH (1993, Tabela 4.2).

TABELA 18.3 Valores críticos assimptóticos do teste t de raiz unitária: tendência temporal linear.

Nível de significância	1%	2,5%	5%	10%
Valor crítico	-3,96	-3,66	-3,41	-3,12

Por exemplo, para rejeitar uma raiz unitária ao nível de 5%, precisamos que a estatística t de $\hat{\theta}$ seja menor que $-3{,}41$, em comparação com $-2{,}86$ sem uma tendência temporal.

Podemos aumentar a equação (18.25) com defasagens da Δy_t para levar em conta a correlação serial, o mesmo ocorre no caso sem uma tendência.

EXEMPLO 18.4 Raiz unitária no log do produto interno bruto real dos Estados Unidos

Podemos aplicar o teste de raiz unitária com uma tendência temporal aos dados do PIB dos Estados Unidos contidos no arquivo INVEN. Esses dados anuais referem-se aos anos de 1959 a 1995. Testamos se $\log(GDP_t)$, em que GDP corresponde ao PIB, tem uma raiz unitária. Essa série apresenta uma tendência pronunciada que parece, em termos gerais, linear. Incluímos uma única defasagem de $\Delta \log(GDP_t)$, que é simplesmente o crescimento no PIB (GDP), em forma decimal, para considerar a dinâmica:

$$\widehat{gGDP_t} = 1{,}65 + 0{,}0059\, t - 0{,}210 \log(GDP_{t-1}) + 0{,}264\, gGDP_{t-1}$$
$$(0{,}67)\ (0{,}0027)\ \ (0{,}087)\ \ \ \ \ \ \ \ \ \ \ \ \ \ \ (0{,}165) \tag{18.26}$$
$$n = 35,\ R^2 = 0{,}268.$$

Dessa equação, obtemos $\hat{\rho} = 1 - 0{,}21 = 0{,}79$, que claramente é menor que um. Contudo, *não podemos* rejeitar uma raiz unitária no log do GDP: a estatística t de $\log(GDP_{t-1})$ é $-0{,}210/0{,}087 = -2{,}41$, que está bem acima do valor crítico de $-3{,}12$ ao nível de 10%. A estatística t de $gGDP_{t-1}$ é 1,60, que é quase significante ao nível de 10% contra uma alternativa bilateral.

Qual deve ser nossa conclusão quanto a uma raiz unitária? Novamente, não podemos rejeitar uma raiz unitária, mas a estimativa por pontos de ρ não está especialmente próxima de um. Quando temos uma amostra de tamanho pequeno – e $n = 35$ é considerado muito pequeno –, é muito difícil rejeitar a hipótese nula de uma raiz unitária se o processo tiver alguma coisa próxima de uma raiz unitária. Utilizando mais dados em períodos de tempo mais longos, muitos pesquisadores concluíram haver pouca evidência contra a hipótese de raiz unitária de $\log(GDP)$. Isso tem levado muitos deles a assumir que o *crescimento* do GDP (refere-se ao PIB) é I(0), o que significa que $\log(GDP)$ é I(1). Infelizmente, considerando os tamanhos de amostras atualmente disponíveis, não podemos ter muita confiança nessa conclusão.

Se omitirmos a tendência temporal, haverá muito menos evidência contra H_0, pois $\hat{\theta} = -0{,}023$ e $t_{\hat{\theta}} = -1{,}92$. Nesse caso, a estimativa de ρ está muito mais próxima de um, mas isso é enganoso em razão da omissão da tendência temporal.

É tentador comparar a estatística *t* na tendência temporal em (18.26) com o valor crítico de uma distribuição padrão normal ou distribuição *t* para verificar se a tendência temporal é significante. Infelizmente, a estatística *t* da tendência não tem uma distribuição normal padrão assimptótica (a menos que $|\rho| < 1$). A distribuição assimptótica dessa estatística *t* é conhecida, mas é raramente usada. Em geral, usamos a intuição (ou os gráficos da série temporal) para tomar a decisão de incluir uma tendência no teste DF.

Existem muitas outras variantes dos testes de raiz unitária. Em uma versão que é aplicável somente em séries que claramente não têm tendências, o intercepto é omitido da regressão; isto é, α é definido como 0 em (18.21). Essa variante do teste de Dickey-Fuller é raramente usada em razão do viés induzido se $\alpha \neq 0$. Além disso, podemos permitir séries temporais mais complicadas, como uma quadrática. Novamente, isso raramente é usado.

Outra categoria de testes tenta levar em conta a correlação serial em Δy_t de uma maneira diferente da inclusão de defasagens em (18.21) ou (18.25). A abordagem está relacionada com os erros padrão robustos em relação à correlação serial dos estimadores MQO que discutimos na Seção 12.5. A ideia é ser tão descrente quanto possível sobre a correlação serial em Δy_t. Na prática, o teste de Dickey-Fuller (aumentado) tem se sustentado bem. [Veja BDGH (1993, Seção 4.3) para explicações sobre outros testes.]

18.3 Regressão espúria

Em um ambiente de corte transversal, usamos a frase "correlação espúria" para descrever uma situação na qual duas variáveis são relacionadas pelas suas correlações com uma terceira variável. Em particular, se regredirmos *y* sobre *x*, encontraremos uma relação significante. Entretanto, quando controlamos outra variável, digamos *z*, o efeito parcial de *x* sobre *y* torna-se zero. Naturalmente, isso também pode acontecer em contextos de séries temporais com variáveis I(0).

Como discutimos na Seção 10.5, é possível encontrar uma relação espúria entre séries temporais que tenham tendência crescente ou decrescente. Desde que as séries sejam fracamente dependentes de suas tendências temporais, o problema será solucionado de maneira eficaz pela inclusão de uma tendência temporal no modelo de regressão.

Quando lidamos com processos integrados de ordem um, existe uma complicação adicional. Mesmo que as duas séries tenham médias sem tendência, uma regressão simples envolvendo duas séries I(1) *independentes* frequentemente resultará em estatística *t* significante.

Para sermos mais precisos, definimos $\{x_t\}$ e $\{y_t\}$ como passeios aleatórios gerados por

$$x_t = x_{t-1} + a_t, t = 1, 2, \ldots, \quad (18.27)$$

e

$$y_t = y_{t-1} + e_t, t = 1, 2, \ldots, \quad (18.28)$$

em que $\{a_t\}$ e $\{e_t\}$ são inovações independentes e identicamente distribuídas, com média zero e variâncias σ_a^2 e σ_e^2, respectivamente. Concretamente, tome os valores iniciais como $x_0 = y_0 = 0$. Assuma ainda que $\{a_t\}$ e $\{e_t\}$ sejam processos independentes.

Isso implica que $\{x_t\}$ e $\{y_t\}$ também são independentes. Contudo, e se executarmos a regressão simples

$$\hat{y}_t = \hat{\beta}_0 + \hat{\beta}_1 x_t \qquad (18.29)$$

e obtivermos a estatística t habitual de $\hat{\beta}_1$ e o R-quadrado habitual? Como y_t e x_t são independentes, esperaríamos que plim $\hat{\beta}_1 = 0$. E de maneira ainda mais importante, se testarmos $H_0: \beta_1 = 0$ contra $H_1: \beta_1 \neq 0$ ao nível de 5%, esperamos que a estatística t de $\hat{\beta}_1$ seja não significante em 95% das vezes. Por meio de uma simulação, Granger e Newbold (1974) demonstraram *não* ser esse o caso: embora y_t e x_t sejam *independentes*, a regressão de y_t sobre x_t produz uma estatística t estatisticamente significante em uma grande porcentagem das vezes, muito maior que o nível de significância nominal. Granger e Newbold chamaram isso de **problema da regressão espúria**: não tem sentido y e x serem relacionadas, mas uma regressão MQO usando as estatísticas t normais frequentemente indica uma relação entre ambos.

> **QUESTÃO 18.2**
>
> Sob a definição precedente, na qual $\{x_t\}$ e $\{y_t\}$ são geradas por (18.27) e (18.28) e $\{e_t\}$ e $\{a_t\}$ são sequências i.i.d., qual é o plim do coeficiente de inclinação, digamos $\hat{\gamma}_1$, da regressão de Δy_t sobre Δx_t? Descreva o comportamento da estatística t de $\hat{\gamma}_1$.

Recentes resultados de simulações são fornecidos por Davidson e MacKinnon (1993, Tabela 19.1), em que a_t e e_t são gerados como variáveis aleatórias normais, independentes e identicamente distribuídas, e 10.000 amostras diferentes são geradas. Em uma amostra de tamanho $n = 50$ ao nível de significância de 5%, a estatística t padrão de $H_0: \beta_1 = 0$ contra a alternativa bilateral rejeita H_0 cerca de 66,2% das vezes sob H_0, em vez de 5% das vezes. Conforme o tamanho da amostra aumenta, a situação *piora*: com $n = 250$, a hipótese nula é rejeitada 84,7% das vezes!

Eis uma maneira de sabermos o que está acontecendo quando regredimos o nível de y sobre o nível de x. Escreva o modelo subjacente (18.29) como

$$y_t = \beta_0 + \beta_1 x_t + u_t. \qquad (18.30)$$

Para que a estatística t de $\hat{\beta}_1$ tenha uma distribuição normal padrão aproximada em amostras grandes, no mínimo, $\{u_t\}$ deve ser um processo de média zero, serialmente não correlacionado. Entretanto, sob $H_0: \beta_1 = 0$, $y_t = \beta_0 + u_t$, e como $\{y_t\}$ é um passeio aleatório iniciando em $y_0 = 0$, a equação (18.30) será válida sob H_0 somente se $\beta_0 = 0$ e, mais importante, se $u_t = y_t = \sum_{j=1}^{t} e_j$. Em outras palavras, $\{u_t\}$ é um passeio aleatório sob H_0. Isso claramente infringe até mesmo a versão assimptótica das hipóteses de Gauss-Markov do Capítulo 11.

A inclusão de uma tendência temporal não altera muito a conclusão. Se y_t ou x_t for um passeio aleatório com deriva e uma tendência temporal não for incluída, o problema da regressão espúria será ainda pior. As mesmas conclusões qualitativas serão válidas se $\{a_t\}$ e $\{e_t\}$ forem processos gerais I(0), em vez de sequências i.i.d.

Além de a estatística t habitual não ter uma distribuição normal padrão limitante – aliás, ela aumenta para o infinito conforme $n \to \infty$ – o comportamento do R-quadrado não é padrão. Em contextos de cortes transversais ou em regressões com variáveis I(0) de séries temporais, o R-quadrado converge em probabilidade para o R-quadrado da população: $1 - \sigma_u^2/\sigma_y^2$. Esse não é o caso em regressões espúrias com processos I(1). Em vez de o R-quadrado ter um plim bem definido, ele, na verdade, converge para uma variável aleatória. A formalização dessa noção está além do escopo deste texto. [Uma explicação das propriedades assimptóticas da estatística *t* e do *R*-quadrado pode ser encontrada em BDGH (Seção 3.1).] A implicação é que o *R*-quadrado é grande com probabilidade alta, mesmo que $\{y_t\}$ e $\{x_t\}$ sejam processos de séries temporais independentes.

As mesmas considerações surgem com variáveis independentes múltiplas, cada uma delas podendo ser I(1) ou algumas delas podendo ser I(0). Se $\{y_t\}$ for I(1) e pelo menos algumas das variáveis explicativas forem I(1), os resultados da regressão podem ser espúrios.

A possibilidade de regressão espúria com variáveis I(1) é bastante importante e tem levado os economistas a reexaminarem muitas regressões de séries temporais agregadas cujas estatísticas *t* eram muito significantes e cujos *R*-quadrados eram extremamente altos. Na próxima seção, mostraremos que a regressão de uma variável dependente I(1) sobre uma variável independente I(1) *pode* ser informativa, mas somente se essas variáveis forem relacionadas em um sentido preciso.

18.4 Cointegração e modelos de correção de erro

A discussão sobre regressão espúria na seção anterior certamente faz que sejamos cuidadosos quanto ao uso dos níveis de variáveis I(1) na análise de regressão. Em capítulos anteriores, sugerimos que variáveis I(1) deveriam ser diferenciadas antes de serem usadas em modelos de regressão linear, fossem estimadas por MQO ou por variáveis instrumentais. Certamente esse é um caminho seguro a ser seguido e é o método usado em muitas regressões de séries temporais a partir do trabalho original de Granger e Newbold sobre o problema da regressão espúria. Infelizmente, diferenciar sempre as variáveis I(1) limita a extensão das questões que podemos responder.

18.4a Cointegração

A noção de **cointegração**, que recebeu um tratamento formal em Engle e Granger (1987), torna as regressões que envolvem variáveis I(1) potencialmente significativas. Um tratamento completo da cointegração envolve matemática, mas podemos descrever os problemas e os métodos básicos que são usados em muitas aplicações.

Se $\{y_t: t = 0, 1, \ldots\}$ e $\{x_t: t = 0, 1, \ldots\}$ forem dois processos I(1), então, de forma geral, $y_t - \beta x_t$ será um processo I(1) para qualquer número β. No entanto, é *possível* que para alguns $\beta \neq 0$, $y_t - \beta x_t$ seja um processo I(0), o que significará ele ter média constante, variância constante, autocorrelações que dependem somente da distância temporal entre duas variáveis quaisquer na série, e é assimptoticamente não correlacionado. Se existir tal β, dizemos que *y* e *x* são *cointegrados* e chamamos β de parâmetro de cointegração. [Alternativamente, poderíamos examinar $x_t - \gamma y_t$ para $\gamma \neq 0$: se $y_t - \beta x_t$ for I(0), então, $x_t - (1/\beta)y_t$ será I(0). Portanto, a combinação linear de y_t e x_t não é única, mas se fixarmos o coeficiente de y_t na unidade, então, β será único. Veja o Problema 3. Em termos concretos, consideramos combinações lineares da forma $y_t - \beta x_t$.]

> **QUESTÃO 18.3**
>
> Seja $\{(y_t, x_t): t = 1, 2,\ldots\}$ uma série temporal bivariada na qual cada série é I(1) sem deriva. Explique por que, se y_t e x_t forem cointegradas, y_t e x_{t-1} também serão cointegradas.

A título de esclarecimento, considere $\beta = 1$, suponha que $y_0 = x_0 = 0$, e escreva $y_t = y_{t-1} + r_t$, $x_t = x_{t-1} + v_t$, em que $\{r_t\}$ e $\{v_t\}$ são dois processos I(0) com médias zero. Nesse caso, y_t e x_t têm tendência a oscilar e não retornar ao valor zero inicial com qualquer regularidade. Em contraposição, se $y_t - x_t$ for I(0), terá média zero e retornará a zero com alguma regularidade.

Em um exemplo específico, defina $r6_t$ como a taxa de juros anualizada das letras do Tesouro norte-americano de seis meses (no final do trimestre t) e defina $r3_t$ como a taxa de juros anualizada das letras do Tesouro de três meses. (Esses dados são conhecidos como rendimentos equivalentes de títulos e são divulgados nas páginas financeiras.) No Exemplo 18.2, utilizando os dados contidos no arquivo INTQRT, encontramos pouca evidência contra a hipótese de que $r3_t$ tenha uma raiz unitária; o mesmo ocorre com $r6_t$. Defina o *spread* entre as taxas de seis e três meses como $spr_t = r6_t - r3_t$. Então, usando a equação (18.21), a estatística t de Dickey-Fuller de spr_t será $-7,71$ (com $\hat{\theta} = -0,67$ ou $\hat{\rho} = 0,33$). Portanto, rejeitamos firmemente uma raiz unitária para spr_t em favor de I(0). O desfecho é que, embora $r6_t$ e $r3_t$ pareçam ser processos de raízes unitárias, a diferença entre elas é um processo I(0). Em outras palavras, *r6* e *r3* são cointegradas.

A cointegração nesse exemplo, como em muitos outros casos, tem uma interpretação econômica. Se *r6* e *r3* não fossem cointegradas, a diferença entre as taxas de juros poderia se tornar muito grande, sem tendência de voltarem a se igualar. Com base em um argumento simples de arbitragem, isso não parece ser razoável. Suponha que o *spread* spr_t continue a crescer durante vários períodos de tempo, tornando as letras de seis meses um investimento muito mais desejável. Nesse caso, os investidores sairiam das letras de três meses indo para as de seis meses, elevando os preços desses papéis e baixando os de três meses. Como juros são inversamente relacionados a preços, isso diminuiria *r6* e aumentaria *r3* até que o *spread* entre eles fosse reduzido. Portanto, não se espera que grandes desvios entre *r6* e *r3* continuem: o *spread* tem uma tendência de retornar ao seu valor médio. (O *spread*, na realidade, tem média ligeiramente positiva, pois os investidores de longo prazo são mais bem recompensados em relação aos de curto prazo.)

Existe outra maneira de caracterizar o fato de que spr_t não se desviará por longos períodos de seu valor médio: *r6* e *r3* têm uma relação de *longo prazo*. Para descrever o que queremos dizer com isso, defina $\mu = E(spr_t)$ como o valor esperado do *spread*. Então, podemos escrever

$$r6_t = r3_t + \mu + e_t,$$

em que $\{e_t\}$ é um processo I(0) de média zero. O equilíbrio ou a relação de longo prazo ocorre quando $e_t = 0$, ou $r6^* = r3^* + \mu$. Em qualquer período de tempo, pode haver desvios do equilíbrio, mas serão temporários: existem forças econômicas que levam *r6* e *r3* de volta à relação de equilíbrio.

No exemplo da taxa de juros, usamos o raciocínio econômico para nos informar o valor de β se y_t e x_t forem cointegrados. Se tivermos um valor hipotético de β, é fácil *testar* se as duas séries são cointegradas: simplesmente definimos uma nova variável, $s_t = y_t - \beta x_t$, e aplicamos o teste DF, usual ou aumentado, em $\{s_t\}$. Se *rejeitarmos* uma raiz unitária em $\{s_t\}$ em favor da alternativa I(0), constataremos que y_t e x_t *são cointegrados*. Em outras palavras, a hipótese nula é que y_t e x_t *não são* cointegrados.

Testar a existência de cointegração é mais difícil quando o parâmetro (potencial) de cointegração β é desconhecido. Em vez de testar a existência de uma raiz unitária em $\{s_t\}$, primeiro precisamos estimar β. Se y_t e x_t forem cointegrados, constataremos que o estimador MQO $\hat{\beta}$ da regressão

$$y_t = \hat{\alpha} + \hat{\beta} x_t \tag{18.31}$$

será consistente para β. O problema é que a hipótese nula especifica que as duas séries são *não* cointegradas, e isso significa que, de acordo com a H_0, estaremos calculando uma regressão espúria. Felizmente, é possível tabular valores críticos mesmo quando β é estimado, em que aplicamos o teste usual, ou aumentado de Dickey-Fuller nos resíduos, digamos $\hat{u}_t = y_t - \hat{\alpha} - \hat{\beta} x_t$, a partir de (18.31). A única diferença é que os valores críticos são responsáveis pela estimação de β. O teste resultante é chamado de **Teste de Engle-Granger**, e os valores críticos assimptóticos são dados na Tabela 18.4. Eles foram extraídos de Davidson e MacKinnon (1993, Tabela 20.2).

No teste básico, executamos a regressão de $\Delta \hat{u}_t$ sobre $\hat{u}_{t-1}$ e comparamos a estatística t de $\hat{u}_{t-1}$ ao valor crítico desejado na Tabela 18.4. Se a estatística t estiver abaixo do valor crítico, teremos evidência de que $y_t - \beta x_t$ é I(0) para alguns β; isto é, y_t e x_t são cointegrados. Podemos adicionar defasagens de $\Delta \hat{u}_t$ para avaliarmos a correlação serial. Se compararmos os valores críticos da Tabela 18.4 com os da Tabela 18.2, deveremos obter uma estatística t muito maior em magnitude para encontrar a cointegração do que se usássemos os valores críticos DF usuais. Isso ocorre porque o método MQO, que minimiza a soma dos quadrados dos resíduos, tende a produzir resíduos que se parecem com uma sequência I(0), mesmo se y_t e x_t forem *não* cointegrados.

TABELA 18.4 Valores críticos assimptóticos do teste de cointegração: sem tendência temporal.

Nível de significância	1%	2,5%	5%	10%
Valor crítico	−3,90	−3,59	−3,34	−3,04

Como no caso do teste de Dickey-Fuller, podemos aumentar o teste de Engle-Granger pela inclusão de defasagens de $\Delta \hat{u}_t$ como regressores adicionais.

Se y_t e x_t forem não cointegrados, uma regressão de y_t sobre x_t será espúria e não nos informará nada importante: não existe relação de longo prazo entre y e x. Podemos ainda executar uma regressão envolvendo as primeiras diferenças, Δy_t e Δx_t, incluindo defasagens. Entretanto, devemos interpretar essas regressões pelo que elas são: elas explicam a diferença em y em termos da diferença em x e não têm, necessariamente, nada a ver com a relação em níveis.

Se y_t e x_t *forem* cointegrados, poderemos usar isso para especificar modelos dinâmicos mais gerais, como veremos na próxima subseção.

A discussão anterior assume que nem y_t nem x_t têm uma derivação. Isso é razoável quando tratamos de taxas de juros, mas não para outras séries temporais. Se y_t e x_t contiverem termos derivados, $E(y_t)$ e $E(x_t)$ serão funções lineares (normalmente crescentes) do tempo. A definição estrita de cointegração exige que $y_t - \beta x_t$ seja I(0) *sem* uma tendência. Para ver o que isso acarreta, escreva $y_t = \delta t + g_t$ e $x_t = \lambda t + h_t$, em que $\{g_t\}$ e $\{h_t\}$ são processos I(1), δ é a derivação em y_t [$\delta = E(\Delta y_t)$], e λ é a derivação em x_t [$\lambda = E(\Delta x_t)$]. Agora, se y_t e x_t forem cointegrados, deve existir β de forma que $g_t - \beta h_t$ seja I(0). Entretanto,

$$y_t - \beta x_t = (\delta - \beta\lambda)t + (g_t - \beta h_t),$$

geralmente é um processo *de tendência estacionária*. A forma estrita de cointegração exige que não haja uma tendência, o que significa $\delta = \beta\lambda$. Em processos I(1) com derivação, é possível que as partes estocásticas – isto é, g_t e h_t – sejam cointegradas, mas que o parâmetro β faz que $g_t - \beta h_t$ seja I(0) não elimine a tendência temporal linear.

Podemos testar a cointegração entre g_t e h_t, sem fazer uma parada na parte da tendência, ao executar a regressão

$$\hat{y}_t = \hat{\alpha} + \hat{\eta}t + \hat{\beta}x_t \tag{18.32}$$

e aplicar o teste DF, normal ou aumentado, aos resíduos, $\hat{u}_t$. Os valores críticos assimptóticos estão na Tabela 18.5 [extraídos de Davidson e MacKinnon (1993, Tabela 20.2)].

TABELA 18.5 Valores críticos assimptóticos do teste de cointegração: tendência temporal linear.

Nível de significância	1%	2,5%	5%	10%
Valor crítico	−4,32	−4,03	−3,78	−3,50

Encontrar cointegração nesse caso abre a possibilidade de que $y_t - \beta x_t$ tenha uma tendência linear. Contudo, pelo menos ela não será I(1).

EXEMPLO 18.5 Cointegração entre fertilidade e isenção de impostos

Nos Capítulos 10 e 11, estudamos vários modelos para estimar a relação entre a taxa geral de fertilidade (*gfr*) e o valor real da isenção pessoal de impostos (*pe*) nos Estados Unidos. Os resultados da regressão estática em níveis e em primeiras diferenças são notavelmente diferentes. A regressão em níveis, com a inclusão de uma tendência temporal, produz um coeficiente MQO de *pe* igual a 0,187 (ep = 0,035) e $R^2 = 0,500$. Em primeiras diferenças (sem uma tendência), o coeficiente de Δpe é $-0,043$ (ep = 0,028), e $R^2 = 0,032$. Embora haja outras razões para essas diferenças – como dinâmica de defasagens distribuídas mal-especificadas –, a discrepância entre as regressões em níveis e em alterações sugere que devemos testar a existência de cointegração. Naturalmente, isso presume que *gfr* e *pe* sejam processos I(1). Esse parece ser o caso: os testes DF aumentados, com uma única alteração defasada e uma tendência temporal linear, produzem ambos estatísticas *t* em torno de $-1,47$, e os coeficientes AR(1) estimados são próximos de um.

Quando obtemos os resíduos da regressão de *gfr* sobre *t* e *pe* e aplicamos o teste DF aumentado com uma defasagem, obtemos uma estatística *t* de $\hat{u}_{t-1}$ de $-2,43$, que não está de maneira nenhuma próxima do valor crítico de 10%, $-3,50$. Portanto, devemos concluir que existe pouca evidência de cointegração entre *gfr* e *pe*, mesmo considerando tendências separadas. É muito provável que os resultados da regressão anterior que obtivemos em níveis sofra do problema de regressão espúria.

A boa notícia é que, quando usamos primeiras diferenças e permitimos duas defasagens – veja a equação (11.27) –, encontramos um efeito geral positivo e significante de longo prazo de Δpe sobre Δgfr.

Se considerarmos que duas séries são cointegradas, muitas vezes queremos testar hipóteses sobre o parâmetro de cointegração. Por exemplo, uma teoria pode estabelecer que o parâmetro de cointegração é um. O ideal seria podermos usar uma estatística t para testar essa hipótese.

Tratamos explicitamente do caso sem tendências temporais, embora a extensão para o caso de tendência linear seja imediata. Quando y_t e x_t são I(1) e cointegrados, podemos escrever

$$y_t = \alpha + \beta x_t + u_t, \tag{18.33}$$

em que u_t é um processo I(0) de média zero. Geralmente, $\{u_t\}$ contém correlação serial, mas sabemos, pelo Capítulo 11, que isso não afeta a consistência do MQO. Como mencionado anteriormente, o MQO aplicado a (18.33) estima consistentemente β (e α). Infelizmente, como x_t é I(1), os procedimentos habituais de inferência não serão necessariamente aplicáveis: o MQO não é assimptoticamente normalmente distribuído, e a estatística t de $\hat{\beta}$ não tem, necessariamente, uma distribuição t aproximada. Sabemos do Capítulo 10 que, se $\{x_t\}$ for estritamente exógena – veja a Hipótese ST.3 – e os erros forem homoscedásticos, serialmente não correlacionados e normalmente distribuídos, o estimador MQO será também normalmente distribuído (condicional nas variáveis explicativas) e a estatística t terá uma distribuição t exata. Infelizmente, essas hipóteses são fortes demais para serem aplicadas na maioria das situações. A noção de cointegração nada implica sobre a relação entre $\{x_t\}$ e $\{u_t\}$ – realmente, eles podem ser arbitrariamente correlacionados. Além disso, exceto pelo requisito de que $\{u_t\}$ seja I(0), a cointegração entre y_t e x_t não restringe a dependência serial em $\{u_t\}$.

Felizmente, o recurso de (18.33) que torna a inferência a mais difícil – a falta de exogeneidade estrita de $\{x_t\}$ – pode ser corrigido. Como x_t é I(1), a própria noção de exogeneidade estrita é que u_t é não correlacionado com Δx_s, para qualquer t e s. Sempre podemos organizar isso para um *novo* conjunto de erros, pelo menos aproximadamente, definindo u_t como uma função de Δx_s para todo s próximo de t. Por exemplo,

$$\begin{aligned}u_t = {} & \eta + \phi_0 \Delta x_t + \phi_1 \Delta x_{t-1} + \phi_2 \Delta x_{t-2} \\ & + \gamma_1 \Delta x_{t+1} + \gamma_2 \Delta x_{t+2} + e_t,\end{aligned} \tag{18.34}$$

em que, por construção, e_t é não correlacionado com cada Δx_s que aparece na equação. A esperança é que e_t seja não correlacionado com outros atrasos e antecipações de Δx_s. Sabemos que, conforme $|s - t|$ cresce, a correlação entre e_t e Δx_s se aproxima de zero, pois eles são processos I(0). Agora, se inserirmos (18.34) em (18.33), obteremos

$$\begin{aligned}y_t = {} & \alpha_0 + \beta x_t + \phi_0 \Delta x_t + \phi_1 \Delta x_{t-1} + \phi_2 \Delta x_{t-2} \\ & + \gamma_1 \Delta x_{t+1} + \gamma_2 \Delta x_{t+2} + e_t.\end{aligned} \tag{18.35}$$

Essa equação parece um pouco estranha, pois os Δx_s futuros aparecem tanto com o Δx_t corrente como o defasado. O importante é que o coeficiente de x_t ainda é β, e, por construção, x_t agora é estritamente exógeno na equação. A hipótese de exogeneidade estrita é a importante condição necessária para obter uma estatística t aproximadamente normal para $\hat{\beta}$. Se u_t for não correlacionado com todos os Δx_s, $s \neq t$, então, poderemos eliminar as antecipações e os atrasos das mudanças e simplesmente incluir a alteração contemporânea, Δx_t. Então, a equação que estimamos parece mais padronizada, mas ainda inclui a primeira diferença de x_t, juntamente com seu nível: $y_t = \alpha_0 + \beta x_t + \phi_0 \Delta x_t + e_t$. Com efeito, a adição de Δx_t resolve qualquer endogeneidade contemporânea entre x_t e u_t. (Lembre-se de que qualquer endogeneidade não causa inconsistência. Estamos, contudo, tentando obter uma estatística t assimptoticamente normal). Se necessitamos incluir antecipações e atrasos das alterações, e quantos, é realmente um problema empírico. Cada vez que acrescentamos um adiantamento ou atraso adicional, perdemos uma observação, e isso pode sair caro, a menos que tenhamos um grande conjunto de dados.

O estimador MQO de β, a partir de (18.35), é chamado o **estimador de antecipações e atrasos** de β em razão da maneira como ele emprega Δx. [Veja, por exemplo, Stock e Watson (1993).] O único problema com o qual devemos nos preocupar em (18.35) é a possibilidade de correlação serial em $\{e_t\}$. Isso pode ser resolvido calculando-se um erro padrão robusto em relação à correlação serial para $\hat{\beta}$ (como descrito na Seção 12.5) ou usando-se uma correção AR(1) padrão (como a de Cochrane-Orcutt).

EXEMPLO 18.6 Parâmetro de cointegração das taxas de juros

Anteriormente, testamos a existência de cointegração entre $r6$ e $r3$ – taxas das letras do Tesouro norte-americano de seis e três meses –, assumindo que o parâmetro de cointegração era igual a um. Isso nos levou a encontrar cointegração e, naturalmente, a concluir que o parâmetro de cointegração é igual à unidade. Contudo, vamos estimar o parâmetro de cointegração diretamente e testar $H_0: \beta = 1$. Aplicamos o estimador de antecipações e atrasos com duas antecipações e dois atrasos de $\Delta r3$, como também a alteração contemporânea. A estimativa de β é $\hat{\beta} = 1,038$, e o erro padrão MQO habitual é 0,0081. Portanto, a estatística t para $H_0: \beta = 1$ é $(1,038 - 1)/0,0081 \approx 4,69$, que indica uma forte rejeição estatística de H_0. (Naturalmente, saber se 1,038 é economicamente diferente de 1 é uma consideração relevante.) Existe pouca evidência de correlação serial nos resíduos, e assim podemos usar essa estatística t como se ela tivesse uma distribuição normal aproximada. [A título de comparação, a estimativa MQO de β sem os termos de antecipações, atrasos ou o contemporâneo de $\Delta r3$ – e usando cinco observações a mais – é 1,026 (ep = 0,0077). A estatística t de (18.33), porém, não será necessariamente válida.]

Existem muitos outros estimadores de parâmetros de cointegração, e essa continua sendo uma área bastante ativa de pesquisa. A noção de cointegração aplica-se a mais de dois processos, mas os procedimentos de interpretação, teste e estimação são muito mais complicados. Um problema é que, mesmo depois de termos normalizado um coeficiente para que seja igual a um, pode haver muitas relações cointegradas. BDGH oferece algumas explicações e várias referências.

18.4b Modelos de correção de erro

Além de informar sobre uma potencial relação de longo prazo entre duas séries, o conceito de cointegração enriquece os tipos de modelos dinâmicos à nossa disposição. Se y_t e x_t forem processos I(1) e *não* forem cointegrados, poderemos estimar um modelo dinâmico em primeiras diferenças. Como um exemplo, considere a equação

$$\Delta y_t = \alpha_0 + \alpha_1 \Delta y_{t-1} + \gamma_0 \Delta x_t + \gamma_1 \Delta x_{t-1} + u_t, \tag{18.36}$$

em que u_t tem média zero, dados Δx_t, Δy_{t-1}, Δx_{t-1} e defasagens adicionais. Essencialmente, isso é a equação (18.16), mas em primeiras diferenças, em vez de em níveis. Se entendermos isso como um modelo de defasagem distribuída racional, poderemos encontrar a propensão de impacto, a propensão de longo prazo e a distribuição de defasagens de Δy como uma defasagem distribuída em Δx.

Se y_t e x_t forem cointegrados com parâmetro β, então, há variáveis I(0) adicionais que poderemos incluir em (18.36). Defina $s_t = y_t - \beta x_t$, de forma que s_t seja I(0), e assuma, para simplificar, que s_t tem média zero. Agora, podemos incluir defasagens da s_t na equação. No caso mais simples, incluímos uma defasagem de s_t:

$$\Delta y_t = \alpha_0 + \alpha_1 \Delta y_{t-1} + \gamma_0 \Delta x_t + \gamma_1 \Delta x_{t-1} + \delta s_{t-1} + u_t$$
$$= \alpha_0 + \alpha_1 \Delta y_{t-1} + \gamma_0 \Delta x_t + \gamma_1 \Delta x_{t-1} + \delta(y_{t-1} - \beta x_{t-1}) + u_t, \quad (18.37)$$

em que $E(u_t|I_{t-1}) = 0$, e I_{t-1} contém informações sobre Δx_t e todos os valores passados de x e y. O termo $\delta(y_{t-1} - \beta x_{t-1})$ é chamado de *termo de correção de erro* e (18.37) é um exemplo de um **modelo de correção de erro**. (Em alguns modelos de correção de erro, a alteração contemporânea em x, Δx_t, é omitida. Se ela será incluída ou não, vai depender parcialmente do propósito da equação. Em previsão, Δx_t raramente é incluída, pelos motivos que veremos na Seção 18.5.)

Um modelo de correção de erro nos possibilita estudar a dinâmica de curto prazo na relação entre y e x. Para simplificar, considere o modelo sem defasagens de Δy_t e Δx_t:

$$\Delta y_t = \alpha_0 + \gamma_0 \Delta x_t + \delta(y_{t-1} - \beta x_{t-1}) + u_t, \quad (18.38)$$

em que $\delta < 0$. Se $y_{t-1} > \beta x_{t-1}$, então, y no momento anterior ultrapassou o equilíbrio; como $\delta < 0$, o termo de correção de erro empurra y para trás, em direção ao equilíbrio. De modo semelhante, se $y_{t-1} < \beta x_{t-1}$, o termo de correção de erro induzirá uma alteração positiva em y para trás, em direção ao equilíbrio.

Como estimamos os parâmetros de um modelo de correção de erro? Se conhecermos β, isso será fácil. Por exemplo, em (18.38), simplesmente fazemos a regressão de Δy_t sobre Δx_t e s_{t-1}, em que $s_{t-1} = (y_{t-1} - \beta x_{t-1})$.

EXEMPLO 18.7 Modelo de correção de erro dos rendimentos até o vencimento

No Problema 6 do Capítulo 11, regredimos $hy6_t$, o rendimento de três meses (em porcentagem) da compra de letras do Tesouro de seis meses no momento $t - 1$ e a venda destas no momento t como se fossem letras do Tesouro de três meses, sobre $hy3_{t-1}$, o rendimento relativo a três meses pela manutenção de letras de três meses do Tesouro norte-americano adquiridas até o vencimento no momento $t - 1$. A hipótese das expectativas sugere que o coeficiente de inclinação não deve ser estatisticamente diferente de um. Constata-se que existe evidência de uma raiz unitária em $\{hy3_t\}$, o que levanta a questão da análise de regressão padrão. Assumiremos que os dois rendimentos pela manutenção das letras do Tesouro norte-americano até o vencimento são processos I(1). A hipótese das expectativas implica que, no mínimo, $hy6_t$ e $hy3_{t-1}$ são cointegrados com β igual a um, que

> **QUESTÃO 18.4**
>
> Como você testaria H_0: $\gamma_0 = 1$, $\delta = -1$ no modelo de correção de erro dos rendimentos da controladora?

parece ser o caso (Veja Exercício em computador C5). Sob essa hipótese, um modelo de correção de erro será

$$\Delta hy6_t = \alpha_0 + \gamma_0 \Delta hy3_{t-1} + \delta(hy6_{t-1} - hy3_{t-2}) + u_t,$$

em que u_t tem média zero, dados todos os $hy3$ e $hy6$ datados de $t-1$ e de momentos anteriores. As defasagens nas variáveis no modelo de correção de erro são ditadas pelas hipóteses das expectativas.

Utilizando os dados contidos no arquivo INTQRT, teremos

$$\widehat{\Delta hy6_t} = 0{,}090 + 1{,}218\ \Delta hy3_{t-1} - 0{,}840(hy6_{t-1} - hy3_{t-2})$$
$$\phantom{\widehat{\Delta hy6_t} =\ } (0{,}043)\quad (0{,}264) \qquad\qquad (0{,}244) \tag{18.39}$$
$$n = 122,\ R^2 = 0{,}790.$$

O coeficiente de correção de erro é negativo e muito significante. Por exemplo, se o rendimento de letras do Tesouro norte-americano de seis meses for superior ao de três meses em um ponto percentual, $hy6$ cairá em 0,84 pontos, em média, no trimestre seguinte. Curiosamente, $\hat{\delta} = -0{,}84$ não é estatisticamente diferente de -1, como pode ser verificado calculando-se o intervalo de confiança de 95%.

Em muitos outros exemplos, o parâmetro de cointegração deve ser estimado. Depois, substituímos s_{t-1} por $\hat{s}_{t-1} = y_{t-1} - \hat{\beta} x_{t-1}$, em que $\hat{\beta}$ pode ser vários estimadores de β. Já tratamos do estimador MQO padrão como também do estimador de antecipações e atrasos. Isso levanta o problema de como a variação amostral em $\hat{\beta}$ afeta a inferência sobre os outros parâmetros no modelo de correção de erro. Felizmente, como mostrado por Engle e Granger (1987), podemos ignorar a estimação preliminar de β (assimptoticamente). Essa propriedade é muito conveniente e implica que a eficiência assimptótica dos estimadores dos parâmetros no modelo de correção de erro não será afetada quer usemos o estimador MQO ou o estimador de antecipações e atrasos para $\hat{\beta}$. Naturalmente, a escolha de $\hat{\beta}$ terá, geralmente, um efeito sobre os parâmetros de correção de erro estimados em alguma amostra em particular, mas não temos nenhuma maneira sistemática de decidir qual estimador preliminar de β usar. O procedimento de substituição de β por $\hat{\beta}$ é chamado **procedimento de dois estágios de Engle-Granger**.

18.5 Previsão

A previsão de séries temporais econômicas é muito importante em certos ramos da economia, e é uma área que continua sendo ativamente estudada. Nesta seção, concentramo-nos em métodos de previsões baseados em regressão. Diebold (2001) oferece uma introdução abrangente da previsão, inclusive dos recentes desenvolvimentos.

Assumimos nesta seção que o foco principal é prever valores futuros de um processo de séries temporais e não necessariamente estimar modelos econômicos causais ou estruturais.

É interessante primeiro entender alguns fundamentos da previsão que não dependem de um modelo específico. Suponha que no momento t queiramos estimar o resultado de y no momento $t+1$, ou y_{t+1}. O período de tempo pode corresponder a um ano, um trimestre, um mês, uma semana, ou mesmo um dia. Seja I_t a informação que podemos observar no momento t. Esse **conjunto de informações** inclui y_t, valores anteriores de y e frequentemente outras variáveis datadas no momento t ou de momentos anteriores. Podemos combinar essas informações em inumeráveis maneiras para fazermos a previsão de y_{t+1}. Existirá alguma maneira melhor?

A resposta é sim, desde que especifiquemos a *perda* associada com o erro de previsão. Seja f_t a previsão de y_{t+1} feita no momento t. Chamamos f_t **previsão um passo à frente**. O **erro de previsão** é $e_{t+1} = y_{t+1} - f_t$, que observamos logo que o resultado de y_{t+1} seja observado. A medida mais comum de perda é a mesma que conduz a uma estimação de mínimos quadrados ordinários de um modelo de regressão linear múltipla: o erro quadrático, e^2_{t+1}. O erro de previsão quadrático trata de erros de previsão positivos e negativos simetricamente, e erros de previsão grandes recebem relativamente mais peso. Por exemplo, erros de $+2$ e -2 produzem a mesma perda, e a perda é quatro vezes maior que os erros de previsão de $+1$ ou -1. O erro de previsão quadrático é um exemplo de uma **função de perda**. Outra função de perda popular é o valor absoluto do erro de previsão, $|e_{t+1}|$. Por razões que veremos em breve, nos concentraremos por ora na perda do erro quadrático.

Dada a função de perda do erro quadrático, podemos determinar como usar melhor a informação do momento t para fazer a previsão de y_{t+1}. Contudo, teremos que reconhecer que no momento t, não conhecemos e_{t+1}: ele é uma variável aleatória, pois y_{t+1} é uma variável aleatória. Portanto, qualquer critério útil para a seleção de f_t deve ser baseado no que conhecemos no momento t. É natural preferir a previsão que minimize o erro de previsão quadrático *esperado*, dado I_t:

$$E(e^2_{t+1}|I_t) = E[(y_{t+1} - f_t)^2|I_t]. \tag{18.40}$$

Um fato básico da probabilidade (veja Propriedade EC.6 no Apêndice B, disponível no site da Cengage) é que a expectativa condicional, $E(y_{t+1}|I_t)$, minimiza (18.40). Em outras palavras, se quisermos minimizar o erro de previsão quadrático esperado dada a informação no momento t, nossa previsão deverá ser o valor esperado de y_{t+1}, dadas as variáveis que conhecemos no momento t.

Em muitos processos populares de séries temporais, é fácil obter a expectativa condicional. Suponha que $\{y_t: t = 0, 1, \ldots\}$ seja uma sequência diferença martingale (MDS) e I_t seja $\{y_t, y_{t-1}, \ldots, y_0\}$, o passado observado de y. Por definição, $E(y_{t+1}|I_t) = 0$ para todo t; a melhor previsão de y_{t+1} no momento t é sempre zero! Lembre-se da Seção 18.2 que uma sequência i.i.d. com média zero é uma sequência diferença martingale.

Uma sequência diferença martingale é aquela na qual o passado não é útil para prevermos o futuro. Os retornos de ações são largamente aceitos como uma aproximação de uma MDS ou, talvez, com uma média positiva. O importante é que $E(y_{t+1}|y_t, y_{t-1}, \ldots) = E(y_{t+1})$: a média condicional é igual à média incondicional, caso em que o y passado não auxilia na previsão do y futuro.

Um processo $\{y_t\}$ será um **martingale** se $E(y_{t+1}|y_t, y_{t-1}, \ldots, y_0) = y_t$ para todo $t \geq 0$. [Se $\{y_t\}$ for um martingale, $\{\Delta y_t\}$ será uma sequência diferença martingale, que é do qual vem o nome desta última.] O valor previsto de y no próximo período será sempre o valor de y nesse período.

Um exemplo mais complicado é

$$E(y_{t+1}|I_t) = \alpha y_t + \alpha(1-\alpha)y_{t-1} + \ldots + \alpha(1-\alpha)^t y_0, \tag{18.41}$$

em que $0 < \alpha < 1$ é um parâmetro que devemos escolher. Esse método de previsão é chamado **suavização exponencial** porque os pesos dos y defasados declinam para zero exponencialmente.

A razão para escrevermos a esperança na forma de (18.41) é que ela conduz a uma relação de recorrência muito simples. Defina $f_0 = y_0$. Em seguida, para $t \geq 1$, as previsões poderão ser obtidas como

$$f_t = \alpha y_t + (1 - \alpha) f_{t-1}.$$

Em outras palavras, a previsão de y_{t+1} é uma média ponderada de y_t e da previsão de y_t feita no momento $t - 1$. A suavização exponencial é apropriada somente para séries temporais muito específicas e exige que se escolha α. Métodos de regressão, que abordaremos a seguir, são mais flexíveis.

A discussão anterior concentrou-se na previsão de y somente um período adiante. Os problemas gerais que surgem na previsão de y_{t+h} no momento t, no qual h é qualquer inteiro positivo, são semelhantes. Em particular, se usarmos o erro de previsão quadrático esperado como nossa medida de perda, o melhor previsor será $E(y_{t+h}|I_t)$. Quando estamos lidando com uma **previsão múltiplos passos à frente**, usamos a notação $f_{t,h}$ para indicar a previsão de y_{t+h} feita no momento t.

18.5a Tipos de modelos de regressão utilizados para previsão

Existem muitos modelos de regressão diferentes que podemos usar para fazer a previsão de valores futuros de uma série temporal. O primeiro modelo de regressão de dados de séries temporais do Capítulo 10 foi o modelo estático. Para ver como podemos fazer previsão com esse modelo, assuma que temos uma única variável explicativa:

$$y_t = \beta_0 + \beta_1 z_t + u_t. \tag{18.42}$$

Suponha, por enquanto, que os parâmetros β_0 e β_1 sejam conhecidos. Escreva essa equação no momento $t + 1$ como $y_{t+1} = \beta_0 + \beta_1 z_{t+1} + u_{t+1}$. Agora, se z_{t+1} for conhecido no momento t, de forma que seja um elemento de I_t e $E(u_{t+1}|I_t) = 0$, então,

$$E(y_{t+1}|I_t) = \beta_0 + \beta_1 z_{t+1},$$

em que I_t contém $z_{t+1}, y_t, z_t, \ldots, y_1, z_1$. O lado direito dessa equação é a previsão de y_{t+1} no momento t. Esse tipo de previsão é habitualmente chamado de **previsão condicional** porque ele é condicional a conhecer o valor de z no momento $t + 1$.

Infelizmente, em qualquer momento, raramente conhecemos o valor das variáveis explicativas em períodos de tempo futuros. As exceções são as tendências temporais e as variáveis *dummy* sazonais, que estudaremos explicitamente mais adiante, mas fora isso o conhecimento de z_{t+1} no momento t é raro. Algumas vezes, queremos gerar previsões condicionais de vários valores de z_{t+1}.

Outro problema com (18.42) como um modelo de previsão é que $E(u_{t+1}|I_t) = 0$ significa que $\{u_t\}$ não pode conter correlação serial, algo que vimos ser falso na maioria dos modelos de regressão estática. [O Problema 8 pede que você derive a previsão em um modelo simples de defasagem distribuída com erros AR(1).]

Se z_{t+1} não for conhecido no momento t, não poderemos incluí-lo em I_t. Então, teremos

$$E(y_{t+1}|I_t) = \beta_0 + \beta_1 E(z_{t+1}|I_t).$$

Isso significa que, para fazermos a previsão de y_{t+1}, precisamos primeiro fazer a previsão de z_{t+1}, com base no mesmo conjunto de informações. Isso é normalmente chamado de **previsão incondicional**, porque não assumimos o conhecimento de z_{t+1} no momento t. Infelizmente, essa é uma denominação imprópria, visto que nossa previsão ainda é condicional à informação em I_t. O nome, porém, está arraigado na literatura sobre previsão.

Para fazer previsões, a menos que estejamos ligados ao modelo estático de (18.42) por outras razões, faz mais sentido especificar um modelo que dependa somente de valores defasados de y e z. Isso nos poupará uma etapa extra de ter de fazer a previsão de uma variável do lado direito da equação antes de fazer a previsão de y. O tipo de modelo que temos em mente é

$$y_t = \delta_0 + \alpha_1 y_{t-1} + \gamma_1 z_{t-1} + u_t$$
$$E(u_t|I_{t-1}) = 0,$$
(18.43)

em que I_{t-1} contém y e z datadas no momento $t-1$ e em momentos anteriores. Agora, a previsão de y_{t+1} no momento t é $\delta_0 + \alpha_1 y_t + \gamma_1 z_t$; se conhecermos os parâmetros, podemos simplesmente utilizar os valores de y_t e z_t.

Se apenas quisermos usar o y passado para prever o y futuro, então, poderemos eliminar z_{t-1} de (18.43). Naturalmente, podemos adicionar mais defasagens de y ou z e defasagens de outras variáveis. Especialmente para a previsão um passo à frente, esses modelos podem ser muito úteis.

18.5b Previsão um passo à frente

Obter uma previsão um período após o término da amostra é relativamente simples com o uso de modelos como (18.43). Como sempre, definimos n como o tamanho da amostra. A previsão de y_{n+1} será

$$\hat{f}_n = \hat{\delta}_0 + \hat{\alpha}_1 y_n + \hat{\gamma}_1 z_n,$$
(18.44)

em que assumimos que os parâmetros tenham sido estimados por MQO. Usamos um sinal de acento circunflexo em f_n para enfatizar que os parâmetros foram estimados no modelo de regressão. (Se conhecêssemos os parâmetros, não haveria erros de estimação na previsão.) O erro de previsão – que não conheceremos até o momento $n+1$ – será

$$\hat{e}_{n+1} = y_{n+1} - \hat{f}_n.$$
(18.45)

Se adicionarmos mais defasagens de y ou z à equação de previsão, simplesmente perderemos mais observações no início da amostra.

A previsão $\hat{f}_n$ de y_{n+1} é normalmente chamada de **previsão pontual**. Também podemos obter um **intervalo de previsão**. Um intervalo de previsão é essencialmente o mesmo que estudamos na Seção 6.4. Lá, mostramos como, sob as hipóteses do modelo linear clássico, obter um intervalo de previsão exato de 95%. Aqui, um intervalo de previsão é obtido *exatamente* da mesma maneira. Se o modelo não satisfizer as hipóteses do modelo linear clássico – por exemplo, se ele contiver variáveis dependentes defasadas, como em (18.44) –, o intervalo de previsão ainda será aproximadamente válido, desde que u_t, dado I_{t-1}, seja normalmente distribuído com média zero e variância constante. (Isso garante que os estimadores MQO sejam, de forma aproximada, e normalmente distribuídos com as variâncias habituais de MQO e que u_{n+1} seja independente dos estimadores MQO com média zero e variância σ^2.) Seja $\text{ep}(\hat{f}_n)$ o erro padrão da previsão e $\hat{\sigma}$ o erro padrão da regressão. [Como vimos na Seção 6.4, podemos obter $\hat{f}_n$ e $\text{ep}(\hat{f}_n)$ como o intercepto e seu erro padrão a partir da regressão de y_t sobre $(y_{t-1} - y_n)$ e $(z_{t-1} - z_n)$, $t = 1, 2, \ldots, n$; ou seja, subtraímos o valor do momento n de y de cada y defasado, e de forma semelhante de z, antes de fazermos a regressão.] Então,

$$\text{ep}(\hat{e}_{n+1}) = \{[\text{ep}(\hat{f}_n)]^2 + \hat{\sigma}^2\}^{1/2}, \tag{18.46}$$

e o intervalo de previsão (aproximado) de 95% será

$$\hat{f}_n \pm 1{,}96 \cdot \text{ep}(\hat{e}_{n+1}). \tag{18.47}$$

Como $\text{ep}(\hat{f}_n)$ é aproximadamente proporcional a $1/\sqrt{n}$ $\text{ep}(\hat{f}_n)$ será em geral pequeno relativo à incerteza no erro u_{n+1}, como medido por $\hat{\sigma}$. [Alguns programas econométricos calculam intervalos de previsão rotineiramente, mas outros requerem algumas manipulações simples para obter (18.47).]

EXEMPLO 18.8 Previsão da taxa de desemprego norte-americana

Utilizamos os dados contidos no arquivo PHILLIPS, correspondente ao período 1948 a 1996, para fazermos a previsão da taxa de desemprego norte-americana para 1997. Usamos dois modelos. O primeiro é um modelo AR(1) simples de *unem*:

$$\widehat{unem_t} = 1{,}572 + 0{,}732\, unem_{t-1}$$
$$(0{,}577)\ \ (0{,}097) \tag{18.48}$$
$$n = 48, \overline{R}^2 = 0{,}544, \hat{\sigma} = 1{,}049.$$

Em um segundo modelo, adicionamos a inflação com uma defasagem de um ano:

$$\widehat{unem_t} = 1{,}304 + 0{,}647\, unem_{t-1} + 0{,}184\, inf_{t-1}$$
$$(0{,}490)\ \ (0{,}084)\ \ \ \ \ \ \ \ \ \ (0{,}041) \tag{18.49}$$
$$n = 48, \overline{R}^2 = 0{,}677, \hat{\sigma} = 0{,}883.$$

A taxa de inflação defasada é bastante significante em (18.49) ($t \approx 4{,}5$), e o R-quadrado ajustado da segunda equação é muito mais alto do que o da primeira. No entanto, isso não significa, necessariamente, que a segunda equação produzirá uma previsão melhor para 1997. Tudo que podemos dizer até agora é que, usando os dados até 1996, uma defasagem da inflação ajuda a explicar a variação na taxa de desemprego.

Para obter a previsão para 1997, precisamos conhecer *unem* e *inf* de 1996. Elas foram 5,4 e 3,0, respectivamente. Portanto, a previsão de $unem_{1997}$ da equação (18.48) é $1{,}572 + 0{,}732(5{,}4)$, ou cerca de 5,52. A previsão da equação (18.49) é $1{,}304 + 0{,}647(5{,}4) + 0{,}184(3{,}0)$, ou cerca de 5,35. A taxa real de desemprego em 1997 foi de 4,9, e assim ambas as equações superestimaram a taxa real. A segunda equação produziu uma previsão um pouco melhor.

Podemos facilmente obter um intervalo de previsão de 95%. Quando fazemos a regressão de $unem_t$ sobre $(unem_{t-1} - 5{,}4)$ e $(inf_{t-1} - 3{,}0)$, obtemos 5,35 como o intercepto – que já havíamos calculado como a previsão – e $\text{ep}(\hat{f}_n) = 0{,}137$. Portanto, como $\hat{\sigma} = 0{,}883$, temos $\text{ep}(\hat{e}_{n+1}) = [(0{,}137)^2 + (0{,}883)^2]^{1/2} \approx 0{,}894$.

O intervalo de previsão de 95% de (18.47) é 5,35 ± 1,96(0,894), ou aproximadamente [3,6,7,1]. Esse é um intervalo bem amplo e o valor efetivo de 1997, 4,9, está bem dentro do intervalo. Como esperado, o erro padrão de u_{n+1}, que é 0,883, é uma fração muito grande de ep($\hat{e}_{n+1}$).

Um profissional que faça previsões deve, normalmente, fazer uma previsão a cada período de tempo. Por exemplo, no momento n, ele faz a previsão de y_{n+1}. Depois, quando y_{n+1} e z_{n+1} se tornarem disponíveis, ele deve fazer a previsão de y_{n+2}. Mesmo que a pessoa que esteja fazendo a previsão tenha se decidido pelo modelo (18.43), haverá duas possibilidades para fazer a previsão de y_{n+2}. A primeira é usar $\hat{\delta}_0 + \hat{\alpha}_1 y_{n+1} + \hat{\gamma}_1 z_{n+1}$, na qual os parâmetros são estimados utilizando as primeiras n observações. A segunda possibilidade é *reestimar* os parâmetros utilizando todas as $n + 1$ observações e em seguida usar a mesma fórmula para fazer a previsão de y_{n+2}. Para fazer a previsão de períodos de tempo subsequentes, podemos utilizar, geralmente, as estimativas dos parâmetros obtidos das n observações iniciais, ou podemos atualizar os parâmetros da regressão cada vez que obtivermos um novo ponto de dados. Embora o último método exija mais computação, o trabalho extra é relativamente pequeno e pode (embora não necessariamente) funcionar melhor, pois os coeficientes da regressão se ajustam, pelo menos um pouco, aos novos pontos de dados.

Como um exemplo específico, suponha que queremos fazer a previsão da taxa de desemprego para 1998, usando o modelo com uma única defasagem de *unem* e de *inf*. A primeira possibilidade é simplesmente inserir os valores do desemprego e da inflação de 1997 no lado direito da equação (18.49). Com *unem* = 4,9 e *inf* = 2,3 em 1997, teremos uma previsão de $unem_{1998}$ de aproximadamente 4,9. (É apenas uma coincidência esse valor ser o mesmo da taxa de desemprego de 1997). A segunda possibilidade é reestimar a equação adicionando as observações de 1997 e depois usar essa nova equação (veja o Exercício em computador C6).

O modelo na equação (18.43) é uma equação do que é conhecido como **modelo vetorial autorregressivo (VAR)**. Sabemos o que é um modelo autorregressivo do Capítulo 11: modelamos uma única série, $\{y_t\}$, em termos de seu próprio passado. Em modelos autorregressivos vetoriais, modelamos várias séries – que, se você estiver familiarizado com álgebra linear, é da qual advém o termo "vetor" – em termos de seus próprios passados. Se tivermos duas séries, y_t e z_t, uma autorregressão vetorial consistirá de equações parecidas com

$$y_t = \delta_0 + \alpha_1 y_{t-1} + \gamma_1 z_{t-1} + \alpha_2 y_{t-2} + \gamma_2 z_{t-2} + \ldots \quad (18.50)$$

e

$$z_t = \eta_0 + \beta_1 y_{t-1} + \rho_1 z_{t-1} + \beta_2 y_{t-2} + \rho_2 z_{t-2} + \ldots,$$

em que cada equação contém um erro com valor esperado zero, dadas as informações passadas de y e z. Na equação (18.43) – e no exemplo estimado em (18.49) –, assumimos que uma defasagem de cada variável capturou toda a dinâmica. (Um teste F da significância conjunta de $unem_{t-2}$ e inf_{t-2} confirmará que é necessária somente uma defasagem de cada variável.)

Como o Exemplo 18.8 ilustra, modelos VAR podem ser úteis para previsões. Em muitos casos, estamos interessados em fazer a previsão de somente uma variável,

y, em cujo caso somente precisamos estimar e analisar a equação de y. Nada nos impede de adicionar outras variáveis defasadas, digamos, w_{t-1}, w_{t-2}, ..., à equação (18.50). Essas equações são eficientemente estimadas por MQO, desde que tenhamos incluído defasagens suficientes de todas as variáveis e a equação satisfaça a hipótese de homoscedasticidade das regressões de séries temporais.

Equações como (18.50) nos possibilitam testar se, *após termos controlado os y passados*, o passado de z ajudará a fazer a previsão de y_t. Geralmente, dizemos que z *Granger causa y* se

$$E(y_t|I_{t-1}) \neq E(y_t|J_{t-1}), \tag{18.51}$$

em que I_{t-1} contém informações passadas sobre y e z, e J_{t-1} contém apenas informações passadas de y. Quando (18.51) se mantém, os z passados são úteis, *adicionalmente aos y passados*, para fazermos a previsão de y_t. O termo "causa" na expressão "Granger causa" deve ser interpretado com cuidado. O único sentido em que z "causa" y é dado em (18.51). Em particular, ele não tem nada a dizer sobre causalidade *contemporânea* entre y e z e, portanto, não nos permite determinar se z_t é uma variável exógena ou endógena em uma equação relacionando y_t com z_t. (Essa também é a razão de a noção de **causalidade de Granger** não se aplicar em contextos de cortes transversais puros.)

Assim que assumirmos um modelo linear e decidirmos quantas defasagens de y devem ser incluídas em $E(y_t|y_{t-1}, y_{t-2}, \ldots)$, podemos facilmente testar a hipótese nula de que z não Granger causa y. Para sermos mais específicos, suponha que $E(y_t|y_{t-1}, y_{t-2}, \ldots)$ dependa de apenas três defasagens:

$$y_t = \delta_0 + \alpha_1 y_{t-1} + \alpha_2 y_{t-2} + \alpha_3 y_{t-3} + u_t$$
$$E(u_t|y_{t-1}, y_{t-2}, \ldots) = 0.$$

Agora, sob a hipótese nula de que z não Granger causa y, *quaisquer* defasagens de z que adicionarmos à equação deve ter zero coeficientes populacionais. Se adicionarmos z_{t-1}, então, poderemos fazer um teste t simples de z_{t-1}. Se adicionarmos duas defasagens de z, poderemos fazer um teste F da significância conjunta de z_{t-1} e z_{t-2} na equação

$$y_t = \delta_0 + \alpha_1 y_{t-1} + \alpha_2 y_{t-2} + \alpha_3 y_{t-3} + \gamma_1 z_{t-1} + \gamma_2 z_{t-2} + u_t.$$

(Se houver heteroscedasticidade, poderemos usar uma forma robusta do teste. Não pode haver correlação serial sob H_0, pois o modelo é dinamicamente completo.)

Do ponto de vista prático, como decidimos quantas defasagens de y e z devemos incluir? Primeiro, começamos estimando um modelo autorregressivo de y e fazendo testes t e F para determinar quantas defasagens de y devem aparecer. Com dados anuais, o número de defasagens é em geral pequeno, digamos, uma ou duas. Com dados trimestrais ou mensais, normalmente existem muito mais defasagens. Assim que um modelo autorregressivo de y tiver sido escolhido, poderemos testar as defasagens de z. A escolha das defasagens de z é menos importante, pois quando z não Granger causa y, nenhum conjunto de z's defasados deve ser significante. Com dados anuais, uma ou duas defasagens são geralmente usadas; com dados trimestrais, usualmente quatro ou oito; e com dados mensais, talvez seis, 12 ou talvez até mesmo 24, desde que haja dados suficientes.

Já demos um exemplo com teste de causalidade de Granger na equação (18.49). O modelo autorregressivo que melhor se adapta ao desemprego é um AR(1).

Na equação (18.49), adicionamos uma única defasagem da inflação, e ela era muito significante. Portanto, a inflação Granger causa o desemprego.

Existe uma definição ampliada da causalidade de Granger que muitas vezes é útil. Seja $\{w_t\}$ uma terceira série (ou ela poderia representar várias séries adicionais). Então, z *Granger causa y condicional em w* se (18.51) se mantiver, mas agora I_{t-1} contém informações passadas sobre y, z e w, enquanto J_{t-1} contém informações passadas sobre y e w. Certamente, é possível que z Granger cause y, mas z não Granger causa y condicional em w. Um teste da hipótese nula de que z *não* Granger causa y condicional em w é obtido testando a significância de z defasados em um modelo de y que também dependa de y e w defasados. Por exemplo, para verificar se o crescimento da oferta monetária Granger causa crescimento no PIB real, condicional às alterações nas taxas de juros, faríamos a regressão de $gGDP_t$ sobre defasagens de $gGDP$, Δint e gM e faríamos testes de significância das defasagens de gM. [Veja, por exemplo, Stock e Watson (1989).]

18.5c Comparação de previsões um passo à frente

Em quase todos os problemas de previsão, existem vários métodos competitivos de previsão. Mesmo quando nos restringimos a modelos de regressão, existem muitas possibilidades. Quais variáveis devem ser incluídas e com quantas defasagens? Devemos usar logs, níveis de variáveis ou primeiras diferenças?

Ao decidir sobre um método de previsão, precisamos de um meio para saber qual o mais apropriado. De modo abrangente, podemos distinguir entre **critérios dentro da amostra** e **critérios fora da amostra**. Em um contexto de regressão, os critérios dentro da amostra incluem o R-quadrado e o R-quadrado especialmente ajustado. Existem muitas outras *estatísticas de seleção de modelos*, mas não trataremos delas aqui [veja, por exemplo, Ramanathan (1995, Capítulo 4)].

Para fazer previsões, é melhor usarmos os critérios fora da amostra, pois previsão é essencialmente um problema que está fora da amostra. Um modelo pode fornecer um bom ajuste para y na amostra usada para estimar os parâmetros. Entretanto, isso não se traduzirá, necessariamente, em um bom desempenho da previsão. Uma comparação fora da amostra envolve o uso da primeira parte de uma amostra para estimar os parâmetros do modelo, reservando a última parte da amostra para avaliar sua capacidade de previsão. Isso simula o que teríamos que fazer na prática se ainda não conhecêssemos os valores futuros das variáveis.

Suponha que tenhamos $n + m$ observações, nas quais usamos as primeiras n observações para estimar os parâmetros em nosso modelo e reservamos as últimas m observações para fazer a previsão. Seja $\hat{f}_{n+h}$ a previsão um passo à frente de y_{n+h+1} para $h = 0, 1, ..., m - 1$. O m erros de previsão são $\hat{e}_{n+h+1} = y_{n+h+1} - \hat{f}_{n+h}$. Como devemos avaliar quanto nosso modelo beneficia a previsão de y quando estiver fora da amostra? Duas medidas são as mais comuns. A primeira é a **raiz do erro quadrático médio (REQM)**:

$$REQM = \left(m^{-1} \sum_{h=0}^{m-1} \hat{e}_{n+h+1}^2 \right)^{1/2}. \tag{18.52}$$

Isso é essencialmente o desvio padrão amostral dos erros de previsão (sem qualquer ajuste dos graus de liberdade). Se calcularmos o REQM de dois ou mais métodos de previsão, preferiremos o método com o menor REQM fora da amostra.

Uma segunda medida comum é o **erro absoluto médio (EAM)**, que é a média dos erros absolutos da previsão:

$$EAM = m^{-1}\sum_{h=0}^{m-1}|\hat{e}_{n+h+1}|. \tag{18.53}$$

Preferimos o menor de novo, o EAM menor. Outros possíveis critérios incluem a minimização do maior dos valores absolutos dos erros de previsão.

EXEMPLO 18.9 **Comparações fora da amostra de previsões de desemprego**

No Exemplo 18.8, verificamos que a equação (18.49) se ajustava melhor no período de 1948 a 1996 em nossa amostra do que a equação (18.48), e, pelo menos para fazer a previsão de desemprego de 1997, o modelo com inflação defasada funcionava melhor. Agora, estimamos ambos os modelos utilizando os dados de até 1996 para comparar com uma previsão um passo à frente do período que vai de 1997 a 2003. Isso deixa sete observações fora da amostra ($n = 48$ e $m = 7$ para usar as equações (18.52) e (18.53). Para o modelo AR(1), REQM = 0,962 e EAM = 0,778. Para o modelo que adiciona inflação defasada (um modelo VAR de ordem um), REQM = 0,673 e EAM = 0,628. Assim, por qualquer indicador, o modelo que inclui inf_{t-1} produz melhores previsões fora da amostra para os anos de 1997 até 2003. Nesse caso, tanto o critério dentro da amostra como o fora da amostra usam o mesmo modelo.

Em vez de usar somente as primeiras n observações para estimar os parâmetros do modelo, podemos reestimar os modelos cada vez que adicionarmos uma nova observação e usar o novo modelo para fazer a previsão do próximo período de tempo.

18.5d Previsões múltiplos passos à frente

Fazer previsão de mais de um período à frente é geralmente mais difícil do que prever um período à frente. Podemos formalizar isso da seguinte maneira. Suponha que consideremos fazer a previsão de y_{t+1} no momento t e em um período anterior s (de forma que $s < t$). Então, $\text{Var}[y_{t+1} - E(y_{t+1}|I_t)] \leq \text{Var}[y_{t+1} - E(y_{t+1}|I_s)]$, em que normalmente a desigualdade é estrita. Não provaremos esse resultado de modo geral, mas, intuitivamente, ele faz sentido: a variância do erro de previsão ao fazermos a previsão de y_{t+1} é maior do que quando fazemos a previsão com base em menos informação.

Se $\{y_t\}$ seguir um modelo AR(1) (que inclui um passeio aleatório, possivelmente com deriva), podemos facilmente mostrar que a variância do erro aumenta com o horizonte da previsão. O modelo é

$$y_t = \alpha + \rho y_{t-1} + u_t$$
$$E(u_t|I_{t-1}) = 0, I_{t-1} = \{y_{t-1}, y_{t-2}, \ldots\},$$

e $\{u_t\}$ tem variância constante σ^2 condicional a I_{t-1}. No momento $t + h - 1$, nossa previsão de y_{t+h} será $\alpha + \rho y_{t+h-1}$, e o erro de previsão será simplesmente u_{t+h}. Portanto, a variância da previsão um passo à frente é simplesmente σ^2. Para encontrar previsões com múltiplos passos à frente teremos, por substituições repetidas,

$$y_{t+h} = (1 + \rho + \ldots + \rho^{h-1})\alpha + \rho^h y_t$$
$$+ \rho^{h-1}u_{t+1} + \rho^{h-2}u_{t+2} + \ldots + u_{t+h}.$$

No momento t, o valor esperado de u_{t+j}, para todo $j \geq 1$, será zero. Assim,

$$E(y_{t+h}|I_t) = (1 + \rho + \ldots + \rho^{h-1})\alpha + \rho^h y_t, \tag{18.54}$$

e o erro de previsão será $e_{t,h} = \rho^{h-1}u_{t+1} + \rho^{h-2}u_{t+2} + \ldots + u_{t+h}$. Isso é a soma de variáveis aleatórias não correlacionadas e, assim, a variância da soma é a soma das variâncias: $\text{Var}(e_{t,h}) = \sigma^2[\rho^{2(h-1)} + \rho^{2(h-2)} + \ldots + \rho^2 + 1]$. Como $\rho^2 > 0$, cada termo que multiplica σ^2 será positivo, e a variância do erro de previsão aumenta com h. Quando $\rho^2 < 1$, conforme h fica maior, a variância de previsão converge para $\sigma^2/(1 - \rho^2)$, que é exatamente a variância incondicional de y_t. No caso de um passeio aleatório ($\rho = 1$), $f_{t,h} = \alpha h + y_t$, e $\text{Var}(e_{t,h}) = \sigma^2 h$: a variância da previsão cresce sem limites conforme o horizonte h aumenta. Isso demonstra que é muito difícil fazer a previsão de um passeio aleatório, com ou sem deriva, para um futuro longínquo. Por exemplo, previsões de taxas de juros para um futuro distante se tornam drasticamente menos precisas.

A equação (18.54) mostra que o uso do modelo AR(1) para fazer previsão com múltiplos passos à frente é fácil, uma vez que tenhamos estimado ρ por MQO. A previsão de y_{n+h} no momento n é

$$\hat{f}_{n,h} = (1 + \hat{\rho} + \ldots + \hat{\rho}^{h-1})\hat{\alpha} + \hat{\rho}^h y_n. \tag{18.55}$$

A obtenção de intervalos de previsão é mais complicada, a menos que $h = 1$, pois é difícil obter o erro padrão de $\hat{f}_{n,h}$. Contudo, o erro padrão de $\hat{f}_{n,h}$ é pequeno habitualmente, comparado com o desvio padrão do termo de erro, e esse último pode ser estimado como $\hat{\sigma}[\hat{\rho}^{2(h-1)} + \hat{\rho}^{2(h-2)} + \ldots + \hat{\rho}^2 + 1]^{1/2}$, em que $\hat{\sigma}$ é o erro padrão da regressão a partir da estimação AR(1). Podemos usar isso para obter um intervalo de confiança aproximado. Por exemplo, quando $h = 2$, um intervalo de confiança aproximado de 95% (para n grande) será

$$\hat{f}_{n,2} \pm 1{,}96\hat{\sigma}(1 + \hat{\rho}^2)^{1/2}. \tag{18.56}$$

Como estamos subestimando o desvio padrão de y_{n+h}, esse intervalo será muito estreito, mas talvez não em demasia, especialmente se n for grande.

Uma abordagem menos tradicional, mas útil, é estimar um modelo diferente para cada horizonte de previsão. Por exemplo, suponha que queiramos fazer a previsão de y dois períodos adiante. Se I_t depender somente de y até o momento t, podemos assumir que $E(y_{t+2}|I_t) = \alpha_0 + \gamma_1 y_t$ [que, como vimos anteriormente, se manterá se $\{y_t\}$ seguir um modelo AR(1)]. Podemos estimar α_0 e γ_1 fazendo a regressão de y_t sobre um intercepto e sobre y_{t-2}. Embora os erros nessa equação contenham correlação serial – erros em períodos adjacentes são correlacionados – podemos obter estimadores consistentes e aproximadamente normais de α_0 e γ_1. A previsão de y_{n+2} no momento n será simplesmente $\hat{f}_{n,2} = \hat{\alpha}_0 + \hat{\gamma}_1 y_n$. Além disso, e de forma importante, o erro padrão da regressão será exatamente o que precisamos para calcular um intervalo de confiança da previsão. Infelizmente, para obter o erro padrão de $\hat{f}_{n,2}$ usando o truque da previsão um passo à frente exige que obtenhamos um erro padrão robusto por meio da correlação serial do tipo descrito na Seção 12.5 do Capítulo 12. Esse erro padrão tende a zero conforme n vai ficando grande, enquanto a variância do erro é constante. Portanto, podemos obter um intervalo aproximado usando (18.56) e colocando o EPR da regressão de y_t sobre y_{t-2} em lugar de $\hat{\sigma}(1 + \hat{\rho}^2)^{1/2}$. Contudo, devemos nos lembrar de que isso ignora o erro de estimação em $\hat{\alpha}_0$ e $\hat{\gamma}_1$.

Também podemos calcular previsões múltiplos passos à frente com modelos autorregressivos mais complicados. Por exemplo, suponha que $\{y_t\}$ siga um modelo

AR(2) e que no momento n queremos fazer a previsão de y_{n+2}. Agora, $y_{n+2} = \alpha + \rho_1 y_{n+1} + \rho_2 y_n + u_{n+2}$ e, assim,

$$E(y_{n+2}|I_n) = \alpha + \rho_1 E(y_{n+1}|I_n) + \rho_2 y_n.$$

Podemos escrever essa equação como

$$f_{n,2} = \alpha + \rho_1 f_{n,1} + \rho_2 y_n,$$

de modo que a previsão dois passos à frente no momento n poderá ser obtida logo que tenhamos a previsão um passo à frente. Se os parâmetros do modelo AR(2) tiverem sido estimados por MQO, então, operacionalizaremos isso como

$$\hat{f}_{n,2} = \hat{\alpha} + \hat{\rho}_1 \hat{f}_{n,1} + \hat{\rho}_2 y_n. \tag{18.57}$$

Agora, $\hat{f}_{n,1} = \hat{\alpha} + \hat{\rho}_1 y_n + \hat{\rho}_2 y_{n-1}$, que podemos calcular no momento n. Em seguida, inserimos essa expressão em (18.57), juntamente com y_n, para obter $\hat{f}_{n,2}$. Para qualquer $h > 2$, a obtenção de qualquer previsão com h passo à frente para um modelo AR(2) é fácil de encontrar de modo recursivo: $\hat{f}_{n,h} = \hat{\alpha} + \hat{\rho}_1 \hat{f}_{n,h-1} + \hat{\rho}_2 \hat{f}_{n,h-2}$.

Raciocínio semelhante pode ser usado para obter previsões múltiplos passos à frente para modelos VAR. Para ilustrar, suponha que tenhamos

$$y_t = \delta_0 + \alpha_1 y_{t-1} + \gamma_1 z_{t-1} + u_t \tag{18.58}$$

e

$$z_t = \eta_0 + \beta_1 y_{t-1} + \rho_1 z_{t-1} + v_t.$$

Agora, se quisermos fazer a previsão de y_{n+1} no momento n, simplesmente usamos $\hat{f}_{n,1} = \hat{\delta}_0 + \hat{\alpha}_1 y_n + \hat{\gamma}_1 z_n$. Igualmente, a previsão de z_{n+1} no momento n será (digamos) $\hat{g}_{n,1} = \hat{\eta}_0 + \hat{\beta}_1 y_n + \hat{\rho}_1 z_n$. Agora, suponha que queremos obter uma previsão dois passos à frente de y no momento n. De (18.58), temos

$$E(y_{n+2}|I_n) = \delta_0 + \alpha_1 E(y_{n+1}|I_n) + \gamma_1 E(z_{n+1}|I_n)$$

[porque $E(u_{n+2}|I_n) = 0$] e, assim, podemos escrever a previsão como

$$\hat{f}_{n,2} = \hat{\delta}_0 + \hat{\alpha}_1 \hat{f}_{n,1} + \hat{\gamma}_1 \hat{g}_{n,1}. \tag{18.59}$$

Essa equação mostra que a previsão dois passos à frente de y depende da previsão um passo à frente de y e z. Geralmente, podemos construir previsões com múltiplos passos à frente de y usando a fórmula repetitiva

$$\hat{f}_{n,h} = \hat{\delta}_0 + \hat{\alpha}_1 \hat{f}_{n,h-1} + \hat{\gamma}_1 \hat{g}_{n,h-1}, h \geq 2.$$

EXEMPLO 18.10 Previsão dois anos à frente da taxa de desemprego

Para usar a equação (18.49) e fazermos a previsão do desemprego dois anos à frente – digamos, a taxa de 1998 usando os dados até 1996 –, precisamos de um modelo da inflação. O melhor modelo de *inf* em termos de defasagens de *unem* e *inf* parece ser um simples modelo AR(1) ($unem_{-1}$ não é significante quando adicionado à regressão):

$$\widehat{inf_t} = 1{,}277 + 0{,}665\ inf_{t-1}$$
$$(0{,}558)\ \ (0{,}107)$$
$$n = 48, R^2 = 0{,}457, \bar{R}^2 = 0{,}445.$$

> Se inserirmos o valor de *inf* de 1996 nessa equação, obteremos a previsão de *inf* para 1997: $\widehat{inf}_{1997} = 3{,}27$. Agora, podemos agregar esse resultado, com $\widehat{unem}_{1997} = 5{,}35$ (que obtivemos anteriormente), em (18.59) para fazer a previsão de $unem_{1998}$:
>
> $$\widehat{unem}_{1998} = 1{,}304 + 0{,}647(5{,}35) + 0{,}184(3{,}27) \approx 5{,}37.$$
>
> Lembre-se de que essa previsão utiliza informações somente até 1996. A previsão um passo à frente de $unem_{1998}$ obtida pela agregação dos valores de 1997 de *unem* e *inf* em (18.48), foi aproximadamente 4,90. A taxa atual de desemprego em 1998 foi 4,5%, o que significa que, nesse caso, a previsão um passo à frente produz um resultado mais próximo do efetivo que a previsão dois passos à frente.

Como acontece na previsão um passo à frente, uma raiz do erro quadrático médio fora da amostra ou um erro absoluto médio pode ser usado para fazermos a escolha entre os métodos de previsão múltiplos passos à frente.

18.5e Previsão de processos com tendência, sazonais e integrados

Agora, voltamos para a previsão de séries que exibem tendências, possuem sazonalidade ou têm raízes unitárias. Lembre-se dos Capítulos 10 e 11 que uma abordagem para lidar com variáveis dependentes ou independentes com tendência em modelos de regressão é a inclusão de tendências temporais, das quais a mais popular é a tendência linear. Tendências também podem ser incluídas em equações de previsões, embora devam ser usadas com cuidado.

No caso mais simples, suponha que $\{y_t\}$ tenha uma tendência linear, mas seja imprevisível em torno dessa tendência. Nesse caso, podemos escrever

$$y_t = \alpha + \beta t + u_t, \ \mathrm{E}(u_t|I_{t-1}) = 0, t = 1, 2, \ldots, \qquad (18.60)$$

em que, como sempre, I_{t-1} contém informação observada até o momento $t - 1$ (que inclui pelo menos y passados). Como fazemos a previsão de y_{n+h} no momento n para qualquer $h \geq 1$? Isso é simples, pois $\mathrm{E}(y_{n+h}|I_n) = \alpha + \beta(n + h)$. A variância do erro de previsão será simplesmente $\sigma^2 = \mathrm{Var}(u_t)$ (assumindo uma variância constante ao longo do tempo). Se estimarmos α e β por MQO usando as primeiras n observações, então, nossa previsão de y_{n+h} no momento n será $\hat{f}_{n,h} = \hat{\alpha} + \hat{\beta}(n + h)$. Em outras palavras, simplesmente agregamos o período de tempo correspondente a y na função de tendência estimada. Por exemplo, se usarmos as $n = 131$ observações do arquivo BARIUM para fazermos a previsão das importações mensais de cloreto de bário feitas pelos Estados Unidos da China, obteremos $\hat{\alpha} = 249{,}56$ e $\hat{\beta} = 5{,}15$. O período da amostra termina em dezembro de 1988, de modo que a previsão de importações de cloreto de bário da China seis meses depois é de $249{,}56 + 5{,}15(137) = 955{,}11$, medida em toneladas curtas[*]. A título de comparação, o valor de dezembro de 1988 foi 1.087,81, maior, portanto, que o valor previsto para seis meses depois. A série e sua linha de tendência estimada são mostradas na Figura 18.2.

---

[*] 1 tonelada curta = 2.000 libras = 0,907,2 kg. (NRT).

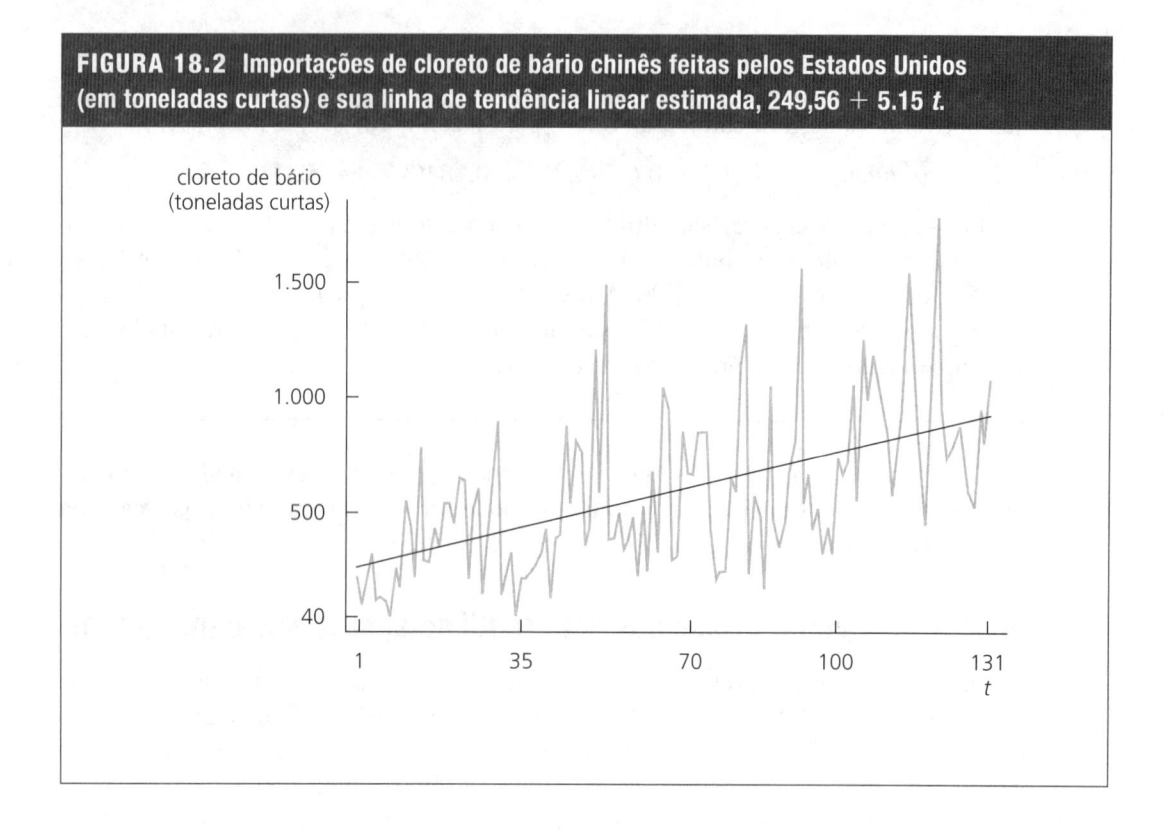

FIGURA 18.2 Importações de cloreto de bário chinês feitas pelos Estados Unidos (em toneladas curtas) e sua linha de tendência linear estimada, 249,56 + 5.15 t.

Como discutido no Capítulo 10, a maioria das séries temporais econômicas é mais bem caracterizada como tendo, pelo menos aproximadamente, uma taxa constante de crescimento, o que sugere que $\log(y_t)$ segue uma tendência temporal linear. Suponha que usemos n observações para obter a equação

$$\log(y_t) = \hat{\alpha} + \hat{\beta}t, \, t = 1, 2, ..., n. \tag{18.61}$$

> **QUESTÃO 18.5**
>
> Suponha que você modele $\{y_t: t = 1, 2, ..., 46\}$ como uma tendência temporal linear, na qual os dados são anuais, começando em 1950 e terminando em 1995. Defina a variável ano_t como indo de 50 quando $t = 1$ a 95 quando $t = 46$. Se você estimar a equação $\hat{y}_t = \hat{\gamma} + \hat{\delta} year_t$, como $\hat{\gamma}$ e $\hat{\delta}$ se compararão com $\hat{\alpha}$ e $\hat{\beta}$ em $\hat{y}_t = \hat{\alpha} + \hat{\beta}t$? Como se compararão as previsões das duas equações?

Então, para prever $\log(y)$ em qualquer período de tempo futuro $n + h$, simplesmente agregamos $n + h$ na equação de tendência, como antes. Entretanto, isso não nos dá condições de fazer a previsão de y, que normalmente é o que queremos. É tentador simplesmente exponenciar $\hat{\alpha} + \hat{\beta}(n + h)$ para obter a previsão de y_{n+h}, mas isso não é muito correto, pelas mesmas razões que apresentamos na Seção 6.4 do Capítulo 6. Temos que considerar de forma apropriada o erro implícito em (18.61). A maneira mais fácil de fazer isso é usar as n observações para fazer a regressão de y_t sobre $\exp(\widehat{\log y_t})$ sem um intercepto. Seja $\hat{\gamma}$ o coeficiente de inclinação de $\exp(\widehat{\log y_t})$. Então, a previsão de y no período $n + h$ será simplesmente

$$\hat{f}_{n,h} = \hat{\gamma}\exp[\hat{\alpha} + \hat{\beta}(n + h)]. \tag{18.62}$$

Como um exemplo, se usarmos as primeiras 687 semanas dos dados do índice da Bolsa de Valores de Nova York (NYSE) contidos no arquivo NYSE, obteremos $\hat{\alpha} = 3{,}782$ e $\hat{\beta} = 0{,}0019$ [regredindo log ($price_t$), em que *price* refere-se ao preço, sobre uma tendência temporal linear]; isso mostra que o índice cresce cerca de 0,2% por semana, em média. Quando regredimos *price* sobre os valores estimados exponenciados, obtemos $\hat{\gamma} = 1{,}018$. Agora, fazemos a previsão de *preço* quatro semanas à frente, que é a última semana na amostra, usando (18.62): $1{,}018 \cdot \exp(3{,}782 + 0{,}0019(691)] \approx 166{,}12$. O valor real foi 164,25, de modo que nossa previsão ficou um pouco superestimada. Contudo, esse resultado é muito melhor do que se estimássemos uma tendência temporal linear das primeiras 687 semanas: o valor previsto da semana 691 será 152,23, que é uma previsão substancialmente subestimada.

Embora modelos de tendência possam ser úteis para fazermos previsões, eles devem ser usados com cuidado, especialmente em previsões de futuros longínquos de séries integradas que tenham derivação. O problema potencial pode ser visto considerando-se um passeio aleatório com deriva. No momento $t + h$, podemos escrever y_{t+h} como

$$y_{t+h} = \beta h + y_t + u_{t+1} + \ldots + u_{t+h},$$

em que β é o termo derivado (normalmente $\beta > 0$), e cada u_{t+j} tem média zero dado I_t e variância constante σ^2. Como vimos anteriormente, a previsão de y_{t+h} no momento t é $E(y_{t+h}|I_t) = \beta h + y_t$, e a variância do erro de previsão é $\sigma^2 h$. O que acontece se usarmos um modelo de tendência linear? Seja y_0 o valor inicial do processo no momento zero, que assumimos como não aleatório. Então, podemos também escrever

$$\begin{aligned} y_{t+h} &= y_0 + \beta(t + h) + u_1 + u_2 + \ldots + u_{t+h} \\ &= y_0 + \beta(t + h) + v_{t+h}. \end{aligned}$$

Isso se parece com um modelo de tendência linear com o intercepto $\alpha = y_0$. No entanto, o erro v_{t+h}, embora tenha média zero, tem variância $\sigma^2(t + h)$. Portanto, se usarmos a tendência linear $y_0 + \beta(t + h)$ para fazer a previsão de y_{t+h} no momento t, a variância do erro de previsão será $\sigma^2(t + h)$ comparado com $\sigma^2 h$ quando usamos $\beta h + y_t$. A razão das variâncias de previsão será $(t + h)/h$, que pode ser grande para t grande. O ponto principal é que não deveremos usar uma tendência linear para fazer a previsão de um passeio aleatório com deriva. (O Exercício em computador C8 pede que você compare previsões de uma linha de tendência cúbica e as de um modelo simples de passeio aleatório para a taxa geral de fertilidade nos Estados Unidos.)

Tendências deterministas também podem produzir previsões pobres se os parâmetros de tendência forem estimados usando dados velhos e o processo tiver um deslocamento subsequente na linha de tendência. Algumas vezes, choques exógenos – como o da crise do petróleo nos anos 1970 – podem mudar a trajetória das variáveis de tendência. Se uma linha de tendência antiga for usada para fazer a previsão em um futuro distante, as previsões poderão ficar muito longe da realidade. Esse problema pode ser mitigado com o uso de dados mais recentes disponíveis para obter os parâmetros da linha de tendência.

Nada nos impede de combinar tendências com outros modelos para fazer previsões. Por exemplo, podemos adicionar uma tendência linear a um modelo AR(1), que pode funcionar bem na previsão de séries com tendências lineares, mas que também são processos AR estáveis em torno da tendência.

Também é simples fazer previsões de processos com sazonalidade determinista (séries mensais ou trimestrais). Por exemplo, o arquivo BARIUM contém a produção mensal de gasolina nos Estados Unidos de 1978 a 1988. Essa série não tem uma tendência óbvia, mas tem um forte padrão sazonal. (A produção de gasolina é mais alta nos meses de verão dos Estados Unidos e em dezembro.) No modelo mais simples, faríamos a regressão de *gas* (medida em galões) sobre onze *dummies* mensais, digamos de fevereiro a dezembro. Em seguida, a previsão para qualquer mês futuro é simplesmente o intercepto mais o coeficiente da *dummy* mensal apropriada. (Para janeiro, a previsão será exatamente o intercepto na regressão.) Também podemos adicionar defasagens de variáveis e tendências temporais para levar em conta séries gerais com sazonalidade.

Fazer previsões de processos com raízes unitárias também merece atenção especial. Anteriormente, obtivemos o valor esperado de um passeio aleatório condicional às informações até o momento n. Para prever um passeio aleatório, com possível deriva α, h períodos no futuro no momento n, usamos $\hat{f}_{n,h} = \hat{\alpha}_h + y_n$, em que $\hat{\alpha}$ é a média amostral dos Δy_t até $t = n$. (Se não houver deriva, definimos $\hat{\alpha} = 0$). Essa abordagem impõe a raiz unitária. Uma alternativa seria estimar um modelo AR(1) para $\{y_t\}$ e usar a fórmula da previsão (18.55). Essa abordagem não impõe uma raiz unitária, mas se houver uma, $\hat{\rho}$ convergirá em probabilidade para um conforme n fica maior. No entanto, $\hat{\rho}$ pode ser substancialmente diferente de um, especialmente se o tamanho da amostra não for muito grande. A questão sobre qual método produz melhor previsão fora da amostra é um problema empírico. Se no modelo AR(1) ρ for menor que um, mesmo que levemente, o modelo AR(1) tenderá a produzir melhores previsões de longo prazo.

Geralmente, há duas abordagens para produzir previsões de processos I(1). A primeira é impor uma raiz unitária. Para uma previsão um passo à frente, obtemos um modelo para prever a mudança em y, Δy_{t+1}, dadas as informações até o momento t. Então, como $y_{t+1} = \Delta y_{t+1} + y_t$, $E(y_{t+1}|I_t) = E(\Delta y_{t+1}|I_t) + y_t$. Portanto, nossa previsão de y_{n+1} no momento n será exatamente

$$\hat{f}_n = \hat{g}_n + y_n,$$

em que $\hat{g}_n$ é a previsão de Δy_{n+1} no momento n. Em geral, um modelo AR (que é necessariamente estável) ou uma autorregressão vetorial é usado para Δy_t.

Isso pode ser estendido para previsões com múltiplos passos à frente escrevendo y_{n+h} como

$$y_{n+h} = (y_{n+h} - y_{n+h-1}) + (y_{n+h-1} - y_{n+h-2}) + \ldots + (y_{n+1} - y_n) + y_n,$$

ou

$$y_{n+h} = \Delta y_{n+h} + \Delta y_{n+h-1} + \ldots + \Delta y_{n+1} + y_n.$$

Portanto, a previsão de y_{n+h} no momento n será

$$\hat{f}_{n,h} = \hat{g}_{n,h} + \hat{g}_{n,h-1} + \ldots + \hat{g}_{n,1} + y_n, \tag{18.63}$$

em que $\hat{g}_{n,j}$ é a previsão Δy_{n+j} no momento n. Por exemplo, podemos modelar Δy_t como um AR(1) estável, obter a previsão múltiplos passos à frente a partir de (18.55) (mas com $\hat{\alpha}$ e $\hat{\rho}$ obtidos de Δy_t sobre Δy_{t-1}, e y_n substituída por Δy_n), e depois agregar isso em (18.63).

A segunda abordagem para prever variáveis I(1) é usar um modelo geral AR ou VAR para $\{y_t\}$. Isso não impõe a raiz unitária. Por exemplo, se usarmos um modelo AR(2),

$$y_t = \alpha + \rho_1 y_{t-1} + \rho_2 y_{t-2} + u_t, \qquad (18.64)$$

então, $\rho_1 + \rho_2 = 1$. Se agregarmos $\rho_1 = 1 - \rho_2$ e reorganizarmos, obteremos $\Delta y_t = \alpha - \rho_2 \Delta y_{t-1} + u_t$, que é um modelo AR(1) estável na diferença que nos leva de volta à primeira abordagem descrita anteriormente. Nada nos impede de estimar (18.64) diretamente por MQO. Algo interessante sobre essa regressão é que *podemos* usar a estatística t habitual de $\hat{\rho}_2$ para determinar se y_{t-2} é significante. (Isso assume que a hipótese de homoscedasticidade é mantida; se ela não for mantida, podemos usar a forma robusta em relação à heteroscedasticidade.) Não mostraremos isso formalmente, pois, intuitivamente, consiste em reescrever a equação como $y_t = \alpha + \gamma y_{t-1} - \rho_2 \Delta y_{t-1} + u_t$, em que $\gamma = \rho_1 + \rho_2$. Mesmo se $\gamma = 1$, ρ_2 será o coeficiente de um processo $\{\Delta y_{t-1}\}$ estacionário e fracamente dependente, com sinal negativo. Como os resultados da regressão serão idênticos a (18.64), podemos usar (18.64) diretamente.

Como um exemplo, vamos estimar um modelo AR(2) da taxa geral de fertilidade usando os dados do arquivo FERTIL3 até 1979. (No Exercício em computador C8, pede-se que você use esse modelo para fazer a previsão, razão pela qual guardamos algumas observações do final da amostra.)

$$\widehat{gfr}_t = 3{,}22 + 1{,}272\, gfr_{t-1} - 0{,}311\, gfr_{t-2}$$
$$\quad (2{,}92)\ \ (0{,}120)\qquad\ \ (0{,}121) \qquad (18.65)$$
$$n = 65,\ R^2 = 0{,}949,\ \overline{R}^2 = 0{,}947.$$

A estatística t da segunda defasagem está em torno de $-2{,}57$, que estatisticamente é diferente de zero em torno do nível de 1%. (A primeira defasagem também tem uma estatística t bastante significativa, que tem uma distribuição t aproximada pelo mesmo raciocínio usado para $\hat{\rho}_2$.) O R-quadrado, ajustado ou não, não é especialmente informativo como um indicador da qualidade de ajuste, pois *gfr* aparentemente contém uma raiz unitária e não faz muito sentido questionar quanto da variância de *gfr* estamos explicando.

Os coeficientes das duas defasagens em (18.65) somam 0,961, o que é próximo e estatisticamente não diferentes de um (como pode ser verificado pela aplicação do teste de Dickey-Fuller aumentado à equação $\Delta gfr_t = \alpha + \theta gfr_{t-1} + \delta_1 \Delta gfr_{t-1} + u_t$). Embora não tenhamos imposto a restrição de raiz unitária, ainda podemos usar (18.65) para previsão, como discutimos anteriormente.

Antes de terminar esta seção, salientamos uma melhora potencial na previsão no contexto de modelos vetoriais autorregressivos com variáveis I(1). Suponha que $\{y_t\}$ e $\{z_t\}$ sejam cada um processos I(1). Uma abordagem para obter previsões de y é estimar uma autorregressão bivariada nas variáveis Δy_t e Δz_t e depois usar (18.63) para gerar previsões com um ou múltiplos passos à frente; essencialmente, essa é a primeira abordagem que descrevemos anteriormente. Entretanto, se y_t e z_t forem *cointegrados*, temos mais variáveis estacionárias e estáveis no conjunto de informações que podem ser usadas na previsão de Δy: ou seja, defasagens de $y_t - \beta z_t$, em que β é o parâmetro de cointegração. Um modelo simples de correção de erro é

$$\Delta y_t = \alpha_0 + \alpha_1 \Delta y_{t-1} + \gamma_1 \Delta z_{t-1} + \delta_1(y_{t-1} - \beta z_{t-1}) + e_t,$$
$$\mathrm{E}(e_t | I_{t-1}) = 0. \qquad (18.66)$$

Para fazer a previsão de y_{n+1}, usamos as observações até n para estimar o parâmetro de cointegração, β e, então, estimar os parâmetros do modelo de correção de erro por MQO, como descrito na Seção 18.4. A previsão de Δy_{n+1} é fácil: simplesmente agregamos Δy_n, Δz_n e $y_n - \hat{\beta} z_n$ na equação estimada. Tendo obtido a previsão de Δy_{n+1}, nós a adicionamos a y_n.

Reorganizando o modelo de correção de erro, podemos escrever

$$y_t = \alpha_0 + \rho_1 y_{t-1} + \rho_2 y_{t-2} + \delta_{1z_{t-1}} + \delta_{2z_{t-2}} + u_t, \tag{18.67}$$

em que $\rho_1 = 1 + \alpha_1 + \delta$, $\rho_2 = -\alpha_1$, e assim por diante, que é a primeira equação de um modelo VAR para y_t e z_t. Observe que isso depende de cinco parâmetros, a mesma quantidade do modelo de correção de erro. A questão é que, para o propósito de fazer previsão, o modelo VAR nos níveis e o modelo de correção de erro são essencialmente os mesmos. Esse não será o caso em modelos mais gerais de correção de erro. Por exemplo, suponha que $\alpha_1 = \gamma_1 = 0$ em (18.66), mas que temos um segundo termo de correção de erro, $\delta_2(y_{t-2} - \beta z_{t-2})$. Nesse caso, o modelo de correção de erro envolve somente quatro parâmetros, enquanto (18.67) – que tem a mesma ordem de defasagens para y e z – contém cinco parâmetros. Assim, modelos de correção de erro podem economizar nos parâmetros; isto é, eles são, em geral, mais *parcimoniosos* do que os modelos VAR em níveis.

Se y_t e z_t forem I(1), mas não cointegrados, o modelo apropriado será (18.66), sem o termo de correção de erro. Isso pode ser usado para fazer a previsão de Δy_{n+1}, e podemos adicioná-lo a y_n para fazer a previsão de y_{n+1}.

Resumo

Os tópicos sobre séries temporais tratados neste capítulo são usados rotineiramente em macroeconomia empírica, finanças empíricas e em uma variedade de outros campos de aplicações. Iniciamos mostrando como modelos de defasagem distribuída infinita podem ser interpretados e estimados. Eles podem proporcionar distribuições flexíveis de defasagens com menor número de parâmetros do que um modelo similar de defasagem distribuída finita. Os modelos de defasagem distribuída geométrica e, de modo mais geral, de defasagem distribuída racional são os mais populares. Eles podem ser estimados usando procedimentos econométricos padrão em equações dinâmicas simples.

O teste da existência de uma raiz unitária tem se tornado muito comum em séries temporais econométricas. Se uma série tiver uma raiz unitária, então, em muitos casos, as habituais aproximações normais de amostras grandes não mais serão válidas. Além disso, um processo de raiz unitária tem a propriedade de que uma inovação tem um efeito duradouro, que é de interesse por si só. Embora existam muitos testes de raízes unitárias, o teste t de Dickey-Fuller – e sua extensão, o teste de Dickey-Fuller aumentado – é provavelmente o mais popular e mais fácil de ser implementado. Podemos levar em conta uma tendência linear durante o teste de raízes unitárias adicionando uma tendência na regressão de Dickey-Fuller.

Quando é feita a regressão de uma série I(1), y_t, sobre outra série I(1), x_t, existe séria preocupação em relação à regressão espúria, mesmo que as séries não contenham tendências óbvias. Esse assunto tem sido estudado com profundidade no caso de um passeio aleatório: mesmo se dois passeios aleatórios forem independentes, o teste t habitual da significância do coeficiente de inclinação, baseado nos habituais valores críticos, rejeitará muito mais que o tamanho nominal do teste. Além disso, o R^2 tende a uma variável aleatória, em vez de a zero (como seria o caso se fizéssemos a regressão da diferença de y_t sobre a diferença de x_t).

Em um caso importante, uma regressão que envolve variáveis I(1) não será espúria e isso ocorre quando as séries são cointegradas. Isso significa que uma função linear das duas variáveis I(1) será I(0). Se y_t e x_t forem I(1), mas $y_t = x_t$ for I(0), y_t e x_t não poderão tender arbitrariamente para direções muito distintas. Existem testes simples da hipótese nula de não cointegração contra a alternativa de cointegração, um dos quais é baseado na aplicação do teste de raiz unitária de Dickey-Fuller aos resíduos de uma regressão estática. Também existem estimadores simples do parâmetro de cointegração que produzem estatísticas t com distribuições normais padrão aproximadas (e intervalos de confiança assimptoticamente válidos). Tratamos do estimador de antecipação e atrasos na Seção 18.4.

A cointegração entre y_t e x_t implica que os termos de correção de erro podem aparecer em um modelo relacionando Δy_t a Δx_t: os termos de correção de erro são defasagens em $y_t - \beta x_t$, em que β é o parâmetro de cointegração. Um procedimento simples de estimação em duas etapas está disponível para estimar modelos de correção de erro. Primeiro, β é estimado usando uma regressão estática (ou a regressão de antecipações e atrasos). Depois, o MQO é usado para estimar um modelo dinâmico simples em primeiras diferenças que inclui os termos de correção de erro.

A Seção 18.5 apresentou uma introdução à previsão, com ênfase em métodos com base em regressões. Modelos estáticos ou, de modo mais genérico, modelos que contenham variáveis explicativas datadas contemporaneamente com a variável dependente, são limitados, pois há a necessidade de fazer a previsão das variáveis explicativas. Se agregarmos valores hipotéticos de variáveis explicativas cujo futuro é desconhecido, obteremos uma previsão condicional. Previsões incondicionais são semelhantes a simplesmente modelar y_t como uma função da informação *passada* que tenhamos observado no momento para o qual necessitamos da previsão. Modelos de regressão dinâmica, inclusive as autorregressões e as autorregressões vetoriais, são usados rotineiramente. Além da obtenção de previsões pontuais um passo à frente, também discutimos a construção de intervalos de previsão, que são muito semelhantes aos intervalos.

Vários critérios são usados para se fazer a seleção entre os métodos de previsão. Os indicadores de desempenho mais comuns são a raiz do erro quadrático médio e o erro absoluto médio. Ambos estimam o tamanho do erro de previsão médio. É bastante informativo calcular esses indicadores usando previsões fora da amostra.

As previsões múltiplos passos à frente apresentam novos desafios e estão sujeitas a grandes variâncias do erro de previsão. Contudo, para modelos como os de autorregressões e de autorregressões vetoriais, previsões múltiplos passos à frente podem ser calculadas, e intervalos de previsão aproximados podem ser obtidos.

A previsão de séries com tendência e I(1) requer cuidado especial. Processos com tendências determinísticas podem ser previstos com a inclusão de tendências temporais em modelos de regressão, possivelmente com defasagens de variáveis. Uma desvantagem potencial é que tendências determinísticas podem produzir previsões pobres para previsões de horizonte distantes: uma vez estimada, uma tendência linear continua a aumentar ou a diminuir. A abordagem típica para fazer a previsão de um processo I(1) é fazer a previsão da diferença no processo e adicionar o nível da variável àquela diferença prevista. Alternativamente, modelos vetoriais autorregressivos podem ser usados nos níveis das séries. Se as séries forem cointegradas, poderemos usar, ao invés, modelos de correção de erro.

Termos-chave

Causalidade de Granger
Cointegração
Conjunto de informações
Critérios dentro da amostra
Critérios fora da amostra
Defasagem distribuída
 geométrica (ou de Koyck)
Distribuiição Dickey-Fuller
Erro absoluto médio (EAM)
Erro de previsão
Estimador de antecipações
 e atrasos
Função de perda
Intervalo de previsão
Martingale

Modelo vetorial
 autorregressivo (VAR)
Modelo de correção de erro
Modelo de defasagem
 distribuída infinita (MDDI)
Modelo de defasagem
 distribuída racional (MDDR)
Previsão condicional
Previsão pontual
Previsão incondicional
Previsão múltiplos passos à
 frente
Previsão pontual
Previsão um passo à frente

Problema da regressão
 espúria
Procedimento em dois estágios
 de Engle-Granger
Raiz do erro quadrático
 médio (REQM)
Raízes unitárias
Sequência diferença
 Martingale
Suavização exponencial
Teste de Dickey-Fuller
 aumentado
Teste de Engle-Granger
Teste Dickey-Fuller (DF)

Problemas

1 Considere a equação (18.15) com $k = 2$. Usando o método VI para estimar γ_h e ρ, o que você usaria como instrumentais de y_{t-1}?

2 Um modelo econômico interessante que leva a um modelo econométrico com uma variável dependente defasada relaciona y_t ao *valor esperado* de x_t, digamos x_t^*, em que a esperança é baseada em todas as informações observadas no momento $t - 1$:

$$y_t = \alpha_0 + \alpha_1 x_t^* + u_t. \tag{18.68}$$

Uma hipótese natural sobre $\{u_t\}$ é que $E(u_t|I_{t-1}) = 0$, em que I_{t-1} representa todas as informações de y e x observadas no momento $t - 1$; isso significa que $E(y_t|I_{t-1}) = \alpha_0 + \alpha_1 x_t^*$. Para completar esse modelo, necessitamos de uma hipótese sobre como a expectativa x_t^* é formada. Vimos um exemplo simples de expectativas adaptativas na Seção 11.2, em que $x_t^* = x_{t-1}$. Um esquema de expectativas adaptativas mais complicado é

$$x_t^* - x_{t-1}^* = \lambda(x_{t-1} - x_{t-1}^*), \tag{18.69}$$

em que $0 < \lambda < 1$. Essa equação implica que a mudança nas expectativas reage se o valor percebido do último período estiver acima ou abaixo de sua expectativa. A hipótese $0 < \lambda < 1$ implica mudança nas expectativas como fração do erro do último período.

(i) Mostre que as duas equações implicam

$$y_t = \lambda\alpha_0 + (1 - \lambda)y_{t-1} + \lambda\alpha_1 x_{t-1} + u_t - (1 - \lambda)u_{t-1}.$$

[*Dica*: Faça a defasagem da equação (18.68) em um período, multiplique-a por $(1 - \lambda)$, e subtraia esse resultado de (18.68). Depois, use (18.69).]

(ii) Se $E(u_t|I_{t-1}) = 0$, $\{u_t\}$ é serialmente não correlacionado. O que isso implica sobre os novos erros, $v_t = u_t - (1 - \lambda)u_{t-1}$?

(iii) Se escrevermos a equação do item (i) como

$$y_t = \beta_0 + \beta_1 y_{t-1} + \beta_2 x_{t-1} + v_t,$$

como você estimaria os β_j consistentemente?

(iv) Dados estimadores consistentes dos β_j, como você estimaria λ e α_1 consistentemente?

3 Suponha que $\{y_t\}$ e $\{z_t\}$ sejam séries I(1), mas $y_t - \beta z_t$ seja I(0) para algum $\beta \neq 0$. Mostre que para qualquer $\delta \neq \beta$, $y_t - \delta z_t$ deve ser I(1).

4 Considere o modelo de correção de erro na equação (18.37). Mostre que se você adicionar mais uma defasagem do termo de correção de erro, $y_{t-2} - \beta x_{t-2}$, a equação sofrerá de colinearidade perfeita. [*Dica*: mostre que $y_{t-2} - \beta x_{t-2}$ é uma função linear perfeita de $y_{t-1} - \beta x_{t-1}$, Δx_{t-1} e Δy_{t-1}.]

5 Suponha que o processo $\{(x_t, y_t): t = 0, 1, 2, \ldots\}$ satisfaça as equações

$$y_t = \beta x_t + u_t$$

e

$$\Delta x_t = \gamma \Delta x_{t-1} + v_t,$$

em que $E(u_t|I_{t-1}) = E(v_t|I_{t-1}) = 0$, I_{t-1} contém informações sobre x e y datadas no momento $t-1$ e nos anteriores, $\beta \neq 0$, e $|\gamma| < 1$ [de modo que x_t e, portanto, y_t, são I(1)]. Mostre que essas duas equações implicam um modelo de correção de erro da forma

$$\Delta y_t = \gamma_1 \Delta x_{t-1} + \delta(y_{t-1} - \beta x_{t-1}) + e_t,$$

em que $\gamma_1 = \beta\gamma$, $\delta = -1$ e $e_t = u_t + \beta v_t$. [*Dica*: Primeiro, subtraia y_{t-1} de ambos os lados da primeira equação. Depois, adicione e subtraia βx_{t-1} do lado direito e reorganize. Por fim, use a segunda equação para obter o modelo de correção de erro que contém Δx_{t-1}.]

6 Usando os dados mensais contidos no arquivo VOLAT, foi estimado o seguinte modelo:

$$\widehat{pcip} = 1{,}54 + 0{,}344\, pcip_{-1} + 0{,}074\, pcip_{-2} + 0{,}073\, pcip_{-3} + 0{,}031\, pcsp_{-1}$$
$$\quad\;\; (0{,}56)\;\; (0{,}042) \qquad\;\;\; (0{,}045) \qquad\;\;\; (0{,}042) \qquad\;\;\; (0{,}013)$$
$$n = 554,\, R^2 = 0{,}174,\, \overline{R}^{\,2} = 0{,}168,$$

em que *pcip* é a mudança percentual na produção industrial, a uma taxa anualizada, e *pcsp* é a mudança percentual no Índice Standard & Poors 500, também a uma taxa anualizada.

(i) Se os três meses anteriores de *pcip* forem zero e $pcsp_{-1} = 0$, qual será o crescimento previsto na produção industrial para este mês? Será ele, estatisticamente, diferente de zero?

(ii) Se os três meses anteriores de *pcip* forem zero, mas $pcsp_{-1} = 10$, qual será o crescimento previsto da produção industrial?

(iii) Qual sua conclusão sobre o efeito do mercado de ações sobre a atividade econômica real?

7 Seja gM_t o crescimento anual da oferta monetária e $unem_t$ a taxa de desemprego. Assumindo que $unem_t$ segue um processo AR(1) estável, explique em detalhes como você verificaria se gM Granger causa *unem*.

8 Suponha que y_t segue o modelo

$$y_t = \alpha + \delta_1 z_{t-1} + u_t$$
$$u_t = \rho u_{t-1} + e_t$$
$$E(e_t | I_{t-1}) = 0,$$

em que I_{t-1} contém y e z datadas em $t-1$ e em momentos anteriores.

(i) Mostre que $E(y_{t+1} | I_t) = (1 - \rho)\alpha + \rho y_t + \delta_1 z_t - \rho \delta_1 z_{t-1}$. [*Dica*: Escreva $u_{t-1} = y_{t-1} - \alpha - \delta_1 z_{t-2}$ e agregue isso na segunda equação; depois, agregue o resultado na primeira equação e tire a expectativa condicional.]

(ii) Suponha que você use n observações para estimar α, δ_1 e ρ. Escreva a equação para fazer a previsão de y_{n+1}.

(iii) Explique o motivo de o modelo com uma defasagem z e correção serial AR(1) ser um caso especial do modelo

$$y_t = \alpha_0 + \rho y_{t-1} + \gamma_1 z_{t-1} + \gamma_2 z_{t-2} + e_t.$$

(iv) O que o item (iii) sugere sobre o uso de modelos com correção serial AR(1) para fazer previsões?

9 Seja $\{y_t\}$ uma sequência I(1). Suponha que $\hat{g}_n$ seja a previsão um passo à frente de Δy_{n+1} e seja $\hat{f}_n = \hat{g}_n + y_n$ a previsão um passo à frente de y_{n+1}. Explique por que os erros de previsão de Δy_{n+1} e y_{n+1} são idênticos.

Exercícios em computador

C1 Use os dados em WAGEPRC neste exercício. O Problema 5 do Capítulo 11 fornece estimativas de um modelo de defasagem distribuída finita de *gprice* em *gwage*, em que 12 atrasos de *gwage* são usados.

(i) Estime um modelo DL geométrico simples de *gprice* em *gwage*. Em particular, estime a equação (18.11) por MQO. Qual é o impacto estimado da propensão e PLP? Faça um esboço da distribuição de defasagem estimada?

(ii) Compare o PI e PLP estimados aos obtidos no Problema 5 do Capítulo 11. Como se comparam com as distribuições de defasagem estimadas?

(iii) Agora, estime o modelo de defasagem distribuída de (18.16). Faça um esboço da distribuição de defasagem e compare o PI e PLP estimados com os obtidos no item (ii).

C2 Use os dados em HSEINV neste exercício.

(i) Faça um teste de raiz unitária em log(*invpc*), incluindo uma tendência temporal linear e duas defasagens de $\Delta \log(invpc_t)$. Use um nível de significância de 5%.

(ii) Use a abordagem do item (i) para testar uma raiz unitária para log(*price*).

(iii) Visto os resultados dos itens (i) e (ii), faz sentido testar se existe uma cointegração entre log(*invpc*) e log(*price*)?

C3 Use os dados em VOLAT neste exercício.

(i) Estime um modelo AR(3) para *pcip*. Agora, adicione uma quarta defasagem e confirme a não significância dessa última.

(ii) Adicione ao modelo AR(3) do item (i) três defasagens de *pcsp* para testar se *pcsp* Granger causa *pcip*. Apresente suas conclusões cuidadosamente.

(iii) Ao modelo do item (ii) adicione três defasagens à variação de em *i3*, a taxa de letras do Tesouro norte-americano de três meses. Você diria que *pcsp* Granger causa *pcip* condicional ao anterior $\Delta i3$?

C4 Ao testar cointegração entre *gfr* e *pe* no Exemplo 18.5, adicione t^2 à equação (18.32) para obter os resíduos MQO. Inclua uma defasagem ao teste DF aumentado. O valor crítico de 5% para o teste é $-4{,}15$.

C5 Use INTQRT neste exercício.

(i) No Exemplo 18.7, estimamos um modelo de correção de erro para manter até o vencimento das letras do Tesouro norte-americano de seis meses, em que uma defasagem do retorno até o vencimento das letras do Tesouro norte-americano de três meses é a variável explicativa. Presumindo que o parâmetro de cointegração era um na equação $hy6_t = \alpha + \beta hy3_{t-1} + u_t$. Agora, adicione a principal alteração, $\Delta hy3_t$, a alteração contemporânea, $\Delta hy3_{t-1}$ e a alteração defasada, $\Delta hy3_{t-2}$ de $hy3_{t-1}$. Ou seja, faça uma estimativa da equação

$$hy6_t = \alpha + \beta hy3_{t-1} + \phi_0 \Delta hy3_t + \phi_1 \Delta hy3_{t-1} + \rho_1 \Delta hy3_{t-2} + e_t$$

e reporte os resultados em forma de equação. Teste $H_0: \beta = 1$ em comparação com uma alternativa bilateral. Presuma que a antecipação e atraso sejam suficientes, de forma que $\{hy3_{t-1}\}$ seja estritamente exógena nessa equação. Não se preocupe com correlação serial.

(ii) Ao modelo de correção de erro em (18.39), adicione $\Delta hy3_{t-2}$ e $(hy6_{t-2} - hy3_{t-3})$. São termos conjuntamente significantes? O que se conclui sobre o modelo apropriado de correção de erro?

C6 Use os dados em PHILLIPS para responder a estas questões.

(i) Estime os modelos em (18.48) e (18.49) usando os dados até 1997. As estimativas dos parâmetro mudam muito em comparação com (18.48) e (18.49)?

(ii) Use as novas equações para prever $unem_{1998}$: arredonde dois lugares após a casa decimal. Qual equação produz a melhor previsão?

(iii) Como discutido no texto, a previsão para $unem_{1998}$, usando (18.49), é 4.90. Compare esse resultado com a previsão obtida usando os dados através de 1997. Utilizar o ano extra de dados para obter as estimativas dos parâmetro produz uma previsão melhor?

(iv) Use o modelo estimado em (18.48) para obter uma previsão dois passos à frente de *unem*. Ou seja, preveja $unem_{1998}$ usando a equação (18.55) com $\hat{\alpha} = 1{,}572$, $\hat{\rho} = 0{,}732$ e $h = 2$. Isso é melhor ou pior do que a previsão um passo à frente obtida por meio da agregação de $unem_{1997} = 4{,}9$ em (18.48)?

C7 Neste exercício, use os dados de BARIUM.

(i) Faça uma estimativa do modelo de tendência linear $chnimp_t = \alpha + \beta t + u_t$ usando as primeiras 119 observações (isso exclui os últimos 12 meses de observações para 1998). Qual é o erro padrão da regressão?

(ii) Agora, estime um modelo AR(1) para *chnimp*, novamente usando todos os dados, exceto os últimos 12 meses. Compare o erro padrão da regressão com o do item (i). Qual modelo fornece melhor ajuste na amostra?

(iii) Use os modelos dos itens (i) e (ii) para calcular os erros de previsão um passo à frente para os 12 meses de 1988. (Você deve obter 12 erros de previsão para cada método.) Calcule e compare os REQMs e EAMs para os dois métodos. Qual método de previsão funciona melhor fora da amostragem para previsões um passo à frente?

(iv) Adicione variáveis *dummy* mensais à regressão do item (i). São conjuntamente significantes? (Não se preocupe com uma pequena correlação serial nos erros dessa regressão ao fazer o teste conjunto.)

C8 Use os dados em FERTIL3 neste exercício.

(i) Faça um gráfico de *gfr* em relação a tempo. Ele contém uma clara tendência ascendente ou descendente sobre todo o período de tempo?

(ii) Usando os dados de 1979, estime um modelo de tendência temporal cúbico para *gfr* (ou seja, regrida *gfr* sobre t, t^2 e t^3, juntamente com um intercepto). Teça comentários sobre o R-quadrado da regressão.

(iii) Usando o modelo do item (ii), compare o erro absoluto médio dos erros da previsão um passo à frente para os anos de 1980 a 1984.

(iv) Usando os dados de 1979, regrida Δgfr_t sobre somente uma constante. A constante é estatisticamente diferente de zero? Faz sentido presumir que qualquer erro de variação resulta em zero, se presumirmos que gfr_t segue um passeio aleatório?

(v) Agora, preveja *gfr* para 1980 a 1984, usando um modelo de passeio aleatório: a previsão de gfr_{n+1} é simplesmente gfr_n. Encontre a EAM. Ela compara-se com a EAM do item (iii)? Que método de previsão você prefere?

(vi) Agora, estime um modelo AR(2) para *gfr*, novamente usando somente os dados de 1979. A segunda defasagem é significante?

(vii) Obtenha a EAM para 1980 a 1984, usando o modelo AR(2). Esse modelo mais geral funciona melhor fora da amostra do que o modelo de passeio aleatório?

C9 Use CONSUMP neste exercício.

(i) Considerando que y_t seja o rendimento disponível real. Use os dados de 1989 para estimar o modelo

$$y_t = \alpha + \beta t + \rho y_{t-1} + u_t$$

e reporte os resultados na forma habitual.

(ii) Use a equação estimada do item (i) para prever y em 1990. Qual é o erro da previsão?

(iii) Calcule o erro absoluto médio das previsões um passo à frente para os anos de 1990, usando os parâmetros estimados no item (i).

(iv) Agora, calcule o EAM para o mesmo período, mas exclua y_{t-1} da equação. É melhor incluir ou não y_{t-1} no modelo?

C10 Use os dados de INTQRT neste exercício.

(i) Usando todos os dados, exceto os últimos quatro anos (16 trimestres), estime um modelo AR(1) para $\Delta r6_t$. (Usamos a diferença, visto que aparentemente $r6_t$ possui uma raiz unitária). Encontre o REQM das previsões um passo à frente para $\Delta r6$, utilizando os últimos 16 trimestres.

(ii) Agora, adicione o termo de correção de erro $spr_{t-1} = r6_{t-1} - r3_{t-1}$ à equação o item (i). (Isso presume que o parâmetro de cointegração seja um.) Calcule o REQM para os últimos 16 trimestres. Nesse caso, o termo de correção de erro ajuda com a previsão fora da amostra?

(iii) Agora, estime o parâmetro cointegrante em vez de defini-lo como um. Use os últimos 16 trimestres novamente para produzir o REQM fora da amostra. Como isso se compara com as previsões dos itens (i) e (ii)?

(iv) Suas conclusões mudariam se quisesse prever *r6* em vez de $\Delta r6$? Explique.

C11 Use os dados em VOLAT para este exercício.

(i) Confirme a possibilidade de que $lsp500 = \log(sp500)$ e $lip = \log(ip)$ contenham raízes unitárias. Utilize testes Dickey-Fuller com quatro alterações defasadas e faça os testes com e sem tendência temporal linear.

(ii) Estabeleça uma regressão simples de *lsp500* em *lip*. Teça comentários sobre o tamanho da estatística *t* e do *R*-quadrado.

(iii) Use os resíduos do item (ii) para testar se *lsp500* e *lip* são cointegrados. Use o teste Dickey-Fuller padrão e o teste ADF com duas defasagens. O que você conclui?

(iv) Adicione uma tendência temporal linear à regressão do item (ii) e teste na sequência a cointegração usando os mesmos testes do item (iii).

(v) Aparentemente o preço das ações e a atividade econômica real têm uma relação de equilíbrio de longo prazo?

C12 Este exercício também utiliza dados de VOLAT. O Exercício em computador C11 analisa a relação de longo prazo entre preço de ações e produção industrial. Você vai estudar a questão de causalidade de Granger usando as mudanças percentuais.

(i) Estime um modelo AR(3) para $pcip_t$, a mudança percentual na produção industrial (reportada a uma taxa anual). Mostre que a segunda e a terceira defasagens são conjuntamente significantes no nível 2,5%.

(ii) Adicione uma defasagem de $pcsp_t$ à equação estimada no item (i). A defasagem é estatisticamente significativa? Qual é sua relação com a causalidade de Granger entre o crescimento na produção industrial e no preço de ações?

(iii) Refaça o item (ii), mas obtenha uma estatística *t* robusta em relação à heterocedasticidade. O teste robusto muda suas conclusões do item (ii)?

C13 Use os dados de TRAFFIC2 neste exercício. Esses dados mensais, referentes a acidentes de trânsito ocorridos na Califórnia entre os anos de 1981 a 1989, foram usados no Exercício em computador C11 do Capítulo 10.

(i) Usando a regressão Dickey-Fuller padrão, teste se $ltotacc_t$ possui uma raiz unitária. É possível rejeitar uma raiz unitária no nível 2,5%?

(ii) Agora, adicione duas mudanças defasadas ao teste do item (i) e calcule o teste Dickey-Fuller aumentado. O que se pode concluir?

(iii) Adicione uma tendência temporal linear à regressão DFA do item (ii). O que acontece?

(iv) Com os achados dos itens (i) a (iii), o que poderia ser considerado a melhor caracterização de $ltotacc_t$: um processo I(1) ou um processo I(0) sobre tendência temporal linear?

(v) Teste a porcentagem de fatalidades, $prcfat_t$, para uma raiz unitária, usando duas defasagens em uma regressão DFA. Nesse caso, é importante incluir uma tendência temporal linear?

C14 Use os dados de MINWAGE no Setor 232 para responder às seguintes questões:

(i) Confirme que $lwage232_t$ e $lemp232_t$ são melhor caracterizadas como processos I(1). Use o teste DF aumentado com uma defasagem para *gwage232* e *gemp232*, respectivamente, e uma tendência temporal linear. Há alguma dúvida de que essas séries supostamente deveriam ter raízes unitárias?

(ii) Regrida $lemp232_t$ em $lwage232_t$ e teste para ver se são cointegradas, com e sem tendência temporal, permitindo duas defasagens no teste de Engle-Granger aumentado. O que você conclui?

(iii) Agora regrida $lemp232_t$ sobre o log da taxa de salário real, $lrwage232_t = lwage232_t - lcpit$, e uma tendência temporal. Você verifica cointegração entre eles? Estão mais "próximos" de serem cointegrados quando se usa salários reais ao invés de salários nominais?

(iv) Que fatores podem estar faltando na regressão cointegrada no item (iii)?

C15 Esta questão pede que você analise a chamada Curva de Beveridge da perspectiva da análise de cointegração. Os dados mensais dos Estados Unidos de dezembro de 2000 a fevereiro de 2012 estão em BEVERIDGE.

(i) Faça um teste para encontrar a raiz unitária para *urate* usando o habitual teste Dickey-Fuller (com uma constante) e o DF aumentado com duas defasagens de *curate*. O que se conclui? As defasagens de *curate* no teste DF aumentado são estatisticamente significantes? Elas têm alguma importância para o rendimento do teste de raiz unitária?

(ii) Repita o item (i), mas com a taxa de disponibilidade, *vrate*.

(iii) Presumindo que *urate* e *vrate* sejam ambas I(1), a Curva de Beveridge,

$$urate_t = \alpha + \beta vrate + u_t,$$

apenas faz sentido se *urate* e *vrate* forem cointegradas (com o parâmetro cointegrado $\beta < 0$). Teste a cointegração usando o teste Engle-Granger sem nenhuma defasagem. São cointegrados *urate* e *vrate* no nível de significância de 10%? E no nível de 5%?

(iv) Obtenha o estimador de antecipação e atraso com $cvrate_t$, $cvrate_{t-1}$ e $cvrate_{t+1}$ como as variáveis explicativas I(0) adicionadas à equação no item (iii). Obtenha o erro padrão Newey-West para $\hat{\beta}$ usando quatro defasagens (de forma que $g = 4$ na notação da Seção 12-5). Qual é o intervalo de confiança de 95% resultante para β? Como ele se compara com o intervalo de confiança não robusto para correlação serial (ou heteroscedasticidade)?

(v) Refaça o teste Engle-Granger, mas com duas defasagens na regressão DF aumentada. O que acontece? É plausível a alegação de que *urate* e *vrate* sejam cointegrados?

CAPÍTULO 19

Executar um projeto na prática

Neste capítulo, discorremos sobre os ingredientes de uma análise empírica bem-sucedida, com ênfase na montagem de um projeto de trabalho de final de curso. Além de relembrar importantes problemas que surgiram ao longo deste texto, enfatizamos temas recorrentes que são importantes para a pesquisa aplicada. Também fazemos sugestões de temas como uma maneira de estimular sua imaginação. São dadas, como referências, várias fontes de pesquisas econômicas e de dados.

19.1 Formulação de uma pergunta

A importância de propor uma pergunta bem específica que, em princípio, pode ser respondida com dados, não pode ser considerada exagerada. Se não formos explícitos sobre a meta de nossa análise, não teremos condições de saber nem mesmo por onde começar. A ampla disponibilidade de fartos conjuntos de dados faz que seja tentador lançar uma busca de acervos de dados com base em ideias mal planejadas, o que frequentemente será contraproducente. É provável que, sem cuidadosa formulação de suas hipóteses e definição do tipo de modelo que será necessário para fazer a estimativa, você se esqueça de coletar informações sobre variáveis importantes, obtenha uma amostra da população errada ou colete dados do período errado.

Isso não quer dizer que você deve formular sua pergunta no vazio. Especialmente para projetos de cursos de um período, não é possível ser muito ambicioso. Portanto, ao escolher um assunto, deve-se estar razoavelmente seguro de que existe o conjunto de dados que possibilitará responder à pergunta formulada no tempo previsto.

Quando estiver escolhendo um tema, é necessário decidir qual área da economia ou de outras ciências sociais lhe interessa. Por exemplo, se você fez um curso sobre economia do trabalho, provavelmente viu teorias que podem ser testadas empiricamente ou relações que possuem alguma relevância política. Os economistas especializados na área do trabalho estão continuamente propondo novas variáveis que possam explicar diferenciais salariais. Entre os exemplos, encontramos a qualidade do ensino médio [Card e Krueger (1992) e Betts (1995)], o grau de matemática e ciência ministrado no ensino médio [Levine e Zimmerman (1995)] e a aparência física [Hamermesh e Biddle (1994), Averett e Korenman (1996) e Biddle e Hamermesh (1998) e Hamermesh e Parker (2005)]. Pesquisadores de finanças públicas estaduais e locais estudam de que forma a atividade econômica local depende das variáveis de política econômica, como os impostos sobre a propriedade, os impostos sobre vendas, o nível e a qualidade dos serviços públicos (como escolas, corpo de bombeiros e policiamento) e assim por diante. [Veja, por exemplo, White (1986), Papke (1987), Bartik (1991), Netzer (1992) e Mark, MacGuire e Papke (2000).]

Os economistas que estudam problemas da educação estão interessados em conhecer como as despesas públicas afetam o desempenho [Hanushek (1986)], ou se frequentar certos tipos de escolas melhora o desempenho [por exemplo, Evans e Schwab (1995)], assim como na determinação dos fatores que afetam a decisão das escolas particulares quanto à escolha do local onde devem se localizar [Downes e Greenstein (1996)].

Os macroeconomistas estão interessados nas relações de várias séries temporais agregadas, como o elo entre o crescimento do produto interno bruto (PIB) e o crescimento no investimento fixo ou em maquinaria [veja De Long e Summers (1991)] ou o efeito dos impostos sobre as taxas de juros [por exemplo, Peek (1982)].

Certamente, existem razões para se estimar modelos que sejam predominantemente descritivos. Por exemplo, consultores de impostos sobre a propriedade usam modelos (chamados *modelos de preços hedônicos*) para estimar valores dos imóveis que não tenham sido negociados recentemente. Isso envolve um modelo de regressão relacionando o preço de um imóvel com suas características (tamanho, número de quartos, número de banheiros etc.). Como tema para uma monografia, isso não é muito estimulante: provavelmente não descobriremos nada muito surpreendente, e análises desse tipo não têm implicações óbvias sobre decisões. A adição da taxa de criminalidade das redondezas como uma variável explicativa nos possibilitaria determinar a importância do fator criminalidade sobre os preços dos imóveis, algo que seria útil na estimativa dos custos da criminalidade.

Diversas relações têm sido estimadas utilizando dados macroeconômicos que são predominantemente descritivos. Por exemplo, uma função poupança agregada pode ser usada para estimar a propensão marginal agregada de poupar, como também a resposta da poupança aos retornos de ativos (como as taxas de juros). Uma análise desse tipo poderia ficar mais interessante usando dados de séries temporais de um país que tenha uma história de reviravoltas políticas e determinando se as taxas de poupança declinam durante períodos de incerteza política.

Após a decisão sobre uma área de pesquisa, existe uma variedade de maneiras para localizar publicações específicas sobre o tema. O *Journal of Economic Literature* (JEL) tem um sistema detalhado de classificação, de forma que a cada documento é atribuído um conjunto de códigos de identificação que o classifica dentro de certas áreas da economia. O JEL também contém uma lista de artigos publicados em uma ampla variedade de periódicos, organizada por temas, e contém até mesmo pequenos resumos de alguns artigos.

Especialmente conveniente para encontrar documentos sobre os mais diversos assuntos são os serviços da **Internet**, como o *EconLit*, assinado por muitas universidades. O *EconLit* oferece aos usuários a possibilidade de fazer uma pesquisa extensa de quase todas as publicações sobre economia por autor, assunto, palavra no título e assim por diante. O *Social Sciences Citation Index* é útil para encontrar artigos sobre uma ampla gama de assuntos no campo das ciências sociais, inclusive de artigos populares que tenham sido citados com frequência em outros trabalhos publicados.

O *Google Scholar* é um mecanismo de busca da Internet que pode ser muito útil para localizar pesquisas sobre vários tópicos ou pesquisas de um autor específico. Isso é particularmente verdade sobre trabalhos que não tenham sido publicados em um jornal acadêmico ou que ainda não tenha sido publicado.

Ao pensar sobre um tema, temos que ter alguns pontos em mente. Primeiro, para ser interessante, uma questão não precisa ter implicações políticas de ampla extensão; em vez disso, pode ser de interesse local. Por exemplo, podemos estar interessados em saber se o fato de estudantes morarem em uma comunidade da universidade faz que tenham maiores ou menores notas. Isso pode ou não ser de interesse de pessoas de fora de sua universidade, mas provavelmente será de interesse de algumas pessoas dentro da universidade. De outro lado, podemos estudar um problema que começa como de interesse local, mas acaba com um interesse mais amplo, como a determinação de quais fatores afetam, e quais políticas da universidade podem deter o abuso de álcool nos *campi* das universidades.

Segundo, é muito difícil, especialmente em um projeto trimestral ou semestral, fazer uma pesquisa verdadeiramente original, utilizando os agregados macroeconômicos padrão da economia dos Estados Unidos. Por exemplo, a questão sobre se o crescimento monetário, o crescimento nos gastos governamentais, e assim por diante, afeta o crescimento econômico tem sido e continua sendo estudada por macroeconomistas profissionais. A questão de saber se os retornos de ações ou outros ativos podem ser sistematicamente previstos utilizando as informações conhecidas tem, por razões óbvias, sido estudada muito meticulosamente. Isso não significa que você deva evitar a estimação de modelos empíricos macroeconômicos ou financeiros, mesmo porque o uso de dados mais recentes pode ser um acréscimo construtivo a um debate. Além disso, pode-se, algumas vezes, encontrar uma nova variável que tenha um efeito importante sobre agregados econômicos ou sobre retornos financeiros; essa descoberta pode ser estimulante.

A questão é que determinados exercícios, como o uso de alguns anos adicionais para estimar uma curva de Phillips padrão ou uma função de consumo agregado da economia norte-americana, ou de outra economia importante, dificilmente produzirão novas descobertas, embora possam ser instrutivas para os estudantes. Em vez disso, você pode usar dados de um país menor para estimar uma curva de Phillips estática ou dinâmica, ou uma curva de Beveridge (possivelmente fazendo que as inclinações das curvas dependam de uma informação adquirida antes do atual período de tempo), ou mesmo para testar a hipótese de mercados eficientes e assim por diante.

No nível fora da macroeconomia também existem várias questões que têm sido muito estudadas. Por exemplo, os economistas especializados na área do trabalho têm publicado muitos trabalhos sobre a estimativa do retorno da educação. Essa questão continua sendo estudada por sua importância, e novos conjuntos de dados, como também novas abordagens econométricas, continuam sendo desenvolvidos. Por exemplo, como vimos no Capítulo 9, certos conjuntos de dados possuem melhores variáveis proxy para aptidões não observadas do que outros. (Compare os arquivos WAGE1 e WAGE2.) Em outros casos, podemos obter dados em painel ou dados de uma experimentação natural – veja o Capítulo 13 – que nos possibilitam abordar uma questão antiga a partir de uma perspectiva diferente.

Como outro exemplo, os criminologistas estão interessados em estudar os efeitos de diversas leis sobre a criminalidade. A questão que investiga se a pena capital tem um efeito dissuasor vem sendo discutida há muito tempo. De forma semelhante, os economistas vêm investigando se os impostos sobre fumo e álcool reduzem o consumo (como sempre, em um sentido *ceteris paribus*). Conforme mais dados em nível estadual se tornam disponíveis, um conjunto de dados em painel mais farto pode ser criado, e isso pode ajudar a responder melhor às principais questões sobre decisões de políticas. E mais, existem descobertas recentes no combate ao crime – como o advento do policiamento comunitário – cuja efetividade pode ser avaliada empiricamente.

Quando estiver formulando uma questão, é interessante discutir suas ideias com seus colegas, com seu professor e com seus amigos. Você deve ser capaz de convencer as pessoas de que o resultado de sua questão é de alguma forma interessante. (Naturalmente, se você pode apresentar de forma convincente sua questão é outra coisa, mas você precisa começar com uma pergunta interessante.) Se alguém lhe perguntar sobre seu ensaio e você responder com "estou fazendo meu ensaio sobre a criminalidade" ou "estou fazendo meu ensaio sobre taxas de juros" é bem provável que você apenas tenha se decidido sobre uma área geral sem ainda ter formulado uma verdadeira questão. Você deveria ter condições de dizer algo mais ou menos como "estou estudando os efeitos do policiamento comunitário sobre os índices de criminalidade das cidades dos Estados Unidos" ou "estou verificando como a volatilidade da inflação afeta as taxas de juros de curto prazo no Brasil".

19.2 Análise da literatura

Todos os artigos, mesmo que relativamente curtos, devem conter uma análise de literatura relevante. É raro alguém empreender um projeto para o qual não haja um precedente já publicado. Se você pesquisar em periódicos ou utilizar **serviços de busca on-line**, como o *EconLit*, para encontrar um assunto, já estará bem avançado em seu caminho para uma análise de literatura. Se você selecionar um tema por conta própria – como estudar os efeitos do uso de drogas sobre o desempenho dos alunos da sua universidade –, então, muito provavelmente você terá um trabalho mais árduo. Os serviços de busca *on-line*, porém, tornam esse trabalho muito mais fácil, visto que você pode fazer a pesquisa por palavra-chave, por palavras incluídas no título, por autor etc. Você poderá, então, ler resumos dos documentos para verificar o quanto eles são relevantes para seu próprio trabalho.

Quando estiver fazendo sua pesquisa sobre a literatura, você deve pensar em temas relacionados que possam não ser exibidos em uma pesquisa feita com o uso de um punhado de palavras-chave. Por exemplo, se você estiver estudando os efeitos do uso de drogas sobre os salários ou sobre as notas de graduação, você provavelmente deve olhar a literatura sobre como o uso de álcool afeta esses fatores. O saber como fazer uma pesquisa meticulosa da literatura é uma habilidade que se adquire, mas você pode ir longe se pensar antes de fazer a pesquisa.

Os pesquisadores divergem sobre como uma análise de literatura deve ser incorporada em um trabalho. Alguns gostam de ter uma seção separada chamada "análise de literatura", enquanto outros preferem incluí-la como parte da introdução. Essa é, em grande parte, uma questão de gosto, embora uma análise de literatura extensa provavelmente mereça sua própria seção. Se o trabalho de conclusão for o ponto principal do curso – digamos, em um seminário de alunos mais experientes ou em um curso avançado de econometria –, sua análise da literatura provavelmente será extensa. Trabalhos de conclusão de curso de um só período são normalmente mais curtos, e as revisões da literatura são mais resumidas.

19.3 Compilação dos dados

19.3a Decisão sobre o conjunto de dados apropriado

A coleta de dados para um trabalho de conclusão de curso pode ser educativa, estimulante e, algumas vezes, até mesmo frustrante. Primeiro, você deve decidir sobre o tipo de dados necessários para responder à questão que propõe. Como discutimos na introdução e tratamos em toda a extensão deste livro, os conjuntos de dados são apresentados em grande variedade de formas. Os tipos mais comuns são os de corte transversal, séries temporais, cortes transversais agrupados e dados em painel.

Muitas questões podem ser respondidas usando qualquer uma das estruturas de dados que descrevemos. Por exemplo, para estudar se uma maior imposição da lei reduz a criminalidade, poderíamos usar um corte transversal de cidades, uma série temporal de determinada cidade, ou um conjunto de dados em painel de cidades – que consiste de dados das mesmas cidades ao longo de dois ou mais anos.

A decisão sobre qual tipo de dados coletar muitas vezes depende da natureza da análise. Para resolver questões em nível individual ou familiar, na maioria das vezes, temos acesso a somente um corte transversal; em geral, esses dados são obtidos por meio de uma pesquisa. Depois, devemos indagar se poderemos obter dados suficientes para fazermos uma análise *ceteris paribus* convincente. Por exemplo, suponha que queremos saber se as famílias que fizeram planos de previdência privada (PPP) – que oferecem certas vantagens tributárias – investiram menos em outros tipos de aplicações. Em outras palavras, os investimentos em planos de previdências reduzem as aplicações de outros tipos? Existem conjuntos de dados, como o *Survey of Consumer Finances*, que contêm informações sobre vários tipos de aplicações para uma diferente amostra de famílias a cada ano. Vários problemas aparecem com o uso de um conjunto de dados. Talvez o mais importante seja saber se existem controles suficientes – entre os quais se incluiriam a renda, os dados demográficos e as variáveis *proxy* preferidas quanto a aplicações financeiras – para fazer uma análise *ceteris paribus* razoável. Se não houver outros tipos de dados disponíveis, devemos fazer o que for possível com eles.

As mesmas questões surgem com dados de corte transversal sobre empresas, cidades, estados etc. Na maioria dos casos, não é óbvio que teremos condições de fazer uma análise *ceteris paribus* com um único corte transversal. Por exemplo, qualquer estudo dos efeitos da imposição da lei sobre a criminalidade deve reconhecer a endogeneidade dos gastos com a imposição da lei. Quando usamos métodos padrão de regressão, pode ser muito difícil completar uma análise *ceteris paribus* convincente, independentemente de quantos controles tenhamos. (Veja Seção 19.4 para discussão adicional.)

Se você leu os capítulos avançados sobre métodos de dados em painel, você sabe que ter as mesmas unidades de corte transversal em dois ou mais pontos de tempo diferentes pode nos possibilitar o controle de efeitos não observados constantes no tempo que normalmente confundiriam a regressão sobre um único corte transversal. Conjuntos de dados em painel sobre indivíduos ou famílias são relativamente difíceis de obter – embora existam alguns importantes, como o *Panel Study of Income Dynamics* –, mas podem ser usados de maneiras bastante convincentes. Conjuntos de dados em painel sobre empresas também existem. Por exemplo, a *Compustat* e o *Center for Research on Security Prices* (*CRSP*) administram conjuntos bastante grandes de dados em painel de informações financeiras de empresas. Mais fáceis de obter são conjuntos de dados em painel de unidades maiores, como escolas, cidades, municípios e estados, uma vez que esses dados tendem a não desaparecer ao longo do tempo, e as agências governamentais são responsáveis pela coleta de informações das mesmas variáveis a cada ano. Por exemplo, o FBI (Bureau Federal de Investigações) coleta e publica informações detalhadas sobre as taxas de criminalidade no nível das cidades. Fontes de dados estão listadas ao final deste capítulo.

Os dados são fornecidos em uma variedade de formas. Alguns conjuntos de dados, especialmente os históricos, estão disponíveis somente na forma impressa. Se o conjunto de dados for pequeno, é conveniente você mesmo digitar os dados retirados da fonte impressa. Algumas vezes, são publicados artigos com pequenos conjuntos de dados – especialmente aplicações de séries temporais. Eles podem ser usados em um estudo empírico, talvez com a suplementação dos dados de anos mais recentes.

Muitos conjuntos de dados estão disponíveis na forma eletrônica. Várias agências governamentais oferecem dados em seus sites. Empresas privadas algumas vezes compilam conjuntos de dados para torná-los de fácil utilização ao usuário e os oferecem por um preço. Autores de trabalhos muitas vezes se prontificam a fornecer seu conjunto de dados em formato eletrônico. Cada vez mais, conjuntos de dados são disponibilizados na Internet. A web é uma vasta fonte de **bases de dados** *on-line*. Inúmeros sites de conteúdo econômico e relacionados com conjunto de dados têm sido criados. Vários outros sites contêm links para conjuntos de dados que são de interesse dos economistas; alguns deles estão listados ao final deste capítulo. Em geral, fazer pesquisa na Internet de conjuntos de dados é fácil e se tornará ainda mais simples no futuro.

19.3b Entrada e armazenamento de seus dados

Depois de ter se decidido por um tipo de dado e ter localizado uma fonte de dados, você deve convertê-los em um formato utilizável. Se os dados estão em formato eletrônico, eles já estarão em algum tipo de formato, esperançosamente em um de amplo uso. A maneira mais flexível de se obter dados em formato eletrônico é como **arquivo de texto (ASCII)** padrão. Todos os programas de estatística e econometria permitem que dados puros sejam armazenados nessa forma. Em geral, é simples ler um arquivo de texto diretamente em um programa de econometria, desde que o arquivo tenha sido adequadamente estruturado. Os arquivos de dados que temos usado em todo este livro fornecem vários exemplos de como conjuntos de dados de corte transversal, séries temporais, cortes transversais agrupados e em painéis são habitualmente armazenados. Em geral, os dados devem ter uma forma tabular, e cada observação representando uma linha diferente; as colunas no conjunto de dados representam diferentes variáveis. Ocasionalmente, é possível encontrar conjuntos de dados armazenados e cada coluna representando uma observação e cada linha, uma variável diferente. Isso não é o ideal, mas muitos programas possibilitam que os dados sejam lidos nessa forma e depois reformulados. Naturalmente, é crucial saber como os dados estão organizados antes de transferi-los para seu programa de econometria.

Quanto aos conjuntos de dados de séries temporais, existe somente uma maneira sensata de entrar e armazenar os dados: a saber, cronologicamente, com o período de tempo mais antigo listado como a primeira observação, e o mais recente como a última observação. Muitas vezes é útil incluir variáveis indicando os anos e, se relevantes, os trimestres ou os meses. Isso facilitará a estimação de uma variedade de modelos mais tarde, inclusive levando em conta a sazonalidade e os intervalos em diferentes períodos. Para cortes transversais agrupados ao longo do tempo, normalmente é melhor ter o corte transversal do ano mais antigo preenchendo o primeiro bloco de observações, seguido pelo corte transversal do segundo ano, e assim sucessivamente. (Veja FERTIL1 como exemplo.) Essa disposição não é fundamental, mas é importante ter uma variável declarando o ano atribuído a cada observação.

Com referência aos dados em painel, como examinamos na Seção 13.5, ele será melhor se todos os anos de cada observação do corte transversal forem adjacentes e estiverem em ordem cronológica. Com esse ordenamento, poderemos usar todos os métodos de dados em painel dos Capítulos 13 e 14. Com dados em painel, é importante incluir um identificador exclusivo de cada unidade de corte transversal, juntamente com uma variável anual.

Se seus dados estão na forma impressa, você tem várias opções para colocá-los no computador. Primeiro, você pode criar um arquivo de texto usando um **editor de texto** padrão. (Foi assim que vários conjuntos de dados incluídos no texto, no formato RAW foram inicialmente criados.) De modo geral, é preciso que cada linha inicie uma nova observação, contenha o mesmo ordenamento das variáveis – particularmente, cada uma deve ter o mesmo número de entradas – e que os valores sejam separados por, ao menos, um espaço. Algumas vezes, um separador diferente, como a vírgula, será melhor, mas isso dependerá do programa que você estiver usando. Se houver observações faltantes em algumas variáveis, você deve decidir como representará esse fato; simplesmente deixar um espaço em branco geralmente não funciona. Muitos programas de regressão aceitam um ponto como um símbolo de valor ausente. Algumas pessoas preferem usar um número – presumivelmente um valor impossível para a variável de interesse – para representar valores ausentes. Se você não tiver cuidado, isso poderá ser perigoso; falaremos sobre isso mais adiante.

Se você tiver dados não numéricos – por exemplo, você quer incluir os nomes em uma amostra de universidades ou os nomes de cidades –, então, você terá que verificar o programa de econometria que será utilizado para ver a melhor forma de inserir essas variáveis [(muitas vezes chamadas de *strings* (cordas)]. Em geral, *strings* são colocadas entre aspas simples ou duplas. Ou o arquivo de texto pode obedecer a uma formatação rígida, que normalmente exige um pequeno programa para ler o arquivo de texto. Contudo, você precisa verificar seu programa de econometria para encontrar mais detalhes.

Outra opção geralmente disponível é usar uma **planilha**, como do Excel, para inserir seus dados. Ela oferece duas vantagens sobre o arquivo de texto. Primeira, como cada observação de cada variável será uma célula, é menos provável que os números se juntem (como aconteceria se você esquecesse de colocar um espaço em um arquivo de texto). Segunda, as planilhas permitem manipulação de dados, como classificação, cálculo de médias etc. Essa segunda vantagem é menos importante se você utilizar um programa econométrico que permita tratamento sofisticado dos dados; muitos pacotes de programas, inclusive o EViews e o Stata, estão nessa categoria. Se você usar uma planilha como a primeira entrada de dados, muitas vezes você terá que exportar os dados em um formato que poderá ser lido por seu programa econométrico. Em geral, isso é bastante simples, visto que as planilhas exportam arquivos de texto usando uma variedade de formatos.

Uma terceira alternativa é inserir os dados diretamente em seu programa econométrico. Embora essa alternativa elimine a necessidade de um editor de texto ou uma planilha, ela pode ser mais complicada se você não puder livremente mover-se entre as diferentes observações para fazer correções ou adições.

Os dados baixados da Internet podem vir em uma diversidade de formas. Frequentemente, os dados vêm como arquivos de texto, mas convenções diferentes são usadas na separação das variáveis; nos conjuntos de dados em painel, as convenções sobre como ordenar os dados podem diferir. Alguns conjuntos de dados da Internet vêm em arquivos de planilhas, em cujo caso você terá que usar uma planilha apropriada para ler os dados.

19.3c Inspeção, limpeza e resumo de seus dados

É extremamente importante familiarizar-se com qualquer conjunto de dados que você usar em uma análise empírica. Se você mesmo fizer a entrada dos dados, será forçado a saber tudo sobre eles. No entanto, se obteve os dados de uma fonte externa, ainda assim você terá que dedicar algum tempo para entender sua estrutura e suas convenções. Mesmo conjuntos de dados que são amplamente usados e fartamente documentados podem conter pequenas falhas. Se você estiver usando um conjunto de dados obtido do autor de um artigo, você deve estar ciente de que regras usadas na construção de conjuntos de dados podem ter sido esquecidas.

Já examinamos anteriormente as maneiras padronizadas de armazenar vários conjuntos de dados. Você também precisa saber como os valores ausentes são codificados. Preferencialmente, valores ausentes são indicados por um caractere não numérico, como um ponto. Se um número for usado como um código de valor ausente, como "999" ou "−1", você precisará ser muito cuidadoso quando usar essas observações na computação de qualquer estatística. Seu pacote econométrico provavelmente não reconhecerá que certo número na realidade representa um valor ausente; é provável que essas observações serão usadas como se fossem válidas, e isso poderá produzir resultados bastante equivocados. O melhor método é definir quaisquer códigos numéricos para valores ausentes com algum outro caractere (um ponto, por exemplo) que não possa ser confundido com dados reais.

Você também deve conhecer a natureza das variáveis no conjunto de dados. Quais são as variáveis binárias? Quais são as variáveis ordinais (como as de classificação de risco de crédito)? Quais são as unidades de medida das variáveis? Por exemplo, os valores monetários estão expressos em dólares, milhares de dólares, milhões de dólares, ou de alguma outra forma? As variáveis que representam uma taxa – como taxas de evasão escolar, taxas de inflação, taxas de sindicalização ou taxas de juros – são medidas como uma porcentagem ou como uma proporção?

Especialmente em dados de séries temporais, é crucial saber se os valores monetários estão expressos em valores nominais (atuais) ou verdadeiros (constantes). Se os valores estiverem em termos reais, qual é o ano, ou o período-base?

Se você receber um conjunto de dados de um autor, algumas variáveis já podem ter sido transformadas. Por exemplo, algumas vezes somente o log de uma variável (como a remuneração ou o salário) é descrito no conjunto de dados.

É necessário detectar os erros nos dados para que seja preservada a integridade de qualquer análise dos dados. Sempre é útil encontrar os mínimos, os máximos, as médias e os desvios padrão de todas as variáveis da análise, ou pelo menos das mais importantes. Por exemplo, se você verificar que o valor mínimo da educação em sua amostra é -99, você sabe que pelo menos uma entrada da variável educação deve ser definida como valor ausente. Se, depois de mais verificações, descobrir que várias observações têm -99 como o nível de educação, você pode confiar que se deparou com um código de valor ausente da educação. Como outro exemplo, se você verificar que uma taxa média de condenações por assassinatos ao longo de uma amostra de cidades é 0,632, saberá que ela é medida como uma proporção, e não como uma porcentagem. Depois, se o valor máximo estiver acima de um, provavelmente será um erro tipográfico. (Não é raro encontrar um conjunto de dados no qual a maioria das entradas de uma variável de taxa foi feita como uma porcentagem, mas algumas delas estão expressas como uma proporção, e vice-versa. Esses erros de codificação de dados são difíceis de detectar, mas é importante tentar identificá-los.)

Também devemos ter cuidado ao empregar dados de séries temporais. Se estivermos usando dados mensais ou trimestrais, precisamos saber quais variáveis, se houver, foram ajustadas quanto à sazonalidade. A transformação de dados também exige grande cuidado. Suponha que temos um conjunto de dados mensais e queremos criar a mudança em uma variável de um mês para o outro. Para fazer isso, devemos ter certeza de que os dados estejam ordenados cronologicamente, do período mais antigo para o mais recente. Se por alguma razão esse não for o caso, o resultado da diferença será ininteligível. Para ter certeza de que os dados estão adequadamente ordenados, é interessante termos um indicador de período de tempo. Com dados anuais, é suficiente saber o ano, mas precisamos saber se o ano entrou com quatro ou dois dígitos (por exemplo, 1998 *versus* 98). Com dados mensais ou trimestrais, é também útil ter uma variável, ou variáveis, indicando o mês ou o trimestre. Com dados mensais, podemos ter um conjunto de variáveis *dummy* (11 ou 12) ou uma variável indicando o mês (1 a 12 ou uma variável *string*, como jan., fev., e assim por diante).

Com ou sem indicadores anuais, mensais ou trimestrais, podemos facilmente construir tendências temporais em todos os programas econométricos. A criação de variáveis *dummy* sazonais é fácil se o mês ou o trimestre for indicado; no mínimo, devemos saber o mês ou o trimestre da primeira observação.

A manipulação de dados em painel pode ser ainda mais instigante. No Capítulo 13, tratamos do MQO agrupado nos dados diferenciados como um método geral de controlar efeitos não observados. Ao construir os dados diferenciados, devemos ter cuidado para não criar observações fantasmas. Suponha que temos um painel equilibrado de cidades de 1992 a 1997. Mesmo que os dados estejam ordenados cronologicamente no interior de cada unidade de corte transversal – algo que deve ser feito antes de prosseguir –, uma diferenciação descuidada criará uma observação de 1992 de todas as cidades, exceto a primeira da amostra. Essa observação será o valor de

1992 da cidade *i*, menos o valor de 1997 da cidade *i* − 1; isso é claramente um absurdo. Portanto, devemos nos certificar de que 1992 seja ausente em todas as variáveis diferenciadas.

19.4 Análise econométrica

Este livro se concentrou na análise econométrica, e não pretendemos fazer uma revisão dos métodos econométricos nesta seção. No entanto, podemos dar algumas orientações gerais sobre os tipos de problemas que precisam ser considerados em uma análise empírica.

Como explicamos anteriormente, após termos nos decidido por um tópico, devemos coletar um conjunto de dados apropriado. Assumindo que isso também tenha sido feito, precisamos, então, decidir sobre os métodos econométricos apropriados.

Se seu curso concentrou-se na estimação por mínimos quadrados ordinários de um modelo de regressão linear múltipla, usando dados de corte transversal ou séries temporais, a abordagem econométrica praticamente já foi decidida para você. Isso não é necessariamente uma fraqueza, uma vez que o MQO ainda é o método econométrico mais amplamente usado. Naturalmente, você ainda terá de decidir se alguma das variantes do MQO –como o método de mínimos quadrados ponderados ou a correção da correlação serial em uma regressão de séries temporais – são garantidas.

Para justificar o MQO, você também deve defender de maneira convincente que as hipóteses principais do MQO são satisfeitas em seu modelo. Como discutimos com alguns detalhes, o primeiro problema é saber se o termo de erro é não correlacionado com as variáveis explicativas. Idealmente, você terá tido condições de controlar um número suficiente de outros fatores para considerar que aqueles que foram deixados no erro são não relacionados com os regressores. Especialmente quando lidamos com dados de corte transversal em âmbito de indivíduos, famílias ou empresas, o problema de autosseleção – que estudamos nos Capítulos 7 e 15 – é muitas vezes relevante. No caso do exemplo do PPP da Seção 19.3, pode ser que famílias com tendência a poupar sejam também as que fazem PPP. Você também deve ter condições de sustentar que as outras fontes potenciais de endogeneidade – especialmente erro de medida e simultaneidade – não são um problema sério.

Ao especificar seu modelo, você também deve tomar decisões sobre a forma funcional. Algumas variáveis devem aparecer na forma logarítmica? (Em aplicações econométricas, a resposta é quase sempre sim.) Algumas variáveis devem ser incluídas em nível e elevadas ao quadrado para possivelmente capturar um efeito decrescente? Como os fatores qualitativos devem aparecer? Será suficiente incluir apenas variáveis binárias para atributos ou grupos diferentes? Ou elas precisarão interagir com variáveis quantitativas? (Veja o Capítulo 7 para mais detalhes.)

Um engano comum, especialmente entre iniciantes, é a inclusão incorreta de variáveis explicativas em modelo de regressão, no qual elas estão listadas como valores numéricos, mas não possuem significado quantitativo. Por exemplo, em um conjunto de dados ao nível de indivíduos que contém informação sobre salários, educação, experiência e outras variáveis, uma variável da "ocupação" poderá ser incluída. Caracteristicamente, tratam-se de códigos arbitrários que são atribuídos às diferentes ocupações; o fato de que a um professor do ensino de primeiro grau é atribuído, digamos, o valor 453 enquanto a um técnico de computador é atribuído o valor, digamos,

751, é relevante somente porque nos possibilita fazer a distinção entre as duas ocupações. Não faz sentido incluir a variável ocupacional em um modelo de regressão. (Qual seria o sentido de medir o efeito do aumento da *ocupação* em uma unidade quando o aumento de uma unidade não tem significado quantitativo?) Em vez disso, variáveis *dummy* diferentes devem ser definidas para diferentes ocupações (ou grupos de ocupações, se houver muitas ocupações). Portanto, as variáveis *dummy* poderão ser incluídas no modelo de regressão. Um problema menos grave ocorre quando uma variável qualitativa ordenada é incluída como uma variável explicativa. Suponha que em um conjunto de dados de salários uma variável é incluída para medir a "satisfação no trabalho", definida em uma escala de 1 a 7, com 7 representando o máximo de satisfação. Desde que tenhamos dados suficientes, gostaríamos de definir um conjunto de seis variáveis *dummy* para, digamos, níveis de satisfação no trabalho de 2 até 7, deixando o nível 1 como o grupo-base. Com a inclusão de seis *dummies* da satisfação no trabalho na regressão, possibilitamos um relacionamento totalmente flexível entre a variável de resposta e a satisfação no trabalho. Considerar a variável satisfação no trabalho implicitamente assume que um aumento de uma unidade na variável ordinal tem significado quantitativo. Embora a direção do efeito geralmente seja estimada de maneira apropriada, a interpretação do coeficiente de uma variável ordinal é difícil. Se uma variável ordinal assume muitos valores, então, podemos definir um conjunto de variáveis *dummy* para faixas de valores. Veja um exemplo na Seção 17.3.

Algumas vezes, queremos explicar uma variável que é uma resposta ordinal. Por exemplo, poderíamos pensar em usar uma variável satisfação no trabalho do tipo descrito anteriormente como a variável dependente em um modelo de regressão com as características tanto do trabalhador como do empregador entre as variáveis independentes. Infelizmente, com a variável satisfação no trabalho em sua forma original, os coeficientes no modelo são difíceis de serem interpretados: cada um mede a mudança na satisfação no trabalho diante de um aumento unitário na variável independente. Certos modelos – *probit ordenado* e *logit ordenado,* os mais comuns – são bastante apropriados para respostas ordenadas. Esses modelos essencialmente ampliam os modelos probit e logit binários que examinamos no Capítulo 17. [Veja Wooldridge (2010, Capítulo 16), para um tratamento dos modelos de resposta ordenada.] Uma solução simples é transformar qualquer resposta ordenada em uma resposta binária. Por exemplo, poderíamos definir uma variável igual a um se a satisfação no trabalho for de pelo menos quatro, e zero, caso contrário. Infelizmente, a criação de uma variável binária joga fora informações e exige que usemos um corte um tanto arbitrário.

Em relação à análise de corte transversal, um problema secundário, porém importante, é se houver heteroscedasticidade. No Capítulo 8, explicamos como isso pode ser tratado. A maneira mais simples é calcular estatísticas robustas em relação à heteroscedasticidade.

Como enfatizamos nos Capítulos 10, 11 e 12, as aplicações de séries temporais exigem atenção adicional. A equação deve ser estimada em níveis? Se níveis forem usados, serão necessárias tendências temporais? A diferenciação dos dados será mais apropriada? Se os dados forem mensais ou trimestrais, a sazonalidade deve ser considerada? Se você estiver possibilitando uma dinâmica – por exemplo, a dinâmica de defasagem distribuída –, quantas defasagens deverão ser incluídas? Você deve iniciar com algumas defasagens com base na intuição ou no bom senso, mas, no final das contas, trata-se de uma questão empírica.

Se seu modelo tiver alguma especificação potencial má, como variáveis omitidas, e usar o MQO, você deve fazer alguma **análise de má-especificação** dos tipos que discutimos nos Capítulos 3 e 5. Você pode determinar, com base em hipóteses razoáveis, a direção de qualquer viés nos estimadores?

Se você estudou o método de variáveis instrumentais, você sabe que ele pode ser usado para solucionar várias formas de endogeneidade, inclusive variáveis omitidas (Capítulo 15), erros nas variáveis (Capítulo 15) e simultaneidade (Capítulo 16). Naturalmente, você terá que pensar muito para concluir se as variáveis instrumentais que estiver considerando têm possibilidades de serem válidas.

Bons trabalhos nas ciências sociais empíricas contêm **análise de sensibilidade**. De um modo geral, isso significa que você estima seu modelo original e depois o modifica nas formas que pareçam razoáveis. Espera-se que as conclusões importantes não se alterem. Por exemplo, se você usar como uma variável explicativa um indicador do consumo de bebidas alcoólicas (digamos, em uma equação de nota média de um curso de graduação), você obterá resultados qualitativos semelhantes se substituir o indicador quantitativo por uma variável *dummy* indicando o consumo de álcool? Se a variável binária de consumo for significante, mas a variável da quantidade de álcool não for, pode ser que o consumo reflita alguns atributos não observados que afetam a nota média e que também sejam correlacionados com o consumo de álcool. Isso, contudo, deve ser considerado caso a caso.

Se algumas observações forem muito diferentes da massa da amostra – digamos, você tem algumas empresas em uma amostra que são muito maiores que as outras –, seus resultados serão bastante alterados se você excluir essas observações da estimação? Se assim for, você poderá ter que alterar formas funcionais para levar em conta essas observações ou supor que elas seguem um modelo totalmente diferente. O problema das observações extremas foi explicado no Capítulo 9.

A utilização de dados em painel suscita alguns problemas econométricos adicionais. Suponha que você tenha coletado dois períodos. Existem pelo menos quatro maneiras de usar dois períodos de dados em painel sem recorrer às variáveis instrumentais. Você pode reunir os dois anos em uma análise padrão MQO, como explicado no Capítulo 13. Embora isso possa aumentar o tamanho da amostra, comparado com um único corte transversal, isso não controla as variáveis não observáveis constantes no tempo. Além disso, os erros em tais equações são quase sempre serialmente correlacionados em razão de um efeito não observado. A estimação de efeitos aleatórios corrige o problema da correlação serial e produz estimadores assimptoticamente eficientes, desde que o efeito não observado tenha média zero, dados os valores das variáveis explicativas em todos os períodos de tempo.

Outra possibilidade é incluir na equação uma variável dependente defasada para o segundo ano. No Capítulo 9, apresentamos essa possibilidade como uma maneira de pelo menos mitigar o problema das variáveis omitidas, visto que estamos em qualquer evento mantendo fixo o resultado inicial da variável dependente. Isso frequentemente conduz a resultados semelhantes a tirar a diferença dos dados, como tratamos no Capítulo 13.

Com mais anos de dados em painel, temos as mesmas opções, mais uma opção adicional. Podemos usar a transformação de efeitos fixos para eliminar o efeito não observado. (Com dois anos de dados, isso é o mesmo que tirar a diferença.) No Capítulo 15, mostramos como as técnicas das variáveis instrumentais podem ser combinadas com as transformações de dados em painel para relaxar ainda mais as hipóteses de exogeneidade. Como regra geral, é uma boa ideia aplicar vários métodos econométricos razoáveis e comparar os resultados. Isso muitas vezes nos possibilita determinar quais de nossas hipóteses pode ser falsa.

Mesmo que você tenha bastante cuidado no planejamento de seu tema, na postulação de seu modelo, na coleta de seus dados e na execução econométrica, é bastante possível que você obtenha resultados incompreensíveis – pelo menos algumas vezes. Quando isso acontece, a inclinação natural é tentar modelos diferentes, técnicas diferentes de estimação, ou talvez diferentes subconjuntos de dados, até que os resultados correspondam mais acuradamente ao que se esperava. Praticamente todos os pesquisadores examinam vários modelos antes de encontrar o "melhor" deles. Infelizmente, a prática da **mineração de dados** viola as hipóteses que fizemos em nossa análise econométrica. Os resultados sobre a inexistência de viés do MQO e de outros estimadores, como também sobre as distribuições t e F que derivamos para os testes de hipóteses, pressupõem que observamos uma amostra que segue o modelo populacional que já havíamos estimado uma vez. A estimativa de modelos que sejam variações de nosso modelo original viola essa hipótese, pois estaremos usando o mesmo conjunto de dados em uma *pesquisa de especificação*. Na verdade, utilizamos os resultados dos testes com o uso dos dados para reespecificar nosso modelo. As estimativas e os testes de diferentes especificações de modelos não são independentes entre si.

Algumas pesquisas de especificação são embutidas em programas econométricos. Uma bastante comum é conhecida como *regressão stepwise*, na qual diferentes combinações de variáveis explicativas são usadas em análises de regressão múltipla na tentativa de encontrar o melhor modelo. Há várias maneiras de se usar a regressão *stepwise* (passo a passo), e não é nossa intenção examiná-las aqui. A ideia geral é ou começar com um modelo grande e manter as variáveis cujos p-valores estejam abaixo de certo nível de significância ou começar com um modelo simples e adicionar variáveis que tenham p-valores significantes. Algumas vezes grupos de variáveis são testados com um teste F. Infelizmente, o modelo final frequentemente depende da ordem em que as variáveis foram retiradas ou adicionadas. [Para saber mais sobre a regressão *stepwise*, veja Draper e Smith (1981).] Além disso, essa é uma forma severa de mineração de dados, e é difícil interpretar as estatísticas t e F no modelo final. É possível argumentar que a regressão *stepwise* simplesmente automatiza o que os pesquisadores fazem, afinal, ao pesquisar vários modelos. No entanto, na maioria das aplicações, uma ou duas variáveis explicativas são de interesse primordial, e, assim, o objetivo é verificar quanto são robustos os coeficientes dessas variáveis no tocante à adição ou à eliminação de outras variáveis ou quanto à alteração da forma funcional.

Em princípio, é possível incorporar os efeitos da mineração de dados em nossa inferência estatística; na prática, isso é muito difícil e raramente é feito, especialmente em trabalhos empíricos sofisticados. [Veja Leamer (1983), para uma discussão envolvente sobre esse problema.] Entretanto, podemos tentar minimizar a mineração de dados fazendo a pesquisa em um número reduzido de modelos ou métodos de estimação, até que um resultado significante seja encontrado e, então, descrevendo somente esse resultado. Se uma variável for estatisticamente significante em somente uma pequena fração dos modelos estimados, é bem provável que a variável não tenha efeito na população.

19.5 Redação de um ensaio empírico

Escrever um ensaio que utiliza análise econométrica é bastante desafiador, mas também pode ser gratificante. Um ensaio bem-sucedido combina uma análise dos dados cuidadosa e convincente com boas explicações e exposições. Portanto, você deve ter um bom domínio de seu tema, boa compreensão dos métodos econométricos e destreza de redação. Não se desencoraje se você achar difícil escrever um ensaio empírico; a maioria dos pesquisadores profissionais gastou muitos anos no aprendizado de como elaborar uma análise empírica e escrever os resultados de uma forma convincente.

Embora os estilos de redação variem, muitos trabalhos seguem as mesmas linhas gerais. Os parágrafos seguintes são ideias de títulos de seções e explicações sobre o que cada seção deve conter. São apenas sugestões e não há a necessidade de segui-las de forma estrita. No trabalho final, a cada seção será dado um número, normalmente começando com o número um para a introdução.

19.5a Introdução

A introdução expõe os objetivos básicos do estudo e explica os motivos de ele ser importante. Ela geralmente inclui uma análise da literatura, indicando o que foi feito e como trabalhos anteriores podem ser melhorados. (Como foi discutido na Seção 19.2, uma revisão bibliográfica extensa pode ser colocada em uma seção separada.) A apresentação de estatísticas ou gráficos simples que revelam uma relação aparentemente paradoxal é uma maneira útil de fazer a introdução do tema do trabalho. Por exemplo, suponha que você esteja escrevendo um artigo sobre os fatores que afetam a fertilidade em um país em desenvolvimento, com foco nos níveis de educação das mulheres. Uma maneira interessante de introduzir o tema seria produzir uma tabela ou um gráfico mostrando que a fertilidade vem caindo (digamos) ao longo do tempo e uma breve explicação de como você espera examinar os fatores que contribuem para o declínio. Nesse ponto, você pode já estar sabendo que, *ceteris paribus*, mulheres com níveis mais altos de educação têm menor número de filhos e que os níveis médios de educação aumentaram ao longo do tempo.

A maioria dos pesquisadores gosta de resumir os resultados de seus trabalhos na introdução. Isso pode ser um instrumento útil para prender a atenção dos leitores. Por exemplo, você pode declarar que sua melhor estimativa do efeito de perder dez horas de aula durante um curso de 30 horas é de cerca de meio ponto na nota de avaliação de um curso de graduação. O resumo, contudo, não deve ser muito envolvente, pois nem os métodos nem os dados usados para obter as estimativas foram apresentados ainda.

19.5b Estrutura conceitual (ou teórica)

Esta é a seção na qual você descreve o método geral para responder à questão que você colocou. Ela pode ser teoria econômica formal, mas, em muitos casos, é uma discussão intuitiva sobre quais problemas conceituais surgem em resposta à sua questão.

Como exemplo, suponha que você esteja estudando os efeitos das oportunidades econômicas e a severidade da punição no comportamento criminoso. Um método para explicar a participação na criminalidade é especificar um problema de maximização da utilidade, na qual o indivíduo escolhe o montante de tempo gasto em atividades legais e ilegais, dadas as taxas de recompensa de ambos os tipos de atividade, assim como variáveis indicando a probabilidade e a severidade da punição da atividade criminosa. A utilidade de tal exercício é que ele sugere quais variáveis devem ser incluídas na análise empírica; ele fornece uma orientação (mas raramente detalhes) sobre como as variáveis devem aparecer no modelo econométrico.

Frequentemente, não há necessidade de discorrer sobre uma teoria econômica. Para o plano da análise econométrica, o bom senso normalmente basta para especificar um modelo. Por exemplo, suponha que você esteja interessado em estimar os efeitos da participação na *Aid to Families with Dependent Children* (AFDC), sobre o desempenho escolar das crianças. A AFDC oferece renda suplementar, mas a participação também torna mais fácil receber assistência médica gratuita e outros benefícios. A parte difícil de tal análise é definir o conjunto de variáveis que devem ser controladas. Nesse exemplo, poderíamos controlar a renda familiar (incluindo a AFDC e qualquer outra renda de assistência social), a educação da mãe, se a família vive em uma área urbana e outras variáveis. Então, a inclusão de um indicador de participação na AFDC medirá (supostamente) os benefícios não financeiros da participação na AFDC. Uma discussão de quais fatores devem ser controlados e dos mecanismos pelos quais a participação na AFDC pode melhorar o desempenho escolar substitui a teoria econômica formal.

19.5c Modelos econométricos e métodos de estimação

É de grande importância ter uma seção que contenha algumas equações daquilo que você estima e apresenta na seção de resultados do trabalho. Isso lhe possibilita fixar as ideias sobre o que são as variáveis explicativas e quais outros fatores você controlará. Escrever equações que contenham termos de erro permite discutir se um método como o MQO será apropriado.

A distinção entre um *modelo* e um método de estimação deve ser feita nesta seção. Um modelo representa uma relação *populacional* (definido genericamente para levar em conta equações de séries temporais). Por exemplo, poderíamos escrever

$$colGPA = \beta_0 + \beta_1 alcohol + \beta_2 hsGPA + \beta_3 SAT + \beta_4 female + u \quad (19.1)$$

para descrever a relação entre a nota média de graduação e o consumo de álcool, com alguns outros controles na equação. Presumivelmente, essa equação representa uma população, como a de todos os alunos de um curso de graduação em uma universidade. Não existem "chapéus" (^) nos β_j ou em *colGPA*, pois esse é um modelo, e não uma equação estimada. Não colocamos números dos β_j, pois não conhecemos (e nunca conheceremos) esses números. Mais tarde, eles serão *estimados*. Nesta seção, não antecipe a apresentação de seus resultados empíricos. Em outras palavras, não comece com um modelo geral e depois diga que você omitiu certas variáveis em razão do fato de elas terem se revelado não significantes. Essas explicações devem ser deixadas para a seção de resultados.

Um modelo de série temporal para relacionar roubos de carros em nível de cidades à taxa de desemprego e índices de condenação poderia parecer com

$$\begin{aligned} thefts_t = \beta_0 + \beta_1 unem_t + \beta_2 unem_{t-1} + \beta_3 cars_t \\ + \beta_4 convrate_t + \beta_5 convrate_{t-1} + u_t, \end{aligned} \quad (19.2)$$

em que o subscrito *t* é útil para enfatizar qualquer dinâmica na equação (nesse caso, possibilitando que o desemprego e a taxa de condenação por roubo de automóveis tenham efeitos defasados).

Após termos especificado um ou mais modelos, é apropriado explicar os métodos de estimação. Na maioria dos casos, ele será o MQO, mas, por exemplo, em uma equação de séries temporais, você poderá usar o MQG para fazer uma correção da correlação serial (como no Capítulo 12). Contudo, o método para estimar um modelo é bastante distinto do modelo em si. Não é significativo, por exemplo, falar sobre "um modelo MQO". O método de mínimos quadrados ordinários é um método de estimação, como também o é o método de mínimos quadrados ponderados (MQP), de Cochrane-Orcutt, e assim por diante. Normalmente, existem muitos meios para estimar quaisquer modelos. Você deve explicar por que o método que escolheu é seguro.

Quaisquer hipóteses que sejam usadas na obtenção de um modelo econométrico estimável a partir de um modelo econômico subjacente devem ser discutidas com clareza. No exemplo da qualidade das escolas de ensino médio mencionado na Seção 19.1, a questão de como medir a qualidade das escolas é central na análise. Ela deve ser baseada nas notas de avaliação, na porcentagem de formados que estão frequentando a universidade, na razão aluno-professor, no nível médio de educação dos professores, em alguma combinação desses itens, ou possivelmente em outros indicadores?

Sempre temos que fazer hipóteses sobre a forma funcional, tenha ou não sido apresentado um modelo teórico. Como você sabe, modelos de elasticidade constante e de semielasticidade constante são atraentes porque os coeficientes são fáceis de serem interpretados (como efeitos percentuais). Não existem regras rígidas quanto à escolha da forma funcional, mas as linhas gerais discutidas na Seção 6.2 parecem bem adequadas na prática. Não há a necessidade de dar uma extensa explicação sobre a forma funcional, mas é interessante mencionar se você estimará elasticidades ou semielasticidades. Por exemplo, se você estiver estimando o efeito de alguma variável sobre a remuneração ou o salário, a variável dependente quase com certeza estará na forma logarítmica, e você também poderá incluí-la em qualquer equação desde o início. Você não precisa apresentar todas, nem mesmo a maioria das variações da forma funcional que descreverá mais tarde na seção de resultados.

Frequentemente, os dados usados em economia aplicada estão em níveis de cidades ou municípios. Por exemplo, suponha que, para a população de pequenas ou médias cidades, você queira testar a hipótese de que o fato de existir uma equipe de beisebol na liga amadora faz que a cidade tenha uma taxa menor de divórcios. Nesse caso, você deve considerar o fato de que cidades maiores terão mais divórcios. Uma maneira de levar em conta o tamanho das cidades é escalonar os divórcios pela população das cidades ou pela população adulta. Assim, um modelo razoável seria

$$\log(div/pop) = \beta_0 + \beta_1 mlb + \beta_2 perCath + \beta_3 \log(inc/pop) \\ + \textit{outros fatores,} \qquad (19.3)$$

em que *mlb* é uma variável *dummy* igual a um, se a cidade tiver uma equipe de beisebol da liga amadora, e *perCath* é a porcentagem católica da população (portanto, é um número, digamos, 34,6, significando 34,6%). Observe que *div/pop* é uma taxa de divórcio, que, de forma geral, é mais fácil de ser interpretada do que o número absoluto de divórcios.

Outra maneira de controlar a população é estimar o modelo

$$\log(div) = \gamma_0 + \gamma_1 mlb + \gamma_2 perCath + \gamma_3 \log(inc) + \gamma_4 \log(pop) \\ + outros\ fatores. \quad (19.4)$$

O parâmetro de interesse, γ_1, quando multiplicado por 100, fornece a diferença percentual entre as taxas de divórcio, mantendo constantes a população, a porcentagem católica, a renda e o que mais estiver em "outros fatores". Na equação (19.3), β_1 mede o efeito percentual da liga amadora de beisebol sobre div/pop, que pode mudar em razão do número de divórcios ou de mudanças populacionais. Usando o fato de que $\log(div/pop) = \log(div) - \log(pop)$ e $\log(inc/pop) = \log(inc) - \log(pop)$, podemos reescrever (19.3) como

$$\log(div) = \beta_0 + \beta_1 mlb + \beta_2 perCath + \beta_3 \log(inc) + (1 - \beta_3)\log(pop) \\ + outros\ fatores,$$

que mostra que (19.3) como é um caso especial de (19.4) com $\gamma_4 = (1 - \beta_3)$ e $\gamma_j = \beta_j$, $j = 0, 1, 2, 3$. Alternativamente, (19.4) é equivalente a adicionar $\log(pop)$ como uma variável explicativa adicional em (19.3). Isso torna fácil testar um efeito populacional separado sobre a taxa de divórcio.

Se você estiver usando um método de estimação mais avançado, como os mínimos quadrados em dois estágios, você precisará fornecer algumas razões sobre o porquê de estar fazendo isso. Se usar o MQ2E, você deverá fornecer uma explicação detalhada sobre as razões de suas VIs escolhidas das variáveis explicativas endógenas serem válidas. Como mencionamos no Capítulo 15, existem dois requisitos para que uma variável seja considerada uma boa VI. Primeiro, ela deve ser omitida e exógena na equação de interesse (equação estrutural). Isso é algo que temos que assumir. Segundo, ela deve ter alguma correlação parcial com a variável explicativa endógena. Isso podemos verificar. Por exemplo, na equação (19.1), você pode usar uma variável binária para o caso de um aluno morar em um dormitório (*dorm*) como uma VI do consumo de álcool. Isso exige que a condição de moradia não tenha impacto direto sobre *colGPA* – portanto, será omitida de (19.1) – e que seja não correlacionada com fatores não observados em *u* que tenham um efeito sobre *colGPA*. Também teríamos que testar se *dorm* é parcialmente correlacionado com *alcohol* fazendo a regressão de *alcohol* sobre *dorm*, *hsGPA*, *SAT* e *female*. (Veja o Capítulo 15 para mais detalhes.)

Você deve levar em conta o problema de variável omitida (ou heterogeneidade omitida) usando dados em painel. Mais uma vez, isso será facilmente descrito escrevendo uma ou duas equações. Aliás, é útil mostrar como tirar a diferença das equações ao longo do tempo, para remover fatores não observáveis constantes no tempo; isso produz uma equação que pode ser estimada por MQO. Ou, se você estiver usando a estimação de efeitos fixos, você simplesmente faz essa declaração.

Como simples exemplo, suponha que você esteja testando se impostos municipais mais altos reduzem a atividade econômica, medida pela produção industrial *per capita*. Suponha que, para os anos de 1982, 1987 e 1992, o modelo seja

$$\log(manuf_{it}) = \beta_0 + \delta_1 d87_t + \delta_2 d92_t + \beta_1 tax_{it} + \ldots + a_i + u_{it},$$

em que $d87_t$ e $d92_t$ são variáveis *dummy* anuais e *tax* a alíquota do imposto do município *i* no momento *t* (em porcentagem). Teríamos na equação outras variáveis que se alteram ao longo do tempo, incluindo indicadores de custos comerciais (como salários médios), indicadores da produtividade do trabalhador (medida pela educação média) e assim por diante. O termo a_i é o efeito fixo, contendo todos os fatores que não variam ao longo do tempo e u_{it} é o termo de erro idiossincrático. Para remover a_i, podemos tirar a diferença ao longo dos anos ou centrar os dados na média (a transformação de efeitos fixos).

19.5d Dados

Você sempre deve ter uma seção que descreva detalhadamente os dados usados na estimação empírica. Isso é particularmente importante se seus dados não forem padrão ou não tiverem sido amplamente usados por outros pesquisadores. Deve ser apresentada informação suficiente para que os leitores possam, em princípio, obter os dados e refazer sua análise. Em particular, todas as fontes públicas de dados aplicáveis devem ser incluídas nas referências, e pequenos conjuntos de dados podem ser listados em um apêndice. Se você fez sua própria pesquisa para obter os dados, uma cópia do questionário deve ser apresentada no apêndice.

Com uma explicação das fontes dos dados, certifique-se de detalhar as unidades de cada uma das variáveis (por exemplo, a renda é medida em centenas ou milhares de dólares?). A inclusão de uma tabela das definições das variáveis será bastante útil ao leitor. Os nomes na tabela deverão corresponder aos nomes usados na descrição dos resultados econométricos na seção seguinte.

Também será bastante informativo apresentar uma tabela de estatísticas resumidas, como valores mínimos e máximos, médias e desvios padrão de cada variável. A existência de tal tabela torna mais fácil interpretar os coeficientes das estimativas na próxima seção, enfatizando as unidades de medida das variáveis. Para variáveis binárias, o único resumo estatístico necessário é a fração de unidades na amostra (que é igual à média da amostra). Para variáveis com tendência, itens como as médias são menos interessantes. Muitas vezes é útil calcular a taxa média de crescimento de uma variável de sua amostra ao longo dos anos.

Você deve sempre deixar claro quantas observações você tem. Para conjuntos de dados de séries temporais, identifique os anos que você esteja usando na análise, incluindo uma descrição de qualquer período especial na história (como a Segunda Guerra Mundial, por exemplo, e se for o caso). Se você usar um conjunto de dados de corte transversal agrupados ou dados em painel, assegure-se de descrever quantas unidades de corte transversal (pessoas, cidades e assim por diante) você tem de cada ano.

19.5e Resultados

A seção de resultados deve incluir suas estimativas de quaisquer modelos formulados na seção de modelos. Você pode começar com uma análise bastante simples. Por exemplo, suponha que a porcentagem de alunos frequentando um curso universitário no último ano (*percoll*) seja usada como um indicador da qualidade da escola de ensino médio que uma pessoa frequentou. Assim, uma equação a ser estimada seria

$$\log(wage) = \beta_0 + \beta_1 percoll + u.$$

Naturalmente, essa equação não controla vários outros fatores que possam determinar as remunerações e que possam estar correlacionados com *percoll*. Uma análise simples, contudo, pode levar o leitor até a análise mais sofisticada e revelar a importância de se controlar outros fatores.

Se apenas umas poucas equações forem estimadas, você pode apresentar os resultados em forma de equação com os erros padrão entre parênteses abaixo dos coeficientes estimados. Se seu modelo tiver diversas variáveis explicativas e você estiver apresentando diversas variações do modelo geral, será melhor descrever os resultados em forma tabular em vez de na forma de equação. A maioria de seus trabalhos deverá ter pelo menos uma tabela, que sempre deverá conter pelo menos o R-quadrado e o número de observações de cada equação. Outras estatísticas, como os R-quadrados ajustados, também poderão ser listadas.

O mais importante é discutir a interpretação e a solidez de seus resultados empíricos. Os coeficientes têm os sinais esperados? Eles são estatisticamente significantes? Se um coeficiente for estatisticamente significante, mas tiver um sinal não esperado, por que isso pode ser verdadeiro? Ele pode estar revelando um problema com os dados ou com o método econométrico (por exemplo, o MQO pode ser inadequado em razão de problemas de variáveis omitidas).

Certifique-se de descrever as *magnitudes* dos coeficientes das principais variáveis explicativas. Muitas vezes, uma ou duas variáveis são fundamentais ao estudo. Seus sinais, sua magnitude e sua significância estatística devem ser tratados em detalhe. Lembre-se de fazer a distinção entre significância econômica e estatística. Se uma estatística t for pequena, é por que o coeficiente é pequeno na prática, ou por que o erro padrão é grande?

Além de explicar as estimativas do modelo em termos gerais, você pode produzir casos especiais interessantes, especialmente aqueles que precisam testar certas hipóteses múltiplas. Por exemplo, em um estudo para determinar os diferenciais salariais entre indústrias, você pode apresentar a equação sem as *dummies* das indústrias; isso permite que o leitor facilmente verifique se os diferenciais das indústrias são estatisticamente significantes (usando a forma R-quadrado do teste F). Não se preocupe muito em eliminar algumas variáveis para encontrar a "melhor" combinação de variáveis explicativas. Como mencionamos anteriormente, essa é uma tarefa difícil e ainda não muito bem definida. Somente se a eliminação de um conjunto de variáveis alterar substancialmente a magnitude e/ou a significância dos coeficientes de interesse, isso será importante. A eliminação de um grupo de variáveis para simplificar o modelo –, como termos quadráticos ou de interação – pode ser justificada por meio de um teste F.

Se você usou pelo menos dois métodos diferentes – como, por exemplo, o MQO e o MQ2E, ou níveis e primeiras diferenças de uma série temporal, o MQO agrupado *versus* primeira diferença com um conjunto de dados em painel –, você deve comentar sobre quaisquer diferenças críticas. Em particular, se o MQO produzir resultados pouco intuitivos, o uso do MQ2E ou de métodos de dados em painel melhora as estimativas? Ou ocorre o contrário?

19.5f Conclusões

Esta pode ser uma seção curta que resume o que você aprendeu. Por exemplo, você pode apresentar a magnitude de um coeficiente no qual você tinha um interesse particular.

A conclusão deve também explicar as condições das conclusões apresentadas e pode até mesmo sugerir orientação para estudos adicionais. É importante imaginar o leitor lendo primeiro as conclusões para então decidir se lerá o restante do trabalho.

19.5g Sugestões de estilo

Você deve dar ao seu trabalho um título que reflita seu tema, mas certifique-se de que o título não seja muito longo ou complicado. O título deve ficar em uma página de rosto separada, que também inclua seu nome, afiliação e – se relevante – o número do curso. A página de rosto também pode incluir um breve sumário, mas este pode ser incluso em uma página separada.

Os trabalhos devem ser digitados em espaço duplo. Todas as equações devem começar em uma nova linha e devem ser centralizadas e numeradas consecutivamente, isto é (1), (2), (3) e assim por diante. Gráficos e tabelas grandes podem ser incluídos depois do corpo principal. No texto, refira-se aos trabalhos por autor e data, por exemplo, White (1980). A seção de referências bibliográficas no final do trabalho deve ser feita em formato padrão. Vários exemplos são dados nas referências, na parte final deste texto.

Quando você apresentar uma equação na seção de modelos econométricos, você deve descrever as variáveis importantes: a variável dependente e a variável ou variáveis independentes cruciais. Para se concentrar em uma única variável independente, você poderia escrever uma equação do tipo

$$GPA = \beta_0 + \beta_1 alcohol + \boldsymbol{x\delta} + u$$

ou

$$\log(wage) = \beta_0 + \beta_1 educ + \boldsymbol{x\delta} + u,$$

em que a notação $\boldsymbol{x\delta}$ é a forma abreviada de diversas outras variáveis explicativas. Nesse momento, você precisa apenas descrever as variáveis genericamente; elas podem ser descritas especificamente em uma tabela, na seção de dados. Por exemplo, em um estudo dos fatores que afetam os salários dos principais diretores-executivos de empresas, você pode incluir uma tabela como a Tabela 19.1.

TABELA 19.1	Descrições das variáveis.
salary	salário anual (inclusive bônus) em 1990 (em milhares)
sales	vendas da empresa em 1990 (em milhões)
roe	retorno médio sobre o patrimônio líquido de 1988-1990 (em porcentagem)
pcsal	porcentagem de alteração nos salários de 1988-1990
pcroe	porcentagem de alteração no roe de 1988-1990
indust	= 1 se empresa industrial, 0 caso contrário
finance	= 1 se empresa financeira, 0 caso contrário
consprod	= 1 se empresa de produtos de consumo, 0 caso contrário
util	= 1 se empresa de serviços públicos, 0 caso contrário
ceoten	número de anos como diretor-executivo da empresa

Uma tabela de resumo de estatísticas, obtida da Tabela I em Papke e Wooldridge (1996) e similar aos dados encontrados em 401K, pode ser estabelecida como mostrado na Tabela 19.2.

TABELA 19.2 Resumo das estatísticas.				
Variável	Média	Desvio padrão	Mínimo	Máximo
prate	0,869	0,167	0,023	1
mrate	0,746	0,844	0,011	5
employ	4.621,01	12.299,64	53	443.040
age	13,14	9,63	4	76
sole	0,415	0,493	0	1
Número de observações = 3.784				

Na seção de resultados, você poderá escrever as estimativas ou na forma de equação, como temos frequentemente feito, ou em uma tabela. Especialmente quando vários modelos foram estimados com diferentes conjuntos de variáveis explicativas, as tabelas são bastante úteis. Se você escrever as estimativas como uma equação, por exemplo,

$$\widehat{\log(salary)} = 2{,}45 + 0{,}236 \log(sales) + 0{,}008\ roe + 0{,}061\ ceoten$$
$$(0{,}93)\quad(0{,}115)\qquad\qquad(0{,}003)\qquad(0{,}028)$$
$$n = 204,\ R^2 = 0{,}351,$$

certifique-se de declarar perto da primeira equação na qual os erros padrão estão entre parênteses. É aceitável descrever estatísticas t para testar H_0: $\beta_j = 0$, ou seus valores absolutos, mas é da maior importância explicar o que você está fazendo.

Se você descrever seus resultados na forma tabular, assegure-se de que as variáveis dependente e independente estejam claramente indicadas. Novamente, explique se os erros padrão ou as estatísticas t estão abaixo dos coeficientes (sendo preferido os primeiros). Alguns autores gostam de usar asteriscos para indicar significância estatística para diferentes níveis de significância (por exemplo, uma estrela representa significante a 5%, duas estrelas representa significante a 10%, mas não a 5% e assim por diante). Isso não será necessário se você explicar cuidadosamente a significância das variáveis explicativas no texto.

Uma amostra da tabela de resultados, derivada da Tabela II de Papke e Wooldridge (1996), é mostrada na Tabela 19.3.

Seus resultados serão mais fáceis de serem lidos e interpretados se você definir as unidades tanto de suas variáveis dependentes como de suas variáveis independentes, de forma que os coeficientes não sejam demasiado grandes ou pequenos. Você nunca deve apresentar números como 1,051e−7 ou 3,524e−6 de seus coeficientes ou erros padrão, e nunca deve usar notação científica. Se os coeficientes forem extremamente pequenos ou extremamente grandes, redimensione as variáveis dependentes ou independentes, como explicamos no Capítulo 6. Você deve limitar o número de dígitos reportados após o ponto decimal, para que não expressem um falso senso de precisão. Por exemplo, se seu programa de regressão estimar um coeficiente como 0,54821059, escreva-o como 0,548, ou mesmo 0,55, no trabalho.

TABELA 19.3 Resultados do MQO. Variável dependente: taxa de participação.			
Variáveis	(1)	(2)	(3)
mrate	0,156 (0,012)	0,239 (0,042)	0,218 (0,342)
$mrate^2$	—	−0,087 (0,043)	−0,096 (0,073)
log(emp)	−0,112 (0,014)	−0,112 (0,014)	−0,098 (0,111)
$log(emp)^2$	0,0057 (0,0009)	0,0057 (0,0009)	0,0052 (0,0007)
age	0,0060 (0,0010)	0,0059 (0,0010)	0,0050 (0,0021)
age^2	−0,00007 (0,00002)	−0,00007 (0,00002)	−0,00006 (0,00002)
sole	−0,0001 (0,0058)	0,0008 (0,0058)	0,0006 (0,0061)
constante	1,213 (0,051)	0,198 (0,052)	0,085 (0,041)
Dummies setoriais?	Não	Não	Sim
Observações	3.784	3.784	3.784
R-quadrado	0,143	0,152	0,162

Nota: Os números entre parênteses abaixo das estimativas são os erros padrão.

Como regra geral, os comandos que seu programa de econometria usa para produzir resultados não devem aparecer no trabalho; somente os resultados são importantes. Se algum comando especial foi usado para conduzir certo método de estimação, isso poderá ser informado em um apêndice, que também é um bom lugar para incluir resultados extras que deem suporte à sua análise, mas que não sejam fundamentais para ela.

Resumo

Neste capítulo, discutimos os ingredientes de um estudo empírico bem-sucedido e oferecemos sugestões que podem melhorar a qualidade de uma análise. Em última análise, o sucesso de qualquer estudo depende crucialmente do cuidado e do empenho dedicado a ele.

Termos-chave

Análise de má-especificação
Análise de sensibilidade
Arquivo de texto (ASCII)
Bases de dados *on-line*
Editor de texto
Internet
Mineração de dados
Planilha
Serviços de busca *on-line*

Amostra de projetos empíricos

Em todo este livro, vimos exemplos de análises econométricas que vieram de trabalhos publicados ou foram motivadas por eles. Esperamos que tenham lhe dado uma boa ideia sobre o escopo da análise empírica. Incluímos a lista seguinte como exemplos adicionais de questões que outras pessoas levantaram ou provavelmente julgaram interessantes. Eles visam estimular sua imaginação; nenhuma tentativa é feita para fornecer todos os detalhes de modelos específicos, requisitos dos dados ou dos métodos de estimação alternativos. Deve ser possível terminar esses projetos ao longo de um período letivo.

1. Faça sua própria pesquisa no *campus* para responder a uma questão de interesse em sua universidade. Por exemplo: Qual é o efeito de trabalhar sobre a avaliação dos alunos? Você pode perguntar aos estudantes sobre como foi sua avaliação no ensino médio, suas avaliações no curso superior, suas notas de ingresso no curso superior, horas trabalhadas por semana, participação em esportes, especialização universitária, gênero, etnia e assim por diante. Depois, utilize essas variáveis para criar um modelo que explique a avaliação dos alunos em seu curso. Qual o efeito, se houver, de mais uma hora de trabalho por semana sobre essa avaliação? Uma questão de interesse é que horas trabalhadas pode ser uma variável endógena: elas podem estar correlacionadas com fatores não observados que afetam a avaliação, ou avaliações mais baixas podem fazer que os alunos trabalhem mais.

    Um método melhor seria coletar notas médias acumuladas anteriores ao semestre em curso e depois obter a avaliação do semestre mais recente, com o montante de horas trabalhadas durante esse semestre e as demais variáveis. Agora, a nota média acumulada pode ser usada como um controle (variável explicativa) na equação.

2. Existem muitas variações do tópico precedente. Você poderá estudar os efeitos do uso de drogas ou de álcool, ou de se morar em uma república de estudantes, sobre a nota média no curso de graduação. Você vai querer controlar muitas variáveis da formação familiar, como também variáveis dos desempenhos anteriores.

3. As leis de controle de armas de fogo no nível de cidades reduzem os crimes violentos? Esse tipo de questão pode ser difícil de responder com um único corte transversal porque as leis municipais e estaduais frequentemente são endógenas. [Veja Kleck e Patterson (1993) para um exemplo. Eles usaram dados de corte transversal e métodos de variáveis instrumentais, mas suas VIs são questionáveis.] Dados em painel podem ser muito úteis para inferir causalidade nesses contextos. No mínimo, você poderia controlar a taxa de crimes violentos de um ano anterior.

4. Low e McPheters (1983) usaram dados de corte transversal de cidades sobre taxas de remuneração e estimativas do risco de morte de policiais, com outros controles. A ideia era determinar se os policiais eram recompensados por trabalhar em cidades com riscos mais altos de morte ou de se ferir no horário de trabalho.

5. As leis de consentimento dos pais aumentam as taxas de natalidade na adolescência? Você pode usar dados de nível estadual para este caso: uma série temporal de determinado estado ou, ainda melhor, um conjunto de dados em painel com vários estados. As mesmas leis reduzem as taxas de aborto entre as adolescentes? O *Statistical Abstract of the United States* (Resumo Estatístico dos Estados Unidos) contém todos os tipos de dados no nível de estados. Levine, Trainor e Zimmerman (1996) estudaram os efeitos das restrições do financiamento a abortos sobre os mesmos resultados. Outros fatores, como o acesso ao aborto, podem afetar a natalidade na adolescência e as taxas de aborto.

Também existe hoje em dia um interesse recente nos efeitos dos currículos de educação sexual que pregam "apenas a abstinência". Novamente é possível usar dados em painel no nível estadual, ou talvez até mesmo dados em painel no nível de distrito escolar, a fim de determinar os efeitos dessa abordagem de abstinência na educação sexual em vários resultados, incluindo taxas de doenças sexualmente transmissíveis e taxas de nascimento em adolescentes.

6. As mudanças nas leis de trânsito afetam as fatalidades no tráfego? McCarthy (1994) apresenta uma análise de dados de séries temporais para o estado norte-americano da Califórnia. Um conjunto de variáveis *dummy* pode ser usado para indicar os meses nos quais certas leis entraram em vigor. O arquivo TRAFFIC2 contém os dados usados por McCarthy. Uma alternativa é obter um conjunto de dados em painel dos estados dos Estados Unidos, no qual você poderá explorar variações nas leis entre estados, como também ao longo do tempo. Freeman (2007) é um bom exemplo de análise no nível estadual. Ele utiliza 25 anos de dados que abrangem alterações em várias leis estaduais sobre dirigir embriagado, cinto de segurança e limite de velocidade. Os dados podem ser encontrados no arquivo DRIVING.

    Mullahy e Sindelar (1994) usaram dados em nível individual compatíveis com leis estaduais e impostos sobre bebidas alcoólicas para estimar os efeitos das leis e dos impostos sobre a probabilidade de dirigir embriagado.

7. O negros são discriminados no mercado de crédito? Hunter e Walker (1996) examinaram essa questão; aliás, usamos os dados deles nos Exercícios em computador C8, do Capítulo 7, e C.2, do Capítulo 17.

8. Para os atletas profissionais, existe uma recompensa em ser casado? Korenman e Neumark (1991) encontraram uma recompensa salarial significante para os homens casados após terem utilizado uma variedade de métodos econométricos, contudo, sua análise é limitada porque não podem observar diretamente a produtividade. (Além disso, Korenman e Neumark usaram homens em uma variedade de ocupações). Atletas profissionais formam um grupo interessante para estudar a recompensa de ser casado, porque podemos coletar com facilidade dados em vários indicadores de produtividade, além do salário. O conjunto de dados NBASAL de jogadores da *National Basketball Association* (NBA) é um exemplo. De cada jogador temos informações sobre pontos marcados, rebotes, assistências, tempo de jogo e demografia. Como no Exercício em computador C9, do Capítulo 6, podemos usar a análise de regressão múltipla para verificar se os indicadores de produtividade diferem de acordo com o estado civil. Também é possível usar esse tipo de dados para verificar se os homens casados são mais bem pagos após termos avaliado as diferenças na produtividade. (Por exemplo, os proprietários da NBA podem achar que homens casados trazem mais estabilidade à equipe ou são melhores para a imagem da equipe). Em esportes individuais – como o golfe e o tênis – os ganhos anuais refletem diretamente a produtividade. Esses dados, juntamente com a idade e a experiência, são relativamente fáceis de coletar.

9. Responda à questão: Os fumantes são menos produtivos? Uma variante dessa questão seria: os trabalhadores fumantes faltam mais por doenças (tudo o mais sendo igual)? Mullahy e Portney (1990) usaram dados em nível individual para avaliar essa questão. Você poderia usar dados, digamos, em âmbito metropolitano. Algo como a produtividade média na produção industrial poderia ser relacionado à porcentagem de trabalhadores fumantes. Outras variáveis, como a educação média do trabalhador, o capital por trabalhador e o tamanho da cidade (você pode pensar em outras) deveriam ser controladas.

10. Os salários mínimos reduzem a pobreza? Você poderá usar dados municipais ou estaduais para responder a essa pergunta. A ideia é que o salário-mínimo varia entre os estados porque alguns estados têm salários-mínimos mais altos que o federal. Além disso, ocorrem alterações ao longo do tempo no salário-mínimo nominal dentro de um estado, algumas em razão das alterações no âmbito federal e algumas por causa de alterações no âmbito estadual. Neumark e Wascher (1995) usaram um conjunto de dados em painel de estados para estimar os efeitos do salário-mínimo sobre as taxas de emprego de trabalhadores jovens, como também sobre as taxas de matrículas nas escolas.

11. Quais fatores afetam o desempenho dos alunos das escolas públicas? É razoavelmente fácil obter dados no nível das escolas, ou pelo menos no nível dos distritos, na maioria dos estados. O gasto público por aluno é importante? As razões alunos-professores têm algum efeito? É difícil estimar efeitos *ceteris paribus* porque o gasto está relacionado com outros fatores, como, por exemplo, as rendas familiares ou as taxas de pobreza. O conjunto de dados MEAP93, para as escolas de ensino médio do estado norte-americano de Michigan, contém um indicador das taxas de pobreza. Outra possibilidade é usar dados em painel, ou pelo menos controlar um indicador de desempenho de um ano anterior (como, por exemplo, a nota média ou a porcentagem de alunos que foram aprovados em determinado exame).

Você pode examinar fatores menos óbvios que afetam o desempenho do aluno. Por exemplo, após ter a renda controlada, a estrutura familiar importa? Talvez famílias com os dois genitores, mas somente um deles assalariado, tenham um efeito positivo sobre o desempenho. (Poderia haver pelo menos dois canais: os pais passam mais tempo com os filhos, e eles também podem ser voluntários na escola.) E que tal o efeito de lares com só um genitor, com a renda e outros fatores controlados? Você pode combinar dados de censo de um ou dois anos com os dados do distrito escolar.

As escolas públicas com maior número de escolas particulares nas redondezas educam melhor seus alunos em razão da concorrência? Existe uma questão complicada de simultaneidade nesse caso, pois provavelmente as escolas particulares se localizam em áreas onde haja falta de escolas públicas. Hoxby (1994) usou um método de variáveis instrumentais, no qual as proporções populacionais de várias religiões eram VIs do número de escolas particulares.

Rouse (1998) estudou uma questão diferente: os estudantes que tinham condições de frequentar uma escola particular valendo-se do programa de bolsas de estudos de Milwaukee tinham melhor desempenho que os outros? Ela usou dados em painel e teve condições de controlar um efeito estudantil não observado. Há um subconjunto dos dados de Rouse no arquivo VOUCHER.

12. O excesso de retorno de uma ação, ou de um índice de ações, pode ser previsto pela razão preço/dividendo defasada? Ou pelas taxas de juros ou mudanças semanais na política monetária, com alguma defasagem? Seria interessante usar um índice de ações estrangeiro, ou um dos menos conhecidos dos Estados Unidos. O trabalho de Cochrane (1997) contém uma boa pesquisa de teorias e resultados empíricos recentes para explicar os excessos de retorno de ações.

13. Existe discriminação racial no mercado de cartões com as figuras dos jogadores de beisebol? Isso exigirá relacionar os preços dos cartões com fatores que possam afetar seus preços, como as estatísticas de carreira dos jogadores, se o jogador está no *hall* da fama e assim por diante. Mantendo fixos todos os outros fatores, os cartões de jogadores negros ou hispânicos são vendidos por preços mais baixos?

14. Você pode testar se o mercado de apostas esportivas é eficiente. Por exemplo, as cotações dos jogos de futebol ou de basquetebol contêm todas as informações que podem ser utilizadas para as apostas? O conjunto de dados PNTSPRD contém informações sobre jogos de equipes universitárias masculinas de basquetebol. A variável de resultado é binária. As cotações das casas de apostas foram cobertas ou não? Em seguida, você pode tentar encontrar informações que eram conhecidas antes da realização de cada jogo para prever se essas cotações seriam cobertas. (Boa sorte!) Um site útil, que contém a exibição e os resultados históricos de jogos de futebol americano universitário e basquetebol masculino, é o www.goldsheet.com.

15. Que efeito, se houver, o sucesso no atletismo universitário tem sobre outros aspectos da universidade (candidaturas a cursos, qualidade dos alunos, qualidade dos departamentos não ligados ao atletismo)? McCormick e Tinsley (1987) examinaram os efeitos do sucesso no atletismo nas principais universidades sobre as mudanças nas notas do vestibular dos calouros. A escolha do momento é importante nesse caso: presumivelmente, é o sucesso no passado recente que afeta as candidaturas e a qualidade dos alunos no presente. Deve-se controlar muitos outros fatores – como o valor da anuidade escolar e os indicadores da qualidade das escolas – para fazer que a análise seja convincente, pois, sem o controle de outros fatores, haverá uma correlação negativa entre os desempenhos acadêmico e atlético. Um exame mais recente da conexão entre desempenho acadêmico e atlético é fornecido por Tucker (2004), que também verifica como os donativos de ex-alunos são afetados pelo sucesso nos esportes.

    Uma variante é combinar rivais naturais no futebol ou no basquetebol masculino e entender as diferenças entre as escolas como uma função de qual escola venceu o jogo de futebol ou um ou mais dos jogos de basquetebol. Os arquivos ATHLET1 e ATHLET2 são pequenos conjuntos de dados que poderiam ser ampliados e atualizados.

16. Reúna dados sobre taxas de criminalidade de uma amostra de cidades ou municípios (digamos, dos relatórios padronizados sobre ocorrências criminais do FBI) de dois anos. Modele o último ano de tal forma que seja fácil obter variáveis econômicas e demográficas do *County and City Data Book*. Você pode obter no *Statistical Abstract of the United States* o número de pessoas que estão no corredor da morte, mais as execuções dos anos intervenientes nos níveis dos estados. Se os anos forem 1990 e 1985, você poderá estimar

$$mrdrte_{90} = \beta_0 + \beta_1 mrdrte_{85} + \beta_2 executions + outros\ fatores$$

em que o interesse estará no coeficiente de *executions*. A taxa de criminalidade defasada e outros fatores servem de controle. Se mais de dois anos de dados forem obtidos, então os métodos de dados em painel dos Capítulos 13 e 14 podem ser aplicados.

Outros fatores podem também agir como dissuasores da criminalidade. Por exemplo, Cloninger (1991) apresentou uma análise de corte transversal dos efeitos da resposta letal da polícia sobre as taxas de criminalidade.

Como uma guinada diferente, que fatores afetam a taxa de criminalidade nos *campi* universitários? As frações de estudantes que moram em alojamentos da universidade têm algum efeito? O tamanho da força policial ou o tipo de policiamento usado importam? (Tenha cuidado ao inferir causalidade nesse caso.) A existência de um programa de escolta ajuda a reduzir a criminalidade? E as taxas de criminalidade nas comunidades vizinhas? Recentemente, foi exigido que as instituições de ensino superior passassem a reportar estatísticas criminais. Antigamente isso era feito voluntariamente.

17. Que fatores afetam a produtividade industrial no âmbito estadual? Além dos níveis de capital e da educação dos trabalhadores, você poderia investigar o grau de sindicalização. Uma análise de dados em painel seria bastante convincente nesse caso, usando múltiplos anos de dados extraídos dos censos de, digamos, 1980, 1990, 2000 e 2010. Clark (1984) fornece uma análise de como a sindicalização afeta o desempenho e a produtividade das empresas. Que outras variáveis poderiam explicar a produtividade?

    Dados no âmbito das empresas podem ser obtidos do *Compustat*. Por exemplo, mantendo-se fixos outros fatores, as alterações na sindicalização afetam os preços das ações de uma empresa?

18. Utilize dados em âmbitos estaduais ou municipais ou, se possível, de escolas públicas, para verificar os fatores que afetam o gasto público educacional por aluno. Uma questão interessante seria: outros fatores sendo iguais (como renda e níveis de educação dos residentes), os bairros com uma porcentagem maior de pessoas mais velhas gastam menos com escolas? Dados de censos podem ser comparados com os dados dos gastos dos bairros para obter um corte transversal bastante grande. O Departmento de Educação dos Estados Unidos compila esses dados.

19. Quais são os efeitos das leis estaduais, como as leis sobre o uso obrigatório de capacetes, sobre as fatalidades com motocicletas? Ou as diferenças nas leis de navegação – como, por exemplo, idade mínima para operar uma embarcação – ajudam a explicar os índices de acidentes com barcos? O Departamento de Transportes dos Estados Unidos compila essas informações. Esses dados podem ser mesclados com os do *Statistical Abstract of the United States* (Resumo Estatístico dos Estados Unidos). Uma análise de dados em painel parece ser justificada nesse caso.

20. Que fatores afetam o crescimento da produção? Dois fatores de interesse são inflação e investimentos [por exemplo, Blomström, Lipsey e Zejan (1996)]. Você poderá usar dados de séries temporais de um país que julgue interessante. Ou poderia usar um corte transversal de países, como fizeram De Long e Summers (1991). Friedman e Kuttner (1992) encontraram evidências de que, pelo menos nos anos 1980, a diferença entre as taxas dos *commercial papers* (notas promissórias) e das letras do Tesouro norte-americano afetavam a produção real.

21. Qual é o comportamento das fusões na economia norte-americana (ou em alguma outra economia)? Shughart e Tollison (1984) caracterizaram (o log das) fusões anuais na economia norte-americana como um passeio aleatório ao mostrar que a diferença nos logs – por exemplo, a taxa de crescimento – é imprevisível considerando as taxas de crescimento passadas. Isso ainda é válido? Isso se mantém entre várias empresas? Quais indicadores passados da atividade econômica poderão ser usados para fazer previsões de fusões?

22. Que fatores podem explicar as diferenças raciais e de sexo no emprego e nos salários? Por exemplo, Holzer (1991) analisou a "hipótese da divergência espacial" para explicar as diferenças nos índices de emprego entre negros e brancos. Korenman e Neumark (1992) examinaram os efeitos da gravidez nos salários das mulheres, enquanto Hersch e Stratton (1997) examinaram os efeitos das responsabilidades domésticas sobre os salários dos homens e das mulheres.

23. Obtenha dados mensais ou trimestrais dos índices do trabalho de adolescentes, o salário-mínimo e os fatores que afetem o trabalho de adolescentes para estimar os efeitos do salário-mínimo sobre o emprego de adolescentes. Solon (1985) usou dados trimestrais dos Estados Unidos, enquanto Castillo-Freeman e Freeman (1992) usaram dados anuais de Porto Rico. Pode ser útil analisar dados de séries temporais de um estado

com baixos salários dos Estados Unidos, onde as alterações no salário-mínimo provavelmente terão os maiores efeitos.

24. Em âmbito de cidades, estime um modelo de série temporal para a criminalidade. Um exemplo é o trabalho de Cloninger e Sartorius (1979). Como uma variação, você poderia estimar os efeitos do policiamento comunitário ou dos programas de basquetebol noturnos, inovações relativamente recentes no combate ao crime. Inferir causalidade será complicado. A inclusão de uma variável dependente defasada pode ajudar. Como você estará usando dados de séries temporais, você deverá estar prevenido quanto ao problema da regressão espúria.

Grogger (1990) utilizou dados sobre a contagem diária de homicídios para estimar o efeito dissuasor da pena de morte. Pode haver outros fatores –, por exemplo, as notícias sobre as respostas letais da polícia – que tenham efeito sobre a contagem diária de homicídios?

25. Há efeitos de produtividade agregada decorrentes do uso do computador? Você teria que obter dados de séries temporais, talvez em âmbito nacional, sobre a produtividade, a porcentagem de empregados que usam computadores e outros fatores. E quanto ao dispêndio (provavelmente como uma fração do total das vendas) em pesquisa e desenvolvimento? Que fatores sociológicos (por exemplo, o uso de álcool ou os índices de divórcio) podem afetar a produtividade?

26. Que fatores afetam os salários dos diretores-executivos de grandes empresas? Os arquivos CEOSAL1 e CEOSAL2 são conjuntos de dados que contêm vários indicadores de desempenhos de empresas, e também informações como estabilidade no emprego e educação. Você certamente poderá atualizar esses dados e procurar outros fatores interessantes. Rose e Shepard (1997) consideraram a diversificação das empresas como um determinante importante da remuneração dos CEO.

27. As diferenças nos códigos fiscais entre os estados afetam o montante de investimentos estrangeiros diretos? Hines (1996) estudou os efeitos dos impostos corporativos estaduais, com a capacidade de reduzir impostos externos, sobre os investimentos provenientes de fora dos Estados Unidos.

28. Que fatores afetam os resultados das eleições? Os gastos com campanha importam? Os votos em razão de assuntos específicos importam? O estado da economia local importa? Veja, por exemplo, Levitt (1994) com os conjuntos de dados VOTE1 e VOTE2. Fair (1996) fez uma análise de série temporal sobre as eleições presidenciais dos Estados Unidos.

29. Teste se lojas ou restaurantes praticam discriminação de preços com base na raça ou na etnia. Graddy (1997) utilizou dados sobre restaurantes *fast-food* em New Jersey e na Pensilvânia, com as características em âmbito de códigos de endereçamento postal, para verificar se os preços variavam de acordo com as características da população local. Ela verificou que os preços dos produtos padrão, como, por exemplo, refrigerantes, aumentavam quando a fração de residentes negros aumentava. (Seus dados estão no arquivo DISCRIM.) Você poderá compilar dados semelhantes em sua área local pesquisando os preços de itens comuns em lojas e restaurantes e comparando-os com dados de censos recentes. Veja o trabalho de Graddy para detalhes da análise.

30. Faça seu próprio estudo de "auditoria" para testar a discriminação de etnia ou gênero nas contratações trabalhistas. (Um estudo como esse está descrito no Exemplo C.3 do Apêndice C, disponível no site da Cengage .) Considere pares de amigos igualmente qualificados, digamos um homem e uma mulher, se candidatem a vagas de empregos em bares ou restaurantes locais. Você poderá muni-los com currículos falsos que deem

a cada um deles a mesma experiência e formação nas quais a única diferença será o sexo (ou a etnia). Em seguida, você poderá acompanhar o processo para saber quem foi chamado para uma entrevista ou recebeu uma oferta de trabalho. Neumark (1996) descreve um trabalho como esse conduzido na Filadélfia. Uma variante seria verificar se a boa aparência, ou uma característica específica, como a obesidade ou ter tatuagens ou *piercing* visíveis, tem participação nas decisões de empregar pessoas. Nesse caso, você usaria pares igualados do mesmo sexo, e pode não ser fácil obter voluntários para esse tipo de estudo.

31. Acompanhando Hamermesh e Parker (2005), tente estabelecer uma conexão entre a aparência física dos professores de universidade e as avaliações dos alunos. Isso pode ser feito no *campus* por meio de uma pesquisa. Dados um tanto crus podem ser obtidos em sites que permitem aos alunos classificar seus professores e fornecer informações sobre sua aparência física. No entanto, idealmente, as avaliações sobre atratividade não são feitas por alunos atuais ou antigos, visto que essas avaliações podem ser influenciadas pela nota recebida.

32. Use dados em painel para estudar os efeitos de várias políticas econômicas no crescimento regional econômico. É normal analisar os efeitos de impostos e despesas, mas outras políticas podem ser interessantes. Por exemplo, Craig, Jackson e Thomson (2007) estudam os efeitos de programas do *Small Business Association Loan Guarantee* no crescimento da renda per capita.

33. Blinder e Watson (2014) recentemente estudaram explicações para diferenças sistemáticas nas variáveis econômicas, em particular o crescimento do PIB real dos Estados Unidos, com base no partido político do presidente em exercício. É possível atualizar os dados até trimestres mais recentes e também estudar outras variáveis, que não o PIB, como desemprego.

Lista de periódicos

O que segue é uma lista parcial de periódicos populares norte-americanos que contêm pesquisas empíricas comerciais, econômicas e de outras ciências sociais. Um conjunto completo de publicações pode ser encontrado na Internet em http://www.econlit.org.

American Economic Journal: Applied Economics
American Economic Journal: Economic Policy
American Economic Review
American Journal of Agricultural Economics
American Political Science Review
Applied Economics
Brookings Papers on Economic Activity
Canadian Journal of Economics
Demography
Economic Development and Cultural Change
Economic Inquiry
Economica
Economics Letters
Economics of Education Review
Education Finance and Policy
Empirical Economics
Federal Reserve Bulletin
International Economic Review

International Tax and Public Finance
Journal of Applied Econometrics
Journal of Business and Economic Statistics
Journal of Development Economics
Journal of Economic Education
Journal of Empirical Finance
Journal of Environmental Economics and Management
Journal of Finance
Journal of Health Economics
Journal of Human Resources
Journal of Industrial Economics
Journal of International Economics
Journal of Labor Economics
Journal of Monetary Economics
Journal of Money, Credit and Banking
Journal of Political Economy
Journal of Public Economics
Journal of Quantitative Criminology
Journal of Urban Economics
National Bureau of Economic Research Working Papers Series
National Tax Journal
Public Finance Quarterly
Quarterly Journal of Economics
Regional Science & Urban Economics
Review of Economic Studies
Review of Economics and Statistics

Fontes de dados

Numerosas fontes de dados estão disponíveis no mundo todo. Os governos da maioria dos países compilam uma profusão de dados; algumas fontes de dados gerais e de fácil acesso dos Estados Unidos, como o *Economic Report of the President*, o *Statistical Abstract of the United States* e o *County and City Data Book* já foram mencionadas. Dados financeiros internacionais sobre muitos países são publicados anualmente no *International Financial Statistics*. Várias revistas, como *BusinessWeek* e *U.S. News and World Report*, frequentemente publicam estatísticas – como os salários dos diretores-executivos e desempenhos de empresas, ou classificação de programas acadêmicos – que são inovadoras e podem ser usados em uma análise econométrica.

Em vez de tentar produzir uma lista aqui, preferimos fornecer alguns endereços na Internet que são fontes abrangentes para os economistas. Um portal bastante útil para economistas, chamado *Resources for Economists on the Internet*, é mantido por Bill Goffe na *SUNY*, Oswego. O endereço é

http://www.rfe.org.

Esse portal fornece links para publicações, fontes de dados e listas de economistas profissionais e acadêmicos. Ele é bastante fácil de usar.

Outro site muito útil é

http://econometriclinks.com,

que contém links para diversos dados, assim como para outros sites interessantes a economistas empíricos.

Além disso o *Journal of Applied Econometrics* e o *Journal of Business and Economic Statistics* possuem arquivos de dados que contêm conjuntos de dados usados na maioria dos trabalhos publicados nessas publicações ao longo de vários anos. Se você quer encontrar um conjunto de dados de seu interesse, esse é um bom lugar para ir, pois muito da limpeza e da formatação dos dados já foram feitas. A inconveniência é que alguns desses conjuntos de dados são usados em análises econométricas mais avançadas do que as que aprendemos neste livro. Por outro lado, muitas vezes é útil estimar modelos mais simples usando métodos econométricos padrão a título de comparação.

Muitas universidades, como a Universidade da Califórnia, em Berkeley, a Universidade de Michigan e a Universidade de Maryland, mantêm conjuntos de dados bastante abrangentes como também links para uma variedade de conjuntos de dados. Sua própria biblioteca possivelmente contém um amplo conjunto de links para bases de dados comerciais, econômicos e de outras ciências sociais. Os bancos centrais regionais dos Estados Unidos, como o de St. Louis, administram uma diversidade de dados. O *National Bureau of Economic Research* publica conjuntos de dados usados por alguns de seus pesquisadores. Os governos federal e estaduais agora publicam uma profusão de dados que podem ser acessados pela Internet. Dados dos censos estão publicamente disponíveis no Departamento do Censo dos Estados Unidos. (Duas publicações bastante úteis são o *Economic Census* publicado nos anos terminados em dois e sete, e o *Census of the Population and Housing*, publicado no início de cada década.) Outras agências, como o Departamento de Justiça, também colocam dados à disposição do público.

No Brasil

Os dados públicos em geral são divulgados pelo IBGE: http://www.ibge.gov.br/ e As séries históricas das receitas e despesas orçamentárias da União, em arquivos no formato Microsoft Excel, estão no site: http://www.tesouro.fazenda.gov.br/web/stn/-/series-historicas. Já os conteúdos das pesquisas estruturais, censos, entre outras, na área de estatísticas do IBGE estão disponíveis em http://downloads.ibge.gov.br/.

REFERÊNCIAS BIBLIOGRÁFICAS

Angrist, J. D. "Lifetime Earnings and the Vietnam Era Draft Lottery: Evidence from Social Security Administrative Records," *American Economic Review*, n. 80, p. 313–336, 1990.

Angrist, J. D.; A. B. Krueger. "Does Compulsory School Attendance Affect Schooling and Earnings?" *Quarterly Journal of Economics*, n.106, p.979–1014, 1991.

Ashenfelter, O.; A. B. Krueger. "Estimates of the Economic Return to Schooling from a New Sample of Twins," *American Economic Review*, n.84, p.1157–1173, 1991.

Averett, S.; S. Korenman. "The Economic Reality of the Beauty Myth," *Journal of Human Resources*, n. 31, p. 304–330, 1996.

Ayres, I.; S. D. Levitt. "Measuring Positive Externalities from Unobservable Victim Precaution: An Empirical Analysis of Lojack," *Quarterly Journal of Economics*, n.108, p. 43–77, 1998.

Banerjee, A.; J. Dolado; J. W. Galbraith;D. F. Hendry. *Co-Integration, Error-Correction, and the Econometric Analysis of Non-Stationary Data*. Oxford: Oxford University Press,1993.

Bartik, T. J. "The Effects of Property Taxes and Other Local Public Policies on the Intrametropolitan Pattern of Business Location," in *Industry Location and Public Policy*, ed. H. W. Herzog; A. M. Schlottmann, p.57–80. Knoxville: University of Tennessee Press,1991.

Becker, G. S. "Crime and Punishment: An Economic Approach," *Journal of Political Economy*, n.76, p.169–217, 1968.

Belsley, D.; E. Kuh; R. Welsch. *Regression Diagnostics: dentifying Influential Data and Sources of Collinearity*. Nova York: Wiley, 1980.

Berk, R. A. "A Primer on Robust Regression," in *Modern Methods of Data Analysis*, ed. J. Fox; J. S. Long, p.292–324. Newbury Park, CA: Sage Publications, 1990.

Betts, J. R. "Does School Quality Matter? Evidence from the National Longitudinal Survey of Youth," *Review of Economics and Statistics*, n.77, p.231–250, 1995.

Biddle, J. E.; D. S. Hamermesh. "Sleep and the Allocation of Time," *Journal of Political Economy*, n.98, p.922–943, 1990.

Biddle, J. E.; D. S. Hamermesh. "Beauty, Productivity, and Discrimination: Lawyers' Looks and Lucre," *Journal of Labor Economics*, n.16, p.172–201, 1998.

Blackburn, M.; D. Neumark. "Unobserved Ability, Efficiency Wages, and Interindustry Wage Differentials," *Quarterly Journal of Economics*, n.107, p.1421–1436, 1992.

Blinder, A. S.; M. W. Watson. "Presidents and the U.S. Economy: An Econometric Exploration," National Bureau of Economic Research Working Paper No. 20324, 2014.

Blomström, M.; R. E. Lipsey; M. Zejan. "Is Fixed Investment the Key to Economic Growth?" *Quarterly Journal of Economics*, n.111, p. 269–276, 1996.

Blundell, R.; A. Duncan; K. Pendakur. "Semiparametric Estimation and Consumer Demand," *Journal of Applied Econometrics*, n. 13, p.435–461, 1998.

Bollerslev, T.; R. Y. Chou; K. F. Kroner. "ARCH Modeling in Finance: A Review of the Theory and Empirical Evidence," *Journal of Econometrics*, n.52, p.5–59, 1992.

Bollerslev, T.; R. F. Engle; D. B. Nelson. "ARCH Models," in *Handbook of Econometrics*, v.4, cap. 49, ed. R. F. Engle; D. L. McFadden, p.2959–3038. Amsterdam: North-Holland,1994.

Bound, J.; D. A. Jaeger; R. M. Baker. "Problems with Instrumental Variables Estimation When the

Correlation between the Instruments and Endogenous Explanatory Variables Is Weak," *Journal of the American Statistical Association*, n.90, p.443–450, 1995.

Breusch, T. S.; A. R. Pagan. "A Simple Test for Heteroskedasticity and Random Coefficient Variation," *Econometrica*, n.47, p.987–1007, 1979.

Cameron, A. C.; P. K. Trived. *Regression Analysis of Count Data*. Cambridge: Cambridge University Press, 1998.

Campbell, J. Y.; N. G. Mankiw. "Permanent Income, Current Income, and Consumption," *Journal of Business and Economic Statistics*, n.8, p.265–279, 1990.

Card, D. "Using Geographic Variation in College Proximity to Estimate the Return to Schooling," in *Aspects of Labour Market Behavior: Essays in Honour of John Vanderkamp*, ed. L. N. Christophides, E. K. Grant; R. Swidinsky, p.201–222. Toronto: University of Toronto Press, 1995.

Card, D.; A. Krueger. "Does School Quality Matter? Returns to Education and the Characteristics of Public Schools in the United States," *Journal of Political Economy*, n.100, p.1–40.

Castillo-Freeman, A. J.; R. B. Freeman., "When the Minimum Wage Really Bites: The Effect of the U.S.-Level Minimum on Puerto Rico," in *Immigration and the Work Force*, ed. G. J. Borjas; R. B. Freeman, p.177–211. Chicago: University of Chicago Press, 1992.

Clark, K. B. "Unionization and Firm Performance: The Impact on Profits, Growth, and Productivity," *American Economic Review*, n.74, p.893–919, 1984.

Cloninger, D. O. "Lethal Police Response as a Crime Deterrent: 57-City Study Suggests a Decrease in Certain Crimes," *American Journal of Economics and Sociology*, n.50, p.59–69, 1991.

Cloninger, D. O.; L. C. Sartorius. "Crime Rates, Clearance Rates and Enforcement Effort: The Case of Houston, Texas," *American Journal of Economics and Sociology*, n.38, p.389–402, 1979.

Cochrane, J. H. "Where Is the Market Going? Uncertain Facts and Novel Theories," *Economic Perspectives*, n.21, Federal Reserve Bank of Chicago, p.3–37, 1997.

Cornwell, C.; W. N. Trumbull. "Estimating the Economic Model of Crime Using Panel Data," *Review of Economics and Statistics*, n. 76, p.360–366, 1994.

Craig, B. R.; W. E. Jackson III; J. B. Thomson., "Small Firm Finance, Credit Rationing, and the Impact of SBA-Guaranteed Lending on Local Economic Growth," *Journal of Small Business Management*, n.45, p.116–132, 2007.

Currie, J. *Welfare and the Well-Being of Children*. Chur, Switzerland: Harwood Academic Publishers, 1995.

Currie, J.; N. Cole. "Welfare and Child Health: The Link between AFDC Participation and Birth Weight," *American Economic Review*, n. 83, p.971–983, 1993.

Currie, J.; D. Thomas. "Does Head Start Make a Difference?" *American Economic Review*, n.85, p.341–364, 1995.

Davidson, R.; J. G. MacKinnon. "Several Tests of Model Specification in the Presence of Alternative Hypotheses," *Econometrica*, n.49, p.781–793, 1981.

Davidson, R.; J. G. MacKinnon. *Estimation and Inference in Econometrics*. Nova York: Oxford University Press, 1993.

De Long, J. B.; L. H. Summers. "Equipment Investment and Economic Growth," *Quarterly Journal of Economics*, n.106, p. 445–502, 1991.

Dickey, D. A.; W. A. Fuller. "Distributions of the Estimators for Autoregressive Time Series with a Unit Root," *Journal of the American Statistical Association*, n.74, p.427–431, 1979.

Diebold, F. X. *Elements of Forecasting*. 2nd ed. Cincinnati: South-Western, 2001.

Downes, T. A.; S. M. Greenstein. "Understanding the Supply Decisions of Nonprofits: Modeling the Location of Private Schools," *Rand Journal of Economics*, n.27, p.365–390, 1996.

Draper, N.; H. Smith. *Applied Regression Analysis*. 2nd ed. Nova york: Wiley, 1981.

Duan, N. "Smearing Estimate: A Nonparametric Retransformation Method," *Journal of the American Statistical Association*, n.78, p.605–610, 1983.

Durbin, J. "Testing for Serial Correlation in Least Squares Regressions When Some of the Regressors Are Lagged Dependent Variables," *Econometrica*, n. 38, p.410–421, 1970.

Durbin, J.; and G. S. Watson. "Testing for Serial Correlation in Least Squares Regressions I," *Biometrika*, n.37, p.409–428, 1950.

Eicker, F. "Limit Theorems for Regressions with Unequal and Dependent Errors," *Proceedings of the Fifth Berkeley Symposium on Mathematical Statistics and Probability*, n.1, p.59–82. Berkeley: University of California Press, 1967.

Eide, E. *Economics of Crime: Deterrence and the Rational Offender*. Amsterdam: North-Holland, 1994.

Engle, R. F. "Autoregressive Conditional Heteroskedasticity with Estimates of the Variance of United Kingdom Inflation," *Econometrica*, n.50, p.987–1007, 1982.

Engle, R. F.; C. W. J. Granger. "Cointegration and Error Correction: Representation, Estimation, and Testing," *Econometrica*, n.55, p.251–276, 1987.

Evans, W. N.; R. M. Schwab. "Finishing High School and Starting College: Do Catholic Schools Make a Difference?" *Quarterly Journal of Economics*, n.110, p. 941–974, 1995.

Fair, R. C. "Econometrics and Presidential Elections," *Journal of Economic Perspectives*, n. 10, p. 89–102, 1996.

Franses, P. H.; R. Paap. *Quantitative Models in Marketing Research*. Cambridge: Cambridge University Press, 2001.

Freeman, D. G. "Drunk Driving Legislation and Traffic Fatalities: New Evidence on BAC 08 Laws," *Contemporary Economic Policy*, n.25, p.293–308, 2007.

Friedman, B. M.; K. N. Kuttner. "Money, Income, Prices, and Interest Rates," *American Economic Review*, n.82, p.472–492, 1992.

Geronimus, A. T.; S. Korenman. "The Socioeconomic Consequences of Teen Childbearing Reconsidered," *Quarterly Journal of Economics*, n.107, p.1187–1214, 1992.

Goldberger, A. S. *A Course in Econometrics*. Cambridge, MA: Harvard University Press, 1991.

Graddy, K. "Testing for Imperfect Competition at the Fulton Fish Market," *Rand Journal of Economics*, n.26, p.75–92, 1995.

Graddy, K. "Do Fast-Food Chains Price Discriminate on the Race and Income Characteristics of an Area?" *Journal of Business and Economic Statistics*, n.15, p.391–401, 1997.

Granger, C. W. J.; P. Newbold. "Spurious Regressions in Econometrics," *Journal of Econometrics* 2, n.2, p.111–120, 1974.

Greene, W. *Econometric Analysis*. 3 ed. ed. Nova York: MacMillan, 1997.

Griliches, Z. "Specification Bias in Estimates of Production Functions," *Journal of Farm Economics*, n.39, p.8–20, 1957.

Grogger, J. "The Deterrent Effect of Capital Punishment: An Analysis of Daily Homicide Counts," *Journal of the American Statistical Association*, n. 410, p. 295–303, 1990.

Grogger, J. "Certainty vs. Severity of Punishment," *Economic Inquiry*, n.29, p.297–309, 1991.

Hall, R. E. "The Relation between Price and Marginal Cost in U.S. Industry," *Journal of Political Economy*, n.96 p.921–948, 1998.

Hamermesh, D. S.; J. E. Biddle. "Beauty and the Labor Market," *American Economic Review*, n.84, p.1174–1194, 1994.

Hamermesh, D. H.; A. Parker. "Beauty in the Classroom: Instructors' Pulchritude and Putative Pedagogical Productivity," *Economics of Education Review*, n.24, p.369–376, 2005.

Hamilton, J. D. *Time Series Analysis*. Princeton, NJ: Princeton University Press, 1994.

Hansen, C.B. "Asymptotic Properties of a Robust Variance Matrix Estimator for Panel Data When T Is Large," *Journal of Econometrics*, n.141, p.597–620, 2007.

Hanushek, E. "The Economics of Schooling: Production and Efficiency in Public Schools," *Journal of Economic Literature*, n.24, p.1141–1177,1986.

Harvey, A. *The Econometric Analysis of Economic Time Series*. 2nd ed. Cambridge, MA: MIT Press, 1990.

Hausman, J. A. "Specification Tests in Econometrics," *Econometrica*, n.46, p.1251–1271, 1978.

Hausman, J. A.; D. A. Wise. "Social Experimentation, Truncated Distributions, and Efficient Estimation," *Econometrica*, n.45, p.319–339, 1977.

Hayasyi, F. *Econometrics*. Princeton, NJ: Princeton University Press,2000.

Heckman, J. J. "The Common Structure of Statistical Models of Truncation, Sample Selection, and Limited Dependent Variables and a Simple Estimator for Such Models," *Annals of Economic and Social Measurement*, n.5, p.475–492, 1976.

Herrnstein, R. J.; C. Murray. *The Bell Curve: Intelligence and Class Structure in American Life*. Nova York: Free Press,1994.

Hersch, J.; L. S. Stratton., "Housework, Fixed Effects, and Wages of Married Workers," *Journal of Human Resources*, n.32, p.285–307,1997.

Hines, J. R. "Altered States: Taxes and the Location of Foreign Direct Investment in America," *American Economic Review*, n.86, p.1076–1094, 1996.

Holzer, H. "The Spatial Mismatch Hypothesis: What Has the Evidence Shown?" *Urban Studies*, n.28, p.105–122, 1991.

Holzer, H.; R. Block; M. Cheatham; J. Knott. "Are Training Subsidies Effective? The Michigan Experience," *Industrial and Labor Relations Review*, n.46, p.625–636, 1993.

Horowitz, J. "The Bootstrap," in *Handbook of Econometrics*, volume 5, cap. 52, ed. E. Leamer; J. L. Heckman, p.3159–3228. Amsterdam: North Holland, 2001.

Hoxby, C. M. "Do Private Schools Provide Competition for Public Schools?" National Bureau of Economic Research Working Paper Number 4978, 1994

Huber, P. J. "The Behavior of Maximum Likelihood Estimates under Nonstandard Conditions," *Proceedings of the Fifth Berkeley Symposium on Mathematical Statistics and Probability*, n.1, 221–233. Berkeley: University of California Press, 1967.

Hunter, W. C.; M. B. Walker. "The Cultural Affinity Hypothesis and Mortgage Lending Decisions," *Journal of Real Estate Finance and Economics*, n.13, p 57–70, 1996.

Hylleberg, S. *Modelling Seasonality*. Oxford: Oxford University Press, 1992.

Kane, T. J.; C. E. Rouse. "Labor-Market Returns to Two- and Four-Year Colleges," *American Economic Review*, n.85, p.600–614, 1995.

Kiefer, N. M.; T. J. Vogelsang., "A New Asymptotic Theory for Heteroskedasticity-Autocorrelation Robust Tests," *Econometric Theory*, n.21, p.1130–1164, 2005.

Kiel, K. A.; K. T. McClain., "House Prices during Siting Decision Stages: The Case of an Incinerator from Rumor through Operation," *Journal of Environmental Economics and Management*, n.28. p.241–255, 1995.

Kleck, G.; E. B. Patterson., "The Impact of Gun Control and Gun Ownership Levels on Violence Rates," *Journal of Quantitative Criminology*, n.9, p.249–287, 1993.

Koenker, R. "A Note on Studentizing a Test for Heteroskedasticity," *Journal of Econometrics*, n.17, p.107–112, 1981.

Koenker, R. *Quantile Regression*. Cambridge: Cambridge University Press, 2005.

Korenman, S.; D. Neumark. "Does Marriage Really Make Men More Productive?" *Journal of Human Resources*, n.26, p.282–307,1991.

Korenman, S.; D. Neumark. "Marriage, Motherhood, and Wages," *Journal of Human Resources*, n.27, p.233–255, 1992.

Krueger, A. B. "How Computers Have Changed the Wage Structure: Evidence from Microdata, 1984–1989," *Quarterly Journal of Economics*, n.108, p.33–60, 1993.

Krupp, C. M; P. S. Pollard . "Market Responses to Antidumping Laws: Some Evidence from the U.S. Chemical Industry," *Canadian Journal of Economics*, n.29, 199–227, 1993.

Kwiatkowski, D.; P. C. B. Phillips; P. Schmidt; Y. Shin. "Testing the Null Hypothesis of Stationarity against the Alternative of a Unit Root: How Sure Are We That Economic Time Series Have a Unit Root?" *Journal of Econometrics*, n.54, p.159–178, 1992.

Lalonde, R. J. "Evaluating the Econometric Evaluations of Training Programs with Experimental Data," *American Economic Review*, n.76, p.604–620, 1986.

Larsen, R. J.; M. L. Marx. *An Introduction to Mathematical Statistics and Its Applications*. 2nd ed. Englewood Cliffs, NJ: Prentice-Hall, 1986.

Leamer, E. E. "Let's Take the Con Out of Econometrics," *American Economic Review*, n.73, p.31–43, 1983.

Levine, P. B.; A. B. Trainor;D. J. Zimmerman., "The Effect of Medicaid Abortion Funding Restrictions on Abortions, Pregnancies, and Births," *Journal of Health Economics*, n.15, p.555–578, 1996.

Levine, P. B.; D. J. Zimmerman. "The Benefit of Additional High-School Math and Science Classes for Young Men and Women," *Journal of Business and Economics Statistics*, n.13, p.137–149,1995.

Levitt, S. D. "Using Repeat Challengers to Estimate the Effect of Campaign Spending on Election Outcomes in the U.S. House," *Journal of Political Economy*, n.102, p. 777–798, 1994.

Levitt, S. D. "The Effect of Prison Population Size on Crime Rates: Evidence from Prison Overcrowding Legislation," *Quarterly Journal of Economics*, n.111, p.319–351, 1996.

Little, R. J. A.; D. B. Rubin. *Statistical Analysis with Missing Data*. 2nd ed. Wiley: Nova York, 2002.

Low, S. A.; L. R. McPheters . "Wage Differentials and the Risk of Death: An Empirical Analysis," *Economic Inquiry*, n.21, p.271–280, 1983.

Lynch, L. M. "Private Sector Training and the Earnings of Young Workers," *American Economic Review*, n.82, p.299–312, 1992.

MacKinnon, J. G.; H. White. "Some Heteroskedasticity Consistent Covariance Matrix Estimators with Improved Finite Sample Properties," *Journal of Econometrics*, n.29, p.305–325, 1985.

Maloney, M. T.; R. E. McCormick. "An Examination of the Role that Intercollegiate Athletic Participation Plays in Academic Achievement: Athletes' Feats in the Classroom," *Journal of Human Resources*, n.28, p.555–570, 1993.

Mankiw, N. G. *Macroeconomics*. 2nd ed. Nova York: Worth,1994

Mark, S. T.; T. J. McGuire; L. E. Papke. "The Influence of Taxes on Employment and Population Growth: Evidence from the Washington, D.C. Metropolitan Area," *National Tax Journal*, n.53, p.105–123, 2000.

McCarthy, P. S. "Relaxed Speed Limits and Highway Safety: New Evidence from California," *Economics Letters*, n.46, 173–179, 1994.

McClain, K. T.; J. M. Wooldridge. "A Simple Test for the Consistency of Dynamic Linear Regression in Rational Distributed Lag Models," *Economics Letters*, n.48, p.235–240, 1995.

McCormick, R. E.; M. Tinsley. "Athletics versus Academics: Evidence from SAT Scores," *Journal of Political Economy*, n.95, p.1103–1116, 1987.

McFadden, D. L. "Conditional Logit Analysis of Qualitative Choice Behavior," in *Frontiers in Econometrics*, ed. P. Zarembka, p.105–142. Nova York: Academic Press, 1974.

Meyer, B. D. "Natural and Quasi-Experiments in Economics," *Journal of Business and Economic Statistics*, n.13, p.151–161, 1995.

Meyer, B. D.; W. K. Viscusi; D. L. Durbin. "Workers' Compensation and Injury Duration: Evidence from a Natural Experiment," *American Economic Review*, n.85, p.322–340, 1995.

Mizon, G. E.; J. F. Richard. "The Encompassing Principle and Its Application to Testing Nonnested Hypotheses," *Econometrica*, n. 54, p.657–678, 1986.

Mroz, T. A. "The Sensitivity of an Empirical Model of Married Women's Hours of Work to Economic and Statistical Assumptions," *Econometrica*, n.55, p. 765–799, 1987.

Mullahy, J.; P. R. Portney. "Air Pollution, Cigarette Smoking, and the Production of Respiratory Health," *Journal of Health Economics*, n.9, p.193–205, 1990.

Mullahy, J.; J. L. Sindelar. "Do Drinkers Know When to Say When? An Empirical Analysis of Drunk Driving," *Economic Inquiry*, n.32, p.383–394, 1994.

Netzer, D. "Differences in Reliance on User Charges by American State and Local Governments," *Public Finance Quarterly*, n.20, p.499–511, 1992.

Neumark, D. "Sex Discrimination in Restaurant Hiring: An Audit Study," *Quarterly Journal of Economics*, n.111, p.915–941, 1996.

Neumark, D., and W. Wascher (1995), "Minimum Wage Effects on Employment and School Enrollment," *Journal of Business and Economic Statistics*, n.13, p.199–206, 1995.

Newey, W. K.; K. D. West. "A Simple, Positive Semi-Definite Heteroskedasticity and Autocorrelation Consistent Covariance Matrix," *Econometrica*, n.55, p.703–708, 1987.

Papke, L. E. "Subnational Taxation and Capital Mobility: Estimates of Tax-Price Elasticities," *National Tax Journal*, n.40, p.191–203, 1987.

Papke, L. E. "Tax Policy and Urban Development: Evidence from the Indiana Enterprise Zone Program," *Journal of Public Economics*, n.54, p.37–49, 1994.

Papke, L. E. "Participation in and Contributions to 401(k) Pension Plans: Evidence from Plan Data," *Journal of Human Resources*, n.30, p.311–325, 1995.

Papke, L. E. "Are 401(k) Plans Replacing Other Employer-Provided Pensions? Evidence from Panel Data," *Journal of Human Resources*, n.34, p.346–368, 1999.

Papke, L. E. "The Effects of Spending on Test Pass Rates: Evidence from Michigan," *Journal of Public Economics*, n.89, p. 821–839, 2005.

Papke, L. E.; J. M. Wooldridge. "Econometric Methods for Fractional Response Variables with an Application to 401(k) Plan Participation Rates," *Journal of Applied Econometrics*, n.11, p.619–632, 1996.

Park, R. "Estimation with Heteroskedastic Error Terms," *Econometrica*, n.34, p.888, 1966.

Peek, J. "Interest Rates, Income Taxes, and Anticipated Inflation," *American Economic Review*, n.72, p.980–991, 1982.

Pindyck, R. S.; D. L. Rubinfeld., *Microeconomics*. 2nd ed. Nova York: Macmillan, 1992.

Ram, R. "Government Size and Economic Growth: A New Framework and Some Evidence from Cross-Section and Time-Series Data," *American Economic Review*, n.76, p.191–203, 1986.

Ramanathan, R. *Introductory Econometrics with Applications*. 3rd ed. Fort Worth: Dryden Press, 1995.

Ramey, V. "Nonconvex Costs and the Behavior of Inventories," *Journal of Political Economy*, n.99, p.306–334, 1991.

Ramsey, J. B. "Tests for Specification Errors in Classical Linear Least-Squares Analysis," *Journal of the Royal Statistical Association*, Series B, n.71, p.350–371, 1969.

Romer, D. "Openness and Inflation: Theory and Evidence," *Quarterly Journal of Economics*, n.108, p.869–903, 1993.

Rose, N. L. "The Incidence of Regulatory Rents in the Motor Carrier Industry," *Rand Journal of Economics*, n.16, p. 299–318, 1985.

Rose, N. L.; A. Shepard. "Firm Diversification and CEO Compensation: Managerial Ability or Executive Entrenchment?" *Rand Journal of Economics*, n.28, p. 489–514, 1997.

Rouse, C. E. "Private School Vouchers and Student Achievement: An Evaluation of the Milwaukee Parental Choice Program," *Quarterly Journal of Economics*, n.113, p.553–602, 1998.

Sander, W. "The Effect of Women's Schooling on Fertility," *Economic Letters* 40, n.40, p.229–233, 1992.

Savin, N. E.; K. J. White. "The Durbin-Watson Test for Serial Correlation with Extreme Sample Sizes or Many Regressors," *Econometrica*, n.45, p.1989–1996, 1977.

Shea, J. "The Input-Output Approach to Instrument Selection," *Journal of Business and Economic Statistics*, n.11, p.145–155, 1993.

Shughart, W. F.; R. D. Tollison. "The Random Character of Merger Activity," *Rand Journal of Economics*, n.15, p.500–509, 1984.

Solon, G. "The Minimum Wage and Teenage Employment: A Re-analysis with Attention to Serial Correlation and Seasonality," *Journal of Human Resources*, n.20, p. 292–297, 1985.

Staiger, D.; J. H. Stock. "Instrumental Variables Regression with Weak Instruments," *Econometrica*, n.65, p.557–586, 1997.

Stigler, S. M. *The History of Statistics*. Cambridge, MA: Harvard University Press, 1986.

Stock, J. H.; M. W. Watson. "Interpreting the Evidence on Money-Income Causality," *Journal of Econometrics*, n.46, p.161–181, 1989.

Stock, J. H.; M. W. Watson. "A Simple Estimator of Cointegrating Vectors in Higher Order Integrated Systems," *Econometrica*, p.61, p.783–820, 1993.

Stock, J. H.; M. Yogo. "Asymptotic Distributions of Instrumental Variables Statistics with Many Instruments," in *Identification and Inference for Econometric Models: Essays in Honor of Thomas Rothenberg*, ed. D. W. K. Andrews; J. H. Stock, p.109–120. Cambridge: Cambridge University Press, 2005.

Stock, J. W.; M. W. Watson. "Heteroskedasticity-Robust Standard Errors for Fixed Effects Panel Data Regression," *Econometrica*, n.76, p.155–174, 2008.

Sydsaeter, K.; P. J. Hammond. *Mathematics for Economic Analysis*. Englewood Cliffs, NJ: Prentice Hall, 1995.

Terza, J. V. "Alcohol Abuse and Employment: A Second Look," *Journal of Applied Econometrics* ,n.17, p.393–404, 2002.

Tucker, I. B. "A Reexamination of the Effect of Bigtime Football and Basketball Success on Graduation Rates and Alumni Giving Rates," *Economics of Education Review*, n,23, p.655–661, 2004.

Vella, F.; M. Verbeek. "Whose Wages Do Unions Raise? A Dynamic Model of Unionism and Wage Rate Determination for Young Men," *Journal of Applied Econometrics*, n.13, p.163–183, 1998.

Wald, A. "The Fitting of Straight Lines If Both Variables Are Subject to Error," *Annals of Mathematical Statistics*, n.11, p.284–300, 1940.

Wallis, K. F. "Testing for Fourth-Order Autocorrelation in Quarterly Regression Equations," *Econometrica* , n.40, p.617–636,1972.

White, H. "A Heteroskedasticity-Consistent Covariance Matrix Estimator and a Direct Test for Heteroskedasticity," *Econometrica*, n.48, p. 817–838, 1980.

White, H. *Asymptotic Theory for Econometricians*. Orlando: Academic Press, 1984.

White, M. J. "Property Taxes and Firm Location: Evidence from Proposition 13," in *Studies in State and Local Public Finance*, ed. H. S. Rosen, p.83–112. Chicago: University of Chicago Press, 1986.

Whittington, L. A.; J. Alm; H. E. Peters. "Fertility and the Personal Exemption: Implicit Pronatalist Policy in the United States," *American Economic Review*, n.80, p.545–556, 1990.

Wooldridge, J. M. "A Computationally Simple Heteroskedasticity and Serial Correlation-Robust Standard Error for the Linear Regression Model," *Economics Letters*, n.31, p.239–243, 1989.

Wooldridge, J. M. "A Note on Computing R-Squared and Adjusted R-Squared for Trending and Seasonal Data," *Economics Letters*, n.36, p.49–54, 1991a.

Wooldridge, J. M. "On the Application of Robust, Regression-Based Diagnostics to Models of Conditional Means and Conditional Variances," *Journal of Econometrics*, n.47, p.5–46, 1991b.

Wooldridge, J. M. "A Simple Specification Test for the Predictive Ability of Transformation Models," *Review of Economics and Statistics*, n.76, p.59–65, 1994a.

Wooldridge, J. M. "Estimation and Inference for Dependent Processes," in *Handbook of Econometrics*, volume 4, cap. 45, ed. R. F. Engle; D. L. McFadden, p.2639–2738. Amsterdam: North-Holland, 1994b.

Wooldridge, J. M. "Score Diagnostics for Linear Models Estimated by Two Stage Least Squares," in *Advances in Econometrics and Quantitative Economics*, ed. G. S, 1995.

Maddala, P. C. B. Phillips; T. N. Srinivasan, p.66–87. Oxford: Blackwell.

Wooldridge, J.M. "Diagnostic Testing," in *Companion to Theoretical Econometrics*, ed. B. H. Baltagi, p.180–200. Oxford: Blackwell, 2001.

Wooldridge, J. M. *Econometric Analysis of Cross Section and Panel Data*. 2nd ed. Cambridge, MA: MIT Press, 2010.

GLOSSÁRIO

A

Agrupamento: O ato de calcular erros padrão e estatísticas teste que são robustos para correlação agrupada, devido à amostragem por agrupamento ou à correlação de séries temporais em dados em painel.

Ajustada sazonalmente: Dados de séries temporais mensais ou trimestrais nos quais algum procedimento estatístico – possivelmente regressão em variáveis *dummy* sazonais – foi usado para remover o componente sazonal.

Alternativa bilateral: Uma alternativa na qual o parâmetro populacional pode ser menor ou maior que o valor estabelecido sob a hipótese nula.

Alternativa unilateral: Uma hipótese alternativa que declara que o parâmetro é maior (ou menor) que o valor hipotético sob a hipótese nula.

Amostra aleatória: Uma amostra obtida ao realizar uma amostragem aleatória de uma população especificada.

Amostra não aleatória: Uma amostra obtida de outra forma que não a amostragem aleatória da população de interesse.

Amostra por agrupamento: Uma amostra por agrupamento ou grupos naturais que habitualmente é composta por pessoas.

Amostra pareada: Uma amostra na qual cada observação é comparada com outra, como em uma amostra que consiste em marido e mulher ou um conjunto de dois irmãos.

Amostra selecionada: Um amostra de dados obtida não pela amostragem aleatória, mas pela seleção com base em alguma característica observada ou não observada.

Amostragem aleatória: Um esquema de amostragem pelo qual cada observação é extraída aleatoriamente da população. Em particular, nenhuma unidade é mais provável de ser selecionada que qualquer outra, e cada extração é independente de todas as outras.

Amostragem estratificada: Um esquema de amostragem não aleatória pelo qual a população primeiro é dividida em diversos estratos completos não sobrepostos e depois amostras aleatórias são tiradas de cada estrato.

Análise de decisão de política: Uma análise empírica que utiliza métodos econométricos para avaliar os efeitos de determinada decisão política.

Análise de duração: Uma aplicação do modelo de regressão censurada, em que a variável dependente é defasada no tempo até que certo evento ocorra, como o tempo que leva para uma pessoa desempregada se recolocar no mercado de trabalho.

Análise de má-especificação: O processo de determinação de prováveis vieses que podem aparecer devido a variáveis omitidas, erro de medida, simultaneidade e outros tipos de má-especificação do modelo.

Análise de regressão múltipla: Um tipo de análise que é usada para descrever estimação e inferência no modelo de regressão linear múltipla.

Análise de resíduo: Um tipo de análise que estuda o sinal e o tamanho dos resíduos para observações particulares depois de um modelo de regressão múltipla ter sido estimado.

Análise de sensibilidade: O processo de verificar se os efeitos estimados e a significância estatística de variáveis explicativas cruciais são sensíveis à inclusão de outras variáveis explicativas, à forma funcional, à eliminação de observações potencialmente atípicas ou a diferentes métodos de estimação.

Análise empírica: Um estudo que usa dados em uma análise econométrica formal para testar uma teoria, estimar uma relação ou determinar a efetividade de uma decisão.

Armadilha da variável *dummy*: O erro de incluir muitas variáveis *dummy* entre as variáveis independentes; ocorre quando existe no modelo um intercepto global e uma variável *dummy* é incluída para cada grupo.

Arquivo de texto (ASCII): Um formato de arquivo universal que pode ser transportado para diversas plataformas de computadores.

Assimetria: Um indicador de quão distante uma distribuição está de ser simétrica, com base no terceiro momento da variável aleatória padronizada.

Assimptoticamente eficiente: Para estimadores consistentes com distribuições assimptoticamente normais, o estimador com a menor variância assimptótica.

Assimptoticamente não correlacionado: Um processo de série temporal no qual a correlação entre variáveis aleatórias em dois pontos no tempo tende a zero conforme o intervalo temporal entre eles aumenta. (*Ver também* fracamente dependente.)

Ausência aleatória: Na análise de regressão múltipla, um mecanismo de dados ausentes em que a razão para eles estarem faltando pode estar correlacionada com as variáveis explicativas, mas é independente do termo de erro.

Ausência de forma completamente aleatória (MCAR): Na análise de regressão múltpla, um mecanismo de dados ausentes em que a razão para eles estarem faltando é estatisticamente independente dos valores das variáveis explicativas, bem como do erro não observado.

Autocorrelação: *Ver* correlação serial.

Autocorrelação de primeira ordem: Para um processo de série temporal ordenado cronologicamente, o coeficiente de correlação entre pares de observações adjacentes.

Autosseleção: Decidir sobre uma ação com base nos prováveis benefícios, ou custos, de realizar essa ação.

Avaliação de programa: Uma análise de determinado programa público ou particular usando métodos econométricos para obter o efeito causal do programa.

B

Bancos de dados *on-line*: Bancos de dados que podem ser acessados por meio de uma rede de computadores.

BLUE: *Ver* melhor estimador linear não viesado.

C

Causalidade de Granger: Uma noção limitada de causalidade na qual valores passados de uma série (x_t) são úteis para prever valores futuros de outra série (y_t), depois de terem sido controlados os valores passados de y_t.

Censura de dados: Uma situação que surge quando nem sempre observamos o resultado sobre a variável dependente porque em um limite superior (ou inferior) sabemos somente que o resultado estava acima (ou abaixo) do limite. (*Ver também* modelo de regressão censurada.)

Ceteris paribus: Todos os outros fatores relevantes são mantidos fixos.

Codificação superior: Uma forma de censura de dados na qual o valor de uma variável não é registrado quando ele estiver acima de determinado limite; somente saberemos que ele é pelo menos tão grande quanto o limite.

Coeficiente de correlação: Uma medida da dependência linear entre duas variáveis aleatórias que não depende das unidades de medida e é limitada entre –1 e 1.

Coeficiente de correlação amostral: Uma estimativa do coeficiente de correlação (da população) de uma amostra de dados.

Coeficiente de determinação: *Ver R*-quadrado.

Coeficientes beta: *Ver* coeficientes padronizados.

Coeficientes padronizados: Coeficientes de regressão que medem a alteração do desvio padrão na variável dependente dado um aumento de um desvio padrão em uma variável independente.

Cointegração: A noção de que uma combinação linear de duas séries, cada uma delas integrada de ordem um, é integrada de ordem zero.

Colinearidade perfeita: Em regressão múltipla, uma variável independente é uma função linear exata de uma ou mais variáveis independentes.

Condição de classificação: Uma condição suficiente para a identificação de um modelo com uma ou mais variáveis explicativas endógenas.

Condição de ordem: Uma condição necessária para a identificação dos parâmetros em um modelo com uma ou mais variáveis explicativas endógenas; o número total de variáveis exógenas deve ser pelo menos tão grande quanto o número total de variáveis explicativas.

Condições de primeira ordem: O conjunto de equações lineares usado para encontrar as estimativas MQO.

Conjunta e estatisticamente significante: A hipótese nula de que duas ou mais variáveis explicativas têm coeficientes populacionais nulos é rejeitada ao nível de significância escolhido.

Conjuntamente insignificante: Falha ao rejeitar, usando um teste *F* em um nível de significância especificado, que todos os coeficientes de um grupo de variáveis explicativas são zero.

Conjunto de dados de corte transversal: Um conjunto de dados coletado de uma população em um momento determinado.

Conjunto de informações: Em projeção, o conjunto de variáveis que podem ser observadas antes de construirmos nossa projeção.

Consistência: Um estimador converge em probabilidade para o valor populacional correto à medida que o tamanho da amostra aumenta.

Contemporaneamente exógeno: Em aplicações de séries temporais ou de dados em painel, um regressor é contemporaneamente exógeno se ele for não correlacionado com o termo de erro no mesmo período de tempo, embora possa ser correlacionado com os erros em outros períodos de tempo.

Contemporaneamente homoscedástico: Descreve uma aplicação de série temporal ou de dados em painel na qual a variância do termo de erro, condicional aos regressores do mesmo período de tempo, é constante.

Controle excessivo: Em um modelo de regressão múltipla, incluir variáveis explicativas que não deveriam ser mantidas fixas ao estudar o efeito *ceteris paribus* de uma ou mais das outras variáveis explicativas; isso pode ocorrer quando variáveis que são resultados de uma intervenção ou política forem incluídas entre os regressores.

Correlação amostral: Para resultados de duas variáveis aleatórias, a covariância amostral dividida pelo produto dos desvios padrão amostrais.

Correlação espúria: Uma correlação entre duas variáveis que não é devida à causalidade, mas possivelmente à dependência das duas variáveis em relação a outro fator não observado.

Correlação serial: Em um modelo de série temporal ou de dados em painel, a correlação entre os erros em diferentes períodos de tempo.

Correlação serial AR(1): Os erros em um modelo de regressão de série temporal seguem um modelo AR(1).

Corte transversal agrupado: Uma configuração de dados na qual cortes transversais independentes, normalmente coletados em diferentes pontos do tempo, são combinados para produzir um único conjunto de dados.

Corte transversal independentemente agrupado: Um conjunto de dados obtido pelo agrupamento de amostras aleatórias independentes a partir de diferentes pontos no tempo.

Covariada: *Ver* variável explicativa.

Covariância: Uma medida da dependência linear entre duas variáveis aleatórias.

Covariância amostral: Um estimador não viesado da covariância populacional entre duas variáveis aleatórias.

Covariância estacionária: Um processo de série temporal com média e variância constantes no qual a covariância entre quaisquer duas variáveis aleatórias na sequência depende somente da distância entre elas.

Critério dentro da amostra: Critério para escolher modelos de previsão que são baseados em qualidade de ajuste no interior da amostra usada para a obtenção das estimativas dos parâmetros.

Critério fora da amostra: Critério usado para a escolha de modelos de previsão que são baseados em uma parte da amostra que não foi usada na obtenção das estimativas dos parâmetros.

Curtose: Um indicador da espessura das caudas de uma distribuição baseada no quarto momento da variável aleatória padronizada; a medida é normalmente comparada com o valor da distribuição normal padrão, que é três.

D

Dados ausentes: Um problema de dados que ocorre quando não observamos valores de algumas variáveis para certas observações (indivíduos, cidades, períodos de tempo etc.) na amostra.

Dados centrados na média: Dados em painel nos quais, para cada unidade de corte transversal, a média ao longo do tempo é subtraída dos dados em cada período de tempo.

Dados de séries temporais: Dados coletados ao longo do tempo para uma ou mais variáveis.

Dados em painel: Um conjunto de dados construído de cortes transversais repetidos ao longo do tempo. Com um painel *equilibrado*, as mesmas unidades aparecem em cada período de tempo. Com um painel *não equilibrado*, algumas unidades não aparecem em cada período de tempo, frequentemente devido a problemas de redução da amostra.

Dados experimentais: Dados que foram obtidos pela condução de um experimento controlado.

Dados longitudinais: *Ver* dados em painel.

Dados não experimentais: Dados que não foram obtidos por meio de um experimento controlado.

Dados observacionais: *Ver* dados não experimentais.

Dados quase diferenciados: Na estimativa de um modelo de regressão com correlação serial AR(1), é a diferença entre o período de tempo corrente e um múltiplo do período de tempo anterior, na qual o múltiplo é o parâmetro no modelo AR(1).

Dados quase reduzidos: Na estimação de efeitos aleatórios de dados em painel, são os dados originais em cada período de tempo menos uma fração da média temporal; esses cálculos são feitos para cada observação de corte transversal.

Dados retrospectivos: Dados coletados com base em informações do passado, em vez de informações da atualidade.

Defasagem distribuída geométrica (ou de Koyck): Um modelo de defasagens distribuídas infinitas no qual os coeficientes de defasagem diminuem a uma razão geométrica.

Derivada: A inclinação de uma função suave, definida usando cálculo.

Derivada parcial: Para uma função suave de uma ou mais variáveis, a inclinação da função em uma direção.

Deslocamento de intercepto: O intercepto em um modelo de regressão difere por grupo ou período de tempo.

Dessazonalização: A remoção dos componentes sazonais de uma série temporal mensal ou trimestral.

Destendenciamento: A prática de remover a tendência de uma série temporal.

Desvio padrão: Uma medida comum de extensão na distribuição de uma variável aleatória.

Desvio padrão amostral: Um estimador consistente do desvio padrão da população.

Desvio padrão amostral: O desvio padrão de um estimador, isto é, o desvio padrão de uma distribuição amostral.

Desvio padrão de β_j: Uma medida comum de extensão na distribuição amostral de β_j.

Diferença em inclinações: Uma descrição de um modelo em que alguns parâmetros da inclinação podem diferir por grupo ou período de tempo.

Diferença nas inclinações: Descrição de um modelo no qual alguns parâmetros de inclinação podem diferir por grupos ou períodos de tempo.

Distribuição amostral: A distribuição de probabilidades de um estimador sobre todos os possíveis resultados amostrais.

Distribuição binomial: A distribuição de probabilidades do número de êxitos em n ensaios de Bernoulli independentes, na qual cada ensaio tem a mesma probabilidade de êxito.

Distribuição condicional: A distribuição de probabilidades de uma variável aleatória, dados os valores de uma ou mais variáveis aleatórias.

Distribuição conjunta: A distribuição de probabilidades que determina as probabilidades dos resultados que envolvem duas ou mais variáveis aleatórias.

Distribuição de defasagens: Em um modelo de defasagens distribuídas finitas ou infinitas, os coeficientes de defasagem desenhados como uma função do tamanho da defasagem.

Distribuição Dickey-Fuller: A distribuição limite da estatística t no teste da hipótese nula de uma raiz unitária.

Distribuição de Poisson: Uma distribuição de probabilidades de variáveis de contagem.

Distribuição F: A distribuição de probabilidades obtida pela formação da razão de duas variáveis aleatórias qui-quadradas independentes, na qual cada uma foi dividida por seus graus de liberdade.

Distribuição normal: Uma distribuição de probabilidades comumente usada em estatística e econometria para modelar uma população. Sua função de distribuição de probabilidades tem a forma de um sino.

Distribuição normal multivariada: Uma distribuição para múltiplas variáveis aleatórias em que cada combinação linear das variáveis aleatórias tem uma distribuição normal univariada (unidimensional).

Distribuição normal padrão: A distribuição normal com média zero e variância um.

Distribuição qui-quadrada: Uma distribuição de probabilidades obtida pela adição dos quadrados das variáveis aleatórias normais padronizadas independentes. O número de termos na soma iguala o número de graus de liberdade na distribuição.

Distribuição simétrica: Uma distribuição de probabilidades caracterizada por uma função de densidade de probabilidade que é simétrica em torno de seu valor mediano, que também deve ser o valor médio (sempre que a média existir).

Distribuição t: A distribuição da razão de uma variável aleatória normal padrão e da raiz quadrada de uma variável aleatória independente qui-quadrada, na qual a variável aleatória qui-quadrada é primeiro dividida por seus gl.

E

Editor de texto: Programa de computador que pode ser usado para editar arquivos de texto.

Efeito causal: Uma alteração *ceteris paribus* em uma variável tem um efeito sobre outra variável.

Efeito cumulativo: Em qualquer ponto no tempo, a mudança em uma variável de resposta depois de um aumento permanente em uma variável explicativa – geralmente no contexto de modelos de defasagem distribuída.

Efeito de interação: Em regressão múltipla, o efeito parcial de uma variável explicativa depende do valor de uma variável explicativa diferente.

Efeito marginal: O efeito na variável dependente que resulta de uma pequena alteração em uma variável independente.

Efeito marginal decrescente: O efeito marginal de uma variável explicativa torna-se menor conforme o valor da variável explicativa cresce.

Efeito marginal médio: *Ver* efeito parcial médio.

Efeito não observado: Em um modelo de dados em painel, uma variável não observada no termo de erro que não se altera ao longo do tempo. Para amostras por agrupamento, uma variável não observada que é comum a todas as unidades no agrupamento.

Efeito parcial: O efeito de uma variável explicativa sobre a variável dependente, mantendo-se fixos os outros fatores no modelo de regressão.

Efeito parcial médio: Para efeitos parciais não constantes, o efeito parcial médio entre a população especificada.

Efeito parcial na média (PEA): Em modelos com efeitos parciais não constantes, o efeito parcial avaliado nos valores médios das variáveis explicativas.

Efeito por agrupamento: Um efeito não observado que é comum a todas as unidades, normalmente pessoas, no grupo.

Efeitos aleatórios correlacionados: Uma abordagem para análise de dados em painel em que a correlação entre o efeito não observado e a variável explicativa é modelada, geralmente como uma relação linear.

Efeitos fixos: *Ver* efeito não observado.

Elasticidade: A alteração percentual em uma variável, dado um aumento *ceteris paribus* de 1% em outra variável.

Elasticidade de curto prazo: A propensão de impacto em um modelo de defasagens distribuídas quando as variáveis dependentes e independentes estão na forma logarítmica.

Elasticidade de impacto: Em um modelo de defasagens distribuídas, a alteração percentual imediata na variável dependente dado um aumento de 1% na variável independente.

Elasticidade de longo prazo: A propensão de longo prazo em um modelo de defasagens distribuídas com as variáveis dependentes e independentes na forma logarítmica; portanto, a elasticidade de longo prazo é o aumento percentual final na variável explicada, dado um aumento permanente de 1% na variável explicativa.

Endogeneidade: Um termo usado para descrever a presença de uma variável explicativa endógena.

Equação de primeiras diferenças: Em modelos de séries temporais ou de dados em painel, uma equação na qual as variáveis dependentes e independentes foram todas diferenciadas.

Equação estrutural: Uma equação derivada de teoria econômica ou de raciocínio econômico menos formal.

Equação identificada: Uma equação cujos parâmetros podem ser consistentemente estimados, especialmente em modelos com variáveis explicativas endógenas.

Equação justamente identificada: Para modelos com variáveis explicativas endógenas, uma equação que é identificada, mas não seria identificada com uma variável instrumental a menos.

Equação na forma reduzida: Uma equação linear na qual uma variável endógena é uma função de variáveis exógenas e erros não observados.

Equação não identificada: Uma equação com uma ou mais variáveis explicativas endógenas na qual não existem suficientes variáveis instrumentais para identificar os parâmetros.

Equação sobreidentificada: Em modelos com variáveis explicativas endógenas, uma equação na qual o número de variáveis instrumentais é estritamente maior que o número de variáveis explicativas endógenas.

Erro absoluto médio (EAM): Uma medida de desempenho em previsão calculada como a média dos valores absolutos dos erros de previsão.

Erro composto: Em um modelo de dados em painel, a soma do efeito não observado constante no tempo com o erro idiossincrático.

Erro da forma reduzida: O termo de erro que aparece em uma equação na forma reduzida.

Erro de medida: A diferença entre uma variável observada e a variável que pertence a uma equação de regressão múltipla.

Erro de medida multiplicativo: Erro de medida no qual a variável observada é o produto da verdadeira variável não observada e um erro de medida positivo.

Erro de previsão: A diferença entre o resultado efetivo e uma previsão desse resultado.

Erro de projeção: A diferença entre o resultado efetivo e sua previsão.

Erro estrutural: O termo de erro em uma equação estrutural, que pode ser uma equação em um modelo de equações simultâneas.

Erro idiossincrático: Em modelos de dados em painel, o erro que se altera ao longo do tempo como também ao longo das unidades (digamos, indivíduos, firmas ou cidades).

Erro-padrão: Genericamente, uma estimativa do desvio padrão de um estimador.

Erro padrão assimptótico: Um erro padrão que é válido em amostras grandes.

Erro padrão da estimativa: *Ver* erro padrão da regressão (EPR).

Erro padrão da regressão (EPR): Em análise de regressão múltipla, a estimativa do desvio padrão do erro populacional, obtida como a raiz quadrada da soma dos quadrados dos resíduos sobre os graus de liberdade.

Erro padrão de $\hat{\beta}_j$: Uma estimativa do desvio padrão na distribuição amostral de $\hat{\beta}_j$.

Erro padrão robusto em relação à correlação serial: Um erro padrão de um estimador que é (assimptoticamente) válido sejam, ou não, os erros no modelo serialmente correlacionados.

Erro padrão robusto em relação à heteroscedasticidade: Um erro padrão que é (assimptoticamente) robusto quanto à heteroscedasticidade de forma desconhecida.

Erro padrão de reamostragem: Um erro padrão obtido como o desvio padrão da amostra de uma estimativa ao longo de todas as amostras reamostradas.

Erro quadrático médio: A distância quadrada esperada a que um estimador estiver do valor populacional; ele iguala a variância mais o quadrado de qualquer viés.

Erro tipo I: Uma rejeição da hipótese nula quando ela é verdadeira.

Erro tipo II: A falha em rejeitar a hipótese nula quando ela é falsa.

Erros clássicos nas variáveis (ECV): Um modelo de erro de medida no qual a medida observada iguala a variável efetiva mais um erro de medida independente, ou pelo menos não correlacionado.

Erros nas variáveis: Uma situação na qual a variável dependente ou algumas variáveis independentes são medidas com erros.

Estatística de Chow: Uma estatística *F* para testar a igualdade de parâmetros de regressão entre diferentes grupos (digamos, homens e mulheres) ou períodos de tempo (digamos, antes e depois da alteração de uma regra de decisão).

Estatística de Durbin-Watson (DW): Uma estatística usada para testar correlação serial de primeira ordem nos erros de um modelo de regressão de série temporal sob as hipóteses do modelo linear clássico.

Estatística descritiva: Uma estatística usada para resumir um conjunto de números; a média amostral, a mediana amostral e o desvio padrão amostral são os mais comuns.

Estatística de Wald: Um teste estatístico geral para testar hipóteses em uma variedade de cenários econométricos; em geral, a estatística de Wald tem uma distribuição qui-quadrada assimptótica.

Estatística escore: *Ver* estatística multiplicador de Lagrange.

Estatística *F*: Uma estatística usada para testar hipóteses múltiplas sobre os parâmetros em um modelo de regressão múltipla.

Estatística *F* robusta em relação à heteroscedasticidade: Uma estatística do tipo *F* que é (assimptoticamente) robusta quanto à heteroscedasticidade de forma desconhecida.

Estatística *LM* robusta em relação à heteroscedasticidade: Uma estatística *LM* que é robusta quanto à heteroscedasticidade de forma desconhecida.

Estatística multiplicador de Lagrange: Um teste estatístico com justificação de amostra grande que pode ser usado para testar variáveis omitidas, heteroscedasticidade e correlação serial, entre outros problemas de especificação de modelos.

Estatística razão de quase verossimilhança: Uma modificação da estatística razão de verossimilhança que leva em conta uma possível má-especificação distributiva, como em um modelo de regressão de Poisson.

Estatística razão de verossimilhança: Uma estatística que pode ser usada para testar hipóteses únicas ou múltiplas quando os modelos restritos e irrestritos forem estimados por máxima verossimilhança. A estatística será duas vezes a diferença entre as log-verossimilhanças restrita e irrestrita.

Estatística *R*-n-quadrado: *Ver* estatística multiplicador de Lagrange.

Estatística *t*: A estatística usada para testar uma única hipótese sobre os parâmetros em um modelo econométrico.

Estatística *t* assimptótica: Uma estatística *t* que tem uma distribuição normal padrão aproximada em amostras grandes.

Estatística *t* robusta em relação à heteroscedasticidade: Uma estatística *t* que é (assimptoticamente) robusta quanto à heteroscedasticidade de forma desconhecida.

Estatisticamente diferente de zero: *Ver* estatisticamente significante.

Estatisticamente não significante: Falha em rejeitar a hipótese nula de que um parâmetro populacional é igual a zero, ao nível de significância selecionado.

Estatisticamente significante: Rejeição da hipótese nula de que um parâmetro é igual a zero contra a alternativa especificada, ao nível de significância selecionado.

Estimação de Cochrane-Orcutt (CO): Um método de estimar um modelo de regressão linear múltipla com erros AR(1) e variáveis explicativas estritamente exógenas; diferentemente da estimação de Prais-Winsten, a estimação de Cochrane-Orcutt não usa a equação para o primeiro período de tempo.

Estimação de máxima verossimilhança (EMV): Um método de estimação largamente aplicável no qual as estimativas dos parâmetros são escolhidas para maximizar a função log-verossimilhança.

Estimação de Prais-Winsten (PW): Um método para estimar um modelo de regressão linear múltipla com erros AR(1) e variáveis explicativas estritamente exógenas; diferentemente da estimação de Cochrane-Orcutt, a estimação de Prais-Winsten usa a equação para o primeiro período de tempo na estimação.

Estimação por MQO agrupado: Estimação por MQO com cortes transversais, dados em painel ou amostras por agrupamento, independentemente agrupados, em que as observações são agrupadas ao longo do tempo (ou dos grupos) como também entre as unidades de cortes transversais.

Estimação por quase máxima verossimilhança: Estimação de máxima verossimilhança, mas na qual a função log-verossimilhança pode não corresponder à distribuição condicional efetiva da variável dependente.

Estimador: Uma regra de combinar dados para produzir um valor numérico de um parâmetro populacional; a forma da regra não depende da amostra particular obtida.

Estimador consistente: Um estimador que converge em probabilidade para o parâmetro populacional, conforme o tamanho da amostra cresce ilimitadamente.

Estimador de adiantamentos e atrasos: Um estimador de um parâmetro de cointegração em uma regressão com variáveis I(1) no qual as primeiras diferenças nas variáveis explicativas correntes, algumas passadas e algumas futuras, são incluídas como regressores.

Estimador de diferença em diferenças: Um estimador que surge em análises com dados de dois períodos de tempo. Uma versão do estimador aplica-se a cortes transversais agrupados independentes e outra, a conjuntos de dados em painel.

Estimador de efeitos aleatórios: Um estimador MQG factível no modelo de efeitos não observados, no qual o efeito não observado é assumido como não correlacionado com as variáveis explicativas em cada período de tempo.

Estimador de efeitos fixos: Para o modelo de dados em painel de efeitos não observados, o estimador obtido pela aplicação dos MQOs agrupados a uma equação temporal reduzida.

Estimador de máxima verossimilhança: Um estimador que maximiza (o log da) a função de verossimilhança.

Estimador de mínimos quadrados: Um estimador que minimiza a soma dos quadrados dos resíduos.

Estimador de mínimos quadrados generalizados (MQG): Um estimador que leva em conta uma estrutura conhecida da variância dos erros (heteroscedasticidade), do padrão de correlação serial nos erros, ou ambos, por meio de uma transformação do modelo original.

Estimador de mínimos quadrados ponderados (MQP): Um estimador usado para ajustar uma forma conhecida de heteroscedasticidade, em que cada resíduo quadrado é ponderado pelo inverso da variância (estimada) do erro.

Estimador de primeiras diferenças: Em uma estrutura de dados em painel, o estimador MQO agrupado aplicado às primeiras diferenças dos dados ao longo do tempo.

Estimador de variáveis instrumentais (VI): Um estimador em um modelo linear usado quando variáveis instrumentais estão disponíveis para uma ou mais variáveis explicativas endógenas.

Estimador do método dos momentos: Um estimador obtido com o uso de amostra análoga dos momentos populacionais; mínimos quadrados ordinários e mínimos quadrados em dois estágios são ambos estimadores do método dos momentos.

Estimador dos mínimos quadrados em dois estágios (MQ2E): Um estimador de variáveis instrumentais no qual a VI de uma variável explicativa endógena é obtida como o valor estimado de uma regressão da variável explicativa endógena sobre todas as variáveis exógenas.

Estimador intragrupo: *Ver* estimador de efeitos fixos.

Estimador linear não viesado: Em análise de regressão múltipla, um estimador não viesado que é uma função linear dos resultados da variável dependente.

Estimador MQG factível (MQGF): Um procedimento MQG no qual os parâmetros de variância ou de correlação são desconhecidos e, portanto, devem primeiramente ser estimados. (*Ver também* estimador de mínimos quadrados generalizados.)

Estimador não viesado: Um estimador cujo valor esperado (ou a média de sua distribuição amostral) é igual ao valor populacional (independentemente do valor populacional).

Estimador não viesado de variância mínima: Um estimador com a menor variância na classe de todos os estimadores não viesados.

Estimador por intervalo: Uma regra que usa dados para obter os limites superior e inferior de um parâmetro populacional. (*Ver também* intervalo de confiança.)

Estimador viesado: Um estimador cujo valor esperado, ou média amostral, é diferente do valor populacional que ele supostamente está estimando.

Estimativa: O valor numérico assumido por um estimador para uma amostra particular de dados.

Estimativa de inclinação MQO: Uma inclinação em uma reta de regressão MQO.

Estimativa do intercepto MQO: O intercepto em uma reta de regressão MQO.

Estimativa *smearing*: Um método de retransformação especialmente útil na predição do nível de uma variável de resposta quando um modelo linear foi estimado para o log natural da variável de resposta.

Estritamente exógena: Uma característica das variáveis explicativas em um modelo de série temporal ou de dados em painel no qual o termo de erro em qualquer período de tempo tem expectativa zero, condicional nas variáveis explicativas em todos os períodos de tempo; uma versão menos restritiva é definida em termos de correlações nulas.

Estudo de evento: Uma análise econométrica dos efeitos de um evento, tais como uma alteração na regulamentação governamental ou em políticas econômicas, sobre uma variável de resultado.

Exclusão de uma variável relevante: Em análise de regressão múltipla, excluir uma variável que tem um efeito parcial diferente de zero sobre a variável dependente.

Exogeneidade dos instrumentos: Na estimação de variáveis instrumentais, a exigência de que uma variável instrumental seja não correlacionada com o termo de erro.

Exogeneidade estrita: Uma hipótese que se mantém em um modelo de série temporal ou de dados em painel quando as variáveis explicativas são estritamente exógenas.

Expectativa condicional: O valor esperado ou médio de uma variável aleatória, chamada de variável dependente ou explicada, que depende dos valores de uma ou mais variáveis, chamadas de variáveis independentes ou explicativas.

Experimento: Em probabilidade, um termo geral usado para representar um evento cujo resultado é impreciso. Em análise econométrica, ele representa uma situação na qual os dados são coletados atribuindo aleatoriamente indivíduos a grupos de controle e de tratamento.

Experimento natural: Uma situação na qual o ambiente econômico – algumas vezes resumido por uma variável explicativa – é alterado de forma exógena, talvez inadvertidamente, devido a uma alteração política ou institucional.

F

Fator de inflação de variância: Na análise de regressão múltipla sob as hipóteses de Gauss-Markov, o termo na variância amostral afetado pela correlação entre as variáveis explicativas.

Forma quadrática: Uma função matemática em que o argumento do vetor pré e pós-multiplica uma matriz simétrica quadrada.

Forma R-quadrada da estatística F: A estatística F para testar restrições de exclusões expressas em termos dos R-quadrados dos modelos restrito e irrestrito.

Fortemente dependente: *Ver* processo altamente persistente.

Fracamente dependente: Um termo que descreve um processo de série temporal no qual algum grau de dependência entre variáveis aleatórias em dois pontos do tempo – como a correlação – diminui conforme o intervalo entre os dois pontos no tempo aumenta.

Frequência dos dados: O intervalo no qual dados de séries temporais são coletados. Anuais, trimestrais e mensais são as frequências de dados mais comuns.

Função de densidade de probabilidade (FDP): Uma função que, para variáveis aleatórias discretas, fornece a probabilidade que a variável aleatória assume para cada valor; para variáveis aleatórias contínuas, a área sob a fdp fornece a probabilidade de vários eventos.

Função de distribuição cumulativa (fdc): Uma função que fornece a probabilidade de uma variável aleatória ser menor que ou igual a qualquer número real especificado.

Função de perda: Uma função que mede a perda quando uma previsão difere do resultado efetivo; os exemplos mais comuns são as perdas de valor absoluto e as perdas de quadrados.

Função de regressão amostral: *Ver* reta de regressão MQO.

Função de regressão populacional: *Ver* expectativa condicional.

Função exponencial: Uma função matemática definida para todos os valores e que tem uma inclinação crescente, mas uma alteração proporcional constante.

Função linear: Uma função na qual a alteração na variável dependente, dada uma alteração de uma unidade em uma variável independente, é constante.

Função logarítmica: Uma função matemática definida por argumentos positivos, que tem uma inclinação positiva, mas decrescente.

Função log-verossimilhança: A soma das log-verossimilhanças, na qual a log-verossimilhança de cada observação é o log da densidade da variável dependente, dadas as variáveis independentes; a função log-verossimilhança é vista como uma função dos parâmetros a serem estimados.

Função não linear: Uma função cuja inclinação não é constante.

Funções quadráticas: Funções que contêm quadrados de uma ou mais variáveis explicativas; elas capturam os efeitos decrescentes ou crescentes sobre a variável dependente.

G

Graus de liberdade (gl): Em análise de regressão múltipla, o número de observações menos o número de parâmetros estimados.

Graus de liberdade do denominador: Em um teste F, os graus de liberdade no modelo irrestrito.

Graus de liberdade do numerador: Em um teste F, o número de restrições que são testadas.

Grupo-base: O grupo representado pelo intercepto global em um modelo de regressão múltipla que inclui variáveis *dummy* explicativas.

Grupo de controle: Em avaliação de programas (econômicos ou sociais), o grupo que não participa do programa.

Grupo de tratamento: Em avaliação de programas, o grupo que participa do programa. (*Ver também* grupo experimental.)

Grupo experimental: *Ver* grupo de tratamento.

Grupo referencial: *Ver* grupo-base.

H

Heterogeneidade não observada: *Ver* efeito não observado.

Heteroscedasticidade: A variância do termo de erro, dadas as variáveis explicativas, não é constante.

Heteroscedasticidade condicional autorregressiva (ARCH): Um modelo de heteroscedasticidade dinâmica no qual a variância do termo de erro, em decorrência de informações passadas, depende linearmente dos erros quadrados passados.

Heteroscedasticidade de forma desconhecida: Heteroscedasticidade que pode depender das variáveis explicativas de maneira arbitrária e desconhecida.

Hipótese alternativa: A hipótese contra a qual é testada a hipótese nula.

Hipótese de média condicional zero: Uma hipótese-chave usada em análise de regressão múltipla que estabelece que, dados quaisquer valores das variáveis explicativas, o valor esperado do erro será igual a zero. (*Ver* as hipóteses RLM.4, ST.3 e ST.3'.)

Hipótese de normalidade: A hipótese do modelo linear clássico que afirma que o erro (ou a variável dependente) tem uma distribuição normal, condicional nas variáveis explicativas.

Hipótese nula: No teste de hipótese clássico, tomamos esta hipótese como verdadeira e exigimos que os dados forneçam evidência substancial contra ela.

Hipóteses de Gauss-Markov: O conjunto de hipóteses (hipóteses RLM.1 a RLM.5 ou ST.1 a ST.5) sob as quais os MQO são BLUE.

Hipóteses do modelo linear clássico (MLC): O conjunto ideal de hipóteses da análise de regressão múltipla: para análise de corte transversal, hipóteses RLM.1 até RLM.6 e para análise de séries temporais, hipóteses ST.1 até ST.6. As hipóteses englobam linearidade nos parâmetros, ausência de colinearidade perfeita, a hipótese de média condicional zero, homoscedasticidade, ausência de correlação serial e normalidade dos erros.

Homoscedasticidade: Os erros em um modelo de regressão têm variância constante condicional nas variáveis explicativas.

Homoscedasticidade contemporânea: Em aplicações de séries temporais ou de dados em painel, a variância do termo de erro, condicional nos regressores no mesmo período de tempo, é constante.

I

Identificação: Um parâmetro populacional, ou conjunto de parâmetros, pode ser consistentemente estimado.

Inclinação: Na equação de uma linha, a mudança na variável y quando a variável x aumenta um ponto.

Inclusão de uma variável irrelevante: A inclusão de uma variável explicativa em um modelo de regressão que tem um parâmetro populacional zero ao estimar uma equação por MQO.

Inconsistência: A diferença entre o limite de probabilidade de um estimador e o valor do parâmetro.

Inconsistente: Descreve um estimador que não converge (em probabilidade) ao parâmetro populacional correto à medida que o tamanho da amostra aumenta.

Independente de média: A exigência-chave na análise de regressão múltipla que diz que o erro não observado tem uma média que não se altera entre os subconjuntos da população definidos por diferentes valores das variáveis explicativas.

Inferência estatística: O ato de testar hipóteses sobre os parâmetros populacionais.

Instrumento: *Ver* variável instrumental.

Instrumento fraco: Variáveis instrumentais que são apenas um pouco correlacionadas com a variável explicativa endógena relevante ou variáveis.

Integrado de ordem um [I(1)]: Um processo de série temporal que precisa passar por uma primeira diferença para produzir um processo I(0).

Integrado de ordem zero [I(0)]: Um processo estacionário de série temporal fracamente dependente que, quando usado em análise de regressão, satisfaz a lei dos grandes números e o teorema do limite central.

Intercepto: Na equação de uma linha, o valor da variável y quando a variável x é zero.

Internet: Uma rede mundial de computadores que pode ser usada para acessar informações e baixar bancos de dados.

Intervalo de confiança (IC): Uma regra usada para construir um intervalo aleatório, de forma que certa percentagem de todos os conjuntos de dados, determinada pelo nível de confiança, produz um intervalo que contém o valor populacional.

Intervalo de confiança assimptótico: Um intervalo de confiança que é aproximadamente válido em amostras de tamanhos grandes.

Intervalo de previsão: Um intervalo de confiança para um resultado desconhecido sobre uma variável dependente em um modelo de regressão múltipla.

Intervalo de previsão: Em previsões, um intervalo de confiança para um valor futuro ainda não realizado de uma variável de série temporal. (*Ver também* intervalo de previsão.)

Intervalo de projeção: Em projeção, um intervalo de confiança de um valor futuro ainda não realizado de uma variável de série temporal. (*Ver também* intervalo de previsão.)

Inverso: Para uma matriz $n \times n$, seu inverso (se ele existir) é a matriz $n \times n$ para a qual a pré e a pós-multiplicação pela matriz original geram a matriz identidade.

L

Lei das expectativas iteradas: Um resultado da probabilidade que relaciona expectativas incondicionais e condicionais.

Lei dos grandes números (LGN): Um teorema que diz que a média de uma amostra aleatória converge em probabilidade para a média populacional; a LGN também é válida para séries temporais estacionária e fracamente dependentes.

Limite de probabilidade: O valor para o qual um estimador converge conforme o tamanho da amostra cresce sem limites.

Logaritmo natural: *Ver* função logarítmica.

M

Má-especificação da forma funcional: Um problema que ocorre quando um modelo tem funções omitidas das variáveis explicativas (como as quadráticas) ou usa as funções erradas da variável dependente ou de algumas variáveis explicativas.

Martingale: Um processo de série temporal cujo valor esperado, dados todos os resultados passados da série, simplesmente iguala o valor mais recente.

Matriz: Um arranjo de números.

Matriz de variância-covariância: Para um vetor aleatório, a matriz positiva semidefinida determinada pela inserção das variâncias abaixo da diagonal e das covariâncias nas entradas fora da diagonal apropriadas.

Matriz de variância-covariância do estimador de MQO: A matriz de variâncias e covariâncias por amostragem para o vetor de coeficientes de MQO.

Matriz diagonal: Uma matriz com zeros em todas as entradas fora da diagonal.

Matriz escalar de variância-covariância: Uma matriz de variância-covariância em que todos os termos fora da diagonal são zero e os termos da diagonal são a mesma constante positiva.

Matriz idempotente: Uma matriz (quadrada) em que a multiplicação da matriz por ela mesma é igual a ela mesma.

Matriz identidade: Uma matriz quadrada em que todos os elementos diagonais são um e todos os elementos fora da diagonal são zero.

Matriz nula: Uma matriz em que todas as entradas são zero.

Matriz quadrada: Uma matriz com o mesmo número de linhas e de colunas.

Matriz simétrica: Uma matriz (quadrada) que é igual à sua transposta.

Média: A soma de n números dividida por n. Ver também valor esperado.

Média amostral: A soma de n números dividida por n; uma medida de tendência central.

Mediana: Em uma distribuição de probabilidades, ela é o valor no qual existe 50% de possibilidade de estar abaixo do valor e 50% de possibilidade de estar acima dele. Em uma amostra de números é o valor do meio depois de os números terem sido ordenados.

Mediana condicional: A mediana de uma variável de resposta que depende de algumas variáveis explicativas.

Medida de qualidade de ajuste: Uma estatística que resume o quanto um conjunto de variáveis explicativas explica uma variável dependente ou de resposta.

Melhor estimador linear não viesado (BLUE): Entre todos os estimadores lineares não viesados, o estimador com menor variância. O MQO é o melhor estimador linear não viesado, condicional aos valores amostrais das variáveis explicativas sob as hipóteses de Gauss-Markov.

Método de reamostragem: Uma técnica para aproximar erros padrão (e distribuições de testes estatísticos) através da qual uma série de amostras é obtida do conjunto de dados original e estimativas são calculadas de cada subamostra.

Método Heckit: Um procedimento econométrico usado para corrigir o viés de seleção amostral devido a truncamento incidental ou a alguma outra forma de dados ausentes não aleatoriamente.

Micronumerosidade: Um termo apresentado por Arthur Goldberger para descrever propriedades de estimadores econométricos com amostras de tamanho pequeno.

Mineração de dados: A prática de usar o mesmo conjunto de dados para estimar numerosos modelos em uma busca para encontrar o "melhor" modelo.

Mínimos desvios absolutos: Um método para estimar os parâmetros de um modelo de regressão múltipla com base na minimização da soma dos valores absolutos dos resíduos.

Mínimos quadrados ordinários (MQO): Um método para estimar os parâmetros de um modelo de regressão múltipla. As estimativas dos mínimos quadrados ordinários são obtidas pela minimização da soma dos quadrados dos resíduos.

Modelo autorregressivo vetorial (VAR): Um modelo de duas ou mais séries temporais no qual cada variável é modelada como uma função linear dos valores passados de todas as variáveis, mais perturbações que têm média zero, dados todos os valores passados das variáveis observadas.

Modelo de coeficiente (inclinação) aleatório: Um modelo de regressão múltipla em que os parâmetros de inclinação são autorizados a depender de variáveis não observadas de unidades específicas.

Modelo de correção de erros: Um modelo de série temporal em primeiras diferenças que também contém um termo de correção de erro, que serve para introduzir duas séries I(1) no equilíbrio de longo prazo.

Modelo de defasagens distribuídas (MDD): Um modelo de série temporal que relaciona a variável dependente a valores correntes e passados de uma variável explicativa.

Modelo de defasagens distribuídas finitas (MDDF): Um modelo dinâmico no qual uma ou mais variáveis explicativas podem ter efeitos defasados sobre a variável dependente.

Modelo de defasagens distribuídas infinitas (MDDI): Um modelo de defasagens distribuídas no qual uma alteração na variável explicativa pode ter um impacto sobre a variável dependente no futuro indefinido.

Modelo de defasagem distribuída racional (MDDR): Um tipo de modelo de defasagens distribuídas infinitas no qual a distribuição defasada depende de relativamente poucos parâmetros.

Modelo de efeitos aleatórios: O modelo de dados em painel de efeitos não observados no qual o efeito não observado é assumido como não correlacionado com as variáveis explicativas em cada período de tempo.

Modelo de efeitos fixos: Um modelo de efeitos de dados em painel não observados em que se permite que os efeitos não observados sejam arbitrariamente correlacionados com as variáveis explicativas de cada período de tempo.

Modelo de efeitos não observados: Um modelo de dados em painel ou de amostras por agrupamento cujo termo de erro contém um efeito não observado.

Modelo de elasticidade constante: Um modelo no qual a elasticidade da variável dependente, em relação a uma variável explicativa, é constante; em regressão múltipla, ambas as variáveis aparecem na forma logarítmica.

Modelo de equações simultâneas (SEM): Um modelo que determina conjuntamente duas ou mais variáveis endógenas, no qual cada variável endógena pode ser uma função de outras variáveis endógenas como também de variáveis exógenas e de um termo de erro.

Modelo de probabilidade linear (MPL): Um modelo de resposta binária no qual a probabilidade de resposta é linear em seus parâmetros.

Modelo de regressão bivariada: *Ver* modelo de regressão linear simples.

Modelo de regressão censurada: Um modelo de regressão múltipla no qual a variável dependente foi censurada acima ou abaixo de algum valor limite conhecido.

Modelo de regressão de Poisson: Um modelo de uma variável dependente de contagem no qual a variável dependente, condicional nas variáveis explicativas, é nominalmente assumida como tendo uma distribuição de Poisson.

Modelo de regressão linear múltipla (RLM): Um modelo linear em seus parâmetros, no qual a variável dependente é uma função de variáveis independentes mais um termo de erro.

Modelo de regressão linear simples: Um modelo no qual a variável dependente é uma função linear de uma única variável independente, mais um termo de erro.

Modelo de regressão normal censurada: O caso especial do modelo de regressão censurada em que o modelo populacional subjacente satisfaz as hipóteses do modelo linear clássico.

Modelo de regressão normal truncada: O caso especial do modelo de regressão truncado em que o modelo populacional subjacente satisfaz as hipóteses do modelo linear clássico.

Modelo de regressão truncada: Um modelo clássico de regressão linear de dados de corte transversal no qual o esquema de amostragem exclui inteiramente, com base nos resultados da variável dependente, parte da população.

Modelo de resposta binária: Um modelo de uma variável dependente binária (*dummy*).

Modelo de variável latente: Um modelo no qual a variável dependente observada é suposta como uma função de uma variável subjacente latente, ou não observada.

Modelo dinamicamente completo: Um modelo de série temporal no qual nenhuma defasagem adicional da variável dependente ou das variáveis explicativas ajudará a explicar a variável dependente.

Modelo econométrico: Uma equação que relaciona a variável dependente a um conjunto de variáveis explicativas e distúrbios não observados, quando parâmetros populacionais desconhecidos determinam o efeito *ceteris paribus* de cada variável explicativa.

Modelo econômico: Uma relação derivada da teoria econômica ou de um raciocínio econômico menos formal.

Modelo estático: Um modelo de série temporal no qual somente variáveis explicativas contemporâneas afetam a variável dependente.

Modelo irrestrito: Em teste de hipóteses, o modelo no qual não foi colocada nenhuma restrição em seus parâmetros.

Modelo linear clássico: O modelo de regressão linear múltipla sob o conjunto completo das hipóteses do modelo linear clássico.

Modelo logit: Um modelo de resposta binária no qual a probabilidade de resposta é a função logit avaliada em uma função linear das variáveis explicativas.

Modelo log-log: Um modelo de regressão no qual a variável dependente e as variáveis independentes (pelo menos algumas) estão na forma logarítmica.

Modelo log-nível: Um modelo de regressão no qual a variável dependente está na forma logarítmica e as variáveis independentes estão na forma em nível (ou original).

Modelo nível-log: Um modelo de regressão no qual a variável dependente está na forma em nível e (pelo menos algumas das) variáveis independentes estão na forma logarítmica.

Modelo nível-nível: Um modelo de regressão no qual a variável dependente e as variáveis independentes estão na forma em nível (ou original).

Modelo parcimonioso: Um modelo com o menor número possível de parâmetros necessários para capturar quaisquer características almejadas.

Modelo populacional: Um modelo, especialmente um modelo de regressão linear múltipla, que descreve uma população.

Modelo probit: Um modelo de resposta binária no qual a probabilidade de resposta é a fdc normal padrão avaliada em uma função linear das variáveis explicativas.

Modelo restrito: Em teste de hipóteses, o modelo obtido após a imposição de todas as restrições requeridas sob a hipótese nula.

Modelo tobit: Um modelo de uma variável dependente que assume o valor zero com probabilidade positiva, mas, de forma aproximada, é continuamente distribuída sobre valores estritamente positivos. (*Ver também* resposta de solução de canto.)

Modelo verdadeiro: O modelo populacional efetivo relacionando a variável dependente às variáveis independentes relevantes, mais uma perturbação, em que a hipótese da média condicional zero se mantém.

Modelos não aninhados: Dois (ou mais) modelos nos quais nenhum deles pode ser escrito como um caso especial do outro pela imposição de restrições nos parâmetros.

MQO: *Ver* mínimos quadrados ordinários.

Mudança em pontos percentuais: A mudança em uma variável que é medida como um percentual.

Mudança percentual: A mudança proporcional em uma variável, multiplicada por 100.

Mudança proporcional: A mudança em uma variável relativa ao seu valor inicial; matematicamente, a mudança dividida por seu valor inicial.

Mudança relativa: *Ver* mudança proporcional.

Multicolinearidade: Um termo que se refere à correlação entre as variáveis independentes em um modelo de regressão múltipla; ela é habitualmente invocada quando alguma correlação é "grande", mas uma magnitude efetiva não está bem definida.

Multiplicação de matrizes: Um algoritmo para multiplicar duas matrizes adaptáveis.

Multiplicação escalar: O algoritmo para multiplicar um (número) escalar por um vetor ou matriz.

Multiplicador de impacto: *Ver* propensão de impacto.

Multiplicador de longo prazo: *Ver* propensão de longo prazo.

N

Nível de confiança: A percentagem de amostras na qual queremos que nosso intervalo de confiança contenha o valor populacional; 95% é o intervalo de confiança mais comum, mas os de 90% e 99% também são usados.

Nível de significância: A probabilidade de erro Tipo I em testes de hipóteses.

Normalidade assimptótica: A distribuição amostral de um estimador adequadamente normalizado converge para a distribuição normal padrão.

Notação matricial: Uma conveniente notação matemática, fundamentada na álgebra matricial, para expressar e manipular o modelo de regressão múltipla.

Número índice: Uma estatística que agrega informações sobre a atividade econômica, tal como produção ou preços.

O

Observações atípicas: *Ver* observações extremas.

Observações extremas (*outliers*): Observações em um conjunto de dados que são substancialmente diferentes da massa de dados, possivelmente devido a erros ou a alguns dados terem sido gerados por um modelo diferente daquele que gerou a maioria dos outros dados.

Operador somatório: Uma notação, representada por Σ, usada para definir a soma de um conjunto de números.

P

***p*-valor:** O menor nível de significância ao qual a hipótese nula pode ser rejeitada. De forma equivalente, o maior nível de significância ao qual a hipótese nula não pode ser rejeitada.

Painel desequilibrado: Um conjunto de dados em painel em que dados de certos anos (ou períodos) estão faltando para algumas unidades de corte transversal.

Painel equilibrado: Um conjunto de dados em painel no qual todos os anos (ou períodos) de dados estão disponíveis para todas as unidades de corte transversal.

Parâmetro: Um valor desconhecido que descreve uma relação populacional.

Parâmetro de inclinação: O coeficiente de uma variável independente em um modelo de regressão múltipla.

Parâmetro de intercepto: O parâmetro em uma regressão linear múltipla que fornece o valor esperado da variável dependente quando todas as variáveis independentes são iguais a zero.

Parâmetros da forma reduzida: Os parâmetros que aparecem em uma equação na forma reduzida.

Parâmetros estruturais: Os parâmetros que aparecem em uma equação estrutural.

Passeio aleatório: Um processo de série temporal no qual o valor do próximo período é obtido como o valor deste período mais um termo de erro independente (ou pelo menos não correlacionado).

Passeio aleatório com tendência: Um passeio aleatório que tem uma constante (ou tendência) adicionada em cada período.

Percentagem corretamente prevista: Em um modelo de resposta binária, o percentual de vezes em que a previsão de zero ou um coincide com o resultado efetivo.

Período-base: Para números índices, tais como os índices de preços ou de produção, o período contra o qual todos os outros períodos de tempo são comparados.

Perturbação: *Ver* termo de erro.

Planilha: Programa de computador usado para entrada e manipulação de dados.

Poder de um teste: A probabilidade de rejeitar a hipótese nula quando ela for falsa; o poder depende dos valores dos parâmetros populacionais sob a hipótese alternativa.

População: Um grupo bem definido (de pessoas, firmas, cidades etc.) que é o foco de uma análise estatística ou econométrica.

Positiva definida: Uma matriz simétrica em que todas as formas quadráticas, exceto a trivial – que deve ser zero –, são estritamente positivas.

Positiva semidefinida: Uma matriz simétrica em que todas as formas quadráticas são não negativas.

Posto de uma matriz: O número de colunas linearmente independentes em uma matriz.

Previsão: A estimativa de um resultado obtida pela agregação de valores específicos das variáveis explicativas em um modelo estimado, em geral um modelo de regressão múltipla.

Previsão condicional: Uma previsão que considera que os valores futuros de algumas variáveis explicativas são conhecidos com exatidão

Previsão incondicional: Uma previsão que não depende de conhecer, ou assumir, os valores futuros das variáveis explicativas.

Previsão múltiplos passos à frente: Uma previsão de série temporal de mais de um período de tempo no futuro.

Previsão pontual: O valor previsto de um resultado futuro.

Previsão um passo à frente: Uma previsão de série temporal de um período de tempo no futuro.

Primeira diferença: Uma transformação em uma série temporal que leva em conta a diferença de períodos de tempo adjacentes, em que o período de tempo anterior é subtraído do mais recente.

Probabilidade de resposta: Em um modelo de resposta binária, a probabilidade de que a variável dependente assuma o valor um, condicional nas variáveis explicativas.

Problema da regressão espúria: Um problema que surge quando a análise de regressão indica uma relação entre dois ou mais processos de séries temporais não relacionadas simplesmente porque cada um tem uma tendência, é uma série temporal integrada (como um passeio aleatório), ou ambos.

Procedimento em duas etapas de Engle-Granger: Um método em duas etapas para estimar modelos de correção de erros por meio dos quais o parâmetro de cointegração é estimado na primeira etapa, e os parâmetros de correção de erros são estimados na segunda etapa.

Processo altamente persistente: Um processo de série temporal no qual os resultados no futuro distante são altamente correlacionados com os resultados atuais.

Processo AR(1) estável: Um processo AR(1) no qual o parâmetro da defasagem é menor que um em valor absoluto. A correlação entre duas variáveis aleatórias na sequência declina para zero a uma taxa geométrica conforme a distância entre as variáveis aleatórias aumenta, e assim um processo AR(1) estável é fracamente dependente.

Processo autorregressivo de ordem um [AR(1)]: Um modelo de série temporal cujo valor atual depende linearmente de seu valor mais recente mais um distúrbio imprevisível.

Processo de diferença estacionária: Uma sequência de série temporal que é I(0) em suas primeiras diferenças.

Processo de média móvel de ordem um [MA(1)]: Um processo de série temporal gerado como uma função linear do valor atual e do valor com uma defasagem de um processo estocástico não correlacionado com variância constante e média zero.

Processo de raiz unitária: Um processo de série temporal altamente persistente no qual o valor corrente é igual ao valor do período anterior, mais uma perturbação fracamente dependente.

Processo de séries temporais: *Ver* processo estocástico.

Processo de tendência: Um processo de série temporal cujo valor esperado é uma função crescente ou decrescente do tempo.

Processo de tendência estacionária: Um processo que é estacionário uma vez que uma tendência temporal tenha sido removida; normalmente fica implícito que a série modificada é fracamente dependente.

Processo estacionário: Um processo de série temporal no qual a distribuição marginal e todas as distribuições conjuntas são invariantes ao longo do tempo.

Processo estocástico: Uma sequência de variáveis aleatórias indexada pelo tempo.

Processo não estacionário: Um processo de série temporal cujas distribuições conjuntas não são constantes ao longo de épocas diferentes.

Propensão de impacto: Em um modelo de defasagens distribuídas, a alteração imediata na variável dependente, dado um aumento de uma unidade na variável independente.

Propensão de longo prazo: Em um modelo de defasagens distribuídas, a alteração final na variável dependente, dado um aumento permanente de uma unidade na variável independente.

Propriedades assimptóticas: Propriedades de estimadores e estatísticas de testes que se aplicam quando o tamanho da amostra cresce sem limites.

Propriedades de amostras grandes: *Ver* propriedades assimptóticas.

Pseudo R-quadrado: Qualquer número de medida de qualidade de ajuste para modelos de variáveis dependentes limitados.

Q

Quase experimento: *Ver* experimento natural.

R

Raiz do erro quadrático médio (REQM): Outro nome do erro padrão da regressão em análise de regressão múltipla.

Razão inversa Mills: Um termo que pode ser adicionado a um modelo de regressão múltipla para remover o viés de seleção amostral.

Razão t: *Ver* estatística t.

Reamostragem: Um método de reamostragem que extrai amostras aleatórias, com substituição, do conjunto de dados original.

R-barra quadrado: *Ver* R-quadrado ajustado.

Região de rejeição: O conjunto de valores de uma estatística de teste que leva à rejeição da hipótese nula.

Regra de rejeição: Em testes de hipóteses, a regra que determina quando a hipótese nula será rejeitada em favor da hipótese alternativa.

Regressando: *Ver* variável dependente.

Regressão através da origem: Análise de regressão na qual o intercepto é definido como zero; as inclinações são obtidas minimizando a soma dos quadrados dos resíduos como sempre.

Regressão auxiliar: Uma regressão utilizada para calcular uma estatística de teste – tal como a estatística de teste da heteroscedasticidade ou da correlação serial – ou qualquer outra regressão que não estima o modelo de interesse principal.

Regressão de variável *dummy*: Em uma estrutura de dados em painel, a regressão que inclui uma variável *dummy* para cada unidade de corte transversal, juntamente com as demais variáveis explicativas. Ela produz o estimador de efeitos fixos.

Regressor: *Ver* variável explicativa.

Relevância dos instrumentos: Na estimação de variáveis instrumentais, a exigência de que uma variável instrumental ajude a explicar parcialmente a variação nas variáveis explicativas endógenas.

Resíduo: A diferença entre o valor efetivo e o valor estimado (ou previsto); existe um resíduo para cada observação na amostra usada para obter uma reta de regressão MQO.

Resíduos estudentizados: Os resíduos calculados pela exclusão de cada observação, um após o outro, da estimação, divididos pelo desvio padrão estimado do erro.

Resposta de solução de canto: Uma variável dependente não negativa que é em termos gerais contínua com valores estritamente positivos, mas que assume o valor zero com alguma regularidade.

Restrições de exclusão: Restrições que especificam que certas variáveis são excluídas do modelo (ou têm coeficientes populacionais nulos).

Restrições múltiplas: Mais de uma restrição nos parâmetros, em um modelo econométrico.

Restrições sobreidentificadoras: A condição de momento extra que surge por haver mais variáveis instrumentais do que variáveis explicativas endógenas em um modelo linear.

Reta de regressão MQO: A equação que relaciona o valor previsto da variável dependente às variáveis independentes, em que as estimativas dos parâmetros tenham sido obtidas por MQO.

Retirada de tendência: A prática de remover a tendência de uma série temporal.

R-quadrado: Em um modelo de regressão múltipla, a proporção da variação amostral total na variável dependente que é explicada pela variável independente.

R-quadrado ajustado: Uma medida da qualidade de ajuste na análise de regressão múltipla que penaliza variáveis explicativas adicionais ao utilizar um ajustamento dos graus de liberdade na estimativa da variância dos erros.

R-quadrado não centralizado: O R-quadrado calculado sem a subtração da média amostral da variável dependente, quando da obtenção da soma dos quadrados total (SQT).

R-quadrado populacional: Na população, a fração da variação na variável dependente que é explicada pelas variáveis explicativas.

S

Sazonalidade: Uma característica de séries temporais mensais ou trimestrais, na qual o valor médio difere sistematicamente por época do ano.

Seleção amostral endógena: Seleção amostral não aleatória ocorre quando a seleção está relacionada com a variável dependente, seja diretamente seja por meio do termo de erro da equação.

Seleção amostral exógena: Seleção amostral que depende de variáveis explicativas exógenas ou é independente do termo de erro na equação de interesse.

Seleção de amostra não aleatória: Um processo de seleção amostral que não pode ser caracterizado pela extração aleatória da população de interesse.

Semielasticidade: A alteração percentual na variável dependente dado um aumento de uma unidade em uma variável independente.

Sequência diferença *martingale*: A primeira diferença de um *martingale*. Ela é imprevisível (ou tem uma média zero), dados os valores passados da sequência.

Sequencialmente exógena: Uma característica de uma variável explicativa em modelos de séries temporais (ou dados em painel) em que o termo de erro no período de tempo atual tem uma média zero condicional a todas as variáveis explicativas atuais ou passadas; uma versão mais fraca é declarada em termos de correlações zero.

Serialmente não correlacionados: Os erros em um modelo de série temporal ou de dados em painel são não correlacionados dois a dois ao longo do tempo.

Serviços de busca *on-line*: Programa de computador que possibilita que a Internet ou bancos de dados na Internet sejam pesquisados por tópico, nome, título ou palavras-chave.

Significância econômica: *Ver* significância prática.

Significância estatística: A importância de uma estimativa conforme é medida pelo tamanho de uma estatística teste, geralmente uma estatística *t*.

Significância geral de uma regressão: Um teste da significância conjunta de todas as variáveis explicativas que aparecem em uma equação de regressão múltipla.

Significância prática: A importância prática ou econômica de uma estimativa, que é indicada por seu sinal e magnitude, em oposição à sua significância estatística.

Simultaneidade: Um termo que significa que pelo menos uma variável explicativa em um modelo de regressão linear múltipla é determinada conjuntamente com a variável dependente.

Solução integrada do problema de variáveis omitidas: Uma variável *proxy* é substituída por uma variável omitida não observada em uma regressão por MQO.

Soma dos quadrados dos resíduos (SQR): Em análise de regressão múltipla, a soma dos quadrados dos resíduos de MQO ao longo de todas as observações.

Soma dos quadrados explicada (SQE): A variação amostral total dos valores estimados em um modelo de regressão múltipla.

Soma dos quadrados total (SQT): A variação amostral total em uma variável dependente sobre sua média amostral.

Soma dos resíduos ao quadrado: *Ver* soma dos quadrados dos resíduos.

Suavização exponencial: Um método simples de fazer a previsão de uma variável que envolve uma ponderação de todos os resultados anteriores dessa variável.

Subespecificando um modelo: *Ver* exclusão de uma variável relevante.

Superdispersão: Na modelagem de uma variável de contagem, a variância é maior que a média.

Superespecificando um modelo: *Ver* inclusão de uma variável irrelevante.

T

Taxa de crescimento: A mudança proporcional em uma série temporal, a partir do período anterior. Ela poderá ser aproximada como a diferença em logs ou descrita na forma percentual.

Tendência exponencial: Uma tendência com uma taxa de crescimento constante.

Tendência temporal: Uma função do tempo que é o valor esperado de um processo de série temporal com tendência.

Tendência temporal linear: Uma tendência que é uma função linear do tempo.

Teorema de Frisch-Waugh: O resultado algébrico geral que proporciona análise de regressão múltipla com sua interpretação de "parcialização".

Teorema de Gauss-Markov: O teorema que afirma que sob as cinco hipóteses de Gauss-Markov (em modelos de cortes transversais ou de séries temporais) o estimador MQO é BLUE (condicional nos valores amostrais das variáveis explicativas).

Teorema do limite central: Um resultado básico da teoria da probabilidade implica que a soma das variáveis aleatórias independentes, ou mesmo de variáveis aleatórias fracamente dependentes, quando padronizadas por seu desvio padrão, tem uma distribuição que tende a normal-padrão quando o tamanho da amostra cresce.

Termo de interação: Uma variável independente em um modelo de regressão que é o produto de duas variáveis explicativas.

Termo de erro: A variável em uma equação de regressão simples ou múltipla que contém fatores não observados que afetam a variável dependente. O termo de erro também pode incluir erros de medida nas variáveis dependente ou independentes observadas.

Termo de erro composto: Em um modelo de dados em painel, a soma do efeito não observado da constante de tempo e do erro idiossincrático.

Teste bicaudal: Um teste contra uma alternativa bilateral.

Teste consistente: Um teste no qual, sob a hipótese alternativa, a probabilidade de rejeitar a hipótese nula converge para um à medida que o tamanho da amostra cresce ilimitadamente.

Teste de Breusch-Godfrey: Um teste assimptoticamente justificado de correlação serial AR(p), com o AR(1) sendo o mais popular; o teste leva em conta variáveis dependentes defasadas como também outros regressores que não sejam estritamente exógenos.

Teste de Breusch-Pagan: Um teste de heteroscedasticidade no qual os quadrados dos resíduos de MQO são regredidos sobre as variáveis explicativas no modelo.

Teste de Davidson-MacKinnon: Um teste que é usado para testar um modelo contra uma alternativa não aninhada; ele pode ser implementado como um teste t sobre os valores ajustados do modelo concorrente.

Teste de Dickey-Fuller (DF): Um teste t da hipótese nula de raiz unitária em um modelo AR(1). (*Ver também* teste de Dickey-Fuller aumentado.)

Teste de Dickey-Fuller aumentado: Um teste de uma raiz unitária que inclui variações defasadas da variável como regressores.

Teste de Engle-Granger: Um teste da hipótese nula em que duas séries temporais não são cointegradas: a estatística é obtida como a estatística Dickey-Fuller usando os resíduos de MQO.

Teste de hipótese: Um teste estatístico da hipótese nula, ou mantida, contra uma hipótese alternativa.

Teste de hipóteses conjuntas: Um teste que envolve mais de uma restrição sobre os parâmetros em um modelo.

Teste de hipóteses múltiplas: Um teste de uma hipótese nula que envolve mais de uma restrição nos parâmetros.

Teste de White: Um teste de heteroscedasticidade que envolve fazer a regressão dos quadrados dos resíduos de MQO sobre os valores ajustados MQO e sobre os quadrados dos valores ajustados; em sua forma mais generalizada, os quadrados dos resíduos de MQO são regredidos sobre as variáveis explicativas, os quadrados das variáveis explicativas e todos os produtos cruzados não redundantes das variáveis explicativas.

Teste do erro de especificação da regressão (RESET): Um teste geral da forma funcional em um modelo de regressão múltipla; ele é um teste F da significância conjunta dos quadrados, cubos e talvez de potências mais altas dos valores estimados a partir da estimação inicial por MQO.

Teste estatístico: Uma regra usada para testar hipóteses na qual cada resultado amostral produz um valor numérico.

Teste monocaudal: Um teste de hipótese contra uma alternativa unilateral.

Traço de uma matriz: Para uma matriz quadrada, a soma de seus elementos diagonais.

Transformação de efeitos fixos: Para dados em painel, os dados centrados na média.

Transformação intragrupo: *Ver* transformação de efeitos fixos.

Transposta: Em qualquer matriz, a nova matriz obtida pela alternação de suas linhas e colunas.

Truncamento incidental: Um problema de seleção amostral pelo qual uma variável, geralmente a variável dependente, somente é observada para certos resultados de outra variável.

V

Valor-base: O valor atribuído ao período-base na construção de um índice numérico; geralmente, o valor-base é um ou 100.

Valor crítico: No teste de hipóteses, o valor contra o qual um teste estatístico é comparado para determinar se a hipótese nula é rejeitada ou não.

Valor esperado: Uma medida de tendência central na distribuição de uma variável aleatória, inclusive um estimador.

Valores estimados: Os valores estimados da variável dependente quando os valores das variáveis independentes de cada observação são agregados na reta de regressão MQO.

Variância: Uma medida de extensão na distribuição de uma variável aleatória.

Variância amostral: A variância na distribuição amostral de um estimador, que mede a extensão na distribuição amostral.

Variância assimptótica: O quadrado do valor pelo qual devemos dividir um estimador para obter uma distribuição normal padrão assimptótica.

Variância condicional: A variância de uma variável aleatória, dada uma ou mais variáveis aleatórias.

Variância da amostra: Um estimador consistente, não viesado, da variância populacional.

Variância do erro: A variância do termo de erro em um modelo de regressão múltipla.

Variância do erro de previsão: A variância no erro que surge ao prever um valor futuro da variável dependente com base em uma equação de regressão múltipla estimada.

Variáveis aleatórias independentes: Variáveis aleatórias cuja distribuição conjunta é o produto das distribuições marginais.

Variáveis aleatórias não correlacionadas: Variáveis aleatórias que não são linearmente relacionadas.

Variáveis aleatórias não correlacionadas duas a duas: Um conjunto de duas ou mais variáveis aleatórias no qual cada par é não correlacionado.

Variáveis *dummy* anuais: Para conjuntos de dados com um componente de série temporal, as variáveis *dummy* (binárias) serão iguais a um no ano relevante e zero em todos os outros anos.

Variáveis *dummy* sazonais: Um conjunto de variáveis *dummy* usadas para representar os trimestres ou meses do ano.

Variáveis Endógenas: Em modelos de equações simultâneas, variáveis que são determinadas pelas equações do sistema.

Variáveis omitidas: Uma ou mais variáveis, que gostaríamos de controlar, que são omitidas ao estimar um modelo de regressão.

Variável aleatória: Uma variável cujo resultado é incerto.

Variável aleatória contínua: Uma variável aleatória que assume qualquer valor específico com probabilidade zero.

Variável aleatória de Bernoulli (ou binária): Uma variável aleatória que assume os valores zero ou um.

Variável aleatória discreta: Uma variável aleatória que assume no máximo um número finito ou infinito contável de valores.

Variável aleatória *F*: Uma variável aleatória com distribuição *F*.

Variável aleatória padronizada: Uma variável aleatória transformada pela subtração de seu valor esperado e tendo o resultado dividido por seu desvio padrão; a nova variável aleatória terá média zero e desvio padrão um.

Variável aleatória qui-quadrada: Uma variável aleatória com distribuição qui-quadrada.

Variável binária: *Ver* variável *dummy*.

Variável de contagem: Uma variável que assume valores inteiros não negativos.

Variável de controle: *Ver* variável explicativa.

Variável de resposta: *Ver* variável dependente.

Variável dependente: A variável a ser explicada em um modelo de regressão múltipla (e em uma variedade de outros modelos).

Variável dependente defasada: Uma variável explicativa que é igual à variável dependente de um período de tempo anterior.

Variável dependente limitada: Uma variável dependente ou de resposta cujo alcance está limitado de alguma maneira importante.

Variável *dummy*: Uma variável que assume os valores zero ou um.

Variável *dummy* dependente: *Ver* modelo de resposta binária.

Variável endógena defasada: Em um modelo de equações simultâneas, um valor defasado de uma das variáveis endógenas.

Variável exógena: Qualquer variável que seja não correlacionada com o termo de erro no modelo de interesse.

Variável explicada: *Ver* variável dependente.

Variável explicativa: Em análise de regressão, uma variável que é usada para explicar a variação na variável dependente.

Variável explicativa endógena: Uma variável explicativa em um modelo de regressão múltipla que é correlacionada com o termo de erro, devido a uma variável omitida, um erro de medida ou simultaneidade.

Variável explicativa exógena: Uma variável explicativa que é não correlacionada com o termo de erro.

Variável independente: *Ver* variável explicativa.

Variável instrumental (VI): Em uma equação com uma variável explicativa endógena, uma VI é uma variável que não aparece na equação, é não correlacionada com o erro na equação e é (parcialmente) correlacionada com a variável explicativa endógena.

Variável nominal: Uma variável medida em unidades monetárias nominais ou correntes.

Variável ordinal: Uma variável na qual a ordenação dos valores transmite informações, mas a magnitude dos valores não.

Variável predeterminada: Em um modelo de equações simultâneas, uma variável endógena defasada ou uma variável exógena defasada.

Variável previsora: *Ver* variável explicativa.

Variável prevista: *Ver* variável dependente.

Variável *proxy*: Uma variável observada que é relacionada, mas não idêntica a uma variável explicativa não observada em análise de regressão múltipla.

Variável qualitativa: Uma variável que descreve uma característica não quantitativa de um indivíduo, uma firma, uma cidade etc.

Variável real: Uma variável monetária indicada em termos de um período-base.

Variável zero-um: *Ver* variável *dummy*.

Vetor aleatório: Um vetor que consiste de variáveis aleatórias.

Vetor coluna: Um vetor de números organizados como uma coluna.

Vetor linha: Um vetor de números organizados como uma coluna.

Vetores linearmente independentes: Um conjunto de vetores no qual nenhum vetor pode ser escrito como uma combinação linear dos outros do conjunto.

Viés: A diferença entre o valor esperado de um estimador e o valor populacional que o estimador supostamente está estimando.

Viés assimptótico: *Ver* inconsistência.

Viés de atenuação: Viés em um estimador que sempre tende a zero; assim, o valor esperado de um estimador com viés de atenuação é menor em magnitude que o valor absoluto do parâmetro.

Viés de heterogeneidade: O viés no MQO devido à heterogeneidade omitida (ou variáveis omitidas).

Viés de seleção amostral: Viés no estimador MQO que é induzido pelo uso de dados surgidos da seleção amostral endógena.

Viés de simultaneidade: O viés que surge do uso do MQO para estimar uma equação em um modelo de equações simultâneas.

Viés de variável omitida: O viés que surge nos estimadores MQO quando uma variável relevante é omitida da regressão.

Viés para baixo: O valor esperado de um estimador é menor que o valor do parâmetro populacional.

Viés para cima: O valor esperado de um estimador é maior que o valor do parâmetro populacional.

Viesado para zero: Uma descrição de um estimador cujo valor esperado em termos absolutos é menor que o valor absoluto do parâmetro populacional.

ÍNDICE REMISSIVO

A

Abordagem do método dos momentos, 29-30
Ações antidumping e importações de produtos químicos
  Correlação seria AR(3), 465
  Estimação de PraisWinsten, 469
  Previsões, 738, 739, 740
  Sazonalidade, 410-412
  Variáveis dummy, 398-400
Admissão em faculdade, omitindo não observáveis, 345
Agrupamentos, 553-556
  Amostra, 554
  Efeito, 554
Amostragem aleatória
  Dados de cortes transversais e, 6-8
  Hipótese
    Para regressões lineares múltiplas, 87
    Para regressões lineares simples, 47, 48, 51
Amostragem estratificada, 358
Amostragem não aleatória, 354-364
Amostras não aleatórias, 356-359, 683
Amostras pareadas, 554
Amostras selecionadas, 683-684
Análise de corte transversal, 759
Análise de duração, 679-681
Análise de políticas
  Com cortes transversais agrupados, 499-504
  Com dados em painel de dois períodos, 512-515
  Com informações qualitativas, 252, 275-278
Análise de regressão, 58-59. *Ver também* análise de regressão múltipla; modelo de regressão simples; dados de séries temporais
Análise de regressão múltipla. *Ver também* problemas com dados; estimação e estimadores; heteroscedasticidade; hipóteses; MQO (mínimos quadrados ordinários); previsões; *R*-quadrado
  Adicionando regressores para reduzir a variância do erro, 223-224
  Controle excessivo, 221-223
  Hipótese nula, 129
  Interpretando equações, 79
  Intervalos de confiança, 146-149
  Vantagens em relação à regressão simples, 70-74
  Viés de variável omitida, 92-97
Análise de resíduos, 228
Análise de sensibilidade, 760
Análise econométrica em projetos, 758-761
Análise empírica
  Amostras de projetos, 771-777
  Análise econométrica, 758-761
  Coleta de dados, 753-758
  Etapas de uma, 2-6
  Formulação de uma pergunta, 749-752
  Redação de um ensaio, 762-771
  Revisão da literatura, 752-753
Aptidão e salário
  Causalidade, 14
  Excluindo aptidão do modelo, 92-98
  Independente da média, 25
  Variável proxy de aptidão, 337-345
  VI de aptidão, 593
Arquivos ASCII, 754
Arquivos e editores de textos, 754-756
Assimptóticos, MQO. *Ver* MQO assimptóticos
Atratividade física e salários, 259
Atrito, 3
Ausência aleatória, 357
Ausência de correlação serial, 441
Ausência de dados, 355-356
Ausência de forma completamente aleatória (MCAR), 355

Autocorrelação, 390-391. *Ver também* correlação serial
Autocorrelação de primeira ordem, 438
Avaliação do programa, 252, 275-278

B

Bases de dados online, 754
BLUE (Melhor estimador linear não viesado), 107
Bureau Federal de Investigações, 754

C

Causalidade, 12-17
Causalidade de Granger, 730
Center for Research on Security Prices (CRSP), 754
Cerveja
 Impostos e fatalidades, 222
 Preço e demanda, 223-224
Ceteris paribus, 12-17, 77, 79
Choque de oferta, 431
Cigarros. *Ver* fumo
Classificação de faculdades de direito
 Análise de resíduos, 228-229
 Como variáveis dummy, 260
Codificação superior, 678
Coeficiente de determinação. *Ver* R-quadrados
Coeficientes beta, 203-204
Coeficientes padronizados, 202-204
Cointegração, 717-722
Colheita de soja e fertilizantes
 Causalidade, 13-14, 14-15
 Equação simples, 24
Colinearidade perfeita, 88-90
Cômodos e preço dos imóveis
 Análise de resíduos, 228
 Coeficientes beta, 210-212
 Efeito de interação, 213-215
 Funções quadráticas, 210-213
Compustat, 754
Computadores, subsídios para comprar
 Reduzindo a variância do erro, 223-224
 Tamanho do R-quadrado, 216-217
Condição de classificação, 590-591, 614, 625-626
Condição de ordem, 590, 626
Condições de primeira ordem, 30, 76
Conjunto de informações, 726
Consistência de MQO

Em regressões de séries temporais, 425-429, 454
Em regressões múltiplas, 180-185
Seleção de amostra e, 684-685
Consumo de álcool, 277
Consumo. *Ver* renda familiar
Controle excessivo, 221-223
Correção de seleções amostrais, 683-690
Correlação, 24-27
Correlação seria AR(q)
 Correção da, 472
 Teste da, 462-464
Correlação serial
 Correção de, 466-472
 Diferenciação e, 473-474
 Heteroscedasticidade e, 482-483
 Hipótese da ausência de correlação serial, 390-391, 429-432
 Propriedades de MQO com, 455-458
 Teste da, 458-466
 Variáveis dependentes defasadas e, 457-458
Correlação serial AR(1)
 Correção da, 466-472
 Teste da, 458-466
Cortes transversais agrupados. *Ver também* cortes transversais independentemente agrupados
 Análise de políticas com, 499-504
 Aplicando MQ2E a, 600-603
 Visão geral, 9-10
Cortes transversais independentemente agrupados. *Ver também* cortes transversais agrupados
 Ao longo do tempo, 493-498
 Definidos, 492
Covariâncias
 Processos estacionários, 421-422
Covariável, 23
Crescimento econômico e políticas governamentais, 6
Crimes no campus, teste t, 138-140
Crimes urbanos. *Ver também* crimes
 Cumprimento da lei e, 15-16
 Dados em painel, 10-12
Crimes. *Ver também* prisões
 Dados antigos, uso de, 343-344
 Desemprego e, dados em painel de dois períodos, 505-512
 Em condados, dados em painel de vários anos, 519-520
 Estatística LM, 192

Má-especificação da forma funcional, 333-334
Modelo econométrico dos, 4-6
Modelo econômico dos, 3, 192, 333-334
Nas cidades, cumprimento da lei e, 15-16
Nas cidades, dados em painel, 10-12
Nas faculdades, teste t, 138-140
População prisional e, SEM, 637
Preços de imóveis e, coeficientes beta, 210-212
Taxa de esclarecimento, 511
Criminologistas, 752
Critério dentro da amostra, 731
Critério fora da amostra, 731
CRSP (Center for Research on Security Prices), 754
Cumprimento da lei
    Níveis de criminalidade e (causalidade), 15-16
    Taxas de homicídio e (SEM), 619-620
Cursos superiores profissionalizantes *vs.* universidades, 149-152
Curva de expectativas aumentadas de Phillips, 431-432, 460, 462
Curva de Phillips estática, 382, 392-393, 460, 462, 471

D

Dados
    Coleta, 753-758
    Econômicos, tipos de, 6-15
    Experimentais *vs.* não experimentais, 2
    Frequência dos, 9
Dados centrados na média, 535
Dados de corte transversal. *Ver também* dados em painel; dados de corte transversal agrupados; análise de regressão
    Dados de séries temporais *vs.*, 380-382
    Hipóteses de Gauss-Markov, 97, 433
    Principal discussão, 6-8
Dados de séries temporais
    Altamente persistentes. *Ver* séries temporais altamente persistentes
    Aplicando MQ2E em, 598-600
    Ausência de correlação serial, 441-443
    Cointegração, 712-722
    Com informações qualitativas. *Ver* informações qualitativas
    Em cortes transversais agrupados, 9-10
    Em dados em painel, 11-12
    Estacionários e não estacionários, 421-422

Exemplos de modelos, 382-385
Formas funcionais, 393-394
Fracamente dependentes, 422-425
Heteroscedasticidade em, 478-483
Hipótese da homoscedasticidade para, 444
Modelos de correção de erros, 722-724
Modelos de defasagem distribuída infinita, 703-709
Modelos de equações simultâneas com, 631-635
Modelos dinamicamente completos, 441-443
MQO. *Ver* MQO (mínimos quadrados ordinários); estimadores de MQO
Natureza dos, 380-382
Raízes unitárias, teste de, 710-715
Regressão espúria, 715-717
Sazonalidade, 410-412
Visão geral, 8-9
Dados em painel
    Análise de dois períodos, 512-515
    Aplicando métodos a outras estruturas, 552-556
    Aplicando MQ2E a, 600-603
    Armadilhas na primeira diferença, 521
    Cortes transversais independentemente agrupados, 493
    Diferenciação com mais de dois períodos, 512-522
    Dois períodos, análise de políticas com, 512-515
    Efeitos aleatórios, 543-548
    Efeitos aleatórios correlacionados, 548-551
    Efeitos fixos, 534-543
    Modelos de equações simultâneas com, 635-638
    Não equilibrados, 542-543
    Organizando, 511-512
    Visão geral, 9-10
Dados em painel de dois períodos
    Análise, 512-515
    Análise de políticas com, 512-515
Dados experimentais, 2
Dados longitudinais. *Ver* dados em painel
Dados não experimentais, 2
Dados observacionais, 2
Dados quase centrados na média, 544
Dados quase diferenciados, 467, 476
Dados retrospectivos, 2
DDG (defasagem distribuída geométrica), 705-707
Dedução de impostos. *Ver* taxa de fertilidade
Defasagem distribuída de Koyck, 705-707
Defasagem distribuída geométrica (DDG), 705-707

Déficits. *Ver* taxas de juros
Descontado, 81
Descrevendo resultados de regressões múltiplas, 164-166
Desempenho dos estudantes. *Ver também* nota média em curso superior; nota das provas finais; pontuação padronizada de testes
　Em matemática, programa de merenda escolar e, 51-52
　Gastos da escola e, 101
　Tamanho da escola e, 134-136
Desempenho em matemática e programa de merenda escolar, 51-52
Desemprego cíclico, 431-432
Desemprego. *Ver* emprego e desemprego
Deslocamento de intercepto, 248
Dessazonalização dos dados, 412
Desvio padrão
　De, 105-106
　Definido, 52
　Estimando, 56-57
Diferença de gênero
　Cortes transversais independentes, 496-497
　Dados em painel, 496-497
Diferença de inclinação, 262-269
Diferenciação
　Correlação serial e, 473-474
　Dados em painel
　　Com mais de dois períodos, 515-521
　　Dois períodos, 505-511
Dimensão dos dados, efeitos sobre as estatísticas de MQO, 199-204
Distribuição de defasagem, 383
Distribuição de Dickey-Fuller, 711
Distribuição de Poisson, 673, 674
Distribuição t
　Discussões, 128-130
　Para estimadores padronizados, 128-130
Distribuições amostrais
　De estimadores de MQO, 125-128
Distribuições amostrais normais
　Para regressões de séries temporais, 392-393
　Para regressões lineares múltiplas, 127-128
Distribuições de frequência de planos 401(k), 186
Distrito escolar de Hartford, 229
Dormir *vs.* trabalhar, 510-511

E

EAM (erro absoluto médio), 732
EconLit, 750, 752
Econometria, 1-2. *Ver também tópicos específicos*
Economistas, tipos de, 750-752
Economistas do trabalho, 749, 751
Editor de textos, 755
Educação
　Diferença salarial por gênero e, 496-497
　Fertilidade e
　　Com variáveis dependentes discretas, 278-279
　　MQ2E, 601
　　Seções de corte transversal independentes, 494-495
　Fumo e, 315-316
　Mulheres e, 270-273. *Ver* mulheres como força de trabalho
　Peso ao nascer e, 160-161
　Retorno da
　　Diferenciação, 552-553
　　Estimação de efeitos fixos, 539
　　Estimação VI, 575-578
　　MQ2E, 587
　　QI e, 339-341
　　Salários e. *Ver* salários
　　Seções de cortes transversais independentes, 496-497
　　Teste para endogeneidade, 594
　　Teste para restrições sobre identificadoras, 595
　Retorno da educação ao longo do tempo, 496-497
　VI para, 570, 583-584
Efeito cumulativo, 385
Efeito de interação, 213-215
Efeito marginal médio (AME), 346, 657
Efeito médio de tratamento, 503
Efeito parcial, 77, 79
Efeito parcial médio (APE), 346, 657, 667
Efeito parcial na média (PEA), 656-657
Efeitos aleatórios
　Correlacionados, 548-551
　Discussão principal, 543-548
　Efeitos fixos *vs.*, 547-548
　Estimador, 545
Efeitos aleatórios correlacionados, 548-551
Efeitos fixos
　Com painéis não equilibrados, 542-543
　Definidos, 506
　Efeitos aleatórios *vs.*, 547-548
　Estimação de, 534-543
　Primeira diferença *vs.*, 540-542
　Regressão da variável dummy, 539-540

Transformação, 535
Efeitos não observados/heterogeneidade, 506, 535. *Ver também* efeitos fixos
Eficiência
    Assimptótica, 193-194
    Dos MQO com erros serialmente correlacionados, 455-456
Eficiência assimptótica dos MQO, 193-194
Elasticidade, 45-46
Elasticidade em curto prazo, 394
Elasticidade em longo prazo, 394
Eleições. *Ver* resultados de votações
Emprego e desemprego. *Ver também* salários
    Crimes e, 505-512
    Em Porto Rico,
        Forma logarítmica, 393-394
    Dados de séries temporais, 9
    Inflação e. *Ver* inflação
    Mulheres e. *Ver* mulheres como força de trabalho
    Previsões de, 728-729, 731-732, 734-735
    Prisões e, 273-274
    Zonas empresariais e, 518-519
Equação identificada, 624
Equações da forma reduzida, 583, 622
Equações de primeira diferença, 507
Equações estruturais
    Definições, 581, 617, 618-619, 623
    Identificando e estimando, 623-629
Equações exatamente identificadas, 631
Equações não identificadas, 631
Equações sobreidentificadas, 631
Erro absoluto médio (EAM), 732
Erro composto, 506
    Termo, 543
Erro de mensuração
    Propriedades de MQO sob, 347-354
    Retorno da educação, homens, 576-577
    Soluções de VI, 591-593
Erro de mensuração multiplicativo, 350
Erro de previsão, 227, 725
Erro de variação temporal, 506
Erro estrutural, 618
Erro idiossincrático, 506
Erro na forma reduzida, 622
Erro padrão assimptótico, 189
Erro padrão da regressão (EPR), 57, 105
Erro padrão do bootstrap, 245
Erros clássicos nas variáveis (CEV), 351
Erros padrão
    Assimptóticos, 189
    De estimadores de MQO, 104-106

    Robustos em relação à correlação serial, 474-478
    Robustos em relação à heteroscedasticidade, 295-296
Erros padrão HAC, 476
Erros padrão robustos em relação à correlação serial, 474-478
Estacionariedade estrita, 422
Estado civil. *Ver* informações qualitativas
Estatística de razão de verossimilhança, 654
Estatística do multiplicador de Lagrange
    Discussão principal, 190-193
    Robusta em relação à heteroscedasticidade, 299-300. *Ver também* heteroscedasticidade
Estatística F. V*er também* Testes F
    Definida, 155
    Robusta em relação à heteroscedasticidade, 298
Estatística n-R-quadrado, 191
Estatística quase razão de verossimilhança, 675
Estatística score, 190-193
Estatística t. *Ver também* testes t
    Assimptótica, 189
    Definida, 129-130
    Estatística F e, 158-159
    Robusta em relação à heteroscedasticidade, 296-297
Estatisticamente significantes/insignificantes conjuntamente, 157
Estatísticas matemáticas. *Ver* estatísticas
Estimação de Cochrane-Orcutt (CO), 468, 477, 482
Estimação de máxima verossimilhança, 652-653
Estimação de mínimos desvios absolutos (MDA), 364-367
Estimação de mínimos quadrados ponderados
    Modelo de probabilidade linear, 321-323
    Para regressões de séries temporais, 476, 480-482
    Previsão e intervalos de previsão, 319-321
    Quando a função de heteroscedasticidade precisa ser estimada, 312-318
    Quando a função de heteroscedasticidade prevista está errada, 317-319
    Quando a heteroscedasticidade é uma constante multiplicativa, 306-312
    Visão geral, 306
Estimação de Prais-Winsten (PW), 468-469, 417, 477
Estimação de quase máxima verossimilhança (EQMV), 674

Estimação e estimadores. *Ver também*
primeira diferença; efeitos fixos; variáveis
instrumentais; modelos logit e probit; MQO
(mínimos quadrados ordinários); efeitos
aleatórios, modelo tobit
Abordagem do método dos momentos, 28-29
Alterando variáveis independentes
simultaneamente, 79
Diferença em diferenças, 500-502
Distribuições amostrais de estimadores de
MQO, 125-128
Linguagem de, 108-109
Má-especificação de modelos, 92-98
MDA, 364-367
Vantagens da regressão múltipla sobre a
regressão simples, 70-74
Estimação não viesada de s^2
Para regressões de séries temporais, 391
Para regressões lineares múltiplas, 105-106
Para regressões lineares simples, 57
Estimador de caso completo, 355
Estimador de diferença em diferenças, 500, 503
Estimador por primeira diferença, 508
Estimadores de antecipações e atrasos, 722
Estimadores de mínimos quadrados
generalizados (MQG)
Com heteroscedasticidade e correlações
seriais AR(1), 482-483
Para modelos AR(1), 468-472
Quando a função de heteroscedasticidade
deve ser estimada, 311-318
Quando a heteroscedasticidade é uma
constante multiplicativa, 307-308
Estimadores de MQG. *Ver* estimadores de
mínimos quadrados generalizados (MQG)
Estimadores de MQO. *Ver também*
heteroscedasticidade
Definidos, 46
Distribuições amostrais de, 125-128
Em regressões de séries temporais
Ausência de viés de, 386-393
Distribuições amostrais de, 392-393
Variâncias de, 389-391
Em regressões múltiplas
Eficiência de, 106-108
Variâncias de, 97-108
Em regressões simples
Ausência de viés de, 47-52, 91
Valores esperados de, 86-97
Variâncias de, 52-56
Estimadores entre as observações, 535

Estimadores intragrupo, 535. *Ver também* efeitos
fixos
Estimadores não viesados de variância mínima,
126
Estimativa de inclinação de MQO, definida, 76
Estimativa de intercepto de MQO, definida,
76-77
Estimativa smearing, 230
Estimativas de MQO e tobit, 667-670
Estrutura conceitual, 762-763
Estrutura teórica, 762-763
Estudos de eventos, 396, 398-400
Estudos de fertilidade com variável dependente
discreta, 278-279
Excel, 755
Excluindo variáveis relevantes, 92-97
Exogeneidade sequencial, 443
Expectativas adaptativas, 431, 434
Experiência
Salário e
Causalidade, 15
Funções quadráticas, 208-210
Interpretando equações, 78-79
Motivação para regressões múltiplas, 71
Viés da variável omitida, 96
Mulheres e, 270-273
Experimentos naturais, 502, 578

F

Faculdade, dois *vs.* quatro anos, 149-152
Fatalidades no transito
Impostos sobre cerveja e, 221-222
Fator de inflação de variância (FIV), 102
Fazendeiros e uso de pesticidas, 222
Fertilidade de mulheres. *Ver* taxa de fertilidade
Fertilizantes
Colheita de soja e
Causalidade, 13-14, 15
Equação simples, 24-25
Qualidade do solo e, 26
Força de trabalho. *Ver* emprego e desemprego;
mulheres como força de trabalho
Formas funcionais
Em regressões de séries temporais, 393-394
Em regressões múltiplas
Com termos de interação, 213-215
Logarítmicas, 205-208
Má-especificação, 332-337
Quadráticas, 208-213
Em regressões simples, 41-46
FRA (função de regressão amostral), 32, 76

Frequência dos dados, 9
Fumo
   Demanda por cigarros, 315-316
   Erro de mensuração, 354
   Estimação VI, 579-580
   Impostos dos cigarros e consumo, 504
   Peso ao nascer e
      Dimensão de dados, 199-204
      Erro padrão assimptótico, 190-191
Função de consumo agregado, 631-635
Função de regressão amostral (FRA), 32, 76
Função de regressão populacional (FRP), 26
Funções de log-verossimilhança, 653
Funções de perda, 725
Funções martingale, 725

G

Gênero
    Diferença salarial, 496-497
    Superdimensionamento, 358
Goldberg, Arthur, 101
Google Scholar, 751
GPA. *Ver* nota média em curso superior
Gráficos de dispersão
    P&D e vendas, 360-361
    Poupança e renda, 28
    Salário e educação, 31
Granger, Clive W. J., 180
Graus de liberdade (*gl*)
    Para um estimador de efeito fixo, 536
    Para um estimador de MQO, 105
Graus de liberdade do numerador, 155
Grupo de controle, 252
Grupo de referência, 249
Grupo de tratamento, 252
Grupo experimental, 252
Grupo-base, 249

H

Heteroscedasticidade. *Ver também* estimação de mínimos quadrados ponderados
   Consequências da, para MQO, 292-293
   De forma desconhecida, 294
   Definida, 54
   Em equações salariais, 54
   Em regressões de séries temporais, 478-483
   Erros padrão HAC, 476

Estatística F robusta, 298
Estatística LM robusta, 299
Estatística t robusta, 295
Modelo linear de probabilidade e, 321-322
MQ2E com, 597-598
Para regressões de séries temporais, 444
Para regressões lineares simples, 52-56
Procedimentos robustos em relação à heteroscedasticidade, 292-300
Teste da, 301-306
Hipótese alternativa
   Bilateral, 136-138
   Unilateral, 131-136
Hipótese da colinearidade imperfeita
   Para regressões de séries temporais, 387-426
   Para regressões lineares múltiplas, 88-90, 31
Hipótese da inexistência de correlação serial
   Para regressões de séries temporais, 390-391, 429-430
Hipótese da linearidade e dependência fraca, 425-426
Hipótese da média condicional zero
   Homoscedasticidade *vs.*, 52
   Para regressões de séries temporais, 387-389, 426
   Para regressões lineares múltiplas, 72-73, 90-91
   Para regressões lineares simples, 25-26, 48-49, 51
Hipótese da média zero e correlação zero, 182
Hipótese da renda permanente, 634-635
Hipótese das expectativas, 17
Hipótese de normalidade
   Para regressões de séries temporais, 392
   Para regressões lineares múltiplas, 125-128
Hipótese dos mercados eficientes (HME)
   Exemplo de análise assimptótica, 429-430
   Heteroscedasticidade e, 480
Hipótese estritamente exógena, 507-515, 704
Hipótese linear em parâmetros
   Para regressões de séries temporais, 386
   Para regressões lineares simples, 47, 51
Hipótese nula, 129-130. *Ver também* hipótese
Hipóteses de Gauss-Markov
   Para regressões de séries temporais, 389-391
   Para regressões lineares múltiplas, 86-91, 97
   Para regressões lineares simples, 46-51, 52-56
Hipóteses do modelo linear clássico (MLC), 126
Hipóteses. *Ver também* teste de hipóteses
   Análise de resíduos, 228
   Depois da estimação de MQ2E, 591

Em modelos logit e probit, 653-654
Estabelecendo inexistência de viés de MQO, 86-91, 385-389
Expectativas, 17
Formulando, em análises empíricas, 5
Homoscedasticidade, 52-56, 97-98, 106-107, 444
Linguagem dos testes clássicos, 143
Média e correlação zero, 182-183
Modelo linear clássico (MLC), 126
Normalidade, 125-130, 392
Para regressões de séries temporais, 385-393, 425-432, 444
Para regressões lineares múltiplas, 86-91, 97, 106-107, 182-183
Para regressões lineares simples, 46-52, 52-56
Restrições lineares múltiplas. *Ver* testes *F*
Sobre uma única combinação linear de parâmetros, 149-152
Histograma, participação nos planos de pensão 401(k), 186
HME. *Ver* Hipótese dos mercados eficientes (HME)
Homoscedasticidade
Para estimação VI, 574-575
Para regressões de séries temporais, 388-391, 428-430
Para regressões lineares múltiplas, 97-98, 106

I

Idade
Fumo e, 315-316
Patrimônio financeiro e, 309-312, 318
Identificação
Definida, 572
Em sistemas com duas equações, 623-630
Em sistemas com três ou mais equações, 630-631
Importação de produtos químicos. *Ver* Ações antidumping e importações de produtos químicos
Incineradores e preço dos imóveis
Cortes transversais agrupados, 499-502
Inconsistência em MQO, 184
Inclinações. *Ver também* estimadores de MQO; análise de regressão
Aleatórias, 345-347
Definidas, 23
Em regressões através da origem, 58-59
Em regressões em uma constante, 58

Informações qualitativas e, 262-266
Mudança na unidade de mensuração e, 41-42, 45
Parâmetro, 23
Inclusão de variáveis irrelevantes, 92-93
Inconsistência em MQO, derivação de, 183-184
Independência da média, 25
Índice de preços, 397-398
Índice de preços ao consumidor (IPC), 393
Índice de produção industrial (IPI), 397-398
Indústrias químicas, modelos não aninhados, 220
Inexistência de viés
De MQO
Em regressões de séries temporais, 386-393, 455-458
Em regressões múltiplas, 91
Em regressões simples, 47-51
Para regressões lineares simples, 50
Inferência
Em regressões de séries temporais, 393-393, 455-456
Em regressões múltiplas
Intervalos de confiança, 146-149
Estatística, com estimador de VI, 574-578
Inferência estatística
Com estimador VI, 574-578
Inflação
Abertura e, 627, 629
De 1948 a 2003, 381
Desemprego e
Curva de expectativas aumentadas de Phillips, 431-432
Curva de Phillips estática, 382, 392-393
Previsão, 728-729
Modelo de passeio aleatório para, 434
Teste de raiz unitária, 713
Inflação não antecipada, 431-432
Informações qualitativas. *Ver também* modelo de probabilidade linear (MPL)
Em regressões de séries temporais
Discussão principal, 394-401
Sazonais, 410-412
Em regressões múltiplas
Análise de políticas e avaliação do programa, 275-278
Com log(y) como variável dependente, 253-255
Descrevendo, 246-248
Interações entre variáveis dummy, 261
Múltiplas variáveis dummy independentes, 255-260

Permitindo diferentes inclinações, 262-266
Teste para diferenças em funções de regressão entre grupos, 266-269
Única variável dummy independente, 248-255
Variáveis dependentes discretas, 278-279
Variáveis ordinais, 257-260
Variáveis proxy, 341-342
Variável dependente binária, 269-275
Visão geral, 246
Instrumentos fracos, 580
Interceptos. *Ver também* estimadores de MQO; análise de regressão
   Definidos, 23
   Em regressões através da origem, 58-59
   Em regressões de uma constante, 59
   Mudança na unidade de mensuração e, 41-42
Intervalo de confiança
   Assimptótico, 189
   Para previsões, 224-228
   Principais discussões, 146-147
Intervalo de confiança assimptótico, 189
Intervalos de previsão, 727
IPI (índice de produção industrial), 397-398

J

Journal of Economic Literature (JEL), 750

L

Leis contra direção alcoolizada e fatalidades, 514-515
Leis de controle de armamento, 277
Leis de indenização trabalhista e semanas fora do trabalho, 503-504
Logaritmos
   Em regressões de séries temporais, 393-394
   Em regressões múltiplas, 205-208
   Em regressões simples, 42-46
   Informações qualitativas e, 253-255
   Prevendo y quando $\log(y)$ é dependente, 231-234
   Valores reais e, 398

M

Maçãs, selos ecológicos, 216-217
Macroeconomistas, 751
Má-especificação
   Ausência de viés e, 92-97
   Da forma funcional, 332-337
   De variâncias, 103-104
   Em projetos empíricos, 760
Maternidade na adolescência, 552-554
Matrículas de estudantes, teste t, 139-141
Maximização da utilidade, 2
MCAR (ausentes de forma completamente aleatória), 355
MDDI (modelos de defasagem distribuída infinita), 703-709
MDDR (modelos de defasagem distribuída racional), 707-709
Mediana condicional, 364-367
Melhor estimador linear não viesado (BLUE), 107
Método da reamostragem, 245
Método Heckit, 687
Métodos de estimação de sistemas, 631
Micronumerosidade, 101
Mineração de dados, 761
Mínimos quadrados em dois estágios
   Aplicados a cortes transversais agrupados e dados em painel, 600-603
   Aplicados a dados de séries temporais, 598-600
   Com heteroscedasticidade, 598-600
   Múltiplas variáveis explicativas endógenas, 590-591
   Para SEM, 628-629, 630
   Teste de múltiplas hipóteses depois da estimação, 591
   Teste para endogeneidade, 593-595
   Única variável explicativa endógena, 585-588
Mínimos quadrados em três estágios, 631
Minorias e empréstimos. *Ver* taxa de aprovação de empréstimos
Modelo ARCH, 480-482
Modelo autorregressivo de ordem dois [AR(2)]. *Ver* modelos AR(2)
Modelo de coeficiente aleatório, 345-347
Modelo de DDF (defasagem distribuída finita), 382-383, 427, 511
Modelo de elasticidade constante, 45, 89
Modelo de heteroscedasticidade condicional autorregressiva (ARCH) 480-482
Modelo de inclinação aleatória, 345-347
Modelo de probabilidade linear (MPL). *Ver também* variáveis dependentes limitadas
   Discussão principal, 269-275
   Heteroscedasticidade e, 321-322
Modelo de regressão de Poisson, 671-676
Modelo de regressão linear, 47, 74

Modelo de regressão linear bivariado. *Ver* modelo de regressão simples
Modelo de regressão linear múltipla (RLM), 73
Modelo de regressão linear simples, 22
Modelo de regressão normal truncada, 681
Modelo de regressão simples, 22-27. *Ver também* MQO (mínimos quadrados ordinários)
  Estimação de VI, 569-581
  Incorporando não linearidades em, 42-46
  Regressão através da origem, 58-59
  Regressão em uma constante, 59
  Regressão múltipla *vs.*, 70-73
Modelo irrestrito, 154-155. *Ver também* teste *F*
Modelo populacional, definido, 86
Modelo probit. *Ver* modelos logit e probit
Modelo restrito, 154-155. *Ver também* testes *F*
Modelo tobit
  Interpretando estimativas, 663-670
  Problemas de especificação no, 670-671
  Visão geral, 662-663
Modelo VAR, 729, 739-740
Modelo verdadeiro, definido, 87
Modelo vetorial autorregressivo, 729, 739-740
Modelos AR(1), exemplo de consistência, 428
  Teste para, depois de estimação por MQ2E, 599-600
Modelos AR(2)
  Exemplo de previsão, 429-430, 485
  Exemplo HME, 429-430
Modelos de correção de erros, 722-724
Modelos de defasagem distribuída finita (DDF), 382-383, 427
Modelos de defasagem distribuída infinita, 703-709
Modelos de defasagem distribuída racional, 707-709
Modelos de equações simultâneas
  Com dados em painel, 635-638
  Com séries temporais, 631-635
  Identificando e estimando equações estruturais, 623-630
  Sistemas com mais de duas equações, 630-631
  Viés em MQO, 621-622
  Visão geral e natureza dos, 553-621
Modelos de regressão censurados, 676-683
Modelos de regressão truncada, 677, 681-683
Modelos de resposta binária. *Ver* modelos logit e probit
Modelos de variável latente, 649
Modelos dinamicamente completos, 441-443

Modelos econométricos, 4-5.
Modelos econômicos, 2-6
Modelos estáticos, 382, 427
Modelos logit e probit
  Especificando, 649-652
  Estimação de máxima verossimilhança de, 652-653
  Interpretando estimativas, 654-662
  Teste de hipóteses múltiplas, 653-654
Modelos não aninhados
  Escolhendo entre, 219-221
  Má-especificação da forma funcional e, 336-337
MQ2E. *Ver* Mínimos quadrados em dois estágios
MQG estimado. *Ver* MQG factível
MQG factível
  Com heteroscedasticidade e correlações seriais AR(1), 483
  Discussão principal, 311-319
  MQO *vs.*, 469-471
MQO (mínimos quadrados ordinários)
  Cointegração e, 721-722
  Comparação de estimativas de regressões simples e múltiplas, 81-82
  Consistência. *Ver* consistência dos MQO
  Em regressões de séries temporais
    Com erros serialmente correlacionados, propriedades de, 455-458
    Corrigindo correlação serial, 468-471
    Erros padrão CS-robustos, 474-478
    MQGF *vs.*, 469-471
    Normalidade, 429-432
    Propriedades de amostras finitas, 385-393
  Em regressões múltiplas
    Efeitos da dimensão de dados, 199-204
    Erro de mensuração e, 347-354
    Estatística do multiplicador de Lagrange (LM), 190-193
    Interpretando equações, 76-77
    Normalidade e, 185-192
    Parcializado, 81
    Propriedades algébricas, 75-84
    Propriedades computacionais, 75-77, 75-84
    Propriedades estatísticas, 86-97
    Qualidade de ajuste, 83-84
    Regressão através da origem, 86
    Valores ajustados e resíduos, 79-80
  Em regressões simples
    Definidos, 30
    Derivando estimações, 27-36

Propriedades algébricas, 36-39
Propriedades estatísticas, 52-58
Unidades de mensuração, alterando, 41-42
Logit e probit *vs.*, 658-661
Poisson *vs.*, 673, 675-676
Tobit *vs.*, 667-670
Viés de simultaneidade em, 621-623
MQO assimptóticos
   Em regressões de séries temporais
      Consistência, 421-432
   Em regressões múltiplas
      Consistência, 180-185
      Eficiência, 193-194
      Visão geral, 179-180
Mulheres como força de trabalho
   Correção de seleção amostral, 688-689
   Estimações MPL, logit e probit, 658-660
   Heteroscedasticidade, 321-323
   Retorno da educação
      Estimação VI, 575-576
      MQ2E, 587
      Teste de restrições sobreidentificadoras, 595
      Teste para endogeneidade, 594
Mulheres trabalhadoras. *Ver* mulheres como força de trabalho
Multicolinearidade
   Discussão principal, 98-103
   Entre variáveis explicativas, 355
   MQ2E e, 588
Multiplicador de longo prazo. *Ver* propensão de longo prazo (PLP)

N

Não linearidades, incorporação em regressões simples, 42-45
Nível de significância, 131
Nominal *vs.* real, 397
Normalidade assimptótica dos MQO
   Para regressões de séries temporais, 429-432
   Para regressões lineares múltiplas, 185-192
Nota das provas finais
   Efeito de interação, 214-215
   Falta em aulas e, 571-572
Nota média em curso superior
   Coeficientes beta, 202-204
   Com erro de medida, 353
   Com uma única variável dummy, 251-252
   Efeito de interação, 214-215
   Efeito parcial, 78
   Estatística F robusta em relação à heteroscedasticidade, 298
   Função de regressão populacional, 26

Gênero e, 266-269
Interpretando equações, 77-78
Prevista, 225-226, 228
Qualidade de ajuste, 83
Teste t, 137-138
Valores ajustados e intercepto, 79-80
Notas de testes, como indicadores de aptidão, 593
Número-índice, 394-398

O

Observações influentes, 359-364
Oferta e demanda de mão de obra, 617-619
Outliers (observações extremas)
   Como se defender de, 364-367
   Discussão principal, 359-364

P

P&D e vendas
   Intervalos de confiança, 148
   Modelos não aninhados, 219-221
   Outliers, 359-362
Padrões ajustados sazonalmente, 410
Painéis não equilibrados, 542-543
Painel equilibrado, 516
Panel Study of Income Dynamics, 754
Parâmetro de intercepto, 23
Parâmetros
   Definidos, 5
Parâmetros da forma reduzida, 622
Parâmetros estruturais, 622
Parcializado, 81
Parte não sistemática, definida, 27
Parte sistemática, definida, 27
Participação em programas de auxílio a famílias com dependentes, 277
Participação no Head Start, 277
Passeios aleatórios, 433
Patrimônio financeiro
   Amostragem não aleatória, 357-358
   Estimação por MQP, 309-310, 318
Patrimônio. *Ver* patrimônio financeiro
Período-base
   E valor, 397
Permanência. *Ver também* salários
   Interpretando equações, 78-79
   Motivação para regressões múltiplas, 73-74
Peso ao nascer
   Dimensão de dados, 199-202
   Erro padrão assimptótico, 189

Estatística F, 160-161
Estimação VI, 579-580
Participação em programas de auxílio a famílias com dependentes, 277
Pesquisa de especificação, 761
Pesquisa sobre contingente militar, superdimensionamento, 358
Pesquisadores de finanças públicas, 750
PIB. *Ver* Produto Interno Bruto (PIB)
Planilhas, 755
Planos de pensão 401(k)
   Comparação entre estimativas de regressão simples e múltiplas, 82
   Estimação por MQP, 313
   Normalidade assimptótica, 186-187
   Significância estatística *vs.* prática, 145-146
PLP (propensão de longo prazo), 384
Políticas governamentais
   Crescimento econômico e, 7-8, 9-11
Poluição do ar e preço dos imóveis
   Coeficientes beta, 210-212
   Formas logarítmicas, 205-208
   Funções quadráticas, 210-213
   Teste t, 141
Pontuação padronizada de testes
   Análise de resíduos, 228-229
   Coeficientes beta, 202
   Colinearidade, 88-89
   Efeito de interação, 213-215
   Motivação para regressão múltipla, 71, 72
   Omitindo não observáveis, 345-346
   Viés de variável omitida, 95, 96
Porcentagem corretamente prevista, 273, 654
Porto Rico, emprego em
   Dados de séries temporais, 8-9
   Forma logarítmica, 394-395
   Retirada de tendência, 408
Posse de computadores
   Avaliação em cursos superiores e, 251-252
   Determinantes da, 323
Poupança
   Com amostras não aleatórias, 356-359
   Erro de mensuração em, 350
   Gastos domésticos e, 620
   Renda e
      Gráfico de dispersão, 28
      Heteroscedasticidade, 306-309
Preços de ações e regulamentação do transporte rodoviário, 396
Preços de imóveis e gastos
   Com informações qualitativas, 253-254
   Controle excessivo, 222

Heteroscedasticidade
   Teste BP, 302-304
   Teste de White, 304-306
Incineradores e
   Cortes transversais agrupados, 499-503
   Inconsistência em MQO, 184
Inflação, 707-709
Investimentos e
   Cálculo do R-quadrado, 407-408
   Relações espúrias, 404-406
Poupança e, 620
RESET, 336-337
Restrições lineares gerais, 163-164
Previsão
   Com múltiplos passos à frente, 732-735
   Com um passo à frente, 727
   Processos de tendência, sazonais e integrados, 735-740
   Tipos de modelos usados para, 726-727
   Visão geral e definições, 724-726
Previsão com muitos passos à frente, 726, 732-735
Previsões
   Análise de resíduos, 228-229
   Como heteroscedasticidade, 319-321
   Intervalos de confiança para, 224-228
   Para y quando log(y) é dependente, 231-234
Previsões condicionais, 726
Previsões incondicionais, 727
Previsões pontuais, 727
Previsões um passo à frente, 725, 727
Primeira diferença
   Dados em painel, armadilhas, 521
   Definida, 507
   Efeitos fixos *vs.*, 540-542
   Séries temporais I(1) e, 437
Prisões
   Estatística LM robusta em relação à heteroscedasticidade, 299-300
   Hipótese de normalidade e, 127
   Modelo de probabilidade linear, 273-274
   Normalidade assimptótica, 185-187
   População e taxa de criminalidade, 637
   Qualidade de ajuste, 84-85
   Regressão de Poisson, 673-676
   Reincidência, 679-680
Probabilidade de resposta, 270, 348
Problema de erros nas variáveis, 591-593, 632-633
Problemas com dados. *Ver também* má-especificação
   Amostras não aleatórias, 356-359

Ausência de dados, 355-356
Erro de medida, 348-354
Inclinações aleatórias, 345-347
Multicolinearidade, 98-103, 355-356
Observações extremas e influentes, 359-364
Variáveis explicativas não observadas, 337-345
Problemas de autosseleção, 277
Procedimento de dois estágios de Engle-Granger, 724
Processo da média móvel de ordem um [MA(1)], 423
Processo de diferença estacionária, 437
Processo de tendência estacionária, 425
Processo estocástico, 381, 421-422
Processos autorregressivos de ordem um [AR(1)], 424
Processos de séries temporais estacionárias, 421-422
Processos de séries temporais não estacionárias, 421-422
Processos estáveis AR(1), 424
Processos I(0) e I(1), 438-440
Processos integrados, previsão, 735-740
Processos integrados de ordem zero/um, 437-440
Produção agrícola e fertilizantes
  Causalidade, 13-14, 15
  Equação simples, 24-25
Produtividade do trabalhador
  Modelo amostral, 4
  Nos EUA, tendências da, 403-404
  Salários e, 440
  Treinamento profissional e
    Avaliação do programa, 275
Produtividade. *Ver* produtividade do trabalhador
Produto interno bruto (PIB)
  Ajuste sazonal do, 411
  Alta persistência, 435-437
  Em termos reais, 397
  Frequência de dados para, 8-9
  Políticas governamentais e, 7
  Teste de raiz unitária, 714
Professores, relação salário-benefício, 165-166
Programa de merenda escolar e desempenho em matemática, 51-52
Projetos. *Ver* análise empírica
Propensão de longo prazo (PLP), 384
Propensão/multiplicador de impacto, 383
Propriedades assimptóticas. *Ver* propriedades de amostras grandes

Proximidade da faculdade, como VI para educação, 583-584
Pseudo R-quadrado, 655
p-valores
  Para testes F, 161-162
  Para testes t, 141-143

Q

QI
  Amostragem não aleatória, 356-359
  Aptidão e, 337-342, 344-345
Qualidade de ajuste. *Ver também* previsões, R-quadrado
  Em regressões de séries temporais, 456-457
  Em regressões múltiplas, 83
  Em regressões simples, 39-41
  Ênfase exagerada, 221-223
  Mudança na unidade de mensuração e, 42
  Porcentagem corretamente prevista, 273, 654
Qualidade do solo e fertilizantes, 26
Quase experimentos ou experimentos naturais, 502, 578

R

R^2j, 99-103
Raça
  Prisões e, 275
  Salários dos jogadores de baseball e, 265-266
Raiz do erro quadrático médio (REQM), 57-58, 105-106, 731-732
Raiz unitária
  Inflação, 713
  Processo de, 434, 437-438
  Processos de previsão com, 738-740
  Teste de, 709-715
  Produto interno bruto (PIB), 714
Razão inversa de Mills, 664-332
Redação de ensaios empíricos, 762-770
  Conclusões, 767-768
  Descrição dos dados, 766
  Estrutura conceitual (ou teórica), 762-763
  Introdução, 762
  Modelos econométricos e métodos de estimação, 763-766
  Resultados, 766-767
  Sugestões de estilo, 768-770
Redimensionamento, 199-202
Regra de rejeição, 131. *Ver também* testes t
Regressandos, 23. *Ver também* variáveis dependentes

Regressão através da origem, 58-61
Regressão auxiliar, 191
Regressão espúria, 404-407, 715-717
Regressão quantílica, 367
Regressão robusta, 367
Regressão stepwise, 761
Regressões múltiplas. *Ver também* informações qualitativas
   Amostragem não aleatória, 356-358
   Coeficientes beta, 202
   Com informações qualitativas
      Atratividade física e, 259
      Classificação das faculdades de direito e, 260
      Com diferentes inclinações, 262-266
      Com log(y) como variável dependente, 255-256
      Com múltiplas variáveis dummy, 255-256
      Com termos de interação, 261-262
      Com variáveis ordinais, 258-259
      De jogadores de baseball, raça e, 265-266
      Educação e, 262-264
      Estado civil e, 263-264
      Gênero e, 248-253, 254-256, 262-266
      Utilização de computadores e, 261-262
   Com não observáveis, abordagem geral, 344-345
   Com não observáveis, usando proxy, 337-345
   Descrição de resultados, 164-165
   Funções quadráticas, 208-213
   Hipótese de normalidade e, 127-128
   Hipóteses com mais de um parâmetro, 149-152
   Indivíduos trabalhadores em 1976, 7-8
   Má-especificação das formas funcionais, 332
   Modelo de efeitos aleatórios, 546-547
   Modelo de inclinação aleatória, 346
   Motivação para a regressão múltipla, 71, 72
   Produtividade e, 440
   Teste t, 131
Regressores, 23, 223-224. *Ver também* variáveis independentes
Regulamentação do transporte rodoviário e preços de ações, 396
Reincidência, análise de duração, 679-680
Relação linear entre variáveis independentes, 99-103
Renda dos veteranos, estimação IV, 578
Renda familiar. *Ver também* poupança
   Consumo e
      Colinearidade perfeita e, 88
      Motivação para regressão múltipla, 72, 73

   Média na faculdade e, 353
   Peso ao nascer e
      Dimensão de dados, 199-202
      Erro padrão assimptótico, 189-190
Renda. *Ver também* salários
   Família. *Ver* renda familiar
   HRP, 634-635
   Poupança e. *Ver* poupança
REQM (raiz do erro quadrático médio), 57-58, 105-106, 731-732
RESET (teste de erro de especificação da regressão), 334-336
Resíduos. *Ver também* MQO (mínimos quadrados ordinários)
   Em regressões múltiplas, 80, 361-362
   Em regressões simples, 30, 34, 56
   Estudentizados, 361-362
Resposta de solução de canto, 648
Restrições de exclusão, 152
   Estatística de multiplicador de Lagrange (LM), 190-193
   Lineares gerais, 163-164
   Para MQ2E, 585
   Para SEM, 630-631
   Significância geral das regressões, 162
   Teste de, 152-158
Restrições múltiplas, 152
Restrições sobreidentificadoras, teste para, 595-597
Resultados de votações
   Colinearidade perfeita, 89-90
   Desempenho econômico e, 400-401
   Gastos de campanha e derivação de estimativa de MQO, 35
Reta de regressão de MQO. *Ver também* MQO (mínimos quadrados ordinários)
   Definida, 32
   Em regressões múltiplas, 76
Retirada de tendência, 407-408
Retorno de ações, 480, 482. *Ver também* hipótese dos mercados eficientes (HME)
Retornos sobre patrimônio e salários dos CEOs
   Estimações de MQO, 33-34
   Qualidade de ajuste, 40
   Valores ajustados e resíduos, 37
Revisão da literatura, 752-753
R-quadrado da população, 218
R-quadrado. *Ver também* previsões
   Ajustado, 217-221, 456
   Depois da estimação de VI, 580-581
   Em regressões através da origem, 58-59, 86
   Em regressões de séries temporais, 456

Em regressões múltiplas, discussão principal, 83-86
Em regressões simples, 40-41
Mudança na unidade de mensuração e, 42
Na estimação de efeitos fixos, 537-538, 539-540
Não centrado, 257
Para estatísticas F, 159-161
Para estimação de PW, 468-469
Para modelos logit e probit, 655-656
Tamanho do, 216-217
Tendência de variáveis dependentes e, 407-408
R-quadrados ajustados, 217-221, 456
R-quadrados não centrados, 257

S

Salário-hora. *Ver* salários
Salários
  Causalidade, 16-17
  Com erros padrão robustos em relação à heteroscedasticidade, 296-297
  Educação e
    Cortes transversais independentes, 469-497
    Equação simples, 24
    Estimativas de MQO, 34-35
    Gráfico de dispersão, 31
    Heteroscedasticidade, 54
    Médias arredondadas, 38
    MQ2E, 602-603
    Relações não lineares, 43-46
  Experiência e. *Ver* experiência
  Oferta e demanda de mão de obra, 617-619
  Regressões múltiplas. *Ver também* informações qualitativas
  Homoscedasticidade, 97-98
Salários dos CEOs
  Em regressões múltiplas
    Escrevendo em forma populacional, 87
    Modelos não aninhados, 219-221
    Motivação para regressão múltipla, 74
    Previsão, 231, 233-234
  Retornos sobre patrimônio e
    Estimativas de MQO, 33-34
    Qualidade de ajuste, 40
    Valores ajustados e resíduos, 37
  Vendas e, modelo de elasticidade constante, 44-45
Salários dos jogadores de baseball
  Modelos não aninhados, 219

Teste de restrições de exclusão, 152-158
Salários mínimos
  Causalidade, 16
  Em Porto Rico, efeitos dos, 8-9
  Emprego/desemprego e
    Correlação serial AR(1), teste para, 460-461
    Erro padrão CS-robusto, 477-478
    Forma logarítmica, 393-394
    Retirada de tendência, 406-407
Sazonalidade
  Correlação serial e, 465
  De séries temporais, 410-412
  Previsão, 735-740
Seleção amostral endógena, 357
Seleção amostral exógena, 357, 684
SEM. *Ver* modelos de equações simultâneas
Semielasticidade, 45
Sequência diferença martingale, 710
Sequências assimptoticamente não correlacionadas, 422-425
Séries temporais altamente persistentes
  Decisão entre I(0) ou I(1), 438-440
  Descrição de, 432-443
  Transformações em, 437-438
Séries temporais fortemente dependentes. *Ver* séries temporais altamente persistentes
Séries temporais fracamente dependentes, 422-425
Serviços de busca online, 752-753
Serviços de internet, 750-751
Significância econômica *vs.* estatística, 144-149
Significância econômica. *Ver* significância prática
Significância estatística
  Conjunta, 157
  Definida, 136
  Significância econômica/prática *vs.*, 144-149
Significância geral de regressões, 162-163
Significância prática, 144
Significância prática *vs.* estatística, 144-146
Social Sciences Citation Index, 751
Solução plugada
  Para o problema das variáveis omitidas, 338
Soma dos quadrados dos resíduos. *Ver também* MQO (mínimos quadrados ordinários)
  Em regressões múltiplas, 83-84
  Em regressões simples, 38-39
Soma dos quadrados explicada (SQE), 38, 83
Soma dos quadrados total (SQT), 38, 83-84
Soma dos resíduos ao quadrado (SQR). *Ver* soma dos quadrados dos resíduos (SQR)

SQE (soma dos quadrados explicada), 38, 83-84
SQR (soma dos quadrados dos resíduos). *Ver* soma dos quadrados dos resíduos (SQR)
SQT (soma dos quadrados total), 38, 83-84
SQT_j (variação amostral total em x_j), 98-99
Suavização exponencial, 726
Subespecificando o modelo, 92-98
Subsídios para treinamento. *Ver também* treinamento profissional
   Avaliação do programa, 275-276
   Única variável dummy, 252-253
Sugestões de estilo para ensaios empíricos, 768-770
Superdispersão, 674
Superespecificação do modelo, 92
Survey of Consumer Finances, 753

T

Tamanho da escola e desempenho dos estudantes, 134-136
Taxa de aprovação de empréstimos
   Avaliação do programa, 277
   Estatísticas *F* e *t*, 180
   Multicolinearidade, 102
Taxa de crescimento, 404
Taxa de criminalidade, dados em painel de vários anos, 519-520
Taxa de esclarecimento de crimes, estimação de defasagem distribuída, 511
Taxa de fertilidade
   Ao longo do tempo, 494-495
   Dedução de impostos e
      Cointegração, 720
      Com variáveis binárias, 395-396
      Correlação serial, 442
      Modelo DDF, 382-385
      Primeiras diferenças, 444
      Tendências, 406
   Educação e, 601
   Previsão, 739
Taxa de mortalidade infantil, observações extremas, 363-364
Taxa de pobreza
   Excluindo do modelo, 95
   Na ausência de proxy adequada, 345
Taxa de refugo e treinamento profissional
   Avaliação do programa, 275-276
   Dados em painel de dois períodos, 513
   Dados em painel não equilibrados, 543
   Erro de mensuração, 350
   Estimação de efeitos fixos, 536-537

MQ2E, 601-602
Significância estatística *vs.* prática, 145-146
Taxas de homicídio
   Curva de Phillips estática, 382
   SEM, 619-620
Taxas de juros
   Diferenciando, 473
   Inferência sob hipóteses do MLC, 393
   Tesouro norte-americano. *Ver* taxas do Tesouro norte-americano
Taxas de juros de títulos públicos municipais, 257-258
Taxas de propriedade e preço dos imóveis, 10
Taxas do Tesouro norte-americano
   Caracterização do passeio aleatório, 433-434, 435
   Cointegração, 717-722
   Inflação, déficits. *Ver* taxas de juros
   Modelo de correção de erros, 723-724
   Teste de raiz unitária, 711
Tempo médio da sentença e, 300
Tendência temporal quadrática, 404
Tendências
   Alta persistência *vs.*, 430
   Caracterizando séries temporais com tendência, 401-404
   Previsão, 735-740
   Retirada de tendência, 407-408
   R-quadrado e variável dependente com tendência, 408-410
   Sazonalidade e, 410-412
   Tempo, 401
   Usando variáveis de tendência, 404-407
Tendências exponenciais, 403-404
Tendências temporais lineares, 402
Tendências temporais. *Ver* tendências
Teorema de Gauss-Markov
   Para regressões lineares múltiplas, 106-108
Teoremas
   Ausência de viés dos MQO
      Para regressões de séries temporais, 386-389
      Para regressões lineares múltiplas, 9
   Consistência dos MQO
      Para regressões de séries temporais, 425-429
      Para regressões lineares múltiplas, 181-183
   De Gauss-Markov
      Para regressões de séries temporais, 389-391
      Para regressões lineares múltiplas, 106-108
   Distribuições de amostras normais, 127-128

Eficiência assimptótica dos MQO, 194
  Para regressões de séries temporais, 429-432
Estimador não viesado de s2
  Para regressões de séries temporais, 391
  Para regressões lineares múltiplas, 105-106
  Variâncias amostrais de estimadores de MQO
  Para regressões de séries temporais, 389-391
  Para regressões lineares simples, 55
Termos "não observados". *Ver* u (termo "não observado")
Termos constantes, 23
Termos de erro, 5, 23, 73
Termos de interação, 261-2262
Termos de perturbação, 5, 23, 73
Teste de Breusch-Godfrey, 465
Teste de Breusch-Pagan
  Para heteroscedasticidade, 302
Teste de Cho
  Diferenças entre grupos, 268-269
  Heteroscedasticidade e, 298
  Para dados em painel, 520-521
  Para mudanças estruturais ao longo do tempo, 497
Teste de Davidson-MacKinnon, 336
Teste de Dickey-Fuller (DF), 711-714
  Aumentado, 712
Teste de Durbin-Watson, 461-462, 465
Teste de Engle-Granger, 719-720
Teste de erro de especificação da regressão (RESET), 334-336
Teste de Hausman, 317, 548
Teste de hipóteses conjuntas, 153
Teste de hipóteses múltiplas, 153
Teste de restrições sobreidentificadoras, 595-597
Teste de White para heteroscedasticidade, 304-306
Teste monocaudal, 131. *Ver também* teste *t*
Teste/estatística de Wald, 653-654, 664
Testes bicaudais, 136. *Ver também* testes *t*
Testes *F*. *Ver também* Teste de Chow; estatística *F*
  Descrevendo resultados de regressões, 164-165
  Estatísticas *F* e *t*, 158-159
  Forma *R*-quadrada dos, 159-160
  Má-especificação da forma funcional e, 332-334
  p-valores para, 161-162
  Restrições lineares gerais, 163-164
  Significância geral das regressões, 162

Testando restrições de exclusão, 152-158
Testes LM e, 191
Testes *t*. *Ver também* estatística *t*
  Alternativas bilaterais, 136-138
  Alternativas unilaterais, 131-136
  Hipótese nula, 128-130
  Outras hipóteses sobre bj, 138-141
  Para correlação serial AR(1), 459-461
  p-valores para, 141-143
  Visão geral, 128-130
Trabalhar *vs.* dormir, 510-511
Transformação intragrupo, 535
Treinamento profissional
  Modelo amostral
    Como um problema de autosseleção, 4
  Produtividade do trabalhador e
    Avaliação do programa, 275-276
    Como um problema de autosseleção, 277
Truncamento ocasional, 683, 686-690

U

υ (termo "não observado")
  Abrindo mão da especificação de modelos com, 344-345
  Discussões gerais, 5-6, 23-26
  Em regressões de séries temporais, 388
  Hipótese CEV e, 353-354
  Usando variáveis proxy para, 337-345
Unidades de mensuração, efeitos da mudança, 41-42, 199-202
Universidades *vs.* cursos superiores profissionalizantes, 149-152
Uso de computadores e salários
  Com termos de interação, 261-262
  Com variável proxy, 341-342
Uso de drogas, 277
Uso de pesticidas, controle excessivo, 222

V

Valor-base, 397
Valores ajustados. *Ver também* MQO (mínimos quadrados ordinários)
  Em regressões múltiplas, 79-81
  Em regressões simples, 30, 36
Valores constantes, 397
Valores correntes, 397
Valores críticos
  Discussões, 131
Valores nominais, 397
Valores reais, 397

Variação amostral na variável explicativa
  Hipótese, 48, 51
Variação amostral total em xj, 99
Variância assimptótica, 188
Variância do erro
  Adicionando regressores para reduzir, 223-224
  Definida, 52, 99
  Estimação, 56-58
Variância do erro de previsão, 226-227
Variâncias
  De estimadores de MQO
    Em regressões de séries temporais, 389-391
    Em regressões múltiplas, 96-106
    Em regressões simples, 52-58
  Do erro de previsão, 227
Variâncias amostrais
  De estimadores de MQO
    Para regressões lineares múltiplas, 98, 99
    Para regressões lineares simples, 55
Variâncias de perturbação, 53
Variáveis binárias. *Ver também* informação qualitativa
  Definidas, 247
Variáveis contemporaneamente exógenas, 387
Variáveis de contagem, 671-676
Variáveis de controle, 23. *Ver também* variáveis independentes
Variáveis de resposta, 23. *Ver também* variáveis dependentes
Variáveis dependentes defasadas
  Como variáveis proxy, 342-344
  Correlação serial e, 457-458
Variáveis dependentes limitadas
  Correções de seleção de amostra, 686-690
  Modelos de regressão censurada e truncada, 676-683
  Resposta de contagem, regressão de Poisson para, 670-676
  Resposta de solução de canto. *Ver* modelo tobit
  Visão geral, 647-648
Variáveis dependentes. *Ver também* análise de regressão; *estudo de eventos específicos*
  Definidas, 23
  Erros de medida em, 350-353
Variáveis dummy anuais
  Agrupando cortes transversais independentes ao longo do tempo, 493-498
  Em um modelo de efeitos aleatórios, 546-547
  Em um modelo de efeitos fixos, 536-539
Variáveis dummy sazonais, 411

Variáveis dummy. *Ver também* informações qualitativas; variáveis dummy anuais
  Armadilha das, 249
  Definidas, 247
  Regressão, 539-540
Variáveis endógenas defasadas, 731-732
Variáveis estritamente exógenas
  Correção de, 466-472
  Correlação serial
    Teste para, 459-466
Variáveis explicadas. *Ver também* variáveis dependentes
  Definidas, 23
Variáveis explicativas, 23. *Ver também* variáveis independentes
Variáveis explicativas defasadas, 385
Variáveis explicativas endógenas. *Ver também* variáveis instrumentais; modelos de equações simultâneas; mínimos quadrados em dois estágios
  Definidas, 90, 331
  Em modelos logit e probit, 661-662
  Seleção de amostra e, 689
  Teste para, 593-595
Variáveis explicativas exógenas, 90
Variáveis independentes. *Ver também* análise de regressão; *estudos de eventos específicos*
  Definidas, 23
  Em modelos subespecificados, 92-98
  Erro de mensuração em, 350-353
  Regressão simples *vs.* múltipla, 71-74
  Variando simultaneamente, 79
Variáveis instrumentais
  Cálculo do R-quadrado depois da estimação, 580-581
  Em regressões múltiplas, 581-582
  Em regressões simples, 569-580
  Inferência estatística, 574-578
  Propriedades de, com variáveis instrumentais fracas, 578-580
  Soluções para problemas de erros em variáveis, 591-593
  Visão geral e definições, 569, 570, 573
Variáveis irrelevantes, incluindo, 91
Variáveis ordinais, 257-260
Variáveis predeterminadas, 732
Variáveis previsoras, 23. *Ver também* variáveis dependentes
Variáveis previstas, 23. *Ver também* variáveis dependentes
Variáveis proxy, 337-345
Variáveis relevantes, excluindo, 92-98

Variáveis zero-um, 247. *Ver também* informações qualitativas
Variáveis. *Ver também* variáveis dependentes; variáveis independentes; *tipos específicos*
   Dummy, 247. *Ver também* informações qualitativas
   Dummy sazonal, 412-413
   Em regressões múltiplas, 71-74
   Em regressões simples, 22-23
Vendas
   Motivação para regressões múltiplas, 73-74
   P&D e. *Ver* P&D e vendas
   Salários dos CEOs e
      Modelo de elasticidade constante, 45-46
      Modelos não aninhados, 221-222
Vendas da empresa. *Ver* vendas
Veteranos, ganhos dos, 578
VI. *Ver* variáveis instrumentais
Viés
   Da variável omitida, 92-98
   De atenuação, 352-354
   De heterogeneidade, 506-507
   De simultaneidade, em MQO, 621-623
Viés assimptótico, derivando, 183-185
Viés de atenuação, 352-354
Viés de heterogeneidade, 506-507
Viés de simultaneidade, 622
Viés de variável omitida. *Ver também* variáveis instrumentais
   Discussões gerais, 92-65
   Usando variáveis proxy, 337-345
Viés para baixo, 95
Viés para cima, 95, 96
Viés tendendo a zero, 95

Z

Zonas empresariais
   Desemprego e, 518-519